The New Cambridge Modern History

VOL.4: The Decline of Spain and the Thirty Years War 1609-48/59

❹ 新编剑桥世界近代史

西班牙的衰落与三十年战争 1609—1648/1659

[英] J. P. 库珀 (J. P. Cooper) 编

郝名玮 等译

CAMBRIDGE

中国社会科学出版社

图字：01-2018-7950号

图书在版编目（CIP）数据

新编剑桥世界近代史．第4卷，西班牙的衰落与三十年战争：1609—1648/1659/（英）J. P. 库珀（J. P. Cooper）编；郝名玮等译．—北京：中国社会科学出版社，2024.1（2025.3重印）

书名原文：The New Cambridge Modern History, Vol. 4: The Decline of Spain and the Thirty Years War 1609-48/59

ISBN 978-7-5227-2960-2

Ⅰ.①新… Ⅱ.①J…②郝… Ⅲ.①世界史—近代史—1609-1659 Ⅳ.①K14

中国国家版本馆CIP数据核字（2024）第013992号

出 版 人	赵剑英
责任编辑	张 湉
责任校对	杨 林
责任印制	李寡寡

出 版	中国社会科学出版社
社 址	北京鼓楼西大街甲158号
邮 编	100720
网 址	http://www.csspw.cn
发 行 部	010-84083685
门 市 部	010-84029450
经 销	新华书店及其他书店
印刷装订	北京君升印刷有限公司
版 次	2024年1月第1版
印 次	2025年3月第2次印刷
开 本	650×960 1/16
印 张	60.25
字 数	1030千字
定 价	256.00元

凡购买中国社会科学出版社图书，如有质量问题请与本社营销中心联系调换
电话：010-84083683
版权所有　侵权必究

This is a Simplified-Chinese translation edition of the following title published by Cambridge University Press:

The New Cambridge Modern History, Vol. 4: The Decline of Spain and the Thirty Years War 1609 – 48/59

ISBN 9780521297134

© Cambridge University Press 1970

This Simplified-Chinese translation edition for the People's Republic of China (excluding Hong Kong, Macau and Taiwan) is published by arrangement with the Press Syndicate of the University of Cambridge, Cambridge, United Kingdom.

© Cambridge University Press and China Social Sciences Press 2024

This Simplified-Chinese translation edition is authorized for sale in the People's Republic of China (excluding Hong Kong, Macau and Taiwan) only. Unauthorized export of this Simplified-Chinese translation edition is a violation of the Copyright Act. No part of this publication may be reproduced or distributed by any means, or stored in a database or retrieval system, without the prior written permission of Cambridge University Press and China Social Sciences Press.

Copies of this book sold without a Cambridge University Press sticker on the cover are unauthorized and illegal.

本书封面贴有 Cambridge University Press 防伪标签，无标签者不得销售。

出 版 前 言

英国剑桥大学出版的世界通史分为古代史、中世纪史、近代史三部。近代史由阿克顿勋爵主编，共14卷。20世纪初出版。经过几十年后，到50年代，剑桥大学出版社又出版了由克拉克爵士主编的《新编剑桥世界近代史》。新编本仍为14卷，论述自文艺复兴到第二次世界大战结束，即自1493—1945年间共400多年的世界历史。国别史、地区史、专题史交错论述，由英语国家著名学者分别执笔。新编本反映了他们最新的研究成果，有许多新的材料，内容也更为充实，代表了西方的较高学术水平，有较大的影响。

为了供我国世界史研究工作者和广大读者参考，我们将这部书分卷陆续翻译、出版(地图集一卷暂不出)。需要指出的是，书中有些观点我们并不同意，希望读者阅读时注意鉴别。

目 录

第 一 章
总 论
牛津大学三一学院近代史研究员、讲师
J. P. 库珀 著

17 世纪是个特殊的历史时期	(1)
民族主义的重要性	(4)
欧洲与基督教世界（一政治实体）；边界的划定；欧洲文化实质	(5)
有关这一时期的经济观念	(8)
价格与对经济发展趋势的阐释	(10)
战争影响	(14)
社会因素概述	(15)
贵族：定义	(15)
贵族：各国百分比	(17)
贵族：特权和职业	(19)
贵族：行为准则	(24)
贵族：文化	(28)
贵族：募兵	(29)
与中国社会相比较所显示出的欧洲社会不同特征	(30)
欧洲一统观	(34)
宗教容忍和宗教不容异说	(35)
王权根源	(35)
国家与教会	(36)
政府与债务清偿能力	(37)
曼图亚战争与西班牙的前途日益暗淡	(40)
1635 年法国与西班牙战争爆发	(43)

财政制度与战争税：在西班牙 ………………………………… (45)
财政制度与战争税：在法国 …………………………………… (47)
地方债务的增长 ………………………………………………… (48)
那不勒斯的财政压力影响 ……………………………………… (48)
金融资本家的兴起 ……………………………………………… (49)
卖官鬻爵：男爵权力增大 ……………………………………… (49)
那不勒斯的农民起义 …………………………………………… (50)
卡拉布里亚和那不勒斯的财政开发 …………………………… (52)
西西里的财政崩溃与暴动 ……………………………………… (52)
战争对米兰的影响 ……………………………………………… (54)
意大利工业和贸易的衰落 ……………………………………… (54)
农民起义与贵族的密谋 ………………………………………… (55)
税款包收人和金融资本家的怨恨 ……………………………… (57)
军事"承包人"的兴起 ………………………………………… (58)
私有土地的集中 ………………………………………………… (59)
贵族权力的集中 ………………………………………………… (60)
奥斯曼帝国的改革 ……………………………………………… (61)
战争的经济影响，价格趋势的意义 …………………………… (62)
通过松得海峡的贸易发展趋势的意义 ………………………… (63)
西欧的工业发展 ………………………………………………… (64)
农业发展趋势 …………………………………………………… (65)
农民状况；巫术 ………………………………………………… (67)

第 二 章
欧洲经济（1609—1650 年）
达勒姆大学经济史教授
F.C. 斯普纳　著

16 世纪与 17 世纪经济时机比较 ……………………………… (69)
合股企业的发展与重商主义 …………………………………… (69)
1609—1650 年经济危机 ………………………………………… (70)
人口增长问题 …………………………………………………… (72)
对人口的影响：饥饿 …………………………………………… (75)
对人口的影响：营养 …………………………………………… (76)
对人口的影响：疾病 …………………………………………… (78)
对人口的影响：战争 …………………………………………… (80)

对人口的影响：移民 (81)
金银供应的下降 (82)
重商主义处于险境 (84)
黄金迅速增值 (86)
北部地区经济已平衡 (87)
国家银行的建立 (88)
金银短缺导致货币贬值 (89)
当代有关金融困难的理论 (90)
物价变动研究 (91)
物价地区差异 (91)
物价周期性波动 (92)
农业的重要性：谷物和牲畜贸易 (95)
制造业的脆弱性 (97)
纺织业的衰落与变化 (97)
金属与采矿业 (100)
西班牙的衰落与北方国家的崛起 (102)
荷兰人成就其"黄金时代" (103)
荷兰与英国之间的贸易竞争 (103)
资本投资的新场所 (104)
政府权力的加强 (106)

第 三 章
专制主义的拥护者和批评者
巴黎大学近代史教授
R. 穆斯尼埃 著

专制政体论的胜利：君权和以国家利益为重的理由 (108)
政治思想的传播 (108)
欧洲国家君主与教皇之间的冲突 (110)
教皇与基本法 (113)
对帝制专制政体论的限制 (114)
国际法对专制政体论的限制 (116)
苏亚雷斯的国家理论与耶稣会会士 (117)
俄罗斯的专制政体论 (118)
贵族共和国波兰 (118)
神圣罗马帝国与等级国家 (119)

勃兰登堡的专制政体及其特征 …………………………………（120）
新教和天主教理论家们所论述的以国家利益为重的理由和君权 …………（120）
意大利的英雄观 …………………………………………………（121）
萨尔皮赞同以国家利益为重的理由这一观点 …………………（122）
西班牙的君权 ……………………………………………………（123）
法国的专制政体 …………………………………………………（124）
瑞典的专制政体 …………………………………………………（128）
尼德兰的专制政体 ………………………………………………（129）
英国的专制政体与基本法 ………………………………………（130）
清教徒对国王的态度 ……………………………………………（133）
议会、其主张及其反对者 ………………………………………（133）
霍布斯：专制政体论的捍卫者 …………………………………（135）
论证的归纳法和演绎法 …………………………………………（136）

第 四 章
科学运动及其影响（1610—1650年）

牛津大学科学史大学讲师、三一学院研究员
A. C. 克龙比
剑桥大学科学史大学教授、丘吉尔学院研究员
M. A. 霍斯金 著

科学家们的不同职业 ……………………………………………（140）
现行的科学教育基础 ……………………………………………（141）
改革要求 …………………………………………………………（142）
各国科学教育 ……………………………………………………（143）
教学因缺乏研究而受不利影响 …………………………………（147）
从事科学工作的协会兴起 ………………………………………（147）
科学思想的剧变 …………………………………………………（152）
伽利略提出的"新哲学" …………………………………………（153）
宇宙机械论观点 …………………………………………………（154）
新科学探索法 ……………………………………………………（154）
培根和笛卡尔的贡献 ……………………………………………（155）
科学仪器设备的研制 ……………………………………………（158）
"新哲学"的科学成果：……………………………………………（158）
　　物理学和天文学 ……………………………………………（158）
　　气体力学和声学 ……………………………………………（166）

磁学和化学 …………………………………………… (167)
生理学、医学和光学 ………………………………… (169)
自然史和技术学 ……………………………………… (174)

第 五 章
宗教思想的改变
威斯康星大学历史教授
G. L. 莫斯 著

自由意志和得救预定论：这一时期的主要信念 ……… (179)
新教正统观念 ………………………………………… (179)
君主规定信仰 ………………………………………… (180)
神学辩论成了学究式的争论；牧师的态度 …………… (182)
对正统观念的抵制 …………………………………… (183)
阿米尼乌斯派的教义与自由意志 …………………… (187)
多特教会会议重申了正统观念 ……………………… (190)
格劳秀斯对阿米尼乌斯思想的发展 ………………… (190)
阿米尼乌斯派的教义在国外 ………………………… (191)
天主教教义对平民百姓有影响力 …………………… (192)
贝鲁尔、弗朗西斯·德·萨莱斯和万桑·德·保罗使虔诚
　主义重新勃兴 ……………………………………… (194)
耶稣会会士、自由意志和决疑论 …………………… (195)
乌尔班八世与教皇职权问题 ………………………… (196)
詹森主义 ……………………………………………… (198)
帕斯卡对运动的影响 ………………………………… (201)
对天主教正统观念的威胁 …………………………… (202)
基督教圣公会的教义与清教的不同意见 …………… (203)
清教徒的信条 ………………………………………… (203)
　　长老派的信条 …………………………………… (204)
　　浸礼会教派的信条 ……………………………… (205)
　　公谊会的信条 …………………………………… (206)
索奇尼主义（上帝一统论）和理性神学 …………… (206)
对教义的理性阐释和正统思想的影响 ……………… (209)
法国和意大利的无神论 ……………………………… (211)
宗教自由的兴起 ……………………………………… (212)
宗教思想的成形 ……………………………………… (213)

第 六 章
军事力量与战争（1610—1648 年）
J. W. 威吉恩博士（已故）

国民军的兴起	(215)
德意志民族的军队	(216)
军事著作的重要性	(217)
新型职业军队	(218)
军事人员种类	(222)
训练和教育军官	(223)
军事组织	(224)
武器和盔甲的改变	(227)
战斗队形	(228)
军事工程学	(229)
古斯塔夫·阿道夫进行的军事改革	(230)
英国的军事组织	(232)
新模范军	(233)
法国的军事形势	(234)
攻防术	(235)
波兰军队	(236)
战略的发展	(237)
欧洲军队的新精神	(237)

第 七 章
制 海 权
J. P. 库珀 著

海上力量分布变化的重要性	(239)
造船技术的发展	(239)
海上力量均势的变化	(240)
西班牙海军政策	(241)
黎塞留掌权时法国海军的大发展	(243)
荷兰和英国海军优势的形成	(244)
土耳其—威尼斯争夺克里特岛之战	(244)

荷兰人和英国人在地中海	（245）
使用"伯顿"型舰船	（245）
巴巴里海盗的威胁	（246）
荷兰的一种货物运输船	（246）
北海和波罗的海的贸易	（246）
英国海上力量与荷兰的抗争	（247）
力量转移至西北欧	（251）
国家加强对武装力量的控制	（251）

第八章
戏剧与社会
达勒姆大学法语教授
J. 卢格 著

17世纪上半叶戏剧的重要性	（253）
巡回演出剧团的影响	（254）
演员的职业化；他们的社会地位	（254）
意大利、德意志、伦敦、西班牙和法国的戏剧	（255）
观众身份：法国的	（258）
伦敦的	（259）
西班牙的	（261）
德意志的	（260）
宫廷赞助：法国的	（262）
英国的	（263）
意大利的	（264）
西班牙的	（264）
讲德语地区的	（264）
芭蕾舞和假面舞	（264）
意大利和德意志的歌剧	（265）
英国和法国的假面舞和政治讽喻剧	（265）
私人剧院的观众和公共剧院的观众	（268）
风尚喜剧	（269）
田园剧和骑士剧	（270）
英国的戏剧发展	（271）
剧作家对观众的回应	（271）
剧作家的教育与报偿	（271）

戏剧规则 …………………………………………………………（271）
戏剧反映社会 ……………………………………………………（273）

第 九 章
西班牙与欧洲（1598—1621年）
牛津大学近代史钦定讲座教授、奥里厄尔研究员
H. R. 特里弗-罗珀 著

费利佩二世去世时西班牙在欧洲的处境 ………………………（274）
费利佩三世面临着薄弱的交通联系 ……………………………（274）
意大利仇恨西班牙 ………………………………………………（275）
教廷对西班牙的控制怀恨在心 …………………………………（276）
亨利四世统治时期法国复兴的重要性 …………………………（277）
费利佩三世的政策与莱尔马 ……………………………………（277）
英国—西班牙战争 ………………………………………………（277）
西班牙征伐爱尔兰 ………………………………………………（278）
伦敦条约结束了战争 ……………………………………………（278）
尼德兰的形势 ……………………………………………………（279）
阿尔伯特大公和斯皮诺拉迫切要求和平 ………………………（279）
十二年停战协议 …………………………………………………（281）
福音派联盟和天主教同盟 ………………………………………（281）
于利希-克莱夫斯的继承危机 …………………………………（281）
亨利四世与布鲁索洛条约 ………………………………………（282）
亨利四世遭暗杀的后果 …………………………………………（283）
欧洲确立了西班牙强权之下的世界和平 ………………………（284）
佛兰德的地位、煽动起义 ………………………………………（286）
意大利和西西里的西班牙总督 …………………………………（287）
意大利反对西班牙政府官员 ……………………………………（288）
威尼斯受到米兰的西班牙政权的威胁 …………………………（289）
蒙特费拉特继承权 ………………………………………………（289）
乌斯科克海盗、斐迪南与威尼斯战斗 …………………………（289）
"西班牙密谋"及其后果 ………………………………………（290）
波希米亚王位对帝国和西班牙的重要性 ………………………（291）
"布拉格扔出窗外事件" ………………………………………（292）
欧洲对波希米亚政变的反应 ……………………………………（293）
西班牙主战派上台执政 …………………………………………（294）

对西班牙强权之下的世界和平的评论 ……………………………… (295)
贡多马尔关于西班牙立场的急报 ………………………………… (296)
葡萄牙议会和西印度院支持主战派 ……………………………… (297)
波希米亚战争与荷兰战争演变成三十年战争 …………………… (298)

第 十 章
德意志景况（至1618年）
牛津大学圣埃德蒙学院近代史研究员和导师
G.D. 拉姆齐 著

德意志帝国与奥斯曼土耳其 ……………………………………… (300)
奥地利哈布斯堡家族遗产的分配 ………………………………… (300)
鲁道夫二世的懦弱 ………………………………………………… (300)
帝国、匈牙利和土耳其人与西特瓦托罗克条约 ………………… (301)
马蒂亚斯当选为皇帝 ……………………………………………… (302)
赫勒斯主教的影响 ………………………………………………… (302)
斐迪南与继承问题 ………………………………………………… (302)
帝国国会法庭权威的丧失 ………………………………………… (303)
帝国国会权力的削弱 ……………………………………………… (304)
1555年宗教和解作用不大 ………………………………………… (305)
保卫福音派联盟的建立 …………………………………………… (306)
天主教同盟的建立 ………………………………………………… (305)
于利希－克莱费斯继承确立 ……………………………………… (306)
马克西米连一世的重要性 ………………………………………… (307)
德意志经济形势 …………………………………………………… (308)
德意志亚麻业和贸易 ……………………………………………… (310)
纽伦堡成了集散中心 ……………………………………………… (311)
菲亚蒂斯——新型商业银行家的特征 …………………………… (312)
农业的发展 ………………………………………………………… (313)
农民与土地占有 …………………………………………………… (314)
汉萨同盟不再占优势 ……………………………………………… (316)
德意志与伊比利亚半岛和意大利的贸易 ………………………… (317)
但泽的繁荣 ………………………………………………………… (318)
汉堡及其发展 ……………………………………………………… (319)
德意志状况（1600—1621）概述 ………………………………… (321)

第十一章
三十年战争
普林斯顿大学历史教授
E. A. 贝勒 著

神圣罗马帝国的宗教之争 …………………………………… (324)
三十年战争各阶段 …………………………………………… (324)
波希米亚人的不满 …………………………………………… (325)
斐迪南大公被认可为候任国王 ……………………………… (325)
布拉格"扔出窗外"事件 …………………………………… (327)
波希米亚叛乱的影响 ………………………………………… (327)
反天主教同盟 ………………………………………………… (327)
波希米亚和帝国的继承问题 ………………………………… (328)
腓特烈被选为波希米亚国王 ………………………………… (329)
斐迪南的盟友 ………………………………………………… (331)
白山之战 ……………………………………………………… (331)
镇压波希米亚与波希米亚、奥地利、摩拉维亚 西里西亚再天主教化 (332)
腓特烈和斐迪南寻找新盟友 ………………………………… (333)
巴拉丁战争 …………………………………………………… (333)
马克西米连成为选帝侯 ……………………………………… (334)
梯利危及穆尔豪森（牟罗兹）协议 ………………………… (335)
法国与瓦尔泰林 ……………………………………………… (335)
英国与反哈布斯堡联盟 ……………………………………… (336)
瑞典和丹麦干涉计划 ………………………………………… (338)
海牙条约 ……………………………………………………… (339)
华伦斯坦提供的军队；被任命为总司令 …………………… (340)
吕特尔战役；曼斯费尔德之死 ……………………………… (341)
克里斯蒂安四世、华伦斯坦和波罗的海 …………………… (342)
古斯塔夫·阿道夫与丹麦结盟；围攻施特拉尔松 ………… (343)
皇帝斐迪南与教产归还敕令 ………………………………… (344)
仇视华伦斯坦 ………………………………………………… (344)
黎塞留与曼图亚战争 ………………………………………… (345)
古斯塔夫·阿道夫与切拉斯科的波美拉尼亚条约 ………… (346)
古斯塔夫·阿道夫的目的 …………………………………… (347)
古斯塔夫和斐迪南的兵力 …………………………………… (348)

梯利和帕彭海姆威胁马格德堡 ……………………………………（349）
马格德堡的政治和军事影响 ……………………………………（350）
布赖滕费尔德："北方雄师"古斯塔夫·阿道夫……………（351）
古斯塔夫与德意志；入侵莱茵兰 ………………………………（351）
古斯塔夫·阿道夫与黎塞留 ……………………………………（352）
古斯塔夫·阿道夫面临的问题 …………………………………（354）
召回华伦斯坦 ……………………………………………………（354）
华伦斯坦与古斯塔夫·阿道夫和冯·阿尔尼姆的会谈 ………（354）
古斯塔夫·阿道夫与巴伐利亚战役 ……………………………（356）
华伦斯坦在布拉格 ………………………………………………（357）
瑞典惨败于纽伦堡 ………………………………………………（358）
古斯塔夫·阿道夫死于吕岑 ……………………………………（358）
奥克森谢纳与瑞典战争 …………………………………………（358）
海尔布朗同盟 ……………………………………………………（359）
奥克森谢纳与将军们 ……………………………………………（360）
华伦斯坦的阴谋及其死亡 ………………………………………（361）
内德林根战役及其影响 …………………………………………（362）
德意志遭到的破坏 ………………………………………………（364）
黎塞留和奥地利－西班牙威胁 …………………………………（365）
哈布斯堡向法国的进攻 …………………………………………（365）
斯图姆斯多夫条约和汉堡条约 …………………………………（367）
魏玛的伯纳德；莱茵兰战役 ……………………………………（368）
西班牙危机对战争的影响 ………………………………………（368）
帝国议会和教廷的和平努力 ……………………………………（368）
法国的成功和斐迪南的地位 ……………………………………（370）
斐迪南与和平谈判 ………………………………………………（370）
明斯特和谈与奥斯纳布吕克和谈 ………………………………（371）
　　法国"满意" …………………………………………………（371）
　　瑞典"满意" …………………………………………………（372）
　　帝国的宗教和解 ……………………………………………（373）
　　战争最后阶段 ………………………………………………（375）
1648 年签订威斯特伐利亚和约 ………………………………（375）
战争造成的破坏 …………………………………………………（376）
法国和瑞典控制奥地利的哈布斯堡王朝 ………………………（376）
威斯特伐利亚和约成了欧洲国家体系的基础 …………………（377）

第十二章
低地国家
格罗宁根赖克斯大学近代史教授
E. H. 科斯曼 著

卡尔文主义者和耶稣会会士分据尼德兰南北	（379）
大多数历史著作都阐述了两种不同的神话故事	（380）
经济形势和宪法的制订	（381）
北方的经济制度	（382）
省宪法	（383）
省长职位	（383）
荷兰，荷兰人行动的主要动力	（384）
贸易和工业的发展	（385）
北尼德兰的社会结构	（388）
南部地区的政府和经济发展	（389）
南部地区的社会结构	（390）
戈马尔主义者们和阿米尼乌斯派教徒们	（392）
宗教辩论成了政治问题	（392）
莫里斯亲王的政策	（392）
腓特烈·亨利的政策	（393）
阿尔伯特大公去世与贝德马尔和阿伊托纳的崛起	（394）
红衣主教—亲王费尔迪南多成为总督	（395）
南部地区的文化	（396）
荷兰—西班牙战争	（397）
明斯特和奥斯纳布吕克和会	（400）
腓特烈·亨利去世；威廉二世的目的	（400）
威廉与荷兰的冲突	（402）
威廉二世去世	（403）

第十三章
瑞典与波罗的海（1611—1654 年）
贝尔法斯特女王大学近代史教授
M. 罗伯茨 著

瑞典被认为是大国	（404）
与俄国和丹麦为敌	（405）

为松得海峡和北极而争斗 …………………………………… (406)
古斯塔夫在俄国的目的；斯托尔博瓦条约 …………………… (407)
古斯塔夫与德意志新教徒 ……………………………………… (407)
瑞典成了波罗的海头等强国 …………………………………… (409)
瑞典与波兰；阿尔特马克条约 ………………………………… (411)
瑞典帝国 ………………………………………………………… (411)
古斯塔夫统治时期的经济变革 ………………………………… (413)
瑞典军队的维持 ………………………………………………… (413)
古斯塔夫重组军队 ……………………………………………… (415)
宗教组织一统结构的重要性 …………………………………… (415)
瑞典成了头等强国 ……………………………………………… (416)
古斯塔夫·阿道夫在德意志 …………………………………… (417)
奥克森谢纳的问题 ……………………………………………… (418)
德意志战争与跟法国结盟（1638年） ………………………… (419)
克里斯蒂安四世的阴谋 ………………………………………… (420)
瑞典攻击日德兰半岛 …………………………………………… (421)
贸易与瑞典—荷兰联盟 ………………………………………… (422)
布勒姆塞布罗和约及其影响 …………………………………… (422)
外交革命，法国与丹麦结盟 …………………………………… (423)
瑞典—荷兰关系恶化 …………………………………………… (423)
瑞典从威斯特伐利亚和约中获得的利益 ……………………… (424)
瑞典求助于奥地利和西班牙 …………………………………… (426)
奥克森谢纳去世；对其成就的评价 …………………………… (428)
查理十世统治时期的外交 ……………………………………… (428)

第十四章
国际关系和法国的作用（1648—1660年）
斯特拉斯堡大学文学院院长、近代史教授
G. 利韦　著

国际关系概述 …………………………………………………… (430)
对威斯特伐利亚条约的评价 …………………………………… (430)
低地国家的冲突 ………………………………………………… (431)
西班牙与葡萄牙起义和加泰罗尼亚暴动 ……………………… (432)
法国—西班牙在意大利的争斗 ………………………………… (433)
摄政时期法国的问题 …………………………………………… (433)

对马萨林工作的评价 …………………………………………………… (435)
法国外交政策 …………………………………………………………… (435)
阿尔萨斯问题 …………………………………………………………… (436)
马萨林与帝国继承问题 ………………………………………………… (437)
利奥波德当选为神圣罗马皇帝 ………………………………………… (437)
法国对帝国的影响 ……………………………………………………… (438)
法国与莱茵同盟 ………………………………………………………… (439)
马萨林与联合省和英国 ………………………………………………… (441)
反西班牙战争；法国战败 ……………………………………………… (443)
法国恢复；罗马局势 …………………………………………………… (445)
法国与西班牙之间的媾和谈判 ………………………………………… (445)
比利牛斯条约 …………………………………………………………… (447)
法国与北方战事 ………………………………………………………… (448)
伦敦条约、哥本哈根条约、奥利瓦条约 卡尔迪斯条约 ……………… (449)
马萨林去世、西班牙衰落和神圣罗马帝国衰落 ……………………… (450)
法国与土耳其 …………………………………………………………… (451)
勃兰登堡的兴起与俄国 ………………………………………………… (451)
海上强国发展其殖民事业 ……………………………………………… (452)
法国与英国之间对抗的迹象 …………………………………………… (452)

第十五章
西班牙半岛（1598—1648 年）
伦敦国王学院历史教授
G. H. 埃利奥特 著

西班牙放弃军事帝国主义；费利佩三世统治的显著不同和悖论 …………… (454)
衰弱的原因 ……………………………………………………………… (455)
卡斯蒂利亚的主导地位 ………………………………………………… (457)
1599 年瘟疫及其对卡斯蒂利亚的影响 ………………………………… (458)
费利佩三世政府的财政问题 …………………………………………… (460)
费利佩的性格和莱尔马的性格 ………………………………………… (462)
贵族的政治影响 ………………………………………………………… (462)
莱尔马的财政政策 ……………………………………………………… (464)
与荷兰人签订的十二年停战协定 ……………………………………… (465)
西班牙策士们的看法 …………………………………………………… (466)
卡斯蒂利亚的税收结构 ………………………………………………… (467)

卡斯蒂利亚的经济状况 ………………………………………（466）
卡斯蒂利亚的阶级结构 ………………………………………（469）
驱逐摩尔人的影响 ……………………………………………（471）
费利佩三世和莱尔马的政府 …………………………………（476）
费利佩四世的性格和奥利瓦雷斯的性格 ……………………（477）
财政委员会的报告 ……………………………………………（477）
荷兰人进入印度洋和太平洋 …………………………………（478）
重启荷兰战争对财政的影响 …………………………………（479）
奥利瓦雷斯的改革尝试 ………………………………………（480）
卡斯蒂利亚的财政贡献与其他地区的财政贡献 ……………（481）
奥利瓦雷斯关于帝国结构的备忘录 …………………………（482）
联军 ……………………………………………………………（483）
奥利瓦雷斯在卡斯蒂利亚征收间接税 ………………………（485）
加泰罗尼亚拒绝支持国王 ……………………………………（486）
玛格丽特公主统治葡萄牙 ……………………………………（487）
加泰罗尼亚与中央政府 ………………………………………（488）
加泰罗尼亚处于骚乱状态 ……………………………………（488）
葡萄牙暴乱与西班牙经济灾难 ………………………………（489）
奥利瓦雷斯倒台 ………………………………………………（490）
西班牙国力的衰落 ……………………………………………（491）
西班牙根本不统一 ……………………………………………（492）
卡斯蒂利亚依赖经济奇迹 ……………………………………（493）

第十六章
法国的政治制度和社会（1610—1661年）
R. 穆斯尼埃　著

封建主义衰微与领主权力的增强 ……………………………（495）
法国工业 ………………………………………………………（498）
官宦阶层与贵族 ………………………………………………（499）
市政 ……………………………………………………………（500）
"死亡率"导致经济危机 ………………………………………（501）
反对国王财政要求缺乏团结 …………………………………（501）
玛丽·德·美第奇的政策 ……………………………………（501）
三级议会无权力 ………………………………………………（502）

卢登和约；反叛的亲王们 …… (502)
孔奇尼去世；吕伊内统治时期 …… (503)
路易十三的性格 …… (504)
路易十三与黎塞留 …… (504)
黎塞留的家庭与外交政策 …… (505)
国王的顾问委员会与高等法院；行政官员联谊会 …… (506)
黎塞留的重商政策 …… (507)
新教组织；拉罗谢尔 …… (508)
为跟哈布斯堡王朝开战而放弃改革 …… (509)
玛丽·德·美第奇流亡；奥尔良起义 …… (509)
战争对行政的影响 …… (509)
钦差们与政治监督 …… (510)
艺术和文学；詹森主义 …… (511)
征税引发叛乱 …… (512)
黎塞留权势的扩大、去世和成就 …… (513)
安娜·德·奥斯特里亚与马萨林 …… (513)
王党少数派的困境 …… (514)
政府与征税 …… (515)
最高法院 …… (516)
投石党 …… (517)
饥荒与瘟疫 …… (517)
亲王们的投石党；马萨林逃亡 …… (518)
内战再起 …… (518)
政府垮台 …… (519)
投石党运动终止；法国状况 …… (520)
詹森主义；马萨林的成就 …… (520)
路易十四独立执政 …… (521)

第十七章
哈布斯堡王朝的版图（1618—1657 年）
巴黎大学近代史教授、研究院研究员
V. L. 塔皮 著

哈布斯堡王朝版图的范围 …… (523)
领土的组成 …… (524)
波希米亚：宪法与政府 …… (525)

匈牙利宪法和特兰西尔瓦尼亚宪法 ……………………………………（526）
帝国的行政机构 ……………………………………………………（527）
民族；语言 …………………………………………………………（527）
人口；工业生产 ……………………………………………………（528）
人工湖；地产的扩充 ………………………………………………（529）
贵族与封建主义 ……………………………………………………（529）
自由与农民地位 ……………………………………………………（531）
市镇的经济状况 ……………………………………………………（532）
宗教之争 ……………………………………………………………（535）
波希米亚暴乱 ………………………………………………………（536）
胜利对斐迪南的影响 ………………………………………………（537）
对参与波希米亚暴乱者的惩罚 ……………………………………（538）
外国地主的流入；新宪法 …………………………………………（538）
君主是帝国的纽带 …………………………………………………（539）
新教徒与天主教徒 …………………………………………………（539）
三十年战争 1630—1648 年 ………………………………………（540）
战争的影响 …………………………………………………………（542）
领主的权力是君主与民众之间的障碍 ……………………………（544）
维也纳成了贵族统治的中心 ………………………………………（545）
波希米亚的民族主义 ………………………………………………（545）
意大利的影响和奥地利的巴罗克风格 ……………………………（546）
斐迪南三世和斐迪南四世 …………………………………………（547）
帝国是各民族结合体 ………………………………………………（548）

第十八章
斯图亚特王朝君主政体式微
J. P. 库珀 著

斯图亚特王朝难以遵循有效的外交政策 …………………………（550）
伊丽莎白时代的战争导致了投机倒把和腐败 ……………………（550）
1603 年的和平愿望；詹姆斯一世的性格 …………………………（551）
工业和贸易的重要性 ………………………………………………（552）
神职人员的教育和地位 ……………………………………………（554）
清教徒和天主教徒的立场；汉普顿宫会议 ………………………（555）
需要进行法制改革 …………………………………………………（556）

普通法法院和特权法院 …………………………………………（557）
议会制度的根据是习惯法不是国王的意愿 ……………………（559）
起作用的政治团体为数不多 ……………………………………（560）
经济和社会变革 …………………………………………………（561）
下议院对国王的自由裁量权的态度 ……………………………（562）
詹姆斯一世承继了财政问题 ……………………………………（563）
詹姆斯一世的成就 ………………………………………………（565）
1611—1623 年的财政对策 ………………………………………（566）
伦敦及其近郊与商业投机家 ……………………………………（567）
白金汉是改革者们的保护人 ……………………………………（567）
海军、贸易和经济改革 …………………………………………（568）
要求议会为外交政策提供资金 …………………………………（568）
控告培根 …………………………………………………………（569）
下议院通过"抗议" ………………………………………………（569）
克兰菲尔德任财务主管 …………………………………………（570）
1624 年国王与议会之间的关系 …………………………………（570）
白金汉的外交和议会政策 ………………………………………（572）
1627 年宪法僵局 …………………………………………………（573）
行使国王的应急权 ………………………………………………（574）
军备引起的不满 …………………………………………………（574）
权利请愿书（1628 年）……………………………………………（575）
议会的调查活动 …………………………………………………（576）
白金汉去世 ………………………………………………………（578）
议会与王权至上 …………………………………………………（578）
1629 年决裂导致的财政状况 ……………………………………（579）
竭力应付公众的不满 ……………………………………………（580）
地方政府元气恢复 ………………………………………………（582）
英国教会与劳德的禁制令 ………………………………………（583）
温特沃斯统治爱尔兰 ……………………………………………（584）
查理一世与苏格兰；国民誓约 …………………………………（585）
短期议会；皮姆的抗议 …………………………………………（587）
苏格兰人的入侵和贵族会议 ……………………………………（588）
长期议会 …………………………………………………………（589）
控告斯特拉福德及其政治影响 …………………………………（589）
废除特权法院 ……………………………………………………（590）

议会不和	(591)
内战的直接原因	(592)
温和派支持查理	(592)
对战争的态度	(593)
双方的资源	(595)
地方上的反战运动	(596)
新模范军	(597)
向宗教自由发展	(598)
利尔伯恩和平等派成员	(598)
"提议要点"	(599)
克伦威尔的目的	(600)
克伦威尔的教会和解	(600)
经济和贸易改革	(601)
爱尔兰的稳定和苏格兰的稳定	(602)
内战后果	(603)

第十九章
波兰扩张的终结与俄国困境中求复兴
第一节 波兰—立陶宛 1609—1648 年
H. 雅布洛诺夫斯基 著

波兰—立陶宛民族学	(605)
宪法结构	(606)
贵族中的社会变革	(606)
国王失去其权力	(606)
农业变革	(607)
工业与贸易	(608)
反宗教改革的胜利	(608)
布勒斯特教会会议与东仪天主教会的信徒	(609)
试图使东仪天主教会的信徒与东正教教徒和解	(610)
东正教会的立场	(610)
波兰教育与文化	(612)
西吉斯蒙德、弗瓦迪斯瓦夫和沙俄	(612)
力量对比向俄罗斯倾斜	(614)
土耳其人、鞑靼人和哥萨克人	(615)
克梅尔尼茨基的叛乱	(616)

瑞典与波兰王位之争 ……………………………………………… (616)
斯图姆斯多夫条约（1635年）…………………………………… (617)
波兰、普鲁士和哈布斯堡帝国 …………………………………… (618)
波兰国际地位的恶化 ……………………………………………… (619)

第二节 俄罗斯 1613—1645年
伦敦大学斯拉夫和东欧研究学院俄国研究高级讲师
J. L. H. 基普 著

"动乱时期"的影响 ………………………………………………… (620)
米哈伊尔·罗曼诺夫与继位 ……………………………………… (620)
缙绅会议 …………………………………………………………… (621)
需要税收 …………………………………………………………… (622)
与波兰游击队和瑞典的战争 ……………………………………… (622)
斯托尔博沃和约和多伊利诺条约 ………………………………… (623)
俄国的统治者费拉雷特及其国内政策 …………………………… (624)
试图加强军事作用 ………………………………………………… (626)
费拉雷特的外交政策与斯摩棱斯克战争 ………………………… (627)
鞑靼人的威胁 ……………………………………………………… (629)
哥萨克人的活动与占领亚速 ……………………………………… (630)
莫斯科陷于孤立 …………………………………………………… (631)
宗教分歧 …………………………………………………………… (632)
经济和贸易的发展 ………………………………………………… (632)
农业；农民的地位和贵族的地位 ………………………………… (634)
反农民逃亡法 ……………………………………………………… (635)

第二十章
奥斯曼帝国（1617—1648年）
伦敦大学东方和非洲研究学院中近东史高级讲师
V. J. 帕里 著

对王子们的教育和锻炼 …………………………………………… (637)
弑亲法 ……………………………………………………………… (638)
王子教育变革 ……………………………………………………… (638)
无能苏丹导致廷臣和后宫女人的统治 …………………………… (639)
乌理玛、禁卫军和皇家骑士禁卫队的影响 ……………………… (639)

穆斯塔法一世和奥斯曼二世统治时期是暴动和骚乱时期 ……………… (640)
穆拉德四世未成年时期的密谋和小集团 ……………………………… (641)
军队极其危险 …………………………………………………………… (642)
人口增长导致动乱 ……………………………………………………… (643)
莱文达特、萨里贾和赛班及"果冻" …………………………………… (644)
中央政府与地方间的利益分歧 ………………………………………… (645)
阿巴扎·穆哈默德反叛 ………………………………………………… (645)
反对波斯的新战争。奥斯曼帝国在伊拉克的关系 …………………… (646)
巴格达事件；国王阿巴斯的行动 ……………………………………… (647)
黎巴嫩与法克尔·阿尔丁二世 ………………………………………… (648)
与波斯战争的最后阶段 ………………………………………………… (649)
祖哈布和约（1639年） ………………………………………………… (650)
穆拉德四世的性格和业绩 ……………………………………………… (650)
与波兰的战争 …………………………………………………………… (652)
反宗教改革与奥斯曼帝国 ……………………………………………… (653)
与威尼斯的战争 ………………………………………………………… (654)
穆拉德四世去世；卡拉·穆斯塔法改革 ……………………………… (656)
1644—1658年的暴政 …………………………………………………… (657)
科普罗卢家族的有效统治 ……………………………………………… (658)

第二十一章
欧洲与亚洲

伦敦大学东方和非洲研究学院印度史高级讲师

J. B. 哈里森 著

基于私人贸易活动的葡萄牙帝国 ……………………………………… (660)
国王在胡椒和香料上的贸易困难；许可证制度 ……………………… (661)
荷兰的渗透与葡萄牙的对抗 …………………………………………… (662)
荷兰联合东印度公司 …………………………………………………… (663)
荷兰与当地结盟；反葡萄牙战争 ……………………………………… (664)
荷兰问题；皮特·博特；巴塔维亚成了贸易和行政管理中心 ……… (664)
英国与荷兰之间的争斗 ………………………………………………… (665)
在亚洲无人理会英荷协议（1619年） ………………………………… (666)
荷兰人控制着亚洲商人 ………………………………………………… (667)
在印度尼西亚的英国贸易 ……………………………………………… (668)
在班塔姆的荷兰胡椒贸易。在苏门答腊和爪哇的中国贸易被毁 …… (669)

马塔兰和阿钦反抗荷兰人 ……………………………………………… (670)
荷兰人与科罗曼德尔棉布贸易 …………………………………………… (671)
荷兰人在古吉拉特开设商站 ……………………………………………… (672)
科恩的荷兰贸易帝国设想 ………………………………………………… (673)
与中国人的贸易不成功 …………………………………………………… (674)
荷兰在台湾和日本的贸易 ………………………………………………… (675)
英国东印度公司及其竞争者 ……………………………………………… (675)
英国的胡椒贸易及科罗曼德尔和古吉拉特的棉花贸易 ………………… (676)
在欧洲开辟了印度棉花市场 ……………………………………………… (676)
英国人与波斯丝绸贸易；葡萄牙人失去霍尔木兹 ……………………… (677)
俄国的丝绸和毛皮贸易 …………………………………………………… (678)
俄国向太平洋扩张 ………………………………………………………… (678)
葡萄牙竭力避免衰落 ……………………………………………………… (679)
军事和海军改革 …………………………………………………………… (680)
战略迟疑导致失败 ………………………………………………………… (681)
马六甲陷落和锡兰丢失 …………………………………………………… (681)
葡属印度地区的帝国结构被摧毁 ………………………………………… (682)
基督教传教团到亚洲 ……………………………………………………… (683)
英国人与荷兰人全力进行贸易活动 ……………………………………… (685)
欧洲人插足亚洲贸易的影响 ……………………………………………… (685)
欧洲人对亚洲人态度的改变 ……………………………………………… (686)

第二十二章
欧洲国家与大西洋

剑桥大学帝国海军史维尔·哈姆斯沃思特定教授、圣凯瑟琳学院院长

E.E. 里奇 著

哈布斯堡王朝在美洲的统治地位受到挑战 ……………………………… (689)
弗吉尼亚议会的创立和宗旨 ……………………………………………… (690)
弗吉尼亚的发展；对百慕大的所有权要求 ……………………………… (691)
荷兰人和英国人派哈得孙探寻西北通道 ………………………………… (691)
尚普兰的加拿大探险和印第安人 ………………………………………… (692)
英国开始从人口过多的社区向弗吉尼亚移民 …………………………… (693)
弗吉尼亚组织的发展 ……………………………………………………… (694)
巴尔的摩勋爵建立马里兰 ………………………………………………… (696)
新英格兰议会 ……………………………………………………………… (697)

向外移民的原因 …………………………………………（698）
分裂主义者和清教徒前辈移民在普利茅斯建立殖民地 ……（699）
恩迪科特和马萨诸塞湾公司的许可证 ……………………（699）
约翰·温思罗普与"大移民" ………………………………（700）
马萨诸塞发展成了清教徒寡头政治统治 …………………（701）
罗德岛与宗教流亡者 ………………………………………（703）
康涅狄格的建立 ……………………………………………（704）
纳拉甘塞特人与佩科特战争 ………………………………（705）
新罕布什尔和缅因殖民地；新英格兰联盟 ………………（706）
新尼德兰联合公司与易洛魁人；荷兰人与英国人关于
  曼哈顿和哈得孙河之争 …………………………………（707）
新尼德兰的扩张与西印度公司 ……………………………（708）
荷兰人与阿尔贡金人 ………………………………………（710）
基夫特和斯特伊夫桑特的统治 ……………………………（711）
新尼德兰与敌对的英国人和法国人 ………………………（712）
法国人与尚普兰对加拿大的探察 …………………………（713）
黎塞留与新法兰西公司 ……………………………………（714）
与易洛魁人的关系 …………………………………………（715）
蒙特利尔；佃农公司的组成 ………………………………（716）
停顿的毛皮贸易 ……………………………………………（716）
闯入西班牙殖民地的英国人与荷兰人 ……………………（717）
英国与加勒比海 ……………………………………………（718）
英国和法国开发背风群岛和向风群岛 ……………………（719）
人口剧增；蔗糖与奴隶贸易 ………………………………（720）
荷兰西印度公司 ……………………………………………（721）
殖民发展概述 ………………………………………………（723）

第二十三章
拉丁美洲（1610—1660年）
伯克利加利福尼亚大学历史教授
W. 博拉　著

费利佩三世宣称对美洲拥有主权 …………………………（725）
卡斯蒂利亚国王和葡萄牙国王占领的地区 ………………（725）
对印第安人的依赖 …………………………………………（726）
葡萄牙的巴西 ………………………………………………（726）

耶稣会会士慢慢地扩充着西班牙的领土 …………………………（726）
西班牙人在智利与阿劳坎人 …………………………………………（727）
西班牙的耶稣会会士在巴拉圭 ………………………………………（728）
　　乌拉圭 ……………………………………………………………（729）
　　阿根廷 ……………………………………………………………（729）
耶稣会传教区组织 ……………………………………………………（730）
葡萄牙猎奴队的探险与扩张 …………………………………………（731）
欧洲人口和欧洲化人口的增加 ………………………………………（732）
克里奥约人和他们与欧洲人的争斗 …………………………………（733）
黑奴和穆拉托人口的增加 ……………………………………………（733）
印第安人口的减少导致劳动力的短缺 ………………………………（734）
委托监护制、米塔制、分配劳役制、轮流劳役制、轮派
　　劳役制的应用。债务农 ………………………………………（735）
经济萧条的原因 ………………………………………………………（736）
欧洲人大地产的增加 …………………………………………………（737）
畜牧业的衰落；小麦和其他食品生产的增加 ………………………（739）
白银生产发展状况 ……………………………………………………（739）
采矿技术。矿工们的债务 ……………………………………………（740）
走私贸易和合法贸易 …………………………………………………（740）
收益从国王转至殖民地 ………………………………………………（742）

索　引 ……………………………………………………………（745）

译后记 ……………………………………………………………（932）

第 一 章
总　　论

　　欧洲（以及中国和一定程度上的印度）的17世纪上半叶无疑是个多事之秋，矛盾重重，冲突不断。在中国，农民起义风起云涌，皇朝风雨飘摇，最终导致游牧民族入侵，征服了这片定居民族的土地。在欧洲，战争连年不断，且比以前范围广、时间长，从爱尔兰到乌克兰、从莫斯科大公国到那不勒斯王国、从葡萄牙到安纳托利亚，整个王国、行省反抗统治者，暴乱接连发生，今天一个国王被刺杀，明天另一个国王被处死。而对那些认为有必要对历史上这些事件加以研究的人来说，欧洲的这一时期有着什么样的特性和意义呢？最近的学术思潮会使一些历史学家以种种理由回答，曰："没有。"最常提及的理由是：视欧洲为世界历史的中心既完全不合时宜又显得眼界狭隘，是一种不合情理地想要长久怀恋西欧文化和强权统治（这一统治终结于1942年——如果说不是在此之前的话）的观点。随着欧洲世界地位的改变，我们的历史观也变了。欧洲许多早期史学家都认为：强权是历史主题，只有成功、而非失败值得研究。一些历史学家至今仍死抱着这一观点不放。欧洲失去了强权，他们无所适从，迷失了方向；听到亚非国家新生代领导人的豪言壮语、看到人数众多的军队，他们迷惑茫然了。他们满足于想象中的现在和不可靠的未来，完全否定了过去，成了预言家。这第一波狂热几乎没有挽救得了那第一批领导人的失败。但出现了一大奇特现象：非洲史讲座和课程激增，大大超过了有关亚洲文明的讲座和课程；而实际上亚洲有着久远的文字记录史。所有国家都有为自身建构历史叙述的需求；非洲国家现在一定程度上已得偿所愿。这也是它们的前统治者们苦苦追求的。这也许在政治和精神上具有一点作用，而利用口述传统这一技能的推广使用确实获得了真实的知识，但就17世纪这个时间段而言，这些知识并不能从根本上改变欧洲（或曰世界）史观。

可以说：只集中于1亿欧洲人而排除两三倍之众的亚洲人，那是傲慢和不合适的。这一观点较有说服力且更为民主。尽管欧洲人跨过大西洋进行了征服活动并掌控了海上航路，但在政治组织、军事或其他技术方面并不绝对优于亚洲的社会和帝国；他们通常被当作掠夺者，极不可靠。当然，必须说明的是：虽然欧洲的经济与社会知识仍然很不完美，但亚洲在这方面还差得很远；而且正是欧洲列强征服和改变了亚洲。不管将来在政治力量和学术思潮上发生什么变化，这始终是世界史上的重要一段。作战方式，特别是海战方式的变革，开始使得欧洲列强在17世纪更为强大。科学的发展甚至具有更大的、长期的影响，帮助欧洲人具有更加强大的军事实力；而17世纪在改变欧洲知识界世界观方面的作用比起给予他们立即掌握改变世界的新方法来，则更有决定意义。

即使这些只着眼于欧洲的理由是可取的，17世纪上半叶也还不是一个使人能够理解、有所获益的研究时期。那个时期的一些人物：伽利略、培根、笛卡尔、伽桑狄，都把自己视为同过去传统决裂的新知识体系的使徒或发现者。科学史家可能对有些"新哲学"的主张有所争议，但并不否认其在该世纪中叶前后具有持续的发展。然而，研究里程碑现象的人们可能注意到开普勒1609年的《新天文学》打破了把行星运动视为圆周状的传统，而把整个宇宙作为一台机器；惠更斯在1659年则发明制造出了其单摆调节的时钟；这是"第一台制造时应用了新力学定律……而非经验性的反复测试错误的装置"（柯瓦雷语）。马德纳在罗马修建的圣苏珊娜大教堂的正面（完成于1603年）通常被认为是第一件最典型的巴洛克风格作品。17世纪中叶这一风格的发展没有完全中断；大约1640—1670年这段时间可被视为意大利巴洛克艺术风格的鼎盛时期；它在意大利之外的影响继续强劲，然而并非没有可与之媲美的新型艺术风格。但在经济史方面，该世纪的早期和中期这数十年往往被视为从扩张到衰退这一长期趋势的决定性转折点。最近许多史学家把17世纪，特别是1660年以前的年份看成是经济与政治的危机时期，但对其原因，乃至最为重要的征兆有着不同的看法。这又需要放眼较长时段——影响整整两代人命运的时段。这时段是为方便研究、能够确认一些重要问题——一些我们难以作出令人满意的解释的重要问题——而随意截取的。

完全通过各个国家的历史来考量这一时期，也会遭到强烈反对。这在一定程度上又是个为了方便研究的问题，因为各别史学家们实际上通常只对某一社会做深入研究。欧洲不同国家与欧洲整体之间信息的不均衡，不大能进行有效的综合研究。还有一些其他原因。认为欧洲历史的中心进程是建立民族国家的观点，现在在史学家中不时兴了；但其政治影响在欧洲境外从来没有如此之大，而其影响在欧洲本身也仍然很大。在所有的前殖民地，人们都在设法建立具有民族认同性的国家。在有目的地说明20世纪初的欧洲国家都是不可避免和肩担道义的这么一种情况下，这一做法会扭曲历史，同时也就意味着：国家和民族的构建无产阶级专政后国家犹自最终消亡会被用以证明几乎干什么事都是正当的，都是为了民族生存、未来荣耀和今日福祉。然而这一做法用之于17世纪倒完全能够引起人们关注其实在的重要性。当时西班牙哈布斯堡王朝多民族君主国日趋式微，权势丧失；未来就属于已有一定程度同一性和统一性的法国、英国、尼德兰联省共和国和瑞典这样一些国家。而这些国家统治着抑或想要统治有着不同历史、语言和文化的地区。17世纪还见证奥地利哈布斯堡王朝建立了由若干不同历史传统的国土构成的另一个多语种帝国；而德意志虽有共同语言和文化的连接，但政治分裂却愈演愈烈。

由于国际关系只是王朝考虑的事，由于各行省、集团乃至个人拒绝承认特定君主宗主权的权力并非全属虚构，由于各国间现代边界线的概念与现实尚告阙如，还由于各王朝与统治集团的许多文化具有国际特点，因此现代民族主义的标准（许多往往没有意义）几乎是完全不适用的。其他民族的人们很容易重犯那种走回头路、人为制造爱尔兰、马扎尔（匈牙利）、罗马尼亚、德意志和英格兰民族主义所导致的时代错误，而这种做法正好提醒我们：我们的历史观是在多大程度上受到后来，甚至最近事件影响的。

一个反面例子也许更能说明问题：如果乌克兰在19世纪或20世纪成为一个独立的民族国家，我们对17世纪东欧一些事件意义的解释可能会大不一样，就像英国和爱尔兰对它们各自历史的看法已经因为存在爱尔兰共和国而改变了。或许理想地来说，这些事件不应该影响史学家，但在现实生活中确实是有影响的。波兰、俄罗斯和乌克兰的史学家们在过去50年间对博赫丹·赫梅尔尼茨基的事迹以及1654年佩雷亚斯拉夫条约（这"条约"一词的使用是个长期受到争论的问题）的各种解释就是最好的说明；而各种解释的存在不是仅仅由于解读证据的困难或者难以对事件进行解释，还表明：为了当今政治需要而故意歪曲事实。①

这也表明：考虑相对较短的时段可以有助于使得我们现在看来似乎清楚、必然的时代总趋势所隐含的不可预见性。总体来说，可以将欧洲历史看作是一部在欧洲内外争霸的野蛮史。那些显得有效和真实而不是奇异、浪漫的好古癖的民族主义，是那些具有足够实力、信心十足的民族主义。如果说积聚力量是近代欧洲国家首要目标的话，那么也可以说：在拿破仑之前没有统治者或国家主张根据民族与文化优越或命中注定为侵略和征服辩护。毫无疑问，这种主张在19世纪极为明确了，以希特勒、墨索里尼和斯大林的相关主张最为明确。但是，如果说哈布斯堡王朝自认为有着帝国主义的超民族王朝传统的话，17世纪早期承担捍卫帝国主要责任的西班牙人却不是用这同样的方式来看问题的。以征服与统治为己任的卡斯蒂利亚人的命中注定观被伊比利亚其他民族所憎恶。人们要求实行"纯净"法（解除有犹太血统和摩尔血统者的封号和公职）；这既有悖于基督精神，又是贵族血统优于平民血统这一相当流行的看法之变种。不过这种要求首先展现了一种狂热的认同感和排他性。有一种流行的说法："我们要感谢上帝的恩典，使我们成为人而不是野兽，成为基督徒而不是摩尔人，成为西班牙人而不是其他民族"；还有一种在卡斯蒂利亚贵族间流行的说法："我向上帝发誓，我同国王一样血统高贵，而且更加高贵，因为他是半个佛兰芒人。"克维多把对荷兰人的斗争看作为争取统治世界的斗争。

此外，有些民族声称是上帝特选。福克斯的《殉教者书》对英格兰传播了这一观念，而米尔顿在其护教学和历史研究中又对之大加

---

① 参见 C. B. O'Brien, Muscovy and Ukraine...1654 – 1667 (Berkeley, 1963); S. Kot, *Georges Niemirycs* (The Hague, 1960); D. Doroshenko, *History of Ukraine* (Edmonton, 1939); S. Quillitzsch, "Der ukrainische Befeiungskampf im 17 Jahrhundert", *Deutsch-Slawischen Beziehungen*, Vol. 1 (1956), pp. 1 – 38.

宣扬。苏格兰人有一国民誓约派成员承袭的更为古老的传统。① 瑞典人把自身看作是哥特族的子孙、雅弗人的后裔;而雅弗人是世界上最古老的民族,是古希腊人的世界征服者和教导者。约翰尼斯·马格努斯将这些神话和从帕拉切尔苏斯及第谷·布拉赫在《北方之狮》的预言中得到的灵感综合梳理成为理论体系,认为这些神话预示第二轮普世和平将降临。② 特选民族的所有这些得意忘形之举现在具有了千年至福和普世性的意义,正如坎帕内拉首先把西班牙帝制,然后把法兰西君主制选为他创始普遍乌托邦的工具那样。但是他们也在某种程度上助长了民族自豪感和自我意识,而奥斯曼土耳其人一致认为自己承担着为伊斯兰教而进行征服的使命,却没有获得民族自豪感和自我意识,因为"Turk"(土耳其人)一词的使用通常带有贬义,系指游牧民或农民,故而他们缺乏对纯土耳其血统的自豪感。③

为了达到宗教和王朝的目的人们往往大肆宣传,否定民族的存在;而欧洲这一概念和为之设定的边界17世纪初就出现了。这没有在多大程度上取代,而只是修整了一下"基督教世界"这一旧概念。"欧洲"与"基督教世界"成为很大程度上可以互换的名称;"基督教世界"一词曾经系指各地各处的所有基督徒,而现在基督徒主要系指欧洲人了:"耶稣基督是他们的道,他们的真理,他们的生命之源;他在很久前就把一纸出走书给了他那忘恩负义的出生地亚洲以及他的迁徙地非洲……,并成为完完全全、实实在在的欧洲人。"(这席话是塞缪尔·珀切斯在1625年所说。)他继而主张称霸亚洲贸易(那儿的贸易远未开展),还主张发挥技术——这技术也只是刚刚萌芽——力量。④ 欧洲人如果对其他地方了解多了,就会发现欧洲与其他地方之间的差距,而如果从这一差距角度审视自己,对比下来的情况并非总是有利于欧洲。在16世纪,布斯贝克等人进行了有利于奥斯曼土耳其人的比较。但是在17世纪,有观点认为:同美洲印第安人的自然天真相比,或者同中国人的文明智慧相比,欧洲人都是好战的野蛮人,不配他们的基督传统。这一观点是蒙田对巴西人所做的

---

① 见下文,Chapter xviii, p. 567.
② M. Roberts, *Gustavus Adolphus*, Vol. 1 (1953), pp. 509–16, 523–6.
③ B. Lewis, *The Emergence of Modern Turkey* (1961), Chapter 1.
④ D. Hay, *Europe, the Emergence of an Idea* (Edinburgh, 1957), Chapters 6 and 7, p. 110.

评论中首先提出来的。而标准的答案是博特罗提出的，他认为没有城市就没有文明。最早对中国人所做的充分记述出现于 16 世纪末叶，强调了他们的繁荣与非好战的特性。耶稣会会士利玛窦开创了优良传统：即在 17 世纪末叶把中国文化与政治描述为开明专制的产物；但是早在该世纪的第一个十年里就有一位意大利商人弗朗切斯科·卡莱蒂就已先于伏尔泰赞扬中国了。① 到 1641 年，不信教者、无神论者拉莫特·勒瓦耶在他的《异教徒的美德》一书中盛赞中国人奉行了最纯真的自然宗教，并受益于孔子的弟子们的教导；孔子是又一个（没有殉难的）苏格拉底。

如果说珀切斯是在怀着幼稚的自豪感对未来作出一种不成熟的预期的话，那么作为政治实体的欧洲就越来越成为用于外交宣传的一个概念了。黎塞留主张不仅使德意志而且使欧洲摆脱哈布斯堡王朝的霸权。法学家们在其论述万民法的文章中仍完全援引罗马法或旧约的案例，然而已然完全不符合特选民族和帝国普遍要求成为没有庇护者的主权国家这一变化了的境况。格劳秀斯与他的所有前辈一样富有古典和圣经学识，他从国际法研究转而研究起了国家之间的权利。

> 他是第一个全盘接受（其后继者们共同接受）基本公理国家是有主权的、不受外部控制、主要服从于自身利益的考虑这一基本公理。他旨在表明：在这些条件下，接受法治是符合国家利益的，因为必须有某种国家共同体（国际社会）来保护它的生存。②

各国都有平等权利，即便没有相等国力来维护这些权利，其权利也是平等的。但是过度显示国力，长此以往会危害强权者的利益。这可能有助于增强建立一个欧洲国家共同体的某种意识。格劳秀斯担任过荷兰东印度公司的顾问，曾经用亚洲国家的主权作为论点反对葡萄牙根据教皇权威提出的主张。但是，因为欧洲人坚持炫耀自己的力量，③ 而中国

---

① F. Chabod, *Storia dell'idea d'Europa* (Bari, 1962), pp. 64–89.
② G. Mattingly, *RenaissanceDiplomacy* (1955), p. 294; Vol. Ⅲ in this series, Chapter Ⅵ; and below, Chapter Ⅲ, pp. 111–12.
③ See below, Chapter Ⅻ, p. 671.

则不承认其他国家（除非充当中国皇帝的纳贡国），一个得到确认的、以真正平等条件来包罗欧、亚国家的共同体迟迟未能形成。

如果后来对欧洲本身的边界定在顿河有了共识，这个时期也就证明取得了划定长久边界和分界的成果。白俄罗斯与斯摩棱斯克、基辅与左岸乌克兰并入莫斯科大公国，葡萄牙脱离西班牙哈布斯堡王朝独立，德意志的宗教地图通过三十年战争基本确定，一直延续至20世纪。在欧洲外部，穆拉德四世确立的波斯与奥斯曼帝国之间的边界，基本上仍是土耳其、伊拉克和波斯之间的边界。西班牙不能再垄断在加勒比海的殖民，也不能再控制或限制别人在北美洲殖民。在亚洲东部群岛，西班牙对菲律宾的统治最终巩固了；然而在1650年，荷兰人在那里成了占主导地位的欧洲势力。到17世纪中叶，俄罗斯商人和猎人穿过西伯利亚到达了太平洋，在阿穆尔河（即黑龙江——译者注）接触到了中国人。

当时已有了一些欧洲文化意识，然而俄罗斯还基本上被视为异端。像贝拉明红衣主教与詹姆斯一世之间的宗教与政治辩论拥有欧洲的听众，像卡索邦批驳巴若尼主教、证明赫耳墨斯的著作出现在基督教兴起之后这样的纯学术著作也有人阅读。所有这些书同大多数学术著作一样都是用拉丁文书写的。法国、西班牙和意大利的本土文化都具有国际性的，就是说它们影响到全欧洲。意大利在绘画和建筑方面的影响比起16世纪来在欧洲的影响更广、更大了。但是也要记住：我们现在承认的那些最伟大的作家、思想家或艺术家在他们所在的时代，却不一定在欧洲有那么广泛的影响。虽然鲁本斯、贝尔尼尼以及（在较小程度上的）凡·戴克都在欧洲享有盛誉，但弗美尔和贝拉斯克斯则没有多大名气。塔索、塞万提斯、克维多甚至马里诺的著作1650年时在欧洲到处传诵，而莎士比亚和高乃依的著作在欧洲却少有人问津。即使现在研究笛卡尔的人少了，但仍有人在读他的著作；即使现在研究培根的人少了，但仍时不时有人提到他。而在那个时期，尤斯图斯·利普修斯或许比他们拥有更加广泛的读者。

法语与西班牙语的文学和语言影响，不像意大利语的影响，完全是跟政治力量的运作紧密相连的。卡斯蒂利亚语言和文化的影响最大时不但遍及马德里直接统治的地方，而且遍及波希米亚、奥地利和德意志。① 西班牙文学的直接影响更为深远；有二十多部英王詹姆士一世时期的戏剧源于西班牙语，有些是通过法语翻译过来的，但许多是直接译自西班牙语。弗莱彻和马辛杰可能都懂西班牙语。不但塞万提斯的小说，而且许多流浪汉故事都译成了英语、法语、意大利语和德语。阿莱曼的《古斯曼·德·阿尔法拉切》（1599年、1664年）——"欧洲文学史上第一部长篇现实主义小说"——是西班牙境外的畅销书，并且直接决定了德文杰作格里美尔豪森（Grimmelhausen）的《痴儿西木传》（Simplicius Simplicissimus，1669年）的创作形式。西班牙文学对法国和英国文学的直接影响或许在17世纪上半叶最为强劲，而翻译的数量和声望在此后仍在继续增长。

通史学家涉及的面太广、太复杂。他们除了成为其专门史同行们的批评对象外，没有多大希望来作出任何成就。艺术史家往往觉得这类史学家把巴洛克艺术的地区性和年代性、内容、风格与社会意义作出过于夸张、不成熟的判断。有些文学史家对从艺术史家和科学史家那里借用主题和范畴来加以滥用，颇有微词。另外一些史学家则往往会认为：专攻文化史的学者在谈及社会、政治与经济背景时，都使用过时的分析和不成熟的概念。而许多经济史家则认为：只有那些受过统计和分析技术训练的人才对历史与社会基本结构有所了解；然而他们对如何将其应用于人口史或价格史方面的看法并不一致。因此，那些仅仅试图以研究通史的方式研究历史事件的史学家就永远不再受欢迎了。外交史、政治史和宪法史被认为是基础研究内容，而总体式的综合研究却几乎同样艰难。人们所能期待的不过是：设法提出更好的答案或者更好的问题以及更多的知识以影响他人，而不是去使用诸如"紧要关头""存在的大链接""巴洛克感性"等特殊概念，或者诸如"感性分裂"和"有机社会"等现代神话来作为解决许许多多问题或所有问题的手段。

各国力图用以增强国力的一国总体经济与社会状况现在成为历史学家的一个主要关心问题，因为经济要素一般被认为是与政府所奉行的政策有关联，而这些不是为建立国家。又因为中世纪或更早时期

---

① H. Tiemann, *Das Spanische in deuschlandvon der Renaissance bis zur Romantic* (Hamburg, 1936).

以来的政治和文化的发展通常被视为渐进过程，只有暂时性的间断。国家起起落落，通常被视为朝向新领导者之间的权势转移；而比起世界其他地区来，欧洲的总体力量从1400年到1800年或者1700年之间显然是增强了。力求建国的一些政府所奉行的政策主要考虑的是经济因素，经济史家主要关心的是经济体制与组织的演变、生产技术的进步——这些发展意味着或者说呈现出了总体的长期增长。有些地区落后，如俄罗斯；有些地区无疑在衰退，如西班牙。但是这种情况因其他地方的增长和进展而得到了改善。随着经济史研究的发展，诸如皮雷纳（Pirenne）等史学家反对稳步演进的概念而赞同周期性这样的看法。史学家们越来越喜好强调脱节（disjunction）、价格革命或者危机。政治史和文化史方面也有同样的喜好。近年来，17世纪已经被视为首先是革命与危机的世纪。马克思主义的解释仍然强调旧日的进化模式，他们还把危机看作有利于"从封建主义向资本主义过渡"以及最终加强"进步力量"，特别是有利于工业资本主义的力量。但通常普遍认为：17世纪的动乱在一定程度上是对经济危机和萧条的反映，而人口与资源增长则往往被严酷的突发事件所阻断，然而发生了重要的学术和文化发展，学术与文化产生了重大发展。

因此，现在一般都认为：17世纪上半叶开始出现了极其强烈的物价波动所显示的、并因长期战争加重了的经济衰退或萧条，以致17世纪一开始"就生活在萧条、收缩和紧缩的阴影之下"。巴洛克艺术被认为在某种程度上是受这种社会和经济背景影响而形成的一种表现形式，是逃避世间苦难的一种高度感情解脱，同时也反映了世间的冲突和痛苦。还有一种说法是：中世纪晚期悉心关注死亡、停尸所和世事无常重新成为巴洛克的首要主题。① 不管怎么样，我们至少应当指出：艺术风格分析总是强调风格主义艺术与建筑的死板、繁复和脱节，相比之下巴洛克实现了和谐、整体的合成及其生气勃勃和自信心。

人们认为最重要的总体经济现象是物价状况；与16世纪相比，价格的波动更为激烈，总的趋势是停止上升而转为停滞或下降。关于

---

① J. Rousset, *La Litterature de l'Age Baroque en France* (1954), Chapter Ⅳ. For a sweeping rejection see H. Peyre, "Commonsense remarks on French baroque", *Studies in Seventeenth-Century Literature*, ed. J. J. Demarest (Ithaca, 1962), pp. 1–19.

转折点或逆转点发生在何时的问题上，有相当多的不同看法：1619年、1630年、1640年、1650年都有人提出过，而有些人则主张把它视为一个累积的进程，在不同时间影响到欧洲不同地区，直到17世纪中叶以后才波及全欧洲。对这一时期政治和社会危机的性质与原因甚至有更多的不同看法①，除了在其与经济困难和萧条以某种方式有关这一点上没有分歧。

许多经济史家开始相信自己能通过物价研究来评估经济的总趋势。有一个时期，物价史好像成为非常主要和丰富的知识来源，有些历史学家准备用它们来推断人口趋势。聪明的顾问们现在可能是胜算了，但还是有一种在法国最为流行的看法认为：物价研究可以揭示一种基本结构，其长期变化在很大程度上不受战争和政治事态的影响。有时候，一谈论物价史，问题就更加令人困惑，好像这与量化有关。无疑，但愿如此；物价系列是可以被认为用来衡量某些事物的。困难可能在于它衡量什么以及它做证的有效性。人们接受的看法是：物价不断上升是经济增长的证明。可是这有赖于许多假说——关于价格运动在前工业社会的发展与大量维持生计部门的关系的假说，但并非是所有这些假说都可以得到验证的。如果我们说：在16世纪，随着贸易与船运量的增加和纺织业产值的发展、更多土地得到开发等，欧洲的人口与城镇增加了；所有这些论点似乎都是可信的，但是我们无法量化它们并制作出连续不断的统计序列。因此，这种没有数据的论述的价值就不如物价系列了，虽说这些系列往往是间断的，除了粮食以外不包括大多数产品，而且只涉及某些地区。物价系列——特别是指数数值、银等值或移动平均数——仍是显示一种信念的基础，而不是经济发展的量化证据。缺乏其他证据，可能迫使我们把它们用作经济变化走向的指南，但是我们必须认识到可能对这种研究方式有严厉批评也是可能的。仅仅以物价系列来揭示经济变化的基本模式，如果遇到无法纳入的则解释为何排除在外，那是一种危险的做法；而这种做法可能是当初狂热地研究整体史时无意识地造成的后果。

对近些年来一些主要的经济论述作出简要的分类，也许是值得的。这对于有关论述者们的创造力和学识可能做不出公正的评判，但

---

① E. g. T. H. Aston（ed.），*Crisis in Europe 1560–1660*（1965）.

第一章 总论

是可以指出其一般性特点，即便失于过分简单化。（1）肖努[①]和古贝尔[②]提出的说明也许可以放在一起，因为他们都把详细分析物价趋势和周期作为一项基本准则。肖努关注国际贸易；古贝尔关注一个地区的经济史，特别注重其中人口因素。两人都是从间接证据中推断生产走向，然而程度各异。双方都同意欧洲经济大约在 1650 年走向了萧条。（2）阿贝尔[③]和斯利歇·范·巴特[④]认为物价趋势很重要，但只将其与农业生产而不是周期性分析和国际贸易相联系。他们把 17 世纪中叶视为长期萧条开始的时期，与 16 世纪的扩张对比，其特征是谷物价格低廉、实际工资过高、畜牧业和农村工业的发展。（3）罗马诺[⑤]试图进行总体阐释，包罗了物价、贷款、货币因素、国际贸易、工业和农业生产，旨在表明 1619—1622 年间发生了决定性的转折，整个经济走向萧条。（4）巴埃雷尔[⑥]和勒鲁瓦·拉杜里[⑦]同古贝尔一样关注特定地区，但提出了更多关于生产以及租金和收入活动的直接证据及其与物价的关系。两人都相信他们的发现具有超越特定地区的有效性；但不同意（1）和（3）认为 1650 年以前发生了决定性的转折这一观点。

第五类和最后一类是各种马克思主义论述。有些人在坚持认为整个世纪有助于从封建主义转向资本主义的结构性变革的同时，还认为特别是在该世纪上半叶发生了社会和经济危机，同 16 世纪相比这整个阶段是个经济相对停滞的时期。[⑧] 但是有些波兰历史学家虽然同意波兰等国经济增长下降了，却否认欧洲总体经济也是这样。[⑨] 托波尔

[①] P. Chaunu, *Seville et l'Atlantique*, Vol. Ⅷ, 2, pt. ii; "Le renversement de la tendance majeure des prix et des activites au XVIIe siecle", *Studi in Onore di A. Fanfani*, Vol. Ⅳ (1962); "Reflexions sur le tournant des annees 1630-50", *Cahiers d'Histoire*, Vol. Ⅻ (1967).

[②] P. Goubert, *Beauvaiset le Beauvaisis de 1600 a 1730* (1960) pp. 493-512, 599-624.

[③] W. Abel, *Agrarkrisen und Agrarkonjunktur in Mitteleuropa vom 13 bis zum 19 Jahrhundert* (1935); *Geschichte des deutschen Landwirtschaft* (1962).

[④] B. Slicher van Bath, *The Agrarian History of Western Europe* (1963).

[⑤] R. Romano, "Tra XVI e XVII secolo una Crisi Economica 1619-22", *Rivista Storica Italiana*, Vol. LXXIV (1962), pp. 480-531.

[⑥] R. Baehrel, *Une Croissance*; *La Basse-Provence Rurale* (1961).

[⑦] E. Le Roy Ladurie, *Les Paysans de Languedoc* (1966).

[⑧] A. Klima and J. Macurek, "La Question de la transition du feudalisme au capitalisme", XI *Congres Int. Des Sciences Historiques* (1960), Rapports, Vol. Ⅳ, pp. 85-140; E. Hobsbaum, "The General Crisis of the Seventeenth Century", in *Crisis in Europe*, ed. Aston.

[⑨] J. Topolski, "La regression economique en Pologne XVIe-XVIIIe siecles", *Acta Poloniae Historica* Vol. Ⅶ (1962); M. Malowist, "The development of the Baltic countries in the sixteenth and seventeenth centuries", *Econ. Hist. Rev.* (1959).

斯基否认出现过"经济活动减缓造成的停滞与衰退意义上的经济总危机"。各个欧洲国家发展不一，所以波兰经济的衰退一定程度上是由于受到更先进国家（诸如尼德兰、英国和瑞典）的剥削。诚如马洛韦斯特所说："边境地区成了西方国家某种形式的经济殖民地"，它们需要那里的粮食、木材制品和原料，并发现那里是制成品和殖民地货物有利可图的市场。这种剥削有利于西方商业与工业利益集团以及波兰巨头的利益，而以牺牲波兰城镇、手工业者、商人和农民为代价。托波尔斯基明确地否认波兰的衰退是由于战争，认为1626年之后，乃至1648年之后战争蹂躏只是加速了已经开始的一个进程，想必没有战争最终还会产生类似的结果。对于战争的影响，托波尔斯基得到几乎所有上面提及的历史学家含蓄或明确的支持。只有勒鲁瓦·拉杜里认为战争产生了相当重大的财政压力。古贝尔认为战争只对粮食价格产生地方性和暂时性的影响，比起歉收的影响来总是很小的；也就是说，战争只有相对很小的社会和经济影响。

　　肖努的论述已经有了相当大的影响。有鉴于此，加之在空间和时间上范围很广、信息量又很大，需要对其作更加充分而又很概要的叙述。他辩称：16世纪和17世纪的欧洲一直长期短缺财源，这是账户金额不断贬值的主要原因（见原书第87页地图1）。因此，到达塞维利亚的白银充分缓解了贸易资金的短缺，促进了贸易和航运投资。价格上扬激励了经济活动，但是持续的通货膨胀意味着一定量的白银购买力下降了，而扩张中的贸易需要更多的营运资金。为了贸易增长得以继续，美洲矿山产出必须快于价格上升和贸易量的增加，因为当时的信贷手段要求有金银条做后盾。这些条件在1600年前的二三十年间是得到满足的，但其后船运的白银没有增加，头20年大约减少了15%，而1625年以后则急剧下降。塞维利亚的跨大西洋贸易船运量1608—1610年达到顶峰，而后缓慢下降，1622年以后则明显下降了（见原书第90页图3）。肖努认为：难以直接计量生产，因此重要的海路活动量指数就成了最有用的证据。塞维利亚大西洋贸易是欧洲经济发展的原动力；它一旦出问题，失去了动力，整个经济发展趋势则从发展转向停滞抑或衰退。17世纪20年代初的危机就是由于无法为不断增长的贸易量提供资金。这又是因为没有发现新矿，没有找到开矿的人手。"西班牙大西洋经济停顿后，欧洲陷入了长时间的危机,一直到第二波殖民大扩张才复苏:荷兰、英国和法国殖民帝国的扩张重又促进了经济发展。"

因此,肖努是一名经济边疆理论家,他认为"占领空间在15—18世纪的经济发展中似乎同技术进步在最近数百年来的经济发展中起到了相同的作用"。欧洲衰退或曰从发展到缓慢发展的变化年代,各地不尽相同。欧洲经济衰退或曰从增长转为较慢增长的时间表,各地区不同。在地中海欧洲、西班牙和西属美洲,大约开始于1600年;但在尼德兰、波罗的海、巴西和印度洋则稍后。关于物价,肖努发现:当物价上升较慢抑或平稳运行时,各国从扩张时期到收缩时期的时间不尽相同。在两三个周期性危机以后,就有决定性的变化;这在西部早于东部,在南部早于北部,在沿海早于内陆。

肖努起初断言:阿姆斯特丹的国际价格表明了塞维利亚贸易衰落的直接与即时影响,这一观点被一些历史学家所接受。但切实探究引自波斯蒂默斯的《荷兰价格史》中不完整的价格系列后,这个断言应该站不住脚了。荷兰国内价格的趋势逆转出现在1650年之后甚或1660年之后,即塞维利亚决定性危机的三四十年以后。两者的因果联系不明显。肖努正确地指出了塞维利亚贸易的衰退是垄断的垮台,但是他没有注意到这样一个问题:即大西洋贸易量由于进行了有利于荷兰与英国的再分配,1620年或1630年后不可能再有增加了。巴西糖业生产估计在1600—1650年之间翻了一倍,而且大部分的增长是在1630年以后。肖努又只是注意了通过Sound的贸易,为的是迎合罗马诺认为通过Sound的贸易量随着塞维利亚贸易量的下降在17世纪20年代后下降了的观点。我们之所以这么说,是因为我们看到这个观点是错误的;说通过Sound的贸易比塞维利亚的贸易对欧洲更加重要是言之有理的,通过Sound的贸易确实有着大得多的货运量。

但是,在探索这些问题前,我们应当记住:把17世纪说成实质上是个危机与萧条的时期以及粮食价格长期趋势是经济增长的指数这两个观点都受到了质疑。粮食价格下降并非与增长不相容,16世纪与17世纪的趋势可以用好坏收成连续出现的现象来加以解释。① 舍

---

① M. Morineau, "D'Amsterdam a Seville, de quelle realite l'histoire des prix est-elle le miroir?", *Annales* (1968).

费尔对17世纪提出了一个不同看法。① 18世纪之前，一大部分的人口（特别是城市人口）会由于比较轻微的经济混乱而严重受害。一次歉收、一场瘟疫、流通货币短缺、军人搜刮与征用，会造成很大的影响。人们的购买力如此之低，国内外大宗工商业的繁荣有赖于一小批富人的表现。这种不牢靠的需求不足时，整个经济就可能动摇。因此，波动和不稳就成了经济和社会生活结构中的内在因素。舍费尔认定：16世纪欧洲在外部似乎无限扩张的前景在17世纪暗淡下来；1650年以后又出现了农业衰退。但是他认为，仅仅以价格证据来推断持续的经济危机或严重萧条是困难的。他认为完全可以把17世纪视为一个经济持续稳定、实际工资上升的时期，而白银输入减少则有助于这种稳定。当人口增长放慢时，与16世纪相比不但可能会有更多金钱周转，而且按人口持有的财富也增加了。显然，经济力量和政治力量从南欧向西北欧大幅度转移，而这种转移也可以有助于更大的稳定，"……巩固和组织时期。欧洲内部价格与货币周转变得更为实在和稳定。国家的发展并非仅限于经济"。

这提醒我们：建国是欧洲史的主题这一旧观念并没有被研究经济社会结构及发展趋势所完全取代。人口结构与国际贸易结构的脆弱性都表明：除了和平时期影响经济的有限手段以外，国家可利用的经济潜力也是有限的。因此，歉收可能比战争具有更严重、更广泛的直接影响。可是，战争的间接影响——长期的财政压力、宁可资助包税制和战争而不资助贸易的倾向、疾病不断扩散以及人力的转移——一定具有长期的经济影响，至少和歉收的坏影响同样重大，而且可以想见比找不到新银矿的影响更大。一个大力扩张的经济无疑可以比衰落中的经济能够负担花钱较多、范围较广的战争，但是西班牙的例子表明：战争欲会增加经济困难。再者，财富在很大程度上以制海权及海上贸易为基础的国家，可以依靠公开的战争或不宣而战来获利。但是，据称是1600年前后经济占优势的国家西班牙，1580—1620年之间在财富或经济力量增长方面难以看到真正处于强大地位。

如果我们考虑16世纪期间战争对欧洲的影响，意大利、德意志、

---

① I. Schoffer, "Did Holland's Golden Age coincide with a period of Crisis?", *Acta Historiae Neerlandica*, Vol. I (1966).

尼德兰、法国、西班牙、英格兰和苏格兰在1540—1559年之间都直接或间接地受到严重影响。到1559年，最严重的后果是在所有有关国家的金融方面，但是最严重的经济影响或许发生在意大利。意大利的经济在1560年以后好像已经恢复并可能增长了；但是16世纪60年代多场战争叛乱和内战日益影响到尼德兰、法国、西班牙、葡萄牙、英格兰和爱尔兰，而意大利却较少受到直接影响。从16世纪90年代开始，南、北尼德兰以及法国复苏了；然后工商业发展到了新水平。在法国，这终止于17世纪30年代，在荷兰则稍后。经济没有恢复而衰落的，是西班牙，特别是卡斯蒂利亚，它把大部分资源都投入了战争。当尼德兰和英格兰的经济从17世纪20年代早期的危机中得到恢复，意大利北部的经济却没有；在那里，曼图亚战争最终导致了1630年的人口灾难。① 说战争的多重影响足以阻碍17世纪20年代至1660年之间的经济扩张，可能似乎有些肤浅；但是值得注意：没有受到陆上战争太大影响的国家以及更多依靠海上贸易的国家——北尼德兰、英国和葡萄牙——则境况最佳。这里的例外是威尼斯，因为卷入了一场争夺克里特岛的战争，它的经济受到了严重损害；而它的贸易和海上力量已经持续衰落了一个世代（a generation）。

为了考虑一些总体的社会因素，必须暂时推迟一下经济论述和分析。阿贝尔、斯利歇·范·巴特、罗马诺和巴埃雷尔的伟大贡献之一是：他们强调了农业的重要性。大多数历史学家都同意：16世纪欧洲的人口和农业生产都增加了，耕地面积可能也增加了，然而不清楚两者是否都基本上超过了14世纪的峰值。

在17世纪，内部殖民化的进程变慢了，而且在有些地区可能完全停止了。阿贝尔和斯利彻认为这种停顿发生在1650年以后，但是罗马诺把这视为17世纪20年代早期危机的产物；这种观点对整个欧洲而言没有说服力。他则更加振振有词地指出欧洲几乎普遍存在着一种现象：农村人口受到土地所有者和封建领主权利日益增大的压力。我们可以加一句：国家参战，需要资金；这又加上了新的财政负担，因而往往又增加了这种压力。

---

① See below, Chapter Ⅱ, p.76.

那时土地所有者和封建领主权利的传统精英都是贵族，所以完全可以根据他们的特点和行为的某种大致近似性将其视为一个社会集团。由于推定欧洲史的实质是建立民族国家，本世纪头十年里大多数历史学家认为："新君主制"涌现时联合起城市中产阶级（特别是律师和商人），以打击贵族的传统特权，规整他们的肆无忌惮，并通过引进服务国家新传统的新成员来改造他们。这些新君主制所奉行的重商主义政策是什么？是基本上符合更大组织单元民族国家需要的中世纪城邦的政策吗？这种观念产生出了一批当今的陈腐用语，被用来进行这样的描述：不断显著上升的中产阶级取代筋疲力尽、已被忘却的贵族；这一进程后来又受到价格革命推进资本主义和侵蚀贵族收入的这个影响而得以加速。然而，说16世纪和17世纪的君主制在侵蚀城镇特权和政治权力方面比侵蚀贵族的特权和政治权力方面更为成功，是有证据加以证明的。欧洲各地（联合省和瑞士除外）城镇的独立性和传统政治权力都缩小了。

当时人们看待贵族阶层的方式，显示出他们思考和行动方式中的一些不安与矛盾心态。他们的观念也要求我们有某种想象力。一个主要的现代假说和老生常谈是：环境至为重要，所以历史学家、社会学家和记者们往往都提到这个重要性而不谈什么证据。过去类似的观念往往根据的是关于世袭和血统的假说。这种观念由于同有害的种族主义有关，现在似乎更加令人反感了。虽然在个人历史上基因决定因素的知识方面有了很大进展，但这类因素在重大社会影响方面可能还缺乏对环境假说的尊重和认可。如果说我们不喜欢血统贵族的观念，事实上在16世纪和17世纪许多人也都是这样的。这种观念明显与基督教戒律完全相背；还有一个非常流行的中世纪传统观点：最好的、真正的贵族贵在德，而人文主义的大力宣传又弘扬了这一观点。这种观点具有一定的实用性，可以说明许多新人被封为贵族的正当性，也帮助说明了早在16世纪以前就已经明显存在的事实：许多或大多数贵族并不是西哥特、法兰克、诺曼、萨尔马希亚和特洛伊贵族的直接后裔。至于什么使人高贵的问题，还涉及政治理论；在许多国家里都有这样的说法：一个国王可以册封爵士或骑士，但不能封绅士。在考虑有关贵族起源之前，我们应当注意到：显贵一词在英国通常用于贵族阶层；在西班牙，显贵者与贵族有所差别；在法国、波兰等国，显贵包括那些没有称号的人；没有称号的人在英国称为绅士。所以这里贵族阶层一词的使用是泛指性的；而且应当记住：父亲的贵族地位和特权是继承给所有儿子的，不仅仅是长子而在英格兰只有长子可以继承。

大多数法学家（欧陆关于贵族阶层的规约几乎都是由法学家或者神职人员制定的）认为贵族阶层的有效来源是国家权威机构的赏赐。这方面最极端的说法是一位对路易十四确认贵族称号之权进行评论的评论者提出的："认为身份地位的不同与自然本性有一定关系，那是错误的；身份地位的不同完全由君主和国家法律所决定。"此外，从1578年起，波兰国王没有议会同意就不能把平民册封为贵族。虽然巴托卢斯（Bartolus）和他的后辈法学家接受国家权威机构为贵族来源的总原则，但他们也承认血统论，承认17世纪社会生活中仍存有理想和偏见；所以他们说新受封的贵族要过四代才能像旧贵族那样完美，最完美的贵族是依古代习俗而行的贵族没有平民血统的先辈。中世纪的传统也维护血统论和美德论。高贵文雅源自诺亚（Noah）的恩泽；贵族是有福之人雅弗（Japheih，挪亚的长子——译者注）（顺带说一下：传说雅弗是欧洲人的祖先）的后裔；受诅咒者、卑贱者与无地位者是含（Ham，挪亚的次子——译者注）的后裔。可是一些人，比如罗利，他们认为贵族是原先公众协议选出者的后裔，一些像博丹那样的人认为他们起源于暴力和压迫，而其他人则把他们视为诸如法兰克人这类征服者的后裔。莫雷诺·德·巴尔加斯（《论述西班牙贵族文集》，1636年）像他的许多前辈那样引述所言："世上的贵族不过是长久以来的财富。"西班牙、法国和意大利的作家们在其比较注重实际的时候都承认：贵族阶层往往是财富的产物，而不是美德或勇敢的产物。莫雷诺说过（fo.51v）：住在小地方——那里的其他住户都很贫困——的人，可以利用自身的权力来逃避税负，并且由此成为公认的贵族。

在比较详细地考虑贵族的法定特权之前，最好对他们的数量有点认识。一个极端是比斯卡亚，那里当地出生的人都是贵族；另一极端是格里松州，那里不承认贵族特权。贵族比例最高的国家可能是卡斯蒂利亚和波兰，各占其总人口的大约10%；匈牙利也许接近了这个比例，肯定是超过了5%。英格兰贵族界限很广，包括律师、神职人员、军官和海军军官；格雷戈里·金估计1688年大约为4%；较小范围的贵族不包括律师、牧师、军官和海军军官，1660年前后或许可能为

2%—3%。在法国，1700年前后或许是1%，但在1650年时肯定要高一些，大概不足2%。皮德蒙特在1700年前后大约为1.5%，而17世纪初肯定要更低。伦巴第可能在1%以下，维罗纳和那不勒斯稍高于1%，伊莫拉或许有4%；波希米亚在1618年大大低于1%，加泰罗尼亚可能也是这样；瑞典在1610年前后是0.33%。因此，有些国家人数众多的贵族比例是5%—10%。贵族人数为1%或少于1%的国家有瑞典、波希米亚、意大利大部分地区，可能还有德意志大部分地区。法国和英国处于中间位置，大体在2%上下。① 这些百分率是很粗略的近似值，但至少表明了这一重要人群在数量上是多么的少。

另一大区别是：卡斯蒂利亚和意大利的贵族主要居住在城镇；英格兰、法国、德意志与波兰的贵族主要生活在农村。在卡斯蒂利亚和意大利，贵族控制着大部分城镇，通过城镇控制乡村；在波兰和勃兰登堡，贵族控制着乡村，致使大部分城镇在经济与政治上无足轻重。在法国、英格兰和西（部）德（国），城镇在经济、社会和政治上保持着较大的独立性，然而它们同农村绅士之间有着相当多的互动。在任何情况下，这种关系都受到皇家权威与行政当局方面的影响。贵族的数量在同一王国不同地区中往往有较大的差异。卡斯蒂利亚西北部的贵族人数比安达卢西亚的贵族人数多；在波兰，他们是马索维亚人口的27%—31%、小波兰人口的6.3%、大波兰人口的7.6%。在威尔士，声名不佳的绅士人数比英格兰其他地方多；布列塔尼在法国也有同样的名声。贵族在一个地区为数较多，贫穷贵族人数也就较多；一个地区贵族为数较少，富裕贵族人数比例就较高。

这使我们看到了贵族阶层作为社会集团的另一个不同特征：贵族阶层这一社会集团中有许多最富裕的人和一些穷人。非常贫穷的贵族占穷人的比例比起富裕贵族占富人的比例要小——后者的例外是联合省。虽然财富与地位的层次在任何社会里都极少绝对相合，但17世纪的差异可能比今天的资本主义社会或共产主义社会中的情况要大得多。有许多官员、律师、商人甚至手艺人与农民比相当多的贵族更加

---

① 布列塔尼的贵族人数是根据法国贵族人数最多的省份估算的，1668年人数大约4万抑或4万多，占估计的人口数的大约2%。J. Meyer, *La Noblesse Bretonne au XVIIIe Siecle* (1966), Vol. 1, pp. 55–6.

富裕，除了在波希米亚和西西里等国：那里的贵族人数较少，小儿子通常被安排走神职道路。在所有这些社会里都非常强调优先权，但对教会座位、领取圣礼、离开教堂、游行行列和参加宴会时的次序存在着许多争议。在贵族阶层内外有等级制度。贵族头衔是否是新近受封者，都有优先权；但在同等封号时，老辈贵族享有优先权，而且通常比新受封者更受尊重。

全体贵族都或多或少具有共同身份与特权的认同感。这特权属于他们所有成员，不问称号和财富。贵族头衔和财富或许在波兰最彰显，那里贵族间在法律上不存在高低之分，坚持认为法律上人人平等（然而就是在那里，富人也被称为贵族，而穷人则被称为绅士）。另一个极端是英格兰。在那里，法定的特权仅限于可以进入议会的贵族，只传给长子；其他人，不论血统如何古老或财富如何显赫，只可算是绅士。然而，他们毕竟还享有一定程度的非正式特权待遇；严格的法律通常是为穷人和身份低下者制定的。法国的乡村绅士间有个通常的说法：他们同国王一样高贵。这种对比对于卢瓦索等法学家来说，似乎有点大不敬，但是突出表明了一种集体傲气以及对贵族阶层内部平等的期望。

大部分贵族（除了英格兰）所拥有的最重要特权是财务方面的。在贵族应该个人服兵役的有意义的时期，大多数国家贵族的采邑和领地是免税抑或享受特惠税率的；法国贵族免除人头税；卡斯蒂利亚的贵族与平民纳税不一样。在 17 世纪，贵族财务特权在法国和卡斯蒂利亚大受削弱；但在整个欧洲，间接税增长的总趋势非常显著。这在一定程度上是受了贵族特权的影响，然而也是由于富人一般不愿看到他们的收入被课税，也是由于考虑到财务上的方便。这种特权观使得一个长期以来的重要看法传播出了欧洲。虽然西印度院不赞同建立一个殖民地贵族阶层或售卖封号，但事实是西属美洲负担贡赋与徭役的只有平民：印第安人、黑人和穆拉托人（黑人与白人混血儿——译者注）；根据卡斯蒂利亚关于贵族阶层的定义，这意味着所有白人殖民者都是贵族。① 这很符合克维多所著《骗子外传》一书中人物巴勃

---

① R. Konetzke, "La formation de la nobleza en Indias", *Estudios Americanos*, Vol. Ⅲ (1951), pp. 329 - 57.

罗：他耗尽精力而不断受挫的愿望就是被接纳为贵族，为此不惜隐瞒自己父母的卑劣往事；他最后跑到西印度群岛才了却了心愿。

在波兰，贵族受制于规定有问责程序和较轻处罚的法律，而不是用以管治农民和城镇居民的规定有审判程序和较严处罚的法律。大部分贵族都有关于继承财产（特别是采邑）的特殊习俗：这在不同地区各有不同，和农民或市民继承财产习俗各地不同一样。然而，存在着确定了不可取消的土地限嗣继承权的特别法规，例如西班牙的长子继承权；而到17世纪，这长子继承权不再为贵族专用了。在西西里和罗马各地，这种限定的遗产信托制在16世纪已有相当程度的发展；然而在意大利的大部分、法国和哈布斯堡各地主要发展在1600年之后；而英格兰在1640年以后则全然确立了。[1] 这种制度对于较大的地主是至关重要的。但是所有的贵族还有更古老的特权。在西班牙、法国和大多数其他国家，贵族都免于住宿军营，而且不能被强令充当普通士兵，然而他们可以个人为君主服役。在大多数国家里，通常只有贵族可以佩剑，他们任意要求免于某种形式的惩罚，特别是鞭刑和常施的绞刑。在英格兰，没有像其他地方那样的法律规章，但似乎有种根深蒂固的传统看法，认为绅士应免于鞭刑。在西班牙，不得对贵族用刑，只对异端与叛逆用刑；他们不能因债务而遭逮捕，他们的房屋、衣服、武器或马匹也不能被处理。西班牙法律，如同大多数国家一样，对定居的外籍贵族也赋予这些特权。

几乎各处（除了德意志和英格兰）都以某种方式承认的最引人注目的特权是：贵族的私生子生来还是贵族，但不继承父亲的显贵身份。1600年以后，法国的私生子贵族身份需要有国王的特许状加以确认；其实国王也从未否决过。此项习俗表明血统由男性传继这一观念的巨大力量。在法国、尼德兰、意大利、德意志和波兰，有些宗教场所和大教堂的全体教士大会要求入场者证明为至少三四代的贵族后裔。就理论上说，西班牙的军界职位只能由贵族担任；卡斯蒂利亚的大多数城镇中，市政当局的一半职位保留给贵族。

另外两个具有重要社会意义而颇有争议的普遍看法是低贱观和高

---

[1] S. J. Woolf, *Studi sulla Nobilita Piemontese nell'epoca del'Assolutismo* (Turin, 1963), pp. 150–3 and below, p. 583.

贵观：技能和职业有高低贵贱之分，贵族只能从事高贵技能或职业，不能从事低贱的技能或职业。所有社会都总体上同意有些职业的性质很可鄙、卑贱而与贵族身份不相容；然而英格兰不像其他国家，对此没有正式的规章。这种观念可上溯到亚里士多德和希腊人关于可鄙、卑贱职业的看法。对职业性质的看法各异；至为重要的不同看法之一是：从事买卖的商人是否适合成为贵族；在法国、那不勒斯、费拉拉、德意志、南尼德兰，适合；但在西班牙、威尼斯、热那亚、米兰、托斯卡纳、波兰和英格兰，不适合。显然，不论法律定下什么规章，社会习俗都会施加影响；西班牙贵族不以经商闻名，然而16世纪在塞维利亚有许多人都被吸引去从事贸易活动了。低贱观再次突出血统论：从事低贱职业前出生的孩子可继承贵族身份；贵族停止从事卑贱职业后即恢复其身份。理想的贵族靠他的土地收益"高贵地"生活，而不是靠赚钱的职业。这种理想被意大利的作家们——例如亚历山德罗·萨尔多（《不和》，1587年）——所认可。① 几乎到处都认为：零售业和大多数的手工艺（除了法国著名的玻璃制造）都是低下卑贱的职业。

　　当时的人们认为这种反对情绪在法国最为强烈，那里可能要试图实行比大多数国家更多的规章，然而这种情绪在德意志和那不勒斯也很强烈。西班牙作家普遍抱怨许多贫穷贵族在从事卑贱的职业，然而他们似乎更关心与贵族身份不相称的职位而不是贸易。但除巴斯克诸省外，1575—1580年的《报告》指出：在新卡斯蒂利亚，绝大多数贵族并不"耕地或做生意"，而只有少数贵族在土地上劳作，更少的贵族是工匠（例如木匠或皮匠）。② 英格兰存在着类似的情绪，但并无法律认可，只是社会偏见：往往对一位绅士当了店主或工匠就觉得好笑而不可接受，但对当了商人或企业家的绅士不是这样，然而比起地主来他们可能在理论上要不那么受尊重。

　　农业在这种情况下陷入了困境。有种赞颂农业光荣的极其悠久的传统；但在许多国家里，贫农身处最受剥削和最不受尊敬的社会成员之列。在法国和西班牙，容许贫穷贵族耕作自己的土地，但不得耕作

---

① M. Berengo, *Nobili e mercanti nella Lucca del Cinquecento* (Turin, 1965), pp. 252–62.
② N. Salomon, *La Campagne de Nouvelle Castile a la Findu XVIe Siecle* (1964), pp. 290–1.

别人的土地。在意大利和德意志，似乎这样的容忍度都没有；但是在波兰的一些地区，贫穷贵族往往充当佃农甚至牧羊人。家政服务是又一名声不佳的职业。传统上，侍候国王或大贵族是光荣的；但总体上来说，时至17世纪，这种服务即使仍然光荣的话，也只是种虚礼而非实情了。① 在波兰，外国人吃惊于有许多为富豪承担实际家政服务的贫穷贵族，他们依然头戴符合其身份的帽子和佩戴其他符合自己身份的标志。② 德意志的法律比其他地方的法律更充分地体现了卑贱职业观：卑贱的职业（包括牧羊人、磨坊工、裁缝、狱卒、刽子手和清道夫，不包括被所有司法程序剥夺权利的人）会造成不诚实和名誉的败坏；这意味着他们和他们的孩子甚至他们的孙子都不得从事其他职业。

像古铁雷斯·德·洛斯·里奥斯③这样的一些作家得出有点令人意外的结论说：农业是门适合于绅士的技艺；但在西班牙并非人人都认同他们所说的绘画与雕塑属于同一类别这一似乎比较明确的论点。1563年，圣地亚哥骑士团章程将画家划入"卑贱、可鄙"类。建筑师由于同筑城学有关，17世纪除意大利外都比较认可其为一门光荣的职业；甚至在德意志也是这样，尽管习惯性地将其等同于石匠对立面而有敌意，罗库斯·冯·里纳尔伯爵就曾有过这样的经历。④ 但一直以来比较深切的不安是由有关大学学位与法律职位应享有特权这一问题引起的。大学学位与法律职位享有特权似乎有悖于贵族的真正职务是军人这一传统观念。然而，巴托鲁斯及其后继者们坚持认为法学博士应成为贵族；莫雷诺的书籍扉页上有则广告语："学识与武器使贵族具有了英勇无畏的气概和财富。"莫雷诺确实还真说过：萨拉曼卡、巴利亚多利德、阿尔卡拉－德埃纳雷斯和博洛尼亚大学的所有博士、硕士与学士均享有贵族的充分特权；而其他大学的博士、硕士和学士也享有这样的特权，但不享有纳税豁免权。⑤ 在法国，对于博士

---

① E. g. C. Loyseau, *Traite des Ordre...* (1610), p. 50, para 34.
② A. Guagninus, *Sauromatia Europea* (1578); in *Respublica... Regni Poloniae* (Elzevir, 1628), pp. 263-4.
③ *Noticia General Para la Estimacion des las Artes y de la Manera en que Se conocen las libeales de las que son Mecanicasy Serviles...* (Madrid, 1600), book Ⅳ, c. 3.
④ E. Hempel, *Baroque Art and Architecture in Central Europe* (1965), pp. 10, 28, 31.
⑤ Fo. 16. Fray Juan Benito Guardiola's *Tratado de Nobleza...* (Madrid, 1595) does not seem to allow this to graduates of other universities.

的贵族身份有些争议，但是通常都以某种方式加以认可——在普罗旺斯，这可以传给他们的孩子；在多菲内和诺曼底，那只是个人身份，不得传承。① 德意志的大多数座堂圣职团承认博士学位等同于贵族证明。英格兰人接纳大学毕业生为绅士。在许多国家，贵族在大学里可以享有优惠待遇，往往免除获取学位的部分必要条件。许多贵族除了想成为教士还要进大学或学院，但律师与教士是不容兼得的。西班牙和法国一方面有因享有特权和因占有职位而成为贵族者，另一方面有因血统世袭贵族者；两者亦不相容。这同样明显地见诸莫雷诺的责骂以及卢瓦索所说："低级乡村绅士极其骄横……，没法同他们和平相处……；他们是猛禽，唯一的营生就是以他物为食，且你争我夺。"他把学位获得者和司法及财政官员归入第三等级，说官员以前来自罗马的贵族阶层，而法国的贵族则"鄙视学问而热衷于懒散"②。虽然有些法国贵族声称拉丁文知识几乎是一文不值，但卢瓦索所言尚需系统研究加以证实。法国人为贵族设立的专门学校似乎比大多数国家都多，主要是击剑、马术、舞蹈、写作以及应用于测量和城堡建筑的初等数学，一点儿也不用拉丁文。奇怪的是，这有点像是一种人文主义传统；比维斯等人支持这一传统；这一传统强调技艺的教育价值。波兰、奥地利、匈牙利和德意志许多地方的大部分贵族一定得懂拉丁文，因为那是许多世俗活动都使用的正式语言和文字。总的来说，哪里真正贫穷的贵族越多，那里很可能也是没有受过什么教育的贵族人数越多的地方。

  法国的情况可能比卢瓦索所说的要更加复杂。有些高级教士家庭源自纯正的贵族；这些人通常都拥有土地和封建领主的权利，所以他们同农村贵族具有共同的利益。在巴伐利亚，较低级的贵族同城市贵族打成了一片；许多家庭成了公爵和选帝侯政府的行政人员，有些人借此上升到了高等贵族阶层。③ 然而，从16世纪起有个总的趋势：较早的贵族试图关闭他们阶层的大门，强行将他们自己与新受封的贵族区分开。在法国，所采取的方式是强烈要求废止卖官鬻爵、保留某些职位或部分职位给贵族。这些要求都没有达到；但是从1600年起，

---

① G.-A. de la Roque, *Traite de la Noblesse...* (Rouen, 1678), Chapter 42.
② Loyseau, *Traite...* pp. 57, 95–9.
③ F. W. Euler, in *Deutscher Adel 1430–1555*, ed. H. Rossler (Darmstadt, 1965), pp. 91–2.

国王确实着力制止了贵族身份的滥用；然而这通常不受小贵族欢迎。在西班牙，对新贵族的态度趋于强硬；17世纪中叶，父辈、祖辈不是贵族的新贵族不得进入军界、马德里和其他一些市政府任职；这些官位是被贵族垄断的。① 在威斯特伐利亚，较大城镇的显贵在社会地位上同小贵族相差很小，他们在15世纪相互通婚。到16世纪晚期，他们之间出现了明显的分裂，贵族试图把显贵排除出明斯特市议会和牧师会。②

这些方面的最大压力来自较贫穷的贵族，而17世纪大多数国家的富裕贵族和富豪们（他们并非都来自古老的贵族家族）则最为成功地保持或增加了他们的权力和财富。卑贱观限制了他们对职业的选择，从而伤害了贫穷贵族，而对富裕贵族并无不便之处，犹如特别限嗣继承法只对那些拥有相当土地需要赠予的贵族有用。贫穷贵族最重要、最普遍的继承物是血统、家系和荣誉观。在实践中，所有贵族（不管其等级与财富如何）有个共同点：即通过决斗来弘扬荣誉观。一名贵族只有当挑战者不是贵族时，才能拒绝挑战而仍然保持名誉。决斗是伴随着马上比武消退而兴起的。13世纪时，马上比武是真刀真枪、血腥、比较粗野的。一名贫穷武士可以比拼而出名。15—16世纪的马上比武场面十分壮观，成了君主、宠臣和富豪们的保留活动。决斗粗野而致命，使贫穷贵族同富裕贵族真正处于平等地位。一个人可以靠宝剑赢得名誉（然而道德家、牧师和世俗权威对此是有争议的）。白金汉可能是英国马上比武的最后践行者；这一时期马上比武似乎已在全欧洲消失了。马术学校是富人们时髦、摆阔的消费，通常要求建室内骑校；这同实战无关，但骑士画像给人留下了深刻印象。

为荣誉而决斗好像从16世纪早期起即已在法国兴起，并制定了一部完全能够控制贵族的行为和名誉的特殊规则。一般认为这发源于意大利，显然是极大地受到了士兵间决斗和挑战规则的影响；军法论文非常关注这一规则。到16世纪晚期，决斗是全欧洲贵族行为的一大特征。弗兰西斯一世和亨利二世曾经设法以恢复法庭辩论来控制决

---

① Dominguez Ortiz, *La sociedad espanola en el siglo* XVII, Vol. I (Madrid, 1963), pp. 195, 258.
② G. Theuerkauf in Deutscher Adel, pp. 160–71.

斗；亨利四世禁止决斗；没有明确允许，不得进行决斗。而他的继位者们则像英国的詹姆斯一世和西班牙的国王们那样，力图绝对禁止决斗。法学家和神学家们齐声支持禁令，但禁令在这个时期特别难以生效；然而17世纪晚期，决斗在西班牙和法国已不常见了。

博丹曾经说过："君主可以处置臣民的生命和物品，但无权处置他的荣誉"。这样我们就有了一部行为准则；这准则全然不顾教会和国家定下的规章，当然是同真正的贵族即美德这一传统相一致的。如果认为法国比其他地方有更多的决斗，那么荣誉观在西班牙的生活和文学中则肯定极具重要性。关注西班牙是合适的，因为那里对这一观念有很多分析，但这并不意味着这一观念在别处不重要。"'荣誉'与'耻辱'有赖于个人的认识；'好名声'与'坏名声'有赖于社会的认识。"荣誉等于生，耻辱等于死；坏名声就是绝交。因此，这一行为准则的本质命题是：荣誉比生命更有价值，或者说没有荣誉的生命是不存在的。因此必须接受身份合乎的挑战者提出的挑战，必须严厉批评语言侮辱、拆穿谎言。拒绝挑战就是接受坏名声、绝交。诚如卡罗·巴罗哈所指出的：有一些说法不同的卡斯蒂利亚的谚语——"十分荣誉，十分痛苦"；"只继承荣誉，是可怜的继承"；"荣誉和财富，财富占先"。① （我们可以说，还有类似的英国和法国谚语。）西班牙的情况更为复杂；复杂在"纯洁性"上。意思是说：具有摩尔人或犹太人的血统、有受过宗教法庭判罪的祖先，就是耻辱。"纯洁性"规则的推行颇得人心，因为许多平民是"纯洁的"，而许多贵族家族是"有污点的"；这一点也可以被视为是贫穷贵族反对富裕贵族的一种行为，毕竟后者血统更可能受到玷污。

为捍卫荣誉或为受辱进行报复而大行杀伐的职责，是西班牙戏剧（包括笃信宗教的卡尔德隆的戏剧）的一个重要主题。这一点以及这些戏剧的印刷和上演都是得到教会的认可和批准的这一事实，使得一些人认为：戏剧中表达的规则在日常生活里是被接受了的，是诡辩家们在谈及实际行动时加以认可了的。而可以指出：许多诡辩家虽然同意荣誉和声望比财产更有价值，但不接受荣誉比生命更为重要这一本

---

① J. Caro Baroja, "A historical account of several conflicts", in *Honour and Shame*, ed. J. Peristiany (1965), pp. 81 – 137.

质命题。戏剧家自己可以将这一规则当作是其观众普遍公认的习俗，但不是现实生活的真实写照。① 大多数政府当局都谴责决斗，但有些西班牙和意大利的诡辩家则认为决斗可能是合理的；至少有一位西班牙诡辩家同意贵族杀害平民的权利，如果后者坚持不断地侮辱他们的荣誉。② 卢瓦索愤怒地认为法国贵族倾向于把决斗看作是"神意象征；因此，犹如大自然中最危险的动物那样相互灭杀；我们的贵族也这样做；他们不但最英勇，而且是世上最残暴、最粗野者"。

贵族为了体面地生活必须准备相互使用武力；他们的生活和地位在某种程度上得靠对别人使用武力。如果他们的地位和特权得到社会上其他人普遍认可的话，贫穷贵族很可能得亲自提出要求认可和享有优先权，而富裕贵族则可以由他们的委托人或仆役来做。大多数社会都在不同程度上默认了对被认为是平民对贵族的侮辱加以报复，在西班牙和布拉格有时甚至会对之加以杀害，在别处则由贵族的仆役对之施加殴打抑或切断其手足；法国的作家们可能受到过这种威胁；偶尔还发生过这种事。但是，赤裸裸地使用武力以确保权力和生计仍然是法国西南部地区许多贵族生活方式的一个组成部分：领导农民反抗收税官；力保有争议的土地所有权、征收非法税费。③ 土匪和贵族联手剥削农民、向旅客索取过路费，在16世纪的加泰罗尼亚、教皇国、那不勒斯和西西里是惯例。大约1618年以后这种惯例在加泰罗尼亚就消失了，16世纪末在罗马贵族中也不见了，但在那不勒斯和西西里仍继续存在。在那里，不仅仅是贫穷贵族同土匪分赃的问题，而且利用非法手段、勾结土匪来威吓乡邻及其遴选的官员；如若必要，抵制当地大亨所提非法要求的人会遭杀害。

法恩斯·莫里森16世纪90年代作了个人的评论，留下了一些有关贵族社会生活中暴力事件的比较深刻的印象。他认为德意志人因为天性平和、不轻易冒犯他人，所以在斗争中很少被杀或受重伤。他不但将这一点与法国进行了比较，而且与英国进行了比较；法国人和英国人"最难容忍受辱，法律荒谬地允许因语言或行为而受辱时进行

---

① C. A. Jones, "Honour in Spanish Golden Age Drama", Bull. Hispanic Studies, Vol. 35 (1958), pp. 199–210.

② Dominguez Ortiz, La sociedad espanola..., p. 286.

③ Y.-M. Berce, 'La Noblesse rurale... sous Louis XIII, Annales du Midi (1964), pp. 44–59.

决斗，但不得致使对方伤残；致使对方伤残以求补偿是不光彩的行为；大多数受辱事件一般都是在单打独斗中用剑进行报复……"因为荷兰法律不允许因语言而进行决斗，所以骂架与争吵在荷兰很常见。他发现意大利——决斗的原产地——没有什么单打独斗，由于为报复而进行谋杀十分常见。在布拉格"……绅士杀害陌生人抑或社会地位低下者［比在德国］更加常见，因为绅士只能由议会审判，而议会又不大开会；于是就由绅士们来审问，而绅士们审案不公，通常开释案犯或者搁置拖延以规避审判……"最好的对比是在瑞士，那里的法律严禁争吵并允许决斗，所以甚至在士兵中也没有什么谋杀事件；"所有的旁观者必须保持平和，杀人者只有证明是自卫才能逃脱死罪"。然而在那里佩带宝剑比大多数国家都普遍。

另一使莫里森全然感兴趣的对比，是不同国家间享有狩猎权的情况。他认为英格兰和苏格兰更多的是猎鹿和猎鹰，英国绅士们比欧洲其他地方有多得多的鹿苑。他确切地指出：德意志的大部分地方"都禁止任何人狩猎"，但猎取"有害野兽"（诸如狐狸、狼等）除外；而"不受约束的诸侯们可以在自己的领地上狩猎"，"只有在某些地方允许绅士猎兔，例如在萨克森……"；在丹麦，贵族只能"在自己继承的土地上"狩猎，其他地方只有国王可以狩猎。波希米亚的高级贵族在自己的土地上享有充分的狩猎权。在萨克森和德意志其他地方，擅自猎杀鹿和野猪要判死刑，即便它们糟蹋庄稼也不能猎杀。他还声称：在奥地利，要得到领主的允许才可以捕杀麻雀。在佛兰德斯，贵族有权猎取野兔、野鸡和鹧鸪；而在荷兰和弗里斯兰，鹧鸪和海鸟是允许平民百姓逮捕的。莫里森认为意大利不适合狩猎，在那儿和波兰看不到什么人狩猎。在法国有很多狩猎者，他们是在野地上打猎，没有什么狩猎场，而只有大人物养得起老鹰。莫里森只有一次在波兰、另一次在波希米亚看到过猎鹰，"没有在其他地方看到过……我确实在所到之处都看到有训练猎鹰活动，但通常是在英国大路旁给旅客们看的"；英国……"拥有的贴鹿比全欧洲的还多。世界上没有一个王国有那么多的鸽舍"。瑞士是又一个大大的例外，在那里，"人人都可以自由狩猎，他们没有多少绅士。……同样，人人都可以自由地在他们特定的郡州或联邦领土上的大河、小溪、湖泊边垂钓。他们也可以自由地放鹰行猎，用网或类似的手段逮捕各种鸟类……"① 事实上，法国非贵族的狩猎权16世纪就被最终废除了，但可以猎狼和狐狸。英国1606年规定了养犬、养雪貂和拥有猎网以及使用枪支和弓箭狩猎的财产资格，并加重了对偷猎的处罚。

莫里森还作了其他一些评论；虽然可能是主观看法，但受到了普遍关注。他发现"法国人交谈很随便，不怎么尊重长者"，蔑视英格兰绅士"甚至在节日"也身穿大领主制服且备受尊重。而比起亨利四世宫廷的仪式来，英格兰宫廷的隆重礼仪则给法国游客留下了深刻印象。莫里森说：在英格兰旅店里，绅士要在自己客房里用餐或者只与其他绅士同桌就餐；而在德意志，平民百姓坐在同一张比较低矮的桌旁用餐，饭菜价格一样但服务较差。他认为德意志人让自己的太太当仆役，但"得不到孩子们的尊重"；孩子们"同父亲握手，而不像英国那样脱帽、下跪求神保佑"。他还感到惊异：

> 绅士们不管有没有学识还都傲慢地看不起大学毕业生，认为他们同商人差不多；我不但在日常活动中有所发现，而且我个人还亲身经历了。同一位绅士交谈时，他觉得我的拉丁语说得比他好，以为遇到了一位绅士，就问我在大学里学了多久……后来把我尊为学究……

莫里森觉得奇怪：尽管"绅士们最初是靠学识、征战和经商营运而荣升的，而他们只认为征战值得荣升并一直为绅士……"我们可能会猜想：这只是低等和贫穷贵族的偏见。因为许多奥地利和德意志贵族确实受过良好教育；他们很有文化，不仅通晓拉丁语，而且通晓现代罗曼语。据称：他们阅读的主要著作是西塞罗的《论职责》、彼特拉克的《抒情诗集》和阿里奥斯托的《疯狂的奥兰多》；欧洲文化的主调受贵族和宫廷的态度和喜好的影响，非贵族读者和作家们大多顺应、遵行之。②

---

① Moryson, *AnItinerary* (1617), pp. 85, 148, 151, 169, 200, 221–2, 261, 287; *Shakespeare's Europe*, ed. C. Hughes (1903), pp. 159, 354–5, 367, 387, 397, 468; Corpus Christi Coll., Oxford, MS 94, fos. 215, 538–9, 544, 646.

② O. Brunner, *Adeliges Landleben und Europaischer Geist* (Salzberg, 1949); *Neue Wege der Sozialgeschichte* (Gottingen, 1956), "Osterreichische Adelsbiliotheken".

虽然所言极是，但是谚语表达的智慧和为时已久的道德、宗教传统与贵族价值观有矛盾、对之有怀疑。然而，虽说文学、艺术和谚语可能大多反映的是贵族或农民的生活方式，但文学上没有对资产者和手艺人生活方式很直接的描述并不表明其生活方式没有自身独特的价值和文化。新教和反宗教改革运动的传道者们都指责民间巫术迷信，指责符合民众和贵族情趣的血腥、淫乱的骑士浪漫故事。第一部伟大的流浪汉小说《古斯曼·德·阿尔法拉切的生活》是特意对这些浪漫故事作道德性批判的作品，"是回应反宗教改革运动明确要求的一部'真实'文学作品"[1]。可是，如果说道德的意图在阿莱曼的继承者中逐渐淡化了的话，这种新类型作品的成功事实上并未改变民众的情趣："骑士小说在我们当代之前一直以小册子形式重印，而且……尤其在西班牙南部……是赶牲畜者和农场工人最爱读的东西……"在法国，根据查理曼大帝浪漫故事编写的小册子也是整个17世纪和18世纪里民众喜爱的主要读物。这类作品呈现出神话般的中世纪社会，讲的几乎全都是国王和贵族的英勇事迹以及不断对异教徒发动的十字军征讨。法国的流行文学呈现出一个神话般的奇异世界，一个圣徒、伟人和颇具魅力的世界；这不仅殊异于知识界学术发展的总趋势，也殊异于贵族理想的现行教育中的人文主义因素。西班牙的流行文学似乎有点特殊，口头传统对"正规文学"的影响要比法国和英国强得多，特别是在韵文戏剧方面。比较多的西班牙小册子可能是用韵文写的，其中肯定有著名作家的许多诗篇，肯定有许多改编自他们的戏剧和小说。[2]

因此，贵族人数与其余人口相比很少，他们的文化观不但影响了受过教育者们的文学、艺术，而且也影响了没有受过教育者喜爱的文学、艺术。高乃依戏剧中的英雄人物体现了靠自豪和追求荣耀而生存的理想贵族的坚忍不拔和骑士精神，也有为贵族反抗非正义和暴政作辩护的小册子里的浪漫故事。但不论这种同情贵族理想的文化影响多么广泛，并非是毫无争议的；基督的、中世纪的和人文主义的传统都有对这种自负怀有敌意的内容：这仍见诸神学家、法学家和道德学

---

[1] A. A. Parker, *Literature and the Delinquent* (Edinburgh, 1967), p. 22.
[2] Baroja, "A historical account...", in *Honour and Shame*, pp. 113, 116; R. Mandrou, *De la culture populaire au 17e et 18e siecles* (1964); E. M. Wilson, *Some Aspects of Spanish Literary History* (Oxford, 1966).

家的著作。而且，大贵族和贫穷贵族的经济利益和政治意愿可能有很大分歧。关于卑贱职业、个人服务和高贵生活的习俗和法规各国也很不一样。贵族在他们自己的行为和文化中默示或明确地表达的理想，可能同日常生活的许多实际情况不一致；但他们的理想还是强烈地影响了其他人口中许多人的文化理想，特别是通过戏剧和小册子施加的影响。这种矛盾冲突因皇家政策和财政需要而剧烈了。急迫要求减少贵族的财政特权和限制其滥行决斗，但更为重要、普遍的要求是出售贵族称号和特权以及皇家对地方上的管辖权和税收权。大贵族有种几乎普遍的倾向：网罗一些新贵人物或家族组成集团以巩固、保持自身力量；而小贵族则为了生存而更加依赖于服务国王或富豪，这就更加难以有效、独立地追求他们自己的政治、社会目标了。

欧洲贵族出身不同，经济条件各异。他们虽然都接受他们应当是个封闭的集团，或者至少是个根据严格规章吸收新成员的集团这一思想，但现实情况却不是这样。在大多数国家，许多（或许是大部分）贵族家庭往往在违背法规的情况下已按习俗被吸收了，这种情况一直在继续。这就产生了一种矛盾状况；或许最极端的情况在波兰。在那里，没有国会的同意国王不能封授新贵族，但国会并不认真设法控制或阻止根据习俗吸收贵族；所以到1630年，据称已有数千起僭用贵族头衔的事件。[1] 在专制主义的法国，对按习俗取得贵族身份进行了最严格的控制。这在17世纪50年代后期特别严；有些地区的小贵族试图进行有组织的抗议和抵制活动。国家不论是在竭力维护自己对暴力和权力的垄断方面，还是在与贵族竞相对农民、（有些情况下）对城镇居民进行剥削方面，一直是贵族最大的潜在和实际对手。分赃和分权及其稳定性各国自然不同。影响政策和政治安排的力量也各异。但在各处（除了在荷兰与尼德兰北部的泽兰、瑞士各州、符腾堡公国），贵族仍然是一个重要的社会与政治集团。在欧洲大部分地区，不论是在有限君主制还是在绝对君主制的统治下，贵族仍然是享有威望的最重要集团。但到处都有其他自觉组织起来的社会团体，就连威尼斯和波兰贵族共和国也不例外。

我们冒着进行概括和全面比较不可靠的风险，或许能够看到欧洲

---

[1] J. Bartach, in *Gouvernes et Gouvernants*, *Recueils de la Soc. J. Bodin*, Vol. XXV (1965), p. 281.

社会的一些独特的共同特征。16—17世纪的中国，在关于职业地位的法规和文化习俗与实际情况之间也有着相当大的差别；例如，商业财富与军事成就在理论上不大受到敬佩，但事实上却能获得权力和威望。享有特权的精英——绅士——加上他们的妻子儿女在17世纪或许只占人口的2%—3%；他们通过应考、买官或军功而跻身高位。他们被授予特权，因为他们是现任或候任官员；但是他们中的大多数并不是世袭的，然而特权者和富人的儿子比平民的儿子有多得多的机会来取得特权地位。他们出身不同、财富和力量殊异以及他们中许多人是地主这一事实，大体上可将"绅士"这一特权集团与这里述说的各色欧洲贵族相比。根据平民获取官位来衡量社会地位的流动态势，17世纪中国的情况比起明朝早期来要差，但比起欧洲来可能要好得多，农民上向流动可能有着更多的机会，虽说机会仍很有限。事实上，现在还没有关于平民进入欧洲特权集团的比率以及关于下向流动的比率方面的可资利用的史料；这跟中国没法比。① 但在欧洲贵族（特别是大贵族，如波兰大贵族）中明显存在着相当多的上向流动和下向流动情况。中国由于没有长子继承制，下向流动情况多见（家族习俗并不总是赞同平分）；而欧洲由于没有一夫多妻制，男系灭绝的情况则多见。最重要的不同似乎在于社会集团同国家的关系，它们甚至可以独立于国家而取得权力和威望，而国家机关则甚至可以控制社交活动。

　　如果说进入权力中心在中国可能比较容易的话，那么政府对权力的控制则是完完全全的，传播的是一种官方批准的统一文化。经由中国政府对意向和行动的集中，就可能出现扭曲；在那里，"历史是由官员为官员而撰写的"，所以原始资料全都是政府官员们的活动而不是社会的活动。而欧洲有许多权力中心，只是因为那里有许多国家；各国又有一些对权利有着共同意识的团体。有些权利是国家特别授予的；有些权利是习俗上固有的、反政府的。有一些相互矛盾的解释；在像苏亚雷斯这样的一些自然法理论家以及所有专制主义的捍卫者看来，乡镇、村落的权威来自国家；而在阿尔蒂修斯及其追随者看

---

① W. Eberhard, *Social Mobility in Traditional China* (Leiden, 1962); R. M. Marsh, *The Madarins; The Circulation of Elites in China 1600–1900* (Glencoe, 1961); Ping-ti Ho, *The Ladder of Success in Imperial China* (1962); J. M. Menzel (ed.), *The Chinese Civil Service* (Boston, 1963).

来,国家则是乡镇、村落的联邦甚或是邦联。在中国,城镇主要是中央政府官员们的行政所在地;中国的中央政府比起大多数欧洲专制君主国来对其施加了更严的控制。欧洲城镇通常享有与中央政府比较间接的关系;中央政府认可它们的共同特权和身份。如果说从中世纪以来它们的独立性已普遍下降、它们的民团这会儿已经不能在重大战役中保卫它们的话,它们对于防止民众骚乱和友军过境骚扰乡邻仍然是起重要作用的。即使在专制君主国里,城镇在收取一些税费上通常还是享有自行决定权的。在哈布斯堡王朝领地、德意志大部分地区、波兰以及南尼德兰当时的政府中,行政管理事务由官员们分工负责;他们中的一些人只对统治者负责,其他人则负责产业。对地方社会更集中的行政管理监督普遍都在加强,特别是在法国;但是政府从未完全消除传统,地方上的寡头在许多方面则更强了。乡村社会的地位各异,但通常都具有一些自身的特性;这些特性是受统治者和领主们认可的,然而实际独立性通常要比城镇弱得多——一些山区除外。有些乡村社会(特别是在西班牙、意大利和瑞士)被城镇控制和剥削,然而几乎在各处,大多都是受领主控制的。财政方面,上级政府认为最好同村务议事会或选出的代表打交道,他们可以用行动管住当地社会。村长和村务议事会当时在欧洲大多数地方是合法实体。(一些英国乡村也有这样的实体,但不像法国中央政府那样对之作为一种形式普遍进行扶植;然而这种形式的实体村务议事会在新英格兰已很普遍了。)对这种形式的认可主要是由于其为别人提供了方便,但这种机构也符合村民们的需求:管理公地、荒地、闲地、垃圾处理等的使用——如果需要,通过集体诉讼或协商。

中国的地方政府是被置于高度中央集权制下的,给官员们留下很少的酌处权和自行决定权:在理论上,地方财政的情况也是这样;然而在事实上,官员们的薪水和外快并未得到有效控制。享有特权的非官方乡贤是地方利益的发言人,但是他们没有法定的任务。他们不得抱团结社、插手行政事务、代表民众请愿、没有官方批准不得发表文章和给个人起名。尽管出售特权,但对政府削弱人们特权地位的权力没有抑制,这种处罚在中国法律上要比在欧洲法律上常见得多。市镇行会、宗族、村长和村议事会行使官方直接批准或者默认的重要职能:管理社会生活,尤其是仲裁解决各种争端;应用当地习俗,而不必诉诸官方法庭。村、镇并不是法定的集合体,是个人共同活动、得到行政当局认可的实体;只要政府不加干预,它们可以自行安排来解决各自的事务。政府承认的法规中没有拒绝官方决定这一条,而欧洲专制主义国家有。在那里,关于司法权、法令的实施以及赋税的评定等方面的冲突诉讼是常有的。在中国,对官员行为的审查由政府的监察机关进行,而不是通过诉讼;在那里,"……法律制度是控制制度(然而还是有空子可钻之处);权利分配不重要,只是偶尔为之"。这一时期的欧洲法庭往往行使行政和监督职能;但在中国,司法功能是负责对官员进行钳制;即使对特权集团说来,"卷入法律纠纷是可怕而要避免的事";极难完全开释一名被告。[1]

从16世纪起,基督教的普救愿望似乎不那么可信了,在公共道德规范上更加含糊和矛盾;这不但因为基督徒日益被认为等同于欧洲人,而且因为宗教改革造成了分裂。新教徒和天主教徒拥有共同的、长期存在的神学及学术遗产,还有亚里士多德经院哲学的旧方法以及人文主义论述的新方法和对罗马法进行批判性的、比较研究的新方法。在反宗教改革的天主教内部,对于人在世界上的地位存在着相互矛盾的观点。利普修斯的基督教斯多葛派赞颂人类理性和古代智慧,而贝吕尔则责之为妄想——那些生来卑劣、无知、可耻者的妄想和自豪感。教派因主张教会等级观和因主张教会传道观而对立。16世纪末叶怀疑论——"新皮浪主义"——的发展并未与宗教立即决裂,因为它主要提供了为启示录辩护的另一件武器。然而,对宗教事务持自由思想者们一直利用它公开攻击理性神学、支持信仰主义,私下里将所有启示宗教视为一路货色;但它确实以学术观点对付了最最正统者。因此,很久以前"新哲学"已经提供了一门新宇宙哲学,但对教育和大学还没有多大影响。欧洲的学者们不得不考虑用另外的方式来解释他们的宗教和法律、政治制度,不得不挑选其他方法来规范和解释知识。如果说这在主要教派内或在一个国家官方批准的大学内情况确是这样的话,那么在整个欧洲文化内可以得到的选择和可能的冲

---

[1] E. Salazs, *Chinese Civilization and Bureaucracy* (1964); Ch'u T'ung-Tsu, *Local Government in China under the Ch'ing* (Harvard, 1962); Kung-Chuan Hsiao, *Rural China; Imperial Control in the Nineteenth century* (1960); S. van der Sprenkel, *Legal Institutions in Manchu China* (1962), p. 128; D. Bodde and C. Morris, *Law in Imperial China* (Harvard, 1967), p. 197.

突自然要大得多。

中国文化的一统性无疑是夸大了,道家传统作为一种非官方的存在就具有持久的重要性。虽然官方文化与意识形态在倡导共同的、明确的准则和评断方面似乎非常成功,而对其进行讨论与批评是受到比较严格限制的、在政治上是危险的,但是宗教研究和学术辩论方面的私人生活还是可能的。17世纪的"汉学"衍生出了"一门史书校勘学";这门学科的发展导致了对大量官方典籍的否定,称之为"是篡改过、删改过、不真实或是故意伪造的"。还有大量被官方认为有理由看作是煽动性的通俗读物。这些批判性的校勘和改良运动及其很快失败的共同原因是被视为反专制主义。① 官方儒学的理想似乎把国家与社会视为一体。

这种受严格限定的官方意识形态长期控制的状况,一定程度上可以被视为是为了应对需要控制和拓殖一广袤地域——那里的居民在种族和文化上起源不同,那里的语言和环境更不一样。

以某种类似的方式统一欧洲的愿望在17世纪并未完全消失。1600年之后最大的成功最终属于小国——联合省、瑞典、最后是英格兰;在我们看来,这似乎是该世纪的一个独有特征:不但有主张普遍帝制的乌托邦式的鼓吹者(诸如坎帕内拉),还有预言欧洲有个非常不同的未来的期待千年至福者(诸如夸美纽斯)。从较为切合实际的角度看,从白山战役到(至少是)布拉格和约(1635年)这期间在皇帝有效统治下重塑帝国以及重振哈布斯堡对欧洲大陆霸权的可能性,似乎比查理五世在帕维亚和米尔贝格胜利以来任何时候都要大得多。但还是有一些像纪廉·德·拉卡梅拉这样的人认为诺德林根战役之后西班牙帝国将永世长存,一些像贝尼托·佩尼亚洛萨修士这样的人由于捍卫和宣传信仰的神圣使命而对西班牙人口减少欢欣鼓舞。对犹太人和犹太血统的恐惧和仇视似乎使西班牙人更加坚定地视自己为上帝特选的种族,与富有战斗精神的加尔文主义者们共同具有这样的特性。宫廷十四行诗热情地颂扬费利佩四世(旧译腓力四世)为英雄:他将解放亚洲、消灭异教、开始实施统治世界的完美法律——

---

① E. Balazs, *Political Theory and Administrative Reality in Traditional China* (1965), pp. 5–29.

"一个耶稣和一个帝国"。①

我们对当时情况的了解通常使我们怀疑这种恐惧和希望的真实性，使我们相信哈布斯堡霸权的所有真实前景已经因费利佩二世（旧译腓力二世）而消逝。同样的是：天主教的复兴无疑有了进展，到 1600 年很容易地被认可，从而导致了 1648 年宗教和解的实现以及其后的必然发展。而在最近的观点看来，16 世纪末叶同样引人注目的是：波兰、奥地利、波希米亚、匈牙利和法国的统治者已经不再坚持天主教的统一性，容许对教义持不同见解者享有实际上的、正式的权利。如果说反宗教改革运动到 1600 年在德意志和波兰已经有了相当进展的话，那么 1618 年之后哈布斯堡的胜利就使天主教在波希米亚地区、奥地利、最后在匈牙利没有了什么争议，并提供了有助于天主教的不容异说情绪在波兰增长的条件。乌尔班八世和贝尔尼尼的罗马成了天主教夺回的那些土地的文化和精神首都。在修建胜利圣母堂纪念白山战役胜利时夺回更多的失地似乎是有可能的，但 1656 年新罗马达到辉煌之巅——贝尔尼尼的圣彼得广场——时，这种希望已然消失了。不过，1635 年马德里新布恩雷蒂罗宫"众王国大厅"面世时，其意象不仅仅是在庆祝西班牙君主国在奥利瓦雷斯领导下历经困境犹生，而且是在逐一列举从巴伊亚到瑞士对异教的决定性胜利。当时一些无名小辈乡巴佬（诸如皮姆和克伦威尔）的恐惧不一定是对新教热诚的谬见，而是受了黎塞留和失败者卡梅拉里乌斯宣传的蛊惑。贝尔尼尼的罗马和"众王国大厅"都是建造来庆祝胜利的。虽说没有获得胜利，但还是有可能获得胜利的。

就是这么一个欧洲：拥有众多身负神意的国家；不过这些国家不是民族国家。人们到处被告知：所有政治权威都是神圣的；所有统治者对上帝负责。如果说在关于上帝授予他们对臣民的权威的性质和限度上有争议的话，那么在国王权威是种个人所有权上看法是一致的。由于合法的国王不像暴君，一定尊重其臣民的财产权，所以臣民们必须尊重国王的权利。除了波兰和神圣罗马帝国，欧洲各君主国的选任性（elective）和明确的契约性在 16 世纪期间已然弱化；这一趋势发展的结果是被征服的波希米亚变换成了这会儿似乎是正常和恰当的世

---

① O. H. Green, *Spain and the Western Tradition*, Vol. Ⅳ (1966), pp. 5–9, 14–16.

袭继承形式。国王们试图像富豪们可以决定对其地产进行管理那样，由他们最后拍板决定政府的一切大小事务细节，但通常受到议会、法庭或枢密院的阻挠。这也发生在法国；那里的专制政体理论对宪法研究、阐释得越来越细，时至17世纪初只有王位继承权法没有列入国王的最高权力。而如果国王的王位继承权类似于臣民的财产权的话，那么对王朝利益和继承权的追求就同臣民对其财产权的享有同样合法了。对外来说，国王或王朝拥有不可剥夺的财产权观念是实现普世共同意愿的切实、合法的障碍；对内来说，国王的和臣民的财产权其实确是相冲突的。或许最严重的冲突发生在战争问题上：是为王朝利益而战还是只是自卫。于是所有的国王和政府都实施应急权力，规避正常的习惯法和法律程序；这就意味着不顾一些规章允许征税、强制贷款或征用，从而侵犯到了臣民们的财产权；而每个人都同意财产权是社会和政府都要捍卫的主要目标。

甚至在1618年以后，大多数国王花在狩猎上的时间要比领导军队或指挥战争来得多，然而华丽的肖像画却能秀出不是军人的费利佩四世和卡洛斯一世骑马指挥的姿态。詹姆斯一世虽然致力于狩猎，但也希望被人们牢记为和平缔造者。17世纪20年代初计划用于白厅宴会厅的鲁本斯《和平的胜利》画像是追念希望和成就——比"众王国大厅"所展示的更无根据而又同样昙花一现的希望与成就——的，但企求基督教世界团结一致的方式是极其不同的。① 鲁本斯的穹顶画显示出比詹姆斯对外政策的失败的更多内容；他的无能所付出的代价，使我们想起大多数欧洲国家在1600年之前比较和平与繁荣的二十年间未能有效地改革其金融和行政管理一事。那二十年在波罗的海地区并不特别和平，在"动乱时期"的俄罗斯则既不和平也不繁荣。那二十年也是奥斯曼土耳其人的灾难时期；巴尔干地区和整个安纳托利亚暴乱连连，被波斯人——击败。奥斯曼土耳其人困难的主要直接原因是早先的波斯战争；这战争在1590年以他们获胜而告结束。② 同样，战争或内战使得西班牙、法国、尼德兰、英国和哈布斯堡领地的政府与资源趋于紧张。到1609年，所有这些国家都面临着需要恢

---

① Per Palme, *Triumph of Peace* (1957), pp. 260-2.
② See Vol. Ⅲ in this series, pp. 371-6 and below, Chapter XX, p. 626.

复其和平时期的行政管理正常方式，首先是恢复财政。

大多数政府希望恢复或加强它们在教会事务中的权力。这可能意味着想要解决政府与教会的争端和消除教会对政府的不满来加强国家教会的作用；在法国和英国就是这样。所有国家（特兰西瓦尼亚除外）都希望宗教统一，而不是多元；这是它们的理想，许多国家越来越对新教徒进行压制。在 16 世纪，到处都发生了世俗界对教会财产的侵占。即使在没有直接受到新教威胁的西班牙，国王也出售教会的土地、剥夺教会的权利。相反，17 世纪是教会普遍收回甚或增加其财产的时期。时至 1660 年，大多数国家里的世俗化和财产权让渡、拒绝缴纳什一税的严重威胁都已减弱，实际上已消失了。对教会财富的主要世俗要求是纳税和缴纳战争特别税。政府肯定想要增加收缴这些税费，但是只要它们比较明确地承诺要维护教会的财产和传统权力，这就限制了可用于处理债务和财政问题的办法。

到 1610 年，法国似乎已经解决了其急迫的财政问题，英格兰也似乎快要解决其急迫的财政问题，而西班牙似乎要齐心协力解决其自身的财政问题。到 1621 年，它们显然没有解决问题；在所有这三个国家里，正常收入不敷实际开支、政府债务巨大、政府的信用很差。财政状况似乎比较好的国家是联合省、丹麦和瑞典。瑞典的成就最出色，因为这发生在几乎是连续不断且并非总是胜利的战争期间；而长远来看，虽然瑞典的行政管理有效、力量增强了，但对安全和波罗的海利益的追求是力不从心、财政资源短缺的。谈论经济困境和政府财政最多而极少设法补救的国家是西班牙。费利佩三世（旧译腓力三世）选来处理的唯一问题，是虚构的、极其感情用事的摩尔人问题。驱逐他们（1609—1614 年）是教会、宗教法庭和大部分卡斯蒂利亚人不顾瓦伦西亚王国和阿拉贡王国贵族和城镇富裕居民的反对而批准、赞同的。这可以被视为使得西班牙及其文化闭关自守、眼睛向内看、首先关心维护自身纯洁与荣誉的一个最早时期。这在 16 世纪的重大事件是拒绝伊拉斯谟的影响和禁止出国学习。而较直接的原因则是由于和平未能减轻卡斯蒂利亚人的财政负担而想要牺牲阿拉贡人的利益以安抚卡斯蒂利亚人。可以肯定的是：这直接毁了瓦伦西亚的大部分经济，而最终促使更多的法国人移民阿拉贡，加重了因农村人口减少、缺乏劳动力而已造成的普遍困境。

在1615年，费利佩三世的总支出高于1608年，比16世纪90年代最高年份低10%；16世纪90年代国王收入的美洲白银两倍于此，卡斯蒂利亚的税收收益要高得多。而诚如莱莫斯在那不勒斯（1610—1616年）所思考的那样，可以同苏利的改革相媲美的改革在费利佩三世统治时期是可以实行的。1612年出现160万杜卡多的赤字，达到平均收入的一半以上。这通过降低债务利息、精打细算和增加收入、增加税款包收的收益、征收新关税与特别捐款来加以弥补。日常开支减少了，收入进行了重新分配，大部分划拨给了一个新部门"军事银行"；指定的年金和租金交齐后，增加的剩余额可支付1000万债款——其年息80万杜卡多。到1616年，赤字相当于该利息额，但是莱莫斯的继任人奥苏纳①很快就毁了他的成就。到1621年，赤字近400万杜卡多，债务大约2000万杜卡多，经济受到了1617年、1618年和1620年货币贬值的严重打击。②

　　在英国和法国，寅吃卯粮和财产转让已消耗了正常收入，使赤字长期化，以致正常的短期债务也往往不能支付，从而损害了国王的信誉。1627年，应召显贵们（the Notables）被告知：法国赤字长期以来一直年均500万到600万里弗赫，尽管大幅度增加间接税、卖官鬻爵以及采取其他应急措施亦无济于事。这是因为内战的花费以及支付给达官显贵们年金和奖励费用所致。路易八世不像费利佩三世、费利佩四世、詹姆斯一世和查理一世，事实证明他有能力控制和减少他的宫廷和家庭的开支，然而推行改革的政治家（如苏利、克兰菲尔德、奥利瓦雷斯、黎塞留和斯特拉福德）仍认为理应对他们自己和他们的属员进行重赏。并非是宫廷和政府更加紧缩开支、不那么奢华就一定会改变国际关系和经济贸易发展的进程。但是，直到1620年国际和经济环境相对有利的时候，许多国家仍普遍未能维持抑或增加其财政力量。这方面最极端的例子是费利佩三世与莱尔马的作为；这限制了他们处理战争和对外政策的行动自由，从而影响了战争的性质。与此同时，波兰和德意志1616年之后的货币严重贬值和对货币的操纵可能有经济原因，也是统治者和城镇市民们贪婪与财政困难的结果。

---

① See below, Chapter IX, pp. 275–6.
② G. Galasso, *Mezzogiorno medievale moderno* (Turin, 1965), "... le finanze napoletane nella prima meta del Seicento".

1618年之后卷入战争的那些政府比起100年甚或50年前来没有那么多可动用和未抵押的财政资源了。它们更加依赖税款包收人和金融业者。

和平时期财政缺乏影响了战争活动,最明显的是影响了以战养战的规划。这并不新鲜,只是华伦斯坦、神圣罗马帝国的拥护者们和瑞典人的战时特别税制实行得更有计划、时间更长。海上战争更是仰仗这样的希望,只是荷兰西印度公司和敦刻尔克人的活动范围更大、为期更长。像黎塞留和奥利瓦雷斯这样的政治家都很清楚:决定战争就是加速财政、政治和行政危机的发生,其结果是难以预料的;然而他们希望控制住危机。统治者们动用特别权力来应对紧急状况;一旦招募了军队,如有必要,他们可以绕过地方当局和传统的财政管理机构而对自己的臣民实施战时特别税制抑或类似的办法。而一旦招募了军队,政府就难以在国内完全控制军队及其指挥官,更别说在国外了;拖欠兵饷和承诺给指挥官的酬金往往意味着和谈失败或延长,其中最著名的例子是瑞典1636年之后要求的赔偿。如果统治者要求紧急处置权并拥有维护该权更多手段的话,这就危及改革、破坏其政府了。财政压力会导致民众叛乱;而民众叛乱又会直接或间接地使各省统治集团卷入。与此同时,紧急管理委员会与司法委员会则为政府要求更大权力,统治者往往出售或抵押其传统权力。出售官职、司法权、土地、权力、特权、爵位和封号会改变统治集团的性质及其与政府和其他民众的政治、经济和社会关系。政府的运作似乎同税款包收人、金融业者和军队的利益相一致,而有悖于其大多数臣民的利益。战争变得不是什么摩擦,而是一场赌博;不和的地方利益集团和财物竭尽的纳税人抱团求生,虽说跌跌撞撞却能比敌人坚持更长时间不致失败。外交上与此相对应的是普遍使用"不断谈判"的方法,黎塞留使其出了名。任何一个特定时刻,都有一个或多个交战方有比平常更加急迫的理由求和。但是打仗首先就意味着危险和损失,战争拖得越久,就越觉得会运气好转而敌方发生困难、自身不会有多大损失。对战争押的赌注越高,暂时较强的一方似乎更必然要在谈判中取得一些真正的好处,因此难以达成任何协议。开始时西班牙和法国都试图以传统的磋商方法来解决它们的财政问题,而后才转而实施非常的应急对策。

奥利瓦雷斯是帝国昔日的继承者，愿意在1621年再启战争；为了寻求开战的资金，他别无选择，只好求教策士们（the arbitristas）。策士们试图建立一个全国性银行体系来恢复经济和国王的信誉。市政当局和国王经管银行的计划曾经在费利佩二世时期讨论过；在1599年，议会批准了这一计划，准予实施后征税。尽管怨言连连，其实什么也没做；但1617年之后又恢复了讨论；1621年，指任了一个委员会，最后在1623年公布了一项法令。银行与当铺将在119个城镇中设立，资金来自世俗与教会产业1/20的强制贷款，总数超过2000杜卡多，转化为长期年金，利息3%。所有的教会基金会和慈善基金会应存放它们的基金；银行将垄断贷款，出售可赎回的年金，利息5%，借款利息为7%。议会反对强制贷款，最后只准予征收，条件是国王资助银行并撤销银行垄断借款规定（1626年）。1627年曾尝试设立一家国王银行公司，由意大利金融家经管，特许从事彩票业、经营外汇、垄断租金税券；1628年、1629年同样受挫。[1]

这些计划试图解决根本问题，然而计划所承诺的一切似乎都没有发生。虽然计划能增强国王对可恨的外国金融家讨价还价的实力，但也冒犯了教士、贵族、律师和富裕的城镇居民。有产者除支付强制贷款外，还得遭受借款垄断和利率控制。西班牙的长期问题之一是这些计划提出者对租金税券所表现出的强烈喜好而不是其他形式的投资；人们甚至出卖土地购买这些租金税券，牧师们也广泛使用这些租金税券。因此，银行的垄断可能会降低所有租金税券持有者的收入，因为最终不可能会使任何贷款取得高于5%的收益。这是想要鼓励经济效益更好的投资。但是银行不一定会使债务人感兴趣，他们必须支付惯常的7%的利息，而大贵族们通常享有国王赐予的特权，迫使他们的债权人接受大大低于此数的利率。[2] 因此，议会拒绝了策士们提出的计划，明确表示赞同增加间接税，[3] 并暗示要选用货币贬值和强行实施应急措施。这也是一种警示：如果卡斯蒂利亚的统治集团不接受奥利瓦雷斯的计划，其他伊比利亚王国接受它们的前景也不佳。从长期看，将无人相信国王遵守诺言，非卡斯蒂利亚人不大会为了多少免除

---

[1] E. J. Hamilton, "Spanish Banking Schemes before 1700", *Journal of Pol. Economy*, Vol. LVII (1949).
[2] B. Bennassar, *Valladolid au siecle d'or*（Paris, 1967）, pp. 258 – 72, 557 – 67.
[3] *Actas de las Cortes de Castilla*, Vol. XXXIX, pp. 5 – 20.

一点帝国财政负担而同意参加联军以实现去卡斯蒂利亚化（即帝国一统）。①

向 1626 年应召显贵紧急会议提交的改革法国君主国计划，跟卡斯蒂利亚枢密院考虑的问题同样全面，有些问题也存在很长时间了。改善法国财政信誉的好办法是赎回国王拥有的地产让渡权和国王占有的土地。1614 年及之前，议会曾敦促过，苏利也开始落实了。黎塞留想要在城镇和教士中强制低息贷款，以提供基金在往后六年中完成赎回任务。

应召显贵们怀疑贷款是否会用于这个目的。尽管黎塞留承诺连连，他们既不接受他的计划，也不对财政困难提出任何真正的补救办法。可是，他们确实批准了恢复商业与海上力量的计划；这一计划想要取得的结果在一定程度上同奥利瓦雷斯的企图一样。黎塞留一时认为有可能进行一场战争抑或实行花钱的对外政策，同时在国内进行行政改革和实施重商主义的计划。到 1629 年，他认为必须进行抉择；他似乎显得比奥利瓦雷斯更有判断力；但是对奥利瓦雷斯来说，不得不在试行结构改革的同时进行战争。卡斯蒂利亚议会的态度是必须资助战争，而这又使结构改革不大可能实现。议会和其他政治家都不可能克服这么一个困难：即债权人决不相信声称拥有不受控制的紧急权力的专制统治者会履行长期的财政承诺。

在探究战争造成的代价及其结果前，应该考虑一下：欧洲外部条件在多大程度上有助于促使那么多的欧洲国家投入长期战争，以及斗争中什么样的转折点会决定性地改变欧洲力量的分布。由于奥斯曼土耳其人 1627 年前一直内部纷争陷入困境，而此后仍然集中其资源与波斯重新开战（1623—1639 年），所以并没有严重威胁到要骚扰在匈牙利的哈布斯堡王朝。中、东欧与奥斯曼土耳其彼此不和；此外，还有像 16 世纪最后 20 年里西班牙与奥斯曼土耳其之间进行的边界小冲突。这也帮助波兰人扩张进了白俄罗斯，特别是扩张进了乌克兰，为的是加强国王的军事和行政权。然而，波兰国王未能在抵御瑞典人时保卫住其波罗的海地区和利益；这使人对波兰力量产生了错误印象。当贵族们决定团结一致支持国王时，波兰仍然是东欧最大的军事强

---

① See below, Chapter XV, p. 463.

国。议会拒绝支持西吉斯蒙德三世和拉迪斯拉斯四世的波罗的海计划，并拒绝支持拉迪斯拉斯的反土耳其计划；这促使1648年哥萨克叛乱的爆发。但是，为了保卫他们在乌克兰的殖民事业，他们为打击土耳其人和鞑靼人的1621年霍奇姆战役募集了10万人，1651年为打击博格丹·赫梅尔尼茨基（Bohdan Khmelnytsky）招募了12万人。因此，穆拉德四世去世后奥斯曼帝国的衰弱间接地造成了波兰的失势，促使拉迪斯拉斯计划的提出。在西欧，由于法国和西班牙之间直接冲突再起，权势格局发生了转移。

奥利瓦雷斯1640年惨败后回顾往事，认为西班牙的失败根源在曼图亚战争（1628—1631年）。在那之前，哈布斯堡王朝一直是胜利的；但是在马德里看来，情况是不那么令人满意的。西班牙的金钱以及（有时）西班牙的军队有可能重新征服波希米亚，有可能使天主教同盟与华伦斯坦在德意志取得胜利；可事实证明，要从皇帝和各诸侯处取得反荷兰总同盟的任何承诺是不可能的；他们憎恨西班牙占领下巴拉丁地区。奥利瓦雷斯也希望通过对荷兰人封锁波罗的海以使其破产；由于汉萨同盟小心谨慎以及华伦斯坦拒绝在西班牙指示下行动，1629年这些计划受挫。[1] 华伦斯坦在斯特拉尔松失败后有另一个想法，但是马德里已经决定（1628年9月）集中资源来取得曼图亚领地。[2] 卡斯蒂利亚的财政由于1627年强制债务转换（即把年金交给金融家，从而可以自由动用典押给他们的收入了）、新银行公司对恶性膨胀的铜币进行贬值而处境改善。曼图亚领地上的蒙特费拉特和卡萨莱扼制着通向意大利的山口，威胁到米兰的安全和通向尼德兰的陆路；因此，奥利瓦雷斯决定拒绝法国内韦尔公爵的继承权（上一代公爵在1627年底去世前曾立遗嘱讲明）。虽然有理由否定公爵遗嘱的合法性，但是西班牙没有诉诸理由，而是立即诉诸了武力。这样一来，西班牙就蔑视了王朝财产权，挑战了法国，进而破坏了其与皇帝的关系，因为蒙特费拉特是一块皇家封地。

与此同时，必须就尼德兰作出重要决定。执政者腓特烈·亨利愿意谈判续订1609年休战协议；公主和斯皮诺拉力主接受协议。但是

---

[1] See below, Chapter Ⅶ, p. 228.
[2] R. Rodenas Vilar, *La Politica Europea de Espana durante la Guerra de Treinta Anos* (*1624 – 30*) (Madrid, 1967), p. 146.

奥利瓦雷斯认为：诚如以前发生过的那样，这对西班牙是灾难性的。荷兰人会占夺其在东印度群岛和西印度群岛的市场；战争的花费使他们难以把所有资源倾注于加强海上力量。唯一的解决办法是买通皇帝和德意志众诸侯进行干预来赢得战争。费利佩四世对两种路线都不奉行；他同意跟荷兰人谈判，但提出的条件太高，令人难以接受；而又未能送出必要的经费收买帝国里贵族的支持。西班牙和萨沃伊占领蒙特费拉特、围困卡萨莱没有导致法国的直接干预，法国只是派了一名使臣前往马德里。双方都希望避免直接冲突，但原因不同。时间不在西班牙一方。10月，拉罗什尔投降，使黎塞留得以集中精力干预意大利；大约与此同时，传来彼得·海恩9月间夺取运宝船队的消息。奥利瓦雷斯面临急需资源的突然缺失，愿意接受荷兰的停火条件集中力量打败法国。枢密院中大多数人支持他，但是费利佩再次拒绝了他们的意见，决定设法靠虚张声势来对付这场危机。①

结果就是1629年的灾难。法国人打败了萨沃伊，解救了卡萨莱，驻进了意大利；与此同时，斐特烈·亨利在法国财政的援助下，奋起围困布瓦勒迪克，最后于9月间将其占领。现在是西班牙不得不向德意志皇帝求助了。派出一支皇家军队到意大利，不但削弱斐迪南在德意志的地位，并使组建德意志联盟以击败荷兰的任何希望更加渺茫，但却给了皇帝不咨询马德里即单独与法国解决曼图亚问题的可能性。法国的使节们1630年在雷根斯堡成功地做到了这一点；他们的手法是利用皇帝的希望，表示不会煽动反对选举他的儿子当神圣罗马皇帝。法国人不自量力，拒绝接受在雷根斯堡达成的协议；但是，凯拉斯科条约（1631年）最后解决了问题。法国获得皮内罗洛和卡萨莱，从而直接控制了进入意大利的通道；这对西班牙来说要比内韦尔和平地接手曼图亚的继承权危险多了。据奥利瓦雷斯估计，这个结果使西班牙损失了1000多万杜卡多。这也使法国政府和财政十分紧张，从而迫使路易十三在进行影响深远的改革与大力实施反哈布斯堡的对外政策之间作出选择；但黎塞留还能争取时间放手直接卷入战争。② 西班牙再次要求同联合省休战，却发现联合省这会儿主要关心的是将谈

---

① Ibid. pp. 166–70, 180–1.
② See below, Chapter XVI, pp. 488–9.

判视为鼓动南方叛乱的一种手段。西班牙失去了其提供定额资金的机会，得保证增加资金。到1632年，使用包括主要措施（跟传统议事会磋商和尊重特权）在内的办法提供战争经费已行不通。此后就得大力诉诸武力和采取特殊措施。这一变化在某种程度上体现为1634年执行委员会的成立；委员会取代了传统的枢密院，成为决策中心。到1636年，这些方法显然克服了发生在德意志的灾难和发生在尼德兰的类似灾难，集结了大量兵力意图把荷兰人赶出巴西北部，并迫使黎塞留对西班牙公开宣战；这使法国北部面临失败与入侵。虽然黎塞留与奥利瓦雷斯从1636年起几乎不断地进行秘密和谈，但1628年至1633年间这些灾难状况的逆转必然会使奥利瓦雷斯确信：他的意志力、能力和冒险家的胆识能够克服西班牙由于长期在国外大把大把花钱导致本土资源耗尽、民怨沸腾所造成的困境。

因此，法国与西班牙在1635年宣战确实是国际关系上的一个真正转折点。最终，西班牙不得不接受同联合省长期酝酿的和平，然而仍无法使皇帝留在反法战争中。甚至在1648年之前，战争的这一状态已经决定性地影响了交战国的政府与经济。因为西班牙是最终受影响最严重的国家，值得对其财政制度及其特点做一粗略的分析。[1] 同法国相比，一个明显的差别是卡斯蒂利亚的间接税负担要重得多。但得记住：16世纪以来，总的趋势是各国增加间接税的较高税额；如果说西班牙是这方面最极端的例子，那么这方面可能同样重要的另一个国家就是联合省了。由于长期的王权至上传统，西班牙国王从其教会处获得的捐款肯定要比法国多，然而难以估定两国国王收受的教会财富的相对比例。同法国另一更大的差别是操纵造币获益；法国没有货币贬值，然而记账货币会贬值，铸币的比价和硬币的名义价值会有变化。法国的货币制度不像联合省或者英国那样稳定，但也没有像卡斯蒂利亚、德意志或者波兰那样严重不稳；而卡斯蒂利亚对造币的操纵比所有其他国家持续的时间长得多，奥斯曼帝国可能是个例外。西班牙和法国对海外贸易征收的关税对国家岁入的重要性比联合省、英国或者丹麦要小得多。在西班牙和法国，与金融家签订合约以及他们的预付款是重要的。两个国家都毁了其信誉。就短期来看，法国的金

---

[1] Based on A. Dominguez Ortiz, *Politica y Hacienda de Felipe IV* (Madrid, 1960).

融家似乎已经有了较好的谈判条件，到17世纪50年代似乎已能完全控制财政管理部门；而西班牙的金融家则屡屡要为国王的紧急需要作出牺牲，且通常不得人心。两个国家的战争经费都来自拒绝分配岁入、出售年金、卖官鬻爵、强制贷款、征用、命令老百姓向军队提供膳宿。西班牙的财政甚至比法国财政更糟糕，拖的时间更长，但西班牙财政管理部门可能比法国财政管理部门更了解事态的真实情况。西班牙的麻烦肯定不是因为其政府忽视所发生的情况。

操纵卡斯蒂利亚造币的重要性可以由以下事实来说明：1621—1658年，造币向国王提供了4800万杜卡多；而美洲白银才提供了3400万杜卡多。1640年之后，美洲只提供了1100万杜卡多，而造币却提供了3000万杜卡多。费利佩四世在其统治的头20年里，年均收入约1800万杜卡多，[1] 但是约有600万杜卡多是指定要支付年金的（1621年已经累计达560万杜卡多）。其余的收入中，或许有10%来自直接税，大部分是教会提供的特殊津贴，还时不时有些捐款。最大宗的款项约9000万杜卡多（年均450万杜卡多）是国会通过的捐款，其中大部分是对食品征收的间接税（以百万计）。还有从1631年开始征收的王家盐税（旧日销售税的变种）总计近300万杜卡多；到17世纪30年代，对可能为数不到600万的人口征收的消费税大约为每年1000万杜卡多。原收入的第二大宗款项约3700万杜卡多，来自出售教皇签发的赎罪券、教会通常提供的特殊津贴以及军界的收入，还有造币收益近1800万杜卡多。再就是来自扣除一半的年金1600万杜卡多。在1634年，享有年金的外国人应得利息的一半被扣留，在1635年和1636年被全部扣留；而本国人在这两年中分别收到1/3和1/2；在1637—1640年双方都被扣半数；在1641年全部被扣，从1645年起总是扣一半，从1648年起被扣一半以上。除了最危急时寡妇、贫穷贵族、医院、女修道院以及圣餐礼的捐赠可以豁免外，那些利息被扣留的人必须接受同样面值的年金券。国王按例稳得收入约250万杜卡多；这毁了他的信誉，使年金券市场价降低到其面值的一半，与其16世纪通常的价格持平。[2] 国王不得不在1637年、

---

[1] These are receipts for in Dominguez Ortiz, *Politica y Hacienda*, apprendix I, but average receipts for the whole reign were probably about 20000000 ducats a year, Ibid., p.182.

[2] A. Castillo Pintado, "Los Juros de Castilla…" *Hispania*, Vol. XXIII (1963), p.63.

1640年、1646年和1649年强迫购买年金券，向各地区的市政当局、官员和个人都分配了定额。

捐款似乎是躲避这种应急措施的希望。应急措施在理论上是最有能力支付者交纳的一种恩税（benevolence），但就连1590年和1624年获得预期结果的措施也被贵族利用来作为取得皇家授予特权——以低利率对他们的土地征税——的机会。1629年的措施很大部分是出售特权与赦免状给城镇和个人。城镇被容许出售公共土地或划分牧场，特别是对其农村平民收取额外的消费税或特别费。1632年试图把捐款上升为个人爱国主义的做法导致了抵制和失败，只征集到100万杜卡多，而在1624年和1629年则分别征集到约400万杜卡多。在1635年，国王不想再同城镇协商，但个人仍然得到赦免状和特权，特别是贵族豁免了个人服兵役。这又筹集了大约400万杜卡多，但事实上这最后一批捐款数目巨大。1637年，准备对租金征收25%的税，但是由于牧师和巴斯克地区特别强烈的反对最终没有实现。1640年一项征收分级人头税的计划亦告失败。有爵位的贵族缴纳的唯一常规直接税是1631年制定的免丁税；据此，他们和主教们同意个人为特遣军提供军费。这笔收益本想会有40万杜卡多，但到1660年只收到15万杜卡多。想必在奥利瓦雷斯治下，该收益会较好；其实在他治下的最后数年，达官显贵们被迫为战争提供了大量捐款。从1635年到1640年，为军队筹集到大约360万杜卡多。到1643年，梅迪纳塞利公爵已经捐出了50万杜卡多。这种横征暴敛是达官显贵们对朝廷和奥利瓦雷斯日益敌视的主要原因；奥利瓦雷斯的下台对大贵族们来说开启了一个比较宽松的时期。

卡斯蒂利亚议会同法国议会一样，传统上是一直反对卖官鬻爵的，是国王屡屡违背停止卖官鬻爵的诺言。但是到17世纪30年代，议会希望减少捐献负担而同意增设并出售新市政官职，并出售财政和法律官职。难以估计卖官鬻爵的收益；收益应该是相当可观的，但可能不如法国在17世纪30年代那么重要。法国卖官鬻爵、出售旧官职增加的工资、出售年金等平均占中央财政现金收入的1/3以上。但最高年份的收益（约3600万里弗赫）只不过是1639年征收的人头税及其军需补给（6900万里弗赫）的一半多一点。到1640年，出售新增设的官职和新增加的工资满足了要求,但渐渐失却了其价值①;新官职已售完。国王继续强迫官员们购买(已无法发放的)增加了的工资,就像费利佩四世必须强迫官员和臣民购买年金那样。而巨大的差别在于间接税;根据 1639 年的估计其总收益约为人头税及其军需补给的 38%,然而比率在 17 世纪 40 年代上升了。牧师缴纳的税款总数在 1615—1666 年间为年均不到 200 万里弗赫,但此数有近一半是(已经转而支付年金的)什一税。牧师们提供的义务捐赠在 1626—1636 年间平均不到 50 万里弗赫,从 1636 年至 1645 年为 90 万里弗赫,而在 1645—1656 年则降至不到 50 万里弗赫。② 西班牙肯定从牧师处获得的更多,特别是在 17 世纪 30 年代,然而难以精确地说出其数额。从 1666 年到 1715 年,法国牧师缴纳的税款年均在 350 万里弗赫以上,仅义务捐赠在 1690—1717 年就年均近 500 万里弗赫;这个事实表明,他们早年间也好不到哪里去。

同 1626 年相比,1636 年征收的人头税增至两倍,加上军需补给 1639 年就增加三倍多了。地方上的例子最好地说明了这一状况,然而存在着相当大的地区差异。在卡昂财政区,1631 年的人头税为 107.5 万里弗赫,1635 年就快到 230 万里弗赫了,1636 年为 320 万里弗赫,1643 年差不多也有这个数,加上军需补给 70 万里弗赫,1631—1638 年几乎增加了四倍。但是到 1639 年,应缴的人头税拖欠了 40%,而 1629 年只拖欠 19.6%。同官员们一样,缴纳人头税者支付日益增加的税款的意愿和能力在日趋竭尽。在蒙彼利埃(在一个省里),1600 年的人头税大约为 3 万里弗赫,1627 年增至两倍,1640 年为 10 万里弗赫。对鲁埃格省的小镇埃斯帕利翁征收的人头税,从 1618 年的 1266 里弗赫增加到 1643 年的 6800 里弗赫多。在波尔多财政区,人头税从 1610 年至 1632 年间的稍高于 100 万里弗赫增加到 1635 年的 200 万里弗赫,1644 年为 300 万里弗赫,1648 年差不多 400 万里弗赫——加上军需补给大约为 500 万里弗赫。这还没有计入所有的税费;财政官员有权收取费用,教区必须为驻军、国民军、士兵膳宿付费,因此他们的总开支可能是人头税额的两倍。许多城镇

---

① See below, Chapter XVI, pp. 495–6.
② P. Blet, *Le Clerge de France et la Monarchie* (Rome, 1959), Vol. II, pp. 391–4.

（包括一些像波尔多这样的重要城镇）免缴人头税，但仍有义务为军队提供给养、交付强制贷款、向国王捐款；这捐款是以额外入市税或其他间接税来征收的。其他人不用直接缴纳人头税，可能是靠多收邻近村庄的税费来逃避他们应缴的部分指标。所有城镇都负了债，它们无法满足更多要求，使得省长、税款包收人和皇家官员越来越插手它们的事务。1647年政府将入市税增加一倍，但自行处理该款的一半或一半以上。到1660年，亚眠负债31.5975万里弗赫，是它1650年代年均收入的四倍或五倍。诚然，亚眠是在一个边境省，但是各处城镇和地方债款的累积是战争的最重要后果之一，也是加强君主政体行政监护的缘由。由于欠款和债款的累积，乡村地方上的法定开支亦随之增加，因为它们必须支付被囚禁的人头税征收者的费用抑或抓捕罪犯等法律程序的费用。

各地城镇和地方债务的增长都是国家财政需求和困难日益增加的结果，然而所产生的社会和行政后果不一定与法国相同。最特殊的例子或许就是那不勒斯了。那不勒斯是最愿承受来自马德里财政压力的西班牙领地，对其战争活动贡献最多，特别是1636年之后。[1] 这时，债务已经从1626年的大约3000万杜卡多（当时赤字已经为680万杜卡多）上升到4000万杜卡多，但是到1648年增加了一倍达8000万杜卡多。地方上的债务（主要是国王横征暴敛所导致的结果）在1637年达到5400万杜卡多。王国每年为战争向国外输出350万杜卡多。部分款项的筹集，依靠对那不勒斯油、丝的出口和对油、面粉、盐、谷物的消费征收新税；这项税款很快就转让给了金融家。但是多数款项的筹集，靠的是旧直接税和间接税——已转让、从而使债券贬值的税种，靠的是卖官鬻爵、出售权利和国王领地上市镇与土地的管辖权。

1636年之后的主要受益者是巴托洛梅奥·阿基诺，他和他的合伙人最后确立了对于岁入和预付款的一种准垄断（near-monopoly）。他曾经是个商人；在他作为金融家称霸时期，许多从商者破产了。他的最初受害者是持有有偿付能力的市镇收入转让证书的外国人；他们被迫将有偿付能力的市镇收入转让证书换成没有偿付能力的市镇收入转让证书。萧条时期新直接税和间接税的征收，意味着旧税收益的下

---

[1] R. Villari, *La Rivolta Antispagnola a Napoli. Le Origini 1585–1647* (Bari, 1967).

降。早在1637年，老投资人已经损失了50%的资本，但国王的信用又随之开始下降；到1646—1647年，阿基诺只支付新收入债券10%—15%的名义值。与此同时，他和一些人又以极低的价格收购旧收入转让证书和年金券。财政官员、税款转让证书持有者和市镇债权人都有权派高级警官去尽其所能地收款。这越来越多地采取了以武力实行的扣押手段，就像法国的税款包收人和省长们必须派特种特别军队制征税那样。

阿基诺在他经手的一些合同中充当为贵族购买关税和直接税转让款的代理人，收取10%的佣金。他也是一个卖官鬻爵，特别是出售1620年宣告的可转让部分国王领地的关键人物。阿基诺的垄断被1648年革命打破，但是他帮助了最后阶段的社会变革——一场比较持久的变革。变革最明显的标志是有爵位的贵族人数的增加：1601年为133人，1613年为161人，1631年为271人，1640年为341人，1675年为434人；而无爵位的贵族人数大体上一直稍低于500人。增长最多的时期是1620—1650年，增长最高的爵位是侯爵和公爵。阿基诺自己成了卡拉马尼科侯爵，一些热那亚人和托斯卡纳人在那不勒斯获得了土地和爵位。1600年之前，有爵位者很少能保持一个世纪之久。

稍晚时期最引人注目的新贵是金融家、商人和小贵族，他们为官、参政致富。但是许多历时已久的显贵家族也兴旺发达、官运亨通。在1600年，许多达官显贵负债累累，为此出售大量土地；但是大约在1620年之后，他们似乎在开发自身产业方面普遍比较成功。市镇乐观地租赁封建领主权，而随着物价停滞或下跌，财政压力增加时就会拖欠租金。市镇一旦欠了贵族的债，就会被迫让出行政管理独立权及重要的通行费或土地。这类协议也可能要靠雇用土匪进行威胁和谋杀来加以实施。新、老贵族都是国王财政困难日益加剧的主要受益者，而商人、城镇居民、农民和下级官员则是受害者。

在政治上，贵族们成功地反对了有损他们利益的租金税和印花税的采行，从而使国王难以减轻征税的压力。他们在议会里谴责金融家，鼓励走私，在他们保护的市镇中抵制高级警官和皇家官员，与此同时收买直接税和皇家领地所有权，从而增加了总督的困难。在各省，尽管他们向国王提出了抗议和呼吁，越来越多的乡村完全受贵族们摆布,完全失去了朝臣和官员们的有效治理;即便这样他们还向国王提出抗议和要求。1639年为了从议会得到补给,总督撤回了将贵族对不法行为(包括非法拥有火器)的管辖权交由国王控制的1637年法令,从而威胁到了贵族对其暴力队的控制。贵族们日益增加对各省城镇居民和农民的剥削:这意味着对那不勒斯商人、手艺人和劳工征税的加重。国王试图把参与勾结法国阴谋的少数极端主义贵族绳之以法,1647年召集各市镇代表来讨论(肯定会导致对贵族大量投诉的)财政混乱问题;这说明国王想要恢复奥苏纳探寻民众联手反对贵族的政策。但是,如果说国王曾可自行其是的话,这会儿已经不再可能了,他的权力无法挽回地抵押给贵族了。

1647年,镇民和农民起而反对贵族的统治和剥削。国王的财政需要加剧了反抗斗争[1];最近因新征收水果税就在那不勒斯市发生了动乱。马萨涅略在那里领导人民不但反对城镇贵族、金融家和收税人员,而且反对作为贵族扈从的一帮歹徒,并寻求乡村的支持。进行造反的那不勒斯市和各地区开始时都没有攻击西班牙统治。它们实际上是向一位多少带有神话式家长作风的国王恳求公平正义和革除弊端。各市镇领导人都希望成为国王的直接臣民以确保各自地方独立自主。向正统的当权者恳求反对不公和革除弊端,使农民和城镇寡头统治集团联合一致,运动在各地有了真正的力量,致使贵族们茫然不知所措,只得逃走抑或作出让步。他们唯一的希望是团结一致支持总督,等待西班牙军队到来。这有助于确保那不勒斯摆脱对西班牙的臣服义务,宣告成立共和国。马萨林不愿意协助成立共和国,而很少有贵族愿意寻求法国插手,法国插手会使他们的敌人完胜。马萨林的不愿意协助和决然挫败吉斯公爵的野心,确保了那不勒斯的最终归顺。

可是,农民在反抗斗争中起了十分重要的作用这一点使斗争的胜利不那么可靠了。富裕的城镇居民除了不喜欢财产被毁和暴力外,还是贵族们在经济和社会方面剥削农民和手艺人的对手。早在1600年,卡拉布里亚各市镇的统治集团就已经把应付捐赠和市镇债务所需的税收主体从烟囱税转移到间接税和人头税;靠职业(不包括体力劳动)

---

[1] R. Villari, *Mezzogiorno e contadini nell'eta moderna* (Bari, 1961), pp. 118–42; G. Pepe, Il *Mezzogiorno d'Italia sotto gli Spagnoli. La Tradizione Storiografico* (Florence, 1952), pp. 137–41, 213–20.

"高贵地生活"的人免除人头税。① 牧师们要求享有同样的豁免权，然而他们中有些人往往同情民众疾苦，有时还参加反叛活动。他们承受不了农民再次拒绝缴纳什一税——16世纪末一些粮食生产区经常拒缴什一税。牧师和城镇领导人还希望保全他们在公共债务、市镇债务和官职方面的投资。他们需要有个改革了的体制，恢复"民众自由"，在政府内与贵族平等共享权、责（这是1620年以来杰诺伊诺一直鼓吹的），② 并不要求社会变革。当那不勒斯在1648年归顺时，贵族们自由地收复他们的封地，否认1647年所做的所有让步。在其后的20年中财政管理方面的确进行了一些改革，但是贵族阶层的收益没有受到严重影响。

同西西里相比，突出地表明了西班牙对那不勒斯的财政剥削及其后果的严重性。一般都认为：西西里遭受的西班牙横征暴敛比那不勒斯少得多。虽然西西里的议会从未打过大战，马德里仍把它视为公开听取申诉和给予恩惠的场所，因为这里仍然具有一些真正抵制的潜力。那不勒斯的议会在1642年以后就不再开会了，但西西里议会的继续存在保卫了该岛的特权。总督像议会一样，非常希望西西里能免缴税费，经常提出的理由是农村贫困、民穷财尽。那不勒斯也提出差不多同样的诉求，但马德里很少听取；马德里总是向其臣民们索取他们认为拿不出的东西。加泰罗尼亚的情况则是：完全出于不知情而过高估计了其资源；这是由于奥利瓦雷斯判断失误。或许是西西里的贵族们忠于西班牙的传统，使得马德里对他们不像对那不勒斯贵族那么苛求；那不勒斯贵族更倾向于对他国表忠心。

对西西里富人来说，租金是十分重要的：每个人都在国家处于财政困境时进行投资，购买转让的收入和特权。国王出售他的领地和官职，并以在那不勒斯所做的完全同样的方式进行册封。城镇被贵族统治，他们在墨西拿还仍然拥有特别丰厚的商业利益。他们都为自己和他们的城镇谋求特权，很可能也在买官。他们也像教会那样购买贵族地产的租费和抵押契据。贵族们总是声称长期负债，但是却有钱购买爵位、特权和征税权。最重要的特权是1610年授予的购买他们封地

---

① F. Caracciolo, "Fisco e contribuenti in Calabria...", *Nuovo Rivista Storica*, Vol. XLVII (1963), pp. 504–38.

② M. Schipa, *Masaniello* (Bari, 1925).

上的刑事和民事完全管辖权。国王还以强制降低利息、拒付其债务利息应对他们的债主、打击投资人，对他们加以保护。议会拟准予特殊捐款以确保利息的支付。国王认识到收购租费的重要性，在 1642 年拒绝了贵族们提出的强制减低其债务利息的要求。①

对战争造成的破坏和付出的代价所引起的普遍抱怨，在西西里可能比在那不勒斯更为强烈。无可否认，这是因为西西里的出口贸易已具有了更大的重要性。玉米出口虽然受制于收成的波动，但仍保持在 16 世纪末达到的平均水平上。② 墨西拿的丝绸出口在 16 世纪 90 年代至 17 世纪 20 年代之间上升了 1/3 以上，并一直保持在这一平均水平，然而在 17 世纪 50 年代和 17 世纪 60 年代有更大的波动。生产在 1620—1650 年间可能一直在增长，而后趋于稳定。丝绸的出口平均值比玉米的出口平均值至少高 1/3；③ 而出口繁荣并不说明总体繁荣，还存在着相当多的境内移居现象。在 16 世纪，建立了 12 个新市镇；在 17 世纪，建立了 76 个新市镇，人口 6.3 万，其中 58 个是在 1653 年之前建立的。农民们总的倾向是从税收较高的国王封地上的市镇迁移到贵族封地上的市镇去；新市镇对新居民特别有吸引力，因为开始时税费和租金都很低。④ 在某种有限的程度上，贵族的债务已然促进了这一移居活动。从长远看，移居活动会使土壤遭受侵蚀、肥力耗尽，会使采邑制度日趋腐败；但在我们所说的这一时期，移居活动至少向一些农民提供了比在卡斯蒂利亚或那不勒斯更有吸引力的选择。

这一境况可能有助于说明由 1646 年歉收所引起的 1647 年民众起义为什么比那不勒斯的起义流血较少和为时较短，而它们反对的主要目标是一样的——高额间接税和贵族特权。在巴勒莫，群众起义很快被行会控制；行会领袖达莱西奥提出了一个与杰诺伊诺的纲领非常相似的纲领：人民（系指富裕的城镇居民）与贵族在政府内平起平坐、

---

① V. Titone, *La Sicilia della Dominazione Spagnola all'Unita* (Balogna, 1955), pp. 23 - 4, 289 - 320; G. Trigoli, "Una battaglia parmentale... del secolo XVII", *Melanges A. Marongiu* (Brussels, 1968), pp. 213 -45.

② F. Braudel, *La Mediterraneet le Monde mediterraneen...* (2nd ed. 1966), Vol. I, pp. 541, 545 - 8.

③ M. Aymard, "Commerce et production de la soie sicilienne au XVI et XVII siecles", *Melanges d'Archeologie et d'Histoire*, Vol. LXXVII (1965), pp. 609 -40.

④ C. A. Garufi, "Patti Agrari e Comuni Feudale di Nuova Fondazione in Sicilia", Pt. II *Archivio Storico Siciliano*, Third Series, Vol. II (1947).

权利均等以及更为均等的税负。总督对达莱西奥的让步和拖延渐渐丧失了行会的支持。其他一些城镇也在造反；墨西拿一贯与巴勒莫为敌，其他城镇也不想组织任何形式的统领机构，也在某种程度上像那不勒斯境内那样不愿相互支援。招降达莱西奥不成；放弃了通过废除食物间接税以改革财政体制的打算；不久即指派了人民执政官到巴勒莫和卡塔尼亚的元老院。除了使每个人都牢记行会过于看重总督主持的相关利益的微妙平衡一事之外，造反的一大长期影响是限制间接税的豁免，由债券持有人选出的贵族和牧师组成的一个新财政代表团监管。这意味着确保利息的正常支付，然而利率降低了。

西班牙在那不勒斯征收到的钱大多到了米兰；在米兰，西班牙在财务上的横征暴敛可能比在那不勒斯轻一些，但比在西西里要重。而战争的直接影响更大，特别是军队频频过境和宿营。政府再次出售王室权利、官职和爵位，然而直到1650年以后财政官员的数量并未大增。城区贵族地位比南部相对更为重要。①（1700年的270个有爵位的贵族和433个封臣中，157个有爵位的贵族与207个封臣是1646年以来授予的，158个有爵位的贵族与205个封臣源自米兰贵族。）他们已经停止直接插手工业或贸易，但是他们需要进行长期而花钱的文化学习，通过贵族资质检验以确保对市政、行政和司法高位的垄断。从1593年起，米兰的法学家学会决定拒绝积极从事商贸活动者入会。这些人的家庭投资公共债务、私人借贷和外汇交易，还购买土地和封地所有权。投资租费、抵押和公共债务意味着可像别处人那样"高贵地生活"，他们和他们的后代会被接纳为贵族。从国王那里购买其对不同环境下的、以封地形式存在的乡镇和村落所拥有的管辖权和王室享有权，比较容易，有钱就行，无须贵族身份证明。购买者除贵族外，还有金融家、批发商和零售商；但是由于贸易与工业的萧条，金融家在这些新人中占据了主导地位。尽管市镇努力购买豁免权，但将土地和乡镇、村落赐封为采邑的做法仍大行其道。有些受封者拥有大量封地，其他人则拥有很少。贵族几乎拥有土地总量的一半，教会大概拥有1/4——平原地区的比例较高。

---

① Chiefly based on B. Caizzi, "Le Classi Sociali", *Storia di Milano*, Vol. XI, Pt. V (Fondazione Treccani degli Alfieri, 1958) and *Il Comasco sotto il Dominio Spagnolo* (Como, 1955).

由于土地回报较低，那些没有官职的旧贵族就需要比部分免税的合法特权更多的好处。他们谋求恩惠和其他收入来源。富豪们积欠了大量税款，谋求减免；而小贵族们则通常是逆来顺受，破产了事。因此，大地产增多，贵族增多。土地和金钱都集中到少数人手里。16世纪期间，平原地区的小农所有权有所发展；但发展受阻，发生了出售或随时废弃土地的现象；1620—1650年是科莫南部农民土地出售的最严重时期。山区大地产不占主导地位，小农的情况稍好。在米兰和其他城市，财富和权力已从批发商、零售商和企业家转到官员和贵族（包括新进人士——金融家）手中。

工业和国际贸易日趋衰落，将钱投向地租和土地，并不只限于西属意大利。类似现象可见诸热那亚、佛罗伦萨和威尼斯。从17世纪初起老城市中心的毛织业和丝织业生产的大幅下滑，一定程度上得到了乡村和其他城镇生产增长的补救，但很少供出口。到17世纪下半叶，意大利像西班牙和波兰那样在其与西北欧的贸易中成了主要出口初级产品（诸如丝绸、橄榄油、酒、大米和硫黄）的国家。它在船运和金融方面的收入下降了，但是它的工业自给自足能力（特别是在纺织方面）则比西班牙和波兰要强得多。有观点认为：威尼斯贵族加紧从商贸活动转向投资土地的关键时期，在大约1570—1630年之间。① 米兰资本家从大约16世纪90年代起在商业兴趣上发生了极大变化，为了获取快速回报而甘冒风险，集中投资金融业务。在威尼斯和米兰，城市商业和工业的税务和高劳力成本负担越来越沉重。金融不稳、货币贬值也是财政困难的产物，从而促使集中于外汇交易。这方面记录最全的例子是卢西尼家族合伙企业；企业用利润购得价值110万里拉的房地产和80万里拉的国家、市镇和私人收入。1615年之后，企业大量从外汇交易撤资；这可视为经济和政治前景普遍暗淡的征兆，预示着1619年的货币与信用危机；这拉开了长期战争和经济萧条的序幕。②

因此可以说：意大利北部的经济行为模式在战争可能产生任何影

---

① C. M. Cipolla, "The Economic Decline of Italy"; S. J. Woolf, "Venice and the Terraferma" in *Crisis and Change in the Venetian Economy*, ed. B. Pullan (1968), pp. 127–45, 175–203.

② A. De Maddalena, " L'immobilizzazione della ricchezza nella Milano spagnola...", *Annale dell'Istituto di Storia Ec. E Soc. Dell'Universita di Napoli*, Vol. Ⅵ (1965), pp. 39–72; "Affaires et gens d'affaires Lombardes sur les foires de Bizenzone", Annales (1967), pp. 939–90.

响前就已决定性地在改变了。然而这些改变和日益强烈的不安全感肯定是受到了1618年前西班牙等国财政困难的影响。这一形势和大战的爆发使得米兰1619—1623年的货币危机极其严重。1630年的瘟疫又加深了危机的影响和曼图亚战争的直接影响。土地回报也灾难性地下跌。大地产的账目表明1623年以前净回报大约是3%,1610年以前或许接近4%。1623年以后很少达到1%,甚至有些年份显示亏损。到17世纪40年代,保养和改良的花费减少了一半,赊购账几乎达到毛收入的一半,开支的平均年度赤字超过收入的2330里拉,而1600—1623年的平均盈余则为14700里拉。① 为了生存,贵族们不得不依靠恩惠、借贷、俸禄和债券度日。土地价格狂跌;有现金的人有利可图,大肆进行收购活动或签订高利贷合同。有钱人争先恐后购买土地是在该世纪头30年。那些能保住其地产、静观其变的人在1659年之后看到了收入的复苏,1670年之后收入更多;但城镇的经济生活仍然停滞。

米兰人不同于明显没有广泛民众反叛的南方。将这一点简单地归因于不断存在着大量驻军以及那儿是个比较活跃的战场这一事实,似乎肤浅了点;当时加泰罗尼亚有驻军、没有战事也发生了民众反叛了呀。这至少表明了这两处领地在治理方面的不同传统。1647—1648年,西班牙权力弱小,所以那不勒斯和西西里的例子说明:在欧洲大部分地方,得不到贵族支持和可能得到一些外部援助的造反都失败了。英国差不多是个例外,但那儿有苏格兰人给予的关键性援助,英伦三岛共和国甚至拥有一些来自有土地的绅士大家族的领导人和支持。乌克兰的叛乱也许很像是一次成功的农民起义,但是其大多数领导人的野心大大不同于追随他们的群众,最终靠的还是外援。在葡萄牙,1637年广泛的农民反税收起义失败了;而那里1640年有贵族支持的民众反叛成功了,并得到了法国的支援。加泰罗尼亚既有法国的支援,又有民众起义;民众起义迫使、整合了贵族的支持。

民众和贵族对剥削虽有相当强烈的不满,贵族的暗中谋反活动也同样不能保证获得成功:诸如1641年安达卢西亚的梅迪纳-西多尼

---

① A. De Maddalena, "I bilanci dal 1600 al 1647 do una azienda fondiaria lombarda", *Rivista Int. Di Scienze Economiche e Commerciale*, Vol. II (1955), pp. 510–25, 671–98.

亚和阿亚蒙特的密谋活动、南尼德兰的范德贝格密谋活动和那不勒斯的阿卡亚侯爵的密谋活动。伪马克思主义理论认为波希米亚的反叛之所以失败，主要是因为贵族们拒不寻求农民支持；这一说法似乎不真实，但确实是指出了一个明显而重要的局限。在爱尔兰的老英国人——他们的爵位是没收来的——对于参与一场反对新教地主的反叛感到不安。1629年之后的20年是民众广泛造反时期，法国贵族们的阴谋活动未能得到很多民众支持。孔代和高贵的投石党人确实得到了一些民众的支持，特别是在波尔多以及一定程度上在巴黎。民众反叛通常都是先从反财政政策开始，但是战争往往使国王和大贵族之间的关系更加紧密、利益更加一致。他们可以用金钱购买国王享有的王权，也可以受赐享有王权；他们会成为抵押在他们手中的特权的护卫者。当市镇或农民负了债或政府债券贬值时，有钱人就会出手收购或强行租借。而我们看到，财政压力意味着农民难以缴纳租金和领主费；军队的设营对农民和地主的伤害特大。

因此，贵族的信用——从字面意义上说，就是可以继续对国家或个人欠大量钱；从威信意义上说——对维持其地位比以往任何时候都必要；如果他要增强其权势和增加其财富，那就非常必要了。如果和平时期国王的岁入难以满足其所有的大贵族和他们的追随者问题不大；战时财政压力使得国王恩惠更重要、大贵族们的支持更有必要。诚如奥利瓦雷斯所说：太大的压力甚至会削弱卡斯蒂利亚大公们的忠诚。葡萄牙和加泰罗尼亚的贵族比意大利的贵族更接近宫廷，然而似乎断绝了获益良机。加泰罗尼亚没有什么像在意大利那样可以拍卖的国王领地和王室权利。到17世纪40年代，大多数欧洲贵族都有了爵位，新人物买官掌权，更多的土地和财富集中到大地产主手中。卡斯蒂利亚、那不勒斯、西西里、波希米亚、奥地利、法国和瑞典的情况十分相似，大贵族们主动或被动地同政府、金融家、律师和军火商联手发战争财。国内外的主要受害者是农村人，但是镇民、官员和小贵族也在不同程度上处于日益增强的压力之下。

战争和战时财政往往毁了王国政府作为对其臣民实施保护和公平正义者的可信形象。民众造反的一个普遍口号是"无税国王万岁"。在德意志最缺乏保护；那里的农民进行自卫抗击军队的行动遭到了野蛮的报复。镇民和村民要保持住国王直接臣属的身份得花大价钱，可是卡斯蒂利亚和意大利的大贵族通常可以保护他们的地产和家臣,使其免遭国王军队和税款包收人太过分的侵害;从国王管辖下的村庄逃到私人管辖下的村庄,在西西里并不少见。在法国,乡村贵族、王家官员和城镇寡头为了减轻他们自己的佃户和农民的人头税负担经常进行斗争,要求由其他人负担。因此,钦差们的作用似乎就不那么明确了;他们是税款包收人强行收税的工具、人们相互约束的督导者、军队扣押财物的支持者,同时又要竭力确保估价更加公平。这两方面都违背了地方官员和贵族的利益。

农民和穷人会被城市寡头(包括国王官员)和贵族以地方自由为由而反对新税或新任国王官员,煽动起而造反;他们也反对向军队扣押的财物提供保护和向军人膳宿提供服务(领主们会在其他时间提供);他们甚至也可能会联合缴纳人头税者和享有特权者反对钦差的公平估价企图。法国农民造反通常针对的是税款包收人和财政官员。不像那不勒斯1647年的造反者,他们很少攻击贵族和反对领主税。在1614年比较和平的情况下,香巴尼地区的村民们对狩猎权、滥用领主司法权、任意征税和委托人评估人头税时的舞弊行为提出了抗议。① 或许是战时财政的压力使得这种抗议不那么引人注目;而后来发生农民起义的地区也不包括香巴尼地区——那是个重兵驻守的边疆省份。在16世纪下半叶,像朗格多克和皮卡迪这样的边远地区发生了强烈抵制缴纳什一税的斗争;路易十三时期显然是停止征收什一税的。什一税并不是大多数农民骚乱的头号目标,然而它却被放在似乎是最积极、最自发的纲领——1636年的普瓦图"农民公社"纲领——头条。②

农民们承担着大部分风险,成了遭受镇压的主要受害者;镇压通常是由省长抑或大贵族的委托人指挥、由巴黎来的高官协助。钦差通常不被省长视为其权力的竞争者;像孔代和隆格维尔这样的大贵族则同他们合作并保护他们,使其不受地方贵族和官员们的怨恨。巴黎的商人、最高法院、官员和小贵族一致对纳税和财政混乱表示愤慨。他们对国王财政政策造成群众痛苦的情况进行猛烈攻击,都是出于自私

---

① Y. Durand (ed.), *Cahiers du Doleances des Paroisses du Bailliage de Troyes* (1966), pp. 58 – 9, 65 – 7.

② R. Mousnier (ed.), *Lettres... au Chancelier Seguier*, Vol. II (1964), pp. 1105 – 6; cf. p. 1164.

目的，并未使群众的痛苦有所减轻。他们难以团结一致、携手追求共同的目标。然而他们有着共同的主要憎恨对象：金融家和税款包收人；他们想要有个法庭来对这些人进行惩处和罚款。小贵族们的要求表明了他们对大贵族和高官们的妒忌。香巴尼的贵族谋求减少宫廷费用和年金，希望所有的省长和镇长常住在履职的地方、任职仅限三年；卸职后的头年，得听取民众投诉。① 1651—1652 年的贵族会议特别关注的问题是确保防止军队的横征暴敛和驻扎，提议成立贵族连队以保卫地方。马萨林的胜利意味着金融家和大部分大贵族的复职，就连孔代也在 1659 年恢复了省长职位。法庭得等到路易十四亲政时才能有所作为。

金融家们在投石党运动停歇后的胜利，与他们 17 世纪 50 年代在西班牙的命运截然不同，然而富凯后来成了他们不得人心上的替罪羊。虽然一些法国金融家是外国人——西班牙卡斯蒂利亚当地人，其中最卓越者是巴特勒米·德·赫沃茨，但这些卡斯蒂利亚人在西班牙并没有什么地位。1627 年暂停支付前，热那亚的银行家们一直主导着国王的事务。其后，他们中的一些人继续进行着较为有限的活动，而其他人则大多被葡萄牙金融家取代了。这一发展变化在某种程度上是由于奥利瓦雷斯想使西班牙贸易不让外国人插手，但是更大程度上的原因是葡萄牙在费利佩二世统治时期对异教徒恣意镇压的狂热。卡斯蒂利亚的许多犹太人都去了葡萄牙并留在了那里。到 1600 年，犹太文化与宗教传统在西班牙实际上已经消亡；而在葡萄牙，日常用语中犹太人和生意人成了同义词。到 1620 年，宗教裁判所在查证所谓的犹太化者、鼓励寻找纯洁血统方面的结果，使得葡萄牙人抱怨其 1/3 的人口都是犹太人。压力太大，被逐出卡斯蒂利亚的家族之后代开始返回卡斯蒂利亚以求避难，并恢复了他们中世纪在王国财政中所承担的角色。

费利佩三世把赦免状和特权卖给皈依天主教者，1628—1629 年他们买到了在西班牙经商、结婚和定居的自由；这是他们在国王的供应合同中占优势的基础。在 1640 年，塞维利亚有 2000 名葡萄牙商

---

① R. Mousnier, J. Labaut, Y. Durand (eds.), *Deux Cahiers de la Noblesse (1649 – 51)* (1963), pp. 142, 152 – 3, 82 – 3.

人，在马德里约有 4000 名。奥利瓦雷斯保护他们免遭宗教裁判所迫害，甚至考虑放宽有关血统纯洁的法律；他们的受惠和富足是他们不得人心的主要理由。即使在 17 世纪 30 年代，宗教裁判所还至少对两名杰出的金融家进行了审判，使其破产；随着葡萄牙的叛乱和奥利瓦雷斯的下台，葡萄牙人变得比以前更不得人心，宗教裁判更加自由行事。到 17 世纪 50 年代，发生了对葡萄牙人的大规模逮捕和定罪。许多有钱人逃往国外，但是少数人还是能买到确实的豁免权。科蒂索斯家族保住了他们的财产，买到了爵位、卡拉特拉瓦军团军官甚至宗教裁判所里的职位。一些不那么富裕的人尽管遭迫害、财产被没收，但仍继续从事租税包收工作。国王从没收中得利，但最后毁了他的信誉、失去了海外贸易不落入外国人之手的任何希望。然而，频频逮捕引起对财政状况不满的肇事者——垄断分子、金融家、税款包收人——并对其进行审讯、惩罚时加以当众羞辱，可能使平民和贵族们感到满意；这逮捕和羞辱避免了他们起而造反。在这种特有的、令人反感的方式上，卡斯蒂利亚政府与社会倒是仍然保持一致的，呈现出一种虚假的强盛；而法国专制主义在 17 世纪中叶如同 15 世纪那样，仍是敌对集团之间不和、僵持不下的结果，是公众软弱的结果，而不是其自身力量强大的结果。

金融家进入大地产贵族阶层的特殊状况反映在军事企业家们的实例上；这一状况在波希米亚特别突出，① 不那么突出者见诸奥地利和德意志。这类企业家向诸侯提供信贷（有时向银行家和商人借款，像汉斯·德·维特为华伦斯坦所做的那样）招募、装备军队。战争继续进行，他们积累了越来越多的拖欠信贷款。在三十年战争期间，帝国内有 1500 个军事企业家；他们大部分原先是贵族，有些人也是富豪。生命危险可能比通常的贷款风险更大，但是如果一名上校或司令活下来，他可能有希望获得爵位和土地。巴伐利亚伯爵冯·斯波尔克（1601—1679 年）是农民的儿子，但是留下了 300 万泰勒（德意志 15—19 世纪的银币；1 泰勒值 3 马克——译者注）。到 17 世纪 30 年代末，有很大一部分平民在帝国军队中服役。在这一整个历史时期，他们被出身贵族的人在数量上超过了；他们通常原先是穷人，但也许

---

① See below, Chapter XVII.

获得了爵位和地产。①

在波希米亚和奥地利,战争导致土地集中到了大庄园,损害了小贵族。比起奥地利来,波希米亚的这个进程多半是没收财产的结果和大军事企业家提供的资助;而在奥地利,那里的旧骑士阶级衰落了,担任民事与军事官职的新生贵族人数增加了。在勃兰登堡,选帝侯恢复了对他抵押给大庄园的领地的控制并扩大了领地,而小贵族的生存则在很大程度上靠服兵役成为军官存在下来进阶贵族。在瑞典,战争产生了更其为数众多的贵族;他们多半是外国人,得益于国王转让的岁入,但是也跟担任官职有很大关系。小贵族们对议员们及其从德意志战争中捞到财富和爵位的新人中的盟友获得恩惠深感不满。这些贫穷的贵族愿意支持专制主义,以凭军事或民事职位而获得薪酬。在丹麦,国王拥有约全国一半的土地,地产都集中在高级贵族手中,他们的债务也增加了。1643年之后,战争和对外贸易的中断使他们进一步衰弱,而土地价格又在下跌。1660年之后,那儿的专制主义政权废除了对平民购买贵族土地的限制,从而产生了许多新贵族,把旧贵族变成了一种更像是专门提供服务的贵族。

在英格兰,有封号和爵位出售,但是特权或豁免权则很少或完全不随同出售。国王提名法官,有时也出售其职位,但是不卖豁免权。出售中央政府官职所得大部分进了其他官员的腰包。17世纪50年代之前,出售国王的土地一直是特别财政的重要组成部分;但是同丹麦相比,国王的土地只是全国土地微不足道的一小部分。没有固定的直接税或间接税可让渡。无薪治安法官是种提供服务的贵族;他听从国王的指令,同样也听从市政当局或用钱买得的官职者的命令。由于内战的影响,一批新人和家族一时控制着地方政府。但是恢复的传统秩序虽然更具寡头性,却不是一种封闭的寡头政治:它要么主张对地方市镇、乡村进行专制监护,要么主张把王权转让给世袭封地所有者。

这一历史时期的重大主题之一,肯定是贵族权势的转变和巩固。但是我们缺乏对大多数国家中甚至大贵族出身的详细分析,也缺乏与其他历史时期贵族权势变化比率进行比较的手段,更不用说对其相关财富和权力的评估了。然而清楚的是:几乎到处都大大增加了拥有高

---

① F. Redlich, *The German Military Enterpriser* (Wiesbaden, 1964), Vol. I.

级爵位的人数；新、旧家族均得益于君主们的财政困难。许多国家大地产越来越大；这在一定程度上损害了小贵族。小贵族生存的最佳良机似乎是成为提供服务的贵族，就像勃兰登堡和瑞典的情况那样；这种情况在某种程度上也必然已经发生在了法国，因为1659年之后那里保持着一支人数众多的常备军。在意大利和西班牙，好像存在着与大贵族共享政治、经济权力的状况；从某种意义上说，大贵族接管了政治、经济大权，抑或至少是成了专制君主制的主要受益者。而在波兰，虽然大贵族仍然是主要受益者，但宪法规定否定了专制主义。

卡斯蒂利亚也许是另一种政治形态：在那里，绝大多数贵族认可大贵族的主导地位，甚至没有什么公开的社会骚乱。说是律师主导着16世纪的行政事务可能有时被夸大了，但是1600年之后"斗篷与宝剑"派议员的重要地位日益增强则是不可否认的。或许这导致了教士与军人之间利益的认同，就像18世纪法国所发生的那样。另一重要办法可能就是实行信仰纯净与宗教裁判了。纯净法在16世纪肯定是用来使高级贵族和城镇寡头陷入困境的。在费利佩三世统治时期，贵族们抱怨尊重"纯净的平民而不尊重不纯净的贵族……"所导致的后果。1624年，国王宣告限制对信仰纯净进行验证，特别是反证，并下令销毁旨在表明为不纯净家族（大多是重要的贵族家族）后代的所有文字材料。宗教法庭将注意力集中于葡萄牙人后，适时地为人们提供了一个注意力转移的机会。据说：到17世纪50年代，混血贵族们感到可以安全地以蔑视态度谈论宗教裁判了。有位法国观察家对贵族的城市习气和没有狩猎权以及手艺人和商人穿戴如贵族还佩剑这样的事，表示惊讶。他评论时言辞夸张，但他指出了贵族追求卡斯蒂利亚社会一统的成就，而其他方面的成就却未能统一卡斯蒂利亚社会。

贵族阶层中的这些趋势可以视为这个历史时期改革国家的许多尝试所导致的结果。造反者要求恢复古老特权和征税标准，但少有成功；律师们计划恢复宪法以及政治家们和政论小册子作者们计划改革征税、平衡预算和增加国家财富，亦然。战争的需要使这些受关注的计划难以实现；战争的需要导致了应急措施的产生；这些措施——比如法国的钦差，英国采用的消费税和土地税——产生了重要、持久的影响。即使在西属意大利，1660年之后也对一些最糟的财政弊端进行了一定程度的纠正。但是可以说：在一个充斥着这类计划的时期，为改革国家的总体计划所做的尝试中最为成功的是奥斯曼土耳其国家的改革。

时至17世纪中叶，奥斯曼土耳其人像非常多产的西班牙策士们那样已发表了一些论述衰落的原因和补救办法的文章。[①] 奥斯曼土耳其的改革者们往往趋于悲观，他们都有政府工作的直接经验，不像西班牙策士中的一些人。他们像法国人那样，希望废除出售官职，认为那是万恶之源。他们像苏格兰人和英格兰清教徒那样，希望恢复神圣法律的缜密严苛。他们（比新模范军的领袖们还愿意）看到：这只能由军人来实行。容易忽视的是：短期来看，他们比西方同行们要成功得多。穆拉德四世和（库普卢鲁）维齐尔们确实进行了有效的改革，诚如恢复了有效地保存赋税登记和档案所表明的那样。他们比西方政府远为无情地对待税款包收人和对岁入、土地及权利的侵占。他们很快的成功或许在一定程度上是由于他们试图恢复的不是盎格鲁—撒克逊的神话往昔抑或法兰克的自由、原始纯洁的基督教抑或基督教帝国，而是几个世代以前真正存在和繁盛过的、其档案和成就被详细研究过的政府。

这也是他们的失败。他们发现自己恢复了一种政体，特别是恢复了一种不适合自身任务的战争机器。他们一时恢复了类似旧秩序的东西，但也恢复了曾经差点儿导致其于17世纪初崩溃的矛盾。奥斯曼帝国政府在动员资源方面是极其成功的；甚至在17世纪末叶惨败后也仍然如此。问题在于它越来越难以有效地将这些资源用于战争了。它总是能从西欧借用到最新武器和工程及炮术方面的专家。它难以真正借用到的是欧洲野战集团军的战术、训练和组织：这一切能够形成一种奥斯曼帝国军队编队实际上无法战胜的防卫模式，犹如蒙特库科利在圣哥大山口最初列阵的那样（1664年）。

有些奥斯曼帝国的改革者看到了欧洲海上力量的极其重要性，但他们似乎并未认真考虑过促进海外贸易和本国工业的计划。传统的奥斯曼帝国政策几乎可以称为重商主义的对立面；这一政策有利于外国商人、对出口货物征收重税。然而在欧洲国家，实施政策时财政需要通常压倒其他一切考虑，光认识到发展本国工业、贸易和航运业的可

[①] B. Lewis, "Ottoman observers of Ottoman decline", *Islamic Studies* (Karachi), Vol. I (1962), pp. 71–87.

取性并不能保证会有这样的结果,就像西班牙和波兰所发生的那样。一旦出现了一个为大规模战争而极其有效地组织起来的国家,奥斯曼帝国就处在了一种难以应付的正在兴起的新战争技术和新战争组织的危险之中。

即使这会儿可以说:战争仅仅是促进了1618年之前已经明显的趋势,但对欧洲社会显然有着重大影响。关于战争的经济影响,提出的观点甚至更具说服力;这一点上,德意志是个特别重要的问题。诚如我们所见,农民状况的恶化和贵族大地产的扩展肯定并非德意志所特有,而德意志同样也不是受战争压力的唯一国家,然而他们受到的压力肯定更为直接和可怕。也可以看到:三十年战争没有使德意志物价的发展变化跟随欧洲物价的总体发展变化。斯利歇·范·巴特声称:"如果平均价格水平很长时间低于在此之前同等长时间的价格,我们就可以谈及主要变化。"据此,德意志黑麦以白银价格计算,1650—1699年比1600—1649年下跌了40%以上;这表明欧洲——特别是在耕作农业方面——的长期农业萧条。[1] 而作同样比较的话,阿姆斯特丹和但泽的黑麦国际价格分别下降了7%和1%。尼德兰国内的谷物价格下降很少,甚或有所上升;英国的情况也是这样。法国的白银价格并不如德意志价格下降的幅度那么大,博韦、图卢兹和巴黎小麦的名义价格上升约30%。唯一似乎接近德意志那样的价格是意大利的价格;巴萨诺、帕维亚和锡耶纳的小麦价格下降了25%以上,米兰的黑麦价格也是这样。1620—1640年间,德意志和意大利北部可能比其他地区丧失了更多的人口。根据德意志物价提出的欧洲模式可能是靠不住的。

然而这一模式后来又被提了出来,认为德意志的物价和经济发展变化"是欧洲总危机的一部分",是"同欧洲物价长期运动完全相吻合的。……德意志1640—1650年的十年萧条开始后打击了整个欧洲经济;打击欧洲经济的并非仅仅是三十年战争"。[2] 只看白银价格,1600年后的20年可被视为是个粮食价格下跌、预示着萧条(或曰危机)的时

---

[1] *The Agrarian History of Western Europe*, pp. 206–10.
[2] H. Kamen, "Economic and social consequences of the Thirty Years War", *Past and Present*, no. 39 (1968), pp. 44–61.

期。战前物价的普遍下跌显然是表明了经济困难。更何况 1600—1650 年德意志的谷物价格比 16 世纪动荡得更剧烈。而在南尼德兰并不是这样，一些法国地区似乎也不是这样。战时和战后德意志物价的短期和长期表现似乎具有异常特点；这可能是由于受了战争格外激烈的影响。

表1　　　　　　　　通过松德海峡的船舶（指数）

	通过总数	荷兰与弗里斯兰总数	荷兰与弗里斯兰吨位
1590—1599	100	100	100
1614—1623	90	97	132
1624—1631	53	51	75
1635—1644	65	56	107
1646—1653	62	62	136

资料来源：P. 让南：《松德海峡……账目》，《历史评论》第 231 卷（1964），第 75 页。

如果海上贸易额是个生产抑或繁荣的标志的话，热南关于松德海峡通行税的著作是极其重要的。船舶的数量是由出口的谷物数量决定的，而 80% 以上是荷兰船只。16 世纪 70 年代和 80 年代物价有过一次下跌；而后，如表 1 所示：16 世纪 90 年代有一次繁荣（接着是又一次下跌）；然后是新增长，一直到 1623 年。1624—1631 年的下跌最初是 1622—1624 年歉收造成的，而后是瑞典封锁维斯瓦河的影响。1635 年恢复发展，总体物价 1649—1650 年达到高点。总体的长期下跌始于 1653 年之后，而非 1623 年之后。这主要是因为西欧在粮食上更加自足了。然而，从波罗的海出口的物品价值可能上升了；这是因为工业原材料（诸如铁、大麻和亚麻）增加了。1618 年之后亚麻、大麻和钾碱的早先出口已经大为增加，而 1624 年之后一直保持在高水平。瑞典的铁锭出口从 17 世纪 20 年代起快速增长。1630—1650 年，从波罗的海出口的物品量以及荷兰的船只量都增加了，而阿姆斯特丹的物价则保持稳定。17 世纪 20 年代物价下跌之后，显然有了恢复和发展。

这些工业原材料的出口说明西欧的工业增长。兰斯和亚眠的布业从 16 世纪末叶的灾难中恢复过来，然后一直发展至大约 1635 年；

1635年后生产下降。南尼德兰的纺织业恢复发展；亚麻纺织业发展至1640年。根特和布鲁日的毛纺业的产量可能要高于16世纪。在北方：莱顿的布匹产出增长在1620—1633年间放缓，然后在1654—1665年又回到高峰。尽管英国的旧布业1618年之后萧条了，但新布业一直发展到1640年，同时建立了丝绸业。这方面的一些发展无疑损害了意大利，正如航运和贸易方面的一些发展损害了意大利和伊比利亚各国那样。表2中通过松德海峡船舶的较长期、较粗略的指数表明：1660年之后并没有突然下降，水平明显要高于一百年前的水平。

表2　　　　通过松德海峡西行的荷兰船只（年平均）

	(1) 船只数	(2) 斯纳珀*总计以1000拉斯特计	(3) 热南#平均数荷兰船只以拉斯特计	(4) (1)×(3)以1000拉斯特计
1562—1568	1343	98.7	40	53.7
1574—1580	1014	60.9	40	40.6
1581—1590	1321	79.4	47	63.6
1591—1600	1601	102.6	70	112.0
			60	96.1
1601—1610	1337	96.7	72	95.3
1611—1620	1684	139.8	84	141.5
1621—1630	1048	111.0	95	99.8
1631—1640+	1004	124.0	110	110.4
1641—1650	1156	161.8	140*	—
1651—1657	887	124.2	140*	—
1661—1670	681	95.3	140*	—

* F. Snapper, *Oorlogsinvloeden op de Overzeese handel van holland 1551 – 1719* (Amsterdam, 1959), pp. 312 – 14.

\# Jeannin, *Le Navire et l'economie maritime du Nord de l'Europe*; 3e Colloque Internat. d'histoire maritime (Paris, 1960), pp. 58 – 61; ships at Konigsberg.

+ 只有八年。

农业部门无疑更为重要。这里还有1664年之后易北河东岸地区早期萧条（见原书第93页图5）和尼德兰开垦土地量大大下降（见原书第92页图4）的标示。也有人认为17世纪谷物产量普遍下降，但除波兰外没有有说服力的证据。有迹象表明：英格兰的产量可能有所增加，而其他地方的产量似乎很可能一直是稳定的。然而在西班牙北部、意大利和法国南部，一种新的高产作物——玉米——广为种植。玉米在意大利的食用曾被视为民众食物的短缺，但就长期来说玉米肯定会使生活比较容易。

关于地租变动的信息一直零零星星极不完整。诚如我们在伦巴第看到的，土地的收益1623年之后下降了。在英格兰，地租上涨很多，可能快于1600—1640年的物价上涨。地租很快从内战中恢复过来，但17世纪60年代可能没有继续上涨。在南尼德兰，少数租约表明地租上涨大大快于1600年到17世纪40年代的物价上涨，然后下跌了。法国的情况各地不同。在博韦和上普瓦图，地租上涨到1650年。在皮卡第，地租在1600—1630年间恢复到了1570年之前达到的水平，而由于战争又再次下降，然后在17世纪60年代暂时恢复到较高水平。巴黎附近的小块土地地租16世纪90年代大大下跌，然后在1600—1670年又稳步上涨，但只是超过17世纪30年代之前的水平。在朗格多克和普罗旺斯，地租也上涨到大约1670年的水平。在朗格多克，地租上涨得不如16世纪粮食价格上涨得那么快，但1600年之后上涨得相当快；到1650年，地租以粮食计价上涨了50%—100%，以现金计价上涨了100%—150%。

地租上涨的主要原因可能是由于人口增长所导致的对土地占有的竞争。农夫的最低收益受到双重打击。勒鲁瓦·拉迪里认为：1610年之前直接税增加得没有物价上涨的快。从大约1625年起，这一情况改变了；到1650年，以粮食不变价格计算的税费已经上涨了一倍多。16世纪80年代人头税占总收入的6.2%，1650年则占了13%。人头税成了比什一税更重的负担，显然取代什一税成了农民动乱攻击的主要目标。应当记住：间接税也增加了很多，朗格多克的人头税比其他一些地区负担轻。在朗格多克，封建领主费的重要性较小；但在其他地区（如勃艮第），封建领主费是地主用来牺牲农民而增加土地收入份额的手段。在这种情况下，个体农民和村集体就负了债，就得出售农民的小块土地和村集体的土地，而且往往还得出售权利。

许多买主是官员，不单是高级官员（如第戎的高官），也有低级官员（他们大多替代商人成了亚眠的市政寡头）。在勃艮第等地的一些官员属于老贵族家族或者是乡村寡头（乡村大佬）。但是许多人购买的是租金税，因为想得到稳定的收入。历史学家们普遍指责这种食利者的欲望、放弃企业家的冒风险精神之表现，认为这是敌视理性经济行为态度的一次胜利。然而，考虑到贸易和直接开发土地的风险，特别是17世纪40年代和50年代的情况，难道为了确保安全是那么不合理吗？购买租费的买主可能主要是贵族和农民，但在亚眠则是因失去土地快要破产的农民。虽然租费在欧洲大部分地区明显是投资的一个重要形式，但我们仍然很不清楚租费在不同国家的真正经济意义及其利率实际情况如何。利率在这个时期到处都在下降，然而这方面的确凿的时间和意义仍不清楚。但是看来，大的长期买主比起16世纪的处境来要好得多，而农民则总是最晚感受到利率下跌的好处。在易北河东、西两岸欧洲的大部分，他们都是战争与和平的受害者。这一时期的历史同其他时期的历史一样，都是建立在农民们认命和其他政治、社会集团——有时给予他们中的一些人以保护和致富希望的政治、社会集团——相互影响的基础之上的。

如果说农民——乡下大佬倌（coqs de village）（见《简明法汉词典》）除外——是社会受害者的话，那么贫穷的农民则可能诬称当地代人受过者（scapegoat）是巫师。巫术可以被视为一种心理机制；这一心理机制把厄运特别是疾病归因于别人的恶意，以使缺乏控制生活厄运手段的无知无畏者面临生存危机时会感觉生活好过些。从15世纪起，教会人士区分出自然巫术与魔（"妖"）术。这种区别可以确保复兴神秘传统的知识分子们免受诟病之虞，但乡村巫师则备受诟病；他们通常从事算命、巫咒祛病、占卜发现遗失物品，然而一直认为他们能准确地预卜男子生育及动植物的生发。新教的（或曰宣扬天主教改革的）传道者和精通法律的地方治安官领导的猎巫运动，意味着不问青红皂白，对被当地人憎恨的可疑对象施行拷打。这就产生出了一些忏悔——学者撰写的手册指定的有关撒旦契约和信魔者的夜半集会的忏悔——接着就对被认定的参加者施行大范围的极刑。在这一时期，可能有比以往任何时候都多的受害者，特别是在德意志；然而詹姆斯一世、西班牙宗教法庭审判官们、德意志耶稣会阴谋家们和法国的议员们都确信：所谓标准程序和忏悔都是虚假的。同样的论点在 16 世纪没有影响，但是这会儿这些观点逐渐影响了司法诉讼。猎巫运动由于在民众中成功地确立了对它的崇奉，或许是做过头了。到 1650 年，持自由思想者们指责这种崇奉是大众迷信；而在法国和巴斯克地区，民众提出的消灭巫师要求越来越被高等司法当局驳回了。如果一些经济史学家认为这一时期是"漫长的 16 世纪之终了"，那么这一时期也是漫长的 17 世纪之开始；在这漫长的 17 世纪里，欧洲旧制度的文化传统和社会、政治结构完善了。

第 二 章

欧洲经济（1609—1650 年）

16 世纪的国际经济结构和活动或许比下一世纪发生的变化更深刻。先前由一系列非凡的探索和海洋发现所创造的机会，逐渐改变着工商业的规模和当时人们对世界的认知。瓦斯科·达·伽马（Vasco da Gama）在其著名的 1497—1498 年航行期间，竟然绕过了非洲的好望角，开辟出一条通往古老富庶的东印度的新航线，从而获取了胡椒、香料、丝绸、棉花、珍珠、香水、药品和其他商品；几个世纪以来这些商品极大地丰富了欧洲活跃的消费市场。在另一个方向，克里斯托弗·哥伦布那实力不那么强的探险队于 1492 年 10 月到达西印度群岛，引领着后续舰队穿过大西洋来到"新大陆"。这为欧洲带来了大量其自身没有而急于开发的贵金属和热带产品。然而，这些资源——有时是新的，通常是大量的——的到来，在不可预知的发现、征服和掠夺过程中并未展现其真正的含义。新领地不断扩展；那里不断涌出的资源成了高度发达的市场体系中的商品。欧洲并非是无所作为地接收这些商品的，而是以其经济增加产出为回应的。国际市场是在领土被征服之后出现的；这意味着出口部门的扩张超出了欧洲贸易的自然增长。国际市场有助于扩大人们对于充满未知可能性的世界的看法，鼓励人们对敢于冒险的爱好；而冒险的唯一条件就是开拓精神和竭尽所能。所有这些共同推动着人类取得巨大的成就。

不过，17 世纪情况发生了明显变化。尽管经济活动的规模实际上比一个世纪前大得多，但增长速度却不那么显著。虽然欧洲人口越来越多，技术水平也越来越高，也越来越富裕，但其活动力却在下降，犹显慵懒无生气。随着经济发展的推进，新资源的边际收益可能在下降。实际上，交易量已经超出了那些不屈不挠、守口如瓶、精于计算的商业巨头的能力；比如奥格斯堡的福格尔家族（Fuggers）和威尔瑟家族（Welsers）、热那亚的斯皮诺拉家族（Spinolas）和格里马尔迪家族（Grimaldis）、俄国的斯特罗加诺夫家族（Stroganovs）等；尽管这些家族拥有辉煌的成就，但正在被大型法人企业、联合管理的公司所取代。举例来说，英国的东印度公司和联合省（United Provinces）那著名的东印度公司主张垄断权，并在各自国家的保护下行事。随着时间的推移，这些商业组织变得更加多样化，其目标往往与政府的政策很难区分。它们受到拉弗马（Laffemas）、孟克列钦（Montchretien）、托马斯·孟（Thomas Mun）、杰拉尔德·马林斯（Gerald Malynes）、约翰·莱辛（Johann Risingh）、杜阿尔特·戈麦斯·索利斯（Duarte Gomes Solis）和欧洲的其他顾问们提出的商业理论和建议的影响。国家保护，无论有效与否，都有其不利之处，即商业和工业活动要承担越来越大的、与政治扩张密不可分的强征暴敛的负担。王国政府的规章制度与航海条例和态度均被整合在重商主义的旗帜下，这是改变不同经济体的权力结构和发展方向所付出的代价。与生活中其他许多领域一样，欧洲也面临着政府的过度干预。只有在自由贸易的坚定拥护者们占优势的时期，才能抵消"利维坦"（国家权力的化身）的急速发展。

　　然而，这些概念超出了本章的时间范围，即根据传统史学标准划分的1609—1650年。本章的时间始于1609年西班牙费利佩三世的代表们和反叛的联合省议会签署的《十二年休战协定》（the Twelve Years Truce，1609年4月9日），终于1648年10月24日签署的《威斯特伐利亚和约》（《奥斯纳布吕克条约》和《明斯特条约》的结合体）。尽管《威斯特伐利亚和约》解决了三十年战争中许多悬而未决、争论激烈的权力问题，但西班牙和法国继续争斗，直到1659年达成《比利牛斯条约》（Treaty of the Pyrenees）。国际经济能否在欧洲历史上占据同样重要的位置呢？

　　我们要找到这一时期类似的经济现象其实很简单。毕竟，西班牙君主国——这个占据主导地位的经济体——不是在1607年再次宣告破产，在一个充满挫折和痛苦的世纪之初，在其事业发展巅峰时又一次暴露了其缺陷吗？阿姆斯特丹威瑟尔银行（Wisselbank of Amsterdam）——精明、机智的荷兰共和国在财政上占优势的标志——不也是在1609年成立了吗？再者，在这个时期结束的时候，我们发现1648—1652年整个或者说几乎整个欧洲都受到价格剧烈波动周期和17世纪严重生存危机的冲击；工业革命之前的所有经济体或许都是如此。

但是，这些事件——无论是偶然的、孤立的还是联系在一起的——都不是本章的背景。有必要把17世纪上半叶视作欧洲经济发展的一个阶段；这样看是合理的。1609年到1650年——或者更准确地说是1590年到1650年之间——这一长时段的繁荣达到了一个顶峰和分水岭——费尔南·布罗代尔恰当地称其为漫长的16世纪；这一时段一直持续着15世纪中叶以来欧洲的经济发展。发展的最后阶段已经是起起伏伏，充满了不确定性；这一阶段涵盖了17世纪上半叶。这是一个双重现象。

第一，这一长期发展的转折点是在相当长的一段时间内出现的，就如同它之前的阶段那样漫长。在论述如此漫长的发展进程时，要找出一个对整个国际经济都构成危机的确定年份实属不易。这一进程类似于涨潮的转变，当经过一段时间后，观察者才能肯定地说退潮已经开始。本章讲述了欧洲经济史上的类似逆转。它可能持续了半个世纪。

第二，欧洲大陆所有国家经济衰退的性质并不都一样。这种多元经济的演变遵循着一种复杂的模式，长期的增长和衰退并不一定以相同的方式影响欧洲所有地区。对于一些国家来说，比如西班牙和许多地中海国家，16世纪的转折被证明是一场重大危机，影响了它们在欧洲事务中的领导地位，并预示着它们的衰落。这是一场彻底的颠覆，撼动了一个主导经济体及其依附者的地位。对其他经济体而言，诚如荷兰和英格兰后来的发展所表明的那样，17世纪早期的一系列挫折只是走向经济辉煌过程中的一个阶段；事实上整个欧洲都不同程度地经历着复杂的危机。由于没有直接参与到以西班牙崛起为特征的权力集中过程中，它们抵抗的时间比其他国家更长。这种经济特质凸显了欧洲的内在差异；这是16世纪的繁荣曾面对、加剧、因而未能完全解决的差距。

1609—1650年这段充满戏剧性的时期构成了17世纪危机的一部分。这是一场巨大的运动，比欧洲物质文明本身要广泛得多；欧洲不得不徘徊、停顿和重组。这样的危机并不仅仅局限于一年、一个地方、一场灾难。它是在整个欧洲经历了半个世纪的萧条、破产和战争冲击的大背景下缓慢形成的，实际上是为开启经济史长期连续性的新阶段做准备。这个十分复杂的问题相对来说仍是个新问题。根据观察得来的数据供讨论往往有许多有待改进之处；这里提出的一些初步结论仅供参考；这一时期还有许多模糊的问题有待今后的研究来澄清。在本章中，我们至少应该注意欧洲三十年战争期间在人口、货币、价格和工资、贸易和生产等不同领域的危机，因为这场战争带来了不可避免的损失和破坏。

第一节

17世纪初的人口增长问题，特别是工业化前的人口增长问题，仍然是经济活动的根本问题。人口水平决定着工业、农业和手工业劳动力的供应，同时也构成了不同社会潜在的总体消费能力。人口增长是一个积累的过程，数量上的持续变化或增长速度的减缓具有广泛的影响，这种影响不仅难以从绝对意义上估计，而且难以从经济企业所面临的危险和不确定性方面估计。

在16世纪的漫长发展过程中，居民的数量增加了；这一点意义重大。根据约瑟夫·库利舍尔（Joseph Kulischer）的统计，1600年欧洲（广义上的乌拉尔山脉以西的欧洲）拥有9500万人口。根据卡尔－桑德斯（Carr-Saunders）的另一项估算，1650年欧洲人口约为1亿。然而，这些数字极不精确，其他人也可以提出自己的看法。按照朱利厄斯·贝洛赫（Julius Beloch）比较令人信服的数据和方法，对于狭义上的欧洲来说，总人口可能在8000万上下。

从大西洋到乌拉尔的欧洲大约有1亿人口，在世界上的人口占比与今天大致相同，约占全球人口的1/5。根据同样的估计，亚洲约有3.3亿人口；非洲的水平与欧洲大致相当，然而无疑这一估计过高、太草率；美洲约有1300万人口；大洋洲约有100万人口。总计5.45亿人。笔者认为，全球总人口没那么多，大约维持在4.5亿至4.6亿这样一个可以接受的水平。这些估计的误差很大。整个问题的确还没有定论，有待今后的深入研究。

在调查研究的这一时期，不同地区的人口分布也可能不同。我们很难及时捕捉到17世纪上半叶这么短的时间内的变化，但厄舍尔（A. P. Usher）和朱利厄斯·贝洛赫却对整个世纪给出了估算。有些在本世纪初很重要的国家，在世纪末的人口数量已然下降了。德意志人口从2000万降至1550万，低地国家人口从300万降至270万。然而，法国的人口从1600万增加到了2000万。这主要是因为马萨林（Mazarin）和路易十四分别于1648年和1659年进一步扩大了该国的版图。如果我们把这三组数据合并来看，可以发现人口略微缩减，从1600年的3900万降至1700年的3820万。西班牙和意大利的人口同样呈下降趋势，前者从800万减至730万，后者从1300万减至1130万。但是，我们可以认定所有这些数据都是可信的吗？

到17世纪中叶，欧洲的人口总数可能经历了一次显著的下降。在一些地区，情况非常严重。意大利的居民可能减少了20%；德意志的总人口减少了1/3，波希米亚（Bohemia）的居民减少了一半，摩拉维亚（Moravia）的居民减少了1/3。一项最新的数据表明，法国北部的人口水平在1640年以后开始下降。在欧洲的外围，安纳托利亚有人口减少的迹象。所有这一切都倾向于证实这么一个假设：即到17世纪中叶全球人口全面减少。但是，这些数据仍然是基于区域性的估计，往往很难充分评估区域间移民的综合影响。然而，到17世纪末，这种暂时的萧条可能已经被克服，一些地区的衰退正在被其他地区的进步所抵消。尤其是德意志，尽其所能挽救了其巨大损失，从而使1700年的人口规模恢复到了1600年的水平。

居民密度是内部人口变化的另一个指标。约在1600年，三个人口最稠密的国家分别是：意大利（每平方英里114人）、尼德兰（每平方英里104人）和法国（每平方英里88人）。到1700年，奥地利帝国尼德兰地区（Austrian Netherlands）的人口密度达到了惊人的水平（每平方英里137人，而联合省每平方英里仅为98人）；意大利每平方英里为102人；法国每平方英里为95人。同样，虽然这些估计都是假定的，却与对这一时期的通常认识相吻合。至少在某种程度上，欧洲南部的损失可以在北部找到补差——低地国家、不列颠群岛和斯堪的纳维亚在昂首向前，与此形成鲜明对比的是地中海国家和伊比利亚半岛。

大城市的相关状况也能明显体现出欧洲人口的总体调整。17世纪上半叶，地中海经济圈一些著名的中心城市趋于呆滞，甚至衰退——诸如墨西拿、巴勒莫、塞维利亚、安特卫普（西班牙在北方的金融中心）。其他城市（诸如阿姆斯特丹、马德里和维也纳）发展了——马德里和维也纳都是庞大帝国的首都和行政中心——可被视为结构变化的重要标志。在17世纪，欧洲另外两大首都——巴黎和伦敦的人口都超过了40万。诚如投石党所揭示的那样，巴黎富有、灿烂但也危险，很快就使专制君王得以炫耀凡尔赛宫的富丽堂皇；繁荣昌盛的伦敦注定要在规模上超过欧洲所有其他城市。

伦敦确实是成功城市的典范。当1598年约翰·斯托（John Stow）第一次发表他的《调查报告》（Survey）时，伦敦就已经确立了其作为国家港口、首都和经济中心的地位了。人们来到这座城市工作和消遣游乐。就像佛兰芒人涌进比林斯盖特（Billingsgate）那样，伦敦还为欧洲其他地区遭受迫害的人们提供庇护。截至1603年，伦敦已经有17万居民了；这对英国来说太过庞大，诚如詹姆斯一世轻蔑地指出："像个患佝偻病的孩子的头。"抗议活动开始出现。1596年，市政会向米德尔塞克斯郡执法官投诉，称"郊区有大量廉价公寓和非法、混乱的娱乐场所"。不过，这座城市在17世纪一直以宏伟的姿态发展着，规模越过中世纪的城墙和护城河，扩延到特许地区和教区以外地区。17世纪末，根据格雷戈里·金（Gregory King）的推算，伦敦约有55万居民。人口死亡记录也从另一个角度反映出这座城市的扩张。

表3

时期	伦敦市（97个教区）	特许地区	教区以外地区
1604—1623	48000	74000	31000
1624—1643	58000	98000	55000
1644—1663	59000	109000	70000
1664—1683	61000	120000	189000
1684—1703	56000	134000	145000

虽然伦敦市区的死亡人数几乎保持不变，但特许地区的死亡人数增加了1倍，教区以外地区则增加了5倍。17世纪60年代，教区以外地区的死亡人数达到顶峰，比伦敦市和特许地区的总和还要多；17世纪80年代之后一直是这一状况。伦敦在1665年大瘟疫和1666年火灾中幸存了下来；它在17世纪里无疑是成功的。诚如费希尔（F. J. Fisher）所说的那样，从各个方面来看，伦敦都是一个引人注目的奢侈品消费中心。

如果说17世纪中叶欧洲总人口出现增长停滞甚至缩减，那是有原因的。居民们面临着严重的挫折，这是大多数社会在资源濒临极限时都曾经历过的。这一时期，人类历史上常见的灾难——饥荒、瘟疫和战争——更加持久地、更加悲惨地打击着欧洲社会。

旧制度所遭受的饥荒大多是由于连年歉收，耗尽了手中微薄的储备所致。17世纪初饥荒的严重程度与气候条件的恶化、1600年后欧洲经历的长期严寒和不利天气有关。例如，贝希特斯加登（Berchtesgaden）的落叶松在1600年之前的生长速度是之后的两倍。在瑞士和冰岛，冰川的规模可能在17世纪中叶达到第一次高峰。然而，就我们目前从观察得来的知识而言，这种长期的气候波动是否存在仍然是一个悬而未决的问题。

诚然，这里有一些近乎绝收和饥荒的实例。俄国1601年开始的一场灾难性饥荒持续了三年；据报告，仅在莫斯科就致使12万人死亡，饥饿的农民涌向城市寻求救济。但当他们被拒绝后，大批农民惨死街头。尽管西欧的商业相对发达，但在1628—1630年和1648—1652年也经历了两次严重的饥荒。

1629年春，粮食价格上涨的第一个周期达到顶峰。1627年5月至1629年5月，乌迪内（Udine）的小麦价格翻了两番，一些相对廉价的谷物——如黑麦和玉米等这些穷人们和最大受害者的主食——价格上涨的幅度更大。在1630年的英格兰，小麦的价格涨到1夸脱60先令以上。但是，与欧洲这些苦难相比，同时期世界其他地方灾难引发的紧张形势更加严峻。一位荷兰观察家记录了印度古吉拉特地区一系列可怕的年份。

一场严重的干旱，致使庄稼枯萎，牲口饿死在野外；紧接着在1631年，罕见的暴雨持续不断，致使河水泛滥，淹没了土地，摧毁了整个地区、城镇和许多村庄，毁坏了寄托着人们希望的未收割的作物。结果造成了大饥荒，哀鸿遍野，饿殍处处……

谷物价格上涨了20倍；人吃人的现象很普遍。

但是，更可怕的景象出现了：在一个名叫苏森特拉的村子里，人肉竟然在市场上被公开出售……在随后的几年，这些灾难开始停止，粮食价格增长幅度放缓，不过现在的日子和粮食供应仍然不能与以前相比。愿全能的上帝保佑所有的基督教国家免受这些灾难……

1649—1650年是粮食价格上涨的第二个周期。1649年的大暴雨和随之而来的歉收造成冬季和初春几个月极端困难的日子。这种现象在欧洲大部分地区都存在，包括意大利、英国、法国和波兰。1645—1646年和1649—1650年间，英国和法国的小麦价格几乎翻了一番，意大利则上涨了3倍。1643—1651年，利沃夫的燕麦价格上涨了8倍（见图1）。

然而，饥荒对欧洲人口总数的直接影响很难确切地估量。农作物歉收，尤其是持续的歉收所引发的灾难性后果：人不是直接饿死的，而是由营养不良引发疾病间接致死的。任何粮食短缺的问题都势必会转向粮食消费是否充足这个同等重要的问题上来。

人们的营养状况可能在17世纪恶化了。波兰的情况就是这样。经历过17世纪二三十年代的艰难岁月后，意大利饮食低劣的迹象初步显现。在乌迪内，作为穷人主食的廉价玉米，从1622年9月开始出现在官方的市场清单上。从1668年起，谷物和豆类的混合食物——被正式报价：小麦和黑麦；小麦、黑麦和扁豆；玉米、高粱和荞麦；等等——正式用作替代食品，苦难的迹象直到18世纪中叶才消失。在瑞典，格里普肖尔姆（Gripsholm）庄园的食物支出显示每

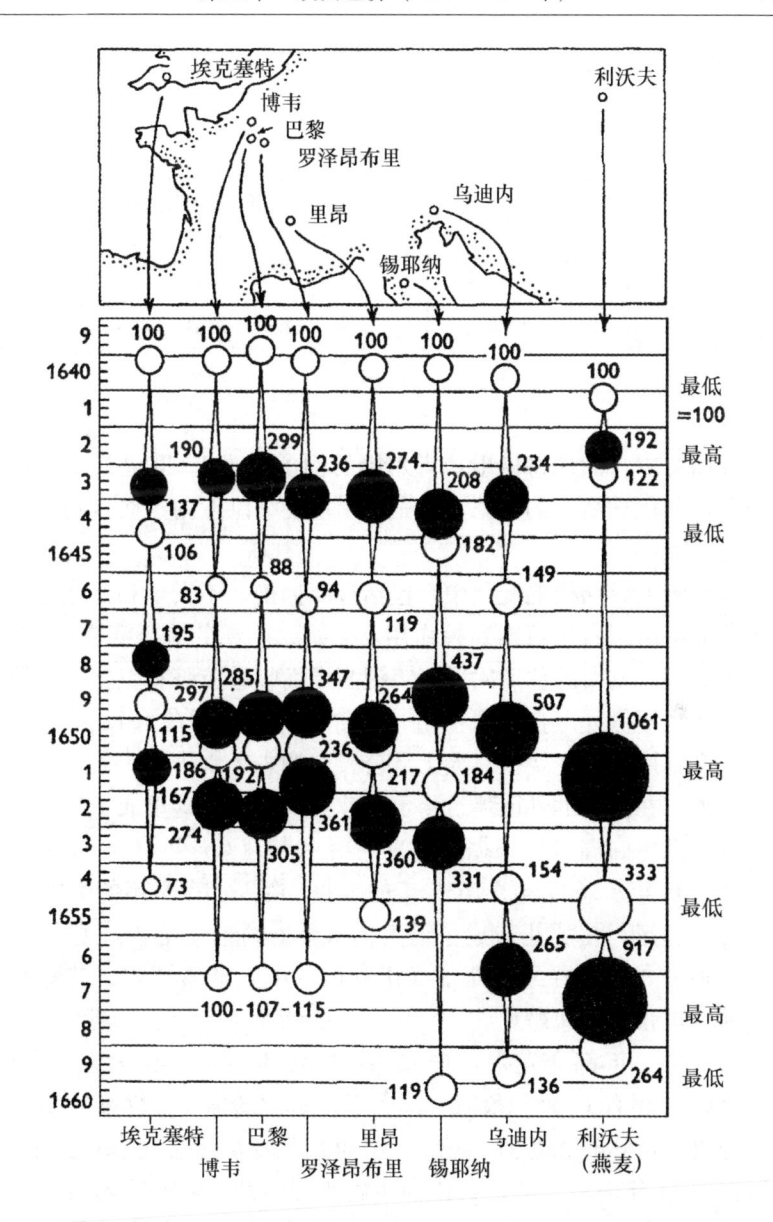

图 1 欧洲小麦危机，1639—1660 年 [参考书：F. Braudel and F. C. Spooner, *Cambridge Economic History of Europe*, Vol. IV, ed. E. E. Rich and C. H. Wilson (1967)]，所表示的物价波动是根据 1639 年第四季度至 1640 年第一季度这一时期的指数（=100）。

日卡路里摄入量在下降：

表4

年份	每日卡路里摄入量
1555	4166
1638	2480
1653	2883
1661	2920

我们可以自然地将格里普肖尔姆的例子作为17世纪普遍危机中营养不良和疾病丛生的证据。但是，斯堪的纳维亚的这些食物评判能证明这一点吗？

在欧洲人口结构的变化中，包括过度拥挤、不安全和普遍压力在内的其他生活因素也可能发挥作用。无疑，严重的流行病在17世纪袭击了欧洲。城市的住房问题使市镇当局面临着肮脏和卫生不良的危险。伦敦也不例外。自来水在当时非常稀缺，甚至在1613年新河开通后，家庭用水也主要依靠人工从公共水槽中运水供应。为了应对住房的压力，在拥挤的郊区建筑物也迅速拔地而起；这里成了疾病，尤其是鼠疫滋生的温床。根据查尔斯·克赖顿（Charles Creighton）的说法，1603年、1625年、1636年的瘟疫和后来1665年的大瘟疫首先出现在郊区，在那儿造成了最大的破坏。另一个值得注意的例子是，1636年的瘟疫在纽卡斯尔（诺森伯兰郡）非常严重，并随着煤炭贸易的扩张而迅速恶化。

几乎每一年都会发生这样或那样的严重疫情。有热病、霍乱、"汗热病"，还有17世纪最后一次大规模暴发的鼠疫。伴随着不可避免的围攻、对阵战和劫掠，三十年战争期间欧洲斑疹伤寒达到顶峰。英国在1643年内战中认识到这种疾病的可怕性。瘟疫肆虐的年份往往也是其他疾病致死率较高的时期：1625年和1636年在伦敦暴发的斑疹伤寒，以及1641年暴发的天花夺取了很多人的生命。1658年后在《死亡率表》（"mortality bills"）中描述为"肠绞痛"（"griping of the guts"）的痢疾，在17世纪的记录中更为常见。

瘟疫不是单独发生的，但它是最大的杀手。在意大利，1628—1629年瘟疫的暴发对1630年的人口规模造成了可怕的影响。朱利厄斯·贝洛赫的研究显示，仅在那一年，意大利半岛上就有150万人逝去，其中2/3死于伦巴第平原。博洛尼亚（博洛尼亚市和博洛尼亚地区加在一起）29698人丧生；威尼斯、基奥贾和马拉莫科46490人（约占居民总数的35%）丧生；帕多瓦约17000人（44%）丧生；维罗那的城区和郊区加在一起共约31000人（59%）丧生；帕尔马20000人（50%）丧生；克雷莫纳约25000人（60%）丧生。1656年的疫情虽然没那么严重，但在热那亚和那不勒斯影响恶劣，这两个城市失去了近一半的居民。显然，这些数据可能存在一定程度的夸大和误差。

这种损失有时使城市人口减半，并留下难以消除的创伤。在博罗梅奥（Borromeo）时期，米兰拥有180216人，但到1630年后就减少到了10万人。1630年大瘟疫暴发后，博洛尼亚的人口从65000人降至1631年的46747人。威尼斯的人口从1624年的142804人跌至1633年的98244人。瘟疫对穷人的影响最大，这可以从主要社会群体百分比的变化看出：

表5

年份	贵族（nobiles）	公民（cittadini）	平民（popolani）
1624	3.9%	7.4%	88.7%
1633	4.0%	10.6%	85.4%

热那亚的居民人数从1608年的68000人减少到1660年的38360人。

尼德兰也蒙受了严重损失。哈勒姆在1655年的瘟疫中丧生了5723人。莱顿在1622年有44745名居民，1624—1625年失去了9897人，1635年失去了14582人，1655年失去了10529人。1617—1664年，阿姆斯特丹遭受了9次重创，其中有4次尤为严重：1624年有11795人死亡（1/9）；1636年有17193人（1/7）；1655年有16727人（1/8）；1664年有24148人（1/6）。这一大金融中心确实为其繁荣扩张付出了沉重的代价。

伦敦的情况同样糟糕。据称在1603年有约30000人死于瘟疫。1625年5月至11月，同样的疾病夺去了35417人的性命。在1665年的大瘟疫中记录的死亡人数如下：

表6

年份	鼠疫	热病	天花	死亡总数
1665	68596	5257	655	97306

这明显高于1630年、1636年和1647年，（伦敦）损失了近1/4的人口。

战争是致使欧洲人口严重消减的第三个因素。尽管大多数欧洲大陆国家都被卷入三十年战争，但神圣罗马帝国无疑是最大的受害者，战争横扫了它的疆土。根据贡特尔·弗朗茨（Gunther Franz）的估计，各地损失巨大，但程度不同。西北边境、奥地利、瑞士各州几乎毫发无损。其他地区，如摩拉维亚、萨克森和西里西亚，损失了15%—20%的人口。其余地区首当其冲：一些地区近40%的人口丧生；波希米亚、勃兰登堡、马格德堡、图林根、巴伐利亚和弗兰科尼亚的人口减少了一半。据估计，梅克伦堡、波美拉尼亚、科堡和黑森、普法尔茨和符腾堡的人口折损在60%—70%之间，而在奥格斯堡、纽伦堡和斯图加特之间一些地区的少数农村地区损失可能高达4/5，城镇变成了村庄规模。战争直接导致疾病和饥饿，灾难接踵而来。关于德意志历史上这段黑暗而可悲的岁月，我们还有许多事情亟待了解。

表7

来源地	目的地	1590—1594年（%）	1655—1659年（%）
低地国家	阿姆斯特丹	50.4	53.6
	莱顿	15.5	41.2
	米德尔堡	18.0	43.9
比利时	阿姆斯特丹	34.3	5.0
	莱顿	53.3	15.2
	米德尔堡	72.1	30.5

续表

来源地	目的地	1590—1594年（%）	1655—1659年（%）
法国	阿姆斯特丹	1.8	3.7
	莱顿	26.8	18.2
	米德尔堡	5.8	13.6
德意志	阿姆斯特丹	11.2	28.8
	莱顿	3.0	21.6
	米德尔堡	1.9	3.3
其他	阿姆斯特丹	1.8	6.9
	莱顿	1.3	3.2
	米德尔堡	2.2	8.7

然而，这些损失的绝对数据仍然有待探讨。死亡与通过移民而重新分布的人口是有关联的。像阿姆斯特丹、伦敦、君士坦丁堡等开放的城市，同时也是避难的地方，随时准备吸收移民。通过表7，从1590—1594年和1655—1659年间新移民的发源地到阿姆斯特丹、莱顿和米德尔堡，我们可以看出这种迁移的规模。[78]

大约60年后，来到这些城市的新移民大多来自尼德兰和德意志，而不是像16世纪末那样来自西班牙控制下的低地国家。这两个地区又都是动乱地区，逃离战区的移民因而推动了人口的重新分布。

第二节

如果仅仅依据对人口的初步估计来衡量人口问题与16世纪日渐衰退的繁荣之间的关系，绝非易事；诚如我们所见，人口的重新分布和移民使问题变得模糊。不过，货币和价格因素使我们能够更精准地确定17世纪初国际经济在不同地区的转折点及其之间不断变化的关系。

货币问题在当时金银通货主义者（bullionists）和重商主义者（mercantilists）的著作中被大肆渲染。金银最终起到了调整贸易平衡和担保信用体系的作用；而这个体系很少能够在货币最终结算上冒险走得太远。16世纪的长期繁荣是以欧洲可供使用的贵金属的惊人增长为标志的；这些贵金属来自非洲、欧洲本土以及墨西哥和秘鲁的大型矿山。大部分显然是通过塞维利亚的贸易署（Casa de la Contratacion）统计的。西班牙成了欧洲货币流通的压点（the pressure point）。

这种状况在17世纪早期发生了根本性的变化；尽管表面看似风平浪静，实则暗流涌动。大帆船船队在森严护航下不定期地从"新大陆"返航。他们只有一次没能到达港口，而这确实是西班牙的敌人们欢欣鼓舞的一天。1628年，舰队司令彼得·彼得松·海因（Pieter Pieterzoon Heyn，1578—1629）指挥荷兰西印度公司的舰队挫败并俘获了西班牙的宝藏舰队（the treasure-fleet），以胜利者的姿态将其中大部分劫掠品带回了阿姆斯特丹，为公司股东提供了50%的红利股息。但这种事情非常罕见。西班牙作为欧洲金银中心的地位并不会被轻易撼动。所有的文献都证明了这一点。1685年之后，当加的斯（Cadiz）取代塞维利亚的地位时，高压中心几乎没有转移。

当压力开始减弱时，真正的危机出现了。16世纪90年代金银的运输量达到顶峰，17世纪则一直处于下降的走势（见图2）。17世纪40年代黄金的运输量仅为16世纪90年代的8%，白银的运输量则降到39%。

表8　　　　塞维利亚平均每年从"新大陆"输入的金银　　（单位：千克）

时期	黄金	白银
1591—1600年	1945	270763
1641—1650年	155	105643

对于（西班牙）未能保持16世纪地位的原因，人们提出了各种解释：劳力、采矿和提炼的困难；为汞齐化加工获取廉价汞的困难。此外，必须注意的是：在18世纪（见表6），当新大陆再次经历贵金属生产扩张的时候，是墨西哥而非秘鲁走在了前面。从表面上看，秘鲁是17世纪初最大的输家。直接跨越太平洋向东输送白银也是一个可能的因素。不过，法国学者皮埃尔·肖努（Pierre Chaunu）的最新研究否定了这一假说；他指出西班牙在阿卡普尔科和马尼拉之间的贸易活动顺应着大西洋贸易的总趋势：从1606—

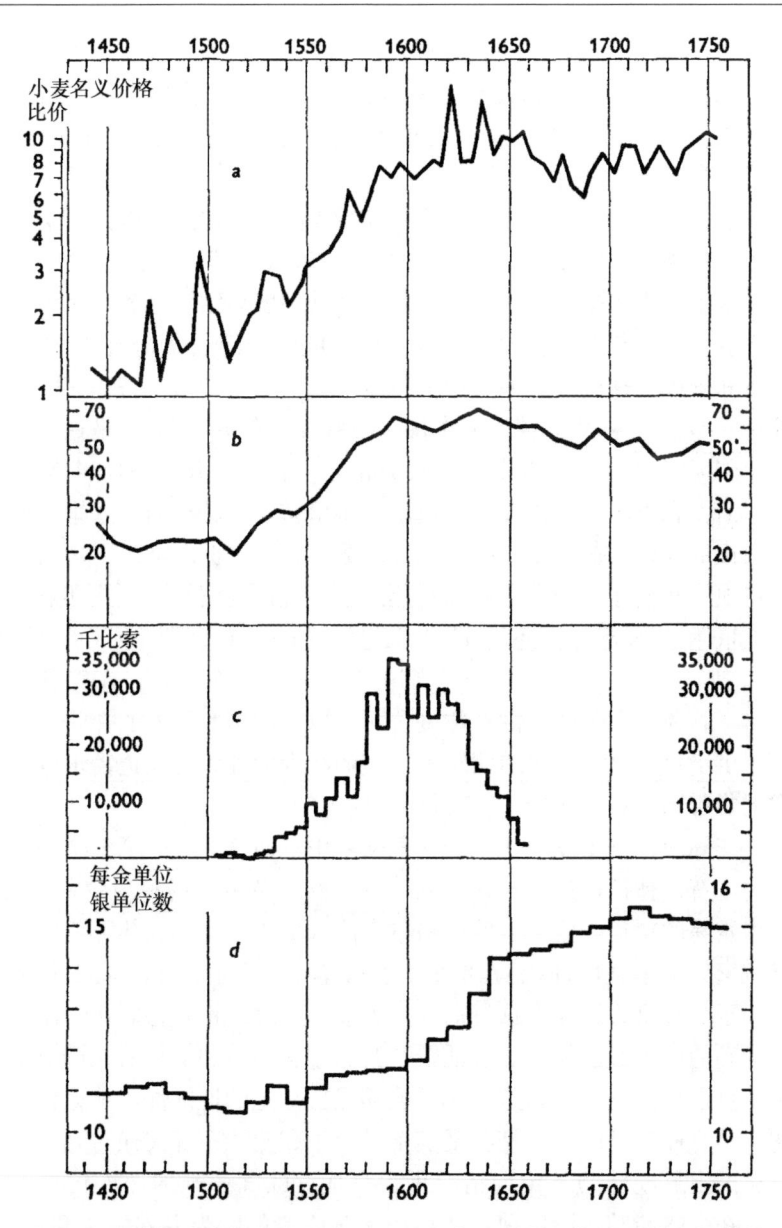

第二章 欧洲经济（1609—1650 年）

图 2 (a) 欧洲小麦平均名义价；(b) 小麦平均价（每百升的白银克数）；(c) 塞维利亚进口的金银价值 [参考书：E. J. Hamilton, *American Treasure and the Price Revolution in Spain 1501 – 1650* (Cambridge, Mass. 1934)]；(d) 欧洲金银复本位比率（十年平均数）。

1615年开始下降。这个问题可能更为普遍。与其他工业部门一样，黄金和白银的生产也遭受了边际收益递减和利润下降这一残酷法则的损害。从货币的角度看，出现了一个重要的转折点。16世纪的鼎盛时期已经过去了。

然而，尽管黄金和白银货币的存量下降了，但随着繁荣、交易的扩大和价格水平的上涨，对通用货币的需求持续增长；在某些情况下，整个三十年战争期间一直如此。在处理贸易结算事务时尤为需要白银。金银从相对富庶的西班牙流向了欧洲经济欠发达地区：波兰、东欧和俄国，这些国家的商业体系越来越适应于货币经济；流向了黎凡特、印度、东印度群岛和中国，在那里，银币（尤其是西班牙8雷亚尔大银币）给商人提供了买方市场的优势。1610—1614年仅从威尼斯，官方出口到黎凡特的西班牙银币雷亚尔就相当于塞维利亚进口白银的6%。威尼斯尽管是一个重要的贸易中心，但并不是唯一的出口地。我们还必须考虑到来自热那亚等港口的贸易——热那亚在财政上依附于西班牙，还有来自莱戈恩（Leghorn，即Livorno：里窝那）、那不勒斯、马赛、巴塞罗那的贸易。……在北方，在得到官方许可下，荷兰和英格兰的东印度公司，以及法国和丹麦的探险队强占白银供出口。这些迹象表明了因供应的减少而导致的紧迫需求以及潜在的货币困难；这构成了17世纪早期的特征。

实际上，整个商业体系处于危险之中。西班牙吸引了大金融企业家的注意；他们通过西班牙找到了进入欧洲黄金市场和与"新大陆"开展贸易的渠道。德意志的福格尔家族和威尔瑟家族、热那亚的斯皮诺拉家族毫不犹豫地投身到西班牙的冒险事业中，并形成了一种联系，至少在官方层面上这种联系一直持续到17世纪上半叶。此类商业活动使整个经济体系更加活跃，其通过交易会和交易所来调节平衡和结算国际账户。如果这一体系能够保持平稳的连续性，那么任何变化都是显而易见的。但是在现实中，货币和金融系统往往对到达塞维利亚的宝藏舰队的不定期情况做出反应。欧洲各地的商人信件都证明，在大帆船驶入港口前，货币市场是吃紧的。当宝藏舰队卸货后，市场纷纷报称货币条件有所松动。17世纪初，货币紧缩的时期越来越长，越来越持久，导致短缺甚至破产。这些不确定因素对整个国际经济的相互影响和扩张起到了抑制作用。

第二章 欧洲经济（1609—1650 年）

这样的短缺自然不会被忽视。奇怪的是，西班牙倒成了首先感受到严重影响的国家，政治付出巨大却越来越不稳定，仿佛整个体系的核心正在腐烂。在那里，政府也有意识地进行干预，以扩大货币流通，消减利润和收入。它下令铸造大量的铜币马拉维迪（copper maravedis）。这些小硬币对该国的日常生活产生了极大影响。根据厄尔·J.汉密尔顿（Earl J. Hamilton）的研究，投入流通的硬币数量如下：

表 9　　　　　　　　　　　　　　　　（单位：杜卡多，每枚价值 375 马拉维迪）

时期	发行的铜币价值
1599—1606 年	2200 万
1617—1619 年	500 万
1621—1626 年	1400 万

1603 年、1636 年、1641 年和 1651 年，这些铜币以较高的汇率进一步提高了票面价值。此外，大量伪造的铜币被走私到该国，使情况更加严重。事实证明，西班牙君主国为了填补国库而进行的极端努力只是一种权宜之计。后果很清楚，1607 年和 1627 年王国破产。

经济后果的确是灾难性的。根据所谓的格雷欣法则（Gresham's Law），铜币阻碍了流通，并排斥了更有价值的银币和金币。起初，在十二年休战（the Twelve Years Truce）期间，影响并不明显。1603 年，白银的溢价约为 1%，1619 年缓慢上升到 3%。但随着三十年战争的爆发及与联合省再次发生冲突（1621 年），这种溢价毫无节制地上涨，在 1626—1628 年和 1641—1642 年的白银危机期间达到顶峰，到 17 世纪中叶高达 50%。这种不稳定的货币环境实际上构成了渐进式的货币贬值，直到 17 世纪 80 年代西班牙才把局势控制住。国外的观察家和西班牙的政治家们对一系列恶劣影响印象深刻，并将它们列为警醒世人的教训。

其他政府也使用了这种权宜之计，但更为谨慎。法国虽然从 1578 年就开始使用铜币，但在 1609 年以后发行了适量的货币。在瑞典，铜币扮演着更重要的角色。在那里，铜矿的开采和生产最初是由于西班牙造币厂的需求而繁荣起来的，它受到瑞典王室的严密控制。

古斯塔夫·阿道夫（Gustavus Adolphus）本人在欧洲的军事行动中资金拮据；他在1624年采取了这种权宜之计。1626年之后西班牙停止铸造铜币，外国对瑞典铜的需求下降，铜币变得尤为重要。18世纪下半叶，瑞典的达莱尔（daler）是一种名副其实的铜板，由于太过笨重以至于人们得用特殊的雪橇才能把它们运上去。这种困难后来确保了瑞典银行提供的信贷服务的成功。瑞典银行成立于1656年，发行了欧洲第一张纸币。铜币流向国外。在莫斯科以东更远的地方，铜币引发了另一事件：1656年开始发行的铜币在1661年导致了失控的通货膨胀，1663年发生了著名的"铜币暴动"（copper riots）。

在一连串货币贬值和将良币（含银量高的硬币）融化提取白银制成劣币（含铜量高的硬币）（Kipper-und Wipperzeit）这一运动中，德意志政府亦参与了其间，从而在三十年战争爆发时引起了整个国家的震荡。即使以官方估值来衡量，这也是恶性通胀的例子。1617—1622年，慕尼黑和奥格斯堡的弗罗林贬值了88%；1612—1622年，法兰克福的弗罗林贬值了72%；1619—1622年，莱比锡的弗罗林贬值了82%；1619—1622年，维也纳的弗罗林贬值了74%；1619—1622年，斯特拉斯堡的弗罗林贬值了66%。尽管这些都只是帝国历史上的小插曲，但在特别微妙的时刻冲击了不同经济体，扰乱了贸易活动。直到17世纪的最后十年，欧洲才有能力克服这些由于政府干预而引起的困难。

货币危机的第二个方面与货币资源的普遍不足密不可分，那就是黄金的迅速升值。这在一定程度上是因为从新大陆带来的白银多于黄金，这在17世纪上半叶尤为明显。1601—1660年输入的白银比1503—1600年多，但黄金却少得多。1503—1600年，白银和黄金的重量比为48∶1；1601—1600年，这一比例上升到340∶1。

表10　从新大陆进口到塞维利亚的黄金和白银总量　（单位：千克）

时期	黄金	白银	重量比
1503—1600年	153564	7439142	1∶48.44
1601—1660年	27769	9447673	1∶340.22

因此，金价相对于银价趋于上升。由于黄金比白银更容易保值，所以人们更喜欢囤积黄金。这进一步提高了黄金的价值。1550年前后，欧洲的黄金与白银的平均比价约为1∶11；到1600年，这一比例达到1∶12；到1650年，它已经上升到1∶14.5；到1700年升至约1∶15或1∶15.5（见图2）。在1873年"大危机"（Great Crisis）之前，都一直大致保持着这一水平。17世纪上半叶是金银比价变化最大的时期。

在高度发达的经济体中，尤其是在与国际贸易和金融有关的欧洲货币体系的上层，黄金价值结构的这种快速转变最为明显。16世纪的经济增长伴随着大量的汇票通过大型集市和交易所——如梅迪纳德尔坎波（Medina del Campo）、里昂和皮亚琴察的集市——威尼斯、巴黎、伦敦和阿姆斯特丹的交易所——进而流通。……这些交易所经常调整以应用虚拟的黄金货币；这样就承担着国际会计系统这一角色，然而实际支付可能是用白银进行的。西班牙有金币埃斯库多和皮斯托莱；法国有金币埃居–索莱尔；皮亚琴察集市有金币斯库多；等等。黄金的相对升值，可能会破坏已确立的合约与实物货币支付之间的既定关系。

第一，国际经济本身发生着复杂变化。随着经济事务的决定权趋于从较早的南欧中心转移到北部较小的但较发达的经济体，传统的市场、集市和商业中心较少参与大宗商品交易，但仍然保持着在交换和金融交易中的主导地位。这里有一个双重货币体系，一方面可以使国内账户灵活应对货币贬值，并自由兑换成黄金和白银；另一方面通过保留传统价值观念来稳定国际支付体系。事实上，这两个货币流通水平之间的差异表明，国际交流网络往往与一些易受贬值和政府操纵的国内货币体系的不确定性有所不同。这在西班牙和法国的例子中就很明显。约在1600年，西班牙的金币埃斯库多（合400马拉维迪）和法国的金币埃居–索莱尔（合60苏）都是真正的金币，是兑换汇票的价值标准。1609年11月23日西班牙、1602年9月法国黄金贬值，分别使埃斯库多升值到440马拉维迪，将埃居–索莱尔升值到65苏；但埃斯库多和埃居–索莱尔在汇票上的价值仍然保持在原来的水平，分别为400马拉维迪和60苏。这种保留旧汇率制度的做法是否表明，国际会计已经达到如此高的同质化水平，以至于商人们在与如此重要的国家打交道时，不愿改变他们惯用的方法？

第二个变化是公共银行的建立。有些银行已经存在，比如那不勒斯的圣灵银行（Banco dello Spirito Santo）和热那亚的圣乔治银行（Banco di San Giorgio）。后者位于与西班牙结盟的强大商业共和国的核心，展现出了新的活力，并反映了兑换的需求：它于1606年新开设了一家斯库多兑换处，1625年又开设了一家王家货币兑换处。其他的银行是为了满足政府财政需要而建立的。威尼斯高地广场银行（Banco della Plazza di Rialto，1587年成立，1637年解散）和汇兑银行（Banco Giro，1619年成立）。1609年1月31日，著名的威瑟尔银行（Wisselbank）在阿姆斯特丹成立。随后，1616年在米德尔堡（Middelburg）、1621年在代尔夫特（Delft）和1635年在鹿特丹纷纷成立了类似的银行。1619年，汇兑银行在汉堡成立。1621年，纽伦堡有了自己的银行。西班牙在1603年（根据"巴利亚多利德敕令"）、法国在1607年都曾试图建立公共银行，但均未成功。很明显，它们的目的有限，仅仅是为了缓解政府财政规避劣币带来的危险以及转移金银和铸币的风险。但是渐渐地，它们形成了一种便利国际支付的手段。在威尼斯市场银行（根据1593年议会法令成立）和威瑟尔银行（根据1609年创办许可证成立），汇票被要求存入银行总账。在威尼斯，这一制度是由保存在"大储蓄所"的巨大的国家黄金和白银储备来担保的，1609年储值相当于9173170杜卡多，价值204290千克白银。在1650年至1654年的阿姆斯特丹，银行金库的平均存款为8520211弗罗林，（考虑到银行存款的溢价）相当于大约89770千克白银。威尼斯的重要地位由此可见一斑。这些公共银行在金融流通中形成了接力点，并为一个不同于容易贬值的国内货币体系的外汇网络增加了稳定性。到1621年，在威尼斯汇兑银行（Banco Giro），将银行资金转换为流动资金的溢价至少为20%。在阿姆斯特丹，溢价较低，在17世纪70年代达到4%左右的水平。

面对货币兑换的状况，17世纪前20年的信贷规模很可能也会扩大。商人和金融家越来越多地使用背书汇票和赎回契约（在汇票退回前的流通期间提供短期信用）。在那不勒斯的圣灵银行，信贷余额从1600年的46210杜卡多增加到1622年6月10日的841285杜卡多。但是，这种商业信心是相对短暂的。战火重燃和政府财政压力带来的不确定性，只会增加欧洲信贷潜力的不灵活性，而货币制度在很大程度上仍然与黄金和白银的短缺息息相关。

最后，金银供应的缺口与不同货币制度的扩张势必会导致货币贬值。它们反过来又对各区域经济体的相对地位进行分类，其中一些经济体成功地保持了这种地位。当更为重要的国家记账货币成为白银的等值货币时，就显示出了1580—1589年和1650—1654年的变化（见地图1）。

从这些百分比可以容易地看出，西北欧的经济体表现出强大的阻抗力。另一方面，主要依靠农产品维持其在国际市场上地位的波兰，遭受的损失最大。身陷三十年战争的波兰，并没像其邻国德意志和奥地利那样恢复到原来的水平。1617—1627这10年间，格罗希（grosz）与白银的比价下降了一半。在1633年的货币贬值中，它的价值再次降低一半；在这种情况下，尽管但泽（Danzig）没有崩溃，却让克拉科夫、华沙、波兹南、卢布林、利沃夫等大陆城市为其战争代价来埋单。就此而言，波兰也实行了经济分割。

表11

国家（地区）	货币名称	1650—1654年的银价指数 （1580—1589年 = 100）
英格兰	英镑	96.77
荷兰	盾	84.23
奥格斯堡	记账弗罗林	83.68
西属尼德兰	弗罗林	80.39
奥地利	结账弗罗林	79.43
法兰克福	记账弗罗林	79.21
威尼斯	里拉	76.51
法国	图尔城铸造的里弗赫	68.47
西班牙	马拉维迪	66.41
热那亚	里拉	55.41
波兰	格罗希	38.91

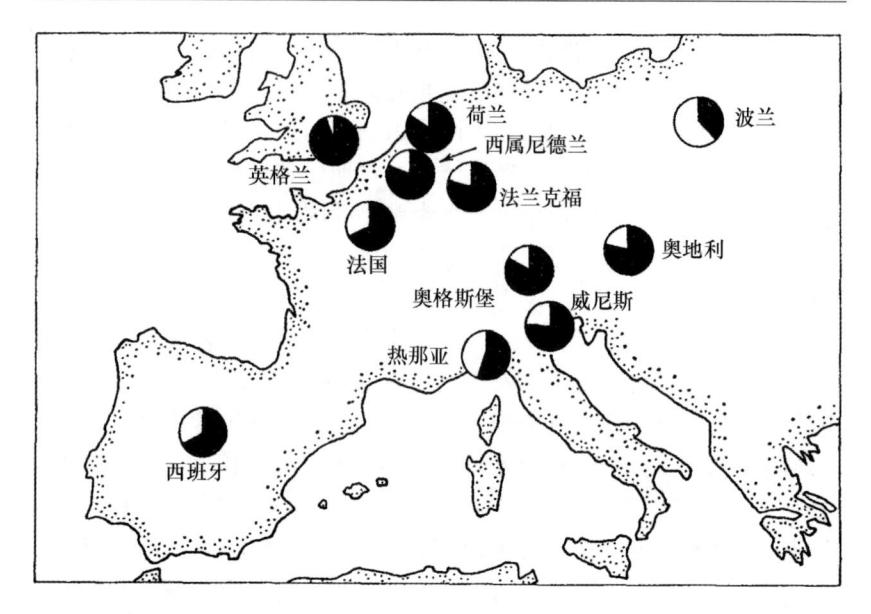

地图1　1650—1654年欧洲白银贬值指数。白色部分表示贬值比；整个圆圈表示基期1580—1589年（=100）。

最后，17世纪初重商主义者的著作强调了这些货币困难对同时代人的影响。16世纪的经济已经习惯于大量金银的涌入，以促进国际贸易的顺利进行，鼓励商人的交易，并证实他们的预判。人们对于17世纪初出现的衰退状况感到困惑。1615年，蒙克莱田称："与其说我们生活在原材料贸易中，不如说生活在金银贸易中。"马林斯在其著作《商船法》（Lex Mercatoria）中注意到了货币供应的重要性；书中写道："因为如果没有货币，尽管商品丰富且物美价廉，贸易也会减少。"他在另一著作《英伦三岛共和国腐败缘由论述》（Treatise of the Canker of England's Commonwealth，1601年）中谈道："我们的商人以硬币或汇票赚取的钱越多，就会有更多的人就业，从而增加商品的数量，推高商品的价格。"金银通货主义者将硬币的数量与价格和充分就业联系起来。金银储备的增加、价格不断上涨和就业水平的提升，这些都是内在经济健康的外在表现：它们的紊乱与萧条有因果关系。他们的理论即使不可信，也对当时的货币困难和一般经济状况作出了深刻的评论。

第二章　欧洲经济（1609—1650 年）

因为发展阶段和区域差异构成了 17 世纪初的基础，所以如同对货币的研究那样，对价格运动和结构的研究也极大地丰富了我们对国际经济的认识。

第一个问题是总体时间次序问题。从 16 世纪的长期通胀过渡到 17 世纪价格的稳定和下降，这不是一个简单的问题。它的前提是，区域或国际市场上流通的商品价格可以用共同的货币来表示，大多数情况下是用白银。实际上，欧洲大部分地区的经济活动主要是为了满足国内或当地的需要。因此，很难找到一种为国际贸易广泛服务的商品。谷物价格首先具有记录最充分的优点，其次也有与大宗商品难以运输和储存有关的劣势，这两个因素对最终价格影响甚大。

欧洲不同地区的小麦银价呈现明显的下跌趋势。那些在 16 世纪充斥着银制流通货币的欧洲最发达地区，最先经历价格的变化。在主导经济体西班牙，白银价格的通胀显然在 1600 年前后结束，无敌舰队的失败和随之而来的物质困难很可能与西班牙经济发展的深刻变化相一致。意大利也有相同的经历。在乌迪内、锡耶纳和那不勒斯，物价长期上涨的顶峰出现在 16 世纪的最后 10 年。尽管同盟战争使行情不甚清晰，但在法国东南部的格勒诺布尔和多芬纳（Dauphine），16 世纪 90 年代的物价比前后 25 年的水平都要高。总之，地中海西部盆地城镇的谷物银价在世纪之交达到顶点；因此对它们来说，17 世纪上半叶就意味着银价的下跌（见表 2）。①

再往北走，情况就有些不同了。在德意志和奥地利：16 世纪物价水平长期上涨（这种状况一直持续到三十年战争爆发前夕）；钱币因成色下降而贬值。由于战争的干扰，证据非常混乱，但很可能从这个峰值开始，至少到 17 世纪 30 年代，德意志和奥地利的物价水平出现了严重的衰退。在施派尔（Speyer）、莱比锡和法兰克福，几乎所有商品的价格都呈下跌趋势；在维尔茨堡、奥格斯堡和慕尼黑，价格走低一直延续到 1671 年。由于瑞典的占领，在 1626 年、1633—1635 年的奥格斯堡，1631 年和 1634 年的维尔茨堡，1632 年和 1648—1649 年的慕尼黑等地，还出现了短暂的危机。1656—1660 年和 1671 年之后，德意志和中欧的物价又开始上涨，从而结束了三十年战争所造成的严重衰退局

---

① 关于这一点比较全面的说明，参见 *Cambridge Economic History of Europe*, Vol. IV, pp. 470–475。

面。一些经济史学家，特别是莫里斯·埃尔萨斯（Maurice Elsas），毫不犹豫地将这种现象归因于人口的减少和战争的破坏。总的来说，我们认为，三十年战争期间的价格衰退以及1656年和1671年之后的逐步上涨与欧洲的长期发展状况是不同的；这表明德意志和奥地利的价格制度是相互分离的，从而形成了一个特殊的情况。

还是在北方，荷兰和英格兰在17世纪上半叶享有相对稳定的货币环境，对价格下行压力的阻抗时间更长。几乎所有领域都存在通胀；这一现象持续到17世纪40年代。物价水平在三十年战争的最后阶段开始下降，一直到18世纪的最初25年。实际上，北方这些进步的小经济体的衰退，为16世纪白银长期通胀设定了收盘极限；在这个过程中，西班牙这一主导经济体渐渐崩溃。这一状况差不多延续了半个世纪；这突出地表明了国际经济根本上的差异。

经济的相对规模和重要性可以通过地区间价格水平的差异来体现。17世纪上半叶，西班牙和意大利等银价较高地区与波兰等银价较低地区的价格差距，约为1∶6，最多达到1∶5。这种差距是开展粮食贸易的动力，即便运费高昂。风险非常大，海上保险费率也很高。三十年战争期间，1626年从阿姆斯特丹到君士坦丁堡的保险费率高达18％；1630年运往但泽的保险费率为5％；1648年11月和平协议签署后分别降到5％和2％。战争的危险和损失、高昂的运费和资本投资水平低下，所有这些因素加在一起，维持着地区价格之间的巨大差异。

16世纪的发展表现出的第三个差异是农业和工业部门之间的差异。长期的通货膨胀，再加上饥饿人口的压力，最终导致农产品，特别是谷物价格的暴涨。正如小麦价格所显示的那样，农业部门在三十年战争结束之前可能一直享有特殊地位，吸引投资，不断开垦边缘土地。按照李嘉图的观点，优良土地的租金也随之上涨。汉斯·赫尔穆特·瓦赫特（Hans Helmut Wachter）表示，1620年之后和三十年战争期间，东普鲁士的边际利润有所下降。那里的情况发生了逆转，耕作区域普遍收缩（见图5）。一般而言，谷物价格的下降也意味着非常敏感的农业和工业部门之间的关系发生了逆转。

然而，16世纪长期的通货膨胀也意味着国际经济在商业繁荣中相对稳定、更紧密的融合。经济增长有起有落，但这些起伏往往被逐

第二章 欧洲经济（1609—1650年）

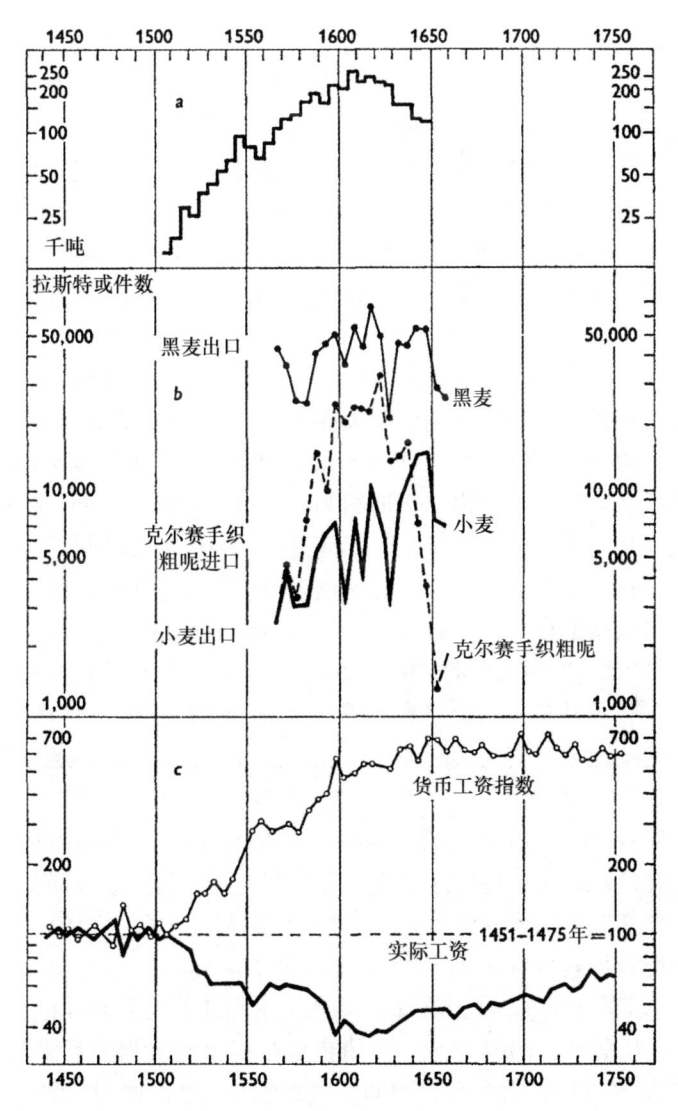

图 3 （a）塞维利亚—美洲海上贸易进出口总吨位［**参考书**：H. and P. Chaunu, *Seville et Atlantique 1504 à1650* (8 vols. and *annexe graphique*, Paris, 1955 – 60)］；（b）波罗的海贸易（五年平均）——小麦、黑麦、克尔赛手织粗呢［**参考书**：N. Bang, *Tabeller over Skibsfart og Varetransport gennem Oresund 1497 – 1660* (2 parts in 3 vols. Copenhagen, 1906 – 22)］；（c）英国建筑工人工资率（五年平均）［**参考书**：S. Hopkins and E. H. Phelps Brown, "Seven centuries of prices of consumables, compared with builders' wage-rates", *Economica* (1956)］。

渐上升的趋势所湮没。当这种压力开始减弱时，国际经济的平衡就受到损害。至少从粮食价格的现有证据来看，经济衰退之后是周期性的剧烈波动。以1600年之后的西班牙为例，戴维斯（H. T. Davis）使用厄尔·汉密尔顿的数据指出，波动的幅度在增大。在乌迪内，1627年之后出现了一个比以前范围更大的清晰可辨的周期（1627—1636年、1636—1640年、1640—1646年、1646—1650年、1650—1653年、1653—1659年）；在法国博韦（Beauvais），1640年之后也出现了类似的情况（1639—1645年、1645—1650年、1650—1657年、1657—1658年）。价格波动的周期性特征，尤其是在作物歉收期间，可能是欧洲的一种现象。价格周期的年表在1640—1660年这20年间是有效的，在1649—1650年的生存危机中达到顶峰，不过在埃克塞特、巴黎、里昂、博韦、乌迪内、锡耶纳和利沃夫等地略有不同。这些周期的剧烈变化是严重经济动荡的一个迹象。在10年的时间里，乌迪内的粮食价格上涨了5倍，利沃夫的燕麦价格上涨了10倍。

价格结构的最后一个方面：工资和劳动力价格问题。根据一些经济历史学家的说法，16世纪的发展也意味着劳动力生活水平的下降。生活成本，尤其是食品价格在上涨，而劳动力的工资增长往往滞后。因此，这些货币工资的实际等价物往往会减少。这在大多数情况下都是成立的。在巴伦西亚，1600年之前建筑工匠的实际工资一直在降低。尽管在三十年战争时期到1660—1670年间德意志和奥地利的实际工资在增加，但这些国家的现有证据仍倾向于证实这一结论。在英格兰，建筑工匠的实际工资在整个16世纪都在下降，1610—1614年前后情况有所转变（见图3）。

虽然工资史的证据几乎不能说明就业水平或可用劳动力的水平，但可以借此观察到一个重要特征：工资走势在17世纪初发生了变化。在本章所述的历史时期，国际经济总体上既面临着通货膨胀的缓解和实际工资水平的提高，又隐含着生产成本的上升及伴随而来的问题和困难。

第三节

人类为之奋斗的第一个需求是生产粮食。农业在很大程度上主导着生产结构。利用自然生产力的农场是欧洲最重要的产业；在地位稳

第二章 欧洲经济（1609—1650 年）

固的农业面前，需要资本投入且销售渠道不确定的手工业处于不利地位。17 世纪初，农业持续繁荣。B. H. 斯利歇·范·巴特（B. H. Slicher van Bath）称，在这一时期的尼德兰，随着阿姆斯特丹市场粮食价格的上涨，开拓地的排水系统也在扩展（见图4）。1590—1614 年，土地复垦有所增加；在接下来的 25 年里（1615—1639 年），又取得了进一步的发展。随后开始下降，1640—1664 年的平均水平远低于前半个世纪。诚如我们前面提到的，1620 年之后战争干扰的效果完全显现，东普鲁士的农业扩张态势发生了根本性的变化（见图5）。

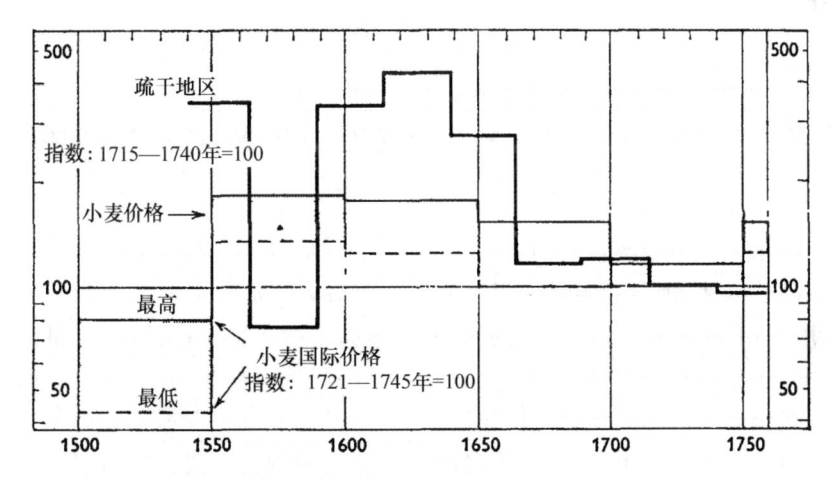

图 4 尼德兰排水地区小麦价格指数（1721—1745 年 = 100）［参考书］：B. H. Slicher van Bath, *De agrarische Geschiedenis van West-Europa*（*500 - 1850*）（Utrecht, 1960）］。

通过海峡从波罗的海运来的谷物证实了这种农业繁荣的印象。通行费表明：黑麦出口从 1600—1609 年的 473714 拉斯特（last）增加到 1640—1649 年的 578415 拉斯特；同一时期，小麦出口从 51496 拉斯特增加到 160551 拉斯特。因此，在 17 世纪最初的十年里，黑麦的重要性是小麦的九倍；而在 17 世纪 40 年代，它的重要性仅为小麦的四倍半（见图3）。然而，通行费又能为此提供什么样的解释呢？定量证据不能只看其表面价值，而应理所当然地接受学者们，特别是阿

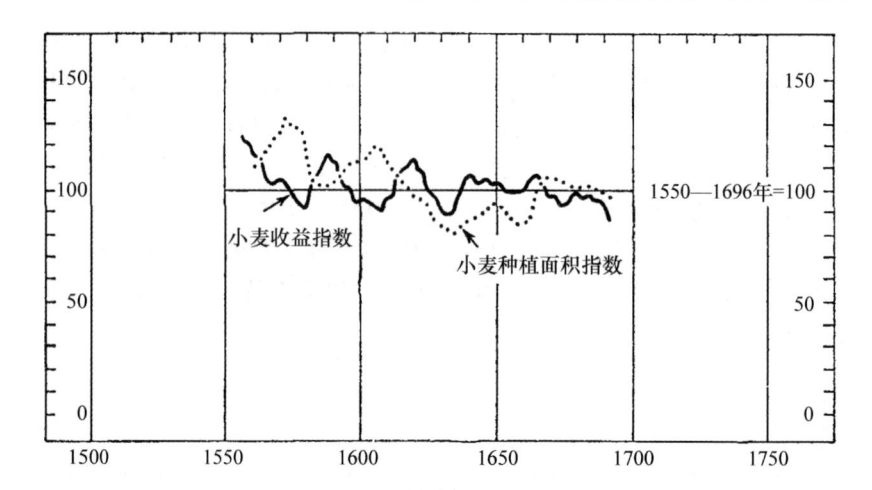

图5 东普鲁士谷物生产趋势指数（1550—1696年=100）[参考书：H.-H. Wachter, *Ostpreussische Demanenvowerke im 16. und 17. Jahrhundert* (Wurzburg, 1958)]。

克塞尔·克里斯滕森（Aksel Christensen）、阿斯特里德·弗里斯（Astrid Friis）、阿尔弗雷德·胡恩豪泽（Alfred Huhnhauser）、皮埃尔·让南（Pierre Jeannin）和瓦尔特·沃格尔（Walther Vogel）的大量考证。走私的程度也是一个重要因素，而且可能是未知的因素。这将修改进出波罗的海的轮船吨位和货物的绝对总数，还会调整货物的相对数量：例如，在1618年改革之前，黑麦的关税比小麦低；所以，在通过海关时，小麦通常被申报为黑麦。这也就解释了为什么小麦的运输量会陡然增加。

有鉴于此，谷物贸易的扩张很难解释。表面上，它显示出一种日益增长的奢侈品嗜好，小麦被用来做白面包摆上富人的餐桌。这是否仅仅是北方经济财富增长的又一迹象？还是说，这表明了波罗的海国家面临的困难，以至于它们不得不出口谷物？

实际上，这种谷物贸易突显了北欧和东欧经济所保持的真正优势。如此庞大的贸易需要运输、仓库和驳船。它需要商人们做好在好年景和坏年景中承担商品市场风险的准备。波兰的生产地区集中在大地产上；这里拥有肥沃的土地和丰富的劳动力资源（包括雇农和奴隶）。这些都是波兰农业经济的标志。

第二章 欧洲经济（1609—1650年）

从谷物价格的长期变化趋势可以看出，谷物市场并没有保持持续繁荣。始于17世纪下半叶的"农业危机"，在18世纪三四十年代达到了严重的局面，重农学派的著作和理论对此给予了极大的关注。这在谷物种植向家畜饲养的转变中产生了显著的影响。

国际经济的制造业部门情况有所不同。分布在城市和周围乡村的手工业，往往是由商人的商业资本组织起来的，这些商人提供原材料，并运走制成品。诚如亚当·斯密敏锐观察到的那样，生产上的小优势可以在外国市场上创造相当大的竞争地位。面对欧洲的市场需求，制造业太弱。特别是在17世纪初，纺织和冶金行业发生了翻天覆地的变化。

纺织业更容易受到影响。从16世纪末开始，地中海地区的一些生产出口布料的中心开始衰落。在西班牙，一些地区制衣工的佳境一直持续到16世纪90年代。在17世纪初的意大利，尤其是20年代的萧条和30年代的瘟疫，使制衣业如临寒冬。在威尼斯，1601年和1602年精美的毛料产量达到顶峰（分别为28601匹和28729匹），然后在整个17世纪产量呈抛物线下降（见图6）。截至1650年，产量只有10000匹。17世纪初，科莫（Como）有60家作坊，每年生产8000—10000匹；到了1650年，只有4家作坊，年产量跌至400匹。16世纪90年代，佛罗伦萨每年生产13000—14000匹毛料，但到世纪中期减少到5000匹。面临着需求下降和主要来自荷兰和英格兰贸易商在黎凡特的激烈竞争，意大利的毛料生产衰落了。

英格兰尽管颇具竞争力，但并不能掩盖其自身所遭受的严重困难。它的出口经济主要依靠羊毛和羊毛产品，占出口总值的75%，甚至90%。因此，海外毛料市场的变化对整个国家的经济活动和物质生活产生了深远的影响。英格兰地位的另一个潜在弱点是出口目的地的不平衡；17世纪初，大约3/4的毛料出口到德意志和联合省，不到1/8的毛料出口到波罗的海地区，1/16的毛料出口到法国和黎凡特，其余的毛料出口到意大利、巴巴里（北非）和俄罗斯。第三个弱点是：英格兰无法控制毛料的整个加工过程。大部分出口品是未加工的，例如，1606年72%的毛料从伦敦被出口到海外更先进的毛料中心，主要是服务于东欧和中欧市场的尼德兰，也有巴黎和威尼斯，在那里毛料加工染色，并制成备受黎凡特市场欢迎的"意式"成品。被繁荣年代所掩盖的这些弱点，组合在一起更容易受到冲击。

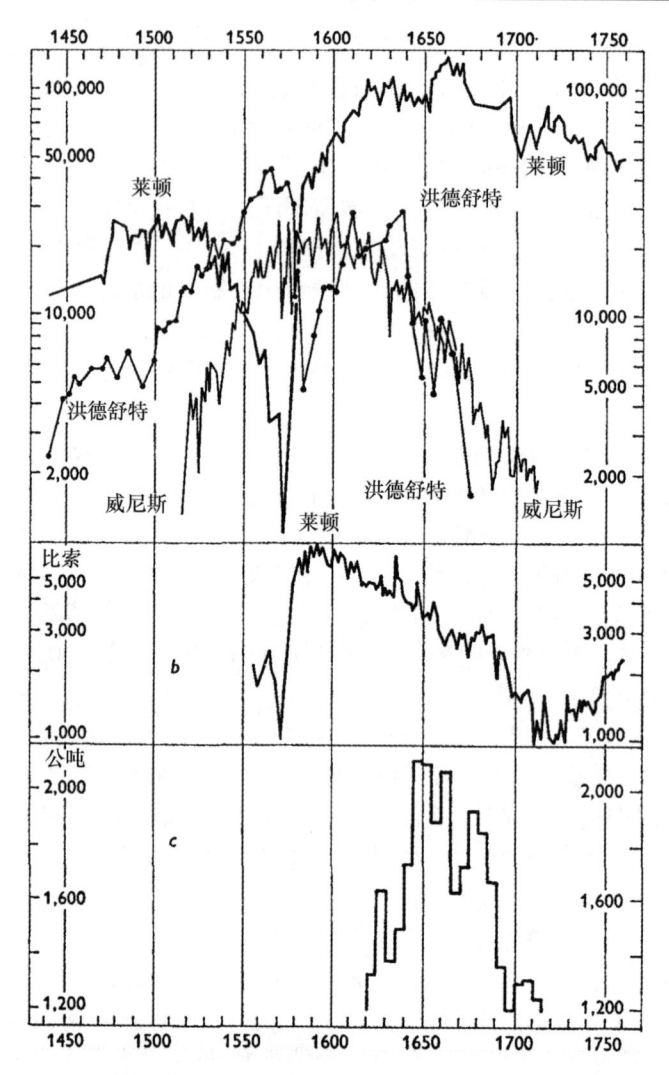

图6　(a) 莱顿毛料生产 [参考书: N. Posthumus, *De Geschiedenis van de Leidsche Lakenindustrie* (3 vols. The Hague, 1908 – 39)], 洪德舒特 [参考书: E. Coornaert, *La draperie-sayetterie d'Hondschoote* (*XIV e – XVII e siècles*) (Paris, 1930)], and Venice [参考书: D. Sella, "Les mouvements longs de l'industrie lainiere", *Annales*; *Economies*, *Societes*, *Civilisations* (1957)]; (b) 秘鲁波托西白银生产 [参考书: M. Moreyra y Paz-Soldan, *En torno a dos valiosos documentos sobre Potosi*]; (c) 瑞典铜生产(五年平均) [参考书: F. R. Tegengren, *Sveriges ad-lare malmer och bergwerk* (Stockholm, 1924)]。

1614年是一个好年景，出口了127215匹粗毛料；但到17世纪的最后20年，这个行业的地位恶化了。

此时，郡长科凯因（Alderman Cockayne）提议成立一个联盟——英格兰著名的布匹加工计划，以从商人冒险家手中夺取出口贸易的垄断权。1617年10月，该计划显然已经失败，先前的状况得以恢复。这一复兴是1619—1620年商业萧条的前奏；与此同时，三十年战争爆发，德意志和奥地利货币贬值，1619—1623年波兰货币贬值；这些国家都是英格兰毛料的重要市场。出口大幅下降。粗毛料出口量从1618年的102332匹减至1622年的75631匹。这场危机最终标志着英格兰古老帷幔行业地位的改变，从此走向衰落。这些行业寻求更新的生产线，生产较为精细的毛料——花格呢、西班牙呢和耐用的粗呢，出口到温暖地带的国家。英格兰毛料在黎凡特有一些销路：1634年，黎凡特公司出口了约17000匹；17世纪二三十年代年均出口量约为6000匹左右；此外，还有通过莱戈恩等地的间接出口量。1628年，3346匹"西班牙"呢出口到北欧；1640年，这个数字上升到13517匹。另一方面，1606年，英格兰商人将75.9%的粗毛料从伦敦运到德意志和联合省，而到了1640年这一比例下降到51.9%。[95][96]

1620—1623年的危机使英格兰丧失了对毛料出口较多的控制。从伦敦出口的未加工粗毛料比例从1606年的72%下降到1640年的34.8%。纺织业不得不进行改革，旧的生产线被淘汰，从而为更精细的毛料和替代产品腾出空间。

这期间，低地国家强大的毛织业也面临着一系列的困难和转型。因为服务于出口和长途贸易的优质毛料商受影响最大，所以乍一看，这些似乎与英格兰的情况非常相像。但如果从细节看，双方在产品类型和所服务的市场方面存在着明显且重要的差异；未来的研究无疑将更清楚地区分这些差异。洪德舒特（Hondschoote）从16世纪80年代的严重衰退中复苏，产量不断增加，1638年出口了27466匹。不过，有许多织工离开此处，迁移到联合省的莱顿生活，增加了当地的人口，同时也促进了生产。在那里，纺织业继续发展。1664年，各种毛料的总数达到了144723匹，之后开始普遍下降。然而，这些数据掩盖了这个行业的根本转变。一些老式毛料的生产在衰退：细哔叽在1617年后为53568匹；粗天鹅绒（fustians）在1624年后为33986

匹；细哔叽在1633年后为23785匹；天鹅绒（velvets）在1637—1638年后为13454匹。而其他生产线却繁荣起来：床单布（lakens）的产量遥遥领先，在17世纪三四十年代取得了惊人的增长（1630年1780匹；1640年10805匹；1651年22069匹），18世纪20年代之前一直保持着这种生产水平。此外，羽纱（camlets）和经纱（warp）的生产被引进来，两者的织品产量分别在1669年（67335匹）和1664年（19350匹）达到高峰（见图6）。总体上看，三十年战争期间莱顿纺织业的调整，演变出供应长途市场的新模式。

这一时期，采矿业和冶金业也大大发展起来。对于瑞典来说，这是一个巨大的机遇，因为它拥有丰富的铜、铁资源，这些资源受到了王室的密切保护和控制。西班牙对铜钱的需求，使得成立于1619年的著名铜业公司（Kopparkompaniet）最先受益。1626年，这条财路中断了，瑞典国王古斯塔夫·阿道夫为铜矿找到了其他出路，制造本国的铜币。战争期间，铜的产量翻了一番，在1650年达到顶峰，为2941公吨（见图6）。这是17世纪的顶峰；和平意味着衰退。尽管荷兰在日本发展铜业用于远东，但18世纪初瑞典的铜产量超过了中欧，在世界市场上仍占据首要地位。

铁是瑞典的另一项贡献。16世纪，在国王的直接鼓励下，铁的生产得到了发展；特别是古斯塔夫一世（Gustavus I, 1523—1560年），他引进了德意志技术人员。从1540年起，可供锻铸的条铁（Malleable bar iron）变得越来越重要，1600年之后，尽管价格翻了一番，但出口额还是超过了奥斯猛炉铁（osmund iron）。这种趋势成为17世纪的典型：1600年到1720年间，瑞典的铁产量增加了5倍。出口量在三十年战争期间有所增加，尤其是在1627年之后。我们依据通行费的证据可以看到，波罗的海的条形铁的年均出口量，在25年里增长了7倍：

表12   （单位：公吨）

时期	波罗的海年均出口量
1620—1624年	1179
1645—1649年	7747
1650—1654年	5362

其他数据来源显示瑞典的出口量如下：

表 13 (单位：公吨)

年份	瑞典年均出口量
1620	6650
1640	10600
1650	17300

和平的到来使瑞典面临经济衰退，但此时它在金融市场上的地位已经稳固。伊莱·赫克歇尔（Eli Heckscher）估计，1720 年瑞典满足了欧洲 1/3 的铁需求。英国是其重要的客户；在内战前夕，它的锻造厂生产了 14000—32000 公吨的铁条。1720 年，英国所需要的铁 40% 来自瑞典。

最后，另一个增长领域：英国的煤炭工业。根据约翰·U. 奈夫（John U. Nef）的研究，16 世纪 50 年代到 17 世纪 80 年代，英国的煤炭产量增加了 14 倍；这一水平远远超出随后的几个世纪：

表 14 (单位：公吨)

时期	煤炭总产量
1551—1560 年	206681
1681—1690 年	2934874
1781—1790 年	10132302

因此，纽卡斯尔的煤炭运输量也依循了这一趋势，尤其是在 17 世纪上半叶更为明显：

表 15 (单位：公吨)

年份	煤炭运输量
1591 年米迦勒节—1592 年米迦勒节	110356
1608 年米迦勒节—1609 年米迦勒节	235490
1633 年圣诞节—1634 年圣诞节	445472
1658 年 6 月—1659 年 6 月	520671

伦敦的煤炭消费量也增加了。进口量从1591—1592年的34208吨增加到1667—1668年的260037吨。因此，到17世纪中叶，煤炭业作为英格兰未来经济的支柱产业已经牢固确立。

第四节

那么，对于所涉及的问题，如何才能总结出一个简短的结论呢？欧洲长期经济发展的主要特征是停滞。虽然欧洲大陆大部分地区的人均收入可能只在相对有限的范围内发生变化，但可以肯定的是，这一时期国民总收入受到抑制，甚至还有所减少。经济危机首先表现在商业体系的发展上；而这一体系在16世纪支撑了欧洲乃至整个世界。

西班牙在商业繁荣中占据了中心和主导地位；16世纪之初它也确实陷入了危机。无敌舰队被击败，1600年之后从美洲运进的金银减少，1607—1609年巅峰期后塞维利亚跨洋贸易的长期萧条（见图3）以及1596年、1607年、1627年和1645年王室的破产——所有这些都预示着17世纪它将日渐衰弱和残败。西班牙过度扩张的政治所导致的财政紧张局势随着1609年休战协议的签订而缓解，但又随着1621年对荷兰人的战争重新爆发而再次加剧（见地图2）。1627年王室的破产拖累了其坚定的支持者——热那亚的商人和金融家。他们的窘迫对葡萄牙人来说是机遇；1640年葡萄牙人成功摆脱了西班牙的统治，取得了独立；但加泰罗尼亚的反抗者们失败了，遭到镇压。1647年王室的破产最终暴露了西班牙的无能，并为翌年《威斯特伐利亚和约》和1659年《比利牛斯和约》的签订铺平了道路。

在十二年休战期间，国际经济得到短暂的喘息，西班牙衰败的局面也得以缓解。接着，1618年德意志爆发战争，1619—1620年商业大危机；这些虽然不是欧洲的决定性时刻，也不是结束16世纪的唯一转折点，却是巨大的灾难。这个关键时刻暴露了西班牙毫无根据的虚张声势，也必然暴露了已经陷入困境的南欧贸易共同体的混乱和软弱。

1621年休战协定结束后，西班牙未能在与荷兰的斗争中占据主导地位，最终演变成一场普遍的欧洲冲突。这证实了北方繁荣经济体（尤其是尼德兰）的优势。17世纪，荷兰人实现了他们的"黄金时代"，几乎与国际经济的主流趋势背道而驰。这本身就是一个相当大的成就。

幸运之神眷顾荷兰的商人和投资者，并非偶然。在交通困难的时代，荷兰享有天然优越的地理位置，从欧洲四个角落招募节俭的商人，拥有运河、水渠、仓库、驳船和性能一流的"弗卢伊特型"（fluit）商船等复合式交通。到世纪末，每年的贸易船队规模大得惊人：800艘"弗卢伊特型"商船驶往波罗的海，400艘驶往葡萄牙的圣乌贝斯（St Ubes）购买食盐；200—250艘捕鲸船，300—350艘捕捞鲱鱼船……难怪荷兰会随其事业的扩大而不断壮大，并从中获取利润。

大贸易公司——俄罗斯谷物公司（Russia Grain Company，1608年），主要在斯匹次卑尔根群岛从事捕鲸业的北方公司（Northern Company，1614年），新尼德兰公司（New Netherlands Company，1614年）和西印度公司（West India Company，1621年）——勾勒出贸易范围。根据1669年的《海牙条约》（Treaty of The Hague），荷兰人控制了挪威的木材贸易。尤其是对东印度群岛的贸易。具有象征意义的是，居住在里斯本的荷兰商人科尔内利乌斯·豪特曼（Cornelius Houtman）于1595年率领一支船队前往东印度群岛，并于1597年满载而归。联合东印度公司（1602年）与班塔姆（Bantam）苏丹结盟，于1619年在爪哇的巴达维亚建立基地。从这个有利地点（沿岸有多家从波斯和印度到中国和日本的代理商行），1641年荷兰人从葡萄牙手中夺得并占据了关键港口马六甲；他们攫取利润，并将资本高度集中在荷兰。巴达维亚总督报告称，截至1650年累计利润已超过7500万弗罗林，在东印度群岛的资本超过1250万弗罗林。这是在半个世纪内完成的。

然而，荷兰人的土地面积狭小。其与葡萄牙人（1637年荷兰从葡萄牙手中夺取了埃尔米纳）和英国人的竞争非常激烈。这场冲突涉及所有利润丰厚的领域。1614年，荷兰成立了北方公司（Northern Company），意在反击英国的进攻。远东的形势更为严峻，以至于英国在1619年同荷兰公司签订合作协约。这种合作关系被1623年的"安汶岛屠杀事件"所打破，荷兰人以暴力的方式维护了他们的统治地位，斩获了这个小殖民地，有效地清除了英国在此的竞争。1651 年英国颁布《航海条例》，对荷兰的航海贸易构成挑战，最终两国爆发了 1652—1653 年战争；这是双方在 17 世纪第一次将矛盾公开化。

虽然欧洲的经济发展明显经历了商业繁荣后的急剧衰退，但也有补偿。欧洲北部的主动行动表明，国际经济具有韧性和连续性。这种转变在纺织业中表现得尤为突出，是贸易体系在新情况下展现出的多面性。连续性因素在资本投资的性质和方向上表现得最为明显。

在困难时期，商业财富寻找其他的出路和利润来源。德·拉维加于 1688 年出版了《乱中之乱》（Confusion de Confusiones）一书，尖锐地描述了阿姆斯特丹商人的投机行为。虽然 1610 年 2 月议会已经禁止出售空白股票，但在 1636—1637 年郁金香狂热的繁荣和崩溃中，投机的倾向十分明显。的确，资金转移到其他领域可以延长并巩固 16 世纪商业繁荣时期建立的资本收益。

毫无疑问，这些资金更多地投向了土地和房地产。这在欧洲的商业中心是很常见的：商人们习惯于在土地上积蓄财富。在 17 世纪 20 年代出现商业困难之后，土地可能变得更加重要。以伦巴第为例，从 17 世纪 20 年代以来阿尔多·德·马达莱纳（Aldo de Maddalena）对土地的投资不断增长。同一时期，在里昂要找到像勒格兰吉尔（Le Grangier）这样的年轻公证人不足为奇；他并没有继承父亲在集市上的生意，而是频繁处理财产和婚姻契约。根据 W. 霍斯金斯的说法，1590 年到 1640 年间重建英格兰乡村的浪潮达到了顶峰。但是，农业和土地问题是复杂的，学者们的观点尚未达成一致。这些问题在 17 世纪非常突出。

1618 年之后，战争在德意志的爆发和蔓延为经济停滞提供了第二次喘息的机会。1635 年之后，西班牙和法国间的矛盾公开化，彼此敌意加深；三十年战争也愈演愈烈。舰队的建造和运转、武器和弹药的制造、防御工事、军队补给，都是新的机遇。荷兰的尤其是来自阿姆斯特丹的金融家们，对此反应迅速。1619 年，一家阿姆斯特丹的商人公司在图林根资助了一家枪支制造厂。路易·德·热尔（Louis de Geer，1587—1652 年）对瑞典的矿山和生产进行了大量投资。

1627年，他被瑞典王室授予铸造铁炮的垄断权，一直持有到1648年。这些瑞典铁炮在市场上处于领先地位，比英国的同类产品更受欢迎。他的合伙人埃利亚斯·特里普（Elias Trip）也深深参与了金属贸易，他在阿姆斯特丹有大炮铸造厂、枪店和火药工厂，为军队供应军火，吸引着来自欧洲各地的买家，其中包括黎塞留的法国代理商。瑞典的铁和铜的繁荣有助于延长16世纪的繁荣，但这些宽松的市场环境并没有在和平时期延续下来。

第三，17世纪的一个主要投资渠道是国家。随着私营部门的贸易机会变得越来越难把握，商人们越来越愿意接受政府贷款；这为垄断和保护提供了希望。阿尔瓦罗·卡斯蒂略（Alvaro Castillo）曾指出：1610年之后随着塞维利亚跨大西洋贸易的减少，西班牙王室贷款有所增加。显然，这个领域在1640—1642年之后已不复存在，并在西班牙衰败后崩溃了（见图2）。为英国王室筹集财政收入的财团以及法国的税款包收人，都可以被视为对国家进行投资的证明；国家渴望资金，准备给予特权以换取支持或维持宏伟政策的实施。

大公司再次缓解了资本资产（capital assets）面临的困境；它们武装起来抢占先机，赢得了丰厚的利润。例如，英格兰东印度公司在前半个世纪的平均资本回报率为82%。的确，像英格兰和荷兰这样的大公司变得如此庞大，以至于它们的利益最终与政府的利益勾连在一起。荷兰西印度公司（1621年）是战争的直接工具，掠夺贸易航线，将捕获的西班牙和葡萄牙货物运往荷兰；它在西印度群岛和巴西登陆并吞并领土。三十年战争在荷兰导致了一则谋略故事的产生：一面是由大公司支持、有时受到法国贿赂的主战派，另一面是主张与西班牙休战的主和派。在这种与商业利益的不稳定联盟中，国家不得不更深入地参与经济事务，并做好垄断贸易和制造业的准备。法国的黎塞留、西班牙的奥利瓦雷斯、瑞典的奥克森谢纳、英国的斯特拉福德和克伦威尔等大政治家的政策，都见证了经济困难是如何推动国家权力增强的。这或许是17世纪最意味深长的方面：人们面临前途未卜时感到不安，同时又有一种创造欲、倾向，更确切地说，是巩固已经取得的成果的欲望。

最后，在更大的范围内，随着知识水平的提高，资本流动面临着

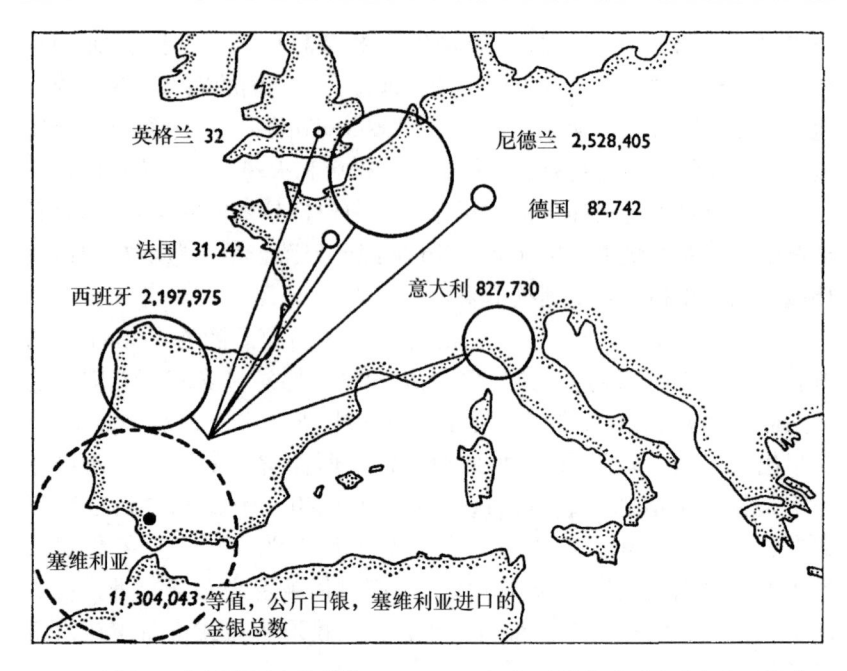

[地图内容]
英格兰 32
尼德兰 2,528,405
德国 82,742
法国 31,242
西班牙 2,197,975
意大利 827,730
塞维利亚
11,304,043：等值，公斤白银，塞维利亚进口的金银总数

地图2　支付的西班牙贷款，1580—1626年（兑换成千克白银）（参考书：A. Castillo）。

新技术的出现。在伽利略·伽利雷（1564—1642）和艾萨克·牛顿爵士（1643—1727）的影响下，对自然世界的复杂性的认知打开了更广阔的视野；但这些变革——科学革命——显然超出了本章所要探讨的时段。例如，在17世纪的第二个25年间，伽利略、托里切利、帕斯卡和笛卡尔在数学和工程领域作出了相当大的贡献。在后来的重商主义者中，威廉·配第爵士（Sir William Petty）用计算法和《政治算术》来衡量宏观经济活动的规模。诚如17世纪80年代法国的"古今之争"（Ancients against the Moderns）所揭示的那样，提出封闭社会的概念也并非毫无争议。这些只是对一场宏大运动的简要概述，但是很明显：在广泛的技术和知识领域，17世纪呈现出一片向前发展、欣欣向荣的景象。

然而，所有这些都是着眼未来的。伴随着重重困难和人类苦难而来的，是政府权力的不断增强以及贵族和少数统治者权力的日益集中。国家言而无信、不尽职尽责、制造矛盾、成了经费消耗大户。国家在外交和战争上设定有目标——它自己的目标，拒绝商业和工业金融家摆脱国家的控制。它让企业家们屈从于自己的意愿；这几乎立刻让他们陷入困境。归根结底，这样的欧洲命运与本章所概述的国际经济运动是分不开的。

第 三 章
专制主义的拥护者和批评者

1610—1659 年，专制主义几乎在欧洲所有地方都取得了胜利。虽然英国君主专制主义失败了，但议会专制主义取得了胜利。国家受到大规模战争和宗教战争导致分裂的威胁。人们的思想受到人民主权论、契约论、暴政论以及新的机械宇宙观的挑战。经济危机时有发生，一些是由于输入的美洲白银数量减少引起的，另一些是由于比 16 世纪更加频繁的歉收、饥荒和流行病所致。解决这些问题的办法是建立一种不受法律、习俗和特权束缚以及能够把一个共同的目标更好地加诸国人的政治力量。所有理论冲突的中心是让·博丹和马基雅维利分别提出的主权原则和以国家利益为重的理由（raison d'état）原则。博丹将主权定义为"不受法律约束的国家最高权力……不承认任何优越性"；它的职权是立法、征募军队、发动战争与缔造和平、通过对案件的最终判决、增加税收、铸造钱币等。以国家利益为重的理由说主要指统治者为了确保国家的安全和发展而采取任何可行的行动。虽然博丹和马基雅维利的思想受到批判，但几乎所有的批评者都借用了他们的基本思想，并试图将其基督教化或对其进行改编。我们对政治概念的研究不能局限于理论家的思想。我们必须考虑政治家、管理者和不同社会群体的成员对专制主义的看法、促使人们采取行动的思想和口号，及其与整个环境的关系。这种政治思想史还处于起步阶段。

欧洲政治观念的冲突与欧洲文明的统一并不矛盾。欧洲起源于基督教世界，基督教是所有理论家的思想源泉。一些流传的基本思想来自西班牙和尼德兰这两个主要中心。对于天主教徒来说，这些中心是萨拉曼卡大学和鲁汶大学；对于新教徒来说，这些中心是联合省的大学，尤其是莱顿大学。尤斯图斯·利普修斯（Justus Lipsius）在1592年以前一直是莱顿大学的教授，而后他在鲁汶改变了宗教信仰，他讲授的政治学由伯纳格尔（Bernegger）传播。1613—1640年，伯纳格尔在斯特拉斯堡大学担任历史和政治学教授，吸引了来自德意志、匈牙利、丹麦和瑞士的学生。巴克勒（Buckler）在斯特拉斯堡传承了伯纳格尔的工作。1656—1676年，他的学生博休斯（Bosius）在耶拿讲授利普修斯的教义。伯纳格尔的女婿海姆·弗赖因斯（Heim Freins）于1642年成为乌普萨拉大学（University of Uppsala）校长，并在瑞典传播了利普修斯的理论。古斯塔夫·阿道夫（Gustavus Adolphus）师从伯纳格尔的另一个学生——历史学家斯凯特（Skytte）。莱顿大学有许多法国学生；1615年，盖·德·巴尔扎克（Guez de Balzac）在那里学习，写了一篇反对专制主义的《政论》（*Discours Politique*）；不过1631年他成了君主专制的捍卫者。维特多利亚的门徒在萨拉曼卡大学恢复了托马斯主义（Thomism）的教学，这所大学还培养出了伟大的西班牙耶稣会会士苏亚雷斯和其他许多人；他们在罗马学院、鲁汶大学、阿尔卡拉大学（Alcala University）、科英布拉大学（Coimbra University）求学，在耶稣会会士和其他神职人员中间传播新托马斯主义（neo-Thomism）。

  书籍对传播政治思想很重要。政治著作的版本和译本的增加，证明了人们对它们的浓厚兴趣。博丹的《共和六论》（*Republique*）出版于1576年，1586—1650年间有9个拉丁文版本，1576—1753年间有17个法文版本，还有意大利文、英文和德文的译本。1603—1654年间，约翰内斯·阿尔蒂修斯（Johannes Althusius）的《政治论》（*Politica*）有8个版本。截至1618年，胡斯图斯·利普修斯的《政治》（*Politica*）每年都会再版，整个17世纪共有31个拉丁文版本，另外还有荷兰文、法文、英文、德文和波兰文的译本。其他一些著作也取得了成功：巴尔扎克的《君主论》（*Prince*）在1631—1662年间有4个版本，菲利普·德·贝蒂讷（Philippe de Bethune）的《国务顾问》（*Conseiller d'etat*）在1632—1665年间有5个版本。思想之争引起了公众的注意；比如，詹姆斯一世与红衣主教贝拉明（Cardinal Bellarmine）和红衣主教迪·佩龙（Cardinal du Perron）之间的争论。詹姆斯一世向所有王公贵族传达了针对贝拉明的辩解书，他们都淡然地接受了。詹姆士一世被意大利法学家深入解读；他们认为他是理想的君主。1619 年，贝拉明把他撰写的《主要职权》（De Officio Principis）献给了波兰西吉斯蒙德三世（Sigismund Ⅲ）的儿子拉迪斯拉斯（Ladislas）。1605—1607 年，保罗·萨尔皮（Paolo Sarpi）代表威尼斯共和国对抗天主教教廷和贝拉明；他们的争辩在许多神职人员中间引起了共鸣。

理论家和论战家彼此通信，也与君主保持沟通。保罗·萨尔皮（Paolo Sarpi）与法国法学家雅克·莱夏西耶（Jacques Leschassier）、雅克·吉洛（Jacques Gillot）和德·利斯尔－格罗斯洛（de L'Isle-Groslot）有书信往来，并因与罗马教皇的斗争而加深了对"限制教皇权力主义"（Gallican doctrines）的理解。1628 年之后，坎帕内拉（Campanella）与佩尔·约瑟夫神父通了信，并就意大利事务向黎塞留提出建议，以推进他的国家独立计划——这是专制主义的先决条件。政治难民很重要。格劳秀斯（Hugo Grotius）被荷兰流放，于 1623 年和 1624 年在法国写下了《战争与和平法》（De Jure Belli Ac Pacis），该书于 1625 年在法兰克福出版；1635—1645 年他担任瑞典驻法国大使。1642 年，霍布斯（Thomas Hobbes）在巴黎出版了《论公民》（De Cive），并在那里写下了《利维坦》（Leviathan）。

专制主义的基本条件是君权至上。但是欧洲的统治者，无论是国王还是共和国首脑，都不得不面对傲慢的教皇。在许多场合，英国、法国和意大利的理论家们联合起来反对教皇；他们还试图联合德意志的新教徒。1605—1607 年，教皇颁布对威尼斯的禁令，否定其限制教会获取不动产的法规。1606 年，教皇明确宣布禁止英国天主教徒在"火药阴谋"（Gunpowder Plot）后按照詹姆斯一世的要求对其宣誓。在亨利四世治下，巴黎高等法院（Parlement）拒绝接受特兰托会议（the Council of Trent）的法令；该法令确认教会享有财政豁免的权利，并在婚姻、遗嘱、契约以及与信仰有关的罪行方面对俗人享有管辖权。最后，亨利四世（1610 年）被一个狂热分子谋杀；这名歹徒受到君主论（the doctrines of the Monarchomachs）和耶稣会会士马里亚纳诛戮暴君观的驱使。这些冲突产生了重要的欧洲文学。西班牙耶稣会会士支持教皇的主张。在这种情况下，1598 年首次出版的马里亚纳的《论国王和君主制》（De Rege et Regis Institutione），于

1610 年再版。它复兴了卜尼法斯七世（Boniface Ⅶ）在教皇诏书《至圣》中表达的旧理论。根据君权神授论，教皇拥有两把剑：世俗的和精神的；他把世俗的东西托付给君主，君主们要对教皇负责，并充当他的代理人。教皇任命他们，监督他们，如有必要，还对他们进行审判和罢免。当他解除臣民的效忠誓言时，任何人杀死暴君都是合法的。除了捍卫诛戮暴君者，这是罗马教廷最喜欢的理论。更重要的是 17 世纪主导天主教思想的神学家苏亚雷斯的著作。他的《法律篇》（De Legibus，1612 年）和《驳英王卫教篇》（Defensio Fidei），直接针对詹姆斯一世的道歉，得到了教皇和西班牙费利佩三世的认可。对苏亚雷斯来说，教会和国家是两个社会，它们都有各自的自然和完美之处，但它们的起源和结构有所不同。所有精神层面的事务及其管辖权都属于教会，而所有世俗的事务都属于国家。詹姆斯一世宣称一个首领（即国王），同时拥有精神的和世俗的管辖权，是不可思议的。国王不应该篡夺教会的职能；教皇对国家没有直接的权力，但有间接的权力。精神高于世俗，因为精神源于上帝，教皇的权威直接来自上帝，而君主的权威则间接来自人民。教皇在精神上高于世俗的君主；他有权利和义务为教会的精神利益向君主提供建议。如果君主们发生了不道德、公然暴政或信仰丑闻的情况，教皇还可以通过教会的谴责来约束他们。如果一个君主成为异教徒，他可能会被废黜，其臣民也将不再效忠。因此，教皇可以合法地禁止天主教徒按照詹姆斯一世的要求进行宣誓。除了一些细微的差别，这种间接权力理论（theory of potestas indirecta）是由红衣主教贝拉明在《论教皇至高权力》（De Potestate Summi Pontificis，1610 年）和《基督教的主要职权》（De Officio Principis Christiani，1619 年）中提出的，并由红衣主教迪·佩龙向法国议会（Estates General）详细阐述的（1615 年）。

詹姆斯一世反对这些理论，他总结了部分新教政治传统。对于路德来说，就像所有的权威一样，国家的权威来自于上帝；即使它是专制的，人民也应该服从于它，而君主应尊重这两部法典（the two tables of the law）加尔文认为，行政长官是上帝的代理人，即使是在暴政的情况下，人民也应该绝对服从。詹姆斯一世的主要著作有《自由君主制的真正法则》（The Trew Law of Free Monarchies，1598 年）、《王室礼物》（Basilikon Doron，1599 年）、《效忠宣誓》（An Apologie *for the Oath of Allegiance*，1607 年）和《反对红衣主教佩龙、捍卫国王权利》（*A Defence of the Right of Kings against Cardinal Perron*，1615 年）。詹姆斯声称，他是上帝亲自挑选来管理人民的，是上帝直接赋予他的统治权，他只对上帝负责。教皇与此无关；这就是为什么詹姆斯要求天主教徒宣誓，教皇无权罢免国王，无权处置其领土，无权授权任何外国入侵，无权解除臣民的效忠，无权授权任何人持有武器反对国王或威胁他的人；只有这样，才能在君主及继承人被教皇逐出教会时进行保护。保罗五世禁止宣誓，因为它伤害了天主教的信仰，危害了灵魂的安全和救赎。贝拉明宣称，它否认了罗马教廷（Apostolic See）的首要地位，并将对英国教会的权力从圣彼得的继承人转移到亨利八世的继承人手中。

但是，教廷、苏亚雷斯和贝拉明的观点只是纯神学之争。诚如对威尼斯的禁令事件所显示的那样，一个不认同这些观点的天主教徒并没有停止成为天主教徒。威尼斯人认为，他们的法律由来已久，且与其他国家的法律相似；而教皇只是在寻求借口以扩大其管辖范围，并在威尼斯攻击所有君主的权利。威尼斯在为自己辩护的同时，也宣称决心继续信仰天主教。行政长官们不顾禁令，确保教堂开放，并得到大多数人的支持。共和国咨询了帕多瓦、米兰、法国和西班牙的法学家，并聘请保罗·萨尔皮（Paolo Sarpi）为他们的顾问。他和几位神学家一起出版了《禁约》（*Trattato dell'Interdetto*）。上帝制定了两种形式的政府，一种是精神的，另一种是世俗的。它们在各自的领域中都是至高无上的，彼此独立，无权干涉对方。因此，教皇无权废除君主们关于世俗事务的法律，或废黜他们，或解除臣民的效忠。根据神授法，神职人员不受世俗权威的约束。如果君主承认有任何豁免的话，在公共需要的情况下，他仍然对其人身和财产拥有完全控制权。教皇只在有关信仰的问题上是绝对正确的；他对君主的责难应该由神学家来检验。如果他们证明这些谴责是无效的，那么君主可以不予执行。教皇自命不凡，欲占首位，欲拥全权；耶稣会会士则把他变成了超神。威尼斯的神学家们深受詹姆斯一世的影响，保罗·萨尔皮称他为"最英明的国王"，但他们也许更应该感谢法国的限制教皇权力主义者们（Gallicans）。萨尔皮赞赏限制教皇权力主义者是普世教会的捍卫者；他们在为王权而战的同时，也在为基督的荣耀和意大利的自

第三章 专制主义的拥护者和批评者

由而战。

由于巴黎高等法院反对接受特兰托会议的法令，由于人们对诛戮暴君思想的恐惧，限制教皇权力主义（Gallicanism，又名高卢主义）比以往任何时候都更加活跃。根据限制教皇权力主义者的观点，基督已经区分了什么是上帝的，什么是恺撒的。属于恺撒的世俗权力和精神权力一样神圣。像精神权力一样，它直接来自上帝，在其独立的领域内具有同等的权威。教皇的权力纯粹是精神上的；他可以将君主逐出教会和发出禁令，但不能废黜他们，也不能解除臣民的效忠。法兰西国王在世俗事务上并不从属于教皇，因为他在精神上是至高无上的。他也不是教皇的附庸，因为法国人民从来就不承认君士坦丁的赠礼。在亨利四世被暗杀后，巴黎高等法院谴责了马里亚纳的书籍，并查禁了贝拉明关于教皇权力的书籍，他们要求巴黎神学院（即索邦神学院）委员会委员里歇尔（Richer）提供一份阐述限制教皇权力主义观点的声明。1611年12月，他们要求居住在法国的耶稣会会士接受学院提出的四项主要原则：议会高于教皇；君主的世俗权力直接神授且绝对独立；忏悔者有义务向行政长官揭露反对君主的阴谋；教会服从世俗权力。1614年，苏亚雷斯的《捍卫信仰》（*Defensio Fidei*）遭到绞刑吏的指责，要求将其焚毁；但枢密院（king's council）决定暂不执行。在1614年的议会上，第三等级要求国王将限制教皇权力主义作为王国的一项基本法律。诚如迪·佩龙所言，这些学说只是在神学上存在可能性，枢密院不愿意把它们当作信条，由此引起了分裂。虽然它承认这些观点，却禁止人们进一步讨论。1626年，巴黎高等法院和索邦神学院谴责耶稣会会士桑塔雷利（Santarelli）于1624年出版的书籍；书中持教皇拥有废黜国王的绝对权力这一观点。黎塞留下令于1638年出版皮埃尔·迪皮伊和雅克·迪皮伊合写的有关法国教会自由的书籍，1641年出版皮埃尔·德·马尔卡（Pierre de Marca）所著的《神圣秩序与帝国》（*De Concordia Sacerdotii et Imperii*）。

教廷及其理论家们并未就此示弱。然而，国王们找到了很好的理由，来抵制教皇在世俗事务和精神事务方面表现出来的不同程度的至高无上的权威。这时没有了针对专制主义的有效障碍。

皇帝的权威可能对君主的主权构成另一种限制，但只是在神圣罗马帝国的德意志部分成为一个实际问题。虽然意大利各王国和君主名义上是在帝国内，但他们声称是而实际上已然是主权国家。但是，皇帝没有放弃他的任何要求。吉森的路德大学（Lutheran University of Giessen）教授赖因金格（Reinking）在其1619年出版的《论世俗政权和教会政权》（*Tractatus de Regimine Saeculari et Ecclesiastico*）一书中极力为其辩护，坚持罗马帝国和神圣罗马帝国之间的连续性。在《查士丁尼法学总论》（*The Institutes of Justinian*）中得到重申的《王权法》（*Lex Regia*），仍然是神圣罗马帝国的法律，因为人民已经把所有的权力和权威都转交给了君主，所以"凡是君主的旨趣皆具有法律效力"（*quod principi placuit legis habet vigorem*）。因此，皇帝是基督教世界的最高行政长官和一个真正的拥有绝对权力的君主。作为博丹的信徒，赖因金格宣称皇帝是完全合法的，但是必须尊重上帝的诫命、自然法和他发誓要遵守的法律。皇帝应该拥有无限的至高无上的地位，能够废除或修改其他君主颁布的法律。这本书成为帝国主义者的圣经，1630年斐迪南二世声称他完全接受它。神学家维岑多夫在其1641年出版的专著《论罗马帝国的地位和行政权》（*Discursus de Status et Administrationis Imperii Romanii*）中对此予以重申。

但是，大多数人都否认帝国专制主义，而诸侯们却在自己的领地上宣称拥有绝对权力。法学家和政治家引用了帝国的基本法律——1356年的《金玺诏书》（*Golden Bull of 1356*）、《帝国议会条例》（*the ordinances of the Diets*）、《帝国特惠条约》（*imperial capitulations*），这些法律应该确保每位诸侯拥有相当于主权的领土权益（Landeshoheit）。博丹在《共和六论》（二、六）中，将其描述为"主权属于七位选帝侯和大约三百位诸侯的贵族国家"。阿尔蒂修斯在《政治论》一书中阐述了一个建立在对帝国政治现实理想化基础上的理论；该书于1603年首次出版，1610年扩版，1654年之前多次再版。在他看来，帝国是一个由各省联合而成的真正的国家。它是其成员精神和肉体统一的有机整体。只有这样的国家才能满足其公民的基本需求；因此，它的最高统治者皇帝必须拥有至高无上的精神和世俗权力。但他只是这个共同体最高权力的管理者。他是由能绝对代表帝国意志的选帝侯团（College of Electors）以共同体的名义选出来的。他遵循社会的基本法则，也听从选民的意见；他保证要按照上帝规定的法律管理国家，这些法律是理性的法律，也是国家自身的法律。作为一个纯粹的行政代理人，他受到选举团的监督，选举团把他控制在适当的范围内；如果他成为一个暴君，选举团可以抵制他。联邦省保留它们的自治权。

新教在此问题上走得更远。跟随加尔文和贝扎的神学家们都曾在捍卫宗教合法性问题上向皇帝宣战，从而否认了神圣罗马帝国与罗马天主教之间的联系。1609年，信奉新教的诸侯们告诉鲁道夫二世："陛下深知神圣罗马帝国及其邦国、成员和臣民与前罗马帝国之间存在着巨大差异，也切实存在着巨大的差异。"诚如法学家孔林格（Conring）所证明的那样，《王权法》不适用于帝国。由于罗马法是在13世纪才传入德意志的，所以洛塔尔法是无稽之谈。德意志法律是习惯法，真正的《王权法》是皇帝在当选时的妥协，他的加冕誓言应是效忠帝国的誓言。因此，帝国高于皇帝，如果他违背了自己的誓言，邦国应该在必要的时候使用武力保护帝国。这是1608年耶拿大学（University of Jena）校长霍特勒德（Hortleder）的观点；而后他又将这个观点传授给了学生萨克森-魏玛（Saxe-Weimar）的约翰·欧内斯特公爵（Duke John Ernest）、他的兄弟兼继承人威廉；他们都反对皇帝。

此外，1602—1637年萨克森-魏玛官方也支持耶拿大学的阿鲁马尤斯（Arumaeus）学派；该学派是赖因金格的主要对手；阿鲁马尤斯是一名卡尔文主义者、耶拿大学教授。他在其《金玺学术评论》（*Discursus Academici ad Auream Bullam*，1617年）和《罗马—德意志帝国议事会评论》（*Commentarius de Comitiis Romano-Germanici imperii*，1630年）中，区分出了帝国内部的双重权力（majestas），一种是最高的、属于国家（stände）的"王权"（majestas realis），另一种是服从前者、从属于皇帝的"人权"（majestas personalis）。这个帝国是一个拥有贵族政府的有限君主制国家。阿鲁马尤斯派的利姆纳尤斯（Limnæus）在《罗马—德意志帝国公法九卷（1629—1632年）》[*Juris Publici Imperii Romanogermanici Libri IX*（1629 - 32）] 中坚持认为，选举妥协是帝国权力的司法基础，帝国的法律不是皇帝一个人的事情，而是帝国所有邦国的事情，皇帝只是贵族帝国的管家。利姆纳尤斯是萨克森-魏玛公爵威廉的顾问；1631年他又成为安斯巴赫侯爵及其儿子的顾问。

但更具影响力的是 1640 年出版的《论罗马德意志帝国的合理地位》(*Dissertatio de Ratione Status in Imperio Romano Germanico*);该书是由瑞典裔德意志人开姆尼茨(P. Chemnitz)使用笔名希波利图斯·阿·拉皮德(Hippolitus a Lapide)所著。它指出:帝国中的问题不再是宗教问题,而是地区问题,并号召各邦国为自由而战,反抗奥地利的权力。主权属于帝国和集结在帝国议会中的各政治集团,而非属于皇帝。帝国议会而非皇帝拥有最高绝对的法律决定权(*summa et absoluta seu legibus soluta potestas*)。帝国凌驾于法律和皇帝之上,可以修改基本法律,更换皇帝。如果皇帝威胁到帝国的主权和自由,那么与作为帝国敌人的皇帝作战就是一种责任。没有选帝侯的同意,皇帝无权发动战争或缔结和约,无权增加税收或军队。他不享有最高司法权,只是帝国决策的代理人和执行者。帝国的每个成员都有权在未经皇帝同意的情况下征募军队和结盟,甚至与外国人结盟。皇帝的权力不应该超过威尼斯总督的权力,而奥地利王室应该完全从帝国中消失。尽管皇帝烧毁了这本书,但多亏了法国,书中的主要观点都被写入了《威斯特伐利亚和约》。

法国坚持要求帝国议会应该参加谈判,这些条约保证了它的最高统治权。《奥斯纳布吕克条约》(*Treaty of Osnabruck*)第八条确认了选帝侯、诸侯和帝国的邦国在世俗和精神事务方面古已有之的权利、特权和自由,包括他们之间及其与外国势力结盟的权利。因此,它承认了帝国成员的主权,并规定他们可以自由集会,以处理所有帝国事务,制定法律,发动战争、缔造和平或结盟,以及增加税收和扩军。《明斯特条约》也有同样的规定,为执行这些条约而举行的帝国议会成为永久性的,负责把帝国划分为许多小的主权国家。最终,皇帝专制主义被击败了。

一个由遵守某些关系规则的国家组成的国际社会的存在,可能会对专制君主的绝对权力构成某种限制。苏亚雷斯坚持认为:在任何地方,人类都是由爱和相互怜悯的自然法则联系在一起的。它由一个国家联盟组成;这些国家因彼此需要而团结在一起。国家之间的关系应该由共同协议[即万国法(the law of nations)]中所规定的义务来规范。苏亚雷斯提出了国际公法原则,而格劳秀斯在《战争与和平法》

(*De Jure Belli ac Pacis*, 1625 年) 中发展并应用了这些原则。他确认存在着一个人类社会, 其成员有共同的利益, 特别是享有共同的自由与和平关系。这个社会是由主权国家组成的: 万国法是"通过所有国家的意志, 或其中几个国家之间的相互关系而获得法律效力的", 表现为"那些了解法律的人不断地加以应用和确认"。因此, 万国法是在法律平等的国家的自由同意下产生的, 是由上帝的意志和自然法则所导致的法律, 是理性的产物。这些规则中有一些容易引起争议; 作为一个优秀的荷兰人, 格劳秀斯捍卫了海洋自由, 却遭到了英国人塞尔登 (Selden) 的反对。塞尔登认为, 海洋可以被占用和占领, 英国对它的统治可以延伸到另一边的海岸 (《海洋封闭论》, *Mare Clausum*, 1635 年)。但人们还是在自卫战争的权利、维持生命必需品的权利、人员和商品的自由通行权利或与遥远国家交往的权利等规则方面达成了共识; 这些权利不受主权或君主专制主义的限制。

专制主义似乎是大多数欧洲国家内心深处渴望的答案。在特兰托会议后托马斯主义复兴时期, 神学家们不得不试图吸收专制主义以及博丹和马基雅维利的观点。在托马斯主义者的哲学现实主义和特兰托会议法令的基础上, 苏亚雷斯阐释了他同时代的政治环境。他从现实主义出发, 提出了在不断变化的表象下存在着坚持不变的自然本质这一基本思想。社会、家庭、城市和国家是不变的人性需求。"人是一种社会性动物, 其本性倾向于群居生活。"因为国家是人充分发展的必要条件, 而单靠家庭不足以满足人的一切需要, 所以家庭在城市中结合在一起, 城市在公国和君主国中结合在一起。和亚里士多德一样, 苏亚雷斯认为国家是一种道德有机体, 是神秘政治体 (*corpus politicum mysticum*), 由一种共识自由地决定建立社会的人们的共识——而非通过契约将意志统一起来。虽然人们可以自由地决定建立这个社会, 但他们既不能改变它的目的, 也不能改变它的结构, 因为社会是由上帝决定的, 是不可改变的。根据特兰托会议, 人可以在善恶之间自由选择, 但需要指导才能争取更大的美德和荣誉; 所以, 社会的特点是每个人都服从上级权威。公权力源于自然法, 是主权, 因此有权制定法律。人人生而自由, 主权最初体现在形成社会的个体上。但是, 在他们自愿同意遵守上帝规定的政治结构后, 公权力就体现在一个最高行政长官身上; 这个最高行政长官可能是一个公民大会，或者是一个贵族学院，抑或是一位君主。君主制是最好的形式，因为它最接近宇宙的秩序。但是，人们的选择，他们对首要原则的认同，不可逆转地决定了政府的形式。因为只有当国家拥有完全的主权时，它才是一个国家，所以人民对国家没有更多的权利。公共权威源于神：根据自然法，国王作为一个至高无上的统治者和上帝的代理人进行统治，人们应该服从他；作为公权力的准所有者，他拥有绝对权力。一旦他利用自己的权力来破坏公共利益，他就变成一个暴君；这也就意味着国家的灭亡。

这种强大的神学思想是由耶稣会会士传播的，却被排除在哲学唯名论和宿命论占上风的新教国家之外。即使在天主教国家，根据情况，它被接受的程度也不同，如下文所示。

尽管俄国人是基督徒，他们据此自认为是欧洲人，但是俄国是欧洲其他地区的例外。他们甚至声称自己是唯一真正的东正教徒。莫斯科是第三个也是最后一个罗马；沙皇，唯一的基督教皇帝。他的地位至高无上，是个独裁者。莫斯科的先祖们教导说，圣灵在他身上统治人类，沙皇阿列克谢一世（Czar Alexis）说："上帝保佑我们——沙皇——赐予我们来忠诚地管理和审判东方、西方、南方和北方的人们。"君主是上帝直接代理人的概念，是整个欧洲专制主义的普遍原则。不过，俄国的专制主义还有另一个基础：俄国是卡利塔家族（Kalita family）的私有财产。这个国家是一个王朝的世袭财产，但在费伊多尔·伊万诺维奇（Feydor Ivanovitch）于1598年去世后，卡利塔家族就不复存在了。1598—1613年，俄国政局不稳，沙皇更迭频仍。1613年，全俄缙绅会议（Zemsky Sobor）宣布米哈伊尔·罗曼诺夫（Mikhail Romanof）为沙皇，因为他是最后一个卡利塔的侄子，据说"在他出生之前就被上帝选中了"。但事实仍是，国家在动乱时期没有沙皇也照样存在。因此，国家开始与君主个人区分开来。旧的专制思想暂时削弱，但最终它们重新确立了自己的地位。

在波兰的文献中也可以找到专制主义这个词。西吉斯蒙德三世（Sigismund Ⅲ）和拉迪斯拉斯（Ladislas Ⅳ）被指控拥有绝对权力，原因是他们要求议会为国王和常备军提供永久性税收，以保护国家。波兰的议会由国王和贵族组成的上院及下院三部分组成，尽管议会极大地削弱了国王的权力，但它并不是一个等级国家（Ständestaat）。

波兰是一个贵族共和国，选举产生的国王拥有的权力非常有限。宪法以贵族肆无忌惮的个人主义为基础，并受到"基本法"（fundamental laws）的保障。贵族个人的权利受到尊重，所有贵族都是平等的，因此不区分头衔；所有的决定必须是一致通过的，国会中的每一位代表都有有限的和具体的授权。在波兰，专制主义只存在于每个贵族对其领地居民的权力中。权势超强者是国王，国家则是一种幻象。

一致同意原则（principle of unanimity）使议会陷于瘫痪，甚至危及国家的防御。1606年3月，西吉斯蒙德三世召开议会，试图通过推行少数服从多数的原则、创建永久税收和常备军，来对宪法进行改革。主教和一些普通教徒支持多数决定原则，这个原则将剥夺贵族个人的权力，并将其收归议会。但是，反对派指责国王妄图实行专制统治。以泽布罗多夫斯基（Zebrodowsky）为首的一些贵族，以国王违反宪法为由进行叛乱。他们被挫败，但1609年议会重申了宪法的神圣性。随后的改革尝试也同样遭遇失败。国家主权不仅受到一致同意原则的破坏，而且个人特权也因1652年议会确立了永久性自由否决权（liberum veto）而得到进一步加强和保障。六个星期的全新会议结束时议会没有达成协议，国王要延长会期，议员拉迪斯拉斯·西辛斯基（Ladislas Sicinski）行使否决权并离开。由于不得限制个别议员的行动，议会遂宣布解散。此后，议会被中断变得越来越频繁。废除自由否决权和采用多数决定原则的努力失败了。国王和议会都没有完全的主权；波兰未经改革和不可修改的宪法造成了它的失败、领土丧失和最终的灭亡。

在神圣罗马帝国，等级国家占了上风。这种国家建立在基本法所保障的社团、共同体和个人的神圣权利的基础之上。在诸侯和"议会"、贵族、神职人员和城镇人之间存在着一种二元性，这些人的代表组成议会。一切有关国家福利的事情，都要征求他们的意见。他们必须同意战争、和平和结盟，并同意征税，这些税通常是在他们自己的官员监督下征收的。他们的委员会和官员也可以监督整个国家的行政管理。阿尔蒂修斯是这种国家形态的理论家；人是一种社会动物，需要社会才能过上真正的人的生活。每个社会都需要权威来分配公共资源、组织工作和安排合作。家庭、村庄、行省和国家都是个有机体；这些有机体组合在一起，产生一个更大的有机体。行省是等级国家的本原单位。在那里，教会、贵族、工匠和农民都有自己的代表来考虑各自的事务，并与其他代表一起考虑更普遍的问题。行省的首领，无论是伯爵、公爵还是诸侯，都有主权的属性，但在重要的事情上，他们会召开三级会议，表决同意以执行他们的决定，使之具有法律效力。

因为议会控制着财政，所以它也控制着诸侯们，但是冲突也时有发生。例如，在东弗里斯兰（East Friesland），伯爵和议会都宣称拥有主权；因此，那里有两家金融管理机构、两支军队和两组外交官。以埃姆登镇（Emden）为首的议会与荷兰人谈判，伯爵与英国人谈判。在其他地方，甚至有更极端的思想；大约在 1610 年，冯·切宁布尔（Von Tschernembl）告诉上奥地利（Upper Austria）议会：人民，也就是贵族，是真正的主宰，"人民可以选择他们的君主，也可以拒绝他……地区自行决定其统治者是否应世袭……"

17 世纪早期的小国很多都是这种类型的国家。在较大的国家，如波希米亚、巴伐利亚和法国，向君主专制的转变已经开始。三十年战争是促成这种政治转变的主要原因；三十年战争表明：等级国家无法采取防御所需的迅速而有力的行动，从而促进了军事专制的发展。譬如，在 1631 年后的勃兰登堡，瑞典军队在未征得议会同意的情况下征税；后来，选帝侯乔治·威廉（George William）也效仿了这一做法。由于经济和社会环境的原因，勃兰登堡—普鲁士专制主义的发展具有独特性：城镇的衰落和私有土地的发展取决于农奴劳动。这造就了拥有土地的贵族——容克（Junkers）的优势；他们最终承认了君主的专制主义，同时获得了对社会特权的垄断地位。这些发展在很大程度上要归功于一些理论；这些理论证明了君主们的主张是合理的，同时也削弱了反对者的观点。苏亚雷斯（Suarez）和贝拉明极大地帮助了巴伐利亚的马克西米连（Maximilian）、皇帝斐迪南二世和斐迪南三世。路德教总是赞美君主无所不能；而加尔文教只在君主是加尔文教徒的时候才这样做。勃兰登堡的选举人发现，加尔文教徒议员是推动专制主义方面的最好帮手。这不仅体现在虔诚的《西吉斯蒙德忏悔录》（*Confessio Sigismundi*，1614 年）中——该书可能不是由选帝侯约翰·西吉斯蒙德（John Sigismund）所著，而是由他的精神导师写成的，也体现在大选帝侯（the Great Elector）的政治遗嘱中：国王如果不让自己的家庭受到情妇、歌剧、喜剧、化装舞会等的污染，应该向保护他并将赐福其事业的上帝致敬；这种虔诚的态度倒与主权观念和以国家利益为重的理由观念并行不悖。

对于这些政治理论家、法学家和政治家来说，无论是新教徒还是天主教徒，都深受博丹的主权学说和马基雅维利的"以国家利益为重的理由"思想的影响。希波利图斯·阿·拉皮德（Hippolitus a Lapide）认为，以国家利益为重的理由是"某种政治考量，国家中所有的委员会和所有的行动都是针对这一点的……从而更快、更成功地实现国家安全和发展这一最高目标"。主权和以国家利益为重的理由是有助于使现代国家冲破地方议会、特权阶层、社团和个人阻力的强力原则。借此，君主们在追求专制主义的过程中能够发展出新的法律观念。公共福祉（salus publica）允许神权旧观念压倒一切，允许法律和习俗的不断变化，因此法律对公共福祉——最高法——这一准则的应对是不断进行调整的。在神圣罗马帝国，关于以国家利益为重的理由思想的著作非常丰富，它们深受意大利人波特罗（Botero）和阿米拉托（Ammirato）的影响；两人在斐迪南二世当政时期备受推崇。图宾根（Tübingen）大学法学教授克里斯托弗·贝索德（Christopher Besold,《不和谐的政治自由》，1618 年）、赖因金格（Reinking）、孔林格（Conring）和希波利图斯·阿·拉皮德所撰写的著作，以及帝国顾问冯·埃费伦（Von Efferen）所著的《以国家利益为重的理由还是主要的偶像崇拜政治手册》（*Manuale Politicum de Ratione Status, seu Idole Principum*, 1630 年）中都对以国家利益为重的理由原则进行了阐述。孔林格以海因里希·沃斯京格（Heinrich Vossging）的名字发表了一篇关于以国家利益为重的理由的论文，并于 1651 年献给了大选帝侯。到那时，"以国家利益为重的理由"已经成为一个普遍谈论的话题，法学家们已经把它归入一个特殊的法律范畴。克拉普马里乌斯（Clapmarius）的《秘事揭露六书》（*De arcanis rerum publicarum libri sex*, 1605 年出版，1644 年再版）确定了统治的秘密和以国家利益为重的理由的同一性，将其理解为统治权，赋予君主超越普通法的权力。J. A. 斯特鲁维（Struve）在《论民法》（1658 年）中写道："法律是一种意向，是上级根据某些原则制定的规则；根据该规则，人们的行为可以得到公正的指导。"因此，君主的意志和国家的权力成为实在法（positive law）的基础。这种观念鼓励君主采取行动，并影响他们的行动。在下列史实中，我们可以清楚地看到国家必须凌驾于实在法和习惯的审判形式之上：如斐迪南二世在 1627 年 5 月 1 日颁布的法令中修改了波希米亚城镇和议会的宪法和特权；更为明显的是 1634 年处决华伦斯坦（Wallenstein）。

除了威尼斯和萨伏伊，意大利是西班牙的一个省，被苏亚雷斯和贝拉明的思想统治着。在那里，博丹和马基雅维利也很有影响力，人文主义的英雄观依然存在；罗马帝国的历史学家塔西佗比共和国的历史学家李维更受欢迎。政治著作家们与意大利的君主们联系在一起；君主们自己也追求绝对的权力。像波特罗那样的想法是流行的：民众的服从是任何一个国家的主要动力，这取决于君主的美德；他是一个拥有超人智慧的英雄，过着完美的生活，拥有绝对的权力。因此，君主拥有强有力的统治律法，君主无疑是绝对的至高无上的执法人。甘贝蒂（Gamberti）在他的《君主理想和基督教英雄》（1659 年）中表达了同样的思想。意大利人还声称君主是上帝的代理人。G. 古奇（G. Gucci）在 1630 年出版的《基督教政治原理》（*Principe Christiano Politico*）一书中认为，君主的全能直接来自上帝；而卡诺涅里（Canonieri）在 1640 年出版的《政治原理》这本书中则提出，大多数人认为全能间接源自民众的首肯：正是由于这权力的转移，臣民们放弃了他们所有的权力。《王权法》被认为是君主专制主义的基础。君主拥有所有的主权，博丹的思想尽管被官方禁止，但仍然影响了祖科洛（《黄金时代》，1629 年）和 R. 德拉·托雷（《国家星盘》，1647 年）等人。每一个君主在他的国家里都拥有和罗马皇帝一样的权力。他们一致认为：在通常情况下，君主应该尊重自然法、万国法和任何公正合理的法律。与博丹相比，意大利人更倾向于限制君主的绝对权力。

当然，为了服务于基督教的目的，耶稣会会士乔瓦尼·波特罗（Giovanni Botero）在 1598 年《以国家利益为重的理由》（*Ragion di Stato*）和阿米拉托（Ammirato）在同一年出版的《论科内利奥·塔西佗》中，使马基雅维利的思想适合特兰托会议，提出应当区分坏的理由和好的理由；这对后世影响很大。祖科洛（Zuccolo）在 1621 年《以国家利益为重的理由》中写道："不仅是御前会议的议员和学校的教师，还有理发师和作坊里最卑微的工匠……都在讨论和争论以国家利益为重的理由这一话题，并表示相信：他们知道以国家利益为重的理由能做什么，不能做什么。"还有许多人承认，当国家岌岌可危时，以国家利益为重的理由就不那么讲公平了。虽然保罗·萨尔皮是一个坚定的反耶稣会教徒，也反对波特罗，但他认为应该不惜任何代价维护国家的完整和主权。他在 1628 年 11 月 26 日写给总督安东尼奥·普留利（Doge Antonio Priuli）的信中，述说了与孔代亲王的对话：他坚称基督的王国不属于这个世界，宗教关注天国的事情，政府则属于这个世界；因此，宗教和政府既不会相遇，也不会发生冲突。换句话说，政府的唯一道义责任就是维护国家的安全和生存。即使是像坎帕内拉（Campanella）这样的反马基雅维利主义者也不得不承认，犹太人已经在安息日拒绝战斗的时候被打败了，所以马加比家族（Maccabees）坚信"在必要的时候，人们必须经常战斗"；这就表明了以国家利益为重的理由。他指定要成为"太阳城"（1602 年）的王国——先是西班牙（西班牙君主国，1620 年）；然后是法国（国家君主国，1635 年）——就体现了以国家利益为重的理由这一思想。

在西班牙，苏亚雷斯和贝拉明的思想得到了国王的认可。约有 50 位政治著作家（包括耶稣会会士、律师、法官、议员、士兵和使节）认为这一思想适合于西班牙的特殊情况。尽管他们主要用西班牙语写作，但通过将政治格言改编成寓意画就可以得到更广泛的受众。时钟成为国王保持各个轮子协调一致的象征，而一条分成许多分支的河流则说明了力量分散就削弱。除了像萨维德拉（F. D. Saavedra）的《用 101 种符号表达基督教君主的政治思想》（*Political Idea of a Christian Prince Expressed in a Hundred and One Symbols*，1660 年）之外，在西班牙及其属地的所有主要节日上，都有带着政治寓意的绘画和警句隽语的游行队伍。马丁内斯·德·埃雷拉（Martinez de Herrera）的《睿智的王子》（*The Wise Prince*）等书籍，以及此后有关那不勒斯为圣约翰节（1631 年）而创作的警句的解释，都进一步表明了这些格言的重要性。

几乎所有的西班牙作家都采用了博丹的主权思想，尤其是 D. 托瓦尔·瓦尔德拉玛（D. Tovar Valderrama，《政治制度》，1645 年）。他们几乎都允许国王全权管理臣民的生活和财产，允许国王根据政府的需要违犯法律和习俗，废除它们抑或改变它们。他们几乎都认为，国王是上帝的代理人，是地球上的神明；为了上帝的荣耀和公共福祉，他应该成为臣民的榜样、根据上帝的旨意进行统治、尊重自然法和万国法、按照他制定的法律行事。如果国王的命令违背了良心、上帝的命令和教会的教义，那么王国政府官员就不应该执行国王的命令。但是，他们并没有想要设立限制王权的机构，因为主权是不能被限制的。这些限制来自王权的结构和行使王权的自然秩序；萨维德拉·法哈多（Saavedra Fajardo）在《一位有政治头脑的基督教君主的思想》（*Idea of a Politic Christian Prince*, 1640 年）中称"王冠的圆周是以正义为中心绘制的"。因此，君主的教育是个重大政治问题。他应该受到经常请教顾问的指导。如果他不能胜任一个专制君主要求的繁重任务而不得不使用一个受人爱戴的人做他的副手的话，那么至少他应该避免徇情枉法。他是一个人神灵交的象征；借助他，公民们才可以交流；通过他，个人的思想和社会意志才能够和谐；所以，不管他个人的功绩如何，他的臣民都应该服从和喜爱他。

西班牙人在塔西佗的自然法中寻求治国之道，并根据托马斯主义解释这些法则。他们区分马基雅维利的虚假的以国家利益为重的理由和符合神法的真实的以国家利益为重的理由。国王通过祈祷和善良的行为，保护自己不受政治邪恶和罪恶的侵害；但是以国家利益为重的理由思想主张为了维护秩序和权威，一切手段都是正当的，所以允许国王在不诉诸司法程序的情况下镇压叛乱。如果国王成为暴君，人们也要像上帝惩罚罪恶那样去忍受他，而不能反抗；"杀死国王是可恨的罪行"（克维多，《上帝的政策》，1626 年）。所有的著作家都同意这些观点。西班牙的政治书籍在法国也很畅销；其中许多是在鲁昂或巴黎印刷的，有西班牙文本，也有拉丁文本和法文本。

法国是国王至高无上的王国，专制主义达到顶峰，而新托马斯主义者的影响比较有限。像卡丹·勒布雷（《论国王的最高权力》，1632 年）这样的穿袍服者（枢密院成员）、像皇家历史学家安德烈·迪舍恩（《古代史与法国国王的伟大和权力研究》，1610 年）那样的奉承者、像夏尔·卢瓦索（《文集》，1610 年）这样的王国政府和领地政府的官员，都赞同苏亚雷斯和贝拉明的观点，即将国家视为一个道德有机体，一个神秘的主体，是上帝创造的宇宙秩序和等级体系的一部分。他们都是博丹的信徒，比其他国家的作者更加强调主权；

> 主权离不开国家；如果发生分离情况，国家就不复存在了。主权是赋予国家存在的形式，国家和主权实际上是同义词，因此国家又被称为主权，因为主权是权力的实现和表达，国家必然要被确立和建立……（主权）由绝对权力构成……在各方面都完美无缺……正如皇冠不可能存在，除非它是一个完整的圆圈，主权也不可能存在，如果它缺少任何东西。

因此，国家以及使其人格化的君主拥有绝对的权力。只有国王才有权立法、给予特权、设立官职、伸张正义、铸造钱币、"不经议会同意而征税"，因为君主的权力既涉及物品也包括人，他可以将其用于"正当的服务和人民的需要"。因此，卢瓦索在他的《论领地》中是这样写的，勒布雷用不同的措辞重申了这一观点。这些作家还坚持法国国王的神圣性，特别是在上当受骗日（the Day of Dupes）和投石党运动这样的危急时刻。

> 法兰西的国王是上帝推选和挑选出来的国王，感谢上帝用手指在他们脸上刻下的神圣印记，他们有幸成为所有基督教国家国王的领袖。国王是上帝活生生的形象……就像尘世的神灵……我们伟大的国王从来没有被简单地视为普通教徒，而是被同时赋予了神权和王权。
>
> （迪舍恩）

他们提及了主教在国王加冕礼上的作用——"在克洛维受洗时，使用天使在神圣安瓿中带来的神圣液体"——和法国国王创造奇迹或通过触摸治疗淋巴结核的能力。他们的治愈能力吸引着整个法国乃至欧洲各地成千上万的病人，引起了其他国王的嫉妒。1625年11月13日，沙特尔的主教以神职人员会议的名义宣布："国王是被上帝任命的，而且他们自身就是神。"国王不应该受到任何惩罚，他甚至不应该受到批评。此外，以国家利益为重的理由允许他们要求绝对的服从。诚如勒布雷所言：

> 尽管一些命令看起来似乎不公平，但要知道是否应该服从命

令，就要看其是否始终以国家的福祉为目的，就像君主应该下令杀死一个臭名昭著的叛逆、造反和煽动叛乱的人那样。我的观点是：在这种情况下，一个人应该毫无保留地服从……应该根据国家从执行命令中可能得到的好处或坏处来判断这些命令是否公正……如果一个人的良心告诉他，国王命令他做的事情是不公正的，那么也必须服从吗？……他应该服从国王的意志，而非自己的意志……如果是为了共同的利益需要紧急援助的时候，抵抗……就是纯粹的不服从。必须打破一切律法条规……

因此，法国人比西班牙人更倾向于专制主义。

然而，法国人区分专制主义（absolutism）和极权主义（despotism），认为自己是受保护的自由人。有一些基本法则——其中第一个是《萨利法典》（Salic law）——"写在法国人心上……我们与生俱来的……源于自然本身"（比尼翁）。这部法典确保了长子的世袭继承权，阻止了选举或国王任命他的继承人，从而避免了谋杀、复仇和内战。它束缚了国王，国王也无法改变它；没有它，就不会有国王。其次，国王应该尊重自然法，特别是财产权、人身自由和契约的神圣性。不过，由于国王是最高法官，所以即使某人根据国王监禁令（lettres de cachet）被逮捕，也并未侵犯他的个人自由。最后，国王应该尊重上帝的诫命，以上帝的仁慈和正义对待他的臣民，以减轻今世的灾难和来世的惩罚。

法国人中的大多数但非所有人接受了这些观点。来自商人和医生家庭的新教徒蒂尔凯·德·马耶恩（Turquet de Mayerne）成为地主，并受封为贵族；他于1611年出版了《贵族民主君主政体论》（*Monarchie Aristo-Democratique*），献给尼德兰联省共和国（States General of the United Netherlands）。他主张消灭旧军事贵族，认为商人、自由职业者和地主应该在国家中占有首要地位、担任官员并拥有最高权力。他们将与国王订立一份契约，国王将发誓维持每个人的地位和财产。议会成员是地主，间接选举产生；它将定期召开，制定法律，投票决定征税和控制开支，发动战争、缔结和约与联盟，任命专员监督行政和控制枢密院的成员资格，使其降为一个纯粹的行政角色，最后将控制武装资产阶级的民兵。这样，国家就成了资产阶级的代理人。这本书深受巴黎资产阶级的欢迎,但遭到了枢密院的禁止;然而在投石党运动前夕它又被人们想起。

在路易十三和路易十四执政时期,尤其是投石党运动(1648—1653年)期间,其他强调基本法、反对绝对主义的观点会周期性地出现。如果亲王们(princes of blood)能与国王分享权力,他们就准备接受君权和以国家利益为重的理由。他们援引"古老的宪法"(the ancient constitution),要求组建一个由亲王、其他王公贵族和国家重臣组成,而非国王自由决定的委员会。最重要的是,他们想要排除像黎塞留和马萨林这样的宠臣;这些人效忠国王,是专制主义的得力工具。他们要求一个由大人物组成的委员会行使绝对权力,将妇女(玛丽·德·美第奇、安娜·德·奥斯特里亚)和外国人(孔奇尼、马萨林)排除在外。作为一个整体的贵族反对任何君权和以国家利益为重的理由这样的概念,要求根据1651年2月28日的请愿书召开议会,以维护"特许权、荣誉、权利和豁免权,重建过去的荣光"。他们试图维护封建遗风,并阻止国家的实现。

巴黎最高法院虽然只是个法院,但在其1615年5月21日的裁定、1648年5月13日的"联合判决"(Arrêt d'Union)和投石党运动期间的一些小册子中宣称自己是国王真正的枢密院、他的"王权"所在,是旧时君主法庭(curia regis)和法兰克会议(Frankish assemblies)的继承人。因此,国王的所有重要政府行动都需要得到它的批准;它拥有立法权,有权对国王法令和条例进行审议、修改、否决和自由投票,而无须审批会议(lit de justice)对其判定。高等法院甚至希望立即知晓所有国家事务,随意召集亲王、平民、教会同僚、国家的高级官员和议员,以组建君主法庭和替代议会的机构。1652年内战期间,作为议会替代者和法兰克人会议继承者的高等法院,授予法拉蒙德(!)主权,甚至声称有权将王权委托给它希望的任何人,并对所有事务作出最终决定,因为它是"受托者,是君主权力永恒的守护者"。高等法院通过法院行使君主权力,以实现司法绝对主义的目标。

另外一些人梦想把王国变成一个等级国家;克劳德·若利(Claude Joly)是其中最著名的一位。他是巴黎圣母院的教士,在参加明斯特会议(Congress of Munster)时见到了德意志各州的情况。他在1652年出版的《真正重要的格言集》一书中,利用历史和基本法论证君主制是契约式的。人民立了国王,与他订立契约,授予他全部权力,条件是国王保护他们,给予他们公正。上帝批准了这份契约,君王的权威也由此而来。但是,从中可以得出结论,国王的权力是"有限的和受限的",而政府的形式应该是贵族式的。议会负责监督"古代习俗、法律和条例"的维系,从而保障每个人的无形权利。议会投票决定税收、任命专员和执政官来提高税收,驱逐邪恶的议员,并和国王一起作出战争与和平的决定。议会将定期开会,在会议期间,议员们将监督议会决定的执行情况。司法官员不再由国王提名;现有的官员将为每个空缺职位选出三名候选人,国王从中选出一名。若利似乎预定了其他王国政府官员将对他们的行为向法庭负责。最后,高等法院仍将核实国王的所有行为,并与其他高等法院(sovereign courts)一起成立一个委员会,以对王国政府官员违反议会的行为进行裁决。因此,行政权将在司法机关的控制之下。国王必须在没有宠臣的情况下执政,并充当自己的首席大臣。如果没有贤人委员会(a council of wise men),他就不能做任何事情;而这个委员会不能有红衣主教、主教和外国人参与;同时,外国人还不能就业和享受福利。投石党运动造成的无政府状态阻碍了这些思想的实现;这种无政府状态下需要强调秩序和安全,从而有助于专制主义的胜利。

专制主义在瑞典也是个问题。虽然 1612 年宪章(the Charter of 1612)巩固了等级国家,但是古斯塔夫·阿道夫深受路德教王权观念的影响。他还从莱顿大学教授丹尼尔·海因修斯(Daniel Heinsius)和约翰·斯凯特(Johann Skytte)那里学到了尤斯图斯·利普修斯的新斯多葛主义(neo-Stoic ideas),海因修斯于 1618 年成为他的顾问和历史学家。利普修斯是一名自然神论者,从不提及基督;对他来说,宗教就是按照上帝的意志行事。人在一个为公共利益而设计的共同体(即国家)中活动。君主制是国家最自然、最合理的形式。君主高于人民,应该拥有绝对的权力,这种权力应该是父权制的,以臣民的福利和繁荣为目标。君主应该遵守法律,利普修斯反对博丹"君主不受任何法律之束缚"的原则。君主应该总是听从他的枢密院的建议,但应该自己做决定。利普修斯同意塞内加(Seneca)的观点:必须打破一切律法条规。这种谨慎和温和的观点适合古斯塔夫·阿道夫。尽管他尊重宪法形式,并准备与议会分享统治权,但他也知道如何把其政策强加给瑞典议会的四个政治集团，方法就是表明自己是路德宗教义的捍卫者、反对波兰和皇帝的祖国，由此实现父权制专制主义（patriarchal absolutism）。1625 年以后，他深受格劳秀斯的影响；格劳秀斯坚信，主权属于君主；如果他滥用权力，人民没有权利制止或惩罚他（《论正义战争与和平》I, 3）。

克里斯蒂娜女王（Queen Christina）周围有很多荷兰人和德意志人，深受新斯多葛主义的影响，但是她采用了法国的专制主义理论，并试图将其引入实践。她始终相信，一位专制的君主只对上帝负责；而黎塞留和马萨林的例子使她相信，国王的最高权力需要与专制的精神权威相结合才能有效地发挥作用。在退位时，她保留了对宫廷所有成员的专制权力。当她指控和审判莫纳尔德席（Monaldeschi）并将其处决时，就使用了这种权力。但她同笛卡尔、高乃依（Corncille）、雷斯和路易十四一样明白：拥有这种权力，就意味着要以理想中的英雄为榜样。英雄的自由来自对激情的严格控制；他根据清晰而独特的想法作出决定，无论结果如何，他从不退缩。她的理想是通过完全把控自己、坚定不移地追求自己的目标来征服权力。也许她认为，退位是达到这一目的的一种手段，因为自由和战胜自我比拥有王冠更能赋予她更高的权威。

在尼德兰北部，各省都出现了专制主义问题，因为鉴于城镇和贵族之间的特权冲突，省议会并不是真正拥有主权。各省之间的联盟只是一个松散的联邦；议会的任何决定都要与受到严格授权约束的省议会代表们的意见达成一致。实际上，任何决定似乎都需要大约 1200 名公民投票。许多人认为省级议会应该拥有主权；这些人通常是城市寡头的成员，他们更倾向于接受阿尔蒂修斯的理论。许多人想要一个中央集权的统治权。省长是奥伦治家族（the House of Orange）世袭的，保留了一些主权属性；纳塞的莫里斯（Maurice of Nassau）希望增加自己的权力，因此与严格的加尔文主义者戈马尔派（Gomarists）结盟，反对自由意志和宽容的支持者阿米尼乌斯派（Arminians）。严格的加尔文主义者倾向于君主专制主义，前提是这位君主是一位好的加尔文主义者；他们认可凌驾于省议会之上的君主权力，目的是实现宗教上的统一。阿米尼乌斯派，如荷兰议长（Grand Pensionary of Holland）奥尔登巴内费尔特（Oldenbarnevelt），就主张省议会的主权,因为这在实践中确保了荷兰在议会(States General)中的优势。1619年,戈马尔派在多德雷赫特教会会议(the Synod of Dordrecht)上取得胜利后,奥尔登巴内费尔特被处决,格劳秀斯逃跑,纳塞的莫里斯任命了摄政者,并从三名候选人中选出了议长。他的权力极度膨胀,但还远非一个专制君主。在这个联合省共和国,主权和专制主义问题依然存在。在尼德兰南部,虽然詹森主义(Jansenism)盛行,但新斯多葛主义和新托马斯主义(neo-Thomist)的观点仍占主导地位;这要归功于鲁汶大学。

在1600年到1640年间的英国,主流观念仍然是社团和个人根据其社会功能所拥有的一系列权利。国王拥有权利,这些权利由"基本法"保障,而"基本法"是普通法的一部分。国王的权力似乎主要是司法权,就如同最高法院(王国的最高法院),其作用是宣布和实施现有法律,而不是制定法律。每个人都在谈论这些基本法,把它们视为理所当然,却没有确切地解释它们是什么。詹姆士一世(James I)承认了它们的存在,并于1610年告诉议会,法律已将王冠戴在他头上,他是王国普通法下的国王。他在《自由君主制的真正法律》(*The Trew Law of Free Monarchies*)中写道:第一条也是最基本的法律是加冕誓词;它责成国王维持既定的宗教,珍视好的法律,维护每个人的特权和自由,追求共同福利。1609年,他说这主要涉及私有财产,我的和你的(meum ac tuum)。塞内卡的名言"国王有权支配一切,个人财产除外"常被引用。达德利·迪格斯爵士(Sir Dudley Digges)在1628年上议院和下议院一次反对强迫贷款的会议上称:

> 这是英国古老法律的一个毋庸置疑和根本的观点,即货物、土地和财产是臣民拥有的真正财产。法律把这种我的和你的(Meum and Tuum)视为神圣;这我的和你的系指勤勉之培育人(Nurse of Industry)和勇气之母(Mother of Courage);就此而言,如果没有财产,就没有防卫。没有这我的和你的,王国就不会有法律和正义;因为这是两者的固有目标。

这种个人财产权扩及人的本身,就产生了个人自由。因此,"这个王国的每一个自由臣民在他的财产中都包含有一种根本的正当性和重要的人身自由"。《基本法》自然包括了使国王能够统治国家所必需的权利：他的绝对权力，他在某些事务上的特权。这些事务是国家大事、紧急情况以及国家的生存、安宁和财产的情况（这主要包括外交政策、战争与和平、陆军和海军、铸币、工业规制和国防必需品、公共秩序以及必要时所需的一切）。议会有责任监督基本法。它由三个政治集团组成；传统上是上议院的神职议员、上议院的世俗议员与下议院议员，然而一些人持有1642年之后盛行的观点，认为三个政治集团是国王、上议院议员和下议院议员。议会不能侵犯基本法赋予国王的权利，因为"议会的任何决议都不得解除国王的君权"（约翰·芬奇爵士）。

詹姆士一世和查理一世都没有直接挑战这些基本法。查理一世在征收船税时声称自己是出于必要，因此没有侵犯民众神圣的财产权。但是，他们确实试图扩大其专制权力的范围，并强调君主制的基本原则。詹姆士一世说："国王被称为神是公正的，他们是上帝在人间的代理人。"在他们的特权范围内，他们的权力是无限的；就像撒母耳对犹太人说的那样："国王可以把他们的儿子当士兵或仆人，将他们的田地和葡萄园赠送给别人。"人民应该服从国王的要求：

> 在所有的事情（除了直接反上帝的事情）上，要执行上帝的代理人（God's Minister）的命令，承认他是设立在众人之上的法官，有权审判他们，只有当他自己被审的时候，才由上帝做判决……祈祷他成为他们的保护者；如果他是个好人，就让他继续下去；如果他是邪恶的，就让他改正；遵从并服从他的命令，当他发出非法命令时不生怨恨、不抵抗，只能向上帝哭泣……

英国国教神职人员（包括许多清教徒），鼓吹君主制是最好的政府形式，国王的权力直接来自上帝，国王要对其王国的安全负责，并为此目的拥有绝对的自由决定权。到1640年，几乎所有人（包括议会反对派的领导人）都接受了这样的观点：皮姆在1621年、科里顿在1628年所说"国王拥有上帝的力量"。但是，无论是受到英国社会变革的启发，还是受到欧洲大陆范例的启发，或是受到自然法学派的启发，抑或受到在英国广受欢迎的博丹学派的启发，或许受到那些宣扬"以国家利益为重的理由"的人的启发，大家都反对专制权力的扩张。

国王权利和臣民权利之间界限非常模糊。反对党领袖在1610年的普通法中找不到明确禁止国王通过贸易征税夺取臣民财产的法律，在1628年的普通法中也找不到禁止国王监禁臣民的法律。法律可以修改，以适应任何情况。当个人的权利不再被视为某一特定情况下所享受的特权，而被看作是来自一般原则的绝对权利时，反对就会受挫。在国王方面，一些神职人员提出国王享有充分的最高权力；诚如迪金森（Dickinson）在其1619年的布道词《国王的权利》（*The King's Right*）中、曼韦厄林（Manwaring）在1627年的两次布道中告诉查理一世，他的最高权力使"出于以国家利益为重的理由出台的皇家法令"具有法律效力；1614年古德温（W. Goodwin）宣布国王是自主的国王。一些皇家法官（1606年贝特案中的托马斯·弗莱明爵士；撰写征税论著的约翰·戴维斯爵士；1627年达内尔案中的罗伯特·希思爵士；1637年"造船费案"中的约翰·班克斯爵士）试图扩大国王的特权，特别是在给予国王征税的自治权方面。他们希望证明，普通法等同于神圣法、自然法和理性法；它规定了君主统治的原则，因此根据普通法"国王就是法"，国王可以像皇帝一样统治，因为人民的福祉是最高的法律（salus populi suprema lex）。达维埃（Davies）甚至认为：根据自然法，万物共通；法对其绝对权力的限制，国王行好事，创造了私有财产，从而限制了万国法赋予他的专制权力。私有财产是根本性的，但受制于实在法（positive law）和以国家利益为重的理由。

持反对意见的理论家和律师遵循的是同样的思路，但方向相反；他们把基本法与自然法和理性法等同起来。爱德华·科克爵士（Sir Edward Coke）在博纳姆案（Bonham's Case）中说："普通法将控制议会的决议，有时会判决它们完全无效：因为当议会的决议违背共同的权利和理性，或令人难以接受，或不可能执行时，普通法会控制它，并裁定这样的决议无效。"自然法、理性法和普通法一致认为：一个人不能对自己的案件进行审判。因此，医师学会（College of Physicians）没有资格谴责博纳姆。首席大法官霍巴特（戴对萨维奇的诉讼案中）和约翰·达维斯埃爵士（《法律案件和问题最早的报告》,1615 年）认为，自然法是不可改变的和神圣的，是法律的试金石，与普通法的理性和基础相同，所以议会的任何行为，或更甚之，国王的任何行为，只要与之相反，都是无效的。对于科克来说，如同所有法律一样，普通法的本质就是理性，且在一个国家的生活中不断地显现出来。法官们根据理性的要求宣布了法律。科克还创造了一个历史神话，即被诺曼征服玷污了的撒克逊人的纯洁法开始随着《大宪章》（*Magna Carta*）而复原了，现在通过议会成为国家的基础。1616 年，科克被詹姆士一世解除了首席法官的职务，但成了 1620 年代议会的议员，并成为《权利请愿书》（*Petition of Right*）的主要作者。他写了《英格兰法律原理》（*Institutes of the Laws of England*），其中第一部分于 1628 年出版，其余部分在 1642 年 6 月才由议会出版。

查理一世的反对者不断广泛地援引这一基本法，以表明财产和自由是绝对的和不可侵犯的权利。困难在于，对立的理论家把一套专制权利与另一套相对立。他们的控告指责斯特拉福德（Strafford）、劳德（Laud）和罗伯特·伯克利爵士（Sir Robert Berkeley）"试图颠覆基本法和英格兰王国的现有政府"。1641 年"大抗议书"（Grand Remonstrance）声称所有的灾祸都是由于一个"……颠覆基本法和政府原则的恶毒图谋，而这个王国的宗教和正义正是牢固建立在这些法律和原则之上的"。1649 年，查理一世因其"颠覆这个国家古老的基本法和自由的邪恶计划，并取代这些法律和自由，建立一个专横而暴虐的政府"而被判处死刑。

尽管 1640 年之前，清教传教士还没有表达出非常鲜明的政治观点，但清教主义在反抗王权的过程中起了很大的作用。对许多清教徒来说，国王并不是一个英雄、一个被高举在臣民之上的活生生的神。他和所有人一样堕落，可能比那些直接被上帝的恩典唤醒与罪恶作斗争的人还要逊色。上帝的选民不一定是这个世界的伟人；上帝的选择这一神迹是精神冲突的体验，而非世俗的学识。他们是圣徒，理所当然地成为国王和祭司，其特征是不惜一切代价追随自己的良心。一位不是圣徒的国王，处于弱势地位。一些清教徒在坚持信仰和启示至上的同时，高度重视理性和自然，声称普通法的原则支持宿命论〔J.

普雷斯顿1629年的《新约》(*New Covenant*);1631年的《永恒的生命》(*Life Eternal*)];他们坚称,要服从上帝而非国王,上帝才是英格兰的真正国王。由于他们不能在英国国教会内部自由地遵循自己的教派思想,所以他们反对主教,也反对国王。清教情绪有助于唤醒反对力量,也是长期议会(Long Parliament)的动力,当传教自由后,伴随着布道,规定了许多公共斋戒。传教士们将圣经中对邪恶国王的描述套用到查理一世身上,重申人类的法律不约束良心,并告诉议会议员们,他们是上帝的代理人,取代国王成为他的代理人。他们回顾说,根据神圣的自然法,政府是建立在为满足人民自然需要而订立的契约之上的,只有遵守契约和上帝的命令才能获得人民的服从。

1640年后,议会行使了专断的、专制的、真正的最高权力(这一权力曾是国王们梦寐以求的);这得益于以人民的名义利用了最高统治权和以国家利益为重的理由。由于无法通过正当法律程序谴责斯特拉福德,议会援引了自然法则的必然性和公共安全。同样,为了证明他们的法令对国王控制民兵的正当性,他们宣布议会不仅是一个司法法庭,还是"一个提供必需品、防止迫在眉睫的危险、维护王国公共和平与安全的顾问,并宣布国王要对那些必要条件加以关注"。议会绝对统治,但拒绝宣布其拥有最高统治权;虽然议会军事秘书亨利·帕克(Henry Parker)在他1642年的《批判》(*Animadversions*)一书中,断言"至高无上的权力存在于议会两院,国王没有反对的余地";而威廉·普林(William Prynne)在其1643年的《议会和王国的最高权力》(*The Sovereign Power of Parliaments and Kingdoms*)一书中,则把国王视为"它们的仆人,而非在他们王国拥有立法权和权威的专制君主"。一位匿名的小册子作者在其《漫谈基本法》中认为,议会"……是根本的和至高无上的,阐释法律和公平,受到全体人民的委托,因此不受任何其他法律的限制,因为这些法律都来源于它,而非相反,只有一部法律例外,那就是赋予它存在意义的……人民福祉(*salus populi*)"。在回应1642年5月19日的宣言时,查理有理由抱怨威斯敏斯特的大多数人的意志取代了法律,并主张一种绝对的专断的权力。

清教徒把世界历史看作是基督与反基督者之间为拯救人类灵魂而斗争的历史,并把议会的胜利与基督的胜利等同起来。1646年,在建立教会政府的长老会制度时，议会发现其最高统治权受到清教徒不同政见者的挑战。清教徒传教士曾主张求助于个人的良心；而有些人这会儿认为：只要接受神的恩典，任何人都能得救；另一些人则认为，只要一个人相信上帝和圣经，他犯的错误就可以被接纳。持不同政见者要求自由，因为他们有温柔的良心，可以于长老会制度之外在牧师的领导下自由地聚集。新模范军（New Model Army）中有许多人否认宿命论，相信恩典的直接、确凿的效果，相信圣灵教，拒绝所有以前神意安排的律条，期待基督复临。最极端的人拒绝给予执政官任何宗教权力，并要求完全的传教和出版自由。所有持不同政见者都担心议会会强制实行宗教统一，并准备抵制其对绝对权威的主张。从1646年开始，以伦敦的李尔伯恩（Lilburne）、沃尔温（Walwyn）和奥弗顿（Overton）为中心的一个组织，基于其革命要求被他们的敌人称为平等主义者。李尔伯恩指责议会拒绝给予人民宗教自由、新闻自由和贸易自由，从而残暴地侵犯了英国人的自然权利。他再次诉诸基本法，即上帝、自然和理性的法律。1646年，奥弗顿宣布人人平等。自然向每个人的理性揭示了什么对他的利益是必需的。每个人都享有财产和自由的自然权利，并且按照自然顺序分别是国王、牧师和先知。议会议员是人民的代表，不能侵犯个人权利，这是全人类的正当特权。沃尔温把国王和议会等同起来，他说对于平等主义者而言，"压迫他们的是他们中的一个人"。他们的政治纲领（《人民公约》，The Agreement of the People）包括两年一次的议会，法律面前人人平等，投票给所有不是穷人或仆人的人，按人口密度重新分配席位，以及集会、言论、出版和就任何问题向议会请愿的自由。

当议会试图摆脱新模范军时，军队选出的煽动者采用了平等派纲领（Leveller programme），然而克伦威尔和艾尔顿认为该纲领威胁了财产权。在1647年的普特尼辩论中，艾尔顿（Ireton）说：如果所有的人根据"自然权利"都有投票权，那么"你也必须否认所有的财产"；因为如果一个人在选择管理他的人方面与另一个人享有同样的权利，那么他在目及一切的任何事物上都享有同样的权利。"这是王国宪法中最基本的部分，如果你把它拿走了，你就拿走了一切。"艾尔顿希望把议会的特权限制在那些"本地的、对王国有永久利益的"人、自由人、城镇的自由民和贵族身上。如果完全的宽容意味着否定地方长官在宗教上的任何权威,那么艾尔顿和克伦威尔不相信宽容是可行的。他们认为,利尔伯恩(Lilburne)捍卫自然权利的民主方法是不可接受的。克伦威尔更喜欢接近传统宪法的东西,并在军队中重建纪律。经过一番犹豫,1648年末他们终于与平等派决裂,选择接受残余国会,将其作为神圣的工具。1649年1月4日,残余国会决定:

> 在上帝的庇佑下,人民是一切正义力量的源泉……英国议会下议院由人民选出并代表他们拥有这个国家的最高权力……凡是由下议院颁布或宣布为法律的东西,在议会中都具有法律效力;尽管没有国王和贵族院的同意,但这个国家的所有人都达成了一致。

最高统治权和以国家利益为重的理由思想取得了胜利。

国王的一些支持者从基本法中寻找反对议会的论据。罗伯特·菲尔默(Robert Filmer)爵士在《父权制还是国王的自然权力》(Patriarcha or the Natural Power of Kings)(写于1642年之前)一书中,使用了圣经和历史所揭示的自然法来证明国王专制主义是父权制的起源。第一个政府是亚当管理他的家庭,其次是诺亚管理他的儿子们。(男性)家长的绝对权力来自上帝,而非来自子女的选票。国王对臣民拥有绝对的父权权力,就像诺亚对他的儿子那样。

但是,专制主义最坚定的捍卫者是霍布斯(Hobbes)。1637年之前,他以唯物主义和机械原理为基础,开始着手撰写关于自然和人类的一般性论述。作为一位著名的专制主义捍卫者,他于1640年在法国避难,并于1642年出版了《论公民》一书。他的经典著作《利维坦》(Leviathan)写于巴黎,但1651年在伦敦出版;霍布斯回到那里,并臣服于英伦三岛共和国(Commonwealth)。霍布斯不相信人天生就是社会性动物。他的自然状态是"人对人"的战争。人们在能力和达到目的的意愿上是大致平等的。如果一个人较强,较弱的人可以通过计谋或与他人联合来击败他。追求"他们的目的(主要出于对自己的保护……)努力摧毁或征服对方"。在这种战争状态下,没有什么是不公平的,因为没有法律,所以就需要一种共同的力量让所有人保持敬畏；"任何用武力征服得到并竭力保全的，都是他的；这既不恰当，也不符合公众利益；但存在不确定性"。人们希望摆脱这种悲惨的状态。上帝赋予他们理性，向他们展示了自然法则，"正义、公平、谦逊、仁慈，（总之）以我们希望的方式对待他人"，这将确保和平。但是人们只有在安全的情况下才会遵守这些法律。"不带剑的契约不过是一纸空文"，所以他们必须建立一种共同的力量来强制服从，将所有人的意志转化为一个意志。这不仅仅是同意，这是一份契约，每个人都"放弃管理自己的权利给这个人或这群人；在这个条件下，你放弃你的权利给他，并以同样的方式授权他的所有行为"。国家由此诞生，"那个巨大的利维坦……我们把和平和防卫交给它"，其实质是行使"人类所能想象到的最大的最高权力"。最高统治者无论是个人或是议会——都有权征募军队、主持正义、制定战争与缔造和平、立法、任命法官和官员，并禁止被认为是危险的意见和学说。统治权的分割或对绝对个人权利（如财产权）的信仰，将摧毁国家。主权一旦被授予和确立，就不能被拒绝、限制或否定。它可以在三种类型（民主制、贵族制和君主政体制）的国家中实施；这三种类型国家的区别不在于权力，而在于"为人民创造和平与安全"的能力。倘若君主制是专制的，那么它就是最合适的。

霍布斯改变了契约理论，从而影响了洛克（Locke）和卢梭（Rousseau）。他的作品立即取得了成功。在法国，梅桑恩（Mersenne）和伽桑狄（Gassendi）向索比埃尔（Sorbière）推荐了《论公民》这本书，称其为"无与伦比的霍布斯所创作的稀世珍品"。第一版很快就脱销了；1647年在海牙由索比埃尔出版的第二版也是如此。1649年，索比埃尔又出版了一本法文译本，并于同年再版三次。他还翻译了《论政体》（De Corpore Politico），并于1652年出版。

因此，1610—1651年，专制主义在各种主权和以国家利益为重的理由思想的影响下取得了长足的发展。但是，争论的方式出现了显著变化。苏亚雷斯、贝拉明、新托马斯主义者们及其信徒们主要运用了从形而上学和神学提供的公理出发的学术演绎过程。他们的政治学是一门科学，因为它是纯理性的，是一门建立在本体和本原基础之上的知识。他们只是用历史经验来验证和确认这一结果。但还有其他一些人更符合这种新哲学，比如法国的蒂尔凯·

德·梅耶恩（Turquet de Mayerne）和卢瓦索（Loyseau）、西班牙的阿拉莫斯（Alamos）以及英国的霍布斯都使用了归纳法。根据对具体事例的了解，他们设计了包括这些事例以及支配这些事例的普遍规律的类别。许多事实是通过历史研究获得的，但也有许多是通过观察他们自己的社会获得的，正如蒂尔凯·德·梅耶恩和霍布斯所做的那样。他们也因对当时科学运动的深切关注而引人注目。与新毕达哥拉斯学派、16世纪阿基米德的门徒、伽利略和17世纪的机械学家一样，梅耶恩也相信数学是开启自然的钥匙。霍布斯持有相似的观点；他是培根的密友，是哥白尼、伽利略和哈维的崇拜者，他自己是个机械师。从1634年到1636年，他与著名的机械学家梅塞纳、笛卡尔、巴黎的伽桑狄建立了联系，并在意大利拜访了伽利略。1637年他发表了一篇小论文，他把感觉解释为运动的变化；他又在1646年发表了一篇光学论文。因为这些人，政治科学具有了不同于新托马斯主义者所承认的性质。这是一门实践科学，它提供了关于事物如何发生、相互作用以及如何控制它们的知识；他们不关心事物的本体和本原。"本原"这个词改变了其原意，消除了主导苏亚雷斯和贝拉明建构的最终原因这一含意，而促使论证的方式发生变化的因素成了动力因。机械论取代了亚里士多德的方法，由此改变了政治学。

作为生物学家亚里士多德的继承者（苏亚雷斯、贝拉明和新托马斯主义者们）把国家看作一个有机体，他们一眼就能抓住它的一般特征；天生是社会动物的人被迫选择一个政体，并受其运作规律的约束。因此，对一种特殊政体的选择源于共识，而非契约。但是，蒂尔凯·德·梅耶恩和霍布斯习惯于通过把数学应用到自然科学中去抽象出简单的物质元素，寻找它们之间的联系；这些联系最好是可以被实体质验证、测量的。人是这样的个体：其利己主义思想迫使他们相互交往，同时又自由地利用已知的自然法则来订立契约。最后，社会和国际关系的一切都取决于契约和公约。一切都是约定俗成的事，都是调整机制的事；这些机制可能各不相同，却产生同样的结果。

新托马斯主义者们的实践产生了数量有限的政治形式和类别；这与亚里士多德有限的宇宙以及固定数量的种类和物种的概念相一致。

尽管霍布斯保留了君主制、贵族制和民主制的旧分类方法，但他的方法在原则上为创造新的政治和社会形式开辟了无限的可能性。这符合日心说和无限大的宇宙观，仅靠定律的统一性将它们结合在一起。政治思想不仅与政治、社会和经济形势有关，而且带动了欧洲文明的整体发展。

第 四 章
科学运动及其影响
（1610—1650 年）

几乎所有与伽利略·伽利雷（Galileo Galilei，1564—1642 年）同时代的知识分子都赞同他的著名宣言，即为了引进一种新的哲学，"首先必须对人的大脑进行重新塑造，使他们易于辨别真伪"[1]。他们呼吁在思考自然方面进行一场革命；这场革命将在本世纪中叶取得巨大的进展（成果），但上一代人根本不相信，一场革命最终会获得一种方法，通过纠正哲学自身的错误，提供一种准确可行探索自然世界实际结构的方法。自然哲学的研究和思辨旧习惯正在失去吸引力，取而代之的是系统研究的实践。这一研究事业的前景和成就使人们重拾信心；人们呼吁创造条件以推动这种研究成为可能，呼吁在大学和新学院中为自然科学提供更充分的经费，并为公共利益的科学提供资金。

新科学在很大程度上是建立在官学边缘的，被认为是种专业活动。这反映在从事科学的人的职业和社会出身的多样性以及他们从事科学工作的条件方面。传统学术职业的核心是那些在大学或较新设的学院（如巴黎的法兰西公学和伦敦的格雷欣学院）的文学院或医学院担任学术职务的人。如果我们算上这少数人，这仍然是最大的一个群体。然而，没有全职学术职位的科学家名单同样令人印象深刻。其中一些人［如西蒙·斯特文（Simon Stevin，1548—1620 年）、约翰·开普勒（Johann Kepler，1571—1630 年）和晚年的伽利略］，受

---

[1] Galileo, *Dialogo sopra i due massimi sistemi del mondo* I (1632), in Opere, ed. naz. Vol. 7 (Florence, 1897), p. 82; Thomas Salusbury, *Mathematical collections and translations* (London, 1661), p. 43.

雇于政府或高贵的赞助人，专门从事科学工作。更多的人完全或部分从事与科学相关的职业。他们中的许多人都是执业医师，如威廉·哈维（William Harvey，1578—1657 年）、J. B. 范·海尔蒙特（J. B. van Helmont，1580—1644 年）和让·雷伊（Jean Rey，1582—1645 年）。有些人［像斯特文、科内利斯·德雷贝尔（Cornelis Drebbel，1572—1634 年）和热拉尔·德扎尔格（Gérard Desargues，1593—1662 年）］从事其他"学术性"的实践职业活动，如工程师、建筑师或测量师。还有一些专业层次较低的人，则是作为外科医生或药剂师［如化学家鲁道夫·格劳贝尔（Rudolf Glauber，1604—1670 年）］，或镜片研磨师或仪器制造商［如约斯特·比尔吉（Joost Bürgi，1552—1632 年）］，或大学外的"实用数学"和其他实用学科老师。但是，那个时期许多科学家的主要生计完全不靠科学研究。这些人中有官员［如图卢兹议会议员皮埃尔·德·费马（Pierre Fermat，1601—1665 年）、马格德堡市长奥托·冯·格里克（Otto von Guericke，1602—1668 年）］、拥有私人财产的绅士［如勒内·笛卡尔（René Descartes，1596—1650 年）、约翰·纳皮尔（John Napier，1550—1617 年）、布莱士·帕斯卡（Blaise Pascal，1623—1662 年）和尼古拉斯·克劳德·法布里·德·佩雷斯克（Nicolas Claude Fabri de Peiresc，1580—1637 年）］；还有许多神职人员［如耶稣会会士博纳文图拉·卡瓦列里（Bonaventura Cavalieri，1598—1647 年）、耶稣会会士克里斯托弗·席耐尔（Christoph Scheiner，1575—1650 年）和米尼莫会修士马兰·梅桑恩（Marin Mersenne，1588—1648 年）］；享有圣俸的牧师［如皮埃尔·伽桑狄（Pierre Gassendi，1592—1655 年）］；和英国国教的教区牧师，如威廉·奥特雷德（William Oughtred，1575—1660 年）和杰雷米亚·霍罗克斯（Jeremiah Horrox，1617—1641 年）。

17 世纪初，对科学研究状况的批评者对所谓弊病及其病因的判断大体上达成了一致意见。最系统的批评家是弗朗西斯·培根（Francis Bacon）。他在《学术的进步》（*The advancement of learning*，1695 年）和后来的《新工具》（*Novum organum*，1620 年）以及《伟大的复兴》（*Instauratio magna*，1620—1623 年）的序言中，通过对知识发展进程的阐释，对当前的弊病进行了分析。他发现只有三个社会在短时间内取得了科学进步：古代的希腊人和罗马人，以及西欧的现代国家。但是，即使在那些相对有利的时期，进展也磕磕绊绊。当今，机械艺术的从业者因与实践经验密切接触而表现得最好，但他们没有考虑更宏大的理论问题；与之相比，哲学家在脱离实验事实的情况下构建理论体系，却并没有什么新发现。培根指出，双方都因忽视对方的问题而失败；他提出的"对自然进行实验性探究"① 是一种发现方法，这种方法既可以解释自然，又能为技术提供一个合理的基础。他把理论科学探寻新知的失败归咎于当代大学制度的失败。

与此同时，笛卡尔和埃万杰利斯塔·托里切利（Evangelista Torricelli，1608—1647 年）等当时的科学家也呼吁在大学中推广科学研究，并捐赠研究基金。对正规科学课程的保守主义和学究气的批评，在当时的知识分子自传中成为司空见惯的事。然而，尽管人们对大学的科学教育提出了批评，尽管从事科学工作的人在出身、训练和职业上各不相同，但在这一时期作出重大原创贡献的科学运动的领导人无一例外都是大学毕业生。虽然对学术保守主义的抱怨是有道理的，但事实上，正是大学培养出了一批受过教育的人，使他们能够在抽象的理论层面上进行思考，从而作出这些贡献。他们从必修的亚里士多德逻辑学和自然哲学的文科课程中，学习了理论科学体系的要素，尽管这个体系已经过时了；那些有进取精神的人会引进新的理论，与旧的理论建立共同的假设：即自然是可以解释的，是一个理性的、可发现的、抽象的系统。在这一背景下，科学创新是可以理解的，即使在不受待见的情况下，在最抽象的理论层面上也是可以理解的；新哲学通过提供一种更有效的理论解释方法而引起了人们的兴趣。另一有用的科学教育主要形式是对"实践者"进行纯技术培训，但并没有在发生科学大辩论的抽象层面上做好思考准备。对于实验来说，这种非理论的技术培训所作出的贡献可能是必不可少的，但更需要重视实验对科学论证所起的关键作用。值得注意的是，大学的评论家们本身就是科学论证的提出者，是大学的"哲学家"而非实用的"机械师"指出了当代技术提供的经验信息、工具和问题的科学意义。如果大学毕业生走出校门跟随"实践者"学习实验和实践技能，那么他们正是从大学教育中领悟了创造不仅仅是一种科学技术，还是一种"新的

---

① Francis Bacon, *Instauratio magna*, preface.

实验哲学"的意义。

试图改革科学教育的革新者们不得不与建立在中世纪基础上的学术结构抗争；尽管其在文学和历史的新研究方面已经作出了一些让步，但这种学术结构仍然普遍存在于欧洲大学中。非实验科学在数学四艺（算术、音乐、几何学、天文学，还有一些附加学科，如光学）和自然哲学的文科课程以及在高等医学院的专业学位课程中，仍然保留着传统的地位。正式的教学传统上包括"讲座"展示，对欧几里得、托勒密、亚里士多德、盖伦和更近期作者的标准文本的评论，以及学生围绕这些文本抛出的"观点"的争论。这一体系甚至使医学教育以书本学习居于压倒性的地位；在剑桥课程的所有学年里，只有三天是解剖课，还必须执行，违者受罚。在很大程度上，这些革新者与保守派有共同之处，他们都认为大学的主要功能是"对青年进行文科方面的美德教育"①，并为高等院校提供良好的专业培训。在大学中做研究的地位将成为19世纪改革的一个主题：17世纪的科学改革者们所希望的是大学应该为新数学和实验科学提供教学服务，承认它们在内容、目标和方法上与旧的研究存在着根本差异，并承认它们适合于这种不同的性质。

到1650年，甚至在此后的很长一段时间里，还没有一所大学作出接近改革者意愿的法定变革，但许多大学公开和私下都为新的科学研究提供了机会，其中一些实践的影响越来越大。通过增加教席，通过收集数学仪器、天文仪器、物理仪器和建立化学实验室、解剖手术室和植物园，已经并将继续为此类研究提供公共经费，1650年大多数大型大学都已经拥有这些设施。医学院特别积极地培养学生对解剖学、植物学和化学的专业兴趣。这些学科以及数学和自然哲学的新教席有助于把科学确立为独立学科，同时也为那些研究促进了知识的普遍进步并在文学界名声大振的个人提供了生计。除了这些公共资源外，老师在教学中还可以发挥个人优势，将新内容引入旧的法定课程。

不同国家的情况也有所差异。直到本世纪中叶，意大利的大学在提供最专业的科学培训方面一直保持着领先地位。与其他地方相比，

---

① M. H. Curtis, *Oxford and Cambridge in transition, 1558 – 1642* (Oxford, 1959), p. 83.

意大利城市为贵族学院、公爵和红衣主教的随从、宗教机构和大学本身提供了一个活跃的科学团体，由数学家、天文学家、实验人员、医学家和哲学家组成，所有人都可以从中获益。像帕多瓦（Padua）大学、博洛尼亚（Bologna）大学这样较为富裕的学校能够支付得起所有主要学科的高薪教席，如数学、天文学、物理学、解剖学、植物学、外科学、医学，并在某些领域提供不止一个专业教席。帕多瓦大学那所著名的医学院通过解剖将解剖学推向了一个近乎完美的高度，自维萨里（Vesalius）以及其后那个时代伟大的解剖学教师阿夸彭登泰的耶罗尼莫·法布里齐奥（Hieronymo Fabrizio of Aquapendente，约1553—1619年）的门徒以来，先后涌现出一批杰出的教授。法布里齐奥的其他学生已经把帕多瓦的方法传播到阿尔卑斯山以外的巴塞尔、莱顿和哥本哈根；其中，最伟大的哈维把它们带到了伦敦。帕多瓦大学还有一位非常著名的人物——圣托里奥（Santorio，1561—1636年）；他是实验医学的先驱。如同在帕多瓦大学一样，建立在解剖课基础上的解剖教学是由法规规定的，在博洛尼亚大学、比萨大学、罗马第一大学（Sapienza）和帕维亚大学（Pavia）系统地进行着；乳糜管（lacteal vessels）的发现者加斯帕罗·阿塞利（Gasparo Aselli，1581—1626年）也在帕维亚大学谋得一个教席。耶稣会会士乔瓦尼·巴蒂斯塔·里奇奥利（Giovanni Battista Riccioli，1598—1671年）和弗朗切斯科·玛丽亚·格里马尔迪（Francesco Maria Grimaldi，1618—1663年）在博洛尼亚大学工作，两人都是熟练的物理学实验员。比萨大学着重发展数学科学，开设了应用数学和工程方面的课程；这里有数学家乔瓦尼·阿丰索·波雷利（Giovanni Alfonso Borelli，1608—1679年）和马尔切洛·马尔皮基（Marcello Malpighi，1628—1694年）；后者还对生理学产生了浓厚兴趣。伽利略的朋友贝内德托·卡斯泰利（Benedetto Castelli，约1577—1643年）曾在比萨和罗马教书；他最聪明的学生托里切利在佛罗伦萨大学继承了伽利略的教席。

在意大利之外，最积极培养新科学的大学是尼德兰的大学。尽管莱顿大学的数学课程是最前沿的，有大量的"数学仪器"可供使用，也有像威里布里德·斯涅耳（Willebrord Snell，1591—1626年）这样的数学教授，但使这所大学在科学学习方面树立起声誉的还是医学院。莱顿大学和乌得勒支大学在吸引外国留学生方面与意大利北部的大学不相上下。尽管最初遭到了反对，但笛卡尔体系首先在荷兰扎根，并从那里传播到欧洲其他地区。德意志的大学，无论是新教的还是天主教的，尽管主要是保守的，但在宗教战争暂时阻止进步之前，也采取了一些措施引进新科学。1609年，马尔堡大学设立了欧洲第一个化学教席。1612年，吉森大学建造了化学实验室（*laboratorium chymicum*）；植物学家约阿希姆·荣格（Joachim Jung，1587—1657年）担任医学教授。在耶稣会的控制下，维尔茨堡大学传授了病理学的新思想。大学中建造了越来越多的解剖讲堂，如弗莱堡大学（1620年）、耶拿大学（1629年）和阿尔特多夫大学（1637年）。在邻近的北方国家，毕业于帕多瓦大学的卡斯帕·鲍欣（Caspar Bauhin，1550—1624年）通过他在巴塞尔大学拥有的植物学和解剖学双料教席，开设了植物学课程和解剖学课程；而托马斯·巴托林（Thomas Bartholinus，1616—1680年）则使哥本哈根大学的解剖学声名鹊起。在欧洲的另一端，伟大的萨拉曼卡大学曾在16世纪率先教授解剖学和哥白尼天文学，现在似乎已经失去了对科学的兴趣；但是在"贸易署"（Casa de Contratación）、塞维利亚的航海学校，仍然保持着进行"实用数学"（practical mathematics）的良好培训。

除了有教授植物学、解剖学和医学传统的蒙彼利埃大学外，没有哪个欧洲大国的大学像法国那样对新哲学如此漠然。巴黎大学迄今仍是最大的大学；受它的影响，法国的大学在所有敏感问题上都持保守立场，无论是哲学、神学还是在对古代权威的尊重方面。巴黎大学在政治和宗教事务上的重要性使其面临强大的外部压力；它的精力主要集中在关于詹森主义（Jansenism）和耶稣会控制的双重辩论上。哲学仍然是严格意义上的亚里士多德哲学，大学行使其审查书籍的职能，谴责伽桑狄和笛卡尔的新机械哲学对神学的颠覆。没有为在文学院教授新科学做任何准备。1631年，伽桑狄说服索邦神学院（Sorbonne）不要对哥白尼的假说进行谴责，但以居伊·帕坦（Guy Patin，1602—1672年）和杰出的解剖学家让·里奥兰（Jean Riolan，1580—1657年）为首的医学院排斥哈维的血液循环理论，遭到了莫里哀（Moliere）和布瓦洛（Boileau）的讽刺。与此同时，医学院的内科医生严格将外科医生排除在大学教育之外，并控制医学专业的各个方面。法国的大学普遍将新科学拒之门外，只有一个例外，就是蒙彼利埃（Montpellier）

大学，在这里新科学占有一席之地。法兰西公学（Collège de France）开设了一些解剖学和数学的课程，伽桑狄和吉尔·佩松恩·德·洛百瓦尔（Gilles Personne de Roberval，1602—1675年）先后在这里任教。1636年新成立的国王学苑（Jardin du Roi）设立了植物学、解剖学和外科学教席，1648年又开设了化学教程。在耶稣会学院里，物理科学在教学中占有举足轻重的地位：因此笛卡尔在拉弗勒什（La Fleche）公学快意地写道：他不仅接触到了古代和现代数学以及天文学，还了解了伽利略（Galileo）新发明的望远镜及其惊人的发现。

除了意大利和尼德兰，英格兰的大学对新科学给予了最大的鼓励。尽管它们的法规保守，但是牛津大学和剑桥大学的医学钦定教席还是提供了一些公共产品；牛津大学于1619年由亨利·萨维尔爵士（Sir Henry Savile）创立了几何学和天文学教席，1621年由威廉·赛得利（William Sedley）创立了自然哲学教席，1622年开辟了"药用植物种植园"（Physick Garden），1624年设立了解剖学观摩课。在本世纪后期，两所大学的其他基础也相继搭建起来。萨维尔要求几何学教授不仅要阅读欧几里得的书，还要阅读阿基米德和阿波罗尼奥斯（Apollonius）的著作，教授包括测量实践在内的应用数学；同时，要求天文学教授讲授哥白尼学说（Copernican theory）和天文学的实际应用问题，特别是地理学和"那些建立在数学之上的航海部分"①。1649年，约翰·沃利斯（John Wallis，1616—1707年）被选为几何学教授，他在教学中引入了笛卡尔的解析几何和卡瓦列里的"不可分法"。1637年，剑桥大学的医学钦定教授弗朗西斯·格利森（Francis Glisson，1597—1677年）将哈维的理论引入他的教学中。但是，正是通过学院的导师制，人们才充分利用机会把新的科学知识引进到旧的法定课程中。对于进入大学的新士绅来说，效用和美德（virtu）是检验学习意愿的标准。各个学院都有医学和数学科学的奖学金。牛津大学圣体学院（Corpus Christi College）的文科（arts）导师布赖恩·特瓦因（Brian Twyne）留下了完整的笔记，显示在1605年至1623年间，他根据最近的英语著作（类似于萨维尔为教授们规定的著作）给学生们讲授"实用的"数学科目，并详细阐述哥白尼、开普勒

---

① Curtis, *Oxford and Cambridge in transition*, p. 117.

第四章 科学运动及其影响（1610—1650 年）

和伽利略而非托勒密的天文理论；这与萨维尔对教授们的要求类似。有证据表明，在牛津大学和剑桥大学的其他学院也有类似的数学教学；在那里，像奥特雷德、亨利·布里格斯（Henry Briggs, 1561—1630年）和劳伦斯·鲁克（Lawrence Rooke, 1623—1662 年）这样的杰出人物都获得过奖学金；新天文学也被拿来与旧天文学进行比较。

然而，尽管我们接受了斯普拉特（Sprat）的说法：英国的自然哲学主要是在大学里得到"珍视和复兴的"①；但英国最好的专业科学培训不是在牛津大学和剑桥大学，而是在伦敦。格雷欣学院（Gresham College）对公众开放了几何、天文学和"物理学"课程。几何学和天文学与实际问题密切相关，特别是在航海方面。这些教授中有几位曾在牛津大学或剑桥大学任教，多年来一直与皇家海军、仪器制造商和其他数学工作者保持密切联系。这一活动就发生在格雷欣学院和在其附近集聚的一个团体。该团体后来成为皇家学会（Royal Society）的核心。为了学习医学，许多英国人仍然奔赴意大利或荷兰；但是在伦敦，皇家医师学院和理发师外科医师学院（College of Barber Surgeons）也能提供严格的培训。前者拥有作为伦莱讲师（Lumleian Lecturer）的哈维，他从 1616 年起开创了病理学和比较解剖学，并为血液循环②演讲做准备；后者拥有查尔斯·斯卡伯罗爵士（Sir Charles Scarborough, 1616—1694 年），他在讲解肌肉的时候，"第一次把几何和机械推测引入解剖学"③。克里斯托弗·雷恩（Christopher Wren）曾是他的示教讲师。

科学批评家们反对大学作为教学机构的主要理由是：即使在最有利的情况下，它们允许新知识以某种方式融入旧的课程和教学方法，也不会形成一种真正适合新科学研究的方式。通常情况下，这些新学科都是在大学之外获得的。结果是：无论是像内科医师、测量师和工程师这样"有学问"的从业者，还是像外科医生、药剂师、仪器制

---

① Thomas Sprat, *The history of the Royal Society of London* (London, 1667), p. 328; critical ed. by J. I. Cope and H. W. Jones (London, 1959).

② Sir G. Keynes, *The life of William Harvey* (Oxford, 1966), pp. 84 – 111; cf. Sir G. N. Clark, *A history of the Royal College of Physicians*, Vol. I (Oxford, 1964).

③ CharlesGoodall, *The Royal College of Physiciansof London...; and An Historical Account of the College's Proceedings against Empiricks...*, Epistle Dedicatory to latter (London, 1684); P. Allen, "Medical education in seventeenth-century England", *Journal of the history of medicine*, Vol. I (1946), pp. 139 – 40.

造商和化验师这样的"未受过教育"的从业者,都可以通过临床经验或学徒实践的方式学习专业技能;而理论家——受过大学教育的自然哲学家——主要负责新科学思想的发展,通常不得不通过个人阅读或拜师交费来掌握新知识。许多牛津大学和剑桥大学的人［包括未来的萨维尔天文学讲席（Savilian professors）塞思·沃德（Seth Ward, 1617—1689 年）、沃利斯（Wallis）和雷恩（Wren）］都向奥特雷德——学习现代数学——此时他已离开剑桥到乡村生活;而这一时期其他主要科学家的传记表明:在整个欧洲,他们中的很大一部分人通过类似的方法在正规的大学学习之外获取了最新的科学知识。大学的精力主要集中在教学上,使得研究成为一种私人活动,从而使课程与前沿知识和探索精神相脱离;即使在没有神学或其他敏感问题的地方也是如此。在这些问题确实出现的地方,人们断然反对新知识。因此,尽管数学和实验方面的新方法没有受到外部反对,但对亚里士多德物理学或盖伦（Galen）的解剖学和生理学的批评,是与人文主义在学术上的保守主义残余的强烈碰撞。反对哥白尼天文学说在很大程度上是学术性的争论,直到 1616 年罗马教廷将《天体运行论》（*De revolutionibus*）列为禁书①,这个问题变成了教会问题。在 1633 年罗马教廷对伽利略进行审判后,天主教国家反对哥白尼学说的行政措施更加坚定了。不论在天主教控制的鲁汶大学和巴黎大学,还是在新教控制的乌得勒支大学和莱顿大学,笛卡尔在数学和光学方面的创新受到欢迎,但他的机械物理学和生理学起初遭到反对,因为人们认为他的学说将导致无神论,并在神学上对灵魂的本质和圣餐与上帝灵交（eucharist）产生危险的影响。

对原创研究的追求源于各种各样的动机（从宗教动机到完全的功利主义动机）;这功利主义动机在 17 世纪大学通常接受的功能概念中只占有限的位置。研究的习惯几乎完全是在教学之外培养出来的,当它得到有组织的承认时,那是在一种新的机构里,即科学学会里。这些学会最初由大学里兴趣相投的人组成,在大资助人的领导下或围绕一些关键人物运转,其首要目的是满足人们交流和讨论新知识

---

① Galileo, Opere, ed. Naz. Vol. 19 (1907), p. 323.

的需要；这种方式可能比出版书籍和通信更为直接。他们也聚在一起做实验，但所提出的对研究资金和设备需求在本世纪末之前并未得到满足。科学学会像它们的文学前辈那样创立了一种被大学所忽视的新的学习方式，并高度重视原创技能。

一个共同的模式是：学会开始时非正式地提出它们的规则，而后成为管理活动和成员的正式规则；后来一些学会被提升为官方承认的国家级学会。从意大利开始，这样的一些学会在16世纪十分活跃但存在时间短暂。1603年，18岁的费德里戈·塞西公爵（Duke Federigo Cesi，1585—1630年）和三个朋友在罗马成立了一个新学会——"山猫学会"（Accademia dei Lincei，根据动物学的传说，山猫具有特别敏锐的视力）。它是一个仿效宗教秩序或骑士制度的研究机构，1609年重组，成员增加到30多个，其中包括吉安巴蒂斯塔·德拉·波尔塔（Giambattista della Porta，1534—1615年）和伽利略。在塞西的支持下，这个学会活跃了20年；成员在他的宫殿里会面，那里有一个植物园、一个自然历史陈列室和一个图书馆。成员学习植物学和昆虫学；还出版了一本有关墨西哥动植物的书籍；在学会里，显微镜一词被用来指代伽利略为其制造的仪器，另一位成员弗朗切斯科·斯泰卢蒂（Francesco Stelluti，1577—1653年）首次将其用于动物研究。该学会还于1613年出版了席耐尔和伽利略关于太阳黑子的书信，于1623年出版了伽利略的《试金者》（*Il Saggiatore*）。在1616年哥白尼学说被禁之后，在继续给予支持与否问题上，成员间出现了激烈争吵；由于受到伽利略的特别鼓励，学会才得以幸存；但随着1630年塞西的离世，1633年伽利略被审判，学会的活动变得越来越困难；1657年活动完全停止。同一年，一个新学会"实验学会"（Accademia del Cimento）在佛罗伦萨开始了它短暂但成功的10年历程（见本系列第五卷）。

继意大利之后，法国是最积极成立科学工作学会的国家，也是受意大利影响最为直接的国家。最早的法国学会是围绕某些个人非正式地发展起来的，他们通过书信和会议来保持联系。这类人物的一个典型代表是佩雷斯克（Peiresc）；他是普罗旺斯最高法院的顾问，也是一位聪明的、知识渊博的科学业余爱好者，本世纪初他与梅桑恩成为法国科学家和其他国家科学家之间的主要纽带。法国的集中化倾向使巴黎在知识界和生活的其他方面具有突出的地位，与佩雷斯克打交道的人都是首都科学界的核心人物。巴黎的知识界主要由经济独立或具有较高专业地位的人组成，如律师、法官、国家顾问、医生和神职人员；他们因共同的兴趣爱好走到一起，在彼此的家中相聚交流。巴黎最早的、与科学有关的私人学会是著名的"书房"（Cabinet），先称为"图主管"（President de Thou）学会，后来又改称"迪皮伊兄弟"（freres Dupuy）学会，这是根据巴黎最高法院一位顾问的两个儿子而命名的，他们成功地组织了在图公馆（Hôtel de Thou）举行的会议。1626年前后，笛卡尔在他的寓所里举行了更具科学性的会议。另一些会议的基调则完全不同，泰奥弗拉斯特·勒诺多（Théophraste Renaudot，1586—1653年）是蒙彼利埃大学的医学毕业生，1633—1642年在他的"通信联络处"组织了一系列不同主题的讲座和讨论，主题从医学到大众道德。这是一个提供多种服务的组织，包括免费诊疗、配药和登广告。勒诺多的会议在周一下午举行，据说吸引了大量的人到城市岛上的大公鸡别墅（the Maison du Grand Coq in the Ile de la Cité）。但巴黎最重要的早期科学协会无疑是梅桑恩在1635年前后成立的。梅桑恩在拉弗勒什（La Fleche）耶稣会会士的教育下成为一个小修士，他在其位于"国王广场"（现在的孚日广场，Place des Vosges）附近修道院内的住所里讨论科学问题、做实验；更为重要的是，1620—1648年这里成了一个庞大而系统的科学通信中心，借此他能从当时大多数顶级科学家那里源源不断地获取科学发现和思想的消息。[①] 与他经常往来的人有托里切利、卡瓦列里、笛卡尔、费马、伽桑狄、笛沙格（Desargues）、罗贝瓦尔、帕斯卡、托马斯·霍布斯（1588—1679年）、西奥多·哈克（1605—1690年）以及许多远至瑞典、波兰和黎凡特的科学家。对梅桑恩来说，这种新科学的方法具有至高无上的价值，因为它们把人们的思想从错误中解放出来。他本人是一个技术娴熟的实验人员（尤其在声学方面），同时也是一个有能力的数学家；他选用他那有识别力的群组讨论问题并进行实验。与帕斯卡共同做的有关真空的观察实验（包括1648年用气压计在圆丘上

[①] Correspondance du P. Marin Mersenne ed. C. de Waard, Vol. I（Paris, 1932）, pp. xix – lv; edition continued from Vol. 7（1962）by B. Rochot.

第四章 科学运动及其影响（1610—1650 年） 151

进行的著名"裂桶"实验），都是在这个小组的讨论中产生的；讨论会上还有来自国外的访客。在荷兰的笛卡尔通过梅桑恩与科学新闻保持联系。1634 年，即伽利略受审后的一年，梅桑恩将伽利略的早期著作翻译成法文，并以《伽利略机械学》（*Les mécaniques de Galilée*）为题出版，还在《神学、物理学、伦理学和数学问题》（*Les questions théologiques, physiques, morales et mathématiques*）一书中简要介绍了《对话》（*Dialogo*）和他的受审过程。1648 年梅桑恩死后，这个组织的会议由其他人主持；但是，所有这些私人学会的风头都被 1666 年柯尔贝尔成立的皇家科学院（Académie royale des Sciences）盖过。

由于首都和各省之间的联系，不是只在巴黎，在整个法国都形成了某种意义上的学术共同体。图公馆和梅桑恩的团体不仅与佩雷斯克，还与波尔多和佩里戈尔的地方团体保持联系。梅桑恩还跟法国以外的科学活动保持往来，他与意大利和英国科学家的关系尤其密切。巴黎和伦敦之间的科学通信交流的一个结果是：促进了英格兰科学和培根的实验哲学知识流入法国，法国数学和笛卡尔哲学知识传入英国。另一个结果是让英国科学家接触到了结社的习惯：1660 年 11 月 28 日在格雷欣学院的聚会为皇家学会（Royal Society）的成立迈出了正式的第一步，可以把他们的行为描述为"按照其他国家的方式，人们自愿结社进入院校，以促进各方面的学习"。[1]

培根在 1627 年的《新大西岛》（*New Atlantis*）和亚伯拉罕·考利（Abraham Cowley）在 1661 年给一个哲学学会的建议中所提出的建立科学机构的设想，对英国皇家学会的创始人究竟产生了多大的影响，目前尚不清楚。具有重大意义的事件是，1660 年在场的一些人在本世纪中叶前几年就开始会面进行科学讨论和实验了。根据之后很久由约翰·沃利斯（John Wallis）撰写的两份记录中提及的目击者提供的唯一报告，包括他本人、约翰·威尔金斯（John Wilkins，1614—1672 年）、格利森和其他人在内的一个团体"大约在 1645 年"[2] 内战期间就开始在格雷欣学院或附近举行非正式的（每）周会（议）

---

[1] D. McKie, "The origins and foundation of the Royal Society of London", in *The Royal Society*; *its origins and founders*, ed. Sir H. Hartley (London, 1960), p. 1; cf. C. Webster, "The origins of the Royal Society", in *History of Science*, ed. A. C. Crombie and M. A. Hoskin, Vol. 6 (Cambridge, 1967), pp. 106–28.

[2] John Wallis, *A defence of the Royal Society* (London, 1678), p. 7.

了。沃利斯在他的第二份记录中指出,这种会面的想法最早可能是由住在伦敦的德意志人西奥多·哈克(Theodore Haak)提出的,他通过萨缪尔·哈特利布(Samuel Hartlib)与夸美纽斯(Comenius)的全知运动(pansophic movement)有某种联系。但是,会议上的活动与这个或任何其他类似的人类启蒙计划都没有关系。据沃利斯说,他们每周都见面:

> 在某一天的某个时间,在某种不利的情况下,我们之间达成了一定的规则,每周为管理实验做贡献。在那里(为了避免转移话题,或者出于其他原因),我们禁止一切有关神性、国家大事和新闻的话题(除了我们的哲学事务之外),只把自己局限于哲学研究,以及与之相关的(如)物理学、解剖学、几何学、天文学、航海学、静力学、力学和自然实验。①

哈克本人在1648年写给梅桑恩的一封信中提到,他重复了一次用水银管做的实验(托里切利的实验;梅桑恩曾把这个消息告诉过他);他所指的似乎不太可能是沃利斯团队以外的任何人。因此,从这些早期的会议来看,皇家学会采取了一项独特的政策:即集中精力研究自然科学(排除所有其他问题),进行实验。如果人们忆及这个团体的会议地点是全国最专业的科学机构、格雷欣学院的教授也是其主要成员之一(见本系列第五卷),就一点也不觉得奇怪了。

伽利略、开普勒、培根、哈维和笛卡尔等取得至高成就的一代人最早坚定地确立了这一新的科学哲学;他们不是像前辈那样在公认的概念边界内争执,没有十分精确地提出能够实现的方案,而是找到了一个通往可理解的自然的窗口,借此他们成功地掀起了一场完整的、系统的运动。在本质上,新的"物理—数学实验学习"②,"真实的、机械的、实验哲学"③ 包括三个相互联系的要素:一个科学研究的新

---

① John Wallis, *A defence of the Royal Society* (London, 1678). Cf. "Dr. Wallis's Account of some passages in his own life", in *Peter Langtoft's Chronicle*, transcrib'd... by Thomas Hearne, Vol. 1 (Oxford, 1725), pp. clxi – clxii.

② M. Ornstein, *The role of scientific societies in the seventeenth century* (3rd ed. Chicago, 1938), p. 101.

③ Robert Hooke, *Micrographia* (London, 1665), preface.

概念，一个关于自然本身和科学解释的新概念，一个关于科学探究的效用和能力的新概念。尽管不同学科的内容存在很大的差异，但"新哲学"为不同学科提供了一种广泛共享的形式：这足以被视为整个科学运动的特征。

科学研究中的一个独特的新举措是寻找自然的可理解性（这并非借助直接观察，而是借助一个十分重要的数学和机械结构），通过系统的和定量的理论分析和实验来揭示这个真实世界的实际结构。对于伽利略和他的同时代人来说，在本世纪初仍占主导地位的亚里士多德物理学不仅是不准确的，而且从根本上是错误的。他们对它的主要批评是：它是定性的；它从直接观察过于仓促地得出了结论；在本质上，它是对直接观察到的不同事物的行为进行的一种分类，提出不同事物行为的定性的和死板的不同"特性"及行为准则；因此它不可能超出单纯的分类范畴。在这一理论体系中，他们只看到了进行测量、计算和定量预测的次要假定，而这些倒成了必须对他们所设想的自然进行研究的主要方法。就此读一段伽利略的名言：

> 哲学被写在这本伟大的书中，这本书不断地在我们眼前展开（我指的是宇宙），但它是不可能被理解的，除非我们先学会理解它的语言和了解它所用的文字。它是用数学语言写的，字符是三角形、圆形和其他几何图形，没有这些，人类就不可能理解其中的一个字；没有这些，人类将绝望地在黑暗的迷宫中徘徊……①

一旦这一观点被接受，新的物理学就清晰地进入了人们的视野，伽利略将其区别为数学和机械的"主要和真实的性质"，与亚里士多德的直接经验的"次要性质"的物理学形成对比。当他结束了"我们称之为热"的讨论时，现代文学中呈现出这种区别的经典轨迹：

> 我认为：要使我们的味觉、嗅觉和声音兴奋，除了大小、形状、数字和或慢或快的动作外，其他任何东西都不需要；我认

---

① *Il Saggiatore*, question 6 (1623), in *Opere*, ed. naz. Vol. 6 (1896), p. 252.

为，如果耳朵、舌头和鼻子被拿走，形状、数字和动作将保持不变，气味、味觉或声音也不会消失。我相信，除了活着的动物外，这些都只是名字，就像如果去掉腋窝和鼻子周围的皮肤，挠痒痒只不过是名称而已。①

因此，新科学哲学为新物理学确立了方法论纲领，确定将探索自然规律及其表象背后的主要性质和作用；新科学哲学在有关自然的问题和接受得出的结论的标准方面发生了系统性的变化。简单地说，作为一种认识论学说，机械论哲学当然不是新出现的，诚如伽利略和开普勒在他们的不同主张中承认是"柏拉图学派"，而伽桑狄在着手恢复德谟克利特和伊壁鸠鲁的原子论时也承认了这一点。"新哲学"的新颖之处在于，试图将定量数学和实验分析的成功作为接受事物本质的结论的唯一标准。因此，亚里士多德物理学中的许多基本问题，与其说是被驳斥，不如说是被搁置在一边，因为这些问题和答案之间不再被认为是相关的。取而代之的是自然规律的机械论概念，它就像表面景象背后的舞台装置；这意味着：一门真正的自然科学的发现有赖于传统上被归类为单纯技术性的数学和实验操作技能。后来这些都成为新哲学的基本方法，不可避免地改变了研究整个宇宙以及宇宙各部分所采用的模式。宇宙不再是亚里士多德学派那样了，有机的、各部分有目的地与整体相关联的，宇宙被比作一个巨大的自动装置。"我这样做的目的"，开普勒写道（谨慎地放弃了他自己的一个独特的有机模型）："是要表明，天体机器不是被比作一种神圣的生物，而是被比作一个装有发条的机器……因为几乎所有的运动都是通过一种简单的磁性物质力来完成的，就像装有发条的机器一样，所有的运动都来自单一的恒量。此外，我将展示这个物理概念是如何通过计算和几何来呈现的。"②

实际的科学探究是一种不同于制定科学哲学和方法的活动；它们对历史进程的影响可能差别很大，但在 17 世纪科学作为一种新的哲

---

① *Il Saggiatore*, question 48, p. 350; cf. A. C. Crombie, "The primary properties and secondary qualities in Galileo Galilei's natural philosophy", in *Saggi su Galileo Galilei* (Florence, in press), *Galileo's natural philosophy : theories of science and the senses* (in press).

② Kepler to Herwart von Hohenburg, 10 February 1605, *Gesammelte Werke*, Vol. 15, ed. M. Caspar (Munich, 1951), p. 146.

第四章 科学运动及其影响（1610—1650 年）

学而不仅仅是一种新技术，这种整体概念将它们紧密地联系在了一起。除了培根以外，方法论的主要作家们也对科学作出了重要贡献，无论是对伽利略、开普勒、笛卡尔和伽桑狄所从事的自然科学，还是对霍布斯所从事的社会科学和心理学说来都是如此。这门科学研究的新学问所使用的逻辑和实践方法是在继承的形式中发展起来的；这些继承的形式决定了初始问题，即如何进行以及接受什么样的满意的结论。在力学和天文学等纯数学科学以及更多的像光学这样的实验科学中，明确提出的理想是"欧几里得"形式：希腊人正是借此在这些科学中取得了巨大成就。开普勒的《屈光学》（*Dioptrics*，1611 年）、伽利略的《关于两门新科学的论述和数学证明》（*Discorsi e dimostrazione matematiche intorno a due nuove scienze*，1638 年），以及其后惠更斯的《摆钟论》（*Horologium Oscillatorium*，1673 年）和牛顿的《数学原理》（*Principia mathematica*，1687 年），都是使用"几何"形式的科学论著的杰出代表，展现了"第一原理"：即公理、定义、假设和假定（axioms，definitions，postulates and hypotheses），并从中得出实验结论。问题在于如何发现这样的原理，表达主要属性之间的真正因果关系，以符合这些先验的推测不得与实验证据相冲突的标准。[1] 作为科学运动的伟大乐观主义者，笛卡尔经常论及这一点，就好像他已经成功地发现了真正的原理，整个科学计划即将完成；塞思·沃德将其简要概括为："当自然的运行将被归结为其静态（和机械的）原因时，归纳法将停用，三段论（syllogisme）将成功地取代它。"[2] 但沃德继续说："同时，我们希望人们有耐心，不要在有结论之前就把归纳法搁置一边。"

当时的著作家们在这一探索过程中看到了一个明确的逻辑序列和结构，伽利略和卡斯泰利（Castelli）将其命名为分析法和综合法（metodo resolutivo e compositivo），根据发现的原理，首次对观察到的世界进行剖析，然后进行合理的重建；这种方法源于 16 世纪的比萨和帕多瓦逻辑；笛卡尔（尽管他的方法过于乐观，但实验起了关键作用）运用了相应的术语"分析和综合"。即使没有立即对简单的数

---

[1] Kepler to Herwart von Hohenburg, 12 July 1600, *Ges. Werke*, Vol. 14, ed. Caspar (1949), p. 130.
[2] Seth Ward, *Vindiciae academiaum* (Oxford, 1654), p. 25.

学方法或对产生自然现象的物理过程进行直接归纳主题，17世纪的领先科学也对之应用类似的形式：理想化的假设或假说——无论假设是惯性原理，或是笛卡尔的光学或生理学机械模型，还是哈维的血液循环假说——都通过某种数学或逻辑手段对其进行操作。对于同时代的人来说，"实验哲学"给予这种形式的新颖性，在于其明显的程序的有效性：这程序开始于对一个问题进行理智的剖析，然后再通过实验来加以验证。根据这一先验的理论剖析，可以设计出其基本要素相继发生变化的实验过程；在这种情况下，自然界可能会被迫回答那些仅靠观察无法轻易回答的问题。培根只是在阐明当前的观点：他宣称"自然的秘密在被人为操弄时比以自己的方式发展时更容易暴露出来"①。

通常情况是：一门科学的发展在很大程度上是因为一个问题引出另一个问题，也就是说，是通过其内容而不是因为某种特定的研究形式向前发展的。然而，研究中采用的形式和自然观设定了总目标，这总目标对决定令人满意的结论和令人满意的科学解释所接受的标准时特有影响。那些在17世纪初明确讨论科学方法的人（特别是培根、伽利略和笛卡尔）的共同目标是阐明如何在现象之间建立不可否认的因果关系，其原因被设定在主要特性的内在抽象结构中。培根对这种研究的逻辑作出了独到的、非常重要的贡献，他在《新工具》(*Novum organum*, 1620年）一书中应用反例系统地阐述了他的"排除"法，这是对亚里士多德的一次明确挑战。培根的"真正合乎逻辑的"归纳法是从收集一个现象的实例（以他研究热为例）开始的，并将它们分列为三个表：分别称之为"本质和存在表""接近时的偏离或不存在表"和"程度或比较表"。归纳法包括检查表格和拒绝现象之间的因果联系，这些现象并不总是一起出现或同时消失，也不一起发生变化。培根在他的例子中继续证明运动"是热所属的种类"，意思是"热本身，或者说热的本质，就是运动，而非别的"②；这是一个符合机械哲学的结论，但培根不知道该如何科学地阐发它。在更容易进行数学处理的学科中，人们关注的目标是：现象之间的相关性

---

① *Novum organum*, Ⅰ, 98.
② *Novum organum*, Ⅱ, 20.

第四章　科学运动及其影响（1610—1650 年）　　　　157

应定量地表示为因果之间的功能依赖关系；这一目标立即使伴随变化的发现成为培根第三张表的主题，也是因果关系的基本标准。因此，伽利略写道："无论何时，只要在结果中看到一个固定不变的变化，原因中必然有一个固定不变的变化。"① 这些建立因果联系的标准发挥了所有独特的实践作用，这些实践成为实验探究——特别是使用控制来隔离各要素时——的一部分；在实验对象允许的情况下，对被隔离的要素中随之发生的变化进行测量时各要素则依次发生了改变。

笛卡尔对 17 世纪科学中使用的探究和解释的形式所作的贡献，与培根和伽利略不同。笛卡尔在《哲学原理》（*Principia philosophiae*，1644 年）和其他著作中发表了之前或之后从未涉及过的东西，将所有形式的物理变化完全还原为单一形式（被一些真正的发现所丰富和加深）——即运动中的物质——从而对同时代的人产生了影响，这种影响是深远的。笛卡尔"还原"的基础是他将创造的世界划分为两个相互排斥和整体消亡的本体或曰"简单的自然"——广延和推理。他坚信他得出的这一结论是由上帝的大力保证的，上帝不会欺瞒真相。由于整个物质世界都是以运动为模式进行延伸，存在于复杂的各个阶段；因此对笛卡尔来说，自然法则只不过是运动规律。他写道："我曾描述过，整个可见的世界仿佛只是一台机器；在机器中，除了部件的形状和运动之外，没有什么可考虑的。"② 笛卡尔批评哈维和伽利略没有进行这种还原，也没有说明事物发生的原因和方式。这是一个导致他犯下最严重错误的研究方式，但也完全改变了对自然一种通常的、承继自亚里士多德思想的希腊态度，从而对科学发现方法作出了最具独创性的贡献。在亚里士多德的思想中，人造物体和自然物体——无论是自然生成的物质还是活的有机体——都存在着一个绝对的实体区别；因此，原则上任何人为构建的模型都不能真正揭示出自然事物的本质。但是，在笛卡尔看来，机器和自然物体之间除了其组成部分的大小，并不存在差别。

---

① *Dialogo*, Ⅳ, in Opere, ed. Naz. Vol. 7, p. 471.
② *Principiaphilosophiae*, Ⅳ. 188, in *Oeuvres*, ed. C. Adam and P. Tannery, Vol. 8（1）（Paris, 1905），p. 315（Latin）；Vol. 9（2）（1904），p. 310（French）：the passage in square brackets occurs only in the French version（1647）.

当然，力学中没有适用于物理学的规则，力学是物理学的一个组成部分，或者说是其一个门类，[因此所有人造事物同时都是自然的]：用这些或那些轮子制成的时钟指示时间，并不比从这颗或那颗种子上长出来的树结出一颗特别的水果差。因此，正如那些致力于思考自动装置的人，当他们知道某些机器的用途并看到它的某些部分时，很容易据此推断出他们没有见过的其他机器是如何形成的；因此，从自然体的可感知的效果和部分，我努力找出他们无法察觉的原因和部分。①

笛卡尔的创新之处在于，他主张人工合成结构与自然产物的同一性，并使这种认同成为科学研究的工具，从而使自己成为第一位现代假设模型的大师。自希腊时代起，模型和类比就被广泛应用于科学领域。笛卡尔的还原使他产生了一个新思想，那就是使机械模型的原理成为自然界中唯一运行的原理，从而让工程师的目标融入对事物本质的探索中，使整个物质世界向同样形式的科学探究和阐释敞开大门。就像其他任何对真实知识进行预测的理论一样，笛卡尔模型的价值就在于提出了一些别人未曾想到的问题；任何对笛卡尔在科学运动中所起作用的历史判断聚焦的是，他的问题是否卓有成效，而非结论是否正确。在某些科学领域（尤其是光学和生理学）无疑就是这样。

伽利略和开普勒、培根和笛卡尔的"新哲学"把自然科学从旧的束缚中解放了出来，从亚里士多德的质量不变的"自然"本体论和完美的圆周运动中解放了出来，使人们遵从事实（不管这事实有多混乱），最终对实际观察的准确性产生更大的怀疑；这实际观察的准确性不同于理论上、数学上的精确性。因此，无论在计算上，还是在更密切的观察和测量中，它都越来越强调精确性，最后通过"用仪器来弥补弱点，以及给自然增加人造器官"② 来加强认识。事实上，如果要使新哲学的概念体系在科学研究中起作用，数学和观察上使用的适当、足够的工具是绝对必要的。

---

① *Principiaphilosophiae.* Ⅳ. 203, in *Oeuvres*, Vol. 8 (1), p. 326; Vol. 9 (1), pp. 321 - 2: the passage in square brackets occurs only in the French version.

② Hooke, *Micrographia*, preface.

第四章 科学运动及其影响（1610—1650年）

在这方面，17世纪上半叶的任务是揭示这些工具的潜在力量，而非将这些工具应用于具体问题。直到1650年之后，传统的科学仪器和器具才被本世纪上半叶的发明所取代。尤其是在需要大规模生产的地方，仪器制造商需要时间来适应新技术；而仪器是用于实际用途的，在航海、制图和化学中，操作者需要时间来学习怎样使用。与此同时，科学家们不仅要发明，还要建造帮助人们揭开自然面纱的认知工具，不过由于这些工具的稀有性和在设计上的缺陷，导致其直接影响遭到削弱。1610年前后，一种复合显微镜开始使用；1625年，斯泰卢蒂（Stelluti）发表了一幅关于蜜蜂结构的精美插图，但直到1665年胡克出版《显微绘图》（*Micrographia*）一书，人们才开始欣赏用这种仪器发现的新世界。与此同时，就像列文虎克所展示的那样，简单的显微镜实际上仍然是更精确的科学工具。1603年伽利略发明了一种空气温度计，1612年桑托里奥（Santorio）描述了它在医学上的应用，但是，空气压力的变化加上蒸发损失，使这些仪器变得不可靠。过了很多年，温度计才成为一种重要的科学工具。气压计是所有工具中构造最简单的一种，它对16世纪40年代大气压力理论的发展具有重要意义，而非仅仅用作观测器具。摆的等时性是伽利略提出的。1634年初，梅森（Mersenne）证明了它的频率与其长度的平方根成反比[①]；他和里奇奥利（Riccioli）在实验中用它来计量时间；1656年前后，克里斯蒂安·惠更斯（Christiaan Huygens，1629—1695年）首次将它应用到机械钟中。

17世纪的最后数十年里，在约翰·弗兰斯蒂德（John Flamsteed）和其他人的努力下，望远镜才成为一种重要的科学工具。但是，伽利略利用他早期的观测结果，使望远镜成为走向"人造器官"运动的象征。他写道："目前的观察剥夺了此前当权者的权威法令，如果他们看到了这些观察结果，就会做出不一样的决定。"[②] 1609年，从荷兰传来消息说，透镜组合被用来使遥远的物体看起来很近，他只用了

[①] Mersenne, *Correspondance*, ed. De Waard, Vol. 4 (1955), pp. 81-2, 444-55; *Harmonicoum libri*, II, props. XXVI-XXIX (Paris, 1636), *Harmonie universelle...*, "Traité des instrumens", I, props. XX, (paris, 1636-7); A. C. Crombie, "Mathematics, music and medical science", *Proceedings of the Twelfth International Congress of the History of Science*; *Paris*, 1968 (Paris, in press) and forthcoming studies of Galileo and Mersenne; A. Koyre, *Metaphysics and measurement* (London, 1968), pp. 89-117.

[②] Third letter about the sun-spots (1612), in *Opere*, ed. Naz. Vol. 5 (1895), p. 201.

10个月的时间就设计和建造了自己的望远镜,将它们应用于观测恒星,并将其重大发现公之于众,令世界为之震惊。他在《星辰使者》(*Sidereus nuncius*)①中声称,月球并不是"覆盖着光滑平整的表面",而是有山脉,而且他可以测量山脉的高度;银河系由无数微小的恒星组成;所谓的"星云状"恒星也是这样形成的;最引人注目的是,与哥白尼学说中的地球一样,木星也有卫星,总共四颗。1609年和1610年,托马斯·哈里奥特(Thomas Harriot,1560—1621年)在英国也有类似的观察。②

起初,这些发现以及伽利略在1612年宣布的太阳表面斑点和类似月亮的金星位相,都受到广泛质疑。仅仅是透镜的组合,怎么可能产生自世界诞生以来就不为人所知的真相,更何况曲面玻璃自古以来就是制造幻觉的工具。不过,伽利略的说法立即激发起人们广泛的兴趣;当其他天文学家证实了这一点时,人们意识到新的工具对于扩大人类的视野可能有很大的帮助,尽管此后很多年望远镜才被大量制造出来。伽利略本人希望木星卫星的日食经常发生,可以用来解决确定海上经度的问题:将这些日食的时间表作为标准经度。为此,从1690年起,每年都会公布第一颗卫星的数据表;但即使是在这么晚的时期,望远镜也不能在海上使用,因为长折射望远镜被证明是不稳定的,反射镜的镜面会迅速失去光泽。

新的数学工具同样在17世纪后半叶[尤其是在牛顿的《自然哲学的数学原理》(1687年)中]证明了它们的作用。直到那时,才发展出一种广泛应用的物理学和事实上的数学,而不仅仅像笛卡尔的宇宙学的概念上的数学。即使笛卡尔本人声称已使科学归为数学,但他主要还是为了数学的实利而倡导数学的,他同时代的主要学者也大致如此。16世纪阿基米德、阿波罗尼奥斯、希罗和帕普斯的伟大著作提出了一些问题和方法,其中一些起源于物理学,后来被证明在这一领域具有巨大的价值;但在17世纪早期,这些方法都是为了促进自身研究,很少涉及科学的发展,更没有涉及技术的发展。

---

① In *ibid.* Vol. 3 (1892), p. 59.
② S. P. Rigaud, *Supplement to Dr. Bradley's miscellaneous works; with an account of Harriot's astronomical papers* (Oxford, 1833), pp. 17 – 70; see the two papers by R. C. H. tanner and J. V. Pepper, "The study of Thomas Harriot's manuscripts", *History of science*, ed. A. C. Crombie and M. A. Hoskin, Vol. 6 (1967), pp. 1 – 40.

对数是一个例外。对数源于理论天文学中处理长时间计算的需要，通常在三角和球面几何中进行讨论。比尔吉（Bürgi）和纳皮尔（Napier）在1614年公布了对数表，他们的发明延长了一个天文学家的寿命。不久后，格雷欣学院的布里格斯（Briggs）和埃德蒙·冈特（Edmund Gunter, 1581—1626年）以及开普勒也出版了对数表；这些表格大大加快了阿拉伯数字的普及。基于对数相同原理的计算尺，是17世纪在冈特和奥特雷德发明的仪器的基础上逐渐发展起来的，格雷欣学界对航海的兴趣催生了航海用数学仪器的发明，然而它在海上的观测一直过于单调，无法保证使用复杂的数学方法。过了一段时间，对数和计算尺才被广泛使用；但与此同时，冗长的计算导致了各种其他设备的发明：从纳皮尔的初始"骨状器"（elementary "bones"）到帕斯卡和莱布尼茨的笨重计算机器。

除了对数，数学家们还致力于研究希腊著作和阿拉伯人继承的算数和代数传统所提出的问题。意大利首先在面积和重心问题的背景下研究无穷小问题，代表人物是卡瓦列里（Cavalieri）和托里切利，而后是北欧的费马（Fermat）和罗贝瓦尔以及比利时耶稣会会士数学家格雷瓜尔·德·圣万桑（Grégoire de Saint Vincent, 1584—1667年）也投入了这项研究。对运动物体的研究也需要使用无穷小，例如开普勒推导出他的前两个行星运动定律，以及伽利略对瞬时速度等概念的论述——论述的主要根据是14世纪牛津大学的理论论文。

解析几何是由费马和笛卡尔创立的；费马是受到帕普斯（Pappus）叙述一部遗失的阿波洛尼奥斯（Apollonius）作品的启发；笛卡尔是对帕普斯讨论的一个著名问题感兴趣的参与者。两人都阐发了测定曲线切线的方法；直到牛顿时代，人们才认识到这个问题与面积问题之间的密切联系。费马的工作通常是在业余时间进行，与其同时代的人主要通过报道了解他。笛卡尔在1637年发表了《几何学》（Geometrie），作为第三篇阐述他的发现方法的文章，其表述晦涩难懂；因此，他的代数和几何思想的独创性只有通过后来的评论家们的努力才得以揭示。建筑师和工程师吉拉德·笛沙尔就没那么幸运了。他的投影几何学虽然被布莱士·帕斯卡（Blaise Pascal）所发展，但他与巴黎艺术家和建筑师的争论却没有引起注意。除了笛卡尔，代数的主要贡献者是哈里奥特和奥特雷德。弗朗索瓦·维埃特（Francois

Viète，1540—1603年）在1646年出版的著作中包含了16世纪著名的数学遗产。

"新哲学"位列独特的科学成就中。它的信徒们有着不可动摇的信心；这信心来源于它成功地重组了自然探索的三大领域，每个领域都产生了一个成熟的思想体系。第一个领域是宇宙学和天体运行学。传统上，对天空的详细研究集中在对行星运行的数学描述上，而非它们的成因上。另一方面，地球物理学关注的是运动的原因；由于世界形成了一个类似于生命体的宇宙，特殊的运动归因于这样一种通则：自然运动使物体更接近其在事物结构中的位置，而来自外界的剧烈运动则产生相反的效果。

伽利略、开普勒和笛卡尔颠覆了这种世界观，并提出了新的自然观。伽利略在其职业生涯早期就奠定了他对物理学贡献的基础；当时他先后在比萨大学和帕多瓦大学担任数学教授，但他的主要著作可追溯到1610年，当时他是托斯卡纳大公的首席哲学家和数学家。他最著名的作品是《关于托勒密和哥白尼两大世界体系的对话》（1632年）；这部巨著导致其被谴责并受到软禁。伽利略年轻的时候，就开始接受哥白尼的观点，即地球绕着太阳转，他意识到需要一种新的物理学来解释为什么我们无法察觉到这种运行。只有运行的变化——而不是运行本身——才需要缘由；因为这样一来，一个在运行着的地球上的乘客，就如同一个水手在风平浪静的日子里一样，无法察觉大地的稳定运行了。但是，要改变传统的运行观，就需要创造一个新的世界体系来取代宇宙；伽利略认识到，这种观念上的根本性改变不能通过特定的实验或观察强加给读者。因此，《关于托勒密和哥白尼两大世界体系的对话》主要是对一种新的自然哲学的非正式启动；在这种哲学中，运行不再需要一个持续的活动原因。重要的是，对伽利略来说，世界仍然是有限的，因此无限延伸的直线运动——牛顿物理的惯性运动——自动被排除在外了。与这种世界观相一致的是，（在理想条件下）持续存在的运动是圆形的：一个旋转的陀螺，或是一个在光滑表面上滚动的球，它与地球的曲率成曲线。伽利略没有进一步解释球的运动没有离开地球是由于一种力阻止它沿着切线离开地球的结果；对他来说，重量仍然是物质的固有属性；这使他在世界上身处特定的位置，例如物体围绕着转动的地球中心。笛卡尔在《世界》(Le Monde，他死后于 1644 年出版) 和《哲学原理》中，阐释了重量仅仅是物质运动的结果。他认为，除非有外因的作用，否则上帝的永恒性导致一个物体在任何时候都会保持它的即时状态；其结论是，只有直线运动在瞬间存在，这种运动才会持续下去。这种运动的概念与笛卡尔的空间观密切相关，并自然而然地导致笛卡尔的空间观中的空间是无限的，没有特定的位置或方向，这意味着与宇宙的最终彻底决裂，并被古典的几何宇宙学所取代。

但是，伽利略认为大规模惯性运动是弯曲的，这一观点并没有影响他在 1638 年发表的关于自由落体和投掷体轨迹的讨论。40 年间，他对此问题的看法趋于成熟，并在《关于托勒密和哥白尼两大世界体系的对话》中公布；在作者失明后，又出版了他最后也是最伟大的《关于两门新科学的对话》(Discourses on two new sciences)。伽利略所描述的"超人阿基米德"[①] 已经向我们展示了如何将静力学问题理想化，使它可以应用在数学上，同时仍然与现实世界有关；他的方法被斯特文应用到静力学的其他问题上——尤其是斜面上物体保持平衡的条件上。另一方面，14 世纪的著作家们发展出一个关于运动物体的理论；尽管伽利略后来利用了他们的分析和概念，但他们并没有成功地将他们的理论与现实世界联系起来。正是伽利略把阿基米德的方法扩展到研究弹丸的运动问题上的。他首先证明，在理想条件下，自由落体的速度与所经过的时间成正比。他通过数学论证将这种关系转化为他可以测量的距离和时间之间的关系；然后，通过将自由落体看作沿斜面滚动运动的一种特殊情况，他得出了距离与相对较大的时间间隔之间的关系，对此他同样可以测量。最后，他通过实验证实了这种关系，然而他的描述并不能使人完全信服。

对伽利略来说，运动不再像亚里士多德所说的那样是相互干扰的过程。它们可以用数学方法结合起来：伽利略展示了水平方向的匀速运动和垂直方向的加速运动结合起来的过程，从而给出了弹丸的抛物线轨迹，并证明了许多其他类似的定理。他的研究成果的基本特征并不能说明他那本书的重要性。他写道："我认为更重要的是，我们的

[①] Demotu, in Opere, ed. Naz. Vol. I (1890), p. 300.

劳动将为一门最丰富、最优秀的科学打开一条通道和入口，我们的这些劳动将是其中的要素；更多比我敏锐的科学头脑能够洞察到更隐蔽的深处。"①

在《关于两门新学科的对话》中，伽利略认为只有两个世界体系值得考虑，故意对第三种体系的存在视而不见；这个体系在20年前取代托勒密宇宙学说成为那些相信地心说者的焦点。这是伟大的丹麦观察家第谷·布拉赫（Tycho Brahe）在1584年之后提出的。其中，行星的相对运动与哥白尼的观点基本相同；但是，地球是绝对静止的。这个系统保留了哥白尼理论的许多优点，同时批驳了地球在运动的流言。第谷只是众多独立采用类似系统的天文学家之一；有些天文学家主张地球每天自转，另一些天文学家则认为地球是完全静止的；直到1625年，牛津地理学家纳撒尼尔·卡彭特（Nathanel Carpenter, 1589—1628年）② 还宣称是他自己作出的这项发明。遗憾的是，伽利略强烈反对托勒密地心说的观点——特别是关于金星的月相观点——可能会被解释为是在支持哥白尼和第谷。因此，他难以公然反驳第谷，但他试图否定其学说，称其为未经认真思考而妥协的结果。然而，1616年宗教裁判所宣布哥白尼学说为异端邪说后，全体耶稣会会士天文学家都采纳了第谷的理论，直到本世纪下半叶该理论才获得大量的外部支持。

在开普勒的《新天文学》（*Astronomia nova*, 1609年）中包含有支持日心说的最有力论据。在这部划时代的著作中，开普勒终于打破了用圆周来描述行星运动的古老方法，他说行星实际上围绕太阳做椭圆运动，每颗行星都有一条运动曲线。他的著作在数学天文学家——包括英国的哈里奥特和霍罗克斯（Horrox）以及他们的朋友——中被广泛讨论，然而像伽利略和笛卡尔——他们对开普勒强加给读者的复杂计算没有耐心——这样的一些人忽视了他的著作。但是，比他的结果更重要的是引导了他的物理思维。地球物理学中对原因的传统探究现在被应用到行星上；世界不再被认为是一个有机体、一个宇宙，而是一个被太阳驱动的机器。

---

① *Discorsi...*, Ⅲ, in ibid. Vol. 8 (1898), p. 190. See the important critical edition of the *Discorsi* with extensive historical notes by A. Carugo and L. Geymonat (Turin, 1958).

② *Geography* (Oxford, 1625), p. 111.

正如通常在过渡时期出现的作品那样,《新天文学》既过时又具有预言性。它告诉我们：维持行星的运动需要太阳的力量，因为按照亚里士多德的观点，没有太阳的力量，行星就会停止运转。随着开普勒的物理学在这一重要的领域迅速被取代，以及人们对他的行星运行定律究竟是精确的还仅仅是近似的普遍持怀疑态度，行星天文学进入一个犹豫不决的时期，直到 1687 年牛顿证明了所有三个开普勒定律都是万有引力的结果，怀疑才消除。

即便笛卡尔无法胜任对行星运行进行详细研究，但他确实在《哲学原理》中对世界的数学和机械视觉给出了权威观点。根据运行的分配和运行的传递"不是来自感官的偏见，而是来自理性的光"①的法则，呈现出了一个对物质世界的完整描述；至少这不取决于上帝在创世那一刻选择分配运行的特定方式。不管这种选择如何，我们可以断言：通过类比水池中的扰动，物质在时间上一定是以漩涡或漩涡的形式排列，太阳系就是其中的一个例子；人们可以合理地解释地球等天体在这些漩涡中的许多详细特性。但是，要讨论单个漩涡的性质，就必须放弃演绎法，转而对其进行假设和实验验证。

笛卡尔理论体系注定是要失败的，因为虽然它原则上是数学的，但在实践中又必须通过口头的、非数学的方式来阐发，这种方式很容易用以阐释几乎所有事实。在适当的情况下，演绎法是非常有力的工具，伽利略十分谨慎地使用了这种方法，现在却被人们毫无区别地加以应用：甚至笛卡尔的运动定律也被证明不仅是错误的，而且是相互矛盾的。在他有生之年，他的弟子们就开始掩盖他的物理学的形而上学基础了，而这对他来说是至关重要的。然而，他对机械哲学的平静自信的阐述，标志着伽利略著作中反亚里士多德的阐述与本世纪后半叶科学特有的新方法的积极应用之间的分水岭。特别是对于受过教育的外行，他提供了各种各样的现象解释，最后消除了种种神秘性：亚里士多德学派的"神秘"形式和特性永远消失了。其他科学家则通过运动中的物质来表达解释的力量：尤其是伽桑狄对伊壁鸠鲁原子论的基督教化说明，提供了一种令人耳目一新的观点，以取代刻板的笛卡尔理论体系。但是，正是笛卡尔将机械哲学系统化，并在大范围内

---

① *Princ. Philos.*, Ⅲ, Ⅰ.

将其应用于许多复杂问题；这些问题涉及了宇宙学和生理学这样一些极其不同的领域。

新哲学重新组织起来的第二大自然研究领域，是在当时兴趣范围内对一系列无生命物理现象的生产方式进行实验性研究。新哲学在概念上是机械的，而当时的力学科学则过于依赖理论而非实验发展，以致无法成为利用概念力的数学和实验方法的典范。这一角色由光学来扮演了；自希腊时代以来，光学一直是将实验与数学结合起来的最先进的世间科学。伽利略基于从透镜组合中获得的证据，对公认的观点发起挑战，继而产生了一种新的推动力。开普勒费尽心思澄清古代物理、生理学和幻想心理学之间的混淆不清（见下文），而在接受木星卫星的存在之前似乎也是犹豫不决的；但是不久，伽利略原始望远镜的成功使对透镜，尤其是折射定律的研究显得迫在眉睫。几个月后，开普勒在他的《屈光学》（*Dioptrice*，1611年）中描述了一个关于折射的实验研究；尽管只取得了部分成功，但他还是能够继续解释许多与透镜有关的现象。他对望远镜的构造提出了一项重要的改进意见，很快就被采纳了。

1597—1605年哈里奥特对折射进行了一次基础数学和实验研究，其间他于1601年发现入射角和折射角的正弦值依介质而变化的定律。① 基于这一定律，他通过数学方法确定了阳光穿过水珠形成彩虹的现象，并通过测量阳光穿过玻璃棱镜、水及其他液体中的不同颜色和色散，取得了自14世纪以来的第一次重大进展。斯涅耳在去世前不久也发现了正弦折射定律，但他和哈里奥特都没有将这一结果公开发表。笛卡尔是否知道他们的工作不能确定；然而他在1637年出版的说明其《论方法》的《屈光学》（*La Dioptrique*）中给出的物理推导并不十分令人信服。事实上，费马在接受笛卡尔公式的同时，后来给出了完全不同的物理推导。笛卡尔在附于《论方法》中的《大

---

① J. Lohne, "Thomas Harriott (1560 – 1621): the Tycho Brahe of optics", *Centaurus*, Vol. 6 (1959), pp. 113 – 21, "The fair fame of Thomas Harriott", ibid. Vol. 8 (1963), pp. 69 – 84, "Zur Geschichte des Brechungsgesetzes", *Sudhoffs Archiv fur Geschichte der Medizin und der Naturwissenschaften*, Vol. 47 (1963), pp. 152 – 72, "Regenbogen und Brechzahl", ibid. Vol. 49 (1965), pp. 401 – 15; cf. J. W. Shirley, "An early experimental determination of Snell's law", *American Journal of Physics*, Vol. 19 (1951), pp. 507 – 8; Rigaud, *Supplement to Dr. Bradley's... works*, p. 41.

气现象》一文中像哈里奥特一样，用这个定律对彩虹的形成和颜色的分散进行了定量分析；但他补充了一个重要的物理阐释，把颜色与间歇性速度——即在他的光理论中假定的微粒旋转相关联。克朗兰的约翰·马库斯·马西（Johann Marcus Marci, 1595—1667 年）——最早论述运动和摆的著作的作者——1648 年在布拉格宣布了进一步的发现：通过一个棱镜形成的颜色无变化地通过第二个棱镜。

气体动力学是实验与概念的发展相结合，开拓了巨大的创新可能的物理学领域在《关于两门新科学的对话》中，伽利略提到：通过抽吸提升水位的高度是有限度的；这一点对从矿井中抽水的人们而言是常识。伊萨克·贝克曼（Isaac Beeckman, 1588—1637 年）和乔瓦尼·巴蒂斯塔·巴利阿尼（Giovanni Battista Baliani, 1582—1660 年）把这种现象归因于大气的重量，但托里切利提出要用更重、密度更大的水银进行实验的想法。他在一封信中写道：他把一根长管子装满水银，把一根手指放在开口的一端，把管子倒立浸入水银盘里。当他移开手指时，管子里的水银向下流，当流到高约 30 英寸时便不再下降，而倒立的管子里被水银空出来的那一段后来被称为"托里切利真空"。托里切利在解释他的研究结果时说："我们生活在由空气组成的海洋底部，毫无疑问，实验证明空气是有重量的。"① 他得出结论：水银高度的变化反映了气压的变化。帕斯卡从梅桑恩那里了解到托里切利的研究成果；他认为这是这么一个对假说所做的简单而惊人的测试：山顶的气压以及水银的高度应该比山脚下小。1648 年，弗洛兰·佩里埃（Florin Périer）到法国中部高峰多姆峰（Puy De Dome）成功地进行了这项实验。与此同时，奥托·冯·格里克（Otto von Guericke）正在马格德堡研制一种装置，用于抽出紧密贴合的两个半球之间的空气。1654 年，他公开展示了将两个半球联合起来的强大力量：马队无法将两个半球分开。这些引人注目的实验使人们注意到了在没有空气的情况下研究身体和生理行为的没有料到的机会。空气泵成为第一个在实验室使用的复杂机器；它使科学家习惯于在受控和完全人工的条件下工作，由此产生的大量新信息再次证明了仪器与器

---

① Evangelista Torricelli, *Opere*, ed. G. Loria and G. Vassura, Vol. 3 (Faenza, 1919), p. 187; see Galileo, *discorsi*, ed. Carugo and Geymonat, pp. 616 – 22; C. de Waad, *L'experience barometrique* (Thouars, 1936) and W. E. K. Middleton, *The history of the barometer* (Baltimore, 1964).

械在扩大现有证据范围方面的价值。

当数学和实验相结合的时候,声学中的一些问题也开始得到解决。继 16 世纪的季罗拉莫·弗拉卡斯托罗(Girolamo Fracastoro)、乔瓦尼·巴蒂斯塔·贝内德蒂(Giovanni Battista Benedetti)和伽利略的父亲温琴佐·伽利勒(Vincenzo Galilei)之后,1614—1634 年,贝克曼、笛卡尔和梅桑思最终确立了音调与振动频率成比例的基本命题,以及音调与震颤弦线、管道和打击乐器的长度、松紧和密度相关的法则,因此能够给出共振、和谐音与不和谐音的物理解释。① 梅桑恩在他的系统论著《乐谱》(1636 年)和《普通声学:音乐理论和实践》(1636—1637 年)中发布了这些结果和其他的原创理论,包括频率与钟摆长度关系的法则及其在时间测定中的应用。在这些和后来的作品中,他还开创了对泛音的科学研究,测定并证明独立于音调和响度的声速,并开展对声音媒介的研究。他确定了声音的强度和光的强度一样,与离声源距离的平方成反比。伽利略在《关于两门新科学的对话》(1638 年)中发表了一些与振动弦和摆锤相关的类似结果;正是他在这篇关于抽吸泵工作中的论述激发了加斯帕罗·贝尔蒂(Gasparo Berti)约在 1642 年前不久开始的实验,这项实验由格里克和罗伯特·玻意耳(Robert Boyle)完成,确切地证明大气中声音传播的媒介是空气。

在这些物理学领域,将数学和实验方法应用到通过机械哲学解释的问题上,取得了立竿见影的成效;而在其他领域,结果就不那么幸运了。例如,磁性不仅是威廉·吉尔伯特(William Gilbert,1540—1603 年)深入研究的主题,他的《论磁体》(De magnete)出版于 1600 年,也是此后其他传世名著关注的核心问题,如耶稣会会士尼科洛·卡贝奥(Niccolo Cabeo,1586—1650 年)的《磁感应哲学》(Philosophica magnetica,1629 年)和另一位耶稣会会士阿塔纳斯·珂雪(Athanasius Kircher,1601—1600 年)的不朽著作《磁铁》(1641 年)。但是,尽管磁性现象越来越为人们所熟悉,但磁性的本质仍然十分玄妙。笛卡尔用纯粹机械的方式解释了它的作用,消除了许多围

---

① C. V. Palisca, "Scientific empiricism in musical thought", in Seventeenth century science and the arts, ed. H. H. Rhys (Princeton, 1961); Crombie, "Mathematics, music and medical science" and forthcoming studies of Galileo and Mersenne.

绕磁性的困惑，但他的解释未能达到数量上的预测功率。与此同时，由于缺乏发电的方法，对电的研究进展甚微，因此可供理论化的证据也很有限。

另一方面，出于相反的原因化学的处境颇为尴尬。几千年的冶金实践和炼金术的理论和实验积累了丰富的实际经验知识，普通人对于知识的渴求也增加了对医生、药剂师、染匠及相关从业者的迫切需求。这是一种令人畏惧的前景。面对这一前景，许多人套用那些有明显缺陷的理论做些简短说明，却很少用实验来证明这些理论。人们的兴趣仍然集中在加热反应上。仪器既粗糙又易碎，既难以保持足够的温度，又难以防止加热的容器破碎。物质很少是纯质的，主要研究的是有机物，因此很复杂。在这样的条件下，即使有一个一致的解决方案（如机械哲学），数学和实验的相互作用显然也是不可能的，长期价值的展现主要体现在技术和自然史的水平上。因此，德意志医疗化学家格劳贝尔（Glauber）发明了一种制备"芒硝"的方法，并从尿液、食盐、煤烟和牛血中获得了氯化铵。

与此同时，化学和炼金术理论被划分为不同的学派，亚里士多德的四元素理论和帕拉切尔苏斯（Paracelsus）的三元素理论占主导地位。在这一层面上，最具独创性的贡献来自范·海尔蒙特（Van Helmont）；他主张水是所有物质的基础。对他来说，尽管空气在化学上是惰性的，但他得到了各种气体，因此他认为空气中含有杂质。相比之下，一些化学家［尤其是丹尼尔·塞纳特（Daniel Sennert, 1572—1637年）和约阿希姆·荣格］已经开始根据原子运动来解释化学反应；受此启发，罗伯特·玻意耳（1627—1691年）将化学理论引入机械哲学，使化学成为物理学中相当重要的一部分。

这一时期，在自然哲学的第三大领域中，实验方法和机械分析方法结合在一起产生了一个全新的思想体系，即伽利略所说的"有生命的和敏感的身体"①。包括生命体在内的整个物质世界都是作为一个力学系统运行的，这种哲学假设将问题定义为发现有关特定机制的问题。研究成果受到现有研究工具的限制：目视解剖学、力学基础知识、

---

① *IlSaggiatore*, question 48, in *Opere*, ed. Naz. Vol. 6, pp. 348, 351.

几何光学和其他一些物理科学、基础化学、诸如手术刀和结扎术以及透镜和天平等简单的仪器。此外，比较方法被认为是一种强有力的研究手段，既可以研究身体结构，也可以研究整个生物界的合理秩序。

这一时期杰出的生理学成就是哈维对血液循环的演示。哈维在帕多瓦大学接受过医学教育，他继承了那里的方法。他师从伟大的比较解剖学家和胚胎学家法布里齐奥（Fabrizio）学习了5年；法布里齐奥是伽利略的同事和私人医生，也是清晰描述静脉瓣膜第一人。伽利略的另一位同行桑托里奥（Santorio）系统地将定量方法引入医学，设计了测量温度和脉搏率的仪器；他在《静态医学》（*De medicina statica*, 1614年）中，描述了一个著名的实验；在这个实验中，他花了几天时间在一个大天平上称量食物和粪便，以确定身体的物质交换（the maferiel exchanges of the boby）状况。正是哈维成功地运用了这些方法，继而带来了一场理论上的革命：这先体现在血液运动的具体理论上（这由于血液在现有生理系统中的作用），而后体现在整个生理学理论中。

哈维所要与之抗争的"盖伦生理学"（Galenic physiology）是建立在把人体分成三个独立系统的学说基础上的：静脉系统、动脉系统和（中空的）神经系统。携带着"自然精神"的静脉血被认为是在肝脏中制造出来的，然后从肝脏的静脉中流出，将营养物质运送到全身。与16世纪的理论相一致，一些血液进入了心脏的右侧，继而进入肺，然后流入心脏的左侧。在左心室，这种静脉血由来自肺部的"空气"赋予"生命之气"（vital spirit，生命的本质在于固有的热量），并转化为动脉血，然后由动脉分散到全身。其中一部分又在大脑中转化为"动物元气"（animal spirit），即通过中空神经运作的感觉和随意运动的原理。

根据哈维自己的陈述和他在皇家医学院讲课的手稿笔记所述，他对盖伦体系的质疑和血液循环学说的建立，是在他写《心血运动论》（*De motu cordis*, 1628年）[①] 之前的9年时间里逐步发展起来的。在

[①] *The anatomical lectures: Prelectiones anatomie universalis, de musculis*, ed. With an intro., trans. And notes, by G. Whitteridge (Edinburgh and London, 1964), pp. XXV – XXIX, XXXVII – LI; cf. W. Pagel, *William Harvey's biological ideas* (Basel and N. Y., 1967); C. Webster, "William Harvey's conception of the heart as a pump", *Bull. Hist. Med.*, Vol. 39 (1965), pp. 508 – 17.

这部著作中,他进行了全面的论证;这是一篇根据"解析和组合"这一帕多瓦逻辑(paduan logic)撰写的佳作,确立了哈维新理论的基本命题。盖伦对心脏的解剖和由瓣膜决定的血液流动有着准确的了解。但他认为,当心脏扩张时,动脉的血液进入了主动脉,从而产生了脉搏。哈维的研究则表明,当心脏的肌肉收缩时,心脏就会把血液推到动脉中,其结构只允许血液单向流动;后来他把其比作一种泵。他通过结扎、刺穿适当的血管,以及对各种动物和胚胎的观察指出,血液也只能沿一个方向流过身体,即通过静脉流向心脏,静脉的瓣膜阻止血液回流,然后通过动脉流出。他计算出心脏在一小时内泵出的血液量比整个身体的重量还要多。这一数量的血液不可能像盖伦理论所设想的那样在肝脏中持续产生,于是就得出了这样的结论:静脉和动脉形成了一个单一的系统,血液借助这个系统通过心肌的搏动而形成一个循环。

哈维除了用透镜观察透明虾和其他小动物的血液流动,还使用了盖伦所熟悉的技术。他的胜利是思想的胜利,尤其是比较方法和定量方法的胜利。因此,他把仅凭对死人身体进行查验就得出一般结论的解剖学家比作"那些看到一个联邦政府的运作方式就框定政治的人,或者那些知道一块土地性质就确信自己了解农业的人"[1]。通过比较研究,他能够将人类(和哺乳动物)的血液系统视为一般理论中的一种特例;该理论涵盖了不同动物的所有特定的循环系统,不论其是否有肺,是否有红色的血液,是否是胚胎或成人。尽管受到专业机构的反对,特别是在巴黎的医学院,哈维的新体系还是逐渐被年轻一代所接受;它结束了盖伦的一般生理学,提出了关于血液、肺、肝和其他器官功能的一系列全新的生理学问题。不过,哈维对未来生物学思想的最大贡献也许是他所列举的比较实验生理学的例子。

作为一项智力行为(intellectual behaviour)研究成果,《心血运动论》是一个通过实验分析对思想能够进行控制的模型,它的作者拒绝超出他所能看到的有机结构。与他同时代的一些人在看待生命的

---

[1] Harvey, *De motu cordis*, Chapter 6; earliest English translation, London, 1653. Descartes in his *Traité de l'homme* (1633; published posthumously in Latin, 1662, French, 1664) was one of the first to accept Harvey's theory of the circulation, but he held that the heart propelled the blood not by its muscular contraction but by heating it to vaporization so that it expanded.

运作方面，依照的是远比强调心灵至上的狭隘的亚里士多德主义更具猜测性的方案；他们的目标是发现可视事物背后的基本状况。每一种替代方案都试图将有限的成功扩展为一种普遍的解释原则。范·海尔蒙特提出了一个有影响力的观点：他把生物体视为一个非物质要素（即"古细菌"）控制下的"发酵"所产生的化学反应系统。虽然是冒风险的推测，但范·海尔蒙特是一位优秀的实验者；除了行医，他还花很多时间在实验室里工作，一桩富裕的婚姻使他得以在自己位于卢万的房子里建造实验室。为了检验他相信所有物质的要素都是水的信念，他进行了一个类似于库萨的尼古拉斯所描述的那种定量实验，只浇水在花盆里就可以种一棵树，5 年后他发现花盆里的土的重量几乎没有改变。① 对消化的研究是他研究动物生理学的起点，他演示了胃酸的"发酵"和胆汁对酸的中和作用。他认为，疾病是一种进入人体的外来实体或"古细菌"；他的这一观点使其成为病因学和病理解剖学的先驱。弗朗索瓦·德·拉博厄（1624—1673 年）对生理学和医学的化学观点取得了进一步的成功，其最有价值的贡献是他解释了唾液、胰液和胆汁连续对食物"发酵"的消化过程。在治疗领域，这些化学思想一度主导了医学讨论，在支持植物药的盖伦学派、提倡使用锑和汞等无机药物的帕拉切尔苏斯学派以及其他学派之间展开了激烈的辩论。

另一种主要观点认为，生命体不是一个化学系统，而是一个机械过程的系统；该观点在运用数学和机械科学解释感官机制和行为方面取得了成功。② 开普勒在其 1604 年出版的《论维特利奥历代志》(*Ad Vitellionem paralipomena*)一书中，将眼睛比作光学仪器，并展示了眼睛是如何将物体的图像聚焦在视网膜上的：这是现代生理学上的第一个重大发现。这一发现的直接影响是促使人们更加精确地分析后续问题，尽管这些问题不能被立即得以解决。开普勒在《屈光学》(*Dioptrice*, 1611 年)、席耐尔在《眼睛》(1619 年)和《长满刺的玫瑰》(1630 年)、笛卡尔在《屈光学》、梅桑恩在《几何学概要》(1644

---

① VanHelmont's manuscripts were published posthumously with some additions by his son as Ortus medicinae (Amsterdam, 1648); see pp. 53, 109. An English translation appeared under the title *Oriatrike or, physick Refined* (London, 1662).

② A, C, Crombie, "The mechanistic hypothesis and scientific study of vision", *Proceedings of Royal Microscopical Society*, Vol. 2 (1967), pp. 3 – 112.

年）和《光学和反射光学》（1651年）中，通过精确、定量和频繁的实验研究，还有对适当的补偿镜片设计、视敏度、调节能力、单一视野的形成研究，以及直接视觉与间接视觉、间接视觉和其他视觉之间联系的研究，将当前的生理学光学推向了一个高级科学阶段。梅桑恩首先在《宇宙和谐》（*Harmonie universelle*），而后又在《物理数学随感》（*Cogitata physico-mathematica*，1644年）、《物理数学新论》（三卷，1647年）等系列著作中，开始对听觉进行类似的分析。在这个过程中，明确区分感觉的生理方面和心理方面之间以及推测和既成事实之间的差异成为可能。

然而，这项研究从一开始就致力于解释各种机制；这些机制不仅调节每一种特殊的感觉，而且还调节了它们所产生的刺激之间的相互关系，从而形成了对外部世界的一致看法和与之相关的一贯行为。这个问题是由梅桑恩、伽桑狄和霍布斯以不同的方式提出的，但笛卡尔把它推进到了为生物创造一个普遍机械模型的地步。他在《论人》（*Traité de l'homme*）中写道："我希望你们能考虑到"，"这台机器的所有这些功能都是由它的各个部件的排列而自然产生的，就像钟表或其他自动机的运动，并不取决于它的重量和轮子"①。他通过对同样的机械论问题的反复探究、关注每个运动之后的物理运动、从光的物理观感和其他物质对感觉器官的影响开始一直到动物肌肉的相应运动，把"有生命的和敏感的身体"归结为一个内置的反应系统；这一系统旨在通过追求有益的和避免有害的环境作用使自己得以保护和繁殖。笛卡尔以非物质的人类灵魂和身体机器之间的关系为主题，写了一篇非常有趣的心理学论文《论灵魂的激情》（*Les passions de l'âme*，1649年）；所有其他生物都只是机器。这些推测对实际发现的影响可能很小；这些发现就像哈维关于感官机制方面的研究，以及后来 G. A. 博雷利在他的《论动物的运动》（*De motu animalium*，1680年）一书中发表的文章那样，是通过攻击有限的问题而获得的。哲学机制的意义就在于它阐明了数学家和实验者已经在研究的假设，提供了一个哲学宇宙论；这一宇宙远远超出了自然科学心理学和霍布斯在《论公民》（*De cive*，1642年）、《利维坦》（1651年）、《论物体》

---

① *Oeuvres*, Vol. II (1909), p. 202.

(*De corpora*，1655 年）和《论人》（*De homine*，1657 年）中描述的社会模型。

除了这些具有明确理论意义的研究之外，在整个时期内观测数据的不断积累使我们越来越清楚地了解到自然历史的多样性。从美洲、非洲、印度以及遥远的中国和菲律宾，收集了一些迄今不为人知的植物。在欧洲，在不同条件下培育植物的经验是通过园艺、农业和建立植物园发展起来的，主要目的是服务于医学。描述植物学的出版物越来越多，与之相关的已知物种的数量也随之增加，从 1542 年伦纳德·富克斯（Leonard Fuchs）确认的约 500 种，增加到加斯帕尔·博安（Caspar Bauhin）在他的《植物描述基础》（*Prodromus theatri botanici*，1620 年）中确认的约 6000 种，再增至 1682 年约翰·雷（John Ray）确认的约 18000 种。博安、荣格和其他植物学家试图通过设计更加精确、更具诊断性的描述和更全面的分类系统来赶上这种知识积累。解剖学的深入研究（尤其是在意大利和英国）同样促进了人们对动物知识的增长；1645 年出现了最早的比较解剖学综合论著，即那不勒斯的马克·安东尼奥·塞维里诺（Marc Antonio Severino，1580—1656 年）所写的《德谟克利特动物解剖学》（*Zootomia Democritaea*）。这部著作的一个显著特点是塞维里诺承认以人为"原型"的类型统一性；他试图将这一观点扩展到整个动物王国，甚至扩展到整个植物王国。比较胚胎学取得了进一步的发展，特别是哈维在他的《论动物生殖》（1651 年）中断言，"所有动物，即使是胎生的，甚至人本身，都是从胚胎发育而来的……正如所有的植物都来源于某种种子一样"[①]；它奠定了一个基本原理，后来通过实验加以确立。关于地球表面的知识也在不断积累。法国耶稣会会士探险家乔治·富尼埃（George Fournier）在他的著作《水文地理学》（*Hydrographie*，1643 年）中发表了洋流理论；笛卡尔试图用《哲学原理》中的一般机械论理论解释地球的地质历史，并预测所有学科会在此后发展为关于进化的讨论。

与科学领域一样，人们期待数学在技术上的应用将开创一个成就

[①] Exercitatio Ⅰ；cf. Exer. 62；earliest English translation, London, 1653.

无限的时代；然而，这一时期的技术与上一代的技术有关，就像巴洛克时期的雕塑与米开朗基罗时代的雕塑有关一样。呈现给我们的画面有点夸张：一种日益增长的雄心壮志与一项甚至低于 16 世纪的成就有关。人们认为，应用于艺术，特别是机械的数学可以迫使自然向懂其秘密的人传递一种浮士德式的能力，来实现他的所有愿望：他的马车不需要马，他的房子永远不会缺少光，甚至还能伸手够月。其中，最吸引人的是永恒运动的想望（the promise of perpetual motion）：这种不受约束的幻想使我们那个时代的许多人着迷于无限力量的梦想；这种幻想就像黄金国和点金石一样使他们欣喜若狂。诚如伽利略所说：

> 我见过许多机械师受到误导，试图将机器应用于许多因其性质而无法实现的操作；他们在成功方面仍然犯了错误，其他人也同样被从他们的承诺中孕育出来的希望所欺骗。在我看来，这些骗局的主要原因是：这些工匠相信，而且一直以来都相信，他们能够用一点力量举起非常大的重量，就像他们的机器欺骗了大自然一样；他们最坚定的本能是，没有任何抵抗力能被一种比我更强大的力量所克服……由于许多君主上当受骗，缺乏理解力的工程师们开始逐梦，投身到不可能的事业中去；这使他们自己也感到羞耻。①

大多系由业余爱好者撰写的几本书［如加斯帕·恩斯（Gaspar Ens）的《数学术士》（1628 年）和约翰·威尔金斯（John Wilkins）的《数学魔法》（1648 年）］，都传播了好消息。这些标题意义重大：想象在他们的观念中起了很大的作用；在有科学依据的地方，想象往往是一个早已枯竭的想法。扬·范·德·斯特雷特（Jan van der Straet，1536—1604 年）的《永恒的运动》（Permanent motions）在 1650 年之后很久还在出版，这类作品中最早也是最著名的作品是 G. B. 德拉·波尔塔的《魔术》（1558 年），在其原版面世一个世纪之后，于 1658 年出了精美的英文版本。

---

① Galileo, Le mecaniche, in Opere, ed. naz. Vol. 2 (1891), pp. 155, 158.

但是，如果这些梦想只能带来不可避免的失望，那么在常规技术领域取得的进步也好不到哪里去。对此，原因往往与科学无关。就像今天一样，只有通过投资而不希望迅速获得回报，才能取得快速的进展。更为雄心勃勃的计划虽然采用了早已确立的方法，却因沟通缓慢而受阻，结果导致管理迟缓和效率低下。项目拖了几十年，或者是在最初提出后的很多年才开始实施。布里阿尔运河是法国最早的几条主要运河之一，连接卢安河和卢瓦尔河，花了40多年的时间才修建完差不多几英里：在17世纪初开始修建，但竣工没几年就关闭了。半个世纪前，汉弗莱·布拉德利（Humphrey Bradley）就制订了排干沼泽地的计划，这项工作在30年代和40年代占用了科内利斯·费尔穆登（Cornelis Vermuyden，1590—1677年）的大部分时间。

国家机器就像工业机器一样，缓慢而低效地运转；这时从首都到偏远省份的通信可能要花上几个星期的时间。国家的需求（如战时的枪炮需求）往往必须在数量上毫不拖延地得到满足，因此必须采用传统的方法，几乎没有机会进行新技术的试验。1630—1631年的瘟疫以及反复出现的经济和政治危机削弱了人们的主动性。然而，在北海新崛起的经济发展中心——英格兰和尼德兰，以及紧随其后的德意志北部和斯堪的纳维亚——只要科学能应用于"有用的行业"，接连的失败和拖延也难以抑制人们对不确定的技术改进可能性所持有的乐观主义情绪和信念。

遗憾的是，事实上所应用的科学常常是过时的；这是学术界和工匠之间存在鸿沟的征状，这又进一步阻碍了技术进步。当然，那些有才能者（virtuosi）不是这样，他们为管理自身财产和商业利益的需求所激励。爱德华·萨默塞特（Edward Somerset，1601—1667年）是第二代伍斯特侯爵；他雇用了一位枪支铸造人来研究各种发明并制作模型，1663年他出版了《目前我可以想起已经尝试和完善的一个世纪来这些发明的名称和构件尺寸》。尼古拉斯·克里斯普爵士（约1599—1666年）奖励发明家，积极鼓励他们的思想传播；他自己发明了一种成功的制砖新方法。但是，绝大多数的实用主义者都没有接触过现代科学。伽利略在《关于两门新科学的对话》中关于弹丸运动的精湛论述表明，在理想化的条件下，炮弹的飞行轨迹是一条抛物线，但在半个世纪之后，炮手手中的书籍却仍然在阐述塔尔塔格利亚

第四章 科学运动及其影响（1610—1650 年）

(Tartaglia) 早在 1537 年就传授的学说。哈里奥特对于精确导航这一令人绝望的难题的诸多贡献，始于他的第一位赞助人罗利（Raleigh），并在 1603 年罗利倒台后继续研究工作。爱德华·怀特（约1558—1615 年）是斯特文的《天堂发现的艺术》的译者、著名的《导航中的某些错误》(*Certaine errors in navigation*, 1599 年) 的作者；他还提供了新的图表和使用海图的技术，并且每年代表东印度公司讲授航海知识。约翰·塔普（John Tapp，1596—1631 年）和格雷欣学院的冈特继续从事这项工作，但他们的影响非常有限，这从理查德·波尔特（Richard Polter）于 1644 年重新出版的《完美航行之路》(*Pathway to perfect sayling*) 中可以看出；他曾是国王船队的船长，观念比较保守，1605 年他的书在第一次出现时已经过时了。实用主义者对传统、可信技术表现出的这种偏好意味着关注重点在从技术向科学转移。难以将矿井里的水抽干；尽管小规模模型取得了成功，但设备一再出现故障；炮手不确知其炮的准确射角：所有这些问题都是纯科学问题，需要让科学来帮助技术。

技术进步的另一个障碍在于新科学思想的本质。在理解自然世界的复杂性之前必须将其理想化这一自相矛盾的做法，已经在概念层面和对照检验的实验中被新哲学欣赏和接受。但要进一步把一种尚粗糙的初始技术与理论联系起来，就更加困难了。当这个理论是经典的时候，人们有时会尝试应用它。在无数的精巧装置中，齿轮加在齿轮上，杠杆加在杠杆上，人们满怀希望，就像机械理论中理想化的机器一样，一个小力就能操纵整个机器。理论过于新颖，人们甚至都不想应用。枪的射程可能非常重要，但不仅要考虑风阻等主要因素，还要考虑火药、枪弹和枪膛等也存在很大变数的因素；在这种情况下，伽利略的抛物线就不太适用了；诚如哈雷后来所述：枪手们"失去了他们瞄准的所有几何精确性，打不中野猪，吃不准难以避免的枪的后坐力"[①]。

因此，这一时期的技术成就相对较少就不足为奇了。染色技术有了显著改进，科内利斯·德雷贝尔（Cornelis Drebbel）这位最富创造

[①] Edmond Halley, 19 March 1700/1, in *Correspondence and papers*, ed. E. F. MacPike (Oxford, 1932), p. 168.

力的发明家，在 1620 年前后发明了一种新的红色染料。随着威廉·李（William Lee）在 1589 年发明的针织机的普及，复杂的机械设备开始流行起来。但是，最重要的发展是对齿轮增多的局限性有了更好的理解：人们试图寻找新的原动力。一开始，人们努力扩大风力发电的使用；事实证明，风力发电对于荷兰而言非常重要。第一次尝试使用无生命动力驱动的陆地交通工具是荷兰的帆船车（sailing cart），传统上认为是斯特文发明的。但对莫里斯亲王来说，它更像是一种玩具、一种新的游戏，而不是一种实用的交通工具。

　　对未来更有意义的是蒸汽的使用。最初的实验也是一种娱乐，灵感来自（亚历山大的）希罗的自动玩具。希罗的汽转球（æolipile），即一个小锅炉从一个狭窄的管道喷出蒸汽，在文艺复兴时期被用于增强火力。恩斯提到了汽转球的许多应用（包括驱动磨粉机），但大多只是玩具而已；乔瓦尼·布兰卡（Giovanni Branca，1571—1640 年）在《机器》（Le machine，1629 年）一书中描述了汽转球在磨粉机工作中代替喷水发动机的应用。这个想法有明显的缺点，就像"用火把水抬高，而不是将其抽或吸上来"[1] 之类的项目，都没能成功。但它给了未来改革者们一些启发，就像那个时期的其他失败实验一样，迫使他们重新审视自己的理论基础。

　　这段时期尽管进展缓慢，但在乐观氛围和新研究领域开辟中结束。越来越多的人要求把这种进步组织起来，研究各种有用的技艺以求改进，并将科学方法应用于更合理的技术理论研究中。现在，哲学和有用的技艺将携起手来，带来一个不断进步的时代；两者都将被置于国家组织的庇护之下。在此期间，这些观念是由有些古怪的个人提出的，至多也就是由小团体提出的。在本世纪下半叶初期，这些观念被普遍采纳，继而开创了一个新时代。

---

[1] Marquis of Worcester, *A century of... inventions*, No. 68.

第 五 章
宗教思想的改变

17世纪的前几十年对宗教思想的演变发挥了特殊的作用。这几十年既不是关于上帝与人类关系的新思想的萌芽时期，也不是摒弃旧信仰的时期，而是宗教历史上一些重大问题被重新讨论的时代。宗教思想的主要关注点是，自基督教诞生以来，对人类的自由意志和实现其自身宗教信仰的自由从未失去过兴趣。这一问题反映在对自由意志和宿命论的争论中，它撕裂了我们这个时期的加尔文主义和天主教。在另一个层面上，它反映了对宗教个人主义的追求，反对在新教和天主教中占据主导地位的正统宗教。

在围绕这些问题的神学争论的影响下，正统宗教及其挑战者以及那些相信自由意志或宿命论的人，采取了更加激进的立场。因此，一些重要的思想被再次强调。理性主义渗透到宗教思想的核心，形成了明确的理性宗教。这一时期也见证了自然神论甚至不信宗教的发展趋势。宗教的另一发展趋势是：宗教个人主义导致了虔信主义和新的神秘主义。在这种宗教思想提出的问题影响下，是普通人的虔诚。我们对这种普遍的虔诚几乎一无所知，但它不能被忽略，因为神学家必须解决大众宗教表达方式所提出的问题。

首先要讨论一下新教的宗教正统性。到16世纪末，路德宗和加尔文宗都是革命运动，并已经经历了其发展进程。路德宗教改革开始于圣经的"纯粹"经文，但现在圣经正处于被官方强制的信仰声明所取代的危险之中。1580年的《协同书》（*Book of Concordance*）收集了2/3的德意志新教教义。它包括路德的《教理问答》（*Catechism*）、《奥格斯堡信纲》（*Confession of Augsburg*）和施马尔卡尔登同盟（the League of Schmalkalden）的文章。同时代的人把这本书称为"纸制教皇"，它实际上是路德教会针对特兰托会议教规的产物。到处都有人试图界定宗教信仰，并强制执行这些界定。路德自己成为一个神圣化的人，一个"最后的以利亚"（last Elias）。甚至他作品中印刷工的错误也成为新的圣经（Holy Writ）的一部分。

在一个宗教表达多样化被视为"否认宗教真理"的时代，为求秩序必须大力倡导正统信仰。每一种新的宗教崇拜形式，一旦确立了自己的地位，就试图通过排除所有其他的异端来捍卫自己的真理。当宽容被认为是对异端邪说的纵容抑或至少被认为是对宗教的冷漠的时候，人们涌向正统是不可避免的：甚至在那些曾经被视为异端的运动中也是如此。这一趋势在那些宗教表达模式中出现了例外 [尤其是阿米尼乌斯派（Arminians）和索齐尼派（Socinians）]，他们试图在自己的思想框架内扩大可允许的范围。

在16世纪和17世纪，另一种传统看法——宗教分歧是政治背叛——进一步加强了对正统信仰的推动。宗教无序意味着混乱，而混乱又意味着所有已确立的政治和社会秩序的瓦解。然而，这不仅仅是保守主义者想要保持现状的理论；一个实际的理由也增强了这种信念。纵观西方基督教的历史，宗教对权威的挑战一直伴随着政治挑战。路德宗从一开始就存在着宗教个人主义与维护秩序之间的冲突。秩序赢得了胜利（路德生前即已如此）；宗教战争强化了政治秩序和宗教秩序不可避免地交织在一起这样的看法。

路德宗认为，自然法与十诫在本质上是等同的；这为君主们规范信仰提供了强有力的理论依据，因为对自然法的解释一直是统治者关注的问题。加尔文主义者（如巴拉丁领地的那些加尔文主义者）在这种信仰上与路德宗是一致的。整个16世纪，一系列的"教会命令"阐明了国家控制。到那个世纪末，最初的外在崇拜方式的秩序被遮蔽在信仰的规则之中。这是路德一直反对的一步，然而信仰声明在整个路德宗和加尔文主义世界都取得了胜利。英国国教会遵循这种模式。《统一敕令》（Acts of Uniformity）将政治忠诚等同于宗教服从。（英国国教的）《三十九条信纲》（the Thirty-nine Articles）超越了表面的一致性，试图对信仰进行排序，然而界限划得很松散，也允许存在一些信仰分歧。

尽管这种统一令的执行机制各不相同，但它往往归属于社会中有

第五章　宗教思想的改变

权势的阶层。在勃兰登堡，地主强迫人们服从宗教；在英国，治安法官有时也发挥这样的作用。在城镇中，行会（gilds）在影响其成员的宗教统一方面发挥了重要作用。加尔文教徒海赛（Hesse）利用贵族和地方法官来监督宗教纪律。在德意志，教会的控制向最底层级的权力部门（地方乡绅和乡村事务委员会）倾斜。无论这些规定是如何执行的，都是统治者制定规章制度，并决定自己领土上的信仰声明。

这些规章制度除了限定信仰外，还强调教堂集会的重要性。对那些不参加礼拜或领受圣餐时不守规矩的人处以罚款。条例还强调对公众道德的检查。松散的习惯通常被视为在政治和社会方面是不可靠的。这里和其他地方一样，必须遵守秩序。这个理论又有了真正的基础。诚如我们将要看到的，本世纪的"无神论"运动往往是不羁的。此外，在德意志，15世纪和16世纪的帝国警察条例给新教诸侯们树立了一个榜样。他们谴责亵渎、奢侈和饮酒，认为这些罪恶会使上帝迁怒于帝国。由于醉酒是这个时代德意志的恶习，所以这些规定背后都有着很好的实在理由。"国父"（pater patriae）（即领土的统治者）必须保护他的人民。因为沾染这些恶习会通往地狱，所以作为保持宗教一统的一部分，公民必须受到保护，免受这些恶习的伤害。

这些规章制度的效果如何？有时它们还带有怀疑情绪。在勃兰登堡，牧师们被告知要签署《协同书》，然后他们就可以随心所欲地思考和教学。① 这一情绪使人想起伊丽莎白时代的怀疑态度，其旨在强调对英国圣公会教义的忠诚主要被视为政治忠诚。即使在不那么复杂的地方，规章制度的制定似乎比执行更容易。1656年对马格德堡的探视让我们知道，当时的教堂里没有圣经，皈依者要等好几年才让孩子受洗，牧师没有得到适当的安置；而且在乡村地区，平日的布道已经停止。最重要的是，民众的虔诚自行其是，因为很难通过规章制度来加以控制。

在不同信仰之间的边界地区，新教徒们涌向天主教的庆典活动，以获得保佑人们免受疾病的圣水；他们参加宗教游行，或在新教堂的落成典礼上欢闹。伟大的西班牙圣徒依纳爵·罗耀拉（Ignatius Loy-

---

① L. P. Meyer, "Der Konfessionszwang in den deutschen evangelischen landeskirchen des 16. – 18. Jahrhunderts", *Zeitschrift der Geschichte der Niedersachsischen Kirche*, Vol. XXXIV (1928), p. 284.

ola）和方济各·沙勿略（Francis Xavier）凯旋进入德意志，也对路德教地区产生了影响。许多生活在北海的路德教徒相信沙勿略是抵御海洋风暴的守护者，直到1772年，什未林（Schwerin）的新教徒还请求用依纳爵的尿液来治疗动物的疾病。同样，西班牙神秘主义者路易斯·德·格拉纳达（Louis de Granada）的教化书籍在新教的土地上传播开来。在这个层面上，巴洛克风格并没有绕过新教国家。各地人们喜欢的世界不是抽象的，而是强调壮观美妙、赏心悦目和富于想象。宗教让人们从单调乏味的日常生活中解脱出来，从来自四面八方的恶魔和危险中解脱出来。即使民间宗教信仰往往设法规避道德和信仰的规定，这种规定在控制宗教和政治思想方面也常常是成功的。在本世纪许多反君主制的运动中，没有一个是在路德宗的土壤里产生的。

　　接受信仰声明并不意味着神学争论的结束；相反，给了它一个不同的转折。神学家们现在争论的不是信仰的基本原理，而是声明的用语。这种由加尔文教徒和路德宗正统所进行的争论，注定是一种学术腔调，也是路德在谈到"愚蠢的亚里士多德"时所谴责的那种争论。值得注意的是，一位路德教的领军人物现在把亚里士多德的逻辑称为"上帝自己的逻辑"。辩证法形成了自己的特色。由于无法形成新的教条，神学家变成了逻辑学家。这种新教经院哲学的一个重要后果是将理性应用于宗教辩论。这些神学家想通过逻辑和理性来证明声明的正确性。在路德宗正统观念（Lutheran orthodoxy）中，理性主义的精神似乎战胜了《圣经》。

　　如果我们超越这些争论所涉及的无穷无尽的吹毛求疵，就会呈现出另一个意想不到的后果。神学思辨的狭隘性及其理性主义倾向，使自然科学的发展在信奉路德教的地方比其他地方有更充分的自由。一位路德宗诸侯推动了哥白尼著作的发表，一位路德宗印刷商出版了它。路德宗对自然科学开放的基础是路德自己的观点：即作为上帝所在地的天堂，在地理意义上并不是一个固定的地方。这赋予宇宙一种无限性，使它能够更快地吸收那个时代伟大的天文发现。是路德教会的大学比如图宾根大学在教授哥白尼的思想。[1]

　　路德宗正统观念的这些后果对同时代的人来说并不明显。对他们

---

[1] Werner Elert, *Morfologie des Lutherthums* (Munich, 1952), Vol. I, pp. 374 ff.

来说，新的经院哲学看起来沉闷压抑。它故意把将所有没有资格的神学家（即被任命为牧师者）排除在宗教讨论之外。牧师们的权力主张致使他们中的一员直截了当地说，只有神学家才能上天堂。如此高的要求出现的时候，牧师们的社会地位正在下降。尽管这种发展从一开始就困扰着路德教，但是三十年战争与这种衰落有很大关系。牧师们的物质状况很糟糕；许多传教士不得不从事第二职业，经商或干手艺活；而在农村，他们实际上更倾向于成为农民。还出现了对教会的世俗物品的滥用，这些物品有时被典当或被直接出售。这是这个世纪普遍的罪恶，并不仅仅局限于路德宗地区。本世纪下半叶，物价上涨使情况更加糟糕。1633年之后的德意志，曾多次试图将乡村神职人员从"拉丁化农民"的状态中解放出来，但都没有成功。虽然这不是正统的错误，但它表明：即使宗教思想被神学家所垄断，牧师的作用日益重要，他的社会地位却在恶化。

在对正统观念的反抗中，出现了两种不同的现象。最初，有一种宗教上的迷失导致了对基督教本身的质疑。①例如，一个德意志鞋匠，先后成为路德宗教徒、僧侣、虔信派教徒和天主教徒，但最后却成了犹太教徒，因为对他来说，唯一确定的事实就是只存在一个上帝。这种宗教地位的丧失在基督教的各个方面都很明显。具体地说，本世纪下半叶，路德教会地区的教堂出席率普遍下降。最终，这种宗教迷失推动了自然神论和理性主义的发展。

然而，对正统观念的第二种反应更为重要。这种反应与一种根深蒂固的大众虔诚倾向有关：即新教从一开始就反对神秘主义和千禧年说。千禧年说对世界末日和最后审判的期待，满足了下层阶级——且不仅仅是下层阶级——对希望的深切需求。它就像一根线，贯穿了那个时期的许多宗教思想。在克伦威尔治下的英格兰，许多激进教派都生活在这样的期望中。在德意志和荷兰，千禧年说的幻想经常出现。这些都是由不识字的农民传教士传播的。其中一人宣称"痛苦和仇恨"是农民的命运，但最后的判决将消灭痛苦和仇恨，纠正人类的不平等。这种说教也是反教权主义的。1590年，另一位成功的农民传教士告诉他的听众，地狱是由牧师铺成的；在那里，地主、知识分

---

① Leo Baeck, *Spinozas erste Einwirkung auf Deutschland* (Berlin, 1895), p. 61.

子和赌徒像魔鬼的猎犬一样被拴在一起。千禧年说对权威、博学者和教会传教士的敌意都是一致的。这种宗教态度导致了极端。1621年在萨克森，许多农民期盼基督的到来，卖掉了他们的土地前往锡安。这种从日常痛苦中解脱出来的人不仅仅是德意志和荷兰的农民，也不仅仅是英国的清教徒激进分子；犹太人也有着类似的经历。"伪弥赛亚"萨巴泰·泽维（1626—1676年）的出现，导致许多人为了追随他来到圣地而出卖了自己的一切。

这种思想动乱造就了西里西亚鞋匠雅各布·伯麦（Jakob Boehme，1575—1624年）；他是德意志宗教思想中最伟大的人物之一。他的家乡西里西亚的社会苦难导致他信奉千禧年说，他相信只有上帝可给机会，因为最后的审判即将到来。作为一名牧师，教会对伯麦来说也不重要。真正的教会是重生的"无形"教会。这种信仰促进了宽容，因为只要一个人努力向上帝靠拢，他是否自称是基督徒并不重要。然而，伯麦并不是自然神论者；在他的思想中，基督是从死亡和罪恶中拯救出来的，基督在人心中的形象使他有可能与神结合，获得重生。上帝会在那些免受内欲控制的人身上实现自我。宗教从而成了一种独特的内在信仰、一个灵魂问题。

因此，伯麦是17世纪另一种在官方正统观念影响下发展起来的基督教思想代表。与此同时，在天主教方面，弗朗西斯·德·萨莱斯（Francis de Sales）认为有必要超越基督教体系以获得基督的启示。早期詹森主义者们的福音传道也强调同样的观点。但是，弗朗西斯·德·萨莱斯和詹森主义者们认为，在基督的启示中教堂及其圣礼是必不可少的，而对伯麦来说，上帝并不是在教堂里显现，而是在大自然中显现。通过自然，人们可以学会理解圣经，而伯麦希望神学家们的争吵能因此结束。通过树木、石头和花朵显现的大自然是善的，而在它为生存而不断残酷斗争中则是坏的。只有通过这种对比，才能理解生活。那么，这一切和重生的人有什么关系呢？他只有能看到大自然的神圣性，才能看见上帝显灵。正如上帝凌驾于自然界的善恶之上一样，人类也必须克服焦虑和自由的辩证关系。"战胜就是快乐"，只有通过苦难，人类的精神才能意识到自身的存在。

伯麦的神秘主义拒绝了得救预定论：正是人类自己的意志、基督在他体内的运作，导致了重生。伯麦对人性的看法是乐观的；人的本质倾向于善，而非恶。这种唯意志论与詹森主义者布莱士·帕斯卡（Blaise Pascal）的思想形成了鲜明的对比，后者强调人的罪恶。这位西里西亚的鞋匠有一种在巴黎知识分子饱受折磨的灵魂中找不到的幸福。一旦克服了善与恶的二元论，重生的人就能愉快地看待自然。这种对自然的强调很重要；这是 17 世纪的一种新情感。圣经留下的"道"，现在体现在忏悔祷文中，在自然中出现，被人承认和崇拜。

我们在玫瑰十字会会员们（Rosicrucians）的著作中发现了相同的观点，然而他们也强调炼金术、智慧之石和秘密仪式。对他们来说，上帝也是自然之神；他不是通过人类灵魂的重生，而是通过神秘的炼金术与之联系在一起的。在英格兰，像喧嚣派这样极端的清教教派对自然也有同样的看法。他们希望"与造物主生活在一起"。他们与学识渊博的剑桥柏拉图派学者们分享自己的观点。这种宗教思想与新柏拉图式的信仰相联系；这种信仰的精神原则照亮了整个世界。同时，对自然的强调与神秘主义联系在一起，可能会导致一种反基督教的哲学。卢西利奥·瓦尼尼（Lucilio Vanini）与伯麦同属一个时代，认为"自然即上帝"。他的《自然的秘密》（*Secrets of Nature*，1616 年）被称为"不虔诚的生活入门"，这并不无道理。他不是在断头台上大喊"一个可怜的犹太人［即基督］是我在这里的原因吗？"对于伯麦、喧嚣派教徒们和剑桥柏拉图主义者们来说，上帝反映在自然中；但对瓦尼尼及其支持者们而言，自然本身就是神圣的。不同于正统思想，雅各布·伯麦的神秘主义把基督教融入大自然，并没有把它限制在一个狭窄的忏悔基础上。伯麦的影响非常广泛，在革命的英格兰，他的著作被广泛阅读。①

然而，虔诚并不局限于这种表达方式。还有一种新兴的虔信主义，试图在正统框架内复兴信仰。约翰·瓦伦廷·安德里亚通过对上帝的爱的教育来灌输美德，将他的《基督城》（1619 年）打造成一个避难所。这种虔诚也影响了约翰内斯·阿恩特的《真正的基督教》（*True Christianity*，1605 年），但这里强调的是个人信仰："心灵的虔诚"。宗教创造力也在正统观念中找到了其他出路。赞美诗不受信义

---

① Cf. Welhelm Struck, *Der Einfluss Jakob Boehmes auf die Englische Literatur des 17 Jahrhunderts* (Berlin, 1936), p. 195.

书的限制，提供了部分解脱。保罗斯·格哈特（Paulus Gerhardt，1607—1676年）被证明是继路德之后，新教最伟大的赞美诗学者。与神学家的教条说教不同，格哈特的赞美诗触及了大众虔诚的主要倾向。它们是以三十年战争为背景写的关于十字架和安慰的歌。加尔文主义看到了类似的在正教内部复兴虔诚的尝试：多特会议后虔信派的秘密宗教集会就是个例子。这些从而在目的上又与作为天主教改革一部分的修建祈祷室相类似。

对正统的反抗意味着宗教迷失方向和个人信仰的加深。我们可以从典型的东正教葬礼悼词中，看出这种信仰与正统思想的对比：死者从来没有不去教堂；他总是第一个进教堂，最后一个离开教堂；他认真地接受圣餐，阅读《圣经》，过着节制和适度的生活。没有关于内心的虔诚，没有关于灵魂与上帝的联系；相反，出席教堂成为这个虔诚的人的主要标志。① 不仅路德宗正统宣扬这种颂词，在英格兰出席教堂在官方宗教中也起主要作用，在大多数加尔文主义国家也不例外。正教是在一个日益从众的时代被官方认可的宗教。它是主权和重商主义时代的宗教控制。

路德宗正统的问题在加尔文教派中再现。然而，尽管如此相似，这两个主要的新教分支之间的关系却并不那么友好。典型的例证是路德宗神学家在1621年试图证明加尔文教派差不多与信奉阿里乌教义者们（Arians）和信奉伊斯兰教者们达成了一致；胡格诺派殉道者们的命运是他们应得的。在三十年战争加剧的敌对背景下，很容易理解这种看法；在这场战争中，信奉路德教的诸侯们宁愿与皇帝合作，也不愿与加尔文教派联盟。路德宗会最初对教皇进行攻击，现在部分人转而反对加尔文教派；部分人壮大了加尔文教派的队伍。"主啊，求你使我们接近你的圣言，停止对教皇和土耳其人的谋杀"：这句口号被一位路德派传教士解释为教皇的名字中包含了"我们所有的敌人"，即再洗礼派和加尔文派。尽管有这样的争论，加尔文教和路德教向正统的实际发展非常相似。

信奉加尔文教的诸侯们也主管他们的教堂。即使是在以长老会形式出现的地方，统治者也会颁布命令，告诉长老们该做什么。1657

---

① D. A. Tholuck, *Vorgeschichte des Rationalismus* (Berlin, 1862), Vol. II (pt. 2), p. 203.

年的黑森教会命令（church orders of Hesse）就是这种针对选举出来的教会官员的命令的其中一例。加尔文教会组织中的民主元素正在消失。加尔文在日内瓦的继任者特奥多尔·贝札（Theodore Béza，1519—1605 年）强调了牧师们的职能。加尔文的基督教团体的圣经秩序掌握在贝扎支持者的手中，集中在宗教贵族牧师的手里。在这里，如同路德教一样，被培训成神学家的牧师位居教会的中心。越来越专制的教会组织也有着一系列的信仰声明：1559 年的法国信仰声明（the Confessio Gallicana of 1559），1560 年的苏格兰声明（Scotia of 1560），1563 年的《海德堡教理问答》（*the Heidelberg Catechism of 1563*）。英格兰也是如此：当长老会有机会掌权时，他们试图在 1647 年强推威斯敏斯特的信仰声明。

这些声明在细节的严谨性方面有所不同。1675 年的《瑞士共识》（*The Helvetic Consensus*）使圣经中希伯来语的元音点成为一个规则问题。加尔文教的基本教义及其对圣经的看法在这里被编纂成一种官方解释。重要的是要认识到，加尔文正统派否定了一个预先注定的人的自由意志。宿命的元素在加尔文正统派中比在加尔文自己的作品中表现得更加明显。改革者把世界描绘成"上帝的剧场"，意思是上帝严格地控制着他的演员。人类被分为被选者和被诅咒者，人们普遍认为"圣徒"不会从恩典中堕落。上帝的意志和人们自由行动之间的鸿沟是巨大的，无法逾越。即使当这些思想以温和的方式表达出来时也是如此，例如荷兰加尔文正统派领袖弗朗西斯库斯·戈马鲁斯（1563—1641 年）声称：没有人教导说上帝绝对命令要把无罪的人抛弃。然而，正如他判定了结局，他也判定了方法，正如他注定了人的死亡，也注定了人的罪恶（即死亡的唯一途径）。戈马鲁斯在多特会议上的声明得到了会议教规的呼应，即上帝从堕落的人类中选择某些人来救赎，而其他有罪的人们则注定要灭亡。

这种正统思想很有吸引力。它赋予加尔文主义一种为其上帝的选民的事业而奋斗的信念；这一信念得到了英国清教徒们的呼应，他们写道："谁不勇敢地战斗就能预先确定胜利？"这种虔诚必须拒绝任何人糊弄上帝。难怪加尔文正统派的反对者们认为，这种对上帝意志的强调淹没了所有个人或圣经中的宗教体验。在尼德兰，对正统的反对也逐渐形成。以城市和商业为主的社区强调个人在贸易中的主动性，因此很难理解人在上帝面前的无能为力。然而，这种说法需要限定条件，因为选举可以和外部的成功等同起来，如同成功地发动了一场反对罪恶的战争。然而，对正统更重要的挑战是尼德兰的人文主义传统，这个国家是伊拉斯谟的故乡，也是基督教文艺复兴的国度。

阿米尼乌斯派的教义（Arminianism）被正确地称为人文主义的神学复兴。① 雅各布斯·阿米尼乌斯（Jacobus Arminius，1560—1609年）是莱顿大学的一名教授，尽管他受正统教义影响长大，也是贝札的学生，但他发现自己无法为正统的比利时信条（Belgic Confession）辩护。他的主要对手是莱顿的同事弗朗西斯库斯·戈马尔。一开始是大学内部的争论，很快就变成了一场加尔文派分裂的辩论。阿米尼乌斯试图修正宿命论；这一直是加尔文主义的致命弱点。他和他的门徒们一起，把攻击宿命论作为倡导更普遍的宗教自由主义的基础。

这场争论始于1603年，当时阿米尼乌斯指责戈马尔通过强调上帝对人类的直接统治，使人类失去自由，从而使上帝成为罪恶的始作俑者。这是对宿命论者的常见的指责，是红衣主教贝拉明（Cardinal Bellarmine）对早期加尔文教徒的强有力的指控。戈马尔反过来指责阿米尼乌斯通过吹捧人在救赎中的作用来复兴贝拉基的异端邪说，从而掩盖了上帝自愿给予恩典的教义。由于耶稣会会士和詹森主义者之间的争论也涉及对贝拉基主义的指控，我们再次触及这个世纪的一个普遍趋势。这涉及基督教思想的一个基本问题：如何调和神的主权与人的自由意志。阿米尼乌斯认为，人类的自由意志必须与上帝合作，才能获得救赎。因此，自由意志成为接受恩典的必要条件，个人的宗教热忱就以这种方式成为宗教体验的中心。阿米尼乌斯特别关注在神学决定论的范围内禁锢经文；他试图通过重申个人判断的原则来复兴圣言的中心地位。宗教中的真理并不是正统学说所宣称的那样是确定无疑的，而是人们在圣经的指引下，必须凭借自己的自由意志去努力争取的东西。

这种教义产生了几个重要的后果。由于上帝挑选的圣旨只适用于那些悔改、信仰和坚持个人奋斗的人，所以被上帝挑选者并不是固定

---

① Hans Emil Weber, *Reformation, Orthodoxie und Rationalismus* (Gutersloh, 1951), Vol. I, p. 100.

的宗教精英。上帝挑选是不固定的，圣徒可以从恩典中堕落，而被弃绝的人却可以得到恩典。此外，神学家们的激烈争吵，与由个人判断而复兴的以圣经为导向的信仰无关。教义信仰或曰神学教义对基督教宗教团体来说不是必要的。阿米尼乌斯派开始区分基本教义和非基本教义。唯一的基本原理是圣经的语言和使徒的信条。这是一种反对"无益的教条化"的自由主义。一种理性的精神也是显而易见的。阿米尼乌斯派以圣言为中心，只能通过对圣经的探究来证明其主张是正确的；在这里它使用了一种理性的方法。对路德来说，理性是种邪神崇拜；但对阿米尼乌斯派来说，理性是上帝的启示，人的自由意志在其中活动。

阿米尼乌斯在这场争论的早期就去世了。接替他成为阿米尼乌斯派领袖的是西蒙·埃皮斯科皮乌斯（Simon Episcopius，1583—1643年）；他领导这场运动度过了其发展的关键阶段，并更为明确地阐述了阿米尼乌斯主义的信条。对他来说，如果人失去了自由意志，整个人格就会被摧毁。此外，信条要看其实质。"在一个无关紧要的真理上犯错误，总比滥用或纠正对它的看法，使之成为争执和憎恶的理由，要好得多。"基督为所有人而死，使每个人的救赎成为可能，而不仅仅是被挑选的人。在多特会议之前，他重申了阿米尼乌斯信仰的本质：经文和坚实的理性将导致真理。人的良知不基于大众（宗教会议）的投票，而应基于理性的力量。埃皮斯科皮乌斯是一个强有力的领袖；英国人约翰·黑尔斯（John Hales）受其影响向加尔文主义道别了。阿米尼乌斯派还强调个人虔诚；而在这里，扬·乌伊滕博加特（Jan Uytenbogaert）以他的实际爱好，增添了动力。个人虔诚是最高的善，不能被局限在宗教组织的范围内。1610 年，阿米尼乌斯派向荷兰议会提交了一份抗议书，阐述他们的观点；这一争论遂引起了整个尼德兰的关注。从那时起，他们被称为"抗议者"。这场抗议驳斥了挑选论和宿命论；挑战了基督为蒙上帝为被挑选者而死的观念和不可抗拒的恩典信仰，即将人的自由意志排除在与上帝的合作之外；并拒绝了被上帝挑选者不会从恩典中堕落的观点。这一抗议的反对者（即反抗议者）要求召开全国宗教会议。

同时，这场争论卷入到政治之中。荷兰的统治者奥尔登巴内费尔特对阿米尼乌斯派很友好。只要奥尔登巴尼费尔特控制着事务，他就能阻止召开一个可能对他们的立场不利的全国宗教会议。他的统治受到了省长（纳塞的）莫里斯的挑战。宗教问题卷入了省长和统治者之间的权力斗争中。莫里斯对抗议者的反对是出于政治原因而非宗教原因；这是他企图——将行政权力集中到自己手中的一部分。

阿米尼乌斯派并不仇视统治者的权力，事实上比正统派对它更友好。后者通过强调教会组织的神圣重要性来保障教会的权利，而前者则否认存在独立的教会管辖权。作为强调个人宗教问题的一部分，阿米尼乌斯派突出了教会的"内在"性；在教会外部的权力中，执政官直接从上帝那里获得统治权，但这种统治权无法接触到他的精神生活。最后一条教义调和了阿米尼乌斯派的国家至上主义（erastianism）。统治者的权力被认为无法说服人们相信宗教的真理；因此，迫害在道德上是不合理的。礼拜自由是一项公民权利。然而，在阿米尼乌斯派的政治思想中，并没有抵抗这一教义。它最大的弱点在于这么一种论断：地方官应该是个符合阿米尼乌斯对其职位定义的基督徒。

一旦莫里斯赢得了与奥尔登巴内费尔特的斗争，他就离阿米尼乌斯式的基督教统治者相去甚远了。尽管有抗议者和荷兰议会的反对（它从一开始就反对阿米尼乌斯派），1618 年还是召开了全国宗教会议。大会主席在他的开场祷告中称赞莫里斯是"真正的、最伟大的英雄"。抗议者们被当作等待判决的囚犯。从表面上看，宗教会议是为了修订像《海德堡教理问答》那样的信条；但实际上，在进行任何讨论之前，它就致力于忏悔。正统的决定已成定局。然而，很典型的是，教会在确认预定、挑选和不可抗拒的恩典的同时，却未能在加尔文主义的基础上解决政教关系。从一开始，它就被迫吸收政府代表参会。莫里斯召开会议并不是为了削弱其自身的权力。当他威胁要把加尔文教派的所有会议都视为扰乱和平时，他再次重申了召开多特会议的政治目的。

多特会议是来自尼德兰和其他国家的加尔文主义者的一次令人印象深刻的聚会。105 位神学家出席了会议；26 位来自国外。在整个过程中，英国的詹姆士一世都扮演着重要的角色，他支持正统反对抗议者。他一直在竭力消除阿米尼乌斯主义；后来却被清教徒指责为阿米尼乌斯者国王，这似乎很奇怪。然而，对詹姆士来说，任何偏离官方正统的言行都是叛国，无论是国内的清教徒还是国外的阿米尼乌斯派。宗教会议的持久影响不容忽视。正统观念得到重申。当抗议者们被流放归来时,他们只不过是一个没有官方地位、被容忍的教派。由于尼德兰的教会干涉大多数人最私密的事务,人们为保持正统的举止付出了更大的努力。向那些仍然坚持天主教习俗的大众虔诚元素宣战。在这里,我们看到了先前在路德宗正统中观察到的相同现象,即试图控制大众的宗教信仰。

然而,宗教会议在推行它所寻求的严格的正统观念方面并没有成功。加尔文教牧师们的自命不凡引起了贵族们对抗的本能反应。莫里斯无法克服的荷兰政治生活的权力分散化,意味着任何受到迫害威胁的人,都可以在对其特权不容触犯的省份的权威和保护之下找到安身之处。1618 年之后,南尼德兰的神学思想继续在政府中发挥重要作用,而在北尼德兰,即使在多特会议后,也没有人想到在政治问题上咨询宗教会议或神学家。在这种情况下,抗议者们的流放是短暂的。阿姆斯特丹发起了一场反对正统牧师的反革命;1631 年之后,它无视议会反对阿米尼乌斯派的法令。甚至在此之前,阿米尼乌斯派人员已经开始返回。莫里斯于 1625 年去世,腓特烈·亨利亲王比较同情阿米尼乌斯主义。1632 年,当一所抗议学校和神学院在阿姆斯特丹成立时,阿米尼乌斯主义再次在荷兰立足。

在这场生存斗争中,阿米尼乌斯思想仍在被阐述。在阿米尼乌斯主义发展的这一阶段,最重要的理论家是胡果·格劳秀斯(Hugo Grotius,1583—1645 年);他在多特会议之后被流放。他也阐述了阿米尼乌斯信仰的基本原则。宗教是道德自由的人所接受的东西。信仰的行为就像伯麦这样的神秘主义者所想的那样,与"重生"没有任何关系;相反,信仰是意志的理性行为。他在他的《论真正的基督教》(1627 年)中写道:上帝创造了行动自由的人。这种自由本身并不是邪恶的,但它可能成为邪恶的根源。通过预定使上帝成为罪恶的始作俑者,才是最大的罪恶。第二代阿米尼乌斯派人物格劳秀斯越来越强调理性主义。对他来说,生活的目的既包括精神上的善,也包括民事上的善,因为人的幸福包含了这两者。他的观点与其说反映了格劳秀斯后来被指控的异教主义,倒不如说反映了对世界的统一看法:"目的的普遍性与物质的普遍性是一致的。"因为上帝主宰了一切,基督徒也需要在社会上过上美好的生活。这反过来又引出了格劳秀斯对国家的看法。如果国家是事物整体的一部分，那么正统加尔文主义的两国理论就必须被摒弃。上帝，统一的缔造者，把一切都安排得井然有序，国家也被置于行政长官的最终管辖之下。如同埃皮斯科皮乌斯一样，格劳秀斯相信宗教是一种内在的东西。真正的无形的教会不受权威的关注，但有形的、有组织的教会是社会的一部分。它没有自己的执法方法；与加尔文主义的纪律形式相反，它依赖于个人的自愿合作。格劳秀斯认为，主权只与外部行动有关。

尽管这一切看起来是独裁的，但最终它促成了宽容的出现。虽然从表面上看，阿米尼乌斯主义非常适合国家教会，但诚如詹姆士一世和大主教劳德所意识到的那样：格劳秀斯主张，宗教的本质完全是由上帝授权的，不受任何人意志的支配。虽然格劳秀斯和埃皮斯科皮乌斯的思想中都没有真正的防止行政长官侵犯精神领域的保障措施，但他们对精神自由和教会唯意志论的强调是很重要的。他们提出了宽容和在国家内部建立一个不威胁统治者实际权力的自由教会的想法。在一个宗教异见被认为是对政治秩序构成威胁的时代，我们在使宽容的教义在政治上受人尊重方面迈出了重要的一步。

阿米尼乌斯主义被莫伊兹·亚目拉都（Moses Amyraut，1596—1664年）引进法国胡格诺派教会。然而，法国教会追随多特会议，并命令其牧师们在教规（1621年）上签字。这反过来又导致了争论和分歧。当格劳秀斯被巴黎胡格诺派教会拒绝圣餐时，这一问题被在巴黎流亡的埃皮斯科皮乌斯和乌伊滕博加特注意到了。在英格兰，像清教徒的反对从未停止过宣称的那样，阿米尼乌斯主义渗透到了国教中。对大多数清教徒来说，圣公会已经陷入了"一个使上帝的恩典缺乏人的意志的错误之中"。由于天主教同样强调自由意志，清教徒认为阿米尼乌斯派是"教皇党人的后代"（spawns of the Papists）。阿米尼乌斯主义成为打击现有教会的支柱，而一旦现有教会被击败，加尔文派正统也将无法维持。

阿米尼乌斯主义在新教中提出了人的自由意志问题，就像詹森主义在天主教中提出的问题一样。除此之外，阿米尼乌斯主义还为一种越来越理性的研究宗教思想和经验的方法奠定了基础。就像对路德宗正统的反应一样，它强调虔诚和圣经的话语是基于个人经验而非信条。显然，在那个世纪的基督教思想中，有许多共同的关注点。如果我们转向天主教，它的正统及其面临的挑战，将变得越来越清楚。

16世纪特兰托会议确立了天主教的正统地位；17世纪初，天主教改革取得了进一步的胜利。皇帝斐迪南二世的政治胜利、黎塞留的政治胜利以及约翰·西吉斯蒙德（John Sigismund）在波兰取得的政治胜利，给天主教注入了活力，一些名人（比如瑞典的克里斯蒂娜女王）的皈依又增强了这种力量。贝尔尼尼和博罗米尼改造的罗马，反映了这种胜利和权力的效应；《凯旋的罗马》（1459年）成为一座为大规模宗教庆典而设计的城市。无论对罗马转型的反对意见是什么，无论在《威斯特伐利亚条约》中天主教改革遭受的实际挫折是什么，在改革的这一阶段，人们都热衷于宏伟的宗教仪式和礼拜仪式的色彩和形式。

我们已经提到的大众虔诚中的戏剧性因素与这种推动力是一致的。毫无疑问，天主教国家的统治者鼓励农民朝圣和参加宗教活动，目的是阻止他们皈依新教，缓解他们悲惨的生活。他们的意图与古代民众的需要是一致的。奇迹成为这种普遍虔诚的中心。对生命的描绘（尤其是反映圣人奇迹的图画）变得很常见（尤其是在德意志）。此外，编年史也被保存下来，记载着市镇或村庄守护神所创造的奇迹般的康复和故事。除了守护神外，本世纪初西班牙的圣徒（特别是依纳爵·罗耀拉和圣方济各·沙勿略）受到了格外的重视。耶稣会进一步介绍了他们的圣徒；但圣方济各·沙勿略之所以如此受欢迎，部分原因是其他的因素：人们的想象力可以跟随他进入陌生的异国他乡。

在崇拜圣徒的过程中，权力逐渐显现出来。他们是统治者树立的典型。他们的权力变成了支配人们精神的力量；尘世和天堂的力量在他们的生活中起到了互补的作用，反映了西班牙的现实主义和理想主义。① 这样的事实反映出一直存在的社会等级：贵族是圣徒创造奇迹的主要受益者。

伴随着大众的虔诚和《凯旋的罗马》给人的感觉，天主教的虔诚得到了更深层次的复兴，尤其是在法国。红衣主教皮埃尔·德·贝鲁尔（1575—1629年）、弗朗西斯·德·萨莱斯（1567—1622年）

---

① Georg Schreiber, *Deutschland und Spanien* (Dusseldorf, 1936), p. 139.

和万桑·德·保罗（Vincent de Paul，1580—1660年）都是这种新精神的典型代表。就像天主教的虔诚一样，贝鲁尔的思想深受新柏拉图主义的影响。对他来说，宇宙充满了神性。但是，贝鲁尔也保有圣奥古斯丁的传统；他的悲剧人生观，他对救赎和人的缺憾的强调，将他与后来的詹森主义运动联系在一起。个人神圣化是他思想的中心。这种神圣化要求对罪人采取严格的道德态度。必须提醒人类：原罪使人类丧失了什么。这与一场针对伟大的世纪（Grand Siècle）日益奢华的道德抗议同时出现。1611年，贝鲁尔模仿1564年费利普·内里（Philip Neri）在罗马创立的奥拉托利会（the Oratory），在巴黎建立了奥拉托利会。这些奥拉托利会是世俗牧师的协会，没有明确的誓言，但在一个"总会长"（superior general）的管辖下。他们的目的是使个人成圣，加深个人的虔诚，以便把人带到基督面前。奥拉托利会是天主教宗教改革复兴虔诚的产物；特兰托的正统教义并没有扼杀这种虔诚。然而，在这些奥拉托利会中，正统教义仍然面临挑战。贝鲁尔的演说受到詹森主义的质疑，在接下来的一个世纪里，许多成员实际上加入了詹森主义运动。

我们已经引用了弗朗西斯·德·萨莱斯的话，他说对基督的认识必须超越基督教的基本原理。德·萨莱斯复兴了天主教中的神秘虔诚；这种虔诚由于过分强调等级制度和纪律而经常濒临灭绝。爱是他的中心主题。人的爱应该自然而然地倾向于上帝，但需要上帝的恩典来实现这种自然的倾向。上帝的爱胜过尘世的行为，因为人不能使上帝更加完美。就像眼睛能看见一朵花，就能马上明白它的美丽，所以心灵也能通过简单的外表和情感，在上帝的爱中理解上帝的真理。这就是被称为恩典的愿景。然而，弗朗西斯的思想并不是寂静主义的，善举是皈依的手段，也是对人的爱的一部分。这种爱是一种自由决定的行为，人一旦与上帝合作，就可以维持下去。为此，教堂的圣礼和礼拜仪式是必要的。对日内瓦的主教来说，虔诚并不是世外之物，而是在日常生活中需要实践的东西。它也不意味着对夸张的大众虔诚的狂喜和苛评；事实恰恰相反。人类必须通过规则来避免绝望和伪善表现。为了做到这一点，弗朗西斯·德·萨莱斯提出了一个解决方案；这个方案给当时的人们留下了深刻的印象，被认为是他最大的创新；人们必须选择一个精神导师，这个导师要比他们自己更了解自己，要盲目地顺服他，因为上帝通过他的嘴说话。强调精神导师成为法国社会的一种时尚。然而，波尔罗亚尔（Port Royal）的修女们对圣克里昂（Saint Cryan）的绝对忠诚，已经远远超出了通常对修道院忏悔神父的虔诚。它接近于盲目崇拜。

日内瓦主教的宗教思想又被万桑·德·保罗的宗教思想所强化。保罗强调的是人放弃上帝的爱；对他来说，这种放弃既包括精神生活的极度紧张，也包括通过实践谦卑和坚实的美德来实现这一点。对于万桑·德·保罗而言，慈善成了中心任务；而它在弗朗西斯·德·萨莱斯的思想中也发挥了重要作用。万桑向法国社会的妇女明确表示：作为一种责任，她们的社会地位要求其在慈善事业中发挥领导作用；他的这些想法被付诸实践。因此，保罗于1629年创立了仁爱修女会（Daughters of Charity）。在这种虔诚的影响下，整个巴黎社会都为神学而疯狂。为了与宫廷的世俗沙龙竞争，阿卡丽夫人（Madame Arcarie, 1566—1618年）在她巴黎的家中建立了一个精神活动中心。弗朗西斯·德·萨莱斯和德·保罗成为许多贵族的精神导师。这种虔诚可以轻易地摆脱两位圣徒一直坚持的节制。阿卡丽夫人谈了"在上帝心中燃烧"，讲了在上帝面前"毁灭"自己。这样的法国社会为詹森主义的发展提供了环境。强调人类完全放弃上帝的爱，这可能导致也确实导致了詹森主义，导致了宿命论的急剧复兴。这尤其与耶稣会神学相悖，而后者正成为教会接受的思维模式。

耶稣会会士完全融入了《凯旋的罗马》的精神；事实上，他们为制造这种精神提供了许多内容。虽然他们自己的纪律很严格，但他们对这个时代的新趋势和新思想持开放态度。他们在罗马的杰苏教堂（Church of Gesú）就是典型：它结合了文艺复兴时期的建筑技术、天主教改革时期对空间和色彩的热爱和秩序的需要。作为教皇的突击队，耶稣会会士参与了他们那个时代的政治生活。他们从实践的角度探讨人性，并在此过程中再次提出了人的自由意志的问题。他们的思想使天主教陷入了与加尔文主义和阿米尼乌斯主义相同的争论中。

这场争论的中心是耶稣会会士对决疑论（casuistry）的解释，调整基督教的伦理框架，以应对新情况和新危险。决疑论提出了这样一个问题：人类有多少自由意志来管理自己的事务，以及随后的这种自由意志与人类的救赎之间的关系是什么。在我们这个时代，西班牙耶稣会会士路易斯·莫利纳（1535—1600年）的思想成为其教派的官方学说（1613年）。莫利纳写道："不要过分强调恩典的功效，以致我们在人们中间滋生出一种否定自由的有害错误。"对他来说，在寻求救赎的过程中，人的意志和上帝的意志总是一致的，就好像两个人在拖着一艘驳船上岸一样。上帝想拯救所有的人，但是每个人的救赎都掌握在他自己的手中。上帝能够预知人的行为，这是可以肯定的，但他并没有以任何方式命令他们。这一理论给人的自由意志提供了充分的空间。它还强调了劝说自由的人利用他的自由为虔诚服务的艺术，这是耶稣会会士所擅长的艺术。但是，这样的劝说能在多大程度上变得虔诚呢？耶稣会会士受到指责说他们使宗教易于被人们获得和奉行。

只供听取忏悔的神父使用的决疑论书籍，试图解决这个问题。其中，最重要的是西班牙人埃斯科巴尔·伊·门多萨（卒于1669年）撰写的著作；该书被无数次出版印刷，并引起了著名的布莱士·帕斯卡的谩骂。埃斯科巴尔的主题是，人的本性有时会犯错，必须得到原谅。这与詹森主义者的立场形成鲜明对比，后者认为无知不能成为犯罪的借口。此外，对埃斯科巴尔来说，判断一项正确的行动，不仅要看其对象，还要看其目的和周围的环境。如果有任何不确定的行动，必须向神父忏悔和咨询。事实上，在人的单一行为并不能说明最终正义时，他成为这种情况的中心。环境很可能允许使用内心保留，因此耶稣会会士经常受到敌人的攻击。然而，这种保留意见绝不是彻头彻尾的谎言，而是极端情况下的迂回；对于埃斯科巴尔而言，绕弯子很容易吸引听者的注意力。尽管在我们这个时代，耶稣会的决疑论伴随着莫利纳主义（Molinism）受到了攻击，但他们的对手也使用了决疑论。清教徒威廉·帕金斯（William Perkins）提出的问题——一个人如何在生活中凭着良心运用政策——涉及所有的宗教思想。宗教改革态度的各个方面都回应了这一问题，其方式与埃斯科巴尔没有太大的不同。我们再一次触及这个时代的普遍趋势。红衣主教黎塞留是它的象征，他下令对马基雅维利和《圣经》进行文本比较，指出两者的相似之处。

但是教皇呢？特兰托会议通过让教皇自行决定未来的改革，确定了教皇在教会的中央集权。教廷大使带着教皇简报出现在各地，许多国家都有常驻的教廷大使。这种教皇的中央集权不可避免地引起了人们的反应。比如，法国在本世纪后半叶出现了限制教皇权力主义者。在德意志，以地方统治者为代表的民族教会群体，试图削弱教会在其领地上的权利。教皇本身越来越受到世俗势力的影响。在 1644 年选举教皇英诺森十世（Pope Innocent X）时，西班牙在没有给出任何理由的情况下公开行使了否决权，将一名候选人排除在选举之外。

在这一事件之后，其他地方的红衣主教在后来的教皇选举中行使了他们国家的否决权，这些愿望得到了遵守。教皇对《威斯特伐利亚和约》的抗议是教皇中央集权与教皇实际权力对比的典型。1648 年 11 月 26 日，英诺森十世在其诏书《崇敬神舍》（*Zelo domus dei*）中抱怨称，皇帝把不属于他的东西给了异教徒：教会的永久财产、允许异教徒信仰自由、在皇帝选举中的发言权。这是一场对所有教会法规、所有会议和所有协约的和平否定。与他的前任乌尔班八世（Urban Ⅷ）相比，这份声明的和解色彩更强，前者一直拒绝承认新教势力是任何谈判中的伙伴。在很大程度上，正是乌尔班的顽固态度结束了教皇对事态进程的影响；而在经过多年的战争之后，人们从完全厌倦的情绪中浮现出对和平的渴望。

乌尔班八世巴贝里尼（Barberini, 1623—1644 年在位）的长期统治，突出了教皇的问题。乌尔班构想了中世纪的罗马教皇职位。由于异教徒和无信仰者是敌人，所以他想组成一个君主同盟，来对抗土耳其人。他认为自己是在恢复进行十字军东征的乌尔班二世（Urban Ⅱ）的教皇职位。这个梦想留下了它的印记：信仰宣传学院（the College of the Propaganda of the Faith）就是乌尔班激情的纪念碑。为了表明教皇比统治者更优越，乌尔班将卡诺萨的女主人玛蒂尔达伯爵夫人（Countess Mathilda）的遗体运抵罗马，安葬在圣彼得大教堂里。墓上贝尔尼尼制作的雕带展示了对一位皇帝的羞辱，也许是为了警告另一位皇帝。然而，乌尔班的行动更多的是出于教皇国的利益，而非一个好战教会的宏伟愿景。他与那些反对他权力的君主进行了一场令人生厌的战争；他继续与威尼斯作斗争。在国际舞台上，尽管奥地利皇帝虔诚并领导着德意志的天主教事业，但由于他感受到了奥地利人占主导地位的威胁，所以他支持法国。这些矛盾是教皇政治地位所固有的。

尽管乌尔班对教会怀有野心，但他并不是教义的纯粹主义者。他用拉丁文和希腊文作诗和十四行诗。此外，他六次接待了前来觐见的伽利略；当伽利略与罗马教廷陷入教义冲突时，他给予其最大的关怀。事实上，他不忍心签署这份由红衣主教批准的文件；该文件谴责伽利略对教会的蔑视。在乌尔班身上，混合了中世纪教会权力的不妥协，以及对艺术、建筑和科学思想等新观念的开放态度。他是巴洛克风格《凯旋的罗马》的主要缔造者。作为贝尔尼尼和博罗米尼的守护神，他改造了罗马，把他的首都打造成施展教皇自信和抱负的合适场所。1626年，他主持的圣彼得大教堂落成典礼标志着罗马的胜利；然而，这种胜利感觉并没有被罗马的许多市民所认同。乌尔班不得不提高对主要原料的税收，并剥掉古典纪念碑的材料，以保障贝尔尼尼的建筑计划。这两种行为都不受欢迎，对古代遗迹的破坏引出了一句著名的拉丁谚语：野蛮人没做的事，巴贝里尼做了（*Quod non fecerunt barbari fecerunt barberini*，1625年）。人们对正在兴建的这座宏伟的新城市几乎没有什么感激之情。对罗马居民来说，现代化是昂贵的。

乌尔班是罗马及其国家的绝对统治者。此外，他仍然认为教皇职位是一个王朝机构，即使它不是世袭的。在罗马教皇职位方面，裙带关系仍然是一种罪恶；这在乌尔班的继任者英诺森十世（1644—1665年在位）的领导下变得尤为严重。这位教皇在他的家庭中只找到了一个有能力的成员来帮助他，就是一个女人。奥林皮娅夫人（Donna Olympia）出现在教廷上，引起了轩然大波。然而，正是在英诺森十世统治时期，国务秘书（secretary of state）这一重要职位被交到一位红衣主教手中时，并一直被保留下来，致使裙带关系遭受到严重的打击。虽然英诺森十世在政治上比乌尔班更灵活，但他在教义上十分严格。这么说是有充分理由的，因为他的教皇职位面临着詹森主义者对教会团结的严重威胁。

因此，天主教会对这个世纪的宗教问题有着不同的态度。新的虔诚似乎与耶稣会的宗教思想和改革方法相冲突，而教皇则关注教会的权力和团结，妥协于政治现实，还保留了一些早期的弊病。最终，教皇的中央集权与耶稣会会士联合起来反对詹森主义运动。

詹森主义的起源可以追溯到鲁汶大学耶稣会会士和那些反对他们

自由意志学说的人之间的争论。与耶稣会会士相反，伊普尔主教科尔内利乌斯·詹森（Cornelius Jansen，1585—1638 年）强调了一种基于宿命论的严格决定论。对他来说，神与人之间关系中最主要的事实是人已经堕落了。堕落的人在上帝的手中是无能为力的；没有上帝的恩典，他就不能做任何善事，因为人因原罪而堕落到必须犯罪的地步。但上帝的恩典只赐给极少数人，对这些被挑选的人来说，这样的恩典是不可抗拒的。詹森认为奥古斯丁（Augustine）是这些思想的代表，把他的作品命名为《奥古斯丁学说》（Augustinus，1640 年）。和奥古斯丁一样，他指责他的对手是贝拉基主义者（Pelagians），就如同戈马尔指责阿米尼乌斯是古老的异端那样。借助詹森与圣西兰的友谊，这些概念成为詹森主义神学的中心。

从这些想法中，詹森主义者得出了一个不言自明的结论：只有极少数的人能上天堂；而且只有通过上帝的仁慈才能上天堂；而上帝的仁慈一旦降临就无法抗拒。因此，他们几乎把所有的人都视为堕落的人。如果一个人要过一种可能值得被挑选的宗教艰苦生活，就必须避开这个世界。因为只有在神的直接启示下人们才能完成善举行为，所以必须仔细检查每一个行动。与此同时，他们强调恩惠是一个内在问题。然而，教会的职位是詹森主义者的核心，关于这一点，没有任何伪新教。因为弥撒是必不可少的，所以暂时不参加圣餐仪式——在神面前的极大喜乐——被认为是对不配的人有用的惩戒。这就是詹森主义的学说；就其本身而言，它的大部分内容被索邦神学院浓缩成了五个命题，并被英诺森十世在 1650 年的教皇诏书《时刻》中予以谴责。英诺森十世反对詹森主义对人的自由意志的否定及其对人在世界上的作用的悲观和绝望的看法。

詹森主义的创始人不是詹森本人，而是圣西兰修道院院长让·杜韦热埃·德·奥朗恩（Jean du Vergier de Haurranne，1581—1643 年）。他在教廷的阴影下开始了反新教论战的生涯。但是，他的大好机会来了：通过各种阴谋，他在 1635 年取代了波尔罗亚尔女修道院（Convent of Port Royal）的前任忏悔神父。巴黎郊外的波尔罗亚尔女修道院（Port Royal des Champs）是最初的詹森派修道院，当圣西兰的思想开始影响修女们时，它已不再是一个普通的宗教场所。一位年轻的改革派女修道院院长昂热利格·阿诺尔德（Angélique Arnauld,

1591—1661年）恢复了西多会修女们（Cistercian）的原本生活。昂热利格是弗朗西斯·德·萨莱斯精神层面的女儿，和圣西兰一样，她与贝鲁尔的奥拉托利会有着密切的联系。然而，圣西兰改变了修道院。他不仅引进了奥古斯丁神学，而且还为波尔罗亚尔女修道院提供了两个辅助机构，进一步扩大了它的影响。这所名为"小学校"（*la petite école*）的学校旨在与耶稣会的教育相抗衡，并与之竞争。第二个创新是将互助会成员（*sociétaires*）组织起来；这些人没有宣誓，在圣西兰的指导下在修道院围墙外过宗教生活。通过这种方式，运动就扩展到修女之外的人群，主要争论者变成了像安托万·阿诺尔（Antoine Arnauld）和布莱士·帕斯卡这样的人。在运动的鼎盛时期，波尔罗亚尔只有大约200名修女，都在巴黎郊外的波尔罗亚尔女修道院和巴黎的波尔罗亚尔女修道院；尽管规模不大，但这场运动的影响却波及了广泛的社会不同阶层。从某种意义上说，这是个派别之争，重要的阿诺尔派成员在这场运动中占据了领导地位。

1638年，黎塞留将圣西兰囚禁在监狱里，使他成了殉道者；这又进一步增强了圣西兰的影响力。这位院长卷入了教廷"天主教"（虔诚者）派与红衣主教的政策之间的争端。虔诚者们不赞成黎塞留与德意志新教徒结盟，反对黎塞留，反对他那不同于基督教理想主义的"以国家利益为重的理由"观念。修道院院长反对黎塞留的"自私"政策，他对圣西兰的监禁是虔诚者们和那些支持以国家利益为重的理由和中央集权的人之间持续斗争的一部分。路易十四对波尔罗亚尔的反对就是在这样的背景下产生的：这是一个由重要派别组成的小圈子，他们的宗教态度反对务实的王室政策。

虽然圣西兰死在了狱中，但与此同时，他领悟了詹森主义，并与安托万·阿诺尔合写了詹森主义的著作。如果说圣西兰将这种宗教思想引入波尔罗亚尔，那么昂热利格就把这些思想与强烈的自我意识和戏剧化的倾向结合了起来。她相信，自己和修女们的生活是带来恩典的生活。自以为是（self-righteousness）与刻板的宿命论携手出现了。这种严肃的人生观产生了一定程度的自大；一个独居隐士给他父亲的信就证明了这一点："上帝借你把我带到这个世界上。"[①] 这也产生了

[①] Cf. R. A. Knox, *Enthusiasm* (Oxford, 1950), p. 186; see also account of Jansenism, pp. 176 ff.

一种清教徒对待世界的态度；尽管波尔罗亚尔并没有垄断清教主义，而清教主义被定义为道德严格主义（moral rigorism）；这种思想是大多数宗教复兴的一个组成部分。和英国清教徒一样，詹森主义者反对戏剧、赌博，甚至一切世俗的娱乐活动。毕竟世界是邪恶的。一位詹森派伯爵夫人写道：当仆人对上帝犯下错误时，应该受到严厉的对待，因为恐惧会带来真正的悔改，神化他们的精神。

詹森主义是真正的宗教复兴。詹森主义者认为，自父辈时代起，教会就离开了真正的神学道路。然而，随着时间的推移，詹森主义者越来越多地把注意力集中在对耶稣会会士的争论上，或者更确切地说，是将矛头指向任何质疑他们行为的人。在这里，第二代人脱颖而出：安托万·阿诺尔（1612—1694 年）、皮埃尔·尼科尔（Pierre Nicole，1625—1695 年）和布莱士·帕斯卡（1623—1662 年）。

最重要的是，伟大的阿诺尔是个有争议的人。他于 1643 年发表的《惯常的圣餐》（De la fréquente communion）是对一匿名牧师的大张印刷品的回复。他在一册大型的充满教父学识的对开本书上声明，为了净化人类对上帝的爱，有时必须戒除圣餐。詹森主义者富有争议的写作并不是针对市场，而是针对神学家。然而，第一版《惯常的圣餐》在两周内就卖光了。尽管如此，这场争论与路德教教义的神学争论有着大致相同的基调。信奉摩西律法（Legalism）也出现了，阿诺尔对"事实"和"权利"的区分就是典型。有人提出一个问题，修女们如何能够在不否认她们所认为的奥古斯丁教义的情况下，赞同这五个命题。她们可以像詹森所理解的那样，把奥古斯丁的教义和命题区分开来，宣称"事实上"这些教义并不包含在命题中，而将"权利"当作一种合法的东西，她们就可以赞同命题了。

布莱士·帕斯卡也是一个有争议的人。他的《致外省人信札》（Provincial Letters）是对耶稣会的猛烈抨击。但帕斯卡也不止于此，正如他的《思想录》（Pensées，1670 年）所显示的那样。这本书恰恰反映了詹森主义的精神巅峰，当时詹森主义运动获得了免于迫害的、相对和平的最后十年。帕斯卡以波尔罗亚尔的超自然主义为基础。对他来说，人在上帝面前什么都不是。然而，他没有就此止步：人并不是零，因为人有思想的力量。人可以利用这种力量与整个宇宙联系起来。一个人能通过他的理性，通过代表思想和空间之间联系的精确精神来做到这一点吗？帕斯卡拒绝接受这种关于人的能力的观点；这位从前的几何学家完全改变了看法。一个人无法通过自己的力量来理解他所处的整个宇宙。这种超自然的统一必须靠直觉来把握。因此，人类无法通过自己的理性来理解宇宙。在人类的思想中，存在着一种持续的紧张感，一方面希望通过理性来理解整个宇宙，想要拥有确定性，另一方面却无法做到这一点。这是一种无法解决的紧张关系。事实上，帕斯卡拒绝接受任何确定性以及由此产生的宗教安全感。在试图理解不可理解的事物和这种尝试必然的失败之间，人类的灵魂和思想被撕裂了。

然而，人并不是完全无助的；他的思想在全能的上帝面前确实是有意义的。人的思想可以使他认识到自己在上帝面前的无能为力，认识到自己的苦难："人的伟大在于他能认识到自己的苦难，而一棵树却不能认识到自己的苦难。"通过这种方式，人的思想就可以超越他的虚无。帕斯卡对人的看法是模糊的，但并没有对上帝挑选自鸣得意。人是一个饱受折磨的灵魂；这个灵魂在他的思想和理性的能力与无法以这种方式理解宇宙之间被撕裂。结局必须是洞察人在上帝面前的苦难。由于帕斯卡重新强调了人被上帝抛弃的事实，以及他作为一根"无力的芦苇"的处境，所以《思想录》给詹森主义运动注入了悲观主义的基调。

当帕斯卡正在恢复詹森主义的精神动力时，对这场运动的迫害已经开始了，然而并没有发生流血事件。圣西兰仍然是唯一的殉道者。教皇的谴责和五大命题并没有结束这场运动；修女们最终表示认同了，并牢记"正确"和"事实"的区别。即使1661年修女们被迫无条件地认同，詹森主义也一直延续到了下一个世纪。

詹森派仍然是对天主教正统地位的威胁。他们提出了奥古斯丁主义（Augustinianism），忽视了教会自早期神父以来的传统。他们的恩典、自由意志和戒除圣餐的教义与特兰托的教规不一致。这种虔诚的复兴不同于新教国家。在那里，正统观念是僵化的，而抗议则是沿着自由的个人宗教经验的路线进行的。但在这里，正统与自由意志结合在一起，而人们的反应则是僵化的和决定论的。但詹森主义不是新教。阿诺尔和帕斯卡认为，所有新教徒在道德上都是放纵的。虽然新教减少了圣礼，但詹森主义者相信外部和内部宗教行动都是必要的，后者为前者提供了基础。阿诺尔强调,上帝对行动的认可与教会对行动的认可是并存的。但是,这些正统的观点并不意味着詹森主义者不愿意挑战罗马教皇职权。他们的神学迫使他们认为自己是正确的,所有的对手都是错误的。

由于詹森主义者得到了许多法国主教的支持,他们倾向于将教皇视为主教团的首席,隶属于教会大会。在某种程度上,詹森主义是赞同限制教皇权力主义的,这并不奇怪。在与罗马的不断斗争中,他们向限制教皇权力主义寻求庇护。不过,詹森主义者的限制教皇权力主义不是王权至上论(regalism),而是主教制(episcopalianism)。尽管他们在投石党运动期间仍然忠于国王,但君主对他们的敌意日益加深,他们别无选择,只能反对国王对宗教事务的侵犯。尽管如此,詹森主义者还是社会保守派。帕斯卡认为,社会等级制度是一种必然,所有的人都想统治社会,但只有一部分人可以做到。从他们对罪人的看法出发,詹森主义者采取了支持政治专制主义的立场。对阿诺尔来说,压迫是人类政治统治的唯一可能的基础。帕斯卡谴责任何道德上的放纵,他对政治持愤世嫉俗的观点。为了维持必要的权力和秩序,这一策略是正当的。虽然普通百姓不允许诡辩,但统治者并没有因此受到责难。尽管他们攻击耶稣会的诡辩,甚至帕斯卡也被迫意识到,当灵魂未得再生的人面对政治问题时,基督教伦理必须起作用。

詹森主义者们确信他们的教义是纯粹的奥古斯丁教义,构成了奥古斯丁的虔诚信仰的复兴。奥古斯丁主义是宗教改革的一股强大力量,现在在重申宗教决定论、挑战自由意志和人的力量学说方面发挥了作用。奥古斯丁一直是贝拉基(Pelagius)的主要反对者,而17世纪深谙教会历史的人看到古代斗争在他们自己的时代重新上演。

复兴奥古斯丁主义的并非只有詹森派。在这场反对正统的斗争中,英国的清教徒与他们是同类。和天主教一样,圣公会也身在宗教复兴中,这里以礼拜仪式为中心。兰斯洛特·安德鲁斯(Lancelot Andrewes,1555—1626年)是一位典型人物,他强调教会的礼仪仪式,这对清教徒来说是接近天主教的;他与仪式结合起来,呼吁超越圣经谈教会历史。此外,在清教徒的攻击越来越多的情况下,圣公会布道强调教会和国家神圣的权威。大主教劳德(1573—1645年)清楚地阐明并执行了圣公会复兴背后的思想。一方面,他建造新的教堂，并大谈"圣洁之美"（beauty of holiness）；另一方面，他认为教会有权颁布仪式和裁决宗教争端。他沉浸在一个理想化的中世纪教会的形象中，认为这是一个调节人们反社会欲望的社会制度。这也是他试图重新创造的。影响教会的阿米尼乌斯主义的广泛基础从未消失。劳德保护了像奇林沃思（Chillingworth）这样的人，而安德鲁斯表现出了明智的宽容。圣公会继续强调人的自由意志，反对伪奥古斯丁对宿命论的界定。

清教徒反对派的胜利阻碍了圣公会的复兴。与劳德的顽固态度相对应的是清教徒对教会的敌意；教会不仅在高等法院中拥有宗教裁判所，而且还是不得人心的君主制的坚定支持者。比较典型的是，清教主义一开始倾向于采取消极立场，反对礼拜仪式、高级专员公署（High Commission），尤其是被圣公会信徒视为神圣起源的君主制。他们对社会规范的态度很模糊。一些清教徒并不反对政府的家长式作风，只要不是由他们认为具有压迫性的斯图亚特王室政府来实行就可以。其他人跟随清教徒，他们引用圣经中约伯的故事来反对这样的规定："当他打算夺走约伯的宗教信仰时，便从他的私人财产开始，这是魔鬼的老把戏。"① 这种在社会问题上的不同立场使得1640年后的清教找到了各种各样的盟友；每一个都对现存政权心怀不满。然而，大多数清教徒所信奉的基本信仰核心在发展。

这种信仰的中心是一个隐藏的上帝；他并没有在他的创造中完全显露自己。圣经是上帝公开的意旨（will），在这背后隐藏着他的秘密意旨。上帝是一个神秘的、具有威胁性的上帝，他向人隐藏了他在圣经中没有宣布的那部分意志。宿命论者也有这样的想法。被上帝挑选者被一个堕落邪恶的世界包围着。那些重生的人是由上帝自由的、不可抗拒的恩典所造就的。再次强调了人类在天堂的堕落、宿命以及不可抗拒的恩典的选择。在这一点上，清教接近于詹森主义者的虔诚信仰。

然而，清教徒把教会的圣礼降到了次要地位。相反，他们强调两件事：人的良心和拘泥于圣经的字面意义（literal biblicism）。后者强调（与詹森主义相反）与教会历史上的公正无私相结合。所有的一

---

① *The Proceedings and Debates of the House of Commons etc.* Collected by Sir Thomas Crewe (London, 1707), p. 17.

切都必须得到圣经的支持,圣经是上帝唯一的启示。然而,这种圣经主义意味着将某种理性主义引入清教的思想中,人们该如何理解圣经的"内容"呢?大体上,他们采用了彼得吕斯·拉米斯(Petrus Ramus,1515—1572年)的逻辑;这一逻辑与欧洲大陆上加尔文派正统学说相联系,是一种正式的推理方法。清教徒成功的部分原因在于,他们的布道是根据圣经进行的,简单地按照拉米斯模式来组织,不识字的文盲也可以遵循。他们对良心的强调特别追溯到加尔文,他在良心上看到了上帝与人对话的机制。对加尔文来说,问心无愧是上帝挑选的唯一特征;它同样是清教思想的核心,清教思想拒绝任何对恩典的外部帮助。诚如一位清教徒所说:"人的良心……是人对自己的判断,这是根据上帝对他的判断而定。"然而,清教思想的共同核心并不是一成不变的。

从16世纪末起,英格兰的清教徒和苏格兰的长老会教徒(Presbyterians)开始把他们的神学思想转化为他们从圣经中推导出来的上帝与人之间的契约形式。基督引入了一个"恩典之约"(covenant of grace),一个与人的盟约,使重生的人有可能得救。与"恩典之约"密切关联的是"工作之约"(covenant of works),自从人类的堕落以来它就影响着全人类。这意味着所有人都发誓要服从上帝,跟随那些已经获得恩典之约的上帝的选民的领导。这个盟约为教会的纪律和道德规范提供了理由。圣约神学(covenant theology)的重要性是双重的。首先,它软化了对上帝的正统看法,认为上帝出于仁慈与堕落的人立约;其次,这种宗教思想超越了像多特那样的信仰忏悔,直接从圣经中推导出圣约。这种发展并不局限于清教主义。在莱顿,约柯塞尤(Johannes Coccejus,1603—1669年)将圣约神学系统化,以一个超圣经的方式来对抗新教经院哲学。

并非所有的清教徒都接受圣约神学;比较保守的人这样做了。这种正统观念也无法传入英国;威斯敏斯特的神学家们尝试过,但失败了。许多参加过内战的人都希望摆脱强加的教条,获得自由。这种愿望影响了教会组织。"独立派"不希望组织集权制扼杀他们表达宗教意见;相反,他们坚持每个圣会自给自足。在神学中,宿命论的理想甚至被一些激进分子所接受。这些人认为,他们是被上帝挑选者;在此基础上,他们复兴了预言的思想,相信作为圣徒,他们有权对所有的事情作出预言。

如果教会的戒律被取消，且规范圣经解释的拉米斯逻辑被忽视，这种虔诚便会助长宗教个人主义的发展。上帝挑选的自我意识与预言的天赋相结合，成为人类现在的圣徒。约翰·索尔特马什（John Saltmarsh）认为：作为一个圣徒，他拥有超过任何被上帝摒弃的普通人的权利。卢多维奇·马格莱顿（Ludovic Muggleton）把自己想象成一个被上帝选中并要诅咒同胞的先知。从被上帝挑选到被救赎，再到成为上帝挑选别人的工具，这段距离是很短的。宿命论深植于清教徒的思想中。即使是像布鲁克勋爵罗伯特·格雷维尔（Robert Greville）这样充满柏拉图主义和基督教斯多葛主义的人，也坚持上帝挑选和永世受罚的教义。

激进的清教团体的自我神化也有一些千禧年说的意味，比如德意志的大众虔诚。他们认为，审判日就在眼前。政治革命是基督第二次降临的前奏，这将在正直的人们的黄金时代发生。有一种观念很普遍，那就是英国民族很快就会看到《但以理书》（Book of Daniel）中关于第五王国即将到来的预言的实现。第五王国派（Fifth Monarchy Men）是表达这些思想的特殊教派，但他们影响了很多宗教体验。因此，"特殊浸信会"（particular Baptists）从浸信会运动中分裂出来，他们赞同千禧年说，并相信只有被上帝挑选上的人才能得到救赎。

一些宗教激进分子确实改变了上帝挑选的排他观念，拒绝了宿命论。浸信会也是如此，他们是上个世纪再洗礼派运动（Anabaptist movement）中较为温和的一派的延续。门诺·西蒙斯（Menno Simons，1492—1559年）给了他们宗教思想方法，反对千禧年说，并唤起了与大卫·乔里斯（David Joris）有关的再洗礼。温和派相信成人洗礼，认为婴儿受洗毫无意义。最重要的是，他们坚持认为礼拜是信徒们纯粹自愿的聚会。他们的团体向每一个能达到"积极圣徒"的人开放。所有人都可以这样做，如果他们悔改并相信福音，没有人会被不可挽回地诅咒。浸信会提倡在他们的信仰基础上的完全宽容。一位早期的英国浸信会教徒宣称："风想吹到哪里就吹到哪里，每一个从圣灵降生的人也是如此。"

对"圣灵"的强调是这种清教激进主义的核心，有时甚至是正统清教思想的核心。因为上帝不仅是全能的，他无处不在，或者近在咫尺，又或者存在于人的良心和他心中的圣灵。这种"圣灵"或"内心之光"（inner light）给那些认识到自己属于神圣团体的人带来了救赎的信心。乔治·福克斯（George Fox，1624—1691年）强调，这种"内心之光"是公谊会（Society of Friends）的中心意识，因其在上帝面前欣喜若狂瑟瑟发抖，所以公谊会又被称为"贵格会"；然而，他们的激进主义因强调圣经而有所缓和，但许多激进分子倾向于将圣经与"圣灵"分离开来。贵格会还强调了人的罪恶，以及通过简单而节俭的生活来对抗罪恶的必要性。公谊会以这种方式摆脱了宗教个人主义的无纪律的过度行为，同时保持"内心之光"作为他们宗教体验的核心。浸信会教徒们也凭借其为宽容和纪律严明的神圣团体，从而能够避免激进教派混乱的个人主义。值得注意的是，在英国革命时期的所有宗教骚动中，唯一幸存下来的教派是那些设法训导动荡和混乱的宗教表现形式的教派。这种激进的宗教表征是大众虔诚的表现；下层成员在教派中占据主导地位。就像所有的大众虔诚那样，他们表达了对一个更美好世界的无限渴求。

自由意志和决定论是本世纪宗教思想的两极。自由意志的支持者们将这种发展归因于理性神学的兴起。在这一点上，尽管索齐尼教派（Socinians）的理性主义受到了超出人类理性的启示的限制，但是他们站在了最前面。如果说清教主义和詹森主义有某种联系的话，那么索齐尼教派就和阿米尼乌斯运动也存在相关性。在我们的时代开始时，索齐尼教派或反三位一体教会的组织已经是一个既成事实。但这个饱受迫害的教派出身卑微，在波兰和特兰西瓦尼亚都建立了赢得人心的教会。虽然索齐尼教派是波兰新教中人数最少的一个群体，却有较为著名的追随者。他们的中心是拉科夫城（Rakow），那里成为索齐尼教徒的新耶路撒冷。拉科夫城的出版社发行索齐尼教派的书籍；索齐尼教派最大的教堂也位于拉科夫城。

就像反三位一体运动从一开始就受到意大利领导人的支持一样，波兰反三位一体运动的早期领导人也是一位意大利人。福斯图斯·索齐尼（Faustus Socinus，1539—1604年）创立了以他的名字命名的教派教义。索齐尼认为，圣经中不能包含任何违背理性和理智的东西。人的意志是自由和理性的。亚当之所以犯了罪，是因为他的感官支配了他的理性，但这种犯罪并没有导致原罪。基督拯救了人类，因为他使人更加完美，可以自由地选择善。这些思想被纳入索齐尼教派教理问答（the Catechism of the Socinians）中，因为它的起源地而被称为《拉科夫教理问答》（Rakovian Catechism，1605年）。这本书被翻译成各种欧洲语言，把索齐尼教的事业传播到国外。因为上帝的公平不能剥夺人正确行动的意志和力量，所以要坚持自由意志。罪是一种自愿的行为，不能因为像亚当这样的罪就剥夺全人类的意志和力量。宿命论会使上帝变得不公正，所以它是完全错误的；这和阿米尼乌斯派的观点是一样的。但是基督呢？反三位一体主义者或曰上帝一位论派（Unitarians），否认三位一体和基督的"神性"。尽管如此，凡人获得救赎的唯一途径就是认识上帝和基督。由于上帝只有一个人，教理问答认为，信仰三位一体会破坏上帝的统一性。这也是一种违背理性的信仰，不受圣经的支持。基督本质上是一个真正的人，因为他神奇地降生，并创造了奇迹，所以他不是一个纯粹的人，但他是上帝的儿子，而不是上帝本身。一位重要的索齐尼派神学家认为，三位一体可能会使基督徒卷入多神论。

因为圣经是清晰而明确的，所以索齐尼派试图将神学的重要性降至最低限度。事实上，《拉科夫教理问答》试图否认这是一种信仰声明——类似于在整个基督教世界传播的声明。这些教理问答被称为"不和谐的号角"。相反，《拉科夫教理问答》的起草人不想束缚良心，立刻发出声明："让每个人在宗教上享有自己判断的自由。"拉科夫的学校包含了不同的信仰；学生们获得了欧洲独一无二的宗教自由。约翰·西格斯蒙德在特兰西瓦尼亚获得政治大权，他是第一个也是唯一一个上帝一位论派国王，天主教、路德教、加尔文教和上帝一位论派信仰之间建立了完全平等的关系（1571年），而在其他地方这几乎是不可能的。

圣经和理性导致了索齐尼派这种宽容的立场；诚如阿米尼乌斯的思想一样，人类天生的理性支配着对圣经的判断。在这场运动中，宗教改革的理性潮流从一开始就找到了归宿。这并不奇怪，该运动的领导者将埃皮斯科皮乌斯和格劳秀斯视为他们的朋友和同道者。索齐尼主义并不受大众的欢迎。它要求一种过于批判的态度，一种过于个性化和理性的生活方式。它的追随者来自贵族和专业阶层。该运动是知识精英的运动，在波兰依靠大约1000名贵族的支持。当这种支持令他们失望时，索齐尼主义就注定要失败。它最终失败了，不仅是因为天主教重新征服了波兰，也因为新教在这个国家的不团结。尽管上帝一位论派一再努力，加尔文主义者不会与路德教派结盟，也不会与索齐尼派一起对抗天主教日益增长的威胁。当1645年路德宗和加尔文宗终于在托伦（Thorn）召开会议时，上帝一位论派被明显地排除在外。就这样，所有人都走到了一起。瑞典入侵波兰导致了他们最终皈依天主教。约翰·卡西米尔（John Casimir）曾向圣母发誓，如果波兰得救，他将服从她的保护；1657年，波兰得救了。然而，如果贵族们还没有放弃新教，约翰·卡西米尔就不可能让波兰再改宗。在这里，耶稣会会士们在排除障碍的过程中取得了本世纪最大的胜利。在特兰西瓦尼亚也将迎来胜利。当特兰西瓦尼亚在1690年被奥地利统治时，耶稣会会士们再次排除了障碍，取得了胜利。只有在匈牙利的一部分地区，受到怀疑天主教哈布斯堡王朝的土耳其人的保护，上帝一位论才在它昔日辉煌的地区继续存在。

　　流放是痛苦的。其他新教徒可以期待受到忠于各自信仰的政府的欢迎。波兰或特兰西瓦尼亚的索齐尼派不受欢迎。他们在政治荒漠中四处游荡，但他们的思想游荡的力量更为强大。在荷兰，他们影响了阿米尼乌斯主义的发展。在英格兰，他们又与阿米尼乌斯主义一起影响了理性神学；但同圣公会和天主教徒一样，他们被排斥在清教徒的宽容之外，他们的书被焚毁。虽然索齐尼主义和阿米尼乌斯主义为理性神学的形成提供了原动力之一，但还有另一个非常重要的推动力。

　　理性主义向17世纪宗教思想核心的渗透与古典思想的影响密切相关。这起源于文艺复兴时期，在本世纪初出现了某种程度的复兴。尤其是柏拉图主义和斯多葛主义变得很有影响力。剑桥柏拉图派，像他们文艺复兴的先驱一样，认为柏拉图的智慧来自摩西。在自由意志与决定论的大论战中，柏拉图支持自由意志，反对奥古斯丁——那个世纪是这样理解他的。对柏拉图来说，善的思想是知识和一切奋斗的目的和目标；在理解所有存在的过程中，它把世界引向统一。厄洛斯（爱神）是介于神与人之间的精灵，反对原始邪恶的教义，并战胜了它。没有预言奥古斯丁对意志的消灭；固有的高贵并没有因为与理性接触而丧失。人是自己的主人，通过爱的原则与宇宙和上帝结合在一起。柏拉图主义因此制造了一种对抗宿命论的武器。在这种柏拉图式的思想中，理性和意志是一体的；理性不仅仅是一种逻辑或批判的能力，还意味着人类在上帝所遍布的宇宙中获得神圣真理的能力。这些思想被英国的一群人采纳，他们被称为剑桥柏拉图主义者，他们的宗教信奉是基于理性的。诚如本杰明·惠奇科特（Benjamin Whichcote, 1609—1683 年）所言：没有什么真正的宗教是非理性的，没有任何真正的理性是不虔诚的。既然如此，宗教问题只能通过自由讨论来解决。

没有必要找决无谬误的指南。例如，威廉·奇林沃思（1602—1644 年）认为，人们根据自己的天赋可以获得不同程度的真理；重要的是寻找真理的努力。奇林沃思是一个圣公会教徒，他希望扩大教会而不是放弃教会。在这里，英国圣公会的阿米尼乌斯主义加上柏拉图主义的影响，是宽容的自由主义发展的背景。然而，神的恩典对所有这些人来说都是必要的。人类通过理性认识到："理性发现自然的事物，理性接受超自然的事物。"虔诚的本质是运用理性，但也包含其他的东西；道德原则将宇宙维系在一起，因此人类必须过着美好的生活。约翰·史密斯（John Smith, 1616—1652 年）把神性定义为神的生命，而不是关于神的知识。一个纯洁、美好、美丽的生命只能存在于神圣的现实中。

所有的宗教都渴望这种美好的生活，但在这种情况下，它就要脱离任何教条。不需要忏悔录、诡辩书或者教会的戒律。简言之，理性神学的本质为：它将宗教从强制的教条或神学中分离出来，根据人的理性和伦理本性，在神圣的背景下，使人成为自己的主人。剑桥柏拉图主义者和他们的同盟者以同样的力量，对抗宗派以及他们认为是托马斯·霍布斯的空洞的唯物主义。

斯多葛派的思想也具有影响力。斯多葛主义的意义在于它在理性宗教和自然神论以及不信宗教之间架起了一座桥梁。威廉·杜韦尔（1556—1621 年）曾试图将这种斯多葛主义基督教化，主张必须用理性来克服人的激情，帮助他按照自己的本性生活。上帝的世界也充满了神性，但这个世界的法则是由上帝永恒固定的，永远不会改变。新斯多葛主义似乎把人类需要战胜激情的自由意志，与一种普遍的宿命论结合起来。这种基督教的斯多葛主义几乎掩盖了两种异教思想。第一种是斯多葛主义的顺从、冷漠的观念；对一位作家来说，十字架上的基督就代表这样一种观念。第二个,也是更重要的,是斯多葛主义关于不可避免的命运的观点:不可避免的命运在这里系指上帝不可改变的天意。上帝受制于他自己的天命;他进行过创造,但什么也没有创造。这些想法直接催生出自然神论。一部典型的作品是《自然神论者的四行诗》(1622年),这是一篇被广为传阅的诗。在这首诗里,上帝与世界的一切关系都被否定了。一个至高无上的上帝怎么会和一个如此邪恶的世界有任何关系呢?一个善良的上帝怎么能注意到人类的罪恶呢?上帝,只作为原动力被崇拜,远离人类的关注,允许人类自由地享受他的创造。

1601年出版的皮埃尔·沙朗(Pierre Charron)的《论智慧》(*Of Wisdom*)一书显示了这种自然神论的无神论可能性。上帝离我们如此遥远,这里是人类根据自己的本性和理性生活的地方。沙朗猛烈抨击基督徒——不管他们是好人还是坏人;善与恶是人的本性可以清楚区分出的东西。沙朗从强调天堂转而强调自然,因为对他来说,"自然就是上帝"。那些有奇迹、圣人、信条和神谕的宗教对人性是虚伪的。这种"自然即上帝"可以通过人类的理性来解释。上帝从这个世界上消失,对命运漠不关心;这意味着强调人的本性和人在道德上的自给自足。这里隐含的无神论以及法国诗人和朝臣泰奥菲尔·德·维奥(Théophile de Viau,1590—1626年)的思想成为焦点。如果自然是上帝,那么它就不是神圣的,而是感动灵魂的激情。排除人类理性的情感因素、相信人的激情是人的自然表现,就为自由思想(libertinism)开辟了道路。在上个世纪,"持自由思想者"(libertine)一词曾被用来指那些自认为不受教会支配而只服从于圣灵的人;但是,现在这个词越来越多地被用来形容像泰奥菲尔这样的人,他们代表着运用自然主义哲学嘲笑基督教的群体;这种哲学思想允许自由支配人类的激情。他们的哲学很容易成为纯粹的唯物主义;的确,泰奥菲尔声称,是自然要素而非上帝创造了人类。

在法国,这种观念变得流行起来,与虔诚信仰的复兴形成鲜明对比。根据梅桑纳神父1623年的统计,仅在巴黎就有5万名这样的"无神论者";这不免有些夸大其词。法国的确深受影响,但威尼斯才是这些想法的真正源头。在帕多瓦大学,切萨雷·克雷莫尼尼(Cesare Cremonini,1550—1631年)教授自然哲学。他是一位声名显赫的教师；他认为，按照亚里士多德的观点，灵魂是会死的，而上帝并不是一个有效的动力。他的哲学被深陷与罗马教宗斗争的威尼斯统治阶级所接受。由城市青年贵族组成的"未知者学派"（Academia degli Incogniti）就体现了这些思想。① 在反基督教的氛围中，它有时发出虚无主义和否定的声音。

两名意大利人推动这种不信教思想更广泛地传播。1631 年托马索·坎帕内拉（Tomaso Campanella）的《无神论凯旋》（*Atheismus triumphatus*）在形式上是反对无神论的，但实际上它的论点是对无神论的支持。主宰这个世界的是无形的自然力量；人类必须按照自己的自然理性生活。神的奥秘和基督被拒绝了。然而，在柏拉图主义的影响下，坎帕内拉保留了一种模糊的宗教——一种促进普遍利益的力量。他著名的乌托邦《太阳城》（*the City of the Sun*, 1623 年）中就体现出了这一点。然而，这个虚构的国家的牧师们通常都致力于自然科学和占星术，试图使他们的预言更加准确。基督只不过是重要的指挥官、立法者和科学家中的第一人。和其他"无神论者"一样，坎帕内利亚受到阿威罗伊主义（Averroism）的影响，尤其把宗教仅仅视为法律概念，认为宗教的创立者不是神，而是立法者。此外，阿威罗伊主义者对占星术的强调一直延续到这个时代；作为一种占星术决定论，这导致一位佛罗伦萨人写道：基督的死与人类的救赎无关，而与星象的不协调有关。

虽然坎帕内拉有时对自己的不信宗教思想也比较迟疑，但在卢西利奥·瓦尼尼（1585—1619 年）的思想中却没有这种迟疑。对他来说，人是一种生物现象，他的性格不是由他内在的神性而是由他生活中的物质环境决定的。自然和自然形成的环境，是上帝永恒的旨意。基督和摩西是冒充者；伪装成神使穷人陷入奴役之中。在马克思使用宗教这个词很久之前，宗教就成了大多数人的鸦片。瓦尼尼行动非常自由，直到他在图卢兹开办了一所成功的学校来教授他的学说。1619 年，他被当作异教徒活活烧死。

在本世纪上半叶对这种无神论和自然神论的频繁攻击表明了这些思想的相对力量。著作家们总是不厌其烦地重复那些不相信基督、不

---

① Cf. G. Spini, *Ricerca dei Libertini* (Rome, 1950), pp. 139 ff.

相信灵魂不朽或不相信圣经的人的存在。对这些人来说,大自然是唯一和最高的力量。然而,显而易见的是,这种17世纪的不信宗教摧毁了基督教,只是为了树立一种新的威权主义:人类被自然所束缚,无法摆脱命运——没有上帝进行干预的命运。自由意志的要素是按照这种本性生活,给予人类一种排除神性的道德上的自给自足。这些人中的大多数人都信仰上帝——无论上帝多么遥远或无力。然而,也有一些人在伊壁鸠鲁哲学的影响下甚至拒绝接受这种信仰。因此,在正统观念的推动下,我们这个时期出现了一个重要的反基督教性质的运动,它超越了理性的宗教,变成了各种形式的自然神论和不信宗教的思想。

这种宗教态度的日益强大是否导致了宗教宽容?宗教宽容的理论体现在理性宗教和那些强调"圣灵"在人体内的人的思想中,但这些人没有政治权力。信仰声明在新教的土地上被强制执行,天主教有宗教裁判所。然而,现实中也存在宽容的例子:在再天主教化(re-Catholicization)之前的波兰和特兰西瓦尼亚以及尼德兰和革命的英格兰。但是,在尼德兰,这种宽容主要局限于荷兰省内;在英国的保护下,索齐尼派被排除在外,而圣公会和天主教徒只能在私下做礼拜。

还有其他一些能够体现宽容的小片地区:汉堡附近的阿尔托纳(Altona)、石勒苏益格-荷尔斯泰因的腓特烈斯塔特(Friedrichstadt)、丹麦的格鲁克斯塔特。在阿姆斯特丹,所有持有宗教信仰的人(包括犹太教徒),都被鼓励在这些城镇共同生活。经济而非神学上的因素是造成这些令人震惊的现象产生的原因。在任何情况下,宗教宽容的目的是鼓励贸易,并建立一个繁荣和有利可图的商业中心。

对于所有这些例子来说,重要的发展很可能不那么具体。对异端邪说的迫害确实少了,但仍然有焚烧经书的现象,只是数量比以前有所减少。在某种程度上,宗教理性主义的日益渗透也许是造成这种自由主义的部分原因;我们看到这种自由主义反映在许多此类运动中。或许,宗教冷漠也是原因之一,这使得人们在保持政治忠诚的情况下,不太重视宗教上的一致性。

有几个一统的主线贯穿于我们的分析之中。在这个时代,正统观念面临的挑战是显而易见的。许多挑战者成功地确立了自己的地位,并获得了追随者。尽管新教和天主教正统试图抑制宗教的多样性,但新教改革并不能阻止宗教的多样性。自由意志反对预定的宿命论成为这个时代的大部分宗教思想，同时也涉及人类对自己命运的控制权这个重大问题。在这场斗争中，理性主义发挥了主要作用；我们已经看到，在古典思想的推动下，它不仅导致了理性宗教，而且还导致了自然神论和不信宗教的模式。现代唯物主义和现代反基督教思想起源于我们这个时代。更加强调自然也是引人注目的，一方面体现在伯麦的神秘主义，另一方面体现在瓦尼尼的思想中。然而，这个时代也是虔诚信仰复兴的时代。出现了天主教两位最伟大的圣徒；奥古斯丁主义无疑是詹森主义和清教主义中虔诚信仰的一种表达。除此之外，在大众虔诚信仰的层面上，有一种相同的表达方式，一种传统主义，在持续不断的战争和物价上涨的艰难时期被再次强调。千禧年说、神秘主义和宗教表达的丰富体现了对一个更加美好的世界的渴望。这个世纪的上半叶没有解决这些问题，就像它没有开始解决一样。我们这一时期的变化与其说是创造新事物，不如说是这些宗教思潮的形成和确立。

第 六 章
军事力量与战争
（1610—1648 年）

对军事史学家来说，通常称之为近代时期的主要特征是本地或者国外雇佣来的职业兵起决定性影响的时期。在这一时期的最初阶段，从国外招募来的军队在一个有限的时间段内服役：严格来讲这就是雇佣军，其典型的例子就是德意志佣兵（Lansquenets）；这种军队与任何一个国家或者政府都完全没有关系，他们为出价最高的雇主服务，并且在双方同意的条件下签订一份契约。然而，在某一个时期内，一些国家逐渐用本土兵源组建的军队取代雇佣军，并将前者编为团和连等永久性的军队建制，从而建立起一支常备军或者国家职业军队。在实际运行中，这种常备军里也有一些外国人，他们或者编成独立的外籍军团，或者分布在各支部队中。组建军队的方法一种接一种地从一个国家自然而然地传播到另一个国家，但是大体来说，这发生在17世纪上半叶。常备军的出现与现代国家的发展和君主集权的演进紧密相连，前者也成了君主制最强有力的武器。

对雇佣军的使用可以上溯到中世纪，在16世纪初，雇佣军占据了主流地位。但是很明显，雇佣军队为其服务的政府面临着将其自身利益和国民的利益交付给这些外国冒险者的风险；政府既不能对此高枕无忧，也要担心雇佣军可能会在战争中犯下的盗窃、劫掠、敲诈勒索和其他暴行。这种在战争中和雇佣军被解散后都可能发生的暴行令盟友和敌人都为之恐惧。还有，并非每个统治者都能负担得起长期雇佣军队的开支。所以，统治者们开始尝试寻求其他可以提供防御力量的解决方案；答案显而易见，就是建设一支依靠本土供养的国家军队；这符合长期以来惯用的、在外敌入侵时征发军队的习惯。法国查理七世（Charles Ⅶ）的法兰克弓箭手（"franc-archers"）、马基雅维利（Machiavelli）基于古罗马模式在 16 世纪初建立的佛罗伦萨国民军以及弗兰西斯一世（Francis Ⅰ）的军团（"legions"）都是类似的例子。

特别是在德意志，当查理五世（Charlie V）的政策失败后，地方诸侯们获取了实权。在 16 世纪末新教徒与反宗教改革者之间的仇恨愈演愈烈时，一场武装冲突显然会如期而至，所以其中一些诸侯不得不为了诸侯国的安全问题而扩充军力。因此，在这一时期，各个诸侯国遍刮建立国民军之风，比如国土卫国军（landesdefension）或救国军（landrettung）。巴伐利亚是最具代表性的诸侯国（马克西米连公爵为此贡献颇多；他是 1609 年成立的天主教同盟的强有力的领袖），此外还有勃兰登堡、萨克森、莱茵巴拉丁领地和纳塞。由于纳塞的老约翰伯爵（Count John the Elder）与其兄奥伦治的威廉（William of Orange）、其儿子米德尔斯特的约翰、荷兰将军莫里斯（Maurice）和威廉·路易（William Louis）等人关系紧密，所以纳塞的救国军值得一提。自 1555 年的奥格斯堡和约之后，在德意志就没有了任何获得现代战争实践知识或者积累实战经验的机会。我们因此可以理解为何纳塞的统治者们转向尼德兰，后来转向欧洲军事学院寻求帮助。纳塞的约翰是在其间穿针引线的主要人物，他参加了由莫里斯亲王发动的一些军事行动，记录了一些有价值的军事经验并将其汇集成册；这些记录也是后人研究纳塞军队改革的主要资料之一。上述手稿现在保存在威斯巴登的国立档案馆中。

救国军的建立伴随着巨大的痛苦，他们注定会走向失败。其原因是多方面的。首先，建立一个为国家服务的军队的首要条件就是强烈的民族感情。在当时各诸侯割据一方的神圣罗马帝国，民族感情是极为缺乏的。对于作为诸侯臣民的那些温良敦厚的农民来说，他们的利益并不在本地事务之外，因此消极应付而非彼此合作是理所当然的。

其次，大量国家军队不可或缺的文书工作这一因素也被低估了。由于缺少足够的受过良好训练和靠得住的文职官员，那个年代的国家机构缺乏处理文书工作的能力。此外，在军队的组织结构方面，当时这种服务于国家的军队总是遇到缺少军官的问题；这就意味着缺少一支有效率的军官团队。此外，训练军队的时间往往太短，受训的士兵出勤率较低且不规律。数月或者数年已经过去，却没有开展任何训练是家常便饭。贵族对武装起来的农民缺乏信任：他们并没有忘记过去的农民战争，并且害怕武装的农民会大肆劫掠。为建立军队出资的城镇居民对于这种没几个人敢打包票的冒险行为有点热情不足。诚然，建立起国防系统的主要目的是防止外敌劫掠；但是三十年战争足以清楚地证明：即便是这种较低的目标都难以实现。三十年战争的开启意味着救国军的终结。在 1620 年，斯皮诺拉（Spinola）和他的身经百战的军队入侵了巴拉丁领地，当地的救国军很快战败，实际上是一触即溃。

人们可能要问救国军是否留下了任何积极的经验。可以说，最重要的就是当时与它相关的、旨在按照现代理念提升军事知识的著述。包括此前已经提到过的纳塞的约翰的手稿。此外，约翰还以第一部欧洲军事操典的编撰者的身份著称，这部军事操典载有雅各布·德·盖恩（Jacob de Gheyn）的一些版画；现在我们在全世界各种图书中都还能找到相关画作的复制品。在此领域，约翰还发现了一名同类著述的作者巴登－杜尔拉赫（Baden-Durlach）侯爵乔治·腓特烈（George Frederick）。另一个值得一提的人是约翰·雅各比·范·沃尔豪森（Johann Jocobi van Wallhausen），他出版了关于兵法的一系列书籍，被认为是三十年战争期间关于军事问题的领衔作家。他也是 1616 年由米德尔斯特的约翰在锡根（Siegen）创建的贵族子弟军事学院的首任院长。该校的建立旨在通过理论学习弥补实战经验不足的问题，因为自 1609 年以来，尼德兰一直处于和平状态，各国军队几乎没有获得实战经验的机会。作为德意志最早的军事学院，锡根的这所军事学院只存在了很短的时间；三十年战争可能早在 1619 年就迫使学院关门大吉了。

在强制征兵基础上建立国民军的实验失败了；考虑到 16 世纪和接下来很长一段时间欧洲政治和社会的情况，职业军队才是符合实际的。在战争中几乎所有国家都派出了一支规模或大或小、用于增援本土军队或"国民"军队的外国雇佣军。因此，尼德兰联省共和国一直有英格兰人、苏格兰人、法国人、德意志人和瓦隆人组成的军团为其服务。西班牙则主要与意大利人、勃艮第人、瓦隆人、德意志人和瑞士人并肩作战。德意志雇佣骑兵和步兵在法国宗教战争中起到了重要的作用。三十年战争期间瓦隆人军团在像蒂利（Tilly）和比夸（Bucquoi）这样的指挥官指挥下为巴伐利亚和神圣罗马帝国作战。就连 1630 年登陆德意志的古斯塔夫·阿道夫（Gustavus Adolphus）的军队中都有德意志人和苏格兰人的战斗团队。

总的来说，如果雇佣军能够按时领到军饷，其士气和表现还是不错的。在战场上，尤其是在攻城和攻击堡垒的战斗中，他们总是表现出视死如归的品质；这非常令人惊讶，因为他们不可能被（雇主的）爱国热情所感染。雇佣兵经常被视为惯常的背叛者，但是他们几乎只是在遭受欠薪后才起兵反叛。换句话说，雇佣兵永远不可能在报酬丰厚的情况下反叛，除非遭遇了欠薪。军纪与按时付军饷息息相关。在莫里斯和腓特烈·亨利（Frederick Henry）这样强有力的领导人麾下，尼德兰军队当时有着良好的军纪。因此不少城镇甚至欢迎尼德兰军队驻扎；要知道在以往，军队一直是被驻在城镇视为洪水猛兽的。究其原因，军纪良好的军队可以为城市带来财富和贸易，城市财政也得益于因此而来的更高的消费税，许多市民也发现将私宅租给驻扎的军队从而获得报偿是有利可图的。但这种情况仅仅在军队的纪律得以保持的情况下才能够成为现实；这种与军队有关的商业契约必须建立在严惩殴打和虐待民众行为的基础上；任何对民众拔刀相向的人都将面临死亡的痛苦。

与民兵组织相比，职业军队的一个主要优点是其更加符合民心所愿。宗教战争结束后，人们认识到了战争是统治者和政府的分内之事；一个尽可能少地干预社会和经济生活的征募制度是符合民意的。职业军队的自身特点无疑满足了这个要求。早在 16 世纪的第三个十年，低地国家就因"让市民和农民们与无牵无挂的雇佣兵作战是不明智"的理念而放弃了招募民兵的想法。直到法国大革命之前，这一观念一直居于主流地位。此外，也有支持雇佣军队的观点，其理由也有些类似，即雇佣军没有从国内市场抽走任何劳动力。这也是雇佣军的一个不小的优势；它减少了失业、流浪等可能引起国家动荡的因素，从而毫无疑问地为社会作出了有益的贡献。其原因在于一旦战争结束，或者战争的威胁过去了，大规模的复员工作就不可避免了；这样一来就出现了一个需要解决的新问题，而当时的社会只有相对原始的手段来应对。最后，雇佣军还有一个好处，那就是它可以吸收在贫穷或欠发达地区过剩的人口，在困难时期成为一个受欢迎的去处。因此，严冬、歉收和饥荒对雇佣兵员产生有利的影响就不足为奇了。

雇佣军队在当时是必要的这一事实并不意味着这个制度没有缺点；事实上，它有很大的弊端。

首先，军民之间缺乏紧密的纽带关系。军队与民众作为国内两个完全独立的实体并列存在，几乎没有相互接触、尊重或谅解。士兵服役是为了军饷。而一旦为军队出了军饷，公民就不再对军队有义务了。其次，雇佣兵对他的战斗目标没有兴趣，这就是为什么总有逃兵和叛徒的原因，这就是为什么囚犯有时会一起投奔敌方的原因，这就是为什么叛变和背信弃义对当时的战争影响很大的原因。然而，我们应该小心谨慎，不要对这个问题做过多的渲染。在一些国家（比如古斯塔夫·阿道夫的瑞典和克伦威尔的英格兰），他们拥有一支主要由国家军队组成的武装力量；而且，他们为某些宗教或政治理想而战，士气绝对比以工资和战利品作为唯一动机的雇佣军要高。那些真正为了信仰而战的宗教战争的情况也是如此，但并非所有的宗教战争都是这样的。如果纯粹是出于现实目的而战，其领导人必须非常宽容。声名狼藉的阿尔瓦公爵经常驱使德意志路德教徒战斗团与西班牙军队一道在尼德兰作战，而在其他地方，被路德教牧师所宣扬的信仰感染的信徒则被其处死。在华伦斯坦的军队中，新教徒军官的地位一直是最高的；至于普通士兵，我们可以肯定的是，他们参军时的信仰从未被记录下来。我们只能说：一般情况下，新教和天主教国家都是在自身信仰占主导地位的地区招募兵员。显而易见的是，入伍的相关契约条款反映了国家或该国官方教会的态度，有的契约强制性地要求参加宗教仪式（其中的例子有1621年和1632年的瑞典军队、1635年的丹麦军队以及1585年的英格兰军队）；这意味着士兵可能被强迫信仰其他宗教或参加与自身宗教信仰不同的仪式。在1590年的荷兰军法中，对教士咒骂和无礼的行为是要被严厉惩罚的，但其并没有强制规定参加教堂礼拜。当代历史学家普遍认为，军官和士兵的宗教生活并不十分虔诚。特别是有关宗教内容的咒骂和亵渎，与酗酒和嫖妓一样，在当时普遍存在，更不用说"其他罪行"了。不过，对神灵的诋毁将受到极为严厉的惩罚（例如：在尼德兰，肇事者将被一把烧红的匕首刺穿舌头）。显然，在当时，军事生活滋生的是放纵而非虔诚；这也是彼时军队在大多数国家都难有好名声的原因之一。

上面提到的"其他罪行"的主要受害者是本国居民。从成立之初，雇佣军就是一把双刃剑，雇主国家的国土常常与敌国的国土一样遭受严重的蹂躏，甚至有过之而无不及。在更晚的年代，战争史史料中也常有屠杀、纵火、劫掠和勒索等阴暗的记录。为制止这些暴行而颁布的无数法令实际上收效甚微。在某种程度上，交战各方的统治者几乎都缺少薪饷，这也是引发罪恶的根源。实际上，付不起军饷的统治者经常让雇佣军在农村纵兵劫掠，而农村居民则不得不承担这些损害。

在荷兰独立战争（即"八十年战争"——译者注）期间，西班牙一方一直采取这种做法；其军队的军饷被拖欠两年甚至更长时间，对食物和酒的需求毫无节制。于是，西班牙士兵因被拖欠军饷多次哗变，在哗变中他们采取了类似的手段从乡村获取物资；这种行径使得西班牙的军事行动受阻甚至完全瘫痪。这些哗变的士兵把军官们遣散，然后选出一个在士兵委员会支持和监督下的头儿（eletto），并为其规定职责，以野蛮的惩罚来严格其纪律。头儿的职责包括向周边的村庄以税收的形式征集粮草。为了达到目的，头儿向村庄派发恐吓信，有时候将信的一角烧焦来增强恐吓的含义。在这几次士兵哗变中，又是由本土居民承担代价。哗变的士兵只有在得到军饷以及特赦的情况下才会被政府招安，头儿就会收到一笔钱以确保自身能够跑路到国外寻求发财的机会。

行军中的队伍对平民来说也是一种灾难，不光是队伍中的士兵及随军的妇女儿童、战马需要粮食、材料、马车和住所等给养和物资，而且军队在行军中还经常派出一波又一波的小股武装力量去骚扰周边居民。其中尤以游击小队为甚；游击小队由小规模的士兵组成，无论有没有指挥官，他们都可以进行短距离的袭击或侦察；他们对所在地区了如指掌，这使他们经常能够大胆且熟练地深入敌境。然而，游击小队的行为很难在军事作战和劫掠之间划清界限。因此，尼德兰北部有规定，如果一波武装人员在被俘后要求被当作战俘对待并且享有相关权利的话，那么这股武装力量的成员至少要有25人，且必须有一名负责指挥的军官。

三十年战争期间，德意志遭受的损失尤其严重；这主要应归因于各路大军中成群的随军家眷、妓女、少年、儿童、车夫和仆人,他们与几百辆大车和成群的牛一起跟在军队后面,就像蝗虫一样横扫乡间各处。这种行军队伍看起来就像大迁徙,随着战争进程的延续,这种情况越来越多。早在1617年,在其著作《步兵战法》(*Krijghskonst te Voet*)一书中,范·沃尔豪森估计当时有一支3000名德意志士兵的队伍后面至少跟着4000名妓女、少年及其乘坐的马车。没有谁能够维持这群乌合之众的法律和秩序。这样的军队在一个地方停留得越久,这个地方就被搜刮得越厉害。最糟糕的是,一旦居民们所藏的贵重物品和食物被发现,他们就会遭到残酷的折磨。值得注意的是,1625年及随后几年中,华伦斯坦本人征募的军队就有着相关劣迹。

毋庸置疑,战争发起者的初衷对现实没有丝毫影响。在征兵的鼓声中,来自欧洲各个角落的军官和普通士兵走到一起。1634年在埃格尔杀死华伦斯坦的人中有一部分是苏格兰新教徒,另一部分是爱尔兰天主教徒。军营里不可避免地产生了自己的语言——一种粗俗的专业俚语,随之出现了许多古怪的词汇,比如用"leutenampt"表示"lieutenant"(中尉);这在许多现代语言中都留下了痕迹。当时军队的国际背景当然有助于解释为什么我们今天世界各地的军事术语(例如军队中单位和军衔的名称等)是这个样子。

由于当时的治理结构所限,国家组建雇佣军的方式依旧是比较原始的。在那个年代,国家层面的组织机构很少,反而更多地依靠私人的力量。一国元首可以通过两种方式获得兵员,其一是在国内或者海外募兵,其二是直接雇佣一支或多支现成的外国军队。在后一种情况下,相关国家间要签署一项合同或"协定",其中录有财务和其他承诺的细节,以及可能动用军队的条件。这种方式的优点是可以获得训练有素的士兵,避免了征募费用。在前一种情况下,征募工作由一位受士兵欢迎的将军负责;他有足够的资金支付征募和武装军队的费用,有时还预支第一个月的军饷。征兵条件是由一个特别的"委员会"制定的。将军接下来委托校级军官具体负责征兵事宜。大型城镇是最受欢迎的募兵中心。自告奋勇者会接到在某天到某个地点或训练场地集合的命令;与此同时,他们还得到一笔钱作为报到奖金。在集合地点,由行政专员对这些人登记,必要时向他们提供武器,这些武器的费用从他们的薪金中扣除。随后,这些人被分入各个建制单位。其中一些人会被任命为低级指挥官并举行迎接军旗仪式，在仪式中，士兵们要诵读战争法规；同时对国王或任何雇佣他们的雇主宣誓效忠，他们要承诺保护军旗并遵守战争条款。完成了这些程序，兵团就正式成立了，士兵们也领了第一个月的军饷，然后就可以向目的地开拔。

国民军队的拥趸们没有忘记指出雇佣兵制度的巨大弊端。第一，在还没看到敌人的影子之前就花钱建军往往带来高昂的成本；这些成本包括士兵们报到的奖金、购买和运输武器的资金、募兵工作人员的差旅费和生活费以及新兵在集结地的日常开支。军队在集结地的每一天都需要一笔可观的经费，特别是当军队集结发生延迟的时候。如果没有经费，士兵们就被迫依靠劫掠度日，直到最后他们一走了之。这种情况经常发生，以致雇主此前所有的花费都付之东流，有时甚至会使敌人获益。同样，当敌人袭击雇佣军的集结地（通常在中立地区）时，已经募集好的军队就会被打散，武器也被敌人抢走。很多新雇佣来的士兵在收到"国王的先令"后就会消失得无影无踪；这种情况并不罕见。第二，遣散雇佣军往往并非易事。如果要阻止雇佣兵士滞留在所在国成为流浪汉或者加入敌军的话，就必须要支付其返乡的旅费和拖欠的军饷。由于交战诸侯的国库通常是空空如也，军队往往既得不到军饷，也无法被遣散。这就是当时尼德兰的情况，在著名的布瓦－勒－杜克（Bois-le-Duc）围城战中，联合省共和国方面总共有不少于12万名武装人员，其中大多数人在战役结束后必须被遣散。这项工作费了很大功夫，但是最终还是成功地被完成了，最后只剩下了6000人未被遣散。对这6000人来说，其最好的出路就是留在克莱费斯（Cleves）、马尔克（Mark）和贝格（Berg）这些中立地区过冬，然而这会牺牲当地居民的利益。

新招募的雇佣军团完全缺乏纪律、凝聚力和训练，自然无法与经验丰富的老兵相匹敌。"八十年战争"开始时，尼德兰人在战场上遭受失败的最主要原因是他们不得不与临时勉强拼凑的德意志辅助军队并肩作战。这就说明了后来荷兰招收雇佣军契约中所列条款（即："当我们的军队向敌方进军或发动任何形式的攻击时，任何索要金钱的人都将被处死，不得宽恕。"）的原因。

众所周知，当时的雇佣军是由社会中的不安分守己的人组成的。

不喜欢固定的工作、想要得到战利品、渴望冒险、债务缠身、不想受法律约束等都是他们应召入伍的主要原因。英国文艺复兴时期的诗人、军人乔治·盖斯科因（George Gascoigne）把那些靠当兵谋生的人分成三类，他把这三类人分别叫作"傲慢者""贪婪者"和"守财奴"；也就是说，是那些渴望名望和荣誉的人，那些追求金钱和战利品的人，那些被贫穷和生存需要、奢侈欲望和犯罪驱使的人。如此多的年轻人宁愿从军入伍，而不愿操持一个作坊或下田干活，这似乎令人吃惊；但我们必须记住，在城镇打工、在农村务农的生活条件不好、工作时间长、收入低，这可能就是原因所在。当时流行的说法是乡下人能成为更好的士兵。

当然，每个军队的情况都不一样。例如，在西班牙步兵军队中，许多绅士的儿子都是普通士兵，然而他们有勤务兵、行军有马骑，在战斗时将勤务兵和马匹同行李留在一起。在法国，大部分骑兵是由贵族志愿者组成；这些人必须与征召的成员区分开来；在理论上，这种服役形式对所有臣民来说都具有强制性，但到16世纪，这种服役形式在很大程度上已经衰微。在南尼德兰，征召的成员主要是贵族。德意志的发展情况比较特殊。在这里，16世纪早期人们就已经不再使用长矛了，取而代之的是两支手枪。与长枪不同的是，骑士和仆人也可以使用手枪，因此他们被征入当时庞大而行动不便的骑兵中队（squadrons），贵族的酬劳是根据他所拥有的骑兵数量而定的。德意志骑兵发挥了重要作用，尤其是在法国的宗教战争中。由于他们习惯不打磨盔甲，而是把它涂成黑色——这是一种实用的做法——所以他们被称为"黑骑士"（Black Cavalry）。

军官没有接受过正规训练。正如我们所见，锡根军事学院的存在时间很短暂。那些注定要成为军官的人以"贵族""军校学员"或"将领的护卫"身份加入连队，他们不得不拾军阶而上。另一些人则在将军或校官的随从中担任志愿者，开始他们的职业生涯；还有一些人通过收买获得中尉或少尉军衔，而这往往是以牺牲那些更有资格获得军衔的人的利益为代价的。大多数军官都是以上尉军衔结束他们的军旅生涯；或者有的是以要塞或堡垒的警卫队长（captains-of-the-guard）或副官的身份退役。通过自己的努力往上爬升至上尉和中尉的人也是存在的，但通常情况下都是例外。抚恤金的固定条例与晋升问题同样重要。在特殊情况下，普通士兵、军士（non-commissioned officer）和军官遗孀在提出要求时，都可以得到满足。

在教育方面，16世纪和17世纪的军官自然不能与今天的军官相比。只有少数人在国内或国外上过大学，或进行过认真的学习。此外，各国的情况不尽相同。尤为值得注意的是，几位曾在尼德兰与西班牙作战的英国军官被称为科学家或艺术家；他们将战争经历记录在书中。其中最著名的是菲利普·西德尼爵士（Sir Philip Sidney）；他在聚特芬（Zutphen）受了致命伤：他不仅是一位杰出的诗人，而且是一位学识渊博、举止文雅的人。但也有其他一些人，包括乔治·盖斯科因（上面提到过）、本·琼森（Ben Jonson）、托马斯·丘奇亚德（Thomas Churchyard）、约翰·韦茅斯（John Weymouth）、罗杰·威廉姆斯（Roger Williams）、弗朗西斯·马卡姆（Francis Markham）和他的弟弟杰维斯（Gervase）。

在欧洲南部，尤其是在西班牙和法国，受过专业教育的军官似乎比北部更多。文艺复兴在南部要比北方早得多，这里的军事文学就是一个证明；德意志和尼德兰出版的任何有关这一主题的书籍都无法与之相比拟。仅举几例，门多萨（Mendoza）、科洛马（Coloma）、乌法诺（Ufano）和梅尔索（Melzo）等人的作品，都因清晰、客观的表述和博学而著称于世。许多人通晓古典文学。北方的军事文学往往是以手稿的形式留下的，因此敌人无法从中获益。例如，米德尔斯特的约翰的作品就没有印刷出来。尽管如此，尼德兰和德意志仍然出现了关于堡垒工程和火炮的重要著作，这些技术科目专家并不被视为士兵。

在很长一段时间里，军官们对阅读的偏见仍然相当普遍；这对所有的军事改革者都构成很大的挑战。据说战争是不能从书本上学到的。必须承认的是，为了给作品赋予一种"博学"的外观，许多作家用最奇怪的、完全没有实际价值的战斗阵形来修饰自己的作品，强化了这种保守主义。

从前的军官团和现在的军官团的一个特点是：高级军官，直到最高级别的军官，都有一个直属连，或者在自己的团里，或者在另一个团里。这些连队由一名"上尉指挥官"指挥。此外，高级军官还担任许多其他职务，薪水也很高，其中一个是要塞总督。但是，拥有连队本身就被认为是非常值得的，因为所有其他形式的正式和非正式的

第六章　军事力量与战争（1610—1648 年）

薪酬都与士兵饷银相伴而来。不过，最主要的是要确保在花名册上的士兵比实际存在的士兵多得多。因此，在集合当天，人们就想出了各种各样的计谋来误导上尉的死敌——点名专员，连队职员同时给予积极支持。他们的想法是把所有在上次集合后死去的、被遗弃的或被遣散的人报告为存在的人员，并使他们在新的集合处执行任务。通过用其他连队的士兵、市民、农民或任何其他愿意提供服务的人代替缺席的军人，换回一些微薄的报酬。这类人被称为临时枪手。他们常常与体制中的"冒死亡者之名"混淆；在这个体制中，高级军官通过花名册上多余的几个人获取报酬；实际上，在某种意义上，这就像是给他的额外津贴。

　　档案记录显示：指挥官还有其他的优势。如果一个士兵死了或者被遗弃了，他的武器就成了所属高级军官的财产；如果他被遣散了，他就会丧失这位高级军官还欠他的大部分钱财；1/5 或 1/6 的战利品归高级军官所有；最后，高级军官在士兵的服装上捞好处。有时，军队的军饷是用布匹支付的，从他们平时的工资中扣除的钱比正常的还要多。在尼德兰，实际服役的军队人数有时被估计为名义兵力的 3/4，有些连队的比例甚至更低。通过直接向这些人支付报酬来纠正这些歪风的尝试，总是被那些有损失的人所挫败。这种情况在军队之外也是众所周知的；这显然阻止了公民为军队作出经济牺牲的意愿，同时这些腐败行为也大大降低了军队的声望和威信。

　　缺乏驻扎的兵营（barracks）对当时的军队产生了深远的影响。当士兵不在战场上时，他们就住在临时的、用民房改造的营舍（billets）里。提供这些营舍的人能够收到一笔钱，即所谓的"服务费"（service money）。士兵需要自己支付伙食费；如果他结婚了，还要付妻子和孩子的伙食费。一个士兵是如何靠领取的军饷养家糊口的，这是个谜。妻子也可能通过洗衣服、打扫卫生、纺纱或做一些类似的工作来挣钱。除了演习和打靶训练（这两种训练一开始并不频繁），卫戍军队的唯一任务就是放哨。到了夏天，许多士兵为农民干活，或练习某种手艺或干点其他活儿；对此，城市的各行会（gilds）感到十分烦恼。他们找到愿意替其站岗的人，并付些工钱；这样，这些被称为"有偿哨兵"（paid sentries）的人也能赚点外快。市镇当局对士兵的妻儿不太好。如果在一次战役结束时，一个士兵去了卫戍军队，而非他妻子和孩子们居住的地方，那么就要严格禁止向其妻儿提供房间或住宿，有时他们会毫不犹豫地被赶出城镇。

16世纪和17世纪的军队组织方式是基本相同的。例如，在一个由150人（正常人数）组成的英国步兵连中，除了上尉外，还有一名中尉、一名少尉、两名中士、两名鼓手、一名外科医生、一名牧师、一名炮手和一名文员。还有6名下士，分别负责连队的一个部门和训练新兵。许多贵族都被分配到连队。这些连队的力量差别很大：17世纪的尼德兰通常为113个或150个，德意志有300个。在其他国家，除了已经提到的英国之外，还有许多其他军阶：landspassaat（大致相当于下士）；capitaine d'armes（连队的军械士）；尼德兰联邦、法国和德意志，分别是adelborst、cadet和Gefreyter（都是指未来可能成为军官者）；Führer（队长）在德意志和瑞典是连队行进时的旗手，但他不在战场上扛旗；而在尼德兰和德意志部分地区，他是指挥官的警卫员。低于中尉和少尉的军衔由上尉授予；但在很长一段时间里，包括鼓手和外科医生在内的连队的所有成员，都被称为"军官"。在英国和荷兰共和国，所有军官（包括旗手）都有国王或付其饷银者的委任状或授权状。这就说明了为什么在英国军队下士、中士和其他低于少尉军衔的人仍然被称为军士的原因。

唯一高于连队的常设单位是团。一个团中的连队数目相差悬殊。1635年，荷兰共和国军队共有582个步兵连，分属于33个团，每个团的连数在9—30个不等。其中包括4个英格兰团：两个团各有17个连，一个团有18个连，一个团有23个连（总共9550人），以及3个苏格兰团，每个团10个连（3870人）。陆军上校的连队总是比其他连队大。除上校外，团参谋部还有中校、军士长、军需官和监督官。在一些国家要经过相当长的时间才形成有固定人员的永久兵团。西班牙的步兵团（Tercios）是非常古老的兵团，而法国的老兵团（les vieux）可以追溯到弗朗索瓦一世的军团（皮卡第、皮埃蒙特、纳瓦拉和香槟）；这种军团从16世纪中叶就已经存在了。亨利四世又增加了一些被称为小老兵团（les Petits Vieux）的军团。直到1623年，荷兰才成立第一个永久兵团。在此之前，由于没有固定的人员，每次战役都要临时将一些连队合并到上校手下。另一方面，为国家服务的外国军队被组织成永久兵团。第一个英国雇佣军团是汉弗莱·吉尔伯特（Humphrey Gilbert）领导的，于1572年在泽兰作战；它的人可能是原来的"步兵第三团的人"（Buffs）。

多年来，除了在战场上，国家的骑兵都没有兵团。直到1635年，它才被组织成四个骑兵连。在战场上，兵团是由一名少校领导，因为上校几乎总是担任其他职务，这使他身在异地；所以有时，一个非常年轻的人甚至一个孩子也会被任命为上校。这位军官可以同时指挥骑兵和步兵；这是另一个永远无法彻底铲除的恶劣行为。

早在16世纪末，骑兵就进行了一次重大改革：长矛被取消。人们对长矛与胸甲骑兵的手枪的优缺点进行了许多讨论。长矛消失（两个世纪后它又重回历史舞台）的最终原因是它对骑手和马匹都提出了很高的要求，而在新时期这种要求变得越来越难以满足。因此，这种杰出的骑士武器分别于1594年和1596年从法国与荷兰共和国的军械库中消失。显然，它在其他国家使用的时间更长。迟至1644年马斯顿荒原战役（Battle of Marston Moor）中，国会军成功部署了一支由400人组成的长矛骑兵军队。

与此同时，许多国家发现有必要引进一种介于步兵和骑兵之间的军队。这就是龙骑兵（dragoons）。在此之前，要把步兵快速地从一个地方转移到另一个地方，最好的办法就是用大车运输，或者让他们骑在骑兵的后面。甚至还从火绳枪手那里调来马匹运送军队。早在宗教战争时期，法国就开始使用骑马步兵；至今，关于"龙骑兵"的由来仍不清楚。他们全副武装，像步兵一样作战，马对他们来说不是武器，只是运输工具。直到1606年，荷兰才形成了第一批龙骑兵。真正的骑兵只有两种：胸甲骑兵（重骑兵）和火绳枪手（轻骑兵）。前者配有一把剑和两支手枪，后者配有一把卡宾枪、一把手枪和一把剑。

17世纪，武器普遍趋于统一。这样，双柄阔剑和司令官的警卫员的盾牌（小圆盾）都不再使用了。戟只作为军士以及上尉和中尉军衔的象征而被保留下来。不再在战场上使用的武器，包括像狼牙棒（morgenstern）和连枷状武器（flail），都堆放在堡垒储藏间。

盔甲暂时没有改变。铁甲骑兵除了膝部以下只有靴子保护外，都穿着一套完整的金属盔甲；他们戴着一顶头盔，头盔上有面甲或护栅。左手只有一只钢铁手套保护着。胸甲、背甲和头盔必须能抵挡手枪的射击。火绳枪手也被称为火枪手或"武装带骑士"（bandoleer-horsemen），他们戴着一顶脸面敞开的头盔，他们唯一的其他保护就是胸甲和背甲。在三十年战争期间，一种全新的、非常实用的头盔从东方传入，被广泛使用（例如，在英国内战时期，骑兵们就戴着它）。头盔由一个金属头盖组成，上面有一个水平的防雨板，一个可以调节的护鼻板，一个坚固可靠的护颈和有耳孔的面颊瓣。长矛兵因其军饷丰厚又被称为"双薪士兵"，他们是战斗队形的中坚力量，他们戴有高顶头盔（morion）、护胸甲和背甲，还有覆盖着胳膊和腿的钢铁护板保护着。此外，他们还携带了一把13英尺长的长矛和一把匕首。火枪手和不骑马的火绳枪手要么戴着帽子，要么戴着无面甲的头盔。配置1/12磅子弹的步枪，射程在220—270码之间。火药装在皮革衬里的锡罐中，系在弹药带上；不过，火绳枪手使用的是火药筒（powder-flasks）。

在17世纪上半叶，仍然没有合适的制服。因此，散兵游勇或士兵出其不意地占领城镇时，假装自己是对方的人，总是一件很容易的事情。没有制服使各种计谋成为可能，但也助长了大量胡作非为，当然，最主要的就是逃兵。特定颜色的腰带、系于刀剑的柄上的装饰性绳圈或流苏以及斗篷，被用来区分战斗双方。其他的方法是用树叶、布或一捆捆绑在帽子上的稻草作为战斗标志，以及预先安排好的战斗呐喊。虽然所有人都穿着同一颜色制服的连队很早就存在了，但这可能是因为上尉或上校购买了同一种颜色的布料，而非下达了一道普遍适用的命令。1645年，英国引入了新模范军（New Model Army），第一次对制服颜色进行全面的规范，当时规定所有军队都穿红色的制服。直到第一次世界大战，英国军队一直沿用这种颜色的军服。

按照传统，步兵（尤其是代表一支军队真正力量的长矛兵）在战场上被分成三个或四个长方形的方阵，分别被称为步兵方阵、骑兵方阵、方阵（荷兰语 hopen）和方阵（德语 Gewalthaufen）。它们的深度通常是宽度的两倍。炮兵和火枪手或者像步兵一样排成纵队，站在骑兵方阵的四角或两翼，或者在外围排成几列纵队。在骑兵中，枪骑兵最初是以中世纪的方式排成横列（en haie）作战的；但当手枪成为他们的主要武器后，他们也采用了矩阵队形，每支骑兵中队由500—1000人组成。在一场战斗中，炮兵和火枪手以小队的形式进行小规模战斗，在骑兵冲锋时在长矛兵中间或后面寻找掩护。骑兵通常的作战方式是半回转式（caracole）的；这意味着他们要层层开火，刚刚射击的那一排在骑兵方阵后面，并重新装填弹药。

纵深大而笨重的阵形的缺点是它们很难移动；更重要的是，只有最外层的队伍（据估计，长矛兵的前五排）才能直接参与战斗。此外，一旦进行了一对一的战斗，无论一个步兵方阵或一个骑兵方阵的规模如何，都极易受到来自另一方的攻击。正是这些考虑，迫使纳塞总督采用了一种新的战斗队形，莫里斯亲王的名字也与之联系在一起。它的特点是：步兵方阵的规模不超过一个团（500—1000人）；骑兵方阵不超过一个连（约100匹马）；步兵方阵排成十列，骑兵方阵排成五列；整个军队分成三列；骑兵在两翼，只有少数几个方阵被保留在后备军队。炮兵和火枪手站在长矛兵的左右两侧，并与他们组成一个方阵。射击是一排一排地进行的，刚刚开火的那一排人通过空隙移动到后面，并重新装填弹药。这样可以保持持续的火力。1600年，这种新型的战斗编队在尼乌波特（Nieuwpoort）证明了它的优势。如果没有一流的军队，这是不可能的。在当时，十级队形是一种冒险，尤其是射击显然需要大量的练习和高标准的纪律约束。诚如古典作家埃利亚努斯·塔克蒂库斯（Aelianus Tacticus）、智者利奥六世和波利比乌斯（Polibius）等古典作家在其作品中所描述的那样，这一标准是通过在古人模式的基础上演练而来的。借助拉丁文的翻译，人们对这些作品进行了深入的研究。学者的著作很有裨益，比如胡斯图斯·利普修斯（Justus Lipsius），他先后在莱顿大学和卢万大学任教，莫里斯亲王在他门下学习了18个月；他的《论罗马军事》（De Militia Romana）出了11版；尤其是全能型学者西蒙·斯特文（Simon Stevin），莫里斯称他为自己的向导和导师，这是很有道理的。这种训练方法是纳塞军队改革的主要特点，其重要性怎么估计都不为过。它的价值远远超过了它在战场上的直接战术用途：其最终目的是创造一种完全不同于当时仍然是雇佣兵的士兵类型。在克服最初的阻力方面，莫里斯和他的侄子以及姐夫威廉·路易斯（William Louis）无疑遇到了很大的困难。然而，最终，这种训练方法不仅被尼德兰所接受，而且或迟或早地被所有欧洲大国采用，现在普及到了全世界。

莫里斯非常关注攻城战术（siegecraft）和要塞工程，并亲自参与其中。在炮兵、桥梁建设、供给车队和扎营方面，这里也进行了其他任何国家无法比拟的重组，满足了多年的需求。正是在这一时期，许多国家的贵族和士兵访问尼德兰，学习"现代"战争，目的是回国在此基础上改进军备。

217　　可以预料的是，主要是新教国家遵循纳塞路线努力改革其军事体系；瑞典是第一个像尼德兰那样组织军队的国家。南曼兰（Södermannland）的查理［即后来的查理九世（Charles Ⅸ）］，已经在瑞典做过一些军事改革的尝试，但是因为该国贫穷，找不到所需的资金，所以收效甚微。中间人是米德尔斯特的约翰，前文提到他是纳塞国民军和巴拉丁救国军的组织者。1601 年和 1602 年，他作为瑞典军队的总司令在利沃尼亚（Livonia）与波兰人作战，他的贡献被高度赞赏。毫无疑问，他指挥这些军队的那段时间虽然很短，却大为增加了瑞典对新作战方法的了解。1608 年，莫里斯亲王麾下的前将军雅各布·德·拉加迪（Jacob de la Gardie）受命对当时 15 岁的年轻古斯塔夫·阿道夫进行军事教育。像纳塞人一样，这位在语言方面有极高天赋的瑞典王位继承人深入研究了古典作家关于战争艺术的著作。档案记录中提到，他读过埃利亚努斯、弗朗蒂努斯（Frontinus）和维吉提乌斯（Vegetius）的作品，还有利普修斯的《论罗马军事》和专门研究攻城战术的《攻守韬略》。

　　1611 年，17 岁的古斯塔夫·阿道夫登上王位，他将所有的精力都投入到军队建设中——尽管这仅仅是因为他对莫里斯亲王的高度尊重。他将荷兰制度视为自己的榜样，也就不足为奇了。然而，这不是一个纯粹的盲目模仿问题，而是在荷兰改革的基础上进一步发展的问题。事实上，瑞典的情况，特别是在征兵方法方面，是完全不同的。荷兰拥有一支国际雇佣军；虽然其主体是荷兰人，但大多数军队都是来自不同国家的外国人。另一方面，瑞典是欧洲第一个完全拥有国民军的国家，以义务兵役为基础征召军队，驻扎在团区，与古代农村省相呼应，强烈的地方爱国主义培养起来了那里居民的军事素质。在这个国家，封建主义不像欧洲其他国家那样取得成功，战斗精神不是某个特定社会阶级或职业的专属品质，而是作为强健农民整体的民族品质。这是从日耳曼时代继承下来的。

　　对新教事业的虔诚、热情和对国王——勇敢的瓦萨家族的一名成员——的忠诚是古斯塔夫·阿道夫能够建立严格纪律的基础。在波兰和俄国战争中积累的经验,使军队成为一种有效的战争工具;此外,还有与时俱进的战术和技术变革。

在步兵中,引进了一种较轻的火枪,这样就可以不用叉架了,从而获得更好的机动性和更快的射击速度。燧发枪不再需要了;1623年,这种武器已经从尼德兰的军械库中消失了。射击速度的增加带来的一个重要变化是,可以减少各营步兵方阵的数量。从10个减少到6个,如果有必要的话,可以通过加倍射击速度将这个数字减少到3个。除此之外,各营步兵方阵的部署方式与莫里斯指挥的军队相同,中间是长矛兵,两边都是火枪手,并留有空隙,以便于逐级射击。缩短长矛的长度就有可能实现,因为在抵御骑兵攻击时,长矛仍然是必不可少的。然而,在莫里斯的军队中,最常见的长矛和火枪的比例是5:6;瑞典国王在1621年引进的新型连队拥有54支长矛和72支火枪,比例略有下降。火力增强的一个自然结果是,军队按照队形排列变得越来越普遍。由于步兵有分裂成太多薄弱方阵的危险,所以国王引入了旅这个军事单位,它由四个营组成。这样,现在就有了一支可以与西班牙—德意志军队中仍在使用的、非常强大的骑兵中队媲美的军队,与此同时,军队也变得更加机动灵活。

不仅步兵的火力增强了,炮兵的火力也提升了。在此之前,火炮在攻城战中发挥了重要作用,但在战场上的作用微不足道。古斯塔夫·阿道夫发明了第一个真正的野战火炮战术。这是团级火炮战术,由轻型三磅炮组成,每个营有两到三组。尽管它使用的弹药似乎是葡萄弹(grapeshot),但不应低估子弹对当时密集队形的影响。1630年国王率军进入德意志,军中除了24架25磅重的攻城炮和25架臼炮外,还有81架3磅重的这种火炮。

这一时期非常著名的火炮是"皮革炮"。它们是由苏黎世一个名叫埃伯哈德(Eberhard)的人发明的,后来被奥地利将军伍尔姆普兰特(Wurmprandt)带到了瑞典。它们的结构一直是个谜;最近,X射线技术被用来揭示这件唯一存世的样品的秘密。这种炮只有外壳是皮革的。其余部分中间是个铁芯,由盘绕的钢丝和绳索、铁条、木制填充物和亚麻布包裹物加固。这是一种比平常更轻型的野战火炮。在1627年到1629年对波兰的战争中,许多这样的火炮被成功派上用场。然而,可能是因为皮革炮复杂的结构和制造工艺,导致它们从未被大规模使用过。路易斯·德·吉尔（Louis de Geer）是一位伟大的商人、实业家和金融家，也是瑞典钢铁和军备工业的奠基人，他为瑞典炮兵的建成作出了巨大贡献。他和古斯塔夫·阿道夫关系密切。尽管他对经济历史学者而言其重要性要高于对军事历史学，但这并没有削弱他对后者工作的意义。

古斯塔夫·阿道夫也改进了骑兵：他的主要成就是取消了半回转战术。在冲锋期间，只有前线士兵可以从最短的距离开火，之后骑兵们用短剑和手枪与敌人短兵相接。

和瑞典一样，英国的军事状况也很特殊：保卫家园的任务都交给了训练有素的民兵，也就是国民军（national militia）。所以，国王并不掌控军事力量，这就是为什么绝对君主制在英格兰从未站稳脚跟的原因。国王掌控的、作为宫廷警卫的人数不多的军队，在爱尔兰和苏格兰边境执行维护治安的任务，但并不足以应付大规模的战争。国民军根据1285年的《温切斯特法令》（Statute of Winchester）组建，理论上由15—60岁的所有男性居民组成。玛丽统治时期的两部法令和后来行政管理的努力，在一定程度上更新了这个古老的机构，但没有触及根本性的变化。这种情况的一个显著特征是：除了在敌人入侵的情况下，国王实际上没有任何权力强迫其臣民到海外服役，甚至到其本地之外服役。在实践中，这一点却被忽视了。因此，派往海外的军队，一部分是招募的志愿兵，其余的是民兵义务兵。在民兵组织中，训练有素的人（受过某种训练的人）和未受过训练的人是有区别的；因为前者被视为保卫国家不可或缺的人，其他人则更适合在海外服役。挑选、武装和召集征召入伍的士兵是郡首席治安长官（lord lieutenant）的任务。这里又分为两类：一类是真正的公民，他们想尽一切办法避免在国民军中服役；另一类是"流氓和游手好闲的人"（无业游民和流浪汉），他们只是被迫服役。这个简短的总结使我们对这些海外分遣队的军事价值有了一定的了解；尤其是在考虑到任何一次长途的海上旅行本身就足以造成许多人和马匹的损失时，更使我们对其价值有更深的了解。1625年对加的斯（Cadiz）的远征就是一个臭名昭著的例子。在尼德兰，英国人在战场上英勇无畏，但是他们发现很难适应异国的食物、气候和生活方式。维尔（Vere）、摩根（Morgan）、诺里斯（Norris）和塞西尔（Cecil）的名字，足以让人想起英国人在八十年战争中无数次展现出的英勇品质。

在英国，建立一支以新模式缔造的常备军的动力直到内战才出现。在贵族和士绅中，受骑士精神和荣誉的激励，建立了保王党军队的力量；最重要的是，他们提供了一支优秀的骑兵队伍。另一方面，在议会方面，推动的力量来自城市、港口，最重要的是商业大都市伦敦和部分绅士。只要适当地利用这样的资源，毫无疑问会取得最终的胜利。在这方面，英国内战与美国内战有一些相似之处。

起初，双方都很混乱。每个郡各自为战，斗争似乎正在分解成一系列小规模的行动（特别是攻城战）。不可否认，英国没有真正的要塞，但当时双方都没有可靠的攻城火炮。受议会委员会（parliamentary committee）指挥的议员们，犯了一个更大的错误：不断地建立新的兵团，让旧的兵团解体；因此，保王党最初的优势在于莱茵的鲁珀特亲王（Prince Rupert of the Rhine）拥有出色的骑兵将军这一点就不足为奇了。在1642年10月的埃奇山战役（Battle of Edgehill）中，圆颅党人（Roundheads）被逼向北推进，但查理认为自己的力量不足以向伦敦挺进。后来的尝试也失败了，查理的大本营仍然在牛津。1643年7月，保王党人（Cavaliers）席卷了全国第二大城市布里斯托尔（Bristol）：这是他们最后一次巨大成功。同年9月苏格兰人与议员们签署国民誓约之后，苏格兰人的干预实际上决定了反对国王战争的走向，而在1644年7月马斯顿荒原战役和1645年6月纳西比（Naseby）战役后，国王的失败是确定无疑的了。在这两种情况下，圆颅党的胜利要归功于奥利弗·克伦威尔和他的铁骑军。

众所周知，克伦威尔十分成功地以近乎狂热的宗教热情鼓舞了议会军的士气，而狂热同时又是无情的能量、铁的纪律和清醒的生活的源泉。这些品质造就了一支历史上独一无二的军事力量。更令人惊讶的是，克伦威尔取得了如此非凡的成就，但他实际上并不是总司令，而仅仅是一名骑兵中将。

《新模范军法》（New Model Ordinance）于1645年1月在下议院获得通过，同年2月在上议院获得通过；它对这支被历史学家称为"新模范军"（New Model Army）的新军作出了具体规定。它被恰当地称为"一队保卫圣经的斗士"（a body of Bible warriors）。荷兰和瑞典的影响反映在新模范军的组织中，英国军官曾在瑞典军队和腓特烈·亨利亲王（Prince Frederick Henry）的荷兰军队中服役。步兵分为12个团，每个团分为10个连，有1200人，2/3为火枪手，1/3为长矛兵。骑兵共有11个团，每个团有6个骑兵中队，共100人，都是配有一把剑、两支手枪、头盔、胸甲和背甲的骑兵。然而，大约在本世纪中叶，头盔和盔甲被帽子和水牛皮制作的短上衣所取代。新模范军也有一个1000人的龙骑兵团，分为10个连，像火枪手那样进行了武装。他们通常排成十列，其中一列有时需要照顾其他九列的马。一直以来都在军队中扮演灰姑娘的火炮，现在已经有了坚实的基础；每门火炮都由一个炮手来操作，炮手又配有两名助手。护送火炮的兵力有两个火枪团和两个步兵团。根据记载，炮兵和先锋队由于经常粗言秽语，所以名声很坏。显然，他们并不被视为士兵，至多称其为管理人和行李搬运工。

从以下主要任命名单中可以了解司令部人员的组成情况：总司令或"议会军统帅"（托马斯·费尔法克斯，Thomas Fairfax）；参谋长（斯基庞少将，Major-General Skippon）；一名负责集合的总干事，一名负责补给的总干事，一名负责饲料的总干事；一名货车长；侦察队长（scoutmaster-general 类似于法语 Maitre de Guet）；八名出纳员；一名副检察长；两名医生；一名药剂师；一名牧师；一名配有两个书记员的战争委员会秘书；两个副官。

此外，还有步兵、骑兵和辎重队的总参谋部，分别由少将（斯基庞）、中将（奥利弗·克伦威尔）和炮兵中将（哈蒙德）指挥。

火炮配有一名督导官、一名战地主炮手、一名弹药管理员和一名役马主管。还有一位总工程师，他手下有四名工程师，最后还有一位先锋队的队长。因此，如今被称为工兵的部门并没有作为一个独立的陆军部门存在。

在经历了15年的军事独裁统治后，英国于1660年恢复了君主立宪制，而法国在1653年投石党运动结束后实行了君主专制制度。从亨利四世去世到1653年，法国的国内政治历史充斥着连续不断的内战、暴动和宫廷阴谋；这构成了贵族反抗日益增长的君主专制的背景。这一时期法国的外交事务主要是反对西班牙—哈布斯堡联盟的传统斗争，这种斗争在《明斯特和约》（Peace of Münster）后一直持续到1659年，以对抗日益衰落的西班牙。在这场冲突为数不多的几次

第六章 军事力量与战争（1610—1648 年）

战斗中，1643 年的罗克鲁瓦战役（Battle of Rocroi）具有重要的军事历史意义，因为德·梅洛领导下的西班牙人在那里的失败，通常被认为标志着西班牙步兵在统治了一个半世纪之后优势地位的终结。尽管如此，西班牙步兵还是表现得很好。正是在这场战役中，伟大的孔代赢得了他的第一次胜利。

防御工事的建设在军事战略发展中占有重要的地位。约在 16 世纪中期，几乎每个城镇都还保留着中世纪的城墙、城门和护城河。随着加农炮使用的增加，新的防御工事到处铺展开来，主要是为了防御城门，同时城墙上的塔楼被改造成圆形的堡垒，并重建以容纳加农炮。新的防御工事是按照意大利的模式建造的，有高高的土墙、挡土墙（护岸）和小堡垒。在荷兰反抗西班牙的独立战争期间，对防御工事现代化的需求变得非常迫切，但是由于缺乏资金，而且许多地方土壤饱含水分，地面松软，沉重而昂贵的护岸被破除了，只能靠土墙满足需要。这样的城墙可以抵挡当时坚固的炮弹的轰击，与之形成对比的是，当石墙倒塌时，护城河也被填满了。深、宽、沼泽状的护城河（或沟渠）为抵御风暴提供了足够的保护；有栅栏可以抵御突然袭击。当它结冰时，沟渠被挖开，水从墙上倾泻而下。城墙很厚，有一个很大的"盲区"；这意味着一个城镇的防御完全依赖于大炮和步枪的侧翼火力。堡垒或防御工事就是为了这个目的，攻击主要集中在它们身上。

在护城河中，通常有一个较小的防御工事，叫作 V 形棱堡（ravelins），在另一边，有一条斜堤；此外，边境上的要塞和堡垒也有半月形堡和角堡。结果是形成了一套精心设计的防御系统，始终确保每一项防御工作都能被 220—250 码的侧翼火力所覆盖——这是一支步枪的射程。因此，所有的距离和角度都是相互关联的；计算这些数据和标出地形的任务由工程师来完成，因此他们需要有扎实的算术和测量知识。

以这种方式发展起来的旧式荷兰式堡垒工程对欧洲其他地方产生了巨大影响，主要是在新教国家，堡垒都位于地势低洼的沼泽地带。荷兰工程师经常向外国军队提供服务或者接受外国统治者的咨询。有证据表明，他们的身影在柏林、汉堡、不来梅、但泽、尼斯甚至远至俄国的罗斯托夫和特尔基（Terki）的防御工事中出现过。

攻城战的改进与堡垒工程的发展同步。攻城变得更慢，更有条不紊，需要更多的火炮。例如，莫里斯亲王分别于1595年和1597年用16门、14门大炮围攻格罗恩洛（Groenlo），在1627年，腓特烈·亨利使用了80门火炮，其中包括15门臼炮攻城。1601年莫里斯在围攻布瓦-勒-迪克（Bois-le-Duc）时使用了22门大炮，但没有成功；而事实是：1629年，腓特烈·亨利用116门大炮（不包括臼炮）占领了这座城市。1645年赫尔斯特（Hulst）被围困期间，一个月内发射的炮弹数量比1573年围攻哈勒姆（Haarlem）7个月用的炮弹还要多。

如果要向被围困的城镇或要塞提供救济，就要建造一个宽阔的围墙，其本身几乎就是一座堡垒。在这条线内，围城军队建立了三个营地或"营房"，在炮火的掩护下，向被攻击的堡垒或前线挖掘曲折的战壕。这条隐蔽的道路通常是经过艰苦的斗争才开辟的。然而，接下来是行动中最困难的阶段：即穿越护城河。为此，必须修建一座堤坝，在堤坝上建造一个廊道（用来抵御大炮和步枪的射击）。通常在挖出必要的廊道后，一旦到达墙脚，就有人试图炸毁它。这两项任务总是交给经验丰富的工兵或专业矿工。有时需要在地下进行数周的斗争才能攻破缺口。然而，防御者往往不让事情发展到这一地步，而会为了避免屠杀和掠夺选择投降；这样做也是为了获得有利的条件。因此，随着时间的推移，一个显著的变化出现了：随着围攻越来越有条理，主要的防御转移到隐蔽的方式。这种情况与宗教战争时期大不相同。

在东欧国家中，波兰和土耳其①值得特别关注。在这两个国家，军队的组织与政治和社会结构之间显然有着密切的联系。在中央政府软弱的波兰，军队处于严重混乱状态。立陶宛有一支自己的军队，独立于波兰军队。除了国家军队之外，还有私家军队：它们是由形形色色有权势的人（包括世俗领袖、教会领袖、贵族）以及自由城市出资维持的。国家军队由两种完全不同的军队组成：第一种是封地征召的军队；第二种是常备军的专业士兵：常备军是国防力量的核心，由波兰和外国士兵（主要是日耳曼人）组成。此外，还有哥萨克人，

---

① For Turkey, see Vol. III in this series, Chapter XI; and above, Chapter XX.

第六章　军事力量与战争（1610—1648年）　　237

他们是该国东南部国民军的一个重要组成部分；在极其迫切需要的情况下，还可以征集农民后备军。军队的主力是骑兵，骑兵又分为重型、中型、轻型三种类型。轻骑兵不穿盔甲，由瓦拉几亚人（Wallachians）和鞑靼人（Tartars）组成。与非常强大的骑兵相比，步兵显得微不足道。

224

简单谈谈关于发动战争的方法：虽然战略是建立在一些具有普遍性的主要原则的基础上的，但这些原则的实施方式在很大程度上取决于一段时间内可能发生变化的因素。因此，大多数战争之所以持续时间长，主要是由于冬季休战的习惯（这总是使较弱的一方有机会挽回损失），以及战争主要是由围攻构成的事实。例如，在荷兰独立战争中，1600年尼乌波特战役（Battle of Neiuwpoort）之后，没有一场战役；在法西战争（1635—1659年）中，战斗也很少；然而，在三十年战争和英国内战期间，它们又变得相对频繁了。一般来说，围攻在当时比今天更重要，而野战则不如今天重要。战争在性质上具有更强的区域性。实际上，野战军队很少以搜寻和消灭敌军为明确目标出发；相反，它主要是用来围困和解救据点，目标主要为城镇。这些城镇是贸易、工业和政府所在地；它们控制着道路，更重要的是控制着水道和渡口，并充当了作战基地；边境一些要塞还征用了周围的大片土地。野战军队在进行大规模的围攻时，不足以再承担其他作战任务。因此，在攻占一两个要塞时，战役季节（从4月到10月）很快就过去了。

综上所述，如果把《明斯特和约》签订之年的军事形势与17世纪初的军事形势进行比较，我们可以发现许多相似之处，但也有一些重要的变化。在这一时期，由于国家财政资源的增加，不仅扩大了军队的规模，而且进行了全面的现代化。正如我们所看到的那样，军备已经适应了时代的需要。在火炮方面，现代化的表现形式为构件较多、口径小为基础的标准化、零部件制造（特别是青铜和"金属"零件的制造）的进步，以及迫击炮发射炸弹的频繁使用。我们已经讨论过堡垒工程的发展，新的战术和战斗秩序也是如此。

然而，最根本的变化是：在17世纪建立了一支不同于16世纪的军队。雇佣军队让位给了由职业士兵组成的常备军，或者至少是一支以国家为核心的军队，一支满足日益集权的政府要求的军队。新军队的纪律更加严格，其标准在和平时期通过操练和演习得以维持：它塑造了一种新型士兵。雇佣兵遗留下来的痕迹消失了：比如征兵阶段由军队任命下级指挥官、由围坐在一起的士兵委员会主持司法、由士兵自行召开会议——这些都被永久废除了；即使是宗教集会也被严格禁止，除非有明确的命令。契约原本是合同的一种形式，现在已被刑法所取代。宗教战争的残酷和痛苦属于过去；战俘现在用一个月的工资换取自由；敌对双方的军官现在视对方为同事，相遇时互行军礼致敬。这些都是一个新时代到来的迹象，也是西欧军队的新精神。

第 七 章

制海权

欧洲各国制海权控制的变化比以往任何时候都更直接地影响到欧洲以外的广大地区。这是因为欧洲的海上交通已经覆盖了整个世界。除了定期的跨大西洋航线，还有横跨太平洋到达菲律宾，从东印度群岛到澳门、福摩萨（我国台湾——译者注）和日本这些往返不多的航线。与欧洲的商业往来可能需要长达 5 年的周期，数量很少；在某些情况下，每年只有一艘船到达最终目的地，但仍然存在着一种正常的贸易模式。最初，葡萄牙人由于在航海技术上的优势而在东方站稳了脚跟；但到 16 世纪末叶，他们已经习惯了用几乎没有武器的船只进行和平贸易。1600 年以后，他们和当地的商人都遭受到荷兰人和英国人全副武装的船只的竞争和入侵。尤其是荷属东印度公司的重型武器、优越的组织和良好的航海技术，使荷兰人得以在 1650 年之前在印度尼西亚建立起商业霸权；葡萄牙人和其他人对此进行了长期的、有时是有效的抵抗。欧洲人没有控制印度洋和印度尼西亚的贸易，甚至荷兰人也从未完全有效地垄断香料贸易。尽管如此，由于其海军力量要比当地国家强大，他们还是主导了重要的、有利可图的贸易。如果说伊比利亚半岛在东方的势力被削弱，那么他们在 1600 年仍然牢固的跨大西洋的贸易垄断地位也被打破了。到 1621 年，巴西一半以上的转口贸易掌握在荷兰人手中，到 17 世纪 50 年代，荷兰人和英国人完全主导了加勒比地区，并根据条约在巴西和葡萄牙贸易中确立了权利。

受贸易地位的变化以及造船技术的发展和战争的影响，制海权的控制也发生了变化。来自西北欧全副武装的船只开始主宰地中海的贸易和战争。传统的桨帆船仍在战争中使用，有时与帆船一起配合使用,后者在战争中越来越占主导地位。到17世纪50年代,英国和荷兰的战斗舰队以带有两个到三个炮台的专业战舰为主力;这些战舰的设计目的就是舷内装载,配备更加猛烈和可控制的舷侧火力,进而逐渐采用直线前进的阵形。海军军官的专业化程度不断提高,然而战时商船船员参与战斗是自然的,因为舰队也包括商船。海军战略比以往任何时候都更有力于对贸易的保护和破坏,而制海权则一如既往地依赖于商船队和舰队。但是,维持一支舰队的费用比以往任何时候都要昂贵,需要一个更大的常设组织来设计、建造和维护不适合贸易的特种船只。1639年,在唐斯海战之前,特罗普(Tromp)的军力在几周内就因为装备商船而增加了两倍。1642年之前,雇佣商船通常占英国船队数量的一半以上。内战期间,他们在议会舰队中所占的比例要小得多;在荷兰战争中,布莱克(Blake)希望把这一比例控制到1/5,事实上它很少超过1/3。[①] 1653年之后,在威尼斯和土耳其人之间的战争中,雇佣商船水手仍然起着决定性的作用,但在海军强国之间的战争中却不能发挥作用。

截至17世纪50年代,制海权的格局发生了决定性的变化。在1600年,伊比利亚王国可能仍然声称自己是最大的海上强国;他们的商船队仅次于荷兰,他们的综合海军实力超过荷兰或英国。即使在17世纪20年代,西班牙在地中海和大西洋仍然拥有着最强大的海军力量,并计划在荷兰本土水域向其发起挑战。哈布斯堡家族甚至会梦想与复兴的汉萨同盟(Hanseatic League)结盟,共同统治波罗的海。到1659年,西班牙在大西洋和地中海都要弱于英国与荷兰,并很快被法国超越。西班牙在很大程度上似乎错过了这一时期的技术变革。在17世纪30年代,英国和荷兰建造了"君主"(Sovereign)号和"埃米利亚"(Aemilia)号舰船;它们是未来战场上重型和中型船只的原型。[②] 西班牙人仍在建造火力相对不足的大帆船,就像他们未能采用新型的远洋船只和货船一样,他们更愿意效仿敦刻尔克人(Dunkirkers),在发展快速护卫舰方面有所改进。由于西班牙舰队长期缺乏炮手和海员,因此他们的战斗力甚至在一般的海上危险中生存

[①] A. H. Taylor, "Galleon into ship of the line", *Mariner's Mirror*, Vol. XLIV (1958), pp. 267–84.
[②] J. E. Elias, *De Vlootbouw in Nederland...1596–1655* (Amsterdam, 1933), pp. 61–3.

的能力都受到了损害。尽管葡萄牙人很清楚小型船只更适合航海,但他们坚持使用 1000 吨①抑或更多的笨重货船,所以他们在海角航线(Cape route)上的情况甚至更加糟糕。虽然有载重规定和海员短缺的现象,但他们仍然不断超载,人员拥挤不堪。16 世纪后期,海难造成的损失不断增加,这种情况一直延续到 1650 年,之后海难的损失急剧下降;从 1590 年到 1635 年,从里斯本出发的 220 次航行损失了 34 艘船,从印度出发的 130 艘船损失了 33 艘。②

伊比利亚的制海权并没有衰落,因为政治家们对其重要性视而不见,而在西班牙和葡萄牙普遍存在的对水手及其职业的蔑视也可能是原因之一。③ 正如困扰西班牙的许多问题一样,人们理解并分析了维持其海上力量的必要性,但缺乏采取有效行动的资源。为了恢复对荷兰人的战争,西班牙不得不走陆路,从意大利北部通过陆路向荷兰输送军队和资金。为了保证行动路线的安全,西班牙不得不补贴和帮助帝国境内的盟友,然而它既难以控制,也负担不起这些盟友。西班牙的海上资源必须集中用于保证其运输金银财宝的舰队在大西洋航行畅通,并保证西地中海的安全,以便将资金和军队安全转移到热那亚,最终到达米兰、德意志和佛兰德地区。1625 年西班牙占领布雷达(Breda)后,西班牙无力继续发动对荷兰有效取胜的陆上攻势;这意味着荷兰通过西印度公司发动有组织的进攻破坏西班牙大西洋交通联络的这种风险增加了。为了应对这种压力,奥利瓦雷斯(Olivares)想通过破坏贸易来削弱荷兰的制海权。同他的前任一样,他本想对荷兰人和英国人关闭直布罗陀海峡,但并没有建立起有效的封锁。希望进行一次可能更具决定性的反击,攻击波罗的海的计划被再度提起;这一区域是荷兰人海上和商业霸权最重要的地区。1624 年,奥利瓦雷斯提议成立一家由佛兰德人和汉萨同盟参与的公司,垄断伊比利亚与欧洲其他地区的贸易,从而破坏阿姆斯特丹的转口贸易,并提供了一支由 24 艘船只组成的舰队,从东弗里斯兰省的基地向荷兰人发起

---

① Estimates of tonnage throughout are approximations, concealing divergent measures. One last has been taken to equal two tons.
② M. Godinho, cited by P. Chaunu in *Studi in Onore di A. Fanfani* (Milan, 1962), Vol. IV, pp. 247 - 8, notes 61 - 2; C. R. Boxer (ed.), *The Tragic History of the Sea*, Hakluyt Soc., Ser. II, Vol. CXII (1959), pp. 1 - 30.
③ Ibid, p. 11. This also seems to have been a feature of Venetian society.

挑战。1626年后,这最后一个目标改变了,舰队将驻扎在波罗的海,以牵制那里的荷兰贸易。波兰的西吉斯蒙德三世(Sigismund Ⅲ)一直希望组建一支舰队,并渴望与马德里结盟,但汉萨诸城市都不愿意接受这个计划,因为担心会冒犯荷兰人。1628年,华伦斯坦抵达波罗的海海岸,燃起了新的希望,但他拒绝接受马德里为舰队提供补贴的条款。他决心独自完全控制波罗的海,用它来对付丹麦人,而非荷兰人。西班牙的使节确实从汉萨同盟购买了一些船只,但是在1629年,令西格斯蒙德愤怒的是,它们被派往佛兰德地区。这些计划的主要结果是使西吉斯蒙德对哈布斯堡计划和承诺的幻想破灭,并鼓励他与瑞典休战。[①] 唯一对荷兰贸易造成真正损害的是敦刻尔克人。他们很少有超过30艘船只在海上航行;但海军记录显示,从1626年到1634年,他们捕获了1499艘船,击沉了336艘(2/3或更多的可能是荷兰船只),售卖了1139000英镑的战利品,同时也失去了15艘王家船只和105艘私掠船。从17世纪30年代后期起,荷兰的封锁在减少损失方面可能更有效,但是作用有限。[②]

虽然西班牙击退了荷兰对巴西的第一次进攻和英国对加的斯的进攻,但当1628年彼得·海恩(Pieter Heyn)在古巴马坦萨斯(Matanzas)俘获并摧毁了一支运输金银财宝的舰队时,西班牙的大西洋势力遭受了一场巨大的灾难。这不仅为西印度公司成功征服巴西提供了资金,还摧毁了塞维利亚大西洋贸易中约1/3的船只。1623—1636年,该公司摧毁了价值约550万荷兰盾(gulden)的547艘船只。[③] 1638年,西班牙为重新征服巴西北部做了最后的努力,9月从里斯本派出了26艘大帆船和20艘其他船只,后来在巴伊亚继续增援,总共有18艘西班牙大帆船、12艘葡萄牙大帆船、34艘武装商船和23艘小船。这支舰队因天气恶劣和指挥不力而受挫,于1640年1月被荷兰人击溃,一事无成。[④] 比起这次为保护巴西和加勒比海免受荷兰人伤害而最终失败来,更惨的是1639年10月特罗普在英吉利海

[①] A. Gindely, *Die maritime Plane der Habsburger...1627-9* (Vienna, 1890); Rafael Rodenas Vilar, "Un Gran Poyecto anti-Holandes en tiempo de Felipe Ⅳ", *Hispania*, pp. XXII (1962), pp. 543-58; *La Politica Europea de Espana durante la Guerra de Treinta Anos (1624-30)* (Madrid, 1967), pp. 113-47.

[②] H. Malo, *Les Corsaires Dunkerquois et Jean Bart* (1912), Vol. Ⅰ, pp. 314-20, 333-4, 342-7.

[③] J. DeLaet, *Laerlyck Verhael...*, ed. Naber and Warnsinck (Hague, 1937), Vol. Ⅳ, pp. 282-5.

[④] C. R. Boxer, *The Dutch in Brazil 1624-1524* (Oxford, 1957), pp. 89-94.

峡的唐斯战役中歼灭了向荷兰制海权发起挑战的最后一支西班牙舰队。

西班牙的这一努力是规划者们（planners）最后一次孤注一掷的赌博；他们已经脱离了荷兰和西班牙海上力量对比的现实。1639年前后，军队都是通过海路往返于佛兰德地区，但这是通过冒险和逃避荷兰人来完成的，而不是挑战他们去战斗。1638年布雷萨赫（Breisach）的陷落和随之而来的陆上通道的关闭，无疑使1639年的海上增援行动成为必要，而法国舰队对比斯开各港口（the Biscayan ports）的入侵也需要加以制止。但是，把地中海和大西洋所有可用的船只召集起来，然后指示海军上将奥肯多（Oquendo）：运上10000名士兵，遇到荷兰人就开战，并不惜一切代价摧毁他们的舰队——这一运作是鲁莽的。从拉科鲁尼亚出发的70多艘船只中，约有30艘是从外国人那里租来的（除了至少8艘英国运输船外，还有来自拉古萨、吕贝克和汉堡的船只）。总共有大约50艘战舰，像往常一样缺少炮手和海员；特罗普手下有24艘战舰，在航行术和枪炮方面确立了决定性的优势，迫使西班牙人到英国海岸外避难。在最后一次进攻中，尽管荷兰人在人数上占了上风，但西班牙人大部分的船只是在没有战斗的情况下就搁浅了，损失了43艘船和6000人。具有讽刺意味的是，大部分部队和宝藏都到达了敦刻尔克，同时到达的还有舰队中唯一发挥作用的部分——最初的敦刻尔克舰队；这一结果本可以在不损失大部分西班牙海军和丧失西班牙所有声誉的情况下实现。①

奥肯多舰队的组成和命运只是西班牙制海权衰落的一个征兆。塞维利亚跨大西洋贸易的趋势暗示着更为严重的结构性变化；与1616—1620年相比，1646—1650年的船舶总吨位减少了大约一半。在后期，只有大约40%的船只是西班牙制造的，大致相同数量的是美洲制造的，而大约17%来自北欧；1610年之前，大多数使用的船只都是在西班牙北部建造的。② 16世纪末叶，西班牙北部制造的船只在纽芬兰岛附近的渔业中占主导地位；到了17世纪，它们所占的份额迅速下降；到1650年，它们在西班牙欧洲贸易中所占的份额已微

---

① C. R. Boxer, *The Journal of M. T. Tromp* (Cambridge, 1930), introduction, pp. 1 - 67.
② (H. and) P. Chaunu, *Seville et l'Atlantique 1504 - 1650* (Paris, 1955 - 9), Vol. Ⅷ, 2, ii, pp. 1428 - 9, 1566, 1621 - 2, 1878; Vol. Ⅵ, Pt Ⅰ, pp. 166 - 7, Table 12E.

不足道。在受到战争的进一步压力之前，西班牙海上力量的主要来源甚至就已经开始衰落。安德鲁斯博士最近指出，这种衰落源于伊丽莎白一世击败了西班牙的无敌舰队。① 虽然这并没有严重干扰跨大西洋航线，迫使西班牙将所有资源集中在保护这些航线上，但它使航运停留在了较短的沿海航线上，尤其是通往加利西亚和比斯开港口的航路；这些航路经常受到私掠船的侵扰。船只和海员的损失无疑是严重的；这在削弱西班牙制海权方面肯定起了决定性作用，但也很可能是导致其北部港口衰落以及木材短缺的原因之一。

在奥肯多战败后不到一年，加泰罗尼亚和葡萄牙的起义接踵而至，西班牙是否能够保卫自己的海岸线似乎是个未知数。幸运的是，它最近的敌人法国在海上还没有强大到可以利用这一局面。黎塞留曾煞费苦心地建立法国海军，但他从零开始；17 世纪 20 年代，王国政府不得不雇佣外国船只对抗拉罗谢尔（La Rochelle），1635 年有一支由 35 艘大型船只组成的海峡舰队，然而其中许多是外国建造的；地中海舰队已从 13 艘增加到 22 艘。西班牙通过集中兵力，特别是敦刻尔克王家骑兵中队的兵力，首先在比斯开，然后在地中海西部，牵制了法国人。1642 年后，法国在英吉利海峡的实力下降，西班牙得以更有效地集中在地中海地区，因此法国人通常在数量上处于劣势。尽管在 17 世纪 40 年代经历了很多艰苦的战斗，但他们始终未能获得制海权，也没能严重阻断西班牙的交通线。西班牙在海上的优势帮助它重新征服加泰罗尼亚，阻止了法国人在托斯卡纳建立自己的领地和利用那不勒斯的叛乱。1648 年之后，法国海军对西班牙的劣势越来越大；这使得马萨林更加迫切地想要与荷兰或英国结盟。

到 17 世纪 50 年代，西班牙的衰落和法国海军持久复兴的失败，意味着荷兰和英国的相对优势更大，影响的地理范围也更广阔，就像过去领先的海上强国那样。现在，欧洲内海、波罗的海和地中海沿岸的国家之间存在着完全的地区/局部力量平衡，但这些最终都取决于大西洋沿岸欧洲的新势力。最引人注目的局部变化发生在波罗的海地区。在那里，丹麦长期以来一直是占主导地位的海军强国，但古斯塔

---

① K. R. Andrews, *Elizabethan Privateering* (Cambridge, 1964), pp. 224–6. Spain and Portugal lost about 1000 ships to the English.

夫·阿道夫（Gustavus Adolphus）组建了瑞典海军，以保护他的交通和控制普鲁士港口。在他死后，瑞典海军继续发展，并在1644年彻底动摇了丹麦的霸权地位，然而双方都租用了荷兰船只。地区霸权转移到瑞典，查理十世希望将其转变为对波罗的海的绝对控制，这对荷兰的商业霸权来说将是致命的。从1649年起，荷兰人开始支持丹麦人，1658年他们的舰队挫败了查理的野心。[1] 英国人总是嫉妒荷兰在波罗的海的势力，但允许任何地方势力绝对控制这一区域也违背其利益。因此，1659年，荷兰和英国舰队在该地区保持影响的能力决定了当地的力量平衡。

正如我们所看到的，在西地中海地区，西班牙仍然能够将自己的影响强加于当地的竞争对手。在东地中海地区，土耳其人自1645年以来一直与威尼斯争夺克里特岛的控制权。在战争的最初几年，土耳其舰队几乎全部由大桨船组成，威尼斯人的混合舰队更为成功。在17世纪50年代，土耳其使用混合舰队，但1656年在达达尼尔海峡遭遇惨败，损失了46艘船和47艘战舰。然而，威尼斯人无法保持对达达尼尔海峡的有效封锁，而且在相当长的时期内，他们也从未建立起对爱琴海的指挥权；事实上，在那里维持舰队导致威尼斯最终失去了作为一个商业和海上强国的地位。如果英国人或荷兰人把他们的海军力量甚至是其中的一部分力量投入地中海地区，他们就可以超越任何一个当地势力。诚如布莱克和德·勒伊特（De Ruyter）所指出的那样，他们所需要的只是利用当地竞争对手提供的港口。

然而，早在17世纪中叶以前，当地的海上贸易平衡就已经发生改变。1580年之后，西班牙和土耳其正式休战，荷兰和英国船只进入地中海的数量不断增加。他们不仅主导了地中海和西北欧之间的贸易，而且在地中海地区的内部贸易中占有越来越大的份额。他们引进了一种新型战舰，被称为"伯顿"（berton），继而进入了新的战争阶段。"伯顿"船体积较小，但装备更精良，比与葡萄牙宽体帆船相似的地中海大商船速度更快，机动性更强。1600年前后，北方人同时从事贸易和海盗活动，这对当地的航运业构成了安全隐患。约在1604年之后，专门从事海盗活动的北方人开始出现。他们主要在的

---

[1] See Vol. V in this series, pp. 286–7, 519–22.

黎波里、突尼斯、阿尔及尔和萨累（Sallee）活动，并教会那里的穆斯林使用"伯顿"船。1620年之前，当地人的技术已经变得如此娴熟，从而开启了巴巴里海盗的黄金时代，在鼎盛时期他们可能拥有150艘船。尽管他们通常集中在海峡和海峡的入口，但其影响范围辐射整个地中海，跨入大西洋，直到佛得角、冰岛、亚速尔群岛和大浅滩（the Great Banks）。但是，即使在第一代北方船长离开之后，海盗活动也不只是穆斯林的行为；萨伏伊（Savoy）公爵和托斯卡纳（Tuscany）公爵在维尔弗朗什（Villefranche）和里窝那（Leghorn）为私掠船提供基地，马耳他和圣斯特凡诺（San Stefano）的骑士们则不分青红皂白地掠夺。在这种情况下，只有全副武装的船只，如英国黎凡特公司的船只，才能安全地进行贸易，而受害最严重的是当地的商人，尤其是威尼斯人。威尼斯为黎凡特提供了最丰厚的财富，但经常无法保护它在亚得里亚海的船只免受乌斯科克人（the Uscocchi）的袭击。海盗活动削弱了威尼斯的实力，使它越来越依赖北方的航运。[1]

从1587年到1609年，使用威尼斯港口的船舶数量有所增加，但外资拥有和建造的船舶比例也不断扩大。到17世纪20年代初，总量还不到1607—1609年的一半，并且还在继续下降；在17世纪30年代中断，克里特战争期间急剧下降，外国航运的相对份额可能有所增加。雇佣外国船只的主要原因是他们能够更好地保护自己。[2] 1617—1618年，威尼斯不得不雇佣荷兰和英国的船只来应对那不勒斯总督奥苏纳（Osuna）在亚得里亚海发起的挑战。在克里特战争期间，双方都大量使用外国建造和租用的船只。当然，北方人也不能幸免于海盗的侵扰；从1617年到1625年，阿尔及利亚人劫持了大约200艘荷兰船只。[3] 但是，北方人增加了他们的贸易，而威尼斯的贸易却在下降；从长远来看，他们更成功地在北非诸国扩大了影响。17世纪50年代中期，英国和荷兰人在地中海建立了海军中队，在一定程度上就是为了达到这个目的。1655—1658年，英国与萨累、阿尔及尔和

---

[1] A. Tenenti, *Venezia e i corsari 1588—1615* (Bari, 1961).
[2] F. C. Lane, "Le Trafic Maritime de Venise" in *Quatrieme Colloque d'Histoire Maritime*, *Les Sources de l'Histoire Maritime*, ed. M. Mollat (Paris, 1962), pp. 12–14, 28.
[3] K. Heeringa, *Bronnen Tot de Geschiedenis van den Levantschen Handel*, Vol. II (The Hague, 1910), p. 1042, note 451.

突尼斯签订了条约。虽然1658年英国海军舰队撤退后遇到了一些困难，但1661年后条约得到了遵守执行。

装备精良的船只通常能在地中海安全地进行贸易，但北海和波罗的海的情况则不相同。波罗的海和斯堪的纳维亚贸易的主要货物是谷物、木材、盐、酒和鱼等大宗商品。荷兰人长期主导着这些贸易，到了16世纪的最后几年，他们发明了一种货物运输船"弗卢伊特"（the fluit），这使其统治得以延续。这是一种速度慢，建造轻巧，几乎没有武器的船，龙骨很长，船头粗，底部相对平坦，只需要少数船员来管理其相对较小的船帆面积。其低廉的建造和运营成本意味着低廉的运费；这确保了荷兰在运输贸易中占据主导地位。因此，1669年，柯尔贝尔嫉妒地猜测他们拥有欧洲总吨位的3/4。据估计，1636年荷兰有1050艘船只往来于波罗的海、挪威和法国西南部，平均100拉斯特，（120—150拉斯特的）250艘船在地中海和阿尔汉格尔斯克进行贸易，450艘在英吉利海峡和北海，2000艘渔船和300艘船参与欧洲以外地区的贸易。这意味着总共有4500—4800艘船，吨位在60万至70万之间，是英国的四到五倍。① 荷兰的主要贸易很容易受到敦刻尔克人的攻击，因此其贸易在和平时期最为繁荣。在战争中，他们受到损失的制约，这意味着要承担高额的保费和运费。威斯特伐利亚和约下贸易呈现繁荣景象，海关数据显示：从1648年到1651年，贸易可能达到了17世纪从未超过的水平②，而荷兰航运威胁着要消灭波罗的海、北海和大西洋贸易中的所有对手。

在一定程度上，这种优势地位是建立在汉萨同盟各城市丧失了集体或单独行使任何有效权力的基础上的。16世纪，它们在波罗的海贸易中所占的份额下降了。1600年前后，它们拥有约1000艘船只，总计约90000吨，其中约1/3属于汉堡（7000拉斯特）和吕贝克（8000拉斯特）。吕贝克的船队在17世纪早期仍在增长③；它的第一艘"弗卢伊特"型运输船是在1618年建造的④，1648年后其造船业才彻底衰落。1600—1650年，汉堡的舰队规模翻了一番，达到大约

---

① J. E. Elias, *Het Voorspel van den Eersten Engelschen Oorlog* (The Hague, 1920), Vol. I, pp. 61–2.
② J. G. van Dillen in *Algemene Geschiedenis der Nederlanden*, Vol. Ⅶ (Utrecht, 1954), pp. 312–51.
③ W. Vogel, "Zur Grosse der europaischen Handelsflotten..." in *Festschrift...Dietrich Schafer*, ed. A. Hofmeister (Jena, 1915), pp. 283–301.
④ W. Vogel, *Die Deutschen als Seefahrer* (Hamburg, 1949), p. 118.

14000 拉斯特。但是，丹泽的船运量下降了，维斯马、罗斯托克和施特拉尔松的航运量也有所减少。1625 年之后，这些船只大量参与到对挪威的贸易中，而这一贸易完全被荷兰和丹麦所控制。1621 年后，汉堡和吕贝克增加了与南欧的贸易。尽管汉堡的转口贸易持续繁荣，但它被外国商人所控制；而 1648 年之后，瑞典每年向汉萨同盟其他城市征收 35 万泰勒（thalers）的通行费；这一收入接近于松德海峡通行费的财政收入。[1] 因此，1628 年吕贝克和汉萨同盟拒绝了西班牙的提议，失去了最后一次击败荷兰人从而扭转颓势的机会。伊比利亚制海权的衰落意味着外国商人的剥削增加。克伦威尔迫使葡萄牙给予英国商人在当地和巴西的贸易特权。西班牙后来默许了荷兰、英国和法国商人对其贸易的盘剥。汉萨同盟的城市没有找到有效的盟友，也没能调动海军力量：这使得他们不得不被瑞典所剥削，只有汉堡繁荣了起来，截至 1672 年其已拥有 277 艘船只（42000 吨）。

如果说到 1650 年，汉萨同盟诸市无力避免威斯特伐利亚体系/和约胜利者的剥削，英国人却完全不同。他们对荷兰人的回应是战争。

英国造船厂从来没有试图仿制"弗卢伊特"型运输船。他们的主打产品是 60 吨及以上的"防御性"舰船，船体更重，缆绳更细，速度更快，需要更多的船员，携带与它大小相称的大炮数量。即使是纽卡斯尔贸易中的运煤船也青睐这种类型，因此外国船舶在煤炭出口中占主导地位。这种船非常适合在危险的地中海水域航行，也适合从事私掠活动；但在其他大多数贸易中，它们都无法与和平时期的荷兰人竞争。尽管如此，1582—1624 年间，英国船舶的吨位还是翻了一番；但由于 1625—1629 年英国人卷入战争，所以他们未能抓住 1621 年之后处于战争状态的荷兰人提供的机会。虽然英国损失了大约 300 艘船，总计超过 20000 吨，但它得到的更多。1629 年，英国的总吨位为 11.5 万吨，到 1640 年可能已增至 14 万吨左右。[2] 在那之前，自 1600 年以来，除了地中海和沿海的煤炭贸易，纽芬兰渔业扩

---

[1] W. Vogel, *Die Deutschen als Seefahrer* (Hamburg, 1949), p. 125.
[2] R. Davis, *The Rise of English Shipping Industry* (London, 1962), pp. 7, 10-11, 15, 315. I have estimated the tonnage lost from several MSS. Of the report to the Commons in June 1628. R. G. Marsden estimated the number of prize sentences 1625-30 as at least 600, E. H. R. Vol. XXV (1910), p. 256. The crown received 217, 468（英镑）from French goods, reprisal goods and wrecksand 20, 131（英镑）from tenths of Admiralty, B. M. Harleian Ms. 3796, fo. 36.

张得最为迅猛，后来由英国人所主导。17 世纪 30 年代初，东印度公司拥有 9000—10000 吨位的航运能力。① 如果说荷兰人控制了北海的渔业，那么英国人则在冰岛和斯匹次卑尔根的捕鲸业中占据了更大的地盘。1640 年之后，英国对这些渔场的直接开采逐渐减少。为了成功争夺自己港口的运输贸易，英国船只要么寻求政府的保护，要么在荷兰战争中保持中立。

　　内战显然阻碍了贸易和航运，却增加了英国的海军力量。从 1642 年到 1647 年，议会每年夏天都会派出 30—40 艘军舰出海，并有大约 20 艘船只进行冬卫（winter-guard），因此舰队的人员配备比以往任何时候都充足。1649—1651 年，英伦三岛共和国扩充了舰队，新增了 41 艘船只，几乎翻了一番。这些船被用来追击 1648 年加入保王党的船只，以确保跨大西洋殖民地的安全，并在欧洲水域提升英伦三岛共和国的威望。这些努力意味着要远航葡萄牙、地中海和美洲。法国人不仅帮助保王党，而且对英国布料实行禁运。这导致 1649 年法国葡萄酒和丝绸被英方禁运。双方开始扣押货物和船只。在地中海的英国船只需要护航，荷兰船只成为英法贸易的中立运输船。《航海条例》、对荷兰船只进行搜查以寻找法国货物和强求行礼，都激怒了荷兰人。到 1652 年 2 月，荷兰议会（the States General）对英国舰队的壮大感到震惊，决定在现有 76 艘战舰的基础上再装备 150 艘。在荷兰战争结束后，英国的舰队规模仍然在扩张：从 1650 年到 1656 年，建造了 80 艘新船，并为之增加了许多奖励。1625 年，海军大约有 30 艘船，1640 年约有 40 艘，1651 年约有 95 艘，1660 年约有 140 艘。② 与 17 世纪 30 年代相比，50 年代建造的大型商船可能要少得多，所以海军建设可能只是弥补了这一差距。

　　尽管荷兰在造船业和海员方面的资源要丰富得多，但他们将其转化为有效海军力量的能力有限。事实上，他们需要保护的贸易很多，而英国横亘在促进其波罗的海贸易的重要航线上，这些都是严重的障碍。海军部五个部门的分权以及各省之间的摩擦，都对他们的海军管理产生了消极影响。英国人有更多的超大型船只，一般来说，他们的

---

① Estimated from K. N. Chaudhuri, *The English East India Company 1600 – 1640* (1965), Appendix B.
② Numbers built and strengths calculated from R. C. Anderson, *English Man-of-War 1509 – 1649*, *English Ships 1649 – 1702*, Soc. For Nautical Research Occasional Publications, Nos. 7, 5 (1959, 1935).

船只建造得更重,装备有更重型的火炮。他们也更早地发现了直线前进阵形的优势,并更加努力地在此基础上探索自己的作战战术。所有这些因素都有助于他们在系列战役中取得优势的平衡。尽管1653年英国人试图封锁荷兰海岸的努力并没有完全成功,但从1653年2月起英吉利海峡就对荷兰的航运关闭了。荷兰经济对海洋的依赖远远超过英国;这是他们第一次与海军力量更强大的敌人作战。战争对荷兰的贸易产生的灾难性影响,我们可以看到:事情的真相并非是特塞尔海战中英国决定性的胜利——如果双方没有选择和平,那么可能会在1654年再度派舰队驶向大海交战——而事实上是这场战争对荷兰的贸易产生了灾难性的影响。荷兰方面伤亡了1000—1700名将士(较低的数字似乎更有可能),而英国的船只损失很小。英国人没能建造出经济的货轮,现在却掌握有大量的货轮。他们似乎遏制了荷兰贸易的增长,这在1647年之后表现得更加明显,而转口贸易是荷兰赖以生存的重要手段;"1654年至1675年间,外国制造的船舶可能从未少于英国拥有的船舶总吨位的三分之一……"①

有效调动如此强大的海军力量对英国贸易造成的直接后果,并不完全都是好的。尽管有了《航海条例》,但英国对波罗的海的贸易仍然不景气,荷兰人继续主导着大部分英国殖民地的贸易。克伦威尔领导的国务委员会出台针对西班牙属西印度群岛的"西进计划"(Western Design)的原因之一是,急于为已经建立起来的大型海军找到用武之地,并希望它能像荷兰西印度公司鼎盛时期所做的那样,为冒险事业自负风险。由此引发的与西班牙的战争显示了英国海上力量的强大;西班牙的大西洋交通路线已被荷兰人有效地切断了。但收效令人失望:牙买加不但没有给西班牙帝国带来致命打击,只是被占领了;布莱克摧毁了运输白银的舰队,但未能夺取财宝。英国的海上力量控制着通往西班牙的航道,但荷兰作为中立的承运方垄断了西班牙的贸易,而英国人则遭受私掠的严重侵害。反对克伦威尔主义传播的消息称,尽管英军俘获了约400艘船,但英方损失多达1800艘船(更可靠的数字是损失了约1000艘船);在1656年5月至7月的三个月内,敦刻尔克人声称他们已经夺取了100多艘英国船只。

---

① Davis, *Rise of the English Shipping Industry*, pp. 51 – 2.

第七章　制海权

克伦威尔对敦刻尔克的占领不仅消除了私掠船对英国航运业的威胁，还加强了对英吉利海峡的控制——这在英荷战争中已经确立。到1659年，一种平衡出现了；如果荷兰的海军和商业力量仍然主导着松德海峡，荷兰人就必须尊重英国在那里的利益；如果英国人没有更彻底地控制多佛海峡（Straits of Dover），那么英伦三岛共和国想要调动海军力量摧毁或夺取荷兰的商业霸主地位、护国公想利用海军力量摧毁美洲的西班牙帝国，都是不切实际的。尽管如此，英国还是能够与荷兰分享海军霸权——然而还不是商业霸权——并在大西洋、地中海和波罗的海维护自己的权力和利益。英国甚至可能暂时宣称自己是欧洲最强大的海上强国，但它将再次受到荷兰和法国的挑战。它的成就改变了欧洲的权力平衡，是权力集中在西北欧进程中的一部分，而这一进程是以削弱伊比利亚和地中海国家为代价的。

在对西班牙的战争中，英国的船只损失惨重，其总量可能高达20万吨左右；虽然英国在1660年成为最大的两个海军强国之一，但在商船领域，它的强国地位就不那么明显了。1664年，包括渔船在内的法国海运量约为13万吨。这个总数可能比1570年稍大一点，[①]当时可能是英国的两倍。自1600年以来，德意志港口的海运总量可能略有下降，当时约为12万吨；[②] 西班牙和威尼斯的海运量呈现出大幅下降的态势。1600—1660年间，柯尔贝尔和唐宁（Downing）似乎向人们表明，贸易和航运的繁荣比以往任何时候都更加依赖于拥有强大的海军力量。1560—1660年间，战术和军队组织的变化是如此之大，以至于被认为是一场军事革命。16世纪的雇佣军战争是一种季节性的职业，而三十年战争的士兵则是全职的。到1650年，许多国家都欠了税款包收人和军事承包人（military entrepreneur）的沉重债务，但未来并不属于承包人：比如，招募整支军队的是华伦斯坦、萨克森-威玛的伯纳德和洛林的查理四世。军队随着组织越来越周密，也越来越完全地处于国家的控制之下。在法国，勒特利埃（Le Tellier）自1643年以来一直致力于改革军事管理，让国王对军官和兵团拥有真正控制权；然而直到1659年和平后、国王真正的控制权

[①] Vogel, *Festschrift... Dietrich Schafer*, ed. Hofmeister, pp. 329, 331.
[②] Vogel, *Die Deutschen als Seefahrer*, p. 111.

迅速加强时，他才取得明显的成效。税收继续转包给承包商，但不是给军队和兵团。只要海军力量可以交给像西印度公司这样的企业家，只要战舰舰队的主要组成部分仍然是雇佣的商船，国家的直接和持续控制就会受到限制。虽然私掠船仍然是一个明显的例外，但在17世纪50年代，海军的职业化和专业化不断加深；这可被视为国家对武装力量实行更加严格和有效控制这个总体进程中的一部分。

第 八 章

戏剧与社会

17世纪上半叶是欧洲戏剧发展史上的一个重要时期，其成就一国犹比一国辉煌，自然形成了相互争辉的局面。在英国，这一时期活跃着一大批才华横溢的剧作家，莎士比亚实为其中最伟大者；通常认为从莎士比亚退出舞台到1642年议会下令封闭所有伦敦剧院这一时期，是英国戏剧的衰落时期；但仍是一个戏剧活动甚具活力且为日后发展奠定了基础的时期。西班牙是戏剧成就又一高峰处；这体现在洛佩·德·维加及其同时代人的剧作里。而西班牙戏剧的这一伟大时代又因卡尔德隆的剧作一直延续至17世纪下半叶。

这一时期意大利虽然没有产生出什么杰出的剧作家，但仍以即兴喜剧一直在影响着其他欧洲国家戏剧的发展。意大利创造了新型歌剧；这一剧种渐次流传到了其他国家。而在剧院建筑、制造舞台效果的装置和舞台布景方面，意大利又为整个欧洲树立了榜样。在法国，17世纪初的数十年间同1630年前后至1680年间高乃依、莫里哀和拉辛时期的戏剧异常繁荣，形成了一种不可思议的反差；一直到1637年《熙德》一剧上演获得巨大成功，法国才开始在戏剧方面同英国和西班牙并驾齐驱。在德意志，三十年战争导致的破坏使戏剧愈益落后，戏剧活动的主要原动力起初来自国外，一直到这一时期行将结束，安德雷亚斯·格里菲乌斯的出现具有那么一点本土特色、值得关注的戏剧才开始兴起。

虽然将"巴洛克风格"这一术语从艺术史转用于戏剧史和文学史的倾向，一直在不断地从一个国家扩展至另一个国家，但一个不变的事实是：外部影响不管有多大，各国戏剧仍依民族路线发展。英国和法国的戏剧在17世纪初时虽说有某些共同点，但两国以非常不同的方式发展了各自的戏剧。西班牙戏剧虽然深受外来影响，但以其强烈的宗教色彩沿着自身本土范式向前发展：这特别表现在其宗教寓言短剧中；而这种短剧又脱胎自中世纪的宗教剧。各国不管受惠于别国戏剧的程度如何，无不以其自身的传统和社会、政治状况发展着自己风格的戏剧。

240　　即便如此，尽管旅途艰辛，仍有许多戏班子来来往往跑码头，寻找有观众的地方。意大利的演员们虽然像他们16世纪下半叶那样，不大远离本土演出他们的即兴喜剧，但在亨利四世和路易十三时期仍数度长期逗留法国王宫演出；还不时应召为哈布斯堡王朝的皇帝们演出。西班牙的演员们出国演出主要是到他们国家在意大利和低地地区的属地，有时也到巴黎，有一次在查理一世时期还到过伦敦。法国戏剧发展起来后，法国的演员们在荷兰和西属低地地区的活动使自己出了名，还经常越过海峡到伦敦，并到詹姆斯一世和查理一世的宫中演出。英国的演员们也造访大陆。虽然他们造访法国王宫只留有一次记录（即1604年的演出），但他们一直在荷兰，特别是在德意志四处流动为王公贵族和大贸易中心的市民演出。

这些演员在国外的流动巡回演出和刊印的脚本四处流传，不可避免地要在某种程度上影响不同国家的戏剧发展。即兴喜剧这一时期在讲德语的国家和法国继续发挥着广泛的影响；莫里哀的喜剧就深受这种流行的戏剧影响。西班牙喜剧为德意志日益兴起的戏剧提供了一个范例，大约从1630年起又激励了法国悲剧和悲喜剧的发展。高乃依的第一部佳作《熙德》及其后来的《撒谎者》即改编自西班牙戏剧。虽然那时欧洲大部分地区一般并不知道莎士比亚和英国戏剧，但英国流浪艺人在德意志吸收当地演员参加演出，使用德语对白；将英国剧本原原本本地改编成德文脚本，从而逐渐融入了民众生活，带动了德意志戏剧的兴起。

人们认为演员应该职业化。这时职业演员已构成了一个特殊的社会群体。就具有本土特色的戏剧而言，业余演员特别是中、小学生和大学生们的演出逐渐失去了其以往的地位，只有在德意志这样的落后国家，一直到这一时期行将结束时还多半由中、小学生演出格吕菲乌斯的戏剧。在戏剧早已开始繁荣的那些国家——意大利、西班牙、英国以及法国，1600年前即已产生了职业演员；戏剧的日益普及又巩固了他们的地位；甚至在德意志，由于外国（特别是英国）流浪艺人的巨大影响，职业演员也慢慢开始出现了。

就是在戏剧已高度发达、许多演员业已摆脱了贫困流浪艺人地位的国家里，他们的地位一般说来还不那么高；而由于各国社会、宗教环境不同，他们的地位也不尽相同。在英国，清教徒的传统通常是敌视戏剧这类下流艺术的传播者的。如果说在天主教的意大利演员们比较受尊敬，而在天主教的法国教会则将他们排除在外，不让他们参加圣礼；中产阶级通常是蔑视这种十分下流而往往又非常危险的职业的。这一职业中的妇女地位各国不一样。在意大利和西班牙，女演员们一直是受敬羡的；在法国，1600年以前她们为数不多，这一时期才逐渐赢得了声誉。而在英国和德意志，她们是不存在的，舞台上的女角一直由男孩或男人扮演，妇女在舞台上是要引起强烈反感的。

1629年一家法国戏班在英国的一家伦敦剧院访问演出时，女演员在舞台上的出现是引起当地人敌视的原因之一；当时有人写道："昨天一些被其本国驱逐的法国流浪艺人和那些女人在布莱克弗赖厄斯剧院用法语演出了一场煽情、淫荡的喜剧，从而冒犯了本市所有道德高尚、心地善良的人。"他接着不无夸张地描述了她们所受到的待遇："人们向她们扔苹果，嘘叫声四起，把她们轰下了台。真带劲儿。"[1] 1633年查理一世的法籍王后在宫中参加了一次田园剧的演出引起了清教徒们的物议；巧合地与此同时，出版了威廉·普林的《历史研究》一书，他在索引中"女演员、臭名昭著的妓女"条目下写道："圣保罗禁止女人在教堂里当众说话。……而现在怎么竟然会有信仰天主教的女人如此之淫荡、厚颜无耻，敢于在舞台上抛头露面，对着众多男女大声讲话（有时还女扮男装，剪短发，真是罪过罪过，可恶可恶）"呢？普林受到的严惩是对那些干预国王娱乐者们的一种警告。我们知道，各种形式的戏剧表演在国王娱乐中占有重要地位。

这一时期和前一世纪，欧洲各国的社会、政治状况不同，其戏剧的发展也出现了巨大差异。意大利虽然在大多数方面都领先，但它的戏剧缺少一个有统一的大国首都所提供的中心点。那儿的戏剧是在一

---

[1] G. E. Bentley, *The Jacobean and Caroline Stage. Dramatic Companies and Players* (2 vols. Oxford, 1941), Vol. 1, p. 25.

批小国（特别是在诸如佛罗伦萨、曼图亚和帕尔马这样的意大利北部小国）的宫廷中小范围地发展起来的。如此建筑起来的剧场是为君主及其王室演出的，然而有时也有应他们所邀参加观看的圈外人。帕尔马的著名剧场法尔内塞剧院建于1618年，自然也是一座宫廷剧场。向公众开放、出售戏票的专门剧院是后来由于歌剧的兴起而发展起来的。1637年第一座公众剧院在意大利建成。剧院建在威尼斯，用作演出歌剧。8年后伊夫林在其日记中写道：

> 我们去看了歌剧。极其优秀的声乐家们和器乐家们用宣叙调音乐上演了喜剧和其他戏剧。舞台上有用透视画法绘制、设计的布景，显示出了不同类型教区的景象。还有使人在空中飞翔和做出其他一些奇异动作的道具。这一切无疑是人的智慧所能发明的最最宏伟、华美的娱乐之一。①

这一分散性的戏剧活动也必然会出现在讲德语的国家。那儿没有公众剧院，戏剧上演多在皇宫或王孙宅府、学校和像法兰克福这样的商业大城市。那儿也没有像英国、西班牙和法国的中央集权国家首都所具有的戏剧发展的共同中心。

在伦敦，首家称之为剧院的剧场出现在1576年。从这一年到1642年封闭剧院期间，兴建和重建了相当数目的剧院；这些剧院中有所谓不同于"公众"剧院的"私家"剧场。这种剧场建在室内，规模小，相当富丽堂皇。17世纪末的一位作家在回顾国内战争前伦敦戏剧繁荣的景象时称：

> 战前这些剧院都在同时上演。岸边的布莱克弗赖厄斯剧院和格洛布剧院是冬、夏季剧院，属于同一家剧团，称之为"国王的仆人"；德鲁里巷的科克皮特剧场（亦名菲尼克斯剧场）称之为"王后的仆人"；索尔茨伯里宫里的私家剧场称之为"王子的仆人"；吉祥剧院在怀特克罗斯街附近，红牛剧院在圣约翰街

---

① Diary, ed. E. S. de Beer (6vols., Oxford, 1955), Vols. II, pp. 449–50.

北头。①

奇怪的是，不仅伦敦的"公众"剧院和马德里的剧院在材料结构方面非常相似，马德里的公众剧院也出现在 16 世纪的最后 25 年：十字剧场出现在 1579 年，太子剧场出现在 1582 年。但马德里并未像伦敦在英国戏剧生活中所起的突出作用那样，在西班牙戏剧生活中起到突出的作用。英国地方市镇绝不是没有戏剧表演，流浪艺人剧团经常去那儿演出；而在西班牙，马德里刚上升到首都的位置不久，像塞维利亚和巴伦西亚这样的地方市镇起到了英国和法国同样规模的市镇所没有起到的作用。而尽管马德里的戏剧很普及，专门剧院的数目也从未有伦敦的那么多，就是这一时期也还是 16 世纪建成的那两家。

在法国，17 世纪初的 20 年间地方市镇鲁昂确实是成了同巴黎一样重要的戏剧中心。首都唯一的专门剧院布尔戈涅戏馆出租给一个又一个的法国剧团，偶尔也租给意大利、西班牙乃至英国的演出团体。起初由于没有一家法国剧团能寻求到长期扎根首都的足够资助，所以它们不得不到各地巡回演出，抑或跨出国门。然而，随着时间的推移，巴黎这一法国最大的城市——政府和宫廷所在地逐渐对戏剧界施加了影响。到 1630 年，"国王喜剧演员"剧团长期落脚布尔戈涅戏馆；同时第二个剧团也落脚巴黎，并建立起一座新剧院"沼泽剧院"。而年轻的莫里哀 17 世纪 40 年代计划在巴黎建立第三个剧团的努力未能成功，他和他的伙伴们不得不从 1645 年起到外省区巡回演出，一晃就是 13 年。

虽然这一时期各国戏剧的发展确实主要体现在使用本国语言方面，但无论如何不能完全排除拉丁语的使用。在从西班牙到波兰的天主教国家，从事教育活动的教派（特别是耶稣会）有意识地在他们的学校里利用戏剧表演来达到教育和宣传目的。他们的脚本虽说不是全部，但大多数是用拉丁语书写的；即便如此，这些戏也不是专门演给文化人看的。如果说写剧本用的高尚语言只有文化人感兴趣的话，那么在舞台效果、音乐和舞蹈以及幕间滑稽戏插演方面所下的功夫，

---

① James Wright, *Historia Histrionica* (1699), reprinted in Dodsley's *Old English Plays*, ed. W. C. Hazlitt (London, 1876), Vol. XV, pp. 406–7.

则是为了吸引从宫廷成员和男女权贵到资产阶级和平民百姓这一范围更广的观众。不同国家上演的戏剧不可避免地要在某种程度上反映出使用本国语言的倾向；但与此同时，尤其是在戏剧落后的讲德语的国家，戏剧演出特别注重使用布景、戏装和表演这样一些比较先进的技艺，以推动戏剧（包括歌剧）的发展。

哪类观众常去莎士比亚、高乃依和洛佩·德·维加为之写戏的公众剧院这一问题是个十分吸引人的问题，但这一问题尽管对阐释他们戏剧的历史意义至为重要，还是难以回答的。历史学家们在对有价值的史实未做多少初步研究的情况下就匆忙给那时的观众贴上诸如"贵族""平民"这样的标签。而当他们努力收集有关当时这一问题的零散材料时，又往往作出短浅的阐释，不顾及所述国家戏剧长时段的发展趋势，也不与同一时期邻国状况作比较。

遗憾的是，有关17世纪初二三十年间巴黎戏剧观众的信息太少。考虑到保存下来的当时脚本太少，这倒也不是什么大灾难，但的确为我们阐明观众的构成在长时段里的变化趋势和与我们所掌握的有关高乃依、莫里哀和拉辛的非常确定的信息作比较造成了困难。我们对17世纪初的数十年间巴黎戏剧观众的情况几乎全然无知这一点，使我们得出了一种过于简单的看法：即当时法国戏剧之所以在美学、道德方面尚未成熟，是由于绝大部分观众是平民，而戏剧缺少贵族、文化人特别是值得尊敬的妇女带来的改进的影响。

我们所掌握的这一时期的信息，使我们只能证实这么一种看法：即一些零散的证据说明，贵族——甚至国王及王室成员——的确时不时到布尔戈涅戏馆看戏了；不仅是作家们和其他中产阶级观众常到这一沉沦的地方，就是一些现代戏剧史学家所说的不让值得尊敬的妇女看戏的禁令似乎也未得到遵守，就连当时的伦敦也是这样。有证据证明，亨利四世的王后和宫廷贵妇们到布尔戈涅戏馆看过戏。

1630年前后巴黎的戏剧日益普及，并开始出现了更具美学价值、道德更加高尚的戏剧，这时的平民观众减少了。这一发展变化无疑是可能的；而另一种可能性也是存在的，即并不是观众的社会构成有什么变化，而是由于沙龙和社会生活的发展，社会上层阶级这些年里审美观越来越高雅了。

幸好我们能在确凿的文献基础上对1630年以后巴黎戏剧观众问

题进行研讨。不错，这些文献并不完整，有时还真令人着急，但已足够让我们说明问题了。尽管有许多当时的文献提及了17世纪30年代以后"平民"进巴黎一些剧院看戏的事，但当时使用的"平民"一词与"观众"一词无关，通常意指"那些非贵族出身的人"，犹如"宫廷与平民"这一措辞所表达的意思。非贵族出身的大多数观众都是像商人这样的资产者、律师，要不就是作家和有志写作的人，以及受过一些教育的普通人。在高乃依、莫里哀和拉辛时代，观众中的中产阶级人数已相当多了。他们大多在正厅后排入座。后排座位通常占有一半的观众。而鉴于那个时代法国社会的纯贵族性质，贵族及贵妇在这一时期是巴黎剧院的常客。17世纪里戏票的价格飞涨。从票房角度看，最好的座位——特别是包厢的第一排以及17世纪中叶前后形成的舞台座位——卖的高价使贵族出身的观众和有钱的观众越来越重要。当时一些剧作家和评论家的零零散散的评论表明，观众中贵族人数的重要性得到了完全的确认；而由于人数可观，池座里的观众——都是男人——能对新剧目的成败起到很大的影响。

对这一时期——当然是指莎士比亚时期，伦敦剧院观众的规模和构成的研究要比对大陆上各国的研究详尽多了。虽然文献资料不全，有时还相互矛盾，但对这些年里长时段的发展变化趋势似乎还是取得了广泛一致的看法的。通常认为，在伊丽莎白时代的戏剧繁荣时期，特别是在莎士比亚从事演出和撰写剧本时期，像格洛布剧院（1599年建，后遭火灾，1613年重建）这样的"公众"剧院接纳了从站在后排的"穷酸客"到贵族这些当地各个阶层的人们。贵族坐在楼上、相当私密的"贵族包间"抑或像巴黎的剧院那样坐在舞台上。

　　因此无论是公众剧院还是私家剧场均站着等待下午的演出，[德克在其《鸥鸟集》（1609年）中写道]让我们的大人物（已经付过钱）径直走上舞台。……就在喜剧快要开演时，我们的大人物必须在混乱中亲自勇敢地（无礼地）下令压下恶棍们的叫声和嘘声。①

---

① E. K. Chambers, *The Elizabethan Stage* (4 vols. Oxford, 1923), Vols. Ⅳ, p. 366.

楼上的观众中很大一部分是妇女——既有值得尊敬的女士，也有不那么值得尊敬者。

然而，就是在莎士比亚时代，"公众"剧院同所谓的"私家"剧院之间也有差别。在公众剧院里，后排男观众们一年到头都是露天看戏的，剧院这部分席位的入场费是相当便宜的。对17世纪初伦敦戏剧观众进行过最详尽的研究者甚至宣称："观众主要是店主和工匠"，甚至说："绝大多数属工人阶级。"① 这种说法虽然太缺乏根据，特别是低估了那个时代社会上的贵族、商人及有闲阶级男男女女的重要地位，但是确实说明了一点：莎士比亚时代的"公众"剧院吸引了社会各阶层的观众。

所谓的"私家"剧院由于规模小、票价高，自然只吸引了更加有限的少数观众。莎士比亚时代花一个便士即可进入格洛布剧院或其他"公众"剧院的后排，而上等"私家"剧院完全在室内，遮风挡雨，最低票价为六个便士。17世纪30年代（这一时代各剧院票价都上涨了一点）出版的一部剧本开头附有一首诗。诗中写了一名节俭的商人粗心进入了一家"私家"剧场，一会儿即后悔不该在那儿花一个先令买张坐票：

> 我得赶紧去售票处，
> 取出我那一先令，
> 因为我这会儿感到票价太贵了；
> 我要去公牛剧院或吉祥剧院，
> 那儿花上两个便士即可看一出戏，
> 而且还能跳场快步曲。②

17世纪末有位作家③证实写道：内战前，吉祥剧院和公牛剧院是"市民们和一些下等人经常去的地方"。

说到这一问题，必须牢记：1609年时莎士比亚所属的演员团使其"公众"剧院格洛布剧院增色不少；后来只在夏季的月份里演出。

---

① A. Harbage, *Shakespear's Audience* (New York, 1941), pp. 64, 90.
② Ibid., 64-5.
③ James Wright in his *Historia Histrionica*, p. 407.

而"私家"剧院布莱克弗赖厄斯剧院从那以后则成了获利颇丰的产业。因此在莎士比亚时代，混杂各社会阶层的观众群就开始向两类相当不同的剧院分流了——一类剧院从社会上有权有势、有钱的集团中、从宫廷中、从上流社会中、从专业集团中吸引了上等观众，而另一类则很受中产阶级和社会下层的欢迎。

这一长期演变的最终结果是：当王政复辟时期公开演出终于在伦敦开始时，只有极少数可去的剧院（从未超过两家，一段时间里只有一家），而这些剧院又完全被王室成员及其随从霸占了，中产阶级和劳苦大众根本享受不着。因此在半个世纪多一点点的时间里，伦敦戏剧观众完全变了。在莎士比亚时代，剧院观众来自从贵族到工匠的社会各个阶层；而在德莱顿和康格里夫时代，观众则来自声名有点狼藉的贵族集团。

这一时期巴黎剧院也可能发生了同样的变化；但如上所述，由于我们对17世纪初的数十年间巴黎戏剧界的情况几乎全然不知，因此难以研讨这一问题。然而有一点是肯定的：在1630年前后戏剧比较时新后，剧院正厅后座的资产者观众仍占有相当重要的地位。这一点从17世纪60年代莫里哀及其他人为迎合这批观众而发表的演说中得到证实。似乎有理由认为，巴黎没有像伦敦那样发生过从"多阶层"观众到有限的社会阶层观众这种极端的变化。

马德里的剧院这一时期持续吸引着来自社会各阶层的观众。费利佩四世喜欢戏剧和女演员，甚至在一家公众剧院里设有一个特别包间，微行前往，教士们也不像17世纪的法国教士那样对戏剧抱有敌视态度，剧院中有专门为他们设的座位。舞台设在庭院里，高贵的男女观众透过庭院周围的格窗观看演出；舞台背后设有保留区，专供不那么富裕的妇女使用；同巴黎一样，后排留给男观众，他们大多站着看戏。他们对新戏的命运有着非常大的影响；他们会拼命鼓掌喝彩，以示赞美，抑或会作出表示强烈不满的反应。宗教寓言短剧由职业演员演出，同样吸引着广泛阶层的观众，首先在王宫内演出，而后为卡斯蒂利亚会议成员和马德里市政当局演出，最后在首都各广场搭台为广大公众演出。从1648年起，宗教寓言短剧也在公众剧院上演了。

这一时期德意志上演的戏剧都是生吞活剥地照搬过来的英国戏剧，起初是英国演员演出，用英语对白；而后逐渐由德意志演员参演，用德语对白。人们往往认为，这反映了剧团所到之德意志城市群众情趣不那么高。在发展过程中，莎士比亚及其同时代人的戏剧肯定发生了巨大变革。散文代替了诗歌；删除了所有韵文段落；最大限度地发挥戏剧感染力，调动观众的激情，让他们美美地欣赏一下列队行进、鼓乐声声、歌乐和鸣、幕间滑稽。但将这一变革完全归因于热衷于这种娱乐的平民观众的影响肯定是错误的。不仅是市政会全体成员出席观看新到的演员们特地为他们献演的戏剧，而且从一开始英国戏剧演员们就受到了德意志各地市政会的庇护。这一时期德意志的王子、王孙们无疑主要喜欢观看歌剧，而不是戏剧，所以他们根本就不再蔑视职业演员的演出了。剧团在王宫里受到热烈欢迎，并被推荐给其他未来的庇护者某王子抑或某市政会。

由于我们现在所谈及的是专制君主抑或自诩为专制君主的时代，所以稍稍深入探讨一下君主及其王室对戏剧的兴趣是重要的。同以前所以为的相反，完全有理由认为，17世纪初的数十年间法国宫廷的确是对戏剧有点儿感兴趣的。根据史料不难发现，17世纪初宫廷里上演的芭蕾要比戏剧多，但这并不意味着职业演员没有在亨利四世和年轻的路易十三的宫廷里出现过。我们有亨利四世时期法国演员到宫廷演出的证据。他和他的意大利籍妻子玛丽·德·美第奇都曾邀请意大利剧团翻越阿尔卑斯山到王宫为他们演出，偶尔也到布尔戈涅戏馆为他们的臣民演出。年轻的路易十三登基前后曾数度到这一戏馆看戏；这时法国和意大利的演员们经常到王宫演出。1612年11月至1614年2月王宫里戏剧演出特别多；我们掌握的记录表明，至少76次法国演员的演出和57次意大利演员的演出。

路易十三上了年纪后对戏剧的兴趣就没有他那年轻的儿子浓了，但他及其王后安娜·德·奥斯特里亚（旧译奥地利的安妮）并未忽视戏剧和戏剧界的状况。然而黎塞留对戏剧的庇护作用无疑要重要得多。据我们所知，他同戏剧的关系要追溯到1629年直到1642年去世兴趣未减分毫。他不但给剧作家发津贴从而使大量戏剧作品问世，并且亲自过问其被庇护者作品的创作和演出情况。经他授意创作的一些戏剧曾在红衣主教宫（后改名为国王宫）为王室成员和宫廷成员上演过。他在其已有的小剧场之外又适时地增建了一家大剧院。这家大剧院体现了当时巴黎最先进的建筑艺术，1641年初开锣，首演戏剧是出悲喜剧《米拉梅》，十分壮观。这出戏是在他的指导下由他的一位得意剧作家编写而成。这位红衣主教去世前数周，大剧院上演了一出政治剧《欧洲》，为他的对外政策做了辩护；当时的人们认为剧中的许多内容是他自己写的。他死后以及其后不久路易十三去世后，摄政王安娜·德·奥斯特里亚继续对戏剧感兴趣；就是在居丧期间她还偷偷地观看宫中的戏剧演出。所有这一切为她儿子路易十四庇护各种形式的戏剧所起的作用打下了基础；然而上了年纪后他对戏剧的痴迷却使他对看戏越来越有所顾忌。

在英国，内战前宫廷对戏剧的兴趣与日俱增。虽然伊丽莎白并不蔑视戏剧娱乐，但我们占有的材料表明，宫廷里戏剧的演出次数并不多，通常集中在每年的圣诞节到大斋节的这段时间。詹姆斯一世登基后发生了巨大变化；他、他的王后和王室其他成员对戏剧的兴趣比伊丽莎白浓得多。就在詹姆斯登基那一天，莎士比亚所属的剧团"张伯伦勋爵的人"剧团改名为"国王的人"；丹麦籍的王后安娜（Anne de Denmark）以她的名字为另一原名为"伍斯特伯爵的人"的伦敦剧团命名。他们的儿子们也有以自己名字命名的剧团。宫廷里演出次数大大增加，特别是得宠的"国王的人"剧团演出的次数最多。而伊丽莎白在位的最后10年间，宫廷里的演出只有三次；此后的10年间，平均次数增加到了13次，剧团收入大增。

查理一世及其法籍王后对各种形式的戏剧更是关怀备至；王后甚至有时在宫廷里亲自登台作私家演出。专业剧团应召入宫演出的次数比以前还多。国王的兴趣甚浓，要亲自看剧本，并将被审查官删去的一些段落、词句复原。查理曾多次提出自己对剧本创作的想法。因此，一出戏剧的作者在收场白中向国王献词道：

　　演出若合陛下之意，
　　犹应归功于您自己；
　　您口授的故事令人激动，
　　观众个个热血汹涌；
　　……

然而是王后对这一出戏有着浓厚的兴趣。

16 岁的亨丽埃塔·马丽亚从法国王宫带来了对芭蕾和戏剧表演的爱好。她到英国不久，一个外国使节报告了年轻王后参加的一次下述娱乐活动：

> 狂欢节那一天，星期一，她在自己编写的一出美妙的田园剧中扮演了角色，有 12 位淑女陪她演出，圣诞节以来她们一直在排练。演出非常成功，服装、道具、场景转换十分迷人，女士们的表演和道白也令人赞美——而王后又是鹤立鸡群。演出是私下里进行的，因为王后在该国登台演戏是非比寻常的事。因此观众只限少数贵族；他们是特别邀请的，其他人一律不准观看。[①]

七年后（即 1633 年），亨丽埃塔在蒙塔古的田园剧《牧羊人的天堂》中扮演王后贝莱萨，引起了普林的无情指责。王后还是一家伦敦剧团"王后亨丽埃塔的人"的庇护人；她也常到布莱克弗里厄斯剧院观看"国王的人"剧团对公众的演出。而 1634—1635 年冬季巴黎弗洛里多尔剧团来到时，她尽全力使剧团的演出成功。王家对戏剧的这种兴趣的确对戏剧有着重大影响。

在意大利，正如上文所述，同 16 世纪一样，王宫自然是戏剧活动的中心。曼图亚的庇护对流行喜剧的发展至关重要；歌剧兴起于佛罗伦萨及其他王宫，而后威尼斯成了主要中心。在西班牙，费利佩三世不像他父亲，对戏剧表现出了一定程度的兴趣，王宫曾上演过非宗教的戏剧和宗教寓言短剧。他的继位者费利佩四世 1621 年登基，在位至 1665 年，对戏剧是真正的热爱。他在政治上败给了法国，但在西班牙戏剧的异常繁荣方面却起到了不小的作用。他在孩提时即在宫中参加了业余演出。他和王后（亨丽埃塔·马丽亚的姐姐）不仅在宫中观看了许许多多的戏剧演出，据说他还亲自编写了一些戏剧。起初，宫内演出大多在马德里的王宫和阿兰胡埃斯的花园中举行；但从 1632 年起，许多演出改在了马德里郊外的新王家宅第布恩雷蒂罗举行；卡尔德隆的一些戏剧都是在那儿首演的。那儿有各种剧场——有露天剧场，也有 1640 年建成的华丽建筑室内喜剧大剧院。大剧院是

---

① *Historical Manuscripts Commission*, Eleventh Report (London, 1887), Appendix, Part I, p. 47.

意大利的一名建筑师设计的,配置了当时最先进的各种设备,以产生最令人惊叹的、最为壮观的效果。

在讲德语的地区,尽管一直到1652年才在霍夫堡市建成一座宫廷剧院,但奥地利哈布斯堡王朝通过连续不断的联姻,同意大利各王室有着密切的联系,从而推动了戏剧的发展。霍夫堡市的宫廷剧院也是一名意大利建筑师的作品,配置了当时最先进的设备。在奥地利及帝国其他地区,有着大大小小的一大批宫廷;它们接纳流浪艺人剧团演出和举行其他戏剧演出活动,从而促进了戏剧的发展。

这一时期欧洲各宫廷沉迷的娱乐形式并不就是戏剧演出这一种。例如在法国,17世纪初的数十年间王室成员和朝臣似乎更爱好芭蕾,对纯戏剧不那么感兴趣。虽说路易十四登基前芭蕾尚未发展到最高峰,但这一娱乐形式在亨利四世和路易十三在位期间极为受欢迎。国王及其朝臣们乐于支持这类演出;这种演出有的比较轻松欢快、滑稽幽默(如假面芭蕾),有的场面十分壮观(如1641年黎塞留公馆中上演的芭蕾《威名赫赫的法国军队》,国王观看了演出)。

在英国,类似的假面娱乐活动在詹姆斯一世和查理一世的宫廷中发展到了最高潮。两个人的名字通常与这类表演活动紧密相连:本·琼森——从事创作25年;伊尼戈·琼斯——负责场景与效果(大多模仿意大利)。内战爆发终止了这类宫廷娱乐活动。舞蹈、华丽的戏装和精美的布景,再加上一些小小的剧情和滑稽人物的插科打诨,向国王及其朝臣们展示了美妙的景象。

意大利是芭蕾和假面剧的故乡,这一时期在各处宫廷里又发展出了一个新剧种——歌剧。首部歌剧1597年在佛罗伦萨上演;而音乐保存下来的最早的一部歌剧名为《欧里迪塞》(*Euridice*),里努奇尼作词,有两部独立的乐曲,1600年在亨利四世和玛丽·德·美第奇的婚礼上演出。蒙特威尔第最早的几部歌剧是在曼图亚公国宫廷上演的;他在1613年移居威尼斯。新剧种在威尼斯已不再是一种纯宫廷娱乐活动;1637年首家歌剧院的建成预示着17世纪下半叶歌剧在该共和国的惊人发展。17世纪下半叶,意大利的一些其他城市也建起了自己的歌剧院。蒙特威尔第1643年去世前不久编写的几部歌剧标志着现代歌剧的最终确立。

新剧种迅速从意大利流传到奥地利和德意志南部地区的王宫。最早的记录是1618年在萨尔茨堡的演出,但维也纳很快即成了歌剧发展的中心。意大利的歌剧在德语区一直影响广泛,但不久即产生了德语歌剧脚本和乐曲;最早的德语歌剧是马丁·奥皮茨改编的里努奇尼的一部歌剧,1627年在托高(Torgau)为某位王子的婚庆首演。

这些宫廷演出——无论是上演芭蕾、假面戏、歌剧还是戏剧——的目的无疑多种多样。戴夫南特在其一部假面戏的序中写道:"和善可爱的国君们"观看这些戏剧的目的,在于"过度的国事操劳后放松一下,调整一下情绪,在于使权贵们、贵妇们和宫廷里的人娱乐一下"。其目的还在于使广大公众(假面戏和芭蕾这类演出有些并不仅限于宫廷这个圈子)对统治者(大公、国王、皇帝和像黎塞留这样的重臣)的伟大和显赫有个深刻的印象。偶尔还用于宣传的目的。黎塞留去世前不久在红衣主教宫演出了英雄喜剧《欧洲》;数年前编写这部剧的初衷在于维护他的外交政策,特别是要为他的反西班牙战争做辩护。

序文中说,这部喜剧的目的在于描述"西班牙欲吞并欧洲的野心和国王及其盟国为免遭奴役而实行的保护政策"。戏的序诗由和平朗诵,宣告它回到了人间:

> 羽饰头盔、利剑
> 在田野上闪现。
> 恐怖笼罩着大地。
> 啊,你们,不可战胜的武侠,
> 陆地、海上的一切屈服于你们的武器。
> 你们小憩在橄榄树下。

剧中的勇敢武士弗兰西翁(法国)被欧洲选为骑士,捍卫它,反对浅黑色皮肤恶棍伊贝尔(西班牙)的阴谋。弗兰西翁向欧洲说明,迫使法国动武的是西班牙的野心:

> 啊!看到邻居们担惊受怕,我痛心疾首,
> 而伊贝尔却将他人的财宝掠走,
> 以他人的失败为荣耀,以他人的眼泪而嬉笑,

直到我的国家敢于举起战刀,……
我宣告,我反对他们的非正义行动。
天真的、懦弱的人们啊,支持我吧,我要向前冲,……
战斗终于打响,我奔走呼号,
这不是野心,而是需要。

西班牙的邪恶图谋通过伊贝尔的嘴说了出来:

……为荣誉、双亲、尊严和信仰战死沙场
就是我的志向。
为了上帝,我可以千百次牺牲我自己。
我要让我的国王凌驾于众王之上,
哪管什么流血,哪管什么纲常,
帝国就是我的一切,其他均不在话下。

　　这一英雄喜剧的结局当然是个令人愉快的结局。弗兰西翁迫使伊贝尔放弃了征服美洲后再征服欧洲的梦想;戏剧使观众希望法国获胜,从而导致法国和西班牙谈判求得和平。
　　当内战的乌云日益浓密的时候,就在这一喜剧上演的前夕查理一世的宫中也上演了有着同样政治寓意的假面戏。当然,这一时期白厅中上演的假面戏通常结尾都是乌云尽散,正如卡鲁在其《不列颠的天空》(1634年)中所说:"留下来的只是一片晴朗的天空"——象征着反抗国王意愿的消失。这一方面特别令人瞩目的是戴夫南特的《胜利的英国》(1638年)和他那内战前上演的最后一出假面戏《苦涩的战利品》(1640年)。伴之以伊尼戈·琼斯精心制作的布景和盛装的查理及亨丽埃塔领舞的舞蹈,这些假面戏从统治者的角度表现了当时的各种政治矛盾。
　　在第一出假面戏中,布里塔诺克尔斯(查理)被描绘成了"西方世界的荣耀"。他"以他的智慧、勇敢和虔诚,不仅捍卫了他自己的海洋,并制止了海盗的横行,维护住了远处的海洋"——委婉地为征收可恶的造舰税辩护,批判伊姆波斯切(欺诈行为)的反抗。伊姆波斯切和默林(魔术师)在布里塔诺克尔斯快到时被贝莱罗冯赶走了：

> 走开！费姆（声望）仍听天由命，
> 这一幸福时刻听令
> 来赞美布里塔诺克尔斯及其随侍，
> 这个岛上过去的美德和现在的美德融会一体。
> 走开！我听到了费姆那法力无边的声音。
> （喇叭声响）
> 他们到达前你们最好遁隐。

接着合唱通报布里塔诺克尔斯上场：

> 伟大、英明的布里塔诺克尔斯到了，
> 他的身影装满了我们的双眼、他的名字注满了我们的双耳，
> 他的美德啊，人人对之赞美、为之倾倒。

这时假面戏演员跳舞入场，赞美王后；而后，骑在海豚背上遨游大海的加拉特亚再次赞美布里塔诺克尔斯。

作者是这样陈述其《苦涩的战利品》的主题的：

> 冲突来势汹汹，敌意有加。冲突专爱挑起敌意，已使大半个世界陷入了混乱，现在又力图在这儿挑起争端，不让我们拥有长期享受的幸福和安宁。

这些咒语由幕间穿插的滑稽演员表述：他们突然受到惊吓，一种神奇的力量使他们静止不动；他们害怕神奇力量的智慧，知道这种智慧将使他们存心不良的希望破灭，变混乱为平静，因而疾速离去。他们离去后，有一段和谐的乐曲烘托出平静的氛围。

这一神奇的智慧代表国王；他由贵族随侍，并起名为菲洛吉内斯或热爱人民者，在合唱声中登场，代表心爱的人民，立即登上光荣的宝座，贵族们随侍左右。

而后，智慧女神雅典娜将王后从天国派送人间作为对国王智慧、明达的一种奖赏。王后饰演女主角，由她的女兵们随侍，驱

散可怕的风暴，求得大地的安宁。

国王出场坐上光荣的宝座时，"心爱的人民合唱团"颂诗赞美他：

> 如果国王要驱散风暴，
> 人民的激情就会上扬，
> 他们就会吹起狂风，
> 智慧的耐性就是对您的赞扬……
> 您以道德力量赢得了光荣的宝座。
> 请接受我们的钦仰、享用我们的赞扬！
> 您适合执掌权力，独占宝座，
> 内部团结一致，外敌岂敢逞强。

合唱团吟咏颂唱时，再次怀孕的王后同她的"女兵们"从天而降，祥云飞绕，"薄雾四散，晴空万里，犹如神仙下凡"。两组舞蹈过后，"台下的合唱团乐声充满整个舞台，悠悠扬扬调谐声和"。在赞美查理和亨丽埃塔的一首歌中有下述内容：

> 所有粗鲁、无教养的人，
> 都跟您拴在了一根绳；
> 他们服从不语，
> 不是被迫，而是受了教育。

这10年余下的时间里所发生的事说明，这假托的世界是完全不真实的。

这一时期绝大多数地道的戏剧——喜剧、悲剧、悲喜剧、田园剧等（别忘了滑稽戏），在宫廷里和在公众舞台上的演出似乎没有什么不同的地方。这些戏剧的首演大多在公众剧院。公众剧院里的观众——各国观众的社会结构不尽相同——显然通常总是比在宫廷里观看为国王及其王室成员的演出而"经挑选的"观众群要杂多了。但切莫认为宫殿里的观众完全不同于公众剧院里的观众。如果说贵族成员必然构成了宫廷里的观众绝大多数的话，他们也在公众剧院观众中占了相当大的一部分——不仅在数量和钱财方面，而且从至为宽泛的意义上说，鉴于当时的社会环境，贵族有着我们如今难以想象的重要性。

就是在像英国和西班牙这样的国家里，观众也是来自社会的大多数阶层，17世纪初尤其如此；戏剧可以径直从公共舞台移至王宫演出。总之，并不像有时想象的那样，认为国王及其朝臣们具有一种特别高雅的爱好，比公众剧院里粗俗的平民百姓的爱好高雅得多。滑稽戏在亨利四世时期的法国宫廷中很受欢迎：我们只要看到亨利四世在剧院，就会看到他在欣赏法国抑或意大利的滑稽戏。滑稽戏传统一直保持在宫廷的芭蕾和喜剧中，通过他的王位继承人一直延续至太阳王时期。例如，众所周知，1658年莫里哀的剧团从外省返回巴黎并在卢浮宫为国王及其宫廷成员首次演出时，给这些观众留下深刻印象的不是剧团演出的高乃依的悲剧，而是整个演出中的那少许滑稽。

当时的戏剧有时也会出现两种不同的倾向。特别是在英国，曾是一体的观众的确倾向于分裂为"公众"剧院的平民观众和所谓的"私家"剧场（比较小、票价较高）的贵族观众。人们一方面发现，某些种类的戏剧由于呈现了中等阶级和平民的生活景象，所以很受他们的喜爱；另一方面又发现，1642年伦敦所有剧院被封闭前的最后十年抑或最后二十年间已有了新型剧种出现的迹象。在禁止戏剧公开演出期间，这一迹象暗中持续发展，王政复辟时期新型剧种兴起。

例如，我们在博蒙特和弗莱彻的悲剧和悲喜剧中发现了莎士比亚的后继者；他们是为"国王的人"剧团编写戏剧的剧作家。这一剧团1609年成立后每年的大部分时间里都在"私家"剧场布莱克弗里厄斯剧院演出。这是王政复辟时期戏剧兴起的迹象。他们的风俗喜剧和像米德尔顿和雪利这样的作家编写的喜剧，多少有点儿近乎王政复辟时期的喜剧，描写了上流社会的世事，同时大骂中产阶级。这些戏剧与早期喜剧（如德克的《鞋匠的节日》和海伍德的《为善意所杀的女人》）描绘的社会中、下层情景之间差距很大。

这一时期的浪漫主义喜剧和悲喜剧（如雪利的《婚礼》以及查理一世宫廷中特别流行的田园剧比较近似当时欧洲风格的戏剧。田园剧起源于意大利，已在法国受到了一定程度的欢迎，拉坎的《羊圈》

（大约 1620 年上演）是一部优秀的这类戏剧。不管是戏剧还是小说中精心描绘的田园风情主要是为了赢得高雅的宫廷成员和大多数贵族观众的欢心，并未太多地考虑广大观众的情趣。弗莱彻的《忠贞的牧羊女》编写于 17 世纪的头十年，17 世纪 30 年代主显节之夜为查理和亨丽埃塔演出时赢得了无比的赞誉。我们已经述及上次因王后参加另一出田园剧沃尔特·蒙塔古的《牧羊人的天堂》的演出而引起的公愤。17 世纪 30 年代英国戏剧最重大的发展是所谓的骑士剧的兴起。这类戏剧不是职业剧作家的作品，而是像蒙塔古（国王的枢密侍从）和约翰·萨克林爵士（他还是一位诗人）这样的朝臣的作品。威廉·戴夫南特也是圈中人。他虽说是牛津的一名葡萄酒商的儿子，但因其戏剧和假面戏而成功地进入了宫廷，1638 年还成了桂冠诗人。内战期间他因参加勤王活动而被封为爵士；1656 年他重新在伦敦从事戏剧活动，上演了第一部英国歌剧《围攻罗得岛》及其他戏剧；王政复辟时期他占有了首都两大剧院之一，从而构成了联结斯图亚特王朝早期戏剧和晚期戏剧的一环。

大陆上没有一处像英国那样明显地出现两类截然不同的戏剧倾向：一类向中产阶级和平民倾斜；另一类向宫廷和贵族倾斜。但就是英国也还有一些剧种的戏受到了社会各阶层观众的欢迎。古今剧作家最重要的一件事是要把握住时代精神和国家情势、反映出观众的爱好和观点，将他们吸引过来。不管某个欧洲城市的戏剧有多么流行，也只能吸引少数成年市民。即使看戏已不再仅仅是上层阶级的习惯，但中间等级仍对到公共剧院去看戏有种强烈的反感，不仅清教的伦敦是这样，天主教的巴黎亦如此。国王和工匠有时可能会在不同的场合喜欢同一出戏；但即便如此，在当时那种注重等级的社会里，主题的选定和处理多半要符合上层阶级的爱好和兴趣，很少顾及广大群众的情趣。

例如，有种公认的理论：悲剧诉说伟人的不幸，喜剧则描绘社会中、下层人物的奇谈趣事。那时的悲剧大多涉及像丹麦王子和奥古斯都皇帝这样的一些位高权重的人物，喜剧则将位低无权的平民百姓搬上舞台，极少例外。欧洲流行的悲喜剧大多以莫名其妙的奇遇为背景，所描绘的人物多半诞生在近似悲剧性的环境中，但最后找到了幸福。

当时剧院的观众不仅仅是贵族和平民,还有另一类人——介乎受过教育和未过教育之间的一类人。受过教育的人也影响着当时戏剧的发展,但各国所受的影响不一样。各国的戏剧绝大多数都是受过一些教育的人编写的。他们至少在文法学校学习过,多少懂点拉丁文或古希腊文。实际上他们大多学得不怎么样,但通常也足以使他们能在编写戏剧时参考古时候的戏剧和神话故事了。他们中的绝大多数人关心的是票房收入、下个月房租的支付,甚至是下一顿饭费的支付,而不是展现自己的学识。当时编写戏剧乃是一种报酬低微的职业。演员和出版商支付的钱很少;作家们没有薪俸以外的收入;大多数剧作家也是如此,所以他们不得不谋求国王们和王子们、大臣们和租税包收者们、大贵族和贵妇人的庇护。这一时期特有的诌媚阿谀的华丽献词就充分证明了这一状态的存在。他们既要取悦于广大的戏迷观众,还要拼命讨好一小批庇护人,无暇顾及炫耀自己的学识了。当时他们的学识就是懂得古代的语言和文学。

在英国和西班牙,通过一些曲折的道路承继自亚里士多德和其他古代作家的优良戏剧规则,差不多都被这一时期的戏剧扬弃了。在德意志,学究气的校园戏剧不同于江湖艺人粗俗的演出,大多在文法学校内演出。观众是多少有点文化的。17世纪20年代和30年代,马丁·奥皮茨敦促作家们模仿古代剧作家、法国剧作家和意大利剧作家。当然,意大利是规则的故乡;而这些规则又是上个世纪人文主义者们从古代戏剧吸收过来的。但这一时期的意大利剧作家(奇科尼尼最著名)虽然大多口头表示要遵从规则,但着意的都是编写流行戏剧。

这一时期法国的戏剧则截然不同。高乃依后来说:他1630年开始长期从事戏剧创作,且硕果累累,从来就没有听说过什么规则。而就在他开始戏剧创作的时候,法国戏剧发生了巨大变革。在意大利的一些影响下,受过教育的人逐渐确立起了规则——不仅是三一律,还有貌似真实律(vraisemblance)和合礼律(bienseances),反对主张坚持17世纪初数十年间自由戏剧的人们。这些人认为剧作家有权也有责任不受这些框框的限制,因为这些框框只能使他们在需要向观众呈现多种多样的情节和布景时缩手缩脚;但他们失败了。在1630—1650年这20年间,法国戏剧确立了规则。这在某种程度上是受了规则庇护人（包括黎塞留本人）的影响；然而认为黎塞留对规则的支持体现了他想严格控制法国全部生活的另一个方面，那就十分荒谬了。

虽然规则在法国确立了起来，而且比其他任何一个欧洲国家都牢固，从而逐渐引起了戏剧的全面变革，使田园剧和非常流行的悲喜剧一步一步地退出了舞台，但认为其结果只剩下一个为知识权贵而编写的学究式戏剧，就大错特错了。喜剧不同于滑稽戏，17世纪30年代才在法国真正发展起来；但一直享有相当程度的自由，不受规则的限制，17世纪以后的一些莫里哀喜剧就是这样。悲剧虽然从1634年梅雷的《索福尼斯布》（*Sophonisbe*）开始到两个世纪后的自然消亡，受到规则的影响一直就比较大，但不仅反映了少数知识权贵的观点和爱好，也反映了巴黎人口中很大一部分经常去剧院的具有代表性的人们的观点和爱好，特别是反映了上层阶级男男女女观众的爱好。爱情主题仅在17世纪中叶以后才在悲剧（诸如拉辛的《安德罗玛克》和《菲德拉》这样的名著）中占据主要位置，但早就一直占有了突出的次要地位，在高乃依的《西拿》中是密谋者们的驱动力，与像《波里耶克特》这类殉教剧的宗教主题同样重要。而17世纪30年代和40年代期间典型的政治悲剧则反映了贵族们不安的情绪和要求自我决断的愿望。这些情绪和愿望导致了他们长期密谋反对黎塞留，同时也反对将投石党进行的内战说成是场悲惨的闹剧。

莎士比亚、洛佩·德·维加、卡尔德隆和高乃依的杰作引导我们回顾了这四五十年。我们对各国逐个进行了考察，发现这四五十年中戏剧和社会之间存在着多方面的相互影响。小小剧院在某种程度上反映了外界所发生的一切，各国无不如此。戏剧及其姐妹剧种假面剧、芭蕾和歌剧有时受宫廷控制，有时要投广大群众所好，反映了国际战争和国内冲突期间的追求、不安和灾难，要不就以特有的夸张和滑稽加上华丽、壮观的服饰、场景使观众摆脱日常生活中的操劳和烦恼。

第 九 章

西班牙与欧洲
（1598—1621 年）

当费利佩二世的长期统治结束时，他的地中海政策取得了巨大的成功。他打败了土耳其人，完成了对意大利的控制。但他的北方政策失败了。他没有击败荷兰的"叛军"。他曾抱着更快胜利的希望，但结果是灾难性的。他的国库亏空。现在，他希望利用的长期存在的有利时机已经没有了。费利佩二世在其统治的大部分时间里，得益于法国的分裂和无政府状态。但到1598年，这一切都过去了：新的波旁王朝已经稳固地建立起来，甚至不能被视为异端加以拒绝。因此，费利佩二世在最后一年接受了现实。既然尼德兰不会向他屈服，他炫耀式地把对他们的统治权交给了一个"独立"的君主——可靠的、西班牙化了的、他自己的女婿阿尔伯特大公（Archduke Albert）；他允许这位君主以他的名义与法国媾和。

因此，临终的费利佩二世制定了他的儿子费利佩三世应该遵循的政策。他要借助阿尔伯特大公继续北方的斗争。荷兰的"叛军"要被镇压。与异端英格兰的战争，不管损失多么惨重都要继续下去：毕竟，英国王位的继承权仍然是可望可即的，伊丽莎白的逝去将提供一个良好的机会。但在大陆这边，大公应该保持镇定。与法国继续战争是没有意义的。为了实际目的，必须使法国保持中立。理想——至少是教皇的理想——情况下，法国甚至可以与西班牙联合起来共同对抗英格兰和荷兰的异端。不幸的是，这些最后的希望都没有实现。法国不会加入对英格兰和荷兰的神圣战争，甚至在和平时期，它也继续分散西班牙的精力。费利佩二世制定的政策对费利佩三世来说是不可能实现的；这不仅仅是因为一个重新统一的法国——一个恢复了的法国

第九章 西班牙与欧洲（1598—1621 年）

君主政体的存在。

只要看一眼地图，就可以清楚地看出这种存在有多让人揪心。西班牙在尼德兰的战争完全依靠交通路线。最初，正常的航线是从拉雷多和拉科鲁尼亚到弗拉辛的海上航线；但到 1580 年，荷兰和英国的"海盗"使得船只很难通过这条航线，而且只要西班牙与荷兰和英国交战，这条航线就不可能通行。因此，现在所有的人员、物资和金钱的供应都必须通过陆路到达佛兰德地区。他们从巴塞罗那或那不勒斯乘船前往热那亚，在米兰公国集结，穿过阿尔卑斯山，沿莱茵河而下，到达弗朗什孔泰（Franche-Comte）和卢森堡。在 16 世纪 80 年代，这很容易。阿尔卑斯山的通道可能很狭窄，西班牙人过小溪的踏脚石又小又散，但西班牙对权力的垄断却起着重要作用。萨伏伊公爵（duke of Savoy）、瑞士的天主教州、莱茵地区的诸侯和主教们，由于缺少其他赞助，都接受了西班牙的影响和资助。像在科隆的这种地方性阻碍，很容易就解决了。但现在就不那么容易了。随着法国的复兴，另一个主人出现了。这条重要的陆路受到了一股新势力的影响，当地统治者也受到了新的诱惑。弗朗什孔泰和阿尔萨斯可能会被入侵，洛林（Lorraine）和萨沃伊（Savoy）会被削弱。当地方性困难可能会演变成国际困难。西班牙军队一直悄悄地沿着法国东部边界输送，因此沿途小国突然感到了过电般震动（electric tremor）。

这种威胁也不仅仅局限于阿尔卑斯山以北的陆路。法国的复兴甚至威胁到了西班牙的垄断地位——即使在其最稳固的据点也受到了威胁。在西班牙，人们憎恨的摩尔人（Moriscos）不仅受到君士坦丁堡的鼓动，还受到巴黎的鼓动。这种观点或许有些夸张。但毫无疑问，法国的复兴对之前被认为是西班牙帝国最稳固的部分——意大利也产生了影响。在费利佩二世统治期间，意大利显然是完全愉快地臣服于西班牙的。教皇们，至少在庇护五世（Pius V）死后，完全依赖西班牙。萨沃伊公爵的王位是靠西班牙支撑的。托斯卡纳大公曾是西班牙的一个附庸。热那亚（无论如何都与西班牙有财政联系）和威尼斯，虽然现在众所周知是中立的，但都是依靠西班牙的庇护来维持它们的殖民地：科西嘉不断反抗热那亚的统治，塞浦路斯和克里特岛受到土耳其的攻击。此外，还有很多种不同的以国家利益为重的理由（ragion di stato），西班牙可以借此控制意大利各诸侯：与西班牙王室或总督家庭（vice-regal families）联姻；指挥西班牙军队；在米兰、那不勒斯、西西里岛设立办事处；西班牙年金（pensions）的诱惑；西班牙驻军（像在皮亚琴察和托斯卡纳要塞的西班牙驻军）的压力。通过这种方式，整个意大利在费利佩二世统治期间，一直都是或者说看起来不过是西班牙一个温顺的保护国。

然而，在表面之下，对西班牙的仇恨随处可见！诸侯和他们的宫廷可能会忠于他们的缔造者和保护者，他们的哲学家和神职人员——波特罗（Botero）、阿米拉托（Ammirato）和耶稣会的支持者——可能会赞扬政府的新体制；但文艺复兴的继承人和人民的声音却在内心深处为自由而呐喊，有时甚至连诸侯也会倾听这种声音。当然，在费利佩二世统治期间，他们并没有听从这种声音。他们怎么会这样呢？西班牙是不可抗拒的。但假设另一个大国对他们施以恩宠呢？毕竟，利奥十世通过引进西班牙人，把法国人赶出了意大利。如果法国复兴，另一位意大利统治者再次召集法国人怎么办？到1595年，法国的势力恢复了。1600年，根据《里昂条约》，亨利四世从萨伏伊获得了意大利的门户——萨卢佐侯爵领地（marquisate of Saluzzo），可以进入意大利。

因此，在1595年之后，震惊莱茵兰各选帝侯和阿尔卑斯山守卫的同样的过电般震动，在整个意大利都有不同程度的感受。威尼斯公开求助于亨利四世，并很快赢得了欧洲的声誉，因为它对抗罗马和西班牙，所以成为新教徒的天主教英雄。托斯卡纳的斐迪南一世——他的父亲和兄弟从西班牙的保护中获益甚微——将娶一位法国公主，在战争中支持法国，并保护当地的意大利贵族抵抗西班牙驻军。不久，萨伏伊的查尔斯·埃马努埃尔（Charles Emmanuel）作为一个西班牙的被庇护者，怀着对王位的憧憬娶了费利佩二世的女儿，后来成为法国的被庇护者和意大利独立的支持者，开启了漫长而动荡的寻求王位的人生。到1608年，他在帕尔马和摩德纳密谋。即使是担心他那孤立无援的蒙特费拉特侯爵领地的曼图亚公爵，甚至是珍视其独立遗产的热那亚，有时也会有所动摇，不知法国或至少托斯卡纳是否是意大利自由的保证者。当然，在意大利最伟大的宫廷——罗马宫廷里，同样感受到了别样的过电般震动。

罗马教皇与西班牙有双重联系。因此，他们有时更加令人憎恨。

第九章 西班牙与欧洲（1598—1621年）

无论是作为意大利的君主，还是天主教的统治者，他们都对失去独立感到不满。毫无疑问，罗马通过西班牙的势力获得了一些东西，甚至在宗教方面也是如此。正是由于西班牙人（或葡萄牙人）的武装保护和庇护，天主教才得以在亚洲和美洲传播，而新教得以留在欧洲。但西班牙的庇护是有代价的。教皇们对王室在西班牙和葡萄牙，特别是在那不勒斯——它离得更近——对教会的严格控制深恶痛绝。此外，西班牙和意大利的天主教并不总是一样的，意大利教皇对西班牙在宗教和政治上发号施令越来越不耐烦。尽管他们很愿意依靠西班牙的武力，但他们也为暂时缺乏一位伟大的天主教统治者来制衡哈布斯堡家族而感到遗憾。在16世纪90年代，克雷芒八世（Clement Ⅷ）看到了机会。在天主教的名义下，费利佩二世试图将他的女儿推上法国和英国的王位。为了避免这种情况的发生，克雷芒更倾向于改变当地的要求登基者——苏格兰的詹姆士六世和纳瓦拉的亨利——的信仰。虽然他在英国失败了，但他在法国成功了。1595年，他不顾西班牙大使和他在红衣主教中私党的阴谋，庄严地赦免了亨利四世，整个罗马都为这一信仰的胜利而灯火通明。十年后，亨利四世做了回敬：1605年，他下令在法国各地放礼炮和点灯，以庆祝"法国教皇"利奥十一世的当选。与这边的灯火通明相比，西班牙看上去黯然失色：它已经失去了天主教会在欧洲现世的垄断地位。

基于所有这些原因，亨利四世治下的法国复兴在西班牙和欧洲历史上都具有重要意义。虽然表面上是和平的，但实际上亨利四世在他分散的帝国中对费利佩三世构成了持续的威胁；这种威胁再加上西班牙的财政疲软，使得费利佩二世软弱的继任者无法继续他的北方战争，即使战争的规模缩小了。亨利四世统治法国的时期是西班牙治下的和平时期，是那些漫长而令人疲惫的战争相继结束的时期：这并非偶然。

费利佩三世及其拥有全权的大臣莱尔马公爵（duke of Lerma）有时被描述为爱好和平的人。他们确实缔造了和平。的确，一旦和平到来了，他们就不愿意打破它。诚然，尽管他们纵容西班牙官员在国外的一些侵略行为，但他们拒绝接受这些官员的行为，从而维护了普遍的和平。但这种对和平的热爱并不是积极的，也不是纯粹的：它是懒惰和可怕的困窘相结合的产物。事实上,当我们翻看这些档案时,我们发现西班牙宫廷(court of Spain)极不情愿地签订了和平条约。虽然费利佩二世的意志力已不复存在,但他的继任者仍被他的精神所禁锢。他的声音总是萦绕在耳畔:对英国的战争是如此神圣,无论付出什么代价,都必须继续下去;国王永远不会屈服;他宁愿失去所有的王国和自己的生命,也不愿意成为"异端之王"。这是古老的骄傲、顽固的偏执的声音,是支配国王和国务委员会(Council of State)的神职人员和忏悔者的声音,也是整个西班牙老基督教徒(cristianos viejos)的声音。即使是在破产和失败中,甚至在饥荒和瘟疫的情况下,一个死气沉沉的朝廷也很难抵制这种声音;在很长一段时间里,莱尔马一直在附和这种声音。反抗的主动权不是来自他,而是来自战争本身,来自已经与法国进行和平谈判的那个人——阿尔伯特大公。他理论上是独立的,实际上是受到西班牙的控制,但在这方面他不遗余力地强加他的意志。尽管他的观点完全是西班牙式的,完全信奉天主教,但他至少研究了新臣民的利益,作为终结费利佩二世灾难性战争的三个条约的制定者:他应该被人们所铭记。

  继法国之后,下一个敌人是英国。与英国和平是合乎逻辑的。到1598年,战争失去了目的。这场战争最初是为了结束尼德兰的叛乱而设计的一场短暂的、成功的、转移注意力的战争,但现在它被证明是漫长的、毫无意义的和灾难性的。幸运的是,英国也对此感到厌倦;在那一年,双方都在摸索通往和平的道路。1600年,在布洛涅(Boulogne)召开了全面和平会议。不幸的是,会议无果而终。西班牙人突然提出了不可能的要求,会议就被打断了。原因很清楚。即使在最糟糕的时候,西班牙宫廷又一次被奇迹的希望所诱惑:爱尔兰的困境和英国流亡的耶稣会会士给出了看似可信的承诺。

  因此,战争又持续了四年,西班牙远征队被派往爱尔兰,一位西班牙女王被派往英国。毕竟,爱尔兰正在公开反抗:谁能说西班牙的援助不会扭转局势呢?如果西班牙人在爱尔兰有一个基地的话,那么剩下的(神父珀森斯和他的朋友们说)就很容易了。这位西班牙公主争夺英国王位的唯一对手是苏格兰国王。但是,苏格兰国王是艾塞克斯伯爵(earl of Essex)的候选人,而掌握全英格兰权力的罗伯特·塞西尔爵士(Sir Robert Cecil)绝不会允许他获胜。因此,唯一需要做的就是继续战斗,在爱尔兰站稳脚跟,依靠英国的耶稣会会士,等待伊丽莎白女王死去。这看起来太简单了。此外,费利佩国王心想,如果这位公主是英国女王,她和她的丈夫就可以把他一直怨恨的尼德兰的不正当主权归还给西班牙。

事实上,和往常一样,西班牙宫廷经常误判,英国耶稣会会士也总是出错。1601年远征爱尔兰的时间晚了两年,而且在一个错误的地点登陆:在金塞尔(Kinsale)——那里的叛乱已经被镇压。向英国输送一位西班牙女王的愿景引起了亨利四世和法国红衣主教在罗马的抗议;教皇拒绝支持这一计划;英国耶稣会会士因持支持态度,而被英国世俗天主教徒和世俗牧师要求脱离关系——他们早已对耶稣会会士"伪装虔诚"(holier than thou)的态度感到厌恶。与此同时,所有成功的条件都消失了。几个月后,西班牙人就被赶出了爱尔兰,伊丽莎白女王还健在,但艾塞克斯已经死了,因此塞西尔就可以继承苏格兰的王位了。1603年3月,乌尔斯特反叛者无条件投降,詹姆士六世在没有遭遇反抗的情况下被宣布为英国国王,战争的最后希望和目的终于消失了。西班牙也只能接受这个事实,英国的新国王迅速促成了和平。毕竟,作为苏格兰国王,詹姆士从未与西班牙打过仗;他私下补充说,不管怎样,他既不喜欢荷兰人,也不喜欢他们的事业。

即便如此,迈出第一步的不是莱尔马,而是大公。没等西班牙人同意,他就派使者去苏格兰向新国王表示祝贺,之后又派了使者去英格兰。英国的耶稣会信徒仍然抗议说:现在是发动政变的时候了,西班牙国王只需拿出手中的剑,就可以实现他所有的愿望;但是大公的使者们坚持认为,可以用更小的代价得到这一切——给霍华德家族5万英镑就能解决任何问题。事实就是这样。西班牙人对大公表现出的独立行为非常不满,但很快他们就不得不效仿他。1604年初,卡斯蒂利亚宫廷总管以西班牙特使的身份来到伦敦,被授权处理和平问题,并于8月签署了《伦敦条约》(Treaty of London)。这结束了敌对状态,同时谨慎地模糊了其他问题。詹姆士本想让荷兰人加入条约,但他们拒绝了所有条款。英国的清教徒和西班牙的天主教徒同样不喜欢这项条约;但它开启了英国一段繁荣时期。它给西班牙提供了新的机会,只要这些机会能够被利用。

其中一个机会就是最终解决尼德兰问题。不幸的是：事实证明，法国和英国现在的平静并不比40年前他们还没有被唤醒之前更容易。反对英国条约的新教批评者抱怨说：通过条约，尼德兰联邦被"遗弃"了，只能独自面对西班牙的势力；但事实并非如此。英格兰和苏格兰军团继续作为志愿者在尼德兰服役，贸易也没有中断。此外，由于它们日益增长的经济实力、在海上的优势以及纳塞的莫里斯重组的武装力量，尽管1604年失去了奥斯坦德（Ostend），但荷兰人还是完全有能力保持住自己的优势并消耗西班牙军队。他们成功地做到了这一点，以至于在5年内，西班牙宫廷不得不第三次向现实投降，并考虑与"反叛者"和平共处。

这次仍然不是西班牙而是大公发起的。西班牙政府可能感受到了战争带来的财政压力，但大公每天都目睹着人民的经济苦难，他认为自己与人民血肉相连。他坚称，如果这个国家想要再次繁荣昌盛，就必须缔造和平；而和平意味着承认叛军，并撤出西班牙军队。但西班牙还不能接受这样的和平。西班牙宫廷绝对拒绝承认异端邪说或叛乱，也不会考虑撤出西班牙军队，因为现在看来，要想控制大公，就像要和荷兰作战一样必要。大公在这些事务上的独立性引起了强烈的不满。据说，他只听"国王陛下最大的敌人"——也就是他的比利时议员们的意见。人们经常直言不讳地提醒他自己的真实境遇——即：虽然他正式宣布成为一个独立的君主，但他的权威仍然要归功于西班牙的势力和金钱，如果他无视西班牙人的意愿，他将被废黜，他的行省将再次受到直接的军事统治。

事实上，1604年西班牙政府采取措施来惩戒这位不顺从的大公。政府已经两次考虑废黜他的问题，现在决定剥夺他的军事权力，强派一个直接接受西班牙命令的独立指挥官。具有讽刺意味的是，派来取代他的人实际上却成了大公的最大盟友；二者都反对进行自我毁灭式的战争。在这次有关任命的斗争中，大公设法除掉了一个性情不相投的西班牙军官，并提名了一位作出重要贡献的意大利人。这个人就是安布罗西奥·斯皮诺拉（Ambrogio Spinola），他是自费到佛兰德当志愿者的，他出色地攻陷了奥斯坦德，从而挽救了大公的声誉。西班牙宫廷钦点了斯皮诺拉；他被证明是他那一代人中最伟大的军事指挥官，是亚历山大·法尔内塞（Alexander Farnese）的杰出继任者；但西班牙宫廷并没有忘记任命他的目的。1606年，斯皮诺拉从费利佩三世那里收到了一系列在公主去世时使用的秘密指示。他要借此确保夺走大公手中的所有权力，必要时大公本人也要被逮捕，将其囚禁在安特卫普（Antwerp）的要塞里。事实上，斯皮诺拉永远不需要使用这些权力。事实上，公主在大公的统治下幸存下来，斯皮诺拉虽然得到西班牙的信任，但他在其余生中却成了两位君主的坚定盟友，成了一位反对西班牙的主战派、倡导在尼德兰实现和平的人。因此，通过剥夺大公的军队来削弱大公的企图，最终增强了他的势力，因为他得到了一个忠诚而强大的盟友，这使得他的军队更加有效地为他服务。

从1605年起，大公和斯皮诺拉不断地敦促和平。他们的立场表达得很清楚。西班牙宫廷要么必须发动有效的侵略战争，并承担战争的代价，要么就必须缔造和平；折中政策是无效的。1607年，斯皮诺拉在给费利佩三世的信中写道："如果陛下能保证在一定时期内每月30万杜卡多，我们就可以继续作战，以降低叛军的自豪感。但这样的努力超出了西班牙的财力。因此，只有一条路可以走：结束这场旷日持久的、代价高昂的战争。"两个月后，大公亲自与荷兰人达成停战协议，承诺在休战期间承认他们的独立和主权。西班牙政府勃然大怒，拒绝批准此停战协议，并再次威胁要罢免大公。但是，愤怒必须过去。从现在起，战争在尼德兰停止了。在西班牙的不畏受难的基督徒的支持下，费利佩三世继续高呼没有什么比这样的休战更糟糕的了，无论是经济上的需要还是其他任何原因，都不会迫使他放弃上帝的事业。但这并不起什么作用。作为大公的代表，斯皮诺拉在英国和法国的调解下，坐在海牙与荷兰人进行和平谈判。1608年，西班牙再次提出抗议，废黜大公的呼声再次高涨；但大公态度坚决。他现在不仅改变了被派来控制他的斯皮诺拉，而且还改变了被派来控制他的观念的多明我会的听忏悔神父（Dominican confessor），而现在他作为大公的特使来到西班牙，以重申其观点。布里苏埃拉（Brizuela）神父宣称，每月30万杜卡多对战争至关重要。否则就必须缔造和平。折中政策不会挽回荷兰，只会导致丧失比利时；"你必须考虑到，如果失去了那些顺从的省份，你知道的，也将失去在那里已经确立并被接受的天主教宗教信仰；我们很清楚这会给陛下带来多大的悲痛"。

最后，大公迫使西班牙停战；而荷兰方面，奥尔登巴内费尔特（Oldenbarnevelt）迫使其背后的极端分子（军事贵族和绅士、传教士和私掠者）停战。这是一种休战，而非和平，将持续 12 年。借此形成了军事僵局，就像英国一样，西班牙的敌人在含糊的措辞下没有投降。对西班牙来说，这种优势仅仅是暂时的喘息：从上一代人沉重的财政负担中解脱了 12 年。问题又一次出现了，如何利用这一喘息的机会？

1609 年，费利佩二世的灾难性遗产终于被清除了。费利佩三世与英国和尼德兰都和平相处。这一时刻来之不易。因为就在那一年，一个可能引发一场新的欧洲战争的危险暴露了出来：问题出在从米兰到佛兰德斯地区的莱茵兰航线上，而这是西班牙帝国敏感而暴露的神经。1608 年，巴拉丁选帝侯（elector of the Palatinate）拉拢了德意志信仰新教的诸侯加入福音派联盟（Evangelical Union）。作为回应，1609 年巴伐利亚选帝侯成立了天主教同盟（Catholic League）。福音派联盟寻求法国亨利四世的支持；天主教同盟主要是由西班牙驻帝国大使巴尔塔萨·德·苏尼加（Balthasar de Zúñiga）创建的，他一直在欧洲各地倡导极端政策。1609 年，莱茵河下游的于利希·克莱费斯公国（duchy of Julich-Cleves）出现继承危机，让这些军队陷入了危险的境地。当时在位的天主教公爵去世了，他的新教亲属迅速夺走了继承权。皇帝声称有决定权，并派利奥波德大公（Archduke Leopold）占领公国。在那个火药味浓厚的地区，一个事件很快就会引发另一个事件：1583 年的科隆战争似乎即将重演。但是，这一次情况有所不同。法国势力得以介入；亨利四世明确表示他将进行干预。

亨利四世的计划到底是什么，我们现在还不能说。西班牙政府对这场战争中的情爱情节大开玩笑：亨利追捕逃亡的孔代公主（Princesse de Conde），将她视为即将发动一场新的国家战争的"新海伦"。萨利在他的回忆录中，体面地将这一细节隐藏在一个庞大的政治计划背后。他将其归于亨利四世的"大计划"（Grand Design），这将导致整个西班牙帝国的毁灭和分裂。后来的历史学家推翻了这一"过于有计划有步骤"的论断。但可以肯定的是，尽管战线有限，亨利四世意图重新燃起法国和西班牙之间的古老的直接斗争。他已经和信奉新教的德意志诸侯们签订了条约。1610年初,他转向意大利,与萨伏伊的查尔斯·埃马努埃尔(Charles Emmanuel)缔结了《布鲁索洛条约》(the Treaty of Brussolo);根据该条约,萨伏伊的军队将攻打米兰。因此,他已经为在莱茵兰和意大利对阵西班牙做好了准备。1610年5月,他准备行动。他宣布王后玛丽·德·美第奇(Marie de Medici)在他不在时担任法国的摄政王,让她加冕,并准备率领军队前往莱茵河。他还没来得及离开巴黎,就在马车里被拉瓦雅克(Ravaillac)用匕首刺杀了。这一事件改变了整个欧洲的政治格局。

无论西班牙的黄金或西班牙的代理人是否对拉瓦雅克产生了激励作用,他的壮举都是对西班牙无与伦比的贡献。奥利瓦雷斯(Olivares)后来把它视为拯救哈布斯堡王朝的奇迹之一。事实上,在接下来的10年里,它摧毁了法国的新势力,而在过去的10年里,它迫使西班牙在欧洲撤退。不管亨利四世的大计划是什么,它都失败了。他统治之后的岁月和以前一样。如同凯瑟琳·德·美第奇(Catherine de Medici)治下的法国那样,玛丽·德·美第奇治下的法国,被大贵族把持着,西班牙大使伊尼戈·德·卡德纳斯(Inigo de Cardenas)凭借他的年金、承诺和赞助,轻而易举地在宫廷和大贵族中建立了一个帮派。他强迫苏利(Sully)辞职,并要求监禁萨利。他资助耶稣会会士和虔诚的教徒(the devots)。耶稣会听忏悔的神父佩雷·科顿(Pere Coton)和教廷大使是他最亲密的盟友。在获得或者至少发现了一个完全符合西班牙利益的政府之后,他通过一项双重婚姻条约巩固了联盟。1611年,年轻的法国国王和西班牙王位继承人都同意娶对方的妹妹;随后的几年里,他们在法国和西班牙如期举行了婚礼,场面壮观,似乎要使天主教王冠的最后和睦永垂不朽。

遭到上层背叛的亨利四世(Henri IV)的小附庸们很快就和解了;如果法国新政府对他们的投降条件作出让步,他们会很开心。米兰总督很快使萨伏伊清醒过来。查尔斯·埃马努埃尔被孤立和战败后,不得不把他的儿子送到马德里,带着卑躬屈膝的道歉,还写了一份对西班牙表示敬意的没有署名的信。很快,斯皮诺拉就很容易地解决了于利希·克莱费斯的事情:1614年,他去了巴拉丁,在那里和其他地方重新建立了西班牙的庇护。与此同时,意大利的诸侯们从暴露的阵地上撤退。教皇保罗五世虽然在法国的支持下当选,但已经成为西班牙的附庸；现在威尼斯与他讲和了。托斯卡纳在一位新任的无能的大公的领导下，轻松地回到了西班牙的监护之下。曼图亚和摩德纳的公爵们匆忙忘记了他们酝酿了一半的反西班牙的阴谋。1610 年不是欧洲的战争年份，而是欧洲和平时代的开始。它是西班牙的和平。西班牙——费利佩三世和莱尔马的西班牙在法国战败，反英格兰被打败，在尼德兰战败，但得益于一系列的投降和一把刺客的刀，成为或似乎是欧洲唯一和全面的胜利者。

阿谀奉承、年金、慷慨的大使、王室婚姻：这就是西班牙在法国的伎俩。但为什么只在法国？1610 年之后，英国也采用了这一方法，而且同样成功。尽管有 1604 年的和平，但是直到 1610 年，英国的詹姆斯一世仍然沿用伊丽莎白女王的统治方法和大臣。但在 1610 年，他首先从议会中解放了自己，然后从继承的伊丽莎白时代的大臣们手中解放了自己。霍华德家族的统治开始了，他们亲西班牙，秘密信奉天主教。人们对伊丽莎白女王的记忆被压抑，而对苏格兰玛丽女王的记忆却复活了。玛丽的遗体——罗马和西班牙的殉道者和代理人——甚至被隆重地从法瑟林黑运到了威斯敏斯特教堂。1613 年，詹姆斯将女儿嫁给加尔文主义者巴拉丁选帝侯（Calvinist Elector Palatine），对旧政策进行了最后的赞扬；但在同一年，他开始签订一份更长的、更严肃的条约，将自己的继承人与一位西班牙公主联姻。在接下来的 10 年里，当一位公主将法国与西班牙捆绑在一起的时候，另一位公主则在英国宫廷摇摇欲坠。在英国，就像在法国一样，一位技巧娴熟的大使奉承宫廷，分发贿赂，向那些戴着王冠的人和朝臣求情，并将西班牙的严肃、西班牙政府和西班牙的纪律奉为光辉典范。这里和那里一样，这么做确实奏效了，甚至在这里取得了更大的成功。如果法国的卡德纳斯把萨利赶下台，英国的贡多马尔（Gondomar）就会把沃尔特·雷利爵士（Sir Walter Raleigh）送上断头台。

因此，在欧洲建立了西班牙治下的和平。这是一种矛盾的和平，因为普遍的胜利者是被普遍击败的力量。在经济上，和平对西班牙比对任何敌人都更加必要。但毫无疑问，在 1610 年之后的 10 年里，费利佩三世似乎是"世界君主"，在和平时期比他父亲在战争时期更为强大。西班牙和欧洲的批评者可能意识到，它的君主制根基不稳，但表面上看，它的力量很强大。它本来可以从一些地区撤出来，但现在它的总面积比以往任何时候都要大。它也许已经输掉了所有的战争，但它的步兵团（tercios）仍然是无敌的。它可能会破产，但它总是有钱举办盛会和发放年金。整个欧洲的国王、大臣、红衣主教和主教都领取它的年金——甚至像索尔兹伯里伯爵（earl of Salisbury）和纳塞的莫里斯这样坚定的新教政治家，也在它的工资单上。由于它与教会的联盟，特别是与耶稣会的联盟，它甚至在独立国家或政治敌对国家都能得到真正的思想和社会支持。

这才是西班牙治下的和平的实质——其优点和弱点。它不仅仅是一组政治联盟：它是一个国际社会体系，也许是固定的，也许是动荡的，却深深地牵涉到各地的社会利益。西班牙在战争中可能是欧洲自由国家的敌人，但在和平时期它是整个社会阶级，甚至是所有这些国家中有权有势者社会阶级的盟友和榜样。这个社会阶级是王公及其宫廷——行政官员、侍臣、军官、大商人以及依赖他们的国家神职人员。由于在天主教国家里耶稣会会士已经成为这个阶级的老师和黏合剂，这些耶稣会会士是西班牙的天然盟友。西班牙在哪里取得胜利，耶稣会会士都会紧随其后；只要耶稣会会士被接纳，一个亲西班牙的派别就会建立起来。此外，这个阶级的财富和人数在各地都在增长（这也是西班牙制度的强大之处）。它是欧洲的统治阶级、共济会、"社会体制"（establishment）。

当然，这种社会分化也是弱点的一个根源。费利佩三世的西班牙和平与梅特涅的奥匈帝国的和平无异。它在本质上是防御性的。因为在欧洲的所有国家里，奢侈的宫廷正在成为社会和经济的负担，反对它们的声音越来越大。如果有"宫廷"的共济会，那么就有"国家"的共济会，还有那些从这"社会体制"得不到好处的绅士和小商人的共济会；他们可能会在不同的时间，从高于或低于他们的群体中寻求盟友：不满的政客，对战争或私掠感兴趣的特殊群体，或是叛乱的、课税过重的消费者。这种"国家"的共济会在许多地方都可以找到，只是有一些细微的差别。在西班牙和反宗教改革取得胜利的地方，它被扼杀了；但在英格兰、威尼斯、法国、荷兰，它是团结一致的，是强大的。它有着清晰的意识形态。"宫廷"就像高耸在古代制度之上的蘑菇，所以是保守的，带有一种自觉的、积极的保守主义；

因为共济会反对国际体系,所以它是民族主义的;因为宫廷生活奢侈,所以共济会是清教徒;因为宫廷最终依靠的是西班牙的权力或榜样,所以共济会是反西班牙的。

如果我们比较天主教和新教土地上的"在野"派,然后再看西班牙直接统治的地区,就可以看出为何西班牙治下的和平被完全认同为高贵的"社会体制"。威尼斯的青年计划——小贵族和商人打算在地中海进行海上侵略——与英国清教徒的"在野派"及其盟友西印度私掠船(West Indian privaters)要求在大西洋进行海上侵略,或荷兰"奥伦治派"(Orangists)及其盟友流亡的佛兰芒人(Flemings)创建荷兰西印度公司这一和平时期也会进行海上侵略的计划,几乎没有区别。从某种意义上说,所有这些派别都是"清教徒"。他们也是民族主义者和反西班牙的。另一方面,这三个国家的统治阶级——詹姆斯一世时期的伦敦的宫廷和城市、荷兰"阿米尼乌斯派"(arminian)的商人寡头、威尼斯的"老"土地和金融贵族——在某种程度上都接受了西班牙的庇护,因此被指控为"绥靖主义"和"罗马天主教"。最后,在西班牙直接统治的国家,我们可以观察到西班牙治下的和平的全部影响。在意大利,在佛兰德,在西班牙,我们看到了官僚主义和教权主义的发展;财政压迫和随之而来的资本外逃;市政机构向官僚机构的转变;"资产阶级"的财富从贸易转向官位或土地(官位的基础);贵族头衔的竞争和市场;以及由于这种转变,工业的衰败和"官方"在豪华建筑或单纯消费方面支出的增加。最重要的是,在所有的负担中,最明显、最受谴责的是:来自西班牙庞大军队的持续压力,往这输送移民,往那临时扎营,掠夺成性。当我们忆及欧洲的西班牙帝国包括佛兰德和意大利以及它们之间的莱茵兰大部分地区,这些地区的城镇迄今为止一直都是欧洲的商业、工业和知识中心时,当我们考察西班牙统治下的这些地区,发现它们都被农村地主和城市官员所统治时,我们可以断定:一些社会变化至少得益于西班牙的庇护和西班牙的统治,如果不说是其直接原因的话。

在其直接统治的地区,西班牙治下的和平得到了成功的应用。在西班牙,我们看到了它最极端的一面:移民到美洲以及驱逐犹太企业家和摩尔人劳工;这些都进一步削弱了生产阶级,而一个奢侈的宫廷生活极度依赖外国贡品。在意大利,我们看到了它最为压抑的一面:

第九章 西班牙与欧洲（1598—1621 年）

在那里，反宗教改革的最初活力基本上被消耗殆尽，而它所传递的信息——来自一种新的宗教活动的信息——只不过是对一种令人不快的社会制度的反映而已。在佛兰德，我们看到了它最好的一面：那里物资短缺的挑战和异端胜利的临近，一度唤起了反宗教改革的积极、建设性的精神。

佛兰德——大公的佛兰德确实是北欧反宗教改革的橱窗。在那里，旧社会因战争而解体。那些曾使安特卫普成为欧洲经济首都的伟大的世界性企业家，大多移民到了阿姆斯特丹、汉堡、法兰克福和波罗的海沿岸城镇。工业城镇的工匠们经常和他们一起去。城市旧的民主结构被打破了。议会被禁止召开。但在旧城市自由的废墟上，由耶稣会会士组成的新官僚机构正在逐渐创造一种新的社会形式。工业在城镇遭到破坏，在农村又得以恢复。甚至一些农村还出现了繁荣的景象。这些城镇（或其中一些城镇）成为依赖新的、奢华的宫廷所在地的消费中心，从而弥补了它们的损失。长期的战争和圣像破坏运动所留下的物质伤疤被新的巴洛克式教堂和宫殿所填补，这些教堂和宫殿的建筑一度吸收了劳动力，并分配了财富，其装饰充分吸收了佛兰德人反宗教改革的最伟大天才彼得·保罗·鲁本斯（Peter Paul Rubens）的创意。

尽管如此，甚至在佛兰德也听到了抗议的声音。1615 年，安特卫普市试图通过从米德尔堡（Middelburg）引进英国布料，恢复往昔的繁荣。英国人当然是异教徒，但他们承诺会谨慎行事；在这些条件下，比利时神学家支持这个计划。那他们为什么不来呢？西班牙人看到了一个不可克服的原因。他们问道：除了宗教危害，裨益何在？费利佩国王不是"认为摩尔人没有给他带来好处而把他们赶出西班牙了吗？"所以，安特卫普被压制了。但是，四年后，布鲁塞尔发生了一场城市起义。这不是市议员的反抗，不是通过官职和贷款转变为政府官员的大商人的反抗，而是组织起来的小商人的起义。西班牙人明白他们敌人的意图。一位官员在给国王的信中写道："陛下，这个资产阶级傲慢无礼，而且这个城市总是带头造反……如果你现在手里拿着棍子却不动手惩罚和控制它，等到你想这样做的时候，恐怕为时已晚。"

在意大利，虽然精神被消耗了，但总体模式是相似的。西班牙总督们用公共捐款和私人贿赂来满足他们远方主人的要求，并且随心所欲地治理国家。他们保卫了边境——那不勒斯和西西里岛对抗土耳其人，米兰对抗萨伏伊；在人浮于事、损人利己的宫廷统治下各省区的经济受到了抑制；并通过提高工业税，通过将土地、官衔和管辖权转让给一个日益壮大的地方贵族来支付成本。尤其在那不勒斯王国，热那亚的金融家们获得了最高的头衔，他们是这一体制的中流砥柱。大多数西班牙总督是因为与莱尔马有亲属关系才谋得这一职位的。他们中的一些人是艺术和文学的赞助人——然而他们通常具有古罗马总督的特质：他们在意大利和西班牙的宫殿里塞满了帝国的战利品；据说：奥苏纳公爵（duke of Osuna）离开西西里岛时的行李是他带来的行李的两倍之多。他们偶尔会设法纠正财政浪费与行政机构臃肿问题——一些与体制本身不可分的问题：在一位葡萄牙犹太人的帮助下，莱尔马的女婿莱莫斯伯爵在那不勒斯就是这么做的。但莱莫斯是个例外：总的来说，总督们对问题不管不顾，任其自流。通过这种方式，越来越多的官方赞助至少可以封住一些批评者的嘴。

但在这个迷人的圈子之外，他们并没有沉默。因为外国官僚主义消灭了旧的城市共和国，摧毁了旧的工商业，所以反对外国官僚主义的声音一直在高涨，批评家中既有像马里诺（Marino）和塔索尼（Tassoni）这样的诗人，也有像博卡利尼（Boccalini）和萨尔皮（Sarpi）这样的政论家。他们的许多抗议，比如博卡利尼的《试金石》，都不是由作者发表的。其他人是匿名的，像直接针对费利佩三世的著名的《去你的，费利佩》。但有时，一种特殊的环境组合——这里的民众反抗，那里的贵族挑战——给了他们公开表达的方式。1601年，卡拉布里亚的苦难引发了弥赛亚起义，多明我会男修道士托马索·坎帕内拉（Tomaso Campanella）遭受酷刑和监禁；威尼斯在禁治令下的坚定给了保罗·萨尔皮（Paolo Sarpi）机会；萨沃伊的查尔斯·埃马努埃尔的野心促使其写出了大量反西班牙的作品。事实上，由于威尼斯古老的商业传统和萨伏伊的好战，在这些年里，西班牙治下的和平经常在意大利遭到破坏，而要摧毁它的势力表现得最为明显。

在意大利，一贯反对西班牙体制的是以贸易见长的威尼斯共和国，它是唯一一个到1610年还没有屈服于西班牙压力的共和国。在世人皆知的勒班陀胜利之后，威尼斯在新的"清教徒"一代的领导下打破了旧的寡头统治，承认西班牙是外部的敌人，反宗教改革是内部的敌人。1597年，其驻罗马大使试图破坏费利佩二世建立意大利王公同盟的计划（因为他本人也是其中一员）；该计划将使一个伪装的西班牙保护国合法化，以统治整个意大利。1605年至1609年，共和国坚定地反对罗马教皇和耶稣会。但与此同时，来自西班牙的压力并没有减弱，威尼斯在各个方面都感受到了这种压力。在陆上，威胁来自西班牙直接统治下的米兰公国和蒂罗尔（Tyrol），后者现在由奥地利哈布斯堡家族中西班牙化程度最高的施蒂里亚大公斐迪南（the Archduke Ferdinand of Styria）统治。在海上，这位大公从的里雅斯特（Trieste）和卡尔尼奥拉（Carniola）监视亚得里亚海基地，西班牙那不勒斯总督从阿普利亚监视它的河口。在费利佩三世统治时期，米兰、斯蒂里亚和那不勒斯这三处恰巧都由专横好斗的人把持着。

压力首先来自米兰。从1600年到1610年，米兰统治者富恩特斯伯爵（the count of Fuentes）利用专制权力扩大西班牙的势力，确保西班牙的交通联络顺畅。他重申了费利佩二世的条约，以保证军队能够通过瑞士的天主教州。他建造了一个要塞"富恩特斯堡"（fuerte de Fuentes），用来指挥连接米兰和蒂罗尔、西班牙人和奥地利哈布斯堡家族的这条更为重要的路线。这条路线要经过沃尔特利纳山谷（Valtelline），那里的天主教人口隶属于信奉新教的瑞士格里松州（Grisons）。为了改善与西班牙和那不勒斯的海上交通，富恩特斯强占或迫使利古里亚海岸的一批小贵族领地成为其附庸国：皮翁比诺（Piombino）、菲纳莱（Finale）和摩纳哥。他还以武力吞并了帕尔马、摩德纳（Modena）和米兰多拉（Mirandola），夺取了卢尼贾纳（控制通往托斯卡纳的内陆通道），并召集独立的王公到米兰解释所谓的为路易十四的回归做准备的篡夺行为。在威尼斯禁令期间，他毫不犹豫地向教皇提供军事力量，以挫败共和国在宗教方面的顽固不化。

幸运的是，共和国经受住了这些威胁。在不破坏其传统中立性的前提下，它得以依靠意大利北部一个偶然的盟友。萨伏伊的查尔斯·埃马努埃尔对西班牙治下的和平构成了难以征服的干扰。

查尔斯·埃马努埃尔向西班牙宣战的理由是索要蒙特费拉特（Montferrat）公国——这是曼图亚公爵（duke of Mantua）的独立领地。1612年曼图亚公爵去世后，查尔斯·埃马努埃尔试图在政治上和地理上将其兼并。他指出，这是一个女人掌管的封地。西班牙对此表示反对，但是查尔斯·埃马努埃尔并没有因此而退缩。他不顾所有的抗议，拒绝了一切调停，退回了金羊毛项圈（collar of the Golden Fleece），驱逐了西班牙大使，并占领了大部分的公爵领地。尽管经历了连续的失败，并偶尔签署条约，但他仍然坚持战斗了五年，对抗米兰的两任总督。在这一点上，他得到了意大利爱国者的热情支持，得到了多菲内（Dauphinè）省省长胡格诺派教徒——莱斯迪吉耶雷公爵［(the Duc de Lesdiguieres)，他对当地政府的关心程度和西班牙总督对他们政府的关心程度一样少］的公开军事支持，以及威尼斯的秘密资助。

虽然威尼斯在西部避免了与西班牙的直接军事对抗，但它很快就间接地卷入了东部的战争。这种卷入始于对乌斯科克人（Uskoks）的战争：波斯尼亚和阿尔巴尼亚的海盗，在他们的统治者施蒂里亚大公斐迪南的鼓励下，从达尔马提亚海岸的塞尼（Senj）出发，掠夺亚得里亚海的威尼斯商业。到1613年，威尼斯人在处置完国内的敌人——教皇和耶稣会会士之后，把注意力转向了这一外部麻烦，并向乌斯科克人发动了战争。但是，一场冲突很快又引发了另一场冲突；到1615年，威尼斯发现自己在陆地上与大公交战，在海上与乌斯科克人交战。欧洲其他国家都承认大公和乌斯科克人都是西班牙的间谍，于是采取了相应的行动：到1617年，西班牙的敌人普遍向意大利前线进军。纳塞的莫里斯率领的荷兰新教徒军队在伊松佐河（Isonzo）畔为威尼斯而战；英国军队被邀请加入他们；萨伏伊驻伦敦大使试图将沃尔特·雷利爵士（Sir Walter Raleigh）从圭亚那引到热那亚。另一方面，西班牙驻维也纳大使、西班牙米兰总督和那不勒斯西班牙总督考虑公开干预，不仅反对西班牙的公开敌人萨沃伊，也反对威尼斯。他们一致认为，威尼斯是地中海所有西班牙敌人的秘密策源地。西班牙大使贝德玛尔（Bedmar）侯爵说：威尼斯"一直试图伤害和贬低西班牙的名声"。他补充道：幸运的是，它现在很虚弱，只是自己的单薄影子。他借助媒介网络和腐蚀性的年金，随时准备在内部破坏威尼斯；那不勒斯的新总督奥苏纳公爵，则准备从外部

第九章　西班牙与欧洲（1598—1621 年）

发动进攻。他已经着手打破威尼斯人对亚得里亚海的控制；他与麻烦缠身的乌斯科克人结盟；现在他有一支舰队在布林迪西（Brindisi）驻扎，悬挂着他的个人旗帜，等待指示。"如果他们反抗"，他在给贝德玛尔的信中写道："我将断然对付他们"；他准备"不顾世界、不顾国王、不顾上帝"地发动攻击；也不顾一个相对不重要的事实，即 1617—1618 年，根据马德里条约和维也纳新城条约，萨伏伊和威尼斯都与西班牙和大公讲和了。

事实上，威尼斯首先采取行动。1618 年 5 月 18 日，当地居民一觉醒来后发现，两具被认为是奥苏纳特工的尸体倒挂在公共绞刑架上，四肢折断，象征着叛国。五天后，第三具尸体被发现，被折磨得残缺不全。虽然没有给出任何解释，但这已清楚地表明共和国的行动已开始了。贝德玛尔在他的宫殿遭到袭击后，没有等待政府的命令就逃离了米兰。奥苏纳的肖像被焚烧了。他最信任的代理人、西班牙诗人兼讽刺作家弗朗西斯科·德·克维多（Francisco de Quevedo）也是如此，他本人在事发后立即逃离威尼斯，但从未解释过自己为何会神秘地出现在那里。克维多已经不是第一次这样逃跑了。1613 年，他同样从尼斯逃了出来，奥苏纳曾雇用他密谋为西班牙夺取那座城镇。从这种类似的事例上，可以得出某种结论。

"西班牙阴谋"的真实性经常遭到怀疑。可能没有精确的计划。无法证明奥苏纳和贝德玛尔是同谋。但毫无疑问，这两个人都在考虑发动一场针对威尼斯的政变，然而这一事件只能说明他们引起了怀疑，而不能说明他们制订了计划。[1] 奥苏纳引起了人们最大的怀疑。

---

[1] 对 "西班牙阴谋" 说法的真实性仍有争议。最近的权威性研究——Giorgio Spini, "La congiura degli spagnoli contro Venezia del 1618", *Archivio Storico Italiano* (1949–50)，——指出：根据西班牙的档案，奥苏纳和贝德玛尔都没有在威尼斯被捕的间谍和密谋者所供认的什么特定计划；据此，他推断："说到西班牙反威尼斯的阴谋，委实无从谈起，一点影儿都没有。"但这只是说他们没有共谋一特定的计划。贝德玛尔和奥苏纳的确是想要采取某种这样的行动，想要在威尼斯引起对阴谋的极度恐慌是众所周知的。奥苏纳和贝德玛尔在他们私人通信和交谈中并不隐瞒他们的计划：例如，参见 Osuna's letters in *Collección de Documentos Inéditos*, Vol. XLIV, and the documents concerning Bedmar printed in I. Raurich, "Una relazione del marchese di Redmar sui veneziani", *Nuovo Archivio Veneto* (1898); P. Negri, "La politica Veneta contro gli Uscocchi in relazione alla congiura de 1618", Ibid. (1909), pp. 370–84; and Lamberto Chiarelli, "Il marchese di Bedmar e i suoi confidenti", *Archivio Veneto-Tridentino* (1925)。奥苏纳和贝德玛尔到底准备到了什么程度，那就是另外的问题了；而没有任何对威尼斯进行研究的相关资料，这个问题可能解决不了了。失败后，奥苏纳和贝德玛尔装成无辜受冤的样子。他们的抗议书被大多数西班牙历史学家一次次引用，但最权威的史学家塞萨雷奥·费尔南德斯·杜罗不在其列；他遗憾且断然地持异议。参见他的 *El gran Duque de Osuna y su Marina* (Madrid, 1885) 和 *Armada Española*, Vol. III (Madrid, 1897), p. 349.

虽然他是一位杰出的船长和海军组织者，曾对土耳其人进行过几次引人注目的打击，但作为一名总督，他是不负责任的，甚至给当地带来了灾难。他破坏了前任在那不勒斯的行政工作，用浮夸的煽动手段来蛊惑民心，他的专制贪婪毁掉了这个省。那不勒斯的一位现代历史学家将他的统治描述为开启了"西班牙总督统治时期最糟糕的时代"。威尼斯惨败后，他于1620年被召回马德里，（毫无疑问错误地）被指控为寻求独立的那不勒斯国王，最终死于监狱。与此同时，由于大国的沉默，西班牙的阴谋没有产生什么后果。这说明了国际局势的紧张，而非这一事件破坏了西班牙治下的和平。

然而，紧张局势依然存在，其他事件接踵而至。奥苏纳不是唯一一位咄咄逼人的总督，贝德玛尔也不是唯一的阴谋大使。事实上，时至1618年，尽管西班牙政府保持沉默，但其身处欧洲各地的官员却要求，有时甚至强制推行一项激进而又超前的政策。如果说贝德玛尔和奥苏纳在威尼斯失败了，贡多马尔在英国则成功了。1618年，他取得了他最辉煌的成就：处死了沃尔特·雷利爵士，理由是他侵犯了西班牙国王在美洲的垄断地位。另一方面，在波希米亚，西班牙历任大使同样咄咄逼人的政策遭到了严重的阻碍。就在西班牙对威尼斯阴谋被暴露的那个月，波希米亚历史上也发生了同样戏剧性的一幕：布拉格扔出窗外事件（Defenestration of Prague）。

长期以来，波希米亚一直是西班牙势力和外交的前哨。布拉格曾是鲁道夫二世（Rudolf Ⅱ）皇帝在位时期的首都，也是所有关于鲁道夫王位继承的阴谋中心。即使在帝国的首都迁至维也纳之后，波希米亚仍然保持着它的重要性：因为无论谁当选为波希米亚的下一任国王，都可能在选举下一任皇帝时投下决定性的一票。目前，这两个皇冠都安稳地戴在同一个哈布斯堡家族成员的头上，但在奥地利哈布斯堡家族没有子嗣，未来还很不确定。如果波希米亚议会（Bohemian Diet）选了错误的国王，而帝国最终落入了坏人之手，那么将对西班牙帝国产生严重的影响。因为皇帝是意大利众多封地的领主，控制着蒂罗尔关口，对整个莱茵兰都拥有所有权（包括拥有对阿尔萨斯的主权）。因此，西班牙人对波希米亚未来的国王归属非常在意，从费利佩二世时代开始，西班牙驻布拉格的大使们一直致力于组建一个强

第九章　西班牙与欧洲（1598—1621年）

大的西班牙和天主教派系（Spanish and Catholic party）。在费利佩三世统治期间，这个派系由波希米亚总理茨德内克·洛布科维茨（Zdenek Lobkovic）领导。1608年到1617年，西班牙驻帝国大使是西班牙最杰出的政治家之一——巴尔塔萨·德·苏尼加；1617年，苏尼加的继任者是一位更为强势的官员——奥尼亚特伯爵。在软弱的鲁道夫和马蒂亚斯（Matthias）皇帝的统治下，这些人对布拉格和维也纳都产生了决定性的影响。

苏尼加和奥尼亚特的最终目标是确保哈布斯堡家族的西班牙后裔继承波希米亚王位和帝国的皇位。当时的形势变幻莫测，他们有时会考虑由费利佩三世自己提出继位要求来解决这一问题；但费利佩和莱尔马对此都不赞同，他们宁愿把这些主权交给可靠的奥地利哈布斯堡皇室，以换取实在的资产。当然，哈布斯堡皇室提出的可靠的盟友是斐迪南大公。所谓的实在的资产是阿尔萨斯（这是通往佛兰德地区的必经之路）、蒂罗尔（它连接着意大利和德意志，提供了一条通往北方的替代路线）以及意大利的帝国封地。尽管马德里对此漠不关心，但苏尼加在1617年回到西班牙时，他已经在这些计划上取得了进展。同年，他的继任者奥尼亚特通过谈判最终在斐迪南大公的官邸格拉茨签署了一项秘密条约，从而完成了这些计划。这些谈判的结果是，马蒂亚斯皇帝指定斐迪南为他的继承人；为了避免不确定性，在洛布科维奇的出色管理下，波希米亚人在马蒂亚斯死后预选斐迪南为他们的国王；斐迪南承诺把阿尔萨斯和蒂罗尔的全部主权交给西班牙，以补偿费利佩三世。就这样，1617年西班牙在波希米亚和帝国两方面取得了彻底的胜利，为未来的发展奠定了基础，同时保证了西班牙在欧洲的交通联络。

不幸的是，这份纸面的胜利未能持久。1618年5月，波希米亚的新教贵族进行了反击。他们把西班牙天主教的阁僚们赶出了赫拉扎尼宫（Hradzany Palace），成立了一个革命政府；政府的第一个行动就是驱逐西班牙的长期盟友耶稣会会士。既然迈出了这一步，就必须走得更远。为了巩固他们的地位，革命贵族们需要一个革命的国王；他们不可能接受预先选定的西班牙支持者斐迪南大公。因此，他们四处寻找一位足够激进的候选人；他们将目光投向了最大胆的加尔文派诸侯、福音派联盟的领袖抑或名义上的领袖、巴拉丁选帝侯腓特烈五世（Frederick V）。

波希米亚这场突如其来的戏剧性政变立即在整个欧洲产生了影响。西班牙的所有敌人都被唤醒了。两个月后，新教派在瓦尔特利恩通道谋杀了他们的敌人天主教徒——他被指控为"西班牙主义者"——夺取了通道的控制权，从而切断了米兰与蒂罗尔的联系。与此同时，萨伏伊和威尼斯正式结盟，以抵御未来的侵略。8月，荷兰战争派领袖纳塞的莫里斯推翻、逮捕了、后来又依法处决了1609年停战协议的制定者奥尔登巴内费尔特；他现在被指控为企图通过对教皇和西班牙姑息来延长休战期。第二年，威尼斯和荷兰加入了一个明确针对西班牙的防御联盟。与此同时，在西班牙，莱尔马本人最终被国内的敌人赶下了台。西班牙治下的和平似乎结束了。

事实上，这一切还没有结束。它可能还被保存了下来。到目前为止，任何一个维护它的大国都不希望看到它被破坏。即使马蒂亚斯皇帝去世、巴拉丁选帝侯接受了波希米亚的王位的时候，和平的事业也还没有失败；两天后，在法兰克福的斐迪南大公还不知道自己被废黜，力促推选他自己为皇帝。因此，帝国至少是安全的。格拉茨条约（Treaty of Graz）将继续生效。失去的只有波希米亚。但波希米亚本身并不是西班牙的直接兴趣所在；莱尔马的继任者不希望改变他的政策；英格兰的詹姆士一世拒绝支持他篡权的女婿；法国的调解使天主教同盟和福音派联盟保持中立。暴风雨止住了。

事实上，一旦哈布斯堡家族统治了帝国，波希米亚人的冒险甚至可能成为西班牙的一笔财产。它为当地创造了机会，为当地人提供了借口。1620年，当巴拉丁选帝侯在他的新首都加冕时，斯皮诺拉再次从佛兰德进军巴拉丁，从而消除了莱茵兰路线上的另一处危险。与此同时，米兰总督在沃尔特利恩通道采取了一次成功的行动。在他的庇护下，通道处的天主教派突然崛起，在"神圣的屠杀"（Sacro Macello）中杀害了他们的新教徒统治者，一度将这条重要的通道置于西班牙的保护之下。波希米亚事件本身很快就会在当地被清算。白山之战（Battle of the White Mountain）将篡位者赶出了布拉格。而后，便会有一个全面的解决方案。西班牙治下的和平有可能恢复，这对西班牙是有利的。

为什么没有恢复呢？当我们提出这个问题时，我们不得不从事件转向人。这些事件的逻辑并不需要一场全面战争，但是新的西班牙统治者——那些制造这些事件的人——却需要。西班牙的旧统治者——马德里人——并没有制造这些事件，也不想发动战争。费利佩三世和莱尔马在吞下西班牙治下和平的苦果后，希望维持和平，从中获利。莱尔马的继任者同样希望保留它：他们也从中获利。其他保证和平的欧洲大国——英国和法国——也不想破坏和平。但是，在欧洲的西班牙人——奥苏纳们、贝德玛尔们、费里亚们、苏尼加们和奥尼亚特们——却不这么想。他们确信西班牙治下的和平已经失败，他们期待1621年（即1609年的休战期结束之时）战争能够重新开始。这就是为什么他们在各方面施加压力，挑起事端，采取行动。他们希望做好准备，发动致命一击。到1621年，他们必须做好在各方面采取行动的准备。意大利是西班牙军队的集结地，必须严守。而威尼斯是意大利异端和不满的焦点，荷兰的南部盟友，必须被粉碎。必须控制好沃尔特利恩通道，必须保证莱茵兰，消除来自巴拉丁的危险。然后，当停战协议到期时，北方战争可能会爆发，荷兰会被重新征服，这一次则是永远的。

1617年，莱尔马丧失权力，这个"主战派"赢得了第一次胜利。这并不是说马德里的新执政府只是一个宫廷派系，站在他们这一边。而是因为在那一年，苏尼加从德意志回到马德里，并作为他们的发言人参加了国务委员会。第二年，被逐出威尼斯的凶残的贝德玛尔以大使的身份出现在布鲁塞尔，欲推翻阿尔伯特大公的统治。1621年，停战协议到期，大公也逝世了。他死后，佛兰德的主权回归马德里。但它并没有回到爱和平的费利佩三世手中。同年，费利佩三世也去世了。此后，一直处于边缘地位的战争鼓吹者们最终走到了权力中心。苏尼加制定政策；他的侄子赞同他的观点，追随他的领导，绝对控制着他的学生——年轻的费利佩四世。他的侄子是加斯帕尔·德·古斯曼（Gaspar de Guzman），也就是未来的奥利瓦雷斯伯爵—公爵（count-duke of Olivares）；他试图在荷兰和法国，甚至在波罗的海实现费利佩二世的宏大野心，以对抗英格兰。

为什么1618年的总督和统治者和1621年的政策制定者都认为西班牙治下的和平是失败的？在佛兰德和意大利的财富中，他们是否忘记了西班牙的贫穷和破产？除了武力，他们对所有的理由都漠不关心吗？我们不能这么说。他们中有能干的人；在国务委员会上，他们听取并发表了有道理的意见。他们认为，1609年的荷兰停战，甚至1604年的英国和平，尽管在当时看来是必要的，开启了西班牙和平霸权的时代，但实际上是一个可怕的错误。费利佩二世是对的。这场战争应该打到最后。

谁从西班牙治下的和平那里得到了真正的好处？西班牙政治家们各抒己见。他们的观点是一致的。在和平年代，西班牙虽然在表面上很辉煌，却进一步陷入贫困和萎靡之中。同年，荷兰人尽管有令人憎恶的异端和不得体的制度，但他们已经成为欧洲最富有的、最有活力的人。1620年，康布雷（Cambrai）总督卡洛斯·科洛马（Carlos Coloma）就此写了一份备忘录。他宣称，当停战协议达成后，西班牙人本以为和平会减轻他们的财政负担，并逐渐瓦解荷兰人的精神和政治。但这些事情真的发生过吗？并没有。相反，荷兰人在威尼斯和德意志对西班牙发动了秘密战争，夺取了东印度群岛和西印度群岛的贸易，并用12年时间建立了一个像葡萄牙人和西班牙人花费了120年那样的帝国。40年前，阿姆斯特丹还是一个"几乎不为人知的村庄"，现在已经成为一个世界城市，在财富上超越了热那亚，在贸易上超越了里斯本，在地位上超越了威尼斯。科洛马写道："我的结论是，如果他们在12年的和平中承担并实现了这一切，我们就能很容易地看到，如果我们给他们更多的时间，他们会做什么……如果继续休战，我们将谴责自己同时承受和平的一切罪恶和战争的一切危险。"在马德里，苏尼加在国务委员会上也表达了同样的观点。他说："如果这些叛军的共和国继续这样下去，我们将成功地失去两个印度群岛，然后是佛兰德的其余地区，然后是意大利各邦国，最后是西班牙自己。"在他看来，西班牙人流血只是为了让隶属国的血管充盈："为了让我们所征服的国家繁衍生息，我们让自己的国家荒芜贫瘠。"因此，这些人争辩说，必须结束灾难性的停战，或者只有在荷兰人被有效地排除在东印度群岛和西印度群岛之外、如果他们重新开放斯凯尔特河（Scheldt）、如果他们放弃"他们毫无根据的自由"，停战才能继续。既然这不太可能，那就让战争爆发吧。如果要维护西班牙帝国的社会和政治制度，就必须摧毁荷兰的社会和政治制度。阿

第九章 西班牙与欧洲（1598—1621 年）

姆斯特丹和威尼斯一样，必须被消灭。

但是，为什么西班牙失去了和平？不正是因为它利用和平来巩固这种制度吗？换言之，这不是因为制度本身已经失败了吗？一个比苏尼加或科洛马更伟大的人已经指出了这一点。1616 年，贡多马尔在英格兰取得了最大的成功——主要在于维持英格兰的和平。他在一封秘密信件中向西班牙宫廷详细阐述了他的观点。信中称：西班牙政府正在失去和平，除非能更好地利用和平，"我认为战争对天主教，对西班牙国家和君主制会更好"。因为通过和平，英国人增加了他们的贸易和财富，同时停止了他们在战争中极其有限的作为。他们的富裕是以牺牲西班牙为代价的；西班牙虽然拥有众多的矿藏，但现在却是欧洲最贫穷的国家；西班牙从海外带来黄金和白银，"只是为了把它们分发给世界上所有的国家，而这些国家的船只正等着把金银运回本国"。如果西班牙希望从和平中获利，贡多马尔坚称它要采取一项新的、积极的政策。仅仅喘息一下，同时维持一个静止的、贵族化的官僚体制，这是不够的。彻底的改变非常必要。政府必须投资商业，鼓励航运，成立贸易公司，取消内陆通行费，给予商人荣誉、地位和公共设施：简而言之，实行完全的重商主义政策。如果做到了这一点，西班牙的财富就可能恢复，航运将得到增加，制海权将带来最终的胜利："因为当今世界，谁统治了海洋，谁就统治了陆地。"但如果不这样做，那么正确的路线就是战争，而且是现在就开战：因为时间不会偏向坐以待毙的人。费利佩国王必须派遣"无敌舰队去征服这个王国"。贡多马尔继续说，征服英格兰毕竟很容易（奥苏纳认为征服威尼斯容易，科洛马认为征服荷兰容易）。只有风浪才能阻挡它。如果不是风浪，费利佩二世很快就能在 1588 年实现这一目标。历史表明，每一个登陆英国的侵略者都征服了它：罗马人、撒克逊人、丹麦人、诺曼人。因此（由于对英格兰和爱尔兰的远征失败了），应该派一支舰队去苏格兰；在英国土地上的第一次战斗开始后的八天内，伦敦"这座上帝和西班牙所有敌人的军火库"将被摧毁；而"一旦打败英格兰，我们的国王将成为真正的世界君主：因为在此之前，我们有可能失去东印度群岛和西印度群岛，不能指望分解荷兰；但从那以后，一切都是我们的，剩下的就容易了"。

在这些幻想中，这些对"征服英国计划"（Empresa de Inglaterra) 的怀旧之梦中,贡多马尔触及了问题的核心。如果西班牙要赢得和平,它必须进行一场彻底的甚至是结构性的变革。如果它没有准备好应对这样的变化,帝国只能通过使用武力来维持,在其武力优势的情况下,征服敌人,给他们当头一击。贡多马尔的武力处方与苏尼加和科洛马的不同。曾经在欧洲大陆服役的卡斯蒂利亚人(Castilians)怂恿通过陆地征服荷兰。他们的思想集中在意大利沃尔特利恩山谷、阿尔萨斯和帕拉丁等重要的陆路通道。他们会使英格兰保持中立:他们的政策是 15 世纪 60 年代阿尔巴公爵的政策。贡多马尔是一个来自大西洋沿岸的加利西亚人,熟悉海洋,在英格兰服役,信奉制海权。他征服英格兰是为了夺回制海权和重新开辟海上航线,他的政策就是 16 世纪 80 年代费利佩二世的政策。但这些仅仅是战术上的差异,最终的目标无论在现在还是那时都是一样的:通过和平或战争,通过陆地或海上,以这样或那样的方式,必须摧毁须德海(Zuider Zee)上的迦太基(Carthage)。

　　1621 年,马德里就此问题展开了辩论。起初,主张激进政策的人属于少数派。毫无疑问,对马德里的官员来说,王室的贫穷尤为明显,这种情况一直存在于挥霍无度的驻外使馆和总督府里。但很快平衡就改变了。它被东印度和西印度贸易、葡萄牙议会和西印度院的代表们所扭转。这些人非常清楚荷兰在休战期间的扩张,现在他们同意了苏尼加和科洛马的观点:荷兰的根据地应该在陆路被摧毁,以便斩断它在海上的触须。于是,他们把重心都放在他这边,扭转了局面。这一外交形势毕竟是有利的。法国和英国暂时还没有介入。一场闪电战就可以做到这一点。唯一的抗议来自比利时(它已经成为西班牙帝国主义祭坛上的牺牲品)。但是,现在谁关心比利时呢? 1621 年 7 月 3 日,大公在休战后死去,没有人注意到他最后微弱的抗议:"即使整个欧洲注定要臣服于一个君主,但那个时代还没有到来。"[①]

[①] 西班牙对休战经济后果的怨恨可见诸一些文件;这些文件载于 H. Lonchay and J. Cuvelier, *Correspondance de la Court d'Espagne sur les Affaires des Pays Bas*, 1598 – 1700, Vol. Ⅰ (Brussels), e. g. Nos. 1375, 1466, 1488;科洛马的观点见诸 1620 年和 1621 年的两篇文章;这些文章载于 A. Rodriquez Villa, *Ambrosio Spínola, Primer Marques de los Balbases* (Madrid, 1904), pp. 342 – 8, 382 ff. 苏尼加的意见引自 J. Carrera Pujal, *Historia de la Economia Española* (Barcelona, 1943), Vol. Ⅰ, 485 f. 贡多马尔 1616 年的快信载于 Pascual Gayangos, *Cinco Cartas Politico-Literarias de... Gondomar* (Madrid, 1869)。

因此，最终休战协议没有延续，西班牙发现自己再次与北方的"叛军"交战。外交形势是有利的。哈布斯堡家族的两个分支在行动上联合起来，这在费利佩二世统治时期从未有过。这一次，似乎是最后的一击。事实上，波希米亚战争和尼德兰战争这两场战争合在一起，是迄今为止欧洲最糟糕的战争：在三十年战争中，西班牙在欧洲的霸主地位最终瓦解。

第 十 章

德意志景况（至 1618 年）

17 世纪初的德意志是一片反差很大的土地。这是一个伟大的、大体上繁荣的国家，然而在矿业、工业技术和财政知识方面都不再领先于欧洲。在政治结构上，它是"德意志民族的罗马帝国"——简单地说，是德意志帝国。其国力的巅峰是鲁道夫二世皇帝（Rudolf Ⅱ）执政的时期（1576—1612 年）；他也是哈布斯堡大家族奥地利分支的高级代表。1606 年，鲁道夫二世的使节们在匈牙利的锡特瓦托洛克（Sitvatorok）与奥斯曼帝国苏丹达成了一项和平协议。该协议无论是从条款还是有效时间上看都称得上是史无前例。虽然不得不将更多的领土割让给奥斯曼帝国，但是基督教君主也第一次被穆斯林君主承认为与其地位平等的君王，直到半个多世纪之后，在他们之间才重新爆发了正式的战争。尽管奥斯曼帝国入侵的长期威胁并没有立即消失，但是接下来迅速摧毁中欧大部分地区的内战确实是在没有异教徒干预的情况下进行的。然而，尽管回溯历史人们可能会觉得，锡特瓦托洛克条约在一定程度上取得了成功，但它的达成只是因为奥斯曼帝国政府和奥地利政府（原文如此——译者注）一样无能。在德意志的哈布斯堡家族的境况从未像 17 世纪初那样令人绝望。当时神圣罗马帝国的皇帝年事已高，不理朝政而且半疯，帝国的体制几乎被侵蚀殆尽，政治与宗教的对立正在一代人的时间内到达引发危机的临界点。缺乏一个牢固的中央政府对于神圣罗马帝国来说是致命的缺点，这一方面影响了国家的经济发展，另一方面让居住在边境地区的居民遭受到外国军队的劫掠。在这一章中，我们将逐一讨论主要的问题——首先是统治王朝的家族困境，然后是导致帝国体制崩溃的政治和宗教问题，最后是德意志的工业和贸易状况。

第十章 德意志景况（至 1618 年）

奥地利哈布斯堡家族的一个主要弱点是他们把江山分给家族的各个成员——这是前几代人毫无远见地瓜分的结果。蒂罗尔（Tyrol）、福拉尔贝格（Vorarlberg）和斯瓦比亚地区（Swabian lands）由马克西米连大公（Archduke Maximilian）管理，而他的兄弟斐迪南大公（Archduke Ferdinand）则独立地统治着施蒂里亚（Styria）、卡林西亚（Carinthia）和卡尼奥拉（Carniola）。居住在布拉格的皇帝鲁道夫二世对维也纳的统治由他兄弟马蒂亚斯大公（Archduke Matthias）代理。鲁道夫二世当时隐居在赫拉察尼宫里，越来越远离政治现实并且陷入幻觉，长时间地郁郁寡欢。在这期间，他既不愿处理公务，也不愿把自己的权力交给别人。从 1600 年起，除了他的家仆外，很少有人见过他。家仆们可能受他人之贿赂，寻找适当的时候诱使皇帝宣布圣意，或者签署一份文件，甚至接见他人。自 1594 年起，皇帝就不再参加帝国国会会议。他对天主教的奉献是全心全意的；尽管由于他私生活的不正常，他只有在复活节才会忏悔；这让他诚惶诚恐，他甚至不再关心耶稣会士。他和他所有的近亲都不和。他羡慕他在西班牙的堂兄的财富和权力。他和其他三个幸存下来的兄弟［马蒂亚斯、马克西米连和阿尔布雷希特（Albrecht）］闹翻了。他不信任马蒂亚斯，因为马蒂亚斯公开要求继承权（但是其继承权尚未被承认），因此他可能是继承人的替代者；他永远也不会原谅阿尔布雷希特娶了西班牙公主，因为他本人曾犹犹豫豫地与公主谈了 20 多年的婚事。由于四兄弟都没有合法的子嗣，最终的继承权可能会给予年轻的施蒂里亚大公斐迪南。但是在这次哈布斯堡各领地再联合前，发生了很多事情。

这个几乎毁掉了哈布斯堡王朝未来的家族矛盾缘起何处？它可以追溯到促成锡特瓦托洛克条约的一系列事件。1604 年，鲁道夫不合时宜地披露了自己将在匈牙利铲除异端的打算，匈牙利人因此发起了叛乱，在斯蒂芬·波茨凯（Stephen Bocskay）的领导下，马扎尔人奋起捍卫他们的自由；不久，匈牙利军队、奥斯曼军队和鞑靼人军队就出现在维也纳的城墙下，奥地利和摩拉维亚似乎即将遭遇入侵。灾难的消息再一次让皇帝手足无措：他完全切断了与外界的联系，放任社会事务陷入无人管理的状态。为此，包括马蒂亚斯和斐迪南在内的四位大公在家族秘密会议上会面，并在第二年迫使鲁道夫把他在匈牙利的全部权力以及此后与土耳其人议和的全部权力交给马蒂亚斯。要达成上述目标必不可少的先决条件是要赢得目中无人的匈牙利领导人的支持。这又涉及向匈牙利作出令人不快的让步,包括对路德宗和加尔文派的完全容忍,以及扩大宪法自由,承认特兰西瓦尼亚人的自治权以及波茨凯作为特兰西瓦尼亚诸侯的地位。马蒂亚斯极不情愿地同意了这些条件。这样匈牙利人的条件得到了满足,而土耳其人则被他们的主要盟友抛弃了;此外,土耳其人还为其他地方的形势所累,很快就同意了和平。然而,马蒂亚斯在与匈牙利人和土耳其人缔结条约时所表现出的这种有限的现实主义做法,却让皇帝鲁道夫二世感到难以理解,因为皇帝打心眼里认为这些让步是不公正的。如果皇帝突然把他的想法公之于世的话就可能会破坏和平,让各方再陷入争斗。显然,如果重启战端,就只会带来灾难;大家认为鲁道夫二世的政治权威必须受到进一步的限制。在另一次家族秘密会议上,在维也纳主教梅尔基奥·赫勒斯(Melchior Khlesl)的鼓励下,大主教们一致认为马蒂亚斯应该被承认为家族的首脑,而在波希米亚和奥地利的实际权力也应该移交给他,鲁道夫只保留皇帝的头衔即可。

因此,重任落到了马蒂亚斯这个能力平庸但是尚未放弃个人理想抱负的老人身上。对他来说:对服从哈布斯堡家族的意志和不伤害王朝的长远利益这二者进行平衡,在任何情况下都是一项艰巨的任务。马蒂亚斯通过求助各省议会的办法来获得权力;这些省份曾在鲁道夫和马蒂亚斯的权力斗争中获益(权力斗争的细节在本章的其他地方将有所涉)。不过马蒂亚斯的这种做法对帝国来说是有害的。1611年5月,在布拉格举行的波希米亚国王加冕典礼上,马蒂亚斯被正式确认为他哥哥的接班人。在奥地利,还有匈牙利,尤其是波希米亚王国的土地上,权力已经移交给贵族。这些地区的贵族阶层此时已被新教渗透,他们的统治已经被自由的农民和镇民所威胁。这些贵族与帝国其他地区的新教诸侯们保持着紧密的联系,这些坐山观虎斗的新教诸侯对帝国内部的斗争很感兴趣。信奉加尔文教派的诸侯特别想要看到帝国内部占据主流的天主教君主政体出现明显崩塌的迹象。1612年1月,鲁道夫在去世之前仍在密谋报复他的敌人——无论这些敌人是真实存在的还是他想象出来的。鲁道夫驾崩后,马蒂亚斯正式即位为皇帝。

第十章 德意志景况（至1618年）

马蒂亚斯于1612—1619年间在位，其统治软弱无力。对神圣罗马帝国和奥地利哈布斯堡王朝的统治来说，这是一段紧张而不稳定的时期。在他去世之前，混乱已经开始。在他所有的领地上，庄园主都占了上风。甚至在奥地利，他的权力也受到了限制。特兰西瓦尼亚的诸侯和威尼斯共和国与皇帝的对立突出了哈布斯堡王朝的弱点。马蒂亚斯本人倒是不像他哥哥那样郁郁寡欢。他喜欢社交、打猎和音乐，但他对商业毫无兴趣，从1616年起，商业活动主要落到了红衣主教赫勒斯（Khlesl）的手中。赫勒斯当时已届暮年；他一直反对在奥地利进行宗教改革。但是，此时此刻他准备成为一名政治家并且和新教徒妥协，原因之一是他看到一个僵化的政策将导致哈布斯堡王朝走向崩溃，二是在于他为了维护天主教事业的基石，也许还出于维护自己的政治地位。对于积弊沉疴的帝国政治而言，赫勒斯的立场具有某种暂时的意义。但是在奥地利，赫勒斯所支持的调和路线使他在哈布斯堡大家族的年轻成员中不受欢迎，尤其是施蒂里亚的斐迪南大公——这个人对政府的影响力正在稳步增长。马蒂亚斯拥有子嗣的可能性逐年减少，因此，帝位继承权的问题最终成为主要问题。斐迪南大公顺利掌权的主要外部障碍在于西班牙国王，这个人的持续善意和支持对斐迪南来说是不可或缺的，但是西班牙国王本人也打算继承帝位。西班牙国王费利佩三世是帝国先皇马克西米连二世的外孙，而斐迪南只不过是侄子。因此，费利佩三世在1613年对波西米亚和匈牙利的王位提出了要求，要么就以蒂罗尔（Tyrol）以及斯瓦比亚（Swabia）和阿尔萨斯的世袭土地作为补偿。斐迪南最终在1617年以一项秘密协议收买了费利佩三世；在协议中，斐迪南承诺将德意志西南部的家族财产和帝国在意大利的部分权力转让给费利佩三世。在帝国内部，最初赫勒斯对斐迪南继承大统也是反对的，理由是这种继承将会激化德意志新教和天主教之间的关系。但是真正的问题在于哈布斯堡领地各省议会的态度。到1618年，斐迪南谋求获得各议会支持的复杂谋略仍未能成为现实，但此时波希米亚的革命已经爆发了。

革命并没有等家族纠纷得到解决就爆发了。在鲁道夫二世统治时期，帝国的体制受到强大的压力，其治理机构已经瘫痪。莱茵兰的麻烦反映出治理的无力。① 另一个不祥的现象是帝国法庭——帝国司法最高机关——的瘫痪。帝国法庭的威信曾经得到所有人的认可，尽管它的工作有明显的缺陷，但它依然有资格说自己是公正的。但从1588年起，对帝国国会（Reichstag）任命的上诉委员会（Visitationskommission）所做的裁决定期年度审查已经失效。因此，失望的诉讼当事人可以自由地将他们的不满反映给更多考虑政治因素的国会。1594年和1597年的国会都意识到了这个问题；1597年的国会成立了一个临时委员会（Deputationstag）并要求它不仅要恢复上诉委员会的职能，还要在表面上恢复帝国法庭秉公办案的权威，并出色地断案。其中最难以掌握的问题是对德意志西南部四个教区的法律地位作出裁决，这些教区在一代人或者更早之前就在其世俗化的邻居影响下脱离了宗教的控制。它们的命运，不知不觉中与1552年以来发生的许多世俗化事件紧密相连。临时委员会对严格合法性的坚持使其自己陷入分裂，因为它确认了帝国法庭关于上述教区必须回归宗教的裁决；此外，委员会成员互相冲突的教派之争也加剧了其内部的不和。最后，上述斗争以1601年较为极端的新教徒退出委员会收场，委员会随后在未作出任何决定的情况下休会。只有加尔文主义的领袖们，在这最后一次对帝国法律机器努力修补的失败中，看到了一些值得高兴的事情。此后，无论帝国法庭的业务有多么精湛，它的裁决都不可能赢得普遍的尊重和接受。多少有些矛盾的是，其地位的下降加强了其对手帝国法院委员会的权力，这个委员会在皇帝的控制下。在亚琛、斯特拉斯堡和多瑙沃尔特（Donauworth）发生的激烈争论中，只有这个委员会的声音被听到了。不过新教徒们对它的业务能力却持断然否定的态度。

从帝国最高法庭的垮台到立法机关的瘫痪并非一个漫长的过程。鲁道夫二世不喜欢国会，直到1582年他才召集过一次，但是1593年土耳其战争的爆发使得鲁道夫二世不能再由着性子办事，于是在1594年、1597年、1603年和1608年国会都召开了。遗憾的是，这几次国会的事务往往归于两个主题：首先是德皇为了抵御土耳其人而申请的补贴，其次是平息一个教派对另一个的不满。自1594年以后，

---

① See Vol. III in this series, Chapter x.

皇帝便不在国会中露面，随之而形成的是派遣代理人到场的习惯。因此，后来的国会就逐渐不再是帝国统治阶级的聚会场所，而日趋成为引发政治和宗教争议的催化剂。在1594年和1597年，上述补贴被批准了，但是后来支持加尔文派的诸侯拒绝为在他们没有亲自投票的情况下而产生的税收承担责任。在1603年，由于当地的境遇，这些诸侯倾向于遵守帝国的援助请求；但是好景不长，随着帝国司法制度的崩塌以及帝国法庭关于德意志西南部四个教区法律地位裁决问题的浮现，地方与中央的关系又陷入了猛烈的风暴之中。由于宗教对立情绪的加剧，上述问题没有任何解决方案，国会讨论也不了了之。新教徒一直是少数派，而加尔文主义者现在采取了合乎逻辑但却是灾难性的做法：即否认在国会或上诉委员会中一项投票过半数即可通过的效力；他们要求平等的代表权。在这一时期，出现了一桩德意志历史上非常具有讽刺意味的事件：巴拉丁（Palatine）选帝侯腓特烈四世（1583—1610年）这个经常醉酒且沉迷于打猎的年轻人一方面在其宫廷开支上大手大脚，另一方面又非常懒政，将政务执行权交给了一群狭隘且迂腐的顾问。腓特烈四世对帝国体制的轰然倒塌难辞其咎。

1608年，帝国国会在新教徒因皇权在匈牙利的衰微而日渐坐大的情势下召开，西班牙军队在尼德兰的进展以及他们在莱茵兰的罪行都被巴伐利亚干涉多瑙沃尔特自由市这个突如其来的消息所遮盖了。① 自1552年宗教冲突的"截止日期"以来，新教徒在获取土地这一核心问题上一直受到挑战，所以他们的耐心极为有限。在由此形成的暴风骤雨般的争论气氛中，任何建设性的措施都是不可能达成的，在萨克森选帝侯领导下的温和的路德宗议员，一度与来自巴拉丁的议员和脾气暴躁的加尔文派议员站到了一个战壕里，但是最终加尔文派的人突然从中离开，扰乱了这个联盟。于是，在没有走完通常的礼节程序的情况下，国会就解散了。在这次灾难之后，似乎很难指望以后的帝国国会及其他类似的会议能够取得丰硕的成果。然而，1613年，赫勒斯（赫勒斯于1598年被任命为维也纳主教，1616年被提升为红衣主教——译者注）为了贯彻其妥协政策，说服皇帝马蒂亚斯再次召开会议。此举并非那种看上去就是没什么希望的冒险行为，因

---

① See Vol. Ⅲ.

为天主教同盟和新教联盟这两个互相竞争的宗教组织都受到财政和政治困难的困扰。赫勒斯希望通过和解行动来恢复帝国的宪法机构,由此让彼此竞争的派系拥有共同的目标并团结起来,最后诱使他们解散自己的军事组织。但是这位年迈的高级教士缺乏与帝国政治有关的经验。他既没有得到巴伐利亚公爵的信任,又没能软化加尔文派的领导人。一些诸如帝国司法、四大教区和多瑙沃尔特事件等老问题又浮出水面,而且比以往更加尖锐,天主教和路德宗的领袖们最终同意就给皇帝一笔补助金的问题进行投票,不过诸侯们对此立即提出抗议。国会随即又一次被解散,直到 20 多年以后,下一届国会才得以召开。

自从 1555 年各教派的和平共处结束之后,随着时间的推进,天主教徒和其他派别教徒的冲突愈演愈烈。德意志的历史进程充分说明了妥协的弱点,唯一可以起到部分效果的是"教会保留"原则。一方面,帝国对路德宗教徒在天主教会领地上维持自身信仰的保证是空洞无力的;另一方面,在自由城市中,身为少数派的天主教徒岌岌可危,而加尔文教教徒则大胆地谋求在各个诸侯国发展势力。不过,尽管巴拉丁选帝侯已经成为加尔文主义极端分子的军事领袖,其表兄弟巴伐利亚公爵也成为天主教集团的拥趸,但几乎没有任何诸侯准备在后果不可预计的情况下开启宗教战争的魔盒。维特尔斯巴赫家族(Wittelsbach family)的这两个支脉在个人关系层面上依然保持着友好关系,这是王朝亲缘力量的体现。与此同时,随着 1608 年帝国议会的分裂,帝国政治中的宗教裂痕达到了一个新的深度。立法机构中坚定的天主教多数派让加尔文主义者感到困惑和愤怒。后者既怀着希望又带有一点担忧地关注着帝国东部的形势。巴伐利亚公爵以皇帝的名义夺取了支持路德宗的自由市多瑙沃尔特,这给予了新教徒们以最有力的反对天主教的口实。1608 年夏天,在巴拉丁选帝侯的庇护下,加尔文派的诸侯及其一些路德宗盟友成立了一个保卫福音派信仰的军事联盟;这些路德宗盟友主要来自斯瓦比亚,在那里他们受到了巴伐利亚天主教势力的威胁。这个军事联盟的军事指挥者是安哈尔特的诸侯克里斯蒂安,他曾经在对法战争中服役,现在是巴拉丁选帝侯的得力助手以及上巴拉丁的军事长官。新教方面的这一举动直到一年多以后才得到回应,巴伐利亚公爵和他在莱茵河南部和东部的两位都信仰天主教的选帝侯盟友组成了天主教同盟。两大联盟的资金来源都是帝国税收——帝国中央用于军事战争的专项基金。天主教同盟军队由巴伐利亚人领导。鉴于德意志的紧张局势，罗马教廷方面和德高望重的维尔茨堡主教尤利乌斯（Julius）都对天主教同盟的成立感到不安，后者还在加入同盟之前犹豫良久。

这两个因教派不同而互相对立的联盟在各自成立之前都早已出现端倪。几代人以来，帝国的问题都是在无数的议会和委员会中形成的，从帝国议会，到选帝侯会议，再到地方层面的会议，或者是邻近诸侯们不那么正式的集会，统治阶级中拉帮结派的习惯已然根深蒂固。为了维持和平，出现了各种各样的地方联盟：比如在16世纪末巴伐利亚公爵统治时期，由斯瓦比亚的天主教徒和路德宗信众组成的兰茨伯格同盟（the Landsberg League）；在查理五世（Charles V）统治时期，具有宗教联盟意味的施马尔卡登同盟（the Schmalkaldic League）；1591年，新教徒的托尔高联盟（the Torgau Alliance）再度成立；1583年，巴伐利亚公爵威廉五世（Wilhelm V）几乎建立起一个规模庞大的天主教联盟。话说回来，在这一时刻，新教和天主教联盟的成立之所以不是好兆头，不仅仅是因为他们都带有武装，而且还因为他们与外国势力有着千丝万缕的联系。更糟糕的是，帝国宪法、法院和立法机构已经崩溃，皇帝已经失去权威，将来是否还会有下一位皇帝也成了不确定的事情。在此情况下，即使是经常为两大对立阵营中的极端分子说和的萨克森选帝侯也难以阻挡诸侯们起事了。

1609年，于利希-克莱费斯（Jülich-Cleves）公国的"疯狂公爵"去世，这一事件使得神圣罗马帝国全面内战的形势变得清晰起来。这个公国是帝国西北部最大的世俗领地，最近已被天主教势力所渗透，但是却没有指定的爵位继承人。对该公国爵位最主要的申索人是勃兰登堡选帝侯和巴拉丁的诺伊布格伯爵，他们都是路德宗信徒，而且很快就开始了争取于利希-克莱费斯-贝格公爵爵位的行动。没过多久，整个帝国都骚动起来，两大阵营都准备行动，甚至皇室也威胁要介入其中。几个月后，由于法国国王亨利四世（Henri Ⅳ）不能接受哈布斯堡王室对莱茵河下游控制力的增强，于是威胁要对这一地区进行干预。但是随后亨利四世被人刺杀，巴拉丁选帝侯也薨逝了，这场兵祸得以避免。随后，勃兰登堡选帝侯改宗加尔文派，诺伊布格伯爵改信天主教。1614年，各方达成了一项分割于利希－克莱费斯－贝格公国的协议。此后，这个协议被永久性地保留了下来。但是整个事件表明，德意志和平的基础是多么薄弱。

就在德意志政治大厦摇摇欲坠之际，一位令人敬畏的诸侯却能够保持清醒的头脑：他就是巴伐利亚的马克西米连公爵（Duke Maximilian of Bavaria, 1597—1651年）。在他漫长的统治期内，他是帝国内最重要的政治人物。他的公国虽然不大，但实力很强，一切都管理得井井有条。宗教的不团结并没有削弱这个公国。在耶稣会的庇护下，马克西米连受过精心的教育，他虽然是个非常虔诚的人，却决不受教士/教会的约束。在他的领地内，教会巧妙地与世俗行政机构相契合。教会的工作人员由公爵的行政机构任命和控制，参加弥撒则是强制性的，在每个复活节之前，每个巴伐利亚人都必须获得一份证书，以证明他已经去忏悔了。事实上，马克西米连对其臣民的信仰有着如此的强烈热情，以至于在他统治初期，他就试图建立一套守卫公共道德的制度；与之相比，稍晚一些的英国清教徒们在此领域的努力就显得缺乏系统性并且比较业余了。在帝国的政治中，马克西米连自然而然地谴责异端，维护正统；在其他方面，他也是一个坚定的保守主义者。他一方面不喜欢外国军队在德意志领土上的存在，另一方面拥护贵族的政治权利。对于皇帝，他有一种真诚的崇敬。他小心翼翼地与哈布斯堡家族保持良好关系，避免卷入他们的家族纠纷中。不过，在1602年鲁道夫不得不考虑指定继承人的时候，马克西米连还是抱有为自己争取皇位的念头。天主教同盟是他的杰作；这很快帮助他巩固了其在德意志南部诸侯中的领导地位。但这一切都需要精心打理才行；比如说，同盟里的各诸侯国往往会拖欠应缴纳的军费。更糟糕的是，当马蒂亚斯登上皇位之后，赫勒斯主教试图通过获得忠于帝国的新教徒萨克森选帝侯和奥地利两方的认可，将帝国弱化为一个在哈布斯堡庇护下的宪法联盟。对于这样一个纯粹的政治联盟，马克西米连并不感兴趣，而且他是一个非常现实主义的人，他不会不知道自己和他的奥地利表兄弟之间的利益分歧。于是，在1616年他退出了扩大后的天主教同盟，并重新建立了一个主要以巴伐利亚及其邻近邦国为主的小型天主教军事同盟，这个重组后的同盟比此前的大同盟更加温和，更加灵活，组织也更加紧密。

尽管德意志政治陷入致命的暴力,这个国家的经济生活也并非毫无希望。当然,在经济领域也有不利的方面。其中最主要的问题是,早先在斐迪南一世(Ferdinand Ⅰ)和马克西米连二世(Maximilian Ⅱ)两位皇帝执政的较为安定的时期内,帝国国会已经着手推行一些经济政策,而当下这些政策都已经无法实行了。1559 年和 1566 年的铸币法,是早年帝国的主要立法成就之一,现在却普遍遭到藐视,最严重的违法者就是哈布斯堡大家族成员;德意志的贸易因此受到缺乏良好的通用货币的负面影响。另一个阻碍经济生活的因素是宗教异见者被迫背井离乡。① 帝国境内和边境的通行费都在上涨,对商业运输的征税也更加系统化;这些税费与不断上涨的物价水平之间有多少关系还不是很清楚。但毫无疑问,自 1568 年起,由于尼德兰战争,莱茵河下游的交通变得堵塞,运输的货物也不再安全,重新调整向东通往易北河的贸易路线却并非易事。在三十年战争之前的大约一代人的时间里,莱茵河流域比德意志其他地区更多地遭受了外国士兵的掠夺。在 16 世纪 80 年代的科隆冲突以及随后为争夺于利希 – 克莱费斯 – 贝格公国的控制权而进行的斗争中,外国军队带来的灾难尤甚。科隆的商业贸易也在这个时候大幅衰败。在国际上,西班牙军队在 1576 年对安特卫普的洗劫对德意志公司造成了很大的损失,国际市场的消失对德意志商业和金融公司来说是一场灾难。16 世纪末,奥格斯堡和其他南方城市的商业也遭到了损失,当时这些城市中的银行纷纷倒闭。这些商业大亨的覆灭并没有永久地损害城市的繁荣,然而他们赞助的采矿企业往往会倒闭。虽然铜的开采依然是驻在奥地利的哈布斯堡家族和萨克森选帝侯的重要收入来源,但是德意志已经不再是白银的主要生产国,德意志也不再领导世界冶金业。简而言之,德意志已经失去了在欧洲金融和技术领域的主导地位。

然而,德意志经济并没有停止自我调整以适应不断变化的商业趋势。除了莱茵兰,德意志在三十年战争前夕仍然繁荣昌盛。一些有利因素也不能被忽视,人口在增长,农村不断被开发。由于供给限制被

---

① E. g. the departure of the mining entrepreneur Hans Steinberger, a Lutheran, fom Tyrol c. 1570—J. Kallbunner, "Hans Steinberger", *Vierteljahrschrift fur Sozial—und Wirtschafts-geschichte*, Vol. XXⅦ (1934), p. 2.

取消，某些行业的产量正在增加，例如黑森和图林根的玻璃制造业。在帝国的政治舞台上，诸侯们大多冷酷无情、目光短浅，但至少在自己的领地内，有些诸侯是一丝不苟、聪明睿智的统治者，如维尔茨堡（Wurzburg）的尤利叶乌斯主教、符腾堡（Wurttemberg）的克里斯托弗公爵和路德维希公爵以及蒂罗尔的斐迪南大公。在高税率的巴伐利亚公爵领地内，酒精饮料消费的增长说明了福利水平的提高。在德意志西南部的部分地区，农民从来没有像三十年战争前的那一代人那样富裕过。一些城市空前繁荣。举个突出的例子，美因河畔法兰克福在当时就和阿姆斯特丹、热那亚一样，在从安特卫普来的难民身上极大地受益。难民中大多是犹太人，还有尼德兰人和意大利人；他们纷纷来到法兰克福，他们都给这座城市打上了特殊的烙印。未来几个世纪，法兰克福一直以一个奢华、优雅的金融中心和国际城市的面貌出现在世界上。在17世纪初，法兰克福在财富和规模上都处于快速增长的过程中。1585年交易所的建立预示着法兰克福将继安特卫普之后成为帝国内部主要的货币市场。商人们经营着当时所有的奢侈品，从珠宝、金银盘子到意大利的丝绸和缎子、东方的药品和香料。它的书店是欧洲最著名的。法兰克福春秋两季的集市（3月和9月）从来没有像1560—1630年间那样繁荣：1608年，萨默塞特的托马斯·科里埃特（Thomas Coryat of Somerset）参观了秋季集市，他说"我在这个集市上看到的财富是无限的"，尤其是金匠们的财富"令人难以置信"。①

正当法兰克福的繁荣景象见证了德意志西部贸易的繁忙时，德意志东部的发展却更加引人注目。在波希米亚北部，依然有人迁居此地，此地幅员较广，产出的初级产品和原材料可以与德意志西部传统的制成品进行交换。在某种程度上说，当时的波希米亚起到了美国19世纪末"边疆"地带的作用。德意志经济的中心正从斯瓦比亚和莱茵兰转移到这些新的地区。德意志东部农业和亚麻产业的发展有一些显著的特点，这些发展为德意志沿海城市，特别是汉堡的贸易提供了新的推动力。

---

① T. Coryat, *Coryat's Crudities*, Vol. Ⅱ (Glasgow, 1905), p. 290.

第十章 德意志景况（至1618年）

德意志的亚麻制造，与英国的羊毛贸易一样，是欧洲的传统产业之一，其历史源远流长。德意志很多地方都生产亚麻布，但在中世纪末，德意志亚麻布主要出口地区是西北的威斯特伐利亚地区、多瑙河上游和莱希河谷地带（Lech valley），从乌尔姆到奥格斯堡都是产区。整个16世纪，斯堪的纳维亚半岛、尼德兰和英国都进口来自威斯特伐利亚的亚麻织品，在这些地方，来自奥斯纳布吕克的织物特别出名。斯瓦比亚的亚麻制品主要出口地中海国家，但随着地理大发现，从15世纪开始它们又被再出口到热带地区和殖民地，供不应求。奥格斯堡和乌尔姆的商人只好通过购买在其他地方生产的亚麻布来补充本地产品的不足，他们进而成为萨克森、劳济茨（Lusatia）和西里西亚（Silesia）出产的更粗糙、更便宜的亚麻制品的经销商。在16世纪，厄尔士山（Erzgebirge）北部、东部甚至南部的亚麻制品制造业也在此情形下发展出了更高的生产水平。萨克森和劳济茨的小型工业城镇非常典型，西里西亚的城市发展水平则比较有限，城市实力不足，无法阻止亚麻制造业在农村扎根，为拥有土地的贵族谋取利益。就整个德意志生产的亚麻制品来说，传统上最主要的出口渠道还是在莱比锡的集市上。但是随着时间的推进，贸易渠道发生了变化。主流的亚麻出口商人不再是乌尔姆和奥格斯堡的本地人，在纽伦堡经营的商人渐渐成为主流。到1600年，纽伦堡的这些公司将大量的亚麻布料卖给威尼斯、米兰和意大利北部其他地方的消费者：或者通过直接销售，或者通过在博尔扎诺（Bolzano）定期举办的交易会销售。对于德意志商人来说，热那亚非常重要，他们的主要业务是从本国向意大利南部、西西里、西班牙和葡萄牙运送货物。在16世纪的最后10年前后，亚麻取代了铜，成为热那亚贸易的主要商品。热那亚的德意志亚麻制品交易一直运作了下去，直到16世纪20年代德意志中部战火的扩大才使其告一段落。

在莱比锡、博尔扎诺和美因河畔法兰克福的集市上，纽伦堡的商人并没有垄断萨克森、劳济茨和西里西亚的亚麻制品的销售。从16世纪最后25年开始，英国商人和荷兰商人同时采购上述地区的亚麻制品，这些外国商人不但大批地来到莱比锡的集市，而且还与各个亚麻生产中心的制造商建立了直接联系：例如，英国人一方面在纽伦堡的批发中心采购，另一方面也在格尔利茨（Gorlitz）建立了一个特别的中心。相比于热衷雇用织工并购买原料的荷兰人来说，英国人是更高水平的商人，他们更富于商业冒险精神。英国商人或者他们的商业代表通常从他们在埃姆登、斯塔德或汉堡的"代理商行"出发，来到厄尔士山下偏远的萨克森和劳济茨城镇。在安特卫普依旧是纺织品贸易中心的那个年代，英国商人的这种有些令人意外的商业冒险并非主流。英国商人的存在说明了在几代人的时间内，德意志一度默默无闻的亚麻制品生产行业是如何转型为欧洲北部最大的出口产业之一的。劳济茨和萨克森的织工掌握了更好的技术，并根据当前的市场需求进行调整；这一地区城镇里的行会因大批量的销售而成立，他们的政策是严格限制被认可为大师的织工的数量；但事实上，这些织工的数量稳步上升，并在1615—1625年达到顶峰。因此，在三十年战争爆发前的半个世纪里，蓬勃发展的亚麻织物制造业是萨克森普遍繁荣的一个重要因素，它有助于弥补厄尔士山银矿因美洲廉价白银流入而被迫关闭的影响。

　　作为德意志东部新兴的亚麻制品分销中心，纽伦堡从中获益良多。它是帝国重要的自由市之一，并统治着在其坚固城墙之外广阔的乡村地区。它的统治者避免了极端的宗教对抗，并保持了从意大利到尼德兰、从但泽到里昂的贸易网络。传统上，这座城市的经济支柱是冶金产品，而其统治家族的利益则来自采矿业。正如前面所提到的，德意志的采矿业在16世纪后期陷入了困境——不仅有美洲银矿的竞争，而且需要把矿井挖得越来越深，这需要额外的资本投入。亚麻制品贸易使纽伦堡的行将衰落得以避免；从事亚麻制品贸易的商人与维尔瑟家族（Welsers）和伊姆霍夫家族（Imhofs）等保守的城市豪门大族并无关系，后者紧紧抓住他们的家族产业不放。这些贵族对1571年来到这里的意大利移民颇有微词；实际上，贵族们在城市财政管理方面确实很笨拙，许多人在16世纪末就不再活跃于贸易领域了。亚麻布的运输由一些新兴的公司负责，有的是由斯瓦比亚人开办的，他们与萨克森和劳济茨的城镇达成协议，建成了运输网络。这些运输公司在运货时会对亚麻制品进行检查和重新分类，也许还会安排染色和做好包装，然后再把它们运送到遥远的市场。知名公司的商标是货品价值的保证：举例来说，著名经销商菲亚蒂斯和佩莱尔（Viatis and Peller）维持了一个半世纪的辉煌，其销售代理业务遍及从塞维利亚到林茨的广大欧洲地区。纽伦堡贵族阶层长期与经营这些亚麻制品公司的二等公民保持距离。但是，亚麻商对毛皮、皮革和亚麻制品等德意志东部产品的开发，使得这座城市在三十年战争巨变的新形势下得以继续维持富有。

在三十年战争爆发时，纽伦堡最富有的商人——也许是德意志最富有的商人——是巴托洛马乌斯·菲亚蒂斯（Bartolomaus Viatis）。他也是前文提到的那家著名公司的创始人。他非凡的经商生涯的许多细节都与国家经济发展的历史趋势不谋而合。有趣的是，他的祖籍不是德意志：他于1538年出生在威尼斯，他的父亲从贝尔加莫（Bergamo）以北的一个阿尔卑斯山谷移居到威尼斯。他早年来到纽伦堡，在当地一个商人那里当学徒，后来他还在里昂当了四年学徒，他逐渐适应了德意志的生活方式，甚至成为一名虔诚的路德宗信徒。他很可能通过与他最近去世的主人的遗孀结婚这一由来已久的方法，使自己成为一个独立的商人；毫无疑问，1590年他与马丁·佩莱尔合伙时，他的财富基础已经稳固了。他的财富有赖于商品的买卖。菲亚蒂斯首先在威尼斯购买老牌的香料和豪华纺织品；然后他不仅在法兰克福、莱比锡和纽伦堡销售这些商品，还在波兰和俄罗斯进行销售；俄罗斯也是纽伦堡亚麻制品商的市场。更重要的是，菲亚蒂斯从萨克森和周边地区的城镇行会那里系统地采购亚麻制品，他每年都和大约50家这样的生产商签订合同。这些亚麻织物大多是在纽伦堡染色的（菲亚蒂斯的公司在那里有一个高效的中央机构），然后这些织物再被送往意大利和西班牙。菲亚蒂斯与斯瓦比亚的金融家族截然不同，他不从事矿山和金属交易，也尽量避开纯粹的金融和银行业。他只在出于有利于自己贸易的考虑时才借出贷款。高效的方法和组织能力造就了他的财富。菲亚蒂斯拒绝了借助贵族发财的机会，所以他的财富从未接近富格尔家族（the Fuggers）鼎盛时期的水平也就不足为奇了：但由于他没有向经常违约的诸侯们发放具有风险的贷款，因此在某种程度上，他的基础更加稳固。尽管菲亚蒂斯很富有，1621年还在纽伦堡交易银行（the Nuremberg Exchange Bank）的创立中占有重要地位；但在他去世之前的10年中，他仍然没有跻身于城市贵族的行列。

在当时的德意志有许多富有的商人准备鼓起勇气冒险借钱给诸侯。例如当时法兰克福率先发迹的大商人约翰·冯·博戴克（Johann von Bodeck）：一位安特卫普移民的儿子，其业务遍及采矿、冶炼、金融、外汇和对外贸易（欧洲和热带地区之间）等多个领域，在威尼斯、塞维利亚、阿姆斯特丹和汉堡等地均有业务代理。即使在富格尔家族的经营领域内也有新兴之秀，在匈牙利北部出生的拉萨鲁斯·亨克尔（Lazarus Henckel）的商业生涯从德意志南部开始，他在那里接受了职业培训。1579 年，他作为乌尔姆（Ulm）公司的代理人来到了维也纳，两年后在那里永久性地建立了属于自己的公司。亨克尔的第一桶金可能来自他的克尔赛呢裤（kerseys）生意，这些呢裤是他从纽伦堡买来的，然后他将其卖到了奥地利和更远的东方；为哈布斯堡家族作战的军队就穿着它们。酒、镰刀和刀也是他运往东方的商品。在与土耳其的战争爆发之前，他聪明地从特兰西瓦尼亚和多瑙河中下游地区大量地将肉牛贩运到奥地利和德意志南部供消费。仅在 1590 年，他就运送了至少 5000 头牛到维也纳。他对皇帝的商贸业务十分熟悉，在金融投机领域已经是轻车熟路；但是他最大的机会出现在 1593 年的战争中；这场战争使他实际上成为帝国政府的银行家。他为德意志皇帝提供了担保贷款，向西吉斯蒙德·巴索利（Sigismund Bathory）和其他盟友提供补贴，并帮助支付前线军队的军饷；在这些服务上，亨克尔远远超过了其他维也纳商人。1600 年以后，亨克尔的处境变得岌岌可危：德皇对他的关注越来越少，他在哈布斯堡王朝的政治中越来越不重要；帝国在财政方面也对其进行长期的拖延。1604 年的博斯凯（Bocskay）叛乱后，他的命运跌落到了谷底。当时，他与特兰西瓦尼亚的贸易被切断，他在匈牙利的地产也没有了。以往由富格斯家族租用、最近被他收购的诺伊索尔铜矿（the Neusohl copper mines）也落入了敌人手中。但亨克尔继续将来自意大利和热带地区的奢侈品以不菲的价格出售给宫廷，他的财产由此不断积累，最终逆转颓势。亨克尔去世前成了一位富有的地主，也成了冯·多纳斯马克（Von Donnersmarck）贵族家族的奠基人。

与德意志亚麻工业的进步同样引人注目的是欧洲北部平原地区（包括德意志北部）的农业发展。毫无疑问，16 世纪德意志人口的普遍增加，尤其是城镇人口的增加与此有关。它对欧洲其他大部分地区的人口增长也是至关重要的：比如，许多无法在本地产出充足谷物的

第十章 德意志景况（至 1618 年）

大西洋沿岸和地中海沿岸地区。尼德兰北部率先成为进口欧洲北部平原粮食的地区。中世纪末，荷兰人已经从波罗的海运来面包和啤酒，他们很快就把这些东西运到了远至伊比利亚的港口。在 16 世纪 80 年代，地中海地区的粮食短缺严重到迫使一些意大利的君主寻求从海上进口欧洲北部的谷物。波罗的海地区成为欧洲的主要粮仓，对德意志东北部的农业产生了深远的影响。

外界对德意志北部玉米需求不断增长，最大的受益者是拥有土地的贵族：他们毫无顾忌地参与一些与贵族身份不相干的行业。在霍斯坦（Holstein），贵族们很早就抓住了机会；借助漫长的海岸线和众多的港口，他们把自己的庄园变成了大型商业企业，他们雇佣农奴生产粮食、羊毛、黄油、奶酪并且养马，还出海捕鲱鱼卖。霍斯坦的贵族们拥有自己的船只，他们将货物运往尼德兰、英国，甚至远至西班牙。彼得·兰曹（Peter Rantzau）的家族是外贸领域的领头羊，在 16 世纪 80 年代，他向托斯卡纳大公出口谷物，以供给后者的臣民。在 16 世纪末，一些霍斯坦贵族在他们的领地上建立了工业，用从瑞典或德意志南部进口的铜和铁来制造产品。当时，他们掌握了汉堡和吕贝克的本地市场，还在基尔（Kiel）建立了自己的货币兑换处；他们中的许多人在那里拥有享有特别权益的别墅。这使得当地一些最富有的家族完成了一种众所周知的蜕变，进入了高端的金融领域，在 17 世纪贷款给北欧的贵族。

霍斯坦的特殊地理条件给了当地地主们特殊的机会。16 世纪中期，梅克伦堡、波美拉尼亚和勃兰登堡等地的地主们受到玉米价格上涨的诱惑，开始在他们的庄园里扩大种植，以增加可供出售的作物。此举带来了农业组织和社会秩序的深远变革。在德意志西部，农业生产的基本单位与英国中部和法国大部分地区一样，都是开放的乡村社区；在那里，农民拥有选择的权利，通常不会被地主（grundherrschaft）驱逐。在蒂罗尔（Tyrol）、福拉尔贝格（Vorarlberg）和斯瓦比亚的部分地区，即使按照当代欧洲的标准，农民的处境也非常不错。在巴登和其他一两个地区，农民们在 1600 年之前几乎上升到土地共同所有人的地位，其承担的义务被严格地限制，但有时可以通过支付金钱来免除。但一般来说，越往东，农民的处境越糟糕。德意志东部易北河地区的村庄主要是由中世纪自由迁徙到此的农民组建的，但是村民的地位一直被压制；在 16 世纪上半叶，农民们已经被完全束缚在土地上了。从 15 世纪的最后 25 年起，玉米价格就逐渐上涨。大约从 1550 年起，玉米价格的上涨幅度就超过了当时的一般价格水平，这无疑刺激了国际玉米市场的迅速扩张。因此，地主就有了建立自己的私有农场的强烈愿望。这项政策的目的在于使农业生产单位成为一个统一的农场；农场由地主指定的管理人员管理，而农民则沦为没有土地或只有少量土地的佃户（Gutsherrschaft）。

在 16 世纪末，德意志东北部大部分地区都是如此。土地所有者有一种明显的倾向：即首先以牺牲农民的财产为代价扩大自己的私有农场。后来干脆彻底取消了农民的独立性，并将其庄园整合成为一个单一的商业组织。在实行这一政策的道路上，地主们遇到了各种各样的障碍，直到三十年战争带来的破坏之后，地主们或是通过武力，或通过法律途径，或者两者兼而有之，把自己的土地上剩余的小农清除出去，这个过程才算完成。地主们的主要障碍是，德意志农民不像他的波兰邻居，仍然有合法权利，不能被人任意地赶出自己的土地。对于地主来说，圈地必须是渐进的；有时向农民购买土地，有时是将土地作为借出的财产而收回，有时则直接将土地没收。许多问题都取决于对当地法律的解释。另一个关键因素是勃兰登堡选帝侯、波美拉尼亚公爵和其他诸侯的政策。这些诸侯在三十年战争前的半个世纪里，不管出于软弱还是自私，都没有反对他们邦国中的贵族，而是允许法律按照贵族们所要求的方向一点一点地被修改。在此情况下，德意志东北部与波兰和波罗的海以东地区一道，向西班牙和地中海地区出口粮食。毫无疑问，农业产出大幅增加，出口也进一步增加。但是，当塞维利亚、佛罗伦萨和威尼斯的市民每天都吃到进口小麦做的面包时，这种圈地运动在社会意义上对德意志农民带来了倒退的影响。农民不仅失去了土地，而且失去了自由，成为地主的财产，地主同时又是农民的法官和雇主。17 世纪初，旅游者法因斯·莫里森（Fynes Moryson）写道：离丹麦和波兰最近的地区的穷人"比德意志其他地区的穷人更受压迫"。[①] 这一点也不奇怪。这种演变的政治影响从 17 世纪中期开始就很明显。霍亨索伦家族的崛起就是其代表，这个家族

[①] Fynes Moryson, *An Itineray*, Vol. IV (Chicago, 1908), p. 331.

第十章 德意志景况（至1618年）

很自然地将他们的统治建立在与本国最有经验的商业阶层联盟的基础上，却不像西欧那样与当地的城镇居民联盟，而是与为利润经营土地和庄园的地主联盟。

17世纪初，汉萨同盟奄奄一息。秉承独有商业政策的荷兰共和国的崛起，切断了科隆和其他内陆地区同尼德兰海港原本方便的交通。汉萨同盟这个曾经从诺夫哥罗德延伸到伦敦的组织，现在实际上已经缩小为吕贝克、但泽、汉堡和不来梅之间的一个松散的联盟。这些城市的商业利益并不相同，它们的对外政策就像各自独立的国家一样。此外，还有一些重要的沿海城镇甚至没有正式的联盟成员资格：例如埃姆登（Emden）、斯塔德（Stade）和埃尔宾（Elbing）。无论是否属于汉萨同盟的成员，德意志各个港口的关系在16世纪末都为了确保英国商人在自己的地盘扎根而变得糟糕。这种竞争的存在是因为英国商人进口了价值不菲的布料、锡和铅。劝说他们消除分歧、形成统一战线是徒劳无用的，就连寻求遥远的帝国政府对此积极干预也于事无补。虽然德意志海港之间互相敌视和猜忌，但可以肯定地说：他们的港口从来没有如17世纪初这般忙碌，然而自从300年前的汉萨同盟的鼎盛时期以来，贸易模式已经发生了巨大的变化。汉萨商人在欧洲北部国家不再占主导地位；现在，德意志港口的远程航运大多是荷兰船只，英国和其他外国船只也是常客。这些外国船只主要是来采购大宗商品的。虽然可以从挪威和阿尔汉格尔斯克获得木材和其他造船原材料，但从波罗的海地区可以获得数量更多、种类更多的物资。还有玉米，不管是德意志的还是波兰的，都可以运往西部和南部。德意志的亚麻制品，正如前文所述，是另一个重要的出口产品，此外还有铜、铁和黄铜。英国人仍然认为德意志是他们最好的羊毛布料市场。

然而，外国人的主导地位并不等于垄断。大量贸易仍掌握在德意志人手中，并由德意志船只运送。政治局势是造成这种局面的部分原因：特别是西班牙和葡萄牙在1609年之前和1621年之后一直与荷兰交战；1604年之前与英国交战。战争状态并不意味着荷兰乃至英国与伊比利亚半岛的交通完全中断，然而战争无疑限制了这种交通并且把它逼近了曲折、秘密的渠道。对荷兰船东来说，一个明显的权宜之计是把他们的船只挂上德意志海港的旗帜,这一行动尤其导致了埃姆登的船运业出现了巨大但有些虚假的增长。对于西班牙人来说,除了从荷兰人那里购买波罗的海地区的商品以外还有其他选择,就是激励商船从汉堡、但泽或其他一些德意志港口把这些产品运来。因此,从16世纪70年代起,德意志与伊比利亚半岛之间贸易大幅扩张,深受双方欢迎。西班牙急需木材和谷物,而返航回德意志的货物包括从美洲运来的金银以及原本要运往安特卫普的热带农产品。由于德意志船只由信仰路德宗的水手操纵,他们进入西班牙港口需要特别许可:这一直是一个令人不安的问题,直到1607年达成广泛协议才得以解决;协议包括对汉萨商人的大让步,汉萨商人则承诺不运送荷兰货物。于是一个奇怪的西班牙—汉萨海事协会应运而生,该协会建立在商业关系的基础上;但在政治方面,汉萨同盟却支持身兼瑞典国王和波兰国王的西吉斯蒙德·瓦萨(Sigismund Vasa)。德意志海港靠着与伊比利亚半岛的贸易繁荣起来,数百艘船只参与其中;主要的伊比利亚港口也都驻有德意志的领事。最严重的威胁来自英国人和荷兰人的敌意,他们不愿意容忍向其敌人提供食物和弹药的行为。于是汉萨同盟的船队避开英吉利海峡,选择经过赫布里底群岛(The Hebrides)的路线冒险进入大西洋;但是这并没有挽救1589年一支大约60艘船的德意志舰队在塔古斯河口被德雷克捕获的命运。即使是这次灾难也没有阻止汉萨商人从事如此有利可图的贸易。汉萨商人和西班牙的贸易持续繁荣到17世纪:在1609—1621年西班牙人和荷兰人之间的12年休战期间,德意志人几乎没有失去什么生意。

16世纪末,德意志沿海城市的对外贸易不仅局限于伊比利亚半岛,甚至是欧洲。尽管西班牙的政策不允许外国人直接参与对美洲的贸易,但葡萄牙人一度比较开放,居住在里斯本的德意志商人也能与巴西和大西洋上的葡萄牙所属群岛进行贸易。至少从1587年开始就有迹象表明,一些德意志人实际上参与了从里斯本到巴西的三方交往,使得运输糖的船队可以直接前往德意志。但是到1602年,这种航运就结束了——很可能此前也没有多少这样的贸易活动。虽然后来有几艘德意志船只从葡萄牙前往巴西,但与葡萄牙在美洲的殖民地之间的贸易从此通过在里斯本的非德意志中间人进行了。

与巴西的短暂接触相比,更重要的是德意志北部城市和地中海

第十章 德意志景况（至1618年）

之间的海上直接交流的开启。这并非源于对伊比利亚半岛贸易的扩张，而是源于16世纪80年代意大利的谷物短缺。16世纪末，第一批与意大利直接贸易的北方人是英国人和荷兰人，但是他们的船很容易被西班牙人扣押，因此德意志人是更安全的运输者。继托斯卡纳大公和威尼斯共和国之后，教皇和曼图亚公爵派使节前往汉堡和但泽，开辟北方谷物供应渠道。因此，从1590年起，德意志船只将谷物运往意大利港口。威尼斯人通过尝试发现，通过海运进口谷物比陆路运输更便宜、更安全。有利可图的运输由此开始：谷物价格很快就大幅上涨，运费也随之增加。起初，谷物主要运往莱戈恩（Leghorn）；托斯卡纳的大公弗朗切斯科本人就是那里的进口商。根据他的个人订单，货物从汉堡、吕贝克和但泽装船。莱戈恩是英国人和荷兰人常去的地方，德意志人很快发现在热那亚把他们的谷物分给买家更好一点。热那亚的统治者很明智地开放了谷物贸易，并从1595年起为其提供了一个免费仓库；因此，无须等待特别许可就可以在这里卸船。再往西，德意志船只也往马赛运粮。威尼斯的政策远比托斯卡纳或热那亚的政策更严苛，他们开始只欢迎但泽的商船；即使在1610年的法规放松之后，但泽人仍然占主导地位。尽管到1593年意大利最严重的粮食短缺时期已经过去，但德意志北部的贸易依然能够越做越大；金属和金属制品、造船材料和亚麻制品以及谷物被运到地中海地区。作为回报，德意志人带回了葡萄酒、香料和水果还有橄榄油。威尼斯所属的希腊岛屿的产品也被但泽商人贩运走了。在东方，1606年以前与奥斯曼帝国进行贸易是不可能的，因为从法律上讲，德意志人是神圣罗马帝国皇帝的臣民，在1606年之前皇帝一直与奥斯曼苏丹交战，这是身为德意志帝国商人的一个不利条件。

向南方运输玉米和造船材料，特别是获得威尼斯对其开放贸易，帮助但泽避免了衰落，并使之在16世纪末和17世纪初保持了极大的繁荣。当时的但泽进行了大规模的城市重建，在市中心尤甚；这反映了波罗的海谷物贸易为但泽带来的财富。但新的商业趋势的主要受益者是汉堡；汉堡之所以成了欧洲最大的港口之一，对此需要做一探究。汉堡能获得惊人财富无疑首先要归功于它位于易北河河口的位置，这条通航河流的通行费比奥得河更少，比莱茵河更少受到战争和政治的骚扰。虽然丹麦的国王们相比想要通过控制维斯瓦河航运来掌握但泽重要贸易动脉的波兰和瑞典国王来说，没有那么野心勃勃，但是汉堡的贵族们在抵御历代丹麦国王对河上交通自由的威胁方面表现出了高超的技巧。16世纪中期，汉堡借助冰岛贸易的扩张和对从安特卫普进口的英国毛料进行加工而第一次努力发展出独立于其他汉萨城市的商业。然后在1567年，汉堡市议会成功地吸引了英国商业冒险家在城市中建立了布料市场。这不仅意味着染坊和织物加工商有了更多的生意，其他一些诸如经营匈牙利的铜和德意志北部的亚麻制品的商人也被吸引过来。虽然英国商人入驻此地对这座城市非常有利，但这种情况只持续了10年。英国人在汉堡的客观存在遭到了西班牙政府的厌恶；西班牙是汉堡的大客户，市议会不敢冒犯它。但泽和其他汉萨同盟的姊妹城市对汉堡与英国人的商业关系也不满意，他们还痛恨英国政府拒绝恢复他们在伦敦的特权。但泽和其他汉萨同盟城市全力寻求德意志国会和皇帝的支持，希望能把英国人逐出德意志。但是这件事情还是失败了；1611年英国商人又回到了汉堡，此后近两个世纪，他们都在汉堡经营。到17世纪初，西班牙的反对也没有了，因为英格兰和西班牙在1604年达成了和平协议。

　　自中世纪末起，德意志北部港口和葡萄牙之间就有了贸易联系，但直到16世纪70年代尼德兰局势生变，汉堡才开始与西班牙进行贸易往来。安特卫普商业遗产的各种遗存，现在分崩离析，其中一些来到了易北河口。到1580年前后，韦尔瑟（Welser）公司通过汉堡而不是安特卫普从伊比利亚半岛进口胡椒、糖和其他商品；在不到20年的时间里，汉堡就成为东印度群岛主要农产品的欧洲输入地。然而，这座城市并没有继承安特卫普在其鼎盛时期所享有的垄断地位。葡萄牙的东方贸易是不稳定的、断断续续的，并不是所有到达那里的香料都被运到易北河。再者，16世纪末葡萄牙人在印度洋的式微导致了通过亚历山大到威尼斯的黎凡特贸易路线的复兴。而17世纪初荷兰人对东印度群岛的征服，结束了汉堡商业史上的这段插曲；从那时起，汉堡就不得不从尼德兰购买胡椒和香料了。但与伊比利亚半岛的贸易仍然存在。汉堡成为连接波罗的海和南欧的重要桥梁，比德意志其他任何城市都重要。它是各种南方和热带商品的集散地，从盐、酒到糖、巴西红木，甚至烟草。此外，从英国转运的铅和锡以及走私的

第十章　德意志景况（至 1618 年）

武器和弹药虽然危险但是有利可图的副业。汉堡在德意志贸易城市中的地位超越了伊比利亚半岛延伸到了大西洋岛屿和地中海；相比之下，但泽商人的特权仅限于威尼斯。但是从宏观上看，南向的商业运输总是伴随着巨大的风险。即使荷兰和英国停止了对西班牙国王的战争，巴巴里海盗仍然危险：这些海盗在 17 世纪初开始了更大胆的行动。

在 16 世纪末和 17 世纪初，汉堡贸易的显著扩张带来了新的职业、工业和金融技术。新企业有盐场和制糖厂，而在其他工业中，造船以及绳索制造等辅助行业也占有突出地位。有时，汉堡在对外贸易中获利丰厚：据一个汉堡商人说，16 世纪 90 年代意大利人的需求导致谷物价格上涨了 30%，运费上涨了 70%。证券经纪业的发展和 1619 年汉堡汇兑银行（Hamburg Exchange Bank）的成立，都说明了这座城市不断膨胀的财富和金融业的成熟。这在很大程度上要归功于外来移民商人的存在，他们带来了技术和资本；汉堡汇兑银行最初换汇的金额充分显示了他们的投资规模。到这个时候，在进行对外贸易方面，本土富有商人的核心人数已被新来者超过。有些人来自纽伦堡、奥格斯堡或德意志南部其他地方，甚至来自意大利。但更重要的是来自尼德兰特别是安特卫普的难民。这些难民中有一些是荷兰本地人和布拉班特人（Brabanters），但很多是葡萄牙血统的马拉诺人（Marrano，即伊比利亚半岛的改宗天主教的犹太人，有说法称他们暗中保有犹太信仰——译者注）；根据当地法律，从 1612 年起他们被允许公开承认自己的犹太信仰。然而，马拉诺人往往对此十分谨慎、小心行事，因为他们大多有亲属留在半岛上，他们害怕牵连他们。通过这些难民，汉堡保持了与许多其他马拉诺人居住的港口城市［从君士坦丁堡到伯南布哥（Pernambuco）］的联系与贸易。到 17 世纪初，这些难民中就有人指挥着悬挂汉堡旗帜的、由小型新式的船只组成的大型商船队，他们使汉堡成为伊比利亚半岛北部重要物资的主要供应者，并在连接伦敦、荷兰、德意志和波罗的海市场以及半岛和地中海的新贸易格局中发挥重要作用。

德意志历史学家对三十年战争爆发之前的本国历史研究还不够重视。① 在那个时代，曾经是世界大国的神圣罗马帝国的统治者软弱

---

① 例如，看一下上半个世纪期间《历史杂志》所载文章的题目就很能发现问题了。

无力地统治着一个因宗教对立而四分五裂的国家；汉萨同盟的最终衰落、法国和西班牙军队对西部边境的肆意侵犯以及荷兰人和瑞士人中民族分离主义的发展，都揭示了帝国在政治上的软弱；在那个年代，外国的影响波及德意志的艺术、文学甚至语言。德意志知识分子的精力主要集中在枯燥乏味的神学争论中；淳朴的人们成了各种迷信——包括最残忍的"猎巫"——的牺牲品。人们的性情变得粗俗，道德败坏。不断增长的农村人口导致了城镇的过度拥挤；在那里，工匠和其他社会地位低微的劳动者的实际收入在下降，并在1600年之后的几个世纪里达到了前所未有的程度。在外部领域，德意志人没有在欧洲人开办的向外殖民和开拓的企业中发挥任何明显的作用。不过，用这最后一点来评判一个几乎是内陆国的国家也是不公平的。从汉堡和但泽蓬勃发展的航运业，到法兰克福、纽伦堡和莱比锡繁忙的商业活动中有大量的证据来说明1618年以前德意志强盛的经济活力。在建筑领域，当时的德意志人也取得了很高的成就：举例来说，有奥格斯堡的市政厅、慕尼黑的米克尔斯教堂（Michaelskirche）和沃尔芬比特尔（Wolfenbüttel）的玛丽恩教堂（Marienkirche）这些令人印象深刻的建筑。在三十年战争之前的德意志，不乏一些著名的艺术家和工匠；有迹象表明，德意志的本土精神正在开始复苏。① 外国来访者对当时德意志人的印象是诚实、勤劳，然而有些醉心于饮酒。

如此看来，即将来临的灾难没有发生的必然性。但当时的德意志也有一个失败之处：那就是统治阶级的失败（即诸侯们的失败）；他们中间没有涌现出一个能够超越宗教偏见或诸侯之间累世矛盾的政治家，因此无法有效地看待问题。诸侯甚至是教区的统治者决定了邦国的命运。毫无疑问，一些责任要由颓废的鲁道夫二世来承担；但是地方主义甚至分裂主义也深植于冗长繁杂的帝国宪法中；有理由怀疑，即使是一个不那么糟糕的皇帝也很难避免，甚至延缓帝国的崩溃。那些乘着经济进步之车前进的阶级——比如北方港口的商人、东北部公国的地主以及纽伦堡和法兰克福的企业家——在这个国家的政府中几乎没有发言权。这些新贵与那些控制帝国议会的狭隘的巨头生活在不

---

① G. Dehio, *Geschichte de deutschen Kunst*, Vol. Ⅲ (2nd ed. Berlin and Leipzig, 1931), p. 182.

同的世界；帝国议会提供了贵族冲突的场合，而没能提供建设性的立法。要施展政治才能、推行国家意志就必须超越地方或宗派的野心，除非可怕的大规模战争的潘多拉魔盒被打开，否则实现上述目标绝无可能。

第 十 一 章

三十年战争

第一节

17世纪初，德意志民族的神圣罗马帝国不幸成了国内、国际尖锐矛盾的中心。皇帝、帝国议会和帝国法庭的权威丧失殆尽，难以用和平手段解决领土和所有权的争端。信仰清教的诸侯担心失去1552年后不再受教会控制的教会土地。主教管辖区、大修道院、修道院和众多教区回归天主教会，意味着强制其间的民众重新皈依天主教。1608年多瑙沃尔特事件之后，没有一座帝国城市不会因信仰问题而发生争端的。面临着全副武装的"天主教同盟"，"新教联盟"处于守势状态本身就是对和平的威胁。绝大多数德意志诸侯是爱好和平的，但有时要冒安全的风险；而少数诸侯乐于趁机扩张其领土、增强其影响力。

如果说存在着混乱、内战危险的话，外国的介入威胁就更大了。英国和联合省（荷兰）是"新教联盟"的成员。莱茵的巴拉丁选帝侯与詹姆斯一世女儿的婚姻使英国对德意志更加关注。更有来自北方的外国插手。丹麦国王（即霍尔施泰因公爵），神圣罗马帝国的一名诸侯，要求管辖不再受教会控制的主教管辖区。他欲控制波罗的海沿岸的野心遭到了瑞典国王的抵制。最为重要的是哈布斯堡王朝皇帝和哈布斯堡王室成员西班牙国王之间的亲密合作。他们在帝国内势力的增强就意味着政治的专制化和对新教的压制。

有两大问题影响着欧洲国际政策：法国力求打破哈布斯堡王朝的领土对其国土的包围和西班牙谋求的重新征服联合省。这两大问题相互关联,且都牵涉到德意志帝国。为了从陆上抵达尼德兰,西班牙欲从其意大利领地打开一安全通道,穿过瑞士沃尔特利恩谷地到达莱茵河地区。这对法国构成了又一威胁。然而法国强烈反哈布斯堡王朝的政策一直到黎塞留崛起才形成。1609年,十二年休战协议的签订使荷兰赢得了一个喘息时机,但西班牙卷土重来的敌意是确乎存在的。休战期满前,波希米亚爆发了反抗哈布斯堡王朝统治和天主教称霸的叛乱,导致了史称"三十年战争"的一系列战事。

德意志和国际形势使战争得以从波希米亚扩展至德意志,并席卷英国、西班牙、联合省、丹麦、瑞典、意大利北部地区和法国。战争进行中其性质发生了变化。战争初期非常突出的宗教问题不再那么突出,一直存在的强权政治(power politics)最终占了上风。

通常将三十年战争划分为以下阶段:1618—1623年,波希米亚起义和征服巴拉丁;1624—1629年,丹麦时期;1630—1634年,瑞典时期;1635—1648年,法国时期。使"威斯特伐利亚和约"得以签订的谈判从1644年一直进行到1648年。

哈布斯堡王朝从1526年起一直统治着波希米亚和与之毗连一体的摩拉维亚、西里西亚和劳济茨地区。这些地区是大量收益的来源地,而波希米亚又具有特殊的政治地位,因为其国王是选举帝国皇帝的七诸侯之一。因此,确保波希米亚王位、使其成为获取皇帝头衔的工具至关重要。

波希米亚人对他们的哈布斯堡王朝国王表示不满完全正当,但起义缺乏成功要素:即缺乏共同的奋斗目标,缺乏领导,缺乏军事力量。波希米亚反而是被意见分歧、相互猜忌弄得四分五裂。人口中绝大多数是农民,他们自古以来的"自由"受到了贵族地主的抑制。波希米亚有许多市镇,首都布拉格有着最值得自豪的历史,但中等阶级被无情地课以重税,他们的政治权利被国王和贵族剥夺,贸易和工业大多由外国人控制。权力掌握在一小撮大贵族地主手中。骑士、小地主被吸收进贵族,抑或如其经济不济,则只好去当权贵的管家或成为政府下级官员。至少在理论上,帝国议会(贵族、骑士和市民三级立法机构)具有代表性。而大约200万的总人口中只有大约2万人拥有完全的政治权利。来一场使受压迫的农民和不满的市民满意的变革,可能会有某种成功的机会。但不存在这样的一种规划。反而是一位天主教徒,重臣洛布科维茨伯爵首先采取了行动:从16世纪末起推动建立中央极权国家,抑制帝国议会,特别是抑制贵族。

传统上,宗教应该是团结波希米亚社会各阶层的共同纽带。但自杨·胡斯时代以来的两个世纪里宗教情势发生了变化。这位伟大的波希米亚改革家的信徒们已赢得了领受两种圣餐——酒和圣饼——的权利,因此他们称自己为圣杯派分子。随着路德主义和加尔文主义的传入,包括贵族在内的绝大多数人成了真正的新教徒;但他们仍保有圣杯派之名,以维持官方的认可。然而就在最需要反对哈布斯堡王朝使其重新皈依天主教的时候,却没有了当年胡斯运动成员们的强大战斗精神。17世纪初,以耶稣会会士为首、受到天主教统治集团支持的反宗教改革势力取得了相当大的政治进展。贵族的统治地位这会儿不仅受到中央极权规划的威胁,同时还受到用天主教徒取代新教徒高官的威胁。

1609年,占人口多数的新教徒赢得了暂时的胜利,迫使执政的国王兼皇帝鲁道夫二世签发了所谓的"大诏书"。这道诏书得到了帝国议会的赞同,认可了改革后的波希米亚教会会众的信仰自由,确保了新教徒和天主教徒的教会财产。此外,还允许帝国市镇和领土上没有地方做礼拜的新教徒修建教堂。

"大诏书"使天主教极端分子无法容忍,但鲁道夫及其兄弟马蒂亚斯(1611年继王位,1612年继皇位)都不赞同进行宗教战争。哈布斯堡王朝的诸侯们推选斯蒂里亚的斐迪南大公继承其无子嗣的堂兄马蒂亚斯的王位兼皇位时,形势剧变。哈布斯堡王族西班牙国王获得允诺,将得到奥地利哈布斯堡王族在阿尔萨斯的采邑,从而赞同了这一决定。这些采邑极其重要,是西班牙军队从意大利开往尼德兰通道上的连接线。对波希米亚的新教徒来说,选定斐迪南实为不祥之兆,因为这位大公是耶稣会会士的狂热门生,耶稣会会士们在他的领地上肃清了异教。然而1617年,斐迪南被指定为国王(但尚未登基),得到了三个等级几乎一致的赞同。帝国议会默认了王位的世袭性,从而丧失一次维护波希米亚独立的良机。或许是别无选择。没有一位伟大的当地领袖人物出来夺取王位抑或建立共和国。也没有出现一位帝国议会能够接受的外国人来承继王位。

第十一章 三十年战争

马蒂亚斯在斐迪南加冕典礼后返回维也纳前，任命十名代理总督在他不在时主政。十人组的成员组成表明好战的天主教派势力大增。十人组中有七个人是天主教徒，而值得注意的是：其中两人是拒不赞同大诏书的贵族威廉·斯拉瓦塔和雅罗斯拉夫·马丁尼茨。宗教和解问题实际上从未得到解决。克洛斯特尔格拉布和布劳瑙两座市镇的情况酿成了危机。借口这两座市镇不是王室地产而是教会地产，教会当局不允许在那儿修建新教教堂。马蒂亚斯支持这一立场，代理总督们下令关押了一些持抗拒态度的布劳瑙市民。

根据"大诏书"，一捍卫者委员会受权保护新教徒的权利；捍卫者们这会儿邀集全王国的代表，于1618年5月21日在布拉格开会。两天后，代表们冲进王宫，将不得人心的斯拉瓦塔和马丁尼茨连同一名无辜的秘书一起从窗口扔了出去。将人扔出窗外——波希米亚人反叛时的习惯做法——意在杀死其人，但这三个人都活着逃跑了。对天主教徒来说，这是个奇迹。当时的印刷品图示：他们在天使的托举下缓缓从大约46英尺高的地方落下。而反叛者们则声称这三个人得救是因为正好落在了垃圾堆上。

三个等级共同选举成立一个由30位执政官组成的临时政府；公众一致同意1.6万人的军队归图恩伯爵海因里希·马蒂亚斯指挥。一切均靠军队。但革命政府未能给予任何支持。负责提供军饷的地主和市民逃避责任。结果是图恩的军队装备极差、食不果腹、士兵溜号。缺少一支称职的职业军队，只好动员农民抵抗外敌。农民进行破坏活动，骚扰入侵的神圣罗马帝国的拥护者，还是行之有效的。贵族不可能领导民众起义；而这又导致农民群众起而抗击他们自己国家的那些到处抢劫的士兵。缺乏共同的目标和有雄心壮志的领导以及根深蒂固的社会分裂，从起义一开始就十分明显。

尽管三位德意志诸侯巴拉丁的腓特烈、萨克森的约翰·格奥尔格和巴伐利亚的马克西米连勉力调解，波希米亚起义还是难以控制在局部范围内。西班牙国王受家族团结影响，又在能获得阿尔萨斯采邑的承诺影响下，从佛兰德地区派出一支军队经过德意志前往支援斐迪南。而波希米亚人则得到了哈布斯堡王朝宿敌萨伏伊公爵查尔斯·埃马努埃尔的帮助。他派出一支雇佣军，由著名的职业军人曼斯费尔德伯爵指挥。恩斯特·冯·曼斯费尔德于战争初期战功赫赫。他是一名德意志小诸侯的私生子。他一生中唯一的目的就是为自己开辟一片独立的封邑；为此目的他愿站到任何一边进行战斗。他很少给部下发足军饷；兵士们因此在乡间四处抢粮劫财。他以无情残忍地对待农民而闻名。这位雇佣军首领很快就起了作用。他止住了图恩临时征召来的士兵溃散逃亡，夺取了该国两座天主教城市之一的皮尔森市。双方均无足够的力量给对方以决定性的一击。

波希米亚人起义的最终目的是否是要将其哈布斯堡统治者拉下马，开始时并不明确。一小批贵族持有这一想法，并着手物色一位强大得足以维护其王位的候选人。萨伏依公爵表示对波希米亚王位和继承皇位感兴趣。他信仰天主教，军力薄弱：这两点对他不利。马丁·路德信徒萨克森选帝侯是最受拥戴的候选人，但他在感情上难以跟哈布斯堡王朝分离，对反合法当局的叛乱深恶痛绝。他断然拒绝了邀约。最后要莱茵年轻的巴拉丁选帝侯腓特烈五世出山。他似乎深受欢迎。[①] 他是"新教联盟"首领，会赢得德意志的支持。他是詹姆斯一世的女婿，有望能从英国弄到资金和武器。荷兰也会支持他，因为他反对其头号敌人哈布斯堡王朝。而腓特烈本人并不想占有波希米亚王位。他真心实意地关心波希米亚新教徒的利益，只想出手帮一帮起义者们，使他们能拥有强大实力进行谈判。因此他资助曼斯费尔德的军队，并恳请萨伏依公爵进一步提供援助。他也未能使"新教联盟"处于战争状态。

腓特烈候选资格的主要支持者是他最信任的顾问、上巴拉丁行政长官安哈尔特诸侯克里斯蒂安。克里斯蒂安及其朋友安斯巴赫诸侯、符腾堡诸侯、巴登-杜尔拉赫诸侯和腓特烈的总理大臣卡梅拉里乌斯确信存在着一个以天主教名义征服欧洲的秘密计划。波希米亚就是这一计划的最新例证。为了与这一威胁相抗衡，必须组成一个包括德意志各新教诸侯国、英国及荷兰尼德兰地区在内的大联盟。哈布斯堡王朝宿敌法国虽说是个天主教国家，也有望参加。腓特烈取得波希米亚王位，不仅使哈布斯堡王朝失去了一个富足的地区，也使新教给天主教的威胁以决定性的一击。少数波希米亚领袖人物和腓特烈的首席顾

[①] 关于弗雷德里克及其顾问们在波希米亚危机期间的详细叙述，参见 J. G. Weiss, "Die Voegeschichte des bomischen Abenteuers Friedrichs V. von derPfalz," in *Zeitschrift furr Geschiichte des Oberrheins*, New Series, Vol. 53 (1939–40), pp. 383–492.

问在秘密谋划其未来时,腓特烈好像在11月前并不知情。他对这一提议的第一反应是愕然、犹豫不决。他在致波希米亚人的一封信中承诺支持他们的事业,但谦恭地表示不想登上王位。同时他想尚需准备应付可能的意外,特别是要弄清英国及荷兰的意向。

1619年3月20日马蒂亚斯皇帝驾崩,波希米亚王位和帝位相关问题到了紧要关头。布拉格的极端派强烈要求废黜斐迪南、推选新国王、7月召开选举大会选举皇帝。斐迪南对这一问题很明确。他接受了耶稣会的教导,宗教信仰十分坚定;靠着信仰的支撑,他对波希米亚王位的世袭权、当选为皇帝、要其臣民皈依天主教的使命深信不疑。斐迪南的镇定自若在马蒂亚斯死后立即受到了严峻的考验。西里西亚已加入波希米亚人的运动。这会儿摩拉维亚、劳济茨和上奥地利起而反对他们的哈布斯堡霸主。6月间,图恩指挥他的军队打到了斐迪南驻跸地维也纳城下;斐迪南的兄弟利奥波德指挥一小队骑兵赶到才在最后关头挽救了他。增援斐迪南的力量越来越强,布拉格不断来报在波希米亚的帝国军队越来越多,图恩不得不撤退。其实他也没有做好围城的准备。6月10日曼斯费尔德在萨布拉特村附近战败,他的3000名部下除了15人外全部被杀、被俘;斐迪南的处境有了进一步的改善。这是哈布斯堡王朝的首胜。

与此同时,在腓特烈和安哈尔特于海尔布龙恩举行的新教联盟6月会议上赢得了德意志对波希米亚运动一定程度的支持,但尚不足以影响运动的发展。波希米亚得到了一笔贷款,组织起了一支1.5万人的军队护卫联盟成员国,阻止前往援助斐迪南的军队通行。多次想取得英国支持的尝试均告失败,詹姆斯国王虽然表示同情波希米亚的新教徒,但挑明他最主要关注的是维护和平。至于他女婿对波希米亚王位的属望,首先得取决于王位是否由选举决定。

在这对斐迪南有利、对腓特烈不利的情况下,几乎是同时进行了这两场选举。8月28日,斐迪南二世在法兰克福召开的选举大会上当选为皇帝。根据他的指示,首先是巴拉丁代表不再坚持选举巴伐利亚的马克西米连公爵,而后是一致推选了斐迪南。

腓特烈获悉波希米亚三级议会最终决定废黜他们的国王时,对安哈尔特说:"我从未想到会这样。这是件冒险的事;我现在相信波希米亚人要选举一位新国王了。天哪!他们如果选我,我该怎么办?"

安哈尔特对此答道："大人，在这种情况下就等着瞧吧！"① 安哈尔特当然很想使他的主子成为国王了，但这会儿有点退缩了。首先得有足够的支持，特别是英国的支持。因此再次派出一名使臣见詹姆斯，探明如果他女婿承继波希米亚王位他是否愿意出手相助。没有时间等了；斐迪南当选为皇帝的前两天，8月26日波希米亚三级议会否决了他的波希米亚国王资格，几乎一致选举腓特烈为新国王。

腓特烈面临着艰难抉择。他首先给他那在伦敦的使臣去信，要等到他岳父的回话再做决定。而后他出席了在罗森伯格召开的一次新教联盟大会；会议成员祝他好运，然而只有三位诸侯——安斯巴赫诸侯、巴登-杜尔拉赫诸侯和安哈尔特诸侯——建议他接受王位。9月末，腓特烈召开顾问委员会征求意见。顾问们已呈送给他一份备忘录，列出同意接受和反对接受的理由。反对的理由有14条，同意的理由有6条。反对的理由委实是值得重视的。简言之，顾问们提醒道：巴拉丁的力量难以支撑波希米亚事业；没有英国及荷兰的帮助，波希米亚事业难以成功；波希米亚人不光要有口头承诺，还得要有它们实在的帮助。在会议桌上的讨论中，多数成员坚持认为至少得等到英国国王的答复。这是腓特烈原来的立场；但发现他已打定主意时，顾问们一下子都蒙了。他宣布上帝召他统治波希米亚，他要以上帝的名义承继王位。毫无疑问，腓特烈是真心相信他是上帝用以推动新教运动的人。同样真实的是，他的决定是胆大妄为的。没有外援，波希米亚人将被西班牙军队或皇家军队征服。再则，腓特烈没有外力支持来这么一下只会招致西班牙入侵巴拉丁，招致德意志诸侯，特别是巴伐利亚公爵——他将得益于腓特烈的垮台——的干涉。神圣罗马皇帝操弄微妙的平衡，任何一位德意志诸侯进行敌对行动都会破坏平衡。腓特烈首先采取了行动，使波希米亚的起义演变成了一场德意志战争，且不可避免地要成为一场国际战争。

波希米亚新国王及其迷人、热情活泼的妻子伊丽莎白1619年10月最后一天胜利进入布拉格时，没有这样的不祥预兆。然而外援的希望破灭了，没有什么可高兴的了。新教联盟承诺保护巴拉丁，但不想卷入波希米亚冒险行动。萨克森选帝侯拒绝出席安哈尔特提议召开的

---

① Weiss, "Die Vorgeschichte...", *Zeitschrift fur die Geschichte des Oberrheins*, p. 456.

一次德意志新教诸侯会议。而更为重要的是料想会提供帮助的外国列强的态度。詹姆斯国王爱好和平，叛乱令他震惊，而他正为其继承人欲与西班牙联姻，遂拒绝支持他女婿。他反而知会欧洲各国君主说他预先不知道腓特烈当选的事，他也不想认可。他宣布要跟法国国王联手"平息德意志现时正发生的动乱"。荷兰十分担心西班牙入侵巴拉丁，认为没有英国和新教联盟的支持难以对其加以保护。斯堪的纳维亚各国虽表同情，但正忙于自家事务；丹麦的克里斯蒂安四世与汉堡发生了贸易争端，瑞典的古斯塔夫·阿道夫陷入与波兰的长期冲突。萨伏依公爵受了（抑或佯装受了）波希米亚国王和皇帝的欺骗，撤回了对曼斯费尔德的支持。另一位诸侯特兰西瓦尼亚的贝特伦·加博尔利用斐迪南的困境，入侵匈牙利，直逼维也纳；他自己的领地上发生了动乱，被迫撤退。本想法国会反哈布斯堡王朝，但黎塞留尚未掌权，路易十三的大臣们认为派一名使臣在天主教同盟与新教联盟之间进行调停休战即可。1620年7月3日在乌尔姆通过休战协议，双方同意尊重对方的领土主权。法国人认为协议将确保巴拉丁得到新政联盟的保护，但他们这样认为就大错特错了。

腓特烈节节失利，而斐迪南则日益壮大。1613年10月8日腓特烈离开海德堡前往布拉格那天，马克西米连公爵跟皇帝签订一纸协议。马克西米连在所有德意志诸侯中最有才干。他跟斐迪南一样，也是耶稣会会士的门生、虔诚的教徒。他又跟斐迪南不一样，他是个勤政的行政长官、拥有一支唯一有战斗力的军队。因此，他这一天主教同盟首领的职位绝不是摆摆样子的。为了赢得他的支持，斐迪南授予马克西米连全权指挥军队镇压波希米亚叛乱、答应让他占有被征服的土地以作其花销的补偿、许诺将腓特烈的选帝侯资格转让给他。马克西米连自以为是在帮他主子平息一次异教臣民的叛乱。也可以说，他抓住机会剥夺了一位信奉加尔文主义的诸侯拥有的选帝侯资格，但皇帝无权向他转让选帝侯资格；此事一经传开，切切实实地恶化了德意志的政治形势。

帝业的另一名维护者是萨克森的约翰·格奥尔格。这起作用的也是宗教原因；约翰·格奥尔格是名狂热的马丁·路德信徒，坚决反对一名信仰加尔文主义的诸侯在波希米亚的晋升。他也提出了条件：皇帝将保证路德宗在波希米亚的存在和路德派在两块萨克森领地上不再受教会控制的教会土地的所有权。约翰·格奥尔格也未忘了自己，要求占有劳济茨地区作为对其提供帮助的报酬。

一张罗网正在身处波希米亚的腓特烈周围织成，他的世袭权岌岌可危了。西班牙尼德兰的统治者们——哈布斯堡大公阿尔贝特及其妻西班牙公主伊萨贝拉（通常并称为"大公们"）——受马德里逼迫不情愿地打算重新征服荷兰；一支训练有素的军队在干将斯皮诺拉的统率下准备发动进攻。在这一攻势中，巴拉丁起着重要作用，因为它是阻止军队从意大利北部占领区开往尼德兰的要道。攻打巴拉丁的主要障碍是英国对腓特烈的支持。西班牙驻伦敦大使贡多马尔对詹姆斯国王的影响巨大，这会儿劝使英国保持中立。贡多马尔向马德里通报他已成功，斯皮诺拉遂立即获得出征的命令。1621年9月他渡过莱茵河。巴拉丁的抵抗力量只有2000名英国人的一支在经验丰富的军人霍勒斯·维尔爵士指挥下的志愿军和来自新教联盟的一小队人马，而新教联盟很快就撤回了这批人。

与此同时，腓特烈的波希米亚冒险行动亦接近尾声。巴伐利亚的马克西米连调遣一支天主教同盟的多国语言雇佣军投入战斗，由能干的梯利男爵指挥。梯利是佛兰芒人；他的敌人说他是个苦行僧式的人物；只是一味嗜好甜食，不太像个苦行僧。1620年7月，他率领军队进入奥地利，践踏乡里，镇压了反哈布斯堡王朝的奥地利三级议会的反抗。9月末，天主教同盟的军队同皇家军队会合侵入波希米亚；数日后，萨克森选帝侯进击劳济茨地区。在大军压境的情势下，曼斯费尔德只得龟缩在皮尔森动弹不得。与此同时，梯利的军队虽然因疾病严重减员，但还是向布拉格挺进。

1620年11月8日清晨，安哈尔特的克里斯蒂安指挥1.6万人的波希米亚军队固守在白山——俯瞰布拉格市的高地——上。太阳驱散晨雾后，敌军突袭山头。波希米亚人占据有利地形，人数上虽处于劣势，但完全可以打退敌军。然而安哈尔特征招来的士兵在训练有素、长官指挥有方的敌方士兵打压下，由于饷银不到位发生了哗变：那些幸存者逃回布拉格城。腓特烈及其王后正在城中宴请两位英国使臣，确信敌军不敢发动进攻。市民们已对新政府完全失去信任，遂紧闭门窗，拒迎难以保卫城市的逃兵。腓特烈接受安哈尔特的规劝携眷出逃，前往勃兰登堡。他再也看不到他的两个首府海德堡和布拉格了。

逃亡的君主因此以"冬日之王"而闻名；这是耶稣会会士们给起的绰号；耶稣会会士们曾预言他的统治只能维持一个冬天——再统治一个夏天都不可能了。

白山战斗结束后，布拉格任由获胜的士兵抢劫"叛乱者们"的钱财。1621年6月21日即决审判后，27名起义领导人被处决。只有少数人潜逃；最丢人现眼的是安哈尔特的克里斯蒂安。他逃到了瑞典，而后卑躬屈膝地与皇帝讲和。而图恩伯爵流亡经年，从事反对获胜的哈布斯堡王朝的斗争，但一事无成。拥有土地的贵族和骑士被控反叛，其土地被没收、被皇帝出售抑或赠送给了他的部将和宠臣们。因此，国王差不多一半的土地倒了手，一批外国贵族——德意志、奥地利、意大利和西班牙的贵族——代替了旧贵族，另有一些当地的天主教家庭也大量增加了其地产。政府使货币贬值后，市镇的财富缩水。士兵流窜抢劫，农民成了最大的受害者，而贵族地主又不断要他们提供各种服务压榨他们。斐迪南对他获胜的这一结果十分开心。洛布科维茨的任务以建立一世袭君主国和铲除一独立的贵族阶层而告结束。大诏书被否定；耶稣会会士被召回；强制重新皈依天主教的行动大获成功，新教不仅在波希米亚而且在奥地利、摩拉维亚和西里西亚被永久性清除。唯劳济茨地区因在萨克森选帝侯手中而免遭厄运。

波希米亚被征服，巴拉丁地区完全在斯皮诺拉的军队控制下；人们会认为战争该结束了。但政治游戏主要玩家们的野心使得和平结局不可能实现。腓特烈顽固地拒绝向皇帝正式投降，荷兰领导人莫里斯亲王表示支持的承诺又使他振奋不已。莫里斯让巴拉丁家族在海牙避难。上奥地利押在巴伐利亚的马克西米连手中充作他参战的报偿；皇帝为了重新占有上奥地利，准备将巴拉丁地区交给公爵。此外，斐迪南已答应让他享有选帝侯资格。首先要禁止腓特烈的活动。斐迪南在满足了其德意志主要盟友之后，以期延续这战争状态，好传播其信仰、扩展其在帝国里的权力。

1621年3月费利佩三世驾崩后，他儿子费利佩四世继位。这又助长了皇帝的野心。西班牙政府已告破产，且腐败无能，荒唐的税收制度和破坏性的财政政策抑制了国家的经济活力。但在接下来的20年间，费利佩四世的首席顾问奥利瓦雷斯伯爵积极推行西班牙的传统政策：压制异教和增强哈布斯堡王朝的霸权。

新教联盟被斯皮诺拉的大军吓怕，1621年5月解散；其实这样的反对阵营存在对西班牙、皇帝和巴伐利亚公爵有好处。白山战斗后，曼斯费尔德将其军队撤离波希米亚进入毗邻的上巴拉丁地区，计划以腓特烈的名义侵入丢失的王国。巴伐利亚的马克西米连对皇帝的私下许诺十分满意，挥师迎战曼斯费尔德。1621年10月2日，他以重金贿赂同这位雇佣军首领达成协议，曼斯费尔德不再为腓特烈作战。曼斯费尔德背信弃义，尽食前言，两星期后移师下巴拉丁地区；那儿有英国军队坚守在三座被围困的市镇中。曼斯费尔德的背信弃义促使马克西米连派兵由梯利指挥进入下巴拉丁地区。曼斯费尔德撤退至阿尔萨斯；他的军队在那儿传播了斑疹伤寒，蹂躏乡邻，抢粮、劫财。

又有两位诸侯出来参战，使战争持续不断；他们是巴登－杜尔拉赫的乔治·腓特烈侯爵和不伦瑞克的诸侯克里斯蒂安。侯爵已60多岁，是个虔诚的路德宗信徒，已通读圣经58遍，撰写了一大部军事史阅读笔记。他是鼓吹采取强力军事措施捍卫新教事业的新教联盟少数诸侯之一。西班牙军队已出现在毗邻的巴拉丁地区，他那小小的侯国这会儿即面临着危险；他决定采取行动。1621年秋，他起兵1.1万人。与此同时，不伦瑞克的克里斯蒂安召集了与之相当的人马。5年前他18岁时就通过其兄不伦瑞克－沃尔芬比特尔（当时的）公爵的影响被任命为临时管理北部地区重要主教辖区哈尔贝斯塔特的牧师。他生来仇恨天主教徒、生性好战；他将他堂嫂波希米亚的伊丽莎白的手套佩在帽子上，装成一名游侠骑士。他发誓要为她夺回巴拉丁地区。克里斯蒂安的亢奋和有闯劲儿的骑士风采很快为他赢得了"疯子哈尔贝斯塔特"这一称号。

曼斯费尔德、巴登和不伦瑞克这三支军队如果能联合作战，会对梯利的部队和西班牙人构成严重威胁。腓特烈以他一贯的乐观主义精神与曼斯费尔德会合，这会儿返回巴拉丁地区。但这三位指挥官均未能收复他们的世袭领地。乔治·腓特烈在试图于维姆芬渡过内卡尔河时被梯利和西班牙将军科尔多瓦打败。这位心灰意冷的侯爵绝望地收兵撤退了。克里斯蒂安带着从主教辖区和农村榨取的急需钱财（6月20日）在美因河畔的赫克特地方被截获。尽管损失惨重，他仍设法与曼斯费尔德会合，但这会儿计划改变了。曼斯费尔德拒绝在强敌面前拿他的部下去冒险,在先退至阿尔萨斯而后退至洛林后,他劝导克里斯蒂安跟他一道北上帮助处于困境的荷兰。1621年4月,12年的休战期结束;亲王莫利斯只能处于守势。1622年10月一群曼斯费尔德－不伦瑞克乌合之众的到来无疑令他开怀,使他得以保住贝亨奥普佐姆要塞免遭敌方占领。

腓特烈由于其军事冒险的失败倍感失望,又由于村庄被焚和农民被劫倍感厌恶,遂在向阿尔萨斯撤退的途中离开军队。他先前往色当拜会他舅父布荣,而后返回海牙,获悉其故土已落入西班牙和巴伐利亚之手。海德堡1622年9月陷落,霍勒斯·维厄爵士11月放弃曼海姆;1623年4月英军最终离开弗兰肯塔尔。战争和疾病使曾经肥沃的土地趋于荒芜。诚如英国使臣1622年从被围困的弗兰肯塔尔发出的信件所说:"看到那么多曾经繁荣的市、镇和村庄惨遭毁坏,听到遭受敌军士兵以及我们自己军队的士兵对幸存的穷苦民众进行难以容忍的压迫和抢劫,我心痛不已。"① 除了这种物质上的悲惨境遇外,马克西米连这会儿还任意驱逐新教牧师、在教堂里进行天主教礼拜活动。最令人难以忍受的是他用船将海德堡大学价值连城的藏书运到了梵蒂冈;大多数藏书至今仍收藏在那儿。

马克西米连需要的只是选帝侯资格;这样他就大获全胜了,皇帝也准备践行他的承诺。斐迪南首先召开一次诸侯顾问会议。选帝侯们以及一名大主教、一名主教、巴伐利亚公爵和三名新教诸侯应邀出席在雷根斯堡举行的会议。三名新教诸侯中只有黑森－达姆斯塔特伯爵领主亲自与会,也只是再次重申了他对争议领土的管辖权。萨克森选帝侯和勃兰登堡选帝侯对新教在奥地利世袭领地上遭禁至为震惊,派代表与会表示他们的不满。只有科隆选帝侯马克西米连的兄长以及当然还有马克西米连自己主张转让腓特烈的选帝侯资格。尽管他的顾问们几乎是一致反对转让,但斐迪南自行其是,1623年2月25日马克西米连被正式授予神圣罗马帝国的选帝侯,做了两项没有什么实际价值的让步:马克西米连终身享有选帝侯资格;他去世后,将考虑其他人(包括腓特烈的子嗣)提出享有这一资格的要求。雷根斯堡会议对马克西米连来说,是一场胜利;但对斐迪南来说,甚或是一场更大

---

① Chichester to Calvert, 10/20 July 1622. Public Record Office, S. P. German States, XXVI, f. 75.

的胜利,他建立在天主教同盟军事力量基础上的权力无人能敌。

波希米亚归顺、世袭领土归皇帝、西班牙和巴伐利亚征服了巴拉丁地区,德意志战争再现了一丝结束的曙光。然而北部新教德意志的大量不再受教会控制的教会土地成了各方觊觎的对象,战争乌云密布,和平曙光日渐暗淡。早在1620年,天主教同盟和皇帝在波希米亚战争中为了赢得萨克森选帝侯的支持,曾同意不介入这一土地问题,只要其所有者效忠皇帝。这一牟罗兹协议这会儿成问题了。1623年,梯利追击不伦瑞克的克里斯蒂安侵入了下萨克森地区。这一地区的诸侯们并不那么想保卫自己,听任这一破坏其中立的行径。在斯塔特洛恩击败"疯子哈尔贝斯塔特"(8月6日)后,梯利的军队仍驻扎在这一地区的南部。

不再受教会控制的教会土地不仅有遭受直接攻击的危险,新教一直占统治地位的威斯特伐利亚地区奥斯纳布吕克的全体教士也担心邻近的梯利大军,遂选举一名天主教徒为主教;此人还是马克西米连的首席顾问的兄弟。皇帝已经为他次子看上了哈尔贝斯塔特和马格德堡两处的主教职位;丹麦的克里斯蒂安四世的一个儿子也想染指这两处的主教职位。当克里斯蒂安同皇帝联系表示赞同他儿子要求得到哈尔贝斯塔特主教辖区的主教职位时,斐迪南不仅断然拒绝,而且根据法律条文要求将1552年以来不再受教会控制的一些教堂、土地和修道院还给天主教。其中就包括哈尔贝斯塔特主教辖区里的一座教堂。

北德意志无自卫能力,对皇帝的要求无法抗拒,更何况有梯利的大军在为其张目呢。

除荷兰外,1624年武装反抗哈布斯堡王朝开始趋于停顿。这只不过是暴风雨前的平静,向皇帝、西班牙和天主教同盟的胜利发起挑战的行动正在酝酿中。

在法国,国王的大臣们正在彻底改变亲西班牙政策。眼前的问题是控制瓦尔泰林(valtelline)地这一战略要地;西班牙从意大利北部地区向奥地利和尼德兰派兵、运送钱物都得通过这一谷地。天主教徒居住在这里;而新教联盟中的格里松(即格劳宾登)人声称对之拥有主权。1620年信奉天主教的沃尔特利恩人起事与格里松人进行了殊死战斗,西班牙介入保护其教友,控制了至关重要的通道。格里松人1622年曾两度力图夺回谷地，但均告失败。他们被迫宣布放弃对瓦尔泰林拥有的主权；这有利于西班牙。一部分格里松人被奥地利掳走。

奥地利和西班牙取得的这些胜利引起了法国的警觉；法国遂于1623年2月与威尼斯和萨伏伊签订了一纸协议，共同收复瓦尔泰林。教皇格列高利十五世同样也对战火有可能蔓延到意大利有所警觉，遂同意接管这一有争议的地区，派出教皇军队接管设防地点。法国同意这一安排，条件是接管工作得在4个月的时间里完成，防御工事得拆除。格列高利十五世1623年7月去世，乌尔班八世继位。新教皇虽然坚决反对哈布斯堡王朝的统治，但在西班牙的压力下难以在4个月期满时调去他的军队。瓦尔泰林地区实际上仍在西班牙的控制下。

法国外交政策更为令人吃惊的转变是1624年6月10日与荷兰签订了一纸协议和国王的妹妹亨丽埃塔·玛丽亚与英国王位继承人查理联姻的谈判。

红衣主教黎塞留已于1624年4月进入国王的顾问委员会，8月成了首席大臣，完全支持反哈布斯堡王朝政策。他一直反对哈布斯堡王朝的统治。他是个比亨利四世更为虔诚的天主教徒，但他是伟大国王的忠实追随者。这位红衣主教的目的很简单：国内团结一致；增强国力打破西班牙孤立法国的包围圈。为了达到目的，可以不择手段。新教联盟和天主教同盟都可交。当问及他对与荷兰结盟的意见时，他回答道：这在罗马是不言自明的，因为"在罗马比起在世界上任何一个其他地方来，对事情进行判断更注重既要顾及力量和利益准则，也要顾及教义"①。但眼前的问题仍然是瓦尔泰林，黎塞留认为是"头等大事"。② 1624年7月，他与萨伏伊和威尼斯签订协议进行干预。

在英国，也是攻击性的外交政策代替了和平谈判。詹姆斯国王将决策权交给了宠臣白金汉公爵。此人心高气盛，但才能平庸，干不成大事。受国王宠信、他亲密的朋友查理王子不久继位，但时运不济；与西班牙联姻的计划失败，他十分恼怒。这不仅仅是对他个人的侮

---

① J. H. Mariejol, in E. Lavisse, *Histoire de France, depuis les origines jusqu'a la revolution* (1911), VI, pt Ⅱ, p. 227.

② G. Pages, *La Guerre deTrente Ans* (1939), p. 106.

慢，而且靠西班牙帮助收复巴拉丁的可能性也失却了。因此法国在联姻和收复失地这两方面就取代了西班牙。更多的盟友当然需要。除可靠的荷兰外，计划将丹麦、瑞典、威尼斯、萨伏伊和一些德意志诸侯拉进反哈布斯堡王朝大联盟。为此，1624年春他派出各路使臣前往大陆。

通过联姻巩固英法联盟以收复巴拉丁的希望，换来的是令人难堪的失望。法国对意大利感兴趣，而英国属意德意志；这一分歧的结果充分展现在曼斯费尔德那次注定要失败的远征上。

1624年春、夏，无一兵一卒的曼斯费尔德穿行于法国、英国和联合省之间寻求靠山。最终在11月间，詹姆斯一世在白金汉的鼓动下同意为曼斯费尔德征召1.2万名新兵、每月提供2万英镑的军费。法国人许诺提供2000名骑兵。但法国军队已将教皇军队逐出沃尔特利恩的消息传到后，黎塞留对曼斯费尔德的远征不感兴趣了。他要用曼斯费尔德去解救被斯皮诺拉的军队围困的布雷达。但不允许他登陆法国，因为那就等于是同西班牙开战了。黎塞留尚未准备好采取这一重大步骤，还得等上若干年。而詹姆斯一世至死也不同意让曼斯费尔德的军队解围布雷达，与西班牙为敌。曼斯费尔德的军队1625年2月最终抵达荷兰海岸边时，亲王莫里斯起初不准其登陆，士兵们被困在冰冷的船上，吃着霉变的食物，喝着脏水，数千人死亡，尸体被海水冲上岸，导致瘟疫在布拉班特境内流行。只有7000人上了岸；詹姆斯国王驾崩后，他们才被允许解围布雷达；但是太晚了。5月25日城市陷落；西班牙的这一伟大胜利反映在贝拉斯克斯的画作中流传于世。曼斯费尔德远征是联盟——企图抑制哈布斯堡王朝野心的联盟——的可悲序幕。

1625年1月胡格诺派教徒叛乱使得与法国的合作渐行渐远；这会儿反哈布斯堡王朝联盟的成功只好靠英国与丹麦、瑞典和德意志新教诸侯的谈判了。

丹麦国王克里斯蒂安四世和瑞典国王古斯塔夫·阿道夫有某种相似之处。两人都充满活力、体格健壮、勇敢无畏、雄心勃勃，竭力扩张领土、增强国力。两人在外交运作方面一直很成功。克里斯蒂安在西波罗的海占据优势，控制着松德海峡，征收通行费，获利颇丰；他还通过儿子们控制着德意志的几处不归教会控制的主教辖区。古斯塔夫·阿道夫通过与波兰和俄罗斯的战争，占领了东波罗的海的土地。两人都是坚定的马丁·路德宗信徒，想要拯救德意志的新教。相似之处就这些了。在军事方面，瑞典国王是个天才，而丹麦国王只能算是个有才干的门外汉。古斯塔夫·阿道夫已建设了一支本国军队。克里斯蒂安有一支民兵队伍，只能用以保卫国土；他不得不依靠外国雇佣军发动对外战争。最重要的是：古斯塔夫·阿道夫是个实干家加缜密谋略家这样的稀有复合人才，而克里斯蒂安则是个野心勃勃、行事能力差的人。

这两位君主的不同清楚地反映在向英国建议入侵德意志的计划上。古斯塔夫坚持认为需要有支5万人的大军；他调拨1.6万人马，其余人马由其他盟友调派。为了防范丹麦和波兰的可能攻击，他要求组建一支17艘船的舰队，再加上他自己的8条船。维斯马和不来梅两市归他管辖，用作军队登陆和军火、粮食储存基地。英国、瑞典和结盟的德意志诸侯各出1/3的战争费用；战斗行动完全由他指挥。他在接不到4个月的费用，是不会采取行动的。最后他警告道：如果他的提议不被采纳，他就要与波兰重新开始临时休战的战争了。难怪詹姆斯1625年1月接到瑞典的要求时会高叫道："我不是一个富有的大国国王，拿不出这么多。我只是个拥有两座荒凉小岛的国王！"① 他更中意丹麦克里斯蒂安的计划。

1624年7月克里斯蒂安第一次被问及相关问题时，他做了一个审慎的回答。他说：我们在看到有支英国军队进入了德意志心脏地带之前，很难说英国想干什么。克里斯蒂安犹豫良久，一直到1625年1月才提出打算起兵3万。英国提供6000名步兵和1000名骑兵、每年17万抑或18万英镑。克里斯蒂安不像他的瑞典对手，没有要求预付；这应该是他大受欢迎的原因。2月的最后一天，詹姆斯接受了丹麦的建议。有人问古斯塔夫：如果计划中的军队领导权给了别人，他会怎么办。他回答道："什么也不干。"休战期满，他重又与波兰开战。

克里斯蒂安完全有理由参战。他儿子已于1623年当选为凡尔登主教；他还竭力为他儿子争取富庶的教区哈尔贝斯塔特、奥斯纳布吕

---

① S. R. Gardiner, *History of England*, Vol. V, pp. 297–8.

克、帕德博恩和不来梅。不来梅大主教辖区一地就控制了易北河与威悉河两河口地区。如果梯利征服了下萨克森地区，天主教会就会牢牢地控制这些主教区，克里斯蒂安的这些计划就泡汤了。主要影响丹麦国王决定的可能是古斯塔夫·阿道夫的干预。允许瑞典领导捍卫受威胁的北德意志地区，就意味着丹麦失去了其在西波罗的海地区的主导地位。而没有足够的军力、财力支撑贸然开战，就好像腓特烈领受波希米亚王位那样鲁莽。诚如克里斯蒂安所说，英国的保证委实不足信；而3万人马也是不够的。他很希望能得到法国的支持，但还没有达成明确的协议。

克里斯蒂安不久就看到了他轻率的决定所导致的结果。詹姆斯国王1625年4月驾崩，英丹（麦）同盟很快即落实，查理一世答应克里斯蒂安：英国军队抵达德意志后每月提供3万英镑。首次支付4.6万英镑；这也是最后一次，因为议会拒绝支付这笔必要的款项。克里斯蒂安确然当选为下萨克森地区的首领。靠着曼斯费尔德、不伦瑞克的克里斯蒂安和萨克森-魏玛的恩斯特公爵的协助，他征募到了3.4万人。但反哈布斯堡王朝大联盟计划可惜失败了。古斯塔夫·阿道夫退出了，他那妹夫、一直愿意提供支持的勃兰登堡选帝侯也跟他一道退出了。萨克森选帝侯断然拒绝同皇帝打仗。就连下萨克森地区的人也一直在跟皇帝谈判，希望保持中立。1625年12月9日英国、丹麦和联合省签订的《海牙条约》是狂热地谋求结成所有哈布斯堡王朝敌人（包括天主教徒和新教徒）的大联盟的唯一结果。最令人失望的是法国撤销了支持。一次严重的胡格诺派起义迫使黎塞留从瓦尔泰林地区撤回了他的军队；1626年5月蒙松条约签订，重开了通往西班牙的谷地通道。

克里斯蒂安的希望落空了，而他敌人的实力则在不断增强。以皇帝的名义集结的一支人数众多、装备精良的大军首次出现在战场上。司令官是阿尔布雷希特·冯·瓦尔茨坦（以华伦斯坦之名为人熟知）。写他的书太多了，很难对他的目标和成就作出评价。他似乎是个矛盾结合体：皇帝的忠实仆人和叛徒、追求和平的士兵、波希米亚爱国者和守法的德意志人、有着强烈愿望、雄心勃勃而有时又无声无息、隐匿不露。他在其引人注目的职业生涯中时而显露出这一特性，时而显露出那一特性。

第十一章 三十年战争

华伦斯坦出生在波希米亚一个贵族家庭，先接受新教培养，后又受教于耶稣会会士，最终笃信占星术和他自己。他是个职业士兵，又是个有胆识的商人，充分利用了波希米亚起义。他为皇帝效劳，同时又成了王国最大的地主，也可能是王国里最富有的人。军事胜利使他赢得了银行家们的信赖，贷款给他收购土地——有些土地是波希米亚贵族被没收的地产。华伦斯坦的财富不断增加，遂向始终处于财政困境的皇帝提供贷款；而斐迪南则报之以土地和官职。时至1623年，华伦斯坦已拥有波希米亚东北角一片大约2000平方英里的土地。他被任命为王国总督、军队中的军需兵司令，受封为弗里德兰公爵。

1625年春，华伦斯坦不仅提议征募皇家军队2万人，而且应承预筹征募军队所需的费用。提议被接受；6月间他被任命为皇家军队总司令、受封为公爵——皇帝所能授予的最高头衔。为了装备他的军队、向他的军队支付军饷和提供食物，华伦斯坦与布拉格的大国际银行家和商人汉斯·德维特联手合作。① 德维特预支所需的费用，充当军需品的供应代理人和托运人。弗里德兰公爵领地上的田庄是向军队供应粮食的主要基地之一。最大的困难是财政。皇帝拿不出什么钱，华伦斯坦因而只好"募捐"偿还德维特的贷款和他自己所提供的花费。"募捐"是驻军军官向市民和农民强征暴敛的委婉用语。根据帝国的法律，这种募捐显然是不合法的；但这种自愿的即时付款总比大头兵们惯常的强抢强卖好多了。这支军队在另一方面是不同寻常的：军官是任命的、论功而非根据社会等级抑或宗教信仰晋级。实际上许多军官是新教徒。

1625年7月28日，华伦斯坦在受封公爵后的第三天，梯利"以上帝和圣母的名义"渡过威悉河。这标志着丹麦战争的开始。最初的反抗来自愤怒的不伦瑞克农民和怀有敌意的市民；他们关门闭户，不予侵略军方便。发狂的士兵们进行报复，抢劫、焚烧城镇和乡村，屠杀无助的平民。就连梯利也忘了他自己的座右铭，竟然说出：农民们活该受此劫难。没有发生军事冲突。哈默尔恩城堡陷落，丹麦的克里斯蒂安元气大伤；他的军队向凡尔登方向北撤。梯利尚感无足够实

---

① 有关德维特与华伦斯坦关系的详细研究，参见 A. Ernstberger, "Hans de Witte, Finanzmann Wallansteins", *Vierteljahrschrift fur Sozial-und Wirtschaftsgeschichte*, Suppl. 38（1954）.

力进行追击。

9月初，华伦斯坦率领2万人马离开波希米亚。他不想与梯利会合联手攻打丹麦军队。

他即刻的目标是占领指定留给皇帝14岁儿子的哈尔贝斯塔特主教辖区和马格德堡主教辖区。为新兵们建起了冬季营房；军官们从附近市镇收取了巨额捐款。华伦斯坦采取了防御措施，加强易北河上德绍大桥的防卫，以防范曼斯费尔德抑或不伦瑞克公爵过河进入西里西亚地区。

不伦瑞克没有什么可怕的；他没有征集到足够数量的军队。这位残暴、凶狠的诸侯身患疾病、十分沮丧，28岁上即早早离世。但华伦斯坦还是准确地猜中了曼斯费尔德的图谋。他率领1.2万人马强攻德绍大桥；华伦斯坦急调其最精锐的部队迎战。1626年4月25日，曼斯费尔德被击败，损失了1/3人马，撤退至中立的勃兰登堡。7月他再次行动，与特兰西瓦尼亚的贝特伦·加博尔联手；此人一再挑衅皇帝，这会儿准备再次攻击皇帝。华伦斯坦发起追击，留下8个团的人马增援梯利。这确实必要，因为丹麦的克里斯蒂安打算趁华伦斯坦不在时攻打天主教同盟的军队。而由于有华伦斯坦的增援，这位国王这会儿不得不向北撤退。8月27日，梯利在卢特村追上了他。克里斯蒂安虽千方百计鼓动，丹麦军队还是被打败，残兵败将龟缩至易北河口附近的斯塔德。

与此同时，华伦斯坦率领3万大军追击曼斯费尔德，将其逼入匈牙利；曼斯费尔德在那儿与贝特伦·加博尔会合。这位诡计多端的特兰西瓦尼亚诸侯和华伦斯坦都不急于交手；几度小规模的冲突后，10月间达成了休战协议。这不是一次值得称道的战役。离其供应基地数百英里，疾病、饥饿和开小差致使这位皇家总司令丧失了一半人马。然而主要目标达到了：曼斯费尔德的职业生涯结束了。贝特伦·加博尔不再使用他了；这位倒霉的雇佣兵出发作最后一次旅行，其目的地可能是威尼斯。他病倒了，11月25日死于萨拉热窝附近的山里。

皇帝和巴伐利亚选帝侯镇压哪怕是对他们的小小反抗，以确保其利益。1626年上奥地利爆发的一次强烈反抗巴伐利亚和天主教统治的农民起义惨遭镇压。翌年，斐迪南颁布了一部波希米亚新宪法，使君主政体世袭化，使国王有权任命所有官员。王国境内的新教徒可以

第十一章 三十年战争

皈依天主教抑或离境投奔他乡。华伦斯坦解散了曼斯费尔德残留在西里西亚的队伍；1627年只有丹麦国王还武装戒备着。卢特一战后，克里斯蒂安的境况糟透了。英国许诺派出的1万人马削减了一半。军费以价值10万英镑的皇家珠宝作抵押；而根本就变卖不到这个数，更何况海牙条约说的是60万英镑啊。丹麦国王致信英国："让上帝和全世界的人们评评理，这是负责任的行为还是符合基督教精神的行为。"[1]

其实，正当丹麦国王最需要帮助的时候，白金汉的愚蠢外交政策促使法国与西班牙结成反英联盟。与法国分手和白金汉未能于1627年夏成功地解救拉罗谢尔的胡格诺派教徒，使得英国难以支援克里斯蒂安。

1627年9月间梯利与华伦斯坦在易北河会师时，人数上远超丹麦军队。唯一重要的战役是9月23日海利根哈芬战役。皇帝的军队打败了由巴登-杜尔拉赫侯爵指挥的一支8000人的军队。克里斯蒂安逃向霍尔斯泰因，10月间渡海逃至菲英岛。荷尔斯泰因、石勒苏益格和日德兰被敌军占领，国王只控制了几座岛屿和大陆上的三座设防的城镇。

华伦斯坦胜利喜悦之余，想到要着力征战土耳其人；但当务之急的目标引起了他的注意：控制北海。早在1624年，西班牙首相奥利瓦雷斯就曾提议与汉萨同盟诸城市签订条约。这些城市将充作哈布斯堡王朝的海军基地，交换条件是获准在西印度从事贸易活动。1626年也还热烈地讨论过这一问题；这会儿随着丹麦的失败，重又提出了这件事。这期间，华伦斯坦征服了波罗的海沿岸。梅克伦堡被占，当地的公爵们被赶出其领地。波美拉尼亚将是下一个被征服的对象，其统治诸侯不得不让皇家军队进驻。1628年，华伦斯坦又多了一个头衔：北海和波罗的海统帅。然而意想不到的反对却来自汉萨同盟诸城市。这些城市对哈布斯堡王朝的控制，特别是西班牙的控制有戒心，拒绝向北海和波罗的海统帅提供所需的船队。维斯马被攻占；但这还不够，因为华伦斯坦知道控制波罗的海的主要障碍是瑞典。因此必须

---

[1] "Statement by the King of Denmark", 26 February/8 March 1627, Public Record Office State Papers Denmark, viii, f. 14.

控制整个波美拉尼亚沿岸地区，但这儿的斯特拉尔松港口城市坚决反对皇帝军队的占领。

古斯塔夫·阿道夫看到丹麦的失败，心急如焚。这位国王仍深陷于跟波兰的战争，很清楚皇帝的势力在北德意志的扩张威胁着瑞典的安全和德意志新教的生存。与丹麦的宿怨不再是问题，1628年5月8日古斯塔夫·阿道夫与克里斯蒂安四世签订了三年盟约。太迟了，因为条约签订前三周华伦斯坦部将阿尼姆将军已包围了斯特拉尔松。没有丹麦和瑞典军队的驰援，该港口城市肯定保不住。7月间，华伦斯坦接手围困指挥工作，发誓道："就是有天国庇护"，也要拿下这个港口城市。没有什么天国庇护，只是华伦斯坦缺少一支舰队，外国军队救了斯特拉尔松。围城者们8月间撤退。城市由为瑞典效力的一团苏格兰军人驻守，指挥官是亚历山大·莱斯利；此人在后来的英国伟大内战中享有盛名。根据1628年9月12日签订的一纸条约，斯特拉尔松成了古斯塔夫·阿道夫第一个德意志盟友；他坚信：全面入侵德意志是必然的，只是时间的问题。

斯特拉尔松刚解除围困，丹麦国王又大力开始重新聚敛大笔钱财了。他在波美拉尼亚岸边登陆，占领沃尔加斯特，准备入侵梅克伦堡。华伦斯坦发兵迎战，9月2日丹麦军队被歼。克里斯蒂安逃回小岛，求和。古斯塔夫·阿道夫力图要他履行最近签订的盟约，但失败了。1629年6月7日缔结的《吕贝克和约》还不算太苛刻。克里斯蒂安曾为取得德意志的几处主教辖区而参战，这会儿宣布不再谋求获得这些主教辖区了，只保留他世袭的领地。

无怪乎皇帝斐迪南认为是时候用其军事优势为天主教谋点利了。其实他的立场自1608年以来就从未变过；当年他作为皇帝的代表提出过：1552年以来被新教徒夺占的所有教会土地应该归还。1629年3月6日，斐迪南的宗教热诚被他那告解神父耶稣会会士拉莫迈因激发，颁布了《归还教产敕令》。根据其规定，所有被新教徒接管的教会财产得归还天主教会。归还工作委托皇帝指派的专员办理；他们不受理申诉；他们只能决定教会财产是1552年之前还是之后被新教徒侵占的这一问题。允许将新教徒赶出天主教统治者的土地。只有路德教徒得到法律认可；这就意味着要排除加尔文教徒。敕令颁布后数日即指派了专员；他们有权要求皇帝军队强行实施其决定。

第十一章 三十年战争

敕令改变了北德意志的版图。在古斯塔夫·阿道夫的胜利挡回天主教的攻势前，五处主教管辖区、大约30座帝国和汉萨同盟城市、近100所修道院和无数处教区被天主教会收回。成千上万的新教徒被他们的新统治者驱离家园抑或强迫皈依天主教。

敕令不但剥夺了新教诸侯的土地及其臣民的宗教和家园，也破坏了天主教阵营的团结。教皇乌尔班八世要求用它自己的代表顶替皇帝委派的专员。教派为争夺战利品互斗。尤其以巴伐利亚的马克西米连为首的天主教同盟的诸侯们与皇帝的决裂。对天主教诸侯们来说，同新教徒一样，皇帝靠敕令而非议会这一宪政渠道进行的专制统治是对他们权力的严重威胁。再者，斐迪南与马克西米连之间有着直接冲突。皇帝要将他小儿子利奥波德·威廉扶上马格德堡主教以及哈尔贝斯塔特、希尔德斯海姆和不来梅主教之位。马克西米连则要求将哈尔贝斯塔特给他兄弟科隆大主教，将不来梅给另一位巴伐利亚诸侯。天主教诸侯们极不情愿地做了让步，同意了皇帝对马格德堡和哈尔贝斯塔特的要求。

与敕令一样招致帝国内部不和的一个重要因素是华伦斯坦。从他被任命为总司令那天起，对他的嫉妒、恐惧和仇恨就与日俱增。布拉格和维也纳的一些大贵族显然是嫉妒他的财产和职位。1628年3月皇帝授予他而非被驱逐的当地统治者梅克伦堡公爵头衔时，德意志的诸侯们不仅仅是嫉妒而且感到恐惧。这一授予行动意味深长，仅表明了这么一点：皇帝拥有全权置、换土地的主人。相比之下，即使将巴拉丁的选帝侯资格和土地转让给巴伐利亚的马克西米连也不那么令人嫉妒和恐惧。马克西米连是德意志诸侯，而华伦斯坦只不过是个波希米亚的贵族。此外，还有天主教诸侯和新教诸侯对皇家军队——当时人数已超过10万——的横征暴敛的怨恨。华伦斯坦甚至敢于不顾其统治者的抗议霸占了勃兰登堡和波美拉尼亚的大部分土地。在天主教徒们看来，他感兴趣的显然不是敕令的实施，而是皇帝实力的加强。人们注意到：他在梅克伦堡没有干涉新教的信仰；皇家军队中有许多新教军官。这进一步证明：华伦斯坦对传播天主教信仰没有兴趣。他的敌人散布毫无根据的谣言，说他曾谋求丹麦王位、他这会儿想要得到选帝侯称号甚或皇位。然而惧怕、仇恨华伦斯坦的主要原因无疑是有理由相信的：他在力图实行皇权专制统治。可以引用他盛怒时说的对自己不利的话："他应该教导选帝侯们讲礼貌、注意自己的行为举止；他们必须服从皇帝，而不是皇帝服从他们。"他还说："我一贯为奥地利王朝效劳。巴伐利亚为王朝效力在所不辞，绝无怨言。"

内部不和致使帝国分裂，而这时外部形势又对帝国构成了威胁。1628年10月间胡格诺派大本营拉罗谢尔陷落，翌年达成《阿莱和约》，黎塞留从而得以放手重新开始其反哈布斯堡王朝的活动。他的外交政策在他1629年1月呈送给路易十三的备忘录中说得明白。那是个长期和近期的安排计划。将来必须向邻国敞开大门。梅斯得设防；如有可能，法国势力应推进至斯特拉斯堡，以占据一个进入德意志的通道。达到这些目标需要时间、智慧和小心谨慎、秘而不宣的行动方式。诚如黎塞留向他主子说明的那样，他坚定不移的目标是阻止"西班牙发展进步"；而在意大利正好有个机会：曼图亚和蒙特费拉特的贡萨加公爵1627年12月间去世，没有留下直系后裔。与威尼斯结盟的路易十三支持内弗尔斯的查尔斯——此人与其说是意大利诸侯不如说是法国诸侯；而与萨伏伊公爵结盟的西班牙则支持贡萨加家族的另一支。这两个地区都是战略要地，有卡萨莱要塞和曼图亚要塞。

曼图亚战争的爆发标志着西班牙命运的转折。皇家军队陷在了意大利，而很快德意志就急需调回军队。黎塞留在曼图亚事件中的活动是三十年战争爆发以来首次对哈布斯堡王朝的实力进行了钳制，也是西班牙一系列灾难发生的开始。

路易十三对西班牙不宣而战，1629年3月挥师翻越阿尔卑斯山，击败萨伏伊军队。这一胜利迫使西班牙军队撤出了对卡萨莱的包围。皇帝坚持认为曼图亚是皇家采邑，属他管辖范围；他的干预迫使黎塞留采取了进一步行动。1629年夏，一支华伦斯坦的军队在科利亚尔托的指挥下穿越沃尔特利恩通道，包围了曼图亚，与此同时老将斯皮诺拉包围了卡萨莱。隆冬时节，黎塞留亲自领兵翻越阿尔卑斯山，1630年3月攻占皮内罗洛要塞。6月间，路易十三征服萨伏伊，但曼图亚7月间落入皇家军队之手。

黎塞留在集中军力于意大利的同时，并没有忽视北方战事。经法国使臣夏尔纳塞斡旋签订的《阿尔特马克条约》（1629年9月26日）为瑞典和波兰提供了一个六年的休战期。这使古斯塔夫·阿道夫得以放手入侵德意志。1630年6月，法国与联合省签订一纸七年盟约，

第十一章 三十年战争

向荷兰提供一年的财政援助100万里弗赫。荷兰于1630年夏、秋即完全还清了援助款。

1630年7月3日，皇帝向在雷根斯堡召开的选帝侯大会提交了一份备忘录，要求支援荷兰战争和意大利战争、防御瑞典国王入侵的威胁。三天后，古斯塔夫·阿道夫在波美拉尼亚海岸登陆；这一重大事件在雷根斯堡并未引起什么注意。诚如可预料的那样，萨克森和勃兰登堡的新教选帝侯（他们拒绝亲自与会）强烈抗议《归还教产敕令》。天主教选帝侯们与皇帝联合拒绝这一抗议，但他们之间也没有进一步的合作。选帝侯们形成了团结一致的阵营，反对斐迪南卷入荷兰战争和意大利战争的计划；这一计划只对西班牙有利。在瑞典问题上，选帝侯们给古斯塔夫·阿道夫发去了一封义正词严的信件，要求他撤军。他们也没有接受皇帝提出的选举他大儿子为神圣罗马皇帝的要求；授予这一头衔就等于是承认了他的皇位继承权。选帝侯们所感兴趣的只是约束皇帝的权力；他们认为削减皇家军队人数和解除华伦斯坦的职务就能够做到这一点。

黎塞留的阴谋诡计使得选帝侯们反对皇帝的斗争更形复杂。他派一使臣到雷根斯堡谈判意大利的和平，同时又增强了反对皇帝的力道。陪同使臣的是黎塞留的亲密顾问嘉布遣会修士约瑟夫神父；世人皆知，此人是黎塞留的幕后军师。选帝侯之一的特里尔大主教亲法国；黎塞留希望争取巴伐利亚的马克西米连。

面对着对其计划如此坚决的反对、又担心法国—巴伐利亚会谈，斐迪南1630年8月13日同意解除华伦斯坦的职务。总司令归隐他在波希米亚的田庄，坚信还会起用他。

皇帝和法国使臣这会儿就意大利战争达成了协议，承认内弗尔斯公爵为曼图亚和蒙特费尔特的统治者。而法国则不得帮助皇帝的反对者。然而，法国使臣违背了黎塞留的指示，他拒绝了协议。1631年3月最终签订了凯拉斯科条约，认可了内弗尔斯公爵，但不妨碍黎塞留任意行动。

大部分皇家军队在意大利作战，而选帝侯们还在继续削弱德意志的军事实力；古斯塔夫·阿道夫则在不断巩固其在波美拉尼亚的阵地。战争开始了一个新阶段。政治上，国家处于分裂状态，陷入绝境，危机四伏。德意志的统治者们难以处理自己的事务，只好随瑞典和法国摆布。

第二节

古斯塔夫·阿道夫1630年7月6日在佩内明德登陆时，年仅35岁。他指挥的军事行动两年后在吕岑结束，从而改变了三十年战争的进程，也改变了欧洲历史的进程。他同他的朋友、忠诚的顾问、首相大臣奥克森谢纳合作，拯救了德意志的新教，并使瑞典成为一大强国。他的行政管理与军事才能生成自他的正义事业。在为这一神圣事业进行的战斗中，朋友与敌人泾渭分明。登陆后不久，他在会见勃兰登堡选帝侯派来请求中立的使节们时进行了激烈的争论。他说道：

> 我坦率地告诉你们，我讨厌中立的说教。阁下（指勃兰登堡选帝侯）要么是朋友，要么是敌人……如果阁下希望遵从上帝的旨意，那很好，他就是我的朋友。如果他想跟随魔鬼，那么我不妨实言相告：他必须同我作战。没有第三条路可走……（至于中立）它是不存在的，它就像垃圾一样，风一起就被吹走了。究竟什么是中立？我不明白。①

对古斯塔夫·阿道夫来说，王国的安全和保卫新教事业是分不开的。波兰战争不仅是为了防止他的堂兄西吉斯蒙德意志王获取瑞典王位，而且是为了阻止哈布斯堡王朝的天主教同盟反宗教改革势力的扩张。古斯塔夫·阿道夫和乌克森谢纳都被德意志新教诸侯们在三十年战争初期表现出的懦弱激怒了。而早在1620年，这位总理大臣就认识到将来可能有必要对德意志进行干预了。1624年为建立强大的新教联盟而进行的谈判失败，使这位国王重又投入波兰战争；他认为波兰战争不利于新教利益。1626年，他的军事行动扩展至普鲁士和他对斯特拉尔松的援救行动都使他更接近了德意志战争。丹麦的失败和皇帝与天主教势力的不断增长，使他感到入侵德意志的决定不能再拖了。古斯塔夫·阿道夫的两大原则——瑞典的安全和新教事业统一起

---

① J. Paul, *Gustaf Adolf*, Vol. II (1930), pp. 180–1.

第十一章 三十年战争

来了。①

在波美拉尼亚登陆之前，这位瑞典国王曾竭尽全力想要获得德意志新教诸侯们的支持——特别是勃兰登堡和萨克森选帝侯的支持，但都没有成功。萨克森的约翰·格奥尔格明确表示，如果瑞典进犯德意志，他会效忠于皇帝。勃兰登堡的乔治·威廉尽管与古斯塔夫是连襟，却只想求得安宁，以确保他的领地不受日后的侵犯，他还想充当瑞典与皇帝之间的调停人。黎塞留在1629—1630年冬、春之交谋求建立一联盟，但所有的谈判都失败了。这位红衣主教的政策是建立一个以巴伐利亚为基地的反哈布斯堡王朝联盟，但瑞典国王却坚持要领导这个联盟，并要与法国平起平坐。因此，瑞典投入这场战争时只有一个盟友——斯特拉尔松市。

然而还有补救的余地。诚如曾指出过的那样，敌人阵营内部也不团结；他们的最高指挥官华伦斯坦已被解职，换上了70多岁的梯利。德意志皇家军队约有4万人，尽管远远超过只有14000人的瑞典侵略军，但兵力广为分散。有一支55000人的皇家军队被牵制在意大利。天主教同盟的军队分散在易北河以西到莱茵河一带，战斗条件不佳。因此，古斯塔夫·阿道夫轻而易举地建立了桥头堡，8月瑞典即已控制了波美拉尼亚的大部分地区。马格德堡这一重要城市宣告支持瑞典，使古斯塔夫得以向易北河发动进攻。古斯塔夫·阿道夫派了一位杰出的军官迪特里希·冯·法尔肯伯格（Dietrich von Falkenberg）指挥保卫马格德堡。但再也没有其他城市起来支持入侵者了。要获得充足的军需品、援兵、食物和士兵们的军饷是非常困难的，军事进攻不得不滞缓下来。最后在1630年圣诞节那天，② 古斯塔夫·阿道夫向格赖芬哈根发动猛攻，赢得了一次引人注目的胜利；随后，他又攻克了加尔茨，并将皇家军队赶出波美拉尼亚，一直追击至勃兰登堡的屈斯特林。这位瑞典国王在他连襟领地上的巴尔瓦尔德（Bärwalde）设立司令部。他这会儿占有了为建立联盟而进行谈判的更为有利的地位。

瑞典国王要实行他的计划，同盟国的援助是绝对不可缺少的。他

---

① 关于1630年以前的瑞典和古斯塔夫·阿道夫，参见后面的第十三章。Michael Roberts in *Gustavus Adolphus, a History of Sweden 1611–1632* (2 Vols. 1953, 1958)，对国王的统治作了十分出色的叙述。

② 旧历法：新历法为1631年1月4日。

认识到：为了瑞典的安全，也为了补偿为战争作出的重大牺牲，获取德意志的土地是必要的。但他仍然不能改变勃兰登堡和萨克森选帝侯的中立立场。萨克森的约翰·格奥尔格能做的事，最多是于1631年2月在莱比锡召集一次由德意志新教诸侯和市民参加的会议。

更为成功的事情是重新开始与法国的谈判；前一年春天进行的谈判没有成功。1631年1月23日在巴尔瓦尔德签署了一项为期5年的盟约。条约的签订是黎塞留的外交失败，却是瑞典国王的胜利。这位红衣主教希望通过瑞典、巴伐利亚和德意志新教诸侯的联盟来削弱哈布斯堡王朝在德意志的实力。反哈布斯堡王朝联盟应在德意志为法国作战。但相反，《尔瓦尔德条约》不但没有束缚古斯塔夫·阿道夫的手脚，却向他提供了他所急需的财政援助［每年40万元（德意志15—19世纪的银币），1630年向他提供12万元］。条约中有一项条款规定，在被瑞典征服的天主教土地上允许信仰天主教，黎塞留只能通过这项条款来保护他的教友了。条约签订五天后签署的一项协定中，古斯塔夫·阿道夫还答应：假若巴伐利亚和天主教同盟保持"真诚的"中立，他将尊重它们的立场。这位瑞典国王所说的"真诚的"一词含义很宽泛，巴伐利亚的马克西米连对瑞典的盟友或朋友的任何直接或间接的攻击都会被看作是对中立的破坏。古斯塔夫·阿道夫得到了法国的支持却没有失去行动的自由，而黎塞留则无力影响他的决定。

德意志对瑞典的援助取决于莱比锡会议；会议拖拖拉拉，从1631年2月一直延续到4月，但成果却微乎其微。萨克森的约翰·格奥尔格控制了这次会议；他仍然希望靠反对的威慑促使皇帝修改《归还教产敕令》、阻止皇家军队入侵新教——特别是他的——领地。会议还一致同意建立一支4万人的防御部队；但部队得分散到各地，由地方指挥，只有萨克森选帝侯的命令才能调集部队采取行动。瑞典国王曾希望得到德意志的支持，而莱比锡会议无疑是对他的一个打击，使他成了其敌人嘲笑的对象。

在此期间，古斯斯夫·阿道夫和梯利都不具备取得决定性胜利所必需的军事优势。两人都在等待莱比锡会议的结果。当时紧迫的问题是马格德堡的处境；1630年11月以来，它就被巴伐利亚脾气暴躁的骑兵军官帕彭海姆伯爵所围困。古斯塔夫·阿道夫一再保证要保护这座被围困的城市，直到1631年4月他还认为：可以用声东击西的战术为它解围。但这会儿,梯利和帕彭海姆两军联合以两倍于瑞典军队的优势威胁着这座城市。只有马上采取行动才能使它解围,但解围行动却被两位新教选帝侯耽搁了。古斯塔夫·阿道夫需要一条退路以防万一。他最后迫使格奥尔格·威廉允许他使用施潘道要塞和屈斯特林作为退路通道。但萨克森选帝侯不允许瑞典军队从他的领地——通往马格德堡最近的路——上通过,而且拒绝派兵增援他们。然而古斯塔夫·阿道夫不顾一切地准备去援救马格德堡;可这时传来了这座城市已于5月20日陷落的消息。马格德堡毁于烧杀抢劫之中,有2万名居民死于这场战火。这是这场战争中最悲惨的事件。梯利赢得了这场战役,却使他事业的声誉蒙受了巨大损失。

马格德堡的陷落具有政治和军事上的双重影响。古斯塔夫·阿道夫对由萨克森领导的德意志军事联盟完全失去了希望。这位国王的长远计划是建立一个在瑞典领导下的强大的德意志新教联盟,同时与那些同意接受瑞典领导的诸侯结盟。在诸多的联盟中,最富有成果的要数同萨克森-魏玛的贝尔纳德和黑森的威廉伯爵的联合了。贝尔纳德由此开始了他在瑞典军中光辉的军事生涯。而威廉伯爵则是一位天才的军人与政治家,成了瑞典在德意志最忠实的盟友。

马格德堡事件并没有使瑞典国王停止他的军事行动。这场灾难使他不得不采取行动以避免梯利把他逼回波美拉尼亚海岸;另一促使这位国王必须加速行动的原因,是在意大利北部的皇家军队于凯拉斯科条约签订后得以解脱。瑞典国王主动采取行动的头两步是向皇家军队在波美拉尼亚的最后据点格赖夫斯瓦尔德发起猛攻和占领梅克伦堡——使被流放的公爵们在那儿官复原位。当托特将军和巴纳将军忙于这些战役时,国王把他的主力部队从施潘道调到易北河。他在韦尔本修筑了可以有效地打击皇家军队的战壕和掩体防御系统。梯利在激烈冲突(8月6日至7日)后的撤退,对这位常胜将军来说不仅是军事上的失败,也是严重的心理上的失败。

被古斯塔·阿道夫打败后,这位老将把注意力转向了萨克森。8月底,他与盼望已久的来自意大利的皇家军队会合。在这支集结于其北部边境大军的震慑下,萨克森选帝侯最终被迫加入瑞典阵营。梯利不但命令约翰·格奥尔格停止征兵,而且还威胁要剥夺他那原属于教会的土地;这时选帝侯才意识到:瑞典的帮助是必不可少的。古斯塔夫·阿道夫准备调军队前往萨克森去帮助他，同时还希望通过结成坚固的联盟以笼络住这位选帝侯。但是即使在皇家军队已经侵入他的领地这一时刻，约翰·格奥尔格还是不肯把自己同瑞典的事业紧紧绑在一起。9月12日缔结的盟约没有满足任何一方。尽管这位选帝侯不得不接受瑞典的帮助，但他仍然坚持日后计划行动必须通过双方协商确定，而他只会"尽其可能地"接受瑞典的指令。

9月15日，瑞典军队与萨克森军队在莱比锡以北大约25英里处的迪本会合。梯利也在同一天占领了莱比锡。古斯塔夫·阿道夫、约翰·格奥尔格和梯利都准备冒险一战。9月17日，双方军队在莱比锡附近的布赖腾菲尔德接上了火。瑞典国王占有人数上的优势：他自己的士兵24000名和萨克森人18000名；而梯利的军队约有35000人。但与敌人相比，瑞典人则衣衫褴褛，穷相毕露。诚如瑞典外交官阿德勒·萨尔维乌斯在斯德哥尔摩向议会呈递的报告所述：

> 与衣着考究、装束华美的皇家军队士兵相比，我们的士兵（由于一年来日夜鞍马劳顿）个个面容枯槁、衣衫破碎、肮脏不堪。面对德意志人的那些高头大马，我们瑞典和芬兰的马简直就是个小不点儿。和梯利的那些长着鹰钩鼻子、留着小胡子的老兵比起来，我们的这些农村娃在战场上的表现并不尽如人意。①

战斗刚开始萨克森人就溃逃了，古斯塔夫·阿道夫经过5个小时的激战赢得了彻底胜利。他高超的战术和他军队的严格纪律使他打垮了皇家军队。在这次战斗中，大约有2万名皇家士兵伤亡、3000人被俘，而瑞典只损失了2100人。伟大的骑兵统帅帕彭海姆遇到了对手。梯利受伤，逃过威悉河。整个欧洲，甚至在莫斯科，清教徒们都在庆祝布赖腾菲尔德的胜利。在流行的德意志诗歌里，瑞典国王被比作《旧约》中的英雄人物约书亚、基甸、大卫王和马加比，被比作亚历山大大帝和狄奥多西皇帝。他是上帝派来拯救好人的"北方雄狮"。

古斯塔夫·阿道夫当时面临三种选择：追击梯利、直捣维也纳抑

---

① Roberts, *Gustavus Adolphus*, Vol. II, p. 537.

或进军莱茵河。第一种选择几乎没被考虑；这可能是错误的，因为这给了梯利重整军队的机会。瑞典国王决定进军图林根和弗兰科尼亚（此地被称作"牧师巷"，因为这里都是教会的土地），然后向莱茵河进逼。这是一个伟大的战略计划，旨在西部建立起一个强大的阵地，然后向南部和东部进军，最后攻克巴伐利亚和奥地利。与此同时，萨克森军队守卫西里西亚和劳济茨，以此作为这个大包围行动的中枢。古斯塔夫·阿道夫在佩内明德登陆时却不会想到这个伟大的计划。为确保瑞典的安全和拯救新教，这会儿有必要考虑征服整个德意志、征服皇帝的家乡了！

9月底，瑞典军队开始向西部胜利进军。两星期后，古斯塔夫·阿道夫进驻主教管辖的维尔茨堡城，并在那逗留了1个月，为弗兰科尼亚建起了行政机构，接纳了那些愿意同他这位征服者结盟的新教统治集团、诸侯和市民。11月27日，他进占帝国古都莱茵河畔的法兰克福。瑞典军队在奥彭海姆击溃西班牙军队的顽强抵抗，渡过莱茵河，沿河北上到达美因茨。美因茨在12月22日投降。在德意志诸侯中居首位的美因茨选帝侯逃到了科隆。

然而，向莱茵河进军使黎塞留极为恼怒。为了实施其获得进入邻国通道的长远规划，他秘密地从萨伏依公爵那儿买下了皮内罗洛要塞。通过这种对《凯拉斯科条约》的公开践踏，他获得了进入意大利的通道；这样，这位红衣主教就可以把注意力转向法国的东部边境了。但这会儿他所面对的不仅有他的老敌人西班牙，还有他的新盟友瑞典。因此，他的目的就是要以外交和威胁手段来防止古斯塔夫·阿道夫永久地在莱茵河畔占据桥头堡。与此同时，他还在继续努力使巴伐利亚和天主教同盟脱离皇帝。事实上，巴伐利亚与瑞典之间的停战是黎塞留一手安排的。但是停战协议遭到了破坏；帕彭海姆根据马克西米连的命令在下萨克森地区继续采取了军事行动。而天主教同盟在瑞典人侵占了教会土地、同盟的一名成员特里尔选帝侯与法国和瑞典签署了中立条约后，就解体了。根据《特里尔条约》，黎塞留获得了占领埃伦布赖茨泰因和菲利普斯堡两个莱茵河要塞的权力。埃伦布赖茨泰因于1632年6月被占领；根据同瑞典达成的协议，科布伦茨也交给了法国。西班牙军队被逐出特里尔。黎塞留从而得到了他觊觎已久的进入德意志的通道，但他意图建立一个以巴伐利亚为基地、由法国控制的德意志反哈布斯堡联盟的企图又一次失败了。黎塞留想消除瑞典在莱茵河左岸的势力这一企图实际上已把他同古斯塔夫·阿道夫的联盟拉向了崩溃的边缘。当法国的使臣们愚蠢地威胁说他们的国王已准备好率 4 万人出击时，古斯塔夫·阿道夫愤怒地反唇相讥："要打败我，你们的国王不必动用这么多人。假如人数能决定一切的话，那就不是我打败皇帝，而是皇帝打败我了。你们的国王愿到哪儿就到哪儿；但他要小心不要从我驻军的路上通过，否则他就是在寻衅与我决斗。"①《巴尔瓦尔德条约》仍生效；但从此黎塞留和古斯塔夫·阿道夫就成了不友好的盟友了。

1631—1632 年冬，同法国的关系只是古斯塔夫·阿道夫所面临的许许多多难题之一。对大片占领区的组织与管理工作、与德意志新教诸侯的关系、宗教政策、军事事务，特别是为了取得最后胜利所必需的征兵和征集军需品的工作；所有这些问题都需要这位国王日夜劳心费神。1632 年 1 月奥克森谢纳与之会合前，这位疲惫不堪的君主一直独自承担着这些责任；即使这会儿，瑞典为数不多的有能力的管理人员也很难应付局面。美因茨成了占领区的管理中心，而德意志诸侯则在瑞典代理人的协助下担任了各地的总督。这实际上是一种为军事目的而征收税款的管制体系；税收尽管严苛，但尚能忍受。士兵们有时的确难以控制；他们横行乡里，作恶多端，虽然有严格的纪律约束也无济于事，国王对此感到十分震怒。

在宗教方面，古斯塔夫·阿道夫显示出了非凡的宽容精神。天主教教会土地被没收，不但分给了瑞典的高级官员和军官，也分给了德意志的高级官员和军官们，作为对他们辛苦的报酬；但使天主教居民感到吃惊的是，他们仍然可以信仰自己的宗教。这位国王也注意保护自己的路德派信仰。当巴拉丁那位流亡的腓特烈五世到达美因茨迫切希望收回他的世袭土地时，古斯塔夫·阿道夫坚持认为：在信仰加尔文教的巴拉丁必须对路德教派实行宽容政策。

在那些太远难以直接控制的地区，这位国王遇到了军事方面的困难。假如他在布赖滕菲尔德战役后乘胜追击敌军的话，有些困难是可以避免的。在下萨克森地区，帕彭海姆以大大少于瑞典军队的兵力牵

---

① Roberts, *Gustavus Adolphus*, Vol. II, p. 587.

制住了上千名士兵，而这些军队正是战场上所急需的。最大的危险还在萨克森选帝侯负责守卫的东部战线。

萨克森军队的指挥官是一个虔诚的勃兰登堡新教徒，名叫汉斯·格美尔格·冯·阿尼姆；此人根据自己的是非观换从了主人。他曾在华伦斯坦麾下服务，并荣立战功；但《归还教产敕令》颁布后，他离开皇帝，加入了萨克森军队。然而，他并不是瑞典的朋友，他根据自己对军事形势和政治形势的判断行事。1631年11月，他侵入波希米亚，进驻布拉格；他这样做直接违背了古斯塔夫·阿道夫的战略规划；古斯塔夫·阿道夫要求萨克森军队在劳济茨和西里西亚坚守阵地。如果皇帝加强他的军事力量，侵入波希米亚会使整个东部前线陷入险境。华伦斯坦复出，皇帝实力重振，其军事力量无疑即将加强。

起初，皇帝对布赖滕菲尔德战役的结局倍感恐惧，甚至想逃往意大利。在征得他的宗教顾问们同意后，他准备作出一些不同寻常的让步来挽救他的皇位和土地：中止《归还教产敕令》、把北部主教管区还给新教所有者、教会地产暂时归勃兰登堡和萨克森选帝侯拥有。斐迪南很快恢复了他惯常的乐观情绪；他决心征召大批皇家军队以击退异教徒入侵者。12月10日，华伦斯坦同意重新出任总司令。1632年4月，他不仅掌握了全部军权，而且还拥有同敌人谈判的权力。这位弗里德兰公爵在1630年8月被免职时就正确地预见到：他将会重新被起用。

华伦斯坦被迫离职期间的所作所为具有一种奇特的色彩。从表面上看，他已完全退出了社会活动，甚至拒绝其大庄园为梯利的军队提供食粮。与此同时，他在私下里同皇帝的敌人进行了一些复杂的交易。1621年初以来，以华伦斯坦的妹夫亚当·特茨卡为首的一些波希米亚流亡贵族一直同在瑞典军队中服役的波希米亚军官有来往。而这些军官中最引人注目者为那次注定要失败的波希米亚起义的领导人之一图恩伯爵。他们的目的是在瑞典的支持下由华伦斯坦领导建立一个独立的波希米亚。使古斯塔夫·阿道夫感到非常意外的是，华伦斯坦在1631年7月请求他提供一支10000—12000人的军队，由图恩指挥。古斯塔夫·阿道夫接受了这一建议，并答应任命华伦斯坦为波希米亚总督，任职至腓特烈五世复位。因此华伦斯坦在他这段生涯中，既是波希米亚的爱国者，同时又是皇帝的叛徒。布赖滕菲尔德战役胜利后，古斯塔夫·阿道夫与华伦斯坦之间不再那么相互需要了。瑞典国王处在了胜利之巅，而弗里德兰公爵却因为这次胜利得以满怀信心地等待着皇帝重新起用他。

华伦斯坦不再与古斯塔夫·阿道夫谈判，转而与他过去的战友阿尼姆进行不同寻常的交往。华伦斯坦虽已表示愿意重新担任皇家军队的指挥，却仍告诉阿尼姆说布拉格不用防守。当皇帝授权华伦斯坦就促进全面和平与阿尼姆进行谈判时，他们两人之间的关系是基于不同立场的。他们于1631年11月底会面；由于萨克森选帝侯从中作梗，谈判一直持续到1632年5月。华伦斯坦很可能会因此被看成一名和平的使者，然而他似乎只想使萨克森脱离瑞典阵营。

古斯塔夫·阿道夫已经对风传的萨克森的阴谋感到吃惊，对帕彭海姆的胜利也很吃惊。这时有消息说：梯利打败了霍恩率领的瑞典军队，并包围了班贝格。似乎应当立即采取行动了；国王于1632年3月率领13000人的军队离开美因茨，追击向东撤往上巴拉丁的梯利。古斯塔夫在战事准备完全就绪前就开始了对巴伐利亚的攻势；这是这场战役的第一步，他希望这将会导致最后的胜利。但是他预计打败敌人需要21万人，现在仍缺9万人。

古斯塔夫4月8日在多瑙沃尔特渡过多瑙河。第二天援军赶到后，主力部队得到了增强，总兵力达到22500名步兵和15000名骑兵。而由梯利指挥的兵力超不过22000人。巴伐利亚的马克西米连对瑞典的进军感到惊恐不安，他请求华伦斯坦援助；与此同时，梯利把军队部署在巴伐利亚西部边境的莱希河东岸。古斯塔夫·阿道夫没有听从其军事会议的劝告，决定向坚固的敌人阵地发动猛攻。4月15日，他的步兵乘坐一艘大型渡船过河，攻击点被笼罩在一片炮火和草料燃烧的烟雾之中。与此同时，骑兵在主要渡口的两端过河，对梯利部队进行两翼包抄。古斯塔夫大获全胜。马克西米连领着他的残兵败将撤回因戈尔施塔特要塞。老将梯利在战斗中负伤，古斯塔夫·阿道夫派了一位著名的外科医生去医治，但他还是在两周后死去了。巴伐利亚受到了蓄意的蹂躏，农民惨遭屠杀；这一方面是为了削弱敌人，另一方面也是为了对新教北方所受蹂躏进行的可怕报复。

瑞典国王原来的宏伟计划是先征服巴伐利亚，再进行多瑙河战役，最后进入奥地利。然而，从波西米亚传来的消息打乱了这个计划。5月21日,阿尼姆与华伦斯坦举行了最后一次会议。这位帝国最高统帅已做好充分准备,如果他的建议被拒绝,他将使用他的新军队;他做了过分越权的承诺:废除《归还教产敕令》、实现宗教宽容、使德意志恢复到1618年时的状况。萨克森选帝侯认为这些建议只不过是"逮老鼠的诱饵",遂中断谈判,要求古斯塔夫·阿道夫帮助抵御华伦斯坦的进攻威胁。

古斯塔夫·阿道夫非常担心东部战线崩溃,答应支持约翰·格奥尔格。然而在将部队调往北方之前,他禁不住诱惑而攻打了慕尼黑,慕尼黑于5月16日被攻陷。腓特烈五世陪同瑞典国王兴高采烈地进入曾剥夺了他波希米亚王位和选帝侯称号的敌人的首府。

华伦斯坦在他的和平建议被拒绝之后立即采取行动。他5月25日进入布拉格,萨克森的军队则从波希米亚撤出。6月初,古斯塔夫·阿道夫在开往纽伦堡的途中再次渡过多瑙河。这标志着华伦斯坦在战略上的重大胜利。古斯塔夫原希望多瑙河战役会迫使华伦斯坦停止对萨克森的压力;但不料华伦斯坦却扰乱了古斯塔夫的计划,迫使他转为守势。

古斯塔夫·阿道夫尽管在军事上遭受了严重挫折,仍十分乐观地为德意志的未来,向纽伦堡市民委员会提出了一大致的规划。他计划筹建两个联盟:一个是为赢得战争的军事联盟,另一个是为维持和平的政治联盟。他希望所有德意志新教的领地和城市都加入这些由瑞典领导的联盟。但是,这个政治联盟并不打算推翻帝国,将成为国中之国(corpus in corpore),拥有自己的军队和立法机关。当时盛传古斯塔夫·阿道夫本人想当皇帝,但没有证据证实这些传言。瑞典自己的要求所依据的是国王十分喜爱的政治理论家格劳秀斯的理论。按照征服者享有宗主权这一原则,古斯塔夫·阿道夫声称(至少从理论上讲),瑞典已完全控制了所有被占领土(包括新教领土和天主教领土)。实际上这就意味着:在最后的和平谈判中,天主教会土地会被用来当作筹码,而战争税既可以在天主教土地上征收,也可以在新教土地上征收。特别提出:波美拉尼亚这块皇帝的采邑归瑞典保留;这一安排将使瑞典君主成为帝国诸侯。这是古斯塔夫·阿道夫的计划:一个确保德意志新教和瑞典安全的计划,也是对他的国家为战争作出的贡献的补偿。

一直到6月底瑞典国王才认识到华伦斯坦与马克西米连的军队会合后是开往纽伦堡而不是萨克森；他们的兵力大大地超过他自己的兵力。为了应付这种危险局面，国王在城墙周围修筑了防御工事，发出了增援命令。华伦斯坦没敢进攻国王坚固的阵地，从而受骗上当失去了一次胜利的机会；要知道，他的军队有48000人之众，而敌军才有2万人。华伦斯坦在离城大约3英里的地方修建了坚固的防御营地。在营地的一端有一座叫作阿尔特费斯特的旧要塞。华伦斯坦就在这儿等着瑞典军队粮草断绝而投降。

古斯塔夫·阿道夫指派奥克森谢纳负责召集援军之事。召集工作花费了两个月的时间，但这位总理大臣还是圆满地完成了使命。8月底他带领3万援兵与国王会合。古斯塔夫·阿道夫这会儿比敌军稍占优势，遂决定攻打阿尔特费斯特。他错误地认为华伦斯坦与其主力部队在撤退。他于9月3日发动进攻，但被击退。这是两位著名的统帅首次在战场上相遇，也是这位常胜的"北方雄狮"自踏上德意志领土以来第一次在战斗中受挫。

在阿尔特费斯特受挫不仅仅是吃了一次败仗，还挫伤了瑞典军队的士气，也是一次战略上的失败。在其后的两周内，瑞典军队由于开小差和疾病流行损失了1/3的兵力。瑞典国王由于不能把华伦斯坦引出他坚固的营地，被迫于9月18日从纽伦堡撤军。三天后，皇家军队司令毁弃营地，挥师北上。华伦斯坦掌握了主动权，而瑞典国王只能根据这位司令的行动制订计划。古斯塔夫·阿道夫企图通过一场多瑙河战役将华伦斯坦引入野战；但由于下萨克森地区的军事形势日益恶化，他通往波罗的海的生命线似乎受到威胁，不得不仓促北上。

这期间，华伦斯坦侵入萨克森，进驻莱比锡（10月2日），准备在选帝侯的领地过冬。来自巴伐利亚的一支部队与他会合，加上从下萨克森战役中取胜的帕彭海姆被召回与他会合，他统率的军队已达19000人。由于摸不清敌军的计划，瑞典国王在离皇家军队前哨只有几英里远的萨莱河旁的瑙姆堡修建了坚固的营地，等待消息和援军。11月4日得到的消息正合他的心意。华伦斯坦认为不会有立即受到进攻的危险，把兵力分散到各越冬营区；帕彭海姆的军队（包括3000名骑兵），驻扎在离皇家军队司令部35英里处的哈雷。据说瑞典国王大声叫道:"我现在的的确确相信,上帝已把他交在了我手中。"①

11月15日清晨,古斯塔夫·阿道夫踏上了他最后的征程。他希望在帕彭海姆赶回之前给华伦斯坦以出其不意的打击。瑞典军队有12800名步兵和6200名骑兵,与华伦斯坦的军队在数量上相当,但骑兵力量处于劣势。瑞典军队与皇家军队先头部队不期而遇,出其不意的目的没有达到,却使华伦斯坦得以集结他的部队。按预定信号,司令部发出三声炮响,将分散的军队集中在莱比锡以西约15英里处的吕岑镇。帕彭海姆也接到命令立即返回。华伦斯坦在11月15—16日夜安排部署他的兵力。右翼是吕岑城堡和风车,炮兵就布置在这里。左翼比较薄弱,但帕彭海姆的骑兵到来后便可得到加强。

命运偏偏与瑞典国王作对。11月26日上午一场大雾一直延续到11点钟,阻碍了他对左翼发动进攻。1小时后,帕彭海姆及时赶到,挽救了皇家军队必败的命运。但是这位杰出的骑兵统帅却在这场反击战中受了致命的创伤,左翼崩溃。可就在瑞典人胜利在望时,大雾又一次降临。与此同时,由魏玛的伯纳德指挥的瑞典部队左翼陷入严重困境;在帕彭海姆到达之前,国王挥师援救。就在国王率领骑兵冲锋时,一颗毛瑟枪弹击中他的左臂。他在被随从救走时,背部又中了一弹,随即坠马,有一发子弹射穿他头部,他当场毙命。

魏玛的伯纳德向皇家军队的右翼发动了一次极为成功的进攻,从而转败为胜。夜幕降临时,华伦斯坦把军队撤到莱比锡。瑞典军队损失了5000—6000兵力,皇家军队的损失则更多。

吕岑战役也是一次战略上的胜利,因为瑞典军队与波罗的海的联系未被切断;而华伦斯坦却最终被迫撤回波希米亚。

任何军事胜利都不能弥补古斯塔夫·阿道夫的阵亡。他拯救了德意志新教,使瑞典成为一个强大的国家:对他来说这两者是密不可分的。再也没有一个领导人能像他那样,把理想主义与治国方略和军事才能紧密结合在一起。三十年战争的后16年是由强权政治和非宗教的目的所支配的。

另一个人的死也应引起注意。吕岑战役两周后,腓特烈五世在梅

---

① Roberts, *Gustavus Adolphus*, Vol. II, p. 748.

斯死于瘟疫；他体弱多病，终年36岁。正是由于他接受了波希米亚王位，才促使德意志战争的爆发。

克里斯蒂娜是瑞典王位继承人，父亲去世时她仅六岁。政府当时掌握在摄政的王家顾问委员会手中。在斯德哥尔摩的顾问们很乐意把战争的责任全部推到奥克森谢纳首相身上，而他也自认为是已故国王的计划执行人。这位首相与国内的顾问们在两个问题上达成一致：瑞典必须永久拥有波美拉尼亚；德意志人必须对战争做出赔偿。因此，奥克森谢纳首先关心的是确保从德意志新教各诸侯国继续得到军事上和资金上的支持。

诚如所料，萨克森的约翰·格奥尔格从未对同瑞典结盟感到满意过；他希望掌握新教集团的领导权，希望同皇帝订立全面和约抑或单独议和。奥克森谢纳召集了由德意志西南部的弗兰科尼亚、斯瓦比亚、上莱茵与下莱茵四地区代表参加的会议，很快就阻止了这位选帝侯夺取领导权的企图。

1633年3月18日，四方代表在海尔布隆开会，经过一个月的谈判，于4月23日签署了海尔布龙同盟条约。奥克森谢纳被选为同盟首领，但同时又产生了一个十人咨询委员会，其中七人由四方的各个阶层选出，三人由瑞典选出。此外，各地区由一个四人委员会（其成员之一应是瑞典人）管理，而不是瑞典人独家统治。这位首相只能为军队筹集到240万帝币（imperial dollar），而这只是他原本需要的1/4。由此可见，国王去世后瑞典的影响力下降了。但尽管如此，如果瑞典拥有充足的军事力量，海尔布龙同盟还可能会像古斯塔夫·阿道夫曾经计划的那样成为德意志福音派联盟的核心。

新同盟通过的一项政治决议是要纠正战争初期所犯的一个错误。巴拉丁归还给腓特烈的继承人查理·刘易斯；在他未成年期间，任命"冬季国王"的兄弟路易·菲利普为行政长官。

奥克森谢纳还成功地同法国重新签署了财政援助条约，同时挫败了黎塞留想利用瑞典国王去世大做文章的企图。这位红衣主教想通过与萨克森和瑞典联盟来控制反哈布斯堡集团。他声称对阿尔萨斯各城镇和菲利普斯堡以及布赖萨赫的河上桥头堡拥有主权，从而清楚地表明了他想染指莱茵河地区。他又重新提出了使德意志天主教诸侯国保持中立、对之加以保护的老计划。但遭到了奥克森谢纳及其海尔布龙

第十一章 三十年战争

同盟国的反对，萨克森也不愿与法国结盟，从而使得这位红衣主教的计划破产；他不得不恢复1633年4月19日签署的那项《尔瓦尔德条约》，以此聊以自慰。

奥克森谢纳面临的另一个更为严重的大问题是：控制军队。这位总理大臣是一位老练的外交家，但他却没有在战场上指挥军队的必要经验。瑞典人霍恩和班纳、德意志人黑森－卡塞尔的威廉和萨克森－魏玛的伯纳德是当时的几位主要将领；他们之间相互猜忌，使得他难以任命总司令。伯纳德是萨克森家族的年青一代，29岁时作为军人就已远近闻名；他甚至野心勃勃想要建立一个公国。奥克森谢纳不得不授予他"弗兰科尼亚公国"，由维尔茨堡和班堡两主教管区组成，是瑞典王室的封地。这是给予一个军事将领最大的好处。而只有把土地封给下级军官才能控制住军队；兵变要靠发放部分拖欠的军饷才得以平息。

当奥克森谢纳在巩固他地位的时候，他的敌人也在准备重新采取敌对行动。两位年轻人的崛起为哈布斯堡家族的联盟注入了新的活力；他们一个是西班牙费利佩四世的兄弟费尔南多亲王，另一个是皇帝的儿子斐迪南大公——他是匈牙利和波希米亚的加冕国王，也是未来的皇帝。费尔南多亲王虽然只有二十几岁，却一直受到教会的教育，并已接受了红衣主教的职位，所以他通常被称为红衣主教亲王。1632年，他继承了年迈的女大公伊莎贝拉的王位，成了尼德兰的统治者。他追逐名利、政治上野心勃勃，对战争也颇有研究。他脱去了红衣主教的长袍而换上了战袍，成为西班牙重新征服联合省计划的热心领导人。红衣主教亲王在维也纳的主要盟友是斐迪南大公——人们通常称他为匈牙利国王。在华伦斯坦被免职期间，他曾企图获得对皇家军队的指挥权，但没有成功；而当华伦斯坦被重新起用时，他又一次失败了。

匈牙利国王成了华伦斯坦在维也纳的主要敌人之一，这会儿西班牙使臣也加入了他的行列。在反对荷兰的战争中，华伦斯坦拒绝合作，从而激怒了这位使臣。华伦斯坦所反对的这项计划是：向莱茵河地区派出一支皇家部队，与红衣主教亲王率领的来自意大利的西班牙军队会合。红衣主教亲王希望在北上与荷兰作战的途中把法国军队和瑞典军队从莱茵河地区赶出去。

与此同时，在霍恩指挥下的瑞典军队也在威胁着莱茵河畔重镇布赖萨赫；它的陷落会使红衣主教亲王的军事行动陷入危险之中。1633年11月4日，雷根斯堡被萨克森－魏玛的伯纳德攻克。由于遭受军队的抢劫，也由于粮食歉收，巴伐利亚的农民在绝望之中起来造反了。华伦斯坦面对这些灾难无动于衷，加之他计谋多端、城府很深，使维也纳和马德里的政治家们越来越清楚地意识到：这位将军是要阻挠对反对哈布斯堡家族敌人的全面战争。

吕岑战役后，华伦斯坦的确是身心俱疲了。这次失败后，他下令逮捕、处决了表现怯懦的13名军官和5名士兵；这一惩罚性的举动使他在军队中失去了人心。有关他的怪癖和残忍故事广为流传：他习惯于枪炮声，却受不了马刺的叮当声、狗吠声、鸡叫声和大声说话。他下令绞死过一个仆人，因为他吵醒了他。

更为严重的是华伦斯坦同敌人的交往。这些交往有些是众所周知的，有些是有所察觉的，还有些是仍然掩藏在神秘之中的。这位将军大谈和平，但他希望取得和平的方式却被指责为背信弃义。同萨克森选帝侯及其军阿尼姆以及波希米亚流亡者的谈判仍在继续进行。把萨克森从敌人的阵营中分离出来当然对皇帝有利，但同波希米亚流亡者的秘密会谈只能被理解为背叛行为。图恩、金斯基、特茨卡这些被打败的波希米亚贵族代表仍希望能把哈布斯堡统治者赶走。假如他们成功了，除了华伦斯坦还有谁能当国王呢？当这位将军在西里西亚捉住图恩又把他释放了时，就为这位将军对波希米亚起义的偏袒提供了证据。1631年中止的与瑞典的秘密谈判又重新开始了。黎塞留通过驻德意志的使臣与金斯基进行了接触；金斯基告诉他，华伦斯坦有意背弃哈布斯堡事业。这位弗里德兰人既是在图谋王位和谋求和平，也是为他在1630年被免职一事进行报复。但他没有着力、坚持不懈地把事情进行到底。对占星术的依赖、不时的意志消沉以及多病之躯，压倒了这位实干家和军事战略家。

皇帝逐渐地转而反对这位将军的行动。8月间，皇帝证实了华伦斯坦的几个主要副官（特别是皮科洛米尼和加利亚斯）是效忠于他的。从那以后，皮科洛米尼就一直向皇帝通报他的总司令的所作所为。与此同时，反对这位将军的宫廷派系则资助那些公开攻击他的小册子。

华伦斯坦的所作所为对他的敌人有利。1634年1月12日，他召集了一个军官会议，签署了一份被称作"皮尔森转向"的文件。军官们在文件中宣誓要效忠他，发誓决不背叛他。此时，皇帝乃至华伦斯坦在宫廷中的朋友都不得不相信：一场叛逆行动正在谋划中。1月24日，皇帝签署一份特许状，秘密送交皮科洛米尼、加利亚斯和巴伐利亚的马克西米连。特许状命令解除华伦斯坦的职务，将他抓获，不管是死是活。这道命令直到2月18日才公开。

除了少数几个军官和少量部队外，所有的人都抛弃了华伦斯坦。他向魏玛的伯纳德和阿尼姆紧急求救。他被用担架抬到离萨克森边境不远处的埃格尔；在那儿他还希望能得到救助。巴特勒上校——一个爱尔兰天主教徒——接受皮科洛米尼的命令执行皇帝的意旨。两名苏格兰新教徒——埃格尔驻军指挥官莱斯利和戈登——与巴特勒一起行动；参加行动的还有3名爱尔兰人、1名苏格兰人、1名意大利人和1名西班牙人。2月25日傍晚，这些共谋者邀请特茨卡、金斯基和两名忠于华伦斯坦的军官到城堡赴宴。暗号一发，这些客人全部被杀。华伦斯坦当时正生病躺在集市广场上他的营房内，也被爱尔兰人德弗勒上尉杀害。

对华伦斯坦及其同伙们的处决——或者说是谋杀——加强了哈布斯堡王朝军队的团结。匈牙利国王得到了他梦寐以求的最高统帅的职位，加利亚斯任他的主要副手。而瑞典及其盟国却是另一番情景。萨克森选帝侯的将领阿尼姆进攻波希米亚时，他本人却开始同皇帝进行和谈。勃兰登堡选帝侯害怕奥克森谢纳对波美拉尼亚提出要求，所以他是不可信赖的。尽管这位总理大臣作出了不懈的努力以加强他的军队，但海尔布隆同盟还是迟迟不出手相助，甚至还减少了其财政援助。

军事方面，分开的霍恩元帅和伯纳德公爵的瑞典军队迟迟不会合一道保卫拉蒂斯邦，致使它在1634年7月22日被斐迪南国王和加利亚斯攻克。8月16日，他们渡过了多瑙河，包围了由一小股瑞典军队守卫的内德林根，在那儿等候从黑森林过来的红衣主教亲王。现在再也没有华伦斯坦之辈来阻碍皇家军队与西班牙军队的合作了。霍恩和伯纳德急速赶来援救内德林根，但为时已晚，阻止不了红衣主教亲王带领15000名训练有素的西班牙军队的到达。哈布斯堡王朝的军队有39000人之众，比他们的敌人多1/3。尽管在兵力人数上处于劣势，瑞典指挥官们还是决定冒险一战，9月6日发动了进攻。在五个小时的激战中，西班牙的步兵英勇善战，哈布斯堡家族的兄弟们大获全胜。霍恩被活捉，伯纳德同大约14000名士兵死里逃生。残余的瑞典大兵不是被杀便是被俘。

同白山战役和布赖腾菲尔德战役一样，内德林根战役也具有决定性意义，在军事与政治上都产生了深远的影响。除了少数几座城市外，古斯塔夫·阿道夫在德意志南部直到莱茵河、内克河和美因河地区的征服地全部丧失。政治与宗教几乎全都恢复到了1631年以前的状况。内德林根战役以及此后皇家军队的几次胜利导致了海尔布隆同盟的削弱以至最后的解体，导致了《布拉格和约》的签署，也导致了法国最终正式参战。

自从1634年3月以来，萨克森的约翰·格奥尔格就一直在同皇帝为和平而进行谈判。11月他们达成了初步协议，定于1635年2月开始停战，并于5月30日签署了《布拉格和约》。选帝侯和皇帝都作出了让步。关于至关重要的教会土地问题，限定的年份为1627年；那年已拥有的土地可以保留四十年；纠纷将由包括同等数量的天主教和新教成员组成的帝国法庭裁决。《归还教产敕令》的中止使皇帝感到不安，也遭到了拉莫迈因的反对；但当斐迪南的大部分宗教顾问都表示赞同时，他也就释然了。条约并没有特意排斥加尔文教徒，因为那样做会把勃兰登堡选帝侯拒之门外；然而加尔文教派也没有得到承认。没有颁布大赦令。腓特烈五世的继承人仍然未得到他的选帝侯资格和土地；这一做法正合巴伐利亚的马克西米连的心意。条约考虑到了包括瑞典在内的交战各方；新教各阶层将捐资补偿换取瑞典从德意志撤军。

在《布拉格和约》酝酿之际，一位英国使臣阿伦德尔伯爵也来到德意志，意欲代表不幸的巴拉丁家族会见皇帝，但未能如愿。就在4年前，古斯塔夫·阿道夫节节胜利的军中一位苏格兰军官罗伯特·门罗在从法兰克福至维尔茨堡的行军途中，对所见景象感到非常喜悦，他这样写道："欧洲没有一个国家能够与德意志相媲美，它土地肥沃、物产丰富，盛产玉米和葡萄酒；它交通便利，有可爱的城市、漂亮的建筑物和罕见的果园、树林和大面积栽种植物；这里的农村同

第十一章 三十年战争

城市一样文明开化。"① 但这会儿威廉·克洛恩龙——一位阿伦德尔的随从——也对这个国家的景象做了记述；他的记述同门罗的记述大相径庭。从科隆到莱茵河，这位使臣和他的随从们沿途经过的是"许多遭洗劫和破坏的村庄"。在巴哈拉赫，"许多死亡的穷人嘴里含着青草"。在鲁德斯海姆，这位使臣"把一些救济品分给那些快要饿死的人；他们为了争夺这些食物，往往动手打起来"。在门茨，使臣只能回到船上吃饭，因为在城市里找不到任何食物。饥饿的人们拥挤着冲进河里，急于得到船上发下来的食物充饥。从科隆到法兰克福，"所有的城镇、村庄和城堡都受到了洗劫和烧杀"。使臣一行经过维尔茨堡，渡过美因河，来到诺伊斯塔特，"这曾是一座美丽的城市，但现在却被烧得面目全非。在这里，我们看到了坐在家门口饿得奄奄待毙的穷孩子"。穿过上巴拉丁，英国人来到一个村庄吃晚餐。"这个村庄在两年之内被洗劫过 28 次，有一天曾被洗劫过 2 次。那里连水都没有，只有下雨时接点雨水"。到达多瑙河后，他们乘船继续前往林茨，看到的仍然是被毁坏的村庄和寻求救助的人们。②

也难怪那些有选举资格的诸侯和市民急于要签署《布拉格和约》了。海尔布隆同盟已经死亡，只有魏玛的伯纳德和黑森的威廉拒绝放下武器。但条约并没有为帝国带来真正的和平。选定 1627 年为拥有教会土地的限定年份对德意志南部的新教诸侯们来说意味着失败与绝望。战争并没有结束。瑞典为满足其领土"欲"在继续战斗。而法国则成了正式参战国。

黎塞留在对外政策上从没有偏离过目标。他的目的是阻止西班牙的"发展进步"和获得进入邻国领土的"通道"。他早就预见到公开的战争取代非正式战争的时间一定会到来。内德林根的灾难发生之后，西班牙和奥地利的联合力量威胁着法国的东部边境；为了对付这一危险局面，法国军队接管了曾被瑞典人占领的阿尔萨斯各城市。洛林也被占领了，因为它那惹是生非的查理公爵已经公开投向哈布斯堡

---

① Robert Monro, *His Expedition with the Worthy Scots Regiment (called Mac‑Keyes Regiment)* (London, 1637), part Ⅱ, p. 89.
② William Crowne, *A True Relation of all the remarkable places and passages observed in the travels of the right honorable Thomas Lord Howard, Earle of Arundell and Surry... 1636* (London, 1637), pp. 5–17.

一边。

皇家军队在莱茵河地区的出现、它对洛林构成的威胁以及西班牙对特里尔的袭击并把特里尔选帝侯作为俘虏劫持：这一切都迫使黎塞留采取进一步行动。1635年2月8日，他同荷兰签订一个条约，为联合征服西属尼德兰做准备。4月28日，他与瑞典缔结一个新联盟。5月19日，一位军队传令官站在布鲁塞尔的广场上正式宣布：法国国王对西班牙国王和尼德兰的统治者红衣主教亲王宣战了。虽然没有提及皇帝，但法国国王也与他交战了。从1635年到最后缔结和约，三十年战争主要是哈布斯堡家族和与瑞典联盟的法国之间的一场权力之争。

法国并没有做好战争准备，这一点黎塞留非常清楚。尽管法国人口众多，而且比当时任何其他的国家都富有；但政府也为17世纪普遍的财政危机所困扰。甚至在和平时期，它也没有足够的资金维持一支有实力的常备军；一旦进入战争，为一支庞大的军队提供军饷和军需品等难以想象的困难便会接踵而来。1635年那会儿，法国军队既没有受到充分的训练也没有完善的组织，还缺乏出类拔萃的军官。

除了荷兰——而荷兰只能应付在尼德兰进行的战争——黎塞留只能依靠两支由黑森的威廉和魏玛的伯纳德指挥的小股德意志军队。红衣主教使这些军队受雇于法国。弗兰科尼亚当时被皇家军队占领，为了补偿伯纳德失去弗兰科尼亚公爵领地的损失，他授予伯纳德阿尔萨斯领主领地和哈格瑙伯爵领地。至于瑞典，它所关心的主要是维护它对波美拉尼亚的控制。1637年3月之前，由于博吉斯拉夫公爵十四世死后无嗣，奥克森谢纳一直希望与皇帝单独媾和，使皇帝承认瑞典对这块公爵领地的主权，所以这位首相不想与法国的关系过于密切。另一方面，根据《布拉格和约》的规定，因为瑞典拒绝从德意志撤军，从而使萨克森选帝侯同他的前盟友开战。勃兰登堡选帝侯效仿萨克森的做法。

哈布斯堡王朝日益强盛，而黎塞留尚未做好充分的准备，却还是打算在尼德兰和意大利同时向西班牙人发动进攻；其结果是灾难性的。法国军队在列日附近打败了西班牙人，可由于军饷不足和粮食缺乏而崩溃了。在意大利，经过一场短暂而无结果的战斗之后，他同萨伏依公爵和帕尔马公爵签订了一份征服米兰的协议（7月11日）。

第十一章 三十年战争

1636年夏，西班牙和皇帝的联合部队向法国发起反攻。由于得到了杰出军官约翰·冯·韦尔特率领的巴伐利亚骑兵的增援，红衣主教亲王攻入皮卡迪；与此同时，皇家军队将军加利亚斯占领了弗朗什孔泰、攻克了勃艮第。1636年8月14日，红衣主教亲王的军队占领了亚眠附近的科尔比要塞，同时韦尔特逼近了孔皮埃尼。巴黎告急，暴民骚乱，宫廷上下都认为黎塞留要垮台了。但黎塞留的沉着坚定和路易十三作为总司令聚集其部队所表现出的沉着坚定，使这座城市平静了下来。加利亚斯在圣让－德洛斯恩遭到了法国守卫部队的遏制；这为这座城市赢得了圣让－贝尔德方斯的美名。红衣主教亲王无法再维持他最初的优势了；为军队提供军需品困难重重，使他不可能再采取进一步的行动。路易十三夺回科尔比，敌军撤出法国领土。

与此同时，瑞典人虽然大胆开战了，但在德意志北部几乎站不住脚。1636年10月4日，瑞典的班内尔元帅和托斯腾森元帅在勃兰登堡的维特斯托克打败了一支得到皇家军队增援的萨克森军队。瑞典人不但占领了勃兰登堡，而且一直推进至莱比锡和埃尔富特。但翌年，加利亚斯集中了优势兵力迫使瑞典军队撤回到波美拉尼亚。

1637年2月皇帝去世，匈牙利国王继位，称斐迪南三世。他的继位并没有使战争的进程发生什么变化。这位新皇帝和他父亲一样虔诚，但没那么偏执，所以宗教问题不太会阻碍和平。

不管是奥克森谢纳还是黎塞留，都需要即刻加强他们的军事力量。为了保证瑞典军队的财政支持与兵源，这位首相曾于1636年7月返回斯德哥尔摩，把战争事务留给了他的将军们。在离开德意志之前，奥克森谢纳在黎塞留的帮助下与波兰重新签订了停战条约（1635年9月签订的《斯图姆斯多夫条约》），从而使兵力解脱出来投入德意志战争。而瑞典本国的军队（在这场战争结束时其人数为74000人）主要担当守备任务和保卫家园。瑞典的战斗犹如古斯塔夫·阿道夫时代那样，逐渐转由德意志资助的德意志雇佣军进行。

法国军队经过了最初的几次失败后，黎塞留不倦地进行工作，重新组建军队，为军队提供食品、军饷和弹药，增加兵员。同时，他还鼓励提拔精力充沛的年轻军官，特别是蒂雷纳子爵和昂吉安公爵。昂吉安公爵是有皇族血统的王子、后来的孔代亲王。法国军队的节节胜利就证明了红衣主教努力的成功。

1638年3月15日《汉堡条约》签订,法国与瑞典建立一个为期3年的牢固联盟,这至少对将来是重要的。由于奥克森谢纳撤回了他对莱茵河地区的领土要求,使这一合作变为可能。当这位首相未能与皇帝达成协议保住波美拉尼亚时,又使这一合作成为必需。条约规定:由法国向皇帝宣战,不得同敌人单独签订停战条约。法国答应每年向瑞典提供100万里弗赫财政援助。

　　其至在这项条约签订之前,争夺莱茵河地区控制权的斗争就开始了。1638年3月3日,魏玛的伯纳德在巴塞尔以东数英里处的莱茵费尔登打败了韦尔特的著名巴伐利亚骑兵所支持的一支皇家军队。韦尔特本人被俘,一直被监禁到1642年。伯纳德沿莱茵河南下,到达布赖萨赫,与蒂雷纳元帅指挥的法国军队会合。经过长期围困后,这一战略要镇在12月17日被攻陷。这会儿可以占领整个阿尔萨斯地区了。在获得了辉煌的战绩之后,伯纳德要求阿尔萨斯成为一德意志公国,但遭到了黎塞留的拒绝;一直到1639年7月这位公爵去世,这场激烈的争端才告结束。

　　在莱茵河战役期间,皇家军队由于得不到西班牙的支持处境十分不利。10月10日,荷兰人在腓特烈·亨利亲王的率领下夺回布雷达——这个地方自从1625年斯皮诺拉的著名包围战以来就一直被西班牙所控制。红衣主教亲王动员起所有的力量阻止荷兰人进一步扩大战果。与失去布雷达相比,布赖萨赫的失陷是一个更大的失败。布赖萨赫的失陷在莱茵地区切断了西班牙军队从米兰向尼德兰进军和进入德意志的路线。1639年10月荷兰海军司令特龙普在靠近多佛尔的唐斯消灭了一支庞大的西班牙舰队后,通向佛兰德的海路也被切断了。1640年就连西班牙君主政体的生存也受到了严重威胁。加泰罗尼亚起来造反了,推选路易十三为巴塞罗那公爵。葡萄牙人也把效忠抛到一边,从当地的布拉干萨家族中选出了自己的国王。迄今为止哈布斯堡家族的奥地利支系一直依赖西班牙支系的援助,但现在却发现自己依靠的盟友已然衰落,要求其提供帮助已不可能了。曾主张让西班牙成为世界强国的奥利瓦雷斯也陷入了绝望之中。他在绝望之中仍试图同黎塞留继续那场早在1636年就开始了的秘密和谈。在早些年,这位红衣主教曾对与他的对手达成和解表示有点儿兴趣。但这会儿法国在战场上的胜利使他变得不那么好说话了，谈判未取得任何结果。①

与此同时，瑞典军队在班内尔的指挥下虽然没有像法国军队在莱茵河上那样大胜，但也不时对皇家军队和萨克森军队进行了骚扰。1639年1月，萨克森军队被赶回德累斯顿；5月，班内尔在萨克森靠近开姆尼茨的地方击溃皇家军队后到达布拉格。因为无法占领这座城市，他洗劫了波希米亚的北部。1640年，哈布斯堡盟约——即法国军队与瑞典军队合作——的主要目的之一似乎要达到了。5月，班内尔到达埃尔富特，与法国军队、黑森军队和不伦瑞克军队会合。但是，皮科洛米尼指挥下的皇家军队拒绝作战，同盟国军队各奔东西。战争陷入僵持阶段。

斐迪南三世在莱茵河战败、其帝国被瑞典与法国的军队占领、又失去了西班牙的援助情况下召开了一次帝国议会——1608年以来第一次召开这样的会议。如果他能得到帝国的代表们的全力支持的话，战争或许会有一个良好的结局。1640年9月13日，会议在拉蒂斯邦拉开帷幕。在会议初期，尽管斐迪南以《布拉格和约》作为解决帝国事务的根据，代表们还是对他表示了支持。12月间勃兰登堡选帝侯乔治·威廉去世，他二十岁的儿子腓特烈·威廉继位，打乱了皇帝的计划。这位后来以伟大的选帝侯著称的年轻诸侯与他软弱的父亲截然不同。他解除了亲哈布斯堡、信仰天主教的首席大臣施瓦岑贝格的职务，而且立刻采取措施肃清了他土地上的那些无恶不作的军人。当他指示他在拉蒂斯邦的代表宣布"布拉格和约"不是令人满意的解决问题的根据时，在议会里引起了轩然大波。1641年7月，他与瑞典签订停战协议；这是对皇帝的又一次沉重打击。由于受到勃兰登堡的影响，反对斐迪南的力量增强了；1641年10月会议结束时，皇帝既没有得到充足的资金来填补日益减少的西班牙的财政援助，也没有维持住他在帝国中的领导地位。毫无疑问而且可以理解的是，要求和平反对战争的情绪在议会中占据了主导地位。这会儿结束战争的前景似乎已经显露出来了。

1635年以及1638年，教皇乌尔班八世曾试图充当调停人，但都没有成功。从1638年到1641年，在汉堡陆续举行过几次由法国、瑞

---

① 关于这些复杂的谈判详情，见 A. Leman, *Richelieu et Olivaes* (1938)。

典和帝国使臣参加的会议，最终于 1641 年 12 月 25 日签署了一项初步条约。条约规定，同时举行两个和谈会议：一个在明斯特召开，在教皇和威尼斯的斡旋下皇帝与法国及其盟国进行谈判；另一个在奥斯纳布吕克召开，在丹麦的调停下由皇帝与瑞典谈判。路易十三于 1642 年 2 月接受了这项初步条约，皇帝于 7 月接受了它。但谈判的实际工作直到两年后才开始。条约中没有关于停战的条款，外交官们采用拖延战术等待有利的战事消息以加强他们讨价还价的实力。

1641 年黎塞留与瑞典重新结盟。翌年，法国军队获得了巨大胜利。法军利用西班牙的衰落，占领了北方的阿图瓦和南方的鲁西荣。1642 年 12 月 4 日黎塞留去世；他完成了他的任务。根据 1648 年和 1659 年的条约规定应得到的那些土地和战略要地都落入了法国手中：控制莱茵河地区的布赖萨赫，进入意大利的门户皮内罗洛以及阿尔萨斯、阿图瓦和鲁西荣。

路易十三任命红衣主教马萨林为黎塞留的继承人，这也是黎塞留本人的选择。国王 1643 年 5 月 14 日去世；这位精明的意大利人就开始以王太后——摄政王奥安娜·德·奥斯特里亚和小国王路易十四的名义总管对外事务了。5 月 19 日，昂吉安在西属尼德兰边界上的罗克鲁瓦为新王朝赢得了第一个伟大的军事胜利。西班牙步兵的精华几被全歼。如同 1588 年无敌舰队在海上的惨败那样，这次陆上的军事失败也十分引人注目。

罗克鲁瓦战役后，皇帝放弃了从西班牙得到支持的一切希望。在战争的最后五年中，他的军事力量每况愈下。而且他缺乏有能力的军事指挥官，这对他极为不利。老将皮科洛米尼是他唯一具有各种才能的人。要不是有巴伐利亚的默西和沃思将军，失败会来得更早一些。默西的能力更强一些，1645 年死在战场上。比较起来，法国的蒂雷纳元帅是一位伟大的战略家。昂吉安在战斗中不讲策略，代价太大；不过他还是打赢了。1641 年班内尔去世后，瑞典军队由能干的托斯腾森指挥。他曾在古斯塔夫·阿道夫的军队中受过锻炼；1646 年后瑞典军队由弗兰格尔指挥。然而，要想获得最后胜利还存在着巨大的困难。军队组建起来了，战役策划好了，仗也打了；但由于无法从那些被毁坏的农村征得食品，获胜后还是难以趁胜向前推进。也难以像华伦斯坦与古斯塔夫·阿道夫时代那样向富裕的市民征集"捐助"

了；财富已枯竭。

1644年沃思和默西的实力足以使他们在莱茵河地区发动一场攻势了，他们在那儿占领了弗赖堡，逼近了布赖萨赫。昂吉安和蒂雷纳在靠近弗赖堡的地方同巴伐利亚军队和皇家军队血战了三天（8月4日、5日和9日）。最后由于默西无法为其军队提供给养而被迫撤军，从而结束了这场战斗。于是法国军队占领了莱茵河左岸，直到美因茨。一年后，1645年8月3日昂吉安和蒂雷纳在内德林根赢得了第二次胜利，默西在这场战斗中阵亡。但是这些获胜者还是不能守住他们的阵地，他们又撤回了阿尔萨斯。在东部战线，托斯腾森的经历也一样。他在波希米亚的扬考打败了巴伐利亚军队和皇家军队（1645年3月5日），4月深入离维也纳不到30英里处，但最后也不得不撤回波希米亚。

萨克森被攻克、巴伐利亚被击败、西班牙军队在尼德兰被消灭以及布拉格即将陷落：所有这一切使皇帝再也守不住他的阵地了。瑞典对萨克森的入侵迫使萨克森选帝侯于1645年9月签署了停战协定。1646年7月，蒂雷纳和弗兰格尔侵入巴伐利亚；尽管沃思尽力保护这片选帝侯领地，但它还是遭到了友军和敌军的严重破坏，马克西米连只得同意于1647年3月14日签订停战条约。9月，他企图撕毁协定，但没有得逞。1648年5月17日，弗兰格尔和蒂雷纳在奥格斯堡附近的楚斯马斯豪森打败了巴伐利亚军队和皇家军队，巴伐利亚再次被占领。8月20日，昂吉安的军队在朗斯重创了利奥波德大公的部队（利奥波德大公是皇帝的兄弟，此时是西属尼德兰的总督）。7月，瑞典军队包围布拉格。这次包围持续了三个月，直到和平条约签署为止。具有讽刺意味的是，这座曾经以"抛出窗外事件"著称的城市再也不是一座新教徒和起义者的城市了，成了一座为信仰天主教的哈布斯堡统治者战斗到底的城市。接二连三的打击迫使斐迪南三世同意媾和，尽管这意味着背弃了他的盟友西班牙国王。

在明斯特和奥斯纳布吕克，他们通过一次真正的欧洲会议握手言和了。除了英格兰、波兰、俄国和土耳其之外，其他列强全部参加了这次大会。这是一次冗长而烦琐的和平会议，因为皇帝既要在明斯特与法国及其盟国进行谈判，同时又要在奥斯纳布吕克同瑞典及其盟国进行谈判。这两座威斯特伐利亚小城相距30英里,而且两组代表需要不断地交流。在明斯特,教皇的使节基季——未来的教皇亚历山大七世——和威尼斯的孔塔里尼充当调停人。在奥斯纳布吕克,没有调停人。丹麦与瑞典之间的积怨曾在1643—1645年间爆发成为公开战争;这使得丹麦不可能担当这种角色。

1644年12月4日,大会在明斯特做过大弥撒和游行后正式开幕。在这之前,他们花费了6个月的时间来审核代表们的证件和权限、争论大会议程。法国和瑞典的使臣们一致表示他们不能单独与皇帝媾和,帝国各诸侯国必须在场。在皇帝作出这一重大让步前,会议又拖延了8个月。大会这会儿不仅可以解决皇帝与他的敌人之间的和平问题,还可以决定帝国的内部事务。这个决定也使大会的工作进一步复杂化。新教各诸侯国的代表们聚集在奥斯纳布吕克,瑞典充当他们的领袖;而天主教诸侯国的代表们都去了明斯特,要么依附于法国,要么寻求皇帝的保护。再者,天主教诸侯国和新教诸侯国在帝国议会中形成两大阵营,迫使议会在所有的问题上都必须达成一致。这些诸侯国不参加与外国列强的谈判;他们只是要求不要分割德意志的土地(这是一个毫无意义的姿态);他们还要求,解决办法应提交给他们批准。因此皇帝的亲密顾问——特劳特曼斯多夫伯爵的工作十分棘手,很难满足法国和瑞典的要求。法国的主谈代表是富有经验的外交家阿沃和塞尔维安;瑞典的主谈代表是奥克森谢纳首相的儿子阿克塞尔·奥克森谢纳和相当有能力的阿德勒·萨尔维乌斯。

在谈判进行中,法国和瑞典并不是孤军作战。巴伐利亚的马克西米连支持法国,回报是法国帮助他保留选帝侯称号和巴拉丁土地。皇帝则支持瑞典对波美拉尼亚的要求,以牺牲勃兰登堡来换取全面和平。

法国和瑞典在静观战争的进程,以便使自己在讨价还价中处于最有利的地位。因此,直到1646年1月7日它们才提出其详细要求。瑞典人要求从皇帝手中得到西里西亚、从勃兰登堡手中得到波美拉尼亚、维斯马以及不来梅和费尔登两个主教管区。法国人则要求对梅斯、图尔、凡尔登、阿尔萨斯、布赖萨赫、菲利普斯堡、布赖斯高和巴塞尔以东莱茵河畔的所谓"四座森林城市"①拥有全部主权。

9月13日,特劳特曼斯多夫和法国的使臣们之间达成了初步协议,同意法国的全部要求,布赖斯高和"四座森林城市"除外。然而阿尔萨斯却成了难题,甚至在最后的和约中也没有得到解决。这个地区分为上阿尔萨斯和下阿尔萨斯,不是一个政治单位,只是一个古时权力和封地的结合体、自由城市。在上阿尔萨斯,一位哈布斯堡大公——皇帝的侄子享有伯爵领主的称号。除此之外,他还拥有一些小片地区。但对一个只享有伯爵称号的哈布斯堡诸侯来说,他的权力——特别是对十座称为"十中心"的自由城市的权力——是不明确的。这些城市不包括斯特拉斯堡和米尔豪森;它们实际上是两座独立的城市。另外还有教会的封邑和德意志诸侯的领地;它们都直接隶属于皇帝。

因此,把阿尔萨斯转让给法国并非易事,而且条约本身也含糊不清、前后矛盾。根据条约的最后文本,奥地利王室把上、下阿尔萨斯的伯爵领地全权让予法国国王,但是斯特拉斯堡的主教却是下阿尔萨斯的伯爵。条约中另一项条款又规定,下阿尔萨斯的十座"十中心"城市、一些修道院和贵族保留他们过去在帝国享有的同等特权。法国国王放弃了对这些土地的领土主权,但条约中却又加进了一项条款,声明这并不意味着否定了法国国王的全权!特劳特曼斯多夫和法国使臣塞尔维安都希望结束谈判,为了达成协议,他们似乎都愿意把这些矛盾之处留在条约里。另外,马萨林还希望:如果不破坏阿尔萨斯某些领地和城市与皇帝之间的关系,法国要在议会中得到一席之地。用这种特殊的方式,法国在阿尔萨斯得到了一个立足点。阿尔萨斯人操德语方言,德意志历史学家为法国人占领了这片在文化上属于德意志的土地而感到遗憾。然而应当指出的是:在17世纪以及18世纪领土的划分从不考虑居民们的意愿。阿尔萨斯人都变成了忠实的法国人;这也是毫无疑问的。

要想满足瑞典也十分困难,因为瑞典要求得到的波美拉尼亚是一块公爵领地;公爵博吉斯拉夫十四在1637年去世,没有后裔,所以勃兰登堡选帝侯是这块领地无可争议的法定拥有者。瑞典对它的要求

---

① Waldshut, Laufenburg, Sakingen and Rhinefelden.

以及皇帝为了安抚瑞典同意把这块领地或至少它的一部分让予瑞典的想法遭到了这位选帝侯的强烈反对。皇帝和瑞典使臣联手威胁这位选帝侯：如果不同意分割波美拉尼亚，他就会失去全部公爵领地；这样，僵局才最终得以打破。但是当瑞典人又提出对整个波美拉尼亚的要求时，达沃站出来为勃兰登堡讲话了，因为法国不愿意看到它的盟国过于强大。尽管有人干涉，瑞典还是得到了波罗的海南岸；这曾是古斯坦夫·阿道夫的主要目标之一。根据1647年9月7日签署的协定，作为帝国的封地，瑞典获得了包括奥得河口和斯特丁以及吕根岛、乌塞多姆岛和沃林岛在内的波美拉尼亚西部地区。作为对瑞典人放弃波美拉尼亚东部的补偿，他们获得了不再受教会管辖的不来梅和凡尔登主教管区；由此，瑞典控制了威悉河和易北河以及维斯马港口。作为对失去波美拉尼亚西部的补偿，腓特烈·威廉得到了不再受教会管辖的哈尔贝斯塔特和明登主教管区，还可以等萨克森管理人死后得到马格德堡大主教管区。由于法国的干预，勃兰登堡选帝侯获得了极大成功，因为他这会儿是帝国里仅次于哈布斯堡家族王朝的拥有最大面积土地的统治者了。

在法国与瑞典得到了"满足"之后，帝国的内部事务提上了议事日程。在谈判中，这两个外国列强起了主要作用，因为两国都认为他们的国王参加了反对皇帝、维护德意志诸侯"自由"的战争。另外，瑞典还把自己打扮成德意志新教维护者。法国甚至企图阻止哈布斯堡王朝继续沿用皇帝称号。但他们都没有成功；而由于《明斯特条约》中的一项条款，这种极端的解决方式是没有必要的。这项条款确定：德意志诸侯实际上拥有独立性。从此以后，诸侯们都拥有"所有政治事务以及教会事务中的领地特权"。他们有权在他们之间签订条约，也有权同外国签订条约。当然，他们不得签订任何旨在直接反对帝国抑或反对皇帝的条约，但这是很容易规避的。于是，诸侯们自古以来的"自由"现在变成了主权，只是不使用这个字眼罢了。

议会变得无足轻重，而诸侯们却进一步强大起来。当讨论宗教问题时，议会就会分成天主教和新教两大阵营；争论不是通过多数票来解决，而是通过"友好协商"。而对那些会使议会分裂的问题则需要一致票来决定。因此，它的必然结果是：议会一直开，却解决不了任何重大问题。

帝国的这个《威斯特伐利亚宪法》没有什么新内容。它只是确定并加强了各地诸侯们的实力，从而正式结束了皇帝统一德意志的可能性。它一直是帝国的基本宪法，直至一个半世纪后帝国瓦解。

为宗教问题和与此相关的教会土地问题找到的解决办法，实际上是对《奥格斯堡和约》的一种延展和说明。加尔文教派第一次得到了正式承认。但这并不意味着信仰自由，因为除路德教和加尔文教派外，新教教派仍然是非法的。1624年被确定为拥有教产的限定年。这一让步对新教诸侯非常有利，因为《布拉格和约》所规定的1627年是随着丹麦的克里斯蒂安四世战败而收复不再受教会控制的土地后确定的。自从奥格斯堡和约签订以来，"教会保留地"就受到新教诸侯们的强烈反对，这会儿被接受了，因为有一项条款这样规定：不管是新教教徒还是天主教教徒，只要他改变信仰，就得放弃这些土地。如果把大教堂的全体教士按天主教徒和新教徒划分，双方的人数应相等。通过这些措施，所拥有的教会土地就按它们在1624年时那样被确定下来。另一场纠纷也得以解决了，其方法是：把议会席位给予那些被称作管理人的拥有主教管区的世俗人士。

诸侯有权决定其臣民的宗教信仰；这已经为奥格斯堡和约所确认，这会儿再一次给予认可：规定他们"在所有政治和教会事务中享有领地特权"。然而诸侯也受到许多限制。他如果改变了信仰，不得干涉其臣民的宗教信仰。不管是根据法律还是根据风俗习惯，人们应像在1624年时那样，人民持不同信仰的权利应该受到尊重。然而，有关那些不受法律保护的不同信仰者的条款是含糊不清的。虽然有一种对个人信仰的认同、信仰自由的要求，但诸侯仍然有驱逐权。被驱逐的人有五年的时间来安排他的事务，并带走他的财产。然而在西里西亚和下奥地利情况则不同，皇帝拒绝对他在哈布斯堡世袭土地上的新教臣民做任何让步。

1618年被定为复位与大赦的时间。这特别是指那些未包括在布拉格和约内的诸侯的复位：如符腾堡公爵、黑森-卡塞尔伯爵夫人（威廉五世的寡妇）和巴登-杜尔拉赫侯爵。对查理·刘易斯——那位倒霉的"冬天的国王"腓特烈五世的继承人做了特殊安排。要想免去巴伐利亚的马克西米连的选帝侯称号是不可能的，因此查理·刘易斯被定为第八位选帝侯。马克西米连仍然占有上巴拉丁，而下巴拉丁则归还给查理·刘易斯。

皇帝当时再次拒绝受此法的约束,因为恢复到1618年就意味着要把白山战役后在波希米亚和奥地利没收的巨大财产全部退还。所以斐迪南宣称:在他的领土内,只把财产退还给那些1630年后才拿起武器反对他的人。

1648年春和平似乎在望,但仍有非常棘手的问题需要解决。法国代表坚持要皇帝在法国与西班牙的战争中保持中立,但斐迪南坚决拒绝了这一要求。1648年1月30日西班牙与尼德兰联合省签订和约后,这一问题变得尤为重要。对法国人来说,他们最可靠的反西班牙盟友撤出了战争,皇帝保持中立至为必要。法国还希望把洛林公爵排除在和约之外,以期把这块公爵领地并入君主制的法国。最后,瑞典人要求为他们的军队支付2000万帝币的巨额赔款。

经过数月争吵后,实现和平的最后障碍被消除了。这场争论之所以能最终得以解决,是因为马萨林和皇帝都感到必须结束敌对状态了,而瑞典没有法国的援助是无法继续这场战争的。马萨林需要军队在本国对付投石党运动。军事上的失败使斐迪南不得不做出妥协。德意志的天主教和新教大诸侯们也都向皇帝施加压力,迫使他放弃与西班牙的联系。勃兰登堡的代表说:"在西班牙和法国结束他们的竞争之前"绝不能再强迫德意志的人民和土地承受战争恐惧了。美茵茨选帝侯要求排除一切"外来"的——特别是西班牙的——影响。巴伐利亚的马克西米连完全同意其他选帝侯的意见。最后终于达成了妥协。皇帝同意在正进行的西班牙同法国的战争中保持中立。在将来这两个国家交战时,德意志各诸侯(包括皇帝在内)有权帮助交战中的任何一方。洛林问题被推到以后的谈判去解决。瑞典要求的2000万帝币赔款被减少到了500万。

1648年10月24日,法国、瑞典、皇帝和帝国各诸侯国的全权代表们签署了《明斯特和奥斯纳布吕克条约》,通常称之为《威斯特伐利亚和约》。有首流行的民歌唱出了当时的景象:一位驿站马车夫跨马冲出明斯特,一路大声宣告30年的苦难终于结束了;教堂钟声随即响起,火堆四处点燃。

的确,几乎没有一个地方能够免受那些侵略军和烧杀抢掠无恶不作的士兵的蹂躏,更逃不掉饥饿和疾病的折磨。现在有许多书描述了当时的残暴情景；其中无疑有一些夸张，有哗众取宠之嫌。洛林艺术家卡洛的版画生动地再现了燃烧着的农舍和遭受折磨的农民场景。现在没有足够、精确的数据来统计生命和财产所遭受的损失。一位当代的历史学家曾估计，德意志的农村人口减少了40%、城市人口减少了33%。① 至少从现在来看，战争所造成的物质损失得到了迅速的恢复；三十年战争也不例外。农民们重新建起了住房，重新开始耕种土地，商业活动重新开始，人口迅速增长。据估计，德意志的人口在1750年比战争结束时增加了75%。② 三十年战争另一个深远的影响是农奴制在德意志东部的巩固。贵族地主们的大片领地需要劳动力。为了解决劳动力供应减少的困难，他们把农民束缚在自己的土地上。当然，这种现象早在三十年战争前就开始了。

上文已经提到了和平给德意志带来的某些政治影响，还特别提到了皇帝和议会的无能以及诸侯们的独立地位。这意味着：将来皇帝会把他的目光转向东部哈布斯堡的世袭领地，而几个强大的诸侯会建立起能够在欧洲的国家体系中进行竞争的邦国。勃兰登堡选帝侯成了竞争中最成功的一个。那些与土地和宗教利益相关联的积怨终于得到了彻底的解决。

就国际意义来说，《威斯特伐利亚和约》标志着法国和瑞典对奥地利哈布斯堡王朝的胜利。但是，这两个列强所获得的土地却并非同等重要。瑞典在波罗的海地区的占领地不久就被日益强大的勃兰登堡-普鲁士所吞并，而法国则仍然控制着莱茵河地区。黎塞留的事业并未全部完成。阻止西班牙"发展进步"的任务一直到1659年《比利牛斯条约》的签署才结束。

三十年战争是最后一场宗教因素起重要作用的欧洲战争。古斯塔夫·阿道夫是最后一位把宗教和强权政治同等看待的伟大政治家。另一方面，他的盟友黎塞留提出了这么一种观点：国家利益是政治和军事行动的基础。当教皇郑重其事地反对和平条约中不利于天主教会的条款时，不管是新教教徒还是天主教教徒都不予理会；这又进一步加强了这一主张。这说明，干涉国事并凌驾于国家之上的宗教权威被摒

---

① Gunther Franz, *Der dreissigjahrige Krieg und das deutsche Volk* (2nd ed. Jena, 1943), p. 53.
② Ibid., p. 54.

弃了。

法国大革命之前，《威斯特伐利亚和约》一直被认为是欧洲国家体系的基础。承认尼德兰联合省和瑞士联邦这两个国家的独立，就等于在某种程度上承认，只有欧洲会议才有权批准建立国家或取消国家。许多年之后，埃德蒙·伯克提出抗议，认为分割波兰是违背威斯特伐利亚和约的，1713年的《乌德勒支条约》被认为是对《威斯特伐利亚和约》的一次修正。现在可以下最后的结论了。三十年战争和结束战争的和约防止了哈布斯堡王朝建立霸权，但却为路易十四的对外扩张铺平了道路。从这个意义上来讲，三十年战争也可以称之为现代强权政治的开始。它还使人们看到了一种新的危险：任何一个列强都有可能称霸欧洲；这是一种只有通过一致的外交努力才能应付的危险，否则必须靠战争来解决。

第 十 二 章

低地国家

1609 年的停战协议暂时中止了西班牙重新征服北尼德兰的企图；这停战协议的签署实际上是南尼德兰的失败，然而阿尔伯特大公和他的重臣斯皮诺拉却为之竭尽了全力。之所以说是一次失败，是因为不用通告起义各省的独立就得到了承认，而且 17 个省份的分裂亦即确定。实际上就是从这个时期开始，旧时的勃艮第邦国分成了渐行渐远的两部分。1609 年，北方共和国的疆界尚未最终确定。最后并入共和国的布拉班特、林堡和佛兰德是在 1621 年之后才被征服的。但在法国大革命前，1609 年形成的这个北方国家大体上就是这种状况了。早在 17 世纪初叶，它就渐次处于其主权独立的状态，渐次具备了民族特性。而在南方各省则出现了类似的发展情势。宗教、社会、经济和政治上的差异似乎不可避免地要导致两种不同的、实际上是敌对的民族情绪的增长。

当然，这一点不应被过分夸大。民族因素尚未产生太大影响，至为重要的是宗教。耶稣会在南尼德兰历史上起着举足轻重的作用；虽然相比之下，北方的加尔文教派影响力要小得多，但他们却左右着荷兰的政治生活与社会生活。如果对这两派的态度加以研究，不难看出，双方此时都没有放弃南方和北方从根本上讲是一个整体的观点，他们甚至还想恢复这一整体。但他们所希望的只是按照他们自己的条件恢复统一；也就是说，在尼德兰的南北方建立起他们自己那一教派的独家霸权。很显然，双方都不可能达到目的，迫于形势，他们只得回到各自的省份。在那里，他们的权势不会受到挑战，而如果是加尔文教派，影响会更大。重新征服另一部分的希望破灭后，耶稣会与加尔文教派之间自然而然地产生了一种相互敌对情绪，都视对方无可救药，视同陌路。耶稣会与加尔文教派之间进行了激烈的论战（有大量拉丁文和荷兰文文献）；这论战显示出了异教的荷兰和天主教的比利时的狂热劲儿；这种论战只能破坏宗教上分裂的尼德兰的民族团结。

曾因一些政治事件和在一定程度上因共同语言而紧密联系的各省逐渐疏远，分裂成了两部分；反映这一分裂进程的典型事例是对尼德兰革命所做的不同历史阐释。出现了两种截然不同的"神话"。在北方，一系列重要的历史著作记叙了这场为争取宗教自由和民族独立而进行的斗争：如格劳秀斯用漂亮、精当的拉丁文写的书以及文艺复兴时期的诗人 P. C. 胡夫特用活泼、犀利的荷兰语写的书——作品受到了塔西佗的影响，充满了令人愉悦的创新。而在南方则截然相反，著作者们把革命的动机说成是对利益的疯狂追求、野心和犯罪欲。"沉默者"威廉在北方被奉为国父，而在南方则被看成是一个自私自利、野心勃勃的暴君。在比利时著作者的眼中，费利佩二世是一位以爱民如子而著称的君主，而在北方历史学家和小册子作者的眼中，他却是邪恶的化身。所以这一段往事就失去了共同的历史特性，成了符合两种相互敌对阵营需求的神话。南北双方似乎成了完全格格不入的两大对立面。北方是个海上强国，受资产阶级及其商业利益所支配。南方与之根本不同，是个内陆地区，其西班牙宫廷设在布鲁塞尔，受耶稣会控制，忠于君主政体，其贵族阶层人数不断增长、社会地位也越来越重要。

然而，过分强调这些差别是错误的。因为尽管北方以惊人的速度发展成了欧洲头号商业强国，但（正如我们将会看到的那样）南方的经济并没有走下坡路。再者，那些使南尼德兰成为一个由宫廷和贵族统治的社会的因素也并非全然不存在于北方共和国。值得注意的是：1633年伊莎贝拉死后，布鲁塞尔的大公朝廷衰败了；就在这时，执政者腓特烈·亨利在海牙却过起了帝王式的宫廷生活。要不是因为统治者们和一系列意想不到的事件防止了事态的发展，很可能就要改变荷兰的社会性质了。对旧时勃艮第尼德兰这两个区域政治制度的发展进行对比，也要谨慎行事。在南尼德兰，由于卡洛斯一世没能（抑或不愿）完全摧毁地方权力和特权的复杂模式，所以尽管这个中央政府比以往更加专制，这个传统的结构还是保留了下来。在北方各省，旧制度的名称和形式保留下来了，但它们却具有了新的内涵。然而不论是在南方还是在北方，联邦制、行省自治和地方自主仍是日常政治生活中的主要原则。如果把南方的君主制和北方的共和制做一大概齐的比较，我们就会忽视腓特烈·亨利执政任内明显存在的君主制倾向，也会忽视另一明显的事实：这一时期荷兰政治理论仍然是主要偏向实行君主制的主张。17世纪初的数十年里，莱顿、乌得勒支和格勒宁根大学的教授们都教育他们的学生：君主制是最古老也是最好的统治形式。甚至连16世纪那些不断被重复的加尔文教义似乎也承认有限君主制的合理性；在这种制度下，作为人民代表的国家绝不是旧政体的主宰和保卫者。在17世纪50年代之前，北尼德兰还没有出现真正的共和政体观念。

这个已经存在于北方的国家不是根据宪法程序建立的，而且其居民也没有感觉或者认识到它是新的、革命的产物。但它确实是个新的、革命的产物。格劳秀斯在其《古代与巴达维亚共和政体》一书中试图证实他那一时代的荷兰政府未曾有过什么变化，但他完全曲解了历史。尽管传统体制保留了下来，但随着一种政治制度的出现，其意义和功能都改变了。这种政治制度在当时的欧洲曾引起了巨大的震动，而且常常导致危机。它似乎是一个难以运转的所有政府形式的混合体，缺乏指导性的组织原则，以至于人们预料它必然会很快垮台。当然，它并没有垮。尽管它的适应性常常引起许多麻烦，但总的来说比当时的专制君主政体更有利于国家的稳定。再者，应该注意到：17世纪初有可能在这一结构中于革命留下的废墟上建立起一种有凝聚力并行之有效的地方政府和地方（或曰行省）司法制度。一批法学家曾对此加以指导和评论；由于其人文主义思想，他们不但参与了其学科在国际范围内的迅速发展，而且在他们西北欧的同僚中常常占据主导地位。

北尼德兰联邦是以1579年的乌得勒支同盟为基础而建立起来的。这不是一个政体，而是一个由许多省份组成的联盟，目的在于实现一些特定的目标，首先是继续同西班牙作战；代表着全部17个省份的联邦议会当时没有足够的决心继续同西班牙作战。事态的发展进程加固了这一联盟，而使那些最终没有加入北方共和国的省份从联盟中分离了出去。乌得勒支同盟就这样成了那个可能称之为荷兰国（然而通常称之为尼德兰联合共和国）的核心，因为这个联盟是唯一可以把各个省聚集到一起的正式纽带。这一同盟的主要机构是联邦议会。并不是荷兰共和国的所有地域都在这个议会中有代表。格尔德兰、荷兰、泽兰、乌得勒支、弗里斯兰、上艾瑟尔和格罗宁根向议会派了代表，但德伦特（其实是个落后和不重要的省份）在中央政府中没有代表，然而有自己的省议会。最后并入这个共和国的佛兰德、布拉班特和林堡不拥有任何地区代表权和管理权，作为被征服领土受议会直接管辖，其传统和意愿完全不受尊重。

要是议会需要抑或海牙的会议室有限空间允许的话，七个省份的每一省都会派出尽可能多的代表去参加议会。但是每一省份只拥有一票，而且代表们必须根据他们各省议会的指示来投票。在讨论重大问题时，不实行少数服从多数，要作出约束各方的决定都必须七方一致通过。议会每天召开两三个小时的会议，星期日也不例外。代表的重要性可想而知。他们作为同盟的代表从事活动，要处理外交事务、控制防务和联邦税收——这些税收是根据严格的计划分摊给各省的。荷兰支付大约58%的税（其中一半由阿姆斯特丹提供），而上艾瑟尔只付不到4%的税。

另一个联邦机构是国务委员会；它不再是过去那个只向统治者提供咨询的机构，而是一个由大约25人组成的委员会；七省都有代表，负责处理军事、财政以及其他事务。或许它比议会更有资格充当中央政府行事，因为它行事完全不受行省主权原则所限。而正因为如此，议会只留给它一些不重要的问题去处理；然而按1588年的规定，它被指定为同盟的中央行政部门。众议院也没有多大权力。值得注意的是，设有一个铸币局负责控制各省的造币厂，但没有联邦造币厂。

尽管舰队处在议会和舰队司令的控制之下，但海军的日常事务委派给所谓的海事院管理。有五家海事院（三家在荷兰，一家在泽兰，另一家在弗里斯兰）。其成员经各省推荐后由议会任命。海事院负责海上防务，包括为此目的而进行的征税工作（发放运输许可证，事实上是征收进出口税）。各贸易公司也受议会管辖；议会有权授予专卖权。然而，以东印度公司为例，其实际管理者是所谓的商会这一对公司事务进行监督的地方管理机构。商会成员是有利可图的；由于建有商会的城镇政府握有任命权，因此商会成员完全由城镇统治集团的成员担任。这个由17人组成的、代表着地方商会的团体［十七先生（Heeren ⅩⅦ）］是一个中央管理机构。从这一点上我们可以清楚地看出，联邦政府掌握的权力十分有限。没有联邦法院，没有联邦的教会政府，也没有联邦式的内政机构。行省主权至高无上，任何联邦机构不得侵犯行省权。共和国获得如此成功的统一，只靠联邦制似乎做不到这一点，实际上要归功于荷兰省压倒一切的影响力。因为是荷兰提供了资金、船只、主导思想和杰出的政治领导人。

荷兰政府体制十分复杂。议会无疑拥有法定主权。但是他们获得权力的方式值得讨论。因为他们经常公开宣称他们是人民主权的代表，所以或许可以得出这样的结论：即议会成员作为人民的化身，最终只是个人拥有权力，而不是整体拥有权力。因为这些议会成员实际上只是他们自身个人。他们共有19个人，1人来自贵族阶层，18人来自市民阶层（值得一提的是海牙没有代表）。在重大问题上必须一致才能通过。议会每年召开四次会议，会议持续数周。日常工作是由一个任期三年的10人常务委员会处理。由于议会中的城市代表来自城市统治家庭，所以很明显：省政府在很大程度上控制在这一小集团手中。其他六省的议会是由完全不同的方式组成的。例如格尔德兰的议会，它实际上只是一个三方代表联席会议：行省被划分为三部分，每部分派两个代表团参加，一个代表贵族，另一个代表市民。不难看出：贵族在这里起了重要作用，这是荷兰无法比拟的。乌得勒支的议会是由三个"成员"组成的，除了贵族代表团和市民代表团外，教会（这一教会当然不是罗马天主教会；它不像共和国中其他天主教会机构那样，没有被废除）也派出了一个代表团。然而，其他两位"成员"是有权从新教团体中选出"第一位成员"的代表团。这是一种十分不正常的状况，导致了许多摩擦。再举一个例子：弗里斯兰议会的主要特点是乡村利益占主导地位。而且，弗里斯兰议会的整体组织引人注目。因为与其他省份不同，它不仅仅拘泥于理论。该省有30个乡村集团，它们有权任命议会成员。这些成员由那些有选举权的户主选出。议会成员每年任命一次，除了农村代表外，还有11个城镇的代表。他们是真正的全权代表。在弗里斯兰，没有必要把事情交还给选举人处理。议会的确是在代表广大的选民行使权力。但还得补充说一下：由于腐败和高度的寡头统治，17世纪和18世纪期间这个政府失去了它的民主性。

　　荷兰最重要的官员是那位护国公（the land's advocate），1618年之后他改称为议会议长（councilpensionary）（国外同时代人们爱称其为大议长，以区别于许多城镇同样称之为 pensionary 的法律顾问）。由于他所负责的税收不断增加，他能对省和联邦政府的各个部门施加很大的影响。他是荷兰议会及其各委员会的主席，并且是出席联邦议会的荷兰代表团的领导人。他负责共和国与荷兰驻外使节的往来通信联系，而他们发往联邦议会登记员那里的官方急件仅仅是走走形式。尽管在职务上他只是荷兰议会的一个拿俸禄的官员，但由于他对时事见多识广，有时不仅在他自己的省里，而且在整个共和国都可以行使决定权。当然，这主要靠的是他的才智出众及精明强干。但是很快，荷兰议会和联邦议会都不再真正听命于他了。这一职位也根本不可能发展成为同盟的永久性主席。个人的才能会使联邦的某些官员担任起共和国领导人的角色，而共和国有时也需要这种领导才能；但是它决不愿意让自己的机构永久性地顺应最终被看成是不正常的事物。

　　执政者这一职务就更加微妙了。由于执政者是由各省议会任命，因此从法律上讲，他在省内行使的权力要按他的委托人的崇高意志来决定。但是，许多因素又使得这一位置上的官员具有高得多的地位。这一高位如此重要是因为在荷兰、泽兰和大多数其他省份里，只有奥伦治亲王们——"沉默者"威廉的最受欢迎的传统的继承人——才能被任命为执政者（而在弗里斯兰，这一职位是由纳塞家族的伯爵们担任的，在格勒宁根和德伦特有时也是这样）。而由于奥伦治亲王同时在几个省里担任执政者；他虽然不是联邦议会的成员，也必然地参与了制定联邦政策。由于他往往还兼任同盟的陆、海军总司令，因此他的影响实际上绝不会只局限于各省的事务。执政者这一职务本身就拥有许多实权，这些权力以前属于勃艮第时期的执政者——他们常常是边远主权国的代理人。共和国的执政者拥有推举城市市长和任命一些行省官员的权力。他们也有赦免或减刑的权力。当时的人们通常认为，执政者在一个混合政体的国家里是一个带有君主色彩的职位。当然，这样来描述共和国的结构是不确切的；但它有利于说明：尽管在法律上议会是至高无上的，但它的实际运作和对它的理论解释仍需求助于不同类别的知识和概念。从社会学的角度上来看，这种权势传统的存在显然有助于弱化寡头统治的专断性；然而还应补充说明的是：奥伦治亲王们并不情愿，也绝不可能取代荷兰的财阀政治——他们和共和国都要从财阀那儿获取他们所需的钱财和指导他们政策的指令。

如果荷兰省的势力被消除的话，那么对于共和国的整体来说将会是灾难性的。因为荷兰省无论在商业、工业或是文化活动中都是共和国的中坚。在如此短的时间里于如此小的土地上建立起这样完善并具有高度独创性的文明，这恐怕是史无前例的。当然，早在一个世纪以前阿姆斯特丹——荷兰的重要市场开始运行时，共和国发展所必需的条件实际上就开始逐步具备了。而且，新赢得独立实际上也使居民们有了自力更生和乐观主义精神，促使他们在其活动的领域里形成了自己的生活方式。民族自豪感或者说是爱国主义的自豪感使他们把自己的地方语言变成了在文学和科学领域应用自如的丰富多彩、十分准确的语言。莱顿大学很快就赢得了国际声誉。当然，它的振兴主要归功于新教的感召力，也是由于中世纪的传统较少，所以它能够打破旧有课程条条框框。而且不应忘记：成千上万来北方避难的信仰加尔文教的南尼德兰人（根据现在的估计，总共有六万人）把他们的财富、技艺、知识和勤劳都奉献给了荷兰经济和文明的发展。正是这一切使得这么少的人（荷兰人口占共和国总人口的一半，总数还不到70万）取得无法想象的辉煌成就，这一历史事件简直令人难以置信。

经济增长最容易测算，然而我们并没有掌握足够的数据来为我们的描述提供令人满意的统计依据。主要商品市场的结构在这一时期没有什么创新，但它正在日益细化、复杂化。无疑，自从1585年安特卫普遭到海上封锁以来，阿姆斯特丹获益匪浅。在16世纪，布拉班特的市场主要经营小巧而贵重的商品，而且主要依赖外国的资本与货运；而荷兰的市场却品种繁多，而且依靠的是自己的庞大的商船队和自己的资本。两个市场的差别是显而易见的。1611年阿姆斯特丹交易所的建立标志着西欧的大宗商品市场已从安特卫普转移到了阿姆斯特丹。荷兰大宗商品市场的发展使改进货币状况成为当务之急。为了满足这种需要，阿姆斯特丹（1609年）、米德尔堡（1616年）、代尔夫特（1621年）以及鹿特丹（1635年）的贴现银行，在市政府的控制下相继引进了货币兑换业务、开创性地建立了转账制度。值得注意的是，阿姆斯特丹银行不久又开办了信贷业务，然而这一做法渐渐违背了它的初衷。

阿姆斯特丹迅速发展起来。1600年前后，它大约有5万人口；到1620年前后，人口增长到10万；大约1650年时，它的人口达到了20万。1610年他们开始扩大这座城市的边界，并开始建造那三条相并行的著名运河与沿岸优雅别致的房屋。同时，贮存大宗产品（特别是粮食）的大型仓库也拔地而起；这些早期建筑是既高度满足审美又实用的典范。现在还没有确切的数字来说明贸易发展的情况。但是我们知道，在17世纪40年代其贸易发展达到了顶峰，整个这一时期阿姆斯特丹把荷兰其他发展中的城市远远地甩在了后面。我们还知道，在社会上层的一些阿姆斯特丹家庭和急剧上升兴起的外国人极为迅速地聚敛了巨额财富。在伦勃朗的《夜巡》这幅画里的中心人物班宁·科格（他死于1655年）就是一个德意志穷人的儿子。他父亲在阿姆斯特丹开始他的生涯时是个乞丐；他在这儿发了财而且婚姻也非常美满。而这位儿子则跻身骑士阶层，并当上了市长。这些暴发户渴望得到贵族头衔（由于荷兰共和国中没有能授予他们贵族头衔的权力机构，他们都求助于外国君主）；他们很快就吸收了大学的人文主义文化；尽管他们中没几个人能写拉丁文，但他们却接受了古典主义者对下层社会和民主的偏爱，并以此自豪。

波罗的海贸易仍然是转口贸易的中心。运往波罗的海的最主要的商品有盐、鲱鱼、葡萄酒和殖民地的产品。荷兰商船运回大量的谷物、木材和木制品，并为这些商品在西欧和南欧找到了巨大的市场；此外，它们还运回生铁和铜。在向外航行时，它们装载的是荷兰的砖块（也是为了压舱）。波罗的海各国用这些砖块建造他们文艺复兴时期风格的建筑。很明显，荷兰治理国家的基本任务之一就是保持松德海峡的畅通。在这一时期，与挪威的海上贸易（特别是木材运输）以及与阿尔汉格尔斯克的贸易往来都增加了。荷兰商人在同英俄贸易竞争中也开始占上风。同样，由于法国和法国殖民地在贸易与运输方面很大程度上要依赖荷兰，所以他们经常不得不牺牲本国人的利益而顾及荷兰贸易站。与敌人进行贸易一直是荷兰经济的一项主要内容。1621年以后，荷兰商人不仅继续与南尼德兰和西班牙做生意，而且由于在前几年里阿姆斯特丹成了武器弹药的运输中心，这一贸易实际上是增长了。具有讽刺意味的是：那些可憎的敦刻尔克私掠船员曾经与荷兰人进行过十分残酷的战争，而荷兰人自己却时常为他们提供弹药；尽管联邦议会严令禁止此事，但他们却得到了阿姆斯特丹海事院的默许。

这种或多或少是被默许的行动完全不同于正在地中海进行的私掠勾当，然而有迹象表明荷兰的显贵们还是时不时对此勾当提供资助的。更重要的还有东印度公司和西印度公司的远洋贸易，这并不是因为在这些年中远洋贸易已成为荷兰经济必不可少的一部分，而是因为远洋贸易促进了商业组织领域里的新发展、为把荷兰建成一个殖民强国打下了基础。1602年成立的东印度公司之所以能够生存下来，还要归功于荷兰大议长奥尔登巴内费尔特的首创精神；他认识到：同东方做生意的公司太多，没有必要让他们相互削弱；从长远的观点看，如果他们不进行合作，他们就无法与葡萄牙抗争。同那些旧公司比起来，1602年成立的这个组织（实质上是那些老公司的联合体）的新性质是双重的。首先，它将是永久性的，而不像过去，商人们只是联合资助一次航行。其次，共和国所有公民都可以自由购买新公司的股票。这一举措的目的在于使联邦议会同意这个公司在好望角以东地区拥有荷兰贸易的专卖权。1602年，650万荷兰盾的巨额资本被聚集在一起，而且船只和武装力量也得以集中，荷兰在东印度群岛的地位大大地加强了。然而，头几十年的利润是微薄的，所能支付的股息很少（1610年到1611年是162.5%；1619年是37.5%；1623年是25%）。只是从1624年开始才能每年支付12.5%—50%的股息。到那时，那些在1602年为社会各阶层人士所拥有的股份已都集中在了为数不多的几个资本家手中了。

西印度公司的发展就不那么尽如人意了。它的直接目的与东印度公司的完全不同。它组建于1621年停战协定到期之后，然而这之前它已酝酿了许多年；仅此一事就说明了它的主要作用是要对西班牙作战。它得到了正统加尔文教主战派的支持，但不那么正统的显贵们却始终对它持怀疑甚至是敌对的态度。尽管在与西班牙进行的海盗式战争中它获得过几次胜利（例如，1628年截获了西班牙运送白银的舰队），但由于缺乏资金、统治者们对建立殖民地很不感兴趣，使它无法发展成为永久性的重要机构。

上文曾提及,殖民地贸易的重要性在荷兰的经济结构中是居第二位的。到东印度群岛从事贸易的商船吨位不到荷兰商船总吨位的0.2%。相比之下,工业就成为荷兰经济生活中的一个重要得多的部门。然而一般来说,荷兰的工业有其固有的根本弱点(荷兰的大宗商品也是如此),因为荷兰工业本身不生产大宗商品,而又在很大程度上要依赖于大宗商品。对进口半成品进行加工或改良是它主要的工业活动。当然也有例外。某些领域的工业的确加工原材料、生产出成品。例如莱顿的纺织业由于引进了一些机械设备和工业资本,17世纪初叶得到了迅速发展。但总的来说,制糖厂、制烟厂、锯木厂、服装厂和铅白厂才是荷兰最典型的工业企业。荷兰经济的另一重要领域是捕鱼业。值得注意的是组织捕捞鲱鱼的方式后来成了整个商品市场结构的特色:船主们("第一道手")负责提供产品,批发商们("第二道手")把它们带往市场销售。最后是农业,它的重要性有限。但是大量可以利用的资本能够对荷兰的许多湖泊进行开发——这是个耗资巨大而又十分冒险的工程。

共和国各省的社会结构差别很大。在弗里斯兰,乡绅们是统治者;格尔德兰和上艾瑟尔是贵族的天下;在荷兰,城市显贵们是统治者。荷兰社会发展最重要的特点是城市显贵集团(即商人绅士集团)的形成。尽管这些人属于城镇的"统治者"(事实上也确实如此),但是他们逐渐从商界退了出来。这种发展还只是处在初期阶段,在17世纪结束之前尚没有完成。然而趋势已经很明显:这些城市财阀形成了一个半贵族性质的贵族统治阶层,牢牢地控制着政权,有时无情地利用政权,他们的前辈们就是利用这种无情的手段在商业中致富的。尽管也有许多腐败、狭隘的阶级利己主义和目光短浅的事例;但是从整体上看,由于他们是不拿薪水的统治者,而且在法律上也没有什么特权,他们的工作还是相当有成效的。或许这正可以说明,为什么很少发生真正直接反对这个统治阶级的社会动乱。尽管富有的小资产阶级被严格地排除在寡头统治之外,但一般来说,他们似乎已经认可了自己的地位。在经济发展繁荣的年代里广大人民群众却日益贫穷(价格革命和一些其他因素或许可以解释这种现象);但奇怪的是他们没有提出任何切实可行的社会、政治改革计划。尽管由于间接税十分沉重,常有地方骚乱发生,但却没有发生过任何重大的社会冲突。

这一现象又怎样解释呢？是因为对政府的信任吗？还是因为我们缺少文件记载或是缺乏有关的研究资料呢？关于这一点，那些试图对这一特有的寡头政治带来的好处进行评价的史学家，应当研究一下显贵们组建的私人慈善机构和市政府组建的、全欧洲仿效的济贫院和教养院这样一些先进的组织形式。

与之相比，南尼德兰的政权形式和经济发展又如何呢？南部各省的政治体制通常被描绘成温和的专制主义；通常认为，南尼德兰人对自己作为臣民而非被占领土上的居民受统治而感到自豪。如果把属于共和国的布拉班特和佛兰德一部分由议会控制的专制政府与由布鲁塞尔统治的那两个省另一部分的文官政府进行比较的话，他们的确是对的。他们还认为南尼德兰政府当然不像西班牙政府那么专制。各省议会仍然在行使投票表决权决定有关捐款和补助金等问题。尽管有中央政府的立法，但地方法律也受到保护。对于南尼德兰的政府，西班牙王室的态度是谨慎的，他们只是通过私人团体使这些省份与西班牙帝国保持联系。甚至在国际范围内也很明显，南尼德兰继续保持勃艮第主权国的地位。南尼德兰的统治者向国外派出自己的使节，而外国使节也被派往布鲁塞尔朝廷。

很难确定法律形式在多大程度上反映了实际情况。从不同角度对南尼德兰的相对自治和相对独立进行的解释可能不尽相同。从地方政府和司法机构、教会政府以及总的文化生活这些方面来探讨这一问题时，我们只能找到承担责任和传播指导思想的当地因素。特权重新确立（各行会把自己更紧密地重新组织起来）；由于富有的显贵们野心勃勃要使自己更显尊贵，所以乡村贵族的人数有所增加，但他们没有成为宫廷贵族（因为1633年以后宫廷生活就不重要了）；他们在当地政府和省政府内占有很重要的地位，拥有重要的征税特权。耶稣会会士相对来说比欧洲其他任何地方的人数都多，影响也更大（1630年南尼德兰为1700人，而法国为2200人，德意志为2300人，西班牙为3000人）。所有这一切或许可以这样解释：这种状况使得这个社会不可能向都市化发展，却使它成了一个反宗教改革的前哨，但不应把这种现象看作西班牙的舶来品。但如果考虑到中央政府的政策，就会出现另外一种情形。从理论上讲，1598年到1621年阿尔伯特大公和伊莎贝拉是南尼德兰的君主。阿尔伯特死后，君权又回到西班牙皇帝的手中。阿尔伯特大公和伊莎贝拉之后的统治者们、活动在布鲁塞尔宫廷里的大批西班牙官员及其强硬的统治手段、南尼德兰在国际政治中所起的作用以及议会在1632年的悲惨历史（我们对此将在后面叙述）都显示出：西班牙的影响如此之大，除了一些短时期外，这里似乎没有过真正的自治。

对于南部经济发展的总评价同样需要谨慎。毫无疑问，与北方的巨大发展（这一发展是由于封锁了斯凯尔特河）和共和国因此而取得的巨大成就比较起来，南方的经济发展就显得既缓慢又有限了。但是从整体上看，存在着绝对的衰落吗？在某些领域中这点似乎不可否认。但是尽管封锁斯凯尔特河使安特卫普和那些古老的佛兰德城镇无法直接通向大海，而这并没有阻止他们同泽兰和荷兰进行贸易。而且由于这种重要的贸易还在由陆路继续进行着，所以安特卫普绝不是一座资源枯竭的死城。但1585年之前使它出名的那种向心力没有了。布鲁日和根特也是这样：16世纪它们就不再是中世纪的工业和商业重镇了，要达到一定程度的恢复是相当困难的。但是另一方面，农业和乡村工业都很活跃、有很大的发展，因此我们最好把这一经济发展说成是复兴和变革，而不是衰落。总体上看，17世纪初所展现的是复兴的画面。16世纪的创伤正逐渐得到医治，而克服当前困难的解决办法亦已找到。

南尼德兰社会给人一种非常一致的印象。这种一致源自罗马天主教。由于坚信新教的少数派已经迁出、由于主教和牧师们在布道与教育时表现出的非凡能力、由于他们实行了令人窒息的审查制度以及对生活中的一切——南尼德兰人从生到死的所有事情——给以最大的关注，一切的一切都打上了教会烙印。最后，由于平民与教会当权者们的通力合作，反宗教改革运动大获全胜。异教消失了，不是通过武力（卡洛斯一世和费利佩二世实行的血腥敕令尽管没有被废除，但已不再实施，没有宗教迫害问题了），而是使那些坚决拒绝皈依罗马天主教的人在这个社会上找不到立足之处。这一时期的整个文化似乎都被用来为这一得势的宗教理想服务了。鲁本斯和他的学派所表现的是一种多么充满活力和生机勃勃的景象啊！然而他的才华或许会使我们忘记依然大量存在的紧张关系和逆反倾向。1640年鲁本斯去世前，南

第十二章 低地国家

方的知识界无疑总体上形成了一种令人瞩目的一致。这种一致本身与北方共和国形成了鲜明的对照；在北方，神学上和政治上的分裂力量似乎证实了常常被提到的预言：一旦同西班牙的战争不再能把这个国家团结起来，它将不可避免地陷于分裂。

首先，宗教纠纷遍及北方各省。在签订了停战条约之后，它们才有机会集中力量解决这些问题。教会改革后仅数年，政治形势即明显地紧张起来。莱顿大学的神学教授戈马鲁斯（1563年生于布鲁日）1600年后不久就向那位比他大三岁的最亲近的同事阿米尼乌斯的教义观点发起了攻势，谴责他偏离了加尔文教义，特别谴责了他的预定论观点。但现在不是考察这些教义争论的时候。[①] 这里要讨论的是，他们是怎样卷入共和国的这场纯粹是政治对立中的。我们的确有理由感到震惊。因为尽管那些与此直接有关的人和那些大力推进与对手的论战以便轻而易举地战而胜之的人仅把这些争执看成是宗教原理的论战，但事实上他们几乎引起一场内战。怎么会是这样的呢？这并不是因为有许许多多的人卷入了这场论战。冲突完全局限于荷兰省内，因为阿米尼乌斯教派在省外得不到什么支持。荷兰省内这一教派的人数也很少；荷兰人中可能只有极少数人属于改革了的教会，而且在这些人中还有许多人对那些难以理解的复杂的神学问题漠不关心。

1607年和1609年，政府曾试图进行调解，但没有成功。1610年阿米尼乌斯教派看出他们这些少数人的地位越来越不稳定，就向荷兰议会提交了一份叫作"五条款抗议书"的文件，请求得到保护（因此他们被称为"抗议者"）。大议长奥尔登巴内费尔特可能事先已得知此事，也可能为此事出过主意。议会中的大多数人都对"五条款抗议书"表示赞同。这并不是说所有的城市显贵都是加尔文派。他们中的多数人都不属于改革了的教会，而属于门诺派、路德派、罗马天主教派，还有的人对宗教问题漠不关心。只有少数人赞赏戈马鲁斯严格的教义。在这些人中有几位出自阿姆斯特丹望族。然而，统治阶层的大多数人对教会冲突的反应是惊讶和恐惧。有一点他们很清楚：不能容忍教会中的多数派把少数派排斥出去、对那些观点稍有不同的

---
① See above Chapter v, pp. 176–81.

人关闭官方教会的大门和增加本来就已为数很多的教派的数量。议会做了很多努力来寻求一个解决方法，但都没有成功，最后决定进行干预。根据一项大多数人支持的方案（这样一个并非一致通过的议案还会具有什么法律效力吗？），教会牧师们被禁止处理有争论的教义问题，并大体上建议他们在预定论和救世论的问题上接受一个中间观点（1614 年）。戈马鲁斯派（现在一般称为"反抗议派"）拒绝服从这一专断的命令，结果被从那些赞成阿米尼乌斯教派的统治者管理的城镇中赶了出去。例如鹿特丹就曾发生了此事：这里的议长是雨果·格罗蒂乌斯，他是奥尔登巴内费尔特宗教政策的热烈拥护者。

然而在阿姆斯特丹，市长们支持戈马鲁斯教派，一方面是因为市议会中的一些领导人真诚地信奉戈马鲁斯派教义，另一方面是因为他们不喜欢奥尔登巴内费尔特的总政策，他在 1609 年不顾阿姆斯特丹的强烈反对，强制缔结了停战协定。那时，执政者莫里斯支持阿姆斯特丹。或许对他来说，再次扮演阿姆斯特丹事业支持人的角色并站在戈马鲁斯教派一边是再自然不过的事。1617 年 7 月他做出了决定。1 个月后，奥尔登巴内费尔特用一项受议会中大多数人支持的议案作为对他的答复；议案建议各城镇用自己的军队来维持秩序。正规军的指挥官们接到命令，要与省议会和他们所驻扎的城镇的行政机构进行合作，不要理会那些与之相反的命令。这就意味着，如果执政者莫里斯不支持议会，议会就会把驻扎在荷兰的部队从这位执政者兼军队司令莫里斯统领下撤走。

这样，宗教争执发展成了两大政治派别的冲突，各方都提出了自己的政治纲领。戈马鲁斯反对阿米尼乌斯提出的宗教信仰自由时，完全没有料到局势会发展成这样。一方面是奥尔登巴内费尔特派，得到荷兰议会中大多数人的支持，也就是说，得到了大部分城市行政机构的支持。他们维护世俗政府控制教会的权力；他们反对经常召开全国的（即省际的）教会会议的建议；他们似乎主张他们可以剥夺那位军队司令对行省军队的指挥权。因此，他们所捍卫的是——或者说似乎是——国家万能主义、宗教信仰自由主义和地方主义。另一派得到莫里斯、阿姆斯特丹和荷兰其他一些城镇、所有其他省份和联邦议会多数人的支持。他们或者支持或者声明支持相反的主张：即支持严格的正统派观点，支持教会决定自己教义的权力，支持各省服从联邦议会多数派的意愿和权威。然而，这大多只是表面现象。当然，是有一些原则问题，但旧的怨恨、固执和宪法的不确切性也是这场悲剧发生的原因。从严格的法律观点看，双方都能引用法律条文和先例，所以他们在盲目地追求他们认为是正确的东西时，所鼓吹的论点都有一定说服力。

事实上，这场冲突只不过是两个对手——奥尔登巴内费尔特和莫里斯之间的个人权势冲突；各自都得到一小群追随者的支持。这一局面是经过了许多年才形成的。但它一旦形成，其结果就可想而知了。莫里斯手中有几张王牌：军队、实力雄厚的阿姆斯特丹市和联邦议会的绝大多数。他机智稳妥地布置行动，似乎是在领导一场战役，他还设法孤立奥尔登巴内费尔特一派。在联邦议会的支持下，他把反对派的领导人物——奥尔登巴内费尔特本人和许戈·赫罗齐厄斯——投进了监狱（1618年）。莫里斯派还通过两次所谓的诉讼进一步巩固了他们的胜利。一个特别法庭判处奥尔登巴内费尔特死刑（这个大人物于1619年5月13日被处决）；他的一些同党（包括赫罗齐厄斯）被判终身监禁。著名的全国也是国际性的多德雷赫特教会会议谴责了反对派教义（当时加尔文学派的精英也在场），并把反对派的追随者逐出了教会和这个国家（1619年）。如果考虑到当时的实际情况，这两项判决尽管带有明显的派别偏见，但从形式上看都是无可指摘的。

这些冲突的结果决定了共和国后三十年的历史，但并没有从根本上改变历史的进程。莫里斯亲王现在几乎掌握着无限的权力，但却没有拟定出一部新的和更加行之有效的宪法。他是个军人而不是个政治家；他的个人野心中不含有争取王朝荣耀的成分（他娶了身份较低的女子为妻）。他甚至没有采取有力措施来打破荷兰城市贵族们的权势，尽管他们中仍有些人是反对派的信仰者。在随后的几年中，阿姆斯特丹政府逐渐摆脱了"反阿米尼乌斯派"领导者的控制，这座曾经帮助推翻了奥尔登巴内费尔特统治的城市竟在这位执政者的面前追求起独立自主的政策来。戈马鲁斯派在1619年的胜利和莫里斯的成功一样短命。反对派的领导人虽然被赶走但并没被击垮。他们的教义在反加尔文教派的运动中得到了不断的发展，赢得了大批执政者与知识界人士的支持，以至于成了荷兰文化中的主导因素。17世纪20年代，反对派竟能再次公开传播他们的教义。1630年他们在阿姆斯特丹建起了一座教堂，1632年又建起了一座半学术性机构：著名的雅典娜学会。由于多德雷赫特教派的教义和教规的僵化，其教会的活力没能得到发挥。

莫里斯在1619年后唯一的重要政治举措就是决定不准在1621年延长停战协定。但由此而重新开始的对西班牙和南尼德兰的战争（事实上这场战争是违背阿尔伯特大公意愿的）成了他的又一件失望的事。财政困难、外交政策上的不确定性、军事上的挫折和西班牙的攻势给他的最后几年蒙上了阴影。他于1625年4月去世；此后一个月，布雷达这座重要的城市就被西班牙人占领了。在这位执政者临终前的敦促下，他的兄弟腓特烈·亨利同索尔姆斯的阿玛莉亚成婚，以便使这个王朝得以延续。他受命接替他的前任时，接受的是一份局势十分严峻的遗产。然而，他的执政时期（1625—1647年）是共和国历史上最光辉的时期之一。

腓特烈·亨利不像他的兄长莫里斯，而在许多方面继承的是他父亲"沉默者"威廉的观点和政治风格。对于宗教，他采取了宽容的态度；他具有收服南尼德兰的野心，特别是要收服安特卫普（我们将在后面探讨这一野心的失败）；他在为获得更高的地位而奋斗，而不仅仅是做一名官员和将军，在这一点上他要比莫里斯更为明确。他的确成功了；他成了军队以及整个荷兰国内外事务的真正领导者。同盟的联邦机构、国务委员会和联邦议会都被迫依从于他。从1630年起，对外事务由联邦议会的一个常务委员会管理；他设法在委员会中安插那些只遵从他指令的人。执政（1636年之后这一职位由温顺的雅各布·卡茨担任；他作为一位勤奋的诗人而享有盛誉）再也不能控制共和国了，有可能反对这种新情势的中心似乎不存在了。这位亲王和他的妻子喜欢炫示他们的半王室生活状况，他们在海牙建起了一座时髦的王宫。尽管这座王宫吸引了众多国外游客，但与荷兰人的生活总体上不协同。

大约在1640年，腓特烈·亨利达到了权力的巅峰。但是从这之后一直到他1647年去世的时间里，发生了逐渐的、不可逆转的衰退。这是由许多原因造成的。其中最重要的原因是出现了对他取得巨大成就的个人政策的抵制。1641年，他的儿子威廉二世与查理一世的女儿玛丽结婚。所以腓特烈·亨利支持斯图亚特王朝，他晚年的主要活动之一就是使共和国支持英国保王党人。但是荷兰省不打算让自己卷进一场战争；这场战争只能是一场反对包括伦敦在内的议会党、商船队和海军的海战。1643年，包括荷兰在内的各省议会拒绝继续在由联邦议会的常务委员会领导下的政府中进行合作。因此，对外政策动摇了腓特烈·亨利精心建立的半君主地位。然而，只有对1621—1648年南尼德兰的历史进行分析之后，才能正确地理解其对外政策的总体特征。

在这一伟大而富有创造性的时期，南尼德兰的一致性看上去是如此之完善，以至于所出现的紧张局势似乎仅仅是种表面现象。然而大约在1640年，这个国家思想上的一致性破裂了。在文化危机慢慢趋于成熟的这些年里，政治冲突发生了；这并不是无关紧要的。

1621年没给南尼德兰人留下多少深刻的印象，然而这一年对这个国家来说是十分重要的。1598年南尼德兰正式成为由大公统治的独立国家，但这一历程以失败而告终。1621年阿尔伯特去世，没有留下子嗣。君权又回到西班牙国王的手中。阿尔伯特的遗孀伊莎贝拉继续在南尼德兰执政，直到1633年去世为止；她年事已高，并且心灰意冷，极度悲伤，根本不可能阻止西班牙影响力的增长。阿尔伯特在世之际，还目睹了另一历程的失败。1621年4月停战协定到期，战事再起。他意识到这次战争将会是灾难性的。但他势单力薄，无法再与西班牙国王费利佩四世抗衡。费利佩四世是1621年3月继承父位，完全受他的大臣奥利瓦雷斯的控制；奥利瓦雷斯是个野心勃勃的人，企图恢复西班牙称霸的传统。而荷兰共和国也希望重开战端。

1621年之后，南尼德兰的权力实际上掌握在拉奎瓦红衣主教贝德马尔侯爵的手中。他是1618年作为西班牙使臣来到布鲁塞尔的。他操纵着两个特别执政委员会——一个是西班牙执政委员会，另一个是比利时执政委员会；这两个执政委员会凌驾于国务委员会这个古老的机构之上，统治着这个国家。抵制这种制度的势力在慢慢增长。到1629年，比利时人对这一新制度恨恶至极，伊莎贝拉不得不放弃并撤回对贝德马尔的支持。有一段时间，形势似乎非常严峻。在西班牙获得最初的胜利之后，腓特烈·亨利以他的才能扭转了战争的局势。1629年他攻克了布瓦勒杜克。南尼德兰的金融状况非常糟。很明显，伊莎贝拉再靠那些不适当的权宜之计偿还债务已是力所难及的了，她甚至当掉了她的珠宝。但是尽管贝德马尔的继承人艾托纳侯爵从根本上改变了这一制度，恢复了国务委员会，但还是阻止不了不断高涨的不满与失败主义情绪。事实上，缔结和约是解决那些困扰南尼德兰统治者的问题的唯一可行办法。伊莎贝拉早已认识到这一点，而且她的将军斯皮诺拉也完全同意她的看法。但1627年他看到马德里既不想提供必要的资金也不想实施和平政策时，他拒绝继续指挥军队。

南尼德兰处在危机之中，这一危机笼罩着伊莎贝拉的晚年。她没有看到事情的结局；在她去世时（1633年12月），反对西班牙统治的势力已经明显地急剧衰弱了。1632年，一些年轻权贵的所谓密谋也遭到了惨败。他们的意图十分不明确。也许他们想依靠法国的帮助来推翻西班牙的统治。但是这些傲慢无能的贵族既没有得到广大人民的支持，也不敢采取果断行动。大家的注意力被引向了其他方面。伊莎贝拉曾不顾费利佩四世的反对，决定召开联邦议会。这个议会自1600年以来还从未召开过。议会只有一个目标：同荷兰共和国议和。当这些谈判（在后面将讨论它们）失败时，费利佩四世下令解散议会（1634年6月18日）。很显然，南尼德兰——实际上是个大军营——不可能把他们的意志强加给西班牙人。

1634年之后，由于艾托纳和布鲁塞尔秘密委员会主席、坚定的安特卫普保王党人彼得·鲁斯的努力，西班牙人恢复了它们的统治。费利佩四世的兄弟红衣主教亲王费尔南多当上了总督。他是个出色的军人，但却是个蹩脚的政治家。具有讽刺意味的是：1635年艾托纳去世后，是鲁斯把南尼德兰变得更加西班牙化的。1641年费尔南多去世后，出现了一个混乱的非常时期。这一时期到1647年皇帝斐迪南三世的兄弟利奥波德·威廉受命任总督时才结束。但此时比利时已完全依赖于西班牙，以至于1648年他都没去参加缔结和约，而和约的目的旨在结束这场既无意义又耗费钱财的战争。我们将会看到：这个和约对南尼德兰来说就如同战争那样也是灾难性的。

正如国家政治生活中的冲突趋势掩盖在反宗教改革的辉煌外表下那样，巴洛克文化下面也掩藏着矛盾和分歧。在南尼德兰的文化史上，1640年是值得纪念的一年。鲁本斯就是在这一年去世的。也是在这一年，两部重要的书籍出版了：一本书是《耶稣会的初始时期》，比利时的耶稣会会士们在书中描述了他们教派第一个世纪的胜利（比利时人描述这引以为豪的胜利并非偶然）。另一本书是《奥古斯丁努斯》，作者是科内利乌斯·詹森（伊普雷斯主教，荷兰籍，于1638年逝世）。这是一本十分有争议的书，1643年，教皇在诏书《卓越》（In Eminenti）中谴责了它。关于詹森的论点所引出的争议不属于我们所讨论的年代（他在书中强调了神的恩赐所起到的决定性作用，论述了道德的严格性、神秘主义倾向和本国教会自治，反对罗马的中央集权）。值得注意的是，这本书在某种程度上是一本反对反宗教改革派的乐观主义倾向的书，很快就在比利时找到了有影响的支持者，它还使那所一直是罗马坚固堡垒的鲁汶大学转而反对罗马。它不仅引起了宗教界知识分子也引起了世俗知识分子的注意，使他们对最现代的笛卡尔主义哲学的发展产生了兴趣。

鲁本斯及其学派的强有力的艺术以及神学和哲学讨论内容的丰富多彩，都不能消除这么一种印象：即17世纪初南尼德兰的文化是有其片面性的。渊博的知识主要是历史知识，史学研究产生出许多史料汇编和对资料的评论研究而不是历史编纂学。不朽的著作《圣人行述》就是一个很好的例子，它的前几卷面世于1643年。然而，无论是以佛兰芒语还是以法语写成的文学作品却失去了生气。这同北方各省的飞速发展形成了鲜明的对照。南北双方的分裂还使佛兰德语和布拉班特语失去了它们以往的活力。在整个尼德兰，它们曾是中世纪文学表达的最好语言，而它们本来是能够发展成北部荷兰的清晰、丰富而又精确的语言的。需要引起注意的是这场南北方之间的战争：这场从1621年至1648年的战争从某种程度上讲是场内战，对双方的发展是至关重要的。

共和国的国际立场是由传统和起义所采取的方针来决定的。西班牙是敌人，法国是盟友。根据1624年条约，法国向联邦议会提供财政援助，共和国为法国提供船只——这些船只将用于对胡格诺派的要塞拉罗歇尔的围攻（议会同意此种做法，但它却引起了荷兰新教教徒们的愤慨）。然而，这些年的法国支持相对来说并不那么重要。1625年之前，西班牙获得了令人吃惊的军事胜利；但自那以后不久，它的进攻能力就开始衰退了。有意思的是，1628年费利佩四世宣称准备给共和国以和平，允许它保留主权，但同时要求荷兰人承认西班牙国王是他们的永久保护人并改善罗马天主教徒的地位（当然这是徒劳的）。然而在试探性谈判进行的同时，军事行动也在继续。尽管费利佩四世降低了要求，而且荷兰、布鲁塞尔和西班牙都确实不想再继续作战，但战争还是不可能轻易结束。国际形势错综复杂，交战各方举棋不定、矛盾难消，使得他们不可能迅速地解决问题。

战争头十年中发生的大事是腓特烈·亨利占领了布拉班特的重要城市布瓦勒杜克（1629 年）。由于这一胜利，他把战火引向了大河南面的各个省份。战争的性质改变了。1621—1629 年，荷兰人是在保卫他们狭小的领土而同西班牙人作战，但现在他们把手伸进了南方。这使得他们的政策变得复杂化，收服南尼德兰突然变得切实可行了。1609 年的停战协定似乎已暂时承认了勃艮第尼德兰双方是独立的国家，但现在南北双方的关系再度成为一个敏感的问题。正如我们所看到的那样，南尼德兰的反应非常强烈。但是那些希望南方起来反抗——腓特烈·亨利在自己的计划中没有排除这种可能性——的人很快就失望了。正统加尔文教派对共和国政策的影响阻止了这位执政者同意布瓦勒杜克的罗马天主教徒有信仰自由的权利。戈马鲁斯派那位令人敬畏的领导人沃蒂乌斯是位学识渊博又严格坚守教义的人（他不久就成了乌得勒支大学的教授），亲自来到腓特烈·亨利的军营，向这位指挥官指出他应尽的职责。于是，一场宗教革命在这个单一罗马天主教的城市里爆发了。

1630 年没有作出什么重要决定。但 1631 年南尼德兰的紧张局势突显了。腓特烈·亨利的堂兄弟、南尼德兰军队总司令范登伯格伯爵被解除了职务，换上了一位西班牙将军。他与另一位颇具影响的人物、布鲁塞尔财政委员会主席瓦尔菲塞伯爵一起在海牙同联邦议会开始了秘密谈判。他们的计划不十分明确，但有一点是可以肯定的：即如果南尼德兰人全面起义（他们企图发动这场起义），他们希望法国支持瓦龙省，荷兰支持那些讲佛兰芒语的省份。1632 年 5 月，在腓特烈·亨利开始夏季攻势前，联邦议会向南尼德兰人发布了一项公告，号召他们"从西班牙人那沉重的和无法忍受的桎梏下解放自己，加入联合省"，保证保留他们的特权和公开信仰罗马天主教的权利。腓特烈·亨利的攻势开始时非常顺利。他占领了上格尔德兰的旺洛和罗埃尔蒙德，然后经过两个多月的围攻，又攻取了马斯特里赫特（1632年8月）。但是成就仅此而已。法国国王没有对瓦龙贵族的计划给予任何有效的支持。讲佛兰芒语的省份也没有动起来。而腓特烈·亨利在本应迅速进军布拉班特之际，却小心翼翼地逗留在了马斯特里赫特附近。

我们已经知道，伊莎贝拉召集了南尼德兰联邦议会开会，允许它们与北尼德兰联邦议会进行谈判。1632年12月，谈判在海牙举行，谈了一年。但从一开始，这些谈判就毫无意义。1632年12月，与夏季相比，军事形势发生了根本性变化。那时，不仅是腓特烈·亨利的军队，还有古斯塔夫·阿道夫在德意志的军队都对西班牙人构成了极大的压力。但是腓特烈·亨利没有继续扩大战果，而古斯塔夫·阿道夫又在吕岑战役中阵亡（1632年11月）。南尼德兰的代表在海牙原来不是作为希望并入荷兰共和国或在北方的帮助下建立一个独立于西班牙的国家的身份，而是作为西班牙国王的代言人参加的会谈。南北双方在宗教和睦的基础上进行合作抑或以建立一个联邦或独立国家为目的而进行合作的可能性都还不具备。要评估出这种可能性到底有多少真实的成分是极其困难的。但是有一点可以肯定：虽然北尼德兰对这种合作感兴趣，但难以克服的障碍很快就显现出来。宗教问题不但给北方"反阿米尼乌斯派"教徒也给南方罗马天主教徒带来了沉重的压力。再者，荷兰特别是阿姆斯特丹的人们认识到：不管南尼德兰采取什么政治形式，它的自由必然导致斯凯尔特河的开放。而荷兰的繁荣不就是靠的封闭斯凯尔特河吗？

1633年以后，荷兰对南尼德兰的政策再次发生了变化。这一变化在1635年的条约中表现得很清楚；这个条约是荷兰经过长期谈判后与法国签订的。这原本是法国主动采取的措施，因为它看到荷兰的厌战情绪达到了惊人的地步。但是这种主动权最后又被联邦议会所掌握，它以一项诱人的计划说服黎塞留使法国最终放弃了中立立场，并对西班牙宣战。这项计划关系到南尼德兰。事实上，人们已不再指望南尼德兰人会解放自己。看到他们的确难以自发地起义，法国和共和国同意联合起来去征服他们。法国得到允诺，它有权占领瓦龙各省和佛兰德（就是那些包括根特和布鲁日在内的讲佛兰芒语的地区！），而共和国则可以得到布拉班特。从国际强权政治的角度来看，这一条约是共和国的胜利。它由于对南尼德兰人冷酷无情,所以在对西班牙的战争中得到了法国的宝贵援助。但是荷兰人却被迫做出了危险的让步,同意了法国的意见:只有在"双方联合行动和一致同意"的条件下才能签署和平条约。

荷兰对南尼德兰政策的改变并不表明荷兰总体国际政策有什么真正的变化。1635年之后,荷兰也还非常注意不使自己同西班牙的战争牵扯进三十年战争中去——这是它严厉地拒绝奉行强权政治的一个典型例证。法国人如果真的自信能很快征服南尼德兰的话,一定会大失所望。1635年的法—荷联合战役开始很顺利,结局却很惨。随后几年的战斗没取得任何重大战果。1637年腓特烈·亨利重新占领了布雷达,但却失去了旺洛和罗埃尔蒙德。1638年对安特卫普的进攻也失败了。荷兰人在海上获得了一次重大胜利;1639年荷兰舰队在特罗姆普的指挥下于英国海域击败了一支强大的西班牙舰队。但在17世纪40年代初,陆地战斗却没取得过胜利。腓特烈·亨利未老先衰,已不再具有朝气蓬勃的冒险精神。同时,他的朝廷规划和对斯图亚特王朝的忠心削弱了他在荷兰的地位。人们对他的半君主地位和野心感到恐惧,所以对他的整个对外政策的倾向性产生了抵触情绪。

一个旗帜鲜明的主和派逐渐在荷兰形成;这个派别坚决反对这位执政者。同时,旨在结束三十年战争的和平大会于1643年在明斯特和奥斯纳布吕克召开。由于受到极为复杂的政府体制和国内冲突的干扰,荷兰的政治家们用了几年的时间才能决定他们自己的行动方向。荷兰的使节们于1646年1月才动身前往威斯特伐利亚,结果在那儿发现了十分奇特的情况。事实上,阻止西班牙—荷兰立即媾和的障碍只有一个:法国—荷兰联盟。法国不准备与西班牙媾和,而根据1635年条约(1644年时续约),荷兰在这件事上又不能单独行动。所以,西班牙外交家们没有必要向荷兰解释最终缔结和约的必要性,首先要做的是说服他们的敌人撕毁同法国签署的条约。在共和国中,荷兰省完全愿意同西班牙立即达成最终协议。但是泽兰却想继续这场战争,因为西印度公司在海上进行抢劫,泽兰从中捞到的好处比其他各省都要多。腓特烈·亨利本人尽管多次受挫,但还是希望能征服安特卫普;他明白,和平对他本人来说是无利可图的,所以直到1647年去世前不久,一直支持主战派。虽然有这么多阻力,荷兰还是我行我素。1648年1月30日，荷兰共和国终于在明斯特与西班牙缔结和约。很显然，这是违背法—荷条约的。但是从荷兰人的立场出发，这一行动是情有可原的；否则，他们唯一的选择只有继续这场毫无意义的战争，直到由法国来结束它。

明斯特和约重申并扩充了1609年的协定。它是共和国的一次胜利；共和国这会儿作为一个强大的主权国现已被承认并令人感到畏惧。共和国仍占有它所征服的佛兰德、布拉班特和林堡，但还没有得到上格尔德兰。西班牙想使那些信仰罗马天主教的地区获得信仰自由的努力也失败了。在整个旧制度时期，这些地区都是作为被占领土受联邦议会专横统治的。这一和约使南尼德兰蒙受了耻辱。布拉班特和佛兰德丧失了它们领土中有价值的部分。斯凯尔特河仍被封闭。北方各省目中无人、自私自利，继续采取破坏南尼德兰繁荣的政策。北方不仅在对西班牙的战争中是胜利者，而且在尼德兰的长期内战中也是胜利者。

1647年3月腓特烈·亨利去世。他的儿子威廉二世生于1626年，在17世纪30年代接替了他的所有职务。他切实履行了奥伦治亲王们的传统职责。他执政的三年是共和国历史上一段非常特殊的时期。威廉二世有才华，但却没有接受过良好教育，十分轻佻。他曾试图继续实行他父亲的政策。然而这些政策已经过时了，再采用这些政策，后果不堪设想。1648年11月，威廉二世已经告知马萨林（当时，他的失策导致了投石党运动），他不愿遵守明斯特和约。很明显，他的目的是站在法国一边与西班牙重新开战，迫使费利佩四世与路易十四迅速签订和约，而后同法国一起插手英国内战，维护斯图亚特王朝的利益。从根本上讲，在那个时代错综复杂、充满危险的国际政治中，这样的计划或许并不是异想天开。但威廉二世无疑是错误地估计了法国的政策和他自己在共和国中的地位。他似乎曾认为，法国会帮助他搞一场针对荷兰的政变，以迫使这个不顺服的省份同意合作。然而，即使这一计划全部实现，也很难想象他最终能使荷兰为他的冒险行动提供资金。再者，他越来越依赖法国的帮助，以维持他的地位；其结果是，荷兰的政策不得不随着法国的指挥棒转。很显然，威廉二世的朝政是最危险、最有害的，会极大地消耗荷兰的实力。

威廉二世当然不会公开宣扬他的最终目标。他执行的比较温和的政策似乎是在沿袭腓特烈·亨利的路线。他很快就在那些一直对荷兰省的优势地位怀有敌意的人中找到了支持者。在停战期间就业已存在的差异又一次暴露出来。为了同盟和宗教的利益，有些反阿米尼乌斯派牧师和听他们布道的那些人、军队、大多数省份以及联邦议会都准备支持威廉二世反对荷兰及其主张信仰自由的统治者以及它对商业和航运的利益独占。然而，荷兰现在的势力要比30年前奥尔登巴内费尔特时代更为强大，因为过去曾反对腓特烈·亨利的阿姆斯特丹现在又站到了反对威廉二世斗争的最前列。那个所谓的奥伦治主义党也不可能愿意接受威廉二世的疯狂计划。事实上，它根本就不是一个党。使他们组合在一起的唯一原因是他们对荷兰省的厌恶。整个17世纪里，在需要做出重大决策的一些时刻，这种厌恶情绪确实能把居民中的大部分人联合在一起。但在摧毁寡头统治、改进政府机构和改变荷兰外交政策等方面，奥伦治主义党从未能提出任何切实可行的社会或政治纲领。尽管这位奥伦治亲王可以依靠某些特殊集团对他的毫不动摇的忠诚，但是他所进行的斗争只是他个人的事，分裂共和国的这些冲突也没有发展成为内战。

1649年爆发的冲突就是一个例证。它是由一场关于裁减军队的争论引起的。1648年6月，联邦议会把军队的规模由5.5万人裁减到3.2万人，这样可以每年节省开支300万荷兰盾。这一举动受到了普遍的欢迎，因为共和国已深陷债务之中；仅荷兰省本身就欠14000万荷兰盾，占债务的5%。但1649年荷兰想进一步裁减军队时，奥伦治亲王和受他影响的联邦议会拒绝了这一要求。1650年，紧张态势加剧了。经过长期而又毫无效果的谈判之后，荷兰快刀斩乱麻，采取断然行动，1650年6月4日通知一些靠荷兰上缴联邦议会的款项支付薪饷的连队指挥官：他们不能再得到薪饷了。6月5日，威廉二世出现在联邦议会，要求受命用一切他认为必要的办法阻止骚乱。他以这种方式获得的权力事实上是独裁的权力，与他伯伯莫里斯在1618年获得的权力很相似。从6月8日到27日，威廉二世由一批有影响的贵族和军官陪同巡访了许多荷兰城镇，但他却没能说服他们中的多数人服从他的命令。7月底，他逮捕了六名荷兰领导人，其中有后来当上大议长的约翰·德·维特的父亲。同一天，他指挥他的军队向阿姆斯特丹进军，但这座城市及时得到了警报，关闭了城门。1650年8月3日，双方达成妥协。军队撤走，但阿姆斯特丹解除了几个领导人的职务，并保证在荷兰议会中不妨碍威廉二世的政策。六位领导人被释放。令人不解的是，阿姆斯特丹为什么没有采取进一步行动；很明显，就连联邦议会也不赞成这位亲王的侵略行径。威廉二世长期以来就企图改变荷兰的对外政策，当他最终试图实现这一目的时，联邦议会拒绝支持他。联邦议会明确表示不愿再顺从这位亲王了。他们无疑是想表示：尽管阿姆斯特丹蒙受了耻辱，他们还是不打算——正像荷兰议会也不打算一样——向西班牙和革命中的英国宣战。威廉二世突然患病，十天后死于天花（1650年11月6日）。他把他的秘密计划带进了坟墓吗？他的计划是否真有可能得到实施？我们对此一无所知。我们只知道在后来的20年中，他的所谓的党既没有了权力，也失去了影响。1650年11月，重新爆发战争的可能性不复存在了，那些执政的人这会儿希望最终能和平地享受一下经过半个世纪的艰苦努力和重大决策所带来的成果了。

第 十 三 章

瑞典与波罗的海（1611—1654年）

17世纪上半叶，有两个国家第一次成为强国：一个是尼德兰联合省，另一个是瑞典。它们的强盛期几乎是一致的，也都是短暂的。两个国家都发展成了类乎帝国的国家，大约也都是在1660年前后达到其全盛期。

瑞典的发展强盛确实是人们始料不及的。17世纪初，它能否维持独立地位似乎还令人怀疑，更不可能成为北方的主导力量。随着16世纪汉萨同盟政治优势的衰退，处于主导地位的似乎不是丹麦就是波兰。在16世纪60—70年代，莫斯科大公国作为一个强有力的挑战者而崛起（似乎至少有这种可能）：在利沃尼亚佩剑骑士团邦国衰败后的政局动荡中，莫斯科曾获得过极大的成功，沙皇几乎要得到波罗的海漫长的海岸线；但是乱世的混乱状态使得伊凡四世过了半个多世纪后才得以重新实施他的计划。骑士团的大部分土地都落入了波兰手中，而瑞典只是极不稳固地占有塔林和爱沙尼亚的北部海岸。这是瑞典在海外拥有的第一片土地；在这片土地的周围增加了更多的土地。它需要保卫；这使得瑞典一步一步、更深地卷入这一地区的政治之中。但如果说它事实上成了帝国扩张的跳板，这却是斯德哥尔摩始料未及的，肯定也不在欧洲意料之中：1605年前后，爱沙尼亚似乎有可能很快同波兰的立窝尼亚（Livonia）合并。当然，还有另一种更大的可能：从1592年到1599年，瑞典和波兰曾私下进行过联合，对于这些土地控制权的竞争可能会由于重新开始这种联合而得到解决。西吉斯蒙德三世仍有可能复得他世袭的瑞典王国，并驱逐他那位篡位的叔叔查理九世。这种可能性不但存在，而且有时还相当大。罗马教皇、耶稣会会士和哈布斯堡王朝都迫切希望能这样：一个重新皈

第十三章 瑞典与波罗的海（1611—1654 年）

依天主教的瑞典、一个以哥德堡为西班牙的基地（这里便于向荷兰的船舶发动进攻）是有好处的，是值得努力去争取的。

然而，从瑞典的传统观点来看，波兰是个新的、几乎是次要的敌人。当然，它们的竞争不只是王朝和宗教之争，也是西吉斯蒙德的政策引起的争论所导致的后果；关于爱沙尼亚问题，双方都不肯妥协。但是，东边对瑞典构成真正威胁的不是波兰人，而是莫斯科大公国人：125 年来，莫斯科大公国一直威胁着瑞典的芬兰；对莫斯科大公国向西扩张的恐惧深深地印在瑞典统治者的脑海中。瑞典国王们除了决心对莫斯科进行防御性抵制外，近来又雄心勃勃地要把莫斯科大公国与西欧之间的贸易集中在瑞典手中，以此引导荷兰、汉萨同盟和英国商人必须到瑞典控制的贸易中心经商，这样就可以用这些税款来充实瑞典皇室微薄的岁入了。当然，瑞典统治者不会想去征服莫斯科大公国，或者把它纳入波兰—立陶宛版图，而后用波兰的技术强化俄国人的暴虐；而如果西吉斯蒙德想要占有通向芬兰的后门，查理九世也不会袖手旁观。因此，当西吉斯蒙德开始运用计策为自己或他儿子拉迪斯拉斯竞争沙皇的位子时，①查理被卷进了"动乱时期"，并作为俄国人的支持者，他的处境和他在立窝尼亚同西吉斯蒙德作战时一样糟。

如果说俄罗斯多年来一直是东面的敌人，那么丹麦就是西边的宿敌。瑞典最终作为独立国家出现是在 1523 年；1611 年离古斯塔夫·瓦萨终止旧斯堪的纳维亚联盟还不足一个世纪。可 16 世纪末叶的丹麦国王们不愿接受这一既成事实。他们要战斗时，往往仍然穿上展示瑞典三齿冠的军服；在当时，它所包含的政治意图比保留在英格兰盾形纹章上的法兰西百合花更为明显。斯堪的纳维亚半岛的南部各省——布莱金厄、斯卡内、哈兰德——仍然是丹麦的一部分，由一条既未考虑地理条件也未考虑经济因素的边界与独立的瑞典分开。丹麦国王们有理由认为：斯堪的纳维亚联盟的解体是违背事物正常规则的政治行为。当然，这两个国家之间的联系比与其他任何非斯堪的纳维亚国家的联系都更紧密。相同的语言和制度、相同的宗教信仰、分布在边境两边的贵族、"北方"这一与欧洲其他地区不同的模糊的感

---

① See below, Chapter XIX, Pt. 1.

觉：所有这一切甚至在他们的政治利益各不相同时仍能把他们凝聚在一起；因此他们之间的关系在仇敌与同胞、联合与战争之间剧烈地摇摆不定。为了和平地解决他们之间的争端，他们有自己恰当而确定的方式。他们允许双方臣民自由地贸易。他们双方一致维护邻近水域航行法，有权在波罗的海范围内保留一支舰队为双方服务——与外部世界无关。同样重要的是：丹麦的国王们对通过松德海峡的瑞典船只与货物免征关税。

松德海峡关税是丹麦王国政府最重要的财政收入。恰当地说，这关税是国王的私人收入；但国王用这关税供养海军；在17世纪初，这支海军可能是欧洲最优秀、最现代化的海军。而且不仅如此：这关税是政治抱负的象征，海军的存在可以使其得到保障。丹麦的国王们要求对波罗的海拥有全权（一种对波罗的海水域不甚明确的主权）；至少对松德海峡，他们还能有效地维护这点要求。松德海峡两边都是丹麦领土；克里斯蒂安四世坚持说，松德海峡只不过是一条流经丹麦领土的河流，而不应把它看成是国际水路。在这一点上，汉萨同盟不得不勉强表示同意；尽管英国和荷兰相继在阿尔汉格尔斯克找到了从后面进入俄罗斯的通路，但它们运往北欧的大量货物还必须经过松德海峡。因此对瑞典来说，免缴松德海峡关税当然是一大优惠，然而它的商船并不多，并在艾尔夫斯堡还拥有一个位于波罗的海西海岸的港口。但是丹麦对波罗的海拥有全权的主张没得到斯德哥尔摩的认可；瑞典不可能永久地忍受自己战略地位上对丹麦的劣势。瑞典东西海岸之间的海上交通只有经过丹麦的允诺才可能实现；瑞典在艾尔夫斯堡通向大西洋的唯一窗口又被丹麦和挪威在南面和北面的领土所包围，以至于它可以轻而易举地被堵住，而且在战时很难守卫。丹麦远离本土的岛屿——博恩霍尔姆岛、哥特兰岛和奥塞尔岛——向东延伸穿过波罗的海，切入瑞典通向汉萨同盟城镇的主要贸易路线。

就是因为这些根本性的分歧，在瑞典与丹麦的关系中潜伏着一再发生危机的可能性。在查理九世时期，他们奉行特殊的政策：查理封锁了里加，不准丹麦船只从里加经过；瑞典对西海岸商人实行让步，而克里斯蒂安四世则认为，这是对他主权的侵犯；尤其是查理在北极地区实施了一种挑衅性的政策，以使他在今纳尔维克附近拥有一个大西洋港口，希望能向荷兰开往阿尔汉格尔斯克的船只收费。克里斯蒂安四世从自己的利益出发,重新展开了对三齿冠的争论,并巧妙地运用了瑞典式的伎俩,使本来不支持他的议会同意他在 1611 年宣战。[388]他的目标不仅仅是取得胜利,而是要重新征服;如果成功,他很可能会使波罗的海主权成为现实。但这在阿姆斯特丹却不受欢迎。

因此,1611 年古斯塔夫·阿道夫继承查理九世的王位时,他也从他父亲那里接过了三场战争——对丹麦的战争、对波兰的战争和在俄罗斯的战争;任何一场战争成功的希望都很小。同西吉斯蒙德三世的王朝之争此时正在减弱,至少在立陶宛前线是这样;但是这只是因为斗争已经转移到莫斯科大公国。查理一直在那儿帮助沙皇巴兹尔·舒伊斯基反对拉迪斯拉斯夺取王位的野心——这是一种政治投机;1610 年波兰人在克卢希诺击败巴兹尔和他的瑞典同盟者时,这个投机以惨败而告终。巴兹尔在这次失败后被迫让位,而查理不得不同意让他的小儿子查理·菲利普作为继位者,以期对抗波兰沙皇的威胁。1612 年底和 1613 年初,这一举措似乎有取得成功的机会:波扎尔斯基和第二次民族起义选定查理·菲利普为继位者;如果查理适时地出场,他很有可能继位了。但是 1613 年 2 月,米哈伊尔·罗曼诺夫继位了,随后便废除了瑞典和波兰继位者的资格;不论是对波兰还是对瑞典来说,这并不意味着事情已经走到尽头。古斯塔夫·阿道夫和西吉斯蒙德都看到了俄罗斯的弱点;这是不可坐失的机会:既然他们不能使自己的继位者继位,他们至少可以乘机争夺一些领土。西吉斯蒙德早就觊觎斯摩棱斯克以及白俄罗斯的大片土地;古斯塔夫·阿道夫为了使瑞典免遭莫斯科大公国对波罗的海的突然袭击,要求在芬兰与爱沙尼亚之间得到一块可以充当坚固的陆桥的土地,这块土地不但可以把莫斯科拒之于海上,还可以成为对付波兰将来进攻时的阵地。可能和他的前辈一样,古斯塔夫·阿道夫也希望这些土地可以使他处于更稳固的地位来分享——或许是控制——莫斯科大公国与西方之间的贸易。事实证明,这种希望(如果曾经存在过的话)是一种空想:因为有许多终点港口可供商人们选择。但是在其他方面,瑞典成功地得到了它想得到的东西,波兰的成就稍逊于它。古斯塔夫认为,瑞典与俄罗斯于 1617 年签订的《斯托尔博瓦条约》是一次很大的成功:沙皇割让了英格里亚和凯克斯霍尔姆;瑞典的波罗的海帝国竖起了第二块里程碑;莫斯科被从海上挡了回去;俄罗斯推迟了近一个世纪才成为波罗的海强国。两年后，西吉斯蒙德根据《多伊利诺停战协定》(1619 年) 得到了在他东部边界包括斯摩棱斯克在内的大片土地。因此，波兰与莫斯科大公国之间的宿怨暂时得到了抑制，但这并不意味着结束。很明显，瑞典希望煽起仇恨，此时的政策是要同沙皇保持良好关系。因此，在《斯托尔博瓦和约》签署后的近 40 年中，斯德哥尔摩与莫斯科之间一直保持着友好关系。1632 年俄罗斯再次对波兰发动进攻；这是由于瑞典对它采取了纵容和亲善态度。这一点似乎已经日益明确了：瑞典要想成为强国，先决条件之一是波兰与俄罗斯之间相互敌对。

同时，古斯塔夫·阿道夫一直在艰难地抵御克里斯蒂安四世的攻击。瑞典在那场所谓的卡尔马战争（1611—1613 年）中败得很惨。丹麦人占领了卡尔马，更糟的是他们还占领了艾尔夫斯堡，切断了瑞典与大西洋之间的直接通路。事实证明，瑞典的海军缺乏战斗力，陆军也不适合作战。1613 年，古斯塔夫被迫接受了《内雷德停战协定》，协定规定在赔款交齐之前，艾尔夫斯基仍归丹麦所有，可这笔赔款的数额之大，在规定时间内似乎很难筹齐。虽然古斯塔夫遭受战败的羞辱，但从长远的观点来看，失败者应是克里斯蒂安四世。因为协定同意瑞典仍然保持独立，但丹麦再也不会得到比这更好的机会来恢复斯堪的纳维亚联盟了。再者，丹麦的海军和陆军所取得的成功也引起了西方商界人士的不安：特别是对于荷兰来说，瑞典开始成为对付傲慢的丹麦的必要抗衡力量。汉萨同盟中文德人的各城镇（the Wendish towns of the Hanse）对这一问题也有同感。克里斯蒂安四世在波罗的海以及北德意志都有王朝利益和野心。在他执政的大部分时期，他为自己招来了许多不必要的麻烦，因为他企图为他的儿子们争得这一地区不受教会控制的主教辖区。这种做法使他树敌太多，在争夺波罗的海霸权的斗争中这是一大障碍。再者，许多新教教徒感到克里斯蒂安对于宗教事业没有给予应有的关注：就在这样的时刻，他却似乎倾向于同西班牙建立友好关系，这是令许多人感到不安的。他和古斯塔夫是欧洲仅有的路德教派国王，在德意志的宗教战争进入紧要关头的十年里，德意志的路德教派自然要向丹麦寻求可能的援助。但是克里斯蒂安早已为长久以来的野心迷住了心窍，不愿让自己的野心服从于新教事业的利益。而古斯塔夫则至少更为机智和富有同

第十三章 瑞典与波罗的海（1611—1654 年）

情心。他的父亲查理九世在世时曾被怀疑倾向于加尔文教派；而且，瓦萨家族当然与黑森和巴拉丁的加尔文教派统治家族有密切的王朝联系。但是在这两个新教大本营中都有立足点或许是一个优势；没有人会怀疑古斯塔夫对德意志怀有领土野心，这肯定是一个更大的优势。

综上所述便可以看出：虽然克里斯蒂安赢得了对瑞典战争的胜利，他却失去了和平。1614 年古斯塔夫与荷兰结成了联盟；由于荷兰提供了财政援助，战争赔款得以付清，艾尔夫斯堡于 1619 年得以赎回。1620 年，古斯塔夫娶了勃兰登堡的玛丽亚·埃莱奥诺拉为妻，这是政治上的胜利，在当时看来是极为重要的。他同德意志的新教领导人也保持着良好的关系。1617 年，同波兰的战争（由于一系列停战协定，一直处于冷战状态）又进行了一个季度，他成功地使朋友们相信：他同西吉斯蒙德的王朝宿怨只不过是各地新教徒反对反宗教改革势力的广泛斗争的一个缩影。

1620 年德意志新教遭受第一次大灾难时，瑞典无疑已奇迹般地从 1611 年的险境中恢复过来了。随后几年里所发生的事情也充分表明了这一点。古斯塔夫抓住了波兰正全力对付土耳其入侵①这一机会，在立陶宛重开战端。1621 年，他占领了重要的贸易城市里加，使整个欧洲感到震惊，也使克里斯蒂安四世大为不安。这的确是一个重要事件。瑞典占领爱沙尼亚没有引起商界的太大关注：瑞典曾企图迫使对诺夫哥罗德和普斯科夫的贸易取道纳尔瓦或雷瓦尔，一直没有成功。甚至在《斯托尔博瓦条约》签订后，当沙皇与之相竞争的伊万哥罗德港口落入瑞典人之手时，这种形势还是没有多大的变化。但里加是波罗的海的一座大城市，波兰 1/3 的出口货物要由这里经过。它还是一座重要的要塞城市；同 1611 年至 1613 年软弱无力的情况相比，能够占领里加显示了瑞典军事实力的令人震惊的变化。所以，这一事件给当时的人们留下了相当深刻的印象，而且随后发生的事情又加深了这种印象。连续进行了几次战役后，古斯塔夫占领了立窝尼亚的大部分地区；1626 年 1 月，他又在瓦尔霍夫取得了辉煌的胜利，这些成功使他能进行新的冒险，把主要战场转移到波兰的普鲁士地区和维斯图拉谷地：他估计，中断波兰谷物的出口会迫使西吉斯蒙德接

---

① See below, Chapter XIX, Pt. 1.

受那些能永久解决问题的条款。两年前（即1624年），他同克里斯蒂安四世的关系发生了严重危机；签署了一项丹麦全面让步而瑞典全面获益的条约之后，危机才得到了解决。这又是一个重大的进展。1624年，克里斯蒂安还不敢冒险发动战争；瑞典已经发展得十分强大，而丹麦不论在军力还是在财力方面都十分软弱。尽管古斯塔夫在立陶宛所取得的胜利微不足道，但它宣告了一个新兴的、不容忽视的军事强国的诞生，它在1626年对普鲁士的入侵又进一步证明了这一点。

在这种变化了的形势中，瑞典不仅逐渐被看作是波罗的海上对付丹麦的必要的抗衡力量，而且从新教的战略角度来看，瑞典也是真正能取代丹麦的角色：例如路德维格·卡梅拉里乌斯很快就看出，是古斯塔夫（而不是克里斯蒂安四世）必定会成为新教联盟中强有力的实权人物。但要使其他新教领导人相信这一点，就需要时间和精力了：海牙同盟（1625年）选择了克里斯蒂安作为它的领导人，而没有选择古斯塔夫，仅仅是因为克里斯蒂安答应以更简单的条件提供帮助。但在1625年，瑞典与丹麦之间的长期不和虽然又平添了一层——竞争新教联盟的领导和统帅地位，1624年的外交挫折使克里斯蒂安烦恼不安，1626年卢特战败后的一系列灾难又加重了他的烦恼，他当然是以嫉妒的眼光看待古斯塔夫在普鲁士取得的胜利；因此，只有在万不得已的情况下，他才有可能被说服与他的对手进行政治合作。但事实上这些事件的压力已经使他尊严扫地。整个日德兰半岛现在都被皇家军队占领。① 斯特拉尔松的陷落迫在眉睫。西吉斯蒙德三世建起了一支舰队；这是一个危险的信号，波兰很有可能成为波罗的海的第三大海上强国。无疑，奥利瓦雷斯和斐迪南二世都有意将梅克伦堡港作为哈布斯堡王朝的海军基地；如果西吉斯蒙德同意把他的舰队调到维斯马，这两个方案很有可能结合起来。由于英格兰软弱无力，荷兰专注于自己的事务，勃兰登堡胆小怕事，而黎塞留谨小慎微，1628年海牙同盟在政治上崩溃解体。面对华伦斯坦违反邻近水域航行法的威胁，斯堪的纳维亚各君主国被迫临时结成联盟，联盟的主要目的（它绝非小事）是拯救斯特拉尔松。无疑，瑞典在这个联盟中是一支最强大的力量（不管这一点令克里斯蒂安怎样难堪）。而

---

① See above, Chapter XI, pp. 325–6.

克里斯蒂安无疑也希望利用这个联盟,因为他想从他得胜的对手那里取得一些可以接受的媾和条款。华伦斯坦已准备好满足他的要求:如果他能够使丹麦摆脱瑞典,皇帝是愿意宽大对待的。因此,1629年克里斯蒂安匆忙背离其盟友,在吕贝克接受了确实十分节制的媾和条款。丹麦从而又恢复了它的中立国地位,在瑞典人看来它是心怀叵测。但这样做却使瑞典无可争辩地成了北方的头号强国和德意志新教未来的唯一的救星。

然而在《吕贝克和约》时期,古斯塔夫不可能也不愿意作为新教斗士挺身而出。他同波兰的战争仍在继续进行;实施影响维斯瓦河的经济制裁似乎除了激起荷兰更强烈的愤怒之外,再无任何其他作用。只有缔结和约或长期停战协定以确保他在波兰方面的安全,他才有可能插手德意志事务。他认为,他对西吉斯蒙德的战争基本上是防御性的。如果随着战争的进展,他能获得更多波罗的海沿岸土地;那么,对这些土地的占领将被作为迫使敌人媾和的手段,不让新建的波兰舰队使用这些土地上的港口,以防它们成为入侵瑞典的基地。如果西吉斯蒙德愿意放弃对瑞典王位的要求并同意维持永久和平,古斯塔夫宁愿归还几乎所有他占领的土地;迄今为止,他还没有构想出任何旨在建立波罗的海帝国或者严密地控制所有流入波罗的海的河流的计划。为了防止瑞典恢复天主教——尽管这一点还有争议,但它势必会重蹈西吉斯蒙德复辟的覆辙。他会把这场战争发展为一场欧洲大战,但事实上这也是一场民族战争。然而,如果战火引入德意志,这会为瑞典政策带来新的变化;过去瑞典很少关心德意志的政治。这一政策的变化可能会使这个国家的奋斗目标远远超越狭小的波罗的海世界。在一些瑞典人看来,如果冒这个险,瑞典自身的利益可能会被一些与它无关的利益所取代,也可能会为了"新教事业"这一模糊的概念而遭人非议——而他们的宿敌丹麦(其前车之鉴足以为戒)却在等着瑞典灾难临头或疲惫不堪时,重新夺回它昔日的北方霸主地位。

古斯塔夫·阿道夫却有不同的看法,他坚信(而且他成功的宣传也使他的人民相信)如果让波兰与帝国的联合舰队自由发展,终究有一天它们会强大到足以发动一场维护正统主义的侵略战争,那么帝国对梅克伦堡和波美拉尼亚的占领会对瑞典构成直接威胁。因此,新教事业就是瑞典的事业,德意志北部沿岸与瑞典的利益息息相关,要做到"有备无患"。基于这一点，1629年9月黎塞留在阿尔特马克运用外交手段成功地安排瑞典与波兰签署了停战协定（黎塞留早就梦想把古斯塔夫变成他手中的工具）。其结果是，在随后的六年中瑞典控制了许多重要的商业地区：梅梅尔、皮劳和埃尔宾等地；在停战协定有效期内瑞典还享有在这些地区的征税权。根据该协定，从1629年到1635年间瑞典还可以控制波罗的海南岸从涅瓦河到普雷格尔河的所有重要港口。但泽曾经抵抗过古斯塔夫的进攻，对波兰忠心耿耿；但《阿尔特马克停战协定》的一项附加条款规定，瑞典也拥有在但泽征税的权力。从表面上看，所有这些安排都是这位国王为了建立波罗的海帝国和实行长期的扩张计划而采取的新举措。但事实并非如此。勃兰登堡的乔治·威廉为了使双方的谈判走出僵局进行了艰苦的努力，所有这些都是威廉的斡旋工作取得的偶然结果。

停战协定的签订把古斯塔夫从这场纷争中解脱了出来；纷争已变得不那么重要了。当克里斯蒂安四世在失望之余退出对德意志的干预时，古斯塔夫则能得心应手地介入这一时期的重大问题，并继续他在德意志的成功事业，直至在吕岑战死。但是，对德意志的干预仍然不存在什么远大的政治目标：这位国王本无意在那儿获得大片土地，更无意卷入德意志国内政治。他打算在紧张局势结束前，保留斯特拉尔松作为防御前哨（那里已有瑞典的要塞）；既然维斯马是帝国海军早期的基地，因此确保其安全当然也是明智之举。但是，他的真正目的是为了抵御外来侵略；如果对于这一目的的追求使他超出了瑞典的国界，这绝非他的初衷：他的目的是要激励德意志的新教徒们，使他们可以在将来保护自己。如同在波罗的海的扩张一样，瑞典帝国在德意志的扩张开始时亦未经筹划。从某种意义上说，它不是计划的产物，而是一种偶然。

然而不管有没有计划，三十年战争结束之前瑞典帝国已经成为现实。于是人们不禁要问，瑞典怎么能够得到这一地位，后来又是如何维持它的？例如，与丹麦相比，瑞典的人口稀少，落后而又贫困；克里斯蒂安四世的宫廷和首都富裕、奢华、高雅，而古斯塔夫·阿道夫的宫廷和首都却相形见绌；丹麦的贵族比他们的瑞典亲戚生活得更为时髦、奢侈。按英国的标准，古斯塔夫·阿道夫的国家岁入并不算大。尽管在和平时期还可以应付高度个人专权的君主国消费和仍处于初级阶段的国家管理费用,但却难以维持多年来在海外进行的大规模军事行动。财政体制无论如何也无法适应这样大规模的开支,因为王室的大部分岁入仍然是以实物支付的;尽管其中有一部分可以作为薪俸分配给国王的官吏,还有一部分被贪婪无为的宫廷吞食,却不能应付在海外作战的军队的开支。其实,瑞典有着丰富的矿产资源,但它的统治者一直缺乏足够的资金来进行适当的开采。

古斯塔夫·阿道夫的统治使这些问题有了重大改观。为了把以实物支付的岁入变为现金,这位国王开始出卖或抵押王室领地或者领地上的收入,新的直接税或间接税也开始以货币的形式征收;其中一部分是由贵族支付的,尽管他们享有免税特权。另一项重要举措是有计划地吸引外国资本家来瑞典投资工矿业。这一措施获得了极大的成功:古斯塔夫成功地吸引了荷兰最有才能的企业家之一路易·德·格尔;德格尔只是许许多多来自尼德兰和德意志的金融家和枪械制造者中最著名的一位;还有许多训练有素的工人和专业技术人员一同来到这里。他们毫不犹豫地来到瑞典,因为这里的机会的确很多:这里有便宜的燃料和廉价的劳动力,还有丰富的水利资源——更不用说古斯塔夫为了吸引人才而提供的极为优惠的待遇了;这些可以使他们在价格上具有竞争力;而且这里的矿藏也极其丰富广泛。佛兰德移民尽管只有数百人,但他们对瑞典的工业改造起了很大的作用。他们把新工艺引进旧工业,还把新的辅助工业(例如,铸铜和大规模的武器制造业)与旧工业相结合。或许他们在钢铁和军械工业上的影响最为显著;到1630年军械工业得到了长足的发展,瑞典事实上不仅能够自给自足,甚至开始出口大炮。至于铜业,他们的贡献主要在市场推销和开采技术方面:法伦的大铜矿仍然在小矿主手中,新兴资本家们尚未掌握它。然而17世纪中叶之前,对于瑞典的财政来说,铜要比钢铁重要得多。战争的爆发造成了这样一种情况:欧洲主要铜业竞争国或者由于战争而停止了生产,或者与主要市场相脱离。到20年代中期(当时西班牙突然停止铸造银合金钱币),铜成了市场上的抢手货,价格陡然上涨;尽管后来又回落了,但除了来自遥远的日本的威胁之外,许多年来瑞典一直垄断着市场上铜的供应。他们尽了一切努力(尽管并不总是明智或成功的)最大限度地来利用这一形势。铜业收入和飞速发展的武器工业是瑞典的两大富源,这是克里斯蒂安四世所得不到的。因为丹麦完全是个农业国，它的产品在国外市场上不像瑞典的铜那样受欢迎。

的确，克里斯蒂安有松德海峡税这一财源；但到1630年，瑞典自己的税收似乎也相当可观了。在普鲁士战争结束后的几年里，瑞典海军开始向古斯塔夫控制的波罗的海南岸各港口强行征收重税。这是阿尔特马克停战协定中最重要的条款之一：它规定，瑞典可以在停战期内向普鲁士港口征税；瑞典还与勃兰登堡、库尔兰和但泽分别订有条约，这些条约不仅使瑞典可以分享它们所征的税款，而且还得到保证：它们不应降低税率来削弱瑞典控制的港口。当古斯塔夫的军队征服波美拉尼亚海岸和梅克伦堡的时候，1630年和1631年，在这里实行了同样的"许可证"制度（这一术语是由于错误的类比从荷兰语借用来的，本希望避开荷兰人的反对，却没有达到目的），所以，到古斯塔夫在吕岑阵亡为止，从维斯马到伊万哥罗德，几乎没有一个港口不向瑞典王室纳税，其税额对于正常年景来说是相当可观的。[①]

事实上，对于瑞典的财政来说，这种"许可证"的重要性并不次于它对铜材销售的垄断。除了这两大财源外，不久又有了第三个财源：即法国的财政援助，这笔款项（40万银币）是由1631年1月在贝尔瓦尔德签署的法国—瑞典条约所规定的。古斯塔夫死后，特别是在1638年之后，这笔款项变得尤为重要；即使在古斯塔夫时代它们的用途也不可否认，但因为它们对不战不和策略的影响不大，所以效果甚微。之所以会出现这种差异，是因为瑞典战争时期的财政平衡与否是由靠国家为生的瑞典军队有无能力而决定的。当古斯塔夫在世时，他在军事上的巨大成功使这一点并不成其为问题，因为德意志的大片土地都在瑞典或它的同盟国的控制之下，而且大部分地区没有遭受蹂躏，所以能维持一支15万人的军队是完全正常的事。吕岑战役后的10年里，形势完全变了。德意志遭受了彻底的洗劫和破坏，瑞典控制的地区在不断地缩小，只剩下波美拉尼亚沿海的一小片地区；一个稳健的指挥官会考虑到他只能供养一支1.5万人到2万人的军队——而且最好不要把它们长期集中在一个地方。在这种情况下，法

[①] 另一个供应来源在一定时期内也很重要（特别是在1630年）。经俄国政府的许可，可以以非常有利的价格购买谷物（免征对其他国家商人征收的国内关税）。这一特许至少一度使瑞典能够在阿姆斯特丹市场上出售谷物，获得巨额利润。

国的这项援助就会导致积极的进攻，而不是公然的反叛。但是大约从1632年开始，一项财政原则便被所有的瑞典政治家和将军自然而然地认可了：即无论谁为德意志战争付款，瑞典决不会出钱。因此，战争经费这一最沉重的负担在布赖滕费尔德（Breitenfeld）战役之前而不是之后就落到了瑞典的纳税人身上。瑞典对德意志军队的财政与对本国的财政一直截然不同；虽然瑞典国库为瑞典海军和国内驻军支付经费，但德意志军队必须到其他地方——从阿姆斯特丹的售铜旺季、从遭受浩劫的荷兰那儿强行征收来的税款中、从瑞典代理人在汉堡的个人保证金的资金中、以黎塞留的财政援助的下一期应付款作抵付、从所占领的城市和敌国土地上征收的高额赎金中获取他们的所需资金——为自己筹措资金。为实施这一原则采取了卓有成效的措施，由此便可以知道建立瑞典帝国的费用是如何筹措的了。

然而，显而易见的是：战争的胜负不仅仅靠的是金钱，帝权也不仅仅是依靠对铜的垄断。瑞典的崛起是军事胜利的结果；而这些胜利本身又取决于他们有一个合理的军事组织和管理体系、他们的战术优于敌人、在瑞典的两代人中间出现了一批前所未有的将才，犹如群星荟萃。古斯塔夫·阿道夫本人被拿破仑列入伟大统帅的行列，几乎没有人对此提出过异议。而班内尔和托斯腾松在许多方面也不逊色，他们有许多连古斯塔夫都没有取得过的光辉业绩。在他们之后便是查理十世；他无疑也是一位不同凡响的统帅。但是他们所赢得的胜利不仅仅是他们聪明才智的产物：这些胜利是建立在改革的基础之上的；改革加上人才，曾一度使瑞典军队成为欧洲最出色的军队。这些改革完全是古斯塔夫·阿道夫的功劳，大部分改革是在1617年至1630年间实施的。这些改革把瑞典军队建立在组织合理的兵役制上，每一个团队被指派到特定的省份；他们把行政管理运用于作战部队中；完全按实战需要来训练部队，而不仅仅局限于演练场。古斯塔夫还采用了许多奥伦治的莫里斯的战术原则：例如，他的部队成一字队形作战，而不是采用西班牙的三角队形纵深配置战术。但他设计的队形是以进攻为目的（这一点莫里斯并没做到），这使他的部队具有克敌制胜的力量。他还恢复了使用长矛来作为进攻的武器（这是最后一次使用这种武器），并利用齐射来增加火力的集中程度。他用2磅重的轻型炮来装备他的部队，部队使用这种武器在战场运作比较灵活，有利于支援使用长矛和滑膛枪的士兵。由于受到波兰军队在立陶宛战争中使用的战术的影响，他恢复了骑兵的真正作用，而这种作用已经为大多数西欧部队遗忘了。他让骑兵发起冲击，撕裂敌阵，而不是用射程短的手枪去无效地射击。他在步兵和骑兵中都使用了以密集火力为大部队的进攻开道（或两者交替进攻）的战术。他的野战炮具有前所未有的机动性；这一优势一直保持到1645年托斯腾松在扬科夫取得巨大胜利为止。事实上，古斯塔夫证实了当时人们不愿承认的事实：即本国征募的军队比雇佣兵训练得更好。德意志战争造成了对兵员的巨大需求，因此必须招募大量德意志和苏格兰雇佣兵，以补充瑞典和芬兰军队的兵力不足：在古斯塔夫去世之前，雇佣兵已经占据了多数。战争结束时，在瑞典野战部队中，非瑞典血统的雇佣兵已经占据了绝对优势。人们已认识到必须慎重地使用本国的兵源，恰当地让他们驻守在关键要塞，可以相信，他们能坚守到最后一刻。但是，雇佣兵们很快就明白了瑞典军事统帅们所采用的这种瑞典式的方法。当然，瑞典的敌人不久也会仿而效之。

　　这些都是瑞典取得成功的重要因素；然而还应当知道：如果没有某些非物质因素，瑞典要取得这么大的成就是十分困难的。其中一个因素便是宗教上的一致。尽管由于受到一些曾在外国大学中吸收了危险思想的学者和牧师的影响，瑞典有时偏离至天主教一边（这些人转变信仰有时是和他们作为西吉斯蒙德代理人的政治行为有关），尽管还得容忍那些外来的信加尔文宗的工人和企业家，瑞典仍是一个坚定地信仰路德宗的国家；如同在西班牙一样，单一的宗教结构在宗教纷争的年代里可以产生出巨大的力量。因此，一种使国家利益和新教事业并行不悖的对外政策是可以得到这个国家普遍的理解和赞同的。尽管人员损失非常严重，但大体上他们认为这是不可避免的和正当的，至少在这位伟大的国王在世时是这样。古斯塔夫可以要求议会给他道义上的支持、承认他的政策、向他提供人力和财力，坚信他们与他观点一致，为了实施他的政策，他们随时准备承担重负，因为总的说来这也是他们的政策。再者，由于古斯塔夫和他的首席大臣阿克塞尔·奥克森谢纳的协同努力，查理九世统治时期一直十分紧张的国内局势1611年以来也得到了很大的缓解。在前半个世纪，国王与贵族之间的宪法之争一直相当激烈。但在古斯塔夫时代却出现了和谐与相

第十三章 瑞典与波罗的海（1611—1654年）

互信任的局面；1650年和1680年两度出现危机的社会矛盾在古斯塔夫时代也缓和了。这种局面产生了一个结果：在战争压力下的贵族们随时准备放弃特权和免税权；对此，丹麦贵族们几乎是无法忍受的。当然，地方上还存在着滥用职权和贫困等现象，因此骚乱和暴动也时有发生；但总体上可以说，插手德意志事务的瑞典是一个具有统一志向和目标的非凡的国家。在古斯塔夫统治的最后10年里，国内没发生过任何重大危机；这无疑也是瑞典军队在国外常胜的一个因素。

古斯塔夫的胜利使瑞典在两年的时间内从波罗的海地区的头号强国一跃成为欧洲屈指可数的霸主之一。只要古斯塔夫还活着，在与法国的联盟中占主导地位的便是他，而不是黎塞留。为了与国王赢得的新地位相适应，瑞典外交飞快地扩大了范围：与鞑靼可汗和希腊主教进行私下交往；同特兰西瓦尼亚的乔治·拉科齐进行谈判；联络哈布斯堡世袭领地上起义的新教徒。为了控制阿尔萨斯的据点，瑞典军队与他们的法国盟友进行了激烈的争夺；瑞典寻求帮助的政府代表曾试图谋求瑞士保持中立，但没有成功；罗马天主教界曾一度担心：这些新哥特人会像他们的父辈那样向南越过阿尔卑斯山，直指罗马城。作为德意志新教诸侯联盟的首领，古斯塔夫和他的军队迅速地占领了半个德意志。他的军事目的随着他的胜利而不断扩充，从开始时只想在波美拉尼亚海岸建立一个领土前哨安全地带①到建立一个提供政治安全的半永久性的德意志同盟（他自己任首领）。就在安全地带改变性质期间，赔偿要求②也从仅仅要求对远征救援行动的耗费提供赔偿而变成要求为这一服务割让土地作为报酬了。事实上，军事胜利诱发了一种迄今为止还不太强烈的欲望：即时至吕岑战役，古斯塔夫已习惯于把瑞典看作一个德意志强国，他的手下和他的盟友们正在仔细研究他能否当选皇帝，而他本人也在考虑修改德意志帝国的宪法。他在世的最后一年提出了俄罗斯—瑞典联合对波兰作战的计划，其目的是要分割波兰，把乌克兰并入俄罗斯。瑞典历史上的帝国时期突然出现了；不久阿克塞尔·奥克森谢纳就开始酝酿为这个新兴的瑞典帝国在纳尔瓦建立第二首都——一个北方拜占庭了；而萨尔维乌斯则敦促把

---

① See above, Chapter XI.
② Ibid..

瑞典外交机构移到汉堡去。当然，如此一个泱泱大君主国的大臣要求得到美因兹选帝侯的地位也就没有什么不妥之处了，因为这样才得以使这种尊严与他所拥有的政治权力和个人威望相适应。

瑞典政治范围的急剧扩大明显地影响到了波罗的海地区各种力量的平衡。在德意志进行冒险毕竟只能是推迟解决与丹麦和波兰的长期不和。丹麦不止一次背信弃义，暗箭伤人，甚至在这位国王去世前的两年中还是这样；有时这种危险非常紧迫，以至于国王不得不认真地坐下来讨论发动一场防御战的问题。1632年西吉斯蒙德三世去世时，古斯塔夫曾试图提名自己为这一空缺王位的候选人，以扰乱波兰的政治生活给波兰的瓦萨人制造点麻烦。当吕岑战役的消息传到华沙时，尽管拉迪斯拉斯四世对这位去世的国王有无限崇敬之情，但这并没妨碍他提出世袭瑞典王位的要求。与来自波兰抑或来自丹麦的危险相比，在德意志取得的胜利大大增加了安全。瑞典对波美拉尼亚和梅克伦堡港口的占领使它在丹麦的后方和波兰的侧翼有了牢固的立足点；与此同时，瑞典军队和瑞典的盟国在下萨克森地区做了许多努力，使克里斯蒂安采取中立，放弃干涉北德意志事务的企图。对波美拉尼亚的占领也带来了许多难题；当博吉斯拉夫十四这位执政的公爵即将去世时，勃兰登堡的乔治·威廉曾坚决要求继承波美拉尼亚。自1626年以来，古斯塔夫和他在柏林的这位连襟的关系就一直很紧张，因为当时瑞典违背了对乔治·威廉的普鲁士公国采取中立的立场；这位国王想为自己保留波美拉尼亚的企图使他们的关系更加恶化：勃兰登堡的敌视态度是古斯塔夫传给其继承人的最重要的遗产之一。然而在1632年和此后的几年里，这一问题似乎可以通过克里斯蒂娜王后和这位选帝侯之间的婚姻来解决。这一婚姻使人们看到一个新的北方大国；它跨越波罗的海，高踞于所有波罗的海争霸者之巅，堪称——尽管萨克森心怀不满——德意志新教永久的领导者，而且（谁又能断言？）它甚至还能登上帝国皇位呢。

吕岑战役后的年代里，阿克塞尔·奥克森谢纳接过了古斯塔夫的重任。事实上，当时瑞典能够控制波罗的海是基于它在德意志的势力。但是在古斯塔夫去世后的一两年内，斯德哥尔摩议会中——甚至在总督们当中——已有人开始对帝国的不断扩张感到不安了，认为已是"金玉其外，败絮其中"了。奥克森谢纳没有这种担心。他坦然地接受了其国家的帝国命运；他不想放弃瑞典在德意志的图谋，除非他被迫这样做；他希望利用他的主人所赢得的地位，在对瑞典有利的情况下来解决同波罗的海邻国不休的争执。古斯塔夫关于建立一个在瑞典领导下的新教联盟计划在1633年以海尔布隆恩联盟的形式得以实现；瑞典并未放弃对安全地带和赔偿的要求。尽管古斯塔夫的去世使瑞典必须与法国重新结盟，但奥克森谢纳起初并没有表现出要软化对法国的不妥协态度，这曾是古斯塔夫的一贯立场。

但1634年和1635年的灾难使得瑞典难以坚持这种立场。[①] 古斯塔夫的宏大战略设想是对哈布斯堡王朝的权力中心发动一场包围战，以迅速结束战争，但是内德林根大灾难（1634年8月27日）使执行这项计划的希望破灭了；由于迫使海尔布隆恩同盟向法国寻求庇护，一个由瑞典控制的作为永久性的安全保障的新教联盟的想法也成为泡影。乌克森谢纳不愿接受黎塞留提出的有关联盟的条件，瑞典与法国的关系非常紧张，黎塞留甚至想下令抓住奥克森谢纳本人。与法国的联盟关系破裂，法国停止向瑞典提供财政援助。瑞典军队似乎永远不能把南德意志作为它的驻军地区了；北德意志的新教诸侯们——奥克森谢纳从未想过要诱使他们顺从于他的领导——正在迅速地转向与皇帝媾和。1635年，他们在布拉格与皇帝达成和解，瑞典以前的盟国和附属国相继接受了布拉格条约。一些人——像萨克森的约翰·格奥尔格和勃兰登堡的乔治·威廉——先后公开与瑞典为敌。从此，瑞典在德意志的地位再也不是依赖于友好的感情或者一致的理想，而是完全诉诸武力。但瑞典此时却军力匮乏。瑞典军队要为保卫波美拉尼亚海岸而进行殊死战斗，要克服供应不足的问题；而随着供应地日益缩小，它们为部队提供的军需品也越来越少了。当瑞典的宿敌丹麦出面调停时，奥克森谢纳便羞羞答答地接受了。1635年，瑞典在德意志的事业已是日落西山。战争结束时，奥克森谢纳为了消除勃兰登堡的敌意，不得不交出波美拉尼亚，但他的努力却没有奏效；在马格德堡，他曾险些成为他自己的叛军的阶下囚。他甚至卑躬屈膝地向皇帝要求进行直接和谈——斐迪南对此不屑一顾。国内的主和派开始站出来讲话了；奥克森谢纳不得不忍受斯德哥尔摩同党们的尖锐批评。就

---

① See above, Chapter XI.

在他在德意志的地位处于最低潮的时刻，阿尔特马克停战协定到期了，瑞典又面临与波兰重新开战的危险。瑞典国内政府陷入恐慌，由于其谈判代表工作上的重大疏忽和草率行事，竟然遗漏了一些具体条款；后来在法国的调解下，于1635年在斯图姆斯多夫与波兰缔结了协定。停战以此又延续了26年，但瑞典却为此付出了高昂的代价：它放弃了对普鲁士的控制，而最糟的是瑞典在普鲁士港口的"特许证"被取消了。这消息使乌克森谢纳几乎绝望了。就在驻德意志军队已不能以战养战和法国的财政援助中止了的时候，靠税款所得的大部分收入也断绝了：1634年"特许证"制度使瑞典得到大约80万银币（相当于法国所提供资金的两倍），但是1637年这笔款项降到了25万银币。

危机过去了。《斯图姆斯多夫停战协定》使一万人的军队得以从普鲁士调到德意志，也使得班内尔能够向萨克森发动攻势；1636年他在维特斯托克取得了重大胜利，这对于恢复瑞典军队的声誉起了很大的作用。波兰和勃兰登堡并没有（像他们可能会做的那样）用降低他们自己港口的税率来破坏瑞典的整个税制结构：必要性和贪心高于政策。1636年夏，乌克森谢纳返回瑞典，以强有力的手腕控制了政府，并为执政集团注入了新鲜活力，可这个执政集团后来却充满了失败主义情绪。他很清楚：没有法国的财政援助，这场战争就难以长期维持下去；而他也清楚：如果他能够以外交手段和班内尔的胜利正正当当地撤出德意志，他就绝不能再受法国的约束。在维特斯托克大捷这一年，瑞典命运的好转至少使这么一点成为可能：1637年，班内尔从托尔高撤军这一著名的（也是灾难性的）事件使奥克森谢纳相信，与法国联盟是不可避免的。1638年2月，双方在汉堡缔结了联盟，法国又恢复了她的财政援助。1639年班内尔在开姆尼茨取得的胜利充分地体现了这些资金的作用。1641年6月，《汉堡条约》重新签署，这是为了把战争继续下去，每年的财政援助上升至48万银币——这一数字相当于瑞典国内岁入的1/3。重订条约的消息姗姗来迟。班内尔于3月去世，随后军纪瓦解，这一危机几乎使瑞典驻德意志的军队全面崩溃；因为雇佣军的军官们要求解决欠饷问题，斯德哥尔摩政府不知道与法国谈判的结果如何，被迫出卖王室土地来筹集资金。是法国提供的款项使这场危机得以平息，还为托斯腾松1642年

10月在布赖腾费尔德取得胜利铺平了道路；而这次胜利转而又赢得了战争基金15万银币，莱比锡城支付了这笔战争费用，以免遭瑞典的攻击。一旦黎塞留的财政援助注满了这个水泵，这部战争的财政机器就像过去那样自动运转起来：托斯腾松和弗兰格尔能够进入哈布斯堡的世袭领地，并在那里驻扎了很长时期；此后直到战争结束，他们声称可以（比内德林根以来的任何时候都更为切实地）打到任何一个地方。

克里斯蒂安四世并不是没有觉察到30年代的危机。他没有财力，也许不愿意与他的邻国公开对抗，但他总是准备给瑞典制造一些麻烦。他建议在德意志进行调解就意于此；如果有可能的话，还要恢复他在1629年丧失的某些权势。30年代末和40年代初，他致力于与英格兰和西班牙、勃兰登堡、波兰和俄国暗中进行勾结，他希望由此而产生一个反瑞典联盟。这些行动导致了一个结果：1639年，西班牙向海峡派出一支大型舰队，顺便攻击了哥德堡；若不是荷兰人在唐斯海峡摧毁了这支舰队，它还要继续其使命。瑞典执政集团认为：克里斯蒂安给予古斯塔夫·阿道夫的寡妇（她1640年仓促地从瑞典秘密离开时）以援助和慰问是一种挑衅；当克里斯蒂安再一次向鲁登征税时（如同他早先在1630年和1631年所做的那样），又被认为是一次挑衅。无疑，由于企图招募心怀不满的军官，克里斯蒂安在加剧危机方面起了某些作用；班内尔死后，危机震动了瑞典军队。乌克森谢纳在1639年所说的话表达了一种普遍的情绪："克里斯蒂安反复挑逗我们，以探测我们的虚实。"丹麦的海上野心并没有减弱；就松德海峡本身，克里斯蒂安正在以一种被认为是暴虐和反复无常的方式使用他的公认的权利。

在1629年至1639年间，松德海峡关税出现了八次变动：总的趋势是越来越重。这引起了荷兰对丹麦的不满；荷兰认为（可能是错误的）：就松德海峡关税来说，1544年的《斯派耶尔条约》已经永久地确定了它的标准。荷兰人的确是松德海峡的最大使用者；由于瑞典船只和货物被免税，他们的许多船长打着瑞典舰旗航行从而遭到了克里斯蒂安的勒索。克里斯蒂安试图实行更严厉的检查，以制止这种欺骗行为，因此不可避免地与真正的瑞典船只和货物发生"小麻烦"。瑞典波罗的海帝国的兴起提出了对一个重要问题的理解：来自

403 瑞典占领的大陆港口（维斯马、斯特拉尔松、斯得丁、皮劳和里加）的船只和货物享有免税权吗？克里斯蒂安四世认为瑞典领土的扩大不能被允许获得这个结果，而瑞典认为这些港口对船只的征税不是什么麻烦恼人的事情；这种理解并不奇怪。10年前，荷兰人主要是抗议瑞典的"特许状"；17世纪40年代初瑞典不再控制普鲁士的税收，整个商业界为丹麦人的勒索所困扰；这时他们由于共同的遭遇而被拉到了瑞典一边。1640年，他们与瑞典缔结了一个在波罗的海保持贸易自由的联盟；实际上，这在某种程度上是一个反对丹麦的联盟。

奥克森谢纳在这个联盟的掩蔽下，与荷兰暗中保持亲善；1643年冬，他派托斯腾森不宣而战，进攻日德兰半岛。由于完全出其不意，最初取得了重大胜利；虽然后来的战争进程没有完全达到最初的期望，但瑞典人1645年在布伦塞布罗能够把最苛刻的和约条款强加给了对方。克里斯蒂安四世被迫割让挪威的行省耶姆特兰和黑尔耶达伦（两地都位于山的瑞典一侧，在地理位置和教规上可以认为是瑞典的一部分）以及哥德兰岛和厄塞尔岛；与此同时，不再受教会管辖的不来梅和费尔登主教管区（克里斯蒂安二儿子腓特烈——即后来的腓特烈三世——的财产）被瑞典占领。此后，来自瑞典占有的所有港口的瑞典船只获得了松德海峡免税权。而其中最重要的是：作为对这种免税的保证，丹麦要让出哈兰德30年；按条款规定，瑞典应在交还哈兰德时给予补偿。这纯粹是一种措辞，旨在减轻对克里斯蒂安自尊心的打击；尽人皆知，这一割让实际上是永久性的。这意味着波罗的海的政治地理发生了巨大变化。哈兰德转让给瑞典这件事意味着：松德海峡不再为一国所控制，因为海峡两岸此时处在不同国家之手。丹麦人的理论——通过松德海峡就是通过丹麦疆土——被永远否定了。而另一方面，它是瑞典突破其自然疆界的第一步：这将是查理十世的永久性功绩。

404 丹麦战争非常清楚地表明：瑞典的统治者们此时已登上了一个新台阶：出于偶发事件抑或环境使然，一个帝国兴起了。对丹麦的入侵是经过周密计划的（早在1640年，丹麦驻斯德哥尔摩使节就对此作了预言），这在这个国家是颇得人心的，犹如德意志战争已不得人心那样。战争初期所取得的胜利使某些人感到陶醉，他们要求吞并整个丹麦。对于这些人来说，《布伦塞布罗条约》是令人失望的；他们认为：事情只做成了一半；总有一天，斯卡内和布莱金格也得落入瑞典之手。瑞典人虽有所不满，但如果没有荷兰的援助，他们几乎不可能取得这样的结局。起初，荷兰人表面上持中立态度，甚至一度充当调解人；直到和平谈判的最后阶段，他们才撕下伪装，毫无顾忌地向丹麦施加压力，为自己索取特权。荷兰商人可以免税通过松德海峡；一支荷兰舰队在丹麦水域游弋，保护他们的商人；荷兰战舰和一位舰队司令——路易斯·德·格尔特许其为瑞典服务——使瑞典有了压倒性的海军优势，这是真正的决定性力量。瑞典帝国天生就是一个海上帝国：不控制住海洋它就几乎无望永久存在下去。乌克森谢纳充分地认识到了这一点。1645 年，瑞典在费梅尔恩歼灭战中取得胜利，打击了丹麦的海军力量，暂时获得了巨大的海上优势，从而使瑞典政府能够在 1647 年向法国出售军舰，或者在清偿债务时卖掉军舰。但理查十一世的战争①表明：只有稳定的海军优势才能保证瑞典免遭丹麦的报复；总体上看来：瑞典舰队能否始终保持强大以确保瑞典帝国的真正安全，是令人怀疑的。

1645 年，商船队开始了迅速发展的时期，因此海军力量就更为必要了。到此时为止，瑞典船只在瑞典的贸易中只扮演了一个无足轻重的角色：在波罗的海各地区，运输业者主要是荷兰人。但在 1645 年，瑞典政府实行累进税制以鼓励使用瑞典船舶，促进瑞典船运事业的发展。十分重要的是，《布伦塞布罗和约》中有一个取消旧有的瑞典与丹麦之间自由贸易的条款：瑞典现在希望能够排斥外国人。30 年代末，瑞典与荷兰进行过一些讨论：使哥德堡成为伊斯特兰产品销售中心的可能性；计划建筑一条穿越瑞典的运河，以使船主们能够避开松德海峡。这个规划表明：瑞典再次决心要在东西方贸易中占有一席之地。此时还出现了另外一件事：根据阿克塞尔·奥克森谢纳的指令，新的政府部门——贸易署建立了。在政府的大力扶植下，瑞典的航运业发展起来；其实质是对瑞典新近的盟友荷兰在波罗的海的贸易优势发起了挑战。

正如 30 年前的《内雷德和约》一样，《布伦塞布罗和约》之后，波罗的海出现了外交革命。但这一次的情况完全相反。在这一时期，

---

① See Vol. V in this series, Chapter XXII.

瑞典表现得凶残而又贪婪；与此同时，丹麦则机敏地利用其外交机会，把弱小和战败作为其政治资本。马萨林对奥克森谢纳用法国的财政援助去攻击丹麦感到厌恶。在威斯特伐利亚大会有可能达成的和平协议会直接与军事成败有关的时刻，法国不愿瑞典把其注意力从德意志移开。因此，马萨林提出在北方进行调解，指示其使节德·蒂伊莱里着手安排布伦塞布罗和谈。但战争尚未结束时，马萨林就焦虑地意识到了波罗的海地区正在发生变化。而确保"北方稳定"（诚如下个世纪的外交家们所言），为集中一切力量反对哈布斯堡王朝这会儿已不那么重要了。这会儿的问题是确保北方不会被唯一的超级大国所控制。丹麦的外交官们——特别是克里斯蒂安四世的女婿科尔菲茨·乌尔费尔德，此人能力非凡且不择手段——不厌其烦地反复强调这一点。在和约签订之后，他们很快便如愿以偿了。1645年11月，法国与丹麦签署了一个联盟条约。其有效期为6年；根据该条约的条款，允许法国船只享有同荷兰一样的松德海峡关税，而丹麦则得到许诺：为腓特烈亲王收复不来梅和费尔登的努力提供外交支持。这样，一个政策产生了；在下一个世纪中，许许多多的法国政治家都在奉行这一政策——试图把这两个斯堪的纳维亚强国拴在一起，双方成为盟友，相互亲善，（尽可能地永远）防止双方产生敌意。这是一个基于财政援助条款的代价高昂的政策，但导致的回报是难以预料的。不管怎样，这一政策产生于1645年是为时过早的：失败的感觉对于丹麦人来说是十分痛苦的，法国人的安抚不能减轻这种痛苦。10年以后，马萨林不得不在丹麦和瑞典之间进行选择，现实利益以及政治传统使他最终选择了瑞典。但此时的法丹联盟似乎是变革时代的首要标志。

其他国家很快相继跟进。瑞典的胜利使奥克森谢纳的荷兰同伙们感到同样的忧虑。在布伦塞布罗，他们的全权使节们曾撕下仲裁的伪装，肆意向丹麦实施敲诈勒索：对瑞典的领土要求一点儿也不给予支持。事实上，后来很快又重新修订了与瑞典的联盟，但其关系远远谈不上真诚。诚如荷兰人所说：为了补偿他们的海军在松德海峡的活动费用，他们的舰队向进入波罗的海的船只征收一种税（所谓的警戒税），不仅向他们的盟友瑞典征收，而且加倍地向驶往瑞典占有区的德意志和立陶宛港口的船只征收。和约签订后不到一年，瑞典的反对和反制迫使这一征税停止。瑞典为保护其垄断公司采取了种种措施；

第十三章 瑞典与波罗的海（1611—1654 年）

瑞典的商船队在迅速扩张，到下一年代中叶几乎所有的瑞典出口货物都由瑞典船只运送了。对此，荷兰开始感到吃惊。简言之，瑞荷关系的发展状况在 1646 年向试图把这两个强国分离开来的一位政治家提供了一个机会。科尔菲茨·乌尔费尔德机敏地抓住了这一机会。1647 年 2 月，他得以与"阁下们"签订了一个条约，解决了不久前的战争时期提出的一些重要问题。1649 年 9 月，他又与他们签订了另外两个条约，取得了巨大的外交成功：一个是联盟互助条约，另一个是所谓的补偿条约——这是一个财政协议；据此，联合省每年要支付给丹麦 14 万银币，作为对荷兰船只免交松德海峡关税的回报。

在经济上，补偿条约对于丹麦人是个合算的交易；1653 年这一条约被所谓的废除条约取消；荷兰人对此十分高兴。在政治上，该条约对丹麦人更为有利。它使丹麦免遭瑞典的再次侵略。它实际上结束了荷兰与瑞典的联盟。它似乎保证了波罗的海地区的权力天平不再向瑞典一方倾斜。它几乎不可避免地导致了瑞典与荷兰关系的进一步恶化；为了对荷兰每年向丹麦的付款作补偿，联邦议会开始征收一项税，其征收对象不仅包括那些此时免除了松德海峡关税的船长，而且还有那些在波罗的海地区进行贸易可能进入荷兰港口的船只。正如瑞典人所抱怨的，这实际上是把松德海峡关税转移到了荷兰水域，从而摧毁了瑞典船只长期以来享有的这些免税权。在威斯特伐利亚，荷兰在不来梅和费尔登问题上给丹麦以外交支持，在关于波美拉尼亚的激烈争吵中，荷兰对勃兰登堡表示同情。当瑞典又受到这些挑衅时，事情已经很明确了：到 1650 年，瑞典—荷兰友好的短暂时期彻底结束了。在 50 年代，荷兰对瑞典明显地怀有敌意；在 1659 年和 1660 年，德·维特和马萨林联起手来，完全以荷兰政策精神解决斯堪的纳维亚问题。

如果法国的政治家们此时有意在地中海地区左右逢源，那么在德意志（诚如马萨林认识到的）法瑞联盟对于合作双方都仍是必不可少的。当军事抑或外交的合作行将解体之时、当联盟的一方或另一方一度以与敌人做交易相要挟时，的确会有非常令人不快的时候；但总体看来，联盟还是牢固的。这种在战场上和在威斯特伐利亚的团结一致体现在双方在这和约中所取得的重大利益上。在战争结束的年代里，瑞典的主要目的首先是保住波美拉尼亚，其次是获得一大笔足以遣散雇佣军的赔偿费。没有赔偿的和平危害极大。没有法国的财政援助，瑞典既不能保持它的军队，也不能遣散它们。没有波美拉尼亚的和平是不光彩的和平；因为波美拉尼亚是仅存的要求赔偿和确保安全之所在了。但除了这两个必争之重点外，瑞典外交家们还力争给瑞典最忠实的德意志盟友黑森－卡塞尔以赔偿；为了使那些未能从《布拉格和约》中得到好处的信奉新教的邦国获得适当的担保，他们也进行了不懈的努力。在威斯特伐利亚，宗教感情仍然非常重要，新教事业的火焰尚未完全熄灭。敌对状态何时才能结束或许是另一个问题。

总体上来看，和约规定的相关条款最终满足了瑞典的上述要求。经过长时间的讨价还价后，确定补偿费为 500 万银币，以确保"使军队满意"——这笔款项在惨遭蹂躏的德意志土地上是极难筹集到的；到 1650 年，才有可能使军队恢复到平时的生活状态。黑森－卡塞尔的领主爵（the landgrave）也获得了赔偿；信奉加尔文宗的邦国与路德宗各邦国处于平等地位；瑞典认为它已为它的德意志朋友们尽了义务。获得整个波美拉尼亚其实是不可能的（然而奥克森谢纳和克里斯蒂安在最后阶段都相信：如果谈判者再坚定一点的话，本来是能够得到的）；但东波美拉尼亚既穷困又贫瘠，只在科尔贝格有一不怎么样的港口，因此还不是什么大的损失：波美拉尼亚有价值的部分都在奥得河以西，已全部落入瑞典之手。斯特丁本身以及全部奥得河口地区也被瑞典所掌握。1653 年，在进行了长期的艰苦谈判之后，为了使瑞典军队从他的波美拉尼亚一半的土地上撤走，这位大选帝侯不得不接受一个非常不利的边界，并把在东波美拉尼亚港口所有税收的一半份额让予瑞典人。另外，瑞典不仅在威斯特伐利亚获得了梅克伦堡的维斯马和瓦尔内明德两个市镇，而且还（非法地）继续在梅克伦堡的其他港口征税。最后一点，不再受教会管辖的不来梅和费尔登主教管区（自丹麦战争以来一直在瑞典的占领下）此时也正式转归瑞典所有。

到《威斯特伐利亚和约》签订时，瑞典在事实上以及在法律上已兴起为一个日耳曼强国。克里斯蒂娜女王由于拥有德意志领地，成了拥有不下于三个帝国行政区的人。从此以后，瑞典在帝国议会中有了一个永久的席位：永久性的，因为皇帝认为波美拉尼亚采邑不属于

第十三章 瑞典与波罗的海（1611—1654 年）

克里斯蒂娜和她的后嗣，而属于瑞典王国政府。此时北德意志的几条大河都处在瑞典的控制之下；从西里西亚沿奥得河南下的贸易会在斯特丁遭到勒索（因此，大选帝侯60年代开凿了霍亨佐伦运河，以绕过这个障碍）；战时的"特许证"制度事实上原封不动地保留了下来；丹麦受到来自维斯马的威胁，这会儿又遭到了来自不来梅的威胁，佩尔·布拉赫恰当地断言：这是"对朱特人的束缚"。因此，在威斯特伐利亚的收益可能要使瑞典多年卷入德意志的复杂政治问题，但在国内却受到欢迎，因为这加强了它反对最危险的波罗的海敌人的地位。瑞典的疆域极为广阔难以得到充分的保护这一点在1650年尚不明显。瑞典的政治家们还没有认识到：1631—1648年有利的财政状况不可能重现；他们也没有认识到：依靠瑞典自己的资源维持一个散乱的帝国会是多么困难。人们期望和约签订之后瑞典将恢复德意志——甚至欧洲——新教反对哈布斯堡王朝和罗马教廷的领导者和捍卫者的历史地位；奥克森谢纳像他的许多同代人一样希望会是如此。瑞典和法国同是《威斯特伐利亚和约》的保证人。德意志地区从这个和约中获得了新安全和新地位。但这一期望忽略了瑞典作为德意志整体的一个组成部分的意义，忘记了它因此不可避免地具有了自私的排他主义者的名声——古斯塔夫·阿道夫在他那个时代曾对此严厉谴责过。同萨克森选帝侯和不伦瑞克公爵一样，此时瑞典在德意志有了自己小小的野心和私下的纠纷；为了达到自己的目的，它需要皇帝的友善。例如，对勃兰登堡就是一例，对不来梅和费尔登也是如此。对于不来梅和费尔登，克里斯蒂娜女王仍然需要皇帝的恩准，以使她的这些疆土拥有无可争议的合法性；瑞典试图取消不来梅市作为皇帝的直辖市的地位；这一企图在1654年遭到了不来梅市的坚决抵制。此外，与其他许多德意志统治者一样，克里斯蒂娜也有其个人和王朝问题；她希望与皇帝作为朋友而不是敌人，以更顺利地解决这些问题：她有意让位，并皈依天主教，这使她站到斐迪南三世一边。因此17世纪50年代初，欧洲惊讶地发现瑞典的外交政策完全转向；与奥地利和西班牙友好了；1653年，帝国议会中的瑞典代表甚至支持选举斐迪南四世为神圣罗马皇帝。1650年之后，德意志的新教徒是否真的团结一致，这是令人生疑的；对瑞典仍然缺少善意，因为古斯塔夫的新教复兴是很有可能的：瑞典欺侮了勃兰登堡和不来梅；这给那些以前对它怀有善意的人留下了极坏的印象。奥克森谢纳式对外政策的时代如果说还没有终结的话，也即将过去了；萨尔维乌斯和后来的人们已觉察到这一点。但这意味着没有什么阻碍瑞典与其他德意志国家联合，以维护特殊利益，或者捍卫国际和平，或者反对皇帝的图谋——宗教在这一联合里是次要的、可有可无的因素。为了共同抵御洛林的查尔斯的胡作非为的军队，瑞典与黑森-卡塞尔公爵和不伦瑞克公爵结成了希尔德斯海姆同盟（1652年）。美因茨的约翰·菲利普·冯·申博恩努力把莱茵兰各州组织了起来。在法国的指导下，这两者结合起来将产生一个完全非教派的莱茵同盟。1658年形成的、与查理十世交战的联盟包括（除天主教的波兰和奥地利外）路德教派的丹麦、加尔文派的勃兰登堡和东正教会的莫斯科大公国。

  1654年8月，阿克塞尔·奥克森谢纳去世，享年71岁。他的政治生涯将近50年，进入议会也有45年了。自1612年以来，他还不间断地占据着首席大臣的职位。他的公务生活中贯穿着一连串令人惊讶的事件，通过这些事件，瑞典成了一大强国。可以肯定，在制造这些事件方面几乎无人能与他相比。他是令瑞典人羞耻的《内雷德和约》的首席谈判者；32年后，他又称心如意地成了胜利的《布伦塞布罗和约》的首席谈判者。他活着看到丹麦衰落到了一个次要地位，他还敏锐地看到它在继续衰落：直到生命的尽头，他始终对"朱特人"有种民族仇恨，卡尔马战争的灾难十分强烈地增进了这一仇恨。对于另一个主要敌人波兰没有取得十分明显的胜利；尽管在20年代取得了胜利，但没有什么比长时期的停战更好的了：1651年，马萨林采取果断行动，安排了一次和解行动；但后来又停止了，因为约翰·卡西米尔毫不动摇地拒绝放弃对瑞典的世袭权。虽然一些老问题没有解决，虽然丹麦并未消停，但奥克森谢纳的死确实标志着一个时代——一个扩张时代（以特别有利的财政和军事条件和瑞典民族利益与欧洲新教总体利益极其一致为基础）结束了。大约从1650年起，瑞典的铜产量开始持续下降；人们看到，奥克森谢纳的财政政策（把国王土地和税收转变成现金）已经达到了其安全极限——如果说还没有超过极限的话。瑞典先进的战争艺术已成了广泛使用的模式；新教事业也几乎成为记忆抑或一场梦。查理十世的统治如同50年代许多国家那样是个过渡时期，接下来是个完全不同的路易十四世界。

第十三章 瑞典与波罗的海（1611—1654 年）

在查理时代，虽然扩张仍在继续，并达到了极限，但仅是完成了瑞典地理上的统一；这是他的军事开拓产生的持久影响。50 年代已经能够看到危险和问题——不同于奥克森谢纳所熟悉的那些危险和问题——的出现。有理由认为，查理十世对此也有所觉察。夺取西波美拉尼亚这一难以补偿的过错在不远的将来会使勃兰登堡成为瑞典最危险的敌人；这位大选帝侯将毕生努力去纠正这一过错。"洪水灭世"①的大灾难不仅消除了波兰这一波罗的海的危险挑战者（1660 年，波兰的瓦萨家族在奥利法最终宣布放弃瑞典王位），但由此产生了一个权力真空；莫斯科大公国迟早会填补这一真空。很显然，瑞典将会平静地生活在它夺占的领土上，不必枕戈待旦，提心吊胆。帝国如果继续存在的话，会受到保卫；这保卫是要付费的。从此以后，和平时期与战争时期一样，瑞典成了一个特有的、四处索取补偿的强国。

---

① See below, Chapter XIX, Pt. I.

第 十 四 章

国际关系和法国的作用
（1648—1660 年）

国际关系的发展支配着《威斯特伐利亚和约》（1648 年）与《比利牛斯条约》（1659 年）和《奥立瓦法条约》（1660 年）期间的全部历史。在此期间，三十年战争、法国与西班牙之间的战争和北方战争都结束了。但是，除了《比利牛斯条约》作了一些领土调整外，这些冲突似乎影响不大；它们没有改变欧洲地图。在这短暂期间，法国霸权首现，表明欧洲列强之间的关系发生了变化：这看上去有点儿令人不解。曾经决定性地影响了三十年战争历史的法国—瑞典轴心结束了，西班牙最终没落，瑞典和波兰衰落，俄国进入欧洲政治，小国勃兰登堡上升为强国。最终，随着第一次英荷战争的爆发，英国与法国结盟（但时间不长），并成为海上强权。权力转移了；新兴强国出现了；（抑或更确切地说）新型野心出现了；原有的欧洲平衡被打破了，到处是衰颓景象——这些就是要加以阐明的主题，以法国政策为主线，纵观全貌。

《威斯特伐利亚和约》的签订虽然给欧洲带来了和平、给德意志带来了和平、成就了一部宪章，但并不完善。和约的签订永久性地解决了所涉及的问题中的一些问题，特别是以天主教、路德教派和加尔文教派等信仰之间相互尊重为基础的宗教问题；和约的签订还确保了诸侯和城市的领土主权；最后一点，和约的签订使战胜国得到了实质性的"赔偿"：然而这只是一种"可能性"，需要法国用心监管是否满足了所有要求。

直接的军事成果肯定已经获得了。1629 年黎塞留在其《陈情国

第十四章 国际关系和法国的作用（1648—1660 年） 431

王书》中写道："［我们必须］在梅斯建立防御，而后前进；如果可能的话，直到斯特拉斯堡，以获得一个进入德意志的入口。"他致力于阻止哈布斯堡家族在维也纳和马德里的两个支系在战略上和政治上结盟，以摧毁奥地利王朝的权势。难道政论家方康当时没有指出过"如果丢了德意志，法国就不能生存"吗？法国得到的"赔偿"——两个伯爵领地阿尔萨斯和松德高——不如莱茵河右岸的布赖萨赫要塞重要。布赖萨赫已取代斯特拉斯堡成了"通向帝国的门户"；斯特拉斯堡一直到1681年才并入法国。布赖萨赫以前是大公领地，位于从低地国家通往意大利的通道上；对西班牙来说，这是一条运送传教士、财宝和军队而不是商人的道路。一项由法国策划的同样重要的条款是签字国——特别是法国和瑞典——的担保。这些国家有权派使节作为代表常驻帝国议会。他们结盟形成帝国内的一个派别，而后介入帝国事务，保卫"德意志自由"；这证实了皇帝的无能为力，摧毁了他政教合一的美梦。

这个结果似乎是令人满意的；但这会儿必须加以巩固，因为出现了一种相反的情况。法国谈判者十分巧妙，虽然理论上是公平合理的，但德意志诸侯们实际上对于关系到领土权益的联盟和保护还是感到一些担忧的。再者，虽然皇帝已被击败、他的野心受到谴责，但他并没有被剥夺在德意志的所有权力。他与议会共享立法权；他拥有重要的追随者，继续充当着反对新教的天主教信仰的世袭保卫者；他仍然是帝国所有土地的封建主，土耳其的敌人——匈牙利王国——仅仅是他世袭领地上的一个与奥斯曼匈牙利接壤的狭长地带。皇帝在莱茵河地区的威望取决于他对多瑙河的控制。最后一点，皇帝的衰落促使了诸侯的崛起。《威斯特伐利亚和约》使他们能够制定独立的对外政策，缔结他们任何感兴趣的联盟。一个新来者——勃兰登堡——出现在政治舞台上。瑞典人对它缺乏敬意；它被迫不仅离开了斯特拉尔松——"德意志的加莱"，而且还离开了奥得河河口地区和斯特丁；它只拥有波美拉尼亚东端；受瑞典关税的重压；它满意地收回了马格德堡，占有了卡明、哈尔伯施塔特和明登地区。而这三个地区在价值上是失去的地区三倍，还并入了以前的霍亨索伦王室的领地。此时最重要的新教选帝侯是腓特烈·威廉，"他拥有比那两个最有权势的北方国王30年前所拥有的土地和岁入还要多"；他利用欧洲政治提高了自己的地位，使他的国家拥有了一支精良的军队。

法国于1635年向西班牙宣战；从此开始，德意志战争变成了一场欧洲范围的冲突。事实上，有两个不同的战争，它们时常混淆在一起。它们的战场不论是在低地国家、伊比利亚半岛还是在意大利，都有各自的规律和自身的发展变化。发生在低地国家的纷争首先兴起于西班牙以前的省份反对费利佩二世的起义，其结局是建立了两个在领土、宗教和政治上不同的政权：北部是新教、共和制的联合省，南部仍然是信仰天主教的西班牙属诸省。1635年，黎塞留的法国与联合省缔结了联盟，西属尼德兰有可能被这两个邻国瓜分；但到1648年，情况发生了变化。1646年10月11日，敦刻尔克被昂吉安公爵占领；这一功绩受到了瓦蒂尔、高乃依以及萨拉赞、斯居代里和巴尔扎克的称颂，却使联合省惊恐不安，对法国进入佛兰德颇感焦虑。联合省不愿意看到一个强大的战胜国获得巨大的成功，也害怕敦刻尔克——法国海滨大型海军兵工厂所在地、海盗的巢穴和海难频发地——的商业竞争。与此同时，由于有人筹划年轻的国王与西班牙公主之间联姻（将把比利时诸省作为公主的嫁妆），因此有种说法便四处流传：西班牙可能用这些土地交换加泰罗尼亚。所有这些原因致使联合省撕毁了先前把它们与法国联系在一起的联盟。1648年1月30日，他们与西班牙签署了一个单独和约，把1609年的停战协定改为最终条约；这标志着西班牙在政治、宗教、最重要的是贸易等方面的屈服。欧洲获得了互通贸易的自由，没有把西班牙的殖民地向荷兰人开放；西班牙认可封锁斯凯尔特河口；为了阿姆斯特丹的利益而牺牲安特卫普。这个单独和约是西班牙所谋求的，它为竭尽全力与法国争斗而焦虑不安，希望通过荷兰和泽兰的财政界和商业界达到双重目的：一方面，确立联合省的殖民大国和海上强国的地位，使它与英格兰发生冲突；此时，英国的查理一世已经垮台，克伦威尔攫取了权力。另一方面，它提出了与西班牙命运密切相关的西属尼德兰领土问题；法国使那里的经济发展受到抑制，实行教权专制，对之虎视眈眈。但1648年尚未看到这场角逐的最后发展。利奥波德·威廉大公——斐迪南三世皇帝的兄弟，1647年被任命为西属尼德兰总督——的到来大大恢复了西班牙的权势。在布赖萨赫总督埃尔拉赫领进的德意志军队的帮助下，孔代在1648年8月20日取得了朗斯战役的胜利，重新确立了有利于法国的局面，但这是以一种更为引人注目而不是决定性的方式取得的。

葡萄牙和加泰罗尼亚这两个问题与法国关系不太大，却困扰着西班牙。自1581年以来葡萄牙不愿与西班牙的命运联系在一起，1640年起而反叛。尽管荷兰人（他们意欲继续开拓巴西）反对，黎塞留还是与若昂四世缔结了联盟。这个联盟在很大程度上形同虚设，但起到了削弱西班牙的海上势力和使其军队保留在伊比利亚半岛的作用。这一斗争直至1668年随着葡萄牙的独立才结束。在加泰罗尼亚，科尔特斯在反对奥利瓦雷斯的起义中求助于法国，而法国政府则把他看作一个走卒、一个可以与西班牙做交易的物件和在巴伦亚西和阿拉贡地区的边境与费利佩四世进行战争的工具。佩皮尼昂在1642年9月19日投降了；而由于气候恶劣和地形复杂，加上缺乏人员和金钱，致使拉莫特－乌当库尔动弹不得，也导致了阿尔库尔和孔代本人在莱里达附近的失败。任命圣塞西莉亚的红衣主教（以前叫米歇尔·马萨林）为加泰罗尼亚总督仅仅是一个插曲。舍姆贝格重建了军队，于1648年7月13日占领了托尔托萨；与此同时，孔代在北方也获得了胜利。

最后一点：意大利仅仅是一个地理概念，其政体极其混乱，充斥着战争和阴谋，亲法国派和亲西班牙派在这里争斗不已。虽然西班牙在政治上控制着西西里和米兰，但法国仍然占有皮内罗洛；皮内罗洛属于萨伏依公爵，是进入半岛的门户。法国还控制着卡萨莱和曼图阿——波河谷地最重要的要塞，犹如两个反奥地利的前哨。1647年9月1日，莫德纳公爵弗朗西斯·德·埃斯特与国王签署了一个攻守同盟。虽然1646年10月进行的远征夺取了海滨的皮翁比诺和埃尔巴岛隆戈内港，但是由萨伏伊亲王托马斯和莫德纳公爵对米兰公国的入侵却失败了。在罗马，法国的计划要得到实现就必须获得罗马的支持，但未能如愿。尽管马萨林反对，但英诺森十世在1644年当选了：这是很重要的。马萨林写道："整个宫廷和王国的议会相信：我们现在有了一个西班牙的教皇。"他谋求使他的兄弟米舍尔获得红衣主教的头衔，这一希望此时变得渺茫了。长期以来，他希望建立一个联合反对共同压迫者的意大利诸邦同盟，这一梦想破灭了。那不勒斯问题仍未解决，它的历史充满矛盾，与这个色彩缤纷的时代十分吻合，它的人民没有屈服于西班牙的奴役。马萨林希望在这里安插一个萨伏伊王室成员——托马斯亲王。马萨林在其准备与后者签订的条约草稿中提出：如果萨伏伊王室长房绝后，托马斯亲王（已经是那不勒斯国王）成为萨伏依公爵和皮埃蒙特君主，他将割让给法国萨伏依和尼斯郡，"山脉这边与法国接壤的所有土地"。这些热望没有实现。由托马索·阿涅洛（马萨涅洛）领导的起义在那不勒斯爆发了。接下来，1647 年 10 月 24 日宣布共和，而后吉斯公爵来了；他向来主张对于战争问题要作周全考虑。马萨林的策略是拖延，直至"果子熟了，那不勒斯人自己要求法国人帮助"；再加上内讧，促使西西里王国在 1648 年 4 月 6 日回归西班牙。

如果要确保德意志的和平、继续在各条战线进行反西班牙的战争，法国政府需要团结、坚定和稳定的政策。但它却恰恰缺乏这些，至少在表面上是这样。法国在国际范围内进行广泛的扩张（通过在各地进行战争，除莱茵河地区外），而一些小小的阴谋则使法国感到不安：这二者之间形成了鲜明的对照。路易十三死后，一个未成年人继位了。一个孩子，路易十四；一个女人，西班牙出生的摄政者（安娜·德·奥斯特里亚）——议会赋予她最高的权力；一个外国人，红衣主教马萨林——路易十三选他出任首席大臣，并为摄政者所留任。这三个人成为宫廷中正在上演的戏剧的主角。他们不得不去应付资金短缺、议会中的反对派、贵族的阴谋和各省的骚乱等问题。

早在 1647 年初，威尼斯的使节就提请人们对财政管理混乱给予关注："财政管理方式已陷入极端混乱的状况，以致国王的钱袋已经空空如也。"财政困难延缓了战争的结束，资金匮乏又助长了士兵们临阵脱逃，他们对于不能按期收到应得的薪饷而心怀不满。打赢一场战斗，军队就止步不前，或者由于缺乏资金而溃散。对战争的恐惧迅速漫延，军人是靠国家生活的。利用这种财政状况，议会中的反对派试图对王国的整个体制提出怀疑。[①]

这些反对派集团直到 1654 年仍十分活跃，对外战争又增添了一个真正的内战；它们的对外政策与政府的对外政策究竟有多么的不同？一般来说，它们大都主张用和平取代战争。政治和宗教观念要求

[①] See below, Chapter XVI, pp. 496–9.

路易十三在黎塞留和马里拉克之间进行选择，因此一些人赞成与西班牙单独媾和。舍夫勒斯女公爵和夏托纳夫（他曾受到黎塞留的处罚）希望停止邪恶的战争，"战争中，兄弟姐妹自相残杀，天主教徒拿起武器打天主教徒，使新教国家从中渔利"。他们希望放弃亨利四世和路易十三在位时期订立的同盟，采取天主教政策，签署一个建立在有利于西班牙的现状基础上的和约。由于国内政治的原因，大多数人希望结束战争。经过十三年的争吵，主和派争取了对黎塞留的主张十分愤慨、饱受战事连绵之苦的人：在前朝蒙受屈辱的外省贵族居伊·帕坦表达了其困惑、愤恨的中等阶层的感情，最后是巴黎和一些外省的民众——他们虽然仍忠于君主政体，但是谴责反对在1648年与西班牙媾和的黎塞留的继承者，一致提出了一个流行的口号："马萨林滚蛋！"

　　红衣主教马萨林仍然是国内、国外事务（二者紧密相连）主事人。此时的法国人完全关注这一重要时刻；他们的表达很强烈，有时像议会成员那样理论，有时则像路障日人们的反应那样十分冲动。此时这位意大利人——1639年入籍法国，1641年成为红衣主教（1642年2月25日从路易十三那里接受了法冠）——敏锐地认识到了法兰西的伟大，并就此重拾黎塞留的政策。在这一外交和战争同时存在的时期，他是一个重要人物。他的缺陷十分明显：迷恋金钱，这使他把国库与自己的私人腰包相混淆。他十分热爱自己的家庭，送给侄女们嫁妆，把她们嫁给最大的贵族；他使自己的兄弟米舍尔当上了圣塞西利亚的红衣主教和加泰罗尼亚总督。他是搞诡计的天才（这充分表现在其日记本里）；这日记本证明拉罗什富科（一个看透人心的人）的警句是有道理的："即使在他最伟大的雄心方略中，他也是个目光短浅的人。"但他仍是一个杰出的外交家，在联盟的框架内纵横捭阖。他了解他的欧洲，知道列强的普遍利益及其统治者们的特殊欲望。他洞察所有人的弱点，他认为每个人都有其价值；他利用这一点，有时甚至加以滥用。他就这样从1648年到1653年在投石党运动和马萨林追随者们的扰攘不安的氛围中执行着他的使命，在摄政期间获得了摄政（这位摄政希望把君主政体这一遗产完好无损地传给她的儿子）最有力的支持。在经济上：尽管怨声载道，但战争的负担还不是令人受不了。在政治上：连续不断的斗争助长了极权制的发展,并产生了各种反对势力。不同的阵营提出了相互矛盾的政策,这表明马萨林极为孤立。法国人不能理解:一个外国人——一个"西西里岛上的无赖,被称为奥尔良公爵"——能比他们目光敏锐,透过当前的困难看到国家的长远利益。马萨林首先关心的是确保威斯特伐利亚和约给予的利益,利用和约授予法国和瑞典担保人的身份,巩固已在德意志取得的地位。他还在短期内努力为法国确保一个固定的边界,特别是北部和东部边界。他在1646年1月20日的一封信中写道:

> 夺取西属尼德兰可为巴黎城提供一个坚固的屏障;因此巴黎即可真正称之为法国的心脏,坐落在这个王国最安全的地方。我们的国界将会扩展至荷兰,而在德意志这一边(这个地区是很令人担忧的)则扩展至莱茵河,保住洛林和阿尔萨斯,占有卢森堡和勃艮第郡。

对西班牙战争本身并不是最终目的,只是确保君主政体在欧洲的地位的一种手段。从长远观点看来,是对未来——例如,对西班牙王位继承——做了大胆的投资。弄得不好这投资会错误地导致王权丧失。世纪中叶,这些基本主题又融合进了新的利益集团;这些集团兴起于上个世纪的商业革命和新大陆的发现。英格兰与荷兰之间即将爆发战争,不是为了谋求政治霸权(此时这已不再是目的了),而是为了控制海洋和殖民地贸易。在北方也发生了一场争斗,目的是控制波罗的海;这里是斯堪的纳维亚、波兰、勃兰登堡和俄国争夺的目标。这会儿马萨林再次作了选择:与黎塞留不同,他既不是一个航海家,又不是一个经济学家。他要利用对外战争缔结重要的联盟,或者把它作为舞台以仲裁者的面目出现。他当政时期(1648—1661年)选择了君主政体,其目的是使法国成为欧洲强国——怀有领土和政治野心的欧洲强国。

将事件按年月顺序细细地分述是单调乏味的。国际舞台上的各个问题是相互关联的,根据各国国内情况可能会有静息期、可能会有预见不到的回复期、可能会有迅速发展期。关于法国所起的作用,有四个问题需要分析研究：与帝国的关系，与海上强国的关系，对西班牙战争的实施和结局，法国介入北方的战争。马萨林不倦地进行外交活动，织就了国际关系网。

德意志战争一结束，和平问题便立即在那里出现了。一些人热切地关注着《明斯特条约》和《奥斯纳布吕克条约》的实施。另一些人（或许更重要，但不那么急切）提出了法国对帝国的未来政策问题。第一个步骤是同盟国的守备队和军队撤出德意志城镇。胜利者的团结正在经受考验。形势对法国不利。蒂雷恩（他在德意志的威望仍然很高）的忠诚摇摆不定。阿尔库尔（阿尔萨斯总督）在布赖萨赫搞阴谋，试图使布赖萨赫成为法国和帝国之间的缓冲首府。阿尔萨斯的十座帝国自由城镇不愿接受狭义的"保护"这个措辞；它们要求只对帝国保持忠诚。法国驻纽伦堡使节沃托尔特在1649年给马萨林的信中写道："四处都传来了对法国的抱怨。"对奥地利的军事演习给予了指责但只能眼睁睁地看着，这是令征服者很难看的。诚如马萨林所希望的那样，承认割让的阿尔萨斯是皇帝的采邑而不是全部主权的企图是徒劳的。要让马萨林看到法兰西国王作为阿尔萨斯的伯爵领主坐在拉蒂斯邦的议会中的企图真是奇思妙想。这一主张在1646年就提出来了，1653年同样遇到了反对。沃托尔特宣称："我有确凿的证据，皇帝反对阿尔萨斯成为帝国的领土，议会成员与他看法一致。"在三个主教管区（自1552年以来已被法国控制，国王是帝国的教区主教代理人）中，《明斯特条约》已经承认了国王具有完全主权。这个主权覆盖面有多大？全权代表们认为：它覆盖了"主教们托管的世俗土地和教区内土地"。应该注意的是：1679年后，这一解释认证了梅斯最高法院会议厅会议议事程序的正当性。

投石党运动的结束和拉费尔泰的军队到达阿尔萨斯使情况发生了转变。议会放弃了自己的意见，但是把阿尔萨斯作为采邑的计划没有再提出来，对帝国制度的改革也未在拉蒂斯邦实现。马萨林在明斯特试图建立市镇民主，反对选帝侯们的贵族统治和诸侯们的寡头政治。他把市镇描述为当时"德意志最重要的［力量］……主要是它们有钱、地产和军需品……"这是一个有趣的理论，但已不再那么正确了：作为一个集团，城镇兴起于三十年战争，缺乏相互团结和共同意志。如果不反对皇帝的话，领有大面积土地的诸侯们至少可以巧妙地得到依附于他们的追随者。法国亟须改变对帝国的政策。"保卫德意志自由"对瓦罗亚和黎塞留有着巨大的吸引力；但在没有人威胁它的自由时，就似乎像是个过时的口号了。瑞典宣称要领导新教诸邦国——帝国中最有生气的力量。但勃兰登堡面对领导着忠于奥地利的新教组织的萨克森选帝侯，也想获得领导新教诸邦国的地位。法国的政策不得不建立在王朝、联盟和教派等因素的基础上。

马萨林仍然要剥夺哈布斯堡的皇位，这是最重要的。在皇帝的有生之年要选出他的长子为神圣罗马皇帝，这已成为惯例。哈布斯堡王朝就是这样延续的，在几个世纪中独占着帝国的皇位。这一程序的合法性时常遭到质疑，法国和瑞典使和约中加入一条款，规定：不允许在皇帝在世期间选定神圣罗马皇帝，除非确有必要。法国希望增加下述条款，但未被采纳：不得从皇家挑选即位的皇帝。但是，书面协议的价值完全是由执行协议的那些力量决定的。斐迪南三世利用法国威望的衰落和胜利者们发生分裂的机会，1653 年 5 月 31 日在奥格斯堡成功地使他儿子斐迪南四世当选为神圣罗马皇帝；斐迪南四世 6 月 18 日在拉蒂斯邦加冕。但他 1654 年 7 月 9 日去世，他弟弟利奥波德年仅 14 岁，不能立即继位。1657 年 4 月 2 日，皇帝也步儿子的后尘撒手人寰，随之而来的是一个真正的空位期。从哈布斯堡王朝手中夺取皇位的时机似乎已经成熟，选举交易开始了。法国政府给它在选举议会中的使节格拉蒙元帅和莱翁纳下达指示说，"这是选帝侯们唯一的机会告诉全欧洲：皇位不是像至今一直那样，只是一家的私产和西班牙议会的赠礼。皇位实际上要由他们选举决定"。这会儿需要寻找一位合适的候选人。法国宫廷无疑希望选帝侯们选举那位年轻国王——查理大帝的后嗣，这会儿是罗马皇帝的可能的继承人！如果需要的话，他们可以为他娶一位德意志公主——可以是一位天主教徒，也可以是一位来自新教的改宗者！马萨林不排斥任何计谋，准备在财政上做必要的奉献。但这一计划立即遭到了反对，从未正式得到承认。还有两位潜在的候选人：巴伐利亚选帝侯斐迪南·玛丽亚，他是马克西米连大公（死于 1651 年）的儿子，路易十四的表妹（萨伏依活泼的昂里埃特·阿德莱德）的丈夫；诺伊堡伯爵菲利普·威廉——他在杜塞尔多夫有一处很好的宫殿，想娶一位法国公主为妻。但大多数选帝侯在同意对未来的皇帝应给予限制的同时，仍然赞同由哈布斯堡家族继续保留皇位；他们认为，一个新家族高升至皇位，不可避免会导致内战和外来压迫。1658年7月18日，波希米亚国王利奥波德在法兰克福当选，他得到了全票（包括他本人的选票）。8月1日进行了加冕，称利奥波德一世，时年18岁。甚至在选举之前，马萨林就一直努力把他的权力限制在由条约的法律限制和莱茵同盟的政治限制所构成的双重限制之内。

这一条约是选帝侯们正规（然而非法）地协商签订的；他们十分关注防备他们所尊奉的主人；他们强加给利奥波德一世的这一条约反映了对外事领域的关注，而不是对选举团特权的维护。它的基础是一个国际法令——《明斯特条约》；这一国际法令已成为帝国宪法的一个组成部分，如同金色训谕一样。法国军队当时正威胁着佛兰德（佛兰德被视为帝国的屏障）和米兰公国（帝国的历史中心）。条约的第13款和第14款禁止皇帝给西班牙以任何帮助。这个条款是依据德意志人和路易十四的意愿制定的。威尼斯使节写道："在帝国中没有哪个国家比西班牙更令人憎恶。"一附加条款规定：皇帝和他的奥德家族（Austro-German house）得到了法国的中立保证，但如果发生入侵事件，诸侯和统治集团可以完全自由地寻求法国的帮助。最后一点：皇帝承诺促使西班牙与法国之间恢复和平，"主要是在帝国的行政区和世袭领地的范围内"。这是进行调解的美因兹大主教和科隆大主教所做的努力。起初，西班牙使节佩尼亚兰达缄口不言；1658年7月23日，他提出了其主人的希望："在比利牛斯共同的边界上召开会议"，讨论缔结和约。这是走向缔结和约的第一步；翌年，条约给西欧带来了和平。

马萨林切望加强法国在帝国中的影响。1649年，与皇帝达成协议欲促成斐迪南三世与蒙庞西埃郡主联姻，但努力失败：西班牙进行了干扰；维也纳宫廷则提出："法国用布赖萨赫和阿尔萨斯代替郡主的领地，以便把它们置于皇帝的控制之下。"利奥波德一世没有把自己的当选告知法国国王，而法国国王也没有承认他，并避免"在官方文件中称呼他皇帝，就好像是不知道存在这样一个人物"。帝国继续不断地援助在意大利的西班牙人。依据《明斯特条约》和现有的协议，马萨林组织了莱茵地区的防御。信教的选帝侯们已在1651年组织了他们的共同防御同盟，明斯特大主教和诺伊堡伯爵也加入了其中。新教徒方面，作为不来梅和费尔登公爵和维斯马领主的瑞典国王与不伦瑞克－吕内堡的三位公爵和黑森－卡塞尔的伯爵领主组成了一个类似的同盟。皇帝的首席大臣约翰·菲利普·冯·申博尔恩和美因兹选帝侯（以"北方的所罗门"而著称）不承认排他性的教派结盟；为了保卫共同的祖国和维护和平，他们承担起了把两个同盟相互结合起来的使命。把两个教派结合在一个政治实体中的想法吸引了马萨林，他十分关注这个计划。如果像1742年的情况那样，说皇帝是"法国扶植的"，这个计划就令人为难了；但在利奥波德一世当选之后，这个计划就令人赞美了。由于瑞典和勃兰登堡相互敌对，不可能把他们都纳入其中，因而产生了困难。瑞典拥有德意志领地，应被包括其中，而勃兰登堡则被暂时排除在外。经过三年时间，1658年8月14日瑞典的代表们、明斯特主教、诺伊堡伯爵以及科隆、特里尔和美因兹的选帝侯的代表在法兰克福签署了条约。8月15日，格兰蒙和利翁内代表法国签署了该条约。根据威斯特伐利亚和约，国王与结盟的选帝侯和诸侯们形成了一个防御同盟。法国—西班牙战争仍在德意志境外进行，但是签约国将对"派去佛兰德或其他地方反对天主教国王及其同盟者"的军队关闭边界。国王承诺"不支持对德意志诉诸武力；承认选帝侯和诸侯们对帝国、他们的祖国和皇帝保持忠诚的自由；把步兵和骑兵以及适当数量的大炮交由同盟支配"。而他则要求：他们帮助保护他根据《明斯特条约》获得的领地。

  对于法国外交来说，这是一个必须记载的胜利，但不能评价过高。我们对纽伦堡会议和拉蒂斯邦略有所知；马萨林已能够赢得德意志诸侯的信任。私人关系是达成协议的基础：首席大臣温文尔雅，他机智地套出了约翰·菲利普·冯·申博尔恩的观点，十分敏锐地听取这些观点。他对待同盟者在于用心的操纵而非正确意见的采纳；这是一种真实的政策，或者说是一种"风格"；马萨林的门徒利翁内死后，这种"风格"就与路易十四的外交相分离了。约翰·菲利普对莱茵同盟没抱幻想，他没法用人和钱去武装这个既缺钱又缺人的同盟。在法德关系中，莱茵同盟是一个重要的阶段，当时由于利益上的一致性和对和平的共同渴望，双方能相互信任：这是双方见解的契合，是双方需要的结合，是宗教宽容和相互理解的标志；它是建立在《明斯特条约》基础上的，支持既定秩序。如同路易十四将看到的那样，这个同盟不支持任何一方的政策。它的力量在"迁移"事件中表现了出来：皇帝发现普通代表的集会场所与同盟会议的会场在一起很生气，决定把前者迁移到纽伦堡。在法国的支持下，约翰·菲利普反对迁移。无疑，这一争论并不太重要，但它表明：今后，德意志有了一个不同于各路诸侯的力量——一个能抵制奥地利的法定力量。

这一时期结束时，令人忧虑的事变了；它已不再是内部争斗和耍法律花招的问题，而是保卫帝国的问题了。1660年春，土耳其人在克劳森堡击败了拉科齐，入侵特兰西瓦尼亚。他们威胁着帝国；帝国当时在寻找保护人：是利奥波德一世还是路易十四？

对外政策上的考虑说明了马萨林主张的国际关系；他认为必须同海上强国保持关系。打破西班牙包围的需要，促使法国确保与它们的联盟，抑或至少使它们保持中立。黎塞留已指示布兰维尔（1625年被任命为驻伦敦使节）做好准备，寻求与英格兰结盟、与联合省的使节接触；他宣称：联合省有"与我们同样的利益和同样的敌人，对它的独立，我们曾表示了赞扬并给以援助"。其目的是"与西班牙的力量相抗衡；西班牙在不同宗教的掩饰下，已大大增长了力量……它正在欧洲称王称霸，试图征服帝国……"联合省尽管1635年与法国结盟，但单独与西班牙缔结了1648年条约；这给法荷关系罩上了一层阴影，但法国与英格兰之间没有这样的障碍。与英国不可或缺的联盟是马萨林政策的主要目标。为了达到这一目标，他得克服困难、做出必要的牺牲。

首先是政治上的困难，因为英格兰政府老是变换。1649年1月30日，查理一世（路易十四的舅舅）在伦敦被斩首，因此法国给查理二世以庇护。英伦三岛共和国坚持认为：要谈判必须先承认；这一认为提出了一个道义问题，而不是法律问题。对马萨林来说，克服自己本身的顾虑，问题并不大——在这方面，除了安抚民意以外，他没有什么顾虑。克伦威尔的出现和护国政体的力量使他感到安心；出于本能，他对克伦威尔很感兴趣。西班牙创了一个先例：天主教国王第一个承认了英吉利共和国。

其次是经济上的困难，这与鲁珀特亲王的私掠船在地中海和大西洋上对法国商船的攻击有关。1649年夏，英法之间爆发了一场关税战争。圣热曼宣言禁止英国布匹输入法国。英国则进行报复，拒绝让法国的海狸皮帽、猩红色染料和服饰用品输入英国；禁令后来扩及到了红酒、白酒、毛料和丝织物。对于没有酒就干不了活的说法，英国人回答道："人们对一切会逐渐习惯的，与人们通常预料的相反，没有国王人们活得很好，没有法国酒人们照样活。"1651年10月9日，英国通过了"航海条例"，同年12月1日生效。这个针对荷兰的军事措施使1580—1640年间海上贸易——包括英国商船——有了重大发展：贸易的重点在于输出纺织品，输入铁、木材和羊毛。

最后是宗教方面的困难。克伦威尔自立为欧洲新教的保护者。他希望保护法国的新教徒——因此马萨林向他表明：他们和平地生活在法律的保护下——并强烈谴责萨伏依公爵对韦尔多派教徒的迫害。面对这些抗议，最具基督教精神的国王代表受害者同公爵进行交涉。

对马萨林来说，这些困难似乎并不是不可克服的；他已在1652年开始与克伦威尔对话。为了他从爱尔兰和苏格兰招募新兵，为了从萨默塞特宫（亦译莎美西故宫）展出的皇家藏品中购买书、画，他需要英格兰；最重要的是，他希望避免它落入西班牙的怀抱，英国对与西印度群岛的贸易垂涎三尺。

首先，1653年初之前关系冷淡。西班牙关注自己在伦敦的谈判。1652年1月，它的使节卡德纳斯提出了一个协定——敦刻尔克、格雷夫莱因斯和加来将由两国的军队占领，而后把加来交给英格兰。自1651年9月以来，敦刻尔克一直被西班牙人包围，英国使节菲茨詹姆斯拜访了其总督德·埃斯特拉德，试图进行调解以解救要塞。马萨林高兴地默许了，但谈判失败了。一支派去援助敦刻尔克的法国舰队被布莱克指挥的英国舰队捕获。这是对私掠巡航的报复行动。船员被释放，但扣留了船只。1652年9月16日，敦刻尔克向利奥波德大公投降，格雷夫莱因斯已在5月19日投降。西班牙的威胁增加了，巴塞罗那和卡萨莱陷落了。内战十分激烈，孔代指挥着敌对势力。到1650年马萨林已经确信：诚如他在其"笔记"中所写"十分重要的是：与英格兰建立密切的关系；如果不能实现，则与荷兰联邦议会建立密切关系"。

起初，似乎第二种选择更容易实现。英荷战斗正酣。1653年10月，法国派使节夏尼去说服荷兰联邦议会：法国国王不希望对英国诉诸武力，愿意应邀充当"调解人和仲裁人"。他要求荷兰人拒绝克伦威尔的"貌似有理"的建议（即把大不列颠和联合省联合在一个共和国之中），其理由是"两个共和国的合并是种狮道合伙关系，将会把他们的自由吞食殆尽"。马萨林试图让法国参与英荷条约的签订，但遭到了拒绝。虽然弗里斯兰和格罗宁根两省投票赞成，但荷兰省根据德威特的建议明确表示反对："他们的船太小，无法拖动像法国这样的大船。"1654年4月6日，英国与联合省签订了和约。

克伦威尔这会儿成了英格兰的护国公，1653年12月16日进行了宣誓。两个政治家之间理解的时机似乎成熟了。1654年7月16日，马萨林给波多尔市长下达指示，重提了共同目标——击败西班牙，并详述了协议的条件：提供150万里弗赫的年度津贴和8000人，帮助夺回敦刻尔克，交给英国。征服者将保留所有在西印度群岛征服的土地。1655年11月3日，波尔多市长在威斯敏斯特用法文和拉丁文签署了一个商业条约。条约意图明确，就是排除英格兰与西班牙之间和解的可能性："也就是法兰西王国与英格兰、苏格兰和爱尔兰共和国之间的一个持久和平、友好、合作和联盟条约。"海上的敌对行为结束了；突出的问题将通过仲裁解决，由汉堡共和国充当仲裁人。佩恩攻击圣多明各、夺取牙买加，不可避免地要与西班牙交战。1657年3月23日，威廉·洛克哈特受命出使法国，在巴黎与布里安和利翁内签署了一个更为密切的同盟条约，翌年修订；它有一个特殊的目的：两国试图使用"某种惊人的武功"把和平强加给西班牙。查理二世已逃至布鲁塞尔，他此时站在西班牙一边重整旗鼓，西班牙许诺大力帮他夺回他的王国。蒂朗内包围敦刻尔克后，1658年6月14日在迪恩斯战役中击败了奥地利的唐璜、孔代和约克公爵（后来的詹姆斯二世）。6月24日，敦刻尔克投降，依照条约规定转交给英国人，洛克哈特被任命为总督。马萨林的敌人利用这一转让大做文章；他们宣称：尽管采取了预防措施，但天主教信仰又面临危机，一个红衣主教把一个要塞移交给了异教徒！

1658年9月3日护国公去世，英格兰随之进入了一个短暂的政治动荡时期。理查德·克伦威尔维持了这个联盟。但1660年5月8日君主制公开在伦敦复辟，查理二世重登王位，英法关系大大冷淡了。曾谈判签署威斯敏斯特条约、迫使流亡国王离开法国的波尔多市长，因此不得不离开伦敦。不论是查理二世还是马萨林都不希望决裂。法国新教首领吕维尼访英，受到友好接待；在他之后，苏瓦松伯爵（奥林普·曼西尼的丈夫）又率一官方使团到访。查理二世不允许他母亲（法国的亨里埃塔·玛丽亚）干预政府事务，并拒绝赞同她的计划（即让他本人与奥尔唐斯·曼西尼联姻），马萨林也反对这个计划。法国政府切望查理继续做他们的同盟者并帮助葡萄牙（在和约中被忽略了），因此怂恿他与布拉干萨的卡塔利娜成婚，她带来了王室陪嫁的丹吉尔（地中海的钥匙）和孟买。1661年3月31日，路易十四的兄弟安茹公爵（即后来的奥尔良公爵）与英格兰的亨里埃塔结婚，她注定要在维护两王国的联盟上起重要作用。1662年，查理二世把敦刻尔克卖给了路易十四。

与联合省继续保持着和平，尽管由于勒伊特在地中海捕获了两艘法国船只而使和平受到威胁。联邦议会支持法国在北方调解。1661年8月6日签订了伦敦条约，使葡萄牙与联合省之间的战争（1654年起源于巴西）得以停歇。1662年4月27日，荷兰与法国签订了一个盟约。

因此，尽管政府体制不同和可能有意外事件发生，法国与海上列强之间的同盟形成了：这是马萨林梦寐以求的。他对路易十四（也报告给了查理二世）的最后忠告是"尽可能地在两个国家［法国和英格兰］之间建立一个利益共同体"。对马萨林来说，它们的利益显然是互补的。但是，它们这样能保持多久呢？

在欧洲，尽管外交和军事领域有各种冲突事件，但反对西班牙的战争是国际关系的重中之重。形势的发展是法国内部发展本身的反映。有两个阶段：第一阶段延续至1654年，这是法国失败的时期，当时西班牙与投石党人结盟，夺回了它的某些利益；第二阶段是法国恢复时期，当时它在各条路线发动进攻。在两个阶段中，谈判和战争交错进行。

1648年以后，在陆地和海上出现了一系列的失败。在意大利，西班牙人占领了卡萨莱、托斯卡纳诸要塞和隆戈内港；在西班牙，他们夺取了巴塞罗那；最后，在低地国家，他们重新占领了伊普雷斯、格雷夫莱因斯、马迪克、敦刻尔克和罗克鲁瓦（1653年）。在这种局面下，马萨林曾两度被迫流亡，显示了顽强的毅力。他一步步成功地

第十四章 国际关系和法国的作用（1648—1660 年） 445

重建了国内局面。1653 年 8 月，王国政府军队进入了波尔多。在东部战线发生了一场激烈的战役（1653 年 10—11 月），重新夺占了圣默纳乌尔德。布赖萨赫总督阿尔库尔受到拉弗特军队的威胁，被马萨林利诱争取过来，交出了要塞。但是，这些局部胜利并不是决定性的。尽管国王在兰斯举行了加冕典礼，但马萨林的敌人并没有放下武器。孔代派使节去伦敦争取克伦威尔；波尔多与西班牙结盟；阿拉斯被围困。此时，摆在国王和法国面前的有两种外交方式：其一，反对马萨林，重拾立即与西班牙实现和解的主张；其二，根据红衣主教的授意，利用即将到来的胜利，促使西班牙缔结一个体面的和约。

在经受了这些挫折之后，1654 年阿拉斯在蒂雷内和孔代的争斗中被围困并被占领；这标志着法国走向胜利的开始。在加泰罗尼亚，康蒂为法国占领了塞达涅和孔夫朗。西班牙利用投石党运动之机加强它在意大利的统治地位，使法国失去了摩德纳和曼图亚公爵的支持。然而早在 1653 年，马萨林就派摄政官普勒西斯·贝藏松穿过半岛去游说各路诸侯，消除西班牙在曼图亚、摩德纳、佛罗伦萨和威尼斯的影响。尽管有 1647 年事件的不愉快回忆，1655 年一支新的远征队被派往那不勒斯，委托给吉斯公爵，但是失败了；这更巩固了西班牙对那不勒斯王国的控制。

罗马的情况是复杂的；这是由于国内政治事件受教皇对法国态度的影响。马萨林与英诺森十世（他同情西班牙集团）之间的关系，缺乏真诚。他们的关系由于教皇承认雷斯红衣主教而更加恶化。1654 年 3 月 21 日他叔叔（巴黎大主教）去世，主教助理（因为他在投石党运动期间搞阴谋而被监禁）放弃了主教职位，报之以财政赔偿。他被转送到南特监狱，但他逃了出去，来到罗马。在这里，英诺森十世把红衣主教的职位给了他。在这一事件处理过程中教皇去世；他的死产生了两个问题：怎样才能选出一个同情法国的教皇；怎样确保他在雷斯问题上采取一个可以为法国政府接受的政策。选举教皇的秘密会议持续了八天，法国不再反对红衣主教基季；他成为教皇亚历山大七世。尽管逃亡的主教受到詹森教派的猛烈谴责——这不是发生在乡土文学时期吧？——亚历山大七世虽然受到来自利翁内的压力，但仍显得谨慎温和。他没有谴责雷斯，但 1655 年 12 月劝说他把巴黎主教管区交给代理主教管理。雷斯后来很快就撤回了委托给代理主教的权力；这深深地冒犯了进行调解的教皇。他被迫离开了罗马，过着与那些浪迹欧洲的时代宠儿同样的生活。像洛林的查理四世、瑞典的克里斯蒂娜和孔代一样，他们登上了历史舞台，风云一时，而后便销声匿迹了。由此而产生的与罗马的对抗，是这个世纪下半叶导致路易十四与教皇发生冲突的事件的序曲。

法国与西班牙都在对欧洲各宫廷施加影响，双方争争斗斗，雷斯事件仅仅是一个例子。虽然（例如在罗马）并非总有一个"飞行小队"来决定最后的结果，但时常出现以感情和利益为基础的联盟。在连绵不断的战争之后，谈判接踵而至。起初这些谈判似乎不过是明斯特对话的继续；由于荷兰人失信，西班牙人随即中断了对话。1649年2月，费利佩四世的全权大使佩尼亚兰达向沃托尔特（派驻布鲁塞尔的使节）提出要求：把法国的征服地归还西班牙。马德里宫廷想从法国的国内纠纷中渔利，给这位大公发了两道指令：一道指令是与国王交涉，另一道指令是与巴黎最高法院协商。1649年3月12日，《吕埃伊条约》签订，挫败了这些狡诈的谋略。1656年举行了重要的谈判。法国又恢复了秩序，此时的《威斯敏斯特条约》使它与英格兰结为盟友。马萨林选择这个时机与西班牙交涉，可以避免把敦刻尔克（仍然被法国占据着）交给英国。7月4日，利翁内到达马德里，会见了费利佩四世的大臣唐·路易斯·德·阿罗。他们讨论了三个问题：第一，哪些法国的征服地将被保留，哪些应被放弃，以什么方式和在什么范围内。第二，给同盟者葡萄牙、加泰罗尼亚和洛林大公、摩德纳和曼图亚提供担保。第三，根据1651年11月6日的秘密条约，与西班牙结盟的孔代享有的利益。这最后一个问题导致了会谈的破裂，因为西班牙政府要求恢复孔代的领地、职位和封号。法国政府同意恢复其领地，但不同意恢复其职位。7月15—16日夜，孔代率领西班牙军队成功地解除了对瓦朗西安的围困，加大了费利佩四世的胃口。9月，利翁内离开马德里，法国政府与英格兰签署了《巴黎条约》。迪尤恩斯战役之后，1658年6月25日敦刻尔克投降。对西班牙来说，1658年的战役是灾难性的：它在佛兰德遭到了失败，在米兰受到摩德纳公爵的威胁，在阿伦特若的埃尔瓦斯附近被葡萄牙人击溃。为了压下费利佩四世的气焰，马萨林在里昂谈判时要年轻的国王和萨伏依的玛格丽特（法国的克里斯蒂娜的女儿和巴伐利亚选帝侯夫人的妹妹）缔结姻缘。因此，皮门特利受命从马德里赴法国宫廷，既伸出和平之手又奉献出这位公主。

在此之后，谈判分两部分进行。首先是政治和领土问题的谈判，而后是王朝问题的谈判。1659 年 6 月 4 日，在巴黎签署了第一个条约，大体上重提了在马德里会谈中所做的安排。关于法国的占领地，它保留了阿图瓦、鲁西荣和塞尔达尼的一部分。西班牙放弃拥有阿尔萨斯的权利（根据奥尼亚特于 1617 年所缔结的条约）。卢森堡各要塞、埃诺和弗兰德等交给法国。另一方面，法国把在加泰罗尼亚、意大利和弗兰德的许多要塞归还给西班牙。关于盟国问题，没有什么太多的讨论。根据条约的秘密条款，马萨林保证：如果葡萄牙在三个月内没有与西班牙订立和约的话，他不支持葡萄牙。规定对加泰罗尼亚人实行大赦。在凯拉斯科所做的关于曼图亚王室的安排得到了批准。关于孔代返回法国的问题得到了使双方都满意的解决。洛林公爵自1655 年以来一直被西班牙囚禁在托莱多，现得以释放，但要求他做出重大牺牲：放弃阿尔贡纳的巴尔和克莱蒙公国，允许法国军队有通过他的阿尔萨斯公国的权利。公爵拒绝了这些条件。根据 1661 年 2月 28 日签署的一个新条约，他收复了他的地产，但仍处在法国的宗主权治下。

由于年轻的国王对玛丽·曼奇尼的迷恋，在谈判的王朝问题方面颇具浪漫色彩：心态压倒一切。1656 年，另一位王子出生，西班牙王位继承问题发生了变化。唐·路易斯·德·阿罗要求马萨林（他希望保留西班牙公主对低地国家和弗朗什孔泰的权利）完全放弃权利，获得了成功。公主放弃权利的条件是获得 50 万金克朗的陪嫁。

1659 年 11 月 7 日，两位大臣签署了 124 项条款的《比利牛斯条约》。1660 年 6 月 9 日，唐·路易斯·德·阿罗（作为西班牙国王的代理人）引荐了公主玛丽亚·特雷萨；8 月 26 日，这对年轻夫妇及其使臣返回巴黎。虽然 25 年的战争由此而幸运地结束，但和约却引起了责备，其中最著名的抗议是圣厄弗勒蒙的小册子。红衣主教为什么放弃了他的初衷——完全征服西属尼德兰（战争开始时看似容易做到这一点）？这是一个敏感的心理问题，对此我们仅能做出可能的解释。这是安娜·德·奥斯特里亚的秘密而又诚挚的愿望？是尽可能地确保西班牙的继承权？是惧怕奥—西联盟？或者是遭受饥荒的法国的衰竭？事实上，对西属尼德兰的征服既不会速战速决也不容易，而是要进行相当长时期的战争。北欧处在骚乱之中，法国介入波罗的海地区战争的时间到了。土耳其人仍威胁着威尼斯。与婚姻契约相联系的比利牛斯条约表明了一种转折——从领土和军事的行动向王朝和外交领域转移；法国的胜利虽然得到了巩固，但却暴露出了许多冲突。

《比利牛斯条约》第101款规定：法国和西班牙共同为在北方从事战争的各国进行干预，以"迅速、令人满意地解决问题"。

和约缔结之后，法—瑞同盟仅仅是有名无实了。17世纪上半叶鼎盛的法—瑞联盟随着克里斯蒂娜的退位而式微了。查理十世登上瑞典王位后，其他政治集团在战争中形成了。新国王暴躁、好斗、妒忌古斯塔夫·阿道夫的殊荣；他不太关注在德意志遵守《威斯特伐利亚和约》的条款，而更热心于"在帝国散布不和"，以加强他对波罗的海的控制。他使瑞典陷入了一系列由于邻国的干预和变卦而极度复杂的战争，但可在其中分辨出两个主要的方向，一个涉及波兰、一个涉及丹麦。

在克里斯蒂娜女王退位之时，波兰国王约翰·卡西米尔（也是瓦萨王朝的国王，但属天主教支系）抗议查理十世继位。查理十世利用了波兰与沙皇阿列克谢（他应哥萨克起义者的呼吁，派军队去华沙，而后去克拉科夫）之间的矛盾。约翰·卡西米尔逃往西里西亚。当查理十世开始征服普鲁士的时候，由于政治、宗教上的原因，波兰人起而反抗他的占领。当时，勃兰登堡选帝侯腓特烈·威廉与瑞典结盟。根据柯尼斯堡条约（1656年1月7日），他斩断了因普鲁士公国而把他与波兰连接在一起的羁绊，并不管荷兰人的愤怒而宣布他从瑞典国王（波兰新国王）手中取回了他的公国。《马林堡条约》（1656年6月15日）规定选帝侯和国王相互援助，粗略地说明了对波兰的第一次分割。同盟国两次进入华沙（查理十世曾被迫放弃了这座城市），但由于波兰土地辽阔，骑兵极富机动性，军事胜利的取得十分缓慢。在拉比奥签署的新条约（1656年11月10日到20日）结束了瑞典在普鲁士的宗主权。

丹麦进入了这场争斗——这个新动向标志着战争第二阶段的到来。丹麦与瑞典的关系一直不好。1645年，克里斯蒂安四世必须根据《布勒姆塞布罗和约》对瑞典做出种种让步：免除所有在松德海峡、贝尔茨河和易北河上的通行税以及搜查权；割让两个挪威省、波罗的海中部的哥特兰岛和里加湾入口处的欧塞尔岛。克里斯蒂安四世的继位者——他的次子腓特烈三世——利用查理十世去波兰的机会，控制了荷尔斯泰因—戈托普公国：该公国属于瑞典君主的岳父腓特烈公爵。这一入侵激怒了查理十世；1658年1月，他从冰上越过贝尔茨河，围攻哥本哈根。2月28日，在勒斯基尔德签署了和约，瑞典保留了哈兰德省、斯卡尼亚省和布莱金厄省以及松德海峡的一半关税。查理对这个条约并不满足，五个月后又返回包围哥本哈根，其目的是他自己占有斯卡尼亚和封闭松德海峡的通道。荷兰（它不愿瑞典控制波罗的海）的反应非常迅速，派一支35艘舰船的舰队援救哥本哈根。查理十世的处境变得岌岌可危，因为在它与丹麦和波兰进行战争的同时，一个反对瑞典的联盟出现了。

拉科齐（特兰西瓦尼亚——觊觎波兰王位的土耳其人的附属国君主）支持查理十世：他的介入很不幸；此后，奥地利登上舞台，标志着战争进入了最后阶段。根据1656年12月1日的条约，皇帝（他曾许诺派4000人去波兰）试图使勃兰登堡选帝侯从其与查理十世的联盟中分离出来。根据《韦劳条约》（1657年9月24日），约翰·卡西米尔把对普鲁士的宗主权让给腓特烈·威廉，把普鲁士的城镇和贵族从他们的忠诚誓约（立誓普鲁士和波兰永久结盟）中解脱出来。他还把埃尔宾格城割让给勃兰登堡，这使得但泽和普鲁士的贵族极为恼怒。《布龙贝格条约》（11月8日）完成了这些安排；在柏林，奥地利、勃兰登堡和波兰缔结了一个进攻瑞典条约（1658年2月）。

尽管对西班牙的战争令人烦恼，但马萨林继续非常用心地关注着北方的事件。他坚守紧密联盟这一政策：这一政策把《威斯特伐利亚和约》强加给了帝国。早在1655年，法国使节达沃古尔和德·伦布尔就试图恢复瑞典国王和波兰国王之间的和平了，他们俩都是法国的朋友。1656年2月24日，路易十四与勃兰登堡签署了一个联盟条约，其中有一项担保。当时马萨林更关心帝国，而不大关心波罗的海，因为选举皇帝已迫在眉睫。种种调解都失败了。在华沙第二次陷落之后，达沃古尔和德伦布尔拜访了约翰·卡西米尔，波兰人拒绝

"放弃普鲁士，他们为它已经战斗了三百年"，拒绝与勃兰登堡选帝侯（"一个不忠不义的臣属"）打交道。就在此时，这位选帝侯在柯尼斯堡接到了俄国使节的要求：要求他同意宣布他本人是沙皇在普鲁士的臣属。

这些谋划一事无成；这是因为存在着相互冲突的野心、形势迅速变化、查理十世性情急躁、腓特烈·威廉口是心非、法国困难重重。与英国结盟使马萨林能够进行干预。1659年2月，根据《伦敦条约》法国和英格兰同意在《勒斯基尔德条约》进行了略微有利于丹麦人与荷兰人的修订基础上在北方恢复和平。给各交战国六个星期时间以接受调解，荷兰勉强地接受了。这个时期一结束就将采取行动。查理十世拒绝了调解人的提议。勒伊特在尼堡击败了瑞典人（1659年11月24日）。勃兰登堡选帝侯与奥地利人联合，入侵瑞典的波美拉尼亚，围攻斯特丁。但在11月7日《比利牛斯条约》签署，马萨林告知腓特烈·威廉：瑞典将保留波美拉尼亚。为了支持瑞典，莱茵同盟威胁要进行干预。土耳其人（惩罚了反复无常的拉科齐）抗议奥地利军队进入匈牙利边境上的一些要塞。沙皇又一次威胁着华沙。

两个会议在1660年召开，西方国家充作调解人。在哥本哈根，会议在舍瓦利埃·德·泰隆（他取代达瓦古尔）的领导下进行，瑞典和丹麦对话，英格兰代表和荷兰代表与会。在但泽附近的奥利瓦修道院，瑞典、波兰和勃兰登堡在德伦布尔的主持下会谈。两个条约使连绵不断的冲突得以结束。《哥本哈根条约》（1660年5月27日—6月6日）确认了《勒斯基尔德条约》的条款：瑞典保留了半岛上的三个南方省份；取消外国战船不得进入波罗的海的条款。在奥立瓦调解人做了艰苦努力调解三个相互敌对国家的利益。1660年2月13日，查理十世去世；这使得达成协议变得容易些了。5月3日，勃兰登堡提出的有关埃尔宾格和波美拉尼亚的关税这两个最后难题也得到了解决。波兰放弃了对瑞典王位的要求；立窝尼亚被分割，北半部给瑞典，南半部归波兰；瑞典放弃了波兰的普鲁士和库尔兰；勃兰登堡撤出波美拉尼亚。形势的发展有利于法国国王的调解努力；他被推为关系到各国利益的条款的保证人。1659年12月，沙皇阿列克谢（路易十四向他派去一位名叫德米尼埃尔的全权公使）与瑞典缔结了一个三年休战协定（在纳尔瓦附近的瓦利埃萨尔），他保留了多帕特，最终签署了《卡尔迪斯和约》（1661年7月）：根据这个和约，他放弃了在立陶宛的所有占领地。他比波兰要更为幸运，因为他与波兰签署安德鲁索沃停战协定时（1667年），他保留了乌克兰的部分地区（或称小俄罗斯）——即第聂伯河左岸、河右岸的基辅和斯摩棱斯克。这是莫斯科大公国面对由瑞典、波兰和土耳其（都是法国传统的盟友）形成的东方屏障所取得的第一次胜利。

　　1661年3月9日马萨林去世。此时，《威斯特伐利亚和约》签署后欧洲关系中出现的一些问题已被解决。首先，法国与西班牙之间为争夺在大陆上的支配地位而进行的剧烈斗争已经结束。西班牙已是气息奄奄。它的衰退开始于费利佩二世在位时期，《比利牛斯条约》就定局了。在路易十四时期，瓜分行动在继续，西班牙独裁君主权（联姻不可避免的结果）落入了法兰西王朝之手。在西班牙衰退的同时，神圣罗马帝国也在衰退之中，然而情况有所不同。马克西米连的改革和斐迪南二世的侵略政策两者都竭力强加于德意志全境，专制主义和信奉天主教的奥地利所持的帝国观最终破灭了。帝国梦破碎之日，便是德意志分裂之时。这个国家分裂为几百个自治邦，每个邦只关心其自身的独立。在这种普遍混乱的状态中，马萨林本可以充分利用《明斯特条约》的规定，但莱茵同盟是一个稳妥的实体，是恢复帝国权威的障碍；它又是个十分脆弱的实体，需要谨慎地把控。

　　过分强调这一时期德意志的分裂情况了。人们还未能充分地认识到：这时期这里存在着可以称之为民族感情的东西；这体现在1658年帝国选举期间对维也纳哈布斯堡家族的支持上。当然，对于1660年以后帝国的历史和奥地利的历史必须有所区分。虽说哈布斯堡家族的实力主要在于他们所拥有的大量领地，但皇帝头衔的价值绝不能低估。虽然这并不能使这个家族凌驾于其他君主之上，但这一头衔却使他成为抵御土耳其威胁的不可或缺的支柱和基督教的保卫者。法国对土耳其的态度不明朗。自从1645年以来，威尼斯人一直在与土耳其对克里特的入侵作斗争。马萨林秘密地支持这个共和国，法国使节在君士坦丁堡遭到监禁。1658年，布隆德尔使团遭到失败。这会儿我们再次看到了法国对黎凡特政策的矛盾状态：这一政策从16世纪起一直执行到旧制度的终结。克里斯蒂安国王陛下在1649年宣称自己是马龙派教徒的保护人，但他既不敢与土耳其人交友，也不敢与土耳其人为敌,所以既没有从协议中也没有从圣战中获益。对马萨林来说,土耳其仅仅是他在地中海和东方保持权力平衡的一个小卒,是与维也纳和马德里的哈布斯堡家族相抗衡的一个筹码。

1648 年,法国与瑞典之间的联盟是《威斯特伐利亚和约》所建立的欧洲体系的关键。这些协议使这个北方国家进入了德意志权力圈;它在帝国中所扮演的角色后来转交给了勃兰登堡——奥地利的天然敌人、德意志新教集团的首领、拥有巨大的物质实力和一支常备不懈的军队。但是到 1659 年,与法国的联盟已是徒有其表。查理十世希望采取独立政策,试图夺取丹麦和波兰的一些地区,使瑞典的领土环绕波罗的海。由于法国的调解,北方的战争就地停火,但同时也确立了一个新的权力等级:瑞典正在衰落;波兰正陷入混乱——它是瓜分政策的牺牲品,这一瓜分在 18 世纪达到了高峰;出现了两个新强国——勃兰登堡和俄罗斯。腓特烈·威廉虽然在领土问题(关于占有波美拉尼亚的问题)上被迫做出了让步,但在普鲁士的宗主权问题上取得了胜利。然而明文规定:如果选帝侯的男性子嗣绝了,普鲁士将仍为波兰采邑。诚然,普鲁士贵族和城镇的特权仍由波兰保护;但这个原则早已确立了。登上王位仅有一步之遥了,费尔贝林要使这一步变为可能。令法国外交官们吃惊的是:克里斯蒂娜女王利用 1648 年和约使莫斯科大公的名字出现在了她的同盟者之中。法国宫廷对于"这个具有慧眼的暴君"的宫廷知之甚少。当一名俄国使节访问巴黎的时候(1654 年),路易十四诉说了他对沙皇和波兰之间战争的烦恼,提出要在两国之间进行调解。在北方,争夺霸权的斗争已经开始,法国这一首席和事佬充当了仲裁人,旨在完成柯尔贝尔的计划;柯尔贝尔渴望在波罗的海贸易(这是所有贸易中最为有利可图的贸易)中取代荷兰。

事实上这是欧洲均势的一个十分重要的变化,这变化系由海上强国行动所造成。这些强国关心其殖民地产业的发展要甚于关心其领土权益——这如同欧洲的领地一样,通常也是战争的起因。诚如马萨林的忠实追随者柯尔贝尔所说:"贸易是一场为了金钱的战争。"金钱是战争之源。时常有人提出:联合省从 1660 年起就衰退了。这并不是事实。由于他们的海军、殖民地和银行业十分强大,它们仍是一个强大的国家。然而,他们遭遇了一个半世纪前威尼斯所遭受的灾难。

第十四章　国际关系和法国的作用（1648—1660 年）

在保住其主要阵地——丢掉了巴西，但从葡萄牙手中得到了马六甲、锡兰和好望角——的同时，面对着英国商业的猛增，他们让步了。诚然，克伦威尔的去世、他儿子理查德十分无能不得不退位、英国国内冲突再起，使得英格兰在短期内黯然失色；这黯然失色也许主要是由于当时法国称霸造成的。但 1668 年以后，特别是 1688 年以后，英格兰重又崛起，向路易十四的实力政策和威望提出挑战。

从这一世纪中叶开始，透过这两大强国友好的表层，可以看到它们之间对抗的迹象。一个是：目光转向大陆、受西班牙遗产幻象的诱惑、根据莱茵同盟卷入帝国事务、忠于令人失望的与瑞典的联盟。另一个是：瞩目于开放的海洋，奉行仍由《航海条例》（1651 年）所代表的、已在牙买加和孟买及丹吉尔为其将来的伟业打下基础的政策。在这种情况下，1654 年的英荷战争是至关重要的。克伦威尔的困境很明显：要么根据宗教原因建立联盟，要么毁灭。无论在规模还是在重要性上，着眼未来而进行的海战和殖民地战争与着眼德意志发展进程而进行的法西战争和次要的北方战争完全不同。由于马萨林处事精明，法国的大陆霸权基础已然奠定；但由于公众的大力支持和存在着复辟的机会，此时已能清楚地看到英国政策的世界性指导规则和未来目的。

第 十 五 章

西班牙半岛（1598—1648 年）[*]

没有费利佩二世的西班牙是难以想象的。40 年来欧洲局势的每一突变似乎都与此人有关；他在埃莱斯科里亚尔独自伏案工作，日理万机。有位西班牙贵族在费利佩二世去世的前一年说道："我们将会置身于另一舞台，剧中所有的角色都会改变。"[①] 结果是：不仅演员变了，戏本身也变成了悲剧。1598 年 9 月 13 日国王去世，留下了一个胸无大志的儿子和一个亏空的国库。这位国王当政期间曾于 1596 年第三次拒绝支付银行家的欠款。金融枯竭使国家需要和平：1598 年与法国媾和；1604 年与英格兰媾和。西班牙逐渐放弃了好战的帝国政策，其重大胜利荣耀景象从人们的记忆中悄然消逝，再也不能对严酷的现实视而不见了。这个国家是世界上首屈一指的强大帝国，幅员辽阔，军力强盛，这会儿明显地走向没落，其原因需要加以说明。当即便出版了大量书籍，有的提出质疑，有的进行分析，还有的提出了革新主张。所有的书籍都力图对西班牙自身的矛盾现象作出解释：它十分富有，又非常贫穷；它拥有大量金银财宝，却又一无所有。

这么多的规划和方案表明人们对西班牙的现状怀有深深的忧虑。1598—1621 年是非常重要的民族自省时期，这是西班牙近代史上多次反省的第一次。在此期间，这个国家转向自身进行痛苦的自我评估。这些年中不仅危机四伏，而且人们也意识到了这些危机——人们强烈地意识到灾难就要降临。费利佩三世统治时期的悲剧在于政府没

---

[*] 这一章的打字稿完成于 1959 年夏天。
[①] Duque de Feria to Thomas Fitzherbert, 28 February 1597. Archive of the Archbishopric of Westminster, MS E. 2, f. 15.

第十五章 西班牙半岛（1598—1648 年）

有把策士们（经济著作家们）的意见付诸相应的行动。宫廷和策士们可能是生活在不同的圈子中。但是漫不经心的宫廷和焦虑不安的策士之间的差别仅仅是使费利佩三世的统治独具特色的许许多多差别和矛盾中的一个：一小撮贵族的奢侈豪华与人民大众的食不果腹之间的差别；民众的宗教狂热与道德准则的丧失之间的差别；艺术硕果累累的秋季与西班牙经济生活的严冬之间的矛盾。

用贡萨莱斯·德·塞略里戈的话说，就是西班牙已经成了"一个生活于自然规律之外的、着了魔的国家"①，一个产生了堂吉诃德、以堂吉诃德为标志的国家。

人们的精神状态在变，但魔力未消。如果说 17 世纪头 20 年政府消极被动，只注重国内事务；那么随后的 20 年则是生机焕发，行动积极。在行政领域内，积极进取取代了慵懒无为；过了 10 多年的和平生活，费利佩二世晚年的帝国主义扩张政策又风行起来。策士们的一些意见受到了重视，试图纠正国家经济法规中较突出的缺陷，同时努力恢复西班牙全盛期在欧洲的支配地位。使力不小，收效甚微。由于奥利瓦雷斯伯爵—公爵孜孜以求的东西是他不可能得到的，所以使他的国家负担太重。1640 年之后，西班牙仅仅剩下了一个破碎的躯壳，国家四分五裂，十分虚弱，不得不在 1648 年向它最顽固、最危险的敌人荷兰求和。在 50 年的时间里，费利佩二世的世界帝国降到了二流国家水平。

这种剧变的原因、有关西班牙衰败的每件事所具有的特殊重要性，长期以来都是历史上最有争议的问题，也一直是有关帝国兴亡问题的热门话题。17 世纪证实的历史周期观中"衰落"是个固有的概念。国家和人一样，根据那些决定着一切生物生命的不变定律在发展到巅峰后就开始衰落。"西班牙的衰落"就是这一普遍发展进程中的一个典型例证。但是，这样一种纯宿命论的解释既不能令人十分满意，也不能被人们广泛接受。最好是探索衰落的特殊原因；但由于不同时代和不同国家都具有其定见，因而解释也有所不同。早在 1600年，西班牙国内就展开了对其衰落原因的激烈讨论，而半岛以外则渐

---

① Martin Gonzales de Cellorigo, Memorial de la Politica necesaria y util restauracion a la Republica de Espana (Valladolid, 1600), p. 25.

次形成一种"新教"解释。由于联合省的繁荣被认为主要是得益于他们的宗教宽容政策，因此 17 世纪的英国人和荷兰人认为罗马天主教与商业繁荣是相互抵触的，他们还把西班牙作为他们的理论根据。启蒙运动广泛地接受了他们的观点。18 世纪和 19 世纪的新教徒和理性主义者们认为，衰落主要得用哈布斯堡家族的西班牙文化和宗教史来解释。衰落是西班牙宗教法庭压制自由探索的结果，是西班牙文化封闭的结果，是把勤劳的摩尔人从伊比利亚半岛赶出去的宗教蒙昧主义导致的结果。在 20 世纪，曾盛行一时的宗教解释不再突出，人们更为关注经济状况、西班牙贸易和工业的固有弱点、王室的财政政策和价格革命的影响。

尽管对西班牙经济状况的研究现在取得了有价值的进展，但仍然具有局限性。由于受到汉密尔顿开拓性研究[1]的影响，人们的主要注意力一直集中在贸易、财政和币制等问题上，对土地占有和耕作情况、人口变化和社会各阶层的经济状况等问题所知并不比 50 年前多多少。在对这些问题进行深入细致的考察前，目前的这种"经济上的"解释仍是不全面的、扭曲的。同时，集中精力研究西班牙经济灾难的某些方面，有助于促使人们设想西班牙的状况是独特的，而且还促使人们去研究这种状况在一个特征不变而命运未卜的国度里是如何产生的。但如果 17 世纪前半期不仅对西班牙而且是欧洲大多数国家都处于经济危机时期（这似乎是可能的）的话，那么西班牙衰落的所谓特征既不应只限于伊比利亚半岛，也不应仅仅归咎于西班牙人的脾性。"游手好闲"被认为是 17 世纪西班牙人的一大特点，通常被简单地看作是其民族性格的缺点。但游手好闲也是英国社会和法国社会在同一时期内的特点；即使考虑到国与国之间的不同特色，但把这一特点看成是这三个国家经济落后的结果而不是原因要更正确些：一个以农业为主的社会无力为其人口提供充分或正常的就业机会所导致的必然结果。

然而，即使深入研究证明西班牙的状况与同时代其他社会的状况有许多相似之处，有时甚至有更多的相似之处，但也不应忽视这样一

---

[1] Earl J. Hamilton, "The Decline of Spain", Economic History Review, Vol. VIII (1938), and American Treasure and the Price Revolution in Spain, 1501–1650 (Cambridge, Mass., 1934).

个事实：即 17 世纪西班牙的国际实力下降了。费利佩二世统治时期，主宰欧洲的这样一个国家在他孙子统治时期沦落到欧洲国家的二流地位。但是，在国际地位上的丧失在多大程度上反映了"西班牙的"经济"衰退"呢？西班牙半岛并不是一个单一的经济体和行政单位，而是一个由许多王国和领地组成的集合体：卡斯蒂利亚、阿拉贡、巴伦西亚、加泰罗尼亚、纳瓦拉、比斯开、加利西亚和葡萄牙。人们常常自然而然地把西班牙与卡斯蒂利亚相提并论，但由于经济与币制的不同、政府形式的不同，甚至语言的不同，这个半岛上的许多地区和卡斯蒂利亚不是一体的。它们的生活节奏也各不相同。卡斯蒂利亚中部地区农业出现衰退时，加泰罗尼亚东部地区的农业却正处于繁荣之势；而葡萄牙和巴伦西亚的货币稳定之时，卡斯蒂利亚的货币却在剧烈地波动。如果忽视卡斯蒂利亚长时段的经济史，几乎就等于遗忘了 17 世纪伊比利亚半岛上其他王国的存在。对这些地区的行政和经济状况进行研究，是研究 17 世纪西班牙问题的最佳途径。这样的研究表明，"西班牙的衰落"有着两个相互关联但并不完全一致的发展过程：西班牙在欧洲主导地位的结束和卡斯蒂利亚在西班牙主导地位的终结。

16 世纪下半叶，西班牙的实力主要表现为卡斯蒂利亚的实力。在国外战场上为西班牙国王作战的最优秀的军队大多是卡斯蒂利亚人；治理西班牙帝国的官员是卡斯蒂利亚人；帝国的首都位于卡斯蒂利亚的中心地带；王室的收入主要源自卡斯蒂利亚的纳税人和根据征服权属于卡斯蒂利亚的美洲矿业。因此，哈布斯堡王朝对卡斯蒂利亚的依赖使卡斯蒂利亚人享有超过这个王朝统治的其他民族的优势地位，并且加速了西班牙帝国成为一个卡斯蒂利亚帝国的进程。西班牙国王的其他领地，特别是伊比利亚半岛上的王国和领地不安地看到了这种转变："国王是卡斯蒂利亚人，只能是卡斯蒂利亚人；这就是他展现在其他王国眼中的样子。"① 但是尽管它们都对卡斯蒂利亚的统治地位大发怨言，可这一地位在 16 世纪就十分稳固，从未遇到过真正的挑

---

① In order to savespace, no references will be given to the MS sources of quotations which are to be found in the author's The Revolt of the Catalans; a Study in the Decline of Spain (1598 – 1640, 1963).

战。卡斯蒂利亚的优势源自其人口（远远超过西班牙其他王国的人口）的生机活力，源自其财政资源既丰富又易于开发，源自其对新大陆贸易与财富的垄断。卡斯蒂利亚只要能够保持住这些有利条件，就理所当然地是西班牙君主国的首领。

1590—1620年对西班牙帝国的前途具有决定意义，正是因为这些年见证了西班牙的这三项有利条件开始急剧丧失。16世纪期间食品价格猛涨，卡斯蒂利亚对外国粮食供应的依赖与日俱增。这一切表明：尽管通过对外移民、向国外派遣军队和担任圣职等方式减少人口，但卡斯蒂利亚的人口增长还是超过了其农业的供给能力。这是一个以牧羊业为主、种植农业不受重视的地区，一个由于缺乏灌溉系统、耕作方式落后而粮食产量受到限制的地区，膨胀的农村人口自然而然地涌入城镇寻找工作和食物。大量人口涌入几座大城市，导致疾病流行。1599年和1600年，饥荒和瘟疫席卷了卡斯蒂利亚和安达卢西亚，致使田地荒芜。1599年大瘟疫持续时间长，后果严重，是卡斯蒂利亚历史上的一场大劫难。由于没有确切的数字统计，估计这场劫难的受害者约达50万人。16世纪人口的迅速上升也由于这场劫难而完全停止，卡斯蒂利亚的人口还剩下约600万，而葡萄牙的人口有100万，阿拉贡王国的人口也有100万。

人口的减少不可避免地使卡斯蒂利亚无法再满足王室在财政上的需求。一个叫作比利亚托罗的村庄原有300多人，仅剩下80人。这个村庄要求减税，财政院同意它每年减少1.5万马拉维迪，为期2年；它每年本应缴13.5万马拉维迪，是以销售税①的形式缴纳的。这个例子也许不典型，但这个村庄人口减少那么多税收却没有得到相应的减免，这在某种程度上说明了王室对卡斯蒂利亚税赋的依赖。半岛上其他王国都得到自己议会的保护，不必上缴过分的税赋；而卡斯蒂利亚的议会却未能抵制那位靠卡斯蒂利亚土地为生的国王持续不断的要求。因此费利佩二世得以把沉重的财政负担强加在一个经济生活显然不稳定的国家身上。卡斯蒂利亚的经济传统上

---

① Consulta of Council of Finance, 27 August 1601. A（rchivo）G（eneral de）S（imancas）Hacienda, leg（ajo）409, no. 222.

依赖羊毛生产,但从16世纪中叶起羊毛生产就由于游牧羊群的减少而不景气,固定牧场的增长挽救不了这种情况。农业生产根本满足不了国家的需要。工业产品也由于成本高、缺少投资、行会对生产活动的限制等原因,而无法与廉价的国外商品竞争。这会儿瘟疫的流行又造成了劳动力奇缺,这反映在随后的3年中卡斯蒂利亚人的工资增长了30%这一事实上。工资增长和欧洲恢复和平的时间恰好一致,这又刺激了国际市场的竞争。卡斯蒂利亚的工业是否真正从当时的挫折中恢复过来值得怀疑。高劳动成本和国外市场的丧失损害了本国工业;到17世纪中叶,像托莱多和塞哥维亚这样传统的布匹生产大中心已然衰落。

卡斯蒂利亚城镇工业的衰退使卡斯蒂利亚的市场向外国制成品敞开了大门。不断增加的进口使已经出现的贸易逆差进一步加大。传统上,贸易亏空是用从美洲流入塞维利亚的白银来弥补的,但这个财源开始逐渐干涸。1597年西班牙商人第一次认识到美洲市场供过于求了。[①] 尽管塞维利亚与美洲的贸易在1608年创下了纪录,而且直到1620年贸易数额一直在高水平上浮动,但是西班牙同新大陆贸易的整体格局在费利佩三世统治时期逐渐发生变化,越来越不利于国家经济了。由于墨西哥发展了自己的工业、秘鲁发展了自己的农业,殖民地对母国传统产品的依赖程度降低了,美洲对西班牙布匹的需求量减少了,对葡萄酒、食用油和面粉的需求量也降低了,而这些商品在16世纪横越大西洋的货运中曾经占过相当大的比重。从塞维利亚开出的货船装载的不再是传统的西班牙货物,而是越来越多的外国商品。这些外国商品所占的比例如此之大,以至桑乔·蒙卡达在1619年写道:他认为那时美洲贸易的9/10都掌握在外国人手中。美洲市场的丧失使塞维利亚商人大大地丧失了信心和声誉,而且进一步减少了卡斯蒂利亚工业复兴的机会。流入卡斯蒂利亚的美洲白银越来越少;落入西班牙人手中的白银就更少了,因此弥合卡斯蒂利亚进出口差额越来越宽的鸿沟就更难了。

---

① See the detailed study of American trade by H. and P. Chaunu, Seville et l'Atlantique (Paris, 1955-9), especially Vol. Ⅷ, 2, ii, for his and later comments.

随着人口的下降、国民财富的减少、源自西印度群岛的收入减少，卡斯蒂利亚的显赫地位在1590年到1620年间摇摇欲坠了。从表面上看，原貌依然，但西班牙帝国的实质在发生变化。长期占主导地位的卡斯蒂利亚正在走向衰竭。尽管它还在维护它对这个半岛和帝国所有其他地方的绝对优势，并且坚决地继续这样做，但对它这种主张的有力支持在17世纪比以往明显减少了。正是这一点使17世纪初叶成为西班牙帝国命运的关键时刻。这是卡斯蒂利亚的衰败时期，是卡斯蒂利亚在财富、人口以及生产力方面从16世纪中叶已取得的成就上绝对地下降的时期；与伊比利亚半岛上其他一些地方相比，这种下降则是相对的。在卡洛斯一世和费利佩二世统治时期，半岛上的中心王国卡斯蒂利亚曾经十分强大，周边王国则十分弱小。17世纪初的数十年中，有些弱国却逃脱了卡斯蒂利亚所遭受的厄运，从而改善了它们在半岛上相对的地位。因此，西班牙所面临的是一个微妙的调整时期，因为卡斯蒂利亚的绝对政治优势已失去了其所依赖的经济优势；它在16世纪时曾享有绝对的经济优势。

调整绝非易事，而王室的财政困难又大大增加了调整的难度。费利佩二世统治的最后几年中恣意的征战造成了1596年的破产，王室背上了沉重的债务。王室不仅欠银行家们大量的贴息贷款，而且1598年10月对皇家财政的一项调查还显示：1601年和随后的几年里，年度赤字仍高达160万杜卡多。① 这一数字一定是根据费利佩三世统治时期最初几年每年约900万杜卡多的年度支出得出的。这些年里，负责王室财政的大臣们必须根据这样的原则办事：即只有三个主要的收入来源归他们支配，因为王室大部分传统的供给都已永久性地抵押给了银行家们，而国王在除卡斯蒂利亚以外的欧洲所有领地上获得的长期收入又在当地消费掉了。这三项主要收入来源包括：卡斯蒂利亚上缴的税款、教皇授权从君主国各王国的牧师和普通教徒那儿征集来的款项以及每年由珍宝船队（the treasure-fleet）运来的白银。这几项财源每年名义收益如下：②

---

[1] Relacion of 21 October 1598. AGS Hacienda, leg. 380, no. 1.
[2] These figures are taken from various papers of the Council of Finance in AGS Hacienda for the years 1598–1607, and must be treated as rough estimates.

第十五章 西班牙半岛（1598—1648年）

卡斯蒂利亚上缴的税款	单位：杜卡多
10%的销售税	2800000
消费品税	3000000
议会决定的捐税	400000
	6200000
教皇授权征集的款项	
圣战税	912000
特别税	420000
什一税	271000
	1603000
珍宝船队	2000000

事实上，王室每年并未收到像上面的数字所显示的如此之多的款项，因为其中一些税款已提前两三年就抵押给了银行家们。如果把这些数据作为王室真正的年度收入，会使人产生误解。这些数据的价值在于它们显示了每种税收对王室财政所提供的相对贡献。特别显示了王室是多么依赖于卡斯蒂利亚的补助。但是卡斯蒂利亚人口的减少和经济衰竭却意味着它的补助越来越无法保证：例如，1606年的消费品税还不到250万杜卡多。

同时，向王室上缴的美洲白银也开始减少；这可能是因为银矿产量下降，也可能是因为美洲的总督们截留了大笔白银留作己用。1598年，珍宝船队运进了334.7万杜卡多。这么大的数量是少有的；在17世纪开头的几年中，年平均数是200万左右杜卡多。在20年代中期，这一数字下降至180万左右，而1619年、1620年和1621年，这些船只每年只运进80万杜卡多左右。但在这特别糟糕的几年之后，情况有所好转，1621—1640年间的好年头可运进150万杜卡多，而一年不到100万杜卡多的情况完全是可信的。

来自美洲的白银供应不景气，来自卡斯蒂利亚的财政收入不断降低，西班牙帝国在1600—1640年间的危机正是在这种惨淡的背景下出现的。费利佩三世面对他的前任留下的巨大债务和庞大的年度赤字以及传统收入不足的威胁,不得不大幅度削减支出,或者寻找和开辟其他的资金来源。削减开支就需要西班牙进一步放弃它的帝国主义政策、放弃它那已根深蒂固的消费习惯;而开辟新的资金来源显然更加困难。由于经济和政治原因,再把直接税强加在卡斯蒂利亚身上是不足取的。或许可以从国王的其他领地,特别是从西班牙半岛上的领地获取更多资金。

像阿拉贡和巴伦西亚这样一些王国并没有像卡斯蒂利亚一样缴纳消费品税和销售税这两种最重的税;与卡斯蒂利亚的议会不同,它们的议会很少开会,只偶尔对捐款做决定。费利佩三世在执政之初曾收到一份有关这种不正常财政状况的详细备忘录。备忘录写道:"在所有其他国家里,各地区都要为领袖的生活和伟大而做贡献;这才是公正的……但是在我们的国家,却是领袖做贡献,养活其他成员。"[1]换句话说,作为君主国领袖的卡斯蒂利亚长期以来一直肩负着哈布斯堡帝国强加在它头上的沉重负担,而它是可以期望其他王国提供更多有效援助的。然而,持此见解的人也很容易忽略其他王国决不会忘记的东西:即如果说卡斯蒂利亚为维护西班牙帝国所做的贡献比其他王国大的话,那么它也占有了帝国中最有利可图的职位,在制定政策时则起着极为重要的作用。

这些相互冲突的观点为后来几十年里卡斯蒂利亚和其他王国间不断升级的争吵埋下了种子——一方面卡斯蒂利亚亟须援助,而另一方面其他王国则认为它们没有义务为一个与它们无关的帝国的防御提供资金。正是这种争吵的存在表明:如果王室试图在这个半岛上公平地分摊税款,所涉及的就不仅仅是一个简单的财政问题了。这一试图要触及这个君主国的整个宪法结构问题,以及各王国与卡斯蒂利亚和它们的国王之间的关系问题了。由于这些王国对政府威胁到它们传统的法律和宪法的任何行为都十分敏感,所以重新调整长期的财政计划就需要采取最谨慎小心的步骤。然而,王室负债累累,卡斯蒂利亚又迫切地需要援助。平衡各国财政存在着立法障碍,如果这一障碍难以立即清除(这并非不可能),那就要即刻找到其他的解救办法。否则,在这种重压之下,哈布斯堡帝国政策岌岌可危的财政基础就会面临崩

---

[1] Alamos de Barrientos, L'Art de Gouverner, ed. Guardia (Paris, 1867), p. 67.

第十五章　西班牙半岛（1598—1648年）

溃的危险。

希望新政权采取大胆的财政和宪法措施的人们很快就不再抱幻想了。费利佩三世是个庸才。他本人不善执政，把一切重要的国事都委托于一位他所宠信的大臣。这种做法为他的17世纪继承人树立了榜样。起用这样一位称之为亲信的全权大臣在整个世纪里对西班牙政府产生了很大的影响，弄得全体国民十分困惑，他们出于本能和传统都期望自己的国王是真正的国王。

费利佩三世选择的亲信是个善良却懒散的巴伦西亚人德尼亚侯爵。他不久就被封为莱尔马公爵。熟悉他的人都知道，他不具备那种能够采取坚定行动的性格，但他在20年个人统治时期内从未使人失望。他自己非常明白，他正是靠着这一点才得以站稳脚跟。他只是一个镀金牢笼中的囚犯，是一小撮卡斯蒂利亚和安达卢西亚显贵们的马前卒。他很清楚，自己是靠约32位大公的宽容忍让而生存的，这些人是卡斯蒂利亚的约120位公爵、侯爵和伯爵所组成的贵族圈子的核心。对这些有权有势的领地巨子的研究尚待深入，但有证据表明这些人在费利佩三世统治时期具有越来越大的政治影响。由于被卡洛斯一世和费利佩二世拒之于国家核心圈子之外，像拥有领地的公爵们这样的显贵宁可在自己与世隔绝的豪华宅邸内设有他们自己的宫室，也不愿屈尊去侍奉一位令人生厌的君主。费利佩二世去世后，他们多年的赋闲生活也随之结束了。进入有影响的政界，获取他们从未得到过的有利可图的官职：这种前景的确诱人。于是他们来到马德里，既可为宫廷生活添彩又可为莱尔马公爵制造麻烦。莱尔马公爵害怕得罪其周围的权贵势力，认为维护权力的最好办法就是不行使权力，所以他心安理得地向他的亲朋好友以及他的潜在对手大施恩惠。

一个能力有限、大大受制于周围人的大臣是个不会进行重大改革的人。王室的开支仍继续维持在一个非常高的水平上。他既没有足够的钱来维持正常的军费开支，又满足不了王室的日常消费。莱尔马公爵决心不采用那些不受欢迎的方式——向各社会集团和一些当时的免税区征集新税或扩大现有的税种，不得不靠卖官鬻爵和转让王室的管辖权这样的方法来增加王室的收入，减少一些痛苦。然而，这些措施仍解决不了问题，他又不得不求助于铸币一策了。1599年批准铸造一种纯铜的铜币。1603年这种钱币又重新回炉，铸成两倍于原面值的货币。议会1607年决定征税，停止铸造铜币，但1617年恢复铸造，时断时续，直到1626年。

卡斯蒂利亚在经历了16世纪漫长的物价上涨期后刚刚开始得以喘息；莱尔马这时在卡斯蒂利亚进行了铸币改革。1600—1605年间，卡斯蒂利亚的物价水平比较稳定，铜币对白银的贴水约4%。虽然这些年来通货膨胀一直微不足道，但铜币在卡斯蒂利亚越来越广泛的流通加速了经济发展，同西班牙进行贸易的北欧国家已享受到了这一发展。铜币主要是用瑞典的铜铸造的，这种铜以高价在阿姆斯特丹的交易所出售。仅购买铜本身就使卡斯蒂利亚白银损耗很大；而由于荷兰人和他们的代理商沿西班牙海岸把伪币带进卡斯蒂利亚，换走白银，又不可避免地增加了损失。这些走私伪币的流入和在流通领域内法币铜币数量的增长，最终给卡斯蒂利亚的物价造成了极大的混乱。实际价格的下降是在1620年前后开始的，但卡斯蒂利亚贬值的货币迅速增加掩盖了实情。对白银的贴水率在1626年达到了近50%；在随后的几年里，通货膨胀和急遽紧缩政策交替发生，使卡斯蒂利亚的物价剧烈波动，并使卡斯蒂利亚的经济无论与半岛其他地区还是与欧洲其他地区的经济相比，都处于极其不利的地位。

货币贬值给王室财政带来的缓解为时短暂。莱尔马慷慨大方地向人赠予官职、津贴和特权；他的心腹（像唐·佩德罗·弗兰克萨和唐·罗德里戈·卡尔德隆这样的投机分子们）利用自己的权位侵吞公款聚敛了巨额财富。根据莱尔马的指示，宫廷1601年花费巨资从马德里迁到巴利亚多利德，在那儿一直待到1606年，宫廷生活的豪华程度甚至在那个时代都令人瞠目。

政府无法控制开支，又不能减少对卡斯蒂利亚的税收；现有税款不足以填补年度赤字，不得不求助于信贷，从而不断增加向王室借贷的银行家们的负担。到1607年夏季，他们宣称已无力继续提供贷款，同年11月王室由于信贷短缺也被迫中止偿付债务，并宣布全面停止付款。这是历史的重演，但以往前后两次王室破产间隔20年，而这一次则缩短到了10年。

虽然像以往一样，最终还是找银行家们解决问题，但王室的账目收支仍然很不平衡。1608年的总收入有望达到641.0104万杜卡多

第十五章 西班牙半岛（1598—1648 年）

（其中 224.1942 万杜卡多来自西印度群岛）。到 1608 年 10 月底，除在佛兰德、意大利和其他一些地方必需的额外开支外，预期消费估计达 727.2173 万杜卡多：

	杜卡多
佛兰德军队军饷：	2000000
边防部队和要塞部队军饷	794063
大西洋舰队	650000
警卫部队	200000
军工生产	100000
使节费用	100000
王室日常开支	620000
付给王室仆佣两年的工钱和三年的部分欠款	200180
地中海舰队和热亚那中队	400000
付给银行家们的欠款	1000000
应急开支	250000
杂项小额开支	957930
	7272173

这表明赤字达 86.2069 万杜卡多；此外，王室有待偿银行家的债款和逾期债款总数达 700 万杜卡多。"不可能得出精确的数字，因为短时间内不可能也很难进行清算。"[1]

解决的办法似乎只有一种。佛兰德战斗慢慢地停了下来；由于缺乏资金，西班牙军队转入了防御战。1606 年底，西班牙第一次尝试同荷兰人停战谈判，然而声誉问题使谈判进展缓慢。1607 年的破产表明：解决佛兰德问题是十分必要的。莱尔马似乎已经巧妙地操纵了他的那些十分好战的同僚，然而最终同荷兰人在 1609 年 4 月签署《十二年停战协定》还是完全出于财政上的需要。国王的大多数大臣尽管不情愿，但还是接受了这一协定。其中一位大臣几年后曾经这样写道："因为资金短缺，佛兰德停战协定被认为是非常

---

[1] Consulta and relaciones, 22 December 1607. AGS Hacienda, leg. 536, no. 405.

必要的措施。"①

尽管人们是冷漠地接受了这个同异教徒反叛者签署的停战协定，西班牙总算同世界和平相处了。然而恢复和平并没有带来预期的益处。即使驻佛兰德军队的开支此时可以削减一半，但新出现的紧急情况又会把在尼德兰省下的军费开支使用掉。情况已变得十分明了：荷兰人在和平时期要比在战时获益更多。早在停战协定签署之前，他们就已进入加勒比海，并开始侵入葡萄牙的远东帝国。长期以来，他们一直在合法地或是在哈布斯堡旗帜的掩护下向西班牙提供来自北欧的制成品和来自波罗的海的谷物和海军补给品。和平的到来为他们扫清了通道上的最后障碍。荷兰船只装载的北方产品大量涌入西班牙，既用于国内消费，又用于向新大陆出口。由于西班牙难以为回程提供充足的货源，便用美洲白银来补偿。

白银不断流往国外、外国商人控制着西班牙的经济命脉、用国内的原材料换取外国制成品这种不能令人满意的贸易特性引起了策士们的深切关注。他们认为，解决卡斯蒂利亚问题的唯一办法是鼓励本国工农业的发展。但是怎样才能做到这一点呢？像桑乔·德·蒙卡达、费尔南德斯·纳瓦雷特、利松和别德马这些主要策士虽然各抒己见，但在分析问题和解决问题的主要方法上意见一致。他们的观点主要体现在两个方面：西班牙与外部世界的经济关系和必须实行国内改革。在考虑到第一点时，几乎所有的策士无一例外地全都赞成采取贸易保护主义措施。必须终止外国商人和银行家对西班牙经济命脉的控制，并禁止进口外国商品。国家一旦停止对外国人的依赖，就有了经济复兴的真正机会。但是这种复苏要求国内必须进行彻底的改革。策士们认为，西班牙问题的根源在于：税率过高、追求奢侈、懒惰无为和人口向非生产性领域转移。他们认为他们国家中心的庞大宫廷就像一个长得越来越大的畸形肿瘤在无情地吞噬着这个国家的生命。宫廷和膨胀的官僚机构迫切需要改革。建议国王减少王室人员和开支；建议他禁止其富裕臣民在贵重的珠宝、服装和住所上花费巨额开支；建议他下令停止以王室财政亏空为代价慷慨地向外赠送礼品和纪念物；建议

---

① Don Fernando Carrillo to king, 17 June 1616. AGS Hacienda, leg. 536, no. 162.

他停止卖官鬻爵,让贵族们回到自己的领地,并清理宫廷中的仆佣和随从;建议他对 32 所大学和 4000 所语法学校——培养书记员、收税官和政府官员的中心——进行改革,禁止新建使徒会和修道院。最后,建议他给予劳动者和已婚男丁特权和免税待遇,以使田地得以耕作、农村人口得以增加。

这项雄心勃勃的改革方案出自一种仇恨。这仇恨不是针对西班牙人的,是针对那个庞大、奢侈、效率低下的政府机构的。这一机构在西班牙如同在西欧其他国家那样变得越来越奢华、权力越来越大,到了要把国家所有人榨干的地步。但是,靠挥动笔杆是不会把一个庞大的官僚机构和一个寄生的宫廷改革掉的。策士们改革西班牙政府和社会的主张,实际上是对西班牙最强大的势力进行的挑战。他们一方面面对的是民众的惰性,另一方面面对的是那些有权有势、顽固地维护既定秩序的地主、教士、官员和朝臣这一寡头统治集团的既得利益。

这一既定秩序的运转靠的是卡斯蒂利亚的社会结构和在哈布斯堡统治下形成的管理方式。等待着想要挑战习惯势力者的任务的复杂性,可以从西班牙的税制特点和 17 世纪进行改革尝试的命运上看出。西班牙 17 世纪初叶的税制可在两个方面招致批评:社会不公和经济效益低下。至少有两种明显反常现象:在西班牙,卡斯蒂利亚缴纳的税款要比半岛上其他王国缴纳的多得多;而在卡斯蒂利亚,较贫穷的社会阶层所缴纳的税款则比富人缴纳的多得多。

莱尔马公爵本来对要求比斯开缴纳消费品税就不热心;这一尝试失败后,他就决定不再管西班牙的这种财政反常现象了。他没有勇气再去触动卡斯蒂利亚的税制结构,尽管这种税制明显不利于那些勤奋努力的社会阶层。

卡斯蒂利亚得不到其他王国的任何帮助,每年都要向王室上缴 600 万杜卡多的税。如果把这一数字平均分摊的话,这个王国的每个男人、女人和儿童每年都要上缴约 1 杜卡多,而当时卡斯蒂利亚一个劳动力一年的收入只有约 80 杜卡多。但是,税额的分配极不平均,收税的方法也极不恰当。贵族约占这个国家总人口的 10%,议会却决定减他们的捐税;而且富人有办法逃避销售税和消费品税,那些购买零售商品的穷人却无法摆脱这些税。一个自诩税制改革家的人曾说：" 穷人与富人之间在赋税问题上存在着极度的不公。" 他计算了一下，一个穷人每天消费的 30 马拉维迪（1 杜卡多相当于 375 马拉维迪）中，有 4 马拉维迪用于缴纳销售税和消费品税。①

莱尔马政府没有采取任何措施在更为公平的基础上重新分配税额；他不愿抑或不能运用减税手段来刺激经济活动。彻底的财政改革即使在管理上行得通，但会触动许多权势者的利益；而穷人在高层领域里又没有代言人。名义上这是卡斯蒂利亚议会的责任，但 17 世纪参加议会的代表只代表各市镇寡头政治集团的利益；代表就来自这一排他性的集团。由于他们是贵族，他们不用缴纳他们自己表决通过的捐税。他们的社会背景把他们和卡斯蒂利亚希望现行体制得以延续的社会集团联系在一起。根据这种税制，大部分税来自基本消费品，所以它自然把农民和手工业者置于最不利的地位，这些人的命运完全掌握在税务官的手中。

17 世纪去卡斯蒂利亚旅行的外国人把卡斯蒂利亚的困苦和人口的减少主要归咎于它的特殊税制。他们所见到的只是一片荒凉：满目疮痍，砾石遍野，偶尔能看到人烟稀少的村落。由于他们不熟悉这个看上去更像非洲而不是欧洲的农村的耕作方式，所以他们的所见所闻在某种程度上意义不大，但他们的许多观点可以从其他材料得到证实。卡斯蒂利亚的村庄很容易遭到劫掠，因为它几乎没有天然的保护屏障。它不仅受到那些不受欢迎的军需官和征兵军官的注意，还要遭受税务官的强征暴敛和权贵们的勒索榨取；这些权贵侵占公共土地，强征采邑税，把他们应担负的税款转嫁到他们的臣属肩上。遭受如此盘剥的村庄被迫求助于借贷，这常常导致灾难性的后果。例如，在桑索莱斯这个小村庄里，由于连年歉收，村民们交不起年租金。由于欠款连年增加，于是债权人夺走了他们的财产。最后，据说 90 户人家还剩下不到 40 户。② 许多村庄的情况都是如此。乡村生活变得如此不安定，致使许多村民背井离乡去城镇寻找出路；城镇可以为他们提供较好的保护，使他们免遭无休止的苛捐杂税的困扰。

---

① Actas de las Cortes de Castilla, Vol. 39, p. 142.
② Consulta of Council of Finance, 23 March 1607. AGS Hacienda, leg. 473.

第十五章 西班牙半岛（1598—1648年）

一方面，由于连年歉收、无休止的苛捐杂税以及政府颁布法令人为地降低农产品价格，使农民负债累累，不得不背井离乡，抛弃家园，使卡斯蒂利亚农村十室九空，一片荒凉。另一方面，卡斯蒂利亚又有许多大庄园；它们或者永久归教会所有，或者归那些对改良土地不感兴趣的大贵族所拥有。要想恢复农业，似乎得先废除不在地主制。在1609年9月召开的一次咨询会议上，莱尔马政府建议不在地主离开宫廷回到自己的土地上，试图以此解决农村人口减少的问题。政府希望这将鼓励他们的臣属留在土地上。然而，这一措施不仅不适当，而且完全不起作用。国家的整个财政和社会结构使得城镇和宫廷对人们具有不可抗拒的诱惑力，因为他们在农村既无安全保障又无合适的工作。

尽管农村人口向城市流动能为工业提供廉价的劳动力，但工业的复兴要靠人的进取心和资金来源。然而，卡斯蒂利亚却发现自己仍然受到政府所采取的金融措施（这些措施产生了一个组织严密的信贷系统）的损害。王室对资金的不断需求导致了产生固定年金的政府债券的广泛流通。这些债券和租金全部被那些有闲散资金的人收买。这些人包括：政府官员、有权势的各地寡头集团、乡村中富有的捐客、修道院和那些急于投资的教会基金组织。其结果是：卡斯蒂利亚产生了一大批靠年息舒服生活的食利者。食利者们的投资习惯使大笔的资金从可以使国家经济生活富足的渠道转向他处。据财政院所说，租金和债券所提供的利率要比向贸易、农业和工业上投资所获的利率更高。所以，只要这种状况继续存在，卡斯蒂利亚的经济就毫无复苏的希望。①

假如财政院的这一惊人说法属实抑或是准确地反映了当时的观点，那么至少卡斯蒂利亚经济落后的某些原因可以得到令人满意的解释了。对租金和债券导致的社会和经济后果进行深入细致的研究，无论从哪方面讲都会是非常有价值的，因为它们为可靠投资所提供的机会有助于解释17世纪卡斯蒂利亚社会最显著的一个特点：积极从事商业和工业企业活动的富有活力的城市阶层完全销声匿迹了。事实上，16世纪前半叶这一阶层在卡斯蒂利亚的两个城镇——布尔戈斯

---

① Consulta of Council of Finance, 3 September 1617. AGS Hacienda, leg. 547, no. 58.

和梅迪纳德尔坎波——中的确存在过,但到17世纪却消失了;这一阶层在卡斯蒂利亚经济中的位置被已立住脚的外国商人所取代,这些商人控制了这个处于消极状态的社会的商业命脉。这一阶层的消失留下了一段明显的空白。贡萨莱斯·德·塞略里戈1600年写道:

> 我们的国家已是贫富悬殊、无法进行调和了。我们的状况是:既有悠闲自得的富人,又有以乞讨为生的穷人,唯独没有中间阶层;这一阶层的人既不富又不穷,难以从事"自然法则"所规定的正当事业。①

"中间阶层的人们"在贸易与工业方面既有胆识又有投资来源,或许有一天会像在尼德兰或英格兰所发生的那样,成功地把一个受传统观念和习俗所控制的社会改造过来。由于他们没发挥作用,卡斯蒂利亚社会处于停滞状态。教会与贵族是中世纪卡斯蒂利亚社会中最有影响的两股势力。如有可能,他们在17世纪会比在15世纪时更为强大。16世纪初时,他们就掌握了卡斯蒂利亚约95%的土地,而现在他们仍在继续兼并土地,教会通过永久管业权占有土地,贵族富豪们则通过制定长子继承权(限定继承权)占有土地并建起大规模的世袭庄园。

因此,教会和贵族所处的地位极有利于继续传播他们的传统思想。这些思想——好战思想和圣战思想——都已深深地扎根于一个许多世纪以来致力于反对摩尔人的圣战的社会中;而发现了美洲这一奇迹又使这些思想获得了生机和威望。这些思想观念在16世纪一直很流行,在卡斯蒂利亚形成了一种永久性的社会观,这一社会观难以处理随着帝国的建立而产生的一系列经济问题。当一个国家可以依靠每年流入的美洲白银来充实国库时,自然会无视节俭财政的要求。同样,一个受贵族和宗教思想影响的国家很难摆脱轻视体力劳动的传统观点。

当然,轻视体力劳动绝不是卡斯蒂利亚独有的特点。卡斯蒂利亚的这种情况反映了欧洲贵族的一种普遍观念;那些陷入贫穷的卡斯蒂

---

① Memorial de la Politica, p. 54.

第十五章 西班牙半岛（1598—1648 年）

利亚贵族聚集在宫廷周围，寻求王室的恩宠，却不愿以劳动谋生存；他们与法国的乡绅和英国绅士没有什么不同。卡斯蒂利亚似乎并不是因它在民族观上的创见而著称，而是因为它坚持了这些观念，也因为当时的政治、社会以及经济环境有利于这些观念的存在。如果说体力劳动和经济活动在一个推崇教会和贵族思想的社会中不受重视的话，那么卡斯蒂利亚 17 世纪严酷的生活现实就会是同样的结果。同其他人口相比，贵族所占的比例是很高的（特别是在北卡斯蒂利亚）。但土地所有权法和继承法却使土地市场紧张，并使土地控制在一个对农业发展不感兴趣的强大的地主阶层手中。在无序的农业经济中，长期的就业不充分不可避免地导致了许多人无所事事。货币的变化无常、专横的税制和购买租金及债券所获得的利润，刺激了人们去从事金融活动。如果教会、军队和寄生的官僚把大批的人吸引去从事经济上毫无效益可言的行业，那么，经济本身也就不可能有其他出路了。

因此从某种程度上来看，军事和宗教意识的增强是自然而然的。但也有助于形成一种氛围——使得一种几乎无法从根本上改变人们的社会与经济态度的氛围。贵族们确立了一种使其他国民争相效仿的生活方式。

> 王室的一位大臣 1641 年写道："这些王国的人们虽然都有自己的活动范围和位置，但追求荣誉和尊贵的欲望则超过了一切。人人都在极力向前；于是所有的人都在为得到更高层次的工作而拼搏。事实很清楚：没有一个人愿继承父业。鞋匠的儿子厌恶被人称为鞋匠；商人的儿子想成为贵族；所有其他的人也都如此。"[1]

对贵族身份（hidalguía）的疯狂追求成了卡斯蒂利亚人的社会抱负。任何一个发了财的人都想得到土地，买到爵位，获得长子继承权。他的小儿子们会像其他贵族的小儿子们一样进入军界，或被送进大学，以便下一步步入宦海和担任圣职。萨拉曼卡和阿尔卡拉尽管已失去了 16 世纪使其出名的文化活力，但学生们还是蜂拥而至，他们

---

[1] Paper by Jose Gonzalez. AGS Guerra Antigua, leg. 1378.

从大学教育和他们学校的名气上看到了未来职业的特有希望。因此社会上出现了过多的学生、过多的律师和过多的牧师。以至于尽管职位很多，而求职者则更多。马德里各政府机构也因求职者们为了竞争赏赐或恩惠、为了得到津贴和官职而饱受困扰。求职成了当时的一种社会病态。

求职失败者便加入了无业者大军，由于不断有新人加入，这支队伍也日益庞大。贫穷的学生和背井离乡的农民也走上了这条道路。财政压榨、农业歉收、贸易不景气会把今天的手工业者或农民变成明天的贫民。每天无所事事、靠耍小聪明和从教会那儿得到点施舍生活，确是件轻松的事，而且从长远来看，也不会有什么损失。那些靠耍小聪明过日子的乞丐、懒汉、流浪汉生活经常飘忽不定，此时穷途末路，彼时就可能得意扬扬，这就是费利佩三世时代卡斯蒂利亚的特色。奇迹抑或幻灭近在眼前。当时的人们迷恋命运赌博，而国家则几乎理所当然地把一切赌注都押在一张牌上：这二者是协调一致的。

由于很难在自己承担着崇高使命这一高尚信念与幻想不断破灭的痛苦意识之间保持平衡，所以这个中世纪气息浓厚的社会变化无常、摇摆不定。要求恢复传统价值观，有时不屑理睬，有时会使国家几乎莫名地突然狂热起来，诚如莱尔马政府在从事一项极其不光彩的成就中最极端的举动——驱逐摩尔人——时所发现的那样。

驱逐行动的倡导者们自然要用民族观念来表达他们的主张，以获得尽可能广泛的支持。他们声称：必须把摩尔人从这个半岛上赶走，因为他们是异教徒，他们继续存在是对上帝的严重冒犯，会使上帝的震怒落在信徒们的头上。驱逐行动立刻成了全国的赎罪行动和卡斯蒂利亚民族（他们是上帝的选民）有待完成的艰巨使命。尽管这是关于驱逐行为的最引人注目的论点，但还有其他一些相同抑或更有说服力的论点。自从1568—1570年格拉纳达起义以来，摩尔人就成了一个复杂而且可能是无法解决的问题。他们形成了一个分布广泛的少数民族，西班牙未能将它同化。从格拉纳达驱逐出来的摩尔人向北迁移到卡斯蒂利亚的城镇和乡村，成为卡斯蒂利亚社会生活的一部分；它虽然没有根基，却极具革命性。居住在卡斯蒂利亚城镇的摩尔人与他们在巴伦西亚王国的同胞有显著的不同，他们在这个王国的经济领域和农村生活中享有公认的地位。但是聚居的巴伦西亚摩尔人似乎和散居在卡斯蒂利亚的格拉纳达摩尔人一样具有威胁性。16世纪曾经做过一些努力使他们脱离传统的习惯和宗教活动，但都不见效。他们成为新基督教徒后仍然形成抱团的种族社会；巴伦西亚的老基督教徒难以同化他们。

马德里绝不会忽视西班牙还存在着一个与民族敌人——土耳其人——有着亲缘和宗教联系的社会。由于一直担心摩尔人会借土耳其人入侵之机起义，1601年把军队布置在巴伦西亚以防这些"国内的敌人"① 造反。不管这些担心多么缺乏根据，总有许多人愿意夸大其词。某些人一直想要看到摩尔人的末日。自己领地上没有摩尔人劳作的地主们嫉妒他们的邻居有此好运；像莱尔马那样在海滨拥有领地者常常担心：在陆地出现反叛的同时也会发生海上入侵；还有一些土地所有者的土地被摩尔人占用（摩尔人向他们缴纳少量固定地租），想要收回自己直接使用。尤其是巴伦西亚社会的下层人们（由于16世纪人口增长迅速，这一阶层的人数一直在剧增）十分渴望得到当时被摩尔人所占用的土地。因此，巴伦西亚发生了一场非常广泛的反摩尔人运动。卡斯蒂利亚的情况也一样。16世纪最后30年内，摩尔人在卡斯蒂利亚垄断了一些低下的行业：如小手工业者、搬运工和赶骡人。由于他们工作十分刻苦，花销过于节俭，繁衍得又太快，所以他们不受欢迎。在高层人士有关宗教一统和国家安全的论点支持下、在某些有影响的集团鼓动下，卡斯蒂利亚和巴伦西亚的民众运动联手最终取得了胜利。屈从于群情激昂的舆论，莱尔马内阁做出决定：解决这个棘手问题的唯一方法就是实行全面驱逐；内阁于1609年和1610年颁布法令，命令卡斯蒂利亚、巴伦西亚、加泰罗尼亚和阿拉贡的摩尔人立即离境。

驱逐摩尔人的行动引起了很大的争议。长期以来，它被看成是"西班牙衰落"的主要原因之一，直到汉密尔顿发现驱逐摩尔人后巴伦西亚的物价和工资收入并没有明显变化，因此得出结论：它在经济上不可能具有人们所普遍认为的那种重要性。这一结论最近还在受到

---

① Conde de Benavente to king, 22 December 1601. AGS Estado, leg. 190.

一些人的批评和评论。① 争论的焦点有：被驱逐的摩尔人数量、他们被驱逐前在社会上的经济地位、驱逐行动对经济发展总体水平的影响。就人数而言，M.拉佩尔的调查研究现在已清楚地表明：汉密尔顿所说的10万人是个大大低估了的数字。约27.5万人这个数字更接近事实。这27.5万人的地理分布大致如下：

巴伦西亚	117000
加泰罗尼亚	4000
阿拉贡	61000
卡斯蒂利亚、拉曼查、埃斯特雷马杜拉	45000
穆尔西亚	14000
安达卢西亚	30000
格拉纳达	2000

最后三个地区的确切数字可能比以上所列数目高出几千人。

如果说汉密尔顿的数字未经得住最近调查研究的检验的话，他对摩尔人被驱逐前的经济活动的观点和他对他们地位低下的判断则是大致上得到证实了的。总体上来讲，巴伦西亚的摩尔人在社会中并不是非常富有的阶层。他们中的大多数人是搬运工和沿街叫卖的小贩，或者是领主庄园里的劳动者。他们所从事的贸易活动只是小范围的，他们虽然参与纺织业但却无法同老基督教徒们竞争。因此，他们并不是有力的经济集团。而事实也证明，他们的被逐使西班牙既丧失了技术上的创造力，又失去了商业贸易的活力。而他们对于这个国家农业生产的重要性就更难以估量了。对汉密尔顿关于驱逐摩尔人对工资和物价的影响微不足道的论点，现在值得做一番比以前要更认真的考察。只有在对巴伦西亚的老基督教徒和来自附近地区的殖拓者在这些荒芜的土地上重新定居的这一被忽视的问题做细致深入的调查研究后，才能对这一问题得出令人满意的结论。既然有如此多的摩尔人在农田里

---

① See J. Regla, "La Expulsion de los Moriscos y sus consecuencias", Hispania, Vol. 13 (1953); the articles on the Valencian Moriscos by Tulio Halperin Donghi in Cuadernos de Historia de Espana (1955), pp. 23-4, and in Annales, Vol. II (1956); and for statistics, Henri Lapeyre, Geographie de l'Espagne Moisque (Paris, 1959).

劳动,汉密尔顿却未提供在巴伦西亚的农业劳动者的工资数额,因此很难说他已证实了他关于工资未受影响的论点。至于物价,某些产品价格上不去完全可以这样解释:巴伦西亚失去了 1/4 的人口之后,需求量降低了。不管怎么说,从物价统计而得出驱逐行为对农业几乎没造成什么影响的结论,没有得到最近对 1609 年之后巴伦西亚土地价值所进行的研究证实。16 世纪的巴伦西亚同西班牙其他地方一样,那些拥有少量资金的人一般都把他们的资金投到租金上:借贷人以土地担保的贷款、以土地的收获交付固定的年息。特别是贵族,他们大量举债,以庄园上的收益付息,而在庄园里劳作的人则是他们的仆从摩尔人。这些摩尔人刚被赶走,他们就发现继续交付已商定的利息是非常困难的,因为来自庄园的收入锐减。这一点与从价格和工资收入得到的证据相悖,这说明驱逐行动对巴伦西亚的生活和经济的影响是很大的,而莱尔马政府所采取的政策又使这种影响更加巨大。贵族们被愤怒的债主们不断讨债,眼看自己面临破产的威胁,叫苦不迭。迫于他们的压力,当局最终只得大大地降低了对租金的应付利率,这一做法把贵族的大部分损失转嫁到了他们的债权人头上。这些债权人来自巴伦西亚社会的中下阶层,他们把钱都投在了租金上,但此时却发现他们的年收入大大降低了。莱尔马政权又一次按照传统的做法,以牺牲较少特权阶层的利益来偏袒特权阶层。巴伦西亚社会的各个阶层都受到了驱逐行动的影响,但是本应受冲击最严重的贵族们却轻而易举地逃脱了这场大灾难,而那些在宫廷中无亲朋好友的人则难以逃脱。

至少对巴伦西亚来说,驱逐摩尔人的行动是一场经济灾难。1/4 的人口突然丧失,不可避免地导致了这个国家经济与社会结构陷入混乱,这需要很长时间才能恢复。然而,对卡斯蒂利亚来说,驱逐行动的经济后果更难以估量。由于巴伦西亚的经济与卡斯蒂利亚的经济未成一体,所以巴伦西亚驱逐摩尔人对卡斯蒂利亚未来的影响只有到它降低了这个王国的财力(王室迟早会把沉重的财政负担强加给这个王国)的时候才能看出来。在摩尔人被驱逐以后的很长时间里,巴伦西亚人还在为此进行辩解,说他们不能向国王缴纳大笔钱款。而卡斯蒂利亚王国本身也失去了约 9 万名摩尔人。如果说他们在卡斯蒂利亚的社会地位无法与他们在巴伦西亚的同胞的社会地位相比的话,也不能下结论说：他们被逐所产生的经济影响微不足道。摩尔人手工业者和工匠的消失肯定对劳动力危机（始于 1599 年的瘟疫）的延长起了作用，然而只有对当地的情况进行研究才能看出那场危机的持续在多大程度上应该归咎于驱逐行动。根据所掌握的有关卡斯蒂利亚摩尔人的特定活动范围的情况看，驱逐行动对城镇的影响似乎比对农村的影响大，但各城镇之间的差别十分明显。塞维利亚所受的打击特别严重。它人口的 1/12 是摩尔人；而作为与新大陆进行贸易的大型商业中心，它主要靠摩尔人劳工搬运和装卸货物、提供其他必要的服务。这支劳动大军的丧失使本来就已问题重重的塞维利亚更是雪上加霜，这些问题在 17 世纪 40 年代西班牙的大西洋贸易体系陷入混乱时最为严重。

但在驱逐摩尔人后所产生的欢欣气氛中，很容易忽视那些令人不快的事实与数据。人们认为：一件长期令人不快的事和民族羞愧感的根源终于从卡斯蒂利亚民族中消失了；在这一主导思潮面前，其他的一切都显得苍白无力。与这一伟大成就相比，其他任何经济成果似乎都不那么重要了。经过几个世纪的斗争，卡斯蒂利亚的宗教战争终于结束，西班牙全境有了纯一的宗教。

具有讽刺意味的或许是：这个政权虽然得到了它梦寐以求的全半岛的宗教统一，但却对法制和管理上继续处于分裂状态漠然置之。"阿拉贡、巴伦西亚、加泰罗尼亚和纳瓦拉都集中全力维护它们的一些特权，而且乐此不疲"，一位威尼斯使节曾这样报道过。① 莱尔马非常愿意满足他们更加合理的要求，只要这能使他们保持安静，他对他们采取的政策导致了恭维奉承和不办实事之风的盛行。费利佩三世除了对莱尔马的家乡省份巴伦西亚进行过一次长时间的巡访外，对他在西班牙的其他统治区的巡访都是短暂的，既没有满足这些地区大部分居民的要求，也没有减轻卡斯蒂利亚的任何财政负担。他在位的 23 年间，一次亲自于 1599 年召集并参加了加泰罗尼亚议会，得到了 110 万杜卡多的财政援助，作为对他慷慨地给予特许权的回报。一次参加了 1604 年的巴伦西亚议会，40 万杜卡多的财政援助都花费在了

---

① N. Barozzi and G. Berchet, Relazioni degli Stati Europei (Venice, 1856), Series Ⅰ: Spagna Vol. Ⅰ, p. 321.

礼品和贿赂上。1619年他还参加了一次葡萄牙议会，召集此次议会是为了让葡萄牙人宣誓效忠于他的儿子。

即使这种统治方式特别有利于半岛上各王国的独立自主，它们也不感激这个根本不把它们放在眼里的政权。莱尔马不仅没能使西班牙半岛上各王国进一步实行统一与合作，却几乎要放弃所有对它们应负的责任。1600—1615年，加泰罗尼亚被匪徒蹂躏，处于无政府状态，但莱尔马却完全无动于衷。一位由巴塞罗那市派往马德里执行一项重要使命的加泰罗尼亚人曾愤怒地抱怨道："在这里，人们赌博、游猎、寻欢作乐，对所有的事都漠不关心。"有一段时期政府机构不断扩张，政府本身却停止运作了。一个消极被动、难以做出决断、也不知道该做什么决断的政权，正在把休养生息的宝贵时间年复一年地浪费掉。

1618年10月，莱尔马终于倒台了，他成了自己儿子乌塞达公爵宫廷阴谋的牺牲品。有位无名氏1604年写的墓志铭对他的政府做了恰如其分的描述："尽管费利佩三世统治时期天下太平，本应把长期存在的弊端纠正过来；但不管是在西印度群岛还是在西班牙国内，一件该做的事都没做，而且王室的财政问题也未解决。"① 莱尔马本人应承担主要责任，他是社会集团和社会势力的一个不十分情愿的囚徒，他既不想也没有精力抗拒这些势力。然而，他的下台没有引起什么变化。受宠信者的变动并未带来政策上的变化；这位儿子并不比他的父亲更精明。王室的财政十分窘迫，卡斯蒂利亚已被榨取殆尽，要求改革的呼声越来越势不可挡。财政院在一份份备忘录中坚持必须削减王室开支，严格限制随便赏赐。在1619年2月1日，卡斯蒂利亚会议在其著名的1619年2月1日意见书中，迫切要求大力节俭、减轻卡斯蒂利亚所无法忍受的纳税负担。这份对卡斯蒂利亚问题进行分析的文件并没有对策士们一再强调的结论再增添什么内容，然而会议作为一个整体对长期以来一直被忽视的许多财政和经济问题进行研究，还是第一次；这一点非常重要。

这份意见书中所提出的改革需要极大的政治勇气，这是乌塞达所不具备的；然而新内阁的时间不多。1621年3月31日，费利佩三世

---

① Suplica de la ... Ciudad de Tortosa (Tortosa, 1640), fo. 95.

突然逝世。新国王登基后，换上了自己的心腹唐·巴尔塔萨尔·德·苏尼加和他的侄子奥利瓦雷斯伯爵。大臣的变动受到了普遍的欢迎，因为它给改革带来了希望。当消息传到巴塞罗那时，一位加泰罗尼亚律师在其私人日记中写道：新的曙光已经出现了。

与他父亲相比，费利佩四世虽然才气有余，但缺乏个性，因此很难说他的登基就是令人鼓舞的新曙光；但他挑选了一位非常有才干的、殊异于费利佩三世的心腹人物的亲信：奥利瓦雷斯伯爵。1622年苏尼加去世后，奥利瓦雷斯成为唯一的亲信，执政20多年；作为个体和大臣，他与莱尔马正相反。他工作努力，富有朝气，严谨刻板。他作为安达卢西亚的一位贵族，不必像莱尔马那样去讨好卡斯蒂利亚的一些大家族。他认为他本人身负着复兴西班牙的使命，任何人不得挡道。奥利瓦雷斯具有强烈的民族意识；他锐意改革，并对老一辈大臣和他们的政策深恶痛绝。他掌权时年仅34岁。他代表了卡斯蒂利亚新一代的希望和理想。但严格看来，他也具有年龄上的一些弱点，主要有：追求新奇、在没有对成功的可能性做出充分的估计时就想成就一番事业。有位威尼斯使节曾这样描述他："他喜欢标新立异，常常异想天开，想轻而易举地完成不可能的事情。因此，他不幸形单影只，他漠视那些初期阶段的困难，而他的解决方法又把他推向了绝境。"①

许多棘手的问题摆在他的面前。财政院不断地提交一些有关王室收入最令人沮丧的报告。卡斯蒂利亚的销售税和王室的租金如果被出售或抵押，其赎金竟然比本金价值高出35万杜卡多；为了支付王室在1621年前的开支，圣战税、什一税和捐款收入已安排到1625年；消费品税的收入也非常少，因此银行家们无法指望会收到已允诺付给他们的数额，而且"近年来珍宝船队运进的款项也非常之少，如果这一状态得不到改善，这点款项几乎起不了什么作用"。解决1621年度预支赤字的唯一办法就是铸造更多的铜币。他们大量铸造铜币，能弄到多少铜就造多少币。②

---

① Barozzi and Berchet, Relazioni. . . . , Vol. I , p. 650.
② This, and the following information on the financial situation in 1621, is from AGS Hacienda, leg. 573, fos. 11, 172 and 303.

第十五章 西班牙半岛（1598—1648年）

财政院是以西班牙会继续保持和平局面为根据而进行工作的。同荷兰签订的十二年停战协议于1621年4月到期；如果不能续约，财政院就得为军队和舰队准备大笔额外资金。关于是否延长停战协议的问题，讨论正在布鲁塞尔和马德里进行。尽管佛兰德的情况和王室的财政状况都显示出应该延长停战协议，但最终却做出与荷兰人重新开战的决定。做出这一决定的确切情况至今鲜为人知，但这似乎是因为荷兰人自1609年以来长期在海外获得的成功触动了苏尼加和奥利瓦雷斯。荷兰人趁停战之机渗透到了西班牙和葡萄牙在印度洋和太平洋的势力范围之内。这不仅造成了贸易上的损失，还削弱了葡萄牙与西班牙王室的利益关系。费利佩四世的大臣们不会看不到葡萄牙对西班牙未能保护其海外领地的反应，也不会看不到近年来救援远征行动所花费的巨额开支。最近的一次远征行动是派遣一支造价极高的舰队前往菲律宾；1620年1月，这支舰队在加的斯附近被一场暴风雨全部摧毁。到1621年，似乎有许多人主张从根本上解决问题。精心组织一次打击联合省的陆地和海上战役，把荷兰人困在国内，阻止他们入侵西班牙和葡萄牙水域，摧毁他们的贸易，或许会最终结束他们50年的反叛。[①]

他们被这些论点所吸引，对西班牙的战争能力表现出乐观态度，但卡斯蒂利亚的经济和王室的财政状况并不利于这场战争。重新开战就得招募新兵，而在卡斯蒂利亚很难找到兵源。重新开战，西班牙就得大力扩充长期受到忽视的舰队，并提高它的作战能力。费利佩三世统治时期，有些大臣曾强烈地提出过这一主张；他们认为保卫西班牙帝国主要得靠强大的海军力量。奥利瓦雷斯赞同这一主张，但目前振兴海军似乎有困难。停战期一到，荷兰人就对西班牙的海军军需品实行全面禁运。这就有效地削弱了西班牙的造船业，因为西班牙缺乏木材，它的造船技术也一直落后于北欧那些造船业发达的国家。

首要的一点是，同尼德兰重新开战需要更多的资金。停战期间，驻扎在佛兰德的军队的年军费开支约为150万杜卡多。1621年战争重新爆发，这一数字上升至350万杜卡多，使当年的总开支超过800

[①] There is a vigorous exposition of some of these points in a paper by Don Carlos Coloma, pinted in Antonio Rodriquez Villa, Ambrosio Spinola（Madrid, 1904）, pp. 382–92.

万杜卡多。这就需要财政院立刻弄到这笔费用;奥利瓦雷斯本人不久参与了跟热那亚银行家们的谈判,讨论关于王室的年度合同问题。通过对因布雷亚家族、斯皮诺拉家族和斯特拉塔家族进行威逼恫吓,他达到了预期目的:合同不久即将签订。但代价高得惊人,主要由卡斯蒂利亚承担。

在财政短缺这种无情的压力下,西班牙的国际地位在近20年中是可想而知的;1621年同荷兰重新开战以后,这一压力更是有增无减。1609年的停战协议所带来的12年喘息时期结束了,被那帮挥霍无度的大臣们葬送掉了。当一个主张改革的政权终于上台时,已经为时太晚了,因为只有终止代价太高的战争才能进行改革。奥利瓦雷斯政府的悲剧就在于此。战争虽然使长期延误的改革势在必行,但所造成的环境又使改革无法进行。奥利瓦雷斯的统治史充满了良好的愿望,但这良好的愿望因强烈的战争欲而落空了。

奥利瓦雷斯企图以与过去彻底决裂的姿态开始他的执政生涯。莱尔马花钱当上了红衣主教得以保住了性命,而他那倒霉的宠臣唐·罗德里戈·卡尔德隆则被送上了断头台。而后开始了对卡尔德隆的同僚们和1603年以来所有在职大臣的私人财产进行大范围的调查。国王分发的赏赐和津贴也被毫不留情地削减了。为了"改革习俗"还建立了一个特别委员会;1623年2月,政府颁布了著名的改革法令。①这些法令简直就是策士们要求大刀阔斧地裁减卡斯蒂利亚的官僚机构和约束宫廷挥霍的翻版。卡斯蒂利亚的市政官员要削减2/3;对奢侈的服装和珠宝也加以限制;最具影响力的是:国王本人以身作则,以简朴的皱折领代替轮状皱领;恳求恩典者和随从将从宫廷中清除出去,贵族们应回到自己的领地,一些语法学校将关闭。

很快人们就看到,这种彻底的改革命令易下而实施难。就是这来自宫廷内部的冲击也无法冲破个人利益和世代因循的习惯。由宫廷和官僚机构组成的引人注目的上层建筑巍然屹立,而暴风雨则已平息,未造成任何损伤。1623年3月,威尔士君主不期而至;在迎接来访的庆祝活动中,经济改革运动被置之脑后。1626年根据议会要求,

---

① A. Gonzales Palencia, La Junta de Reformacion (Valladolid, 1932), Document LXVI.

裁减市政官员的法令被取消；议会是站在市政府的立场上说话的，市政府正面临着重大财政损失的威胁。

只有在行政改革中，奥利瓦雷斯才取得了真正的成功。他试图使政府从议事会制度这一烦琐的机制中解脱出来，他越来越多地依靠特别委员会或常设委员会；委员会的成员都是他自己的朋友、亲戚和他选出的信得过的官员们。像何塞·贡萨莱斯和赫罗尼莫·德·比利亚努埃瓦这样的新政权成员对奥利瓦雷斯忠心耿耿，致力于实现他的理想。通过这些小型委员会的活动（他亲自参加了一些委员会），奥利瓦雷斯比以往更加牢固地控制了行政机构。被烦琐的日常事务缠身的议事会相继发现他们的权力被这些新建的委员会削弱了；这些委员会是：舰队委员会、守城部队委员会、矿业委员会、军事指挥委员会和新税管理委员会。甚至在费利佩三世统治时期的最高机构——国务会议的权力也大都被一个特别"执行委员会"掌握；这个委员会在奥利瓦雷斯执政的最后几年里成了实际上的决策机构。但是，奥利瓦雷斯掌管下的政府基本上是一个人说了算。各议事会和委员会不断开会，提出它们的建议，但决定权在奥利瓦雷斯。

他深受策士们的观点影响，特别关心如何挽救卡斯蒂利亚的经济。他同意他们的观点，认为有必要采取贸易保护措施来鼓励发展民族经济，他对西班牙在像开凿运河这样一些技术上处于落后状态甚为焦虑。他主张王室应鼓励建立贸易公司，应让商人们享受荣誉，消除贱商传统思想。他制定并批准了一些方案，鼓励外国人定居、建立国家银行、减轻小贵族的负担——他一直为他们的困境感到不安，就像法国小贵族的困境使黎塞留不安那样。

这些方案很少能够得以实现。在里斯本的确建立了一个印度公司，但只维持了很短时间，而主要起作用的是西班牙王室和一些葡萄牙富商之间建立起了互利联盟。除此之外，当战争以及财政等重大问题左右这个国家社会生活的各个方面时，奥利瓦雷斯的方案就像黎塞留的方案一样，不是被束之高阁就是被忘得一干二净。军队需要军费，新舰只需要建造，只有王室的收入真正增加时，这一切才能实现。但如果不把这些新负担加在长期受煎熬的卡斯蒂利亚纳税人身上，资金又从何而来呢？正如策士们早就知道的那样，奥利瓦雷斯很清楚，现在到了彻底重新考虑西班牙税制的时候了。

费利佩三世开始执政时，阿拉莫斯·德·巴里恩托斯就对这个帝国的一种奇怪现象做过评论：在这个帝国中，主要王国要为其他王国和属地提供资金。① 卡斯蒂利亚在缴纳捐税方面与其他王国和属地相差悬殊，这使得卡斯蒂利亚怨声载道。卡斯蒂利亚的经济已经跌入低谷，可每年还要上缴600多万杜卡多的税；这时要求其他王国做出些牺牲，当然是合情合理的。1618年财政院院长抱怨道："阿拉贡、巴伦西亚和加泰罗尼亚诸王国不为它们以外的地区向陛下提供任何资金援助。"他继续说道："事实上，它们驻军的军费都来自卡斯蒂利亚。"纳瓦拉、米兰、那不勒斯、撒丁岛和西西里的情况也是如此。诚然，国王在他统治初期曾通过关税、运费和进口胡椒从葡萄牙得到过资金，但是这笔资金已经用完，现在还是卡斯蒂利亚在供养着葡萄牙舰队和驻扎在葡萄牙土地上的军队。

有意思的是，财政院急切要求其他王国给予财政援助的时间恰好和卡斯蒂利亚民族主义情绪高涨的时期一致，这种民族主义本身很可能是对卡斯蒂利亚不幸的一种自然反应。在策士们反对外国商人控制卡斯蒂利亚经济时，有些卡斯蒂利亚贵族即表示要同国王在其他领地上的半自治政府重新进行对抗。例如在加泰罗尼亚，卡斯蒂利亚人阿尔卡拉公爵（1619年到1622年间任总督）就藐视这个公国的法律和特权；这使加泰罗尼亚人认为马德里政府正密谋废除他们的契约政府。在国务会议中，拥有领地的公爵和唐·佩德罗·德·托莱多对卡斯蒂利亚需缴税而葡萄牙却可免缴这一现象提出了尖锐的批评，同时准备从葡萄牙人的手中夺回有利可图的海外贸易的垄断权，并限制葡萄牙商人自1580年卡斯蒂利亚与葡萄牙结盟以来一直进入卡斯蒂利亚的美洲属地的活动。

正是在这种仇外和卡斯蒂利亚民族主义复兴的背景下，奥利瓦雷斯开始着手解决西班牙君主国在财政和立宪方面的问题。这些问题在帝国防务问题上显得最为尖锐。保卫这样一个领地广袤而又分散的帝国既困难耗资又大。在奥利瓦雷斯及其同僚们看来，目前的状况下要

---

① See above, p. 442.

第十五章　西班牙半岛（1598—1648年）

卡斯蒂利亚再提供人力和财力来保卫这些不提供任何东西来保卫自己的领地是不合情理的。他们认为，对西班牙帝国的结构和体制进行彻底改革的时候到了，财政负担的分配应更为公平，在需要时各王国应该相互援助。

奥利瓦雷斯为西班牙帝国的未来制订的计划以1624年写成的长篇秘密备忘录形式呈交给了国王。[1] 对奥利瓦雷斯和他那一代欧洲政治家来说，联合就意味着统一。西班牙君主国的所有王国必须一体化，成为一个法律和行政上的统一体。

> 在陛下的君主国里，对您来说最重要的事情是成为西班牙国王；为此，我认为陛下不应满足于当葡萄牙、阿拉贡和巴伦西亚的国王和巴塞罗那伯爵；而应秘密谋划，使组成西班牙的这些王国统一到卡斯蒂利亚的模式和法律上来。

这些话本身似乎把奥利瓦雷斯置于卡斯蒂利亚极端民族主义分子之列了，但从文件的其他部分可以看出：他对各个地区的重重苦难深为同情，并迫切希望消除这些苦难。由于他们抱怨说他们从未见过国王，他将来依次在各王国居住。由于他们感到从帝国得不到任何好处，卡斯蒂利亚对官职和荣誉的垄断将被废除，帝国的职位也向所有王国开放。将来是一个西班牙帝国，而不是卡斯蒂利亚帝国：当然是一个根据卡斯蒂利亚法律统治的帝国；在这个帝国官职向所有的人开放，不管他属于什么民族。各王国之间的习俗隔阂将被消除，各民族之间通婚将受到鼓励。奥利瓦雷斯梦想的帝国应是一个最完全意义上的一统帝国，一个立宪、经济和种族的统一体。

由于西班牙帝国的一体化只能逐步实现，奥利瓦雷斯又准备了一个短期计划：成立联军。[2] 这支联军由14万常规后备人员组成，西班牙君主国内的各王国按固定比例供养这支军队：

---

[1] Introduccion que dio el Conde Duque a Felipe Ⅳ, B（ritish）M（useum）Egerton MS, 347, fos. 249-90. The only complete printed version of this important text is an eighteenth century one, wrongly ascribed to Felipe Ⅳ's tutor, in A. Valladares, Semanaio Erudito（Madrid, 1787-91）, Vol. Ⅺ, pp. 161-224.

[2] The printed version of this plan, as presented to the Cortes of the crown of Aragon, is in BM Additional MS 13, 997, fs. 11-16.

	雇佣人员
加泰罗尼亚	16000
阿拉贡	10000
巴伦西亚	6000
卡斯蒂利亚和西印度群岛	44000
葡萄牙	16000
那不勒斯	16000
西西里	6000
米兰	8000
佛兰德	12000
地中海和大西洋诸岛	6000

从这支军队中，国王将派出1/7抑或2万名步兵和4000名骑兵去援救任何一个遭受攻击的地区。用奥利瓦雷斯的话来说，这是"对所有可能出现的问题的唯一解决办法：即作为忠实的臣民，我们联合起来……"

在制订这个君主国的各个王国之间更加紧密合作的计划时，奥利瓦雷斯显示出自己是西班牙第一位为这个帝国的未来发展制定内容协调的政策规划者。他的计划如果成功的话，可能会拯救卡斯蒂利亚。但是，不管成功与否，能把这些计划付诸实施的尝试都会在国王与他的非卡斯蒂利亚臣民之间的关系上带来重大变化。半岛上的每一个王国都一直坚持认为，国王主要是他们自己国家的国王，其次才是其他领地的统治者。根据这种构想，这些王国长期以来一直忙于自己的事务，把向国王应尽的义务完全置之脑后。但是这种构想越来越站不住脚。为了拯救卡斯蒂利亚，奥利瓦雷斯此后所采取的每一个步骤都会影响到其他王国，而他们在不久的将来也会发现，他们自己也会被无情地纳入卡斯蒂利亚的轨道。

1625年11月，英国人进攻加的斯，这次鲁莽的进攻发生的时间对奥利瓦雷斯很有利，为奥利瓦雷斯实施组建联军的计划提供了必要的紧急性说明。在1626年初的几个月里，国王和奥利瓦雷斯亲自在阿拉贡、巴伦西亚和加泰罗尼亚三家议会上提出了这一计划，但受到了冷遇。在新政权成立之初，传统上对卡斯蒂利亚意图的恐惧心理又

第十五章 西班牙半岛（1598—1648年）

复苏了，一度谣言四起，说奥利瓦雷斯打算推行一个国王、一种法律和单一货币计划。三家议会都不愿意为超出省界的义务兵役而征兵。每家议会都对这一计划持怀疑态度，担心要付出巨大代价，要他们放弃已有特权，而得到的好处却十分渺茫。佛兰德的命运与加泰罗尼亚有何关系？米兰的命运与阿拉贡又有何关系？这些争论反映出各王国之间的长期隔绝状态，这种状态阻止了互助传统的发展，而奥利瓦雷斯则需依赖于这种互助。抵制情绪非常强烈，难以很快建立联军；奥利瓦雷斯不得不采取更常用的援助方式。他从巴伦西亚和阿拉贡即使得不到兵源，至少可以得到资金：在15年的时间内，他可以从巴伦西亚议会得到180万杜卡多，从阿拉贡议会得到足以维持2000名士兵的资金，如可能的话还可同时得到阿拉贡志愿兵。然而，加泰罗尼亚议会经过了一系列的激烈冲突之后，没有对出人还是出资进行表决就休会了。奥利瓦雷斯失望地回到马德里，但对最后的成功仍充满信心。

1626年的挫折意味着卡斯蒂利亚还要继续为国王在国外的事业——在德意志的战争、援救巴西的远征和1628—1631年的那场不幸的曼图亚战争——提供大部分人力和财力。卡斯蒂利亚无力承担这些沉重的义务。1625—1627年间，不但粮食连年歉收，而且物价极为剧烈地上涨。对此，1628年8月政府颁布了通货紧缩令，将铜币总额减少50%。在货币极不稳定的这一时期，王室财政又遇到了另一危机。在这种情况下，奥利瓦雷斯求助于一些葡萄牙商人，他巧妙地离间这些商人和热那亚银行家之间的关系，从中渔利。1627年1月31日，王室在最近一次破产后的20年又可以拒付债务了。然而这次拒付只能带来暂时的缓解：1628年的珍宝船队被荷兰人夺走了，而卡斯蒂利亚议会通过的捐税虽然在1626年时升至每年200万杜卡多，但实际上只给了50万杜卡多。

开发新的财源至关重要。这只能靠扩大税收的范围。由于王室使直接税摊上了难以消除的社会性污名，奥利瓦雷斯只得灵活地借助于多种形式的间接税，这使得他能对卡斯蒂利亚社会中那些享受特别财政优惠或免税的集团实行罚款。1631年，他推行了一种叫作半年薪俸的税，将所有新任职人员第一年所得的一半拨给王室；他还推行了一种盐税，在比斯开省引起一场严重的暴乱；1632年他经教皇同意从牧师那儿得到特别补助金、从富有的托来多主教区拨出1年的税收；1632年他没收了本国人所持有的永久所有权债券收益的一半，并全部没收了外国人的这种收益——此后年年都完全或一定程度上效仿这种做法；1637年他对纸张销售课以重税，并从私人那里获得了47.8万杜卡多美洲白银，以补偿那些不幸的永久所有权债券拥有者；2年后，他不顾给塞维利亚和美洲贸易带来的后果，又以同样的方式没收了100万杜卡多。除所采用的这些特殊财政措施外，议会决定的直接税不断上涨以及恢复更为古老的集资方式（出售王室地产、卖官鬻爵）。然而这些措施并不是这位伯爵—公爵的全部本领。他恢复了旧时贵族们应尽的封建义务，他们要在自己出资维持的军队中服役，权贵们要征募、供养整建制的步兵部队。他不懈地劝说贵族、牧师、市议会和大教堂的全体教士以贷款或"自愿"捐赠方式提供资金，以应付某些特殊紧急情况。收款者们挨家挨户地征集捐赠，不仅向户主征收，还向他们的妻子、孩子和仆人们征收，根据对他们财富的估算来划定征收的额度。

这些种类繁多的财政策略对卡斯蒂利亚有着深远的社会、政治影响。在奥利瓦雷斯政府的控制下，间接税的迅速增长模糊了那条曾把普通纳税人与那些因在社会上拥有特权而享受特殊照顾的人区分开的明显界限。教士们这会儿在未曾有过的重税压迫下抱怨不已。一些中等收入的贵族破产了，而权贵们虽然因为拥有不可剥夺的地产而逃脱了财政灾难，却被处以巨额罚金：据说1640年，王室仅从阿尔科斯公爵那里就获得了90万杜卡多。奥利瓦雷斯对权贵们的无情做法引起了他们对他本人极其强烈的仇恨。面对这些无休止的索取，贵族们自愿或被迫地从这个宠臣所控制的宫廷撤出，接二连三地离开马德里，回到自己的领地。这位宠臣傲慢地对待与他地位相等的人，对他们的抗议不屑一顾。

伯爵—公爵面对贵族和大众的反对不为所动，他热切关注的是减轻他所热爱的卡斯蒂利亚的痛苦。他相信，要做到这一点必须加紧建立联军。由于加泰罗尼亚没能在1626年的议会上通过提供资金的议案，而且自1599年以来议会一直未通过任何向王室缴纳税金的议案，所以对它予以及早重视。1632年春，加泰罗尼亚再次召集议会。有消息传到马德里，说珍宝船队的船只在一场风暴中失事，所以这位伯

第十五章 西班牙半岛（1598—1648年）

爵—公爵希望能从加泰罗尼亚人那里得到300万杜卡多来弥补传闻的这场损失。但他选择的时机非常不利。在经历了1626年事件之后，加泰罗尼亚人死活也不愿意解囊相助，而且最近出现的经济困难使他们更不愿这样做了。1629—1632年间，谷物价格涨到了饥荒时的水平，肆虐法国南部的瘟疫已蔓延到加泰罗尼亚北部，公国的地中海贸易又处于停滞状态。议会刚刚开幕，在巴塞罗那市与费利佩四世的兄弟红衣主教亲王之间就在礼仪问题上发生了冲突，致使会议突然中断。巴塞罗那软硬不吃，坚决不放弃其主张。诚如1626年那样，加泰罗尼亚议会1632年又一次未能通过向国王提供资金。

奥利瓦雷斯用一些可疑的方式从巴塞罗那获得了资金，以此来表达他心中的愤怒。而这只能加深加泰罗尼亚人与卡斯蒂尼亚人之间的反感，预示着17世纪30年代末加泰罗尼亚将发生重大事件。一方面是卡斯蒂利亚与加泰罗尼亚的关系日益恶化，另一方面是卡斯蒂利亚与葡萄牙的关系也日益恶化。这种局面从1635年5月西班牙与法国开战以来一直影响着西班牙半岛的历史发展。在马德里看来，这两个省份存在着相同的问题。在受伤害的卡斯蒂利亚看来，这两个省份都享有特权、拥有富饶的土地而纳税很少，并远离战争的喧嚣和破坏。在紧急时刻，它们都不肯向王室和卡斯蒂利亚提供任何物资援助。当卡斯蒂利亚为收复葡萄牙在巴西的领地而准备于1634年和1635年进行救援远征时，葡萄牙人却袖手旁观。而加泰罗尼亚人则在两次不同的场合下，未能通过决议向国王捐款；他们既不提供军队也不提供资金保卫他们与法国接壤的边界。他们甚至不肯提供足够的资金来满足总督政府的开支，这个政府的年收入只有巴塞罗那市所享有资金的一半。加泰罗尼亚军队未参加德意志战争，也难以在法国入侵时派上用场。用奥利瓦雷斯的话说：加泰罗尼亚人把自己"完全与君主国的其他部分隔离开来，不肯效力，对陛下的尊严和权力未尽到义务"。

奥利瓦雷斯不安地发现半岛上东、西两边都不愿在共同防御方面进行合作，这要使他在国王的领土上建立更密切合作的全部希望化为泡影。然而，现在建立联军似乎比任何时候更有必要。随着与法国开战的临近，1635年预支的费用已超过1100万杜卡多。西班牙正在进行一场殊死搏斗，单靠卡斯蒂利亚是不可能为战争提供足够的资金和人力的，因此必须把加泰罗尼亚和葡萄牙的资源调动起来。

要想成功地利用葡萄牙的财富，就得在里斯本先建立一个更有效的管理机构。1580年的联盟这种政府形式使马德里和葡萄牙本土都不甚满意；当1621年费利佩三世统治时期的总督政府被省政府取代时，这种情况也没有得到真正的改进。为了结束里斯本不断的争争吵吵、为了使葡萄牙人不再抱怨王室忽视他们，1634年12月奥利瓦雷斯派遣萨伏依的玛格丽特公主统治葡萄牙。由于她身边配备了卡斯蒂利亚顾问，新政府很快分裂成卡斯蒂利亚人和葡萄牙人两大对立的阵营，结果是这届政府比上几届更令人失望。

玛格丽特公主受命每年固定向葡萄牙征收50万克鲁扎多的税，用于国家防卫和收复其失地。为这一目的征收新税引起民众的极大不满；民众从来就不喜欢同卡斯蒂利亚结盟。钱将用于为救援巴西而装备的舰队这一事实也未能使人们心甘情愿地缴纳；1637年，埃沃拉和其他城镇发生了暴乱。法国希望埃沃拉暴乱发展成为一场全面革命，然而它的希望落空了。这场民众运动虽说是受到心怀不满的教士们怂恿的，但如果没有布拉干萨公爵和贵族们的支持是没有成功希望的。布拉干萨天性谨慎，贵族们则拉帮结伙；奥利瓦雷斯机智地使用软硬两手结束了这场骚乱。

1637年的葡萄牙暴乱震惊了马德里，也使这位伯爵——公爵确信葡萄牙目前的局势再也不能继续下去了，它"同君主国其他地区的隔阂太深……它拒绝遵从君主国的意志"。因此，他把葡萄牙各界有影响的人士召集到马德里，讨论有关葡萄牙政府和帝国复兴的问题。但几乎与此同时，更加紧急的加泰罗尼亚问题把葡萄牙问题推到了次要位置。

与葡萄牙不同，加泰罗尼亚公国在对法战争中占有十分重要的战略位置。它是对法作战的重要基地，但1636年奥利瓦雷斯被迫放弃了从加泰罗尼亚入侵法国的计划，部分原因是他弄不准加泰罗尼亚人会做出什么反应。有时他曾考虑用武力对付他们，只是因为时机似乎还不成熟，是否有利也摸不准，他才打消了念头。他们在1637年和1638年的行为使得他更加难以做出决定。1637年法国军队侵入加泰罗尼亚北部地区，但加泰罗尼亚对保卫自己的疆土行动迟缓又无力。1638年法国人入侵吉普斯夸，半岛东部沿海王国中唯独加泰罗尼亚没有派军队去支援那里的守军。

　　奥利瓦雷斯对这一行省的桀骜不驯感到愤慨。他认为这个省是半岛上的首富，决心要让加泰罗尼亚人关心"迄今为止他们一直漠不关心的君主国以及各王国的事务"。奥利瓦雷斯选择了鲁西荣作为1639年对法作战的战场，以期加泰罗尼亚能把它的人力和财力投入到这场迄今为止它一直在袖手旁观的战争中来。1639年夏秋之际，加泰罗尼亚总督府的大臣们迫于马德里的强大压力，无情地强迫这个公国向前线提供人力和给养。1640年1月法国人最终放弃萨尔塞要塞，奥利瓦雷斯达到了使加泰罗尼亚人参与到西班牙战争中来的目的，但代价是使加泰罗尼亚对他的政府和卡斯蒂利亚产生了强烈的憎恨情绪。1640年2—3月间一直在鲁西荣作战的部队驻扎在这个公国过冬时，这种憎恨变成了不满情绪郁积已久的起义。奥利瓦雷斯认为这个公国非常富有，急于尽量地利用这些财富，所以坚持认为部队的给养应由当地居民供应。加泰罗尼亚农民依据加泰罗尼亚有关部队宿营特殊法规，拒绝服从王室的命令。由于军饷不足、给养太差，士兵们放肆扰民或开小差。士兵与农民之间的冲突接连不断，1640年暮春时节，整个加泰罗尼亚北部地区都起义了，国王在西班牙半岛上刚组建的一支正规军发现自己受愤怒的农民包围面临灭顶之灾。

　　几乎可以肯定，如同有人曾指出的那样奥利瓦雷斯并不想用这支冬营部队毁掉加泰罗尼亚的法律和自由。但他的确想利用这次机会迫使加泰罗尼亚人向国外派兵，让他们在这场战争中发挥与其实力相称的作用。据估计，加泰罗尼亚的人口超过100万，事实上不到40万。而且加泰罗尼亚也不像十分拮据的马德里所想象的那样富裕：由于对法战争，加泰罗尼亚的贸易遭受了严重损失。加泰罗尼亚有些地区的农业的确很发达，而且货币稳定，但这并不能说明这个公国有着取之不尽的财富。而另一方面，这的确使加泰罗尼亚人坚定抵制这个经济衰竭、货币十分不稳定的王国对他们进行掠夺的决心，他们对这个王国所追求的事业丝毫不感兴趣。加泰罗尼亚人现在反抗这个已成为马德里傀儡的总督的命令，从根本上讲，他们不想重蹈卡斯蒂利亚的覆辙。

　　1640年5月底，一支加泰罗尼亚武装力量进入巴塞罗那，从监狱中救出一个马德里下令逮捕的代表；这时奥利瓦雷斯才意识到加泰罗尼亚问题的严重性。关于加泰罗尼亚的事务，这位伯爵—公爵主要采用了阿拉贡王室书记官赫罗尼莫·德·比利亚努埃瓦的建议。这位伯爵—公爵坚信加泰罗尼亚人没有为国王尽义务，应该迫使他们与君主国的其他王国合作，所以他对加泰罗尼亚推行了这项政策；然而这项政策不但没有使加泰罗尼亚人合作，却促使了他们的反叛，应当马上废除。在同黎塞留的斗争几乎达到白热化程度、所有可利用的部队都投入了对法战争的时候，与法国接壤的地区却发生了革命当然十分不利。然而奥利瓦雷斯的和解工作做得太晚了。加泰罗尼亚的起义愈演愈烈。在保·克拉里斯强有力的领导下，加泰罗尼亚议会①同法国进行了初次接触。1640年1月7日总督圣科洛马伯爵被暗杀，巴塞罗那起义达到了高潮。议会、贵族和市政当局都无法制止这些武装团伙；革命运动风起云涌，在各个城镇蔓延开来。7月下旬起义蔓延到至关重要的托尔托萨港，奥利瓦雷斯被迫放弃了一切和解的希望。现在除了进行武装干涉外，别无选择了——假如他能找到军队进行干涉的话。"我的心不会得到安慰，因为我们要采取这样的行动：我们的军队如果进行杀戮的话，他们杀死的是陛下的臣民；他们如果进行杀戮的话，杀死的是臣民和士兵。"

因此，1640年秋西班牙陷入了内战。由于加泰罗尼亚已被长期的社会矛盾弄得四分五裂，要不是法国人的帮助和卡斯蒂利亚入侵军队的领导十分无能，起义或许很快就被镇压下去。1641年1月贝莱斯侯爵的军队被击溃于巴塞罗那城外，没有军队来顶替他们了，因为1640年12月1日葡萄牙也发生了动乱。

葡萄牙动乱的原因与加泰罗尼亚的相似，然而他们不满的直接原因不那么严重。前两年奥利瓦雷斯的注意力一直集中在加泰罗尼亚人身上，葡萄牙没有受到王室大臣们无休止的骚扰，这些大臣使公国受尽了磨难。没有大批军队驻扎在葡萄牙，葡萄牙的边境也未发生战斗。但是加泰罗尼亚事件促使葡萄牙人结束与卡斯蒂利亚的联盟；卡斯蒂利亚已没有任何吸引力。这位伯爵—公爵计划让葡萄牙贵族参与到反对加泰罗尼亚人的战争中来，这又必然加快了他们的行动。当布拉干萨公爵宣布他愿意作为若昂四世国王接受独立的葡萄牙王位时，

---

① 传统的常设六人委员会，其任务是监督统治者是否遵守了对公国的契约义务。

第十五章　西班牙半岛（1598—1648 年）

没有人再来阻碍这一大多数葡萄牙人同情的行动了，卡斯蒂利亚的军队也未进行干涉。

西班牙半岛上同时发生的这两次起义意味着奥利瓦雷斯的希望和雄心已全部化为泡影。从 1640 年底开始，西班牙及其国际影响力显然已是江河日下。王室在贷款方面遇到的困难十分突出。葡萄牙革命对塞维利亚商界的信心与前景是新的打击；塞维利亚商界面临着美洲贸易在不断缩减的严重问题，而且还常常遇到短视、无常的政府政策——这些政策专横地干涉商业活动，借口公共需要任意挪用商人的私人资本。1639—1641 年间，塞维利亚的贸易不断滑坡，西班牙—美洲经济体系也在迅速解体；长期以来，一直是这个体系在支撑着西班牙哈布斯堡家族对外进行的疯狂冒险行径。塞维利亚已到了崩溃的边缘，政府不得不采用通货膨胀新措施，1641 年和 1642 年间卡斯蒂利亚的物价疯涨，银价上涨了 120%；直到 1642 年 8 月，严重的通货收缩恐慌才使物价跌了下来。

对奥利瓦雷斯政府的普遍不满现在再也遮掩不住了。1641 年秋发现有人在策划阴谋，要推选梅迪纳·西多尼亚公爵为独立的安达卢西亚国王。梅迪纳·西多尼亚供认，这个阴谋的目的是把国家从沉重的税务负担中解脱出来、解除奥利瓦雷斯对政府的控制，恢复贵族们在卡斯蒂利亚议会中的地位。很明显：在奥利瓦雷斯执政下默默地忍受了 20 年之后，卡斯蒂利亚和安达卢西亚的大贵族们要开始行动了。奥利瓦雷斯的政策显然是失败了，他的思绪犹疑不定，这给了贵族们一个期待已久的机会。像卡斯特里略伯爵——他是在奥利瓦雷斯鼎盛时期敢于公开表示反对意见的为数不多的几个贵族之一——这样的贵族给国王施加了巨大压力。1643 年 1 月 17 日，费利佩四世最终让奥利瓦雷斯离职回归他自己的庄园。他的下台仅仅发生在黎塞留去世后的几个月里。如同法国一样，西班牙的一个时代结束了。

有关奥利瓦雷斯下台后西班牙政府的情况人们知之甚少，但这一时期似乎是长期黑暗过后的贵族复旧时期。行政大权落到了伯爵—公爵的侄子唐·路易斯·德·阿罗手中；比起他叔叔来，他的统治更加谨慎、更加重视贵族们的愿望。奥利瓦雷斯 20 年噩梦般的统治结束了。委员会被取消，贵族们回到了马德里。但此时任何政府都无能为力了。1639 年西班牙舰队在唐斯遭受的损失和 1643 年西班牙步兵在罗克鲁瓦的失败已经预示了西班牙国际大国地位的衰落。开进加泰罗尼亚的军队速度缓慢而且代价高昂；葡萄牙在巩固自己的独立国地位；西班牙在意大利的领地也出现了不安定的迹象。1647年，安达卢西亚、新卡斯蒂利亚和巴伦西亚出现了17世纪最严重的粮食歉收；就像1599年那样，饥荒之后出现了瘟疫：这场毁灭性的瘟疫1649年夺走了塞维利亚一半人口的生命。这个时代的结束跟它开始时一样，遇到了人口锐减的大灾难。

由于缺乏资源，1647年阿罗政府的信誉也因破产而一落千丈，同40年前莱尔马政府一样，除了向荷兰求和别无选择。《明斯特和约》为它带来了宝贵的喘息机会。由于法国内战，政府对外承担的义务进一步减少，现在可以着手对奥利瓦雷斯时期的损耗进行一些恢复了。幸运的是：由于瘟疫肆虐、内部纠纷和与法国不和，加泰罗尼亚人的反抗意志和能力都减弱了。1652年10月，经过一场激烈的包围战后，巴塞罗那市向王家军队投降，这个公国以它的法律和自由不受侵犯为条件，重新归顺费利佩四世。

现在该轮到葡萄牙了，但这却是一个不同的问题。葡萄牙的地理位置优于加泰罗尼亚，它既有英格兰的保护，又有巴西的财富，所以它有能力对抗西班牙的攻击，保护刚刚建立起来的独立国家。对葡萄牙的战争如同对法国的战争一样拖延不决，而卡斯蒂利亚还是像以往一样，要承受主要的战争负担。

继加泰罗尼亚和葡萄牙革命与贵族的宫廷叛乱之后，西班牙在17世纪40年代的失败标志着它支配欧洲事务时代的终结。奥利瓦雷斯的帝国政策是费利佩二世帝国政策的重现，但是他的资金与人力储备都不如费利佩二世，他的任务相对来说更加艰巨。莱尔马的玩忽职守以及奥利瓦雷斯自己实行策士们改革计划的失败，都迫使他向资源枯竭的卡斯蒂利亚境外寻求他所需要的军事与财政援助。

然而，在向半岛上其他王国寻求帮助的时候，奥利瓦雷斯发现他前任们的政策严重地妨碍了他的行动。加泰罗尼亚人和葡萄牙人对奥利瓦雷斯所提要求的反应清楚地说明了16世纪西班牙的统治者们在西班牙境内各王国间建立任何一种形式的联合都会失败的原因。加泰罗尼亚和葡萄牙反对奥利瓦雷斯统治的起义出于几乎完全相同的原因。无论是他们的历史传统还是他们的经济利益都不能把他们与卡斯蒂利亚紧密地结合在一起，使他们自愿地为一个共同的事业而进行合作。两国的平民百姓和下级教士素来就与卡斯蒂利亚为敌；两国的贵族发现：由于他们国王长期不管事，他们自己被剥夺了获取官职和荣誉的机会；伯爵—公爵从巴塞罗那和里斯本榨取了大量的财物和贷款，使两国的城市和商人阶层与卡斯蒂利亚越来越疏远；两国都担心不合己意的政府形式会强加于自己头上，担心自己会被卷进陷入困境的卡斯蒂利亚的经济体系之中。这是一个很难吸引人的前景。加泰罗尼亚通货稳定，仍迷恋着地中海地区（这一地区的财富在逐渐减少）的贸易潜力。葡萄牙在丧失了远东帝国之后，将其注意力越过大西洋，投向了新大陆。17世纪上半叶，葡萄牙一些沿海城市的繁荣景象表明它的希望并未寄托在错的地方，但1620年以后葡萄牙商人逐渐被从卡斯蒂利亚的美洲领地上排挤出去，这表明源于卡斯蒂利亚—葡萄牙联盟的经济优势现已不复存在。除了少数王室金融家之外，1640年没有任何葡萄牙商人在与卡斯蒂利亚的继续合作中获得过多少好处。前途在葡属巴西，但西班牙国王已显得无力保卫它了。在经济以及军事上，同卡斯蒂利亚联盟已没有价值了。

由于西班牙未能有机地成为统一体，又没有一种经济形式和其他东西能在大约1620年之后吸引周围王国，奥利瓦雷斯只好希望借助威胁和武力建立统一体。要使葡萄牙人和加泰罗尼亚人相信西班牙各王国的密切合作能给他们带来真正的好处已为时过晚。他们从建立联军的计划中看到的只是共同贫穷。所以他们没有顺从，不再效忠费利佩四世；卡斯蒂利亚发现，它已没有能力强迫他们就范了。尽管卡斯蒂利亚坚持要在伊比利亚半岛上维护并扩展其霸权，但它已没有足够的力量来完成这一使命了；卡斯蒂利亚衰败的必然结果是西班牙的分崩离析。

即使奥利瓦雷斯建立紧密联盟的计划得以实现，是否能立刻带来他所期望的益处还值得怀疑。他极力想减轻卡斯蒂利亚的痛苦，却过高地估计了其他王国的经济实力、过分夸大了它们能向王室提供帮助的程度。在这一点上，有种与卡斯蒂利亚霸权发展史相一致的令人啼笑皆非的情景。16世纪时，卡斯蒂利亚曾依靠源自美洲黄金国的奇迹般的收益；17世纪时，它想从西班牙周边富庶地区弄到同样奇迹般的收益。一个奇迹消失要求制造另一个奇迹。希望的根据不充分，行动起来却信心满满。莱尔马取代费利佩二世,奥利瓦雷斯取代莱尔马,但未带来任何变化。17 世纪的卡斯蒂利亚仍然是一个"生活于自然规律之外的、着了魔的国家",对奇迹的出现仍抱一线希望,但奇迹却从未出现。它在奥地利王室最后几位国王的统治下消亡了。它是自己幻想的牺牲品,自始至终是个堂吉诃德。

第 十 六 章

法国的政治制度和社会
（1610—1661 年）

亨利四世晏驾时，他儿子路易十三尚未满 9 岁。法国国王的年龄至少要有 13 岁，因此需要摄政。1610 年 5 月 15 日，少年国王按照他父亲的遗愿在巴黎最高法院主持会议的座位上委任他母亲玛丽·德·美第奇为摄政王。摄政时期法国一直困难重重，王国像是到了瓦解的边缘。法学家、政治理论家和政府成员持有明确的国家观，[①] 而其他人——尤其是贵族们——并不认同。他们持有一种继承自封建时代抑或更早时期的比较简单、较有情感成分的威权观——人与人之间的忠诚观。国王驾崩，小孩儿登基，人人都像是重新获得了完全的自由，法律好像不存在了，社会责任、社会和国家好像随着国王一道消逝了。一些贵族获悉拉瓦亚克的攻击后进入了他们设防的城堡，而其他人则三五成群地游荡在乡间，偷盗、绑架勒索、抢劫王家钱库。亲王和显贵们召集追随者拥兵自重。市镇和农村骚乱、反叛随处可见。

亲王和显贵们想望恢复他们在于格·卡佩统治时期在他们自己的领地和国王委任的省长职位（有时成了世袭的职位）上以及国王授予王族亲王、公主和孀居王后的采邑上所享有的独立自主。亲王和显贵们利用社会差别以忠诚关系组成"纵向式"群体。这一"纵向式"群体的划分影响遍及其他社会方面：社会等级（神职人员、贵族和第三等级）、职团（大学、军官团、教会社团和同业公会）、行省、市镇和农村。每个亲王和显贵都有"随从"（忠诚的追随者）——他们"委"身事主，出钱、出力、出谋划策、出武器为其各项事业

---

① See above, Chapter Ⅲ.

（即使是反对国王、反对国家的图谋）效力。他们得到的回报是享有他的信任、友谊、（若有必要从法律上对之加以）保护，帮他们在宫中、军队中抑或政府中谋取一官半职、帮他们挑选有利的婚配、帮他们为其小儿子们谋取教会中的美差、帮他们争取各方面的社会升迁。这一制度严格说来不是封建制度，因为这些追随者们通常得不到采邑抑或不会因得到采邑而受制于委身的领主。这一制度根据的是旧时寻求靠山的那种个人关系。这种关系往往通过联姻加以巩固，因为家族内部的互帮互助是最重要的；这一点类似于氏族大力为其成员争取社会权益。一旦成为家族成员，就得完完全全将所有亲属放在心上。不管跟显贵的哪个亲属结婚，都得对显贵忠诚、都会得到他的保护。有个贵族向黎塞留的一位远房亲戚求婚，成功了；数月后，黎塞留将这个女孩儿嫁给了另一名贵族，将女孩的妹妹许配给他；他说对他都一样："我要的是与阁下通婚。"这些忠诚者主要来自小贵族和绅士。贵族提出的社会理想成了主流思想，国王的法官和财政官员（不管是最高法庭成员还是下级官员）、商人和有产食利者、城市寡头统治集团成员都对其趋之若鹜。绅士们又有他们自己的追随者；绅士、官员、商人、资产者都占有土地、享有领主管辖权、雇用一些乡村居民。他们视农民为自己人。由于受到保护，他们敢于对抗王家税收员和士兵，他们在农村十分强势。市镇中的执法官和王家官员（负责管理手工业和商业、工钱和劳动条件）富有声望，往往拥有大批店主、工匠这样的追随者。亲王和显贵当然会有更大的影响力。他们在其任省长的省里任命市镇和城堡的执政官；他们委任其采邑里的财政和司法官员。他们管辖的行省、采邑和领地里的绅士们认为自己就是显贵的家臣，如果他们的采邑依附于显贵的采邑的话就更是这样了。因此，亲王和显贵一声起事令下，全省立即行动；起义者们会得到要塞、市镇和王家钱库的帮助。

贵族统治者们策动的起事很受心怀不满的地方绅士们的欢迎，这些地方的绅士们往往被连年不断的宗教战争弄得倾家荡产。他们的生活方式也是极其有害的，因为贵族生活就是不进行任何有利可图的活动，穷奢极欲、相互赠送重礼、宴饮作乐、攀附结亲、宗教布施、提供军费、入宫效力。没有几个绅士着力出售谷物、牲畜和羊毛以求最大限度地从土地上获益：他们完全可以堂堂正正地这样做。大多数绅士负债累累，不得不将土地卖给市镇的商人、王家官员乃至富裕的农民。大多数中、小型采邑落入市镇的资产者和农民之手，只有较大型的采邑仍在贵族手中。封建制度在国内大部分地区已没有任何意义，已不再为采邑服劳役，甚至没有人知道诸如巴黎以南、博韦和里昂周围地区这样一些地方有领受这种劳役者存在。绅士们也对其被排斥在大多数官职之外心怀不满。他们意识不到自己浅薄无知；他们书写起来大多犹如孩童般字迹潦草、拼写标音错误百出。他们指责卖官鬻爵和年税（如果缴了这年税，占有官职者可以随意转让官职；万一他突然去世，他家属可以随意处理他的职位）。因此，许多官职一直留在同一家族之手；这些官职的价格不断上涨，只有官员和商人买得起。

各个地区的情况不一样。在诸如博韦这样一些资本主义和商业最发达的地区，乡绅显得特别软弱无力；这一等级必将逐渐消失，但渴望社会进步的官员和商人们涌进了这一等级，他们购买采邑，靠一纸特许证书或靠买得国王书记官一职抑或靠三四代贵族式生活赢得的声誉被封为贵族。贵族尚存，但贵族家庭变了，新贵族们的观点不一样了。博韦等地贵族被连续不断的宗教战争弄得没落了，新贵族恢复了其一定程度的生气；他们没有参加反黎塞留暴乱，也没有参加投石党运动。

其他地区（例如布列塔尼、奥弗涅、利穆赞、克尔西和佩里戈尔）绅士的情况相对较好，采邑依附关系和封建主仆关系比较紧密。绅士们比较注重他们对大家族应尽的义务和他们自己享有的领主对农民的控制权——他们往往残暴专横地对待农民。奥弗涅的卡尼拉克爵士几乎在这一整个期间像国王那样向农民强征直接税和间接税，滥用他享有的司法权，因一点琐事抑或无缘无故地关押一些不幸的可怜虫，为的是要他们拿钱买自由。卡尼拉克家族甚至控制着克勒芒市，使国王的代表什么事也干不成。还有一些贵族非法征税、非法强征劳役、侵占教会的什一税。

歉收年景，王家税收使领主的税收减少，这导致贵族煽动农民反抗王家征税、攻击王家征税官。贵族势力强大的省份经常发生影响十分恶劣的反抗行动。

对国王说来，幸运的是贵族没有组织起来形成一个切实的政治集团。在一些像奥弗涅这样的省份，遗留有一种贵族代表职位，但任职的代表必须征得国王的同意，而这一职位只是名誉性的。出席1614年议会的贵族代表们在投石党运动期间只是跟随显贵和亲王们的行动而动，没有一丁点儿实际独立性。

贵族衰落了，因为其军事、骑士理想及其坚守等级制的渴望使其远离资本主义商业。资本主义商业是港口城市（鲁昂、南特、拉罗谢尔、波尔多、马赛）、交通要冲（里昂、图卢兹、普瓦捷、巴黎）、肥沃平原上四通八达的城市（诸如亚眠、博韦、诺瓦永、苏瓦松）的命脉。这些地方的商人和官员们在经济和社会上控制着周围相当大面积的地区。就拿博韦为例吧。这座城市至今很少受到人们的关注。这座城市不是一座主要的工业和商业中心，因此以它为例很能说明问题。[①] 那儿少数大商人掌控着整个纺织业。他们从诺瓦永、苏瓦松、布里、博斯等地区，甚至通过鲁昂从西班牙购买羊毛；他们从马扬纳、拉瓦尔和夏托—贡蒂埃，也从阿拉斯以及西属尼德兰的图尔内和库尔特雷购买亚麻和亚麻纱进行漂白。他们控制着城乡的纺织加工业，生产精细上等毛料；产品可跟1635年同西班牙爆发"公开"战争之前的佛罗伦萨毛料相媲美。战争爆发后他们转而生产耐磨的粗呢料。1635年之前，他们在法国北部地区出售毛织品和亚麻织品，并通过鲁昂和迪耶普将其卖到西班牙和美洲，在西属尼德兰销售。1635年之后，他们越来越重视里昂并通过里昂向东部地区和地中海沿岸地区发展。他们认为要为大批人的生计负责：他们也的确是在博韦雇用了数千人。这些雇用人员分属不同工种：拥有数台织机的布商、织布工、精梳工，拥有一台织机的人、日工。布商们还雇用一些辅助工种工匠（诸如染匠、漂洗工、剪切工）。只有少数制呢商独立于大商人；他们可能拥有6—20台织机以及生产呢绒所需的其他设备（漂洗机和染色机除外）。他们的货不经大商人之手即直接在特鲁瓦和巴黎市场上销售。博韦以北高原上成千上万的农民依靠着城市的商人。工人占农村人口的2/3，冬季为他们纺织毛料和亚麻布。有些人有自己的织机，出售未加漂白、染色的布匹，但大多数人是靠商人的代理

[①] See Pierre Goubert, Familles marchandes sous l'Ancien Regime: Les Danse et la Motte de beauvai (SEVPEN, Paris, 1959); and Beauvai et le Beauvaisis de 1600 a 1730 (Paris, 1960).

第十六章 法国的政治制度和社会（1610—1661年）

人提供设备和原料从事劳动领取工资的。然而他们每个人可能都有一座小屋、一块园地或田地。全地区的已婚和未婚女子都在为博韦、亚眠、巴黎、佛兰德、荷兰和英国将羊毛纺成纱线。商人在乡下的代理人通常是有那么30英亩地、两匹马和一张犁的农民，他们通常从事运输纺织品和其他产品工作。整个平原上人们的生活全靠博韦的商人支撑。上层阶级跟商人的活动也有关系，因为商人的部分资金（定息贷款）来自上层阶级，当斯家族和拉莫特家族就是这样的。

再者，就连一些交通困难的偏远地区也可能成为长途贸易的中心。布里夫地区诸教区只生产其所需谷物的1/10。它们从克尔西、佩里戈尔、奥弗涅购取其余所需谷物，用从在利莫热出售葡萄酒和在波尔多卖牛所得钱款支付。几乎是整个法兰西都卷入了商业经济（trading economy）——有时是商业资本主义——大潮。

商业可能是一个家庭两三代人的追求，但商人身份不是这些人的终极理想。商人们收买采邑和领地；他们的女儿进入修道院抑或嫁给官员或小贵族；他们的儿子可能成为牧师、修道士、在大教堂任职的教士抑或政府官员。而后，一家之主过一阵子会不再做生意，买取执行官的行政、司法管辖区抑或教区的职位，或者当个大教堂的封地收税官。新官员的儿子会买取一官职（诸如国王的书记官、巴黎最高法院或鲁昂最高法院法官），成为贵族；它将根据其职位获得相应的头衔。这新贵族的儿子可以从军、买军职，成为真正的贵族，过上符合贵族身份的生活，家庭从此走上自我毁灭的道路，必须出售土地谋生，最后为其他家庭所取代。兴起、成功、式微、毁灭的历程在大多数情况下经过五至七代人。1789年时，法国贵族大多是这一历史时期开始兴起的家庭。

图桑-富瓦就是这种官员的一个好例子。他是一名教区法庭法官；① 他死后，他积聚的大量财富于1660年和1661年被尽散。他遗留下17.1万里弗赫。他的官位约值这个数的6%（1万里弗赫），拥有的土地和领地值这个数的55%，库存食品值这个数的9%。他是博韦主教管辖区、两家大教堂和一家修道院的封地收税官；他拥有565

---

① 上帝选定的地区设有一个法庭，由大约20名法官组成，审理人头税和其他税收引发的案件、监管税额的估定和征收。

夸脱小麦和225桶葡萄酒，在博韦租借五处房屋存放这些物品。1660—1662年间物价上涨。1660年6月小麦价格为27里弗赫，8月上涨至38里弗赫，10月上涨至42里弗赫。人家欠图桑-富瓦的债款1030笔，总数达23113里弗赫，主要是农民的欠款。投石党运动期间物价上涨，他在1647—1653年间收回603笔债款。他另外还有上千笔债款，据此从1646—1657年接收了许多块抵押的土地，发展成了七处地产。

并非所有的官员都是文化人，许多人只是个管理人。他们的书房里只有一些祈祷书和法律手册，但通常到第三代这样的家庭就出人文学者、法律学者和神学研究者了。博韦教区的乔治·勒布谢1632年在其书房里有：伊索克拉底、柏拉图、普卢塔克、西塞罗、李维、塞内加、（图尔的）格列高利、罗贝尔·埃蒂安纳、洛伦索·巴利亚、卡尔文、奥利维埃·德·塞尔、卡丹·勒布雷、亚塞尼乌斯和安托万·阿诺尔等人的书，72部对开本和411部四开本书籍，大量活页文选和小册子以及《好色之徒梅尼佩》。

图桑-富瓦的例子还表明了市镇对乡村的控制这一方面的问题：农民应交的封地税和债款。坏年成高粮价使收取实物地租（谷物）的商人和官员比好年成获益更丰，而农牧民则忍饥挨饿。社会结构使一些人穷困潦倒，同时又使另外一些人富裕起来。坏年成小农只好向富裕农民（它们通常是什一税和采邑税征收人）抑或商人或官员（当地的领主）借贷以支付所有的费用——食物、种子、税款和债款。农民用土地作抵押；如果农民到期无力偿付债务，债主最后就会出售抵押的土地。对农民说来，这几乎就是一种抢劫。1664—1665年在奥弗涅进行的特别司法审查期间，当地农民们以为王家审查官会将他们不得不转让给领主的土地还给他们。

商人和官员们控制着市政机构，成为助理法官、执政官和市长（拥有实权的市政会成员）。一些市镇的市长由国王指定，有些市镇则由王家官员严格控制其市政会成员的遴选以及他们的活动。博韦尽管靠近巴黎，但王家官员的影响很小。市政会由一选举团选出；选举团中下层纺织工人有10票，而商人和官员则拥有21票。因此，1600—1655年116名助理法官中有84人是商人，除2人外其他市长都是商人。市政会征收堡垒维修费、负责防卫、分派税收，还拥有警务职能。① 博韦主教（法兰西伯爵、贵族）拥有司法大权，并有权向巴黎最高法院上诉，他因此握有警务大权。王家法官只关心涉及王家问题的案件，教区只管税收的分派和财务争端。地方当局控制着工人的生计。主教的法官确定一种低标准的工资，上下浮动有限，物价上涨的危机时期工资就更少了。工人们生活非常艰难，常常没有面包可吃。在收成极差的年头，再加上疾病的流行——"死亡"时期——工人们最惨，特别是 1660—1662 年、1648—1653 年、1660—1662 年间尤甚。博韦最贫穷的 1/4 人口预期寿命为 18 岁。工人们对当局和其他社会集团的态度变化无常。食品价格上涨时，他们起而反对雇主和市政官员，会受到资产者民团——三支享有特权的治安部队——的镇压。如果国王对市镇的要求太过抑或对布匹征收的税太重，资产者和工人们会联手加以反抗。一些市镇的商人和官员煽动工人闹事，无意平息骚乱。受到外敌入侵威胁时，博韦重又团结一致。资产者武装、训练工人，组成四支部队，由布商指挥。这发生在科尔比被西班牙人占领的 1636 年；又有数次发生在投石党运动期间——特别是 1652 年反抗亲王们、1657 年再次反抗亲王们期间——西班牙骑兵入侵时。

"死亡"时期会夺走农村 1/3 人口的生命。日工死亡率最高；一些工匠的死亡往往引起长期的经济危机。1630—1632 年、1648—1653 年和 1660—1662 年 "死亡" 时期留下了长期影响。其影响是复合的，导致赤贫，担心人手和资源短缺。饥民成群结队涌向市镇，农民纷纷起事。这种乱局在博韦地区不那么严重，因为绅士和贵族还是一直忠于国王的。的确应该注意到：暴动主要发生在统治者（绅士、官员、商人）煽动农民起事反对王家财政代理人的时候；暴动通常是从杀害一名收税官开始。

尽管领主、贵族、商人和官员们有反对国王财政索取（战时的这种索取严重地影响了地租和封地税的收益）的这样一个共同斗争目标，但国王的政府从未遇到过他们联合起来进行的斗争。而国王有他自己的忠诚属下，可以依靠他们。贵族瞧不起资产者，而资产者却

---

① police 拥有比当代警察广泛得多的职能，诸如控制工资、控制物价、规定度量衡、管理食品供应和节假日。

羡慕贵族。执行官辖区和皇家地方法庭的官员们——他们不是贵族——羡慕最高法庭（特别是最高法院）的法官们——他们会因其职位而被封为贵族；教区法庭法官对法兰西财务官怀有敌意。[①] 农民和工人缺乏阶级觉悟，市镇和各省只关心自己的特权。法国人彼此的共同点、他们的社会理想和生活的支柱均备于国王，所有的反对势力都想回到与王国的独立和生存发展、个人自我表现得以充分发挥不相容的旧时政治、社会制度。国王及其支持者们奋力建设着国家，代表着进步的力量和未来。

玛丽·德·美第奇保留了亨利四世的大臣和枢密院。主要决定由秘密会议做出；秘密会议成员有国务大臣维尔鲁瓦、巴黎最高法院院长让南和法兰西掌玺大臣西勒里，但实际统治权掌握在一宫廷小集团手中；小集团成员有亨利四世的听取忏悔神父耶稣会士科通、罗马教皇的使节教廷大使乌巴尔迪尼、王后的女侍臣莱奥诺拉·加利盖及其丈夫佛罗伦萨人孔奇尼（像他这样的宠臣当时在欧洲为数众多，因为许多国王对专制主义的渴求极其强烈）。亨利四世的老朋友苏利1611年1月26日辞官离任。

王后—摄政王是个外国人，国王是个小孩儿；新政府乐意实行一种与西班牙和平共处、结成联盟的政策，确认了路易十三与西班牙长公主安娜·德·奥斯特里亚的婚约（《枫丹白露条约》，1611年4月20日）。内政方面，玛丽·德·美第奇精明地让权贵们在宫中任意寻欢作乐，向他们施恩行惠。即便如此，他们仍私言密语：国王的时代过去了，亲王和权贵们的时代到来了。他们贪得无厌，最终起而暴乱。1614年2月，孔代、马扬内、纳弗尔、布荣和隆格维尔诸亲王返回他们各自任省长的行省，集结武装强烈要求召开议会。摄政王领着路易十三巡视各省，马上少年国王的形象激起了民众的崇敬之情。她进而于1614年10月2日宣告国王已届亲政的年龄。忠于君主制之势日盛，选举策略不利于亲王一伙。

议会1614年10月27日在巴黎召开，但由于等级之间的分歧难以成事。第三等级的大多数成员是官员。贵族要求废除年税，第三等

[①] 财务官是新近刚设的职位，组成财政管理局，监管各财政区的圣徒和其他财务官。

级随之要求废除年金。双方恶言相向。民事法庭主要官员①亨利·默斯梅曾说:"三个等级是三兄弟,是同一个母亲法兰西的孩子。"一些绅士就此说道:他们不想要皮匠和鞋匠的孩子称他们为兄弟,他们之间犹如主仆之间那样差别很大。第三等级也跟教士不和。他们想要教士们宣告国王的权力直接源自上帝,教皇无权废黜国王;而教士们则断然加以拒绝。政府解散议会,代表们各自回家(1615年2—3月)。一直到1789年他们才再次聚会。

然而政府认为宣告减少年金和废止卖官鬻爵是可取的。各最高法庭也在积极行动;1615年3月28日巴黎最高法院决定召集亲王、公爵、贵族和王国政府主要官员讨论"国王的职能、减轻其臣民的负担、其国家的利益"。最高法院试图自行恢复中世纪法庭,甚至恢复法兰克族会议,任意插手国家事务。这就意味着国王要永远从属于握有兵权和教权的两大统治集团——它们组成贵族统治政府抑或是一种类似于政府的机构。② 但国王自己认为"只对上帝和自己的良心"负责,而"君主至高无上的权力是上帝的全能的反映和恩泽,官员们的权力因而是君主至高无上权力的一种反映"。他命令最高法院停止活动。他同时于1615年5月13日决定继续卖官鬻爵、允许官员们不再缴纳年税。各最高法庭偃旗息鼓,开始想方设法保全脸面。依1615年5月23日敕令,亲王们被确定犯有大不敬罪。

大臣们这会儿都老了,"胡子都花白了"。他们在卢登媾和(1616年5月3日)。孔代及其支持者们得到了大量金钱。孔代成了枢密院院长。他在谋划篡权、修改律令(使之有利于自己)。孔奇尼起用忠于国王的能人顶替各大臣,任命太后的管家巴尔班为财政主管,任命普罗旺斯最高法院第一院长为掌玺大臣,任命吕松主教黎塞留为负责外交的国务大臣(1616年11月)。新大臣们将孔代投入巴士底监狱,派遣三支王家军队前往镇压叛乱的亲王们。成立一紧急委员会处理来自各省的报告。这一委员会类似于内务部,负责恢复法律和秩序。一些钦差大臣被派往各省;他们通常拥有非常广泛的权力:诸如顶替原来的法官审理案件、决定所有行政事务、监管市镇和乡

---

① 夏特莱城堡民事法庭主要官员,同时负责巴黎的警务工作。
② See above, Chapter Ⅲ.

村。这一委员会有权管辖钦差大臣；钦差大臣与最高法院发生冲突时，该委员会则废止最高法院的法令。幸亏有这些钦差，国王才不再依靠弄权的官员们。黎塞留与跟布荣公爵友好的德意志新教徒进行谈判，阻止了叛乱者们从帝国招募兵丁。他还主张路易十三统领基督教世界。

孔奇尼推行的这一政策是真正的君主制政策。但路易十三被撇在了一边，恨透了他母亲的这位亲信。他决定用自己的亲信夏尔莱·达尔贝尔·德·吕伊内顶替孔奇尼。国王拥有司法全权，可以不用法庭判处死刑；"以国家的名义"使判决更形合情合理。王室卫队长维特里受命执行判决。1617年4月24日孔奇尼被枪杀在卢浮宫大门口。贵族们蜂拥在路易十三周围，高呼"国王万岁"。路易十三召回前大臣。玛丽·德·美第奇被放逐到布卢瓦。孔奇尼被除，亲王们没有彻底失败，也未无条件投降。

路易十三钟爱吕伊内，封他为公爵和贵族，使他拥有全权。但这位宠臣乃平庸之辈，使王国处于危险境地。为了使公众，特别是官员们满意，他召集一次显贵大会改造王国。最高法庭的官员们在会上拥有与贵族同等的权利；根据会议的提议，1618年颁布一重大法令。法令就枢密院对最高法庭、钦差对各省的权力做出了限制。但从未得到严格实施。吕伊内使家人和朋友暴富，与勒斯迪吉埃尔、孔代和吉斯携手协力：其结果是其他大贵族1620年让出了他们的省长职位。马耶纳和德·埃佩尔农分别到吉耶纳和圣通热任职，隆格维前往诺曼底，与王太后进行了接触。政府被迫恢复官员们的年税（1618年被取消）以重新赢得他们的支持，从而在蓬德塞轻松地赢得了胜利（1620年8月）。吕伊内发动了一场广泛的天主教运动，支持皇帝斐迪南二世，帮助他打赢了白山战役，让西班牙占领了沃尔特利纳——这有违法国的利益。他试图在贝阿尔恩恢复天主教，宣布亨利四世的前个人领地贝阿尔恩和纳瓦拉并入法国王室（1620年）。新教徒们起事；吕伊内任统帅围攻蒙托邦，未果，不久死于紫斑热（1621年）。

路易十三年届二十一，想要成就一番伟业，想要享有无限权力。他1621年6月25日攻克新教市镇圣让当热利后，拒不跟叛乱的臣民讨价还价。他们被迫恳求饶恕，他满意地接受了他们的乞求。从此以后他一直采取黎塞留主张的政策。吕伊内已殁，无人挡道碍事，他

1622 年开始改革枢密院。他无畏、诚心、认真地履行着其宗教义务，又对国家的发展状况十分了解，但政治能力差。他难以重新把握外交形势，将主导权让给了哈布斯堡王朝。在内政方面，他又难以压服反对派新教（《蒙彼利埃和约》，1622 年 10 月 18 日）。他认为大多数公众要求进行的天主教改革工作还不够。在圣弗朗西斯·德·萨莱[《论上帝之爱》（1616 年）]的影响下"一股神秘主义浪潮席卷了整个法国天主教界上层人士"。祷告成了改革宗教教派的手段。牧师一般都不学无术、粗俗不堪，难以成为好教士；布尔杜瓦斯 1612 年组织圣尼古拉斯·迪·夏尔多内会，而贝吕尔已于 1611 年 11 月 11 日成立了法国奥拉托利会，影响了万桑·德·保罗。与此同时，自由思想兴起流行，1623—1625 年间其主要代表人物是诗人泰奥菲尔·德·维奥，他的淫诗集《讽刺诗》1623 年面世。宫中所有年轻贵族都追随他。梅塞纳估计巴黎有 5 万不信神者；虔诚的信神者十分震惊，要求政府强力抑制自由思想，大力支持"天主教复兴"。

而路易十三则起用孔代、布吕拉尔兄弟和拉维厄维出任大臣。他们在国内要为维护正统信仰而斗争，在国外又攻击要求成为正统信仰捍卫者的哈布斯堡王朝；他们面对着这样相互矛盾的政策，都未能完成任务。当时路易十三跟他母亲和好如初；他母亲封其亲信黎塞留为红衣主教（1622 年 9 月 5 日）。路易十三不信任他，但这位红衣主教通过太后指出了君主制的壮丽前景，提出了君主制成就伟业的方式。1524 年 4 月 29 日他获准加入枢密院；为了打败异教徒和奥地利王朝，路易十三在舆论的压力下于 8 月 13 日任命黎塞留为枢密院院长。

路易十三是个有自知之明的国王，深知自己能力有限。许多人找他表示愿成为执行他意愿的工具，条件是要有路易十三的全力支持；他从这些人中挑选了黎塞留。这两人都是天主教徒，又都是军人，两人真诚的友谊大大提高了忠诚度。黎塞留是个干事的人：有抱负，有决断；他使犹犹豫豫的国王抱有信心，使国王具有坚定其意志的力量。他通过口述、呈递大量备忘录，向国王详详尽尽地陈述赞同和反对各项决定的理由，但最后做决定的还是国王。"这两个人一心扑在法国的繁荣昌盛上，为国家利益牺牲一切。"

1630 年之前，黎塞留一直未能完全掌控枢密院。枢密院的成员里有掌玺大臣马里拉克（1626年）、拉罗什富科红衣主教、达利格尔掌玺官和朔姆伯格。这些人听命于太后，比较关心国内改革和反异教斗争，不太注重反对奥地利王朝的斗争。因此，黎塞留1625年提出一个意义深远的倾向于贵族的改革计划：取消年税，禁止卖官鬻爵，打破枢密院中三个等级之间的均势（然而高级教士主要来自贵族等级）。黎塞留想要退回到不那么专制的君主制、恢复旧等级制度、组织大型参政会进行统治，确保比旧贵族低一等的地方执行官的权力和社会地位。他因此撤免了许多钦差。他攻击异教徒和自由思想家们的宣传说教，限制印刷商人数，禁止私人拥有印刷机，只允许巴黎和里昂之外的印刷商印刷出版《祷告经文集》、教义问答和学者文章（1626年）。

他认为必须制止哈布斯堡王朝霸权的扩张，而哈布斯堡王朝的扩张必将重新引起罗马教廷与帝国的矛盾。因此他攻击它们在沃尔特利纳与热那亚之间的交通线，资助它们的荷兰、德意志反对派。他转向反对天主教列强时，新教徒们在苏比斯亲王和亨利·德·罗昂公爵的领导下决定在拉罗谢尔、塞文和上朗格多克起义。与此同时，天主教集团、王太后、达利格尔和马里拉克听从神父贝吕尔的建议与哈布斯堡王朝和好，让它全力镇压欧洲的异教。国王的兄弟加斯通·德·奥尔良、亨利四世的私生子旺多姆兄弟、苏瓦松伯爵、隆格维公爵和舍弗勒斯女公爵开始密谋反对国王和黎塞留，西班牙人得到安娜·德·奥斯特里亚的报告后向他们提供支持。黎塞留不得不放弃他的反哈布斯堡王朝计划，与胡格诺派教徒协议和解（1626年2月5日），与西班牙妥协（《蒙松条约》，1626年5月）。这表明黎塞留必须牺牲一切以确保国王的绝对权威。路易十三下令将谋反者之一的夏莱侯爵斩首（1626年5月）、放逐舍弗勒斯夫人，将安娜·德·奥斯特里亚晾在一边。大贵族们一时沉寂。孔代亲王支持黎塞留；黎塞留放弃他那为贵族服务的计划转而关心高级教士、法官和市镇官员们的利益。他召集了一次显贵大会（1626—1627年），大多数与会者都是最高法庭成员。他们反对钦差们的作为和枢密院从普通法庭调案；黎塞留对这些问题无能为力，但他放弃了废止年税和卖官鬻爵的计划和在枢密院中打破三等级均势的计划。他们心满意足地返回了家乡。

枢密院分为几个部门，理论上是个一体机构，其成员主要是高级

第十六章 法国的政治制度和社会（1610—1661年）

教士和法官；国王通过一些在贵族们看来只不过是"商人"者进行统治。1630年的一系列敕令完善了枢密院的重组工作。国王在其内阁会议上与一位抑或多位大臣共同决定重大问题，再由高级会议认可。

高级会议由国务大臣们、首席大臣、掌玺大臣、财政总监和负责外事的国务大臣组成。这一会议主要关心的是大政方针，也关注不利于其他委员会和公共安全等一切事件。大臣们被授予特权，"就职"后尊称为大臣。他手下有数位办事员——他的"仆人"。他们从此从国王那里领取薪金和其他开支；真正办事的大臣们初露锋芒。

只关心施政、不关心大政方针的其他委员会开始形成一行政官员团队。安德烈·德·奥尔默松的经历就很典型。他先是诉讼律师，而后成为枢密院的报告起草人（筹划立法、司法等事项），后来获授特权，1655年4月进行了宣誓。他履职前是香巴尼总督，而后进入国务会议和枢密院，1626年一年服务三个月。在被派遣任布列塔尼领地专员后，1633年1月进入国务会议和枢密院，一年服务六个月。而后他被提拔，成为财政委员会和其他委员会的委员。1635年4月他获准享有常任委员特权。

枢密院的资料都要存放在卢浮宫，但管理不善，大臣和国务秘书们自己保管自己的材料。众多临时和常设顾问委员会策划委员会的事项。国王大多从各委员会抽调人员出任专员和钦差。国王的权势得有现金支撑。黎塞留于是向热心的显贵们提出了一个重商主义计划；他至少在1630年之前是一直实施这一计划的。1626年3月他接获"贸易与航海大师、首领和总指挥"头衔。他要让法国人尽可能地多生产、出口物品，尽可能地少购买外国产品。免征原材料进口税，大大提高制成品进口税和原材料出口税。他梦想用一纸《航海条例》、用一条连接萨奥纳河和卢瓦尔河的运河以避开直布罗陀海峡，使法国成为"全世界贸易的共同货栈"。他竭力提高贸易在人们心目中的地位。马里拉克拟订的1629年法令允许贵族从事海上贸易，不会有失身份，同时封长期从事海上贸易的船主和商人为贵族。黎塞留希望直接从其原产国获得用于纺织业的生丝和染料，撇开荷兰的经纪人。1626—1628年间，包括德斯·阿耶·德·库尔默南在内的使者们分头与巴巴里海盗、苏丹和贝都因人谈判订约，重开地中海—幼发拉底河前往印度和波斯的通道；这就毁了英—荷海上商路。这一努力失败了，他于是试图打开一条经过波罗的海、涅瓦河、伏尔加河、里海抵达波斯的通道。1629年德斯·阿耶·德·库尔默南从丹麦那里获得通过松德海峡时少收关税的承诺。俄国沙皇允许在阿尔汉格尔斯克、诺夫哥罗德、普斯科夫和莫斯科从事贸易活动，条件是法国人必须通过俄国商人获得亚洲物产。1630年有20艘法国商船驶抵俄国，1631年为72艘。后来战争终止了贸易活动。

黎塞留原打算为开展大西洋贸易开凿一条从巴黎到鲁昂的运河，使巴黎成为一个港口。他想使加拿大成为一个"新法兰西"。他想开辟通往中国的西北航道，从事生丝和香料贸易。他组建了贸易公司：莫尔比昂公司（1626年）、纳瑟尔德圣皮埃尔百合花公司（1627年）和新法兰西公司（1628年）。但战争阻止了公司的活动。

法国有个新教国，与国王的权力势不两立。南特敕令颁布后，新教徒们组织了起来，成立了全国大会、省议会和八大军区，设立了要塞，组建了一支正规军，任命了最高统帅。国王将一个新教国和一个天主教国联合一体，这意味着一种政治上的二元性、一种联邦制，这种联邦制促使主张贵族统治运动的生成。虔诚的天主教徒们及其领袖贝吕尔（1627年成为红衣主教）怂恿黎塞留攻打新教重镇拉罗舍尔——法国的主要港口城市，新教徒们通过这里可以同英国与荷兰交往联系。发动进攻正是时候。新教徒们的热情在消退；他们越来越怀疑得救预定论和自由意志论；他们的宗教原先笃信上帝，慢慢变成了一大堆教规和条例。贵族中许多人皈依了天主教。莱斯迪吉耶雷公爵成为天主教徒后当上了军官，被授予圣灵勋章。就在围攻拉罗舍尔开始时，拉特雷莫伊公爵皈依天主教。新教徒占据着宫中重要的财政职位和王国南部的一些司法部门，乃至全部监狱机构。他们喜欢自己的工作，年税使他们的工作更具价值。他们认同官员们的重商思想：墨守法规、精明强干、注重秩序、想望等级制度。新教市镇中，官员和商人们垄断了市政机构，害怕民众动乱。他们在国内战争时期也害怕罗昂公爵的独断专行。他们渴望和平和秩序。

1627年，拉罗舍尔的民众在英国的煽动下起事。只有南方的少数新教徒随之行动。白金汉公爵登陆雷岛，但11月路易十三和黎塞留迫使英国人撤走；为防止他们从海上救援拉罗舍尔，黎塞留修筑了一条长长的防波堤，布满了大炮。英国舰队于1628年5月11日被赶走，陷于饥荒的拉罗舍尔英勇抵抗一阵后被迫投降：国王11月1日进入拉罗舍尔。

战争在南方继续进行，但1629年4月24日英国在苏士达成协议。罗昂与国王签订一军事联盟条约，然而废纸一张，新教徒们誓死不屈。国王拒不同其臣民谈判，但1629年6月28日根据阿莱特赦令，起义受到宽恕，重申南特敕令，但敕令只不过是说说而已：所有堡垒工事全部被拆除，新教组织统统被解散，罗昂公爵被迫亡命国外。新教国不复存在。

与此同时，枢密院在努力进行改革。掌玺大臣马里拉克1629年1月首呈公文，提出禁止在王室和军中卖官鬻爵、限制最高法院的否决权（最高法院只能延迟公布敕令两个月）、立法认可钦差职位，以限制高级法官、高级教士们的权力。黎塞留宣布枢密院的意旨不是九年期而是一年期的年税。"最高法院被激怒了，王国形势骤变。"拉罗舍尔陷落后，国王得干预意大利、反对哈布斯堡王朝，必须增加税收。1626—1628年农产品价格暴跌，农民陷入困境。1628年后连年歉收，谷物价格飞涨；饥荒加"瘟疫"流行导致了1630—1632年的高"死亡率"。1627年和1628年已发生了民众动乱。王家官员为强制借款和工资上涨需资本支付所累，袖手旁观抑或私下里纵容动乱。1629年和1630年，就连最高法院也公开反叛了，砸开王室金库攫取拖欠他们的薪金，煽动民众抢劫军队粮库、攻击钦差。农民、工匠武装起义越来越多，形势越来越严重。同时进行战争和实行王国改革是不可能的。黎塞留要国王做出"伟大抉择"。路易十三可能会听从虔诚的天主教徒马里拉克和王太后与西班牙媾和、决定清除其王国里的异教、尊重其臣民的合法所有权和自由、尽力使其臣民幸福。黎塞留指出：不可能强制异教徒皈依天主教；国王的安全和国家的独立是幸福之最；在考虑改革前必须消除哈布斯堡王朝这一威胁。国王听黎塞留的，1629年5月21日任命他为"首席国务大臣"。1630年4月，黎塞留采取决定性步骤，拒绝让出皮内罗洛这一前往意大利的通道，因此开始了反哈布斯堡王朝的长期战争、放弃了"一切安静生活、发展经济和整顿王国内政的思想"。他首先开打了一场隐秘战争，支持哈布斯堡王朝的敌人——联合省和古斯塔夫·阿道夫，袭击交通线；瑞典人在诺德林根失败后，他开始了与西班牙和帝国的"公开"

战争。

玛丽·德·美第奇被黎塞留吓到了，多次要解他的职。1630年11月10日，她与国王和黎塞留碰头，场面十分难堪——她以为她胜利了。11月11日朝臣们急忙朝见她，纷纷向她祝贺；但国王让黎塞留放心：他信任他。第二天消息传出：马里拉克已被逮捕，黎塞留大权独揽。上当受骗后，玛丽被迫最后一次流亡国外，加斯通·德·奥尔良退隐至其封地策动叛乱。国王宣布他兄弟的同伙们犯有大不敬罪，但巴黎最高法院拒绝认同国王的宣布，认可了叛乱。国王开除最高法院的一些官员，禁止最高法院插手国家事务，同时又废止了1629年法令，恢复官员们的年税，继续卖官鬻爵。最高法院置叛乱者于不顾，扣下财政法令。加斯通·德·奥尔良怂恿朗格多克省长亨利·德·蒙莫朗西叛乱：他们在卡斯特尔诺达里被击败（1632年9月1日）。亨利被斩首；加斯通逃往布鲁塞尔，与法国敌人洛林公爵的妹妹玛格丽特结婚，成了麻烦不断之源。国王持续施压要他解除婚约；加斯通最终（1634年10月8日）让步，回到法国。

黎塞留1630年后可以任意行事了。他统治时期的重要任务是反哈布斯堡王朝的斗争。这就促使路易十三和黎塞留组建一个随心所欲的中央集权、主张人人平等、开始变革的政府，独断专行发动战争。政府的所有活动旨在解决两大问题：财政问题以及民众对战争的看法。

最高法庭对财政法令提出了七八条意见，拖延批准财政措施。为了消除这种抵抗、结束对最高法庭的信任，国王不在时让枢密院控制最高法院。从1632年开始，枢密院有权废止最高法院的任何一个有违公众利益抑或国王权限的法令。国王根据1641年2月21日法令，又最终将有关财政问题正式登记前所提意见数减至两条，而只能在国务问题正式登记后提出意见。他限制最高法庭的司法作为："设立法庭只是评判A和B之间的是和非。……如果法庭继续干不该干的事，我就要你们吃不了兜着走。"

国王对他派往各省的财政官员很不满。他抱怨他们太过拘泥于法规。如果最高法庭没有核准法令，法国财务主管们拒绝批准征税；他们之所以能这么干，是因为他们成立了联合会，可以提出意见。再者，这些官员主要视其坐拥的职位为一种荣誉，使他们在当时的社会上具有地位,从而玩忽职守、懒政懈怠。1634年,驻韦塔蒙钦差发现波尔多的一些官员未能向他提供任何有关教区应征税收的资料、对人头税的估定60年未变。也就是说:教区法庭法官低估了其朋友、亲戚或上级有土地、房屋和承租人的教区应缴税款,重税落了其他人头上。如果富裕、有影响的纳税人——"教区的头头们"和贵族的土地承租人——免税、最贫困者榨不出税来的话,他们则另觅他途。向那些缴不起税的人征税,征集不到税。地方官来时,贵族、领主和官员们将居民们放进他们的城堡、藏好物品、谷物和牲畜以免遭扣押;如果需要的话则应用火器驱赶税务官。在领主和贵族们的煽动下所有教区都反了。王家法官不着力惩处罪犯,而是帮他们逃跑、帮他们躲藏起来。为了以税收增加收入、减轻"赤贫、最无助者"的税负和防止叛乱,政府1631年后加派监督员赴各省估定教区间和个体纳税人之间比较公平合理的税额。这些任务优先委派给行政法院的查案官和主管司法、警务及财务的钦差——他们又新加了一项财务大权。他们的任务是临时性、地方性的。需要时,钦差充任法兰西财政大臣、教区法庭法官抑或教区人头税估税员和收税员,并对所有官、民进行全面监管。这些任务越来越经常;根据1642年8月22日法令和1643年4月16日公告最终将财政官和日常管理财务者的所有职责就转交给了钦差们:他们被授予广泛权力,可严惩任何一个拒不纳税者。财政官们的"联合会"仍在,但不起什么实质性作用了,钦差在特定情况下有权不理睬它,它完全丧失了提意见、进行抵制的权力。联合会为钦差们储备了人才,钦差们可以从中挑选忠于国王的专门人才。这本是个权宜之计,但战争使其延续了下来,并使其成了一种制度。①

　　为了保持全体国民高昂的士气和斗志,路易十三和黎塞留广泛地应用了政治监视。专员们、钦差们、国王的拥护者们和所有官员联合会及市政当局里的密探向黎塞留、掌玺大臣塞吉埃和国务大臣们递交报告;除此之外,到处都有黎塞留派遣的间谍和密探。他每天早晨起床时,巴士底狱典狱长、邮电局局长和刑事法庭庭长都要向他报告巴黎

---

① See Roland Mousnier, "Etat et Commissarie. Recherches sur la creation des intendants des provinces (1634–48)", Forschungen zu Staat und Verfassung, Festgabe fur Fritz Hartung (Berlin, 1958).

的流言和犯人的举动。钦差们受命编造国家敌人的叛国案件。"红衣主教的刽子手"伊萨克·德·拉弗马以会捕风捉影、编造大不敬案件、会刑讯逼供而臭名昭著。枢密院有一个委员会专事判决，通常是根据推定犯罪进行判决。国王、黎塞留和枢密院一致认为：对阴谋是无法获取确凿证据的，必然是要等待诉讼的最后结果。政府大多施行无限期预防性监禁，不经过特别法庭。仅凭一纸逮捕令就将人收监，巴士底狱充满了有名的犯人：克拉曼伯爵、巴松皮埃尔元帅和巴拉达——令人惊奇的是：此人是路易十三的宠臣之一。路易十三和黎塞留认为光靠权力难以控制王国，要用各种各样的宣传手段影响公众，争取他们的支持。他们利用报刊：诸如方康、佩莱蒂埃、弗里埃和桑西这样的一些小册子作者捍卫国王的政策，埃·迪·夏斯特莱、让·西雄和西尔蒙等学者也捍卫国王的政策。1631年之后，泰奥弗拉斯特·勒诺多出版周刊《时报》（一种官方期刊）：黎塞留提供新闻消息，路易十三撰稿。《法国信使报》登载法国和欧洲官方重大事件。

路易十三和黎塞留爱好具有一统和等级森严美感的古典艺术，反对表现差异性的巴洛克风格作品。国王和黎塞留自己搞创作，鼓励国人仿效；古典学者们的高卢霸权梦的实现又导致了伟大民族之激情的产生：这鼓励和激情又成了一种激励，致使1630—1642年间出现了一批优秀艺术作品（高乃依、笛卡尔、普桑、菲利普·德·尚佩尼等人的作品）。黎塞留将一批学者和作品收归国有，成为其庇护人，提拔他们为国务顾问，让他们进法兰西学院；法兰西学院的任务是向他提供辩论家和辩论文章作者，使法语及其文学作品成为欧洲第一。学者们设想有朝一日法国军队会使法语成为整个文明世界的语言。对荣耀的渴求使国王和黎塞留在卢浮宫修建了一座大钟亭（勒梅西耶）、索邦教堂（1635—1642年）、吕埃尔宫、黎塞留宫和凡尔赛宫、勒梅西耶工程、黎塞留镇。1641年国王在镇上创立一家皇家学院，黎塞留开设了各种学科的课程：这远早于大革命后的一些重要学校。

黎塞留本想控制天主教会。他利用了主教的任命权；他以克吕尼修道院院长（1629年）、熙笃（Citeaux）修道院院长（1637年）和舍扎尔-伯努瓦主教管区临时管理人的身份对本笃会修道院进行了改革。他试图实施特伦托（亦译特兰特）会议制定的教规。修道士们被迫从属于教区主教。他本想教皇让他担任高卢人的大主教，但未能

第十六章　法国的政治制度和社会（1610—1661年）

如愿；他几乎完全没有注意到宗教运动——神秘主义、奥拉托利会、圣万桑·德·保罗、圣餐会（1629年成立的秘密会社）以及贵族创设的慈善机构成立的基金会。他完全没有注意到天主教的这些细微的"革新"；绝大多数虔诚的天主教徒实际上都是他的对立面。他们中有国王的听忏悔神父耶稣会士科森（1637年被流放）、贝吕尔的追随者、第一批詹森教派信徒［其中有圣西亚（Saint-Cyran）——黎塞留将他囚禁在万桑内］。1635年之后，圣西然对王港（Port Royal）女修道院的影响大增。1637年之后，普通教徒（"老爷们"）开始聚集在王港田园修道院（Port Royal des Champs）周围，圣西然得以从其囚禁处遥控创立一教派。

黎塞留难以防止时不时发生的暴乱。税收太重。他已将人头税从1700万里弗赫增加到了6900万里弗赫，成倍地增加了间接税，让富人捐款，增加官员们的经济负担，增设官位以降低现有职位的重要性，强制（永难归还的）贷款。1633年卖官鬻爵的收入占总收入的52%。也不得不向财政官员、财政家和税款包收人征集贷款，以王家地产和未来的税收作抵押。小册子、抗议书和谣言使黎塞留的敌人、贵族、虔诚的教徒对这些税收和财政家们发财致富十分不满，煽动人们起义反对课税和国王。巴黎行会的工匠们1633年造反；里昂平民百姓抢劫海关（1633年、1642年）、鲁昂制绳者和造纸者袭击税款包收人的事务所（1634年）；1639年纺织工人抢劫法兰西财务主管的办事处、袭击盐税收税官尼古拉·勒特利埃的住宅。穆赞、普瓦图、昂古穆瓦、加斯科涅和佩里戈尔农村地区的"乡巴佬们"（主要是农民）将收税人碎尸万段，肢解了一位他们误认为是收税官的医生（1636年）。"赤脚佬们"在诺曼底那些政府想要征收盐税的地方起而造反（1639年）。国王得到处派遣军队，还真发生了那么几次战斗［堡垒顿（La Sauvetet D'Eymet），1637年6月］。掌玺官塞吉埃亲自到鲁昂监督处决造反者。暂令最高法院和记录法院停止活动，撤销市长和助理法官职位，因为这些官员没有非常认真地履职。

国王的健康状况愈益恶化；他越来越放手让黎塞留自由行事。黎塞留将他自己的人——"心腹谋士"约瑟夫神父（1638年亡故）、主教比利翁（1640年去世）、国务秘书科洛德和莱翁·布蒂利埃、塞吉埃以及那不勒斯人尤莱斯·马萨林——安插在国王周围。他组成了一个立誓效忠于他、被派往各地的忠实追随者小集团。国王惊恐地发现他的臣子们一个个转投红衣主教门下。他预见到他不通过黎塞留及其下属将难以在自己的王国里服众。红衣主教在建立他的小朝廷：他指定亲属任法兰西元帅、军队司令、省长，封他们公爵等爵位。他封他的一个侄女为埃吉隆女公爵；他将另一个侄女嫁给昂吉安公爵，成了有皇族血统的公主。他在布鲁阿热和勒阿弗尔拥有留给其子嗣的城堡；他领有一个步兵连、一队贵族出身的侍从。他位居有皇族血统的亲王之上，开始像墨洛温王朝末期宫相那样行事了。

如果鲁泽侯爵（Hecri Coiffier de Reezé，人称Cinq-Mars）没有与奥尔良公爵和布荣公爵密谋、没有与西班牙谈判支持西班牙军队返回重新征服法国而只是企图杀害红衣主教的话，路易十三是不会将他处死的（1642年9月12日）。黎塞留身心俱疲，1642年12月4日谢世。国王驾崩时（1643年9月12日）已占领阿尔图瓦、鲁西荣和阿尔萨斯。西班牙和帝国已战败，和谈已开始。法兰西国王被视为"世界上最伟大的君主之一"；他坚定地认为：他有了首席大臣才得以保住法国的独立、自由和欧洲的均势。

路易十四1638年9月5日出生，才4岁。路易十三不信任安娜·德·奥斯特里亚，1643年4月20日发布一纸公告，对摄政做了安排。他不得不让王后成为摄政王、奥尔良公爵成为王国摄政官、孔代成为枢密院主席，但他也指定了不可革职的枢密院成员：他们都是黎塞留的人（红衣主教马萨林任首席大臣、塞吉埃任掌玺大臣、布蒂利埃任财务总监，还有一个是布蒂利埃的儿子夏维涅。所有决定都得多数人同意。可惜这一公告违宪。国王一死，他的王位继承人即接手全部王权，不受先王任何言行所限。王后利用了这一点。1643年5月19日路易十四坐上巴黎最高法院主持会议的座位任命他母亲为摄政王，让她随意组建枢密院，不受多数人同意所限。安娜·德·奥斯特里亚保留宠臣红衣主教马萨林为首席大臣，但许多法国人看不上这位一步登天的外国人。如同所有的国王未成年时那样，麻烦开始了；但这一次比1610年更麻烦。雷斯曾说："无情的黎塞留不是在指导人而是在作践人。"他和冷酷无情的路易十三死后，人人心情舒畅，一些人还自认为可以无法无天了。流亡在外的人纷纷回国，在舍弗勒斯

第十六章 法国的政治制度和社会（1610—1661年） 515

夫人领导下密谋反对马萨林；而他则将博福尔公爵囚禁在万桑纳，将"要人密谋集团"成员放逐国外（1643年9月），但骚乱不断。王后不得不为权贵们一次又一次地举行欢庆活动，让大批贵族出席国务会议，使其什么事也干不了。塞吉埃抱怨道："每天都见到有新国务委员。……就像是船失事后，每天都有大小不一的船体残片随水冲上岸。……一团糟，混乱不堪。"国王年少、政局混乱、反叛四起，使反对皇帝的战争拖到了1648年、反对西班牙的战争拖到了1659年；战争加深了财政困难，从而又加剧了国内的混乱局面。

路易十三驾崩后，抗税运动有增无减。领主和贵族不断煽动农民抗税；他们用武力将税款包收人的代理人赶出他们的领地，为农民树立了榜样，怂恿农民也这么干，同时散布有关重新抑或废止征税的谣言，并在富裕的地方行政官的支持下藏匿反叛者（即使是杀人犯也照藏不误）。钦差们给塞吉埃的报告明白无误地说道：进行叛乱的不是赤贫者、不是征税最重的地区，而是贵族、绅士们为了增加他们自己的现金和实物地租而煽动叛乱的地方。诺曼底、都兰和利穆赞就是这样：蓬巴杜夫妇怂恿50—60个属于他们教区的农民1644年在奥韦尼、昂古穆瓦、奥尼、圣通热和佩里戈尔同时暴动。从1643年到1644年西部地区、中部地区和南部地区、北部和东部边境地区农民暴动此伏彼起连续不断，席卷诺曼底、贝里、奥韦尼和多菲内。农民们在贵族们的煽动下拒不纳税、驱逐收税员、威胁财务官员、占领了一些城堡、扬言要踏平市镇。①

王家官员们竭力确保叛乱者们的安全，干扰钦差们的工作，藏匿罪犯。鲁昂最高法院宣布波特里的钦差判决无效，禁止刑事官员们活动，使他们难以逮捕任何人（1643年6月）。巴黎协助法院1643年7月21日核实了4月16日国王关于钦差拥有财政权的公告。法院竭力要使钦差顺从自己，强使他们提交其委任状进行登记、做必要的更改。他们试图维护王家官员（专制政体的工具）服从直属法院（旧法和成规的维护者）这一原则。协助法院修改了公告，以保持法兰西财政官员们和教区法院法官们的传统职权、保护领主和贵族。②

---

① See R. Mousnier, "Recherches sur les soulevements populaires en France avant la Fronde", Revue d'Histoire Moderne et Contemporaine, Vol. v (1958).

② Mousnier, "Recherches sur la creation des intendants des provinces", Forschungen zu Staat...

政府不得不一次又一次地求助于税款包收人和金融家，给他们的回报是有权征收人头税、卖官鬻爵、出租政府所有地、征收种种莫名其妙的税。税款包收人要求立即确定税率，他们的代理人要有钦差的法令、即决裁判和军队的支持。政府因而任用了大批钦差。30 名抑或 35 名钦差在全国执行着法兰西财政官和教区法院法官们的任务。他们调遣骑兵队和步兵队路过他们的管区抑或募集特种部队（燧发枪队抑或马枪骑兵队）镇压反抗、强行征税。特种部队横行乡里、包围反叛者、吊死主犯，被反对他们的人指责为"毁坏教区、蹂躏省区，比起敌军来有过之而无不及"。

枢密院和钦差们的行动影响了官员们，他们的荣誉和钱包都受到了损害，因为他们除了薪金外执行任务时还获取酬金或提成。他们还抱怨向他们征收过多捐款和增加官员职位。法兰西财政官们声称：亨利四世驾崩时，每个财政署有 10 名财政官，而 1648 年人数增加到了 25 名，他们职位的价格下降了 2/3。此外，他们由于薪金、税费和例银的增加已付给国王超过 3000 万里弗赫的钱。教区法院法官们声称：为了批准一种虚构的权利抑或虚构的增补，1624 年以来已支付 2 亿里弗赫（包括 1640 年以来的 6000 万里弗赫）。1640 年之后政府铤而走险，降薪、减少例银：首先将教区法院法官的薪金减少 1/4（到 1647 年他们的薪金全部被取消），剥夺其 3/4 的例银（他们已为例银支付了这个数）。法兰西财政官、司法执行官、司法总管和法院院长应缴的税是一样的。① 这取得了始料未及的结果：职位渐渐成了世袭的，固定在了同一个家族。官员们评定自己职位的价值，将其所支付的钱加到薪金和例银中：一名官员一生中拥有 20—50 个职位。他们对职位的估价太高，卖不出去，因为市价要低得多。1635 年之后这种情况很普遍，1648 年之前特别是这样。各家族因此只得将职位留在手中；这自然也成了一种负担，使得难以购买高位，阻碍了社会地位的提升。②

投石党运动 1648 年始于公职人员的造反也就不出人意料了。巴黎最高法院一直以其所保有的否决权左右局势。最高法院认为：战争

---

① See F. Mousnier, "Recherches sur les Syndicats d'officiers pendant la Fronde", XVII Siecle, Nos. 42 - 3（1959）.

② P. Goubert, "Les officiers royaux des Presidiaux, Bailliages et Elections", ibid.

使国王独自深感不安,而只是政府的意愿使战争持续不断。这一说法很容易使人相信,因为马萨林不止一次吹嘘过:和平掌握在他手中。巴黎最高法院认为财政赤字的原因是金融家们搞投机买卖和宫廷铺张浪费,坚称厉行节约必将收支平衡。1648年巴黎最高法院愈加反对重新批准支付年税,[①] 为期9年的时间1647年12月3日届满。政府1648年4月30日恢复支付,但扣除官员们4年的薪金。巴黎最高法院不在此列,但它与其他最高法院携手结盟。1648年5月13日联盟宣告决定巴黎四大联合会选出代表到圣路易会馆讨论国家改革事宜。法兰西财政官和教区法院法官们参加了这一活动;教区法院法官们1641年组成了一个联合会,而财政官员们1599年即已组成了捍卫其职业利益的协会,有两位代表常驻巴黎。1648年5月之后,大多数财政署都有一名代表在巴黎;他们在巴黎组建了一个常设会议。6月30日圣路易会馆建议召回钦差和所有皇家专员、废止人头税的外包、将人头税减少1/4、恢复原财务官们所拥有的全部职权、禁止增设职位。新财政令要在法庭记录备案,不用表决和讨论,而税费要由最高法庭来征收。禁止对任何人的监禁超过24小时不进行审问就直接送交法官。因此,对行政部门和政治生活的控制、对政府的约束就得移交给最高法庭,特别是巴黎最高法院;巴黎最高法院声称是国王的真正枢密院,是议会的缩影,是法兰克人公众会议的传承者,是王国的代表。

巴黎为各省树立了榜样,许多地方的最高法院、官员联合会和市镇都反了。1648年7月,政府被迫下令赋予圣路易会馆的建议以合法性。孔代在朗城获胜后,枢密院决定逮捕巴黎最高法院的主要领导人布鲁塞尔。1648年8月26日、27日和28日巴黎民众抗议,支持布鲁塞尔。

民众在街道上筑起路障,迫使政府释放布鲁塞尔;1648年10月22日政府重申圣路易会馆的建议。钦差只管理6个边境省(朗格多克、普罗旺斯、里昂内、勃艮第、香巴尼和皮卡迪)的军队事务。

许多地方点燃篝火,庆祝即将对税费的普遍免除。《威斯特伐利亚和约》的通过并未受到人们的注意。朝廷招降孔代及其军队;孔

---

① See above, p. 476.

代率军逃离巴黎，内战（1649年1月5—6日）开始（根据儿童游戏的名称称之为"投石党运动"）。群情激愤，怒火烧向国王周围的一些个宠臣，特别是马萨林；这些人大权独揽，背叛、出卖人民。因此舆论要求：巴黎最高法院可以任命抑或免除枢密院成员；枢密院仍保持多数决定制；由一个首席大臣及其侍从主政的政府将不复存在。

内战的同时，由于歉收和谷物价格灾难性的上涨而导致了难以想象的死亡率。紧接着食物危机的是许多地方的纺织业危机，产品卖不出去。这一危机发生前爆发了政治骚乱。军队不断调来调去，叛乱者们抢劫、纵火；叛乱者们和国王的人同时征收税、费：所有这一切促使经济形势愈益恶化、社会愈益混乱。乡下人陷入吃土、吃糠、吃破布，甚至啃自己的手、臂的境地。没有掩埋的尸体污染空气，"瘟疫"致死饥民，法国人口锐减。1648年勃艮第的（杜布河畔）凡尔登出生86人、死亡72人，但1652年出生37人、死亡224人。经济一团糟。投石党运动期间，婴儿出生率很低；二三十年后的路易十四亲政时期结婚、出生的人数就很少了。

政府未能打败巴黎最高法院；《吕埃尔和约》签订，主张议会制的投石党运动1649年4月终止。1648年10月宣言再次被确定。孔代作为一名得胜将军和亲王于是为他自己及其部下要求荣誉、官职和钱财。他和孔蒂亲王以及隆格维尔亲王一同被捕（1650年1月），亲王们的投石党运动开始。隆格维尔夫人在诺曼底起事，孔代夫人在吉埃纳和波尔多起事。西班牙人侵入法国，扬言要拿下巴黎。亲王们的支持者们坚称国家基本法不允许王太后充当摄政王；他们要求国王未成年前建立一个由亲王、政府高官和权贵家族成员组成的委员会行使权力。他们指控马萨林挟国王以令诸侯、暴君似的统治着法兰西。然而波尔多10月间不得不投降。12月15日西班牙人在雷特尔被打败。政府继续向各省派遣专员：他们是法院查案官、国务委员会成员和记录法院法官。1650年，帕热在香巴尼同时充任主管司法、警务和驻香巴尼军队财务的钦差和巡回查案官；这使他得以监管所有王家官员，同时作为军队食品供应总督导地在财政事务方面拥有广泛权力。

然而马萨林已对其他贵族做了许诺，可以放手逮捕这些亲王了。但他违背诺言，所有权贵联合一致反对他，他不得不逃跑（1651年2月6—7日）。那一年里钦差没有了，其他专员人数少了。贵族们要求召开议会并选出了代表,但从未开过会。反叛阵营内部再次发生争吵。巴黎最高法院不要议会。孔代与其他显贵分手,9月间不得不逃离巴黎;与此同时,国王宣布已届亲政年龄。孔代与西班牙结盟,被宣布为叛徒、卖国贼。战争打进了他自己执掌的吉埃纳,王家军队驱逐了这位亲王。

马萨林在德意志招募组建了一支队伍,想在1651年12月返回法国。许多法国人非常讨厌他:马车夫称有劣性的马为"马萨林崽子"。反叛者(加斯通·德·奥尔良、孔代和巴黎最高法院)联盟重新活跃。更有甚者,一些诡辩家认为根据自然法孔代反叛是正当的,因为他拿起武器是为了自卫。支持他是对的。他求助于西班牙是正当的,因为他的开战是一种战术的使用。西班牙人不是真正的敌人,因为阻碍和平的是"马萨林阴谋小集团"!他在波尔多最高法院、市政会和该市民主派"指望我们"中找到了支持者。市政会和民主派想要跟英国人和西班牙人妥协。在糟糕的1652年又全面爆发了战争。从2月到7月巴黎周围战事不断;一小批忠诚的军官挽救了君主政体。王家军队在布莱诺和埃唐佩取得了胜利。6月,洛林公爵精心撤军抵达巴黎,7月1日圣·安东瓦纳门战斗结束,亲王们被围困在巴黎。7月4日革命成立一个反叛政府,布鲁塞尔任巴黎市长,奥尔良任王国摄政官,孔代任叛军总司令。这一年制定了废黜国王、组织等级国家的极端政治方案。① 亲王们表现差劲,干不成大事,只关心一己私利。除贵族间的分歧和巴黎最高法院反对议会外,各类官员间也争斗不休。法兰西财政官们反对教区法院法官、会计事务所和记录法院。各职团竞相抬高自己、打击别人;争争斗斗中建设性因素净失、王国分崩离析。在苏瓦索内,整村整村的人接受贵族和绅士们的保护,自愿缴租完税,以免遭军队蹂躏。就连巴黎附近的地区(如博斯),王家法庭也不起作用了。内政再现了9—10世纪的状况:由于诺曼人、匈牙利人和穆斯林的入侵,谄媚之风大盛,建立在国家残败上的领主封建权力大增。枢密院成员指出:法兰西财政官们和教区法院法官们使税收更为混乱,人们这会儿想念钦差了。显然存在着普遍不满的情绪;1652年8月马萨林自我流亡国外,为反叛者们扫清了

---

① See above, Chapter Ⅲ, pp. 121-2.

归顺的道路；巴黎与国王和解。布鲁塞尔被迫辞职；巴黎拒绝供应孔代和洛林公爵的军队，两支军队于 10 月 13 日撤离驻地。10 月 21 日国王返回巴黎，举行了盛大庆典。1653 年 2 月马萨林回国；8 月 3 日波尔多投降，投石党运动结束。国家得救了，但仍动动摇摇不稳定。内政和经济危机使国家深陷贫困。圣餐会从事反饥荒斗争，其最积极者是詹森教派信徒（利昂库尔公爵和贝尼埃尔行政长官夏尔·梅尼亚尔），其最佳助手是妇女慈善团和万桑·德·保罗及其传教士：他们游走全国，寻找需要帮助的人。圣餐会大大缓解了困境，1653 年之后詹森教派信徒与其不同派别之间的内部争吵使圣餐会越来越难以开展工作。

农民和工人受的打击最大。而另一方面又有获利者，其中有大商人、纺织厂主；他们发现了获利的渠道：将他们的产品供应给军队抑或为他们的产品找到国外市场。更为幸运的是地主、商人和官员：他们贷款给有需要的农民，将其土地占为己有，以资抵债。投石党运动期间眼见一些地区大片大片土地从农民手中转入商人手中，但最大的获益者是税款包收人和金融家。"他们在城里、乡下的房屋华美壮观，他们的庭院美不胜收，他们的室内陈设高雅气派，他们的服饰光鲜亮丽。这珠光宝气使贵族和官员们神魂颠倒、腐败堕落。……这时的法兰西是个真正的富豪统治的国家。"（拉维斯语）他们的保护者和合伙人是财政总监富凯。他在不择手段为国家筹措资金的同时以权谋私积聚个人财富。他在圣芒代的宅邸令人称奇；他在沃勒维孔特的宫殿饰有勒诺特尔、勒布朗和普桑的作品，甚至胜过路易十四的凡尔赛宫，是一座艺术品。他从全世界收集到的藏品有天方夜谭之势。他乐善好施，是资助诸如高乃依、斯卡龙和拉封丹这样一些作家的赞助人；他很有女人缘。他妻子的沙龙和他情妇普莱西斯－贝利埃尔夫人的沙龙都是著名的社交场所。"他是奥古斯都时期早期的米西纳斯。"他的座右铭是"我要升、升、升"。他的书房天花板上装饰着一只双翼伸展的雄鹰。他既是财政总监，又是巴黎最高法院检察长；他自建王朝，在贵族和教士中有一批追随者。1658 年他买下（海上）贝勒岛，将其改建成了一座要塞。他的朋友们称他为"未来之星"，他设想出了柯尔贝尔计划的主要部分，在准备内战计划。

政府的权力恢复得很慢。从 1653 年底开始钦差陆续返回各省，

第十六章 法国的政治制度和社会（1610—1661 年）

但政府得小心从事。1654 年 11 月 19 日勒弗比尔任钦差被派往多菲内，国务大臣给他的指示就很典型。头衔"管理该省司法、警务和财务钦差"改成了"负责驻该省军队的司法、警务和财务钦差"。他还受权签订向军队提供物资的合同、代替法兰西财政官审查军队的账册。这一指示又被改为受权参与签订合同、查对开支账目。1657 年需要再次发布 1655 年颁布的改革议事会法令和为在官员中整顿秩序的法令，因为这些法令从来就没有实施过。各地最高法院仍在跟枢密院争斗，发表与枢密院的意见相左的主张，禁止其政令的实施，指责那些将案件送交国王委员会的人。

政府得跟詹森主义（改头换面的卡尔文主义）作斗争。詹森主义在法国的传播始于安托万·阿诺尔（圣西朗的信徒）发表的《永远团结一致》(1643 年)。1649 年 7 月 1 日有位官员尼古拉·科尔内要求巴黎神学院谴责源自奥古斯蒂努斯·德·詹森尼乌斯的天恩五论。征求教皇意见后，教皇下诏（《托词》）谴责了五论（1653 年 5 月 31 日）。詹森主义者们承认五论是错误的，但认为五论与詹森尼乌斯无关，所谴责的不是他的主张。教皇宣告：他谴责的五论正是詹森尼乌斯的主张（1654 年 9 月）。政府下令全王国执行教皇诏书（1655 年 5 月）。詹森主义者们请求著有《致外省人书》的帕斯卡保护（1656 年 1 月 23 日—1657 年 3 月 24 日），但即便如此法国教士大会还是指责詹森主义为异端邪说（1656 年 9 月 1—2 日）。1655 年以后政府关闭詹森主义者们的小学；1660 年《致外省人书》被政府事务执行人（the public executioner）焚烧。1661 年 2 月，教士大会在国王的指导下起草了一份仪式书，谴责五论，所有教士都签了名。巴黎王港修道院院长和被迫打发走见习修士和要求进修道院者、驱散"老爷们"。

国王被迫践行其加冕誓言。王港修道院成了幻想破灭的投石党人的隐藏所，差不多成了一个密谋中心。詹森主义者们的悲观情绪有违希罗的理念——建立君主政体。圣餐会开始陷入困境。安娜·德·奥斯特里亚向马萨林透露了秘密，马萨林惊恐不已。圣餐会由于过于狂热随便监禁人，致使其处境岌岌可危。1660 年有小册子对之加以痛斥。警察监视未果；巴黎最高法院不用国王特准禁止一切集会。

马萨林已完成了路易十三和黎塞留的工作。《比利牛斯和约》

(1659年)、《哥本哈根和约》(1660年)和《奥立瓦条约》(1660年)签订后,欧洲和平了。法国成了最强大的国家,成了欧洲国家的全权仲裁人。马萨林像黎塞留那样建立了一个王朝,网罗了一干门徒。他的侄女们嫁给了最大的地主。他大权独揽,不许任何人进入他的住宅,就是大臣也不行。路易十四允许这位老臣享有其职位报酬,他死后可以将其非法获得的大量财产留给他的家人;他1661年3月9日去世。投石党运动告诫了路易十四,法国人要看到他们的国王独自掌权,不要什么首席大臣、亲信、外国人、红衣主教。马萨林死后数小时,教士大会主席请求国王将来要亲自决定事务。路易十四回答道:"我将亲自决定,大主教阁下。"

第 十 七 章

哈布斯堡王朝的版图
（1618—1657 年）

  17 世纪初，哈布斯堡王朝各诸侯国的领土从孚日山脉一直延伸到喀尔巴阡山脉。这一广袤地域在建制和政治上不是一个统一体。西部是一连串采邑，散布在最西端到德意志南部地区，从福拉尔贝格向东是一批独立的袖珍公国。区域内各处地理、气候条件殊异。区域内民族众多。多瑙河——贝尔尼尼在其修建的罗马纳沃纳（Navona）广场上的大型喷泉上十分恰当地将多瑙河雕塑成欧洲河流之王——流经其间，从帕绍主教管辖区流经哈布斯堡领地，抵达布拉迪斯拉发以南不远处的土耳其边境。渡船和桥梁将南阿尔卑斯地区和波希米亚—摩拉维亚高原连接起来，但多瑙河未能成为政治复合体的主导。伏尔塔瓦河与多瑙河一山脊之隔，向北流经波希米亚，在梅尔尼克与易北河汇合，德意志北部水系遍布该地区。

  这些诸侯国属于同一家族，拥有同一个宗主政府。但根据家族契约，为了管理方便抑或为了避免分离，有几个诸侯国（诸如施蒂里亚、蒂罗尔、阿尔萨斯）系由家族中非长子后裔统治。此外，重要的匈牙利王国——根据传统和法律，其国土是神圣不可分割的——被划分成三片地区。哈布斯堡王朝实际上只统治了一狭长地带克罗地亚、德拉法河与多瑙河之间的平原和上匈牙利的山区。布拉迪斯拉发承继了布达原先的首府地位，这会儿受土耳其人控制。特兰西瓦尼亚为一自治公国，受一匈牙利贵族统治；这位贵族既是皇帝的臣属也是苏丹的臣属，但实际上更受制于苏丹。根据这些国家后来的历史回想一下，我们会发现这些国家既像是一体的欧洲大国，又像是一个杂乱一团的聚集体。客观地讲，我们不仅可以发现一些承继自中世纪的特征，也有许多新特点。

经济方面发生了深刻、重要的变化，宗教在剧变中，而诸侯们的政治行动却一会儿犹豫一会儿坚定，看上去像是罗马和日耳曼法与意大利治国策略相掺杂的混合物。中世纪传统仍见诸各地区；各地居民严格遵循着种种古老的习俗，全然不顾其他。为时已久的契约是各地诸侯与臣民——更确切地说，那些享有特权（这儿的特权是一种保证而不是豁免）、在帝国议会中有代表的人——相结合的某种形式的基础。一些偶然因素使这些诸侯国都受制于哈布斯堡王朝，其结果是这些国家都进入了一个新的发展阶段。

王朝有着两种互补而非相互矛盾的指导思想：这两种指导思想在一些地区根深蒂固；这些地区的诸侯是公平、正义的化身，从而赢得臣民们的长期爱戴和信任，使其得以控制各种势力为实现共同目标而奋斗。三代人下来，这些思想形成了一种家族传统。时至1600年，各地区特殊的传统制度与所有地区共同的诸侯制度共存，有些制度还是整个帝国共有的。

从西向东扫视各地区，我们首先看到的是阿尔萨斯地区——在孚日山脉山麓地带——的采邑和正常秩序。越过莱茵河，来到黑林山，布赖斯高（Bresgau）坐落其间，接着是分散在符腾堡的地块：所有这些地块组建了统一的政府。这一地区处于非常重要的战略位置，控制着军事、贸易通道；之所以重要，还因为这儿有许多直接受制于哈布斯堡王朝的德意志封建主。康斯坦茨湖和福拉尔贝格以东是蒂罗尔州，上奥地利的政府设在因斯布鲁克。再往东是施蒂里亚、卡林西亚和卡尼奥拉一干阿尔卑斯山区公爵领地，戈里齐亚州和伊斯的利亚（Istria）侯爵领地：这一地区与南边以恩茨（Enns）河为界的、阿尔卑斯山东端山麓地带与多瑙河平原交汇处的地区相连，地形奇特而位置有利。马克西米连在这儿设立了下奥地利（恩茨河上游的奥地利有别于恩茨河下游的奥地利——今上奥地利和下奥地利，分别以林茨和维也纳为首府，也有别于中奥地利——由阿尔卑斯山区诸公爵领地构成，斯蒂利亚家族非长子后裔将其组建成了一个公国）的首府。这些地区的权力由议会和最高统治者共享。议会的组成反映了社会阶层的状况：高级教士、贵族和骑士、（地方议会中的）教士和市民。甚至农民也有代表与会，但这种代表是根据社会地位、身份而不是根据人头选出的。贵族和教士可以个人身份成为议员，但蒂罗尔的市镇

第十七章　哈布斯堡王朝的版图（1618—1657年）

和商业中心、福拉尔贝格地区得根据严格指令遴选代表；维也纳和其他八个市镇在恩茨河下游的奥地利的议会中只享有一个投票权。议会开会时诸侯或其代表提出征税议案、听取请求和申诉，而各地的诸侯还有他自己的政府。他选任的官员（行政长官抑或驻军指挥官）负责法令的实施、维护普遍安全。这一官员必须是当地出生的贵族：别处出生的贵族虽然臣服于同一位诸侯，也没有资格获选。地区最高司法权归民法庭；民法庭代表诸侯行事。这一法庭是接受贵族上诉的上诉法庭，是审讯享有特权者们的初审法庭。民法庭在行政长官的指导下一年开庭数次。诸侯领地、关税和议会准许的税费收入由一最高理事会打理，诸侯委派一个法律代表常驻理事会。因此恩西斯海姆、因斯布鲁克、维也纳、林茨和格拉茨就渐渐成了副行政首府。这些奥地利地区仍保有其中世纪日耳曼公国的特征，但一百年来诸侯逐渐实施了政治集权，促进了经济发展，设立并监管着市场、基尔特［行会（同世公会）］和贸易。诸侯和臣民开始形成某种超出纯地方性的共同利益。

波希米亚王国、匈牙利王国则截然不同。它们的领土比较广阔，有着前朝认可的、历史形成的宪法。波希米亚是帝国内仅有的王国，其国王是最早的非神职选帝侯。圣文西斯劳斯国王统治的地域包括波希米亚及其联系地区：埃格尔（歇布）、埃尔博根（洛克特）、格拉茨（克拉兹科）、摩拉维亚侯爵领地、西里西亚公爵领地和劳济茨公爵领地——史称"王国与并联的地区"。各地区的权力归国王和议会（贵族、骑士和市民）；议会也参加国王选举。只有得到波希米亚议会的准许国王才能行使其王权；国王不管是选出来的还是统治王朝指定的，都得宣誓遵守宪法。议会享有无限的立法权，国王必须依法办事。对贵族和农业征税必须由议会投票决定，但国王监管采邑，控制货币、关税、帝国城镇和采矿、森林管理部门应缴纳的税费，从而得以主动处理经济问题。最高司法权归国王；诚如当代欧洲经常发生的那样，司法和行政事务往往是混淆不清。常常发生有关国王和议会职权的辩论。然而，王国的高级官员、布拉格的城防司令、法庭大法官、巡回审判员、贵族的大管家、首席政法官、卡洛夫廷城防司令以及王冠和公文保管人都是终身任职，只对国王和议会负责，地方官员和地区司令（每个地区有一名贵族和一名骑士任职）。不修改宪法、官职留给王国当地人，皇帝和国王巩固了自己的权力，执行起来更加有效,成为好政府而不是极权主义,然而这二者是会互置的。例如,1547年与萨克森选帝侯结盟的王国市镇这会儿受王国法官(布拉格三个市镇的执行官)① 控制了,对啤酒征收永久税。在布拉格设立了王国上诉法庭,加强了王国的自治地位:司法一统,从而不用再向外地(哪怕是在帝国范围内)司法机构上诉了。波希米亚的大法官法庭按照奥地利模式进行了全面改革,法庭庭长官位虽非最高,但拥有最高实权。他是首席大臣、议会的代表;他是国王从枢密院成员名单(包括高官和大法官)中挑选出来的,他可以插手所有要求国王批准的事务。国王不在王国时,可代理委员会行使国王职权。这一中央集权和国王掌控一切的倾向也见诸摩拉维亚和西里西亚,但在西里西亚侯爵领地比在20个公爵领地倾向性大得多,因为公国的封建势力仍很强,左右着议会。

匈牙利不是帝国的一个组成部分,其宪法更加独特。16世纪初费尔伯契的三卷本巨著阐明了宪法的特性。圣斯提温国王被公认为一神秘组织(议会为其成员)的首领。只有加冕典礼才能赋予当选国王统治权。未行加冕典礼的国王不是真正的国王。国家划分成州;为数众多的贵族精心维护着他们的特权和议会,要求其参加议会的代表严格遵守指示,不得逾越。17世纪时这个议会有两个议院。首先是上院(其成员为贵族),在巴拉丁选帝侯——他是国王代表,也是副王、列席平民院的代表——主持下开会。下院(平民院)的成员有主教、宫廷高官、州长官、王国城镇代表、枢密院贵族成员、法院首席书记官、王国法官、各宗教团体的代表,其议长为一王家法官——首席主教。

值得注意的是,形势使其难以实施。莫哈奇战役失败、匈牙利王位之争和斐迪南与察波利亚竞选之争,使土耳其有机可乘。再者,特兰西瓦尼亚的统治者是特兰西瓦尼亚议会从享有特权的匈牙利人中选出的自治诸侯;特兰西瓦尼亚代表着三个民族(法律意义上而非种族意义上的实体):匈牙利贵族、西古利人和萨克森人。统治着特兰西瓦尼亚的匈牙利贵族不像是维也纳的德意志君主,更像个民族领袖;这对哈布斯堡王朝构成了一种长期的威胁;哈布斯堡王朝不得不

---

① 布拉格有三个行政区:老城、新城与河对岸的小区。

尊重匈牙利人在仍掌权的王国所拥有的特权、行贿收买支持、限制他们利用王国合法控制的中央机构。有些州的非长子后裔无限期享有大公继承权；哈布斯堡王朝总是这么做的。这是统治广袤地区的适用办法，也大大增加了王朝的利益。皇帝鲁道夫兄弟、子侄们群起反叛皇上，其主要原因是他们担心他会自顾安逸而不捍卫他自己的和王朝的权利；而他们之所以担心，是因为皇帝虽然绝顶聪明，但有点儿神经质，不愿承担他应该负有的皇帝职责。王朝与家族西班牙分支保持着密切关系。家族联姻和1617年《格拉茨协定》（关于无嗣皇帝的继位问题）显示了一种家族团结的紧密性和使皇位保持在一个家族的奢望。

因此，波希米亚—匈牙利国王也是一些奥地利地区的诸侯，同时也是神圣罗马帝国皇帝，以他为中心一些中央集权制度开始制定：诸如国王参政院——仿照德意志枢密院建立的机构，其成员有贵族和法官（他们都是皇帝的臣民）。国王参政院对奥地利和帝国都有管辖权，但很快就实际上只限于有关采邑和帝国直属诸侯国和城市的问题了。秘密委员会这一部门成了制定总体政策的常设国务院。国务院成员包括（根据其对特定问题的了解遴选出的）高官显贵、贵族和法官，其中有波希米亚—匈牙利政府的成员。皇家最高法院是最高上诉法院和记录法院，其院长是美因茨大主教；他挑选他自己的副院长（必须是法官）。最后一点：皇家法庭由一名庭长、数名陪审员和数名评议员组成，关注着其管辖范围和帝国内统治家族的利益。皇家法庭管理地区法庭不管皇家收入，且对地区法庭有所节制。皇家法庭还控制着皇家税收和特别税。这一令人烦恼的管理机器属于国王，不属于帝国，其职能与地区政府相同，不能指导地方政府的工作。皇家法庭使各地区明白：该法庭是政权的一个组成部分，且权力大于其本身；有个共同的君主，就是要地区维护共同的利益、实施共同的政策。这就是说，不存在专制主义。专制主义要有个强硬的最高统治者和小而精的政府机构。这些权力平等的法庭通常拥有几名共同的评议员，他们往往也是他们自己地区的高官显贵和城镇会委员。这些法庭生就行动缓慢，令人生厌。它们有助于确保体制内政策和行动在某种程度上的一致，但难保整体一统。

史学家们根据哈布斯堡王朝领土上居民种族和语言的显著不同，传统上十分强调其不同的特征。17世纪，属于同一个国家、遵守相同的法律比种族团结、语言一致的情感重要得多。德意志人、斯拉夫人和马扎尔人非常认同自己是蒂罗尔人、奥地利人、斯蒂里亚人、波希米亚人、摩拉维亚人或是匈牙利人。最近的人种学研究证明：中欧不同种族的形成经历了一个漫长的历史过程，17世纪时这些种族都混杂了。捷克人种学家亨利·马蒂埃卡对从布拉格一些公墓和乡间墓地挖掘出的一些17—18世纪人的遗骸进行了研究。圣尼古拉斯公墓出土的25具骸骨中有12具（48%）属于北欧日耳曼民族抑或近似北欧日耳曼民族（中世纪德意志北部地区这一民族人口占绝大多数）；6具（24%）系阿尔卑斯人（中欧人数最多）；7具（28%）为迪纳拉人（巴尔干半岛人）。17具骸骨出土自圣查尔斯·博罗梅奥公墓，其中5具（29.4%）系北欧日耳曼人、5具为阿尔卑斯人、7具（41.2%）是迪纳拉人。出土自乡间的25具骸骨中9具（36%）属于北欧日耳曼民族抑或近似北欧日耳曼民族、11具（44%）系阿尔卑斯人、5具（20%）为迪纳拉人。单一族群（或曰社群）中的这种混杂现象说明：这儿不存在所谓的种族特征问题。语言是比种族特征更为重要的因素。之所以称其为捷克人、德意志人抑或克罗地亚人，首先是因为他们说这些人的话。在波希米亚，会捷克语的人可以加入文学团体、宗教团体、圣徒传记阅读团体和政治团体。讲捷克语的人和讲德语的人意识到他们之间有很大的不同；这种不同会导致一个人做出对其生活具有深远影响的选择。语言的选择可能是由于特别的社会活动抑或环境使然。在波希米亚和匈牙利，有许多讲德语的德意志商人和工匠所在的城镇成了来自乡村的新来者的德意志化的中心。这一现象在矿区也很普遍：在矿区劳作的人往往是外国人。在农村地区，贵族讲的语言对当地语言的应用有一定的影响，而有时贵族也使用其奴仆的语言。农村地区基本上是保留其土语的，但17世纪语言地图尚未完全划定，从一个语族变成另一语族要比后来想见的普遍得多。当时各族群享有自己的特权，脑子里还想不到语言一统对一个国家的极端重要性，也想不到语言的不同会引起种族仇恨。匈牙利提供了这方面的最佳实例：克罗地亚人、马扎尔人、上匈牙利高地人（讲与捷克语——其书面语则为上层阶级所使用——有亲属关系的斯洛伐克方言）和特兰西瓦尼亚人（其间混杂着德意志人和马扎尔人）。拉丁语仍是官方语言（一种公共表达工具），凌驾于所有这些语族之上。

经济和社会的发展与影响遍及各社会集团的不同宗教信仰在决定事态发展时比语言和民族的不同更重要。不述及一些人口统计资料难以完全理解这些发展情况。17世纪初，帝国居民总数约2000万人。奥托·普拉克特对波希米亚所做的研究值得注意；研究指出全王国有400万人，每平方公里34.5人，是当时欧洲每平方公里人数最多者。波希米亚本身人口为170万。因此王国比帝国任何一个地区所拥有的人都多得多。然而人口规模并不就最重要；人口规模虽然对政策的成败起着一定的作用，但对一个人口众多的王国的统治比起对其资源的有效开发来就不那么重要了，有效的统治主要有赖于对国家资源的妥善管理。哈布斯堡王朝领土上的城镇众多，但其地位是法律上的，而不是源自其经济和人口。这些城镇中有些是大型城市，其重要性在于其所处的战略和通商要道，诸如林茨和维也纳。维也纳可能是帝国最大的城市，居民估计有6万人。而布拉格得有6万抑或7万人。这些数据没有一个是像当代的统计资料那样可靠的，但可视为很接近实际的，可以对这些地区的重要性做出恰当的评估。

从16世纪初开始，生产组织和劳动状况逐渐发生了重大变化。物价上涨、科学发现和贸易的发展在哈布斯堡王朝的领土上都产生了影响。就传统经济模式而言，一片土地足以满足其耕种者的需求，提供粮食、衣着、足够的现金用以支付税款和购置一些日常生活必需品。许多家庭仍维持着这一模式，但一种为销售而生产的新型模式出现了。这就需要开办作坊和工业、劳动力的相对集中。行政、贸易中心人口增加；施蒂里亚铁矿石、波希米亚和匈牙利贵金属开采的发展促使一些新兴城镇的崛起。考虑到美洲白银的竞争，官方正式禁止其进口，只有具备相当财力和相当大的企业才能从事这方面的生产活动。从16世纪初开始，波希米亚南部地区富裕的土地所有者们为了自身利益大力开凿人工湖。学界最近对之进行了研究。这与当今为发电修筑大坝的作用有点儿相似。许多人工湖的面积达5万平方码，而有些湖（如在维廷高和特雷邦）有其10倍大。贵族的领地和农民的土地都被淹没了。农民好像在庄园别的地方得到了补偿的土地。这些工程的劳动力来自佃户——他们被迫为他们的主人干活——和雇工。大湖一旦完工，就需要更多的人手。湖中必然要养鱼、要捕鱼、要将捕到的鱼运出去卖。这就要用到木筏，在河上穿行，拖着鱼篓，保证篓中鱼儿鲜活。布拉格、林茨和维也纳的市场上有鲤鱼和狗鱼出售，跟来自北海的鲱鱼干和腌鳕鱼展开了激烈的竞争。数据表明：16世纪末叶，渔业收入是克鲁姆洛夫、罗茨姆贝克和特雷邦以前采邑地租收入的3倍。人们更为感兴趣、更为重要的是农业生产的变革。贵族领主们所关注的是占有大面积土地以改变土地占有状况、不断购买农民土地以扩大其领地的面积，使用徭役作为开发其领地的主要手段。由于货币贬值和物价上涨，原先的货币地租已没有多大意义。大庄园由于其规模和其经济生存能力有了重要意义。大庄园（包括农场和佃农的土地）里有领主直接控制的土地，也有农民的小块土地。有效地开发大庄园需要大量劳动力和妥善的管理。因此管理人员上岗时会领受详细的规则，要知道如何监管田间劳动。

这种规模的领地见诸哈布斯堡王朝各诸侯国；通常是相互影响、相互模仿，像1571年巡视王国领土的委员会就从一匈牙利管理人员那里借用了王国所制定的详细规则。从扩大其领地中获益最多的土地所有者是上层贵族。而骑士也毫无顾忌地如此行事，因为身份地位并不是扩大领地的决定因素。国王（得到议会同意后）不断促使人们向上爬。另一方面，没有财富很难爬到上层贵族阶层，而这一阶层是与占据重要官职相关联的；占据重要官职就可通过各种渠道弄到大量收入。不管是民主派史学家还是马克思主义史学家都十分了解大贵族和大庄园，因为现存有完备的文献资料。然而16世纪仍有一些小庄园和骑士阶层存在。这一阶层人数最多，得益于物价的上涨和农业生产的发展；跟通常情况一样，总是有些人比其他人更幸运。首要的一点是必须强调：早先的封建制度尚存。

最近对封建主义的定义讨论得很多。有些人认为封建主义实质上是个军役义务问题、人与人之间的关系问题，其表现为转让土地和支付货币地租——这货币地租由于后来货币贬值失去了其意义——抑或实物地租。但封建主义也意味着领主有权——不管是不是抢夺来的——执法、捍卫其土地（这意味着要征收陆路过境费和水路通行费）。再者，领主永久转让土地抑或出租土地时，契约规定的条件是农奴们必须尽各种义务（徭役由此而生），特别是禁止他们及其后代离开领地。这些封建特权也包含着应尽的义务。领主必须保护其农奴，战时要向他们提供避难场所，要护卫寡妇和孤儿。17世纪，这些特征见诸整个欧洲，只是各地表现形式有所不同。形成这种状况的唯一原因是：使用通行的耕种方法——数世纪以来有所变化和改进但没有完全改变——在土地上的劳作需要土地所有者利用父权制家长式的家庭关系——这种家庭关系即使在当今个人自由占有的情况下也未消逝。不管怎么样，中欧大庄园的发展是在封建制度框架内和传统下发生的。有些史学家试图否定"封建主义"这一词语，愿意使用资本主义这一词语说明这一历史时期。但人们不得不承认：大庄园的发展是在承继自封建主义的社会框架里发生的，是因为土地所有者特权的增多，是因为对耕种土地者们独立自由的更大的限制。

大庄园从而组织得像个小国家。管理人员的数目根据庄园的大小不等。称之为管家抑或总管的管理者进行总体监管。在他下面是城镇及其毗邻地区的世袭领主，后来负责经济管理。一名抑或多名书记员负责收、支登记工作。后来不同类别——湖区、木材、酿酒、磨坊——的生产分开记账。1600年前后，克鲁姆洛夫的罗兹姆贝克庄园有12名管理者和14名书记员。各部门的管家必须每天做账。给人的印象就是个小小私人国，可能会有数千人。可惜的是，对这一时期王国官员们保有的权利及其对庄园的干预情况知之甚少。

估计并非所有的大庄园都管理得很好。这通常得看土地所有者在庄园还是不在庄园，得看管理人员们称职不称职。王室土地的名声最好，是许多私家庄园的楷模。国王可以处理他的庄园和没收的土地；他会时不时地授予其追随者一些土地作为奖赏。居住在这些土地上的王室农民遂隶属于新主人。王室农民与自由农不一样。自由农见诸许多地区，直接隶属于国王——国王是国家最高首领，而不是地主。存在着一种混淆这两种农民的危险。鲁道夫二世想将一些土地连人赠予罗兹姆贝克庄园主，农民的抗议和法令授予他们的不可剥夺的独立身份证明文件使王国法官裁定鲁道夫的做法不合法应予以废止：这表明当时专制主义在波希米亚还是受到限制的。

农民的自由在以下地区——例如蒂罗尔——还是切实存在的，但越来越受到大庄园发展的威胁。历史学家们对波希米亚是否存在着农奴抑或农民是否没有路条不得自由流动。17世纪，不断有政令颁布，一再声称领主有权要求擅自离开庄园的农民返回，禁止雇用者——不管是城镇的还是其他庄园的——从其他庄园随便雇用农民。这并不证明这些措施仅仅反映了大庄园主们对保住其劳动力的关注。作为中型庄园抑或小型庄园土地拥有者的骑士虽然使用的人手比较少，但同样关注劳动力的流动。

农民情况很复杂。有些农民拥有祖传的土地，一般说来他们是长期稳定的；另外一些农民则不是长期稳定的，他们是佃农。所有的农民都受领主司法控制。各社会阶层都有一种基于财富的等级制。农民的等级分耕种50英亩土地的农夫、耕种小块土地的农夫、短工、伐木者和烧炭者。农闲时，许多农民进城找活干；农忙时，大庄园雇人收割庄稼——这就难以控制劳动力的流动了。有着全面、细致管理的庄园比较容易控制农民的流动——有些领主认为农民流动有好处。

不要以为生活在乡下的人就只种地，一些人还经商做买卖。1607年对波希米亚南部地区一大庄园上234个年轻人工作的调查揭示：98人跟随面包师、木匠、鞋匠、铁匠、织布匠、油漆匠、染匠、裁缝、制陶匠、屠夫、皮毛加工匠、箍桶匠、漂洗工、石匠和玻璃画师当学徒。1612年，（波希米亚北部地区）吉雷廷教区神父力劝教区民众感谢上帝教给了他们（即使不是丰产的麦田、盛产的葡萄园抑或富矿场，至少是）种植亚麻、织布的方法。亚麻种植和织布吸引了许多异乡人，使基督教家庭的父亲——工匠抑或农夫——得以向其家庭提供面包。

庄园主对其庄园上的城镇享有与国王对王国城市享有的同样权利。他们开设市场，享有垄断权。特别是1517年之后，贵族享有了酿造啤酒的特权——各城镇声称是其专有权。庄园主们有权在其领地上的城乡出售其酿造厂生产的啤酒。因此有这么一种说法："羊、啤酒和鱼使波希米亚贵族富有。"1578—1615年间，啤酒价格猛涨，少数贵族家庭有了强大的经济实力。然而国王、教会和领主在波希米亚还是拥有340处大庄园，35个以上的骑士家庭拥有同样多的庄园。二者庄园数相当并不就意味着权力的均等，而可能表明大庄园的发展会引起地位相似的社会集团之间发生摩擦。

就城镇而言，王国城市在人口和活力方面均有下降，而领地上的城镇则有所发展,对庄园经济制度的保护提供了较多的保障和有利条件,但这种发展并不十分显著。布拉格的情况似乎与众不同。布拉格市远离贸易通道、只生产一种大宗输出品——毡帽,没有纽伦堡和莱比锡那么热闹,但仍有其重要地位,因为该市是全王国商品集散中心,因为宫廷所在地为精纺布匹、首饰、家具和好酒提供了市场。商品经由布拉格运往纽伦堡:铁制品来自波希米亚和奥地利,农产品和牛只来自匈牙利、波兰和奥地利,布匹来自波希米亚北部地区。营业额约占全国贸易的 2/3。这就必然使维也纳处在了不利的地位,但维也纳在其自身的防卫体制下还是繁荣热闹、人来人往的。林茨是哈布斯堡王朝领土上的大型国际市场,克雷姆斯次之。世纪初时,帝国的德意志商人在布拉格的优势地位让给了犹太人(城中最富有的居民是犹太人梅茨尔,享有鲁道夫二世授予的特权)和意大利人(诸如佩斯塔洛齐家族和埃拉克莱斯·德·诺维)。

宗教问题比经济问题对舆论的影响大,而经济形势又因宗教而变得复杂了。导致大庄园与小庄园之间、地主与农民之间、王国城市与贵族之间敌对的利益冲突和社会矛盾,与宗教矛盾并不一致。天主教徒和新教教徒见诸各社会集团,甚至同一个家庭。冲突最重要的原因是哈布斯堡王朝整个领土上新教教徒占绝大多数,而最具活力与权力的少数派却是天主教徒。在阿尔萨斯、下奥地利、阿尔卑斯公爵领地、波希米亚、摩拉维亚、西里西亚和匈牙利,虽然有基督运动,极力争取人们回归罗马天主教,但新教教徒们立场坚定、毫不动摇。匈牙利议会迫使国王马蒂亚斯承认新教的特权。1609 年波希米亚议会从大诏书中获得了最自由的法令——这种法令总是要颁发给有多种信条的地区的。

波希米亚新教声明遵从 1609 年法令,其宗教信仰及其教堂从而得到了最充分的保障。指定了忠诚的护卫者监督保证事项的实施。禁止领主强迫其人民改变宗教信仰:人们会认为这一措施对信仰新教的领主手下的信仰天主教的农民有利,其实主要是针对信仰天主教的领主的。罗马教廷长期以来一直认为反宗教改革运动只有靠帝国及其属地的统治阶级的支持才能见成效。同样绝对必要的是:最重要的职位应该授予天主教徒;如果新教教徒留任抑或被授予关键职务,反宗教改革运动永远难以夺取实质性的胜利。从查理五世开始,跟西班牙国王高度战斗精神相比哈布斯堡王朝皇帝一个个惰性十足，消极不抵抗。马蒂亚斯皇帝衰老，无子嗣，胆小怕事，但他侄儿斐迪南是个好斗的天主教徒。他在其施蒂里亚公爵领地的统治以巴伐利亚的反宗教改革运动为榜样行事。① 1617 年斐迪南被确认为波希米亚国王；这得感谢掌玺大臣洛布科维茨，他要手腕巧妙地掌控了议会里那些中立的成员。

三十年战争产生了许多长期影响，影响着当时欧洲的所有经济、社会和政治问题。但其即时的影响是：在马蒂亚斯死之前是否能成功地阻止斐迪南弄到哈布斯堡王朝皇位继承权。即使说布拉格掷出窗外事件是一小批密谋者干的（或者说是少数头脑发热者过分的行为），波希米亚新教教徒借格拉布和布鲁瑙事件发起的反抗运动只能用因选定斐迪南为皇位继承人而引起焦虑来解释。这不是一个经济利益问题，不是专制主义的威胁问题，也不是王国的古法问题。要打倒一个人；斗争的首要问题是宗教，此人影响着宗教的命运。

结果是斐迪南在 1618 年春波希米亚反叛后似乎一定要失去的不是帝冠而是他在奥地利和匈牙利的权力。马蒂亚斯 1619 年死后，议会拒绝斐迪南进入波希米亚，并宣告他 1617 年被选定为国王的决定无效。此后不久，巴拉丁选帝侯腓特烈五世被推选为波希米亚国王，顶替斐迪南。与此同时，斐迪南在巴拉丁的代表们的支持下当选为皇帝。② 到 1619 年夏，危机已不再仅限于波希米亚。奥地利王朝仍然保有帝冠，但支撑、使其永葆帝国的政治制度已受到冲击，在渐次摆脱其控制。

议会力求再次胜过国王，强制贯彻其政治理念。1619 年 7 月，波希米亚王国大会召开，假借圣文西斯拉斯王国政府之名组建了一个各地区的联盟。这样一个大会的召集本身就是超越地区差异的共同利益的胜利。大诏书和新教教徒的特权又被确定为根本大法。推选国王的原则被再次加以明确，诸侯的权力重新接受议会的严密监督。因此腓特烈登上波希米亚王位时所承接的权力比起他那哈布斯堡家族的前任来所受的限制要大得多。议会对其选定的忠诚保卫者委以重任。这

---

① See Chapter X, p. 290.
② See Chapter XI, pp. 310–11.

些保卫者得经常监督特权的实施和法律的遵循。他们举行会议评析形势，分配共同防卫所需资金。1619年8月，上、下奥地利议会的代表使奥地利成为联盟成员。奥地利通过一个法案，没有提及保卫者，但规定联盟各国需要时可求助于其他国家。而重大决定得集体一致通过。每5年召开一次大会审议成员国之间的争端，完善联盟章程；如若需要，增加新条款。1620年初，匈牙利王国议会加入联盟。不久，埃拉斯穆斯·冯·切尔内布尔——一位信仰新教的领主；他一直主张贵族们联合起来反对君主——在上奥地利的林茨对斐迪南的权利表示怀疑，理由是：他不是先皇血脉最近的男性亲属。根据继承法和国家宪法，皇位应该传给皇帝马蒂亚斯尚在世的兄弟低地国家摄政王阿尔伯特大公。阿尔伯特大公拒绝这一解决办法：这一办法有违家族契约。因此，王朝的权利与地方古老习俗的权利发生了矛盾。这倒正好使施蒂里亚的斐迪南当上了皇帝。哈布斯堡王朝的多数诸侯国在逐渐摆脱他的控制；而他别无他法，只得用武力使它们归位。

贵族全力维护自己的权利和特权，反对君主的权利和特权。史学家们对1619年的制度进行了不同的评述。反对君主专制主义，其根据是各社会阶层所拥有的特权。毗邻地区间的这一联盟是各地区的各政治特权阶层的合法代表一致同意建立的；联盟力主维护宗教自由，并声明这是普遍原则（然而这一原则并未得到应用，耶稣会士被赶出波希米亚，永远不得进入）。这符合新教教徒的一种理想：即像联合省和瑞士那样分成小单位是最合适的统治形式。当时一些法国胡格诺派小集团曾想将这一制度引进法国。一些史学家认为1619年的制度是最自由的制度，甚至具有共和民主自由的萌芽。但这些观点很少能使现代史学家们信服；他们首先关注的是经济、社会问题。他们认为，不管政治权力归君主和枢密院还是归贵族和议会，社会秩序还是那个封建、贵族式的秩序。19世纪的史学家们所关心的问题——中央集权君主制和寡头联盟制这两种制度哪一种最有利于社会的全面发展和人民的解放——因而无人问津了。在这两种制度下，政治、社会权力都掌握在享有特权的拥有土地的少数人手中。

腓特烈在波希米亚当选系议会一手促成。这就是说，两年前也是议会选举了斐迪南。只有那些被视为坚定地支持奥地利的人——诸如掌玺官洛布科维茨和（斯拉瓦塔的）威廉；不管怎么说，他们俩的确是逃到了奥地利——没有选举腓特烈；头一年，新国王政府工作顺利，大体上还是公正地对待其不同宗教信仰的臣民的。腓特烈在给路易十三的一封信中吹嘘道：他的臣民们都享有宗教信仰自由。这至少是与大诏书的精神相吻合的。波希米亚民众不分信仰和民族都支持新国王。然而天主教徒对信仰新教的国王自然是有疑虑的，希望奥地利王朝回归；而一些新教教徒——其中有策罗廷（摩拉维亚贵族，法国国王亨利四世以前的朋友）——仍然效忠哈布斯堡王朝。因此全国似乎都卷入了叛乱，随时会有犯罪事件发生，因此往往是先发制人，采取严厉惩罚措施。

腓特烈与斐迪南之间的战争过程别处已有叙述。① 我们在此要再提一下：当代史学家们认为，全民反抗所必然导致的牺牲在波希米亚从未受到重视，贵族统治集团如此，布拉格——这儿可以最大限度地捞到流动资财——的商人中产阶级如此，城乡民众亦如此。许多庄园上爆发了农民叛乱；对这些叛乱的特征，尚未有充分的研究。尚未提出有说服力的论点证实这么一个假说：即进行社会改革，使农民摆脱对其主人应尽的义务，即可全民皆兵。

不管怎么说，皇家军队和腓特烈五世的外国雇佣军都是四处劫掠、蹂躏乡里，人们都期盼和平。欧洲众列强无动于衷，人们愈加失望。波希米亚及其盟友孤立无援，1620年11月8日白山一战失利。布拉格掷出窗外事件（1618年5月23日）加深了奥地利王朝各诸侯国的潜在危机，白山胜利——宗教战而非政治战中的一个事件——正好使哈布斯堡王朝的命运有了转机；虽说斗争的最后结果尚难以确定，但由于内部秩序得到了恢复，斗争起来就比较轻松了。

在可以称之为奥地利制度的演变中，1618—1620年危机是最重要的。从政治和人的构成方面来说，几百年来力量的均势发生了变化，对国家经济未来有着重要的间接影响。根据当时人们的观念，国王有权，甚至有责任惩罚其反叛的臣民，因此可以先行采取一些措施防患于未然。而斐迪南的态度甚至使那些对施加惩罚而不责备他的人感到心惊。他们很快发现他的视线已超越国内政治，展现出了与西班

---

① Chapter XI: "The Thirty Years War".

第十七章　哈布斯堡王朝的版图（1618—1657 年）　　537

牙（当时已在尼德兰重新开战）联手控制整个德意志，确立哈布斯堡王朝欧洲第一的野心。

波希米亚长期以来在奥地利制度中占据着一种享有特权的地位；波希米亚是个王国，地位特殊，皇帝又经常驻跸其间，有着实实在在的重要性。斐迪南很想将格拉茨定为首都，并想死后埋葬其间，但他难以从如此一个偏僻小城控制其疆土，因而维也纳就成了首都所在地。匈牙利首都普雷斯堡离维也纳很近。这些城市比布拉格更易遭受土耳其人的再次攻击。由于战争的延宕，布拉格实际上成了德意志和瑞典新教军队的据点；德意志和瑞典新教军队从这一据点出发攻打支持皇帝的诸侯国，但 1630 年前这一危险尚未出现。斐迪南对布拉格这一反叛中心极为不满；朝廷对古老王国的长期厌恶影响其诸如宪法改革这样的未来。不管表面现象如何，这种厌恶情绪妨碍了中央集权和全境一统的发展进程：中央集权和全境一统本可能在中欧实现，对朝廷夺取胜利非常有利。

19 世纪通常——当今有时仍——断言，皇帝、某个德意志诸侯会对捷克人发泄个人怒气；他剥夺了捷克人的所有权利，禁止他们讲自己的语言，处死了所有带头闹事的贵族，剥夺了其家族的财产，强制人们皈依天主教，在欧洲建立了历史上闻名的最残酷、最暴虐的制度之一这种说法太夸张了，而最糟糕的是使人们完全难以了解 17 世纪的真情实况。有关腓特烈五世政府的那些事就是个例子。成立了一个特别委员会，由国家的新总督（利希滕斯坦的）查理领导；27 个人被判处死刑，1621 年 6 月 21 日在布拉格广场被处决。他们中有 3 名贵族（斯利克、布多费克和哈兰特）、7 名骑士（塞尔宁系其中之一）、17 名市民（包括一名德意志医生，大学校长耶森）。这是太严苛、太过分了，捷克贵族即使失去 10 个人也不会被压垮。摩拉维亚的政府领导人是红衣主教迪特利希斯坦，没有人被处决。西里西亚和劳济茨因有萨克森选帝侯（此人不可轻易信任）的保护得以赦免。另一方面，波希米亚和摩拉维亚的所有与 1618 年革命政府合作——提供财政援助抑或向其请愿——的人都受到了不同的惩罚。他们的财产被全部抑或部分没收。但即使是部分没收，也是皇家法庭将土地全部出售，然后按价付还未被没收的那部分。这种做法有点儿滑稽。惩罚面太宽，和解、平定的进程很慢；而大量土地充斥市场，地价下降。

再者，对土地的原来主人不再能偿还、法庭原则上同意支付的债款说来，土地的出售是个直接抑或间接的保证：这与整体经济形势是相契合的。结果弄得全国一团糟，王国财政部门得借债度日。国王的实力被削弱，一些个人的实力则暴增，委实令人瞠目震惊。主要的受害者是信仰新教的骑士：他们的地产很少，没收后所剩无几。主要受益人是信仰天主教的大地主——他们可以通过收购并入、扩展地产——和皇家军队的军官——皇帝欠他们债。即使再富裕也得借钱支付其所购之费用，但王国财政部门所欠之资可以用以收购，最高统治者的慷慨大度有时会导致价格的降低。宫中骑士团首领（瓦尔德斯坦的）亚当购买没收自贝卡家族的豪斯卡田庄是定价26万达克特，但他只支付了20万莱茵达克特。他的侄儿（瓦尔德斯坦的）阿尔贝特（仍旧效忠皇帝）收购没收自雷德恩家族的波希米亚北部地区弗里德兰庄园时支付了15万达克特，后来又收购了一些地产并入了庄园。掌玺官洛布科维茨的妻子很聪明，利用当下的机会使他们夫妇俩成了国内最富有的大地主。斯拉瓦塔家族仍在因德里休夫-拉德克，但皇帝将附近的一处皇家地产克鲁洛夫赐予了奥地利的一名议员埃根贝格。这是一个特殊事例，但常常被提及以说明皇帝将一个外国贵族引进了波希米亚。其实，从首波没收运动中受益的是捷克的天主教徒贵族。13年后发生了第二波没收运动。华伦斯坦将弗里德兰公爵领地扩张成了一个小国家。他被撤职、去世后，其地产被没收、分配，然而还是给他家族留了一些。当时皇家军队由于他的努力壮大了不少；军队里有许多外国军官，皇帝欠他们不少钱。华伦斯坦花费大量钱财赏给他们（诸如将弗里德兰的地产作为礼品赠予加拉斯）。这导致了一些外国地主涌进王国。他们中的大多数人得到了波希米亚的土地，但许多人又将其出售了。帝国的一德意志大家族施瓦岑贝格家族继承了埃根贝格家族在波希米亚南部地区大面积地产。时至1650年，王国的贵族统治集团确实是与战前大不相同了。当地人仍占多数，10.7万座庄园中的3/5（6万座）在贵族手中，2/5（4.4万座）在新来者手中。这些数据不说明所有问题。如此剧烈的动荡之后，人民的观点和传统思想发生了变化。

1627年，斐迪南独自修改了波希米亚宪法。王位由统治者家族世袭，女性亦有世袭权。国王根据其登基誓言，不得割让一寸国土、尊

第十七章 哈布斯堡王朝的版图（1618—1657 年）

重由来已久的自由，但天主教是唯一被允许的宗教，废除大诏书。① 议会之外增设了一个高级教士最高会议；会议保留征税决定权：这是对王权的主要限制。② 从此以后，官员由国王任命，宣誓效忠国王。因此他们不再拥有波希米亚王国的官衔，而拥有波希米亚王国王室的官衔。宪法用最高统治者的语言德语颁布，但并没有法律限制捷克语的应用。语言禁用和民族迫害不是 17 世纪的政治特色，主要的问题是效忠最高统治者。

尚未实行中央集权制和建立单一国家、废止各诸侯国的传统自由，似乎不是主要问题。1620 年之后建立的制度标志着一种从（先前革命运动倡导的）建立中欧联盟行动的倒退。诸侯国之间唯一的联系人是最高统治者个人。好像只有信仰天主教而导致的宗教一统才能激起和保证对最高统治者的忠诚。这样的一种结果不会轻易得出，一些地区为实现和平而采取的措施妨碍这一结果的实现。萨克森选帝侯促成了帝国的胜利；多亏了他，西里西亚和劳济茨才免受镇压之苦。西里西亚坚持执行大诏书，成了新教教徒的庇护中心和在道义上抵制其他地区镇压传统新教信仰的政治行动的中心。

特兰西瓦尼亚诸侯贝特伦·加博尔曾支持革命、加入联盟、威胁维也纳，他及时果断的援助得以改变了事态发展进程。根据 1622 年《尼科尔斯堡和约》，一些斯洛伐克州必须割让给他；特兰西瓦尼亚仍旧是信仰新教的匈牙利贵族的根据地。土耳其匈牙利平等对待新教教徒和天主教教徒。

（巴伐利亚的）马克西米连是上奥地利的统治者，那儿的新教教徒信仰十分坚定。迟至 1626 年还发生了一次农民暴乱，原因是他们的牧师被驱逐，还要强迫他们向天主教神职人员缴纳什一税。他们要求恢复他们四五十年前信奉的宗教，还要求修建新教堂和学校的权利。为此他们谋求返回新教庄园，那儿有他们被没收的地产、有收入来源。

在波希米亚，许多信仰天主教的贵族并未急于将信仰新教的官员赶出他们的土地，那样做对他们不利。恢复天主教远非易事，在捷克实施拷打、处死、焚烧圣经和新教书籍——这些并非全是辩论家们想

---

① 《大诏书》原件曾两度被人用匕首砍击，现存布拉格的捷克中央国家档案馆。
② See also Vol. V in this series, p. 476.

象出来的事——均无济于事。反宗教改革的两大最有效的办法是教育和布道。对学院和大学进行了重组以教育贵族子弟、招收培养神职人员——从此有了出自平民的学生。在布拉格,查理四世1348年创办的大学与名为查理·斐迪南大学的耶稣会学校合并。在阿尔萨斯,莫尔斯海姆大学落入耶稣会之手;教团在大公们的支持下极力消除城镇中信仰新教的中等阶层的影响。科尔马尔皈依了天主教。[①]

在匈牙利西部地区,1608年法令保持新教教徒的特权、禁止教团拥有地产,埃茨特尔戈姆大主教帕茨马尼红衣主教1635年在纳吉-索姆巴特(蒂尔瑙—特尔纳法)开办了一所大学,倡导在普雷斯堡、厄登堡、拉布、瓦拉日丁、阿斯拉姆、特伦钦和诺伊索尔建立了耶稣会教堂。首先用讲道和壮观的仪式赢得人心。红衣主教本人就是个演说家、人文学者,讲起道来口若悬河、直击人心。

因此,斐迪南在波希米亚的胜利导致宗教改革与反改革之间的斗争在那些天主教最有获胜机会的哈布斯堡王朝的诸侯国里继续进行。二三十年后,一批受过教育、虔诚的牧师出现了,他们来自平民百姓,但当下教团的帮助还是必不可少的。在布拉格,加尔默罗会修士被授予了马拉斯特拉纳的德意志商人大诏令颁布后修建的教堂。从前的新教教堂被用以供奉圣母玛利亚,源自西班牙的婴儿耶稣雕像亦安置其间。然而大多数教堂建在维也纳:嘉布遣会教堂(1622年)、多明我会教堂(1631年)和耶稣会教堂(1627年)。多明我会教堂和耶稣会教堂的正面非常漂亮,饰有壁柱和螺旋纹,系根据罗马建筑式样进行的革新。维也纳是宫廷和政府所在地,也是一座天主教城市——犹如最高统治者及其随从如影随形,是将恢复信仰工作推广至哈布斯堡王朝各诸侯国和全帝国的中心。哈布斯堡王朝要求其臣民接受天主教以表明对朝廷的忠心,把自己跟教会紧紧地绑在一起,双方似乎要同甘共苦。奥地利制度的这一主要特征一直延续至现代。

从白山之战到拉蒂斯邦会议(1630年)这一时期对皇帝极其有利,但这一好运道难以持续。1630年后形势变了。德意志的诸侯们对他的胜利感到不安,对他进行了钳制。斐迪南放弃了其力量的主要

---

① G. Livet, L'intendance d'Alsace sous Louis XIV, p. 25.

第十七章　哈布斯堡王朝的版图（1618—1657 年）　　541

依靠——华伦斯坦的军队，犯了大错，其结果是他的政府遭遇了一连串的麻烦。他 1637 年谢世后麻烦仍不断。从 1630 年到《威斯特伐利亚和约》（1648 年）这一战争新阶段对奥地利王朝来说是最困难的时期，再也不见战争早期呈现的获胜机会了。阿尔萨斯实际上丢了。阿尔萨斯城镇的人们先是将自己置于瑞典的保护下，而后又将自己置于法国的保护下。特兰西瓦尼亚的匈牙利——其诸侯拉科齐是勃兰登堡的盟友，后来又与瑞典结盟——再次发动争取宗教特权和政治特权的斗争，是奥地利疆土东侧的长期威胁，属于帝国的匈牙利的居民因而一直处于动荡不安状态。最后比较重要的一点是，波希米亚和摩拉维亚成了北方军队入侵维也纳的通道，经常遭受路过的军队（1631—1634 年、1639—1641 年、1645—1648 年）的骚扰。它们的横征暴敛、勒索掠夺比战争稍早时期严重多了。

　　叛乱后形成的大庄园的生产很快达到了一个新高度。现代史学研究揭示了华伦斯坦全新的一面：数年间他即在其弗里德兰公爵领地上建立了秩序、取得了发展，就如同他曾在收复的德意志领土上不准扰民、在梅克伦堡成立公平正义的政府那样。他变节后，他在波希米亚北部地区开发得很好的土地被侵占、破坏，很快就荒芜了。与皇家选帝侯签订的《布拉格条约》（1635 年）使人们很快有了希望，但奥地利付出了巨大代价。尽管国王发誓不让波希米亚丧失一寸土地，萨克森选帝侯拿走了劳济茨地区：生活在那里的斯拉夫人、斯拉比亚人周围生活的是德意志人。因此皇帝同意削减其在他个人领地和全帝国的权力，普遍和平的曙光即将显现。市场活跃，地价上扬，公共秩序几近恢复。不料斗争再起，且比之前更剧烈。城镇上商业萧条，农村庄稼收成时好时坏、皇家军队和外国军队征这征那，民众不堪其扰。农民的命运比以往任何时候都更加有赖于领主了。只有领主能够从皇帝那儿弄到安全通行证；只有领主能够削减入侵者的要求抑或将军队引向某一毗邻的庄园以求自保。有时候已弄不清领主是什么样的人了。紧跟着瑞典军队回国的流亡者们宣称要收回被皇帝没收的地产。而像波希米亚南部地区的地产一直在同一个人手里，算是很幸运的了。

　　最高统治者已不再行使其权力。货币贬值的结果是：维也纳的帝国政府感到难以靠课税和正常收入维持军费开支了，不得不依靠军务承包人和雇佣兵：像华伦斯坦和（萨克森—魏玛的）伯纳德所表现的那样，他们的忠诚是受私利驱使的。这是一个政治动乱、人们得过且过的时期。只有考虑到战争的影响和试图重建政治秩序和个人土地制度情况，才能对这黑暗年代的影响进行评析。

　　1645 年与诸侯拉科齐签订的《林茨和约》暂停了东线的敌对行动，但皇帝据此不得不向其敌对方让与更多的匈牙利地区，不得不确认属于帝国的匈牙利地区新教教徒享有的特权。这再次表明他的权力受到了极大的限制。1648 年与法国、瑞典及其盟友签订了《威斯特伐利亚和约》。和约签订的消息叫停了柯尼斯马克率领的瑞典军队：这支军队已占领马拉斯特拉纳数月，直逼布拉格；而最后一支外国军队一直到 1650 年才离开波希米亚王国。《威斯特伐利亚和约》将哈布斯堡王朝的阿尔萨斯所有权转让给了法国，特别是削弱了皇帝在帝国境内的权力。哈布斯堡家族控制住德意志、逐渐将帝国转变成世袭王国的可能性永远消逝了。不管哈布斯堡家族的敌人宣传说有多危险，德意志人确实维护住了自己的自由，否定了哈布斯堡王朝的专制政体论。尽管捷克的流亡者们（例如科门斯基）乞求瑞典人在王国事务未解决前不要签署和约，但《威斯特伐利亚和约》没有涉及皇帝个人领地的条款。因此斐迪南三世的权力范围扩及一广袤地区（从莱茵河到喀尔巴阡山脉，从奥得河流域到亚得里亚海），是欧洲最大的地区之一，为现代一大国奠定了基础。尚难以让这些毗邻的地区实行同一个政策、协调经济发展和观点看法、服从最高统治者的意愿。首要任务是恢复重建工作：不光是废弃的房屋、烟灰熏黑的城堡、（先前繁荣的小城市）变成的死城，人口也大为减少。数据尚存争议，需要修正，但总体上的影响还是精准的。战争前波希米亚是哈布斯堡王朝各邦国中人口最多的国家：1648 年遭受的灾害最重。1654 年对应纳税的地产进行的调查揭示：已知的战前 15.5 万户人家，仅剩下 12.3 万户。统计学家们最近分析研究了这些概括性的结论（包括未调查到的居民和地产），估定了农村一户人家的人口数和城镇的财政状况。奥托·布拉赫特精湛的研究指出：1615—1650 年间波希米亚人口从 170 万减少到了 93 万，减少了近 50%，摩拉维亚人口则减少了 1/3（30%）。布拉格的人口大约 4 万，其他王国诸城市人口大约 6.5 万。古老城市的这种衰微是全新事态显著的特征。布拉格经历了一个衰微、停滞时期。宗教当局要求世俗政府关闭市场，

第十七章 哈布斯堡王朝的版图（1618—1657年）

以防从德意志来的信仰新教的商人宣传他们的宗教。大多数人生活在外省：14.5万人生活在庄园上的城镇里，58万人生活在农村。① 家庭人口比战前少了，市镇上平均一户约3.6人，农村平均一户为4人，而战前城镇是6人、农村是9人。军事行动并非是人口减少的直接原因，但其所导致的普遍饥荒使弱者——老人、孕妇、15岁以下的儿童、新出生的婴儿——极易成为牺牲品。出生率下降——特别是在较为贫困的农民中；50岁以上的人口比率也下降了。战争结束时，波希米亚人口中主要是农村居民（其中可能还有王国城镇和庄园城镇上的一些居民）；他们出生、成长在战争期间，记忆中没有自由和快乐。其实很少有人能够记得这样一个时期：他们天生就厌恶战争，有的是恐惧。但战争时时发生，是外国人带来的战争；而皇帝好像只求恢复旧秩序、许诺和平。查理·斐迪南大学的波希米亚学生1648年守卫查理桥抗击瑞典人，为维护他们祖辈力图摧毁的某种事物（something）而战。难以估计国内德意志人和捷克人的比例以及天主教徒和新教教徒的比例。新教影响并未消失；尽管有皇帝的禁令，庄园上仍可见到信仰新教的管理人员。此外，神父太少，难以完成皈依、教育和必要的教区工作任务。然而捷克反宗教改革的领导人物成长起来了。耶稣会士布里德尔·巴尔宾（传道士、教授）和博胡斯拉夫·巴尔宾（因捍卫捷克语言而闻名的历史学家和语言学家）分别出生在1619年和1621年。

　　战争的破坏没有影响到全国，但在遭到破坏的地区，对土地所有者来说，重建畜牧业和农业特别困难（除非土地所有人很富有）。皇帝将少量土地授予旧骑士家庭和外国人家庭［诸如波希米亚北部地区豪斯卡的（斯鲍尔的）蒂洛尔家族］，但难以养活一家人，他们不得不低价出卖所得土地；而大庄园——不管是新庄园还是老庄园——处于有利的地位。大庄园集中在没有受到战争影响的南部地区：埃根贝格家族的大庄园上有5400户人家；斯拉瓦特家族的大庄园上有3569户人家；布夸家族的大庄园上有3100户人家。这影响了战后国家的经济发展。这些大庄园通常经营得很好，有时收购贫穷抑或穷困

---

① 这些数据是奥托·布拉赫特提供的，p. 116, Lidnatost a Spolecenska Skladba Ceskeho Statu v. 16 – 18 stoleti（Plaque, 1957）。确切的数据是：布拉格，4万多人；王国诸城市，64814人；庄园市镇，145560人；农村，851050人。

潦倒的贵族不得不出售的土地；这些土地与庄园主的代理人直接耕种的土地相连，庄园的面积不断扩大。国家收入受损，因为免税的贵族土地（自主的）和应该课税的附属土地（农民的）混在一起了。在这些庄园和领主的领地上，农民服徭役提供劳力。各级佃户每周有几天得提供农具抑或时间和劳力；饲养家禽者、小农、雇工和承租人都得这样做；徭役是这一制度的主要经济特征。然而领主们的主要收入并非来自农业；执行审判、销售税、遗产税，特别是对出售给领地上城镇居民的啤酒、羊毛、肉类和毛皮的垄断权带来的收益同源自土地的收入一样多抑或更多。除徭役外，制度的主要特征是领主对其庄园进行家长式的管理。居民（甚至包括富裕的城镇居民——啤酒酿造者、染匠、布商）没有领主抑或其代理人的允许不得结婚、继承或出售自己的财产，也不得随意搬离庄园；他们如果这样做了会被遣送回庄园。领主是孤儿们的法定监护人：管理他们的财产，要求他们为他干活作为回报。这一要求后来扩及所有年轻的奴仆：他们得照顾孤儿。这种封建主义的复兴不仅限于波希米亚，也见诸匈牙利（那儿的小贵族同上层贵族一样保有其特权），同样（较小程度上）见诸内奥地利（Innerosterreich）。

这一制度维护了数百家族中少数家族的财富和影响；从这些家族中又涌现出了更少的大地主：洛布科维茨家族、斯拉瓦塔家族（后为塞尔宁家族继承）、埃根贝格家族（后为施瓦岑贝格家族继承）、加拉斯家族、科洛雷多家族、摩拉维亚的迪特里施泰因家族、利施滕斯泰因家族和考尼茨家族。一些家族很想经营好其庄园，在法律允许的范围内公正、人道地对待居民。（斯拉瓦塔的）威廉1634年对他儿子说："遵循、重视公正的庄园状况肯定要比别的庄园好，能招来更多的人，取得更多收益。"这种宽大、聪明的做法自然首先有益于庄园主，但其财富与民众物质、精神上幸福之间的关系是这一制度的核心、这一制度的因由。当今人们对占有土地很不看重，所以难以理解大家族要经营好其庄园的意愿。如果庄园面积扩大了、生产增收了、宗教机构建立起来了、点缀上了小教堂和城堡，庄园主骄傲异常。他们要将庄园在较好的状态下交给下一代。18世纪初诸侯施瓦岑贝格的"帕特纳莫尼塔"庄园就是个好例子。庄园主的性格，乃至其管家的性格对民众、奴仆、农民和镇民都至关重要。出身平民百

第十七章 哈布斯堡王朝的版图（1618—1657 年）

姓的庄园管理人员都对农民更加没有同情心。庄园的封闭性不可避免地导致了邻近抑或近亲结婚；农民家族的聚合力比贵族家族的更紧密。三十年战争结束后最初的年代里出现了动乱和滥用特权的状况；这种状况——虽说不是主要现象——在奥地利一直延续到 1848 年危机。从此在奥匈帝国，乃至其后的各国均还有这样的特征。战争强化、突出了首现于 16 世纪的事态的发展；这一发展事态有望会在危机期间消失。我们要问：赋予贵族这种权力的制度是否还有利于最高统治者的权威。他还是最高仲裁人，臣民们可以向他上诉，反对领主的敲诈勒索。他也还控制着总政策；和平抑或战争时期他要求议会决议征税；政府官员由他任命，宣誓效忠他。然而实际上是：领主的权力成了最高统治者和民众之间的一道屏障。波希米亚、奥地利和皇家匈牙利的大领主是最高统治者的直接扈从。他们为他效力，当他的枢密院成员、各诸侯国的掌玺官、外交代表。他们渴望从他那儿获得封建封号（公爵、伯爵和男爵这样的帝国头衔；王国古代习俗里没有这种头衔）和享有最高荣誉的金羊毛勋章。然而对他们个人的忠诚（被视为一种必要的护卫措施）加上对其庄园上人们的管制，阻止了最高统治者的任何一个像当时法国国王通过他们的正统官员所从事的那种统一图谋。哈布斯堡王朝最高统治者囿于其神圣的名望、受制于其扈从大贵族，难以实施绝对的权力，虽然原则上说他拥有这样的权力。

约瑟夫二世不来一次新革命（就像他进行的未遂革命那样），就难以压制住许多封建的小单位，就难以将不同的人群纳入一个国家。即便如此，维也纳和朝廷形成了一个中心，各诸侯国的贵族被吸引了过来，实施了联姻。他们根据其共同利益形成了一个集团，愿意采用哈布斯堡王朝的语言——德语作为其共同语言。因此贵族们放弃了其地方的特性，成了奥地利人。变化不快也不完全；这种缓慢发展进程就因为占有土地这一状况。领主在地方上威风八面，在自家土地上度日，收实物地租，生活比在维也纳省多了，宁愿享受自家住处的舒适和追猎的乐趣，这就保持住了地方特性。他在宫廷待着就失去了这地方特性。捷克语未消失。1634 年（斯拉瓦塔的）威廉很后悔：捷克语不那么纯了，满是德语用词。他儿子亚当 1652 年在津德里胡夫－赫拉德克（诺伊豪斯）的圣母升天教堂为用捷克语布道开了个头，因为居民们一直使用这一语言。世纪中叶大批外国人定居波希米亚（上层贵族中有 58 户波希米亚人家庭——包括至少有 30 户刚从骑士阶层升上来的波希米亚人家庭，外国人家庭是 95 户），而小贵族（骑士——在匈牙利仍很活跃）的减少，是由于德语作为普通话的普及。意大利裔和比利时裔外国人（皮科洛米尼、布夸）比较乐于讲德语，不愿讲捷克语：他们认为捷克语难讲，怪里怪味、不通用了。贵族们有时用德语表达波希米亚人的思想感情；1679 年，胡姆普雷希特·塞尔宁通知他在外游历的儿子记住要在圣文西斯劳斯日那天领圣餐，以此像个好波希米亚人那样礼拜王国的护佑者。一种奥地利制度在建立中，波希米亚的世袭国王这会儿常住维也纳，掌玺官早就过去了；封建制度的强化有利于讲德语的奥地利人和外国贵族（仍享有居住权）。民族传统处处可见，地区意识时时表现。甚至天主教信仰（虽说一定程度上是连强迫带说服地在胡斯的国土上维持了下来）也有助于培育这一地区——近乎是分离主义的——精神。皇帝下令重竖战争期间被毁了的基督被钉于十字架上的受难像和塑像；庄园主负责其庄园上的重竖工作。圣文西斯拉斯塑像、圣卢德米拉塑像和圣古伊塑像又竖起来了，重现中世纪波希米亚膜拜族群庇护者之情。崇拜圣母玛丽亚是罗马天主教表示虔诚的主要标志，反宗教改革的人们崇信天主教，但重建圣母玛利亚圣坛和传统的朝圣地却促使传统的捷克本土圣母——斯法塔·霍拉的圣母、斯塔拉·博莱斯拉夫的圣母、茨拉塔·科鲁纳的圣母和海因多夫的圣母——崇拜的再度兴起。波希米亚的土地及其森林、湖泊和山冈与在重又发现了其神圣地的快被忘却的、有争议的宗教之间形成了一种新联系：这表现在迷人的巴洛克艺术作品中。这并不违背奥地利王朝的总政策，又似乎并未使封建制度和徭役制瓦解。宗教、道德价值观依然存在于广大群众中并有所发扬：这影响了后来事态的发展；这是不那么确切地称之为民众"重又觉醒"的主要原因（其实这个民族就从未睡着过）。17 世纪中叶只是埋下了种子，但如果要理解后来事态的发展，就得弄明白埋下的这粒"种子"。这种家长式的农村制度可能会比中央集权制——中央集权制下，各地区人群混杂，奥地利人会很快实现大联合，会出现更发达的工业化经济——更好地不经意间保持下了民族特性。

第十七章　哈布斯堡王朝的版图（1618—1657 年）

和平回归，使得修建抑或再建教堂成为可能，贵族们还在农村和城镇上修建抑或重建宅邸。奥地利土地上越来越多的人越来越富足；这导致了对建筑物——特别是对华丽的建筑物——越来越浓厚的兴趣。世纪初，维也纳和布拉格已受到意大利影响，且逐渐取代了德意志文艺复兴的影响。1611 年，皇帝马蒂亚斯委托斯卡莫齐创作室为赫拉德卡尼宫大门口修建了一个新门廊。建筑师们主要来自意大利北部地区——米兰和威尼斯——抑或至少是采用那个地区的流行式样。数年后教团开始仿照罗马反宗教改革式样修建自己的教堂：正面双层（维也纳的多明我会教堂）、正面三层（维也纳大学、列奥波尔德市的赤脚加尔默罗会教堂）；层间饰以壁柱脚线，以螺旋饰相连，顶上饰以三角形山头。墙上饰有壁龛和塑像；中间门廊顶上有龛室抑或饰以锥形体（布拉格的圣母维多利亚教堂）。哥特式旧教堂的尖拱也未被抛弃。这样的尖拱重又出现在了维也纳的朔滕教堂顶上，又低又矮（1652 年）。教堂内的供坛非常精致、时尚，配有一个新装饰屏、抹有灰泥的圆雕饰和雕像。当时还缺钱，也缺工匠，难以进行过多的复兴工作。17 世纪中叶之前，领袖人物们自己还一直居住在昏暗的中世纪住宅——布拉格的赫拉德卡尼宫（尽管历代有所修缮，但这一旧宫殿仍在住人）和维也纳的霍夫堡［只在 16 世纪末对其一侧翼进行过重建（阿马林宫）］——里。贵族们同样满足于生活在他们的老宅——克鲁姆洛夫、罗茨姆贝克、弗里德兰、科斯特——里；而也有一些富豪对其老宅进行了改建，在内部庭院里加建佛罗伦萨式的走廊。

华伦斯坦是第一个着手修建华丽宅邸的人。他买下了整个一段马拉斯特拉纳街区，修建了一座豪华住宅，朝街一面朴实无华，但在花园边上建有凉廊"土厅"（这使人想起了佛罗伦萨的兰齐大厅和曼图亚的特宫），有三座拱门，由多利斯型圆柱支撑。屋内拱顶内侧和墙壁涂抹以精细的灰泥；墙上挂有镶框的画作。所有的房间、大厅和附属教堂内都饰有艺术品——德意志和意大利文艺复兴时期的绘画、挂毯、瓷盘。花园里墙上开凿有洞穴，鸟舍内有各种珍禽，小径两侧竖有佛兰芒雕塑家阿德里昂·弗里埃制作的青铜雕像。这还是个孤立的事例；和平回归后，这座豪宅遭到了军队的洗劫，丢失了一些财宝，但为后来树立了榜样。当时流行着这么一种思想：每个庄园都应该有一处豪华宅邸，住宅的华丽是贵族家庭荣誉的标志。从 1680 年至 1740 年整个奥地利大地上展现出了一种艺术特质（一种独特的巴洛克风格）：这体现在宗教仪式的壮观、非宗教音乐的华丽、贵族住宅的华美、狩猎盛宴、渴望拥有自己的好马（波希米亚和匈牙利养马场选种、饲养的良马）上。这些斯拉夫、德意志和匈牙利地区都受了意大利的影响。来自拉丁人的思维和爱好使鉴赏力有了提高，导致了长期偏爱形式和装饰而不那么在乎观念和行为。与此同时，社会上高比例数的农民和大庄园的生活又保存了一些家长制的特征：这在遭受半个世纪的苦难和恐惧后使社会矛盾有所缓和、使人们有点儿想过甜蜜的生活了。

国王在世时立王子为储君以继承波希米亚抑或匈牙利王国这一习俗，进一步确定了王位的世袭传承。斐迪南二世对他儿子斐迪南三世就是这么办的：斐迪南三世扳倒华伦斯坦、继任军队司令后，拥有了匈牙利国王头衔。斐迪南三世跟他父亲一样严酷冷峻、笃信宗教，是诺德林根战役的获胜者，是 17 世纪最好战的皇帝。他第一次结婚的对象是他表妹玛丽亚·安娜——西班牙国王的女儿、法国王后安娜·德·奥斯特里亚的姐姐——育有两个儿子。大儿子斐迪南四世受培养以成为王位继承人，当选为神圣罗马皇帝（King of the Romans）；小儿子利奥波德比较瘦弱，爱好音乐，似乎注定要献身教会。然而斐迪南四世 1654 年去世，年仅 21 岁。皇帝本人 1657 年去世，只不过 50 岁；皇位继承一事尚未定夺。1650 年，他第二任妻子——他表妹（蒂罗尔的）玛丽亚·莱奥波尔迪娜——死后，他又娶了曼图亚公爵的女儿埃莱奥诺拉：她来自以艺术传统闻名的宫廷和城市。她进一步扩大了意大利在维也纳的影响。斐迪南二世和三世都不是庸才，都有很强的责任心，但他们不是政治家。他们不断与外部敌对势力作斗争，一直难以关注自己国家的问题、难以准备进行重大改革。国家边境从未完全摆脱危险。1656 年，北部勃兰登堡、瑞典和波兰之间的战事又起，乔治·拉科齐向波兰发动进攻，大战有一触即发之势。

在这种情势下，他们仍死抱着过时的、毫无生气的制度不放。帝国政府机构与他们领地的管理机构和各诸侯国政府机构混淆不清、并列行事。归根结底，一切的一切有赖于对皇帝的个人忠诚。一些诸侯国（无论如何不包括匈牙利）法定的专制主人和想在帝国能够成为专制的最高统治者的人们实际上享有的是个虚名，没有实实在在的权力。1620年的军事胜利恢复了他们的权力；1634年的军事胜利巩固了权力，往后命运的改变希望仍在。1648年，他们仍保有成为大国的可能性。他们依赖精神力量——宗教，但实际上更加依赖他们国家的神职人员——一个充满活力、纪律严明的集团（其中有主教、在俗教士和修道会教士）。他们与另一集团（贵族）达成默契，依靠他们管理、控制民众。因此这两股势力——教会和贵族：这两者在现代还是惹人注目——在17世纪中叶即已举足轻重，而军队和政府官员尚无足轻重。皇帝握有兵权，但根据传统募兵制度他仍然没有一支有战斗力的常备军；这常备军1680年以后才开始组建。这时土耳其的威胁仍在普雷斯堡和维也纳的大门口，向东的道路被堵，帝国实际上还不能被称为多瑙河国家。

然而奥地利一词可以合情合理地用于这批诸侯国。王朝只在国际事务方面起作用，因为权力源自这些国家的人口和经济资源。议会以前的法定权力——至少在波希米亚和奥地利——被褫夺了。武力、外援和经验而非什么条理清晰的政治理论导致了这一结果。一切的一切归之于服从，但最高统治者——他本人抑或通过他的代理人——对其臣民并非随便行使权力。行政管理制度纷繁复杂，他直接控制不了，也难以控制随着和平的回归而发展起来的势力。封建主义处处可见，只是在贸易资本主义经济中有了一种新表现形式。

在专制主义于其他欧洲国家盛行时，在其他地方已被降伏的次要势力在奥地利仍操控着社会制度。他们如果控制住反抗精神，也就对他们自己有利地控制住了进取精神、限制了诸侯的权力。奥地利拥有的是一种具有巨大潜力和颇具建树的制度，但远未能成为一个现代国家。奥地利仍是一个各民族的联盟，没有办法形成一个统一的国家。

第 十 八 章

斯图亚特王朝君主政体式微

1300年之后英国政治生活和政府的发展状况一直深受对外战争和（较小程度上的）国内矛盾冲突的影响。英国国王既是进攻者又是捍卫者，捍卫着法国继承权和北部边境，坚持对威尔士、爱尔兰、苏格兰和法国拥有主权。从爱德华一世征服威尔士到亨利五世征服法国，以进攻和征服为主。都铎王朝历代国王从未放弃过对这些领土的要求，亨利八世为此付出了巨大代价。主要代价是1525—1554年强烈的抗议和反叛运动，其在地区和社会层面上要比亨利七世之前的叛乱广泛多了。查理五世时期全力参与大陆战争所付出的代价，1559年之前深深影响了英国历届政府。打从1559年之后英国政府比以往任何时候都仅限于主要实行防御性政策了，然而臣民们仍惦记着过去的荣耀。1570—1639年，英国有着一段从1066年之后的最长时期的国内和平，且不像1330—1380年这一差不多类似的时期，仅从事国外战争就花了这一时期正好1/3的时间。斯图亚特王朝时期政治危机最重要的征候之一是其无力执行一种强有力的外交政策。这使英国未能直接参与三十年战争，与此同时则引发了国内战争。

然而伊丽莎白时期的战争活动规模仍有着重要影响。伊丽莎白欠下的债款比较少，因为她一直遵循亨利三世定下的出售王室土地这一传统，而不是靠征税支付战争的全部费用。受影响比较严重的是政府和被统治者。与战争相伴而生的是投机倒把和贪污腐败——这并不新鲜；有种说法：贪污腐败和追逐私利在高层更厉害。这可能是因为国外不断减少直接用于奖赏忠诚为其服务者们的资财：其一大表征是授予垄断特许权充作奖赏的次数在不断增加，1601年下议院对之进行了猛烈攻击。更为严重的长期影响是特别税收入的不断减少（从

1559年的13.7万英镑减少到1603年的7.1万英镑）；这还发生在物价飞涨时期。公认的事实是：穷人的负担愈来愈重，富有的地主则没有什么负担。而特别税收入的减少在一定程度上也是由于这样一个事实：即战争费用的大部分靠的是地方税收。

从1588年到1599年，成千上万人的民团队伍一年要集训6次甚至更多的次数。危机年代用于购买武器、训练和生活所征税款可能是一座城镇抑或一个郡特别税收入的4倍。地方权贵和政府利用了这一状况。富人们越来越规避劳务和纳税，而大地主的确是常常自愿承担重负的。政府越来越多地征用武器装备发往海外的军队，费用来自征收地方税。这为争宠和大肆腐败提供了越来越多的机会。有位当时的人写道：

> 我们那个时代……不像现在这样经常征收特别税、民团集训费和其他公共费用，也不见那么多贻害。现在通常是维护最富有的自由民和其他人，完全放纵他们，抑或对他们加以轻微的处罚，让他们补缴税费；随他们偷盗国王的金库抑或欺骗他；他们的负担如果跟邻居们一样重的话就会想出减轻负担的办法。

与此同时，总的趋势是有权、有利的高位渐次集中在少数人手里。16世纪80年代以后民团队伍比早先更受很小的集团（地方司法行政长官抑或副郡长）操纵。负责征收特别税的地方司法行政长官人数减少了，负责惩治反抗行为和其他事项的专员从治安法官中遴选。所有这些人都来自一个权贵小集团。国王长期以来一直认可抑或鼓励地方政府中寡头统治集团的兴起，但郡政府的支持比以往任何时候都显得更加重要了。中央和地方享有权力和利益的集团似乎越来越小，被排斥的人数越来越多了。

因此，战争为宫廷内外的恩惠施与、小集团的形成和腐败提供了更多的机会。战争准备工作的确在很短的时间里强化了中央对地方事务的监管，但并未像卡斯蒂利亚已然发生、法国即将发生的那样，提出增强政府权力的新的、长期性的举措。战争活动大多直接依靠地方资财，而海上战争则依靠私人资财——政府利用抑或难以完全控制这些资财。和平一旦恢复，民团组织最终成了地方上对中央政府表示不满、怨愤的重点对象:这表明了中央政府虚弱而非强劲。外敌入侵威胁和国内紧急状态一旦结束,人们就更加质疑国王在紧急状态下拥有的权力范围和理由了。

1603年人们普遍强烈地要求和平了。詹姆斯带来了和平,备受欢迎;许多人曾担心王位继承问题会引起争端。他再次确定了自己的想法,令人高兴。他真正视自己为国际调停人;同时他不顾亨利的法律授予权,按自己的意愿决定王位继承问题,维护了不可废除的神圣世袭权这一最实际的主张。他也是一个有望给英国清教徒带来"更加美好时光"的人;这"更好时光"出现之时乃"上帝选定之日"。

詹姆斯是个经验丰富的国君,保全并执行一定程度的权力是取得重大成就的君主之道。他其貌不扬,看上去胆怯怕事、讨人嫌,但在选任有才干的大臣上显示出了决断和能力。他对自己智力的评价并非完全是胡吹的。时间证明,他对治理其新王国并非没有打算,只是缺乏定力和实施。他那自吹自擂、自我放纵的习惯愈演愈烈,但他并未丧失理智:他在往后的岁月里选定有能力的合作者从事事务性工作。① 但他没有应用相同的办法有效地解决英国政府的问题。他会重视好建议,但很难为了将来的强盛暂缓乐事——夸夸其谈、授予恩惠、费时行猎。他对同性恋越来越着迷,以致为了白金汉的偏爱最终放弃了自己的喜好。从某种意义上说,他迷恋于宫廷的壮丽豪华和仪式排场,这宫廷的壮丽豪华和仪式排场是都铎王朝的重大成就之一,给外国使节留下了深刻印象。不必太过指责他,应该说:人们一般并不要求国王们像费利佩二世那样成天伏案工作;而詹姆斯患有疼痛难忍、令其日趋失能的疾病[可能是卟啉症(porphyria)]——1610年以后发病越来越频繁,病情日益恶化。②

1603年这些问题尚不明显。欢迎的人群期待赏金和新特许。这样的期待总是标志着新王朝统治的开始,但这样的期待这会儿更强烈、更急迫了。詹姆斯立即视自己为团结群众、协调信教者,根据所罗门的所言所行消除其臣民的苦恼。苏格兰十分贫穷,不断要求赏金,没完没了;他从未领悟伊丽莎白的话:"君主的岁入再多也难以

---

① See above, Chapter Ⅲ, pp. 105–8 for his European reputation as a controversialist.
② I. Macalpine and others, Porphyria—A Royal Malady (1968), pp. 26–33.

第十八章 斯图亚特王朝君主政体式微

填满人们永不知足的欲壑。"

结束战争的愿望无疑是强烈的，但这难以解决王国政府的财政问题，而又增加了其政治问题，因为战争中形成了既定利益集团。除了向军队提供必需品的承包商们外，还对私掠活动进行了大量投资。这虽然向英格兰西南部诸郡提供了机会，但大型船队和盈利属于像贝宁这样的伦敦大商人。战争可能强化了他们对国家贸易的控制，而肯定是进一步增强了他们从困难重重的政府那儿获取特权和利益的能力。输出港对此很不满；这些港口希望确保和平时期不会再有这些收益。

和平时期的普遍繁荣比在除尼德兰以外的所有国家都在很大程度上有赖于工业和贸易。海外贸易以毛纺品为主（大约占外贸总值的3/4）。尽管毛纺品国内市场可能较大，农业又是经济基础部门，但毛纺品出口严重萎缩导致了失业、信贷困难、租金下跌和普遍不满。下议院中的地主们明白工业、海外贸易和地租之间相互依存的关系。粗加工的毛纺品主要出口到尼德兰，由"商业冒险者们"——伦敦大商人控制的规约公司垄断；他们从而控制了国家大部分财富。"商业冒险者们"的市场重要但范围小，这是英国外交政策的限制性因素；长期以来一直存在着一种为毛纺品打开多个市场的强烈愿望。和平可能会为此提供机会，而输出港一致支持自由贸易，希望通过特许公司削弱伦敦的控制。

一些商人可能要求更自由的海外贸易，一般说来并不反对经济条例。王国政府理论上通常拥有广泛的管理权，一般认为必须维护秩序。因此王国政府控制着经纪人，禁止囤积商品、哄抬物价和抢购商品囤积居奇，供不应求时控制物价，必须负责管理工资、学徒、穷人、毛纺品生产标准，鼓励斋戒日捕鱼，根据节约法令不许进口奢侈品。大多数规定是根据法令订立的，而有些规定根据王国政府名义上是要鼓励建立抑或改建贸易分公司而授予公司抑或个人抑或特殊行业的特许订立的。这种特许通常垄断着审察权和检查权，也可能是特许权抑或特免权（诸如禁止出口粗加工的毛纺品特免权）。因此法权和特权相混合、互补又相互抵触。这对王国政府的收益及其政策的规定没有影响，但对压力集团及其宫中的代理人则是利益攸关的。在诸如农业歉收这样的非常时期，枢密院可能很活跃，力促地方政府控制谷物供应、平抑物价、救济穷人，但大多数经济法规的实施者是利益集团抑或职业告密人——他们要求根据法令规定进行处罚。职业告密人（通常是伦敦人的代理人）可能靠告发相威胁，迫使犯法者出钱私了为生。有时王国政府授予个人特权，豁免法令规定的处罚。因此，违背刑法是件令人气恼的事，对那些要求有效实施经济法规的人来说更是如此。

如果王国政府为维护秩序而拥有的应急权力过泛、不明确，就会有许多业已形成的习惯法限制其随意制定财政政策。打从16世纪中叶起就从未将货币贬值用作财政策略；虽说1640年之前曾有过几次想那样干过，但还是感到政治上不可行。打从亨利七世时期开始就行卖官鬻爵，但收入通常落入其他官员之手，到不了王国政府。1642年之前，下议院和王国政府都认可这么一种观点：改革直接税制采用消费税政治上也不可行。因此唯一能够很快增加岁入的是关税。除了像享有特权者会不会这么干的法规问题外，还有财政限额问题：关税必须保持低水平以免发生走私和不满情况。实施有效的保护主义政策，取消出口税、对制成品征收高额关税：这必将难以确保王国政府能够有所收益。

战争和女王年事已高并未延宕改革工作。提高神职人员的教育水平，改进大法官法庭、星室法庭和其他法庭的法律程序以及对职业告密者加以法规约束诸方面的工作得到了加强。就是这么一些小小的工作冒犯了一些既得利益者，但多数人还是要求大力进行更多的、往往引起矛盾的变革；这些变革必然会使更多的既得利益者不痛快。

教会特别不痛快。伊丽莎白统治时期乡村教区大多数教职人员的财富可能都增加了、地位提高了、受教育程度也提高了。乡村教区牧师通常都是勤奋的农民，这会使他在其一些邻居的眼里形象更高大，也会引起其他一些邻居的嫉妒。对"虔诚的布道牧师"说来，提高教育水平是必需的，但像其他方面长期试图进行的提高和改进一样却使问题更加严重了。毕业生越多，他们的生活就越贫困。1560—1600年间大学毕业的神职人员增至2倍抑或可能是3倍；毕业人数在继续增加。大学毕业可能会成为助理牧师，就很满意了；其他人则兼任神职。1600年之后，一些主教管辖的教区里兼任神职的人数增多了。另一条出路是由普通信徒和市民（镇民）资助每周讲一次道抑或多次布道。1600年之后毕业生人数的增加对传统秩序和教会当局构成了威胁，同时又为清教团体和由圣职授予权利的人们提供了宣传其观点的机会：由于布道的报酬比较高，宣传他们的观点机会也就比较多。因此跟其他情况一样：每个人理论上都要变革，但实际上又似乎要求取消变革抑或采取镇压措施以维护旧秩序。

宗教改革会议上被指责胡作非为似乎仍跟以前一样令人恼火。主教们这会儿支持兼任制，将其视为确保受过教育者们足以维持生活的切实手段。改革教会法规和教会法庭的诺言从未实践过。其法律程序已然拖拖拉拉效率低下，法官们往往贪腐渎职；如果上级法院做出比较切实的裁决，其合法性可能会受质疑。质疑来自那些要求遵循严格神圣戒律者和来自那些对神职人员的权利和权力表示愤慨者。这些愤愤不平者可能是中世纪反对教权主义的后继者，抑或可能是现代教权主义先驱，抑或可能就是维护自身利益者；40%多的教区长圣俸移交给了普通教徒。这种情怀也有助于下议院于1604—1629年间四度通过法案，使神职人员解除不适合担任治安官的人。包括詹姆斯登基太平盛世祷文的支持者们和诸如班克罗夫特、罗伯特·塞西尔和托马斯·埃格顿这样的反对者们在内的激进改革派一致认为将征收的什一税交给普通信徒是可行的。1604年议会下议院否决了这些议案。

如果说教会对改革的要求最强烈、最迫切的话，詹姆斯依旧难以想要满足各项要求——清教徒和天主教徒的要求都很高。1580—1604年间约克郡天主教徒贵族家庭数增加了60%，差不多是贵族家庭的1/3。这一趋势提高了天主教徒们的要求，证实了清教徒们的观点：伊丽莎白时期的教会未能使"世上黑暗的角落"皈依基督教。清教徒们好像有实实在在的理由抱有希望；他们受到詹姆斯的王宫附属教堂牧师的鼓励。他们的运动并不仅限于牧师，支持他们的一般教徒也并不仅限于富裕的地主和市民（镇民）。许多牧师认为：他们不穿白法衣、不举行法规仪式，特别是在洗礼时不用十字架，并非有意违反上帝的律法，而是由于他们的会众抑或他们中的大多数会走人。几乎所有的人都不愿离开国教；少数人认为主教制不见诸基督教《圣经》；极少数主教认可非主教制法规，认为主教制是违反神旨的。至今很少有人承认存在着严重的教义分歧，然而他们对布道和传教所要求的仪式、教规和优先权有异议。

坎特伯雷大主教惠特吉夫特和1604年接替他的班克罗夫特反对

跟清教徒进行任何形式的接触；他们像伊丽莎白那样视清教徒为反对教会和国家的长老派阴谋家。但至少有四位主教像格林达尔那样主张跟清教徒们消除纷争。詹姆斯不顾惠特吉夫特的反对，任命清教徒为汉普顿宫御前会议（1604 年 1 月）发言人。他们是温和派，但接受枢机主教团的指示。这一主教团代表许多地区，并包括一些相信神定之长老制的人。枢机主教团的指示显然是有节制的，只是认为穿白法衣、戴指环是不正当的。他们竭力要将小教区联合起来、收回移交给普通教徒的什一税以确保布道牧师的生活和工作、在圣职授任和教规方法为低级教士增补和修订祈祷书、《三十九条信纲》，与此同时也承认国教权威。做了小的让步，有些主张写进了 1604 年法规和祈祷书，但大多数主张未被主教们采纳，詹姆斯也忘了他的实施承诺。他的承诺有：褫夺负责主教管区法律事务的副主教和世俗官员开除教籍的权力，废除在爱尔兰、威尔士和英格兰北部安插牧师的方式。清教徒发言人的节制可能使詹姆斯认为可以放手使用他们了。

　　班克罗夫特自行其是以求言行一致：他免去了大约 90 名牧师的教职，而他们在下议院里却受到了大力维护。但这次胜利不那么靠得住，许多被免职者又复职抑或从事传教活动了。许多教士继续遵从英国国教教义，但只采用部分仪式、祈祷书和法衣，仍希望像格林达尔那样进行改革。御前会议的失败可能对清教运动有比较严重的影响，因为清教运动再也不会根据一个温和的纲领有力地团结一致了。汉普顿宫是清教独立派运动理论的真正诞生地。① 不管怎么说，1604 年法规使王国政府、议会和普通的律法阐释者切切实实地卷入了对国王至上和教会权力性质的争论。许多神职人员和非神职人员认可的、切合实际的改革目标实际上受阻遏实现不了了。

　　如果说人们非常不愿看到神职人员有权拥有财富、权力和地位高于非神职人员的话，倒回宗教改革前同样存在着另外一种长期的不满——对律师的权利和收益的不满。这表现在要求控制法律诉讼的酬金、律师人数、简化抑或整理法律上，总的来说表现在要求费用低廉和即速审判上。并不是所有的律师反对改革，但（像大法官法庭中埃格顿那样）想要谋取职业的人们往往像是会产生不满情绪。英格

---

① P. Collinson, The Elizabethan Puritan Movement (1967), pp. 464 – 7.

第十八章　斯图亚特王朝君主政体式微

兰从未接受罗马法及其所导致的法律程序上的改变这一事实；这意味着非神职法官（特别是治安官）和陪审团的继续存在。大陆上的职业律师通常就是（王室的、领地的和政府的）地方法庭的法官。由于没有法国国王所保留的审判权和案卷移送权，这就限制了国王正式干预法庭的司法程序和制定新司法权的能力。国王可以，也的确能够用开除来左右法官，但17世纪20年代上议院仍是普通法最高法庭，这就否定了国王的最高司法权。

然而设在威斯敏斯特的普通法法庭16世纪末叶开始行使更大的监督权。它们主要是通过确定自己的和其他法庭的特权这一方式扩大监督权的。普通法法庭凌驾于其他法庭之上，这对普通法律师和法官确保自己的工作和酬金方面的利益的确是重要的。他们还攻击在应用民法和教会法的海事法庭和高级专员公署法庭，但他们认为普通法与其他法律体系相矛盾抑或受到其他法律体系的威胁是错误的。大法官法庭、星室法庭、边境管理委员会和北部地区管理委员会应用的法律程序源自普通法；它们的申诉人及其许多法官都是普通法律师，而它们都在某种程度上信赖非神职人员的意见。普通法法官与大法官法庭之间的确发生过争吵，但他们和求援法庭之间的关系通常是协作关系，他们一致力主地区法庭、海事法庭和求援法庭的下级地位。在负责主教管区法律事务的副主教与法官之间的合作方面星室法庭堪称典范；它没有受到过严厉的指责，就连柯克都没有指责过它。然而这一确定的方式倒的确是导致了地方法庭的作用与国王个人的司法权之间的冲突。

在诉讼当事人看来，这些努力的效果是微不足道的。大法官法庭和其他法庭严格控制其法律程序规则，以尽力防止令人恼火的诉讼当事人同时在几个法庭起诉制造纠纷。但在大法官法庭和星室法庭增加程序手续也造成了时机的延误。一直到16世纪70年代星室法庭、大法官法庭、求援法庭和枢密院都是将许多（也许是大多数）案件移交给地方司法行政长官进行裁决。16世纪90年代大法官法庭还大肆这么干，而星室法庭已不这么干了，1599年以后求援法庭和枢密院也很少这么干了。好像是大法官法庭的法律程序越繁杂，移交给地方司法行政长官的案件就越少，但不确定。确定的是：1600年之后，大多数采邑法庭里民事诉讼渐渐少了；他们经常根据采邑的习惯法随意进行判决；这种做法遭到了大法官法庭的指责。习惯法不像13世纪那样随意变通、更改了；16世纪发现了古老的、有约束力的习惯法，案件比较完整的陈述、对成文法比较严谨的阐释使法庭更要按律行事。到1600年，巡回审判庭比以往更加广泛地垄断了刑事审判；地方绅士不得再设监，季审法院受命不再审理严重罪行，而巡回审判庭法官有权对地方政府进行严格监管。

枢密院不仅指导地方政府，也力图管理审判工作。它加强司法程序的实施，下令变革审判团，下令法庭加快审案。它往往还禁止其他法庭干预救援法庭和海事法庭的案件。它虽然拒不聆听其他法庭已开始审理的案件，但明确声明有权听取尚未开始审理的案件、听取对法庭的抱怨。从1589年开始，法官提出抗议后更多的案件被驳回普通法法庭。除了指派中间人抑或地方司法行政长官审结案件外，枢密院的大多数法律活动与债务人和债权人有关。指派地方司法行政长官帮助贫穷的债务人，债权人被迫接受和解协议以免在普通法法庭纠缠于极其严格的法律程序。地方司法行政署抑或枢密院成员下令将债权人投入监狱以示惩罚。这导致1591年根据人身保护令释放了囚犯，引起了所有法官的抗议。后来地方司法行政署无权逮捕人，1603年之后一般的地方司法行政署就撤了。然而枢密院还是根据国王的个人权力使用同样的方式解救了个别债务人，也根据大法官法庭按照国教法案使用同样的方式解救个别的债务人；1621年这一方式遭到议会抨击后停用了。

整个17世纪法律对贫穷的债务人太无情是法律改革者们一直述及的主题。然而解救他们的工作提出了一些有关国王对法院诉讼程序和审判进行干涉、提不出普通法认可的理由而逮捕人的权力等重大问题。1603年之后国王个人负责管理司法审判之势再兴而不是渐次消退。至少是1616年之前有数百起案件被要求呈送给国王。这表明"经常……干涉各类个人诉讼，根据国王个人的权力对普通法庭即可审理的大量个人案件进行即决裁判"[①]。受外界影响和偏袒所致而妄用法律是可能的，是很有可能的。但这也是许多英国司法审判、可

---

① J. P. Dawson, "The Privy Council and Private Law in the Tudor and Stuart Periods", Michigan Law Review, Vol. XLVIII (1950), pp. 393–428, 627–55.

强制仲裁的传统准则的最后一个得到支持的地方，国王仍是为贫穷者和有权势力进行仲裁的最终裁定人。由于寡头统治集团在地方政府中势力越来越大，小集团又盘踞在地方政府和宫廷中，这样一种制度很可能引起比以往更大的不满。中央法庭权力的增大和形式主义的增强也危及这一制度。各阶层的人们都担心：一个被职业律师和贪财的法官所利用的充满专门名词的制度会使司法审判花费少、时间短、根据普遍认可的平等观点这样的种种希望渐次落空。柯克的普通法是"合法的理由维护那些天生的、必然的事物，否定反面的事物"这一观点也许能使希望实现。但柯克的理由是人为虚构的："书呆子想出来的……不是所有人的天理……"所以一代又一代博学的律师们完善起来的普通法"成了主导这一领域的大法"，高于个人——不管是国王还是臣民——的理由。国王由于未能控制好这一制度最终受到了责备，但他这样做的能力往往被议会中的和其他地方的力图限制其特权的职业律师们所削弱。这方面最重要的表述是柯克17世纪20年代提出的观点：议会是普通法最高执行者，然而这一观点成了职业律师们——他们先前受了人为虚构的理由这一观点的影响——解释大宪章，既约束国王也约束议会。

当今政治团体讲用的政治语言，根据的是人们一致认可的古代法规。伊丽莎白统治时期——不仅仅是最后几年，而是整个统治时期——议会中发生了关于国王的宗教、财政和外交政策的争论。最近这些史实被用来说明：这些争论动摇了斯图亚特王朝，因为它既统治无方又过度铺张毫无节制；没有什么严重的问题是伊丽莎白及其顾问们不能应付的。这么说显然有其一定的真实性，但这一共同语言也表明存在着含糊不清、模棱两可、笼统空泛的现象：诸如国王的至高大权、议会的特权和臣民们的权利之间的互补性；存在着基本法。人人都认可国王拥有在紧急情况下的特权；问题是在特权的大小、在什么时候可以使用上意见难以统一。大多数紧急情况下的主动权——但并非总是具有很高的政治智慧——在国王一边，意见统一往往是无关紧要的；在许多现实问题上提出新的诉求、不愿妥协是下议院领袖们的特性。

视征服为这种意见统一的理论基础是不可靠的。人们一致认为古代法规是古代的，诺曼征服应该被看作是一件无足挂齿的事。认为议会制度、特权和法律切实源自后来的国王们的意愿这一看法似乎威胁到了议会完美的立宪地位。詹姆斯本人讨厌基于征服的主张，因此他要在外交上承认联合省为一合法的国家、反对西班牙人想要征服联合省和英国而提出的所有主张。认为进行一场国内战争源自撒克逊人的古代法规神话可能会一时受到理性批判。任何冲突都是危险的，不仅是因为和谐是古代法规预设的这样一种设定，还因为根据对先前判例的研究提出的论点可能会破坏整个摇摇欲坠的根据基本法规建立起来的意见一致的架构。詹姆斯反对古物研究者学会，所根据的理由是错误的；他认为他们的研究炮制出不利于其特权的先例；但批判性历史研究——诸如斯佩尔曼的研究——会颠覆整个公认的事物状态。人们对突然死亡和难以控制的疼痛习以为常，超乎我们的想象。他们视社会取决于神旨，而不是逐步发展的结果。社会和政治的变化可能是人类犯罪所致；一些人长期以来一直期盼着旧秩序的毁灭抑或变革，但矛盾冲突是相对和平、最后实现了变革的连续不断的进程的一个组成部分这样一种思想不存在：忍让是得当的——很少有人认为这是谋求社会变革的最主要的准则。研究第一次内战的评论家们注意到：所有人（少数超然的神职人员除外）都使用相同的政治语言。这可以使我们相信：内战是由于误解而为区区小事儿进行的斗争，但内战这个词并未表明严重的矛盾、冲突会导致流血牺牲。

议会政治行为和矛盾、冲突可以分为宫廷派和国家派——17世纪20年代使用的分类方法。但这会使人错误地将其想象成两大铁板一块的集团。很容易根据官职和关系进行这种死板的分类。事实上，宫廷里总是存在着派别的，枢密院里也总是有矛盾、冲突的；各派别和各矛盾、冲突方会到下议院寻找盟友诽谤和攻击其对手。因此攻击国王支持的主管大臣抑或派别的政策的发言人并非是要割断自己与宫廷的关系，并非是放弃谋求一官半职的希望。在1610年、1614年、1624年，甚至到1626年都是这样的。起作用的政治团体为数不多，所以其领导人彼此都很熟——至少形式上与国王很熟，因为许多不是朝臣、官员的人时不常会进宫。议员们确实视自己为代表，必须向季审法院、市政当局，特别是估定津贴的会议说明自己的意愿和作为。这种民意是小团体的民意、是那些对地方事务有影响者的民意：他们自己就分为对立的小集团。

对法规的正确理解必然会导致和谐这一看法——显然缺乏历史真实性——过分强调了政治情感；明显出现不和谐、僵局时，必须寻找替罪羊。下议院的领袖们经常否认伊丽莎白统治时期有冲突，维护现状的人们得以否定有必要进行改革。不清楚下议院是否在遏制有意谋求变革者；但从詹姆斯一世统治开始，有一些像埃莱斯米厄这样的人担心会发生这样的变革，而像培根这样的一些人认为需要进行大规模的法制和知识变革。就连亲西班牙的霍华德小集团的头目北安普顿伯爵亨利·霍华德也有其使社会安定的改革计划。它要求从1568年开始废除所有武器授予证、授予证只发给出身高贵和功勋卓著的绅士、严禁决斗。不管这些主张有没有用、可不可取，太平盛世祷文、1604下议院通过但未实施的议案、詹姆斯与苏格兰的联合、大契约、班克罗夫特更大程度的改革计划和亨利·内维尔的1614年立法计划必然会使宪法和社会关系方面发生重大变化，如果其中有一项实施了的话。斯图亚特王朝的式微从某种意义上讲就是其未能实施任何一项改革——即使存在着需要进行改革的共识——的历史。伊丽莎白一直反对教会改革（包括自己的主教们主张的改革）。有种观点认为：詹姆斯统治时期的头10年里除了斯图亚特王朝的无能引起的问题外，似乎确实没有什么新问题，没有什么理由想要改革。也许当时在政治团体中比较普遍地存在着一种要求变革的愿望，不那么担心会出现像1640年发生的那种混乱无序。由于人们讲用同样的政治语言、信赖基本上不会改变的宪法，因此他们希望变革；这种变革实际上就涉及了政治和社会变革。

也有人认为：深刻的社会和经济变革使政治冲突不可避免地更加尖锐，最终毁了王朝。王朝和现行秩序主张控制和利用经济的进步；管理得好的地主、工业家、商人和中等阶层想要最大限度地获取利益，但耕作法、专卖权、特许公司、价格规定和强制穷人的干涉行为妨碍了他们收益的最大化。这些有产集团终于在王位空缺时捞到了经济自由；它们在1642年之前已对下议院的反对党做了大量工作。这些经济和社会自由在很大程度上导致了1660年政治、宗教的复辟，但最终于1688年站稳了脚跟。另一着重社会问题的解释认为：贵族事务的危机起了决定性作用。"这一集团一时失去了对国家的控制，因此政治、社会主导权落到了地主阶层手中。"① 时至 1603 年，贵族失去了他们 1588 年拥有的大部分土地，不再占大地主中的大多数，从而失去了其政治、军事大权和影响力。虽然贵族 1603 年之后非常成功地从土地上增加了收入，但这进一步削弱了其对其他集团的影响力和权力，使其完全跟宫廷腐败有了关联。贵族用"尊敬和忠心"换取"金钱"；他们把钱花在了享乐上，而不是谋求权力上，② 难以为权力而争斗，然而大多数贵族是支持国王的。

没有人否认发生了经济和政治变革，但不清楚是不是像这两种观点说的那样是确定性的质变。第一种观点夸大了时至 1660 年所取得的经济和社会自由放任的成果，所取得的成果是偶然因素，而不是有意识的规划所导致的结果。至于"贵族的危机"，就连斯通教授也正确地分析了 1603 年贵族的经济状况；他的判断好像是夸大了他们 1558 年的政治权力和社会威望的程度和性质。他们当时好像不占"大地主的大多数"；如果说他们 1603 年不占大多数的话，就是说社会状况没有发生深刻变化，因此整个一代人期间就没有引人注目的重大历史事件。1641 年之前贵族的收入增加明显比物价上涨得快，但这是以牺牲其政治权力和社会威望为代价换取的这一观点是很值得商榷的。

因此，战争的结束和新国王的登基增强了解决老问题的要求，同时又出现了一些新问题。这无疑是反映了正在变化中的状况，但还不清楚这经济和社会的结构性变化是不是在开启一个新时代。认为下议院在沿着不可避免地要导致完全夺取统治权的道路上势不可挡地——如果不是有意识地的话——追求其特权，无疑是不真实的。但如果没有 1604 年的统治权之争的话，腐败无能的宫廷就会使有忍耐力、乐意合作的民众采取不妥协的态度。詹姆斯的第一届议会上未引起争论的两项不那么重要的措施的通过，表明了下议院对国王的自由决定权的态度。

管理鞣皮和革制品贸易法案有一灵活变通的限制性条款：不按法案的任何一个条款的任何一个授予就自动废除了这一条款（第一届

---

① L. Stone, The Crisis of the Aristocracy (Oxford, 1965), p. 13.
② Ibid., p. 164.

第十八章 斯图亚特王朝君主政体式微

议会，詹姆斯一世第22章第51条）。这大概是受了染匠的专利权的启示：根据1563年法案（现已废除）规定，染匠的专利权旨在避免侵权。会议第二天审议第一天提出的议案，废除所有以前有关衣着的法令议案一读时就以125票对75票被否决了；"没有某种惊人的富于幻想的争执……通常不会被称之为"辩论和分歧。争执是国王宣布授予的衣着管理权；其实伊丽莎白已宣布修改了此法。下议院随之提出了一项限制皇家使用金（银）线锦的议案，遭到上议院的反对。第三项议案允许贵族使用，下议院不太愿意但通过了，因为议案拟废除以前的法案。詹姆斯否决了议案，但同意废除以前的法案：1621年下议院通过了有关衣着的议案，其他议案在1626年和1628年宣读了一下。普遍认为这样一些条例是必需的，但在如何对其进行修改问题上意见不一，这实际上就使条例完全不复存在。17世纪20年代也许仍可能有一致同意的议案，但矛盾太大难以立法。

第一届议会的下议院确实从理论上反对了伊丽莎白对其权力所做的说明和使用的方式——最反对她那国王凌驾于宗教之上的思想。下议院反对国王和神职人员可以自行为教会事务立法、使用1604年法规，认为这会"破坏、贬损王国的法律、法令和免除海关税"。1606年，下议院通过了废除过去10年间未经和将来不经议会同意规定的教规和宗教仪式议案，在上议院经过二读。另一限制国王的刑法豁免权同样是在下议院得到了通过，上议院经过了二读。

第一届议会1610年解散后，大法官埃利斯米厄对之进行回顾时指出：国王和贵族的权力已削弱，而下议院的权力"已增强，越来越胆大妄为……（如果不及时加以制止），它这样下去就会要求民主"。他指出，他们史无前例地、成功地在决定有争议的选举和议员的当选、干预法庭程序方面获得了特权。下议院尽管不是记录法院但仍要求查阅判决书、审查斯蒂芬·普罗克特爵士——根据刑法收取罚金者，因行为不端——的事务所。他们攻击特权法院、衡平法院（equity court）和高级专员公署，并拒不承认王拥有不经议会同意加征关税的权力。①

埃利斯米厄说得对，下议院的要求越来越多、越来越高。但他没

---

① Proceedings in Parliament 1610, ed. E. R. Foster (1966), Vol. I, pp. 176–83.

有提及国王前所未有的财政需求和困难程度、詹姆斯接手了债务和战争费用以及一批知道如何以权肥私的大臣——特别是罗伯特·塞西尔（守卫大臣、侍卫长，后封为索尔兹伯里伯爵）和多西特伯爵托马斯·萨克维尔（财政大臣）。多西特1606年告诉议会詹姆斯的日常消费为1年8万英镑，超过伊丽莎白的消费，这是因为他有妻子和家庭。他的王室消费详细账单上记有欠债73.5万英镑，另有一份关于民团费用已停付的说明和一则关于反对火药阴谋的记载，由此四年内支付了45.3万英镑。索尔兹伯里1608年接替多西特；他出售王室土地（有意思的是大多数王室土地不缴什一税），收入大约41.1万英镑，但由于日常开销不断增加，1610年欠债28万英镑。索尔兹伯里想要增加经常收入，限制国王随意发放赏金。不幸的是他跟他的前任和继任者一样从不相信这样的一项限制会对他自己有利，而且这样做总是为宫内外的对立派提供攻击的机会。所有的大臣都必须小心谨慎地对待国王的亲信，通过他们利用国王。

1609年，大多数王室土地是限定继承的，没有若干枢密院官员的同意是不能用以赠予的；詹姆斯承诺不用国家的岁入授予补助金和赏赐。与此同时，索尔兹伯里加征了新关税，采取措施提高王室土地的收益率。1610年，他将一切都押在了大契约上。作为对废止济贫院和征发权、对控制费税、对制定刑法典、对防止密探劣迹的回报，下议院将同意年收入20万英镑、提供60万英镑还清债务、加强海军、提供储备金。多次谈判协商后，詹姆斯同意取消一些新税，将来只有征得议会同意才能征税；下议院同意年收入20万英镑、捐款10万英镑。休会期间，下议院议员们跟其所代表的地区进行协商，詹姆斯注意到了索尔兹伯里的反对者们发出的有关任命权的丧失的警告；双方都提高了条件；对税收、神职人员和苏格兰人的攻击再起，比之前更为激烈；确定解散这首届议会。甚至在索尔兹伯里1612年去世前契约就严重削弱了他对詹姆斯的影响，确定了其反对者的影响。

不管这是否已真正解决了财政问题——1607年霍斯金斯就说过："我们什么都给，可欲壑难填"——但可能的确已改变了章法。已有议员要求定期召开议会；第一次有了固定的直接税，非常时期国王可以增税。多塞特和索尔兹伯里二人均告诫下议院议员：讲述国王财政短缺详情表明他们的地位稳固，但拿不出有建设性的立法方案。詹姆斯自己中意的联合济贫计划被否决。契约的失败也意味着解决长期存在的有关酬金、密探和刑法问题的失败以及解决征税问题的失败。詹姆斯也考虑进行广泛的法制改革、制定英文法典和诉讼程序。由于詹姆斯优柔寡断，1614年提出有建设性立法方案的尝试失败了，征税问题也未得到解决。另一失败系宫中霍华德集团作祟所致。他们的得势意味着那几年的贪腐越来越严重。议会解决的尝试没有成功，留下了一堆债，坏了信誉，加深了对国王发展经济的承诺和大臣们的动机的怀疑，这进一步影响了达成协议的可能性。

如果詹姆斯1614年去世的话，尽管还要出售土地、欠债60万英镑，他的影响可能还算是个实实在在的成就。他与西班牙签订了和约，成了欧洲的调解人。他的调解达成在尼德兰的1609年休战协定和1612年克莱弗斯－于利希（Clèves-Julich）争端的解决。他将女儿嫁给了激进的卡尔文派首领选帝侯巴拉丁、想让他儿子迎娶激进的天主教首领费利佩三世的女儿。然而实际上这些成就有赖于法国与西班牙之间所处的敌对状态。他们接下来必须追随英国。暗杀亨利四世避免了一场因克莱弗斯－于利希争端而发生的战争；詹姆斯愿意帮忙调解，但得与议会达成协议。这也促使法国转而对西班牙采取不那么敌对、合作的政策；当时詹姆斯财政短缺使他难以有效地实施独立的政策。然而他是有效地统治爱尔兰的第一个国王；爱尔兰乃是个政府财政的沉重负担，然而正是这种状况的结束起码还是有点指望的。爱尔兰社会因战争和饥荒遭到严重破坏后在强行实施英格兰法律、制度和移民定居的情况下，正在发生变革。他对苏格兰贵族和教会的管辖权能比以前大了。他能够要求加强英格兰教会，保护主教免遭批评，使他们的土地免遭非神职人员的侵占：这种情况存在于伊丽莎白统治时期。与此同时，他重申了教牧人员代表和主教会议及高级专员公署的权威。他做出了不那么重要的妥协，进行了小打小闹的改革。班克罗夫特的继任者艾伯特是个温和派。在对新制定的教义认可危机后，教会内的温和派清教徒和一些比较激进的清教徒他们自己找到了和解的方式。

詹姆斯也要求在法庭间维持秩序；他有力地保护教会法庭和大法官法庭不受普通法庭的干预；他恢复了边界委员会的职能（1606年被限制）。在这些事件中他听取了双方冗长的辩论。法规和下议院拒绝接受高级专员公署拥有监督权和当然程序使用权，但法官们 1591 年已承认了专员公署的合法性。詹姆斯拒绝了主教的所有要求，承诺进行改革；法官们 1611 年不得不接受新特许状。这些都限制、限定了专员公署的监禁权和罚款权，限制了其任意决定权，允许上诉。由于汉普顿宫的存在，还是实施了一些承诺了的改革的。詹姆斯说起话来尽管啰里啰唆，一副教师爷的架势，但还是跟其第一届议会的下议院合得来的。他明确、毫不含糊地否定了没有议会认可进行立法和征收直接税的主张，正如他曾愿意放弃征税权那样。外港在某种程度上已不那么担心伦敦的优势地位了。1604 年的普遍自由贸易法案未获通过，但议会宣布了对法国、西班牙贸易的自由。一家法国公司虽然取得了特许状，但枢密院一直就公司的活动范围跟外港协商。一些过时的法规已被废除，一则试图限制代理人数的法案获得了通过。

培根抱怨道：索尔斯伯里教导下议院跟国王讨价还价、主动要求立法改革。詹姆斯 1614 年未能赢得这一主动后，一个时期里不得不采取一些应急措施：这使他丧失了信誉，越来越限制自己在国内外的自由行动。一些应急措施是没用的，但相对来说是没有什么害处的：诸如筹集恩税。另外一些措施则导致了比较严重的后果：诸如出售封号、授予垄断权和科凯恩公司计划。詹姆斯登基头一年封了近 1000 名爵士；打那之后出售爵士爵位成了奖励朝臣的常规手段。1611 年设立准男爵爵位，截至 1619 年这一爵位的出售给国库带来了 10.1 万英镑。从 1615 年开始出售贵族爵位，截至 1628 年大约 30 个英国人、40 个爱尔兰人和苏格兰人提供了 35 万英镑。国王可能得到了 15 万英镑，但大多数归了朝臣，特别是乔治·维利尔斯——从 1616 年开始成为新宠臣，后来成为白金汉公爵。[①] 卖官（诸如区长职位）明目张胆，然而大多数好处还都归了宠臣和他的委托人。宫廷似乎更是成了贪腐的同义词。出售爵位加剧了被认为是完善的、稳定的等级制社会的紧张态势与分裂，人人都想往上爬。卖官鬻爵的同时，还有先前对过高税费率的不满。议会要求比较强烈，不得不于 1611 年成立一个委员会、1623 年又成立另一个委员会调查税费问题，然而一事无成。

---

① 一些的确到了国王之手的钱没有通过国库，因而难以查考。

1604年，政府没有接受反对商业投资者诉讼案件；当时他们的反对者在下议院中占绝大多数，奥尔德曼·科凯恩公司承诺力求在英国加工白布、附加收入4.7万英镑，从而享有了已废除的特权。由于没有完成最重要的布匹出口，因而严重地影响了国家的发展兴盛。科凯恩公司的真正目的是要让其合伙人跟以前的投机家们共同出口未经加工的白布而不是认真地发展布匹加工业。以前的投机家拒绝承认新公司的特权。随后发生的资金短缺和出口的无组织助长了外国工业的发展。积存的布匹出口于1614年达到了顶峰。后来从未达到过这一水平。这并非仅仅是由于计划问题，而是由于从1616年起德意志和波兰的大幅降价，往往压价，致使英国布匹退出了那儿的市场，继而又是1640年之后世界贸易的不景气。1617年从前的投机商人花大约8万英镑买回了他们的特权；这笔钱靠布匹出口关税（预付款）捞回；国王重新中止进口税，又加重了布匹出口的负担。可以轻易地（并非完全没有道理地）将之归罪于织布业的萧条以及由于国王糟糕的政策在整个经济范围内产生的影响，然而柯克本人曾赞许过科凯因的计划。英国的贸易和运输业远远落后于停战期间的荷兰；这种情况更丢人。不过地中海的情况还不那么糟。荷兰商船从英国港口强占运输业。从1610年起就一直有制定《航海条例》的要求，就一直不断有提防荷兰人、学习荷兰人的著作和论述出现。荷兰人从委托人一跃成了非常成功的竞争对手。

时至1618年王国政府欠债已达90万英镑。1617年，王国政府的信誉差极了，只有迫使伦敦担保才能借到钱。王国政府还不起欠债，就连利息也还不上，詹姆斯在其执政的剩下时间里是信誉丧失殆尽。霍华德小集团的霸道弄得王国财政一塌糊涂；腐败的宫廷生活，又加上埃塞克斯离婚案和奥弗伯里谋杀案所反映出的道德沦丧。乔治·维利尔斯成为新亲信，被封为白金汉公爵，深受一些提出改革计划、主张自我发展者们——特别是柯克、培根和克兰菲尔德——的推崇。就连想从跟西班牙联姻中获得的嫁资也难以抵偿欠债，更难以制止亏损了。据此白金汉掌权，成了改革者们的保护人。改革成了摧毁霍华德小集团的有力武器。

白金汉最重要的亲信是莱昂内尔·克兰菲尔德（Lionel Cranfield），他具备实行削减开支计划所需的本领。首先削减开支的是枢密院的调查王室专门小组委员会。时至1620年，海军部军械署和王家衣服保管库基本上取得了经济改善。主要计划执行人克兰菲尔德一年为自己捞到7000英镑，同时在管理王家衣服保管库中为国王节省了2.2万英镑。这些工作一年节省大约8.7万英镑，同时增加收入（主要源自关税）3.7万英镑。然而欠债依旧，王国政府的信誉仍旧不佳。没有削减退职金，给予白金汉及其亲属的专卖权和特殊照顾却增加了；由于巴拉丁选帝侯卷入波希米亚事件，外交政策上的花销增加了。

作为海军事务大臣，白金汉收拾了霍华德小集团弄出的烂摊子，建立海军。实际工作是专员们在1623年前完成的，但白金汉本人亲自干预了海军的管理工作。从1618年开始，王国政府像1629年之后那样有许多家长式的作为。王国政府强制禁止出口黄金白银、强制实施劳工法，以应对贸易逆差。丰年，政府鼓励出口谷物、各郡设立粮库；歉收年份，王国政府平抑粮价、控制市场。由于只考虑财政收入和个人好处，许多事都搞糟了，最明显的失误表现在授予专卖权和允许用可耕地抑或授予地换取学徒资格。1620年之后不像17世纪30年代，还真做了一些征求意见的工作，的确提出过一些可行的办法。然而先是战争和接踵而至的财政及政治危机，而后是个人独裁的年代毁了这一切努力。

可以说，只有坚定不移的费用削减才能改善王国政府的状况，才能足以得到议会的信任。显然，这不包括白金汉及其一伙以及烧钱的外交政策；然而即使没有这些因素，也得要有正常收入的增长来确保信誉、保证有支强大的海军和适当的外交活动。收入唯一可能的实际增长是关税的收入，而其合法性一直受到质疑。即使没有外交政策方面的危机，也得跟议会一道拟定出一些新办法来。

由于西班牙在入侵下巴拉丁和上巴伐利亚，王国政府要求议会出资应对外交政策所需。1621年1月议会召开时，腓特烈已被赶出波希米亚。詹姆斯看到行政改革有了相当成就，培根准备进行司法改革。不幸的是，已犯下严重的策略性错误。培根曾想收回专利权——特别是属于维利尔斯的亲属们的令人恼火的那些专利权——以防止发生抗议行动，但他的想法被包括柯克在内的枢密院否定了。柯克曾觊觎司库一职，但这一职位归了蒙塔古（后来的曼彻斯特伯爵）；蒙塔古之前曾取代他成为首席法官。下议院一开会，抱怨声四起；但议员们在王国政府许诺配合司法改革、处理密探和贸易问题后，很快就捐出了16万英镑。王国政府需要50万英镑用于巴拉丁，但捐助额也没有说死，这意味着往后还会有更多的捐助。下次着手解决专利权，特别是涉及白金汉的亲属们的那些专利权问题。议员们打算惩处享有专利权者本人，但按惯例得让蒙佩松和米歇尔判决，得由上议院定罪。柯克和克兰菲尔德建议追究裁定认可授予的人，下议院从而指责大法官培根，拒绝让他的判决上呈詹姆斯，以使上议院给他定罪，使他难以弄权坏事。这种弹劾活动的复兴也许是詹姆斯统治时期最重大的宪法建设事件；与此同时，紧接着热切地对教会法庭官员进行指控的准备工作，促使议会赶快闭门休会。托马斯·温特沃斯爵士拒绝他的约克郡同乡开会评说特殊津贴："我们已经不要你们的钱，也不制定什么法规了"；他并保证国王将会"很快、毫无保留地进行我们所要求的改革……"特别是有关职业告密者的改革，"你们与外国伙伴的贸易（将）大幅增长"。

枢密院成员间的争论毁了培根；克兰菲尔德成为财政大臣后更使柯克持反对立场了。白金汉在是与下议院合作还是解散下议院间犹豫不定；而查究他及其兄弟的风声日紧，他也就越来越抱敌意。然而宫廷的犹豫不决不仅妨碍了立法［5月间，下议院应请通过12项立法（包括一些有关告密者、出口羊毛和守安息日的法案）］，而且挑起了有关经济萧条和输出港表示不满的争论。克兰菲尔德答应采取行动；休会公告撤销许多遭到攻击的专利权后，允许羊毛和威尔士布匹的国内自由贸易，允许输出港自由出口新布匹。另一公告废除了议会采取进一步行动前不用债权人同意照常办理法案。

不幸的是，在做出这些让步的同时，一些议员被捕；他们在议会中的行为受到了调查。议会11月复会时，这件事和巴伐利亚对上巴拉丁的征服使重新通过法案成为不可能。下议院这会儿要求通过法案（包括一则反垄断法案），但由于议员们要确保2月召开另一次会议，所以不急于提出这一法案。国王不希望他们辩论外交政策和与西班牙联姻问题。就希望西班牙能迫使皇帝让腓特烈重新领有巴拉丁而言，詹姆斯并非完全没有道理。伊丽莎白曾拒绝她的议会有权在未被要求的情况下讨论外交政策。詹姆斯在坚定地维护其特权时拙劣地声言：

"议会的特权是你们古老的、无可争辩的与生俱来的权利和继承权",但这一特权来自"朕的祖先和朕的恩惠和恩准"。就连像温特沃斯这样一些对外交政策不大感兴趣的人也被激怒了;下议院强烈地通过一纸抗议,坚定地声称他们的言论自由特权是不受限制的,他们的所有特权是"英格兰臣民与生俱来的权利和继承权"。这导致议会休会。没有了议会拨款,没有了立法;接着是议会被解散。

  这时财政大臣克兰菲尔德——这会儿已是米德尔塞克斯伯爵——也一时拿不出解决财政问题的办法,只有与西班牙联姻这一招了。由于下议院要求完全实施拒不参加国教礼拜法,这一招有碍议会拨款。嫁资要用来还债、恢复声誉、抵消使腓特烈复位所需的巨额费用。时至1621年,行政改革节约了不少钱;克兰菲尔德着力监督爱尔兰政府的改革工作。经济萧条期间,关税收入不可能有太多的增长。克兰菲尔德拒绝出售王家土地。这些土地受长期租约所困,收入不可能增长(实际上1609—1624年还下降了)。因此他的做法受到了质疑。这导致了对詹姆斯的铺张浪费和白金汉的特权的攻击;这种做法在政治上是有点儿轻率的,因为克兰菲尔德在职的收益从1618年开始每年的4100英镑增加到了1624年的2万英镑;与此同时,他的租金收入已从1618年的1500英镑增加到他弃商的1624年的7100英镑。①白金汉敌意渐长;他同查理而不同詹姆斯一道作决定。他们旨在与西班牙联姻的马德里之行,是违背詹姆斯的意愿的;他们回国后决定攻击西班牙和召开议会也是违背詹姆斯的意愿的。

  在詹姆斯正被卷进灾难性的外交政策、克兰菲尔德因参与解散弗吉尼亚公司而增加其反对者的时候,建设性的工作也在进行着。1621年指定一贸易委员会、1622年又指定一贸易委员会调查研究布匹贸易萎缩状况;而后在曼彻斯特设立一常设委员会。这一委员会的成员很广泛。委员会用心顾及许多利益方的观点、考虑枢密院向它提出的问题,特别要考虑下议院贸易委员会1624年提出的各项建议。其结果是提出了许多有关经济政策的有益的、各方可接受的折中方案。

  这仅仅是1624年与议会进行合作的一个方面,然而是极短暂的

---

① M. Prestwich, Cranfield, Politics and Profits under the Early Stuarts (1966), pp. 123, 131, 253-4, 419-20.

合作。白金汉劝说詹姆斯接受最近的 30 万英镑的拨款、等以后的会议再要求拨款。1621 年辩论的提案这会儿通过了,其中有限制职业告密人、限制专利权、限制国王因时效而授予土地的所有权、改革法定程序和废除一些过时的法规等法案。这是 1610 年以来通过的第一批法规。白金汉绕开詹姆斯与下议院联手弹劾、谴责米德尔塞克斯伯爵。他们在行贿受贿方面拿不出什么证据;他真正的罪行是与白金汉和弗吉尼亚公司中的南安普敦－桑迪家族小集团为敌,他的倒台表明:如果上议院和下议院一致行动的话,这弹劾的威力有多大。下议院权力的积极面和消极面再次被宫廷小集团增扩了。

诚如其反对专利权这一议事程序所示,下议院的行动直指重大变革和严重冲突。下议院的委员会传唤享有专利权的人及其雇员,询问他及其他证人,收回专利权,指责其业务和操作既不合法又不合适。虽说委员会的询问不要被询问者立誓不说假话,但它们一直在干属于枢密院、司法官员们和法院的事。由于上议院拒绝谴责根据专利法授予的已有专利权,下议院向国王陈述专利权的非法性。[1] 詹姆斯反对下议院的指责和没收专利证:"就专利权的合法性而言,我得相信我那明智的枢密院和我的法官们;但如果在执行中有什么不当的话,你们可以控告。……但我是最高法官。"但最终的答复一直拖到下一届议会。下议院坚持认为征税非法,然而这是像温特沃斯这样反战的人士竭力要求的。下议院又转向宗教,准备控告禁止布道的诺里奇主教。詹姆斯心知肚明,这些革新都是冲着特权来的,而专利权法正是限制特权的首要律法。1620—1625 年存在着合作和冲突的新的可能性。培根本想要进行法制改革而成立的委员会和特别委员会在经济问题上显示了其价值。就连下议院指定的司库们也接受了 1624 年发的津贴;他们如果敢于向议会报告,为制订计划而召开的紧急会议可能就开成了。

跟普遍的看法相反,经济改革方面的合作比起其他政策来要容易。下议院在 1621 年和 1624 年听取了制定自由贸易法案的新要求。下议院的贸易委员会审查了商业冒险家协会持有的下议院和其他机构

---

[1] E. R. Foster, "The Procedure of the House of Commons against Patents and Monopolies 1621–4", in Conflict in Stuart England, ed. W. A. Aikin and B. D. Henning (1960), pp. 59–85.

颁发的特许状和证明。决定冒险家们的专利权只能用在白布上；着色布和混合布、克尔赛手织粗呢和新布则自由贸易。下议院还要求撤销预付费、不加限制地加入公司。贸易委员会接受了这些建议——但预付费减少 1/3 且只限白布——和禁止外国烟草进口以及继续禁止羊毛出口等其他建议。下两届议会继续要求完全废除预付费和中止的关税，但输出港表示了最大的不满。贸易委员会还着力于控制包括新布在内的织物业；1625 年准备发给可以募集股份的 32 家郡级公司（包括治安协会）的许可证。詹姆斯的去世中止了这一议题，也结束了委员会的使命；而由于爆发了战争，这一议题最终就不了了之。

白金汉的外交政策使得与下议院的合作成为不可能；在詹姆斯的影响下，他同意天主教徒们的信仰自由，以此条件与法国结盟和联姻。就连那些对战争持怀疑态度的人也支持实施"拒不参加国教礼拜"法了。这使定好了的议会会议成为不可能。议会一直休会。詹姆斯去世，议会解散。因此，虽有不满，再次拨款和立法得等 13 个月后 1625 年 6 月新议会召开了。伦敦瘟疫流行，又推迟了 1 个月。

詹姆斯去世恶化了政治氛围。詹姆斯 1624 年虽然控制着一些重大问题、小心谨慎地对议会做了一些让步，但普遍认为他在谋划抑制白金汉的影响。这也许是种一厢情愿的想法，但却预示着新王朝将放弃新力量组合的通常想法，使白金汉拥有更大的权力，像阿伦德尔伯爵和彭布鲁克伯爵这样一些老资格的权贵、侍臣难以容忍了。就连他门客中的基珀·威廉斯勋爵、约翰·埃利奥特爵士、纳撒尼尔·里奇爵士和威廉·科里顿也开始怀疑他的领导能力了。像艾伯特和克兰菲尔德这样的一些人忘不了他的忘恩负义，像霍华德家族的人和曼塞尔这样的一些其他人曾受过他的羞辱。就连那些要同西班牙开战的人也对不断加紧对私掠巡航的控制、对船长和国王就缉获的商船和货物不断增征税费表示愤恨。① 白金汉从未取得什么得人心的军事、外交和海军方面的业绩。

如果说那些攻击白金汉的人要在一定程度上对他干不成事负有责任的话，他的外交政策和议会政策也是不负责任的。下议院最终开会时，议员们没有收到拨款的特殊要求，没有得到对政策的解释，而是

---

① See above, Chapter Ⅶ, p. 234.

要等上两个星期才能听到对他们1624年提出的有关不满的回答。在没有任何一个官方的请求下,下议院接受罗伯特·菲利普爵士的建议轻率地投票通过拨款14万英镑。由于对关于1624年中止关税和征收税费的请求的答复不满意,按1485年以来的惯例只投票通过为期一年而非查理在位期间的桶税和磅税(基本关税)。白金汉未理会威廉斯和艾利奥特要他小心行事的忠告,一直到冬季例会才授予特许权和通过拨款。议会移址牛津开了三周会。白金汉在那儿全权负责筹建海军和大陆联盟;通过努力最终明确了联盟的程度和一些代价。下议院的领袖们要求实施拒不参加国教礼拜法、确定征税、调查卖官鬻爵、调查封地和王室收入。新形势的总体倾向是要削弱白金汉的擅权、弄权;而他最近也不大受直接攻击了。

像温特沃斯这样的一些人不主张战争,但"……同我们一道给人民留下了一些好法案"。其他一些人主张同西班牙开战,但不想卷入大陆的纷争。大多数人对动不动就休会表示不满。罗伯特·曼塞尔身为海军部财务主管公然大肆贪腐,遭白金汉撤职查办。像他这样的一些人抱有个人动机。反对者们不明白为了将来取得拨款需要维护政府声望这一点。唯一的让步是承诺实施拒不参加国教礼拜法,因此终止了同法国的条约。白金汉因议会攻击他、拒绝拨款将其解散。他曾得罪过他最重要的盟友,又向其租借舰船攻击拉罗歇尔;这向反对他的人提供了又一件武器。

查理和白金汉召开第一届议会时没有准备好。为了做些补救,菲利普斯、温特沃斯、柯克和其他三位领袖绕开查理和白金汉1626年2月召集了第二届议会,并授予他们名誉郡长称号。与此同时,曼斯菲尔德指挥的加的斯远征败北,英法联盟失败。这些灾难未能使批评战争的人闭嘴,但也未着力在上、下议院说服像彭布鲁克这样的权贵及其支持者。在宗教方面,除实施拒不参加国教礼拜法外,下议院可以继续攻击蒙塔古的亚美尼亚语著作;这些著作1625年不受欢迎。下议院不满天主教徒的增加、海防不严、兼职太多、卖官鬻爵、征税、用英国舰船攻打拉罗歇尔和滥用1624年的救济金于议会不想要的项目。下议院承诺:议员们不满的事消除后将再通过三笔救济金。对白金汉的直接个人攻击没有了,但查理的答复是要求立即给予更多的拨款,否则就解散议会。经白金汉的斡旋,查理收回成命,同时提议任命一两院委员会"考虑他的状况"。这在 1625 年可能会进行合作,但这会儿在白金汉的前门客约翰·艾利奥特的力促下,下议院指控了公爵。指控他加速了詹姆斯的死亡,对查理大不敬。查理解散了议会,而不是接受要求解除白金汉职务的劝谏书,但还是贸然对法宣战了。

下议院紧靠刚刚获得的质询、指责国王手下官员的权利,对国王决心维护一名官员提出了质询、指责。这导致了宪法危机。国王们控制不了非法行为这一古老原理的当今重要意义和皮姆提出的制定根本法要求引起了一些问题;而这些问题可能会破坏传统的法规,但引起这些问题的政治危机还是必须要解决的。由于在雷岛交了那么点好运,加上对像彭布鲁克和沃里克这样的人以及像迪吉斯、温特沃斯和菲利普斯这样的一些仍同宫廷有联系的人做了更多的让步,问题是可以政治解决的。白金汉不像查理,毕竟还是有些政治自卫能力的。

但危机很快导致了国王应急权力的启用;这在一些人看来似乎是危及了传统的政府体制。强制借贷是引起恐慌的真正原因。名义上是借贷,实际上是索要,要在未得到议会的同意下在前所未有的短短 3 个月里收取五次补助金。法官们拒绝认可其合法性,首席法官克鲁被解职。艾博特因为拒不准许西布索普为借贷辩护进行布道而遭停职。虽然有人反对,但还是征收到了差不多 30 万英镑,只不过比原计划的时间延迟了些。像温特沃斯这样的一些反对者被关押一事,引出了一些从"五骑士案"到权利请愿书和人身保护修正令规定的普遍一致和个人权利这样的重大问题。大多数人默从了,以查理的承诺来安慰自己,但下不为例。而当下的问题是会不会出现一种特权应急新制度。

实际上双方都还没有准备好摆脱传统观念进行对抗。王国政府不顾对立双方的争执,在考虑一点一点使货币贬值、在内陆郡征收造船税、雇用外国雇佣兵和征收消费税。最后的决定是和解、召开新一届议会。反对借贷者们被释放,但像温特沃斯这样的一些人即使在关押中也仍同宫廷有接触。

一些长期存在的最困难的问题源自国民军和招兵到国外服役。伊丽莎白的国民军靠 1558 年敕令规定的税费扶持,又凭特权对税费的征收进行了修订。1604 年敕令被废除,因此 1612 年再次训练国民军时只能靠特权征收税费了。长期以来一直对向点名官支付高饷银不满,这会儿又给他们配备新式武器。从1618年起,枢密院开始惩处桀骜不驯者,要装备一致、下达新训练命令。但真正对国民军进行强力改革的尝试是在查理登基后才开始的,要着力调集马匹,由权贵和不动产终身保有者提供,最后计划1628年组织地方上的国民军。但议会召开后,计划被断然拒绝了。比起伊丽莎白时代来,这些日益沉重的负担可能会更多地落在权贵身上。

但最强烈的不满来自强制征集、驻屯、训练军队为外国服务,因为这直接的负担重重地落在了穷人身上。驻屯训练军队可能潜藏着最大的风险,可能会被用来威逼地方上;实际上由于长期不拨军饷,驻屯训练间接地成了一种地方税。为防止开小差和抢劫而成立的军事管制委员会被视为一种对普通法权利的侵犯。但在伊丽莎白时代末期曾实施军事管制对付民众暴乱;代理官员委员会完全拥有无条件实施军事管制对付暴乱和非法集会的权力;查理统治时期有时应地方当局要求也允许实施军事管制。军事管制委员会通常与听审裁判庭联手;对它们在汉普郡的诉讼程序有研究,但那儿没有即刻执行死刑条例。士兵遭关押,然后接受巡回审判庭抑或季审法院抑或听审裁判庭审讯判决。军事管制委员会也管驻屯训练军队;这导致了一定程度的管辖权混乱,有时传唤平民做证抑或给平民下命令。军事管制显示国王的应急权力含糊不清,成了又一个用以攻击已经不得人心的代理官员委员会的权力的工具。① 但在爱尔兰不实行军事管制。1627年,军事管制已不再是现实的威胁,真正的威胁是向拿不出钱来的人强制借贷和派遣权贵自费出使他国。

大多数下议院的领袖因拒绝借贷而遭关押;议会1628年3月开会时他们刚被放出来。他们似乎完全意识到政府未来的性质成问题了,很可能同意先再次提出不满,然后再找不满的对象。查理在他的开幕讲话中没有表示任何让步,只要求拨款;如果要求得不到满足就动用"上帝交到我手上的"其他手段。后来提出了一个从波罗的海到西班牙的大海战和一年建造20艘军舰的计划,但响应者寥寥。白金汉出面进行调解;他之前的调解人角色不成功,但1628年他在上议院显得有耐心、讲究策略,但他打算经常召开议会的报告遭到下

---

① L. Boynton, "Martial Law and the Petition of Right", E. H. R. Vol. 79 (1964), pp. 255–84.

议院的反对。头几周下议院的主要人物是温特沃斯；议员们同意表决通过五笔特别津贴，但拨款得跟消除他们对强制贷款、驻屯练兵、军事管制、无端关押的不满同步进行。他们的目的是要有个权利法案，宣告这一切为非法，对将来任何一个违法者加以惩罚。

查理拒不接受任何新法；上议院要求互谅互让；达德利·迪吉斯爵士提出宣布新法的权利请愿书时，没有人支持；其实这一要求在1624年表示不满的请愿书中已经提出过了。最后仅仅是再次确认了大宪章和其他法规；这些都是查理提出的建议。上议院犹豫了一阵后接受了下议院的决议文本，没有做出什么实质性的修改，但查理不让将他的正式赞同言辞记录在案。这使埃利奥特对白金汉进行了攻击；在上、下两院的坚持下，查理同意将请愿书列为有案可查的事项。下议院通过特别津贴案，并通过一份进谏书，要求指责白金汉任命尼尔和劳德为宗教改革筹办人。这一进谏书被驳回；下议院转而辩论桶税和磅税问题。议员们显然是要全面调整关税，不影响查理的收入和征税。这一工作需要时间，但查理要求尽快行事，他怕再有什么进谏书。下议院要求延期辩论；迪吉斯和里奇提议，在此期间税务监督官和议员一道草拟关税细则提案，10月开会立法。① 查理坚持休会；而下议院认为征收桶税和磅税及其他税费是"对本王国基本自由的侵害"，是违背"民权宣言"的。查理狡辩道：宣言不是用来侵犯他的特权的，宣言的解释权属于法官，但特权不能用在桶税和磅税上。

虽说民权宣言引出的问题在宪法方面有着长期的影响，也许眼前影响尚未显现；下议院敌对式的追究在当下可能是比较重要的。议员们不断指责专利权，并指示赫尔市尽管自由地到格陵兰岛外捕鱼，不要顾及俄罗斯公司的特权；下议院收集航运损失金额，调查锡矿区的弊端。曼韦厄林因1627年布道时断言国王有权征税遭上议院指责。也许会像威特尼的伯吉斯先生的案子那样受人关注；宗教委员会对他那令人反感的布道和教唆教区民众做伪证一事进行了调查，建议他收回前言，向下议院认错。② 下议院欲取代抑或削弱国王在宗教上的行政、司法权和至高无上的地位；这一倾向已不仅仅是种理论主张了。

---

① Warwickshire County Record Office, Newdegate Diary, 24 June.
② B. M. Stowe MS 366, fos. 137v, 193.

查理不愿做出让步。这足以证明那些鬼顾问们对埃利奥特还是有影响的。但应付事儿的话说了算了。其实白金汉还不是那么死板的。5月末以后他的策略是比较灵活的；他跟威廉斯主教、阿伦德尔和艾伯特达成一致；他放弃五港同盟主管一职，以平息人们对他兼职过多的不满。韦斯顿被任命为财政大臣；在他的支持下，温特沃斯顺从了宫廷，成了一名男爵，商定好出任北方委员会主席。白金汉也希望与法国媾和以减少他承担的财政义务；但他决定先救援拉罗歇尔，为胡格诺派教徒争取条件。他被一名因升迁无望、拖欠饷银感到失望的军官费尔顿暗杀；这不禁让人怀疑他到底干了什么事。他要在战争中赢得荣耀的想法在未能救援拉罗歇尔后可能使他比查理更准备向议会让步以获得拨款了。他的死无疑会使查理处理事务的方式发生改变。但当时最令人难以接受的事实是：费尔顿坚称他是受了下议院进谏书的影响，声称他及其行为深受人们的支持。

与此同时，许多商人拒绝缴纳桶税和磅税，他们的货物则被没收。议会从10月到1月休会，但韦斯顿想要和解。他不想评判国王的征收桶税和磅税权，将问题推给了议会，但同样不想归还商人的货物。议会发表一则禁止争论39条信纲的声明，艾伯特进入枢密院。查理对着干，指定蒙塔古为主教，但将他的《消除专制独裁》列为禁书。他无视议会的意见，赦免了曼威尔林并给了他丰厚的俸金，也原谅了蒙塔古和西布索普。查理竭力使宗教和睦；他这样做可能是真心实意的，但人们没有意识到这一点。

主张教牧人员代表和主教会议及高级专员公署为解决宗教问题的唯一权威机构的声明，引起了议会与1610年以来已然中止的国王至上的关系这么一个问题。新一届议会开幕时没有国王的致辞，下议院比较自由地辩论宗教和没收商人的货物问题——特别是罗尔的货物问题；罗尔是议员，没收他的货物是侵权。查理后来才催促下议院同意征收桶税和磅税，并否认他曾凭特权要求征税，但下议院就罗尔的特权、赦免曼威尔林等人和阿米尼乌斯派教义的传播进行着激烈的辩论。皮姆小组委员会有关宗教的决议案表明决心要公开谴责阿米尼乌斯派的教义、捍卫加尔文派正宗信仰、驱除革新者，但决议案也力促议会考虑设法在每个教区安排一名虔诚的牧师。在桶税和磅税问题上的僵局致使议会延期一周，跟下议院的领袖们进行闭门协商。我们说得准的是协商没有成功。① 3 月 2 日下议院复会，拒绝接受议长传达的国王休会令。议员们通过了没有议会同意征收桶税和磅税为非法决议案、谴责宗教革新决议案和谴责支持天主教决议案。艾利奥特和其他八个人被捕；枢密院一番辩论后，解散了议会。

威尼斯使臣认为查理对此很高兴，但并非枢密院全体成员都高兴。再者，下议院 3 月 2 日的辩论表明：一些支持决议案的人反对艾利奥特的做法。艾利奥特指责韦斯顿，说他是白金汉第二，是有害决策和引起当下不满的罪魁祸首；而迪吉斯、利特尔顿、克莱门特·柯克则要求任命枢密院成员前进行审查；菲利普斯认为韦斯特得证明自己清白；克拉伦登后来指责韦斯顿在可能已赢得弹劾的成功时却匆忙解散议会以自保。下议院的几位领袖人物迪吉斯、利特尔顿、诺伊、费利普斯在议会解散后与宫廷和解。西蒙兹·杜斯——一名坚定的清教徒、议会特权的坚定捍卫者——在下议院"情绪激动地"指责了议会的解散，说道：下议院"大错特错了，不可原谅"。可杜斯在深思熟虑后于 1638 年移居新英格兰——那时已有成千上万人移居那里了。

查理如果愿意讲和，会在 1629 年得到比 1626 年更坚定的支持。他研究、制定施政方略时没有充分、精准地考虑到自己的职责、能力，而白金汉死后他又不再完全信任任何一个臣子。他一直对自己没有什么信心，总是固执己见；然而当有人提出相反的策略建议无人反对的话，他"往往改变自己的主张，使事情变糟"（克拉伦登语），"夜间说服他的人们使他放弃了头天的决定"。他总爱事后让步，最终弄得他个人好像很热忱，但公众认为他不诚实。如果说在断头台上"他与众不同"的话，在宝座上他往往也行为异常，其表现为心胸狭窄、对他手下人心存报复，他上断头台前一直同艾利奥特纠缠不清。他不忍心处决罪犯，这说明他还不算是个凶恶之人——他一直希望罪犯应该根据判决自愿受死。

他对待议会的态度与他父亲对议会的态度迥然不同。埃利奥特起先认为他讲话简短是别开生面。这可能是讲话口吃所致，但查理通常

---

① 威尼斯使臣认为这是由于查理拒绝了它们提出的谴责和惩罚买主的要求。他之所以拒绝，是因为买主们"是根据他的特令行事的"，他不想"开创将无人再服从他的先例"，Cal. State Papers Venetian, 1628–9, pp. 579–80.

不愿让别人说明他的思想、主张。他的口气咄咄逼人。詹姆斯也曾以休会抑或解散对议会进行威逼，但他通常表示愿意协商、说明自己的意思。查理往往简单粗暴地要求议员们听从他的话。1628年，下议院认为查理以为强制借贷是自愿支付的；这引起了一阵不安。他似乎的确是故意要靠特权行事的（特别是在苏格兰），而喜欢玩弄理论的詹姆斯则可能行事时更讲策略。如果说詹姆斯可能成为一位比当国王要好的教授的话，查理会成为一位比当国王要好的绘画、建筑鉴赏家和资助人，成为一位不那么令人反感的、溺爱妻子的贝克福德。他能够挑选王室卧房的侍从，但有点难以看清他的枢密院成员们的忠诚。

　　查理从他父亲那儿接过了债务，也接受了失误；这最重大的失误是没有解决征税问题。如果查理及时协商达成妥协的话，问题还是可以在1625年抑或1628年得到解决的。双方不是力求审定贸易关税，而是在桶税和磅税的法律术语的使用上和一些极端的案件上纠缠不清。征税问题的解决只会导致在王权至上方面的冲突。下议院对所有王国政府大臣的疑心越来越重、对之质询的决心越来越大。皮姆1626年说"我们是作为立法者、督导员和审判官入座于此的"这句话时，就表明下议院的小组委员会是多么想采取行动了。温和派在宗教方面也一致同意推进天主教的宣讲和信仰，一致同意允许自由到其他教区聆听布道的1628年议案。下议院的领袖们爱翻旧账，令人生厌，没有历史价值，往往弄巧成拙。但从某个方面看，也还是面对现实的。议会要立足生存，要像14世纪那样经常召开会议，不要向都铎王朝那样不常开会。

　　1629年议会休会，各项关税全凭国王特权征收；商人们试图反抗，但不久偃旗息鼓了，而未能依法确定副职军官的军饷和权力产生了更为有害的结果。这一结果阻碍了国民军的改革、引起了地方纠纷、使副职军官在危机发生时不愿行动。如果没有一个用于各派别和个人可以互动的公开讨论场所，宫廷和国家可能会更加分化。这样的接触、讨论并未停止，但更加限制个人在地方上的活动。咨询、协商比较随意，只有巡回审判法庭说了算。地方上和各派别有许多要求，但没有多少机会传达到中央政府；这使地方上和各派别产生了更大的被统治感。大概是因为战争的关系，1624年以来没有干什么具有实际意义的事。1629年温和派看出个人统治时期已经开始，但特权政府的存在有赖于其至少能够进行一些议会停摆前曾提出过的改革。

查理的议会经常要求多多考虑王国政府的财政。和平的实现使得这有了可能,有些历史学家认为王国政府已有了相当强的偿付能力。战争和外交已消耗200多万英镑；土地和木材出售获得65.1万英镑。王室土地转让给伦敦公司以清偿35万英镑债务；这35万英镑为167年债款本息的将近一半。债总算是还了,但1642年仍未完全还清,因此王室与公司间的信誉仍很差。从1630年开始,向那些没有爵士头衔的人每年收取地租40英镑——16世纪中叶以来没有行使过的权利——总计达17.45万英镑。因此债务到1635年减少到了116.4万英镑,但增加正常收入和减少开销这样的老问题依然如故。

1631—1635年平均每年正常收入稍有增加,为61.8万英镑；而1636—1641年平均每年为89.9万英镑。增加主要来自关税,1640年收入约50万英镑,而1635年则为30万英镑。关税收入的增加是因为在贸易额增加的情况下官方提高了对货物的估价、因为增加了新税收。其他增加数大多来自选区、肥皂垄断经营和铸币厂。但正常收入的60%于1635年提前支用了,所剩无几；王国政府因而手头可资使用的现款不多了,比以前更加依靠关税包税人提供的预付款了。这主要是因为未能改革花销部门(特别是王室。王室的花销越来越大,1640年仅日常饮食就花了10.7万英镑——国王的花费比1617年涨了60%)。

这体现了个人统治的最佳部分：意图虽好,结果很糟；最糟的是没有一项坚持执行的政策,一心只希望财政有收益；廷臣们财政上的应急办法和个人利益使政策的执行坚持不了。尽管增加了收入,但现款和信誉的缺失以及不断增多的花销经常要求想出新办法。尽管议会后来坚持己见,但每个应急办法大体上还是合法的,然而是曲解了法律的含义的。因此,专利法中关于公司特权的但书被用以将专利权授予公司而不是个人了。以前收益大多归了投机公司的创办人,只有劳德掌控多年后的肥皂专利权为国王获取了可观的收入(3.3万英镑)。查理像同时代的统治者们那样一再行使应急权力,宣称国家需要。但他不像他们,他一直遵循全面和平外交政策。

为了应付公众的不满,王国政府还是做了一些工作的。议会多次对卖官鬻爵表示不满；白金汉死后,不再有此类事件发生了。1627

第十八章 斯图亚特王朝君主政体式微

年一个新税费事务委员会成立,并一直活动到1640年。审查了许多公职任免和税费案件。委员会查明:王国政府卖官获利,不追究官员的不法行为;王国政府坚称自己有权出售以前其他官员出售过的某些公职。王国政府获得大约3.5万英镑,使许多官员很生气,使臣民们很失望。枢密院和法官们限制律师和代理人人数的努力显然成效甚微。1630年负责处理贫困债务人事务委员会的权力比伊丽莎白时期的委员会差多了;但这时的委员会行事比较慎重,尽力确保与普通法法院的合作。征得法官们的同意成了个人统治行事的特色,同时又必然有碍于其法律改革的进行。温特沃斯领导下的北方委员会被赋予了核查普通法法院所下的禁令的权力;与此同时,边境委员会获得了对私通的关系审判权;这给委员会带来的收入成了其主要收入,但被劳德破坏掉了。

专利权不是早先协议未执行的唯一事例。布匹的自由贸易与1624年①白布获得自由贸易的情况不同,随着贸易投机家协会对出口到尼德兰和德意志的布匹垄断的恢复,1634年就结束了。由于里奇蒙公爵夫人允许出口白布,贸易投机家们被迫向她缴纳重税;1634年公告可能就是他们所付出的代价。1640年,当时的受特许人里奇蒙-莱诺克斯未能拿到钱,在王国政府的协助下扣押了投机家们的布匹货船,不成功的投机家威瑟在其他投机家的授意下,借助一个王国政府委员会,要求在威尔特郡邻近的郡实施布业条例,禁绝以销售为目的从事生产的纺纱工,但遭到了治安官的反对未能得逞;他们愿意自己进行检查,但不禁绝纱商。然而,1640年一个王国政府布业委员会(威瑟是其成员之一)提议由公司来禁绝以销售为目的从事生产的纺纱工、实施布业条例;这跟1625年的方案不同,将治安官排除在外了。尽管查理"作为一位信仰基督教的国王"承诺不想伤害东印度公司,但如果投机家的专利权恢复的话,东印度公司的垄断就被"科尔廷协会"打破了;"科尔廷协会"的匿名合伙人和中间人是恩迪米翁·波特(王室卧房侍从)。

触怒有产者的是他们必须资助穷人、顾及社会正义这一观念;这一观念引起了热切的左、右两派权力主义者的注意。1634年之后,

---

① See above, p. 552.

查理的确是以人口减少委员会、回复森林法、更高的价格和更苛刻的条件出售监护权弄得地主们心神不宁。① 但全职制止圈地的人口减少委员会成了出售许可证以确认圈地的工具。查理不顾自己曾下的训令,砍伐尽土地上的树木,然后出售,无视负担封建劳役的佃户等人所享有的公民权。詹姆斯1618年组建一个委员会出售圈地认可状时,是直截了当、毫无掩饰的,而至少有一名买了认可状的人还是被查理组建的委员会罚了款的。索尔兹伯里男爵同样得他父亲获得认可状伐尽树木的土地协商罚款和平了结。恢复森林法,使森林范围超越了爱德华一世时期划定的范围,以迫使地主们就伐尽树木的土地协商罚款和平了结。这一做法获得了大约3.9万英镑,② 惹恼了一干权贵和贵族。

政府家族式统治的好坏要看1630年敕书提出的贫民救济政策及其落实的结果。敕书是对1630—1631年饥荒做出的即刻反应;伊丽莎白贫民法通常就是用来应对这样的紧急所需而不是提供长期的教区救济的。平常时期向贫民提供的救济主要来自民间慈善团体、个人和捐助(设立救济院)。敕书的颁布也许首先得感谢曼彻斯特,然后得感谢温特沃斯和劳德,一定程度上也受了他兄弟作为北安普敦郡治安官的经验的影响。乔丹教授对现存的教区账单进行了审查,根据不完整的记录推定:枢密院的"努力没有产生任何效果";枢密院从治安官那里拿到的1200份报表大多说明不了什么问题。③ 与之相反,巴恩斯教授认为"30年代,敕书提出的政策"在萨默塞特"实际上是实施了的"④,然而他的证据是治安官们的记录,而不是教区的记录。1638年掌玺官指控道:普遍置敕令于不顾,但似乎是加强了对流浪汉的约束、对酒馆的监控、让贫困的儿童学手艺。敕书可能也提倡大力组织即决法庭。

如果说17世纪30年代初地方政府曾一度活跃过的话,不久就又依然如故了。1635年,对内陆各郡征收造船税并确定其为一种固定

---

① Sales of Wards in Somerset, ed. M. J. Hawkins, Somerset Record Soc., Vol. 67 (1965), pp. xxi – xxii.

② P. A. J. Pettit, "Charles I and the Forest Laws in Northamptonshire", Northamptonshire Past and Present, Vol. III (1961), pp. 54 – 62.

③ W. K. Jordan, Philanthropy in England 1480 – 1660 (1959), pp. 128 – 42.

④ T. G. Barnes, Somerset 1625 – 1640 (1961), chapter VII and p. 196.

第十八章 斯图亚特王朝君主政体式微

的税收,这就增加了郡长们、治安法官们和治安官们的负担。在萨默塞特,关键问题不是没有关注基本法和惯例,而是没完没了地因地方猜忌所引起的问题争论不休,这弄得治安法庭无法招架。如果说萨默塞特具有代表性的话,地方政府就像国王的财政那样负担过重陷入绝境了。1637年有大约80名治安法官在21个郡被解职,可能是因为他们不想再干了。"就连战争都没有毁掉地方政府,而治安官人数的减少可能会使地方政府丧失活动能力。"①

在议会谴责了造船费后,强烈的反抗才在1640年开展起来。国民军军费长期以来一直有争议。较早时间以来反对声就越来越高。不同地区费率不同显得不那么公平,还存在一个收费权限问题。一些郡这会儿强制人们加入国民军;这又进一步引起了法律问题。副郡长们遇到的主要问题是拒绝缴纳定额费款,特别是给点名官的费款。枢密院未能切实解决问题,说服拒绝缴费者;"枢密院如果处理不了副郡长们的问题的话,就只好让国王来处理了"(温特沃斯语)。犹如闹剧的最后,副郡长们受劳德禁令所困:这禁令视在教堂庭院集结军队为渎圣行为。

许多不那么狂热的清教徒认为劳德是个革新者:众所周知,这是个浅薄的认知。早在1626年就已给高级专员公署下达了新指示,要它摆脱1611年规定的大部分限制,恢复其无限的巡查权和完全自由地使用根据职权行事的惯例。詹姆斯是曾下令压制争论、控制演讲人、严格实施审查制度;而查理和劳德则试图在英格兰和苏格兰两地取得更大程度上的统一性。

英国教会反映了政治生活的和谐与矛盾。英国教会实行包容政策,故而这种状况不是追求中间道路理想的结果。世俗赞助——贵族和公司的特权——保护着清教神职人员。历届约克大主教均仰仗着清教牧师反天主教的热诚,支持西区礼拜活动;一些西区牧师没有牧师职位,对一些小教堂辖区的公理主义倾向视而不见。忠于信仰者和追逐私利者会协同确定敬神信条,以增加一般信徒的参与度,以夺取神职。国王和主教控制着这些势力和否定什一税合法性的激进派,而如果像曼韦林这样的一些巧舌如簧、阿谀奉承的牧师大叫国王太过分了

---

① T. G. Barnes, Somerset 1625-1640 (1961), chapter Ⅶ and pp. 301-6.

的话，抑或如果另外一些热盼有个更加独立的职责的牧师根据神权力主主教统辖制的话，国王和主教就更加担心教权统治了。教会在查理统治下包罗不广了，似乎在渐次扬弃既定传统和既得利益。将圣餐台移放至高坛东头，成为固定的圣餐台，位于围栏后，教友们在围栏前领受面包和葡萄酒，而不像以前那样跪在圣餐台的三边领受圣餐；这就破坏了既定传统。根据劳德的指令对革新进行检测，人们不懂神学，甚至是文盲也能看出他的教区教堂进行了重新设置。撤除摆错位置的教堂长椅，强烈反对破坏教堂，确保伦敦增加的什一税率，试图从保管教会财产的俗人那里获取更多东西，讲道者必须穿白法衣、诵读全本祈祷书：所有这一切旨在立规矩、定仪式。对教堂长椅和什一税的所有者来说、对那些向讲道者提供薪俸和为重新设置教堂提供税款的人来说、对那些注重讲道而不注重仪式的人来说：所有这一切似乎是种反宗教改革运动——权益和良心紧密结合反对反宗教改革运动。

所有的主教、大多数牧师都不那么热衷于劳德的主张；许多教堂没有变动；但有迹象表明：在劳德 1634 年开始视察大主教教区后，一些教堂更加严格了，讲道者必须穿白法衣、下午讲道、处罚那些到教区外教堂做礼拜的人。1632 年劳德从尼尔调至约克，行事引人注目。他强力推行教堂的重新设置、停止礼拜活动。他首次视察时，有 46 名牧师因清教徒违规被告发；此前被告发的最多是三个人。艾伯特那含混的包容政策注定要失败；下议院对哈斯尼特、尼尔和劳德的攻击迫使他们不得不仰仗查理的至高权威。如果这样的话，坚持在细枝末节上实行同一化、用游戏簿（礼拜天禁止合法的游戏）作为考验用词测查温和派的违规立场是不适当的。艾伯特曾规劝詹姆斯别坚持当众讲读游戏簿。在当下严守安息日的情况下，游戏簿与以讲道为主的传统是相矛盾的。用星室法庭对抗主教们的批评并折磨莱顿、普林、巴斯特威克、伯顿和利尔伯恩就更不明智了。查理拒绝劳德禁止天主教徒在亨丽埃塔·玛丽亚的宫中劝导她皈依天主教的要求，加深了对天主教的恐惧。他爱用主教当枢密院成员，特别是 1470 年任命伦敦的朱克森为首任主教辖区财务主管，甚至引起了朝臣们的不快。

在爱尔兰：教会由于不断受到打压渐次失去了活动能力，又面临着 17 世纪 20 年代成功重组了的天主教统治地位和爱尔兰岛北部苏格兰人中日益发展的长老派,亟须进行改革。温特沃斯 1653 年作为国王代表前往爱尔兰。他决心收回教会所拥有的捐助财物;这些财物被控制着爱尔兰政府的新教徒"新英格兰人"占有了。他决心维护长期以来国王对天主教徒"老英格兰人"(传统上国王的支持者)和"纯粹的爱尔兰人"占有的大片土地拥有的所有权。接着他要维护国王对大种植园(特别是康诺特的大种植园)拥有的所有权,旨在确保国王固定的收入和新教徒统治的坚实基础。温特沃斯对爱尔兰政府使用了传统的恐吓手段,用同样的办法对付"新英格兰人"权贵和官员以及"老英格兰人",也用同样的办法对付纯粹的爱尔兰人。他也成功地利用了爱尔兰议会,使新教徒与天主教徒相互争斗,从而获得了空前多的特别津贴、扩大了监护法庭监护的范围,使国王得以随便提出对土地的所有权。温特沃斯对自己的处事能力很自信,他想要议会会期延长,但查理坚持解散议会。温特沃斯自己在宗教上是个温和的清教徒,劳德是他在宫中的主要支持者;爱尔兰教会中被他利用的人是劳德派分子布拉莫尔,而不是倾向卡尔文主义的大主教厄舍尔。

温特沃斯在爱尔兰的统治是一直有力、有效的,是 17 世纪 30 年代的唯一。他使爱尔兰的收入增加了一倍,一年收入是 8 万英镑;他自己也获益颇丰。爱尔兰政府首次财政得以自给、为英国财政做贡献的可能性大增。温特沃斯的意志力和自信心使他成了一名赌徒;他不像查理的其他臣子,他准备为国王和为自己的野心压上自己的收益、财产乃至生命。他在爱尔兰已得罪了许许多多利益集团和个人;他的政策主要是赢得治安,而英国政府不稳定的财政和相互矛盾的应急措施也需要治安。导致失败的因素源自苏格兰。

如果说詹姆斯在英格兰留下的遗产是缺乏信誉和信任的话,他在苏格兰留下的却是一个比较强有力的政府。由于王国政府的贫困和贵族通过继承的司法权及其追随者们而拥有的权力,国王的司法权在苏格兰是不那么起作用的。1609 年和 1634 年两度试图设置治安法官均未果;可能是教会会议对当地政府的长期影响所致。[①] 主教们、高级专员公署和枢密院的监督权是詹姆斯权力最可靠的基础。1621 年批准的办法使主教们成了在确保国王对议会和教规委员会的掌控上的决

[①] G. Donaldson, Scotland James V to James VII (1965), pp. 224-6.

定性因素。查理不久怀疑一切理论主张和不当行为。宫廷移出苏格兰往往像其他伊比利亚王国的贵族阶层对卡斯蒂利亚王国感到不快那样心生不满。查理跟他父亲一样非常重视个人对苏格兰的控制；白金汉死后苏格兰人汉密尔顿和莱诺克斯被视为亲信，但对当地的贵族来说，他们差不多就是外国人；他们中的一些人生活在法国比在英国时间长。

查理的1625年废除令废止了1540年以来国王地产的赠予和教会财产的处置权。詹姆斯曾使21个大教堂成为世袭的教会财产，同时恢复主教的地产权。教会地产后来确认归被授予人，但国王保有收回他们享有的封建土地权益，然而至今尚未采取什么行动。估定和减免什一税的方法、最低额度的薪俸规定和国王年金的规定是真正持久的改革。但废除令使所有教会地产持有者担忧不已；而当查理又废除一些世袭的郡长职权和其他高级官职、第一次准予正式征收年度直接税、增加爱丁堡的负担时，担忧情绪尤甚。1530年之后，主教们越来越多地参与枢密院的活动，在枢密院里的影响越来越大。1633年的议会表示出了前所未有的强烈反对情绪，但国王的控制没有被打破，议会确认了1609年法案，授权国王规定穿法衣。查理开始背离传统，规定牧师要穿白法衣。议会外以祈祷方式进行抗议的活动导致上议院议员巴尔梅里诺受到叛逆的指控。

查理在苏格兰比在英格兰似乎要更坚定地靠自己的特权行事。他1636年颁布教规，1637年下令使用新祈祷书；这就违背了常规的看法：即教会的变革必须要有长老会全会的认可。祈祷书主要是由不那么温和的苏格兰主教们拟定的；但是查理要在教会节日表上保留为数众多的圣徒节、次经（the Apocrypha）中的一些章节和规定在圣餐台领受圣餐的礼拜规程。斯波尔丁认为：在爱丁堡对祈祷书开始使用的反应是暴乱；这暴乱是贵族反主教密谋的结果。有组织的请愿抨击祈祷书，反对主教担当枢密院成员。请愿者的代表们援引"法典"，迫使主教们退出枢密院。1638年2月"国民誓约"拟就，抨击天主教、教规和祈祷书，要求实施神圣法和加冕誓言，要求自由召开长老会全会和议会，在要求得到满足前不理会新近的变革。

国民誓约可以说是具有宪法性质的、稳健性的，试图回到一种温和的主教制；一些人签字时是这么想的。但主教在政府中的重要地位意味着，他们被排除在外影响着激进的宪法变革（自由议会的这一概念是新的），而废除主教制即可确保这一变革。这一国民誓约引用参照的是主张人与神之间有圣约的神学观念，① 是宗教改革前上帝选定的族群苏格兰人的传统，是詹姆斯统治时期长老派持异议者们宣讲的上帝与国家所立之约的思想。这会儿许多人认为这国民誓约就是一份要在苏格兰和英格兰完成宗教改革、挽救大陆新教、摧毁罗马的神委托的责任书，诚如韦厄里斯顿的约翰斯顿所说："在将手持节杖的耶稣王扶上他的御座前，我看不到上帝的安宁……"②

查理自始至终一直帮着进行这项工作，但同以往一样"到时候说话不算话"。领导人们准备行动、枢密院失去控制时，查理暂时取消教规和祈祷书，在格拉斯哥召开一次长老会全会。国民誓约派成员云集全会，不让牧师们与会，却史无前例地让平信徒长老参加了会议；与此同时，查理则对他的特派员汉密尔顿说："你尽可能地讨好他们，只是不要越过我的底线，……等我准备好来镇压他们。"全会无视汉密尔顿的解散令，革除主教，废除教规。绝大多数贵族和权贵已接管了教堂，全然不理会国王和许多牧师的反对；接下来，他们在全体镇民的帮助下组织军队自卫。

查理力图发动攻击，显得他对自己在苏格兰和英格兰的处境一无所知。地方纷争、不满和国民军的法律地位未定，使他的军事行动难获成功。海军在苏格兰没有基地，帮不上忙。没钱，他的军队难以维持。向伦敦借贷、吁求自愿捐献均无果，全然不顾大部分专利权要被吊销。汉密尔顿力主互让了结；而查理坚持和解（1639年6月）。他同意8月召开长老会全会和议会解决教会和政府问题。双方都不守信。国民誓约派没有完全解除武装；查理坚持废除主教制，认为没有主教参与长老会全会和议会就无所作为。他决定再次继续征服活动；而长老会全会则宣告主教制违背上帝律法，议会则削除国王对商品委员会的控制。苏格兰开始了宪法和宗教革命，但保守的怀疑派力量在不断增强。

查理这会儿使温特沃斯成为枢密院核心成员之一。枢密院成员商

---

① See Chapter Ⅴ, p.193.
② S. A. Burrell, "The Apocalyptic Vision of the Early Covenanters", Scottish Hist. Review, Vol. 43 (1964), pp. 1–24; I. B. Cowan, "The Covenanters", ibid., Vol. 47 (1968), pp. 35–42.

讨了筹款的特别方式，但汉密尔顿、温特沃斯和劳德主张召开一次议会。查理似乎认为这是强化他的紧急权的最后手段；他坚持要求枢密院保证"如果议会……不配合的话……"他们要帮他实施特别方式。直接从枢密院成员和官员们那里借到了30万英镑。温特沃斯（这会儿已被封为斯特拉福德伯爵）前往爱尔兰，从爱尔兰议会那里获得四笔特别津贴，准备招募人员组建一支8000人的步兵新军，然后再回英格兰。英格兰议会开会（4月13日），国玺官要求立即拨款，没有商量的余地，但确认需要议会同意征收桶税和磅税。由于教牧人员代表和主教会议的职权包括制定教规权，议会与国王至上的关系这一总体问题就又被提了出来。

短期议会这会儿看来肯定是什么事也干不成了；这可能正是查理所要的。斯特拉福德和下议院的议员们是不是这么看，不清楚。皮姆在其两个小时的演说中历数了1629年的不满事项以及财产所有权、造船费、专利权和军费等问题，指责法官们不作为和主教们声称他们的权力系神授的言论，要求每年召开议会。下议院的议员们决心持续表达其不满，但上议院的议员们表决通过：提供政府开支的款项获52票多数即可拨给，拒绝了下议院议员们随后主张获60票多数才行的提案。这可以看作是宫廷为撕裂议会两院而耍的花招、为解散议会而造的舆论。但在斯特拉福德的坚持下，查理同意承认造船费不合法，但拒不接受他的意见，不相信下议院有拨款的意向；而他同意要求提供8次特别津贴而非大臣范内提议的12次，后来显然又改变了主意。范内要求提供12次特别津贴，并拒不妥协。即便如此，有位评论家还是认为：如果有议员要求将军费连同造船费一起取消，这些特别津贴可能会被表决通过的。[1] 范内确信不可能会有拨款，查理随之决定解散议会。斯特拉福德同意，枢密院表决通过解散议会，仅有两票反对（5月5日）。

如果拨款被表决通过的话，下次议会开会时会有全面审查不满的承诺。因此从最乐观的方面看，查理可能就征服了苏格兰，然而等着的是下议院对他的统治进行的审查。查理预料的时刻到了；他或许认为他可以再次像1626年那样强行借贷，但枢密院全力支持的承诺起

---

[1] B. M. MS Harley 4931, fo. 48.

不了什么作用。查理否定了劳德的意见，坚决要求教牧人员代表和主教会议继续开会表决通过拨款法案和体现了劳德革新主张的教规，从而免遭将来任何一届议会的一致攻击。只有斯特拉福德、在某种程度上还有科廷顿准备动用国王紧急特权。即便是如此的威胁，也没有征集到相当可观的钱款，从西班牙获得军事和经济援助的谈判亦无果而终。爱尔兰议会6月间再次开会时，新、老英格兰人联手攻击斯特拉福德的政策，一致同意削减特别津贴。在英格兰，人们一再要求恢复被搅乱了的圣餐仪式，捣毁圣餐围栏和圣餐台前的栏杆，向北涌进；北方的军队指挥官们依然绝望。苏格兰人入侵时，轻易就拿下了纽卡斯尔和达勒姆；虽说约克郡的民团支持查理，但他还是缺钱难以继续战斗，在约克召开了一次大型贵族会议，但会议只愿确保与苏格兰人休战和从伦敦弄到一笔贷款，条件是召开议会。苏格兰人将最终的和平寄希望于这一议会——而在议会召开前，他们每天得花850英镑才能确保自己的存在。

宫廷内的小集团更加对立了，各自以牺牲对手为前提寻求争取议会的方式。霍兰德、范内和科廷顿都受王后庇护而自保；而由于有苏格兰人支持，汉密尔顿亦自保了。他们都在不同程度上反对斯特拉福德；他本不打算参加议会。议会召开后，查理召见他，答应保护他。斯特拉福德到达时，宫中反对他的人们提醒下议院的领袖们注意：他想要指控两院议员们同苏格兰人合谋反叛。劳德认为是有这么一个谋划，而这一提醒则使皮姆决定立即就斯特拉福德的谋反指控问题进行辩论投票。上议院接受了这一决定。然而下议院尚未准备好指控说辞，斯特拉福德就被逮捕了。他的命运成了日后6个月里的主要政治问题。

时至12月，劳德、国玺官芬奇和六名法官已受指控，正准备对两名主教提出指控。芬奇和大臣温德班克已逃往国外。许多不满的事项提出来进行了辩论，但最重要的法案是每3年召开一次议会法案（1641年2月）；该法案是受了1640年6月苏格兰议会法案的启示，为不顾国王的意愿而每3年召开一次议会提供了法律依据。唯一受起诉的指控是对斯特拉福德的指控，证明推定谋反和改组政府的企图未果；部分原因是从爱尔兰拿到的证据不足，劝导查理对其臣民开战的证据不仅站不住脚，而且还有国王个人的责任问题。如果说使国王和民众不和就是谋反的话，12名贵族1640年指责查理的统治算什么？处决斯特拉福德的政治理由是：他1640年实施国王紧急权，旨在1641年发动兵变；东撒克斯政府"杀人灭口"的理由是以聚众闹事威胁查理的朝臣和王后的方式强加给查理的。但上议院通过剥夺公民权法案、不顾查理的辩护，接受法官们的观点：改组政府就是谋反；斯特拉福德没有推定的谋杀国王罪。① 这有助于使法律与政治现实并行不悖，但事实上查理是被逼的。斯特拉福德自愿上断头台，为维持整体秩序的基础团结一致做出牺牲——而他在断头台上的出现就全然暴露出了这是法律上的推定。人们一致的看法是，没有这一团结一致就会混乱一团。这一个状况还真就发生了。这是因为查理的批评者们决心要破坏政府的基本法？抑或是因为查理决心这么干？抑或是因为混合体制力图大逆不道地分享最高权力而施行的自我毁灭？抑或是因为一种财产的新分配使得最高权力失灵？

所有这些观点都是当代人提出的。显然，时至1641年9月詹姆斯继承的君主政体已然发生了重大改变，我们必须结论性地、概括性地，乃至较为谨慎地考虑到，这些改变为什么导致了内战及其产生的影响以及这些改变为什么没有影响到英国社会和政体。首先，长议会的成就的根本在于上、下两议院的协商一致，因此到9月造船费、高级专员公署、星室法庭、北方委员会、国王召开议会的决定权、国王的征税权和不得长议会同意解散长议会的特权统统被废除，与苏格兰人言和，军队被遣散。

一些议会领导人像国民誓约派成员那样有着美好的愿望。他们认为自己不仅要惩恶扬善，还要完成教会和政府的改革。皮姆等人长期以来一直资助哈特利布，还希望邀请夸美纽斯到英格兰促使新教团结、促进教育改革。以议会的名义发出了邀请函，夸美纽斯最终于9月间到达。他根据培根思路确定整套教育体制，使犹太人皈依天主教作为即将到来的最后一次启蒙时代的前奏的计划，由于再次发生的政治危机而流产了。②

使国王和议会能够共同合作、从而使行政官员们不必再受掣肘这

---

① C. Russell, "Theory of Treason in the Trial of Stafford", E. H. R. Vol. 80 (1965), pp. 30–50.
② H. R. Trevor-Roper, "Three Foreigners: The Philosophers of the Puritan Revolution", in Religion, the Reformation and Social Change (1967), pp. 237–93.

样一个比较现实的努力失败了。首要办法是使贝德福德成为财政大臣,让他的追随者们(包括皮姆)一道入职财政部门。这些希望由于贝德福德未能说服皮姆饶了斯特拉福德的性命,又由于贝德福德突然去世而成为泡影。贝德福德、埃塞克斯等人有的成了枢密院成员,有的被授予了官职。但由于查理继续从枢密院外采纳大量意见,使得事情变得更糟。因此,两院要求查理撤掉所有使他与其臣民离心离德的枢密院成员,任命两院能够信任的人。

议会上、下两院在教会政府问题上分歧最严重。双方曾联合一致指责革新和牧师的权利;说到需要的改革就发生分歧了。上议院要将神职人员排除出所有非宗教的官职,但不像下议院希望的那样将其排出下议院。下议院于是提出一则废除主教官职的议案,投票决定主教的土地(交由俗人管理的除外)应该归国王,教长和教士的土地应该用来发展教育、改善穷人的生活,教会司法权应该由非神职地方司法行政长官行使。伦敦有一项强大的废除主教制运动,下议院里也有一定程度的支持,但许多人投票支持这些决议是要有个早期的主教制。上议院在主教威廉斯的指导下提出了一则节制主教制的议案:12名牧师助理参加授神职仪式和司法审判,从主教、教士和教士团的收入中拨出一笔专款用以买进交由俗人保管的教会财产和收入。威廉斯和皮姆是夸美纽斯的资助人,但不完全清楚他那模糊不清的计划是否能调和这些分歧。查理可能会接受威廉斯的计划,但下议院不会。

再者,议会外边不仅是伦敦人,还有一些教士也具有国民誓约激情。许多谈及议会的讲道表明一种视议会为加速改革的工具这样的意愿,但拒绝温和的圣公会信徒们持有的埃拉斯都主义。普林曾经是个温和的主教制狂热者,这会儿出人意料地根据君权神授说成了长老派,反对威廉斯。[①] 其他人——或许是大多数人——多半从社会和政治角度审视这些问题。因此托马斯·阿斯顿爵士认为长老制可能适合于苏格兰,那儿的"贵族和权贵对他们的佃户拥有绝对的权力,将在教会中起主导作用";而在英格兰不是这样,这儿的平民推举长老"不考虑贵族和权贵……我们的平民阶层依靠法律而非贵族"。但纳撒尼尔·菲恩反对主教制,认为主教制与英格兰政府体制不相符,英

---

① W. M. Lamont, Marginal Prynne (1963), pp. 77 – 84.

格兰政府体制是"贵族式的,许多人而不是一个人掌权",如议会、巡回审判庭和治安裁判庭所体现的这种利益相关性不应该被排除在教会政府之外。但越来越多的人也认为这时出现的尊重圣经教义的教会政府应该可以被接受。因此,召开一次神学家大会既是暂缓议会内、外不同派别冲突的一个办法,又是保持团结和改革可行这么一个信念的办法。召开这样一次会议的计划见诸"大抗议书",1642年2月开始提名与会者。

与此同时,查理坚持巡视苏格兰,使议会甚为不安,有理由怀疑他要寻找盟友来对付议会。他一无所获,不得不允许那儿的议会任命政府官员。但他开始在英格兰发现了盟友。许多郡准备了请愿书,支持主教制和祈祷书。伦敦市的清教徒议员和牧师对民众的领导力使伦敦市长和高级市政官们对他们在贸易和市政方面的寡头利益感到不安,遂渐次团结一致支持他。然而先前在爱尔兰的密谋这会儿引发了爱尔兰的反叛,进而促使内战的爆发。爱尔兰人要求查理一世授权为他应有的特权而战,传统上忠于国王的"英格兰人"与他们联合,谴责英格兰议会的主张和对爱尔兰的政策。

查理没有发出授权,但已开始——却没有坚持——商讨利用爱尔兰人和对反叛者们时间安排和策略有影响的"老英格兰人"。[①]他们的职业和早先英格兰军队的谋划难以使皮姆信任查理,让他指挥一支军队打击爱尔兰人。皮姆力图用大抗议书争取舆论;大抗议书大部分内容述说了1640年前的不满。这是大家一致的看法。最后要求议会信任的顾问们按议会的意思离职,以此作为援助爱尔兰的条件,将主教们排除出上议院。然而大抗议书仅以159票对148票获得通过(11月20日)。海德投了反对票,因为大抗议书的言辞太激烈、不信任查理、未能征得上议院的支持。聚众闹事,阻止主教们与会,加剧了与上议院的不和,挑动闹事者们还在12月的选举中击败了伦敦市议会的主要成员。查理获得了温和派的支持,遂采纳了一些偏激的建议。首先,他联合上议院议员和下议院议员,要求考虑主教们提出的抗议书;没有他们的参加,一切议程均属无效。其次,他想起诉、逮

---

① R. Dunlop, "The Forged Commission of 1641", E. H. R. Vol. 2 (1887), pp. 527 – 33. A. Clarke, The Old English in Ireland 1625 – 40 (1966), pp. 220 – 34.

捕皮姆等四名议员的图谋促使他们与伦敦新兴势力相联合。查理要求市议会交出他们,但白费力;他要求下议院议长交出他们,亦徒劳。市议会任命的一安全委员会从保王派市长和温和派高级市政官们手里夺取对伦敦市和国民军的控制权;市长和高级市政官们的反对导致了对市长和刑事法院法官提起的弹劾。查理确信他的那些温和派支持者们已无能为力,遂避至乡村,答应让主教们退出议会。他拒不放弃对国民军的控制,就此爆发了战争。

克伦威尔认为宗教并非是首先力争的东西。他的观点往往被赞美为至理名言,说得不错。这在某种程度上是因为查理在苏格兰和英格兰更愿意在宗教上作策略性的让步而非在特权上,但他最终还是坚信他的最高权威和特权是不容解除的。1646年他写道:"……如果牧师教导信徒不要顺从(假如长老会政府真正确立了的话,绝不会有顺从的),国王就不得不动武了……"温和派支持查理,某种程度上是因为他们要进行温和的教会改革,需要他听从他们,允许他们为他书写宣言。皮姆有理由怀疑他转变的持久性。爱德华·沃克爵士、霍布斯和纽卡斯尔认为双方一致支持温和派是因为查理会利用大获全胜这一形势。他的追随者们在为议会在他勉强同意下通过他可能会为之而丧生的法令而抗争时,他却规避他以往的活动和种种计划,从而使人们摸不着头脑,不知道他到底要干什么。

有些温和派人士虽然仍迷恋过时的体制,但却认为议会的要求是图谋不轨。像迪斯这样的一些人优先考虑的是确立宗教"在我们中的权力和纯正……人人应该明白自己对上帝和国王的责任……"大多数保王党人憎恶"贵族式的主教制";许多人要求改革。代林和迪尤莫林的早期"温和"派主教制像托马斯·阿斯顿这样的保王党人和许多牧师是不能接受的;代林不满这些人"宁可毁掉王国而不可毁了……国王……,忍着听那些人聒噪"。保王党人维护着一种协调的体制和祈祷书中的大部分内容,反对体制的进一步改变。大多数议会党人主张捍卫宪法,反对改革,但就连最温和派人士也赞同进行一些宗教改革,然而这好像是又回到了古代初始教义。

如果说没有人捍卫个人统治的话,绝大多数有产者宁愿避开战争。伦敦可能是个例外,但即使在这儿也还是考虑财产的人多,绝大多数人持中立立场。有人认为推动议会作战的力量源自下层民众,但即使在伦敦也还是有权有势的人组织操弄的,然而这些人大多不属于1641年之前掌权的寡头统治集团(大商人、关税承包人和高级市政官)、其他地方有民众运动;在像南莫尔顿这样的城镇上,镇民们制止当地权贵要求国王派兵;在斯特福德郡,高沼地人起而支持议会,没有得到权贵的什么帮助——但没有他们的帮助,难以成事。各地开战只要有相对较少的人下决心即可,坚定的领导主要来自地主。克拉伦登认为:"如果埃塞克斯伯爵不愿出任统帅……"议会"完全难以集结一支军队"。使海军转而支持议会是沃里克伯爵的功劳。因此,如果说只有大约30名贵族站在议会一边的话,1642年8月有大约40名贵族与国王在一起。1640年,终于有大约一半的贵族积极支持国王了,只有1/4的贵族支持议会;1642年,一些人不那么积极了。一般来讲,大多数地区的绝大多数人不那么积极,持中立立场,但不得不选边站。因此,中立主义和保王主义在伦敦的影响有多大难以估量,那儿从一开始就在议会的控制下。肯特郡不符合经济发达的南部和东部是追随议会的这一通常的说法,那儿是受伦敦控制的。然而大多数定居的贵族是温和的保王派,但很少有人积极活动。康沃尔郡,"政府中那些关系最密切的骨干分子因拥有治安裁判权"起初追随议会,后来成了保王派的大本营。有两个例外:萨福克郡起主导作用的家族是坚定的议会党人;威尔士的权贵是坚定的保王党人。两地均无公开表态的中立主义者。诚如莱斯特郡的格雷家族和黑斯廷斯家族一些家族世代为敌,往往各自选边站。有些家族根据习惯抑或在压力下选边,带有个人恩怨,致使所选站的一边分崩离析。就是那些拒不参加国教礼拜仪式的天主教徒,虽然绝大多数支持查理,也还有相当多的人态度消极,极力避免委身于他。

对海洋的控制意味着议会几乎控制了所有港口市镇。但像布里斯托尔和纽卡斯尔这样的一些市镇的统治集团想要尽可能地避免卷入纷争,而像金斯林这样的市镇的统治集团中大多数人支持保王党起事。议会得到纺织业地区兰开夏和西区相当多的民众支持,然而曼彻斯特和利兹有影响的人物却退缩不前。东盎格里亚地区当地的形势不利于这种退缩不前的态势。威尔特郡的布商绝大多数持中立立场;他们的萨默塞特郡邻居富翁约翰·阿什虽说是个积极的议会派分子,但他要求贝德福德伯爵和彭布鲁克伯爵提供帮助,"因为虽说乡民们顽强、坚定，但没有能够领导我们、为我们出主意的专门人才，……我们还是难以守住事业"。克拉伦登认为不仅大多数贵族，特别是那些有钱有势的人都是保王党人。有钱有势者们支持第二次内战，但首先似乎与议会宣传的主张类似：即保王派贵族"将一些地方的没落权贵拉到他们一边，……这些没落贵族认为内战是他们立即发财致富、同时惠及子孙的最佳途径……"迄今为止，对议员和各郡分歧的研究表明，双方均未能完全掌控兴起的和没落的权贵，甚至未能完全掌控资本家。保王派议员平均年龄比议会派年轻11岁，这可能表明那些通过亲身经历识透了查理和政治的人最不信任他。有些人认为贵族站在国王一边是因为害怕社会动乱。无可否认，从1640年开始可能就有越来越多的反圈地运动、对什一税越来越愤慨、伦敦经常发生骚乱。双方均指责对方助长民众无政府动乱状态的发生，而后以此为理由指使佃户拒绝向认可为对方的地主交租。1643年夏，皮姆和议会和平派利用对民众动乱的恐惧作为赢得战争胜利需要做出牺牲和作为媾和的理由。这一想法会使人们一时不知所措。

1642年出现大变革的形势，因为人们找不到避免用暴力解决分歧的办法。战争拖得越久，谈判往往就越谈不拢，双方的温和派就越受责备，彻底胜利就似乎越是唯一的解决办法。皮姆和圣约翰遵循中间道路领导策略迟迟不就教会政府形态明确表态，这就意味着有种种相互矛盾的不同理由要谋取胜利。中间派需要胜利，因为不信任查理、不相信和平派会求得令人满意的和平、不相信激进派会全力支持赢得战争。由于查理从未真正承认过失败，不打破现行体制温和派难以获胜。

但也值得考虑一下各方是如何大概齐看待自己及其对立方的。罗巴茨在埃塞克斯的就职仪式上宣称："……臣民的自由……应该得到维护，我们不可以成为像法国那样的一个农民和农奴的国家，那儿的国王……压榨他的臣民就像榨许许多多的橙子那样……他们不愿为……新教冒生命危险，新教现在处于变成天主教的危险……"如果说议会党人认为保王党人假借国王名义推行天主教、穿木屐、受奸诈的枢密院成员蛊惑的话，保王党人则认为他们是再洗礼派教徒、教派成员、反对崇拜圣像者、致力于摧毁社会和宗教秩序。许多天主教徒为查理而战和一些议会党人的行为似乎都证实了这一宣传。埃塞克斯部队的士兵在伍斯特大教堂里"往洗礼盆和在圣餐台上便溺；说他们时，他们嬉皮笑脸，看着画像叫婴儿的名字，手画十字"①。这些人肯定是"那种无知无识粗野的士兵"，虔诚的伦敦人尼希米·华顿对他们是避而远之的；他们劫掠了他的战利品。对华顿来说，离开伦敦是上帝要他继承被扯破的白法衣和祈祷书；破白法衣和祈祷书被用圣坛围栏烧烤的鹿肉味熏染着。而伍斯特（仍是一重要纺织镇）"如此之肮脏，乡间是如此之俗不可耐、信仰天主教、不敬神、不虔诚、令人憎恶，跟所多玛（Sodom）一样，典型的蛾摩拉（Gomorrah）……"②

双方进行战争的方法大多是先前曾受到过指责的。他们实施军事管制对付老百姓和士兵；他们到处逼迫人们作战。他们强行借贷，征收军事特别税和消费税，没收、劫掠敌对方的财产。

回想起来，议会获胜的理由很多很多。对海洋的控制、伦敦的财富和声望是相对有效的行政体制的基础。在这一体制里，郡委员会和区委员会对议会委员会负责抑或由议会任命，组织地方资源，但也要对征收和花费的钱财讲清楚。这些钱财是相当可观的，然而所讲的数量并不完全。③ 这些资源最终集中到了一支战斗力极强、不隶属于任何地区和地方独立行动的部队新模范军手里。新模范军中许多军官和骑兵的热忱是不容置疑的，而军中步兵则主要是强征入伍者；另外值得一提的是起作用的地方政府。与之比较，查理有几个港口。在他控制下的纺织业地区仍依靠伦敦的商贸和信贷。他的部队零零散散、政府组织涣散，地方上互不协调、个人间争权夺利，又进一步削弱了他的部队和政府。中央政府和战略上的控制减弱，与此同时支撑一支有战斗力的野战军的能力也削弱了。然而这种差别一直到最后才显现出来。

至少在战争的头一年，相对说来国王的供应是很充足的。他的部队起初主要是靠人员和钱财自愿捐献筹集起来的，而后是靠被占领的郡捐献支撑的（15个郡估计一年筹集了4万英镑）。军事会议进行总

---

① T. Carte, A Collection of Original Letters, Vol. 1 (1739), p. 35.
② Archaeologia (1853), pp. 311 – 34.
③ D. H. Pennington, "The Accounts of the Kingdom 1642 – 9", Essays in the Economic and Social History of Tudor and Stuart England, D. F. J. Fisher (1961).

体指挥和组织工作。但从 1644 年起，它的作用和权威渐次下降；而查理又始终不愿放权、不愿听从枢密院应他所求而做出的决定。各地的保王党委员会各自为政，对牛津不负任何责任，只有邻近牛津的几个郡例外。保王党人好像只能在诸如布里斯托尔和切斯特这样的几个市镇征收消费税。以鲁珀特为首的一派和以迪格比为首的一派钩心斗角，其结果是战争的战略指导更加紊乱。时至 1645 年 1 月，就连牛津郡的特别税制度也行不通了，而威尔士亲王在西部设立顾问委员会进一步分裂了保王党的战斗力。①

1643 年议会胜利后，通过它的委员会在更广阔的地区征收消费税和指定税额；而国王控制地方军队指挥横征暴敛的能力又越来越差。这就促使地方势力起而脱离双方自保。对持棍棒作武器者的运动研究得太少，对之完全不了解。② 它们的力量在乡村民众间。1644—1645 年冬，伍斯特郡、什罗普郡和赫里福德郡里反保王党人运动被镇压下去。威尔特郡和多塞特郡里的反保王党人运动有强有力的组织；多塞特郡提出的一个要求是回复伊丽莎白和詹姆斯统治时期良心不受无谓的仪式所累、最纯净的宗教。多塞特郡和苏塞克斯郡要求借助季审法院恢复传统的郡政府。苏塞克斯郡的要求还抨击了郡委员会的为所欲为和不审查账目。这些要求确定是权贵和教士们书写的，但得到了从萨默塞特到苏塞克斯的广泛支持。费尔法克斯 7 月间在多塞特郡做了一些让步，1645 年 8 月又变卦了。西部反抗保王党人的横征暴敛，促使保王党人走向失败。

持棍棒作武器的运动不仅表明了新模范军的实力，还表明了议会不了解地方感受的程度。议会自己的郡委员会认为新模范军抛弃了其东部联盟的"宗旨"、不顾及各郡的需要和负担、埋怨军需费没有按月足额支付。③ 郡委员会掌握在诸如斯塔福德郡的威廉·布雷里顿爵士和肯特郡的安东尼·威尔登爵士这样一些地方军事首领手里；这就意味着 1645 年抑或更早时期一些显赫家族的式微和一些新人物的发

---

① I. Roy, "The Royalist Council of War 1642 – 6", Bull. Inst. Hist. Res. Vol. 35 (1962), pp. 150 – 68; J. Engberg, "Royalist finances during the Civil War", Scandinavian Ec. Hist. Rev. Vol. 14 (1966), pp. 73 – 96.

② The only, but excellent, general survey is in B. S. Manning's unpublished Oxford D. Phil. Thesis, 'Neutrals and Neutralism in the English Civil War 1642 –6 (1957), pp. 405 – 65.

③ Suffolk and the Great Rebellion, ed. A. Everitt, Suffolk Record Soc., Vol. 3 (1960), pp. 85 – 6.

迹。这一事态发展的结果是 1640 年在肯特郡和威尔士占领导地位的家族 1648 年之后失势,但威尔士的古老家族在护国时期又开始得势。同样的情况发生在北安普敦郡、威尔特郡和诺福克郡,但原先占主导地位的家族并未完全失势。这最后提及的几个郡可能是个例外,那儿占主导地位的家族事实上几乎没有受到滋扰;萨福克郡占主导地位的家族受到的滋扰很少。

地方委员会与议会军事领导人之间的这种疏离关系战争结束前一直存在着,成了战争进程的一个组成部分,双方的温和派就此无能为力。议会中先是以皮姆为首,而后是以圣约翰为首的中间派争取到了苏格兰人的介入,并未承诺要废除主教制。赢得了战争,但介入破坏了国民誓约派成员的团结、丧失了对自己前途命运的信念,并削弱了中间派。中间派大多仍然支持埃塞克斯任总司令而不支持主战派的英雄沃勒。组建英格兰—苏格兰两王国委员会对埃塞克斯来说不是完全的失败,对主战派来说则是一次胜利,但是对中间派来说是一次妥协。1644 年末埃塞克斯加入主和派,与苏格兰人联手时发生了决定性的变化。这导致圣约翰支持组建新模范军。[①] 皮姆的主要力量来自伦敦,但结果是新模范军大大削弱了伦敦统治者们拥有的军事力量;而伦敦统治者们的军队宗教信仰与新模范军的宗教信仰又不可调和。新模范军的胜利立即联合了支持纽卡斯尔提案的下议院和城市,最终中间派得在他们的伦敦老盟友与军队之间做一选择;圣约翰和其他一些人站到了军队一边。

纽卡斯尔提案中有一条肯定了议会的和解主张。尽管有牧师大会的抗议,这仍是一"古板的埃拉斯都主义长老会",要求指责长老会,要求成立一议会委员会,然而这是做了相当大的让步了,下议院原想要由非神职人员组成的委员会行使教会司法裁判权。牧师的阻挠和下议院的耽误实际上使和解太迟了。独立的(公理主义者)牧师们原本愿在国家长老制框架内接受和解,但 1644 年被苏格兰人阻止了。1645 年间独立派的牧师们提出和解建议时,他们要求"体体面面地"享有信仰自由。他们虽然认为公理教会制度是神定的,但这

---

① V. Pearl, "Oliver St. John and the 'middle group' in the Long Parliament", E. H. R., Vol. 81 (1966), pp. 490–519.

会儿得与新模范军中强大的教派结盟。浸礼会教友们曾被认为是主张信仰自由的，是真心实意的，而不是为了自保，但他们后来的文字和弗利特伍德统领下的浸礼会教派军官和牧师的不容异说却否定了这一点。独立派要求建立国家教会，地方行政官代表国家出任牧师，有权禁止诸如天主教、唯一神教和家庭主义这样的一些信仰。由许多反对宗教自由的论点，都强调其与国家教会不相容，要求约束呆板的讲道者。军中非神职讲道者中有这种情况的人不少。

如果说要求信仰自由对大多数独立派成员和教派成员来说是个策略问题的话，其激进的社会意义可能尚未被揭示，许多教派成员和一些独立派成员以种种理由反对缴纳什一税。鉴于存在着大量交由俗人保管的教会财产和收入，这似乎是在攻击财产权。但更为严重的是信仰自由对社会基础——家庭（包括用人，有时也包括暂时寄居的成年儿子）的威胁。在这一点上，父权是至上的，但如果用人、儿子、女儿乃至妻子都要信仰自由的话，父权就不复存在了。由于一些教派禁止其成员与非成员交往，因此家庭互敬互爱的关系会有较大的影响。议会和牧师大会从不打算允许出版（或曰言论）自由，1642年以来一直是这样，特别是在宗教界。改变信仰和信仰自由事实上确然比战争本身使家庭破裂得更惨。战争旨在设法战胜那些不敬神、亵渎神明者；那么，除了遵循国家教会的教规，家庭又怎么能够维持互敬互爱的关系呢？而国家教会的教规也是将福音传播到世界各地的唯一的工具。

除罗杰·威廉斯要求政教完全分离外，要求信仰完全自由者也是那些要求国内和平优先者。他们的要求见诸沃尔温、奥弗顿和利尔伯恩的小册子。1646年，利尔伯恩（Lilburne）向上议院和下议院提出要求，主张批评议员们以一己之私以求匡正，主张批评他们滥用议会权力和特权难以取消的重要权利。他否认上议院对下议院议员拥有任何权限，因此而被囚禁。他在伦敦塔中继续向外发表文稿，成了其反对者称之为平等派的那些人的最著名的领袖。①

1647年下议院多数派失去了对军队的控制，而利尔伯恩却更加有名气了。多数派忽视了许多士兵的宗教信仰，打算强制实施统一的

---

① See above, Chapter Ⅲ, p. 128 for a brief account of the irprogramme.

长老制；多数派试图遣散新模范军，不解决军饷拖欠问题（或者说不打算补偿），打算将他们中大多数人重新征募建军征服爱尔兰。下议院像查理那样仅凭自己的法律理论全然看不清力量现实。军队的抗议要求像许多其他要求那样遭到拒绝，军队发动兵变，赶走接受议会要求的军官，士兵们推选兵变鼓动者去跟利尔伯恩和其他平等派成员联系。1646 年以后接连 3 年歉收，与此同时海外贸易也不景气，人们普遍感到痛苦、表示不满，推动了伦敦的平等派运动。

军官们的方案——提案要点——包括议会议席的再分配、法律和什一税的改革、废除因未上教堂做礼拜而受教会强制审判和处罚权、免除直至最终废除必需品消费税。议会、平等派和查理都认为不可接受。军队首领们保护着查理，削弱了兵变鼓动者们的力量，击败了下议院多数派与伦敦的联盟，一心想要发动第二次内战。查理认为他敌人的分裂就是他的胜利，他想要跟苏格兰的一个派别和下议院的多数派结盟。保王党人明白自己 3 年来一直在为建立长老制而战斗。查理尽管拥有包括大部分海军在内的支持，但他的支持者们一点一点地遭遇了失败。

有些军队首领决意要审讯查理；有些人想要接受议会，在战争期间支持军队的利尔伯恩就是这样。艾尔顿指导下的军事委员会接受"人民契约"原则和广泛公民权，但在独立派牧师强有力的支持下拒绝完全的信仰自由，不承认天主教和主教制教会，主张国家对宗教有一定的管辖权。因为这一点，又因为"人民契约"要提交给已被普赖德清洗过的议会，利尔伯恩指责军事委员会，但其军内外的朋友并非都同意他的观点和做法。利尔伯恩往往被批不了解政治现实、在认可财产权上赶时髦；他准备在什一税和公民权问题上妥协，但在信仰自由以及任何集团与牧师大会拥有无限权力问题上决不让步。在重点考虑审讯查理的同时军队实际上接受了残余议会（Rump Parliament）的领导。查理被处决后，军队全力从事挫败利尔伯恩影响军队的企图，然后再征服爱尔兰和苏格兰。为防御而组建的英伦三岛共和国海军力量与荷兰人交战时军队也参战了。① 但军官们没有忘记他们的宣言。

————————
① See above, Chapter Ⅶ, pp. 235 – 6.

第十八章　斯图亚特王朝君主政体式微

时至 1648 年，军官中超群出众的人物是克伦威尔；对他可能有多种多样的评论，但没有一种评论最切实。似乎可信的一种评论是：他干事无一定之规，随意而为，遇境而动。他 1653 年支持太平盛世来临说；1658 年他是个传统政体的保守捍卫者。但他的目标可能是始终如一的。他要有个国家教会，有个代表国家的牧师，至少有个关于忏悔问题的正式宣言。在另外生存手段有着落前必须保住什一税。他真心主张信仰自由，不相信只有一种敬神模式和教规模式；信奉主教制的教徒和天主教徒有法定自由私下拜神。他希望改革法律，使其更接近圣经。他不像一些清教徒那样，不愿再次实施摩西律法，但他在抨击对窃贼动用极刑时还是援引了摩西律法。他反对残余议会以及可能也反对推选的议会的原因之一是议会未能通过黑尔斯委员会提出的议案。这一议案包括简化财产的转让、郡注册土地交易、制定律师和官员酬金条例以及代理人的任用及其行为条例、将大量民事诉讼下放到由来自威斯敏斯特的一名法官和指定的五名治安官组成的郡法院、制定有关即时开审上诉案件的规定。作为护国公，克伦威尔根据委员会的活动方式改革大法官法庭；在他的支持下，威廉·谢泼德编制法典、合并普通法和衡平法、由陪审推事监督法官方案；教会应该是包容性的，不应该是强制性的；政府应该根据郡公众的正义观管理诉讼和律师。

克伦威尔并不怎么关心钱财，好像也不怎么关心他女婿艾尔顿的那些未及实施的法规。他在普赖德动手前就要清洗长期议会了；他对残余议会失去耐心的时间比大多数军官要晚。1657 年，他有那么点夸张地视自己为军官们的"时刻服贱役者"，解散了残余议会，从推选的议会和陆军少将们那儿征求对策，但未能使他们和全国民众感到满意。1658 年，他解散第二届护国时期议会，清洗军队；他如果活得长点儿的话，可能登基为王，然而他的意图不得而知。王党提出了《愚妄的请愿和意见》，最后他们被允许参加法律改革工作，但王党的怀特洛克和其他律师挫败了改革大法官法庭的企图。克伦威尔如果能赢得权贵的信任，也许就能够打败律师们了。他实施了宗教和解政策，然而欧文和其他独立派律师在 1657 年与共和派结盟对之加以抨击。巴克斯特的联合运动成功地达成委任牧师的协议，但这又引起了牧师们将人们排斥在圣事之外的权力问题。结果是克伦威尔的去世致使查理二世没有恢复王位，使得和解的所有希望化为泡影。而最料想不到的结果是恢复了1641年的英国国教组织。

虽说议会长老制（Parliamentary Presbyterianism）从未实现过，但长老会最高裁决会议的祈祷书还是被独立派和享有圣俸、接受新教规的英国国教信徒中绝大多数（大概是70%）普遍使用。千方百计增加收入；保留从出售主教和牧师会的土地中征收什一税，加上保王党人的赔款大约1.13万英镑，一年提供了大约8—9万英镑。1655年，增加率达338%。王政复辟后不再积极任命有俸教区牧师了，19世纪前一直是这样。幸存下来的是事实上的议会至上，其基础不是改革教会而是废止包容。

如果说法律改革停止了的话，那是因为主张终结经济规章制度和社会家长式管理的旧传统、英伦三岛共和国主张的工业自由放任已然开始。但贸易发展管理常务委员会17世纪20年代一再声明需要加强对公司的管理；1656年，萨默塞特大布商阿希承认："我们的织布业输了，由于缺乏管理输给了荷兰。"1650年，议会将诺里奇的织布工组织起来成立公司，公司管理着整个诺福克郡。利兹没能为西区组成类似的公司，那是因为地方上的猜忌所致，就像1640年前未能跟国王达成一致那样；那一年枢密院决定在诺里奇加强管制。贫困救济的性质和机能没有改变。乔丹教授研究的各郡所提出的贫困救济总数17世纪40年代和50年代增加了。沃里克郡的治安官们17世纪50年代平均每年要处理37件贫困救济案，而30年代只有14件，同时增加了救济率。英伦三岛共和国支持工业管理，护国时期更加如此，但像以前的政权一样没有按专家意见要求的那样完全落实。1651年的航海条例反映了新兴政治力量的崛起和自信心的增强；早先的计划未及实施是因为担心荷兰的报复。议会比以往任何时候都关心对海外贸易的管理，以此与为完全控制海关作斗争相结合。王政复辟时通过了修订版航海条例；新航海条例载有准予征收关税税率表。

一些人认为，由于保王党人为了一次付清议会强征的罚款而出售土地和1648年之后没收和出售其他保王党人的地产，存在着影响深远的土地流转情况；这一情况以及教会土地和王室土地的出售导致了众多新兴拥有土地的家庭的出现；这些家庭中有许多家庭1660年之后一直存在着。出售教会和王室地产可能会带来暴利；土地以较长租

第十八章 斯图亚特王朝君主政体式微

期出租不易立即有利可图；租地人往往收购他们的租地以维护自己的未来。由于政府的信誉太差，早先的贷款现如今严重贬值，所以另外一些购地人支付较多现金以求弥补早先贷款造成的损失。大多数保王党人收回了他们被没收的地产，一次付清的罚款达130万英镑，但"其中至少一半——或许还要多——是借来的"。罚款致使地主们1642年已负债累累，不得不出售土地；即便如此，土地的出售活动往往一直延宕至1660年之后。贫困和重税致使人们怨声载道，同时又致使人们有效地利用了地产以自救。律师们热心地确定了严格的财产转让和抵押的方式，使地主们得以确立永久性的地产限嗣继承，得以比较容易地借贷。① 法律改革者们倾向于支持可分割的继承；这就终止了先前财产转让契约合法有效性的那种不确定性。

议会虽然在管理其债务上极不成功，但在调整税收上倒是很有成效。消费税成了固定税种，主要是对啤酒和烈性酒征税，而荷兰模式的普遍消费税太不得人心，难以为继。为征税对财产所做的估价主要是针对地主们的收入的，后来用在了土地税上。其明显固定性导致《陈请疏》提出要求：土地税与正常收入不应有关系。

悲剧性的长期影响是爱尔兰的财产转让。天主教徒们1641年占有大约3/5的土地，1665年占有大约1/5，已然失去了其在市镇上的政治影响和对贸易的控制。一批包括克伦威尔军队士兵在内的新殖民者加入了"新英格兰人"群体；所有使爱尔兰人改信基督教的希望通通破灭了，但爱尔兰人终止殖民状态的希望仍在。克伦威尔的苏格兰政策是废除可继承的管理权和封地所有权、改革法律和地方政府、实行更大的信仰自由；这些政策比起他的爱尔兰政策来更新潮、更激进。1661年，废止了1633年以来的所有法律；国民誓约派斗争所获成就中实际上仅留存下了消费税和土地税；而在英格兰，大部分1642年之前的法律都保留了下来。

长期消极的影响是惧怕拥有一支常备军的政府和行使执行权的议会及其委员会。源自一些郡和许多市镇旧统治集团之外及其内部底层的许多人很快拥有了权力；这就意味着那些被剥夺权利者和被人瞧不

---

① H. J. Habakkuk, "Public Finance and Sale of Confiscated Property during the Interregnum", Ec. Hist. Rev. Vol. 15 (1962–3), pp. 70–88; "Landowners and the Civil War", ibid., Vol. 18 (1965), pp. 130–51.

起者决意进行报复、更加坚定地重建地方旧秩序。成功地对法律、教会和政府多个方面进行了结构性改革，但似乎由于英国社会和政治的复杂性改革流产了。保守的和激进的权贵改革家们以及一般的改革家们想要的东西好像只有跨过大西洋才能获得：英国国教埃拉斯都派带着祈祷书、没有主教陪同到了弗吉尼亚；符合圣经的法典和法律与信徒规则一同出现在了马萨诸塞；可分割的继承权在马萨诸塞、普利茅斯和康涅狄格广为流行并广受欢迎；在罗德岛，根据众人合议成立人民政府、实行信仰自由。

第十九章

波兰扩张的终结与俄国困境中求复兴

第一节 波兰—立陶宛 1609—1648 年

17世纪上半叶波兰—立陶宛王国仍是斯拉夫世界最重要的大国。王国面积超过37.5万平方英里（1618年）、人口大约800万—900万，比俄罗斯小，但以其较强的政治和军事实力弥补了这一劣势。从其民族构成角度看，波兰是个多民族国家。波兰族是最大的族群，占总人口的差不多一半。紧随其后的是东斯拉夫人（白俄罗斯人、乌克兰人），接下来是相当不同的非斯拉夫族群，其中最重要的族群是立陶宛人、日耳曼人和犹太人。

波兰国家政体结构这一时期至少形式上大体没有什么变化。跟16世纪一样，政权掌握在国王和由上议院及下议院（izba poselska）两院构成的议会（Sejm）手里。众所周知，议会是个贵族议会。上议院完全由教会和世俗高官显贵——"权贵"——及上层贵族成员组成；而担任下议院议员的，除了一些市镇民众代表外，就是几个下层贵族——占人口大约1/10的绅士——的代表。占人口绝大多数的农民根本就没有任何政治影响。他们已于16世纪在很大程度上丧失了法定权利，成了完全依附于贵族地主的人。

议会最重要的职责是参与立法工作，但其控制政府的权力也相当重要。其权力见诸这样一个事实：没有议会的同意，不得征收任何税、费。16世纪期间，特别是1572年亚盖洛王朝（the Jagellon dynasty）灭亡后，国王与议会之间的均势失衡，议会势力大增。16世纪初，国王仍拥有强大的立法、行政和司法权；但100年后，他在所有这些方面的权力大体上被褫夺殆尽了。例如，原先他可以按自己的意愿召集议会；但从 16 世纪 70 年代起他必须根据"海因里希法"每两年定期召开一次议会。此法还规定他没有议会同意不得擅自决定战争、和平问题，不得随意召集贵族从军。由于议会影响的扩大，主要的高官显贵们（如波兰军事指挥官和大法官）在外交政策领域的影响也扩大了。1578 年波兰王国"王国法庭"的成立和 3 年后立陶宛类似机构的建立大大制约了国王的权限。这些法庭的组成人员是由地方议会中的贵族推选出来的；这些法庭是处理有关属于贵族阶层所有案件的最高审判场所。海因里希法中对贵族在一定情况下有权反对国王这一点的认可，突显了加诸王权的限制。16 世纪末，议会无疑比国王处于更为强有力的地位。这事态发展是与亚盖洛王朝消亡后从世袭君主制向自由选举君主制的过渡紧密相连的。贵族们认为有必要对推选出来的、外国出生的国王加以更严格的控制。瓦萨王朝波兰头两位国王遵循的王朝政策助长了贵族们的野心、导致了他们与国王之间的紧张关系。17 世纪上半叶议会通过的一些有关宪法的决议导致了对国王权力的进一步限制，也在一定程度上导致了议会权限范围的扩展。1607 年决议实际上建立起了"海因里希法"中预设的、对国王实施控制的上议院常务委员会。由于委员会的决定得要议会核准，因此议会本身也就分享了这一监督职能。国王就连个人私事也得受到限制。1631 年，统治王朝的成员被禁止继承地产；10 年后，在位国王没有议会同意不得出国旅行。国王的权力进一步受到波兰军事指挥官们的限制；军事指挥官们在国家事务中起着越来越重要的作用。从 16 世纪末起，国王不在时统率军队的波兰最高军事指挥官（hetman wielki koronny）终身任职，从而为自己赢得了一个相对于国王的独立地位。他不久开始对外交政策的实施发挥了相当大的影响。他主导着与土耳其、克里米亚鞑靼人、摩尔达维亚、瓦拉几亚和特兰西尔瓦尼亚的外交关系。最高军事指挥官干预外交政策的程度可以从斯坦尼斯拉夫·佐尔基夫斯基的作为来判定；他当时只是名校级军官（最高军事指挥官的下属），竟试图自行实施对莫斯科的政策。最高军事指挥官无疑是波兰最有权威的非神职高官，甚至被说成是个与国王"平起平坐的人"。

在君主制持续式微的时候，议会则成功地在一定程度上扩展了其权力。议会获得了授予贵族地位和本地身份的权力。与此同时，巴拉丁领地的地方贵族议会以及一定程度上行政区和属地的贵族议会也取得了更加重要的地位。这种地方分权的倾向在税收领域特别明显。从1613年起，议会一般只提出各巴拉丁领地必须缴纳的定额，而让地方议会（sejmiki）估定具体的税额。17世纪40年代，议会甚至授权地方议会完全自行决定征税，因此使巴拉丁领地得以建立自己的金库，实行财政自治。这又使它们能够招募组建自己的军队（即所谓的"地方军"）。这些革新的结果不仅削弱了国王的权力，同样也削弱了中央政府。

由于这些对波兰—立陶宛的宪政发展有着较大重要意义的革新措施未见诸法律条文，所以发生在政治上占统治地位的贵族阶层中的社会变化没有受到充分注意。17世纪期间，小贵族大多依附于权贵（他们是拥有大面积地产、占据着国家最高官职的大家族的成员）。这就使权贵们能够在地方议会的会议上获得充分的支持，而在议会中又能对议程施加决定性的影响。贵族发动的反西吉斯蒙德三世的泽比尔柴多夫斯基叛乱（1606—1607年）失败后，权贵们获得了对整个贵族阶层的控制地位。他们依靠其地产和私家军队而拥有的权力，往往肆意专横地干涉政治事务，甚至干涉外交关系——下文将简要地探讨这一问题。权贵的这种政治实力的增强无疑首先是削弱了波兰国家，其次则实施了地方分权的财政制度。权贵们通常为了谋求小集团利益越来越经常地结成"联盟"，这充分表明了权贵政治实力的增强。

这些年里王国统治集团并未全力加强国王权力以打击贵族集团的野心。泽比尔柴多夫斯基叛乱失败后，西吉斯蒙德三世忍了很长时间，未采取任何行动。只是到了他在位的最后几年（1630—1632年）才试图争取议会和地方议会支持改革用以选举新国王的程序、希望他自己的一个儿子继承王位，但希望落空。弗拉迪斯拉夫四世在位期间曾多次考虑面对贵族阶层加强自己地位一事，只是从未当真。他最著名的计划是仿照西班牙模式"圣母无沾成胎骑士团"建立自己的骑士团，他希望借此在贵族阶层中为君主政体竖起一道可靠屏障。但贵族们对这一想法反应很冷淡，弗拉迪斯拉夫的所有计划落空。因为同样的理由，他推行的军事改革也只获得一点有限的成功。随意召集贵族从军已开始失去其先前的重要性，已难得征召了。16世纪最后数十年里，已仿照西欧模式组建了雇佣军，但用处不大，不久也就式微了。弗拉迪斯拉夫四世这会儿试图仿效其他欧洲统治者，组织一支完全隶属于国王的强大雇佣军。但这一计划的实施被贵族阶层挫败了。除了战时，弗拉迪斯拉夫只能拥有先王们拥有的不足千人的雇佣兵。

因此，这会儿正在波兰—立陶宛呈现的政治秩序与这会儿在欧洲其他地方普遍形成的政治秩序正相反。在大多数欧洲国家，专制主义政体抑或至少是中央政府比较稳固地加强了地位；而在波兰—立陶宛，君主政体则受到了进一步削弱，就连其中央机构的效能也被削弱了。波兰与欧洲发展总趋势背道而驰的一大后果是：如今不同于16世纪，它在西欧常常受到批评。

波兰经济仍以农业为主。这一领域最重要的发展是谷物（主要是黑麦，小麦、大麦和燕麦不那么重要）生产的大大扩展；这一扩展趋势发端于16世纪。这之所以成为可能，是因为播种面积的扩大；而播种面积的扩大主要发生在乌克兰地区，其中心地带所有可耕地早就种上庄稼了。谷物生产扩展的同时是牲畜饲养业的衰败，波兰中部和西部地区特别明显。这一发展状况与大地主从出租土地向使用农奴自行耕种过渡有关。地主们集中生产谷物，而农民们主要从事牲畜的饲养。农民们越是不得不在农场上从事强制性的劳动，就越是难以照料他们的牛群。在地主田地上广泛使用农奴劳动力完全可能，因为农民这会儿对其主人来说已丧失了所有合法权利。

手工业不像农业那样，没有显著的发展；波兰当时拥有的小型工业也是这种情况。最重要的企业在小波兰（Little Poland，指波兰本土），与制盐和铅、铁等金属开采有关。当时还没有独立的工业家，工业生产整个体系与大地主紧密相连。直到世纪中叶产量才有所增长，但也几乎完全是满足国内市场的需求。

波兰的出口品主要是农产品，谷物当然是第一位的。这一贸易主要是通过但泽与英国和尼德兰进行的，这会儿达到了顶点。其他重要出口品是牛和皮革，从陆路运往德意志和邻近国家。重要性次于农产品的是波兰丰富的森林资源，诸如原木、沥青和草碱；这些东西像谷物那样主要是经过波罗的海港口出口到英国和尼德兰。波兰出口品的总价值超过进口品的总价值；进口品主要是像纺织品、金属及其制品和鱼类这样一些商品。这一时期波兰经济发展大体上还是可以的。

这特别表现在贸易方面，但波兰中产阶级从中获利有限——这主要是因为国家继续实行一种只有利于贵族利益的贸易、关税政策。

教会事务方面，有两个发展态势具有决定性的重要意义：17世纪初反宗教改革运动的胜利和1596年的布列斯特联盟。

前一发展态势清楚地见诸波兰和立陶宛贵族放弃新教的声明书；贵族们从16世纪60年代即已开始反宗教改革运动，17世纪初达到了顶点。这一运动在泽布尔齐多夫斯基叛乱失败后有了迅猛发展。叛乱者们叛乱期间曾赞同非天主教"教徒"提出的一些要求。有影响的贵族家族中只有像大波兰的莱茨钦斯基家族和立陶宛的拉齐维尔家族的一个分支这样的少数家族坚持——暂时性的——忠于宗教改革事业。这就在那些依附于贵族的人中决定了新教的命运。农民通常对新教教义不怎么感兴趣。市镇里的新教教徒人数在天主教重又开始施压时减少了。17世纪10年代和20年代，在像克拉科夫、维尔诺、波兹南和卢布林这样的一些市镇曾发生过针对新教教徒的大规模骚乱；骚乱中新教教徒的教堂和礼拜堂被毁。1593年后克拉科夫一座新教教堂都没有了。动用的另一手段是剥夺持不同教义者担任市政官职的权利。只有在波兰西部地区的德意志人中，特别是在但泽、托伦和埃尔布隆格等市镇中，新教教徒们才保持住了自己的实力。他们的处境在弗拉迪斯拉夫四世统治时期得到了改善；弗拉迪斯拉夫四世不太关心促进反宗教改革运动事业的发展，比较关心缓和对立教派之间的尖锐矛盾。他决定要严惩那些参加宗教争斗的人，1645年为了使已然引起的激情镇定下来，他举办了一次有天主教和新教发言人参加的托伦教派间辩论会；然而没有取得任何具体结果。与此同时，继续采取措施反对索齐尼派教徒和其他激进集团。西吉斯蒙德三世去世后波兰对待持不同教义者比较温和，但也没有导致新教的复兴；新近的力量已被反宗教改革运动的胜利打破了。波兰宗教斗争的结果是绝大多数波兰人承认罗马的权威。

天主教会内部如果没有生成新活力的话，要在波兰—立陶宛赢得胜利无疑是不可能的。扮演这一新活力角色的是耶稣会士；他们这会儿正处于其"黄金时代"。教会的领导转入激进成员手中。耶稣会士由于几乎完全控制了教育，所以能够使其影响远远超出了教会范畴，使其反宗教改革运动精神影响人口中的大多数。国家，特别是在以

"波兰的费利佩二世之称而闻名的"西吉斯蒙德三世统治时期给予天主教会的优惠和保护使其相较其他教派来说占据了最高地位，波兰作为独立国家存在期间其最高地位就未下降过。波兰成了东欧天主教捍卫者。然而西吉斯蒙德三世比其继位者来捍卫得更坚决。弗拉迪斯拉夫对持不同教义者展现的比较宽容的态度导致了波兰与梵蒂冈之间的紧张关系，甚至临时中断了外交关系。后来波兰统治者恢复了着力发展天主教事业的政策。

最重要的和对波兰—立陶宛国家国内发展有重大影响的一个宗教问题是与东正教的关系问题；东正教在国家东部地区白俄罗斯和乌克兰少数族群中有众多信奉者。旨在联合波兰—立陶宛的东正教和天主教的布列斯特宗教会议（1596年）未能使整个东正教社会接受，继而发生了分裂。支持联合者们和反对联合者们之间发生了斗争，双方均未赢得决定性的胜利。反对联合者们感到境况不妙，因为除勒沃夫主教外所有东正教主教都支持联合；但另一方面"联合派"的人数增加得很慢，至少17世纪20年代之前是这样。1623年，教会反对派谋杀了联合的强力支持者大主教波洛茨克的约瑟法特后白俄罗斯的形势发生了变化；这一暴力行为使舆论转向支持联合派。结果是联合派的支持者在白俄罗斯人中占了大多数，但东正教仍控制着相当多的信徒，特别是在波兰—立陶宛王国的乌克兰地区。东正教最忠诚的信徒见诸东南部地区（加利西亚、伏利尼亚、基辅）的贵族低级教士中、基辅的市镇居民中以及从17世纪20年代初开始的第聂伯地区哥萨克人中。在捍卫东正教传统中起重要作用的是许多16世纪后半叶兴起于乌克兰和白俄罗斯的"兄弟会"。这些兄弟会认为它们最重要的任务之一是提高东正教牧师们的道德和知识水平。东正教徒也有他们的盟友：例如他们在议会中同新教教徒进行合作。一般说来，东正教处于一种强势地位，其存在权就连像西吉斯蒙德三世这样狂热的天主教鼓吹者也不得不承认。1609年，议会规定不得以任何借口将东正教牧师削职抑或取消其俸禄；联合派与东正教之间的争论应由联合法庭解决。1618年的一项议会决议确保了东正教的做礼拜权。但西吉斯蒙德三世拒不接受他们的主要要求——允许他们重建自己的主教团。

东正教在这种环境下采取步骤，在君士坦丁堡和莫斯科的牧首（可能还有俄国沙皇）以及与基辅的东正教牧师密切接触的第聂伯地区哥萨克人的帮助下非法地重建了自己的主教团。1618年，耶路撒冷的西奥法内斯牧首在君士坦丁堡的牧首支持下前往俄国，在那儿一直待到1620年初。与此同时，有个哥萨克使团抵达莫斯科，也许就在其访问期间举行了有关这一问题的关键性会谈。1620年，波兰人在图托拉被土耳其人打败（9月）后，西奥法内斯在没有得到国王和波兰政府认可的情况下任命了一名都主教和一名大主教；1621年初他又任命了四名主教。之所以采取这一行动是因为相信会得到众兄弟会和僧侣们的支持以及哥萨克人的全力军事保护。国王西吉斯蒙德三世虽然拒绝使这一新主教团合法化，但也无法宣告所采取的行动无效。

联合派和政府都认为东部地区这会儿形成的教会局势不可持续。因此17世纪20年代里几次尝试要实现联合派与东正教的和解，将其团结在单一教会的框架内。从1623年后一直讨论着根据这一精神提出的计划，大多是联合派主动提出的。但这些努力也有国王和上议院议员们的支持；他们担心波兰东南部地区的宗教冲突加上哥萨克问题很可能会导致严重的政治后果。虽说东正教高级教士有意进行谈判，但重新联合的想法遭到了哥萨克人方面的反对，罗马教廷也表示反对。困难重重，西吉斯蒙德1629年10月提出在勒沃夫召开的联合派和东正教共同会议根本就落实不了。东正教的主教们在哥萨克人的压力下，被迫禁止派遣任何正式代表与会。因此西吉斯蒙德在位期间，东正教会与国家之间的关系问题一直没有解决。

在他的继位者统治下，局势很快趋于正常。1633年，头年被任命为基辅都主教的彼得·莫吉拉得到了弗拉迪斯拉夫四世的认可。就在大约同时，国王也确认了莫吉廖夫—姆斯蒂斯拉夫尔的东正教主教和卢茨克的东正教主教的任命，1635年又确认了普尔热米斯尔的主教的任命。除这些东正教主教管辖区外，还有一个在利沃夫；利沃夫一直未在联合派手中，波兰—立陶宛的东正教这会儿拥有了一个都主教管辖区和四个主教管辖区，取得了与联合派教会一样的受到确认的合法地位。在这样的形势下，一个不可避免的结果差不多就是国王接下来将会许可非联合派宗教的自由——他曾在他的加冕典礼上承诺过。

因此，东正教的境遇在弗拉迪斯拉夫四世在位期间大为改观。这会儿在国家东部地区无疑有了比较引人注目的宁静。17世纪初的数

592

十年间联合派与东正教之间的对抗根本免不了要发生暴力事件（头一个事件就是1609年对联合派都主教波特吉的袭击）。这种暴力事件加上西吉斯蒙德三世的敌对行动以及世俗政府拒不恢复东正教主教管辖权，导致东正教少数派与莫斯科进行了接触，从而使宗教矛盾带有了明显的政治色彩。但主教团的合法化这会儿增强了东正教界那些竭力坚持忠于波兰国的人的实力。东正教的教育体制这会儿开始表示愿意接受波兰文化影响，然而东正教与联合派之间仍屡屡在土地、教会建筑和学校的所有权问题上发生纠纷。他们最重大的不满是没有同天主教徒和联合派成员享有真正的平等权利。因此，东正教仍是一个不稳定因素，特别是在波兰东南部地区；1648年赫梅尔尼茨基叛乱爆发，就是个明显的例子。

总的来看，波兰这些年的国内形势比起其他一些欧洲国家来要好。虽说存在着国王与贵族间的紧张关系，但没有发生内战，也没有长期的宗教战争，只有一些不同信仰者之间孤立的暴力事件。国家的经济不断发展。但1609—1648年间国内的和平不应掩盖这么一个事实：即正是在这一时期波兰开始落在欧洲其他国家后面了。

这明显地见诸文化领域的发展。16世纪其他欧洲国家的宗教和求知运动曾强烈地吸引着波兰和立陶宛的上层阶级人士，但这会儿只引起些微的反响。这一变化至少在一定程度上是因为耶稣会士们这一时期对波兰教育组织进行的控制。与欧洲其他国家的联系削弱了。年轻人这会儿很少出国云游了，波兰本国的外国书籍也少见。知识和文化生活的许多领域如一潭死水。例如，克拉科夫大学放弃人文主义，指定学习呆板的经院哲学。但在一些诸如诗歌和史学领域则尚处在"黄金时代"的末期。皮亚塞茨基主教（Piasecki）（卒于1649年）的《全欧经营管理编年史》延续了伟大的15世纪波兰编年史学家们的传统，使其达到了值得推崇的高峰。

由于波兰跟西方的联系减弱了，所以其注意力即比以前更加聚焦于东方。贵族们特别是这样；17世纪里他们纷纷移居东南部地区，因此也使波兰文化的影响扩展至波兰族领地之外的地区。在乌克兰，这一点最令人印象深刻地表现在1631年彼得·莫吉拉创办的基辅大学的教学、科研中。评价这一时期波兰文化发展时，必须考虑到东部地区的这些成就。

第十九章 波兰扩张的终结与俄国困境中求复兴

在外交政策方面更加关注东方问题这一情况也很明显。1598年俄国旧王朝消亡后发生的诸多问题吸引了波兰贵族和国王的注意。开头只是权贵个人自行插手,后来国王西吉斯蒙德三世也决定参与沙俄的权力斗争。

西吉斯蒙德的目的是为他自己赢得俄国皇位。波兰在莫斯科的统治将便于波兰新近开始向东扩张的运动。而同时他力求扩充波兰领土,以牺牲俄罗斯为代价:莫斯科被迫归还16世纪初叶亚盖洛家族割让给它的斯摩棱斯克地区和切尔尼戈夫地区,使其重新并入波兰—立陶宛国。西吉斯蒙德的扩张野心不仅仅是政治上和军事上的:他作为一名反宗教改革运动的坚定支持者,极其希望使莫斯科接受天主教影响。他纯粹是从个人和王朝考虑行事的:莫斯科可以充当进攻瑞典的基地,从而可以赢回他祖辈的王位。西吉斯蒙德根据自己的意愿,在他的王位竞争者查理九世与沙皇瓦西里·舒伊斯基结成联盟时决定干涉俄罗斯。

仅在宗教方面,西吉斯蒙德的计划就不可避免地在莫斯科狂热的东正教信徒中遭到了强烈反对。因此,在俄罗斯的波兰军队司令官野战司令斯坦尼斯拉夫·佐尔基耶夫斯基考虑到俄国上层阶级的政治和宗教观点,试图实行一直比较灵活的政策。他主张推荐西吉斯蒙德的儿子弗拉迪斯拉夫而不是国王本人为沙皇皇位候选人,东正教会的权利将不受侵犯。这样提出问题,波兰—立陶宛与莫斯科结盟的主张在俄国波雅尔(boyar,沙俄一贵族阶层的成员,地位仅次于王公,此阶层后被彼得大帝废除)中受到相当普遍的支持。1610年8月,佐尔基耶夫斯基率军兵临莫斯科城下,他们于是跟他签订一纸选举弗拉迪斯拉夫为沙皇的协议。这一协议包括波雅尔提出的关于不得破坏东正教会和莫斯科政治和社会总体秩序的保证。协议好像获得预期结果了,因为有波雅尔的推动,一部分俄国民众起誓效忠弗拉迪斯拉夫,而波兰人这会儿在该地处于强势地位。1610年7月,佐尔基耶夫斯基在克卢希诺(斯摩棱斯克东北约120英里)彻底打垮了瑞典军队增援的莫斯科军队,打通了前往莫斯科的道路;10月初,波雅尔听任波兰军队占领首都(包括克里姆林宫)。

虽然取得了这些军事和政治上的胜利,面临着瑞典的反对和不同意波雅尔的政策的那些俄罗斯民众的抵制是否就能够实现其与莫斯科联合的计划,还真成问题。这一问题尚未受到认真考虑,西吉斯蒙德三世的作为就使联合计划遭到了破坏。他在一批上议院议员的支持下,坚持要他自己而不是弗拉迪斯拉夫应该继承俄罗斯皇位,然而他曾于1610年2月对一批波亚尔承诺同意他儿子继位——显得不那么真诚。有鉴于国王的态度,佐尔基耶夫斯基与莫斯科波雅尔签订的协议失效,接着不可避免地,关系就破裂了。攻占斯摩棱斯克(1611年6月)就明显地暴露出了波兰人的兼并意图;这一意图加上占领莫斯科的波兰军队实行的残酷镇压措施促使俄罗斯民众形成了主要针对波兰人的宗教、民族运动。形成了一支民众武装,向莫斯科进军,1612年秋迫使城中波兰驻军投降。1613年初推选米卡伊尔·罗曼诺夫为沙皇,最终使波兰在莫斯科继承皇位的希望化为泡影。

这是难以改变的既成事实。在接下来的几年里国王西吉斯蒙德不得不准备放弃由他儿子继承俄国皇位的主张。1617—1618年,弗拉迪斯拉夫企图发动另一场战斗,欲将莫斯科置于波兰统治下,但图谋未果。莫斯科这会儿已采取措施稳住了内部;敌意犹在,成功的希望渺茫。再者,波兰东南部地区与土耳其人和鞑靼人发生了冲突。因此放弃战斗,在多伊利诺达成停战协议(1618年12月)。这一协议使波兰—立陶宛获得可观的领土,因为莫斯科被迫割让斯摩棱斯克、斯塔罗杜布、诺夫哥罗德—塞费尔斯克和切尔尼哥夫等地区。这是波兰的一大胜利,这会儿拥有了比近代开始以来任何时候都大的领土,但这一胜利导致了波兰与俄国之间激烈对抗。这一对抗源自西吉斯蒙德的政策。从此以后,俄国社会处处弥漫着强烈的反波情绪。

西吉斯蒙德三世去世(1632年4月23日)后,莫斯科利用空位期试图废除1618年协议;这一协议尚未涉及弗拉迪斯拉夫继承俄国皇位的主张。1632年秋俄国军队越过边界,占领一些地区,但未能拿下其主要目的地斯摩棱斯克市。1634年6月,在靠近菲阿茨马的波利雅诺夫卡河畔签订了和约。有关领土问题条款规定恢复原状(塞尔佩伊斯克除外,将其归还给莫斯科);弗拉迪斯拉夫放弃其继承俄国皇位的要求。总体上看,波兰—立陶宛无疑成功地保持住了其与莫斯科相对应的地位;然而力量的对比这会儿明显地开始向有利于俄罗斯倾斜了。这一发展态势在世纪中叶前没有形成威胁:世纪中叶后的头几年里面临着来自土耳其人和鞑靼人的共同威胁,波兰和俄罗

第十九章 波兰扩张的终结与俄国困境中求复兴

斯之间甚至还的确有某种亲善存在。只是波兰因 1648 年哥萨克人暴乱衰弱后，莫斯科才有机会在东欧取代它的优势地位。

这表明了波兰东南部地区的发展对其外交政策的影响。波兰沿第聂伯河下游和德涅斯特河的地位是受多种因素制约的：它与土耳其的关系、苏丹的附庸克里米亚鞑靼人的态度，特别是生活在第聂伯河地区的哥萨克人的态度。从 16 世纪起，避免跟高门（the Porte，指 1923 年前的奥斯曼帝国政府）发生军事冲突是波兰外交政策的主要原则之一。只是在摩尔达维亚，土耳其的利益与波兰的利益才发生直接冲突。波兰历来声称对这一地区拥有主权，但通常不对之施压，只是居住在东南部地区的波兰贵族常常自行其是干涉摩尔达维亚事务。波土关系紧张的一个比较重要的原因是波兰领土遭到鞑靼人的攻击以及哥萨克人擅自对土耳其人进行劫掠，16 世纪往后劫掠事件越来越多。

存在于波兰—立陶宛王国东南部地区的哥萨克组织系统形成于 16 世纪，是防范鞑靼游民的一种手段。诚如马库雷克所说，这实际上是他们邻近所导致的必然结果。大多数哥萨克是乌克兰人，而在 17 世纪开头前哥萨克中也有相当多的波兰贵族。波兰贵族退出哥萨克组织系统是由于这么一个事实：即波兰贵族成了波兰移民东南部的巴拉丁领地大潮的先锋。17 世纪初，哥萨克人与这些领地上的波兰人和波兰化的贵族之间，因而也同波兰国家间发生了尖锐矛盾。国家只控制了一小部分哥萨克人（即所谓的"在册"哥萨克人）。其他人退避至第聂伯河下游。他们居住在第聂伯瀑布下方，建有设防的堡垒。居住的地方叫波罗吉，他们因而被称为扎波罗格哥萨克人。他们在这儿完全不受波兰政府管辖，过着独立自主的生活。1613—1620 年是他们的"英雄时期"：他们对鞑靼人和土耳其人采取了特别有力的行动，甚至越过黑海大胆地袭击安纳托利亚北部岸边的土耳其市镇。

这些袭击是从波兰领土——至少名义上是从波兰领土发起的，因而导致波兰与高门之间的关系相当紧张，1617 年差点儿打起仗来。《德乌利诺停战协议》使波兰不再关注俄罗斯，而土耳其亦已跟波兰签订了和约。这时战争爆发了。1620 年发生的冲突是波兰与土耳其自 1444 年瓦尔纳战役以来的首次直接交战。引起冲突的原因之一是国王西吉斯蒙德在三十年战争开始阶段实行的政策：他允许哈布斯堡王朝在波兰征募非正规军成员；这队人马1619年末协助避开了苏丹的附庸特兰西尔瓦尼亚诸侯贝特伦·加博尔对上匈牙利发起的攻击。但战争爆发的主要原因还不是西吉斯蒙德对皇帝十分小心的支持，而是哥萨克人不断的军事行动。波兰司令官——最高指挥官佐尔基耶夫斯基打算进入摩尔达维亚，抢在土耳其将要发动攻击前采取行动，但1620年9—10月间在普鲁特河畔的图托拉和第聂伯河畔的莫吉廖夫遭到惨败。翌年，波兰军队在哥萨克人的援助下于霍廷（霍奇姆）附近成功地拦截住了土耳其军队。1621年10月，战争就此结束，回复原状。击退当时欧洲最强大的军事力量发起的攻击，无疑是个显著的成就。高门十余年的内斗和土耳其与波斯间的战事再起，使波兰避免了奥斯曼王朝再次进击。17世纪30年代初它再次卷入与莫斯科的争斗；这时土耳其人再次进犯东南部地区边境（1633年）。进犯被成功地击退，翌年又恢复了和平。

波兰虽然能够击退土耳其人保住了这一地区，但难以有力地对其加以控制，形成有序状态。那儿仍易受鞑靼人的攻击；哥萨克问题仍未解决。

只有降伏了克里米亚的鞑靼人和流浪在黑海西海岸的其他一些鞑靼游牧人群，才能制止住鞑靼人对东南部巴拉丁领地的不断袭扰。但波兰同俄罗斯一样难以采取这样的行动。1628—1629年，第聂伯的哥萨克人介入鞑靼人的内部争斗，试图以此使克里米亚纳入其影响范围，但没有成功。波兰只有打败强大的奥斯曼帝国取得决定性的胜利才有可能征服鞑靼人。弗拉迪斯拉夫四世临终前还打算对土耳其人发动一次强有力的攻击，但他希望得到支持的其他强国退缩了，议会也犹豫起来了。因此出于种种理由，鞑靼人没有得到有力的打击，整个17世纪上半叶波兰东南部地区仍然易受他们的袭扰。当时的一些评论家认为：如果东南部地区的贵族组建一支较为强有力的军队的话，这种不幸程度会减轻。

第二个问题更加严重。哥萨克人变得愈益强大，已与波兰国家利益不相容了。1625年和1630年，他们两度叛乱，遭到了严厉的镇压。但这还不足以使扎波罗格哥萨克人听命于政府。这会儿哥萨克人与中央政府的矛盾反而因宗教问题尖锐起来了。从17世纪20年代起，哥萨克人自视为东正教信仰的维护者，反对波兰天主教徒促使教会联合的图谋。1637—1638年哥萨克叛乱后，波兰政府下决心采取强有力的行动对付扎波罗格哥萨克人和登记在册的哥萨克人；这导致了10年期的相对安宁。在这"金色和平"年代，以一些权贵家族，特别是维斯诺维艾斯基家族为首的波兰移居者很快就控制了第聂伯河对岸的土地。但一些扎波罗格哥萨克人仍处在政府控制之外，就连1638—1639年采取的措施（例如，措施之一是在第聂伯河畔重建坚固的科达克堡垒）也未能完全制伏哥萨克人。哥萨克人主要来自农民，逐渐产生了对贵族和权贵的一种强烈的仇恨，将他们等同于波兰的统治。1648年初在博丹·克梅尔尼茨基的领导下，哥萨克人大暴动。这一暴动揭示了东南部地区形势的实质：波兰在这一地区的统治极不牢靠，日趋式微，再也恢复不了了。

这些与鞑靼人和哥萨克人几乎是接连不断的冲突极大地消耗了波兰国家的资源。东南部地区的形势对波兰来说确实有种不祥的征兆。17世纪50年代，抗击哥萨克人的斗争引起了一连串长期艰难的战争；这极大地导致了波兰作为一个欧洲大国的式微。

波兰在17世纪头20年里专注东边的问题；这就意味着它在北方大体上必须囿于守势，它在北方面临着瑞典为控制波罗的海而采取的行动。前一段时间两国在立窝尼亚问题上产生了一定的分歧，这是天主教欧洲和新教欧洲之间广泛矛盾的一个组成部分。而瓦萨王朝内部分歧致使矛盾变得极其尖锐。从1587年起瓦萨王朝统治着波兰，也统治着瑞典。西吉斯蒙德三世（1587—1632年）是登上波兰王位的第一位瓦萨，1592年他父亲约翰三世去世时被确认为瑞典国王，但7年后被瑞典议会废黜，理由是他定居在波兰；1604年，他叔父索代尔曼兰德的查理即位，为查理九世。而西吉斯蒙德不甘心失去其世袭权。因此导致的王朝斗争就严重地影响着1660年《奥立瓦和平协议》签订前两国间的关系。17世纪初的数年里，王朝斗争导致了立窝尼亚战争。查理九世继位者他儿子古斯塔夫·阿道夫统治时期，战争有了新发展，战争范围大大扩展。瑞典这会儿已成了一大军事强国，它的新国王为自己设定了远大的目标：控制波罗的海的整个南岸地区，从英格里亚到德意志北部地区。然而，波兰贵族仍视两位君主间的矛盾主要是王朝问题，一直到立窝尼亚丧失才在西吉斯蒙德与瑞典的斗争中坚定地支持他。这时波兰社会的统治阶层的兴趣不在为波罗的海而争；诚如我们所知，贵族们却一直在盯着东边。

1617年2月《斯托尔博沃和约》结束了瑞典与莫斯科之间的抗争，古斯塔夫·阿道夫立即向西吉斯蒙德发动进攻。那年夏天，他的军队攻入立窝尼亚。波兰因弗拉迪斯拉夫在俄罗斯作战动弹不得，又担心土耳其人和鞑靼人的进攻威胁。1618年，西吉斯蒙德面临着这一艰难的军事和外交困局，认为同意停战为上，甚至割让立窝尼亚部分领土也在所不惜。3年后，瑞典国王再次进攻立窝尼亚。波兰还是关注着别处，因为与土耳其的战争仍在进行中。1621年里加陷落，1625年瑞典人占领里沃尼亚其他地区。1621—1625年之间波兰人曾有大好机会进行反击。但议会却不拨所需费用，机会失去了。

1626年，这一胜利致使古斯塔夫·阿道夫得以进攻属于王国的普鲁士（西普鲁士）。这会儿就连波兰的中心地带也易于遭受瑞典的攻击威胁了。形势的这一危险转变迫使议会同意拨出增加波兰军力所需的款项。但尽管这时的波兰已没有了与其他外敌争斗掣肘，西吉斯蒙德也未能击退瑞典人的进攻。7月间，古斯塔夫·阿道夫在皮劳登陆，从那儿突入瓦尔米亚（埃尔姆兰）和维斯拉—诺加特河三角洲。除但泽外，整个沿岸地区落入他手。波兰军队也难以阻止瑞典人扩大战果。1628年，他们军逼格鲁琼兹和托伦；1629年头几个月里，波兰人在戈尔兹诺失败后，瑞典军队突进至波兰中部地区，来到可能到达的范围。只是华伦斯坦派遣的援军到达时，威胁才消除。

然而交战双方均难以赢得决定性胜利。波兰人接受了皇帝的援助，也还是心怀疑虑，因为他们害怕皇帝会要求占有西普鲁士；贵族们对西吉斯蒙德的政策不以为然，竭力主张与瑞典人谈判。而古斯塔夫·阿道夫本人也急于尽可能快地将其注意力转移至德意志战场。法国和英国极欲争取瑞典大力干涉德意志事务。通过它们居中调停，1629年9月签订了为期6年的阿尔特马克（马尔博格附近）停战协定。这一协定将整个立窝尼亚（东南部一些地方除外）给了瑞典人；他们在属于王国的普鲁士占据了所有港口（但泽和普克除外）以及普鲁士公国（东普鲁士）所有沿岸地区（珂尼斯堡除外）。条约是对波兰的严重打击；然而议会一个标点符号都未动即批准了条约。

古斯塔夫·阿道夫死后瑞典在德意志陷入困境；波兰趁机修订了1629年协定。1635年举行的谈判导致了《斯图姆斯多夫条约》的签订。该条约规定了 26 年的停战期。波兰收回了失去的普鲁士领土，但不得不认可维持领土的现状。该条约没有提及王朝矛盾，而弗拉迪斯拉夫坚持其对瑞典王位的要求。然而波兰的贵族们对他的雄心不那么感兴趣、对他不表示同情，并拒绝考虑为收复立窝尼亚与瑞典开战。结果是三十年战争剩下的时间里波兰—瑞典关系没有发生变化。

跟瑞典的斗争贯穿于 17 世纪整个头 30 年，其间少有间歇；丢失立窝尼亚，直接削弱了波兰的地位；勃兰登堡霍亨索伦家族在普鲁士公国统治的加强，又间接地削弱了波兰的地位。1611 年，勃兰登堡选帝侯约翰·西吉斯蒙德从波兰国王和议会获得认可：认可他对继承普鲁士封地所提出的要求。这就确保普鲁士将归霍亨索伦家族勃兰登堡分支；1618 年，智力低下的阿尔伯特·腓特烈（普鲁士家族最后一位公爵）去世，约翰·西吉斯蒙德继任公爵。他死后，翌年根据先前的协议，封地转给勃兰登堡新选帝侯乔治·威廉——稍稍延迟了点儿，一直到 1621 年 9 月他才获得其封地的公爵头衔。波兰难以阻止他继承爵位；它的确想阻止了，但因为它正与瑞典人纠缠于立窝尼亚问题，更何况新选帝侯还得到了普鲁士政治集团的支持。乔治·威廉 1640 年去世时，波兰没有反对大选帝侯继位；他 1641 年 10 月获得了他的封地。总的来说，波兰与普鲁士公国间的关系表明：波兰统治阶级对称霸波罗的海而斗争没有太大的兴趣。17 世纪 40 年代，波兰甚至遣散了前 20 年间开始筹建的人数不多的海军，为之建设的两处海港卡兹米尔佐沃（Kazimierzowo）和弗瓦迪斯瓦（Wtadystawowo）也被遗弃荒废了。

波兰对中、西欧事态发展的态度很大程度上取决于波兰瓦萨王朝和哈布斯堡王朝间的联盟。这遵循的传统一直追溯至亚盖洛王朝时期；由于 16 世纪以来波兰一直与奥地利维护着和平关系，因而确保了其西部边境的安宁。1613 年盟约的产生理所当然，因为签约双方都反对瑞典和奥斯曼帝国。条约虽然没有载明军事合作条款，但足以使波兰在整个三十年战争期间完全倾向于哈布斯堡阵营。三十年战争早期阶段波兰国王遵循的亲奥地利政策并非与军事无关。诚如上文所述，哈布斯堡王朝在波兰的非正规军事人员就是要用来对付特兰西尔瓦尼亚诸侯贝特伦·加博尔的。后来这批非正规军被调至波希米亚和其他战场。但 17 世纪 20 年代末，波兰人自己深受古斯塔夫·阿道夫所逼不得不请求皇帝提供军事支持。

西吉斯蒙德的继位者延续与奥地利结盟政策。1633 年续订 1613 年条约；1637 年 3 月弗拉迪斯拉夫与斐迪南二世的女儿塞西莉·勒娜特女大公结婚，确保了纯王朝盟约的订立，与哈布斯堡王朝的关系得到进一步加强。但尽管与奥地利结盟，波兰在三十年战争中也没有积极参与。弗拉迪斯拉夫试图在交战双方居中调解，但他的努力完全失败，因为波兰已不再是中欧为权力而争的一个重要因素。甚至在弗拉迪斯拉夫 1645 年迎娶法国公主贡扎加－内弗尔的路易斯·玛丽（他的第一任妻子塞西莉·勒娜特已于头年去世）与法国修好后，也还是这样。

总体上看来，17 世纪上半叶波兰尽管在与莫斯科的斗争中取得了胜利，又击退了土耳其人，但国际地位还是大大下降了。不仅是东南部地区存在着的危险局势，而且是瑞典实力的增长，严重地威胁着波兰的生存。瑞典与法国一道成了三十年战争的胜利者；三十年战争的结果对波兰而言虽然严格来说实际上不是一种失败，但的确是表明了其地位的削弱。这些年国际形势的发展为波兰 17 世纪中叶后走上衰落铺平了道路。

第二节　俄罗斯　1613—1645 年

罗曼诺夫王朝的第一任沙皇米哈伊尔·费奥多罗维奇统治时期（1613—1645 年)，俄罗斯从"动乱时期"造成的破坏中缓慢、艰难地进行着恢复工作。起而反对农奴制的农民和哥萨克人没有能力建立起一个新的社会秩序。经年的动荡和内战之后，国家已是民穷财尽；政治激情在消退，普遍要求回归正常、回归秩序。外国干涉激起了民族感情，其最为强烈的表现是民兵的兴起；民兵 1612 年间使反叛的哥萨克部队发生了分裂，夺回了首都，建立起了对全国大部分地区实行管辖的似有似无的政权。但其面临的问题很大：莫斯科一片废墟；诺夫戈罗德和西北部地区被瑞典人占领；西部边境一线有波兰军队在虎视眈眈。逃难的农民、哥萨克人和鞑靼人成群结队，无拘无束，游荡在乡间，烧杀抢掠；强烈的暴风雪席卷俄国全境，导致广大地区贸易停滞、农村荒凉杳无人烟。动乱致使大约 250 万人丧生。

第十九章 波兰扩张的终结与俄国困境中求复兴

1613年1月,全俄缙绅会议(Zemsky Sobor)召开选举一位新沙皇;除农民外,各社会集团都有代表与会。诚如所料,会议被民兵中那些最杰出的成员控制,他们是农村中的男仆、镇民和哥萨克人。但牧师们和上层波雅尔也暗中施加了相当大的影响,他们的政治声誉使他们不可或缺。争论的时间长且激烈。首先要做出关于波兰籍还是瑞典籍候选人的决定。弗拉迪斯拉夫出征莫斯科为时太晚(1612年12月),结果失去了他仍拥有登上沙皇皇位且获得民众认可的良机。瑞典人查理·菲利普亲王很受欢迎,但瑞典王室耽搁了他前往俄国的时间;这对他谋求的目标是个致命的打击。因此新沙皇只能是俄罗斯人了。但等级较高的波雅尔家族中没有明显合适的人选;许多波雅尔家族因与波兰人合作而声誉不佳。注意力渐渐集中到了16岁的米哈伊尔·罗曼诺夫身上。他父亲在"动乱时期"[①] 的作为使其家族颇受哥萨克人欢迎,也颇得男仆们好感,而与旧王朝的家谱关系也完全符合正统观念。米哈伊尔年轻、阅历不深,对他很有利;他与所有派别都无瓜葛,可以成为和解、民族团结的象征。2月21日(旧历)他被宣告为沙皇。

他不愿担此重任,这可以理解。当选统治者的理念与莫斯科的传统不一致,吃不准其臣民(他们经历了最近的一系列事件,眼界放宽了)愿不愿服从其权威,愿不愿像对待世袭君主那样奉他为偶像。他采取的最初几个行动就表明对强化其应对临时政府和议会的权力的急切心情。但幸好新王朝的这些疑虑过重了。牧师们激情满怀地宣传沙皇登上皇位是神的旨意、只对神负责这一观点。民兵所体现的那种民众自发运动已然消退;传统一如既往;俄国社会故态复萌惰性依然。议会中瞬间形成的民族团结几乎是又瞬间消失了,各社会集团不顾一切地追求各自的集团利益。突然站到俄国政治生活前沿的人们不想以宪法形式巩固自己的新岗位,[②] 而是急忙卸职弃责。

[①] 米哈伊尔的父亲费奥多尔·尼基蒂奇·罗曼诺夫是伊凡·格罗兹尼的外甥。鲍里斯·戈杜诺夫统治时期其家族在遭迫害,费奥多尔·罗曼诺夫被迫发愿当修士(Filaret)。舒伊斯基统治时期,他答应为一位觊觎皇位者服务,当他的牧首。舒伊斯基被推翻后,他率领俄国代表团到斯摩棱斯克谈判弗拉迪斯拉夫登基事宜。他当时拒不接受波兰提出的条件致使其被囚,一直被关押到1619年。

[②] 米哈伊尔登基时同波雅尔有协议,他的权力是受限制的:这一曾经流行的观点,没有可获得的资料证明。这也许是人们在王朝执政之初政府工作不满的表现。最有可能的是沙皇可能做过某种非正规承诺,表示不会滥用权力报私仇。

王朝建立初期议会尚存，但比起1613年来代表性显然不够，权威性也就必然不那么强了。议会与政府合作颁布了一些（但非全部）法令、呼吁书和告诫令，但没有采取独立的自主行动。议会实际上成了一个幌子：政府利用其道义权威在别处做出自身合意而不得人心的决定。权力在这些年里掌握在波雅尔集团手里；大多数波雅尔与新王朝有关系，受到有权势的官员帮助，诚如当时的一位荷兰评论家所说：这些官员都是一些"无知无识的年轻人"，是一群"贪婪的狼"，"他们都在掠夺、糟蹋人民"。在民兵中服务的爱国者被有不良记录的人代替，米哈伊尔本人不偏不倚，但不具权威；新政府腐败无能，名誉扫地，难以有效地处理所面临的许多紧急问题。

　　最急迫的问题是缺少收入。国库空空，而对其资财的要求又没有个限度。地籍测量——正常时期课税的根据——由于非常时期的破坏和人口的减少已完全难以进行。然而难以进行也得进行，其结果是还有那么一点点资财的地方也沦落至普遍贫困线了。一而再、再而三地要求征税，而政府又不愿进行根本性改革，反而采用极具破坏性的一些办法，如强制借贷和"伍一税"（武断地对资本和收入进行的课税），这种负担主要落在了处境困难的镇民们身上。而地主们则往往成功地逃避了他们在财务上应尽的义务，被课以适当的税费，向地方测量官行贿免于测量、确认其非法私占的土地所有权。当时发生了一系列争夺地产事件，最大的财主——他们被称之为 sil'nye lyudi（字面意思是"强人"）——自然是最成功者。私人占有的面积大为增加，特别是中部和南部地区，许多地产倒手了。政府不想控制这一发展形势，实际上还助长了这一形势，慷慨地将皇家地产，特别是"黑"（即农民的）[①] 土地授予贵族。在这俄国民众团结岌岌可危的时刻，仆人们的忠诚这会儿比以往任何时候都重要。

　　1614年初，莫斯科从叛乱的哥萨克领袖扎鲁茨基手里夺回了对伏尔加河下游的控制；扎鲁茨基同其小部队已撤往阿斯特拉罕。"动乱时期"最后残存的活动这会儿停歇了，但若干年后政府才最终铲除了四处活动的犯罪团伙；这些团伙往往有数千人，弄得全国大部分地区不得安宁。就是最北部地区也难免其害。大片林区好隐藏，很安

[①] See above, pp. 607, 617.

第十九章 波兰扩张的终结与俄国困境中求复兴

全；派去追击的军队运动不便，不安全。有时匪徒们利用外国做基地，求得外国支持：1615—1616 年，波兰游击队首领利索夫斯基进入俄国领土，活动在莫斯科周围，打家劫舍，无恶不作，几乎是毫发无损地返回到波兰土地上。

　　幸运的是俄国的两个西方对手相互争了起来，可以分别与它们发展关系。否决查理·菲利普的候选资格，使诺夫戈罗德的一小批瑞典占领军处于遭受攻击的地位。当地民众怀有自治情感，但不主张分离。拒绝古斯塔夫·阿道夫提出的他们应该宣誓忠于他的要求后，他们私下里与莫斯科建立了联系；遭到占领当局的报复，更激励起了抵抗精神。1615 年瑞典国王登陆俄罗斯，围攻皮斯科夫，但古城民众进行了顽强的防卫。英国敏锐地意识到了其在俄国的贸易利益，答应沙皇米哈伊尔的请求帮助，派出约翰·梅里克进行斡旋解决问题。谈判不时被战事打断，整个 1616 年拖拖拉拉，一直到翌年 2 月和平协议才在拉多加湖附近的斯托尔博沃村签订。瑞典认识到事属必然，放弃了对俄国皇位的要求、（代之以赔偿金）放弃对诺夫戈罗德的要求，但保留英格里安要塞，从而切断了俄国直接通往波罗的海的道路。此后，一直到彼得大帝，阿尔汉格尔斯克是俄国的唯一出海口。斯托尔博沃是枚苦药丸，但俄国在当下也难以有更好的企望；它急需和平，以对付它的主要敌人波兰入侵的新威胁。

　　弗拉迪斯拉夫拒绝承认俄国形势随着米哈伊尔的登基已发生变化，认为显示一下力量即足以为自己赢得皇位。然而，在波兰正忌惮着更危险的邻居土耳其和瑞典的当口，议会不批准他为一己私利采取鲁莽行动。皇帝也敦促与俄国媾和，派遣一个代表团在 1615 年于边境举行会谈中进行调停。会谈失败，主要原因是俄、波两国由于战略和声誉原因都坚持占有关键城市斯摩棱斯克；俄国军队刚试图夺取该市，但没有拿下。边境冲突不断；1617 年秋，弗瓦迪斯瓦夫成功地发动了一次对俄国的入侵，但势头不那么冲。他统率的部队人数有限，但他的出现似乎使莫斯科动弹不得了。政府担心积极防御措施需要本已困顿不堪的百姓作出更大的牺牲，会引起反抗。维亚济马没有抵抗就投降了；弗瓦迪斯瓦夫在俄国过了一个冬天，然后他获准率领疲惫的队伍继续向东进发。在他包围莫兹哈伊斯克时，2 万名第聂伯地区哥萨克人迅速集结帮他作战，9 月末他兵临莫斯科城下。企图突袭占领城市，未果。国人显然不想波兰的统治。冬天临近，双方均有士兵哗变发生，这促使交战双方终止这既得不了荣誉又得不到好处的战斗。

1618年12月在莫斯科西北部的多伊利诺签订一纸停战协定，为期14年。俄国割让斯摩棱斯克及其沿西部边境一块宽阔的领土。不像《斯托尔博沃协定》那样，《多伊利诺协定》没有彻底解决问题。弗拉迪斯拉夫拒绝放弃皇位要求，战争再起不可避免。但至少是现在获得了宝贵的喘息时机。然而波兰人失去了他们一个大好机会：他们的军队再也深入不了俄国的心脏地带了。

在多伊利诺达成的交换俘虏协议使费拉雷特得以返回莫斯科（1619年6月）。几乎是立马他就被正式任命为牧首。俄国教会首领传统上在世俗问题上享有相当大的权力；费拉雷特是沙皇的父亲，其自然是享有特殊权力的地位。理论上，俄国这会儿是两头政治，米哈伊尔和他父亲是共同的、平起平坐的君主。实际上，个性强的费拉雷特完全盖住了其意志薄弱的儿子，这会儿成了俄国的绝对主人，他1633年去世前一直拥有至高无上、无人挑战的权力。他的地位有点儿像黎塞留的地位；但他的思想源头不同于他那伟大的同时代人。费拉雷特并不认同西欧拉丁、半世俗化文化，而从俄国过往的拜占庭文化传统寻求灵感。教养和秉性使他眼光狭窄。他的目标是复旧而不是革新：修理好散架的俄国社会，在对立的压力集团间保持中立，凭借新近获得的至高无上的权威确立了专制统治。在他的铁腕统治下，政府政策方针未变，但更加连贯、目的意识更强。

实施费拉雷特的计划，需要行政机构的集中化和制度化。皇宫恢复早先的精心准备的半宗教仪式，数百名贵族拜见沙皇。费拉雷特自己的府第在华美壮丽上可与沙皇的皇宫相媲美，也是一个政治活动中心。这儿经常举行非正式聚会，参加者都是各相关阶级的得宠人员，以使统治集团通晓民意。议会因此成了个摆设。波雅尔的杜马同样行使不了什么权力。费拉雷特通过政府机构进行统治：最重要的各部门（包括所谓的"调查"部门——这一部门特别建立来由"强人"制止弊端，以平息民众的不满）主管都是他的亲信。莫斯科政府胡作非为令人咋舌。政府的工作主要是应申诉而为；当局做决定时注意的是申诉者的财富和影响，而不是申诉的是非曲直和一般司法准则。审员们不懂法，而法律本身又一团糟、矛盾百出。费拉雷特命令各部门制定与本部门相关的法律，但不打算将其汇编成典——让司法与行政程序分开。地方上各地区这会儿通常由"司令官"统辖，军政、民政一肩挑。他没有薪俸但指望靠当地民众的"礼金"维持生活。这使司令官们得以大范围地以一切想得到的办法滥用职权，胡作非为，特别是在偏远地区。1627年，为了对他们加以控制，政府决定普遍推行选举治安官；① 但实际上这些人民代表蜕变成了听命于"司令官们"的代理人。农村地区选出治安官的重要性也下降了；特别是在私人田庄上，地主掌握着绝对权力。其他地方的治安官成了征税的得力工具：如果哪个地方不缴税，治安官和推选他的人都有责任，都要受政府代表的无情击打，直至他们缴税为止。

　　财政问题仍是这一强权官僚机构首先要解决的问题。费拉雷特回归未几，即下令对土地和其他财富收入来源进行测量和调查，旨在重建地籍图，制止逃税，以便能够公平地分别承接财政负担。但调查不包括修道院和其他特权证持有者；他们的古老权利这会儿得到了确认（然而在大多数情况下并不是那么很爽快的）。再者，调查人员并未受到严格的指导和管制；他们大多不适合执行复杂、棘手的任务。少数调查人员尽心尽力根据指令办事，如实、无畏地反映了他们发现的问题，但由于没有税额估定的统一标准，他们发现问题的努力白费了：例如，富裕程度差不多的市镇纳的税额会大不相同。地主们不让调查人员核对他们申报的真实性；面对地主们的阻挠，政府作出重大让步：调查人员被告知，在私人拥有土地情况普遍的地区，不要对实际资财进行估定，但要尽心完成登记农户数这种死任务；一批人数确定了的农户从此就成了应纳税的单位。地主们接着强烈要求减少估定的程度；而由于正值国家紧急关头，政府再次让步。

　　于是出现了明显的区别：一方面是镇民和"黑"农们要缴纳沉重的直接税；而另一方面，佃农一般缴纳较少的税，但得向地主交地租。这一区别（地区性的，也是社会性的）使调查有名无实，完全达不到增加收入的目的。这种情况很普遍，其结果是白白浪费了精

---

① 地区全民从本地贵族中选出的管辖刑事案件（特别是抢劫活动）的官员。他们在有些地方一直存在至伊凡·格罗兹尼时期。

力，政府不得不再次主要依靠除直接税外的收入来源了。这就使收入必然难以预计，更难以谈什么公平合理了。最主要的收入来源（除了危害极大的"伍一税"，1632—1634年战争期间曾征收过两次）是国内关税和酒类专卖权。国家酒馆往往常年包给特许经销商；他们应承预付定金；这对国库十分有利，但对民众福祉十分有害。醉酒闹事经常发生，大受怪怨；醉酒闹事成了莫斯科社会生活的显著特色之一。政府也时不时对一些商品实行专卖，极大地损害了个体贸易。

地籍测量既有财政目的也有军事目的：使杂乱无章的土地占用有章可循——因为俄国军队的核心仍是原来由贵族动员组建起来的骑兵部队；他们义务服役的回报是领受有条件的土地保有权。政府力求确保所有地主登记在册以备提供义务服役，保有土地的多少尽可能地与官阶相一致。需要的地方，没收过多的土地，进行重新分配；无地的贵族分得新地产。但在中心地区，保存下来的"黑"地这会儿实际上已没有了；而1627年，皇室土地的授予也显然因同样的原因停止了。教会占有的大面积土地受到牧首费拉雷特的极力保护。唯一的办法是鼓励贵族更好地利用其现有的土地、扩大耕种面积。在这方面进行了试验，但结果令人失望。土地保有权制本身就有碍贵族持有比较合理的经济观：他们长期服兵役，不是将他们的地产看作是自家的地产，而是将其视为迅速致富的工具。政府因此在抓紧义务服役原则的同时，允许土地所有权持有者们强化其所有权。在某种情况下土地保有权可以由死者的遗孀或子女、丧失能力的仆人占有，可以交换，可以作为嫁妆赠予——但自然是不能买卖。只有对地产拥有完全所有权时才可以买卖。但许多土地保有权持有者通过购买，甚至是政府的直接授予成功地得到了这样的土地。

这些措施有助于改善贵族的社会地位，但他们的军人素质太差。他们实际上不接受训练；步兵也是这样。战役间歇时期，他们做生意、做手艺勉强维持生计。显然需要一支有战斗力、装备精良的军队。1630年，政府开始按西欧模式组建团队，在本国招募兵丁，但由在北欧新教国家服务的雇佣兵当军官；1632年，这样的团队占了俄国军队的1/3。一个更为极端的、令人难以理解的、过分的革新是雇用了5000人的外国步兵分遣队（1631年）。向英国和其他地方订购装备和军需品；莫斯科当地制造大炮；荷兰人A.维尼乌斯在图拉

第十九章　波兰扩张的终结与俄国困境中求复兴

开办了一家兵工厂——这是俄国工业的第一枝嫩芽。

这次加强军备的目的是准备跟波兰开战。跟波兰开战的准备活动在费拉雷特主政期间一直主导着莫斯科的外交政策。边境那边讲俄语、信奉东正教的人们非常不满，特别是第聂伯地区的哥萨克人产生了一种强烈的宗教、民族感情。但费拉雷特对使用这一可能最有力的武器十分谨慎，不那么热切地接受了基辅来使提出的想法：（诚如后来知晓的）乌克兰将会接受沙皇的保护。莫斯科不愿干预波兰国内事务，招惹其强大的邻国，但它乐于利用其国外困境的机会。1621年，波兰在图托拉战败后一片混乱之际遭受南北同时夹击，费拉雷特对土耳其的协同作战计划感兴趣，召开议会顺从地赞同了战争计划。然而波兰人在霍廷获得的大胜以及随后与土耳其和瑞典两国敌对状态的终止改变了国际形势，迫使俄国放弃了其计划。

幸运的是它未因这一草率计划受到惩罚。费拉雷特这会儿行事小心谨慎多了，尽力加强与其他非天主教大国的关系。梅里克的外交活动使俄国愈益重视英国，接连派出使臣去伦敦提出建立同盟的计划（这一计划要追溯至伊凡·格罗兹尼时期）。1623年，詹姆斯一世意外地签署了条约草案，但使莫斯科懊恼的是这条约草案根本就没有实施。两国感兴趣的事截然不同：俄国要的是政治支持，而英国主要关心的是维护其广泛的贸易特权。莫斯科的倡议在荷兰得到了反应；荷兰这会儿在白海的贸易已排挤了英国。

在所有北方国家中，瑞典是俄国最近的新教国家，是波兰的敌国，是成为其盟友的最佳人选者，但干预情景记忆犹新。古斯塔夫·阿道夫认识到要实现其计划俄国支持十分重要，曾两度提议建立攻守同盟，但均遭拒绝了。然而关系还是密切的，1631年瑞典是在莫斯科设立常驻外交代表机构的第一个国家。作为谷物和硝石供应的回报，古斯塔夫·阿道夫为招募雇佣军到俄国服务提供方便。费拉雷特甚至同意一项不那么现实的计划：俄国资助一支由瑞典人指挥的国际小分队从西面进攻波兰；与此同时，俄国出兵从东面进攻。计划如果落实了，俄国就要被卷入欧洲大战了（距离遥远和宗教不同当时一直使俄国远离战火），但吕岑阻隔其间，瑞俄友好关系中断。

费拉雷特甚至更能成功地取得与波兰的另一宿敌土耳其的合作。1627年，土耳其使者口头承诺提供军事援助，但这对土耳其政府没有约束力。对大多数土耳其官员来说，在亚洲的战争放在同波兰的冲突之上。土耳其只是高兴地看到俄波冲突；俄波冲突必将削弱双方的实力，没有理由减轻莫斯科的负担。再者，敌对的欧洲阵营根据各自的理由都不想让土耳其攻击波兰，都力图影响君士坦丁堡。

因此，俄国在外交上对它这会儿参与冲突准备是不足的。西吉斯蒙德三世去世（1632年4月）导致的空位期状态促使它在多伊利诺停战协定期满前发起进攻。集结3.2万人马，由M. B. 谢因指挥。由于克里米亚鞑靼人的袭扰，进攻延迟到了秋天；但到年底，1618年割让的主要市镇已落入俄国之手——斯摩棱斯克尚未收复，但在谢因的包围下。他21年前曾守城抵御波兰人，太过依赖城市的防御工事，没有认真备战。当地兴起的游击运动很活跃，但这位思想保守的军事指挥官担心社会冲突再起，视游击运动的领导人为危险的造反者。俄国的入侵促使波兰舆论更加拥护新国王弗拉迪斯拉夫；他起兵援救被困的斯摩棱斯克。1633年10月甚至包围了谢因的人数多得多的大部队。弗拉迪斯拉夫做了合乎时宜的让步，从而确保了第聂伯地区哥萨克人的支持。莫斯科未在他们最近起义期间帮助他们，蜂拥而至的大军大肆侵入他们的领地，他们已不抱幻想。俄国军队的士气已很低落，克里米亚的鞑靼人在波兰人的鼓动下向没有设防的南部边境发起大规模进攻时更加一蹶不振了。贵族们大多逃离了自己的庄园；谢因答应的援军开往别处了。军中疾病流行；外国军官由于条件艰苦和军事失利，显得有那么点儿不忠。迫于他们的压力，谢因同意停战（1634年2月），就此他还剩下的8000人将武器和军旗放在弗拉迪斯拉夫脚下后被允许撤走。

对战争的指挥和结局以及战争所导致的额外负担普遍感到不满。费拉雷特已死（1633年10月），对这次战争一直不感兴趣的波雅尔统治集团找到了一个替罪羊。谢因趾高气扬的样子引起了他们的忌惮；他是费拉雷特密友圈子中唯一一个与朝廷没有关系的人，因此特别易受打击。他被指控犯叛国罪，受到秘密审判，被处决。然而这一大溃败的责任应该由政府来负，因为它轻率、欠考虑地投入了战争。中欧这会儿进入战争间歇期，而巴尔干半岛上那预期的大规模土耳其攻势也没有发生。斯摩棱斯克战争表明莫斯科还不够强大，还难以在得不到国内各不同派别的支持下独自力克波兰。

第十九章 波兰扩张的终结与俄国困境中求复兴

战争虽说失败了，但随后于1634年5月在波兰利亚诺夫卡河畔签订的和平条约使俄国获益颇丰。领土原状得以恢复，但更为合意的是（以财政补偿）取得塞尔佩伊斯克地区。更为重要的是，弗瓦迪斯瓦夫最终放弃了对皇位的要求，从而使俄波关系正常化成为可能。莫斯科不愿从根本上调整政策，不为波兰建立宪法联盟的提议所动，但这会儿同意进行地方层面的合作，共同打击抢劫掳掠的鞑靼人。偏见难消，但越来越清楚的是：对波兰的敌视破坏了俄国南部地区的安宁；俄国统治者们这会儿才注意这一地区为时已晚。

俄国还是难以防范由来已久的鞑靼人袭击的威胁。① 军队主力通常集中在莫斯科紧南面以保卫首都，而更南面分散的村落则由几个军事哨所警卫着。米哈伊尔统治的20年里没有顾及边境的防御工作，一是缺乏防御手段，二是因为莫斯科低三下四地每年纳贡（美其名为"送礼"），以与克里米亚可汗吉尼贝克建立友谊。17世纪30年代初之前一直维持着尚算可以的和平。这主要是因为鞑靼人在忙于袭击波兰和内斗，但形势发生了变化。这是几种因素导致的结果：年事已高的吉尼贝克难以约束其追随者了、连年干旱、土耳其与波兰签订了和平条约、与莫斯科在哥萨克人的袭击和进贡数额问题上的紧张关系；最后一点是：由于斯摩棱斯克战争而对边防守卫的进一步削弱，为鞑靼人提供了一个极好的机会。1632—1634年的多次袭击极大地影响了战争的结果，随后又有多次袭击，主要是诺加伊鞑靼人的袭击。②

这一严重的威胁亟须加强防卫。然而基本战略没有改变：军事指挥仍旧高度集中、没有战斗精神，而贵族骑兵与高度机动的入侵者不相匹敌。但向南迁移的人数显然越来越多，出现了许多新建的有守备部队驻防的市镇，特别是在顿河上游及其支流河畔。也给居住在顿河下游的哥萨克人指派了重要任务。这些自由的武装集群主要由逃离莫斯科压迫的人组成，实际上享有自治地位。答应接受之后的回报是：

---

① 17世纪上半叶期间，莫斯科因鞑靼人的袭击丧失了大约20万男人、女人和儿童。克里米亚的鞑靼人是放养牛群的游牧人群，袭击邻国抓人，将其卖到东方国家的奴隶市场，以增补其菲薄的收入。克里米亚可汗形式上是土耳其苏丹的封臣，但实际上遵循着多半是独立的政策。乌克兰首领也是这样，因为可汗的权力不是绝对的。

② 大诺加伊族群通常游走在伏尔加河以东的大草原上，1616年归莫斯科管辖。但1634年在卡尔米克人的挤压下向东迁移，而在顿河地区哥萨克人的驱赶下又向西迁移，到达与克里米亚人和亚述地区自治、权力高度集中的小诺加伊族群相连接的地盘。1639年恢复原状。

他们接受金钱和粮食等授予物。他们在动乱时期曾显示过他们的力量，政府不想与他们对抗。这一态度是冷静思考的结果：充分利用他们的战略潜力，这无损于他们的利益，特别是土耳其还在旁边。土耳其人对哥萨克人时不时的袭击提出了抗议，但莫斯科否认负有责任，对哥萨克人进行了严厉申斥，甚至采取一项报复措施。而哥萨克人自认为是真正的爱国者，对政府政策的利己主义不存幻想。他们十分敏感，对俄土复交任何蛛丝马迹都表示反对；俄土复交危及他们不牢靠的自由。他们利用两国使者途经其领地这一事实向莫斯科施压。

1637年，哥萨克人自行夺取土耳其大型亚速要塞，处决他们扣押的土耳其派往莫斯科的使者。这可能会导致俄国一直设法避免发生的战争。俄国急忙派遣使臣去安抚土耳其人，还要准备应对鞑靼人不可避免地发起的报复性袭击。但它运气真好，土耳其人和鞑靼人身陷别处，哥萨克人借机巩固了自己的胜利成果。一直到1641年苏丹易卜拉欣才发起长期想要的大规模攻势。哥萨克人以一当十，以难以置信的英勇无畏气概御敌，最终迫使土耳其撤退。哥萨克人意识到他们受到的重大损失难以使他们再创这样的辉煌，于是将战利品奉献给了沙皇。

这一大好时机使莫斯科面临着一大困境：占有亚速从根本上改变了俄国的国际地位，但使它卷入了一场危险的战争，没有盟友，要独自抗击奥斯曼帝国这一强权大国。在召集来讨论这一问题的议会上，大多数集团的发言人在本分地承诺支持沙皇的同时，都大声疾呼要求消除他们的种种不满。一场大战似乎足以使国家再次陷入动乱时期。土耳其使臣急切地提醒有相关的危险。派到亚速的专员报告称要塞已成一片废墟。莫斯科勉强地命令哥萨克人撤离（1642年4月）。

和平从而得以维护——但付出了代价。哥萨克人遭受了土耳其人增援亚速的驻军的报复，莫斯科却无动于衷。鞑靼人认为撤退是种软弱的表现，重又发动更猛烈的袭击。他们1643年和1644年的袭击是直接受土耳其鼓动的，土耳其对俄波复交征象感到不安。俄国尽管经历了30年缓慢的恢复，但一长队被掳人员穿过大草原进入奴隶市场乃最好地证明了它还难以维护自身的绝对安全。

米哈伊尔在位的最后年代里俄国与欧洲其他强国的关系特征是一贯的优柔寡断、明显不愿承担自身的国家和国际职责。莫斯科好像是有意识地落入一种自我孤立的状态,显现出一种呆滞、死气沉沉的氛围。费拉雷特时期倡导的与新教国家比较密切的关系这会儿变得冷淡了:很少有使节来了,派出使节就更少了;力图驱赶瑞典侨民。俄国对瑞典势力增强的疑虑促使它比较友好地看待丹麦了。瓦尔德马亲王当选为沙皇的女儿伊琳娜的合适配偶。瓦尔德马得到明确承诺:他的新教信仰将受到尊重;他在这样的诱导下极不情愿地到了莫斯科,可不久他被要求皈依东正教。他不为威逼、恳求所动,拒不从命,于是被监禁关押。外交干预无果,直到米哈伊尔去世(1645年6月)后他才获释。要寻找这桩怪事——莫斯科一直对西欧持有保留态度的理由必须在国家这会儿正深陷的宗教和文化危机中寻找。

　　动乱时期给俄国人民留下了深刻的心理影响。一方面,对无政府状态和外国统治的憎恶增加了俄国特有的、坚守民族和教会传统的精神;另一方面,传统观念的突然消失损害了"神圣的俄罗斯"是真正虔敬东正教、享有神恩和神佑的唯一领域这一引以为豪的信念。试图阐释大动乱引起的问题的人们开始挣脱蒙昧主义和盲从强加的知识枷锁、启用他们的智力和想象力。与外国人接触的增加促使自由探索精神的发扬。时至米哈伊尔统治末期,莫斯科有一个西方(主要是新教国家)商人、工匠和士兵参加的社团,人员1000多,十分活跃。特别是在宫廷圈子里有许多俄国人虽然表面上十分保守,但乐于在衣着、做派上——不可避免地在思想上——学西方样。有位杰出的贵族I. A. 赫沃罗斯蒂宁在索齐尼教义的影响下对神学教义提出怀疑,说沙皇是暴君,声称与西方相比俄罗斯就是片知识沙漠。他计划逃往海外,但其愚昧的农奴出卖了他(这是一个很典型的事例)——然而诚如他所说,他对他们很关心。赫沃罗斯蒂宁在求得新教教义以代替其已抛弃的教义之前,去世了。他以自我为中心、浅薄、浮华,过于追求外国的一切,早早形成了常见于18世纪俄国的一种文化风气。

　　这一发展形势自然惊动了有影响的且沙文主义的教会统治集团。该集团力促政府严控俄国人跟"可恶的外国异教徒"交往的机会。1643年一法令命令拆除莫斯科的几处新教教堂。这种权宜之策显然是解决不了问题的。但政府意识到以国家利益为重就需要获取西方技术,不想严密封锁,使国家与外界完全隔离。比较理智的教士认识到,异端邪说只有靠传播知识才能有效地加以制止;但俄国教会是根本完不成这一任务的。传统上学习是不受重视的，就像是会犯理性阐释罪：真正的知识得自宗教信仰，特别是得自对古老的、约定俗成的仪规的严格的遵行。此外，再也难以掩盖的是祈祷书中错误百出，所以俄国教会的礼拜仪式不再跟东正教世界其他地方举行的礼拜仪式一致了。但哪怕是有那么一点点改正的想法都会引起最严重的问题。因为礼拜仪式极其重要，改正就意味着认为俄国教会不再是纯正的典范，沦为了异教，需要从基辅①和君士坦丁堡寻求指导了，而那里早就被认为已受了罗马天主教的影响。

　　三位一体修道院圣徒似的院长狄奥尼修斯1616年适度地对礼拜仪式进行了改革，但被遵循传统者们破坏了。狄奥尼修斯被指控为异端遭收监，但费拉雷特就任大主教时将其释放。费拉雷特主要考虑的是严格教规，在教义问题上排除外国影响、强制绝对信奉俄罗斯东正教。从西俄罗斯移居莫斯科的东正教教士必须重受洗礼；他们的活动受到严密监视。西俄罗斯教士撰写的书籍遭到仔细检查，看有没有异端邪说；有些书被公开焚烧了——但由于很难找到当地出版的著作，所以这些书都是以手抄的形式在流传。费拉雷特任大主教期间，改正工作进展很慢。但他去世后，西俄罗斯的影响大增，一些通常载有礼拜仪式革新的著作出版了。

　　因此播下了大分裂的种子，导致米哈伊尔死后数年俄国教会和俄国社会发生了分裂。对外国影响的民族厌恶情绪和对传统礼拜仪式实施的一往情深是分裂派观点的两大特征，但他们所持的不同意见实际上是更深刻的。"狂热分子们"——这一时期著名的未来大分裂的领袖们——试图对国家的宗教精神生活进行全面革新。信奉东正教的莫斯科人出了名的虔诚实际上是表面形式而已。欧洲其他地方少见如此冷酷的粗野、如此粗鲁的举止和道德败坏。牧师们树立了坏榜样，不怎么受尊敬：他们太无知，难以胜任布道活动，举行老一套的礼拜仪式。做礼拜时的表现极不严肃、不虔诚。以敢于直言的教区牧师 I. 内罗诺夫为首的一批于心不安的"狂热分子"以一种完全不合教会官方意识的宗教热忱发起运动要求革除所有这些弊端。教会统治集团

---

① 基辅这会儿成了波兰一立陶宛东正教人口中宗教复兴的中心，从1620年起有了一个他们自己的、隶属于君士坦丁堡的主教团。西俄罗斯在基辅有一所神学院（1631年彼得·莫希拉将其改为一所大学），还有一个初级学校体系，文化上比起莫斯科来要更为先进，莫斯科根本就没有一所正规学校。

越来越官僚化。高级教士过着豪华、奢侈的生活，一心维护政府授予他们的种种特权。他们难以满足普通信众的愿望，几乎无一例外；"狂热分子们"也就很自然地对他们有了强大的吸引力。

在西方，宗教分歧在很大程度上是种民众对社会、经济压迫情况表示不满的方式。而在俄国，民众大多生活在赤贫状态下；动乱时期的情况表明，普遍的认命态度和情绪极其强烈地爆发是不矛盾的。不利的自然条件，而更重要的是政府无穷尽的需求，阻碍了生产性资源的开发和财富的积累。政府只一心忙于满足一时的财政和军事需求，不顾经济后果。尽管政府实施了这样的政策，取得的经济发展还是充分显现了出来（至少是政府政策附带产生的结果）。图拉兵工厂的建立就是这方面的一个典型的例子。为国内市场生产制成品（玻璃、纸张等）的规模不大，成就也不大。俄国丰富的矿藏差不多没有开发。

由于每村、各庄园往往是个差不多自给自足的单位，所以贸易难以大规模开展。市镇有其巴扎式的市场，带有一种东方式样（莫斯科除外；那儿以拥有 20 万人口而自豪）；市镇都不大，而且与农村紧密相连，享有特权。商业阶级人口不多；他们的社会地位很低。最富有者被抽调任政府雇员；其他人在重税负担和义务服务下艰难从事商贸活动。难以获得贷款，利率奇高，使用棍棒、皮鞭逼债。商人们是贪婪的地方官员们垂涎的敲竹杠对象：例如，他们可能肆无忌惮、毫不顾忌法律后果地随意没收商人的财产。此外，商人们还要受拥有种种贸易特权和专卖权的政府、步兵和其他军人、大地主划设的免税居留地上居民相竞争的影响。最后，他们还面临着更具企业心、更有经验的西方商人的竞争；西方商人几乎完全控制了对外贸易这一俄国贸易最有利可图的部分。俄国的出口品中毛皮和其他林产品占有主导地位。西伯利亚丰富的自然财富导致了具有重大政治和经济意义的事态发展：俄国获得了亚洲北部地区的大片领土。这多半是个自发的进程。受能够轻易获利的引诱，设陷阱捕兽者、商人、哥萨克人和军人们迅速向东渗透，征服了几乎毫无防卫的当地人，用在战略要地设置要塞和木堡的方式确立俄国的统治。克拉斯诺亚尔斯克城的兴建（1628 年）完成了对叶尼塞地区的征服；17 世纪 30 年代勒拿河水系一带落入俄国人之手，1639 年一小队人马到达鄂霍茨克附近的太平洋岸。4年后，一考察队勘察了贝加尔湖以东地区，乘船顺阿穆尔河而下直至河口。跟中国建立了断断续续的联系。俄国的殖民政策在实践中其特点是十分残酷。毛皮——向当地人大量征集的贡品皮和向俄国商人征收的什一税——数量不断增加，源源不断地运回莫斯科，占有国家收入相当大的部分和一些私人财产的主要部分。

但绝大多数俄国居民的生活靠农业。"动乱"大难之后人口开始增长，耕地面积增加。

17世纪20年代和40年代对莫斯科地区的庄园进行的调查表明：农户数增加了2倍抑或3倍。北部地区大草原的肥沃黑土地被开垦成耕地。但农业技术仍像以往那样原始，生产率即使有所增长也有限。农村的幸福安康不仅有赖于自然经济因素，也有赖于其法律地位。大多数农民这会儿生活在属于皇室、教会和私有土地所有者的庄园上。主要的一个例外是北部林区的"黑"农民①：他们尽管要缴纳较高的税，但生活得比其他大多数农民好。

皇室庄园上的农民和一些大地主（教士和一般信徒的）庄园里的农民较之隶属于乡间贵族的农民来说也享有一定的物质利益。但所有隶农的经济状况和法律地位这会儿大体上均显著恶化了。暴乱造成的破坏使他们急需借贷（钱、种子、牲畜和农具），而只有地主能够提供借贷。这些借贷（实际上往往甚至没有借贷）的回报是农民要立约以货币抑或实物形式付费，抑或在地主的田地上从事无偿劳动。一般没有期限规定，农民保证他们自己及其后代不会离开田庄，故此就成了农奴，永远被他们耕作的土地的主人束缚住了。法律地位、经济状况不及农奴的是那些人所共知的博比利，②（由于他们贫困，所以不用纳税）和家庭仆人（他们通常不是农民，是奴隶）等。绝对的奴隶制这会儿真的很少见了，但债务奴普遍存在。这儿所说的债务通常不是实实在在的：是饥饿驱使各阶层的人们为了生存而牺牲了自己的自由。

---

① "黑"农民直接向政府部门缴税，不通过地主。这些人是大多数土地系农民所有时代的仅存者。他们向政府交租。政府理论上是他们土地的主人，但通常并不干预农民们的经济活动。但他们有可能会被强制迁徙至其他地方；这样就形成了另一类"黑"农民——西伯利亚的"自由庄稼汉"，但西伯利亚的农业尚未大规模发展起来。

② 博比利一般没有自己的土地，但其他一些类型的农奴虽非赤贫，也成了博比利，因此这一名称没有确切性。

政府通常并不干预诸如与农奴之间的关系。地主认为合适就随意要求农民缴纳这些费、税，但这税率显然影响着农民纳税的能力，而政府只是要地主负责尽快募集收入。这就大大增强了他对其农民的权力。他在法律问题上的权力差不多也是绝对的。只有最严重的罪行（谋反、谋杀、抢劫）归沙皇的官员处理。莫斯科立法的精神标志是1628年的一则法令：难以偿还债务的地方贵族可以将其农奴送到莫斯科代替他们受棒打。在法律看来，农奴不是人，只是一件动产。

农民们虽说没有合法的匡正手段，但仍有一件有力的武器：他们可以利用劳动力普遍十分短缺这一状况逃至别的地主处抑或逃到比较自由的南部边疆地区。地理条件不利于行动，但这是传统的反抗压迫的手段。这一时期俄国社会史的主题是某些利益集团令人厌恶地竭力堵塞这一漏洞，以使奴役呈全面、绝对状态。

由于较小、较贫困的庄上剥削最重，受这类逃跑打击最重的就是乡间贵族了。而大波雅尔们和修道院则能够以提供更多的借贷和更好的条件吸引逃跑的农民。农民们一般都是自己主动更换主人的，但一些比较胆大、冷酷的地主会采用欺骗和暴力手段。上文述及，在一些享有财政特权的大田庄上出现了居留地：手工业和商业中心，逃跑的农民，特别是来自市镇的工匠（即所谓的扎克拉德奇基）。① 这些人虽说人身依附其债权人，但是"白"人。他们不用纳税，因此比起他们来逃离"黑"区的人要好过得多；他们中的一些人实际上仍生活在市镇，但不纳税。扎克拉德奇基引起了镇民们极度愤怒；只要官方仍将这些人登记为镇上人，他们就得替这些享有特权的竞争者纳税。乡间贵族和镇民们的利益从而是一致的：他们都对较富有的地主不满，接受应该强制逃离者返回其原住地这一思想。

政府当然在某种程度上是赞同这一观点的，逃离事件毕竟减少了纳税人和兵源。但教会和波雅尔们施加了相当大的影响，特别是在费拉雷特统治时期；费拉雷特游移于各压力集团间的政策实际上对他们有利。一些波雅尔拥有3000多个农户，而许多修道院甚至拥有更多农户。三位一体修道院保留了所有其古老的特权，并被授予特权：遣返逃跑者的期限为9年；而对其他地主规定的期限是5年，从逃跑日

---

① 直译为"被抵押人"（zaklad=抵押）。

算起。大地主们有时在查找逃跑者时会得到官方协助，而其他地主只能靠自己查找了，强制逃跑者返回的希望很渺茫。

费拉雷特死后，政府丧失了自信，较易受外力所左右。贵族这会儿已改善了其经济状况，比起20年前来更想要通过全国范围的政治行动来达到其社会目标。组织起来的机会是每年为边防所做的动员：2万人的武装力量连最最专制的政权也不敢小觑。1637年，应他们的要求，遣返逃跑者的期限从5年延长到了9年、为旁听对大地主诉讼做了更令人满意的规定、禁止大贵族在南部边境地区攫取土地。镇民们也获得了让步：先前遣返扎克拉德奇基的努力在官员们的拖延权谋下落空了。这会儿他们中的大多数人被遣回到他们原处。1641年，乡间贵族吵吵嚷嚷支持他们的要求，要求彻底废除对遣返逃跑者的期限规定。这一紧张局势是他们在亚速问题上抱不合作态度的客观原因。政府没有答应他们的全部要求，但将期限从9年延长到了10年（以暴力抓获的农民为15年），并采取其他种种措施，诸如废除军人订立的奴役契约。这为1648—1649年发生的事件铺平了道路。1648—1649年发生了贵族和镇民们参加的严重骚乱；这骚乱产生了意义重大的社会成果；这些成果记载在沙皇阿列克谢法典中：清除居留地；控制教士的土地占有；农民属于现在的主人；最后一点是废除遣返逃跑者的期限。

逃跑仍是可行之事——但此后绝大多数俄国人必须戴着奴隶制这副沉重的枷锁。社会的特性这会儿已然形成，一直影响着接下来的两个世纪。各阶级对权力至高无上的专制官僚政权有其各自特定的应尽义务。这一制度系由阿列克谢、彼得大帝和叶卡捷琳娜一世不断完善和现代化。但大部分基础还是谦逊的米哈伊尔·费奥多罗维奇统治时期打下的。俄国人民为从衰弱中恢复过来、缓慢向大国地位发展，付出了沉重的代价。

第 二 十 章

奥斯曼帝国（1617—1648 年）

  苏丹艾哈迈德一世1617年去世后，皇位继承问题变得特别重要。奥斯曼土耳其人的习俗是在位苏丹的儿子们要在很小的时候即被派出去统治小亚细亚的各行省。因此派出去的亲王职衔为省长。派出后，他就得在随行的显贵和当地政府官员的指导下接受有关奥斯曼土耳其人的风俗习惯和独有文化的良好教育。这一教育包括语言和文学、体育锻炼和武器训练，更有反复灌输的如何统治帝国的实用知识——简而言之，一种旨在使亲王若能登上皇位有能力进行统治的教育。

  与此同时，奥斯曼土耳其人还有一个习俗：新苏丹必将立即下令处死他所有的兄弟及其儿孙。通过实施这种"弑亲法"（law of fratricide）施加在同胞亲王们身上的压力是沉重的。他们意识到：赢得皇位还是死亡是给他们的最终选择，遂以他们能够调用的一切手段竭力增强才干以备他们父亲去世的那凶恶时刻的降临。他们各自在自己所辖的行省设法创建一个武装部队核心，此外在高门的高官显贵和皇家军队中[1]组建为其事业而斗争的小集团。

  苏莱曼大帝之前历代奥斯曼帝国苏丹以及苏莱曼大帝持续取得的杰出成就，在很大程度上得归因于这些因素的影响。在行省执政时取得的经验对为登上皇位做准备是非常宝贵的。"弑亲法"——不管根据道德对其做出什么样的评判——至少有一种有益的影响：法规施加一种心理压力。这压力促使亲王们面临死亡的威胁努力全面培养其个人的能力。

  皇家的生死事件这会儿导致发生了不那么有利的情况。谢利姆二

---

[1] Cf. Vol. III in this series, pp. 347-8.

世（1566—1574年）只有一个儿子，即未来的穆拉德三世；而穆拉德三世（1574—1595年）也只有一个儿子，即未来的穆罕默德三世。他们都到了该被指派去小亚细亚的一个行省的年龄了。穆罕默德三世（1595—1603年）注定要成为最后一位被派遣出去担当省长的王子。

"弑亲法"也该废弃不用了。法规是14—15世纪奥斯曼土耳其国家正在崛起走向伟大的困难重重时用以限制朝廷发生矛盾和政治产生分裂危险的。但在穆罕默德二世（1451—1481年）统治时期进行了长时间的巩固工作后，这些危险成为历史了。从此以后，"弑亲法"对奥斯曼土耳其国家就弊大于利了，1481—1482年、1511—1513年，特别是1553—1561年间激烈的继位争斗就证明了这一点。当时的一则源自西方的消息宣告：1574年穆拉德三世登基时不顾穆夫提（伊斯兰教宗教领袖）的请求强制执行了法规；穆夫提强调这样一个事实：即穆拉德的兄弟们都还未到足以对帝国构成危险的年龄。这一陈述可能是反映了伊斯坦布尔官场显示出对继续使用"弑亲法"理由的怀疑；可以说，继续使用"弑亲法"已有违初衷，已失去了其价值。

1595年发生了皇家历史上最可怕的杀害兄弟事件。穆罕默德三世登基时下令处死他的兄弟，总共19人。而这一残酷事件也成了旧"弑亲法"的最后一次执行。1603年穆罕默德三世去世，使高门的高官显贵们面临着一个空前的局面。去世的苏丹留下两个儿子——艾哈迈德当时不足14岁；穆斯塔法比艾哈迈德小2岁。老大艾哈迈德这会儿登基了，但没有下令处死穆斯塔法。艾哈迈德尚无儿女。如果穆斯塔法被处死，而万一艾哈迈德在育有一子之前去世，奥斯曼皇族行将绝种。因此穆斯塔法不能死。他被禁止走出皇宫，不去小亚细亚治理一个行省。1604年艾哈迈德一世的大儿子奥斯曼诞生，局势没有发生变化。苏丹艾哈迈德尚年轻，而婴儿死亡率又很高。处死穆斯塔法委实不可行，除非（或者直到）有个能活过童年而继承皇位者。

艾哈迈德一世1617年去世，穆斯塔法成了皇族中最年长的皇子——唯一成年的皇子，从而被扶上了皇位；然而，穆斯塔法是个智力低下的人。他在位只有短短的3个月（1617—1618年）。这表明他没有能力进行统治。他于是让位给了艾哈迈德一世的长子奥斯曼。1622年奥斯曼二世被废黜，穆斯塔法再成苏丹，在位了大约15个月

(1622—1623 年)。由于不称职,第二次被废黜。其后是艾哈迈德一世的另一个儿子穆拉德继位,为穆拉德四世(1623—1640 年)。他没有留下儿子,易卜拉欣继位(1640—1648 年)。

皇家这一生死关系造就了一种新局势。派遣王子到小亚细亚任省长一事这会儿结束了。"弑亲法"也不再执行了。从此以后王子们就在皇宫这一禁地度日了,一直到(或者假如)事态的发展要求他们中的一人成为苏丹。事实上一个新规则出现主导皇位继承了——皇位这会儿在某一辈兄弟里按年龄大小顺序从一个皇子传给另一个皇子,直至这辈兄传遍,而后传给下一辈最年长的在世皇子。皇位兄弟相传——不再父子相传。苏丹易卜拉欣死后,皇位传至其诸位皇子;他们按年龄大小顺序相传——先是穆罕默德四世(1648—1687 年),而后传至苏莱曼二世(1687—1691 年),接下来是艾哈迈德二世(1691—1695 年)。只是在艾哈迈德二世死后,皇位才传至穆罕默德四世的儿子穆斯塔法二世(1695—1703 年)。

这些变革对奥斯曼土耳其国家起了不利的作用。艾哈迈德一世在位前通行的制度极大地确保了历代有能力的苏丹执掌国事。新式的排位顺序难以得到这样的好评;这样的排位顺序使皇子们通常常年懒散、倦怠地活动在宫墙之内——要而言之,过着一种难以使他们具备执政能力,而实际上往往使他们丧失其天赋才能的生活。皇子成年登基乃有可能成为有能力的苏丹。奥斯曼王朝这会儿甚至还能出现一位像穆拉德四世这样强有力的、残酷的君主——然而穆拉德苏丹是个例外。

无力进行统治的苏丹登上皇位必然要对高度集权的政府产生极为有害的影响。苏丹是政府权力之源,他的意愿推动政府机器运转。他如果不规定并指导权力的运用,就有其他人——中央政府中的高官显贵——来替他执行,同时也为他们自己的利益着力对他进行操纵。

这儿评述的时期可以(并非不当地)说是个弄臣和官员们统治的时期——一个权谋、策略结盟、国务中心时不时发生暴力事件时期。闺房中的女眷特别是瓦利德苏丹(在位苏丹的母亲)和卡塞吉苏丹们(Khasseki Sultans)为苏丹生了孩子的妃嫔们(consorts)起着极为重要的作用。她们通常通过黑衣宦官的头领施加影响。他控制着闺房的管理部门。她们为其孩子而争、她们私下个人亲近苏丹、她们之间结盟以及政府高官——所有这些因素都对国务的处理有着明显的影响。可看到1617—1623年间发生的著名事例：穆斯塔法一世的母亲、奥斯曼二世的母亲和穆拉德四世的母亲都卷入过皇位之争。

中央政权中，特别是维齐尔（这会儿人数已增至9人）中也有小集团和阴谋诡计。这些高官显贵力争夺取帝国最高官位——大维齐尔一职，往往跟其他谋求权位的人结盟。他们中的一些人已与皇家公主联姻。这些贵妇有权进入苏丹周围的小圈子，通常对她们丈夫的升迁很有帮助。

讲了这么多因素，还得加上乌理玛（'ulema，精通伊斯兰教教法者）。这些人是教法的护卫者，拥有很大的影响，享有很高的威望。在混乱的这些年里，这些人的影响有时被用以使事态发展合法化，使特定势力权益增长——例如，1648年穆夫提发表了一份法律声明，赞同处死苏丹易卜拉欣。

在复杂的局面中，还在中央政府的军队——特别是在禁卫军（janissary）和皇家禁卫骑士队（sipahis of the Porte）——里发现有另一因素。[①]这些军队这会儿严重超员，而比起以往来军纪差多了，时不时发生兵变：这是因为他们自己要求增加军饷、发放赠品和授予其他特别待遇，抑或是因为来自高官显贵中对立集团的一方或另一方的煽动。

围绕皇位的阴谋、争斗在1617年艾哈迈德一世的年代里特别恶劣、残忍。艾哈迈德的兄弟穆斯塔法是奥斯曼诸王子中最年长者，这会儿成了苏丹。然而他没有统治能力，不久即于1618年被废黜，一些高官——他们中有黑衣宦官头领和穆夫提艾萨德·埃芬迪——跟奥斯曼的母亲马赫·菲鲁泽达成协议，扶她儿子登基。新苏丹奥斯曼二世当时大约14岁，太年轻、太缺少经验，难以掌控所面临的局势。他又未能得到中央政权的军队的支持——他1621年指挥的攻打波兰战役的失利在很大程度上使他处于一种不利的地位。[②]

人们知道他要到麦加朝圣后，他的苏丹位置就不稳了。禁卫军和皇家禁卫骑士队越来越怀疑朝圣是个包藏着对他们怀有敌意的诡

[①] Cf. Vol. III in this series, pp. 347–8.
[②] See below, p. 636.

第二十章 奥斯曼帝国（1617—1648 年）

计——奥斯曼从伊斯坦布尔逃往外省，意在利用当地可利用的武装力量作为工具来抑制它们自己的卓越地位和无纪律行为。1622 年 5 月 18 日，军队暴动，要求处决对苏丹最有影响的一些高官显贵，其中有大维齐尔迪拉瓦尔帕夏。乌理玛委员会成员将要求呈送给奥斯曼二世；但苏丹不愿顺从，犹豫良久才处死迪拉瓦尔帕夏。而此时暴动者们闯入皇宫，放出艾哈迈德一世的兄弟穆斯塔法，欢呼拥戴他为他们的主子。禁卫军中一些人跟穆斯塔法的母亲商讨官员委任事宜；他女婿博斯尼安·达乌德·帕夏这就成了大维齐尔。奥斯曼二世还活着，为穆斯塔法和他母亲的事业而争斗的小集团寝食难安。他们不安是有理由的，一些暴动者希望赦免奥斯曼，想要在将来有那么一天可以为他们自己的目的对他加以利用。达乌德帕夏因此采取了最极端的措施——1622 年 5 月 20 日将奥斯曼二世绞死在伊斯坦布尔的耶迪库勒监狱。

苏丹穆斯塔法第二次当朝是个混乱时期。在此期间皇家军队主导着事态的进展。1623 年达乌德帕夏在围绕着皇位的阴谋和暴力活动中丧生。军队的放纵行为——禁卫军和皇家禁卫骑士队它们之间往往争吵不休——在 1623 年梅雷·胡塞因大维齐尔任内发展到了极点。这会儿政府已是寸步难移，动弹不得。而乌理玛委员会的"反叛"导致了梅雷·胡塞因的垮台以及苏丹穆斯塔法的二次被废黜——这一事件成了恢复某种程度秩序的必要条件。

新苏丹穆拉德四世是艾哈迈德的儿子。他的即位并非意味着弄臣和官员们的统治就此完结了。穆拉德成为苏丹时尚未满 12 岁。他在一段时期仍不过是他母亲科塞姆和临时因事跟她结盟的抑或反对她的高官显贵们手中的一个工具。再者，禁卫军和皇家禁卫骑士队的无法无天仍时不时陡然引起公开暴力行动。1626 年雷杰布帕夏的阴谋看来是导致一场新动乱的因素之一。尽管苏丹穆拉德和他母亲尽力而为了，但这场动乱还是导致了一名忠诚可靠的维齐尔——宦官古尔杰·穆罕默德帕夏，时年 96 岁，曾在苏丹苏莱曼朝和本朝服务——的死亡。当时英国驻伊斯坦布尔大使托马斯·罗爵士认为他依旧"是这个国家最能干、唯一聪明的人"[①]。

[①] Cf. J. W. Zinkeisen, Geschichte des osmanischen Reiches, Vol. Ⅳ (Gotha, 1856), p. 48, note 2.

1631—1632 年突发的暴乱更加剧烈。导致高官显贵中一些主要人物分裂——胡斯留帕夏和雷杰布帕夏为一方与哈菲兹艾哈迈德帕夏和穆斯塔法帕夏为另一方——产生的敌意再次引发了暴乱之火。穆拉德自己的性命不保，不得不牺牲哈菲兹·艾哈迈德以平息士兵们的怒火。他对这一屈辱时刻的反应及时、有力。他认为胡斯留帕夏在很大程度上是这一再次发生的暴力行动的罪魁祸首，遂下令将其处决。动乱再次爆发；在这过程中苏丹再次受辱，甚至更为深切、更为直接，他的朋友穆萨死了。禁卫军和皇家禁卫骑士队在伊斯坦布尔自由放纵、无法无天了大约两个月。穆拉德四世等待时机，一旦时机成熟，随即狠命下手，让雷杰布帕夏消失；他认为雷杰布帕夏是最近动乱背后起主导作用者之一。处死雷杰布帕夏的时间是 1632 年 5 月 18 日——那天是苏丹彻底摆脱高官监护、标志着他真正开始统治的日子。他已在一个危机四伏、行动受限的环境中长大成人。他的性格在其年轻时期严酷、惨痛的经历中锻炼得冷酷无情、铁石心肠。在他自己家里养成了一种强烈地、坚定不移地成为主子的决心，日后主导了他的行动。他接下来在世 8 年的时间里成了可说是所有奥斯曼帝国苏丹中最令人生畏、最可怕的一位。

　　艾哈迈德一世去世后的长期混乱并非仅仅是因为阴谋和小集团在作祟。导致奥斯曼二世被杀的一个因素是上文已述及的当时在禁卫军和皇家禁卫骑士队中流行的看法：他假借去麦加朝圣，意在实施一项置他们于死地的计划。根据托马斯·罗爵士的信件中所说：这一计划的主要提议者是迪拉瓦尔帕夏，是 1621 年波兰战役时提交给大维齐尔的；这就使他注定要在 1622 年暴乱中丧生了。托马斯爵士说他是个敢作敢为、有决断的人；他说服奥斯曼一世赞同"为振兴这一衰弱帝国而提出的一个大胆的、有理有据的、具有巨大影响的计划"①——一个在小亚细亚各省和叙利亚地区募兵、培训一支足以使苏丹能够控制中央政权的军队的部队计划。这一如此大胆的计划仅从其构想上即反映出了奥斯曼王朝面临的特别严重的局势的存在。

　　反波斯（1578—1590 年）和反奥地利（1593—1606 年）接连两场战争致使奥斯曼王朝急需大大增加配备有火器及其技术服务人员

---

① Cf. Zinkeisen, Geschichte des osmanischen, Vol. Ⅲ (Gotha, 1855), p. 745, note 1.

第二十章 奥斯曼帝国（1617—1648年）

（例如军械士、炮手、机械师等）的步兵团——实际上是增加领军饷的皇家军队。中央政权的军队（包括禁卫军和皇家禁卫骑士队）一直是从被俘的基督徒中招募兵丁，向苏丹的基督徒臣民——非穆斯林和非土耳其出生的人——征收儿童税。这些来源的兵丁、税收的增加不足以应付新战况。奥斯曼王朝因而必须将征召自帝国穆斯林人口的新兵补充进皇家骑兵团——抑或至少同样重要的部队。这一重大变革的一个后果是禁卫军和皇家禁卫骑士队军纪的废弛。①

再者，这一变革实行时正值奥斯曼帝国政府面临着严重的财政困难。征战进度很慢，战争所获大不如前。高加索地区和多瑙河中游地区的战争花费太多。这会儿中央政府领军饷的军队人数剧增。国家财政负担更加急迫、严重。政府为了获取巨额所需款项，采取了一些像铸币和将在外省的封地收归己有这样的应急办法。收归己有的土地而后改为包税地，出租给税款包收人。这同样也筹集到人称国务会议税款的附加税款——从前强制征收来应付特需的税款，通常是军事性的需求；但这会儿成了强制性的常规税款了，而且这些年来税率还在不断增长。这些因素——加上其他原因，其中的一个原因是不断增长的人口对资源形成的压力——加起来导致了明显的通货膨胀；这通货膨胀不利于享有固定收入的各个阶层，特别不利于苏丹的领军饷的士兵。通货膨胀委实是个促使他们军纪松弛、不断要求增加军饷和发放赠品的强大的推动力。要求得不到满足，最后一招就是叛乱。他们的要求不断又过分，托马斯·罗爵士在其文中说得对："土耳其苏丹现在成了禁卫军的出纳员。"②

属于皇家军队的大部分人员——军官和士兵——已部署在了小亚细亚。军队大规模调动是为了应付1559—1561年苏丹苏莱曼的两个儿子谢利姆与巴耶塞特之间皇位继承之争期间见诸那儿的危险紧张局势。反波斯战争和反奥地利战争的结果是中央政府领取军饷的军队人数大增，局势遂更为紧张。伊斯坦布尔政府感到其收入难以满足新的过度要求，遂指派禁卫军和皇家禁卫骑士队的人到行省政府任职、领薪水。这些军队在此期间有望控制地方局势，使大量地方资源为它们

---

① Cf. Vol. Ⅲ in this series, pp. 352, 356-7, 360-1, 365-6.
② Cf. Zinkeisen, Geschichte..., Vol. Ⅲ, p. 745, note 1.

所用。军队插手地方事务，从而引起了长期强烈的反应。

苏丹有一支在他指挥下的人数众多、影响面广的"封地"骑兵队伍，通常称之为皇家禁卫骑士队，分布在帝国大多数地区。皇家禁卫骑士队拥有一片每年或多或少有收益的封地。它对这片土地没有所有权——它只接手了它封地的用益权，亦即有权从生活在这片土地上的人们那里收取货币和实物税费。服务得好可使它从拥有低收益的封地上升至拥有高收益的封地。皇家禁卫骑士队由于获得了收入，就得成为好士兵。此外，皇家禁卫骑士队出征时有批随行人员跟从；人员的多少依其封地大小而定——皇家禁卫骑士队必须用它所能获得的资财为这批随从人员配备武器和装备。①

变化着的战争环境已令"封地"骑士——特别是在小亚细亚，那儿的小型"封地"数量特多——不悦。在反对波斯和奥地利的战争中获利越来越少。皇家禁卫骑士队在补给、武器和驮畜方面的损失风险很高；长期战争委实令人难以忍受。有鉴于通货膨胀，这会儿要想弥补损失比以往更难、更费劲了。总之，凡湖（Lake Van）以西和多瑙河中游地区的战斗对只有一片封地的骑兵来说已成了一种无利可图的活计。与此同时，插手政务和封地制中的包税地出租权导致了混乱、"封地"骑兵们发迹机会的无望和不满。

小亚细亚社会动荡的另一个原因是人口的增长——比耕地增加得快的增长。这种失衡及其对生活手段所造成的压力导致了过剩人群——大多来自农民（无地、失业的农民）——的扩大。其人数随着人口的增长不断增加；种种原因促使他们离开土地——例如，通货膨胀的影响、使土地资源日趋枯竭的政府财政需求、税款包收人的剥削以及经济拮据的封地骑兵们的敲诈勒索。

这批自由自在、漂流浪荡的人——通常称之为"levendat"（莱文达特）——中多半成了士兵，为国效劳。中央政府在战争发生变化的情况下不得不扩充通常是非穆斯林和非土耳其出生的人在编的军队。这会儿中央政府不得不允许从穆斯林出生的苏丹臣民中征兵。"莱文达特"这一人力资源使扩军成为可能。从这一人力资源招募来的士兵作为志愿者（gönüllü）在边境地区作战，担任要塞守卫

---

① Cf. Vol. Ⅲ in this series, pp. 348–350.

(Mustahfiz)抑或在称之为"萨里贾"(sarija)或"赛班"(sekban)的地方部队中服役——这支部队的地位有时类似于皇家禁卫骑士队抑或作为雇佣军受雇于一场或多场战役。

莱文达特也在帝国各行省找工作。封地制在战争难以维系、骑士战力不济，特别是要求使用火器的紧迫情势下渐渐失序，而伊斯坦布尔当局仍采取另一种不同于以往的新举措。省长们开始招募大批人员组建步兵和骑士。这些人都招募自小亚细亚的莱文达特组建的萨里贾和赛班。为了供养这些军队，帕夏们在市镇和农村征收一种称之为"赛班税"(sebkan aqcesi)的税费。这一募兵行动致使萨里贾和赛班成了各省武装力量中最大多数成员，实际上也是为开展大规模战役而调集起来的皇家军队的主力。

用莱文达特当兵对小亚细亚来说有着严重的影响。不管是在亚美尼亚和阿德哈尔巴伊扬(Adharbayjan)还是在多瑙河畔和蒂萨河畔，战事吃紧，进展困难。萨里贾和赛班军团时不时会放弃而不是坚持战斗。一些莱文达特士兵脱离军队后也会有战斗间歇期。1590年反波斯战争、1606年反奥地利战争结束后萨里贾和赛班部队返回小亚细亚，陷入失业状态；1603—1607年波斯人发起反击，奥斯曼帝国遂丧失了对1578—1590年间从沙（伊朗国王）手里夺得的土地的控制。这也产生了严重影响。这一控制的丧失意味着成千上万西归的莱文达特失去了工作。

这些为数众多的兵痞中有许多人开始抢劫、造反谋生，往往跟皇家骑兵团中不满分子、土耳其裔流浪汉和库尔德裔流浪汉合作行动。这些反叛分子以"果冻"(jelali)这一新称呼而闻名。向农村和市镇强征一种称之为保护费的税费。"果冻"们于1596—1610年间洗劫了大半个小亚细亚。这实际上是个多方反叛的时期，非常危险；"果冻"匪帮中大多是有大战经历的萨里贾和赛班，善用火器，且有另一善战的军团——"封地"皇家禁卫骑士队——提供的一定援助。

大维齐尔库尤胡·穆拉德帕夏于1607—1610年间平定了小亚细亚的这波叛乱潮，但武装镇压只是个简单的治标之策，动乱的根本原因一如既往。伊斯坦布尔政府力求克服所面临的内部困难。艾哈迈德一世统治时期（1603—1617年）颁布了一部新法典，同时颁布了一些有关重大改革问题的法令。主要目的是减少属于皇家的军队和官员人数、终结禁卫军和皇家禁卫骑士队插手政事、保护各行省使其免受近些年种种弊端的折磨。

改革派看出一些改善似乎与见诸中央政府人员和省长周围的势力之间的利益不合。苏丹的人要求让自己在地方政府中担任税收、有利有权的官职。这一事态发展不合征募来为帕夏服务的萨里贾和赛班官兵们的目的：他们视外省资源为对他们自己幸福有利的财富。奥斯曼二世之死使他们的前途蒙上了阴影。伊斯坦布尔主要负责的高官显贵意识到需要恢复有效的统治，遂提议苏丹应该关注外省，在那儿用有战争经验的萨里贾和赛班组建一支部队，与禁卫军和皇家禁卫骑士队相抗衡。这一提议导致了大维齐尔迪拉瓦尔帕夏和奥斯曼二世本人1622年的死亡。① 这也使行省政府的莱文达特部队与皇家军队和官员之间的对立突出了起来。

1622年事件在小亚细亚的萨里贾和赛班中引起了强烈的反应，不久就在埃尔祖鲁姆的行政长官（beglerbeg）阿巴扎·穆罕默德的大暴动（1622—1628年）中表现了出来。阿巴扎·穆罕默德1622年赶走驻扎在埃尔祖鲁姆的禁卫军；接着是大批莱文达特、"封地"皇家禁卫骑士队士兵和游牧部落的人聚集在他的旗下，使他自己控制了小亚细亚东部和中部大部分地区，所到之处但凡遇到"苏丹的人"即将其消灭。阿巴扎·穆罕默德虽然1624年在卡伊塞里不远处被打败，但还能在1627年于埃尔祖鲁姆击退时任大维齐尔哈利尔帕夏指挥与之作战的军队；翌年他最终向大维齐尔胡斯鲁投降。阿巴扎·穆罕默德在萨里贾和赛班中的势力仍很强，难以将其处死，让他到远离其影响强大的地方任职——他这会儿成了帝国西北边陲的波斯尼亚行政长官。他被调往欧洲，并非意味着小亚细亚的"混乱时期"就此结束。不满、动乱的缘由尚存。这缘由难以消除，长期存在，见诸后来许多时候——例如：1647年瓦尔瓦尔·阿里帕夏反叛；阿巴扎·穆罕默德的侄儿伊卜西尔·穆斯塔法帕夏的发迹很快就在1654—1655年成了大维齐尔；1658年阿巴扎·哈桑帕夏的叛乱。1617年之后奥斯曼帝国政府面临的困难中特别麻烦的是一场新土波战争。沙（伊朗国王）阿拔斯一世（1587—1629年）在1603—1607年间收复了1590

---

① See above, pp. 623–4.

年割让给奥斯曼帝国的领土。1612年签订的和平条约正式承认了波斯人的收复。1615—1618年两次爆发战争,最后确认了1612年达成的协议。1623年冲突再起,这会儿冲突的主战场是伊拉克。

从波斯人手里夺得了伊拉克的北部和中部地区,并于1534—1535年将其并入奥斯曼帝国。南部地区,特别是巴士拉于1546—1547年受奥斯曼帝国控制。伊拉克人口中民族混杂,计有阿拉伯人、波斯人、土耳其人和库尔德人,而又分成了不同的宗教信仰。库尔德斯坦和北部地区大多接受逊尼派(或曰正统穆斯林)教义;中部和南部伊拉克有人数众多的什叶派伊斯兰教信仰者——最著名的非正统穆斯林,也是波斯官方信仰。在胡齐斯坦、卢里斯坦和沙赫里祖尔地区的一些地方奥斯曼帝国统治不稳定——巴士拉(极易受波斯和定居在阿拉伯河畔湿地的阿拉伯人的攻击)、波斯湾西北沿岸的名为阿尔阿赫萨的沙漠地带、一些边境地区(常常与波斯起争端)。奥斯曼帝国也得对付生活在伊拉克西部沙漠地区的阿拉伯部落——当巴格达政府陷入困境抑或落入难以应付时局的人手里时,这些部落就会威胁到从巴士拉到阿勒颇的商路、时不时袭扰定居区。总之,伊拉克本就是个复杂的边境地区,着实不好管制。

奥斯曼帝国对伊拉克的控制在穆罕默德三世(1595—1603年)和艾哈迈德一世(1603—1617年)时期开始弱化。1600年前后——确切时间不清楚——巴士拉落入一个称之为阿夫拉西雅布王朝的地方王朝之手。苏莱曼苏丹统治时期派驻巴格达的奥斯曼帝国守备队已逐步发展成了一个稳固的社会集团,其成员大多是当地招募的兵丁,首先听从其自己的显要们指挥。团队中有位名叫穆罕默德·伊本·艾哈迈德·阿尔塔维尔的人1604—1607年间能够有力地控制巴格达。然而1621—1623年出现了对奥斯曼帝国非常危险的形势。

有位名叫巴克尔·苏巴希(巴克尔:警察局长)的禁卫军军官为他自己组建了一个小集团。这个小集团在巴格达军队中影响非常大;大约从1619年开始苏巴希成了巴格达市最重要的人物——其影响实际上大于帕夏。巴克尔·苏巴希的对立面是穆罕默德·康巴尔集团;穆罕默德·康巴尔是名指挥称之为"地狱"(Azeban)的士兵的军官。1621年两大集团间爆发了剧烈冲突,结果是巴克尔·苏巴希成了巴格达之王,他的对手穆罕默德·康巴尔被处死。巴克尔试图让伊斯坦布尔正式承认他为巴格达的帕夏——但没有成功。高门命令迪雅尔巴克尔省省长哈菲兹·艾哈迈德使巴格达降顺。在这关键时刻巴克尔·苏巴希转而向波斯国王阿巴斯求援。波斯国王立即派遣一支部队驰援巴格达。波斯干涉迫在眉睫，哈菲兹·穆罕默德同意巴克尔的要求并撤军，而巴克尔得到奥斯曼帝国政府的确认后，宣布终止这会儿令人不快的与波斯的结盟。而波斯人包围巴格达，在穆罕默德的帮助下拿下了巴格达。穆罕默德是巴克尔的儿子；他想自己统治巴格达市。巴克尔·苏巴希被处死。巴格达的逊尼派穆斯林遭受了波斯国王的什叶派军队的残酷迫害。

这些事件标志着 1623 年一场战争的开始；这场战争一直打到 1639 年。作为大维齐尔的哈菲兹·艾哈迈德帕夏决心要在 1625—1626 年初从波斯人手里夺回巴格达。由于缺少足够的火炮，他的围攻行动屡屡失败。而波斯国王阿拔斯指挥下的援军又将奥斯曼的军队围困在他们自己的营地和战壕里。哈菲兹·艾哈迈德身处险境，他的部下又多对处境不满，最终不得不解除包围，撤退至摩苏尔。1629 年，奥斯曼土耳其人调集兵力在伊拉克发动另一场大规模战役。然而 1629—1630 年冬季特长、特严寒。雪、雨水、洪涝使得在伊拉克中部几乎难以投入战斗。奥斯曼帝国大维齐尔胡斯鲁帕夏因而决定在沙赫里祖尔边境地区发动攻势。米赫里班一战击溃波斯军队后，胡斯鲁帕夏 1630 年夏占领、洗劫了哈马丹，而后于当年秋指挥他的军队重新包围巴格达——攻击无果后于 1630 年 11 月解除包围，奥斯曼土耳其人再次撤退至摩苏尔。

1630 年战役后的数年间伊斯坦布尔进一步爆发了派别间的剧烈斗争；1632 年穆拉德四世成了名副其实的苏丹。穆拉德苏丹在重新对波斯采取行动前，决定先消除存在于叙利亚的潜在危险根源。奥斯曼帝国从未试图对黎巴嫩进行直接控制。——这一地区为早先定居其间的少数族裔和宗教少数派（德鲁兹教派穆斯林和天主教马龙派教徒）提供安全的山寨避难所。奥斯曼帝国 1516 年征服叙利亚后，黎巴嫩的部落民们仍旧在山区自行其是，相互争斗；假如奥斯曼土耳其人只控制叙利亚的商路和城市，就不会发生任何问题。

有位名叫马恩王朝法克尔·阿尔丁二世的德鲁兹派首领 1590 年开始强化并扩大其影响——这一活动很成功，致使他成了黎巴嫩的主子。他力图控制这一地区的北部地带基斯拉万和附近的沿岸地区，这导致了他与的黎波里的奥斯曼帝国当局的冲突；而他试图向南进入霍兰、阿吉伦和纳布卢斯地区时，又威胁到通往汉志的朝圣路线，这引起了大马士革的奥斯曼帝国当局的不安。然而许多因素对法克尔·阿尔丁有利。他的代理人在伊斯坦布尔用贿赂预先获悉与他为敌的措施。再者，在叙利亚的奥斯曼帝国官员一般任期都短暂——这使他们难以采取长期对抗这位德鲁兹埃米尔的措施。

1613年，当地反对法克尔·阿尔丁的小集团与大马士革的行政长官（beglerbeg）哈菲兹·艾哈迈德帕夏结盟。哈菲兹·艾哈迈德得到增援、与航行在黎巴嫩海岸外的海军中队的配合下，这会儿发起反马尼德首领的行动。法克尔·阿尔丁逃往欧洲；先在托斯卡纳大公科西莫二世，后在西班牙国王费利佩三世的保护下于欧洲待了5年。1618年，他得到奥斯曼帝国的允许返回黎巴嫩。法克尔·阿尔丁再次开始向北扩展其对基斯拉万，向南对阿吉伦、纳布卢斯和萨法德的影响；伊斯坦布尔政府于1622年将这些地方全部交给了他委任的人管理。1625年这位德鲁兹埃米尔在安加尔打败曾协同反对他的当地宿敌和大马士革的行政长官（beglerbeg）。法克尔·阿尔丁随后统治黎巴嫩大约10个年头。他的实力在于其德鲁兹派追随者们——但更在于一支强大的雇佣军。要供养这些军队、要维护拱卫其领地的堡垒、要提供以他自己的名义在伊斯坦布尔花销的经费，法克尔·阿尔丁需要大笔收入。他通过增加他控制的土地，也通过有效地利用它们能获得的一切经济资源来得到这笔收入。他促使贝鲁特和西顿贸易新增长的努力相当成功。他1608年与科西莫二世签订的协议使一些意大利商人、工程人员和农业专家为他服务。与此同时，他支持宗教信仰自由事业，欢迎来自欧洲的基督教传教士，欢迎来自阿勒颇地区的库尔德人，欢迎马龙派教徒——他们中的一些人定居在黎巴嫩南部地区，帮着改善那儿的农业状况。

然而，法克尔·阿尔丁的实力有赖于伊斯坦布尔普遍的混乱，也有赖于他自己的能力。1632年苏丹穆拉德控制了帝国政府。穆拉德四世急欲发起一场反波斯的新攻势，因此勉强允许一个强大政权在黎巴嫩继续存在。这一政权的忠诚可疑，它可能会试图使奥斯曼帝国再度大规模投入东部战争转而对它自己在叙利亚更加有利。大马士革行政长官（beglerbeg）库苏克·艾哈迈德得到支持后于1634年向法克尔·阿尔丁发起进攻。马尼德埃米尔战败，1635年被擒，被押解至伊斯坦布尔，因被怀疑他的影响仍在黎巴嫩起作用、会引起动乱，遂于是年4月被处死。

与波斯的战争这会儿进入了最后阶段。苏丹穆拉德短期围攻后即拿下了埃里温的波斯要塞（1635年7—8月），而后向大不里士挺进；1635年9月大不里士也落入他手。奥斯曼土耳其人发现：像先前攻入阿德哈尔巴伊扬那样，波斯人沿用其一贯的撤退策略——袭扰敌军，使敌军的交通线延长，坚壁清野。苏丹面临着无望获取决定性胜利，遂放弃大不里士，向西撤退至小亚细亚。1635年12月它回到伊斯坦布尔。就在他回到伊斯坦布尔时，波斯人正好兵临埃里温城下。奥斯曼帝国守备队进行顽强抵抗后，1636年4月放弃了要塞。1635—1636年埃里温事件证明了一个早就显而易见的事实——奥斯曼土耳其人在反波斯战争中除非占领其东部边境以外的大片土地，否则不可能取得永久性胜利。然而诚如1578—1590年间大规模冲突所示：这是一个难以达到且难以维持的结局。

穆拉德苏丹这会儿将其注意力转向伊拉克。1636—1638年间大力进行精心备战；这次主要目标是巴格达。1638年5月8日，苏丹离开于斯屈达尔，9月15日开始围攻巴格达。12月14日发起了决定性的猛烈进击。波斯军队指挥官翌日放弃巴格达城。然而尽管下了投降令，有些守城官兵继续抵抗，因而发生了极其惨烈的战斗。战斗中大部分波斯人失去了生命。1639年1月穆拉德四世起程返回伊斯坦布尔，留下大维齐尔科曼克斯·卡拉·穆斯塔法帕夏与波斯国王萨菲的代表进行谈判。1639年5月在席林堡附近的祖哈布达成协议。这一和平条约结束了奥斯曼土耳其人与波斯人之间始于苏丹谢利姆一世（死于1520年）和国王伊斯梅尔（死于1524年）时期的长期争斗。埃里温及其邻近的领土仍归波斯控制，而伊拉克则归奥斯曼帝国。和平条约还包括奥斯曼帝国与波斯间边界线的条款——实际上至少是有关现代国家伊拉克和伊朗的边界线一直延续至今没有什么太大的变化。苏丹穆拉德于1639年6月胜利返回伊斯坦布尔，未几即于1640年2月9日去世。

1617年后历年围绕皇位进行的密谋和争斗中，有一些能够也愿意以负责任的态度行使权力的人，像迪拉瓦尔帕夏（死于1622年）和古尔杰·穆罕默德帕夏（死于1626年）这样的"强人"。这样的一些官员——例如著名的《记事集》作者科苏·贝格——也很有影响力。我们分析了困扰着奥斯曼帝国政府的动乱的原因并阐明了消除的办法。① 这反映了高官显贵和普通士兵中存在的恢复有效统治的意愿；穆拉德四世应该算是为数有限的恢复有效统治者中的一个，这特别表现在他个人控制对事务的处理期间（1632—1640年）。

为了根除帝国境内存在的不顺从和反叛现象，苏丹穆拉德建立了敏锐的情报机构，下定决心——行事无情严酷。伴随着他成长的阴谋和暴力极大地影响了他长大成人。他不顾一切地执行着残酷的、一连串的死刑。据说他曾说过：复仇永不过时，只会长盛不衰。② 威尼斯在伊斯坦布尔财物寄托人阿尔维塞·孔塔里尼认为，从未有苏丹对帝国实行过如此专制的统治。穆拉德身强体壮，善于使用武器。他充满活力，然而神情忧郁。这使他的皇家士兵产生了一种深刻的——而对他的目的来说又是一种重要的——印象。这些同样的品格也为他在萨里贾和赛班军中以及伊斯坦布尔的民众中得到了很大程度的支持；也就是说，他有了可以平息一直时常发生在禁卫军和皇家禁卫骑士队中的不遵守军纪行为的力量。孔塔里尼评论这位苏丹时说：他干起事来孜孜不倦，同时热切地要全面了解一切事情。③ 一种精密的"谍报系统"向他提供有关各省和伊斯坦布尔民众中所发生的事和舆论消息，也使他能够严密监管中央政府的军队。具有重要意义的是他采取措施对抽烟、喝咖啡和喝酒进行限制——在出售这些商品的商店里经常有士兵们聚集；他们在交谈中表达的不满情绪往往激起骚乱。苏丹穆拉德通过这种办法、通过他那无情的脾性所引起的恐惧得以在属于皇家的军团中恢复军纪和秩序——得以减少军队人数，裁汰不想留的人，根除一些恶习。在各省也采取了类似做法，大量改革了"封地"制度，追回已落入法律上没有资格者之手的封地。与此同时，穆拉德四世制定了一部《正义书》。书中包括一系列保护农民的措施。

---

① 参见第三卷，第350—352页。
② Cf. J. von Hammer, Histoire de l'Empire Ottoman, trans. J.-J. Hellert, Vol. IX (Paris, 1837), p. 389, note 3: "Solea dire che non invecchiano mai le vendette benche incanutissero".
③ Cf. N. Barozzi and G. Berchet, Le Relazioni degli Stati Europei lette al Senato nel secolo decimosettimo, Fifth Series: Turkey, Pt 1 (Venice, 1871), p. 368: "applicatissimo al governo, vago di sape tutto".

改革工作耗时、复杂——而又费钱。再者，反波斯战争需要花费大部分岁入。苏丹在他同时代人中以贪得无厌——用阿尔维塞·孔塔里尼的话说"avarizia per ecesso"①——而闻名，也就不是偶然的了。说穆拉德四世不捞钱，那就等于说他不祈祷、不代祷、不公正、不守法。② 这种看法反映在苏丹下定决心要装满国库上。充实的钱财是他达到目的的最可靠的保证之一——对他个人来说也是一种保障。他可以有充裕的资金确保向他的军队正常支付费用——从而赢得其效忠。有成效地积聚收入、使税收进入政府之手和使官员与税款包收人上缴税款的措施、将没收用作未来收入的富源——这些办法获得了极大成功，以致那时有位威尼斯人皮埃特罗·福斯卡里尼将穆拉德说成是奥斯曼帝国众苏丹中最富有的一个。③ 在他卓有成效的治理这几年里，严肃认真的政策与明智精到的执行两者非凡的结合、凶狠与残暴两者引人注目的结合，一时抑制了帝国境内的混乱无序。但时间很短，得赶快再次加以治理。

艾哈迈德一世1617年去世后，奥斯曼帝国与天主教国家没有过什么重大的冲突。但1620—1621年有过一次短暂的反波兰战争。乌克兰哥萨克人和克里米亚鞑靼人在波兰与奥斯曼帝国领土接壤地带的袭扰是引起两国不断摩擦的根源。例如，哥萨克人也乘船沿第聂伯河和德涅斯特河向南航行，冒险进入黑海，1614年洗劫了锡诺普，1621年洗劫了安恰洛斯。④ 另一个动荡的原因是时不时就摩尔达维亚事务对波兰的干涉；波兰试图将对波兰利益有利的一名司令官扶上隶属于苏丹的这一基督教小国的王座。1616年曾有过一次短暂的冲突；冲突过程中多瑙河一线的奥斯曼帝国边防军使活动在摩尔达维亚的波兰—哥萨克联军遭受了一次重大失败。1617年冲突结束，《布萨和约》签订，规定波兰不得干涉摩尔达维亚的政府事务、双方拟采取措施阻止哥萨克人和鞑靼人的侵袭。

---

① Cf. Barozzi and berchet, ibid., p. 367.
② Cf. Hammer, Histoire..., Vol. IX, p. 421："quello che pe il denao non fa, non lo fa per preghiere, non per intercessione, non per giustizia, non lo fa per legge".
③ Cf. N. Jorga, geschichte des osmanischen Reiches, Vol. III（Gotha, 1910）, p. 463, note 2："E il piu ricco, di tutti i pincipi che sono stati della Casa ottomana."
④ 哥萨克人甚至深入到博斯普鲁斯海峡，1625年洗劫了伊斯坦布尔市郊的叶尼科伊。1637年，顿河河口处的亚速落入他们之手，一直被占到1642年；那一年奥斯曼帝国派遣一支强大的军队才将他们赶出这座市镇。

和约不久即被破坏。1620年奥斯曼二世下令将摩尔达维亚司令官格拉蒂亚尼解职。他寻求并获得了波兰的帮助。在雅西附近的图托拉,多瑙河守军在人数众多的鞑靼部队增援下于1620年9月击溃波兰—摩尔达维亚联军。这会儿苏丹奥斯曼决定向波兰发起大规模进攻——这是不顾帝国政府高官显贵中比较温和者的劝告、不顾波兰使臣正携重新订立和约提案而至这一事实而采取的行动。由于天气恶劣,1621年暮春向多瑙河北进缓慢、艰难。奥斯曼土耳其人在伊萨格萨渡过多瑙河后向霍奇姆运动,可一直到1621年8月才到达。波兰人在德涅斯特河岸安营扎寨,修筑防御工事。奥斯曼土耳其人第一次进攻获得小胜,但随后一连五次攻击均告失败。寒冷和阴雨预告着冬天的来临,而军需品又越来越短缺,这会儿战役该结束了。苏丹奥斯曼不得不于1621年10月与波兰媾和;和约条款内容实际上就是重申了1617年和约的条款。

至于维也纳与伊斯坦布尔的关系——奥地利卷入了三十年战争(1618—1648年)和奥斯曼帝国与波斯的长期冲突;这表明双方均不会打算在多瑙河一线进行重大对抗。管辖边境地区的基督教徒贵族与热衷于消灭异教徒的伊斯兰教徒奥斯曼土耳其人之间沿边界线的小争小斗一直没有平息过。即便如此,1606年通过谈判达成的《席特瓦—托罗克和约》还是于1608年在纽豪塞尔、1615年在维也纳、1625年在吉阿尔马斯、1627年在松城、1642年仍在松城先后得到了批准,只是作了一些细节修改——经过长时期商讨,一致同意拆除匈牙利境内从前兴建的、有违和约条款的小要塞、确定隶属关系(隶属天主教国家抑或伊斯兰国家)以及对像这会儿在奥斯曼帝国控制下的埃尔劳、卡尼萨和斯图尔威森堡这样的大型城寨附近村庄的课税审定,而后批准了和约。

十字军旧思想虽说失去了令人欲罢不能的势头,但在欧洲仍有影响。为了再次实践这一思想,反宗教改革的人们花费了大量时间和精力。这些年披露出了许多入侵奥斯曼帝国的计划——计划提出者主要是一些像纳韦尔公爵(帕拉埃奥洛吉家族一支的后裔)和"伟大的奥斯曼亲王"雅赫雅[据说是苏丹穆罕默德三世(1595—1603年)的儿子]这样一些对奥斯曼帝国领土"提出所有权要求的人"。还有许多计划是要利用巴尔干半岛各国——特别是从未受高门完全直接控制的地区（例如摩里亚半岛上的马伊纳地区以及阿尔巴尼亚和黑山）——当地反抗奥斯曼帝国统治的可能性。一个引人注目的例子见诸1640年提交给雷根斯堡议会的计划：首先进攻阿尔巴尼亚，占领像克罗亚和斯库塔里这样的重要堡垒；基督徒大规模起义，占领通往塞尔维亚的战略要道以阻止来自波斯尼亚和多瑙河中游地区的奥斯曼帝国援军的到来，成功后"挥师"东进，直捣伊斯坦布尔。实际上，这类雄心勃勃的计划没有什么成功的可能性。中、西欧国家一心实现各自的野心，大多卷入了三十年战争，没有意愿也没有办法实践如此雄心勃勃而又毫无把握的计划。至于巴尔干半岛各国"反抗"奥斯曼帝国的统治——这些攻击计划的重点放在了像马伊纳和阿尔巴尼亚这样的地区，这就足以说明这种"抵抗"的性质和局限了。这种"抵抗"只是反映了维护当地传统和生活方式的意愿，远非以"十字军"名义普遍起义的热忱。

而比较实际的方法是可利用反宗教改革的力量。《维也纳和约》（1615年）有一条款允许耶稣会士保留他们自己在奥斯曼帝国内的住宅和教堂。稍后于1622年在罗马成立了天主教传教会，加强了天主教会在东方土地上的活动。再者，黎塞留红衣主教的代理人约瑟夫神父对传教会工作的热心，导致他组织一个嘉布遣会传教团前往伊斯坦布尔。耶稣会士和嘉布遣会修士有驻高门的天主教使团的支持——这使奥斯曼土耳其人对这两个教派有所怀疑，认为它们的宗教活动是源自罗马、巴黎和维也纳的政治野心的一种掩饰。对希腊正教会高层来说，天主教教派的到来是不受欢迎的；对它们的抵制不久就围绕着君士坦丁堡牧首卢卡里斯这个人展开了。他是一位知名的、受人尊敬的希腊宗教、语言和文化捍卫者。新教英国和荷兰使臣站在牧首及其追随者们一边，反对天主教会的代表。

耶稣会士和嘉布遣会修士们遵循其教义，将大量的时间和精力用于教育事业。这会儿在这两个教派的指导下，大批年轻的希腊人——通常出身世家——前往罗马、帕多瓦和威尼斯的天主教学习中心接受教育——这会儿在聚集在牧首周围的反天主教势力的指点下，年轻的希腊人也到德意志和英国的新教学习中心学习。1627年一台印刷机从伦敦运到伊斯坦布尔，用以出版用希腊文书写的宗教书籍，以在正教信徒中分发。耶稣会士唆使奥斯曼土耳其人扣押印刷机；印刷商尼科德莫斯·迈塔克萨斯躲进英国大使托马斯·罗爵士家。托马斯爵士提出了强烈抗议；他在高门有很大的影响；他的抗议从而导致了耶稣会士被驱逐出了帝国。1628年罗离任返回英国后，耶稣会士们返回伊斯坦布尔，从此行事谨慎，较前小心，尽量不要引起奥斯曼帝国当局的怀疑。

1639年《祖哈布和约》使高门得以将注意力转向别处。不久它就卷入一场新大战；这次是反抗威尼斯，欲占领克里特岛。沿亚得里亚海东岸，飞地的边境地区仍在威尼斯控制下，奥斯曼帝国边防军和为威尼斯共和国服务的雇佣军——阿尔巴尼亚人、希腊人和克里特人——之间经常发生冲突。海上情况就更不稳定了。威尼斯的海军这会儿与阿尔及利亚、突尼斯和的黎波里的海盗发生了冲突。

危机发生在1638年夏天，一支舰队在著名的叛教者阿里·皮克切尼诺的率领下从突尼斯驶入奥特朗托海峡，袭击了阿普利亚沿岸，而后在出海口卡塔罗外劫掠了一只威尼斯舰船。威尼斯共和国命令当时正在克里特水域巡逻的马里诺·卡佩洛打击海盗。皮克切尼诺躲至发罗拉奥斯曼帝国碉堡的炮火掩护下。卡佩洛封锁发罗拉约一个月后进入港湾，炮轰发罗拉市，夺得海盗的舰船。穆拉德四世仍在进行波斯战争，只得忍气吞声，同意谈判。事件和平解决，1639年威尼斯支付25万西昆赔偿被卡佩洛掳走的舰船。

另一紧张源见诸富有战斗精神的基督教教派——马耳他的圣斯蒂芬骑士团和圣约翰骑士团。在虔诚的基督徒眼里，这些教派由于长期坚持与异教徒穆斯林作斗争，头顶荣耀光环。对穆斯林来说，圣斯蒂芬骑士团和圣约翰骑士团——犹如基督徒眼中的北非海盗——是非常可怕的海盗，因为它们在海上和沿黎凡特海岸进行劫掠。马耳他的活动尤其毒化了奥斯曼帝国与基督教国家之间的关系。1627年源自法国的一篇报道说得清楚：甚至就在欧洲，认为这些教派已然失去历史价值的观点也越来越为人们所接受。一般来说，威尼斯不赞同骑士团的劫掠活动；这些活动有时敌我不分，使共和国国民不愿向它们提供帮助。然而威尼斯共和国也难以对骑士会封锁克里特岛和其他岛上的港口以及在其控制下的大陆领土上的港口。

1644年9月马耳他舰队在罗德岛附近遇到一些装满货的奥斯曼土耳其船只。一阵激烈的交战后，骑士团俘获了这些船只，而后带着战利品驶至克里特岛。这一事件使高门高官显贵中反威尼斯派活跃了起来。1644—1645年奥斯曼土耳其人在为战争做着精心准备——准备工作包括建造舰船、铸造枪炮、在摩里亚半岛和小亚细亚西海岸各港口囤积弹药和粮食。1645年4月30日奥斯曼帝国舰队开往克里特岛，先到开俄斯岛，而后到纳瓦里诺。奥斯曼帝国军队在纳瓦里诺上舰，1645年6月23—24日在克里特岛干尼亚以西不远处登陆。

高门这会儿卷入了一场艰苦的战争——要对付的不是一个差劲儿的对手。克里特岛一直到1669年才落入奥斯曼帝国之手。威尼斯能够承担这长时间冲突的花费这一点就表明了其仍掌握着丰富的资源。威尼斯的衰落始于1498年之后葡萄牙人对印度洋沿岸的征服。这些征服暂时中断但未终止香料和其他东方商品从印度途经伊斯兰教世界流往地中海世界。通过埃及和叙利亚的过境贸易不久就恢复到了以前的水平。比葡萄牙更强大的国家（即英国与荷兰）到达印度洋——以及地中海——时，情势变得决定性地有利于经好望角前往欧洲的海路了。时至17世纪第二个25年，这两个新教国家在跟东方的香料贸易中占有了优势，在地中海当地的运输中也占有很大的份额。然而威尼斯能够在不小的程度上消除这一变化对其处境带来的影响。它力争并成功地保住了其来往于黎凡特的贸易，并将其贸易活动扩展到了亚得里亚海东岸地区。威尼斯共和国在过境费、关税和劳务费方面给予优惠，吸引了许多荷兰、英国商船到威尼斯，从而增加了国家的财政收入。再者，威尼斯政府和平民这会儿开始比以前更积极地开发陆地（即它们控制下的意大利北部的土地）上丰富的农业和工业资源。比起危机时期通常采用的应急措施（捐赠、卖官鬻爵、征收新税等）来，采用这种方式，威尼斯拥有了很好地保卫克里特岛、打击奥斯曼土耳其的财力。

战争初期，苏丹的军队操有胜算。威尼斯共和国在克里特岛的统治无异于控制，往往是一小批受过意大利文化教育、信仰天主教的士兵、军官和政府官员对信仰希腊正教、讲希腊语、遵循希腊习俗的人口进行严酷、令人难以忍受的控制。克里特人民不可能群起捍卫威尼斯对岛的统治。干尼亚于1645年8月落入奥斯曼土耳其人之手。雷蒂莫于1646年11月向奥斯曼土耳其人投降。富有作战经验的军人侯赛因帕夏从1646年9月起统率奥斯曼帝国军队，1647年夏封锁坎迪亚，1648年4月正式围攻要塞。该说一说这时的海军战斗情况了：1645年威尼斯人从赞特驶向佩特雷，炮击、洗劫了城池；他们的舰队也于1646—1648年深入爱琴海，但战果不佳。在达尔马提亚也发生了战斗；奥斯曼土耳其人1646年占领诺维格拉德。奥斯曼土耳其人1647年力图占领塞贝尼科，以失败告终；威尼斯人随后于1647—1648年先后占夺了包括德尔尼斯（Dernis）、宁（Knin）和克利斯（Klis）在内的一些要塞。

时至1648年，大致的战况已然清晰。一些冲突地区只具有地方性意义了。在达尔马提亚战线，威尼斯利用其对海上的控制全力制止奥斯曼土耳其人侵入亚得里亚海沿岸地区。此外，威尼斯共和国试图动员民众（例如，1653年和1659年在摩里亚的马伊诺特人中进行的动员）抗击奥斯曼土耳其人，但收效甚微。

奥斯曼土耳其人必须克服威尼斯海军在爱琴海水域施加的压力。同样重要的是他们必须使在克里特岛作战的军队保有强大的实力——要做的工作包括从希腊南部地区和小亚细亚大规模人员和军需的运送。为了满足这一不断的需要，奥斯曼土耳其人在海上组织了"护航运动"，并雇用许多小船，悄然溜出摩里亚半岛上和小亚细亚海岸边的港口，此外还雇用或强制外国船只（主要是英国与荷兰船只）为自己服务。

威尼斯在克里特岛集中其防御力量保卫坎迪亚这一大型设防的基地——这一行动方针使其能够在岛上集中兵力，同时利用舰队在经济和兵力上随意提供增援。只要坎迪亚不被征服，克里特岛就不是奥斯曼土耳其人的。威尼斯的攻击行动在海上进行。切断向侯赛因帕夏运送人员、军需品的路线，就使克里特岛上的奥斯曼帝国军队绝望了。威尼斯人最大规模地调动海军力量完成这一目的，也就是说力求在大规模作战行动中击溃奥斯曼帝国的战舰，抑或封锁达达尼尔海峡出口，如果可能甚至通过海峡进入马尔马拉海——这是一大极其危险的威胁。奥斯曼土耳其人在战争初期的年代里再次修筑堡垒保卫达达尼尔海峡。虽然有像拉萨罗·莫切尼戈和弗朗切斯科·莫罗西尼这样的舰长稳妥、果断的指挥，威尼斯舰队还是未能完成这一计划。未能赢得这一决定性胜利的一大原因是：奥斯曼土耳其人有另一个在其控制下的集散地——开俄斯岛与小亚细亚海岸间的"开俄斯运河"，船只、增援部队和补给品可以集中于此运往克里特岛。威尼斯共和国的海军力量不足以既牢牢地封锁住达达尼尔海峡又封锁住开俄斯岛周围水域。

1654—1656年，威尼斯在海上发起了其终结挑战。1656年6月达达尼尔海峡口外一场大战击溃了奥斯曼帝国舰队，使威尼斯人得以占领海峡出口附近的利姆诺斯岛和特内多斯岛。奥斯曼土耳其人以一种快捷、惊人的速度利用其丰富的资源，组建了一支新舰队；1657年用这支舰队于9月间收复特内多斯岛，同年11月收复利姆诺斯岛。战争实际上仍在持续，只是时断时续，一直到高门在大维齐尔艾哈迈德·科普卢鲁指挥下最后着力使冲突得以结束。坎迪亚在始于1648年的长期防御过程中已成了一座几乎坚不可摧的堡垒。艾哈迈德·科普鲁卢在长达两年零三个月，也许是本世纪最伟大的武功的围攻之后，于1669年拿下了坎迪亚。威尼斯这会儿接受了向其提出的和约条款。战争结束，克里特岛从此成了奥斯曼帝国的一个省。

穆拉德四世实现了的稳固统治在他1640年去世后——即他最后一位大维齐尔科曼克斯·卡拉·穆斯塔法帕夏掌权期间（1638—1644年在职）——只延续了很短时间。卡拉·穆斯塔法忠诚地遵循苏丹穆拉德的教诲和实践。他力图减少禁卫军和高门骑兵团的人数。与此同时，他小心谨慎地确保军饷得以正常支付。因此，他着力改革币制，实施比较有效、正确的纳税额估定。通过这些办法，他掌权时期的国库得以充盈。然而卡拉·穆斯塔法是位大维齐尔，而不是苏丹。行为怪异的易卜拉欣在位时期（1640—1648年），阴谋、派别再次兴风作浪。卡拉·穆斯塔法的严格控制及其对不法行为的过度惩处引起了一些人——易卜拉欣的母亲瓦利德·舒尔坦·科塞姆、维齐尔舒尔坦扎德·穆罕默德帕夏以及宠臣优素福和侯赛因·埃芬迪（苏丹易卜拉欣的老师）——对他的怨恨。这些享有实权的人物共同密谋，成功地将大维齐尔拉下了马。1644年，苏丹下令处决了卡拉·穆斯塔法。

朝臣和官员的弄权、围绕皇位之争的小集团、对国家收入的管理不善、中央政府军队中再次发生的动乱——所有这些1632年前极其严重的恶行这会儿（1644年之后）主宰着局面，其势不减当年。1644—1658年间，在一些像瓦尔瓦尔·阿里帕夏、易卜西尔·穆斯

第二十章　奥斯曼帝国（1617—1648 年）

塔法帕夏和阿巴扎·哈桑帕夏这样的一些人领导下，小亚细亚的地方分裂势力显著复活。① 1648 年 8 月禁卫军和皇家禁卫骑士队的一次反叛导致了苏丹易卜拉欣被废黜、被处死；他的无能和挥霍无度使他丧失了隶属于皇家的军人和高官权贵对他的信任。易卜拉欣的母亲及其追随者与年轻的穆罕默德四世（1648—1687 年）的母亲瓦利德·图尔罕及其追随者之间的对立引起了 1651 年再次爆发一场恶斗。恶斗中，在其两个儿子穆拉德四世和易卜拉欣统治期间对皇位继承有着巨大影响的科塞姆被处死。必须终止这接二连三的阴谋、反叛和谋杀。威尼斯人这会儿正全力进行海上攻击，即将从爱琴海"突破"进入马尔马拉海。1656 年 6 月奥斯曼帝国舰队被歼，必须立即恢复秩序。在这危急时刻，穆罕默德·科普鲁卢出任大维齐尔，很快就恢复了稳定、高效的统治。他在职期间（1656—1661 年）和他儿子艾哈迈德·科普鲁卢接着在职期间（1661—1676 年）给奥斯曼帝国带来了再度辉煌，然而只是昙花一现、如梦似幻的辉煌。

---

① See above, p. 630.

第二十一章

欧洲与亚洲

16世纪末，葡萄牙帝国在亚洲——葡属印度地区（Estado da India）——已达繁荣鼎盛。政府决算表显示：在官员薪金、牧师的薪俸以及护卫舰队和守备队的维持费用大大超过关税和土地收入。再者，人们都知道：舰长、代理人、过磅员和记账员的外快、贪污受贿和敲诈勒索的收入要比登记薪金多。普通士兵和水兵的生活在平时可能很艰苦，但有望获得奖赏抑或进行洗劫，如果立了功抑或交了好运，有望当个小官抑或被授予土地。政府在果阿、北及达曼的新征服的土地和锡兰地区向愿在当地服兵役的已婚男子授予地产，以鼓励欧洲移民。此外，不管高低贵贱，也不管是一般信徒还是神职人员，人人都可以筹款经商。国王只对少数几种专卖产品——胡椒、肉桂和纯正的香料——感兴趣，运往欧洲，在果阿到莫桑比克、到马六甲和澳门这样的大规模贸易线上销售。地方上经许可的贸易范围很广。由于控制不严，违反专卖权的事件大量存在。最后一点：一些葡萄牙商人、船长和雇佣兵的活动可能通过贸易变成了海盗，在未受王国政府管辖的亚洲地区有所发现。西印度受到完全的控制，东海岸的殖民点内加帕塔姆和圣多美跟果阿只有松散联系，但孟加拉的胡格利、阿拉坎以及稍远处海湾附近的新兴殖民点则是完全独立的。孤立的葡萄牙人定居点散见于印度尼西亚——爪哇岛上的锦石（格雷西）有少数几个定居点。望加锡有二三十户人家，亚洲大陆东南部和中国沿岸近海岛屿上也还有一些雇佣兵和商人落脚地。所有这些殖民点构成了一张葡萄牙人通常与亚洲商人和财务官紧密合作的在亚洲进行贸易的贸易网。它们的贸易就此获利，还有霍尔姆斯、迪乌、果阿、科钦和马六甲的关税收入。地处信风带、有葡萄牙海军保护的贸易站指导着亚洲商人的活动，确保了印度国的持续繁荣。

16世纪末，马拉巴尔胡椒产地受到一场突如其来的战争影响，动荡不安，而早先香料供应地摩鹿加群岛上成功的叛乱只是在一定程度上得益于复杂的秘密贸易网。但澳门与日本之间的贸易加上其与西属的马尼拉之间的非法贸易，得以继续活跃。马六甲的关税收入增加；宿敌柔佛和阿钦求和。在锡兰：葡萄牙人对低地及其贵重的肉桂和槟榔果的控制已经恢复；总督阿塞维多紧密地围困着最后一个独立的僧伽罗王国——内陆的康提。在印度：莫卧儿帝国的兴起以及这会儿在德干高原地区的进展引起了不安，但帝国加诸整个北印度（从信德和古吉拉特的孟加拉）的和平统一则有利于贸易。还有另一利好的事：与戈尔孔达和比贾普尔两王国关系的改善。这两个王国1570年前差点儿摧毁了果阿，但这会儿力求组成抗击莫卧儿帝国威胁的共同阵线。西边的波斯湾：葡萄牙人的三次胜利已经终止来自巴士拉和红海的奥斯曼帝国海军的威胁；波斯萨非王朝的兴起又进一步弱化了威胁。沙（国王）阿拔斯的能力和雄心有一天会危及葡萄牙占据的霍尔木兹，但眼下他鼓励贸易是完全对葡萄牙有好处的。最后一点：东非阿拉伯人在沿岸地区的反抗已被完全平定；与此同时，内陆莫诺莫塔帕帝国的衰落燃起了葡萄牙人溯赞比西河而上的希望。

葡萄牙国王的亚欧贸易以合同形式承包给许多欧洲联合集团，从16世纪70年代起即陷入了困境。安特卫普丧失了货物集散中心的地位；古代黎凡特商路的恢复降低了胡椒和香料的利润率；由于私掠船的活动、装备差和超载，大商船损失严重。由于既没有资金又没有船只可对印度国进行大规模的增援，里斯本与果阿之间的联系因此大大削弱。从而在很大程度上得依靠能在印度国本国内收集、利用的资源。大致在16世纪末之前，这些资源足够了。从东非到中国的主要基地虽然只有不到7000个本国出生的葡萄牙人，但还是稳定的。少数几艘宽身帆船加上较小的帆船同样也就能够保证域内和印度洋、马六甲海峡主要贸易航线畅通，实施一种特许制减少竞争，迫使亚洲商人在葡萄牙控制的港口缴纳通行费。就连像戈尔孔达、比贾普尔和莫卧儿帝国这样的强国也顺从特许制。这种特许制和葡萄牙人保卫的贸易站要塞的强制性，在它们刚到亚洲时可是种新现象。然而到16世纪末葡萄牙人已融进了亚洲的国家制度。熟识了，就放松了防备；而充分利用亚洲人之间的对立争斗，令其难以联合起来进行抵抗。再者，葡萄牙人不太想要将亚洲人排除在全区域的贸易之外，甚至在他们最强大的西印度，对国王维护的一点专卖权的违背也是默认的。葡萄牙人积极地跟亚洲商人合作，跟他们进行合伙贸易，分发领地上的货物，领航或租用他们的船只。印度人携带葡萄牙货物到敌对的亚丁；葡萄牙人以其特权为掩护走私印度人的货物进科钦。荷兰总督范·迪门后来评论道："在印度的大多数葡萄牙人都视这一地区为他们的祖国，不再想念葡萄牙。它们很少抑或不再跟那边做生意，但积极从事亚洲的口岸贸易，就好像他们是那儿的当地人，没有另一个国家。"也许正因为如此，他们才往往比后来的欧洲到达者受到更加友好的接待。葡萄牙人同样因为他们的海军力量和作为贸易伙伴的效用从而在亚洲确立了表面上看似稳定的地位。然而 1596 年由于荷兰船舰在亚洲水域的出现，平稳的局势开始激烈动荡。

荷兰人从里斯本批发亚洲货物运往北欧销售。这一运作日趋强盛，数年来一直受到西班牙政策的威胁。他们因此将其贸易推向地中海和黎凡特，到西非冒险，探寻通往中国的北线，无果。费利佩三世扣押了葡萄牙港口的所有荷兰商船，终止了其私下交易，这导致荷兰商船首次绕道好望角向东航行。凭借西非经验和林朔滕（Linschoten）与豪特曼从果阿和里斯本得到的关于印度国的详细信息，商船直驶巽他海峡爪哇港口班塔姆。这儿是个胡椒、香料贸易的上佳基地。再者，诚如布劳威尔 1611 年的发现：利用东南信风（trade wind，又译为贸易风）可从好望角直达基地，不用沿季风航路接触到葡萄牙要塞。

首次航行证实东线是可行、安全的，一批地方性的公司很快成立起来利用这一突破，7 年间不下 65 艘商船驶向东方。最初的指令是只从事贸易获利、避开葡萄牙领地、武力只用于自卫。然而葡萄牙人不想让闯入者安然行事。总督从果阿向亚洲各地统治者施加外交压力，要他们对荷兰商船关闭港口。结果是：阿钦急需帮手打击柔佛，接连三次拒绝荷兰船队入港；班达的基督徒首领攻击荷兰船队；1601 年班达姆和德那第勉强接受劝说驱逐了不守规矩、有海盗行为的荷兰人。这正中荷兰舰队司令们的下怀，顺手开始以暴制暴，参加安汶岛民攻击葡萄牙的东帝汶，围攻其蒂多雷上的要塞；1602 年俘获圣卡塔琳娜号商船——"最大最富的宽身帆船,时时来往于中国"。总督的回击是调动所有能够调动的兵力,归富有作战经验的安德雷·富尔塔多·达·门多萨统率。他威逼阿钦,围攻班塔姆,在安波那岛加强葡萄牙守卫,摧毁荷兰的贸易站,到跟敌人做生意的村庄大肆烧杀。他继续增援蒂多雷,将荷兰人赶出德那第岛,在那儿设置了一葡萄牙要塞。

葡萄牙人如此坚定的决心、1600年末英国东印度公司的组建和法国商船到达亚洲水域促使荷兰人为战争进行更为认真的准备,为此于1602年创建了联合东印度公司。10家东印度公司中的3家已合并,因为使东方物价上涨、欧洲物价下跌的危险很快就显现了。但1602年的联合具有比集中给予分散的贸易活动以指导更为深远的目标:要创建一支军事力量,用以回击伊比利亚半岛的敌对行动、确保荷兰对香料贸易的垄断;没有对香料贸易的垄断,军费负担将难以维系。荷兰国家利益维护者奥尔登巴尔内费尔特策划了这一联合;他曾随意考虑过要在东方建立一种国家体制的贸易站和商船队。私人公司联合组建后,这一联合就得拥有国家的全权——有权跟当地统治者签订条约、建立贸易站、对领地拥有充分主权、征兵组建军队、任命必要的行政长官和军事、司法官员。联合公司的架构是同盟性的:先前已有的阿姆斯特丹、霍尔恩、恩克胡伊岑、鹿特丹、德尔夫特和米德尔堡各公司作为新公司事务室并入,负责装备船只,向单独航行提供资金。但公司的总指导委托给了来自各事务室的17位代表——即著名的"十七先生",但并不享有集中的全权。17人负责年度投资的规模和分配、出售运回的货物和管理筹集的资金;公司债务共同负担。荷兰省指派8名经理人员,提供一半以上的资金,可以在17个人中起决定性的作用。由于选举董事会的制度长期置全权于在其市镇和省区中有权且跟政府有紧密联系的一些人手中,这"十七先生"拥有可以漠视股东的意愿、使公司成为国家为民族独立而战的武器。①

联合公司拥有大量资源,在其两次航行时就派出了27艘舰船,负有军事和贸易使命。由于伊比利亚人使用了"不正当的暴力手

---

① 荷兰人在他们与国王费利佩进行的斗争中,狡猾地集中攻击他的葡萄牙海外领地而不是他的西班牙王国。他们少有的几次对西班牙领土的攻击无一成功。

段"，舰队奉命尽可能地使敌人遭受损失。因此跟卡利卡特扎莫林（头领）、坎迪国王和柔佛苏丹签订了攻守同盟。斯特芬·范·德·哈根占领了安波那岛上的葡萄牙基地，建起一荷兰贸易站，从安波那岛首领们那里得到了对荷兰议会效忠的誓言和对他们所产丁香的垄断权；接着拿下葡萄牙在蒂多雷岛上的贸易站，对葡萄牙的声望和权威是个沉重打击。荷兰舰船巡察了苏门答腊、爪哇、婆罗洲和西里伯斯诸岛以及摩鹿加群岛，向所到之处提供武器，鼓动向葡萄牙人攻击。诚如马蒂亚斯·德·诺瓦所言："在不到一年的时间里就丧失了西班牙人和葡萄牙人一个世纪所英勇征服的一切。"

荷兰人扫荡了东方海域，使葡萄牙的航运业遭受了重大损失，但他们还缺少实力能在陆地上站稳脚跟，特别是在军官和水手们反对董事会要他们登陆作战的秘密命令时更是如此。荷兰人的这一弱点被马尼拉的西班牙人利用；他们力求并获得了来自新墨西哥的援助，顺利占领德那第岛，夺回蒂多雷。荷兰人夺回并艰难地保住了德那第岛东北地区，但当他们进一步发动攻击葡萄牙人的主要陆上基地时遭到了彻底失败。他们成功地在印度尼西亚水域攻击葡萄牙个体商人和他们的亚洲合伙人，但1605年马特利埃夫对马六甲4个月的围攻、1607年卡埃尔登对莫桑比克6周的围攻、1608年费尔霍埃芬率领一支特别强大的舰队在海上巡航对莫桑比克、果阿和马六甲的袭击，均告失败。每次都在海上使葡萄牙人遭受了重大损失——马特利埃夫击溃了总督亲自率领的舰队——但要塞保住了，继续对荷兰人建立的功业构成威胁。

荷兰人想要在西班牙与尼德兰商定的《十二年休战协议》生效的1609年前夺取胜利，从1605年开始加强攻击。由于休战协议在地球赤道以南就从未受到遵守过，这些攻击只是为了从主要目标班达群岛和摩鹿加群岛转移注意力。费尔霍埃芬及其继任者们奉命"或用条约或用武力力求夺得这些岛屿"；他们都依此行事。在班达群岛：头领们同意贸易垄断，但不同意修建要塞；荷兰人强行登岛，修建要塞，逼迫头领们宣誓效忠、签字放弃他们的肉豆蔻干皮和肉豆蔻生产的垄断权。在安波那：重订了1603年签订的同样协议。在特尔纳特：与国王签订了新条约，修建两座新要塞，同时夺占了巴占岛上的西班牙要塞。时至1609年底，荷兰人已从班塔姆到摩鹿加群岛、向北到阿钦、暹罗和婆罗洲、到日本确立了贸易关系；发往长崎的两艘商船在日本受到了很好的接待，荷兰人获得了日本皇室保护和自由贸易。

荷兰人以条约抑或武力要求垄断丁香、肉豆蔻和肉豆蔻干皮，还希望最终垄断胡椒。然而这些个垄断达成前，还有一些问题需要解决。首先是需要有个更加稳定、有效的政府，而不是由一年一度的舰队司令代理的政府。其次，虽说葡萄牙在印度尼西亚有组织的抵抗已被打垮、西班牙的反击已被遏制，但在物价能被控制前，还有英国和一些亚洲的竞争者得清除掉。最后，贸易得多样化。荷兰人开始时像里斯本那样发送出了大量白银。但适于在印度这一贵金属汇聚地做生意的方式很不适合在爪哇和摩鹿加群岛进行贸易；在那儿，印度的棉花和食品是交换媒介；再者，由于贸易的扩展，已难以弄到足够的欧洲白银了。荷兰人和英国人都必须记住：葡萄牙人早已明白，贸易必须以亚洲国家间贸易盈利来驱动，欧洲白银必须用亚洲黄金和白银来增补。

政府问题得到解决：1609年，不仅任命彼得·博特不仅为只负责单次航行的舰队司令，而且任命他为负责公司在东方所有属地的总督，由一个五人委员会扶助。这是对像柔佛这样的同盟者的抱怨——荷兰司令规劝他们与之结盟反对葡萄牙人后就航行走人不管他们的死活了——所确立的解决办法。但荷兰人任命了其总督后，仍管不了果阿。彼得·博特经常在摩鹿加群岛活动，很少能得到他那松散的委员会的扶持。因此得找一个固定的基地：设在柔佛或马六甲，掌管科罗曼德尔棉布贸易、东苏门答腊的胡椒及中国贸易；或者设在班塔姆或雅加达，是为摩鹿加群岛的供应点。这件事让班塔姆和雅加达执政官扬彼得奇·科恩选定。尚未定夺时，由于在班塔姆与英国人发生了冲突、班塔姆统治者日益增长的敌对情绪和爪哇人谋反的流言，他被迫修筑防御工事保卫雅加达商站（factory，即代理商行）。1618年新修筑的防御工事成功地抵御住了英国人、班塔姆和雅加达的统治者们的攻击后，长期寻找的总部最终落实了。雅加达重新命名为巴达维亚，从而成了荷兰的整个贸易和行政中心。

排除竞争者不是一蹴而就的事。"十七先生"指示其总督的一件事是："摩鹿加群岛、安波那和班达的贸易应该属于公司，世界上其他国家不得染指一丁点儿",但使了那么大劲儿也没有达到那个想要的目的。西班牙人被制止在特尔纳特;由于菲律宾和美洲对香料的需求很少,而将其运往欧洲又无利可图,特尔纳特只是个向澳门和马六甲供货的地方。可这也是令人挠头的。而英国人是更为令人担忧的竞争对手。安特卫普衰落后,英国商人走向更远的地方寻找香料和东方物品,首先以俄国公司的名义从伏尔加航行至波斯,而后以黎凡特公司之名在阿勒颇弄到大量避开葡萄牙人控制的必需品。但到1599年,荷兰人的活动威胁到了这些黎凡特物品:"如果我们的香料不能像以往那样从阿勒颇运到英国,……我们公司将难以支付其一半价钱了。"1600年决定成立东印度公司充当黎凡特公司的香料分公司。头两支英国船队径直开往印度尼西亚;如果说日后航行还去了红海和印度的话,这开头只是弄到棉花到班塔姆收购香料。在整个17世纪上半叶,胡椒和香料是英国公司销售的大宗货物。

然而在英国人抵达班达和安波那寻找肉豆蔻和丁香时,荷兰人已进行了15次航行,同安波那人签订了独家条约。亨利·米德尔顿1605年抵达班达不久,荷兰人就到了。他们拿下葡萄牙人的要塞,停止了英国人的生意。米德尔顿驶往蒂多雷,受到友好接待——荷兰人紧跟着也来了。他们赶走了葡萄牙人,同苏丹达成协议赶走英国人。英国人只能够跟艾伊岛和鲁恩岛上的岛民签订一纸贸易协定。其他地方的人们虽然愿意进行贸易,但不同英国人做生意。英国人代之以进行走私贸易,煽动、支持当地人反抗荷兰人。1613年伦敦会议和1615年海牙会议未能缓和紧张局势;与此同时,英国人在亚洲展开了激烈的竞争,在苏门答腊、爪哇、婆罗洲和望加锡以及暹罗和日本开设了商站。1615年,两大公司在东方演变成了公开冲突。1615—1616年,荷兰人无视英国人的权利,占领商站,占领普洛阿伊岛;1617年,他们攻击鲁恩岛,1618年攻击科恩岛。新上任的总督准备在英国人的支持可能导致当地人全面起义攻击分散的荷兰兵力前,先下手镇压英国人。他得到了莫里斯亲王和"十七先生"的明确指示,要将所有外国人——不管在欧洲是朋友还是敌人——赶出香料群岛。然而1618年11月,英国在班塔姆的头目朱尔代恩先发制人,攻击在雅加达的荷兰船只,围攻他们跟班塔姆统治者合作新修建的要塞。但结盟者之间的猜忌毁了要塞,朱尔代恩散开其舰队收集货物。科恩率领 16 艘舰船从摩鹿加群岛赶回,一点一点收拾了英国人;他好像是清除了英国人。

接着从欧洲传来了国王詹姆斯与荷兰议会达成两国公司合作协议的消息。两国将派出 10 艘战舰攻击葡萄牙人和西班牙人,两国均分香料、一半胡椒和 1/3 精细香料归英国人。科恩及其委员会对这种向英国人做出的让步暴跳如雷,决定不理会协议规定,征服了班达和鲁恩。英国也没有履行他们的承诺:1613—1621 年间他们的总收益减少了 90% 以上,一年被荷兰人击沉了 11 艘舰船;这会儿他们被拖入争夺荷兰利益而非他们自己的利益所在的西班牙和葡萄牙属地的活动,代价高昂。时至 1622 年,由于战争,他们在香料贸易中的份额减少了;这显然不能抵偿他们根据协议所支出的经费。1622 年,主管弗斯兰关闭了特尔纳特岛上的商站;1623 年 1 月他在荷兰人的船上下令放弃班达群岛和安波那。后来在 1623 年 2 月 27 日发生了至今不明就里的"安波那大屠杀",当时陶厄森和其他 9 名英国人在安波那被斩首,控以密谋策划消灭荷兰守备队的罪名。屠杀标志着所有英荷合作的终结和英国想要直接进入香料贸易所有努力的失败。

科恩这会儿转而处理其垄断政策的其他两个方面的问题了:对香料生产的管理;清除所有亚洲中间人——他们在港口间贸易中进行竞争,充当向英国人、葡萄牙人和丹麦人提供香料供应人。荷兰人重犯了葡萄牙人犯的错误,不仅试图垄断收购,而且压低价格。生产者受制于被迫跟荷兰人签订的协定,不是起而反抗,就是转而从事大规模的走私活动。"十七先生"坚持低价收购香料、高价出售棉花和大米。议员斯特芬·范·德·哈根指出:葡萄牙人高价收购丁香、允许食品自由贸易,比荷兰公司获得更加客观的收益时,"十七先生"应对之策是下令清除亚洲商人;而香料生产严重下降时,又下令除掉顽抗的种植者。科恩积极支持他们的观点。1621 年,他航行至班达群岛,镇压那里长期以来一直反抗荷兰人要求的岛民。数百人被运往巴达维亚为奴。数千人饿死在山间;与此同时,鲁恩岛上的人被赶拢杀害。斯兰岛遭到了同样的命运。而后生产肉豆蔻的土地分配给荷兰殖民者——科恩认可了葡萄牙的殖民方法——用奴隶干活。安波那和乌利亚瑟群岛后来被选定为丁香的唯一生产区,通过清除不必要的种植园、强制签订低价出售合同和海军巡逻严防走私活动。1636 年后不断发生严重的反抗事件,直到大半个希图岛被毁,反抗才被震慑住。在更为强大的北摩鹿加群岛诸王国同样政策的实施,导致了1646年的大规模起义;这次起义危及荷兰人的整个处境,但也遭到了镇压,丁香和西米椰子种植园被大规模毁坏,人口被驱逐。

对生产的强行控制,同时又抑制亚洲的竞争者。荷兰人到达印度尼西亚时,发现(例如)爪哇的格里塞港市贸易十分繁忙,一年有60艘帆船装运食品驶往班达,回程满载肉豆蔻和肉豆蔻干皮。中国帆船还要再补充食物,用丝绸和瓷器交换檀香木和鹿皮。还有许多定居的葡萄牙和中国商人;他们将领地上的棉花和铜钱交给格里塞的船主运往香料群岛。同马六甲的贸易也很繁忙,用葡萄牙船和雇自国王本人的中国帆船运输。荷兰人破坏了这一贸易,首先扣押葡萄牙商船,而后要求放弃马六甲贸易。他们命令国王放弃其与班达的贸易,国王拒绝,格里塞和中国的帆船统统被扣。

16世纪末葡萄牙人对摩鹿加群岛的控制减弱,西里伯斯岛的望加锡成了另一个重要的香料市场和向索洛岛和帝汶岛上的葡萄牙人供应食品的根据地。荷兰人站稳脚跟之初,许多葡萄牙人定居在望加锡,出售棉花,交换班达岛民、爪哇岛民和马来人运进的肉豆蔻和丁香。他们和苏丹定期派帆船前往马六甲。1624年后,英国人用望加锡做他们走私香料(特别是来自安波那和斯兰岛的丁香)主要来源地;苏丹在安波那和斯兰岛很有影响。1616年成立的丹麦公司在他们的东印度特兰奎巴尔殖民地与望加锡也有经常的贸易往来。1635年,丹麦人和英国人运往欧洲的丁香达40万磅左右,是荷兰人所得的近3倍;与此同时,丹麦人在东印度的竞争价从1631年的1莫恩德(等于82.28磅)20银币降至1639年的4银币。因此,荷兰人从1616年就跟望加锡开战了,扣押望加锡在摩鹿加群岛的帆船,而望加锡支持安波那和索洛岛民众的反抗。但在1641年,征服马六甲后荷兰人腾出手来对付摩鹿加群岛了;1642年,大型望加锡舰队驶援斯兰岛上的反叛,但舰队被消灭。望加锡反抗的力量遭受了损失,但冲突一直持续到1669年;荷兰人大规模地垄断了精细香料。垄断的价格一下就极度上涨了。战争已占用了荷兰亚洲贸易扩展和多样化急需的资金。17世纪20年代,摩鹿加群岛每年丧失10万弗罗林;17世纪30年代,在安波那和班达的损失少了一点。17世纪70年代报偿来了，香料持续获利达 1000% 以上。

荷兰人还竭力想要控制印度尼西亚的胡椒贸易。胡椒 1600 年之前运抵欧洲是途经黎凡特抑或绕过好望角，主要是来自马拉巴尔沿岸的印度胡椒。印度尼西亚的胡椒虽然是大面积种植，但供应亚洲市场。荷兰人投放欧洲市场的这种胡椒是他们从巴达维亚出口的和在尼德兰出售的最大宗商品。

他们在印度尼西亚的主要竞争者是英国人；英国人早先的航行直接抵达阿钦、占碑和班塔姆的胡椒港口；他们第一次运回去的胡椒达 100 万磅以上。他们难以被武力驱逐，因为爪哇和苏门答腊强有力的统治者们不容暴力发生在他们的港口。因此荷兰人力图以低于他们的价格出售商品以打压收益严重不足的英国人。头一个 10 年的确对伦敦造成了困难，因为荷兰和英国联手供货加上传统的葡萄牙进口使欧洲供应过剩了。但 1609 年国王詹姆斯完全禁止胡椒进口，而荷兰公司则确认"自由贸易有时会抑制贸易；外商会故意压价出售他们的香料，从而迫使我们自己的货物卖不出去"。伦敦公司因此确保其国内市场，从而得以建立一个包括汉堡、但泽、阿姆斯特丹和里斯本以及里窝那、威尼斯、那不勒斯和君士坦丁堡等在内的出口中心网。时至 1615 年，价格已然恢复，每年进口达 150 万磅，黎凡特公司的子公司在意大利和土耳其出售了价值 209623 英镑的胡椒。1618 年印度尼西亚水域的海难、1620 年的大萧条和 1623 年跟荷兰人联合行动的累赘造成了一时的财政危机。危机一过，胡椒出口立马再次猛升。1626 年后，向黎凡特的出口一连数年超过百万大关，而在其后的 40 年间利润率收窄，英国总进口额一年达 300 万磅。①

荷兰人虽然在欧洲胡椒市场上唱主角，但显然也未能打垮其竞争对手英国。但他们在抑制其亚洲竞争对手方面倒是比较成功的。他们刚到班塔姆时发现这一穆斯林苏丹统治的土地上有日益增多的外国商人——从马六甲过来的古吉拉特人、阿拉伯人、中国人、葡萄牙人和日本人。古吉拉特人运来棉花交换胡椒，然后将一些胡椒卖给中国帆船，换购中国物品。他们的贸易规模虽然不大，但他们有港务长和商船队长——他们都是印度人——的支持。马六甲和马来商人运进较多

---

① See K. N. Chaudhuri, The English East India Company (Cass, 1965).

的棉花出售以为马六甲收购胡椒和食品。中国人以定居商人为代理商,作为胡椒和布匹贸易的重要中间人,又以每年从中国来的商人用丝绸、瓷器、麝香和铜钱换回胡椒、香料和檀香木。欧洲人带来白银后,增加了丝绸进口。他们与苏丹的议事会和政府的关系也很好。1598年古吉拉特人运走3000袋胡椒,荷兰人运走9000袋,而他们运走了18000袋。

荷兰人想要占有大部分班塔姆胡椒的企图遭到了竭力维护古吉拉特人利益的港务长和得到苏丹支持的中国人的抵制。荷兰人对限制他们采购、要他们出高价提出了强烈抗议。统治者同样抗议荷兰人和英国人在班塔姆的火并、1617年荷兰人强行赶走两艘法国商船的行为。当时的头目科恩起初试图贿赂港务长,后来强抢中国帆船上的胡椒。理由是他向中国人预付了定金,但没有收到他们收购的应许胡椒。虽然"十七先生"指责这种行为"越过了正义底线",但科恩1619年再次进行了强抢活动。接着班塔姆发生了暴乱,统治者禁止向中国人预交订金;科恩坚持暴力行动时,他全面禁止向荷兰人销售。荷兰而后撤退到巴达维亚,修筑工事以巩固城防,击退了英国人和班塔姆岛民的联合攻击(上文已有详述),进而封锁班塔姆。胡椒价格暴跌,中国人离开港口,班塔姆再也没有完全恢复生机。

中国人和其他商人而后移至占碑——东苏门答腊上的一新兴胡椒港口。这儿也还是定居的中国人到内地收购胡椒运到港口,来自中国的商人是胡椒的主要买主。荷兰人和英国人都在占碑设了商站。中国捐客虽然收受荷兰人的预付定金,拒不接受比其同胞出价低的价格,荷兰人再次诉诸暴力。中国帆船放弃贸易。在爪哇岛上的亚帕拉使用了同样的暴力。科恩要求垄断贸易再次导致了1618年对荷兰商站的袭击。1620年科恩洗劫了亚帕拉,摧毁了英国商站,下令杀死所有古吉拉特人,将许多中国人掳至巴达维亚。17世纪20年代末之前中国人尚能自由贸易的唯一胡椒港口是婆罗洲上的班贾尔马辛。

荷兰人凭借其海上实力,利用大量收购胡椒——差不多是印度尼西亚产量的一半至2/3——和挑动地方对立将他们的条件强加给爪哇和苏门答腊岛上沿岸较小的贸易王国。但有较大的强国,它们自己也是扩张主义者,拒绝被如此对待。它们凭借着共同的宗教——伊斯兰教——关系,坚定地进行着对抗。通过阿钦这一通往红海的主要贸易和朝觐港口，与奥斯曼土耳其、麦加和印度的穆斯林政权保持着政治联系；通过阿钦，穆斯林学者和神秘主义者前往爪哇以及更远的地方。他们的影响可见诸伊斯兰教的传播（望加锡传播伊斯兰教的同时，在小巽他群岛进行了扩张）、可见诸马塔兰发动反对信奉印度教的巴厘岛的护教战争、可见诸班塔姆的统治者拒绝跟异教巴达维亚签订停战协定、可见诸他们反对欧洲人在群岛区域内进行宣传。诚如已然所见，望加锡是个对贸易十分危险的威胁。中爪哇的马塔兰成了一个军事危险地。苏丹阿根1619年占领图班，1622年占领格里塞，1625年占领婆罗洲的苏卡达纳以及泗水。他于是拥有了苏苏胡南这一头衔，要求荷兰人承认他对全爪哇的宗主权。这一要求被拒绝后，他于1628年和1629年发动两次对巴达维亚的激烈攻击。由于缺乏军需供应，两次攻击均告失败，但马塔兰的影响还在扩展：苏门答腊的帕兰班表忠心；占碑的独立受到威胁；与葡萄牙人建立了比较密切的关系。只是在马六甲衰落后巴达维亚成为马塔兰大米的替代市场、苏丹阿根1646年去世，荷兰人才跟马塔兰签订和平条约。

与阿钦这一北苏门答腊岛上头号强国的关系甚至更为棘手，因为苏丹是葡属马六甲的死敌；他也加强对胡椒产区的控制，这一点也不合荷兰人的意；他跟他们的盟友柔佛交战。荷兰人刚到时，衰落的阿钦在谋求与马六甲修好，荷兰人受到了冷落。但葡萄牙人过高估计了自己的力量；阿钦转靠荷兰人。阿钦使节前往荷兰，1607年苏丹与荷兰缔结攻守同盟，允许荷兰人免缴关税、驱逐其他欧洲人。

与此同时，荷兰人还响应柔佛的求助，共同反对马六甲，1606年双方联手大规模围攻；总督D. 马丁·阿丰索·德·卡斯特罗赶来时才解围。但同盟并不如预期的那么有价值，因为一年一度的荷兰舰队难以提供持续的保护，柔佛苏丹1609年与马六甲媾和，但继续跟荷兰人进行贸易。阿钦苏丹伊斯坎达尔·木达试图扩展其王国而有损于柔佛和东苏门答腊岛上其他马来王国利益时，同盟又成了障碍。西苏门答腊的胡椒产地已是他的了；时至1623年，他已越过马来海峡，占领了奎达、霹雳和柔佛，并已稳定了东苏门答腊，扬言要攻打占碑。阿钦即将控制马六甲海峡和苏门答腊的胡椒贸易，欧洲人得领有执照才被允许靠岸。东苏门答腊的马来统治者这会儿在占碑的领导下团结一致时，荷兰人决定与他们联手反抗日后阿钦的任何攻击行动。

这一决定是个艰难的抉择，因为他们在维护其在占碑、印德拉吉里和巨港以科罗曼德尔的棉花交换胡椒、安息香、蜂蜡和蜂蜜的贸易时，要冒失去与阿钦的胡椒贸易风险。1624年一支阿钦舰队出现在占碑港外时，荷兰人毅然失诺，不愿出手帮助占碑以免招致阿钦的敌意。这种两面派行径1627年再次上演，从而导致占碑苏丹对荷兰人的胡椒关税提高了22.5%。荷兰人因此转移至印德拉吉里和巨港。1632年阿钦对印德拉吉里进行了攻击。他们在巨港的处境也好不了多少，因为巨港由于用大米换棉花的贸易与马塔兰和马六甲的关系紧密。荷兰人继续玩平衡把戏，十分尴尬：他们在阿钦和马来胡椒港口进行贸易，半心半意地鼓励阿钦人攻击马六甲，同时又竭力保持柔佛这一平衡力的存在。1639年伊斯坎达尔·木达去世，软弱的继任者即位后问题才解决。1641年荷兰人占领马六甲；1649年根据条约将阿钦及其胡椒港口并入其垄断体系。

着力控制胡椒和香料贸易，只是反映了这些商品在荷兰贸易结构中极端的重要性。1619—1621年巴达维亚的账簿上载明：这些商品占运回国的货物总价值的74%，1648—1650年约68%；而虽说这最后的三年里胡椒价格下跌，但在尼德兰还是出售了57%左右。还得记住：胡椒和香料是荷兰在亚洲贸易的主要商品；同样得记住：荷兰在亚洲贸易的大力发展支撑、促进了香料贸易。荷兰代理商之所以于1601年被派往古吉拉特、1605年被派往科罗曼德尔，因为一个是供应苏门答腊的棉花主要来源地，另一个是供应爪哇和香料群岛的棉花重要来源地。能够最容易弄到的是棉花、胡椒和香料。

根据1606年跟戈尔孔达苏丹国签订的协议，荷兰人在科罗曼德尔最初的殖民点设在马苏利帕塔姆和佩塔波利；这些地区以向摩鹿加群岛输送印花布而闻名。1608年又有一些商站开设在金吉的印度统治者的领地南部地区、1610年开设在维杰亚纳加尔王国的普利卡特。然而数年间贸易不畅，受到在内加帕塔姆和圣多美的葡萄牙人的阻挠；葡萄牙人跟戈尔孔达有条约关系，是固定的买主，并能够对一些土邦施加相当大的外交压力。荷兰是受欢迎的买主，但他们对葡萄牙商船（这些商船中通常载有印度的货物）的袭击、资金短缺、难以提供有经验的葡萄牙供应的优质欧洲和亚洲商品，导致了相当大的困难。葡萄牙人竭力阻止荷兰人在活跃的棉花贸易中立足，1612年对普利卡特进行了洗劫。但荷兰人克服了困难，挡住了葡萄牙人的阻挠。1613 年，大约 1.7 万匹科罗曼德尔白布运至印度尼西亚，1619年运了大约 83 万匹；荷兰人随着对香料群岛控制的增强，下令只能以棉花和大米换购香料，以留下白银用于别的市场，购物量持续增长。16 世纪 30 年代，对马六甲建立了常规封锁，更多的曾经被葡萄牙人控制的市场被夺占。要塞 1641 年陷落后，就全被夺走了。荷兰人的收购量这会儿十分引人注目，因为布匹成了其亚洲贸易最重要的项目，而少量的粗布运往欧洲，转运至西印度群岛。1620 年收购了 8000 匹粗布，1650 年为 4 万匹以上。

　　荷兰人本想垄断科罗曼德尔布匹市场，但棉花一直是范·洛伊尔[1]曾称之为亚洲之"小生意"的主要商品，荷兰人在许多地方难以与进行薄利多销交易的印度小商人竞争。荷兰人放弃了在若开、缅甸、阿钦经由陆路到暹罗进行贸易的打算，他们也难以阻止印度人跟马六甲、占碑、班塔姆和望加锡做生意。从 17 世纪 30 年代起，荷兰人力图强行实施海上通行证制度，但在欧洲人不断增加的要求和上涨的价格刺激下，诸如米尔·琼拉这样的一些有权势的科罗曼德尔官员，像一些马来的统治者和阿钦的苏丹那样开始了大规模的贸易。1647 年巴达维亚拒绝发放通行证给阿钦、马来亚以及更远的东方地区以杜绝竞争，比贾布尔、戈尔孔达和坦焦尔的统治者们的反应甚具威胁性，一些高官显贵公然貌视荷兰人的权威，以致这一措施很快即被废弃。17 世纪 30 年代加倍采购、40 年代再加倍采购以取得先买权的打算也落空了。尽管提供给科罗曼德尔货站的资金大幅增加了，但荷兰人对市场的控制仍无法实现。

　　印度棉花的第二个中心是古吉拉特。然而虽说荷兰商人 1602 年就已到了苏拉特，但他们仍决定以高价在阿钦购买古吉拉特的棉花，而避免与已站稳脚跟的葡萄牙人发生较大的冲突。[2] 而 1614 年应身处与葡萄牙人作战的莫卧儿帝国皇帝的要求，荷兰人在苏拉特开设了一家商站。1620 年有了较充裕的资金，遂在内陆地区开设了一些新商站；运往苏门答腊的棉花量一直不大，但很成功，途经欧洲运往巴

---

[1] J. C. VanLeur, Indonesian Trade and European Influence in the Indonesian Archipelago between 1500 and about 1630 (The Hague, 1962).

[2] 葡萄牙人与莫卧儿帝国的古吉拉特贸易往来频繁，在第乌和达曼建有要塞控制着海岸。

西和西印度群岛。在古吉拉特和科罗曼德尔为运往香料群岛而收购的棉花有一部分是用香料支付的。但这两个地区的需求不旺，而在科罗曼德尔又有来自望加锡的丹麦人的激烈竞争。给香料定价需要精确的判断；在苏拉特：由于荷兰人定了高价，对丁香的需求下降了 2/3，而印度商人的走私活动则增加了。另一方面，当 1653 年肉豆蔻干皮定价太低时，亚洲和欧洲的竞争对手将其运到苏拉特，然后运往黎凡特和欧洲，从而削减了荷兰人运往欧洲的货物。

荷兰人参与印度棉花贸易，从而加强了他们对印度尼西亚贸易的控制，获得了稳定、良好的收益。但对科恩来说，这只是个开始。他想要的是像葡属印度那样广阔的荷兰贸易帝国，利用荷兰殖民者像葡萄牙人婚后夫妻 Casados 自立那样从事港口对港口贸易，自给自足，以便可以用贸易以及荷兰属地的正常税收得以推动对欧洲的贸易。印度的棉花、波斯的丝绸、日本的铜以及从中国来的黄金、丝绸和瓷器——将所有这一切统统纳入以巴达维亚为中心的一个贸易体系。他不断强烈要求增加资金以实施这一计划、同伊比利亚国家动用的资本相抗衡。他 1623 年返回尼德兰再次进行游说活动：如果"十七先生"难以提供所需资金，将使荷兰东印度公司向私人企业开放、向个体商户的资金开放；个体商户将从事亚洲域内贸易，开展同伊比利亚人占有的至富矿藏中国的贸易。

试着利用了一下殖民者——个体商户。但他们一旦被授予土地，就没有了事业心；他们如果被允许从商，就成了令公司头疼的竞争者，为公司官员私下交易做掩护。由于公司不让他们染指一丁点儿港口对港口的贸易，遂逐渐使他们可以进行交易的货物受到了限制，从而使科恩的想法难以实现。与中国开展贸易的打算也落空了。荷兰人 1603 年扣押了来往于澳门—长崎的商船；这证实了葡萄牙的说法：新来者是海盗，因此广州和泉州拒绝其靠近。荷兰人威胁在班塔姆、占碑和加帕拉进行胡椒贸易的中国商船，从 1618 年开始又不断袭击中国来往马尼拉的商船，企图消除西班牙在菲律宾的抵抗力量。1621 年"十七先生"命令科恩再次争取与中国通商，但当时的形势不那么有利。1622 年，科恩按令即时派出 11 艘满载人员的船只驶抵澳门（当时仍是一开放城市），在葡萄牙市民及其奴隶的打击下，这次航行惨败而归，随后中国皇帝下令广州不让荷兰人进入、帮助葡萄牙人。荷兰人于是力图强制门户开放，扣押大约60艘中国商船，封锁口岸。科恩写道："长期以来一直在谋求友好通商"，但他的努力和布劳沃的努力均未使通商成功。被中国人从口岸赶走，后来又被从佩斯卡多尔列岛赶走。荷兰人最后在台湾西南部设立了一个基地，由此跟厦门开始了频繁的贸易往来。西班牙人航行至台湾，在那儿设立了两座要塞，但并未构成严重威胁；1642年两座要塞被荷兰人夺占。在台湾开始与中国进行成功的蔗糖贸易。17世纪30年代每年装运100万磅以上的蔗糖；40年代在荷属巴西的竞争下装运量下降，但1645年葡萄牙人在伯南布哥的起义中断了巴西的供应后，装运量重又上升。也还进行了丝绸、瓷器和肉桂贸易；像蔗糖那样，大多投入了亚洲的港口对港口贸易。

　　荷兰人一旦确立了从台湾与中国的间接贸易，就可以在与日本的极其有利可图的贸易中取代葡萄牙人了。葡萄牙人长期以来一直享有某种日本与中国间贸易的垄断权，但在将军德川家康（the Shogun Tokugawa Iyeyasu）统治时期（1600—1616年）鼓励日本商人搞航运，恢复中国与日本的贸易往来。但葡萄牙人既是商人又是传教士。在将军们压制日本佛教界的政治权力时，他们是受欢迎的。而在他们成功地争取到了大量皈依者后引起了怀疑。他们争取到的皈依者1600年大约为30万人；这些人被怀疑对幕府不忠。西班牙传教士的到来又增添了不信任感，因为教派间相互粗鲁地指责，改变信仰在菲律宾所起的政治作用世人皆知，从而又导致了对在日本进行颠覆活动的担心。在荷兰人提出取代葡萄牙人充当中国贸易中间人时，将军们准备驱逐葡萄牙人，镇压日本的基督徒。荷兰人1601年到日本，受到了欢迎。但他们未能实施其诺言：提供葡萄牙人运来的各种商品，而他们对葡萄牙商船和日本商船的袭击像是海盗而不像是商人。只是在他们落脚台湾后才得以获得中国的丝绸和黄金以及科罗曼德尔的鳐鱼皮、暹罗的鹿皮和胡椒及香料。1637年岛原地方农民暴动转为反将军的基督徒起义后，葡萄牙人被驱逐了（这无碍这么一个事实：九州的大商人和银行家们在澳门贸易中有大量投资）。荷兰人这会儿接替了葡萄牙人的位置。他们通过台湾运输日本的白银和中国的黄金到整个荷属亚洲，从1640年到1649年，不少于价值1500万弗罗林的丝绸从日本出口，大大超过尼德兰出口的货物。由于白银也从波斯和苏拉特运往巴达维亚，黄金也从望加锡、摩鹿加群岛和占碑运往巴达维亚，时至1650年科恩曾梦想的亚洲自给自足显然正日趋实现，至少在贵金属方面是这样的。

英国东印度公司可能被荷兰联合公司视为穷人，开头也有同样的计划，但在较富裕的、有国家作后盾的竞争对手以及遭受贫困之苦的压力下废弃了这一计划。公司起初的目标是黎凡特公司先前获得的香料，但这会儿受到了荷兰绕过好望角进行贸易的威胁。诚如上文所述，已然站住脚的荷兰人能够保持住其贸易领先地位，依靠政治操弄和直接暴力于1619年将英国人挤出了同香料群岛的直接贸易。1619—1623年试着跟荷兰人合作的经历只是进一步证实：伦敦公司缺乏打入远东与已站稳脚跟的荷兰人和伊比利亚人竞争所需的资金来源和组织性。1623年，英国在日本、暹罗和香料群岛的商站通通废弃。① 而英国人在胡椒贸易中还能保有大量份额，足以阻遏荷兰人对欧洲市场的控制。② 胡椒仍是他们收益最大宗的唯一商品项目。为此重要商品组建了一个以受保护的国内市场为稳定基地、通往北欧、地中海和黎凡特的销售网。

公司不久就意识到：用黄金和白银直接从事胡椒贸易，只是不适当地供应英国商品，是没有什么收益的；胡椒已充斥欧洲市场，需要多方面的收益。因此1607年第三支船队驶往红海和古吉拉特收购棉花，派出二桅小船考察科罗曼德尔，已经知道荷兰人在那儿从事贸易活动。1608年"赫克托"号船抵达苏拉特；一名讲突厥语的黎凡特商人霍金斯被送上岸找莫卧儿人寻求像奥斯曼土耳其人那样授予的贸易特权。他在宫廷里得到了一些个人好处，但那儿的耶稣会士们指责英国人为海盗；而古吉拉特的官员们担心中断与葡萄牙人大规模的贸易、害怕遭受海上报复，也反对接纳英国人。在完全得不到英国船队的支持下，霍金斯1611年离开。1612年、1613年、1614年连续三年的商船队派商人代表前往皇宫，但没有留下更好的印象，皇帝贾汉

---

① 英国人在日本的10年间从未跟中国通商。他们因而拒绝从事日本与中国之间有利可图的黄金、白银生意，他们受到了很大的损失。

② 1635年英国总管和葡萄牙总督间达成停战协议后，英国人也可以进入果阿和马拉巴尔胡椒市场了。

季准备驱除所有英国人。于是葡萄牙人试图抢得先机，扣押莫卧儿人的商船，从而引起了一场恶战。战争进行期间，停泊在苏拉特的4艘英国商船遭到总督D.赫罗尼莫·德·阿塞维多的攻击——英国人彻底打败了他。托马斯·罗爵士在这一节骨眼上作为英国特命全权大使抵达印度，正好得以利用莫卧儿人反对葡萄牙人的气势，英国海上胜利为英国在古吉拉特的长期贸易奠定了良好基础。很快从苏拉特到内陆建起了一张商站网，开通与苏门答腊的棉花贸易——从主要为胡椒贸易转成了棉花贸易。不久即发现了棉布匹的价值——1612年英国代理商在蒂库和普里阿曼发现可以用布匹从古吉拉特商人手里购买棉花，省得直接用雷亚尔收购胡椒了——直到1627年主管在巴达维亚还在利用这一经验：在印度尼西亚缺的是白布，不是硬币，"布匹有用，而硬币除了少许用于装饰外，都埋在地下了……"棉花种类繁多，销售难对路：苏拉特的货销往阿钦，布罗奇的货销往普里阿曼。

古吉拉特代理商也知道销往欧洲有不同的货品。人们知道靛蓝——不管是旁遮普的优质比亚纳靛蓝还是质差、便宜的古吉拉特靛蓝——是黎凡特贸易的主要商品；到17世纪20年代，运回国的一些货物中靛蓝占了7/8（科罗曼德尔靛蓝试销了一下，但被认为是次品，而荷兰人却大量运输）。英国商船一年运输达150—200吨。不久有了大规模的进口货再输出，主要是运往黎凡特。17世纪30年代贸易趋于平稳，因为荷兰人进行了大量收购，而一经从菘蓝和美洲洋苏木换成靛蓝，需求就无弹性了（即需求不因价格上涨而有所减少）。1630年古吉拉特闹饥荒也损害了贸易，而17世纪40年代末西印度的靛蓝差不多完全取代了印度靛蓝。

另外两种商品（硝石和蔗糖）的输入增加了英国运货量，有利可图但收益有限；硝石用作压舱物，17世纪50年代孟加拉和比哈尔开埠前一直未显什么重要性。至为重要的革新是欧洲开辟了印度棉花市场。棉花在大陆一直竞争不过欧洲亚麻；葡萄牙与荷兰装运的货物主要是进口货再出口至非洲和巴西。1609年苏拉特代理商建议用白棉布做被单，用科罗曼德尔的着色布做床单和帘子。不久寄售的样品就出来了，并着力在欧洲开辟市场；诚如经理们1623年所说："白棉布这种商品的使用尚未被人们普遍知晓，必须宣传让人们知道，四处去试用。"1613年为0.5万匹，1620年成了10万匹，1625年为22.15

万匹（约为 250 万码）。由于古吉拉特闹饥荒，货物量就不再增加了，而科罗曼德尔的商站效率差，难以弥补损失。在阿格拉，乃至勒克瑙和信德等内地的采购也未完全使局面得以恢复。但在这一时期结束时，科罗曼德尔的供应就很重要了，随着 17 世纪 50 年代孟加拉的开埠，货物量得到了强劲的增长。

英国人还很希望弄到另一商品——波斯丝绸。这是皇家专卖品；波斯国王数年来一直考虑从奥斯曼帝国控制的黎凡特商路转至霍尔木兹同葡萄牙进行贸易。西班牙政府跟波斯交换了数次使节。使节们急切地想使波斯卷入与敌对的奥斯曼帝国的纠纷，而对丝绸贸易没有什么大兴趣，可丝绸贸易对英国商人的经营活动来说太重要了。但英国人的到来使波斯国王有了另一个可能性。1617 年英国人第一次从苏拉特航行至波斯湾；1619 年在贾斯克正式设立了一家商站。代理商不久计划转而通过波斯湾进行整个丝绸贸易：香料、靛蓝和棉花加上丝绸从原为黎凡特公司的生意转为了东印度公司的生意。1619 年，波斯国王在接到詹姆斯国王的一封信后，最终下定了决心。1622 年，波斯人围攻设在基欣的葡萄牙要塞。在英国舰队参与下，他们继而围攻霍尔木兹；1623 年 5 月 3 日，霍尔木兹落入英国人之手。这对葡萄牙人说来是一场灾难。他们尽管在波斯湾到处大肆进行劫掠，17 世纪 30 年代同英国人及荷兰人进行了引人注目的海战，也从未恢复其主导地位，只是仍在马斯喀特和巴士拉进行贸易活动。

英国人跟荷兰人商讨计划转经好望角运输所有的丝绸产品——一年 6000 包。他们的财力不够，因为这样做需要年投资 50 多万英镑。但有了霍尔木兹，两家公司完全可以严厉打击昔日的黎凡特丝绸贸易。荷兰人的财力比较雄厚，可以立即供应香料，因而获得了较多的丝绸份额（他们的代理商可能与波斯国王相处得也比较好），因为英国人一时难以找到波斯需要的货物。但是，虽然葡萄牙人的压力减小后荷兰人力图用大量采购的办法将英国人挤走，可英国人还是站住了脚。1630 年古吉拉特闹饥荒，减少了靛蓝和棉花的供应；这次他们也增加了收购；1640 年英国船装的波斯丝绸超过了荷兰人；荷兰人与波斯国王的关系紧张，转而收购中国丝绸。丝绸贸易没有满足英国的所有希望，但填补了 1630 年之后危急的货物短缺——1641 年从苏拉特运出的货物一半是波斯丝绸——波斯也成了英国货物销售获益最丰的亚洲市场。波斯贸易还有了另外一个附带的好处：停泊在苏拉特和科罗曼德尔岸边装载运往欧洲货物的船只可以捎带印度商品和商人到波斯湾，回程时再带他们回印度，赚了运费又赢得了在当地的声誉。

俄国也积极从事波斯丝绸贸易活动。通过里海到丝绸产地吉兰的直接贸易始于1555年伊凡四世征服阿斯特拉罕之后，国王和沙皇联手反对奥斯曼帝国又促进了直接贸易。开始时避开外交使团，而后发展成正规的车队贸易，由财政部经营，私商不得经营。生丝和熟丝、锦、缎和天鹅绒是国家的主要进口品，而印度商人和波斯商人则输入丝带、丝手帕和丝毯。印度棉花在这条商路上没有找到市场，因为荷兰人由海路将其运到尼德兰比较便宜、从白海商路运往俄国也比较便宜。同希瓦和布哈拉也有一些贸易往来。1646年以后，俄国人着力同印度开展直接贸易。

俄国出口到波斯和中亚的主要货物是毛皮，像丝绸那样由莫斯科的国家部门经营。毛皮来自西伯利亚各部落献的贡品、毛皮私商缴纳的什一税和收购到的珍贵黑貂和黑狐毛皮。17世纪初这些毛皮收购自乌拉尔河、鄂毕河与额尔齐斯河之间的地区；而这一狩猎区猎物狩尽后，则向东扩张新狩猎地，1628年扩展到了叶尼塞河和通古斯河流域，1640年到了勒拿河，1643年勘探者抵达阿穆尔河，沿河直达太平洋。向东推进约3000英里只用了50年时间，因为大河分布之间易于由陆地运输相连接，使得向东推进比寻找大河源头简单。抵达盛产毛皮和谷物的阿穆尔河流域后，开启了俄罗斯与中国这一在亚洲土地上遇到的主要国家的冲突。

开头由哥萨克人和步兵在政府指导下向东推进，而后是用捕兽机或设陷阱的捕兽者和商人像加拿大皮货商那样涌向荒野。紧随捕兽者和哥萨克人之后来的是政府，划定部落的区限，在负责征收各部落毛皮贡品的司令官主导下建起设防的中心市镇。在荒无人烟的地区设立附属的（用大段木料修建的）木堡，用以扣押人质、囤积毛皮。另一机构海关的官员收取个体捕兽者上交的什一税、颁发欠税拍卖成交证书，通过驿站将拍卖的货物向西运至莫斯科。贡品毛皮和什一税毛皮每年一次从各地区的中心市镇发往莫斯科，财政部的商人分类整理、安排出售：零售或批发。一些毛皮用来发薪水；俄国经济只有一部分是货币化的，其他一部分作为礼品赠送给使臣和教会显贵，另有一部分用来与波斯进行丝绸贸易。其余的毛皮由荷兰和英国商人经由迅速崛起的港口阿尔汉格尔斯克通过波罗的海边的瑞典贸易中心或经由高地商路通过斯摩棱斯克运至毛皮中心莱比锡。

17世纪上半叶俄国已然控制了整个亚洲北部地区，荷兰人从巴达维亚和马六甲控制了印度尼西亚群岛的贸易和向东通往日本的海路。英国公司虽说资本不足，仍没有固定的股份公司、没有坚定的国家支持，甚至易受王室特许的"科尔廷协会"的竞争，但还是创建了以印度为中心的独立贸易体系。在菲律宾的西班牙人已成功地在那儿和特尔纳特站稳了脚跟。就连丹麦人在特兰奎巴尔与望加锡之间的贸易也还进行着。唯一逐渐、无可挽回地失去地盘的是葡萄牙人。

对葡萄牙人来说这半个世纪是左控右挡、痛苦挣扎的半个世纪。他们试图保卫葡属印度这一四处延展的领地和贸易总体架构。他们在与亚洲对手的竞争中保住了自己的地盘，但要对付欧洲竞争对手（他们的到来也引起了亚洲人深深的敌意），他们的本钱就不够了。他们想得到人员、资金和船舶的增援希望不大，因为葡萄牙得为西班牙军队提供炮火、徒劳地想要保住西非、花沉重代价保卫巴西沿岸殖民地的联络线。① 他们在东方必须靠当地资源勉强生活、增强他们的组织机构、决定如何最好地对之加以利用。

在国内，1604年成立一印度委员会，由一名前总督领导负责除派遣船队和购买胡椒（仍由财政部负责）之外的一切印度事务。这大大加快了做决定的进度和执行决定的力度，特别是及时地做好派遣船队的准备。不幸的是，莱尔马与财政委员会的倾轧导致其于1614年被解散。也有印度院行政和人事大变革的因素。在印度，果阿市政当局的独立权力受到了限制；雷东多公爵1618年前往殖民地，携带了一大堆有关约束行政当局和提高通信联系效率的指令。在果阿和锡兰进行了详尽的新土地登记，从而最大限度地增加了收入；采取措施以确保殖民地保有所必需的骑兵和火枪手。这样就大大提高了行政

---

① 值得注意的是：1638年为了救援巴西，结集了41艘船组成船队，运送5000名士兵。而1636—1639年佩罗·达·席尔瓦任总督期间只有不多的几艘船和500名士兵被派往处境困难的印度。

效率。

军事领域最重大的改革是1622年组建民团，任命指挥官训练欧洲人和当地居民，定期进行演习。根据西班牙步兵团的建制组织正规军。授予国王巡游税（一种城市税）的收入和派遣一名受过正规教育、具有佛兰德经验的工程师安东尼奥·平托·达·丰塞卡，为大力科学建设主要殖民地而准备。也精心地确定：指挥权作为授予的奖赏，交给有能力的人而不给只是出身高贵有身份的人；但受信赖的人仍是出身名门者，而不是只有专门技术者。

然而，这只是些保成守业之策。要赶走荷兰和英国闯入者的船只，需要能够将其捕获。其次，船舶建造和维修是交给承包商的；他们的兴趣是建造少数特大型的、装有大炮的商船，而不是大量随便配备水手、易于驾驶的450吨位、能够与（诚如克罗兹所说）"既适合贸易、抢劫又适合作战"的荷兰船只相抗衡的船只。由于若昂·佩雷拉·科尔特·雷亚尔和总督利尼亚雷斯的建议，实行了改革，但改革来得太晚了。从里斯本来的舰队太小，主要欲进行一次环球航行，难以在马六甲组建一支战斗队。西印度建造了几艘大帆船，引人赞赏；里斯本下令多造点，因缺少资金再也没有建造，而靠关税收入的葡属印度资金在不断减少。征收特别税，向慈善基金会借款，1614年拍卖公职，建立锡兰肉桂新专卖机构，但一直未能提供所需的足够资金。再者，还有不同的意见：用能够弄到的资金建造大帆船还是建造没有甲板的、有桨的、长期以来一直成功地用以抗击亚洲敌人的船只。就连像安德雷·富尔塔多·达·门多萨这样的一个经验丰富的指挥官也坚定地主张建造有桨的船只。多年后，灾难性的体验证明用这种船只和强行登上敌船的战法对抗荷兰重炮是多么的愚蠢。临时的解决办法是果阿以东的商路弃用宽体帆船，换用桨帆并用的轻快小船。1618年以后，这一做法保全了澳门—长崎贸易，但荷兰人不久就建造了轻型帆船破了这一做法，而他们联合英国人于1621—1623年用大型帆船封锁了果阿，1630—1641年封锁马六甲海峡，1636年开始一连两年再次封锁了果阿——"控制了咽喉要地"。

有限的人力和物力资源花费在了技术落后的器具上，也一点一点浪费在试图控制属于葡萄牙的一切上。

这在一定程度上是种荣耀。但葡萄牙人是殖民移居者，不是公司的临时雇员；这一事实更使他们难以接受已成为故乡的领土的丢失。因此继续将钱花在许多往往没有多大军事价值、只对个人有利而对国家无益的要塞和居民点的建设上。里贝罗写道："经验已向我们证明：这三块殖民地（霍尔木兹、果阿和马六甲）足以满足我们的需要了；我们建设的要塞和居民点全都靠这三大资金雄厚的地方……"但葡属印度当局仍在准备夺取荷兰人的普利卡特、攻打马拉巴尔一些小国君主，甚至计划重新溯赞比西河而上进行征服活动。然而在难以决定是保卫马六甲及其以南地区还是征服锡兰问题上，极其清楚地看出了战略上的优柔寡断。1601年，葡萄牙人控制了锡兰低地，并准备加紧攻击康提；他们还准备与阿钦协商，派遣一支能够将荷兰人赶出南部地区的舰队。两种方案都提出来了，但一种方案也没有确定。所提指派一艘载有里斯本军队的武装商船到锡兰的请求被拒绝，只从果阿派出340名葡萄牙人；1603年，在离康提仅有10英里的地方，阿塞维多的800名葡萄牙人和300名当地人被驱赶仓皇退却，损失惨重。而略施小计就足以使派往马六甲增援的舰队后勤供应断绝。因此它3年得不到支援，弹尽粮绝，不得已撤退，弃守德那第。葡萄牙军队曾于1611年、1617年、1627年和1638年到过康提；围着王国一圈修筑起了堡垒，其领土不断受到袭击，破坏惨重。其东海岸被占领，葡萄牙人修筑堡垒防卫。但里斯本和果阿从未派出足够的军力守住已到手的一切，也未提供足够的资金以确保僧伽罗军队的忠诚。与此同时，马六甲的贸易日衰、收入渐少，但得到了足够的支援，得以抵御阿钦的攻击与荷兰人的封锁，然而一直不足以再次控制海峡和向东的海路。① 葡萄牙人这一难题一直被荷兰人所利用。范·迪门在已经封锁果阿的同时与康提的统治者结盟，于1637年下令攻击锡兰，以准备最后向马六甲推进。这一军事行动促使迭戈·德·梅洛抢先攻击康提；攻击止于加诺鲁瓦，葡军全军覆没。拜蒂克洛、亭可马里和尼甘布于1639年先后落入荷兰人之手，但更为重要的还是马六甲在被围攻5个月后于1641年1月陷落。尽管尼德兰与葡萄牙的D.若昂四世于1641年签署了不被看好的10年停战协定给了喘息机会，但葡

---

① 当然得记住：决定并非仅限于锡兰和马六甲。还有波斯人和英国人对霍尔木兹的威胁也要应对。这儿同样是支援太少、来得太迟，从而导致了灾难的发生，1623年霍尔木兹陷落。

萄牙人也难以制止1656年锡兰的丢失——以及随后10年间其马拉巴尔殖民点的陷落。贪得无厌，落得个丧失殆尽。

大致60年间呈现帝国架构的葡属印度就这样毁了，只剩一些东非据点、果阿和西印度殖民地、帝汶和澳门。西属菲律宾发展得比较好，保住了其远在摩鹿加群岛的阵地，决定性地击退了荷兰人对菲律宾的攻击。但17世纪上半叶对西班牙人和葡萄牙人来说同样是投入了大量人力和物力，然而毫无成效，未能制止贸易和领地的丢失。可值此期间，伊比利亚半岛人仍投入相当大的人力和财力从事传教活动而不是从事保卫工作。肖努令人信服地说道：对西班牙国王来说，堂吉诃德和圣特雷莎比菲律宾的收支更重要；可能得花15%的西班牙在美洲的收入。① 在葡属印度花在教会上的费用同样很多。葡属印度教士和教堂的数量一直令外国目击者印象深刻；官员们，特别是总督利尼亚雷斯越来越对负担表示不满。然而不满并未使政策有所改变；伊比利亚人的影响力由于日趋衰退，从而在面对教皇强行在亚洲调用法国、意大利和德意志传教士时更加力保享有的圣职授予权。

力保这一圣职授予权最好的办法是仍然能成功地进行传教活动。17世纪初，传教活动从莫桑比克沿赞比西河溯流而上。一名耶稣会士成了阿比西尼亚的大主教；另一名耶稣会士成为叙利亚基督教会在印度的大主教。贾汉季在北印度继承阿克巴之位，成了莫卧儿帝国皇帝，仍大力支援耶稣会士在其宫中的传教活动，而1600年在中国北京已有第一批基督教传教士在活动。两年前日本的丰臣秀吉去世，结束了一阵迫害潮，允许再次开展积极的传教活动，使皈依基督教的人数几达30万大关。此成就并非全都保持长久。狂热情绪在阿比西尼亚和南印度导致了失败，而在莫卧儿帝国北部地区尽管贾汉季很理智，颇具审美情趣，但耶稣会士未能使皇家皈依基督教，只得起个外交作用。在日本，改变统治者的工作也未奏效。将军们已经中止了主要佛教派别的独立自主权，不愿让基督教团体开展活动；边远地区地主的土地上基督教会的势力特别强大，谋求获取摆脱日本的领导权。

---

① P. Chaunu, Les Philippines et le Pacifique des Iberiques, pp. 267-8.

将军们越来越怀疑西班牙人的政治图谋；荷兰人和英国人到来后，贸易上不再那么依赖澳门和马尼拉了；德川家康及其继任者们统治时期日本商船在国家的资助下积极向整个东南亚扩张时更是如此。1616年再次禁止传教士进行活动，1622—1638年对他们及其来自长崎殉教的教徒的迫害越来越严厉、越来越残酷，1638年彻底镇压了九州岛原地区的人民起义。日本人领导下的基督教会十分顽强，但1639年日本锁国，欧洲难以再行提供任何援助。

在中国还有希望，因为他们的学识使他们在北京得到了官方认可，一些著名学者和官员皈依了基督教。

明朝末代皇帝的家族被迫流亡海外，接受了洗礼，而另外一些耶稣会士则在入关的清朝为官。在朝为官的文化意义受到了广泛注意，而同时也具有了影响力。凭借这一影响力葡萄牙和其他国家的耶稣会士以及来自菲律宾的多明我会修道士和方济各会修士得以在外省地区广为发展。耶稣会士在中国的传教活动也在传教方式上做出了重大试验，出现了没有欧洲装束的基督教。北京传教团主要负责人利玛窦入乡随俗脱掉黑色修道服穿上尊孔学者的长袍，他使用源自中国古典著作的说法称呼上帝。在日本最信奉基督教的各地区，耶稣会士采用了类似的办法，用佛教说法称呼上帝、天堂和宗教。耶稣会士罗贝托·德·诺比利在南印度中心马都拉根据中国模式进行了更大胆的试验：身穿印度服装以遁世者和基督徒形象面见世人。他生活极端清苦，是个素食主义者，身穿黄褐色苦行僧道袍，用泰米尔语布道，从古典梵文文本中引用实例，与婆罗门相伴，避开贱民和欧洲人。这三地的试验（特别是在中国和印度的试验）是为了解决使基督教能够让其自身具有高度文明、免受贸易利诱、免遭武力胁迫的人们接受这一问题。这些试验仅取得了有限的成就，然而却在传教团和教会内部引起了激烈争吵。就是在中国的耶稣会士中间也有相当大的疑惑，1628年的一次会议也未能解决问题；与此同时，来自菲律宾的多明我会修道士和方济各会修士先在马尼拉，而后于1643年在罗马对耶稣会士的顺应之策进行了谴责。在印度，诺比利管辖的教省大主教和新建的南印度大主教辖区的大主教对试验表示认可，并根据教会在欧洲早期的传教经验对之进行卫护。但一些葡萄牙耶稣会士将爱国主义与信仰结合起来，指责只是宗教而非政治上的皈依。耶稣会巡视员皮门塔

1610年谴责诺比利；大主教德·萨1619年在果阿的一次会议上又对他进行了谴责。而最后将不同意见上交罗马，由教皇定夺；教皇允许两处试验继续进行至17世纪末。①

马都拉和北京传教团的影响在文化知识方面，因为它们提出的问题可能仍未解决。再者，它们的成就不在人数多少上，而在于向欧洲揭示伟大的亚洲文明的主要组成部分。然而有三个传教区取得了人们较为普遍认同的胜利。在葡属印度：虽说教堂的减少反映了国家的贫困境况，一些像方济各会这样的较古老的教派成员被指控贪婪、纪律松弛，但奥古斯丁修会、蒂内派、奥拉托利会和加尔默罗会这样一些新传教团则注入了新鲜活力，更加关注语言，编写语法、字典、教理问答和祈祷书，使传教更加有效。在锡兰：跟在印度一样，使用国家的权力不断骚扰不信教者、奖赏皈依者。但从加勒到尼甘布对强大的天主教团体的抵制以及在加夫纳半岛对荷兰人17世纪下半叶试图插手皈依活动的抵制，证明了葡萄牙人传教工作出色的成就（特别是在对年轻人进行教育方面的成就），证明了他们的热诚和能力，证明了他们对果阿神职人员一贯的精神关怀。在菲律宾的迅速发展同样得益于这些因素。开始时有近500名传教士进入菲律宾；向各教派指定各自的地区，这促使他们学习地方语言。早就开办了小学，而后又有了中学，进行较高等的教育，招收男孩和女孩；多明我会和耶稣会分别于1611年和1623年创办了大学，同时引进了印刷机。荷兰人1618年和1628年的封锁和他们征服马六甲后再次的攻击虽然使菲律宾承受了重压，基督教化进程未停，时至1650年所有低地人口实际上都成了基督教徒。

在对抗伊比利亚国家的这些传教活动及其成功方面，英国人这一时期无所作为，荷兰人也没有什么大作为。在国内，新教仍在跟本国的天主教和反宗教改革势力进行着殊死搏斗。没有什么人有空顾及海外事业，也没有什么传教手段可与耶稣会士传教总会相媲美。西班牙和葡萄牙向那儿派出了数百人，荷兰人派出数十人，英国人派出少数几个人。再者，葡萄牙人基督教化了整个锡兰，西班牙人视菲律宾为他们的传教区，英国人只顾及其船舶和商站精神上的需求，而荷兰

---

① See Vol. II in this series, Chapter, XVII.

人则主要视其为政治任务,使他们的亚洲天主教徒成为新教教会归正会的信徒。他们的牧师是公司的工作人员,公司要他干什么就得干什么,地位卑微——平信徒读经员全然被瞧不起——但还想跟传教区一直受到支持的极具献身精神者所在的强大教派抗争一下。只对台湾的万灵论者和完全孤立于世的安波那罗马天主教徒施加了广泛、长期的影响。[1]

诚如所预料的那样,荷兰人在亚洲的影响大概是政治和贸易而非宗教方面的影响——只有消极意义上的影响:他们在印度尼西亚地区引起伊斯兰教方面强烈的反应,同时破坏了天主教传教士的工作。葡萄牙人发现了好望角航线,从而导致埃及和威尼斯的繁荣不再;他们的商船队和通行证制度取代了印度洋中一些穆斯林商船船长,但取代不了陆上的穆斯林商人;他们收集货物供船运;他们的海关在亚洲传统的季风航线上征收新通行费:他们只是减少而非取消收费。西班牙人颇有气势的太平洋航行开启了新大陆航线、开启了以美洲白银购买中国丝绸和瓷器的贸易。荷兰人的成就不大也不小。他们跟英国人一道实际上包圆了黎凡特的胡椒、香料和靛蓝贸易,运送一些经由阿勒颇和亚历山大的棉花和丝绸于好望角航行。奥斯曼帝国的叙利亚、巴格达和也门的叛乱表明了由此导致的穷困。荷兰人发现了通往巽他海峡的"咆哮西风带"航行线,也就避开了季风带上的转口港,节省了费用,并不经意间揭示了澳大利亚和新几内亚的存在。但他们最重要的新办法是对摩鹿加群岛的香料断然实施完全垄断,从而打乱了印度尼西亚海运贸易整体格局。葡萄牙人对马拉巴尔进行的策略调整这会儿在更大范围里开展。

荷、英等欧洲国家新近的到来本身就标志着更大规模的经济扩张和经济活力的强盛,也就扩大了像胡椒和香料这样一些以往商品在西方的市场,因此苏门答腊的胡椒加入到了传统上来自马拉巴尔的供应链,也大大增加了向非洲和巴西的粗制棉、"黑人用布"及奴隶用布的输出。而英国人则为用于制作欧洲人服装的精制棉开辟了全新的市场。与此同时是丝绸贸易的发展,不仅是传统的波斯和中国的丝绸,1640年之后还有孟加拉的丝绸。这一切都是实实在在的发展,但并

---

[1] See C. R. Boxer, The Dutch Seaborne Empire, 1600 – 1800 (London, 1965), pp. 132 – 54.

未从根本上改变生产方式。较为一体的世界经济的形成的确导致了亏损和调整——印度的靛蓝被西印度的靛蓝取代；日本铜必须跟瑞典铜争市场；孟加拉和中国糖得跟爪哇种植园的产品争市场——但需求的增长和竞争的加剧增加了亚洲生产者的收益，同时又对欧洲和近东消费者降低了物价。也有一些迹象表明：亚洲贸易组织发生了变化，印度出现了初始股份公司。

北欧人最终开始改变对亚洲人和相当重要的国家的态度。葡萄牙人开始时的做法是不管基督教会以外的人，跟穆斯林的关系就是战争。然而他们很早就承认了跟穆斯林签订的贸易协定的合法性；时至17世纪他们已有很长时间跟穆斯林的戈尔孔达和比贾布尔维持着正常的政治关系了，跟印度教的维杰亚纳加尔也是这样。像科托和博卡罗这样的历史学家阐明：他们已将亚洲王国接纳进国际大家庭。果阿和马尼拉的宗教会议谴责强迫皈依的任何企图，要求善待臣民。国王也声明：在国家面前，皈依者享有完全的公民身份，不管可能会是什么样的种族、肤色。大多数属于修道会的教派不管对亚洲人多么热诚，但还是雇用欧洲人；耶稣会士至少是接受了日本人和中国人，后来也勉强地接纳了印度人。

荷兰人和英国人一开始就讲究实际，承认了亚洲王国的完整主权，试图采用高门的协议制谋求与阿钦人和莫卧儿人建立正式关系。乌戈·格劳秀斯作为法律顾问写给联合东印度公司的陈言（文载其《海洋自由论》，1608年版）强调指出：亚洲国家"现有、一直就有它们自己的国王、它们自己的政府、它们自己的法律和它们自己的法制"。他根据主权地位论反对葡萄牙根据教皇教令提出的主张，根据阿奎那的思想认为："基督教徒……不能以它们不信奉正统宗教为理由而剥夺它们的统治权和主权。"① 迟至1650年，"十七先生"仍着重强调，当时在亚洲的是"自由国家。我们在那儿发现有法律，没有必要带给它们"。而经验使葡萄牙人变得平和、稳健，但经验却使荷兰人冷峻、残暴。他们的牧师变得厌恶邪恶的穆斯林；他们的商人压根儿不贱卖贵买。荷兰人因此不仅试图获得对香料的垄断权，而且

---

① See C. H. Alexandrowicz, An Introduction to the Law of Nations in the East Indies (Oxford, 1967), Chapter Ⅲ.

想要由他们自己定的低价得手。为了达到目的,"十七先生"1612年同意了布劳威尔备忘录提出的消灭亚洲航运业和贸易意见,1613年又命令赖因斯特严控荷兰私人贸易。雷埃尔及其顾问委员会认为:亚洲商人应该参与活动;香料生产者也必须有利可图。他被免职,换上了科恩。科恩屠杀岛民,粗暴地对待中国商人和古吉拉特商人;他与英国人战斗,迫使他们暂时回避,而未能使他们撤离。对英国人提出的有关在摩鹿加群岛海洋自由问题,格劳秀斯只能回答道:"合同废止了国家法律确定的自由。"如果说牧师们反对灭绝民众的话,他们严厉要求民众必须服从。雷埃尔和斯特芬·范·德尔·哈根发出的自由之声无人理会。应科恩所言:"世界给予人们的,没有比加诸权利以权势和强力的更好的权利了。"[①] 世界进入了新殖民时代。

[①] Boxer, The Dutch Seaborne Empire, pp. 98–9.

第二十二章
欧洲国家与大西洋

美洲被发现后的 90 年间,"我们英国人一直未能如愿以偿地涉足西班牙人和葡萄牙人尚未占领的一些土地肥沃、气候宜人的地方"。而当时仍在一心为独立而奋争的荷兰人也只是有组织地破坏西班牙的贸易垄断。1609 年,他们的东印度公司还在进行统一管理的探索,彼得·博特(Pieter Both)受命占据"一个合适的地方和一个用作我们所有进出印度地区船只的集散地,以满足我们的需求";他们注重贸易,而不注重占有领地,尚未在西印度提出领土要求。法国人也只是寻找鱼类和毛皮,而不是寻求殖民地,当时只不过是牢牢地控制了圣劳伦斯河下游。没有一个国家的殖民地能同加勒比海和南美东北沿岸地区的西班牙殖民地以及巴西和大西洋岛屿的葡萄牙殖民地相比。尽管英国人与荷兰人控制了越来越多的东印度贸易、英国人和法国人有两三百艘船只经常在纽芬兰沿岸活动,哈布斯堡王朝的优势没有受到什么重大的挑战。但挑战的势头已初显端倪。

英国已正式占有了"弗吉尼亚"——北纬 30°以北的整个美洲东部地区;罗利的罗阿诺克之行导致了一种股份制组织的启用——这种组织在商人和投机者中分摊建立殖民地的费用。罗阿诺克殖民方式是一次殖民的尝试;这种方式(像早先从诺鲁姆贝加移用到弗吉尼亚那样)而后又移用到了圭亚那。罗利 1595 年、1596 年,乃至 1617 年的航行没有取得什么成果,但 1609 年罗伯特·哈考特占有了奥里诺科河与亚马孙河之间的整个圭亚那地区,正式建立了一块英国殖民地;托马斯·罗(Thomas Roe)在亚马孙河三角洲建立的殖民地从 1611 年存在到 1617 年。伊丽莎白时代的人们曾"同西班牙争夺大西洋",并在其中赢得了一席之地。他们同时声称:"没有实际占领的主权无效。"西班牙人没有切实拓殖的地方，英国人（或其他任何一个国家）均可宣称拥有最先发现权或实际占有权。1604年同西班牙签订的条约虽然没有认可这一点，但英国人坚持自己的主张，没有后退。

法国人与荷兰人同样明确反对哈布斯堡王朝的主权立场，但采取行动的首先是英国人。他们的注意力正转移至伊丽莎白时代的人们称之为弗吉尼亚的沿海中部广袤地区。1603年，巴托洛缪·吉尔伯特从罗阿诺克出发搜寻幸存者，在切萨皮克湾登陆；他在那儿被杀害，但1605年一支由南安普敦伯爵资助的探险队"偶然驶入"佩马吉德河，看中了那儿的肥美土地。与此同时，巴托洛缪·戈斯诺尔德从纽芬兰出发沿海岸南下，抵达一海角，命名为科德角；布里斯托尔的商业冒险家们两度派遣航海考察队，均由马丁·普林率领；东印度公司派人到格陵兰、（可能还有）拉布拉多探寻西北航道。1606年，一纸国王特许状将所发现和考察过的地方通通授予一家弗吉尼亚公司。授予的土地位于北纬34°至45°之间，其中34°至41°之间的所有土地为伦敦的"殖民地"，38°至45°之间的土地由普利茅斯和其他西部城市组建"殖民地"。38°至41°之间的土地属两块殖民地共有，为一中间地带，两家公司（国王特许状中称之为"殖民地"）均不得在离对方建立的殖民点100英里之内殖民。两家弗吉尼亚公司受制于设在英国的弗吉尼亚理事会；理事会下设两个分会，分别掌管即将建立起来的两块殖民地。

其意图显然是要建立殖民地，但获得特许状的申请人中不仅有急于从事殖民事业的贵族和乡绅，还有一批伦敦商人和一些西南地区商人团体，所以贸易有着严格的管理。供应殖民者的日用品来自英国，由股份公司不断运输，物品存放在公共仓房里，然后由一名"海角当地的商人"代表投资者分发。（如同所有英国的这类公司一样）这些投资者通通被称为"冒险家"，而移民则被称为"殖民者"。返程运输的货物操作程序正好相反，海角当地的商人将殖民地的物产运往英国，再分别出售给冒险家们。

弗吉尼亚理事会承担着招募殖民者的任务，但成效不大。而商人们获利太少，1609年要求领取新特许状，寻求开发弗吉尼亚的新途径。其实在此之前即已有所行动。普利茅斯公司1606年曾派出亨利·查伦斯；他计划前往北弗吉尼亚，在西印度群岛被西班牙人擒获。而后布里斯托尔的商人们发起一次沿岸考察，1607年费迪南多·戈吉斯爵士在肯尼贝克河畔建立一殖民点，但存在的时间很短。西南地区的商人们后来转而前往纽芬兰渔场，不再去弗吉尼亚。而伦敦公司则派出克里斯托弗·纽波特。他于1607年4月在切萨皮克湾建立了詹姆斯敦——弗吉尼亚的第一个永久性英国殖民点。但其地势低洼、瘴气笼罩、疟疾流行。1607年9月，疾病、饥饿和印第安人的袭击，使殖民者的人数减少到了50人左右；市政会与殖民者之间发生了矛盾。约翰·史密斯拯救了詹姆斯敦。他是一名雇佣兵，曾被首任市政会主席爱德华·温菲尔德监禁过，1608年9月被任命为市政会主席。他抑制住了殖民者寻找黄金的欲念，开始深入内陆继续考察，与印第安人媾和，组织建设、保卫詹姆斯敦的工作。然而，尽管有新移民到来，时至1608年秋仍只有50名左右的人。

在这关键时刻，詹姆斯一世和埃德温·桑迪斯爵士分别在宫廷和议会里大力支持弗吉尼亚公司，1609年5月颁发了新特许状，将康福特角南北各200英里、东西"从海湾到海洋"的所有土地和海岸外的岛屿授予一家以股份制为基础的统一的伦敦公司。每股12英镑10先令，购买者十分踊跃。殖民者每输送一位移民即可获得一股，但控股权在伦敦，公司董事会任命特拉华勋爵为"全权总督"，并派遣9艘船只，由乔治·萨默斯爵士和托马斯·盖茨爵士指挥增援詹姆斯敦。船队在百慕大失事，英国从而得以占有该群岛；幸存的7艘船于1609年8月抵达詹姆斯敦，送到了400名新殖民者，从而最终在那儿建立起了殖民地。然而，在盖茨和萨默斯于百慕大越冬期间，詹姆斯敦经历了一次"饥荒时期"，1610年5月迎接盖茨的60名幸存者坚决要上船返回英国。约翰·史密斯在一次爆炸中受伤，已经回国；由于返航回英国的船只在詹姆斯河口遇上特拉华，殖民地才得以延续下来。特拉华带来了总督委任状、3艘船、粮食和新移民。

特拉华于1611年返回伦敦，但他的总督职位一直保持到1618年。他的副手托马斯·戴尔爵士和托马斯·盖茨爵士将殖民地治理得很好。1612年又一特许状将百慕大群岛授予伦敦公司，并允许股东们有权任命弗吉尼亚的总督和组成议会、制定符合英国法律的法规。于是将已经颁布的法规编成法典（后来以《戴尔法典》闻名于世）。

对经济、社会生活严加控制，包括禁止与印第安人通商。1614 年，个人土地占有制取代土地公共耕作制，从而发展起了制造业和工商企业，整个殖民地显露生机。

荷兰人与法国人同英国人一样确信，西班牙的实力源自从新大陆获得的财富；他们决定拒不承认西班牙的所有权，向它发起挑战。其实，荷兰人已从发现者葡萄牙人及其接替者哈布斯堡王朝的手中夺走了东印度的贸易财富；因此香料运回国后，"安特卫普人鼓鼓的钱袋使其通通落入了他们自己之手"。而西班牙对阻止美洲金银财富在国内引起通货膨胀一事也无能为力，对禁止金银财富流入他国同样无能为力。

虽然新大陆的财富实际上可能不是西班牙实力的来源，但其他列强感到西班牙正处于危险之中。特别是依靠转口贸易的荷兰人，其运输的东方香料被禁止进入伊比利亚港口时，就受到了严重威胁。他们自己从事东方贸易，1601 年将其分散活动的公司和个人组织进一个统一的、受国家保护的东印度公司，1609 年又指派伦敦人亨利·哈得孙进行一次考察航行。他的目的同前两次受雇于英国莫斯科公司（English Huscovy Company）而进行的航行一样，在于寻找经过格陵兰通往东方的航道。但在被冰层阻挡于新地岛（Nova Zembla）之外时，他越过大西洋，沿美洲海岸寻找航道。他根据维雷萨诺（Verezzano）的一份报告——报告中声称：紧挨着弗吉尼亚海岸后面有一西方大海洋——进行活动，同时他也了解到：约翰·史密斯（他们两人有通信联系）已经证实詹姆斯敦附近没有航道。哈得孙从佩诺布斯科特湾（Penobscot Bay）南下考察，到达特拉华河。河的水流量显示，西方大海洋不可能在海岸附近。因此，他转而北上，而后转向西北抵达哈得孙河，溯河而上，遇一沙洲，搁浅在卡茨基尔山（Catskill mountains）下。土地是"我有生以来所涉足过的最最适宜耕种的土地"，但通往东方的航道却依然无着落。

荷兰人因而策划另一次航行，企盼哈得孙能够发现航道，同时却忽略了他已经揭示的进行殖民的可能性。英国人也对东方贸易和西北航道十分感兴趣。所以当哈得孙从美洲返回到达特茅斯（Dartmouth）登陆时，英国人不让他回荷兰；1610 年英国莫斯科公司的一些人派他前往哈得孙湾。这是他最后一次的、悲惨的航行。哈得孙1609年的航行虽然没有继续下去，但荷兰人占有了北美大西洋中部沿岸及其内陆地区。

法国人也坚持认为：必须要有实际占领，才能对新大陆上的土地拥有所有权。他们经常航行到纽芬兰沿岸，锻炼出了一批海员。这些人横渡大西洋如履平地，不用做任何特别的准备或批准，随时可以成行。再者，位于萨格奈河河口的塔杜萨克早已成了一处贸易集散地。法国渔民和商人在此同印第安人（特别是来自北方的蒙塔涅人）接洽生意，购得大宗毛皮。这些毛皮令小哈克留伊特垂涎三尺，他视毛皮贸易为殖民活动获益的一个组成部分。

1609年之前，萨缪尔·尚普兰曾溯圣劳伦斯河而上，航行至蒙特利尔以北的拉希恩急流处，打听到了有关西海（休伦湖）、伊利湖和安大略湖的消息，并曾试图在缅因湾岸畔和阿卡迪亚建立殖民点；曾沿海岸南下考察，抵达马萨诸塞湾和科德角。他一心搜寻前往西方的航道，专注着圣劳伦斯河；1608年他以及他的赞助人德·蒙获得了毛皮交易垄断权，为期一年，条件是在内陆建立一块殖民地。他们小心谨慎地同塔杜萨克的商人们搞好关系，并溯流而上，到魁北克建立一座小要塞，在此越冬，得了坏血症。1609年夏，尚普兰继续溯流而上，一是寻找西海，二是要在短期的垄断权丧失后到"印第安人的居住地"继续同他们进行毛皮交易。他到了休伦人地区。休伦人是易洛魁族的一个支系，擅长于贸易，但同易洛魁五国同盟战争不已。尚普兰像先前同阿尔贡金人联盟一样，也同休伦人结盟。休伦人出征作战时，他与另外两个法国人随军同行，沿黎塞留河前进，到达尚普兰湖，继续南下，进抵乔治湖，在将要建立的蒂孔德罗加要塞附近同莫霍克人（易洛魁五国同盟中的一国）遭遇。法国人使用火绳枪参加了战斗，勇往直前，帮休伦人赢得了胜利。这是一次大胜利，巩固了法国人同印第安人的联盟，但流血牺牲和严刑拷打又加深了易洛魁人的敌意。魁北克1609年还是一个小要塞，整个加拿大也只有近百人的殖民者，但法国人熟悉这块土地。他们的政策很明确，已经确立了要达到的目标。尚普兰曾沿内陆水路南下，进抵新英格兰沿岸附近，法国人从劳伦斯河出发向西、向南探察，短时间内即踏遍广大地域。他们旅途有印第安人伴同，一路寻找西海以及毛皮和出售毛皮的印第安人。英国人从沿海向西推进，法国人肯定要经过他们所到之处。而英国人又刚刚同尚普兰令之惨败的易洛魁五国同盟结盟。1609年英国增援的人员和物资运抵詹姆斯敦后，约翰·史密斯通过和平手段从易洛魁人手里购得了土地。

1609—1610年间，英国人、法国人与荷兰人都有获得北美的可能性，尚普兰登上了阿迪朗达克山脊，受雇于荷兰人的哈得孙航行到了卡茨基尔山，刚刚成立的弗吉尼亚公司稳住了詹姆斯敦、考察了切萨皮克湾，但还是英国人首先目标明确地向前推进。在大发现时期以来一个半世纪里建立起来的伊比利亚国家的殖民地里，欧洲人不从事繁重的农业劳动，贸易不是殖民者干的事，掌握在大公司手里。在男女结伴、人们成批从英国移居美洲谋生之前，欧洲国家的中坚人群是不移居海外的，上船漂洋过海者多半是不带女伴的男子，他们是些不惯劳动的绅士、罪犯和士兵。

弗吉尼亚粗具规模，1613年已成气候，殖民者派出船队，由萨缪尔·阿戈尔率领北上，摧毁了罗亚尔堡的法国殖民点。他俘虏了许多殖民者和他们的牧师；他在返回切萨皮克途中又迫使曼哈顿岛上的荷兰人降下了他们的国旗。在阿戈尔（于1617年）成为总督时，弗吉尼亚有了350个居民，其中包括60名妇女和儿童。弗吉尼亚社区不大，但发展均衡，从詹姆斯敦向北扩展到了约克河，种植烟草供出口，种植多种作物供食用；而股东们却获益甚微。1616年公司分裂成两派："宫廷派"和"地区派"，前者主张王权至上，后者主张推行民主。1618年，埃德温·桑迪斯爵士和南安普敦伯爵占据控制地位，代表"地区派"的利益，力主向外移民、授予土地种植自给作物、减少烟草种植、立法反映民意；1618年颁布的"特权、秩序和法典大宪章"授予殖民者选举首届殖民地立法机构的权利。该立法机构为单院制，1619年召开会议，讨论了地方事务、同印第安人的关系、宗教礼仪、得体的言行和自给作物的种植等问题，废除了《戴尔法典》。殖民者享有在英国享有的自由；每个已付清自己路费的自由人均被授予100英亩土地，如果他同时是公司的股东，再得100英亩。其他土地授予公司里的个人和团体。因此，公司有点儿像是土地开发公司了，但仍有鼓励移民的任务。1619年公司运送90名未婚女子同单身殖民者婚配，社区男女人数有了某种程度的均衡。而同一年荷兰船只运来黑人后，殖民地又有了一种新的面貌。

弗吉尼亚远未实行完全的民主。授予私人以土地促进了殖民事业的发展，但扩大了不平等的差距，而作为出口作物的烟草又打破了殖民地经济的平衡。1617—1619 年间，烟草出口量从 2 万磅增至 6 万余磅；殖民者置进口税于不顾，烟草进入英国市场，导致限额 5 万磅，使他们将烟草运往荷兰。"烟草合同机构"于是下令弗吉尼亚的烟草只能运至英国，使英国市场有了垄断权，从而既限制了殖民地又限制了宗主国，使双方只能在帝国经济范围内向对方提供必需品。

尽管 1619—1621 年发生了烟草危机，但由于英国令人不安的状况，致使移民弗吉尼亚的人流从未间断，而一些工匠和商人的移居又使殖民地社会呈多元状态。最吸引人的仍是烟草，而土地的占有则是衡量社会地位的标准。虽然 1629 年之前烟草利润低于生产成本，但产量仍稳步增长，1628 年出口 50 万磅，1640 年增加到了 400 万磅。移民并非全都有收益，也不是全都在弗吉尼亚生存了下来，许多人死了。1621—1624 年间到了 3000 人，但 1624 年人口总数仅为 1275 人。然而，殖民地站稳了脚跟，移民不断到来，平均每年约有 1000 名契约劳工进入：他们已签约同意为他们支付旅费的种植园主服 4—7 年的劳役。流浪者、罪犯以及一些"下流女人"也被遣送到殖民地。因此，弗吉尼亚社会早早就开始按"种植园"的路子向前发展了，大地产使用雇用劳力或强制劳力；在此基础上形成了一个依靠单一出口作物的寡头集团。

虽然疾病与治理不善影响了发展，但未垦殖的地带有的是，种植园扩展到了整个海岸地区，而后又逐渐向内陆扩展；小种植园主和劳役期满者很大程度上依附于大种植园主，往往到转运站和码头装运烟草，或充当经纪人跑市场，或收购农作物。对印第安人土地的侵占几乎导致灭顶之灾。1622 年，印第安人沿詹姆斯河攻击殖民点，屠杀牛、马，捣毁了一座新建的钢铁厂，杀害了约 350 名殖民者。殖民者们则烧毁印第安人的玉米，将他们赶出殖民点并向前推进，寻找适于种植烟草的土地，一种不稳定的和平维持到 1644 年。那一年印第安人再次起兵，同样遭到了重创。

弗吉尼亚生存了下来，甚至有了发展。但内部长期不和、与公司之间的龃龉引起了国王的干预,做了一番法律咨询后于1624年废止了大宪章。公司实际上已差不多破产了,难以完全支撑殖民地;纵然1624—1642年的王国政府有许多问题,但至少还是让公司作为一个不对政府负责的贸易商行从事活动了。对尚未授予的土地进行了大规模的分配;由海角当地商人和公司提供必需品制度的废除,给殖民地经济生活注入了新的活力。经济的繁荣推进了宪制的发展,而由于总督是提名委员会提名、国王任命的,1629年弗吉尼亚人再次被准许组成自己的议会,成年男丁有权选举下院议员(不久改为拥有一定的财产才具有选举资格),是民主的极佳明证。获得民主的代价是弗吉尼亚议会出让烟草垄断权,从而使查理一世有钱应付即将爆发的英法战争。殖民地能够很好地提供战争费用,对母国的经济、政治稳定做出了重大贡献。殖民地1635年人口增加到了5000人,主要实行寡头政治,但既不属于保王派,也不属于贵族派,只是根据自身利益做出贡献。

弗吉尼亚公司特许状的取消,使马里兰的建立成为可能。马里兰是巴尔的摩勋爵独家所有的殖民地。乔治·卡尔弗特是拥有巴尔的摩勋爵称谓的第一个人,在有了早期的经历后,1623年力图在纽芬兰的阿瓦朗建立一块殖民地;但法国的反对、宗教问题使他于1625年改信罗马天主教,而恶劣的气候又促使他寻找"本大陆上比较温暖的气候"。弗吉尼亚吸引了他;尽管受到反对,但他于1632年得到英国国王的特许,占有了切萨皮克湾(Chesapeake Bay)和特拉华湾(Delaware Bay)之间尚未被人占据的土地。这时乔治·卡尔弗特已经死亡,第二代巴尔的摩勋爵取得了这片土地的所有权,并有权按照达勒姆主教领地管辖方式进行治理。他有权制定法规、任命官员、铸造货币、授予贵族头衔、行使司法权、宣布战争以及签订和约。殖民者只要向国王上交两支印第安人的箭头,此外再交付金(或银)矿石的1/5,这样就拥有了与英国人同样的权利。但法规必须符合英国法律,业主必须忠于国王。

马里兰的西部边界已经确定,从波托马克河源头到大西洋。马里兰显然没有提出拥有两大洋之间土地的要求。而由于其他边界没有确定,不久就同弗吉尼亚发生了领土争端,首先是就切萨皮克湾里肯特岛发生的争执。但对这块殖民地要多加注意。宗教争端不存在;与弗吉尼亚保持着良好的关系；给予每个带出 5 名劳动者的人 1000 英亩土地，每个家长夫妇 100 英亩，每个孩子 50 英亩；提供食品和农具；招募熟练工匠；1634 年抵达的头两艘船运到了 20 名绅士（他们全是罗马天主教徒）、200 余名工匠（大多是新教徒）和 3 名耶稣会士。在河中一座岛上建立第一个殖民点后，殖民地迁徙至精心选择的一处俯瞰波托马克河的地址圣玛丽。但业主的计划未能全部完成。殖民地宗教上的宽容引起了反对。1617 年，巴尔的摩宣布罗马天主教会必须服从法律，引起了耶稣会士的不满。他们因而策划另立山头，锐意购买土地，然而法律规定他们只能占有足以维持其生计的土地。这时已有相当多的清教徒进入马里兰；他们大多来自弗吉尼亚，难以接受罗马天主教的偏见，因而开始谋求建立一种更为民众支持的制度。给巴尔的摩的特许状规定他在立法时必须征求自由民或其代表的意见，必须得到他们的同意和通过。但自由民在立法程序中的正当地位没有受到尊重，1635 年和 1638 年最初召开的几次议会成员很少，且都是业主指定的；然而他们拒绝巴尔的摩提出的法典。1639 年的民众选举增强了他们的权力，赢得了真正的立法大权，而不再仅仅是"举手通过而已"。此后，议会有时由民选产生，有时又不经民选产生。但由巴尔的摩任命的行政长官和事务委员会则同自由民关系密切，并控制着他们。

1644 年，马里兰的清教徒在弗吉尼亚的支持下，举行大规模暴动，将行政长官驱逐出境，推选一名刚刚从弗吉尼亚迁居过来的移民威廉·斯通为行政长官。在弗吉尼亚保王派的帮助下，巴尔的摩重新确定了自己的权威，但接受了清教徒的体制，甚至将行政长官的事务委员会中一半名额留给新教徒。宗教上的宽容已然存在，1649 年巴尔的摩颁发一则宗教自由法令，禁止亵渎耶稣基督，维护耶稣基督的神威，同时允许基督教的各种礼拜形式的自由存在。然而，尽管有了宗教自由法令，但宗教迫害仍在马里兰继续进行。1650 年，巴尔的摩被迫接受两院制的议会制度，将民众代表与他个人指定的议员分离开来。

但新教教徒还是能够在那儿找到一个生存的空间，土地和气候使他们受益匪浅。沿岸地区可航行的水路使通往欧洲的运输既便宜又方便，小麦和粮食作物种植不久让位给了烟草；早先的半封建庄园变成了种植园；种植园里的劳动力先是自由农，而后是契约劳工，再后来是黑奴。17世纪40年代，授予移民的空地减少了，沿岸土地已被大地产占尽，贫苦人和契约服役期满的人前往内陆，占用肥美土地。新殖民格局反映了宗教上与罗马天主教的分裂，圣玛丽成了天主教徒的集聚地，新教教徒集中在安纳波利斯周围。马里兰由于其体制的独特性，所以既有经济前景又有宗教自由，这是一种特殊的状况。因此，殖民地到1650年就牢牢地站稳了脚跟，拥有了8000人，其中大多是富裕的农民。

烟草种植为弗吉尼亚和马里兰提供了一种大宗出口的产品。与此同时，又有一些人希望毛皮和鱼类能为在北方殖民提供条件。从这一希望中诞生出了新英格兰殖民地。1614年，约翰·史密斯受费迪南多·戈吉斯派遣返回美洲，考察了从佩诺布斯科特河到科德角的海岸，称这一地区为"新英格兰"，从此就启用了这一名称。他而后携带有关这一肥美土地的地图和考察报告返回英国，从而导致戈吉斯于1620年在普利茅斯成立"新英格兰委员会"。这是一家从事殖民活动的股份公司，其成员大多是贵族出身的冒险家，并无意移居海外，甚至不想资助和组织什么殖民地。他们取得了北纬40°—48°间两大洋之间所有土地的以及贸易和捕鱼垄断权的特许权。他们将这些权利下放给那些愿意建立殖民地的人。然而从未进行过考察，有时同一块土地会数次被授让。授让给新英格兰公司的土地相当多，地处后来的马萨诸塞州；授让给费迪南多·戈吉斯和约翰·梅森的土地是后来的新罕布什尔州（肯尼贝克河与梅里马克之间的土地）；1629年他们两人进行了瓜分，南部和西部（新罕布什尔地区）的土地属梅森，从肯尼贝克河到皮斯卡塔夸河（缅因地区）的土地归戈吉斯。他们两人的土地与新英格兰公司的土地之间的界线不明确，但由于他们两人的土地上殖民点不多，所以没有发生什么大问题。他们两人的土地贫瘠，加之冬季漫长，所以开发缓慢，而所有权不明确和马萨诸塞地区的吸引力也同样是其开发缓慢的主要因素。

马萨诸塞地区的发展极大地受益于弗吉尼亚的经验教训以及行政、财政和航运方便移民活动的机构的存在。但同时也反映出了新近出现的一种移居海外的强烈愿望。三十年战争无疑破坏了英国毛织品的出口市场，但这一市场一个多世纪以来一直起伏不定。英国的立宪之争无疑也使人们到别处寻求一安定之所——英国人惯于闯荡，四处寻找工作和土地；这使他们成了一类极其活跃的人群。这些事虽然不算新鲜，但在17世纪的国家教会使人越来越难以忍受时，就具有了全新的重要性。这时海外存在着宗教自由的气氛，但这种宗教自由是"一地一教"的宗教自由，即苏利式的宗教自由。苏利写道："信仰自由绝无害处……，不要强制任何人（一个国家的居民）顺从国家或离开国家。"

这一原则导致荷兰人，而后是胡格诺派教徒逃亡至英国。1608—1609年，这一原则又导致斯克鲁比和奥斯特菲尔德地方约三四百名脱离国教的英国人迁至荷兰，起初聚居在阿姆斯特丹，后来落户莱顿。他们大多数是小农和工匠，若要加入荷兰行会，首先就得"更名换姓"；而荷兰行会除了具有强烈的民族主义外，还有一种坚定的团队精神。他们是同其牧师一道集体迁居的，不愿同其荷兰邻居们融合，但难以永葆其特性，他们的孩子长大成人后更是如此。美洲是个上好的栖身之所，他们到那儿既可以保持其特性，又可以维护其独立的宗教信仰，遂于1617年决定横渡大西洋。他们在尝试了与称之为新荷兰的地方定居的可能性后，与英国弗吉尼亚公司中一位被授予土地的人达成协议，占用北纬40°以南一片土地，但他们的定居点必须同詹姆斯敦保持一定的距离。詹姆斯含含糊糊地声称：他将全力保证他们的信仰自由，决不干预。他们接受了他的好意，组织一股份公司，筹措路费。"殖民者"每人分一股，一股10英镑；与此同时，"投机者们"承诺筹集7000英镑，商定由普通股偿还；殖民点的所有产品销售所得通通纳入普通股；7年后取消普通股。通过多次艰难的洽谈（洽谈过程中许多人放弃了原先的打算），英国的脱离国教者最终租借一艘小船返回英国，而后前往美洲。投机者们同时准备运送另一批人数更多的非国教教徒。协商的结果是安排运送两只船契约劳工到美洲，服役7年，抵偿其路费。

1620年9月，"五月花"号船从普利茅斯出航，船上从莱顿来的脱离英国国教者只有35名，而从伦敦和南安普敦来的移民是66人（他们并非都是"道德高尚的人"）：这充分说明了上述情况。"五月花"号船9月下旬在科德角靠岸，地处弗吉尼亚公司拥有的土地以北很远的地方，位于新英格兰公司的土地上。由于新英格兰公司通常向下分配土地，所以来者登陆没有遇到麻烦，但他们（"清教徒前辈移民"）没有土地所有权。然而来自莱顿的人们具有强烈的团队精神，立即组成国家（body politic），制定法规和宪法，开拓殖民地。他们登陆前不久刚刚流行过一次天花，死了许多印第安人，因此他们找到了许多玉米储藏地，以此生存了下来。同时他们又考察科德角地区，并决定移过斯图亚特湾，前往普利茅斯。他们建立了一个议会，将土地分成数片，各户盖自家的住房，要求单身汉同亲属一起生活。农田集体耕种。移民们在友好的印第安人帮助下，安安全全地度过了第一个冬天。然而，他们那种极端的个人主义情绪、积极向上的家族精神以及食物的短缺，不久就使他们放弃了集体耕种土地的方式。

总督布雷福德不顾伦敦投机者们的劝告，实行了这一变革，从而导致了巨大的发展变化；1624年投机者们不再支持这一变革，但仍对殖民地的贸易拥有垄断权。这时殖民地除了农业，又有了毛皮业，从而走上了繁荣发展的道路。因此，1627年组成了一个殖民者理事会，由行政长官领导。理事会着手买断投机者们的股权，总共支付1800英镑，分期付款，每年200英镑；而殖民者们自己则垄断毛皮贸易，为期6年，以作补偿。公共所有制被彻底废除，引进了牛，开始同其他殖民地发展贸易，甚至有了多余的玉米，向英国出口。人口从1630年的300人增加到了1640年的3000人；新兴城镇崛起，殖民者从新英格兰公司获得了土地所有权（1621年，没有明确的范围；1639年划定了明确的界限，拥有肯尼贝克河以北地区），扩展了殖民地。1637年之前，殖民地已突破了"五月花契约"所规定的权限，成立了理事会，全体自由民一致赞同法规，选举行政长官及其参议（助理）们。1636年决定边远地区选派代表参加理事会，1639年的《普利茅斯基本法》认可了这一决定。

殖民者们证实：新英格兰地区可以从事毛皮贸易，可以在与北欧相同的环境里供养农业人口。他们还证实：北美可以为新教教徒提供一个避难所。因此紧随普利茅斯之后，又有数次建立殖民点的尝试，其中有两次到韦茅斯的探察（一次系由费迪南多·戈吉斯爵士的儿子率领）、一次为了摆脱英国生活的束缚在芒特伍拉斯顿建立避难地的不那么光彩的尝试。这些尝试均未有所成就，而新英格兰则名气越来越大，越来越受重视。

移民中有一批多切斯特的商人；他们于1623年在圣安娜建立了一个小渔港，后来挪至塞勒姆。多切斯特的商人们得到过新英格兰公司的允许，但公司于1628年派遣一名坚定的反英国国教者约翰·恩迪科特接管了渔港。恩迪科特认定：殖民若要成功，必须特许自治。依此，他同另外25人于1629年3月间获得国王特许，"在新英格兰"组成"马萨诸塞湾公司"，他任"总督"。国王授予他的土地位于大西洋和太平洋两大洋之间，北界梅里马克河北岸，南至查尔斯河以南3英里处——这片土地已授予了新英格兰公司。国王特许状没有特别提及宗教问题，也没有明确说明必须要由英国的投机者们（或他们的理事会）进行控制。因而马萨诸塞湾公司得以全权处理前往美洲的事务；后来，以清教徒为主的一批人获得了控制权，公司的权限更大了，1629年自行推选约翰·温思罗普（John Winthrop）为总督。

温思罗普是萨福克郡内格罗顿庄园的主人，毕业于剑桥大学，地方上的重要人物。但1629年他遇到了不幸：一是债务缠身，二是确信英国必将遭受天谴。新英格兰是个远离英国教会的腐败而又不脱离英国教会的好去处，为救世的"上帝选民"可在那儿找到栖息地。那一年他同其他一些受过良好教育、有身份地位的东部诸郡的清教徒达成《剑桥协议》，约定他们如果能为其殖民地争得"属于我们和将生活在该殖民地上的其他人"的"全权和专利权"，就举家迁往新英格兰。他们都是财主，打算带仆役同行，帮邻近的自耕农和工匠过海，到美洲建立一块殖民地，要有他们曾享受过的那种受教育的机会，要有繁荣的商业和农业，要享有英国不让他们享有的公民权利，不干预人们的宗教生活。成立马萨诸塞湾公司的特许状是他们达到目的的理想文件。根据特许状，公司组织了前往美洲的第一批移民。

1630年3月，温思罗普亲自率领由4艘船组成的首支船队出发；到年底，已有17艘船先后前往美洲，运送了2000多名移民。这些人拥有有利于殖民的主要生产手段（牲畜、农具、种子和劳力），很快就分布到了各地。殖民者们占有了塞勒姆，散布到了波士顿地区，建立起了一个个小块殖民地。然而，马萨诸塞地区的殖民者中虽然不乏有钱人，但没有发展起什么种植园农业。他们发展的是英国式的混合农业，而新英格兰的土地也为此提供了条件；与此同时又发展起了城镇社区和贸易社区。河流相对较短；如果他们向内陆深入的话，河流利用不上，得修筑公路将殖民者的产品运到海边。优良的港口利于远洋运输，促进了贸易和工业的发展，使新英格兰地区的城镇和城镇集会充满活力，生机勃勃。这一点殊异于弗吉尼亚。因此，马萨诸塞地区的殖民者虽然很快就分散到了波士顿周围和整个地区，但没有向西深入，而是面向海洋，将造船业、伐木业、海洋捕鱼业和海上贸易作为其经济的主要成分进行了发展。

尽管艰难困苦和高死亡率给予了一些打击后，英国清教徒的"伟大移民活动"于1633年加速开展，持续10年，2万人漂洋过海前往马萨诸塞地区。内战爆发的时候，尽管死亡率居高不下，殖民者回国或移居别处，还是建立了22座城镇，马萨诸塞地区的人口约1.6万人。这时至少已有65名传教士进入殖民地；他们中的许多人毕业于剑桥大学，全部接受了某种程度的卡尔文教的影响，将牧师视为权威，民政官员要征求他们的意见，要听从他们的教诲。约翰·科顿原为剑桥大学埃曼纽尔学院的一名董事，现为"马萨诸塞地区的清教牧师"。他坚信，上帝从未确定民主是治理教会和政府的恰当手段。在他的影响下，马萨诸塞地区放弃了民主，采行神权寡头政治。然而，殖民地首先必须稳定住局势。英王下令取消特许权时，遭到了反抗，敕令迟迟落实不了，只得听之任之。所以虽有来自国王的非难，1639年又有了来自费迪南多·戈吉斯爵士的挑战，殖民地依然存在。法规显然由殖民地议事会制定；议事会由殖民地的"自由民"组成，有权选举总督及其助理。但"自由民"是公司股东，1630年仅有12人，不久即减至8人。1631年，无权无势者得到了一种妥协性的契约。根据契约，公民权利不视公司的股票而定，而依教会信徒身份而定。总督及其助理（assistant）仍从公司股东中遴选，但助理是终身制，他们与总督均可独自颁布法令，百余名新自由民的出现减弱了寡头获得的权力；而绝大多数殖民者仍享受不到政治权利，他们由于不是（大多是不愿成为）清教教会会友，就连选举权也没有。头10年移居马萨诸塞地区的2万人中，只有不到4000人是教会会友。教会理论上已剔除了英国国教的罪孽，但会友实际上仍是"上帝的选民"；每名会友必须出示证明自己属于能被拯救者之列的证据。教友身份成了一种特权——一种牧师和教团授予的特权，以此形成的寡头政治既导致了马萨诸塞地区内部改革运动的开展，又导致了殖民者从这块殖民地再移民他处的浪潮。

为加强防卫波士顿而征税一事，不久即引起了来自沃特敦和其他边远地区殖民点的抗议；它们认为有权选派代表参与讨论征税问题。1634年，温思罗普不得不制定宪章，提出助理们要每年改选，他们无权制定法规；各市镇坚决要求选派代表参加殖民地议事会，主张所有自由民均有权出席或派代表出席5月举行的选举大会，均有权投票或派代表投票，均有权参加或派代表参加每年一度的选举活动。然而，虽然从寡头统治集团处赢得了一些让步，但1640年仍只有300位自由民；而寡头统治集团已确定：殖民地议事会内的所有议案必须要有大多是来自市镇的代表和助理们通过；市镇代表和助理各自组成独立的群体。这实际上形成了一个两院制性质的殖民地议事会，使助理们可以否决代表们的议案。1644年，事态发展到了顶点，立法机构正式分裂为两院，两者均可否决对方的议案。这就使代表和助理们都有了权力，马萨诸塞地区从而就一直处于极少数神职人员和保守的普通教徒掌管之中。在教会事务中，各教派自行管理，选举自己的牧师。加入某个教派是很严格的；1634年之后，不得教会和政府两方的批准，是不能成立新教派的。

然而，一些人虽然无权参加殖民地议事会的选举，但有权参加市镇会议的选举，甚至不占有土地的"贫苦佃农"也可出席会议，但没有选举权；地方事务不久即落入了这些会议之手；地方官员（包括治安法官和警官）由这些会议遴选；督导机构逐渐管理起市镇的日常事务。即使如此，许多人也不钟情于马萨诸塞地区。助理们的权力太大，而由于所实施的唯一法律是英国的习惯法，且由地方法官通权达变自行采用，所以代表们1636年要求制定成文法典，1637年再次提出要求，一直到1641年才通过《自由法典》，确定了由陪审团进行审讯的制度，规定必须依法进行惩处。但亵渎神祇者和施行妖术者可能仍会被判死刑，而自由也只是确保了不再受任意惩罚，并不影响积极参政。1648年修订《自由法典》，更名为"马萨诸塞自由法规"；新法典规定非自由民有权出席市镇会议、议会和市（镇）政会，并有权呈递陈情书，但他们仍不享有选举权。马萨诸塞地区虽然是个殖民社会，但团结一心，充满活力，自力更生，自食其力，然而仍深受限制，备受责难。

众多责难者中有罗杰·威廉斯。他曾就读于剑桥大学彭布罗克学院，是个学识渊博的人，品行端正，坚持己见。他1631年移居马萨诸塞地区。但由于马萨诸塞人力主其教会不与英国教会分离，他拒绝为"不分离的人们"服务，遂从波士顿迁徙至塞勒姆，而后又迁至普利茅斯与清教徒们会合，之后又不顾马萨诸塞地区议会的反对回到塞勒姆。他力主政教分离，各司其职，各守其律，他支持宗教秘密裁判和各教派法律上一律平等，但他坚持反对马萨诸塞地区创建的基础政教合一。他满怀仁慈之心，指责马萨诸塞公司强占土地的主张，认为土地属于印第安人。威廉斯不可避免地遭到了遣责。由于他毫无悔改之意，遂于1635年10月受命离开殖民地。他若回英国，他的主张必将使他大吃苦头。所以他在被押上船遣送回英国前，逃离了塞勒姆，到纳拉甘塞特湾试图创建一个社区。他从纳拉甘塞特印第安人手里购买了一块土地，1636年根据宗教自由和政教分离的协约在那儿建设了普罗维登斯镇。普罗维登斯没有受到国王的特许，对其土地没有合法的所有权，但不久就发展成了由勤劳的农夫们组成的社区，并吸引来了一些寻求同样自由的其他人；农夫们生产出的剩余产品用于出售。

1644年，罗德岛上的纳拉甘塞特湾已有四个独自存在的社区，信仰各异，但具有共同的自由信念（一种被马萨诸塞地区否定的自由信念），且全都实行政教分离，最先来到的是安妮·哈钦森。她来自波士顿。她认为个人信仰比已成定式的宗教礼仪重要、仁慈之心比做好事重要，从而卷入了宗教争端，加上她又是一名女性，遂被驱逐出境。尽管波士顿的气氛很友好，但她由于声称自己独特的主张是上帝的直接启示，就不可避免地要被驱逐了。她和她丈夫及其支持者们1639年跟随威廉斯到罗德岛，从印第安人手里购买了一片土地，建立了朴次茅斯社区；一年不到，她的最坚定的支持者威廉·科丁顿脱离朴次茅斯社区，在罗德岛南端的纽波特建立一个与之媲美的社区。而后，1643年哈钦森夫妇的另一个主要支持者塞缪尔·戈顿在沃威克建立了独立的社区。那一年安妮·哈钦森的丈夫去世，她离开朴次茅斯，前往长岛，而后前往东彻斯特（她在那儿被印第安人杀害）。而早期建立的三块殖民地普罗维登斯、朴次茅斯和纽波特由于惧怕马萨诸塞人、印第安人，早已心怀宽容和同情，相互靠拢。威廉斯已回英国，1644年为"普罗维登斯种植园"弄到了议会的特许状。它们受权组建一个文官政府，1647年达成协议：来自各市镇的代表组成议会，但各市镇议会可以制定法规，公民投票可以否决议会议案。

这一联盟（沃威克很快就获准加入了联盟）比马萨诸塞拥有多得多的真实民主，但成员独立性太强，各家我行我素，即使罗杰·威廉斯成为其首任行政长官，联盟也不稳固。避难的教徒并不全都是可靠的公民，所以罗德岛被称为"无赖之岛"；而虽然它的土地购自印第安人，马萨诸塞和普利茅斯却分别声称对之拥有主权，不断进行骚扰。但它有理有节相对，坚持自我发展，查理一世与议会的战争结束后生存下来，并在王政复辟时期重新得到了特许状。由于大多数公民出生在城市、纳拉甘塞特湾各大港口有助于贸易发展，它一直保持着城市的独特性，并逐渐发展起来。

马萨诸塞视罗德岛上各市镇为民主的一个支脉，遂放了他们一马；清教徒们则于1632年派出一支探险队勘察康涅狄格河，并于1633年在后来的温莎镇建立了一家贸易站。他们的目的是从事毛皮贸易，但那里的土壤肥沃，一帮英国绅士根据议会给新英格兰的赏赐，声称那里的土地是他们的，1635年派遣小约翰·温思罗普到长岛海峡建立赛布鲁克——因为注意到支持者是赛-西尔勋爵和布鲁克勋爵。马萨诸塞也插了一手，但只在韦瑟斯菲尔德建立了一个小小的居民点。1636年，纽敦的居民获得议会的允许迁徙至康涅狄格河谷地带，因为放养牛群的土地已很少。而纽敦的牧师托马斯·胡克虽说是个正统的清教徒，但反对马萨诸塞的寡头政治，力主被统治者认可的政体。纽敦的居民百余人赶着他们的牛群、带着他们的家庭财物迁徙至康涅狄格的哈特福德，其他地方的居民接踵而至。一年间，沃特敦资助了韦瑟斯菲尔德，多彻斯特不顾普利茅斯的反对建立了温莎，罗克斯巴里建立了斯普林菲尔德。马萨诸塞议会强调康涅狄格的居民点必须仍受马萨诸塞地区管辖，但达成的协议是：马萨诸塞只能为新市镇指定行政长官，为期1年。1637年5月，四座"河岸市镇"有约400名居民。虽然普林斯菲尔德投入马萨诸塞的管辖范围，但温莎、哈特福德和韦瑟斯菲尔德联合召开议会，成立临时政府，直至1639年《康涅狄格基本法》出炉，按照正规的殖民模式选举一名行政长官、组成一个议会，但没有教派身份、没有报备国王。权力只来自人民，行政长官有一定的任期，但他必须是得到认可的人。选举权只属于"各市镇被确认的居民"，而即使在胡克任职时期被确认为自由民者也不到一半的男人。康涅狄格不是极端的民主，然而也远不像马萨诸塞那样寡头当政。它有肥沃的土地，有可资利用的长岛海峡，农业发达，贸易兴隆，吸引来了众多移民。

康涅狄格的人数不十分清楚，但明确的是：市镇扩展很快。尽管有分歧，但他们都信仰清教。他们与马萨诸塞联手共同抗击印第安人。英国的官方政策是"不以暴力将印第安人驱离他们的家园……，但得安置我们的人民居住在离他们家园很近的地方，可以通过文明、友好的交谈教导他们如何圣洁地生活、如何敬仰上帝、懂道理、遵纪守法"。教导移民亲近印第安人，特别是不要强奸印第安妇女、不要嘲笑印第安人赤身露体。结果是北部地区殖民地上与印第安人的关系总体上看是令人满意的，没有发生大规模驱赶殖民者的情况。

但 1636 年纳拉甘西特人（Naragansetts）杀害了一名马萨诸塞商人，马萨诸塞命令劣迹昭彰的约翰·恩迪科特屠杀布洛克岛上的纳拉甘西特人，将其妇女和儿童带到波士顿，进而对佩科特人进行报复，因为他们杀害了一名弗吉尼亚商人。恩迪科特不顾塞布鲁克的行政长官的抗议烧毁了纳拉甘西特人的村庄，继而溯泰晤士河而上屠杀佩科特人。他而后返回波士顿。佩科特人从而愤怒地与纳拉甘西特人结盟。只有罗杰·威廉斯保护了康涅狄格的殖民者；他说服纳拉甘西特人和平行事：派遣使者到波士顿，与攻打塞布鲁克、劫掠康涅狄格的佩科特人分道扬镳。马萨诸塞袖手旁观，1638 年 5 月康涅狄格组织自己的民兵；而后，普利茅斯，乃至马萨诸塞才出手助其抵御共同的危险。殖民者的武装在约翰·梅森和约翰·昂德希尔率领下，在纳拉甘西特人的协同下包围了大佩科特村（位于现在的佩科特山上），烧毁村庄，将其夷为平地，射杀所有企图逃跑者。约有 400 名佩科特人在这次"美好的献祭"中丧生。接着是一连串的巨大胜利。莫霍克人像纳拉甘西特人那样转而反对佩科特人。佩科特男人被杀；佩科特男孩被送到西印度群岛充当奴隶；佩科特妇女和女孩被送到马萨诸塞充当奴隶——因为在正义的战争中被俘的印第安人被认为是丧失了生存权和人格的人。

残酷的佩科特战争使康涅狄格得以比使用其他方式更快速地扩展，使各英国殖民地不得不加强团结。例如，统率康涅狄格军队的约翰·梅森声称对后来成为新罕布什尔的地区拥有主权。但那儿的殖民活动进展很慢，直到1637—1638年早先主动殖民罗德岛和康涅狄格的马萨诸塞清教徒迫使约翰·惠尔赖特和30多名安娜·哈钦森的支持者建立了埃克塞特镇。接着出现了其他一些市镇。马萨诸塞湾公司坚持其主权要求，1641年接管了整个地区（一直管辖到1679年；1679年新罕布什尔分离，成了王家殖民地）。新罕布什尔各殖民点没有联合起来，主要是因为它们没有太大的印第安人的威胁；然而它们卷入了与其他殖民地的印第安人的关系；约翰·梅森在康涅狄格的活动揭示了英国殖民地的共同问题：要表现出团结一致的样子，以影响其他欧洲国家，至少是要给印第安人一个深刻的印象。

与此同时，几处从事农耕和捕鱼的小村落已在缅因兴起，但1649年之前没有建成自治的社区。而两位极端的清教徒西奥菲勒斯·伊顿和约翰·达文波特与1637年带领一批富商——主要来自伦敦——抵达波士顿，认为马萨诸塞教规不严，遂移居长岛海峡。1638年，他们在那儿建立纽黑文。他们从印第安人手里购得土地，组建"圣经自治区"，遵循圣经、服从牧师和坚信寡头制方面甚至胜于马萨诸塞。伊顿任职至1658年去世；他的追随者们作为英国人的先遣队进入长岛和南康涅狄格。十多座市镇——吉尔福德、米尔福德、斯坦福、南沃尔德、费尔菲尔德、格林尼治、南安普敦、东汉普顿、格雷夫森德、西切斯特和亨普斯特德——拔地而起；1643年，纽黑文、吉尔福德、斯坦福和米尔福德组成一个联邦政府，信守圣经、忠于教派，但有一个由各市镇代表组成的议会。行政官员必须遵守"上帝的律法"——即向摩西宣告的律法。纽黑文没有特许状、没有得到任何公司或殖民地授予的对土地的所有权。它的邻居们对它的土地提出主权要求，特别是跟康涅狄格争吵不断（康涅狄格1662年从查理二世那里弄到一纸特许状，遂将其兼并）。但它得以平稳地发展，并成为1643年组成新英格兰联盟的四块殖民地之一。

"新英格兰殖民地联盟"之所以组建，是因为康涅狄格担心佩科特人进行报复，是因为考虑到英国忙于内战、难以治理和保护殖民地。然而，印第安人不是仅有的威胁，荷兰人和法国人同样是威胁。马萨诸塞总督于1636年写道：法国人不断入侵并武装土著挑动内战，唆使他们尽情杀戮、抢劫。而荷兰人控制着河流和哈得孙河及康涅狄格河河口的港湾。哈得孙河及康涅狄格河是英国人贸易、协作和扩展的关键所在。1609年亨利·哈得孙航行过后，毛皮贸易将一些荷兰冒险者吸引到了曼哈顿；但当时在荷兰掌权的共和党将殖民活动的注意力放在了东印度公司，到美洲从事农业殖民活动少有支持者，哈得孙转让给荷兰人的所有权亦无人问津。而威廉·乌塞林克——佛兰德流亡者、阿姆斯特丹巨商之一——1614年建议成立西印度公司。曼哈顿的荷兰商人仍不多，但他们从事着获利颇丰的贸易活动；而萨缪尔·阿戈尔从阿卡迪亚返回时让他们降下荷兰国旗，鼓动他们从荷兰议会那儿弄到了1614年法令；法令规定：发现一地后开展的新贸易活动享有六年垄断权。成立西印度公司的建议再次被拒，主要是因为遭到了西班牙的反对。但荷兰勘探者们驶过长岛海峡，北上至科德角，溯康涅狄格河至哈特福德地方，经过长岛南岸到特拉华河，遂进入内陆。

这趟勘察后，新尼德兰联合公司获得一纸特许状，被授予45°处的北河（哈得孙河）与南河（特拉华河）之间的所有土地。新尼德兰公司向内陆深入，旨在寻求毛皮而非开发农业用地，建立了一个小型贸易站纳塞，将站址移至阿尔巴尼；1618年在那儿答应向易洛魁人提供武器（易洛魁人因遭遇尚普兰的经历仍心存疑虑），易洛魁人报之以同荷兰人进行毛皮贸易。新尼德兰公司未能取得重新贸易的垄断权。但盟友易洛魁人提供了大量毛皮，促使殖民定居想法的产生。勒梅尔的环球航行与当时（纳塞的）莫里斯和奥伦治党的掌权促使不顾西班牙反对创建西印度公司意愿的产生。一时间似乎有了清教徒前辈移民在新尼德兰公司旗下移居的可能性，然而当时荷兰议会却在详细拟定组建一个负责由英国支持运输清教徒前辈移民前往美洲定居的公司计划。

弗吉尼亚公司也对曼哈顿和哈得孙河地区提出了领土主权要求，问题复杂了。由于跟西班牙的战争一触即发，荷兰人不想跟英国争吵；然而，荷兰西印度公司1621年获特许控制沿麦哲伦海峡与纽芬兰之间美洲海岸的荷兰的航行和贸易、有权任命总督和其他官员、拥有司法权、建设要塞（贸易站）、与野蛮人首领签订条约。公司还必须保卫其领地、必须保有（非提供的）20艘战舰。控制权在"十九人团"手中；"十九人团"明确地赞同五家地方董事会的观点，但不久即听命于阿姆斯特丹了。公司准备1623年6月间以合资为基础开始活动。与此同时，英国人托马斯·德默受普利茅斯弗吉尼亚公司派遣于1620年召集荷兰人，告诉他们曼哈顿属于英国。接着于1621年詹姆斯将北纬40°与48°之间的所有土地授予新英格兰议会，英国驻海牙大使通知荷兰人：他们侵入了哈得孙河河口处的英国地界。

外交谈判在进行，而荷兰商人则从曼哈顿扩展到了康涅狄格河和纳拉甘塞特湾。他们的西印度公司则指定一名主管负责建立"新比利时"，从事殖民活动，1623年到了一船移民。一艘法国船正打算在曼哈顿建一个贸易站，被赶走了（没有发生流血冲突）；而荷兰人则有一些人上了岸，而后同其他人一道前往增援他们设在阿尔巴尼的堡垒（贸易站）——当时称奥伦治堡。另有一批人前往特拉华河，在靠近今费城地方落脚建站；还有一批人在靠近康涅狄格河畔哈特福德的地方建立"好望堡"；另外一批人落脚长岛瓦拉博特湾。西印度公司已着实占有了它的土地。英国人似乎认可了这一态势；1625年载有增援力量的一艘船受命停泊在普利茅斯，直到枢密院宣告放行才启航。与西班牙发生战争的威胁再次得以化解；尽管英国东印度公司在安波那和其他地方受到荷兰人的打击，但查理实际上还是与荷兰结成了同盟。

新尼德兰因而没有了英国人的打搅，这种状况一直维持到英国内战结束。彼得·米纽伊特成为总督时，荷兰殖民地开始巩固自身的存在。首先是正式从印第安人手里购买了曼哈顿；以一堡垒（贸易站）为中心建起了新阿姆斯特丹城，1628年约有300名居民，但没有市民大会或类似的机构，法律产生于阿姆斯特丹，由阿姆斯特丹任命的议会实施，议会也有权制定当地的法规。然而总督管不了边远殖民点。1626年，奥伦治堡的守备队跟莫希干人联手攻打莫霍克人。这几乎毁了荷兰的政策；还好，莫霍克人听劝恢复了同盟关系；米纽伊特巡视了奥伦治堡、特拉华河畔和康涅狄格河畔的纳塞堡的守备队。荷兰殖民者集中定居了下来，但商人们仍在四处走动，用他们的船勘察海岸、深入河川寻找毛皮。因此，他们接触到了普利茅斯的英国清教徒。然而，共同与西班牙为敌，再次使争斗得以平息。西印度公司的战舰在彼得·海恩的指挥下打乱了西班牙珍宝船队；西班牙贸易活动遭受灭顶之灾。而荷兰人则根据南安普敦条约可以合法地跟英国及其附属地进行贸易，新英格兰殖民地则在荷兰殖民者以及商人中为他们的剩余农产品找到了市场。

但荷兰农民不移居国外。为了激励他们移居国外，西印度公司1629年颁发"优惠免税"证；根据这一证件，任何一个四年内带领50名移民到新尼德兰的船长将被授予土地，将成为名副其实的庄园主，拥有司法权、对为其干活者的扣押权。若提供牲畜和农具，有权相应地获得更多的土地。所有与欧洲的贸易必须通过新阿姆斯特丹，在那儿缴纳关税；但毛皮除外，船长们可在美洲自由买卖，甚至可以同英国以及法国的殖民点进行交易。新阿姆斯特丹得增援，得有防卫能力，得配备牧师和教师。虽说移居国外的农民仍很少，但想要成为拥有土地的绅士们觉得这一证件很有吸引力。装载着牛和契约劳工的船只一艘接一艘到达美洲，船长们前往霍博肯和斯塔滕岛、溯哈得孙河而上；想驶入特拉华河，没有什么人支持。这时更没有人想驶入康涅狄格河。即便如此，船长们还是对贸易比较感兴趣，对耕田种地不那么感兴趣；他们转而从事毛皮贸易活动，有时从事捕鲸活动。这很快促使总督起而支持他们。由于气候恶劣，他的船驶入英国人的港口；又由于进行贸易活动违反了新英格兰议会的特许状而被扣押——这一事件突显了英国与荷兰相互矛盾的主权诉求，但在两国政府仍然想要维持友好关系时不会解决这一问题。

米纽伊特的继任者范·特维莱尔是个胸无大志的人。但在他执政之初，荷兰人购买了康涅狄格河两岸的土地，虽有马萨诸塞和普利茅斯的抗议，还是在今哈特福德市地方建起了"好望堡"。清教徒前辈移民在温莎地区建立了一个堡垒（贸易站）；在他们的土地上安置了被佩科特人赶走的一批印第安人；这导致佩科特人大开杀戒、大肆抢劫，荷兰人进行了干预。佩科特人寻求与波士顿结盟，将他们的康涅狄格土地让予英国人！荷兰人跟英国人差点儿打起来。但英国人人多势众，加之荷兰议会和西印度公司又看重他处；英国人遂进入康涅狄格，塞布鲁克守卫着康涅狄格河河口，切断了"好望堡"与新阿姆斯特丹的联系，英国人在"好望堡"边上建起了哈特福德，清教徒前辈移民在温莎附近的殖民点得以巩固，后被多尔彻斯特接管。

除了不得发生冲突等一些其他考虑外，荷兰人仍然重商轻农，对占有土地不那么感兴趣；然而1639年他们反对英国将长岛——那儿盛产一种小贝壳，将其做成串珠，用作进行毛皮交易的货币——授予斯特林伯爵，将英国人赶到了岛的东部；英国人在那儿建立了一座小镇南安普敦。荷兰人也反对弗吉尼亚夺取他们在特拉华河畔的纳塞堡的图谋。尽管发生了这些事，新阿姆斯特丹还是成了新英格兰殖民地大部分贸易的货物集散地。从荷兰运来的牛和日常用品卖给英国人；当地产品（食盐、烟草和谷物）交易也很活跃，从曼哈顿运往波士顿、塞勒姆和其他新英格兰港口。荷兰商人发财致富，而在英国殖民地稳步发展的同时，曼哈顿人口1633—1638年却小幅下降了。荷兰议会因此敦促西印度公司稳定其殖民地，1638年威廉·基夫特抵达美洲接替范·特维莱尔任总督。

基夫特是个不安分的人。他将他的议会减至一人（一名胡格诺派流亡者），实行独裁，禁止非法毛皮贸易，发布一系列反对恶行的公告。但他全然不引进移民，致使地主们网罗囚犯和流浪汉充当契约劳工。荷兰议会提出更加宽松的诱人措施。1638年西印度公司的贸易垄断权被剥夺，产品自由流通，外国人享有与荷兰人同等的权利。提出自由运输、授予大量土地，以吸引移民；移民到达时即获得土地，由公司提供牲畜。6年后他们再行归还所提供的牲畜，以确保繁殖，只缴纳适当的租金。

在这些奖励性的措施鼓励下，新尼德兰人口显著增长，移民中有胡格诺派教徒和英国人以及来自弗吉尼亚和马萨诸塞的英国殖民者。所有人都得进行效忠宣誓，不得歧视外国人。即便如此，荷兰殖民地的发展仍比不上英国殖民地，纽黑文和康涅狄格就在荷兰人的眼皮底下占有了长岛。

眼见英国殖民地的发展，基夫特慌了起来。他从印第安人手里购买了格林尼治附近的土地，并知会英国殖民者那是荷兰的领地。这时荷英两家殖民政权有了交结。荷兰人与易洛魁人保有同盟关系，但一直竭力维持着与阿尔贡金人的友好关系。康涅狄格和特拉华河谷地带的印第安人属于阿尔贡金部落，但有着不同的名称——诸如拉里坦人、曼哈顿人和塔潘人。但大地主们的扩张活动恶化了与印第安人的关系。西印度公司在其主要贸易站范围内禁止向印第安人出售火器。结果是：邻近的阿尔贡金人得不到武器，而远处的莫霍克人和易洛魁人却有稳定的供应。1641 年敌对行动突然发生，小偷小摸导致了斯塔滕岛上印第安人被杀，他们报之以残忍的大屠杀。而后在新阿姆斯特丹一名荷兰商人被报复性地杀害，从而导致了一场大战。为了加强协作，基夫特同意选举一个十二人议会——不久又取消了承诺。然而人口是增加了——从马萨诸塞来的英国流亡者（包括安妮·哈钦森）人数不少，任命了一名英国人秘书。随之发生了对印第安人土地的侵占、争斗，乃至谋杀。1643 年荷兰人屠杀了 100 多名为躲避莫霍克人逃到他们土地上的阿尔贡金人。出现了印第安人总暴动的迹象；昂德希尔从马萨诸塞赶来重施其佩科特战争战术：运用夜战围歼印第安武士，这才制止了局势的发展。1644 年荷兰人的边境恢复了所谓的和平。

这些个麻烦事迫使总督基夫特于 1643 年召开一次八人议会，其中有五名荷兰人、一名德意志人和两名英国人。而实权仍集中在欧洲，虽说西印度公司一直扩展到了巴西，但也帮不了新尼德兰。总督根据自己的需求控制着八人议会，征收啤酒和烈性酒消费税。这引起了一场争论：总督的权力来自公司还是荷兰议会、殖民者是否要负责保卫和管理工作、他们是否要纳税、实际上是否缴得起税。八人议会最后向荷兰议会提出申诉，成功地使前库拉索总督彼特·斯特伊弗桑特接替了专断独裁的基夫特。斯特伊弗桑特受命与一名副总督和一名司库协助他一同工作。但在他抵达曼哈顿前的 1647 年 5 月，殖民者们跟阿尔贡金人签订了一纸正式和约；与此同时，基夫特没完没了地跟教会和民众领导人争吵。斯特伊弗桑特"为了享有特权的西印度公司的利益、这些居民和这片土地"，想要"像父亲对待自己的孩子那样"进行统治。他反对对基夫特的作为进行查究，继续征收不得人心的啤酒和烈性酒消费税，甚至征收毛皮贸易税。为了赢得殖民者们的支持，他于 1647 年组建了一个九人委员会。虽说这是个民选的委员会，但其成员得由总督及其议会推定，只有在要求时才开会；第一次选举后，接下来是增补。斯特伊弗桑特因此得以将权力控制在自己手里，至少在新阿姆斯特丹和长岛是这样。

但在远处，大地主们可以不理他。特别是基利恩·范·伦瑟拉埃尔：他是伦瑟拉埃尔镇的地主，地处哈得孙河地区，从事农业生产，兼营毛皮生意，不顾斯特伊弗桑特的禁令向印第安人出售武器，甚至控制前往奥伦治堡从事贸易活动的商人。而当1646年年轻的约翰·范·伦瑟拉埃尔继续这么干时，斯特伊弗桑特派兵捣毁了奥伦治堡周围的商站。1650年，斯特伊弗桑特迫使他放弃了独立的要求。然而这只是增加了斯特伊弗桑特的麻烦。尽管有他的操纵，九人委员会仍保有其民主性，而这会儿又多了一个难以对付的领头人阿德里安·范·德·唐克。此人来自伦瑟拉埃尔镇，买下了一片庄园成了一个"年轻的地主"（一名乡绅，因此他的庄园就叫"乡绅庄园"）。范·德·唐克是荷兰最高法院律师、莱顿大学法学博士，他组织九人委员会向荷兰提出申诉，其结果是斯特伊弗桑特被迫同意他实施提出的请求：停止公司管辖、组建新阿姆斯特丹市政府、划定与印第安人和白人邻居的边界。范·德·唐克在海牙呈递他的请求书时，虽然激起了一股新移民热潮，但时至1650年新阿姆斯特丹的总人口数仍只是2000人，其中800人生活在新阿姆斯特丹；再者，西印度公司享有的特权太多，殖民者们难以像英国殖民地那样组建自治政府。而比起英国人来，殖民地多种语言的人口比较强烈地倾向于从事贸易活动，对土地的感情相对来说不那么深。

然而荷兰人充分利用了西班牙的弱点，稳步迈向了独立，最后在威斯特伐利亚确定了下来；与此同时，荷兰东印度公司占有了东方贸易，而西印度公司则因劫掠西班牙和葡萄牙的殖民地和使英国及法国殖民地的产品转而运至阿姆斯特丹而赢得了人们普遍的尊重。这一成就来自贸易和海上竞争能力而非公开战争（然而战争期间也提供额外的机会），但这也导致其他国家有意识地模仿荷兰人的做法、坚定地拒绝他们的要求。其他国家制定自己的政策：有意识地不让荷兰商人拿走他们的收益，有意识地增强能从殖民地发展中获得的实力。因此，下一代重商主义者们钟情"航海政策"，专门从事贸易活动——形成了"殖民地公约"。

西印度公司的巨大成就未能使它免于失败，因为在巴西的战争花费超出了它的巨额收入。新尼德兰坐落的位置太优越了，引起了邻居英国人和法国人的敌意。英国人的敌意是不可避免的，因为新阿姆斯特丹的船长们帮助波士顿、费城和查尔斯敦逃避法规，所以难以对英国殖民地海上贸易进行控制；英国人的敌意一直到 17 世纪下半叶才产生。而毛皮贸易、与印第安人结盟和毛皮贸易活动的河系早就使荷兰人与法国人处在了敌对状态。对荷兰人说来，万幸的是英国殖民地当时一直保持中立。英国人比较强大、人口比较多；如果说有什么不同的话，就是加拿大的法国人在人数上比荷兰人少，从欧洲得到的坚定支持比较少。

然而法国人表现得很顽强、很机智，他们领导人的才能差不多弥补了其人数少的缺陷。例如：新尼德兰希望得到法国人的支持，甚至忍让，肯定是不可能的，因为法国人的规划令其行不通。在法国，竭力主张开发北美的是商人，而不是寻求农庄的殖民者。但是荷兰殖民地和大多数英国殖民地都局限在大西洋沿岸，而法国人则不断向内陆深入。他们在大西洋岸边的殖民地阿卡迪亚一直很小、很穷。虽然 1614 年进行了重建，英国人 1622 年将这片土地授予了威廉·亚历山大爵士（即后来的斯特林伯爵），并派出一支考察队到那儿建立殖民地新斯科舍，1623 年遭到失败。而法国摆脱其宗教战争后腾出了手，魁北克和三河城接手了这一进程。虽然尚普兰能在宫廷中得到支持，但开拓下劳伦斯毛皮贸易的拉罗谢尔港市（La Rocheile Port）、布勒斯特港市（Brest Port）和布列塔尼港市（Breton Port）的商人们对享有垄断权和权贵的庇护、拥有移民计划的公司不满。再者，在苏利的影响下，注意力投向了法国国内经济和地中海、黎凡特贸易；40°以北的土地获益的希望很小，虽然能够弄到特许状，但得不到什么真正的支持。而尚普兰是皇家地理学家，得到权贵的支持；他的忠实同伴是布雷顿商人弗朗索瓦·迪·蓬格拉韦，而大商人威廉·德·卡恩对毛皮贸易垄断权很感兴趣。再者，尚普兰寻找"西海"的活动跟"急切地深入内地寻捕河狸"的意向——这一意向导致法国人快速深入加拿大内地——是十分契合的。

时至 1613 年，尚普兰没有弄到毛皮贸易垄断权，又受到在塔杜萨克从事贸易活动的竞争对手们的干扰，尚未前往蒙特利尔往北的拉希恩瀑布以西。但当时他受了有关哈得孙湾这一传说（不过，亨利·哈得孙在其最后一次航行中的确到过那儿）的诱惑，在有权有势的孔代亲王支持下，乘独木舟溯渥太华河而上，穿过猫湖，到达火柴湖附近的阿尔贡金人营地。尚普兰未能达到其主要目的，但开通了渥太华河航道，一路向西，没有向南取道安大略湖、尼亚加拉瀑布和伊利湖，接近了不友好的易洛魁人领地。他的发现报告使孔代重申了他的垄断权，重组了他们的公司，又得到了方济各会的静思会四名成员——尚普兰劝使他们到了加拿大——的增援。

1615年之前，易洛魁人一直充当荷兰商人在曼哈顿和奥伦治的向导、护卫，甚至在渥太华河上伏击阿尔贡金人。面临着这样的威胁，尚普兰十分谨慎。但传教士们在魁北克积极准备前往休伦人地区传教，尚普兰跟随行动，途经渥太华河及马塔瓦河到尼皮辛湖，然后沿弗伦奇河而下到乔治亚湾休伦人居住地。他攻打设在安大略湖东南方奥农达加湖畔的一家易洛魁人贸易站失败后，在乔治亚湾过冬。他的休伦地区之行本身就是一大成就，但尚普兰未能向北进行考察，获取有关苏必利尔湖和密执安湖及其出口的确切信息，沿伊利湖和安大略湖一线返回拉希恩。亨利四世遇刺，内战再次爆发，切断了法国的援助；时至1622年加拿大仍只有大约100名法国人，魁北克只是一座拥有65个人的设防居民点。1614年，尚普兰组建自己的团队转租了孔代的毛皮贸易，一直持续到17世纪20年孔代的特许状被吊销；蒙莫朗西公爵获得一纸新特许状，同时负有责任支持静思会的传教活动、激励移民；尚普兰定居在了魁北克，成了一位慈善的、有见识的总督。黎塞留于1627年撤销了所有先前授予的特许状，成立一家享有全权的新法兰西公司（新组建的公司以"百名合伙人公司"之名而闻名），拥有毛皮贸易永久垄断权、领地绝对主权、下个15年所有贸易的垄断权（捕鱼权除外），同时负有责任组织殖民活动，只有法国罗马天主教教徒被允许移居加拿大。

加拿大的运道不好。就在这时，柯克家三兄弟戴维、刘易斯和托马斯在伦敦商人的支持下，于1627年获准成立"加拿大公司"，从事加拿大和圣劳伦斯河流域的毛皮贸易活动；与此同时，查理也批准斯特林伯爵的新斯科舍公司从事同样的活动，黎塞留1628年派往加拿大的首批增援人员被戴维·柯克在海上俘获；1629年戴维·柯克占领魁北克，生擒尚普兰，将毛皮全部运往英格兰。与此同时，新斯科舍公司与柯克兄弟合作，在阿卡迪亚建立了一块英格兰殖民地，约有70人。

新法兰西公司无力捍卫其领地，遭到了受它排挤的商人们的强烈指责，特别是威廉·德·卡恩的指责。他从蒙莫朗西公司买断过从事毛皮贸易的特许状，而后又从新法兰西公司买到了同样的特许状，从而为柯克运往伦敦的毛皮在英格兰提出诉讼。因此，1632年根据《圣热曼条约》英国将占领的土地还给法国、尚普兰在魁北克官复原职后，经营着"新法兰西公司"的"百人团"也未能恢复毛皮贸易、未能招募到多少移民。而移民到加拿大的一些人则大多是壮实的农民。1635年黎塞留去世时，三河城发展成了一个市镇，黎塞留堡已建成，按照领主制的模式建立起了专门从事农业活动的殖民地。渴望获得土地、想要成为贵族的移民将得到一块领地，从河岸边向外延伸进行带状种植，将获得贵族称号，条件是必须耕种土地、运送一定数量的劳动力。这些优厚待遇跟荷兰的庄园主资格和新斯科舍给的准男爵爵位相类似；然而即便如此，也难以吸引多少人。时至1643年，法国殖民地上的殖民者人数仍未超过300人。他们仍然主要从事毛皮贸易，依靠欧洲的食物和日常用品生活。印第安人友好，他们的日子就好过；印第安人不友好，他们的日子就难过，还要忍受加拿大那漫长的严冬和新法兰西公司的控制。

领主们未能招募到殖民者。但1625年一批无畏的耶稣会传教士抵达法国殖民地，大大促进了殖民活动的开展。他们发现毛皮贸易有利也有弊。毛皮贸易要求印第安人过一种游猎生活，而这种生活肯定有碍于基督教礼仪和习俗的确立；与此同时，换得的枪支、烈性酒和华丽服饰又必将使印第安人变得更危险、更不可靠。但毛皮商们经常出没森林地区，可以同印第安人一起行走、一起生活，传教士们请他们当向导、做伴、做翻译，他们极大地帮助了传教士们的工作。尚普兰有位经常出没森林地区的毛皮商朋友，名叫埃蒂昂·布鲁莱，曾沿休伦湖北岸旅行，前往苏圣马里和苏必利尔湖的入口处。他极有可能在苏必利尔湖上航行过，因为他返回后详细地述说了在那儿的所见所闻。从安大略湖经由尼亚加拉瀑布、伊利湖和圣克莱尔湖到休伦湖的路线也已查明；法国人了解到这条路线通过易洛魁人的领地，也越来越了解到易洛魁人愿意将毛皮卖给哈得孙河及特拉华河一带的荷兰商人和英格兰商人这一事实。渥太华河以南的休伦地区是毛皮贸易竞争的重点地区，也是法国人向西探险的重点地区，又是耶稣会士从事传教活动的一大中心。那儿远离大西洋，可以使印第安人皈依天主教，可以使他们避开因同欧洲人接触而养成恶习的危险。

法国人同休伦人结盟某种程度上是出于经济原因，某种程度上是出于传教原因，某种程度上也是出于个人原因。他们必须同易洛魁人控制前往休伦地区通道的政策作斗争。这一政策断绝加拿大的毛皮贸易、抵消耶稣会的影响。而耶稣会士们不畏凶险，深入易洛魁人中进行传教活动，从事冒险旅行，受苦受难，惨遭毒打，甚至殉教牺牲，近代史上绝无仅有。他们虽然最远深入到了哈得孙河畔的易洛魁人村落，但没有达到什么目的。经常出入森林地区的毛皮商人中至少有一个名叫让·尼科莱的人曾从休伦湖出发，穿过麦基诺水道，进入密歇根湖，而后向西抵达格林贝，前往密西西比河上游，听说有片大湖并有许多河流从大湖向北流向海洋。然而，通过安大略湖和上劳伦斯河的毛皮贸易路线仍不断受到骚扰。1637年，易洛魁人在圣劳伦斯河两岸不断抢劫休伦人向魁北克运送毛皮的独木舟。只有使他们得不到荷兰人的帮助，才能制伏他们。

因此，黎塞留在1541年调拨人力和财力攻打易洛魁人的同时，认可了将荷兰人逐出哈得孙河谷地带，甚至曼哈顿的必要性。他1642年底去世，加拿大一直没有获得对这一政策的必要支持。然而法国国内关心殖民地情况者的确大有人在。1641年蒙特利尔圣母会的成立，出于宗教和非宗教上的意愿；即在魁北克河上游60英里处印第安人地区的中心地带建立第三座市镇，以维护魁北克和三河城的存在。1642年5月60名殖民者在圣劳伦斯河中一座岛屿上建立了蒙特利尔。这座岛屿已被授予圣苏尔皮西乌斯神学院，神父们自行任命行政长官。蒙特利尔是座"圣城"，是基督徒防御野蛮的印第安人的堡垒，人们过着集体生活。然而，蒙特利尔的建立引起了易洛魁人新一轮的攻击，1648年攻击最为猛烈。

起初，易洛魁人的威胁迫使法国殖民者自力更生、自治自理。虽然有易洛魁人的骚扰，毛皮贸易利润却每年都有增长。因此，摆脱大公司的控制，当地的商人似乎能够从事贸易活动，并能盈利了；由于他们要用毛皮支付每年运到的生活用品，所以他们从事毛皮贸易的劲头是十足的。据此，1645年一批殖民者组成一家"移民者公司"，同"新法兰西公司"签订毛皮贸易转包协议，获利颇丰，以致1647年大多数殖民者反对贸易垄断，并获准自由同印第安人进行贸易。但他们仍必须在规定的时间内将其毛皮送到新法兰西公司的货栈，在那儿按一定的价格卖给公司，由公司运往欧洲，再由公司运回所需的欧洲物品。

因此，新法兰西公司的地位与英格兰早期的，特别是普利茅斯殖民地的"滨海商人"极其相似。而殖民者也像其他国家的殖民地一样实行了自治。1647年，行政长官的权力受制于"三人委员会"。"三人委员会"包括行政长官、蒙特利尔的地方行政长官和耶稣会会长（若任命了主教的话，就是主教）。1648年，这一委员会扩大，增加了魁北克、蒙特利尔和三河城的市政长官。委员会的扩充，需要拿出一半的毛皮用于行政和防卫。而易洛魁人又加紧了对装运毛皮顺流而下前往法国人殖民地的独木舟的伏击，1648年竟然袭击到了乔治亚湾附近的休伦人村落，1649年赶走了所有休伦人，折磨死了耶稣会传教士，而后包围了蒙特利尔和魁北克。1652年，法国人的毛皮贸易陷入停顿状态。

海狸、河狸得救了，过上了安宁的生活。休伦人的船队不再沿河顺流而下进行贸易了。阿尔贡金人灭绝了。远处的部落由于担心易洛魁人的袭击，撤离到了更远的地方。蒙特利尔的货栈一年来没有从野蛮人手里收购到一张海狸皮。由于担心敌人的到来，三河城获得的一点点收入全部用于防卫了。魁北克的货栈空空如也。

法国殖民地没有消失，因为殖民者们已经完全是自力更生、自治自主的了，他们似乎不那么着意要控制北美洲，但他们自主地在北方安家拓殖、发财致富，就像在家乡一样自由自在地生活着；虽然英格兰殖民者也是这样，但法国殖民者比起他们来是有过之而无不及。在英格兰殖民地和法国殖民地之间双方均未占领的地区，荷兰人仍控制着新阿姆斯特丹和哈得孙河，并同易洛魁人建立了牢固的联盟。实际上，易洛魁人一直掌握着欧洲殖民地的命运。

伊比利亚列强并未在北美地区采取行动，以切实占领声称属于自己的领土、维护自己的主权。西印度群岛也有重要的地区，但西班牙却很少涉足，甚至弃之于不顾。然而，西印度群岛地处"全球贸易之腹地"，西班牙及其对手无不看重其利。可西班牙却没有占领边沿一列岛屿（小安的列斯群岛），英国、法国及荷兰船只则利用这些岛屿同西班牙殖民者进行走私贸易。荷兰人更着手大面积开发委内瑞拉的盐田，将盐装船运回本国，再将欧洲货物运回来。大陆上的英国殖民地虽然对西印度群岛很感兴趣，但未能有所成就。查尔斯·利一行1604—1606年到圭亚那从事殖民活动，最后失败，幸存下来的人被荷兰商船搭救；罗伯特·哈科特一行1609—1618年又到圭亚那从事殖民活动，再次失败，幸存下来的人跟随荷兰人定居在埃塞奎博。由于詹姆斯一世出于对西班牙的敬重不再支持英国人的殖民活动，所以"北方亚马孙公司"1620年和罗利1617—1619年间的殖民活动均遭失败，从这些地区转移到圣卢西亚岛和格拉纳达岛的活动亦未成功。

入侵的列强并不那么想要在加勒比海地区建立殖民地。它们的目的同霍金斯和德雷克一样，旨在贸易。然而，同西班牙发生冲突的贸易活动往往演变成"可爱的海盗活动"。集中到卡塔赫纳、诺姆布雷德迪奥斯和巴拿马这些中心城市金、银块在装船前和运往西班牙的途中极易被海盗劫掠，即使组成庞大的船队、有军舰护航亦枉然。这是因为船队要驶离加勒比海进入大西洋，就必须向北穿过佛罗里达海峡，或向南穿越向风群岛，或穿过波多黎各岛和海地岛之间的向风通道这一中间航线，因此巴哈马群岛是骚扰佛罗里达海峡的上佳之地；海地岛北部海岸外的托尔图加小岛威胁着向风通道，而向风群岛中的多巴哥岛和特立尼达岛以及库拉索岛控制着通道的出口，也具有巨大的价值。

虽然加勒比海地区极其有利于海盗的活动，但每年西班牙的庞大船队还是安全地驶入了大西洋。在这期间，尽管西班牙反对，海盗活动还是变成了不断在西印度群岛殖民的行动。托马斯·沃纳在"北方亚马孙公司"于亚马孙河地区殖民失败后返航途中，1622年驶抵向风群岛中的圣克里斯托弗岛，发现岛上土地适宜种植烟草，于是到伦敦争取财政支持，1624年携同17位殖民者回到岛上开辟种植园。沃纳的境遇不佳，要同加勒比人作战，法国海盗戴斯南比克又来骚扰，而一家英格兰公司也到巴巴多斯岛从事殖民活动。巴巴多斯岛土地肥美诱人，英格兰水手们对之非常了解，但岛上荒无人烟。1624年，抑或1625年初，一艘属于威廉·科尔廷爵士（与荷兰人有生意往来的伦敦商人）的船从巴西返航时停靠过该岛。科尔廷的船长立即宣布占有它。他返回英格兰途中顺访了圣克里斯托弗岛。沃纳可能是受了船长提供的信息的影响，1625年申请获得国王恩准，出任声称被他发现的四座岛屿——圣克里斯托弗岛、尼维斯岛、蒙塞拉特岛和巴巴多斯岛——的总督。但沃纳实际上并未占有巴巴多斯岛，而是科尔廷组织了一家辛迪加，从大陆地区先后送去了180名殖民者（第一批80位男丁，第二批100人，有男有女）以及印第安人、玉米、烟草和其他作物。

科尔廷劫持西班牙商船，抢得大批钱财，用以发展种植园，到1628年时巴巴多斯岛已有了1850人。沃纳坚持自己的主权要求，联络卡利斯尔伯爵詹姆斯·海。查理一世已将向风群岛和背风群岛——地处北纬10°和20°之间包括巴巴多斯在内的所有岛屿通通赐给了此人。科尔廷于是投靠佩姆布罗克伯爵。他也得到了同样的赏赐，包括特立尼达岛和多巴哥岛（当时虚构的名字叫丰塞卡岛）以及巴巴多斯岛！卡利斯尔伯爵而后得到了对赏赐的确认，并特别明确地提及了巴巴多斯岛。因此他腰杆子硬了，1628年接连派出两批殖民者，从科尔廷一伙人手里正式夺取了巴巴多斯岛。科尔廷一伙真被这种混乱的赏赐弄糊涂了。但1629年佩姆布罗克伯爵派遣的一支远征队打败了卡利斯尔伯爵的支持者，夺得价值3万英镑的烟草，将岛上的行政长官押送到了伦敦，科尔廷一伙才又控制巴巴多斯岛。冲突双方均未将自己的主权要求提交法庭判决。但掌玺官考文垂（Coventry）调查研究后提出了不利于佩姆布罗克和科尔廷的裁决。殖民者们看来很满意。巴巴多斯进入以烟草为支柱的经济繁荣期和人口增长期。

烟草也给圣克里斯托弗带来了繁荣。1629年人口达3000人。一些殖民者十分富有，可以自己租船将烟草运往伦敦市场。但大多数人还是比较贫困的，只得依靠获得赏赐的人或比较富有的邻居。富有者和贫困者都想得到土地，很快就向其他岛屿扩展。1626年，戴斯南比克劝黎塞留建立一家"圣克里斯托弗公司"，开发北纬11°—18°之间尚未被占领的岛屿——包括所有尚未被占领的小安的列斯群岛。1627年，戴斯南比克同英格兰人友好地瓜分了圣克里斯托弗岛：英格兰人占有中部地区（从此被称为圣基茨）；法国人占有两端。西班牙人1629年将他们通通赶走；但英格兰人又打了回来，并进入了一个经济持续发展、不断繁荣的时期，1640年人口增至2万左右；他们1628年扩展到了尼维斯岛，后被西班牙人逐出，1629年又赶走了西班牙人重新登岛，经济随即发展、繁荣起来。

英格兰人从圣克里斯托弗岛扩展到维尼斯岛后，又于1632年扩展到了安提瓜岛和蒙塞拉特岛，而后又力图向多巴哥岛和圣卢西亚岛扩展，从而占有了背风群岛。与此同时，法国人则集中在向风群岛地区活动。西班牙人没有提出什么异议，但加勒比人的反抗却十分强劲，所以一时未能有所成就。1635年，黎塞留从法兰西帝国的利益出发，再次出手支持在西印度群岛的殖民活动，用热带物品弥补在北美加拿大殖民地所获之不足。他将圣克里斯托弗岛授予"美洲群岛公司"，并要公司着手在背风群岛的其他岛屿上殖民。法国人在圣克里斯托弗岛上同英格兰人维持着早先的瓜分安排，不久又成功地征服了马提尼克岛和瓜德罗普岛上的加勒比人，开拓了新殖民地。1638年德·普安西受命出任总督，立即组织各岛的防卫，在圣克罗伊岛、马提尼克岛、马里加朗特岛、诸圣岛和瓜德罗普岛上建立了法国的统治机构。他放弃了格林纳达岛、多米尼克岛和圣卢西亚岛，但控制了以托尔图加为根据地从事活动的海盗，时至1642年已在14座岛屿上建立起了法国殖民地。法国人的数量增加到了7000人左右，此外还有很多奴隶。总督和大种植园主们财大气粗，竟然要求对"美洲群岛公司"进行审查。1646年公司下令总督辞职。但德·普安西拒不从命，并将受命接任的总督从圣克里斯托弗岛赶到了瓜德罗普岛。由此而引发的斗争致使公司濒于瓦解；1647年，马萨林决定终止公司的存在，将其领地分给业主。最大的业主是"马耳他圣约翰骑士团"，德·普安西为其代理人。业主们占有了圣克里斯托弗岛上的法国领地及圣马丁岛、托尔图加岛、圣克罗伊岛和圣巴特勒米岛（为一小岛，同托尔图加岛一样只是个海盗据点）。因此，法属西印度群岛即落入了一批富有的业主之手；他们只关心个人的利益，对岛屿本身并不感兴趣。

法属西印度群岛上欧籍人口越来越多，超过了加拿大。与此同时，英格兰人已克服了土地所有权方面的混乱情况，开始大规模向西印度群岛移民。这一移民潮有点像清教徒向北美的移民，但不受什么公司控制，而是由业主支配的，从而出现了许多契约劳工。这些人并非全都是农民；他们由于没有足够的资本独自移民，只得签约提供一段时间（通常为5—7年）的劳动服务，以换取路费。他们劳动服务期限过后即可自由发展，但往往由于缺少资本，不是继续从事奴隶劳动，就是成为佃农。烟草既适于大规模种植，也适于小范围种植，因而既是小土地所有者发展的基础，也是大地产发展的基础。种植玉米食用，咸鱼从新英格兰和纽芬兰进口。尽管条件艰苦、前途渺茫，但人口仍不断增长；据统计，1643年巴巴多斯岛上的白人已超过3.7万人、圣基茨岛和尼维斯岛上的白人总共超过了2万人。

这一数目是最大的，英格兰岛屿上的白人殖民者任何时候都没有这么多过。这是由于移民潮转而稳步流向了北美大陆，也由于17世纪中叶甘蔗代替烟草成了西印度群岛的主要种植作物，而使用奴隶劳动的大种植园是新作物种植的最佳园地。甘蔗、种植甘蔗的黑奴劳力、建设制糖厂的一部分资金以及大部分运输蔗糖的船只都源自荷兰人。

荷兰西印度公司醉心于巴西，从而决意夺取17世纪头10年间最重要的殖民地。西印度公司想要建立荷兰农业殖民地，控制非洲西海岸的奴隶贸易和破坏葡萄牙人在东方和西方的利益。巴西因而成了公司夺取的首选之地，但未能完全达到目的。西印度公司有组织地劫掠西班牙商船，所得不菲，成了公司红利的主要来源，大大弥补了巴西战争的花销。1628年彼得·海恩最后一次拦截西班牙的庞大船队，西印度公司的劫掠活动达到了登峰造极。这一年公司支付的红利达50%！"云集在腐烂的西班牙帝国身躯之上"的海盗多半是荷兰人，而他们又大多是深深信奉新教的教徒。荷兰人成了海盗活动的急先锋，夺取西班牙的商船队。

他们"所渴求的是征服土地，而不是从事贸易"，但如同对付西班牙一样，全然不顾法国和英格兰的禁令抢占了其岛屿上的大部分贸易。荷兰人1616年在埃塞奎博建立了一块殖民地；1624年在伯比斯建立了另一块殖民地。曾在多巴哥岛和卡宴地区建立过小块殖民地，但很快就被西班牙人捣毁了。1634年在库拉索岛殖民；1641年在圣尤斯特歇斯岛和圣马丁岛上殖民；1648年明斯特条约确认了荷兰人的这些殖民地。然而，它们的重要性在于作为贸易中心而存在，而不是作为垦殖的殖民地而存在。这是因为荷兰人在西印度群岛主要从事贸易活动，而不是从事种植业。

这一时期由于王权尚未确定，英属岛屿上的业主们和种植园主们无视本国政府竭力将其限制在单一经济框架内的规定却在寻求自身的致富之路。荷兰人的路子此时最具吸引力了。英格兰政府和法国政府由于卷入了欧洲战争，并忽略了船舰的发展，所以均难以贯彻自己的法规。再者，对双方均有利用价值的荷兰人根本不承认什么垄断贸易政策，并根据1625年《南安普敦条约》得以自由进出英国所有的领地。他们根据条约或贸易管辖权控制着英格兰和法国的殖民地的贸易和运输，为的是准备与葡萄牙和西班牙战斗，而他们也同英格兰人和法国人战斗。

因此，荷兰西印度公司在为征服巴西、抢占巴西甘蔗种植园的同时，也抢占巴西经济的组成部分奴隶贸易站，先后抢占了阿尔金、戈雷岛、圣多美岛、罗安达和埃尔迈拉，同巴西和英格兰及法国殖民地开展奴隶贸易。要是不将荷兰人赶走、不强制使用本国船只将岛上产品运回母国，就不可能从西印度群岛得到什么好处。例如，荷兰人牢牢地控制住了普罗维登斯岛，1632年提出要收购岛上的所有产品，1639年甚至提出要购买整座岛屿。这是个特殊事例，但圣基茨在1629年遭到西班牙人的袭击后又受到荷兰人光顾。他们向它提供奴隶。时至1659年，种植园主们怨声不断，诉说荷兰人垄断了这一重要岛屿的全部贸易。巴巴多斯也因甘蔗种植和奴隶劳动再次出现了繁荣。1640年，"荷兰人来传授制糖技艺，从事自由贸易，提供大量日用品"，从而稳稳地开展起了贸易活动。发展变化持续不断：1636年巴巴多斯岛只有6000名白人；1643年增加到了37200名，再加上6400名奴隶；1660年黑人超过了5万名。1654年，对巴巴多斯岛产品征收的全年关税达12930英镑，通常有60艘或70艘船只停泊在港口。据称，约有400艘船只和10000名水手忙于该岛的贸易。

英格兰和法国若想从这一价值不断增长的贸易中获益，就必须赶走荷兰人。他们的新阿姆斯特丹大港使他们能够从大陆殖民地控制海运，而他们在西非海岸的领地又使他们能够向西印度群岛供给黑奴。查理被处死后在海牙举行的谈判中，荷兰人坚持他们有权"到美洲我们自己的以及其他任何人的领地和种植园进行贸易。"对此，英格兰的回答同样直截了当："荷兰人不能到欧洲以外的英格兰的岛屿和种植园进行贸易，英格兰人也不能到荷兰的岛屿和种植园进行贸易。"理由是荷兰人"禁止英格兰人到荷兰在东印度群岛的殖民地以及欧洲以外其他地区进行贸易。他们完全控制着印度。他们是那儿海上的霸主，搜查我们的船只……不仅没收走私货物，并没收其他所有货物"。

因此，时至17世纪中叶，已在北美地区建立了永久性的殖民地，展现了长期的对抗和特色明显的各家殖民地政府模式，在西印度群岛也建立起了相似而又各异的殖民地。在此期间，荷兰成了"招人嫉妒的国家"。它继西班牙之后在大西洋和殖民地开展贸易活动，从而迫使其他殖民国家采取以"航海条例"为主导的帝国政策。这些政策导致了欧洲帝国主义伟大时代的到来。

第二十三章

拉丁美洲（1610—1660年）

1610年，西班牙—西印度王费利佩三世宣称对美洲的两大领地——一为他的卡斯蒂利亚王国的组成部分、由马德里统辖的领地；一为他的葡萄牙王国的组成部分、由里斯本统辖的领地——拥有宗主权。这两大领地加起来的疆土涵盖了整个美洲，从地处墨西哥湾和神秘的北极之间、当时尚未知晓的区域，向南延伸至麦哲伦海峡南边的当时同样尚未知晓的土地火地岛。卡斯蒂利亚王国的领土分为两个总督区：新西班牙总督区，首府设在墨西哥城，由巴拿马以北伊比利亚半岛的所有属地组成，其中包括加勒比海群岛和现委内瑞拉领土；秘鲁总督区，首府设在利马，管辖从巴拿马到智利和布宜诺斯艾利斯的卡斯蒂利亚的所有属地。葡萄牙王国的美洲领地是巴西，当时系指托尔德西利亚斯条约划定的南北走向的分界线以东的土地，从亚马孙河三角洲东部地区至今巴西圣卡塔琳娜州沿岸的圣卡塔琳娜岛。这片土地由驻留在巴伊亚的一位总督管辖。

以控制土著为准的实际占领和伊比利亚人直接殖民的疆域，比伊比利亚半岛所宣称的疆域要小得多。当时的其他欧洲国家政府也都指出了这一点。然而，实际占领下的疆域十分广阔。西班牙在北美的领地有两处深及今美国和加拿大的一些地区。早期在佛罗里达的圣奥古斯丁建立有一小块殖民地，1597年重建，成为一个永久性的殖民地。这一殖民地的建立，旨在将外国入侵者挡在巴哈马海峡之外，使其远离西班牙船队的返程路途，旨在用作佛罗里达和佐治亚地区的印第安人中进行传教的基地。格兰德河上游谷地建立了新殖民地，以1609年建立的圣菲城为中心。这一殖民地是17—18世纪中一个半世纪里西班牙向北扩建的最远的一块殖民地。新墨西哥的殖民者和传教区同墨西哥的定居区之间，横亘着一个干旱、人烟稀少的狭长地带，供应全靠马（或牛）拉的大货车。加勒比海群岛中的大安的列斯群岛上有一小批西班牙人、黑人和各类混血种人定居其间，向西班牙出口蔗糖、牛皮和肉桂。16世纪初的数十年间，土著几乎全部被消灭了。加勒比海群岛和委内瑞拉的行政管辖所在地是圣多明各；而哈瓦那城建有要塞，为一良港，是船队返回西班牙的集结地。西班牙人很少在小安的列斯群岛上殖民。那儿成了同欧洲人接触一个世纪后幸存下来的印第安人栖身之所，成了非伊比利亚半岛的欧洲人偶尔临时栖息之地。西班牙人主要的占领区——卡斯蒂利亚在新大陆领地的中心地区——包括纵贯南、北美洲的西部山脊，从墨西哥的锡那罗亚州同塔毛利帕斯州南部之间划的一条线到智利南部比奥—比奥河。西班牙人在南美北部的东部占领区沿安第斯山直达新格拉纳达和委内瑞拉；在南美南部的东部占领地为一狭长地带，途经图库曼、巴拉圭和潘帕大草原直至布宜诺斯艾利斯处的海边。发现美洲时，中部美洲的山区曾是印第安文明最为高度发达的地区。西班牙人征服这一地区后，组织起符合自己需求和意愿的社会，使之能够供应食品、劳力和服务，欧洲人成了新的社会上层。大城市（包括银山脚下的特大城市波托西）、使西班牙美洲成为欧洲硬币源头的矿山、西班牙农业的主体和绝大多数西班牙及印第安人口都在这一地区；西班牙人的殖民视印第安人而定，哪儿的土著人口多，那儿殖民的西班牙人也多；哪儿的土著人口少，那儿殖民的西班牙人也少。一般来说，沿海地带殖民的人数不多，因为那里流行疟疾和黄热病。只有中美洲种植可可的松索纳特沿海地带和秘鲁沿海的总督区首府利马人口相对多点。热带雨林区也几乎是人迹罕至，因为难以进入，而与别处相比又没有多少实用价值。因此1610年时，南美太平洋高原弧形地带以东的广袤地区（其中包括亚马孙河以及奥里诺科河上游广阔的流域与圭亚那地区沿海地带）没有被占领。对这一广袤的地区知之甚少，其南部灌木丛生，荆棘遍布；高原地带覆盖着片片矮树丛林，生活着人口稀少的游牧和半游牧部落。这一地区根据《托尔德西利亚斯条约》划归卡斯蒂利亚王国。

未被占领的中部地区以东南美大西洋沿岸形成了另一弧圈殖民地带。那就是葡萄牙巴西领土。1610年，实际占领区大致从巴西突出

第二十三章 拉丁美洲（1610—1660年）

部的圣罗克角向南沿海岸延伸至圣保罗南部海洋地区。殖民地未连成片，小城镇、种植园、农庄和牧场星散在沿海地带、运输便利的一些内陆小型河道旁。只有圣弗朗西斯科河谷圣保罗台地和东北地区突出部的一些殖民点的欧洲占领区超越狭窄的沿海平原向内地延伸。跟新西班牙和秘鲁的财富和权力相比，巴西全境只有一小批势单力薄的殖民地，然而它已成了向欧洲供应蔗糖的主要地区。其他欧洲国家虽然做过多次尝试，时至1610年几乎未在美洲建立起什么永久性的殖民地。

1610—1660年间的半个世纪里，西班牙的实际占领地没有什么大变化，葡萄牙的占领区却扩大了不少。这是因为巴西人广泛地利用了1580—1640年间的联合所提供的机会。这一变化发生在西班牙领地北部和南部边境地带。圣方济各会修士从圣奥古斯丁沿海岸不断从事传教活动，到1615年已建立了20个传教点，向北一直深入到南卡罗来纳。这是传教活动的最盛时期。不久就由于北方的英国殖民者鼓动沿海地区的部落进行抵制而开始衰颓。殖民者和耶稣会传教士在墨西哥北部不断沿太平洋海岸向北缓慢推进，进入西马德雷山脉地区。那儿地势崎岖，印第安人难以到达，因而在西班牙人后方形成了大批相对独立的土著群，散布在纳亚里特以北地区。1614年，耶稣会士在塔拉乌马拉建立了第一个传教区。后来1616年的特佩瓦内（Tepehuane 或 Tepehuan）人大暴动迫使传教区撤销，一直到1622年暴动被镇压后才恢复。1638年耶稣会士得以在塔拉乌马拉人中向北活动，在索诺拉的山区建立起第一个传教区。他们的活动在一些军队的支持下进行，经常失败。他们从事的是冒险活动，没有把握。然而在北方孤立的新墨西哥殖民地上，方济各会传教士则在美国西南部的普埃布洛印第安人中坚持活动。到1630年，已有50名传教士在活动。他们有了25处传教区，包括90座城镇和5万名左右的皈依者。像所有的传教区一样，这儿的每个传教区都拥有一座教堂、一所学校、数家工场、一些住所和田地。新入教者要学习手艺，所学的技艺是为教会服务所必须具备的。

要扩大西班牙占领区的最野心勃勃的企图和对西班牙控制区的最严重的威胁存在于南美洲的南部。耶稣会传教士在从马托格罗索到巴塔哥尼亚、从巴拉圭到海岸边的广阔平原地区与同一个国王的巴西臣民发生了公开的战争。智利中部谷地南部地区长期存在的阿劳坎人战争接连不断,血腥残忍,前途未卜。

1610年,在智利的西班牙人仍在竭力与一个变革了的阿劳坎人社会相抗争;这一社会已能派出大批装备有马匹、长矛,甚至火器的战斗部队;而这些战斗部队又是专门训练来对付欧洲士兵的。16世纪西班牙人在比奥—比奥河与雷隆卡维湾之间建立过8座城镇;但在1598—1605年间阿劳坎人的猛攻下,已放弃了7座。阿劳坎人的胜利也迫使西班牙人放弃了基于以委托监护人为主、以来自圣地亚哥附近的印第安人为辅的民团制度,代之以从西班牙和秘鲁派遣增援的正规军。这一时期官方规定的军队人数为1500—2500人;但严重缺员,还有一些老兵、病号和不适于服兵役者,所以实际人数很少超过千人。新军所能做的,至多是阻止阿劳坎人占领比奥—比奥河以北的土地,然而他们的突击队每年都过河袭扰,有时一直深入到毛莱河。而西班牙军队每年也数度过河袭击,俘获大量战利品——奴隶,带到中部谷地出售,或贩运到秘鲁。

如何终止阿劳坎人的袭击和免除智利战争的巨大花销这一问题,在圣地亚哥和马德里引起了长时间的争论。耶稣会士们认为问题明显是在西班牙人一方,主张沿比奥—比奥河筑要塞,建设防线;停止猎奴;通过传教活动安抚阿劳坎人。殖民政府则主张将战争进行到底。这是因为其成员个人从猎奴活动中获得了可观的收益。1611年开始尝试的耶稣会计划失败了,一批阿劳坎人屠杀了传教士。1625年,西班牙国王最终下令恢复战争行动,并重新允许将战俘沦为奴隶。1630年,新上任的地方行政长官拉索·德·拉维加重新规定圣地亚哥的男丁服兵役的制度,从而得以使阿劳坎人连遭败绩;他们的力量这时因天花和麻疹的流行,死者众多,受到了削弱。但西班牙人的入侵唤起了阿劳坎尼亚地区全体民众的抵抗,导致了印第安人的一次次胜利。1641年签订《基连条约》(the Treaty of Quillén),王国政府承认了比奥—比奥河以南印第安人的独立地位。条约未能终止双方之间的相互袭击;随后的条约——1647年的第二个《基连条约》和1651年的《博罗阿条约》也未能终止袭击行动。西班牙士兵及其指挥官们从袭击行动中得到的好处,使王国军队成了一支抗拒任何旨在维护和平的政策的强大力量。而阿劳坎人社会结构异常松散,没有什么中央政府，勇武好斗的表现精神又使印第安人难以认真遵守任何停止敌对行动的协议。1655 年，阿劳坎人协同行动，翻越安第斯山，进入阿根廷领土，包抄偷袭西班牙人，使毛莱河（Maule，又译马乌莱河）以南的所有西班牙人殖民地陷入困境。一直到 1661 年，新上任的地方行政长官波特尔·卡萨纳特在库拉尼拉韦的一次对阵战中打败了印第安人，比奥—比奥河防线才又落入西班牙人之手。这期间，中央谷地的西班牙殖民地赢得了稳步发展，而流行病和由于战争及猎奴活动而遭受的损失却使阿劳坎人的实力日益减弱。然而他们还能够从生活在安第斯山东坡地区的佩韦尔切人部落中招募到一些人，稍稍平衡一下双方的力量。与此同时，战争需要秘鲁财政提供大量补贴，用以满足每年 20 多万杜卡多的开支，而战争又消耗了西班牙国王在欧洲所急需的财富。

安第斯山以东从巴拉圭到大西洋沿岸的宽阔地带上，建立了所谓的巴拉圭耶稣会国家，地处西班牙美洲和葡萄牙美洲之间的区域。巴拉那河上游河谷地带瓜伊拉地区已有了三处小块西班牙人殖民地，一些方济各会传教士也在乌拉圭河上游河谷地带进行活动，但进行活动的主要是耶稣会士。1604 年，耶稣会会长下令成立单独的巴拉圭耶稣会辖区。1607—1608 年，一些传教士被派往查科地区的瓜伊库鲁人中和巴拉那上游、中游河谷地带的半定居印第安人中，从而正式开始了传教活动。根据 1611 年《地方行政长官阿尔法罗法令》规定的条例，传教区（或称皈依基督教的土著村落）中的印第安人不受委托监护，不给西班牙人服私人劳役，甚至十年间不向西班牙国王缴纳人头税。派往查科地区的传教士很快就被迫撤离了，而派到瓜拉尼人中的传教士却获得了非凡的成功。1610 年，第一个永久性传教区——圣伊纳西奥瓜苏传教区——在巴拉那河中游河谷地带建立。而后不久又在瓜里拉地区两个小块西班牙人殖民地以北的巴拉那巴内马河畔建立起两个传教区。西班牙耶稣会士和巴拉圭地方政府的计划是要利用传教区确保西班牙对分界线以西所有领地的控制。因此，1627 年在乌拉圭河两岸建立了亚佩尤传教区，一直伸展到大西洋沿岸圣卡塔琳娜附近。1628 年，瓜伊拉地区有了 11 个耶稣会传教区，在巴拉那河中游河谷地带和乌拉圭河两岸有了 10 个。然而，大批人力集中在永久性居留点里这件事，十分引人注目；正是这一大批人力的存在，招致了圣保罗的混血种人猎奴者们的袭击。圣保罗人第一次对西班牙耶稣会传教区的袭击发生在 1611 年。17 世纪 20 年代，葡萄牙人同安哥拉的奴隶贸易几乎完全被荷兰人打断，对传教区的袭击变成了大规模的军事行动。1628—1629 年间有 4 次征伐行动，征伐队中约有 900 名圣保罗人和 2000 名图皮族印第安人盟友。1629—1632 年间，圣保罗人在瓜伊拉地区从传教区和独立的印第安人部落抓获了数万名印第安人。耶稣会难以从西班牙地方当局和当地西班牙人小镇上的居民那儿得到援助。当地小镇上的居民对印第安人不受委托监护和不服劳役十分怨恨，而地方政府则对印第安人不纳人头税和传教区实行完全的自治甚为恼怒。新地方行政长官路易斯·德·塞斯佩德斯·赫里亚 1628 年上任，竭力不让传教区的印第安人获得武器装备。1630 年，耶稣会士决定采取断然措施，将传教区的印第安人悉数迁徙他处。尽管地方行政长官不同意、老百姓反对，迁徙计划坚持不变。迁徙行动历时近两年，损失了大量人员，近半数的印第安人在重新定居伊瓜苏大瀑布以南巴拉那河中游地区之前死亡了。新传教区同圣保罗人之间隔着一条长长的不可航行的河道。旧传教区迁走后，西班牙人城镇也就生存不下去了。因此到 1632 年，巴拉那河上游河谷地带就成了独立的印第安人和圣保罗的猎奴队活动的地区。

　　大迁徙后，耶稣会士们继续在巴拉那河和乌拉圭河中游河谷地带发展其传教区，并获得了成功，且开始在今马托格罗索最南部的伊塔丁姆地区从事传教活动。由于圣保罗人的袭击不断，他们用自己的神父薪俸和出售剩余农产品所得的部分款项购置武器，训练印第安人民团。1636 年，虽然圣保罗人掠走了数千名印第安人，但传教士们已很能抗击他们的袭击了。传教区保卫战的决定性胜利发生在 1641 年 3 月，一支人数众多的传教区印第安人部队，约有 200 支滑膛枪，在乌拉圭河支流姆博罗雷河畔伏击了一支猎奴队，将其赶入丛林，伤亡惨重。打那以后，圣保罗人的袭击就越来越少了。巴西人抗击荷兰人的战争，将包括最为活跃、最为可怕的猎奴队首领在内的许多圣保罗人吸引到了北方。这真出乎意料，耶稣会士们如释重负，松了一口气。

　　17 世纪 40 年代初，传教活动大大开展，耶稣会士们在巴拉那河和乌拉圭河中游河谷地带建立了近 20 个传教区（或曰皈依基督教的土著村落），其中大多数在今阿根廷米西奥内斯省境内。这些传教区的组织结构成了后来在其他地区建立传教区的典范。每个传教区有两名专属耶稣会士，其中一名拥有正式神父衔。印第安人依照西班牙人的模式，由一镇政府管制：镇政会选举镇长主持镇政会、充当民团总指挥。选出的镇长必须由西班牙地方行政长官确定。当然，真正的控制权还是在传教士的手里。市镇呈长方形，教会、官署和仓库建造在镇中央，农田、牧场在镇外。种植一种作物（通常是马黛叶或曰巴拉圭茶）出售，购回当地不能生产的货物。印第安人原先只会刀耕火种，只懂一点儿原始的农业知识。这会儿学会了用犁耕地、使用欧洲技艺、收割庄稼、饲养家禽和家畜。畜牧业的发展特别快。传教区的日益繁荣、耶稣会对教区的控制以及耶稣会士们愚蠢地拒付印第安人的人头税，引起了西班牙殖民者和行政当局及教会当局的忌恨。因此，耶稣会士不断受到指责，只是由于他们在宫廷里的影响才在某种程度上抑制了这些指责。1657年查尔卡斯检审庭的一名检审官进行了一次正式调查。他盛赞耶稣会士，说他们是国王的干练的、忠诚的仆人。他发现传教区拥有800件用于防卫的火器，表示对此无可指责。同时他也断定：印第安人口中的7500名男丁应该缴人头税，所以他建议向他们征收人头税。这一令人烦恼的争论一直到1667年才解决。

与西班牙美洲相反，1610—1660年间是葡萄牙王国积极勘察和不断扩展其美洲领地的时期。这是在荷兰人的帮助下进行的。荷兰人将一部分葡萄牙人赶往内地，从而开辟了内地的交通路线。猎奴队在勘察和扩张领地的行动中起到了特别的作用。"猎奴队"这一名称源自改编后的西班牙军队，系指"团队"，为各军兵种的主要战术部队。在巴西，这一名称系指由葡萄牙殖民者组成的半军事性质的远征队，辅之以图皮族印第安人，长途跋涉，四处游荡，往往历时数载，从事贸易活动，寻找贵重金属矿藏（这一时期没有发现什么矿藏），贩卖奴隶，开拓殖民地。远征队的成员被称为"猎奴队员"。最著名的猎奴队员集聚地是圣保罗。圣保罗当时是高原地区的一个混血种人殖民地，那儿不适宜种植甘蔗，遂转而向桑托斯和里约热内卢附近的南部沿海种植园提供印第安人奴隶。印第安人奴隶比黑人奴隶能力低、寿命短，但售价只有黑奴的1/5，适合在南方产量比较低的甘蔗种植园中干活。圣保罗位于巴拉那河流域的边缘，易于进入优越的拉普拉塔河水上交通网络。陆上交通也利于进入亚马孙河水系北向河流，从而使猎奴队员们得以深入内陆。在一次著名的三年远征期间，安东尼奥·拉波索·塔瓦雷斯率领一支猎奴队，从圣保罗出发，进入马托格罗索南部的伊塔蒂姆地区，溯巴拉圭河而上，经陆地进入亚马孙河水系的瓜波雷河。一行人顺瓜波雷河而下，到其与马莫雷河的交汇处，沿马莫雷河进入马德拉河，经马德拉河入亚马孙河，沿河岸航行而下，1651年最终抵达设在欣古河与亚马孙河交界处的葡萄牙领地最边沿的要塞古鲁帕，穿越了南美心脏地带，绕了一个大大的半圆圈。其他引人注目的猎奴队员聚集地是北方的巴伊亚和伯南布哥以及马拉尼翁地区的新殖民地。

我们已经提及西班牙殖民者和传教区在圣保罗猎奴队的压力下撤离瓜伊拉及其邻近地区一事。猎奴队也从巴西沿海向内陆进发，沿途进行勘察，捕捉印第安人，或将其赶走。印第安人中的幸存者往往要向西逃出数百英里。因此，为数不多的牧场主就在东北突出地带广阔的高地上殖民，开辟牧场，放养牛群。这一地带处于圣弗朗西斯科河流域以北，从巴伊亚和伯南布哥向内陆延伸，北界塞阿拉。牧场主向沿海地区的种植园供应牛皮和牛肉。葡萄牙人继续向北渗透，从卡斯蒂利亚王国手里夺去了亚马孙河三角洲及其下游地带。法国人和英国人17世纪初曾在亚马孙河三角洲建立过不大的贸易站。但在卡斯蒂利亚王国的首肯下，1613—1615年间巴西东北地区数次派出远征队，又将他们赶走了。1616年，葡萄牙在当时分界线的西班牙一侧靠近今贝伦多帕拉的地方建立了一处殖民地。而后一小批葡萄牙人向前推进，从事探察活动，到达古鲁帕（Gurupá，1623年建立）。由于沿海经常刮的风使其同巴西其他地区的交通比同葡萄牙之间的来往困难，1621年这一地区组成一单独的马拉尼翁地区直接隶属于里斯本。又由于没有什么更好的经济发展前景，殖民者们转而从事奴隶贩卖活动，不久就摧毁了亚马孙河下游地区。1639年，马拉尼翁地区行政长官派遣一支猎奴队，勘察亚马孙河上游地区，一直进抵基多境内安第斯山区的西班牙前哨要塞，而后返回，于是声称所到之处均属葡萄牙王国所有。

猎奴队员无疑是一伙暴戾、凶残、无法无天之徒。他们憎恨卡斯

第二十三章 拉丁美洲（1610—1660 年）

蒂利亚人，袭击他们，并摧毁西班牙传教区。这一切都是打着爱国的幌子干的，可他们对葡萄牙耶稣会士建立的传教区同样毫不留情。就连曾经赞许摧毁西班牙传教区的伟大的葡萄牙耶稣会士安东尼奥·维埃拉神父也被逮捕，并同其道友一起被遣送回葡萄牙，因为 1652—1661 年间他力图在马拉尼翁建立同样的传教区制度和终止奴隶贩卖活动。但猎奴队员们在行动中确实是勘察了南美大陆的许多地区，并将分界线向西远远地移动了位置。这一时期卡斯蒂利亚王国失去了大片领地，永久性地让给了葡萄牙人。此外，它还永久性地失去了牙买加和库拉索。

然而，欧洲人殖民活动最重大的发展并不是占领区的扩展而是老占领区里欧洲人口和欧化了的人口——非印第安人口——的稳步增长。即使在巴西，也是这样。来自伊比利亚半岛的移民不断进入，人数相当可观，每年平均约有 2000—3000 人。由于未能找到官方特许证档案，这一估计数完全是推算出来的。而即使找得着有关档案，也得不出确凿的数据，因为许多移民跨海并未得到官方的许可。西班牙移民的特点是来自北方的人越来越多。他们被称作巴斯克人，来自加利西亚和巴斯克地区。他们与安达卢西亚人（来自西班牙南方的移民）之间的冲突成了采矿区政治生活的重要因素，1624 年在波托西引发了一次长时间的骚乱。葡萄牙移民的特点一同从前，大多是改信基督教的犹太人，到新大陆躲避宗教裁判的迫害。许多新基督徒经由走私贸易路线越过拉普拉塔河，进入秘鲁富庶的中心地带。跟从前一样，一些伊比利亚半岛以外的欧洲人只要使用一个伊比利亚半岛人的姓，亦可到新大陆落脚。他们只要不是异教徒或新基督徒就不大会有麻烦，而且通常可以向西班牙国王支付一定的钱使自己的定居合法化。大多数欧洲移民是男人。他们同当地女人结婚，易于融入社会。当然，白人人口的增加主要源自白人以及被视为白人的混血种人的自然增长。家庭人口众多，拥有许多奴仆。所以，死亡率虽高，但土生白人（或曰克里奥约人）人数增长很快。到 1650 年，西班牙美洲和葡萄牙美洲已有约 60 万被视为白人的人口（包括欧洲出生者及克里奥约人）。1/4 以上在墨西哥，因为不断有大批欧洲移民前往那里。可能有 10 万名移民在上、下秘鲁（即今玻利维亚和秘鲁）；7 万名移民在巴西。

克里奥约人诞生后，白人人数迅速增长，占了白人人口中的绝大多数，从而产生了一些影响。这些影响在17世纪上半叶就很明显了。最重要的影响之一是克里奥约人和欧洲生白人之间在社会、经济地位上的严重对立情绪的增长；欧洲生白人受到蔑视，被称为加丘平（这一称呼流行于墨西哥——译者注）或查佩通（这一称呼流行于南美——译者注）。这些新来者竭力进入社会金字塔的上层，而国王亦依然选用欧洲生白人出任政府高级官职。17世纪初，墨西哥和秘鲁的教会中已有了许多克里奥约人教士。克里奥约人教士和西班牙生人教士之间的对立，导致了多数修士会采行轮职制，即重要职位由双方轮流担任。有的地方采行三方轮职制，即由克里奥约人、在殖民地成为修士的西班牙生人和在欧洲成为修士的西班牙生人轮流任职。克里奥约人大多担任教区的低级神职，而教区神职人员的增多也导致了下述要求的提出：即传教会将以前的印第安人教区交由教区神父根据正常的主教管辖规范进行管理。这一要求引发了17世纪40年代普埃布拉的帕拉福赫主教和耶稣会士之间特别激烈的争吵。教区神职人员的增多加剧了教区神父和修道士之间在印第安人缴纳什一税和修道士财产问题方面的冲突，因为什一税是教区神父生活的主要来源。

　　白人人口增长的同时，黑人和混血种人也迅速增加。加勒比地区和巴西沿海种植园及畜牧场对劳动力的需求，导致了大批黑奴的不断运进。荷兰人利用其对安哥拉的占领从事贸易时，总体来说并未受到阻止，而是得到了赞许。虽然这些被强制的移民大多为男性，而热带的疾病和苦役又造成了他们的大量死亡，但黑人的数量仍在稳步增长。到1650年，西班牙美洲和葡萄牙美洲的黑人数量已差不多与白人相当，其中约有一半在加勒比海沿岸地区及海中诸岛屿，约有10万人在巴西。当然，这一估计数也只是从推算而得。梅斯蒂索人、穆拉托人和其他混血种人17世纪上半叶成了美洲人口中的主要成分。1650年，他们在西班牙美洲和葡萄牙美洲的人数大约同那儿的白人或黑人的人数相当；穆拉托人主要集中在黑人比较多的岛屿和沿海地区，梅斯蒂索人则主要集中在多数印第安人生活的高地和温带地区。许多混血种人是能干的农民和手艺人。他们融入了欧化的人口中，积极参加民团，抗击外国入侵者。但许多人移居城市，形成了城市人口的最底层——一个新的贱民阶层，生活无着，犯罪、行凶、打架、斗殴。市政当局对他们既厌恶又惧怕，根本没有足够的力量维持秩序、抑制他们的骚乱。

与伊比利亚美洲非印第安人口增长形成强烈反差的，是印第安人数目的不断减少。这是因为自白人首次出现在美洲以来一直存在的战争和奴役、对土著制度的不断破坏、不断强制土著接受新制度，而最最可怕的则是从欧洲和非洲传过来的疾病连年肆虐。破坏不仅限于白人所到之处，而且殃及他乡。这是由于印第安人部落的逃避、不断的夺地战争和新型疾病的流传所致。遗憾的是，这一时期大部分地区的印第安人口活动情况尚未有详细的研究，所以只能做个概述，而统计数字也是非常值得怀疑的。加勒比海群岛上的大多数印第安人在17世纪前早早就被消灭了，对少数残留在小安的列斯群岛上的土著人口的剿除是后来的英国、荷兰和法国殖民者的事了。墨西哥和中美洲的土著人口在16世纪大大减少，17世纪初减少到了人口统计表中的最低数字，数十年间没有变化，到1640年可能才开始极其缓慢地、幅度极小地增长。安第斯山地区前印卡（旧译印加）帝国的土著人口17世纪里缓慢地、不断地减少。委内瑞拉、巴拉圭、智利和阿根廷西北部地区土著人口减少的速度较快。例如，1633年智利圣地亚哥主教报告说：他的主教管区（西班牙殖民地智利的中心所在地）里黑人和穆拉托人比印第安人多。委内瑞拉和阿根廷西北部地区起初所得国王之恩赐是比较多的，但到17世纪中叶，那儿绝大多数受委托监护的土著村落只有不到20名成年印第安男丁了，许多村落甚至只有5名或6名成年男丁。人数太少，远远不能满足西班牙人家庭的需求。巴西印第安人数量的减少上文已经述及。

在西班牙美洲大部分地区，印第安人的普遍减少和依靠他们提供粮食和服务的人口的增加，意味着劳动力的短缺，且问题越来越严重。安的列斯群岛早就依靠黑奴了，而巴西既役使黑奴，又四处征讨贩卖印第安人为奴。这两处只是获得奴隶比较困难和奴隶制劳动形式的成本太高，劳动力倒不短缺。而在其他地方，16世纪最后的数十年和17世纪的大部分时间里（特别是1610—1660年的数十年间），引人注目的是役使印第安人劳动力的旧形式失灵和新形式的兴起。到16世纪中叶，最早的西班牙劳动制度委托监护制即在墨西哥失灵，到16世纪末也在上、下秘鲁失灵了。到16世纪末，这些地方的委托监护权大多被国王收回了。但委托监护制在一些边远地区（如委内瑞拉、智利和南美南部其他地区）仍在实施：那儿的印第安纳税人仍以劳动代替全部或部分税额，规定的最高时限为每年1—3个月，各地区自行确定具体时间。17世纪上半叶，由于受委托监护的人口越来越少，委托监护劳役制在这样的边远地区也失灵了。16世纪下半叶，第二种保证劳动力的制度（即米达制、分配劳役制、轮流劳役制和轮派劳役制）在西班牙美洲兴起。根据这种制度，印第安人村镇得指派一定比例的成年男丁到大田和矿山从事劳动，领取工资。墨西哥农业劳力配额平时为4%，除草及收割这两个农忙季节为10%；矿业方面，已婚男子每年劳动3周，未婚者为4周。劳力配额平均每年约为印第安成年男丁的6%，还是可行的。秘鲁总督区的米达制各地实施标准不一，但可用被指定为波多西矿区提供劳力的16个地区所规定的配额（即著名的"波多西米达制"）为例来加以说明。印第安人各村镇必须同时提供人手，劳动4个月。这一配额通常被说成是1/7；这1/7的配额每年分三次轮换。因此，年均比例不到5%。这类劳动特别艰辛，劳动者要长期远离家人，被迫在海拔非常高的地区干活，劳动条件又特别恶劣。17世纪上半叶，矿工开始每天要上交一定量的矿石，为了达标不得不超时干活，从而更加激起了人们对这种劳动制度的憎恨。波多西米达制越来越失效了，提供的劳工越来越少。1610年，劳动力人数定为4413人；1633年定为4115人：这一人数是根据16个地区拥有86415名纳税人这一估计数定出的。但到17世纪中叶，根据米达制服劳役的配额下降了近一半。到1662年，16个地区的纳税人数目估计为1.6万名。印第安人村镇不得不迫使其居民增加轮换次数，以弥补劳力之不足，有时往往每两年才轮换一次，根本就不是法定的比例1/7了。印第安人村镇有时还不得不花钱雇用替手。这些人大多是自由劳动者，工资是很高的。人们对波多西米达制深恶痛绝，16个地区人口减少的原因不在于死亡，而在于逃亡。秘鲁总督区其他地方的米达制实施情况比较好，但作为一种劳动形式也不那么行之有效了。第三种制度肇始于16世纪初，即所谓的自由雇工制。劳工实际上被预付的钱、物所缚受制于雇主，还清所欠债务前不得离开。雇主一次次预付钱、物，若必要则强制预付，以确保劳工债务永远还不清。劳工迁离印第安人村镇，移居至劳动所在地西班牙人市镇、矿区附近或庄园和牧场。这一制度还有一个

第二十三章 拉丁美洲（1610—1660年）

好处，即可用以确保梅斯蒂索人和混血种人劳动力的获得。16世纪末，自由雇工以及随之相伴生成的债务劳役制已在墨西哥十分盛行了，当时在像萨卡特卡斯这样的矿区周围已有大批自由劳工定居。17世纪初的数十年间，这种制度在墨西哥不断发展，成了获取劳动力的最主要的方式。1632年，新西班牙总督下令取消分配劳役制。这在农业劳动方面做到了，且十分成功；但在矿山劳动方面没有做到，因为矿山需要用各种手段来确保劳动力的供应。17世纪，这一类型的劳动力在秘鲁总督区的采矿业中也大大兴起了，在像波多西这样的矿业中心周围出现了许多印第安人村落和混血种人村落。17世纪，亚纳科纳（这一专门术语从前意为仆役）人数的增加，可能意味着束缚在庄园和工场的服债务劳役者人数的增多。对雇主来说，自由雇工（不管是不是服债务劳役）有很大的优越性，可以确保雇工满时劳动和劳动力的稳定。对雇工说来，虽然受到了另一种形式的束缚，但至少还是有这样一种优越性的：雇主通常是比较仁慈的，他们使雇工免除了当地权贵、教会和政府官员极为残酷的剥削。对印第安人村镇来说，这一制度则意味着人口的逐渐流失，从而导致了劳动力、税收和参加村镇公共服务者人数的减少。雇工很少再返回家乡，在新居住地养成了欧洲人的习惯，同其他种族的人群自由融合，从而增加了西班牙化的梅斯蒂索人的数量。作为一种劳动制度，雇佣劳动制和债务劳役制实施的结果是非常成功的，只有因特殊需要而在热带沿海地区和甘蔗种植实施的奴隶制取得了相似的成就。然而殖民地经历了艰苦时期，最艰难的时期可能要算是1620—1660年了。

劳动力短缺，印第安人弃农他向，供应城市的粮食减少。这可能是伊比利亚美洲大部分地区16世纪最后25年和17世纪大部分时间里经济形势窘迫和萧条的最主要原因。当然，17世纪里也还有其他一些因素在不断加剧劳动力短缺这一形势：1630—1640年间欧洲经济进入下滑时间；西班牙国王由于参加了三十年战争，财政要求不断扩大。再者，非伊比利亚国家参与美洲贸易的规模越来越大，严重影响了既定的贸易制度。各种因素合在一起，加速了已然开始的一系列复杂的经济、社会变革。最后的结果如同劳动力的解决一样，大大强化了殖民地社会中欧化了的这部分人的力量。遗憾的是，对伊比利亚美洲各地区这些变革大多尚未有什么研究，所以我们的信息有限；除有关合法的大西洋贸易情况外，我们的大部分论述是猜测性的，我们对墨西哥和巴西情况了解得最多。

在农业方面，由于印第安人口递减，撂荒的土地越来越多，从而导致了欧洲人大地产持续不断的快速扩张。由于17世纪里上层阶级得以从事经济活动的农田有限，而经济保障和社会名望又与土地所有权相连，地产的扩张无论如何总是要发生的。但如果土著人口继续占有大部分土地，这一扩张进程会缓慢得多。在墨西哥，16世纪下半叶已出现了这种现象；17世纪初的数十年间，西班牙国王将大面积用于赏赐的土地出让或出售。1580—1610年间赏赐的土地最多。此后，通过购买和"申报付款占有制"（composición）这一法律程序形成了大地产。已经占有了土地的人只要按规定向西班牙国王支付一定数目的款项，即可拿到合法的土地证。1631年，西班牙国王受自身财政困难所累，下令在西班牙西印度地区普遍审查土地证，以迫使已占有了土地的人按规定支付款项。审查要在20年内进行，所以占有土地者有足够的时间为非法占有的（处于先前国王赏赐的两部分土地之间）大片土地弄到土地证，使从印第安人手中攫取的土地合法化。许多大地产为教士所有。因此1631年墨西哥城市政会抱怨说：墨西哥1/3的土地处于永久管业（in mortmain）状态。智利这一时期的大地产也迅速扩展了。1604年进行的审查表面上是要维护印第安人的土地，但实际上是要证实大片撂荒地的存在。到1620年，这些撂荒地通过国王赏赐或强行攫取都被瓜分了。包括巴西在内的整个伊比利亚美洲都有大地产扩展的现象，只是各处程度不同而已。通过限嗣继承或通过众继承人各继承一份，但所有权共享而不是瓜分遗产的习惯法，保持大地产不变。西班牙美洲大地产的扩展所用资金来自担任官职所获和矿业利润，来自这一时期迅猛兴起的限期或永久性的抵押借款。用作抵押借款的主要是慈善捐款和宗教赠款。

这一时期畜牧业大发展，许多大地产（也许是大多数大地产）都专事畜牧业生产活动。畜牧业生产所需资金和劳力少，又特别适合对大面积土地的利用，十分有益。我们已述及过巴西和拉普拉塔河地区耶稣会传教区畜牧业的巨大发展。智利、古巴、墨西哥北部及其他地区的畜牧业也有了巨大的发展；智利的大牧场连成了片。畜牧业主要是放牧牛群，开始时发展飞速，此外还放养了一些其他牲畜。头几年里牛只迅猛增加，大大超过了土地的承受能力。而后是成千上万，甚至是数百万头的牲畜死亡，牛只数量锐减，从而顺应了土地的长期承受能力。到16世纪末，墨西哥中部牛只数量已有明显的下降。因此，1610—1660年间牛只大量增加的情况发生在锡那罗亚、杜兰戈、奇瓦瓦和科阿韦拉地区的新牧场。总的来说，美洲的牛肉市场有限，主要产品是牛皮和牛脂。这些产品用于出口，矿区也大量使用。牧场还供应马、骡用以拉车、驮货，供应大量羊毛用以在当地生产粗毛料。

欧洲人大地产的扩展也增加了小麦、葡萄酒和其他食品的生产，保证了对城市和矿区的供应，满足了由于印第安人的生产下降而导致了货物短缺的、不断增长的市场要求，使欧洲人在危急关头得以解决严重的供应问题。许多地产专事甘蔗种植。1620年之后甘蔗种植的收益虽然急剧下降，但17世纪上半叶种植业还是有了大发展。巴西在17世纪初即开始向欧洲供应大量蔗糖，供应量一直在稳步增加。1620年之后，葡萄牙人困难重重，荷兰人对种植园的改造促进了甘蔗种植业的发展，从而维持了巴西甘蔗种植业的繁荣。在西属西印度群岛——圣多明各岛，大西洋和太平洋沿岸地区及热带高山1500米以下地带，甘蔗种植和蔗糖生产加工也迅速发展。墨西哥和秘鲁的大量产品主要供应当地市场；加勒比海岛屿的产品出口到西班牙。甘蔗种植园是种大型产业；种植园主若想掌握全部生产加工过程，需要相当一笔数量的资本。他们需要有大片土地种植甘蔗、放牧牛群和生产粮食，需要有大量金钱购买价格不菲的黑奴，需要有复杂的机器压榨甘蔗蒸熬蔗汁和精炼蔗糖，需要雇用技术劳力管理生产操作。在巴西，许多甘蔗是由小种植园主种植的。他们依靠信贷，把自己种植的甘蔗送给糖厂主，换取一定量的蔗糖。而一些大地产则自己种植，自己制糖。一般来说，西属西印度群岛的大地产都是这样的；耶稣会士在墨西哥和秘鲁对甘蔗种植业的发展做出了很大贡献，并拥有一些组织非常完善、利润不菲的种植园。

1510—1660年间的另一项农业发展是西属西印度群岛可可种植业的扩展。除群岛的生产外，16世纪期间的主要供应源自中美洲松索纳特地区，产品运往墨西哥和秘鲁。17世纪初，秘鲁总督区在瓜亚基尔附近沿海地带发展可可种植，供应本区市场。与此同时，委内瑞拉地势较低的地区终于摸索到了有利可图的可可种植业，并开始向墨西哥出口，且出口量越来越大。这一时期，还只是美洲和西班牙有人爱吃巧克力，所以很少运往欧洲其他地区。

采矿业的发展情况可能是经济活动各领域中最难论述的。17世纪美洲的采矿业系指白银开采业。白银开采业被视为主要产业，因为它提供硬币购买进口产品、供汇出、供伊比利亚国王在欧洲的花销。根据17世纪50年代估计，1591—1600年间西班牙收到的白银最多，1630年前一直保持在高水平上，而后就急剧减少了。但到17世纪中叶，这运白银到西班牙的船数也不再能说明生产情况了。美洲殖民地对流通货币的需求不断增加，就需要有大量的白银留在当地。大量硬币也通过非法渠道——未注册登记的西班牙船只运输和与葡萄牙以及非伊比利亚货船贸易——流入欧洲。布宜诺斯艾利斯和巴西是白银流失的主要通道。再者，整个生产和税收过程中存在着一系列的舞弊行为。这已是屡见不鲜、习惯成自然了。例如，为了少缴国王的伍一税，秘鲁许多地方通常在申报新加工出的白银锭时少报分量，有时要少报一半的分量。因此，很难确定这一时期白银的生产量和流通情况。总体来看，白银生产情况没有什么变动；墨西哥的生产可能有所下降，17世纪40年代和50年代有些矿主弃矿从牧，下降的幅度可能要大些；而秘鲁的白银生产也下降了。尽管仍有一些有利可图的新矿发现——1631—1634年在墨西哥奇瓦瓦帕拉尔地区的发现、1630年在秘鲁帕斯科的发现和1657年在秘鲁莱卡科塔的发现，但美洲各地的白银生产肯定没有像16世纪那样的大发展。采矿业停滞状态的出现，部分原因是劳动力的严重短缺，也是由于一系列特别复杂的因素的作用：成本、赋税、信贷以及碰到问题时没有技术来解决。而主要原因是美洲开采出的矿石大多含银量低，加工起来费时费料。新矿发现的数年间，矿工在受过风化、银含量高的地段开采，容易挖掘和加工，所以产量高。他们不久就挖到了地下水面，下面是未经风化的、藏量丰富的、银含量低的矿脉。挖掘矿石要大开坑道，还要解决没有水泵抽水的困难问题。一直到18世纪初，才广泛使用火药爆破矿石，使用马拉绞盘排水。这一时期普遍采用的最有效的排水方法是在矿藏的下面挖一隧道。这一工程既费工又费钱，但波托西在1636年开挖出了一条长长的大隧道。矿石通常都是印第安人背上来的，他们要一级一级

第二十三章 拉丁美洲（1610—1660年）

往上爬，直至矿井口。加工矿石多半采用16世纪引进、改良了的平台提炼法，将矿石碾碎，再加水银和盐混合，有时加黄铜矿和黄铁矿混合，最后提炼出白银。这种处理方法需要对碾碎、加工场进行大量投资。还因国王对水银和盐实行垄断，要付给他一大笔税款。能掌控从开采到加工这一连串工序的矿主不多。经常是矿主将开采出的矿石卖给中间商，他再转售给加工场。这一工序链中每个环节上的人都被预付的信贷同加工场主连在了一起。没有信贷，他们谁也难以继续活动。而加工场主通常又因水银和盐的供应欠了国王大笔债务。再者，整个开采业受到了16世纪和17世纪物价上涨的打击。生产成本不断上涨，而产品出售价格固定不变，一比索（等于8个雷亚尔或1银圆）换1盎司。当国王因财政需要而竭力提高水银价格，又下令尽快支付拖欠他的数百万比索时，采矿业受到了毁灭性打击。这一时期就发生了这样的事。在17世纪的墨西哥，矿主这一称呼成了可尊敬的穷光蛋的同义词。

秘鲁的波多西白银生产萎缩得最厉害。早先，秘鲁绝大部分硬币和一半以上的美洲白银均来自波多西的银山。这一衰落与下述特殊的劳动力安排方法有着密切的关系：即印第安人村镇花钱（每周半个比索）悉数雇用替手，以此来弥补其服米塔劳役人数之不足。许多村镇均采用了这一方法，以避免去矿山从事艰辛劳动。因而自由提供劳动力这一前景和直接获得额外收入这一事实深深吸引了波托西的矿主们，享有40名服米塔劳役配额（平均数）的矿主或加工场主不用从事生产活动即可支付国王的赋税了，剩下的钱还可供日常生活。波托西矿区的衰落影响了供应其制成品、食品和牲畜的上秘鲁、下秘鲁和拉普拉塔河地区；而全美洲采矿业的萧条同样影响了原本为供应矿区而发展起来的工场、庄园和牧场。

在贸易方面，这一时期的特点是日益萧条和每年由商船队同西班牙美洲进行合法贸易的最终衰落。商船队这一制度甚不方便，垄断性太强，税收过重，护卫费用高昂。塞维利亚商人行会与墨西哥城商人行会和利马商人行会沆瀣一气，囤积居奇，人为制造货品短缺，哄抬物价。商船编队作为抵御外敌袭击的一种防御措施是成功的。虽然有过多次外敌袭击，但只有两次成功：一次是1628年荷兰人的袭击和另一次是1656—1657年英国人的袭击。而商船编队作为一种贸易制度却是越来越难以适应大大变化了的形势。最大的一个商船队1608年从西班牙开出，估计约4.5万个装载吨，每装载吨约为54立方英尺。以5年期计算，1621年之前年均吨位一直在上升，大多数船队目的地是墨西哥。1621—1650年间装载吨位持续不断缓慢下降。商船队中的商船数量也在减少，大多数商船在暴风雨中失踪。但到17世纪中叶，大容量的新船建成，大大改变了商船数量减少的形势。总体上来说，1654年前商船队还能够每年往来。但此后战事连年，加之船运费用的支付能力又不断下降，从而导致商船队许多年的停驶。葡萄牙王国没有组织商船队前往巴西，而是允许商船自由从葡萄牙各港口开出，只是在始于1649年的短暂时间里建立过一个半垄断性质的公司，其目的在于防止荷兰人的袭击。

总体上来说，同西班牙美洲进行合法贸易的衰落与17世纪中叶数十年间欧洲经济的下滑是同步的。因此，令其衰落的因素是多方面的，其中两大因素最重要：殖民地制造业和区内贸易的发展及私商和外国人的走私活动。16世纪殖民地大部分地区的农业和初级制造业都在不断发展，有些产品（诸如小麦、橄榄油、葡萄酒和各种粗毛织品）很快就能自给自足了，甚至有剩余可出口到其他殖民地。例如，智利和墨西哥发展起了小麦出口贸易；秘鲁有了葡萄酒出口贸易。这些出口贸易无不有损于西班牙商船队运来的货物。通过马尼拉的中国贸易，将丝绸和其他精美商品运往墨西哥，再从阿卡普尔科转运至秘鲁和其他殖民地。早在16世纪90年代，卡斯蒂利亚王国就竭力维护商船队制度了，因为这一制度对帝国的交通运输和财政金融是极为重要的，必须限制同菲律宾的贸易、禁止转运中国商品、下令抑制殖民地生产与之相竞争的商品（诸如丝绸、橄榄油和葡萄酒）。开始时措施不力，西班牙国王又颁发更为严厉的指令，1614—1615年禁止秘鲁向巴拿马和危地马拉运送橄榄油和葡萄酒，1630年又禁止秘鲁向巴拿马运送小麦。1634年更采取果断措施，禁止墨西哥总督区（原文如此；应为新西班牙总督区——译者注）和秘鲁之间的所有贸易往来，力图切断中国商品的转运。然而违禁事件层出不穷，殖民地内部贸易在殖民地政府官员的配合下，通过各种渠道，十分繁荣。

这一时期外国走私活动也十分猖獗。主要活动中心是加勒比海地区和拉普拉塔河地区。加勒比海地区有无数岛屿和海湾为非法上岸提供了良好条件。拉普拉塔河地区有着布宜诺斯艾利斯良港,易于从水路和陆路通往上、下秘鲁的大型采矿中心。起初主要走私者是葡萄牙人,他们在王国结盟期间趁享有双重臣民身份之便,利用供应黑奴合同,带入其他产品,进而建立起商品集散站,积极开展贸易活动,欧洲各国的商品从葡萄牙运至巴西,而后运过拉普拉塔河。1640年王国联盟破裂后,葡萄牙人小心谨慎,竭力避免同拉普拉塔河地区发生任何抗争。另一大走私集团由荷兰人组成。他们一控制住非洲贸易站,即在奴隶贸易中顶替了葡萄牙人,17世纪初垄断了大部分加勒比海地区的贸易。17世纪30年代,他们在加勒比海夺占了一些岛屿,并殖民其间;1624—1654年间占领了巴西的一部分领土。这为他们进行贸易活动打下了基础。而殖民者们也满腔热情地参与了这一贸易活动。法国人和英国人没有在美洲进行多少直接走私贸易,法国人只在从塞维利亚运货到美洲的合法贸易中增加了份额。

总体来看,商船队货运的衰落和西班牙从美洲获得财富的相应减少,标志着卡斯蒂利亚王国就在由于三十年战争需求大增的时候,却越来越难以从美洲获得收入了。尽管千方百计增加财政收入,但从美洲获得财富的努力还是难以奏效。而由于1621—1649年间又6次全部或部分夺取私人运输的财物,形势就更糟了。费利佩四世在位期间,有几件事引人注目:一再呼吁其美洲臣民慷慨解囊,自愿捐献,1621—1665年间总共做了10次这样的呼吁;下令征收一系列新税;出售许多殖民地高官职位(诸如财务官员和财政官员职位;为了确保政府的廉洁和国王的牢固控制,这些职位一直是不出售的)。17世纪30年代实施的"申报付款占有制",使霸占土地的行为得到了国王的首肯和宽恕,使非法酒铺得以继续营业,使一系列其他犯法行为得到了国王的宽恕。这些财政措施实行的直接后果是:国王对殖民地官员的控制越来越弱;地方行政长官更是贪得无厌;因公款被盗用、偷税漏税盛行和走私活动猖獗,帝国的财政收入越来越少了。西班牙帝国的财富越来越多地流入了与当地权贵联手的殖民地官员之手。

巴西情况大致相同。那儿中央政府的控制一开始就较弱,不得人心的哈布斯堡王朝的统治受到了人们的反抗。殖民者不顾布拉干萨王朝(the Braganza dynasty)若昂四世起初的反对,成功地赶走了荷兰人。这一切培养成了一种以市政会为中心的特别具有活力的、独立自主的、桀骜不驯的地方精神。在排斥耶稣会士的问题上，殖民者们全然不顾国王的指令。17 世纪中叶，西班牙美洲和葡萄牙美洲的中央政府穷困匮乏、虚弱无力，面对着的又是一个全力抗争、不屈不挠、根基深厚的地方利益集团。

索 引

（此索引中的页码系原书页码，见本书的边码）

Aachen，亚琛，287
Abaza Hasan Pasha，阿巴扎·哈桑帕夏，反叛（1658年），630，642
Abaza Mehemmed，阿巴扎·穆罕默德，埃尔祖鲁姆行政长官，反叛（1622—1628年），629-630；卡伊塞里之战（1624年）和埃尔祖鲁姆之战（1627年），629；成了波斯尼亚行政长官，630
Abbas Ⅰ，阿拔斯一世，波斯国王，645
  收复在1603—1607年战争中割让给奥斯曼土耳其的土地，630；与巴格达之战（1624—1626年），631
Abbot，艾伯特，乔治，坎特伯雷大主教，546，553
  遭停职，555；与白金汉，557；准许重新进入枢密院（1628年），558；温和的教会政策，565
Abel，阿贝尔，W.，经济理论，10，15
Abyssinia，阿比西尼亚，耶稣会传教团到达，667
Académie Française，法兰西学院，与黎塞留，491

Académie royale des Sciences，法国皇家科学院，成立（1666年），142
Acadia，阿卡迪亚，加拿大，691
  与尚普兰，676
  法国殖民活动，697；授予斯特林伯爵（1622年），697；柯克兄弟和新斯科舍公司殖民活动，698
Acapulco，阿卡普尔科，墨西哥，79，724
Acaya，阿卡亚，侯爵，在那不勒斯领导反叛活动，55
Accademia degli Incogniti，未知者学会，帕多瓦，199
Accademia dei Lincei，山猫学会，罗马，140
Academia del Cimento，实验学会，佛罗伦萨，成立（1657年），140
Achin，阿钦，苏门答腊
  英国人承认（亚洲王国的完整）主权，671，葡萄牙人在马六甲的敌人，645，655；穆斯林的政治中心，655；征服柔佛、苏门答腊、奎达和霹雳（1620年代），655-656；攻打占碑和荷兰人（1624—1627年），656；攻打印德拉吉里（1632年），

656；与荷兰的关系，646－647，649，655－657

棉花贸易，657，661，和胡椒，653，655－656

Acoustics，声学，发展，158

Acta sanctorum，《圣人行述》，378

Actors，演员，参见 drama

Aden，亚丁，646

Adharbayjan，阿德哈尔巴伊扬，628，633

Adirondacks，阿迪朗达克山脉，676

Aegean Sea，爱琴海，土耳其—威尼斯爱琴海之战，640－641，643

Afrasiyab，阿夫拉西雅布，王朝，控制巴士拉（约1600年），630

Africa，非洲

采集植物，164

历史发展，1

荷兰的亚洲棉花贸易，661，670；

奴隶贸易，704－705，725

矿藏，78

人口，70

葡萄牙人在东非，反葡起义（约1600年），645；失去奴隶贸易中心，725；在西非的处境，664

Agra，阿格拉，棉花贸易，661

Agram，阿格拉姆，耶稣会士在此，521

Agreement of the People（1647），人民契约（1647年），580

Agriculture，农业

这一时期的主要产业，91

价格，62－63，89－91

从谷物种植向家畜饲养转变，93

生产增长的社会影响，15

趋势，64－65，89

又见 grain and under names of countries

Agung，阿根，马塔兰苏丹，在东印度的征服活动（1619—1625年），655；攻打在巴达维亚的荷兰人（1628—1629年），655；帕兰班归降，655；去世（1646年），655

Ahmed Ⅰ，艾哈迈德一世，苏丹，622 登基（1603年）与杀害兄弟法规，621；军事改革法，629；与伊拉克，630；去世（1617年），623，636

Ahmed Ⅱ，艾哈迈德二世，苏丹，登基（1691年），622

Ahmed Köprülü，艾哈迈德·科普鲁卢，大维齐尔，643

攻占坎迪亚（1669年），642；结束土耳其—威尼斯战争，642；改革，61

Aiguillon，埃吉隆，女公爵，493

Ai Island，阿伊岛，参见 Pulo Ai Island

Ajlun，阿吉伦，632

Akbar，阿克巴，莫卧儿帝国皇帝，支持耶稣会传教团，667

al-Ahsa，阿尔阿赫萨，630

Alais，阿莱，和约（1629年），328

Álamos de Barrientos，阿拉莫斯·德·巴里恩托斯，巴尔塔萨尔，政治理论家，使用归纳法，130

Albania，阿尔巴尼亚

雇佣兵，638；当地抵抗奥斯曼土耳其人，637

海盗，参见 Uskoks

Albany，阿尔巴尼，纽约，奥兰治堡旧址（1618年），691；增援（1623

年),692;与易洛魁人的关系(1615年),697;与莫希干人联手反对莫霍克人(1626年),692;撤走守备队,692;与范·伦瑟拉埃尔,695

Albert,阿尔伯特,大公,西属尼德兰君主

君主(1598—1621年),260,370

法西和谈(1598年),260

与皇位继承,515

与尼德兰,荷兰;反对西荷战争,263,265-267;总司令被斯皮诺拉取代,266;费利佩三世密旨,266;将十二年停战协定强加给西班牙(1609年),267,359;反对重新开战(1621年),376;再次征服尼德兰的计划包括攻打巴拉丁(1621年),314

去世(1621年),376

Albrecht of Habsburg,哈布斯堡王朝的阿尔布雷希特,284

Alcalá de Henares,阿尔卡拉-德埃纳雷斯,大学,22,452

新托马斯主义中心,105

Aleman,阿莱曼,马特奥,他的《古斯曼·德·阿尔法拉切》,7,28

Aleppo,阿勒颇,633

贸易,630,650,670

Alexander Ⅶ,亚历山大七世,教皇,教皇的使节(当时叫法比奥·基季)在明斯特(164年),352;选举(1655年),426;雷斯事件(1654—1655年),426-427

Alexander,亚历山大,威廉爵士,见Sterling, Sir William Alexander, earl of

Alexandria,亚历山大,贸易,302,670

Alexis Romanov,阿列克谢·罗曼诺夫,沙皇,619

君权至高无上论,113;法典(1649年),619

与波兰:帮助哥萨克叛乱和攻打华沙及克拉科夫(1651年),429;安德鲁索沃停战协定(1667年),432

与瑞典:瓦利埃萨尔休战协定(1659年),431;卡尔迪斯条约(1661年),431

Alfaro,阿尔法罗,巴拉圭行政长官,法令(1611年),711

Algiers,阿尔及尔,海盗基地,232,638;虏获荷兰船只,233;与英国签订条约,233

Algonquins,阿尔贡金人,印第安人部落,与尚普兰,676,697;与法国人结盟(1609年),676;被易洛魁人攻击,697,701;荷兰殖民扩张使关系恶化,694;在武器问题上的争论,694;斯塔滕岛上的大屠杀(1641年),694;与荷兰人的战争(1641年),694;大屠杀(1643年),695;与荷兰人签订和约(1644年),695

'Ali Piccenino,阿里·皮克切尼诺,袭击阿普利亚,躲至发罗纳(1638年),639

Alsace,阿尔萨斯,417,420

西班牙军队用作前往尼德兰的陆上通道,261,308

哈布斯堡王朝的世袭领地所在,

503－504，522

耶稣会士们，521；反新教徒运动，514

与西班牙主战派，281；斐迪南二世宣布支持菲利普三世（1617年），277，309，428；曼斯费尔德（1621年），316；被瑞典人俘获（1635年），346；与法国人，346，493；与威斯特伐利亚和约，353－354，418；比利牛斯条约（1659年），428

Altdorf University，阿尔特多夫大学，136

Althusius，阿尔蒂修斯，约翰，卡尔文主义著作家，政治理论，31，114，123；他的《政治论》，（1603年），和其他版本，105，109；各种皇权论，109－110，114

Altmark，阿尔特马克，条约（1629年），328，392，395，401，600

Altona，阿尔托纳，201

Alva，阿尔瓦，费尔南多，阿尔瓦雷斯·德·托莱多，第三代公爵，使用外国军队，206

Älvsborg，艾尔夫斯堡，387

被攻占，389；割让给丹麦（1613年），389；还给瑞典（1619年），390

Amazon Company，亚马孙公司，701－702

Amazon river area，亚马孙河地区，巴西，707－708，713；法国和英国贸易站（1613—1615年），714；罗的殖民地（1611—1617年），672；亚马孙公司的殖民地（1620年），701－

702；葡萄牙人殖民活动，714；组成马拉尼翁国（1621年），714

Amboina，安波那，摩鹿加群岛

参与荷兰人攻打东帝汶（1601年），646；门多萨发动的战役，647；被范·德·哈根占领，648；与荷兰人签订条约，648；英荷争斗，650－651；弗斯兰下令放弃（1623年），651；"大屠杀"（1623年），100，651，692；反抗（1632年开始）荷兰人，651

被荷兰人选为丁香生产区（约1621年），651－652

与望加锡的贸易和得到望加锡的支持，652

荷兰人变革传教方式，669

Amboyna，安波那，参见 Amboina

America，美洲，450

植物收集，164

菲利普三世宣称，707

荷兰人与英国人的争斗，672，674，690－693，696；与西班牙人的争斗，672，674；与法国人的争斗，672，674，677，690，696

人口，70

宗教：天主教传播到，262；清教徒移民到，704

贸易，参见 trade, trans-Atlantic

America，美洲，中

印第安人数，717

America，美洲，伊比利亚

欧洲人口的增长（1610—1660年），714－715；西班牙和葡萄牙移民方式，715；克里奥约人：增长，715；与欧洲殖民者的争斗，715；黑人

人口的增长,716;梅斯蒂索人和穆拉托人,716;印第安人口减少,716－717,719－720

经济萧条,719;欧洲人发展的原因和土著不发展的原因,719－720;欧洲人地产的增加,720;畜牧业,720－721;羊毛生产,721;食品增加,721;甘蔗生产,721;可可种植业,721－722;白银开采,技术方法和出口,722－723;矿工的贫困,723;出口,721－722;走私贸易,725

America,美洲,北,682

荷兰人要求,675;法国人要求,675;荷兰人、法国人和英国人的争斗,690;1648年的相对位置,701,706;西班牙要求,6,707;殖民方式,677

America,美洲,南(美洲)

与葡萄牙:709－715;领土范围,707;葡萄牙猎奴队的远征和所获,713－714

America 美洲,西班牙

经济变革,12

贵族,19

西班牙占领区,708－709

审查耶稣会的活动(1657年),713

葡萄牙人蚕食,714

劳动力短缺与委托监护制,717;米达制、分配劳役制、轮流劳役制和轮派劳役制,717－718;自由雇工制和债务劳役制,718－719;奴隶劳役制,719

土地查勘(1631—1651年),720

合法贸易下降至,723－724;及其原因,724;殖民地的进出口,708,724;贸易制度,724

卡斯蒂利亚的财政措施增强殖民地的权力,725－726

America,美洲,又见 under countries and places

Amiens,亚眠,税收,47;布业,64;城市寡头,65;农民经济状况,66;商业,477

Ammirato,阿米拉托,西皮奥内,意大利历史学家,261

以国家利益为重的理由论,116,及其影响,117;他的《论科内里奥·塔西佗》(1598年),117

Amoy,厦门,中国,荷兰人与福摩萨建立贸易关系,659

Amsterdam,阿姆斯特丹,78,201,365,413

价格趋势,62,91;银行业,68,84－85;移民,77－78,366;汇票,83;海上保险费率,89;商人的投机行为,100;1636—1637年郁金香狂热的崩溃,100;投资武器装备,101;企业家们的迁进,271,292;经济增长,280,366;德意志商人,296;联邦税收,362

城中瘟疫,76

人口,71,366

与1632年和谈,380;反对威廉二世(1647年),383;1649年军队危机,383

宗教:阿米尼乌斯教派和神学院,建立著名的雅典娜学校,180,374;戈马尔主义—阿米尼乌斯教之争,372－374;信仰自由,201;英国脱

离国教者们移民（1608—1609年），681

贸易：军火中心，367；便于谷物贸易的设施，92；与荷兰东印度公司，647；伦敦东印度公司与胡椒贸易，653；与荷兰西印度公司，691，696

Amsterdam，阿姆斯特丹，银行（1609年），366

Amsterdam Exchange，阿姆斯特丹交易所，设立（1611年），366

Amsterdam，阿姆斯特丹，卫斯尔银行，创立（1609年），68，84

Amur river，阿穆尔河，6，616
俄国毛皮商勘探，663

Amyraut，亚目拉都，莫伊兹（1596—1664年），将阿米尼乌斯主义引进胡格诺派，181

Anabaptists，再洗礼派教徒，176

Anatolia，阿纳托利亚，反叛，1；人口，71；受哥萨克人袭击，596

Anatomy，解剖学，教学和发展，136-138，164

Anchialos，安恰洛斯，哥萨克人洗劫（1621年），636

Ancre，安克雷，孔奇诺·孔奇尼，侯爵，121
秘密委员会成员，481；与亲王们的反叛，482-483；亨利四世的亲信，481；被暗杀（1617年），483

Andalusia，安达卢西亚，贵族，人口比例，18
反叛，55
疾病（1599—1600年），439；（1649年），471

饥荒（1647年），471

Andes，安第斯山，708，711

Andreae，安德雷亚，约翰·瓦伦廷，他的《基督城》（1619年），175

Andrewes，安德鲁斯，兰斯洛特（1555—1626年），帮助礼拜仪式复兴，192

Andrews，安德鲁斯，K. R.，伊丽莎白干预西班牙船运业，230，注3

Andrusovo，安德鲁索沃，停战协定（1667年），432

Anglicanism，基督教圣公会的教义，《统一敕令》将政治忠诚等同于宗教服从与《三十九条信纲》，170

Angola，安哥拉，西非，奴隶贸易，711，716；被荷兰占领，716

Angoûmois，昂古穆瓦，抗税造反（约1636年），492；（1644年），494

Anhalt-Bernburg，安哈尔特-伯恩堡，诸侯克里斯蒂安一世，福音派联盟（1608年）军事指挥官，289；支持腓特烈五世统治波希米亚，310-312；白山战斗中败北，314；逃至瑞典，315；与斐迪南二世讲和，315

Aniello，阿涅略，托马索（马萨涅略），在那不勒斯领导反叛，49，415

Anjarr，安加尔，战斗（1625年），632

Anjou，安茹，公爵，参见 Orleans, Gston-Jean Baptiste de France, duc d'

Anna 安娜，西班牙公主，参见 Anne de Austria

Annapolis，安纳波利斯，马里兰，新教徒中心，680
Anne of Austria，安娜·德·奥斯特里亚，路易十三的王后，121，529
　赞助戏剧，248-249
　嫁给路易十三，268，481
　与西班牙人合谋反对路易十三（1626年），485；王太后摄政，351，415，493-494；比利牛斯条约（1659年），428
　与圣餐会（1666年），501
Anne of Denmark，丹麦的安娜，詹姆斯一世的王后，赞助戏剧，249
Ansbach，安斯巴赫，约阿希姆·恩斯特，侯爵，支持腓特烈五世继承波希米亚王位，310，312
Antigua，安提瓜，背风群岛，殖民活动（1632年），703
Antilles，安的列斯群岛，大（安的列斯群岛），西班牙人殖民，707；黑人，707，717；人口，707；出口707
Antilles，安的列斯群岛，大（安的列斯群岛），又见 Cuba; Haiti; Havana; Jamaica; Puerto Rico; Santo Domingo; Tortuga
Antilles，安的列斯群岛，小（安的列斯群岛），英国人、法国人及荷兰人跟西班牙殖民者进行贸易的基地，701；圣克里斯多夫公司成立（1626年）以发展，703；种族，708；加勒比人减少，708，717；黑奴，717
Antilles the Lesser，小安的列斯群岛，又见 Curacao

Antiquaries，古物研究者，学会，541
Anti-Trinitarianism，反三位一体论，见上帝一位论
Antwerp，安特卫普，375，413
　贸易中心转移（1585年），366
　人口减少，71
　企业家们迁出，271，292，296，303；与英国棉布贸易，272，302
　贸易，302，371，645，650，675
　攻击（1638年），381
Apollonius，阿波罗尼奥斯，137，151
Apulia，阿普利亚，639
Aquinas，阿奎那，托马斯，671
Aquino，阿基诺，巴托罗梅奥，见卡拉马尼科，亲王
Arabs，阿拉伯人，与巴塔姆贸易，653
Aragon，阿拉贡，414，438，456
　议会与联军，464
　财政，442；对西班牙的贡献，461
　摩尔人被驱逐（1609—1610年），453；对经济的影响，37
　人口，439
Arakan，若开，缅甸，葡萄牙人殖民其间，644；荷兰人放弃控制棉布贸易的企图，657
Aranjuez，阿兰胡埃斯，戏剧，250
Araucania，阿劳坎尼亚地区，智利，反抗西班牙人，709-711
Araucanians，阿劳坎人，印第安人族群，组织，710；攻击西班牙殖民者，709-710；耶稣会传教团到达，710；奇廉条约（1641年和1647年），710；博罗阿和约（1651年），710；重又进攻（1655年），710-

711；库拉尼拉韦战斗（1661年），
711；在佩韦尔切部族中募兵，711
Arcarie，阿卡丽，夫人，举办宗教沙龙，184
Archangel，阿尔汉格尔斯克
贸易，387；木材，299，367；毛皮，663；对俄罗斯的重要性，605
Archimedes，阿基米德，137，151，153
他的门徒认为数学是研究自然的钥匙，131
Arcos，阿尔科斯，D. 罗德里戈，彭斯·德·莱昂，公爵，466
Arctic，北极，707
与丹麦，387
Argall，阿戈尔，萨缪尔，征战罗亚尔堡（1613年），677；与曼哈顿岛（1613年），677，690-691
弗吉尼亚总督（1617年），677
Argentina，阿根廷，710
耶稣会传教区，712-713
印第安人口减少，717；对委托监护的影响，717
谷物种植，712-713
阿根廷，又见 Buenos Aires, Misiones, Rio de la Plata, Tucuman
Arguin Island，阿尔金岛，被荷兰西印度公司占领，705
Ariosto，阿里奥斯托，《疯狂的奥兰多》，28
Aristotle，亚里士多德，131，147
职业地位，20
他的物理学体系，139，154，413-414
人造物体与自然物体不同，148

化学理论，159
戏剧规则，257
Aristotelians，亚里士多德学派的人，156
Armenia，亚美尼亚，628
Armies，军队，见战争，军队
Arminianism，阿米尼乌斯派的教义，195，554
根源与信仰，177-178；对宽容的看法，170，181；政治思想导致与政府的冲突，179，372；抗议书，179，372；纳塞的莫里斯反对，123；荷兰内部冲突，372-374；在多特教会会议（1618年）上遭否决，123，180，374；复兴，180，374；胡果·格劳秀斯发展的理论，180-181；概述，182
向外传播，181-182，558；在阿姆斯特丹建教堂（1630年），374；建立著名的雅典娜学校（1632年），374
Arminius，阿米尼乌斯，雅各布斯，教授，他对宿命论的攻击分裂了卡尔文派，177；他的信仰，177-178；被谴责为异端，188；与戈马鲁斯，371
Arnauld，阿诺尔，女修道院院长昂热利格，波尔罗亚尔女修道院院长，该修道院，188-189；与圣西兰，188-189
Arnauld，阿诺尔，安托万，188，479
他的《惯常的圣餐》（1643年），189-190，501；宗教信仰与政治信仰，191
Arndt，阿恩特，约翰内斯，他对《真

正的基督教》（1605年），175

Arnim，阿尼姆，汉斯·乔治·冯，围困因斯特拉尔松（1628年），326；与《归还教产敕令》，336；加入萨克森军队，336；入侵波希米亚（1631年），336；与华伦斯坦会谈，337－338，343－344

Articuli Heinriciani，海因里希法，585－586

Artois，阿图瓦，被法国军队占领（1641年），350，493；比利牛斯条约（1659年），428

Arumæus，阿鲁马尤斯，多米尼库斯，耶拿大学教授，他的《金玺学术评论》（1617年），110；《罗马—德意志帝国议事会评论》（1630年），110

Arundel，阿伦德尔，托马斯·霍华德，萨里和……的第二任伯爵，345－346；与白金汉，553，557

Aselli，阿塞利，加斯帕尔，解剖学家，136

Ash，阿希，约翰，布商，575，582

Asia，亚洲，1，2，5

　人口，70

　天主教传播至，262，667；荷兰人激起伊斯兰的反对，670

　欧洲人深入的范围和影响，663－664，670；亚洲对欧洲的影响，670－671

　与葡萄牙的关系（约1600年），644；口岸对口岸贸易，651；荷兰人其他清除亚洲商人，651－653；胡椒贸易，653；棉花贸易，657；俄国人进入，663

又见 under names of places

Asia Minor，小亚细亚

　与奥斯曼土耳其人，639

　在其征兵，625－626，641；动乱的原因，647－649；反叛（1607—1610年），629；反禁卫军暴乱（1622—1628年），629－630；1647年、1658年和1687—1688年暴乱，630，642

Assada Association（Courteen Association），阿萨达协会（科尔廷协会），与东印度公司竞争，562，664

Aston，阿斯顿，托马斯爵士，574

　与长老制，572

Astrakhan 阿斯特拉罕，被伊凡四世征服，662

Astronomy，天文学，行星理论，2，154－155；教学，134；在牛津大学创设教席，137；在牛津大学阐述的理论，138；山猫学会与研究，140；科学仪器的发展，149－150

Atheism，无神论，199－200

Atlantic coast 大西洋沿岸，甘蔗生产，721

Augsburg，奥格斯堡

　人口因战争减少，77

　货币贬值，82；银价指数与记账弗罗林，86－87；价格趋势的变化，88；亚麻贸易，293

　市政厅，304

Augsburg，奥格斯堡，信纲，169

Augsburg，奥格斯堡，同盟，马克西米连组建（1616年），291

Augsburg，奥格斯堡，和约（1555年），355

Augustine, 奥古斯丁, 圣, 188, 190, 192, 197

Augustinianism, 奥古斯丁主义, 201
  诚如詹森主义者们所认为的, 191–192

Augustinians, 奥古斯丁修会会员们, 到印度传教, 669

Aunis, 奥尼, 抗税暴动 (1644年), 494

Austerfield, 奥斯特菲尔德, 宗教避难者们, 681

Australia, 澳大利亚, 670

Austria, 奥地利, 432
  宪法与政府, 504–505, 530
  卡斯蒂利亚文化的影响, 7; 又见 drama in German-speaking territories
  银价指数, 86–87; 价格趋势的变化, 88; 工资趋势, 91; 贬值影响英国布匹出口, 94
  外交政策: 夺占格里松人的土地 (1622年), 319; 寻求波希米亚联盟成员 (1619年), 515; 与布拉格条约 (1635年), 522; 反对提议的斐迪南三世婚姻 (1649年), 420; 皇帝使勃兰登堡脱离瑞典, 430; 布龙贝格条约 (1658年), 430; 入侵瑞典的波美拉尼亚 (1695年), 431
  土地占有: 战争增加了地产面积, 59
  贵族: 特权, 27; 文化, 28; 利用战事, 56; 资格, 58–59; 声称拥有主权, 115; 政治权和领主权, 285, 525–526
  宗教: 允许持不同意见者, 34; 反宗教改革运动, 35, 250–251; 波希米亚叛乱后的新教, 315, 520; 威斯特伐利亚和约与宗教问题的解决, 355; 耶稣会反新教徒运动, 514; 维也纳的耶稣会教堂, 521
  反叛, 311, 314, 324; 农民反叛 (1626年), 520
  贸易: 牛, 296, 513; 农产品, 513; 铁, 513
  又见 Habsburg Empire; Inner-Osterreich; Verderosterreich

Austria, 奥地利, 家族, 见哈布斯堡, 家族

Austro-Hungarian Empire, 奥匈帝国, 530

Auvergne, 奥弗涅
  领主的权力, 476
  谷物贸易, 478
  农民们 (1644—1645年), 479
  抗税暴动 (1644年), 494

Avalon, 阿瓦朗, 纽芬兰, 在其殖民 (1623年), 679

Avaux, 阿沃, 克洛德·德·梅斯姆, 伯爵, 外交家
  在明斯特, 352, 354

Averroism, 阿威罗伊学说, 200

Ayamonte, 阿亚蒙特, 侯爵, 在安达卢西亚领导叛乱 (1641年), 55

Aytona, 艾托纳, 侯爵, 在西班牙尼德兰恢复国务委员会, 376; 政策的成功, 377

Azevedo, 阿塞维多, 堂·赫罗尼莫·德, 葡萄牙总督
  包围康提 (1603年), 645, 666; 在苏拉特被英国人打败, 660

索　引

Azores，亚速尔群岛，巴巴里海盗，232
Azov，亚速，被哥萨克人占领（1637年），612；对俄国人的意义，612 - 613；哥萨克撤离（1642年），613

Bacharach，巴哈拉赫，其间的饥荒挨饿状况，345
Bacon，培根，弗朗西斯，首位维鲁伦男爵和圣阿尔班子爵，大法官，7，131，142 - 143，148
　　作为革新者，2，542；《学术的进步》（1695年），133；《新工具》（1620年），133，146 - 147；《伟大的复兴》（1620—1623年），133；对缺乏进步的分析，133；《新大西岛》（1627年），142；对在现象之间建立因果关系所做出的贡献，164 - 167
　　与议会，547；改革计划，548 - 549，552；遭议会指控、谴责（1621年），549 - 550
Baden，巴登，其间的农民，297
Baden-Durlach，巴登 - 杜尔拉赫，家族，与威斯特伐利亚和约，356
Baden-Durlach，巴登 - 杜尔拉赫，乔治·弗雷德里克，侯爵，204
　　加强军纪，205
　　外交：支持腓特烈五世继承波希米亚王位，310，312；起兵支持新教事业（1621年），316；被梯利打败，维姆芬战役，316；在海利根哈芬战败（1627年），325
Baehrel，巴埃雷尔，勒内，经济理论，11，15

Baghdad，巴格达，反叛的原因，670；穆罕默德·伊本·艾哈迈德·阿尔塔维尔控制的反叛（1604—1607年），630 - 631；巴克尔·苏巴希与穆罕默德·康巴尔之间的冲突（1619—1621年），631；巴克尔·苏巴希控制着；奥斯曼土耳其人攻击（1621年），631；被波斯占领（1621年），631；包围（1625—1626年和1630年），631 - 632，（1638年），633 - 634
Bahama Channel，巴哈马海峡，707
Bahama Islands，巴哈马群岛，701
Bahia，巴伊亚，巴西，229
　　巴西政府所在地，701
　　葡萄牙猎奴队中心，714
Bakr Subashi，巴克尔·苏巴希，与穆罕默德·康巴尔，就控制巴格达发生冲突（1621年），631；反抗奥斯曼土耳其人和寻求波斯帮助，631；得到哈菲兹·艾哈迈德的认可，631；被波斯人处决，631
Balbin，巴尔宾，博胡斯拉夫，耶稣会士，524
Bali Island，巴厘岛，巽他群岛，马塔兰攻打，655
Baliani，巴利阿尼，乔瓦尼·巴蒂斯塔，气体动力学家，157
Balkans，巴尔干半岛各国，抵抗奥斯曼土耳其人，637
Ballet de la Prospérité des Armes de la France，《威名赫赫的法国军队》，芭蕾，251
Balmerino，巴尔梅里诺，约翰·埃尔芬斯通，第二任男爵，567

Baltic，波罗的海
力量对比，231，233－234，387，391，393，399，417
布伦塞布罗和约（1645年），403，405
与黎塞留，487
贸易，99，228，303－304，403，446，589
其间贸易：建筑用砖块，367；殖民地的产品，367；鱼，233，366；谷物，90－92，233，297，299，367，446；金属，96－97，367；盐，233，366；木材，33，299，367，446；酒，233，367

Baltic states，波罗的海国家，经济变化，12；进口纺织品，94；企业家迁入，271

Baltimore，巴尔的摩，乔治·卡尔弗特，首任男爵，企图在纽芬兰的阿瓦朗建立殖民地（1623年），679；国外授予土地（马里兰）（1632年），679

Baltimore，巴尔的摩，塞西尔·卡尔弗特，第二任男爵，马里兰总督，继承马里兰，679；政府的权力，679；使罗马天主教徒服从法律（1637年），680；特许状，680；离开和返回，680；确保宗教自由法令的实施（1649年），680；被迫改变议会（1650年），680

Balzac，巴尔扎克，让·路易·盖·德，他的反专制主义的《政论》，105；他的《君主》（1631年），和其他书籍，105，413

Bamberg，班贝格，被梯利包围，337；

被授予萨克森－魏玛的伯纳德（1633年），342

Bancroft，班克罗夫特，理查德，坎特伯雷大主教，与太平盛世祷文，536；清教徒与，536；汉普顿御前会议（1604年），356－357；自行其是以求言行一致，537；改革计划，542

Banda Islands，班达群岛，东印度群岛，反对荷兰人，646；荷兰征服与贸易协定，648；英荷争斗，650－651；被科恩征服，651；科恩镇压反叛（1621年），651；弗斯兰放弃（1623年），651；与被荷兰人征服的格里塞贸易，652；与望加锡贸易，652

Bandeiras，猎奴队，葡萄牙的，712－714

Baner，巴内尔，约翰，瑞典将军
能力，396
在波美拉尼亚和梅克伦堡（1631年），333；德意志将军们的猜忌，342；萨克森战役（1636年）和维特斯托克胜利，348，401；从托尔高撤退（1637年），401；萨克森战役和开姆尼斯胜利（1639年），349，401；波希米亚战役（1639—1640年），349，401
去世，351，401

Banjarmasin，班贾尔马辛，婆罗洲，胡椒港口，654

Banking，银行业
设立公共银行，84－84
在法国，85；德意志，84，291，294－297，301；意大利，84－85，

459；尼德兰，68，84-85，366；西班牙，39-40，84-85，445，461

又见 under names of banks

Banks，班克斯，约翰爵士，与国王的特权，126

Bantam，班塔姆，爪哇，葡萄牙贸易基地，646；被劝导反荷兰人（1601年），646；包围，647；科恩对中国人施暴（1617年），654；英国人和班塔姆人攻打巴塔维亚（1618年），649-650，654；与荷兰东印度公司联手攻打巴塔维亚，100；暴乱（1619年），654；对亚洲贸易中心，653-654；被荷兰人封锁（约1619年），646；衰落，645；反欧宣传，645；拒绝与巴塔维亚签订停战协定，655；从印度进口棉花与荷兰，657；荷兰人威胁中国商人，658

Baptists，浸礼会教友，信仰，194-195，579

Baradas，巴拉达，路易十三的宠臣，被囚，491

Bar and Clermont duchy of，巴尔和克莱蒙公国，比利牛斯条约（1659年），428

Barbados，巴巴多斯，向风群岛
以威廉·科尔廷爵士的名义将其占领（1624—1625年），702；沃纳被授予总督职位（1625年），702；被科尔廷的辛迪加殖民（1625年），702；对对立的主张做出了有利于卡利斯尔伯爵的决定（1629—1630年），702

人口，702，704-705；黑人人口，705

繁荣，704-705

烟草发展，702

Barbarini，巴巴里尼，马菲奥，见 Urban Ⅷ，pope

Barbary，巴巴里，进口纺织品，94

Barary corsairs，巴巴里海盗，232，303，486，638-639

Barbin，巴尔班，克洛德，法国财政主管，被任命为主管（1616年），482

Barcelona，巴塞罗那

与红衣主教亲王（费迪南多）（1632年），466

对中央政府的征税感到愤慨，466

起义（1640年），469

贝莱斯侯爵的失败（1641年），470

包围（1651—1652年），423，425，471-472

白银贸易，81

Barnes，巴恩斯，T. G.，贫民救济和敕书，563

Baroja，巴罗哈，J. 卡罗，25，29

Baronius，巴若尼，西泽，红衣主教，梵蒂冈图书馆馆长，7

Baroque art，巴洛克艺术，是种经济危机压力的表现形式，9；在意大利，2；在哈布斯堡帝国，528-529

Barrientos，巴里恩托斯，阿拉莫斯·德，461

Bartholinus，巴托林，托马斯，哥本哈根大学解剖学教授，136

Bartolus，巴托卢斯，意大利法学家，关于贵族的理论，16，22

Bärwalde，贝瓦尔德，条约（1631年），331-332，395

恢复（1633年），342，401

Basel University，巴塞尔大学，136

Basil Shuiskij，巴西尔·舒伊斯基，沙皇，见瓦西里·舒伊斯基，沙皇

Basque provinces，巴斯克诸省

贵族，职业地位，21

征税，46

移民南美，715

Basra，巴士拉，645

阿夫拉西雅布王朝的控制（约1600年），630

与葡萄牙进行贸易，662

Bassano，巴萨诺，价格趋势，62

Bassompierre，巴松皮埃尔，弗朗索瓦，男爵，阿鲁埃尔侯爵，法国元帅，被囚，491

Bastille，巴士底狱，491

Bastwick，巴斯特威克，约翰，与星室法庭，565

Batavia，巴塔维亚，前雅加达，爪哇，建立联合东印度公司，100；建筑防御工事，649；抗击英国人，与巴塔兰和雅加达的统治者（1619年），649；重新命名巴达维亚，649；成为荷兰人的中心，649，658；将班达人送往为奴（1621年），651；胡椒贸易，653；中国人被荷兰人送往（1620—1621年），654；巴塔兰对之抱有敌意，655；巴塔兰的苏丹阿根对之进行攻击（1628—1629年），655；科恩的计划，658；贵金属贸易中心，659-660

Bath，巴斯，B. H. 斯利彻·范，见斯利彻，B. H. 范·巴斯

Bathory，巴索利，西吉斯蒙德，296

Batjan，巴占岛，摩鹿加群岛，荷兰人占领西班牙人的要塞（约1609年），666

Bauhin，鲍欣，卡斯帕

开设植物学和解剖学课程，136

他的《植物描述基础》，164

Bavaria，巴伐利亚

政府，290

军队的发展与变革：救国军，203

贵族，界定，23

人口因战争减少，77

繁荣（1600—1621年），292

外交：兼并多瑙沃尔特（1607年），288-289；受斯瓦比亚威胁，289；参加重建的天主教联盟（1616年），291；入侵巴拉丁（1621年），549-550；与黎塞留，335；与瑞典签订停战协定（1632年），335；瑞典入侵（1632年），337；瑞典人的破坏，338；参与华伦斯坦对萨克森的入侵，340；在扬考战败（1645年），351；蒂雷纳和弗兰格尔入侵（1646年），351；遭破坏，351-352；楚斯马斯豪森战败（1648年），352；选帝侯，斐迪南·玛丽亚与帝位继承（1657—1658年），419；又见 Maximilian I

农民反叛（1633年），343

宗教：反宗教改革运动，514

公爵们，见马克西米连一世，公爵，后来的巴伐利亚选帝侯；威廉五世

Baxter，巴克斯特，理查德，与联合

运动，582
Bayezid，巴耶塞特，苏莱曼苏丹的儿子，627
Bayning，贝宁，保罗，伦敦商人，533
Béarn，贝阿尔恩
　吕伊内与，483
　与纳瓦拉联合（1620 年），483
Beauce，博斯，羊毛生产，477；动乱（1652 年），499
Beaufort，博福尔，弗朗索瓦·德·旺多姆，公爵
　与"要人密谋集团"，494
　监禁（1643 年），494
Beaumont，博蒙特，弗朗索瓦，戏剧家，为"国王的人"剧团编写剧本，255
Beauvais，博韦
　价格趋势，62，89；谷物价格，74；商业，477；纺织业，477-478
　政府，479
　死亡率，480
　反叛，480
Beauvais，博韦，主教，479
Beauvaisis，博韦地区，地租水平，65；贵族，476
Bedford，贝德福德，弗朗西斯·拉塞尔，第四人伯爵，571
Bedmar，贝德玛尔，阿隆索·德拉·库埃瓦，侯爵，红衣主教，西班牙使臣
　反威尼斯政策，275
　"西班牙阴谋"（1618 年），275
　与主战派（1621 年），279
　驻布鲁塞尔使臣，376

在西属尼德兰指导比利时和西班牙执政委员会，376
Bedouins，贝都因人，486
Beeckman，贝克曼，以撒，对气体力学的贡献，157；与声学，158
Beirut，贝鲁特，633
Belém do Pará，贝伦多帕拉，巴西，葡萄牙殖民地（1616 年），714
Belgium，比利时，282
　法西谈判（1640 年），413
Bellarmine，贝拉明，罗杰特，红衣主教
　与詹姆斯一世争论，7，105，107
　他的《主要职权》，105
　他的《论教皇至高权力》（1610 年），107
　他的《基督教的主要职权》（1619 年），107
　政治理论，107，131；理论有实际影响，115-116；在西班牙被接受，117-118；与法国，119
　使用演绎法，130
　反对宿命论，177
Belle-Isle-en-Mer，（海上）贝勒岛，500
Beloch，贝洛赫，朱利厄斯，人口估计，70；瘟疫导致的人口死亡估计，76
Benedetti，贝内德蒂，乔瓦尼·巴蒂斯塔，对声学的贡献，158
Benedictines，本笃会，红衣主教黎塞留进行修道院改革，492
Bengal，孟加拉
　其间的葡萄牙殖民地，644
　英国人发展硝石、蔗糖和棉花贸易，661，670

丝绸贸易，670

又见 Hugli

Berbice，伯比斯，圭亚那，荷兰殖民地（1624年），705

Berg，贝格，军队驻扎其间，209

Bergen-op-Zoom，贝亨奥普佐姆，被包围，317

Bergh，贝格，亨德里克·范·登，伯爵，总司令，被西班牙将军取代（1631年），379；在西属尼德兰领导叛乱，55

Berka family，贝卡家族，519

Berkeley，伯克利，罗伯特爵士，126

Berlin，柏林，防御工事，222

Bermudas，百慕大，英国占有（1609年），674

Bernegger，伯纳格尔，历史和政治学教授，斯特拉斯堡，传播利普修斯的政治理论，104

Bernières，贝尼埃尔，夏尔·梅尼亚尔·德，反饥荒斗争，499

Bernini，贝尔尼尼，洛伦佐，7，182，186，503

他的《罗马的广场》的意义，35

Berry，贝里，反征税起义（1644年），494

Berti，贝尔蒂，加斯帕尔，对声学的贡献，158

Bérulle，贝吕尔，皮埃尔，红衣主教，法国政治家，492

哲学，33；信仰，183；在巴黎成立奥拉托利会（1611年），183，484；和平政策（1626年），485；煽动攻打胡格诺派教徒（1627年），487

Berwick，贝里克，和解（1639年），568

Besancon，贝藏松，迪·普勒西斯，中将，驻意大利使臣（1653年），426

Besold，贝索德，克里斯多弗，图宾根大学教授《不和谐的政治自由》中的"以国家利益为重的理由"（1618年），116

Bethlen Gabor，贝特伦·加博尔，特兰西瓦尼亚诸侯

入侵匈牙利（1619年），313，597，601；支持波希米亚反叛，520；尼科尔斯堡和约，520；在匈牙利发生的农民暴乱（1626年），曼斯费尔德参与其间，324；与华伦斯坦休战，324

Bethune，贝蒂纳，菲利普·德，他的《国务顾问》，版本数，105

Béza，贝札，特奥多尔，神学家，177

否定皇帝的极权，110；让权给牧师，176

Biana，比亚纳，旁遮普，661

Biedma，别德马，利松和，西班牙经济学家，经济计划，446

Bignon，比尼翁，基本法理论，120

Bihar，比哈尔，印度，英国人发展硝石和蔗糖贸易，661

Bijapur，比贾布尔，印度，671

与果阿的关系（约600年），645；与葡萄牙许可证，645；藐视荷兰的海上通行证制度，657

Bills of exchange，汇票，83-84

Bio-Bio river，比奥-比奥河，智利，708；阿劳干人与西班牙人的边界（1641年），710-711

Biscaya，比斯开，17
Blackfriars theatre，布莱科弗赖克斯剧院，241—242，246，250，255
Black Sea，黑海，636
Blainville，布兰维尔，法国使节，英法条约（1625 年），422
Blake，布莱克，罗伯特，海军上将，232
　限制使用雇佣商船，227；摧毁西班牙运银船队，236；与敦刻尔克（1652 年），423
Blekinge，布莱金厄，是丹麦的一部分，386；勒斯基尔德条约（1658 年），430
Blénau，布莱诺，战斗（1652 年），499
Block Island，布洛克岛，689
Blondel，布隆德尔，法国使节，出使土耳其（1658 年）
Bocarro，博卡罗，历史学家，671
Boccalini，博卡利尼，特拉亚诺，讽刺作家，批评西班牙，273；他的《试金石》，273
Bocskay，博斯凯，296
　领导匈牙利叛乱（1604 年），284
Bodeck，博戴克，约翰·冯，商人，296
Bodin，博丹，让，112，118，122，125
　关于贵族的理论，17；主权界定，104；他的《共和六论》，1576 年和其他版本，105；捍卫皇权绝对论，109；理论影响，115－117，119
Body of Liberties，《自由法典》，686
Boehme，伯麦，雅各布，181，201
　信仰，173－175

Bogislav XIV，博吉斯拉夫十四世，见波美拉尼亚，博吉斯拉夫，公爵
Bohemia，波希米亚，503
　卡斯蒂利亚文化影响，7
　宪法和政府，307，324，505－506，530；主权，35
　入侵路线，522
　1526—1618 年状况，307
　封建主义，525－526
　外交政策和国内政策：王位继承问题，276－277，285－286，306－315，514；及其对帝国的意义，276－277，312，515；格拉茨条约指定施蒂利亚的斐迪南为王位继承人（1617 年），277，286，308，514；斐迪南二世被废黜（1619 年），312，515；腓特烈五世当选为国王（1618 年），278，312，515－516
　反叛：原因，307－309，514；亲西班牙的大臣们被"扔出窗外"，277，309，514，517；成立革命政府（1618 年），277，309，515；1619 年联盟，515－516；外援，309－314；缺少国内支持，517；白山战斗中失败（1620 年），34，278，314－315，517；后果，278，315，517－520；镇压叛乱，315，518；斐迪南二世颁布新宪法（1627 年），324，519－520；君主制变成世袭君主制，324，519；废除大诏书，519；独立运动（1631—1632 年），337，343
　与三十年战争，309－315；冯·阿尼姆入侵，336；与华伦斯坦会谈，377；破坏（1639 年），349

又见 Ferdinand II and Bohemia;
Frederick V and Bohemia
工业：开凿人工湖和捕鱼业，510；
矿业，510
土地占有，与波希米亚反叛，59，
518－519
民族主义，527－528
贵族：人口比例，17；财富与贫
穷，18；特权，27，513；反叛，
55；利用战争形势，56；资格，
58；权力，285，307，525；外国人
的流入，315，519，527；依附于皇
帝，526
农民：暴动，517；状况，525
人口：71，509，523－524；战争失
利，77；人种志，508
宗教：放弃宗教统一，34；圣杯派
分子，307－308；反宗教改革运动，
35，308，514，520－521，524，
527；大诏书（1609年），308－
309，315，514－516，519，521；
萨克森的约翰·乔治要求保证路德
主义（1619年），313；新教遭镇压
（1627年），324，520－521；新教
教堂和1609年法令，514；保证信
仰自由，514；耶稣会反新教徒运
动，514；驱逐耶稣会士，516
铁、布贸易，513
大学，520－521
Bohemia，波希米亚，斐迪南，国王，
见斐迪南二世，皇帝，波希米亚
国王
Boileau，布瓦洛，尼古拉，137
Bois-le-Duc（Hertogenbosch），布瓦勒
迪克（赫尔托根博什），围攻

（1601年），223；占领（1629年），
43，209，376，378；意义，378；
宗教，379
Bolivia，玻利维亚，见秘鲁，上
Bologna，博洛尼亚，瘟疫，76
Bologna，博洛尼亚，大学，22，135－
136
Bolzano，博尔扎诺，集市，293
Bombast，邦巴斯特，霍亨海姆的菲利
普斯·奥雷奥卢斯·特奥夫拉斯图
斯，参见 Paracelsus，pseud
Bombay，孟买，434
布拉干萨的卡塔利娜的嫁妆，425
Boniface VII，卜尼法斯七世，教皇，
他的诏书《至圣》，106
Book of Orders（1630），敕书（1630
年），563
Book of Sports，游戏簿，565
Bordeaux，波尔多
征税，47，490；商业，477；牛交
易，478
贵族造反，55；与投石党，498
法西战争（1653年），426
Bordeaux，波尔多，昂图安·德，大
议会主席
签订威斯敏斯特条约（1655年），
424
查理二世与，424－425
Borelli，波雷利，乔瓦尼·阿方索，
数学家，136
他的《论动物的运动》（1680
年），163
Borneo，婆罗洲
荷兰人煽动攻击葡萄牙人，648
开展贸易活动（1609年），649

商站，650
又见 Banjarmasin, Sukadana
Bornholm，博恩霍尔姆，战略要地，387
Boroa，博罗阿，条约（1651 年），710
Borromeo，博罗梅奥，卡洛斯，米兰大主教红衣主教，76
Borromin，博罗米尼，弗兰切斯科，182，187
Bosius，博休斯，在耶拿大学讲授利普修斯的政治理论，105
Bosnia，波斯尼亚，630，637
　海盗，见乌斯科克人
Boston，波士顿，马萨诸塞，685 - 686，689
　殖民，684
　驱逐安妮·赫钦森，687
　与印第安人的关系，693
　与新阿姆斯特丹的贸易，696
Botany，植物学，教学和发展，136，137，140，164
Botero，波特罗，乔瓦尼，耶稣会，261
　文明理论，5；以国家利益为重的理由理论，116；理论的影响，117；他的《以国家利益为重的理由》，117
Both，博特，彼得，荷兰总督、海军上将，672
　任命（1609 年），649
Bouillon，布荣，弗雷德里克-莫里斯·德·拉图尔·多韦尼，公爵，317
　参与亲王暴乱（1614年），481 - 482
　反黎塞留密谋，493
Boulogne peace conference（1600），布洛涅和平会议（1600 年），264
Bourdoise，布尔杜瓦斯，阿德里安，建立圣尼古拉斯·迪·夏尔多内会（1612 年），484
Bouthillier，布蒂利埃，克劳德·勒，法国国务秘书，493
　被指定为摄政委员会成员和财务总监（1643 年），493
Bouthillier，布蒂利埃，莱昂·勒，见夏维涅
Boyle，玻意耳，罗伯特，自然哲学家、化学家，对声学做出的贡献，158；与化学，159
Brabant，布拉班特，359
　在议会中没有代表权，362
　宪法，369
　与法荷联盟（1635 年），380；与明斯特条约，381 - 382
　贸易，366
Bradford，布雷德福，威廉，普利茅斯总督，马萨诸塞，重组土地占有，682
Bradley，布拉德利，汉弗莱，与沼泽地带排水，166
Braganza，布拉干萨，公爵，见若昂四世，葡萄牙国王
Brahe，布拉赫，第谷，天文学家，4
　他对天文学的贡献，154
Bramhall，布兰霍尔，约翰，德里主教，566
Branca，布兰卡，乔瓦尼，在《机器》中描述了水力的使用，167
Brandenburg，勃兰登堡
　专制主义兴起，115
　农业，297

军队、发展与变革，203
选帝侯们恢复对领地的控制，59
外交：曼斯费尔德撤退进，324；被华伦斯坦占领（1628年），327；雷根斯堡选帝侯大会（1630年），329；归还教产敕令，329；与瑞典的关系，409；港口税费条约，395，401；古斯塔夫·阿道夫（1631年），331；被瑞典人侵占（1636年），348；
与丹麦会商反对（1638—1639年），402；与瑞典协商（1647年），354，412；敌视瑞典，410，421，529；奥利瓦条约（1660年），431；与特兰西瓦尼亚的拉科齐结盟（1660年），522；1648年之后实力的增长，357；力主领导新教国家，418；被排除在莱茵联盟之外（17世纪50年代），421；1659年海外形势，433
贵族：乡村地区，18；是军官，59；成为提供服务的贵族，60；获得社会特权，115
农民，298
战争导致人口减少，77
宗教：地主强使宗教统一，170；规章制度的实效，171
Brandenburg，勃兰登堡，阿尔伯特·弗雷德里克，选帝侯，公爵，600
Brandenburg，勃兰登堡，腓特烈·威廉，"伟大的"，选帝侯
继位（1640年），350
开凿霍亨佐伦运河，408
解除施瓦岑贝格的职务，350
外交：拉蒂斯邦帝国议会（1640年），350；与瑞典签订休战协定（1641年），350；1647年协定；割让部分波美拉尼亚，354，433；威斯特伐利亚和约的影响，412；让予东波美拉尼亚港口所有税收的一半份额（1653年），407；与俄罗斯就普鲁士问题进行会谈（1656年），430-431；忠于瑞典，429；柯尼斯堡条约（1656年），429；与法国结盟，430；马林堡条约（1656年），429；进入华沙，429；拉比奥条约（1656年），429；韦劳条约（1657年），430；布龙贝格（1658年），430；侵入瑞典的波美拉尼亚（1659年），431；奥利瓦条约（1660年），431
Brandenburg，勃兰登堡，乔治·威廉，选帝侯
征税无须议会同意，115；承认其对普鲁士拥有主权（1621年），600；反对在奥地利镇压新教徒，317；与雷根斯堡选帝侯大会（1623年），317
外交：下萨克森战争（1625年），322；阿尔特马克条约（1629年）中间人，393；与瑞典入侵德意志，331，344，399；将施潘道和屈斯特林让给瑞典（1631年），332；乌克森谢纳是建议，400；与皇帝联合（1637年），347，400；对波美拉尼亚公爵爵位提出要求的人，399；得到丹麦的支持，406
去世（1640年），350
Brandenburg，勃兰登堡，约阿希姆·腓特烈，选帝侯

与于利希-克莱夫斯爵位继承，290
改信卡尔瓦教义，290
Brandenburg，勃兰登堡，约翰·西吉斯蒙德，选帝侯，182
他的《西吉斯蒙德忏悔录》，115；波兰承认他对普鲁士的要求（1611年），600
Braudel，布罗代尔，费尔南，69
Braunau，布劳瑙，总结争端，308-309，514
Brazil，巴西，5，43，695
欧洲人数量的增长（1610—1660年），714；克里奥约人：人数，715；经济和社会影响，715；黑人，716-717；梅斯蒂索人，716；印第安人被用作奴隶，717
经济变革，12；蔗糖生产和贸易，13，709，721；牧牛业，714，720；
欧洲人的大庄园的发展，720
贸易：与荷兰，226；荷兰人的亚洲棉花贸易，657，661，670；和奴隶，704-705；与葡萄牙的贸易受荷兰人的干扰，659，724；葡萄牙的贸易特权丧失给了英国，234；葡萄牙人的贸易，725；德意志人为葡萄牙贸易装运货物（1587—1602年），300；蔗糖贸易威胁着福摩萨贸易（17世纪40年代），659；被伯南布哥（1645年）上的暴乱打断，659；白银贸易，721
与尼德兰，荷兰，荷兰西印度公司查勘和殖民，101，704；荷兰殖民地（1624—1654年），725；重组蔗糖生产，721；荷兰人被赶走（1654年），425，434，712

耶稣会传教区，709，714；驱逐，726
与葡萄牙：系葡萄牙国王所有，473，707，714；范围，707；殖民地，672，708-709，713-714；政府，707；葡萄牙为保为索付出的代价，664；失去控制，726；葡萄牙猎奴队；查勘，713-714，残忍，714
与西班牙：保卫巴西抗击荷兰人，229，464，466-467
又见 *Amazon*；*Bahia*；*Belem do Para*；*Cape Sao Roque*；*Ceara*；*Guaira*；*Gurupa Maranhao*；*Mato Grosso*；*Parana*；*Pernambuco*；*Rio de Janeiro*；*Rio Grande*；*Rio Paranapanema*；*Santa Catarina*；*Sant Fe*；*Santos Sao*；*Francesco Valley*；*Sao paulo*
Breda captured（1625），布雷达被占领（1625年），228，320，374
再度被占领（1639年），349，381
Breisach，布雷萨赫，349，351，420
与黎塞留（1633年），342；与霍恩，343；包围（1638年），229，349；意义，349；法国要求（1646年），353；割让给法国（1648年）及其重要性，412；埃尔拉赫是总督，413；阿尔库尔的计划（约1650年），417；包围（1653年），426
Breisgau，布赖斯高，哈布斯堡家族的采邑，504；法国提出要求（1646年），353
Breitenfeld，布赖腾费尔德，战斗（1631年），333-334

意义，336，345
Bremen，不来梅
　与汉萨同盟，299；与莱茵同盟，420
　防御工事，222
Bremen，不来梅，主教辖区，克里斯蒂安四世提出要求（1625年），321；斐迪南二世和马克西米连一世提出要求（1629年），327；与瑞典，353—354，403，408—409；丹麦的要求（1648年），406
Brereton，布雷里顿，威廉爵士，578
Brest，布勒斯特，与加拿大皮毛贸易，697
Brest，布列斯特，联合（1596年宗教会议），589—590
Breton ports and the Canadian fur trade，布列塔尼港与加拿大毛皮贸易，697
Briare canal，布里亚尔运河，165
Bridel，布里德尔，耶稣会士，524
Brie，布里，羊毛生产，477
Brienne，布里安，签订英法同盟条约，424
Briggs，布里格斯，亨利，数学家，138，166
Bristol，布里斯托尔，577
　对内战的态度，575
　保王党人拿下（1643年），220
Bristol，布里斯托尔，约翰·迪格比，首任伯爵，577
Bristol Merchant Venturers，布里斯托尔商人冒险家们，资助考察弗吉尼亚和纽芬兰渔场，673
British Isles，不列颠群岛，人口，71
Brittany，布列塔尼，486

贵族：人口比例，18；领主权，476
Brive，布里夫，478
Brizuela，布里苏埃拉，神父，多明我会牧师，与斯皮诺拉，267；反对西荷战争，267
Bromberg，布龙贝格，条约（1657年），430
Brömsebro，布勒姆塞布罗，和约（1645年），403—405，409，429
Brooke，布鲁克，勋爵，与殖民新英格兰，688
Brouage，布鲁阿热，493
Broussel，布鲁塞尔，皮埃尔，巴黎最高法院领导人，逮捕（1648年），497；与叛乱者们（1652年），499；辞去巴黎政府职务（1652年），499
Brouwer，布劳威尔，亨德里克，荷兰总督，他首次航行到班塔姆的意义（1611年），646；关于摧毁亚洲船运业和贸易的备忘录（1612年），671；试图与中国开展贸易（1633年），659
Brown，布朗，E. H. 费尔普斯，他的《七个世纪消耗品的价格》，与《经济》（1956年）中建筑工人的"工资率"比较，90 注
Bruges，布鲁日，毛纺业，64；经济形势（1600—1648年），371
Brûlarts，布吕拉尔兄弟，路易十三的大臣，484
Brule，布鲁莱，埃蒂安，在加拿大进行勘查，699
Brunnau，布龙瑙，参见 Braunau
Brunswick，不伦瑞克，华伦斯坦入侵（1625年），323；与瑞典的战斗行

动（1640年），349；参加希尔德斯海姆同盟，409

Brunswick-Lüneburg，不伦瑞克-吕讷堡，参加莱茵同盟，420

Brunswick-Wolfenbüttel，不伦瑞克-沃尔芬比特尔，克里斯蒂安，公爵，318

　　成为哈尔贝斯塔特的主教（1616年），316；支持法尔茨地区的新教徒，316；在赫克特失败，317；与斯塔特洛恩，318；在贝亨奥普佐姆与莫里斯亲王会合（1622年），317；在下萨克森战争中与克里斯蒂安四世并肩战斗，322；去世，324

Brussels，布鲁塞尔，反叛，272

　　查理二世逃至，424

Brussolo，布鲁索洛，条约（1610年），268

Buckingham，白金汉，乔治·维利厄斯，公爵，566

　　是詹姆斯一世的宠臣，533，559；与出卖贵族头衔，547；特权，547，551；1618—1620年改革，548；改进海军，548-549；与1621年议会，550；米德尔塞克斯的指控（1624年），551；不喜欢他的控制，553；粗暴地对待1625年议会，553-554；弹劾（1626年），554；对议会进行调解（1628年），556-557；被埃利奥特和下议院攻击（1628年），557

　　外交政策：亲法反哈布斯堡王朝，319-320；西班牙联姻提议（1623年），551；法国联姻和反对（1625

年），553；与西班牙交战（1625年），551；支持拉罗谢尔的胡格诺派教徒（1627年），325，487，554，558；法西反英联盟，他的政策的结局，325

　　暗杀（1628年），558

Buckler，巴克勒，在斯特拉斯堡教授利普修斯的政治理论，105

Bucquoi，比夸，夏尔马-博纳旺蒂尔·德·隆格瓦尔，伯爵，204

Bucquoy family，布夸家族，524，527

Buda，布达，503

Buddhism，佛教，在日本，659，667

Budovec，布多费克，波希米亚贵族，被处决（1621年），518

Buen Retiro，布恩雷蒂罗，宫殿，马德里，戏剧，250

Buenos Aires，布宜诺斯艾利斯，阿根廷，707-708，725；白银贸易，722

Bukhara，布哈拉，俄国与之贸易，663

Bullion，比利翁，克劳德，法国主教，493

Burgess，伯吉斯，安东尼，长老派领袖，557

Bürgi，比尔吉，约斯特，仪器制造商，133

　　首创对数，151

Burgos，布尔戈斯，商界，450

Burgundy，勃艮第，417，497

　　征税，65；乡村寡头，65；加利亚斯入侵（1636年），347

Burke，伯克，埃德蒙，358

Burma，缅甸

　　荷兰人放弃控制布匹贸易计划，657

又见 Arakan

Burton，伯顿，亨利，与星室法庭，565

Busbecq，布斯贝克，奥吉艾尔·吉斯林德，使臣，对欧洲文明与奥斯曼土耳其文明进行了比较，5

Butler，巴特勒，沃尔特，上校，与波希米亚叛乱，344

Buzsa，布萨，和约（1617年），636

Cabeo，卡贝奥，尼科洛，耶稣会士，他的《磁感应哲学》（1629年），159

Cabinet du Président de Thou，图主管学会，后来的迪皮伊兄弟学会，科学学会，成立，141

Cadiz，加的斯，金银中心，78；英国人征伐，219，229，459，464

Caen，卡昂，47

Caen，卡恩，威廉·德，商人，加拿大探险，697；得到毛皮特许证，698；反对新法兰西公司，698；为毛皮控告英国，698

Caerden，卡埃尔登，荷兰司令，包围莫桑比克（1607年），648

Calabria，卡拉布里亚，反叛（1601年），273；征税，50

Calais，卡来，英国 - 西班牙提议（1652年），423

Calatrava，卡拉特拉瓦，军团，58

Calderón，卡尔德隆，堂·佩德罗·德拉·巴尔卡·埃纳奥·伊·里阿诺，戏剧家，25，239，250，259

Calderón，卡尔德隆，堂·罗德里戈，445

去世，460

Calicut，卡利卡特，马拉巴尔，与荷兰东印度公司结盟，648

Callot，卡洛，雅克，版画家，版画《三十年战争》，357

Calvin，卡尔文，约翰，改革家，110，479

政治理论，107；信仰，193

Calvinism，卡尔文主义，175

支持信奉卡尔文教义的君主享有统治权，115，123；与君主主义，361；信仰释义促使一致，169，170；关于自由意志和宿命的辩论，169，176；争论转向逻辑和理性，172；与路德宗教友的分歧，176；随着《法国信仰声明》的颁布（1559年）越来越专制，176；《苏格兰声明》（1560年），176；《海德堡教理问答》（1563年），176，179；《瑞士联合信条》（1675年），176

在德意志，又见德意志，宗教冲突，三十年战争，与宗教冲突

在神圣罗马帝国：《归还教产敕令》（1629年），326；《布拉格和约》（1635年），345；《威斯特伐利亚和约》，355

在马萨诸塞，685

在尼德兰，177

在波兰，196

"Cambridgo Agroement"（1629），《剑桥协议》（1629年），684

Cambridge Platonists，剑桥柏拉图派学者们，信仰，175，197 - 198

Cambridge，剑桥，大学，134，137 -

138，684-685
Camerarius，卡梅拉里乌斯，路德维格，巴拉丁总理大臣，35
支持腓特烈五世继承波希米亚王位，310；与古斯塔夫·阿道夫，391
Camin，卡明，让给勃兰登堡（1647年），412
Campanella，坎帕内拉，托马索
政治理论，5，34；《太阳城》（1692年），117，199；在他的《西班牙君主国》（1620年）和他的《国家君主国》（1635年）中支持"以国家利益为重的理由"，117；在《无神论凯旋》（1631年）中阐述的哲学，199
阿威罗伊主义的影响，200
卡拉布里亚叛乱，273
Canada，加拿大，487
与英国：加拿大公司被授予加拿大和圣劳伦斯毛皮贸易，698；1648年殖民者们的状况，701
与法国：703；航行在纽芬兰，675；尚普兰的查勘，676，697-698；与印第安人的关系，675-676，697-701；亨利二世、孔代亲王成了公司进行殖托，697；1622年法国人口，698；贸易，675-676，698-701；废止以前的授予，成立新法兰西公司（1627年），698；1643年殖民的规模和方式，698，699；圣日耳曼条约（1632年），归还土地，698；贸易受到易洛魁人和荷兰人的危害，700-701；耶稣会传教团前往休伦人地区，699—700；和易洛魁人地区，699；又见阿卡迪亚、拉希恩、蒙特利尔、塔杜萨克、三河城、魁北克、尚普兰、萨缪尔、新法兰西公司、蒙莫朗西公司、殖民者公司、孔代、亨利二世、印第安人，北美的

Canada Company，加拿大公司，成立与权限（1627年），698
Canals，运河，165，408，486-487
Candia，坎迪亚，包围（1648年），640-641；被艾哈迈德·科普鲁卢攻占（1669年），642
Canea，干尼亚，639
被奥斯曼土耳其人占领（1645年），640
Canillac，卡尼拉克，爵士，与地方税收，476
Canonieri，卡诺涅里，他的《政治原理》（1640年），117
Canton，广州，拒绝荷兰人的贸易要求（约1603年），658；受命驱逐荷兰人、帮助葡萄牙人（1622年），658
Cape Cod，科德角，马萨诸塞，命名者巴托洛缪·戈斯诺尔德，673；尚普兰与，676；清教徒前辈移民在此登陆（1620年），682；与荷兰，691
Capello，卡佩洛，马里诺，攻打海盗（1638年），639；占领发罗拉，639
Cape of Good Hope，好望角，367
葡萄牙让给荷兰，434；贸易路线，640，646，660，662；葡萄牙发现的影响，670
Cape São Roque，圣罗克角，巴

西, 708
Cape Verde, 佛得角, 与巴巴里海盗, 232
Capuchins, 嘉布遣会修士, 521
到伊斯坦布尔传教, 638
Caramanico, 卡拉马尼科, 巴托洛梅奥·阿基诺, 亲王, 48
Cárdenas, 卡德纳斯, 伊尼戈·德, 西班牙使臣, 在法国组织西班牙派, 268 – 269; 在英国 (1652年), 423
Carew, 卡鲁, 托马斯, 诗人、假面戏作者, 他的《不列颠的天空》(1634年), 253
Caribbean, 加勒比海, 荷兰人和英国人的贸易, 226, 446; 西班牙人未能保住加勒比海抵御荷兰, 229; 攻击西班牙运金银船队的基地, 701 – 702; 和走私贸易, 725
Caribbean Islands, 加勒比群岛, 见西印度群岛
Caribs, 加勒比人, 在圣克里斯多弗岛上与英国人战斗, 702; 抵抗殖民活动, 703; 在小安的列斯群岛, 708, 717; 减少, 707 – 708, 716 – 717
Carinthia, 卡林西亚, 宪法和政府, 504 – 505; 与斐迪南大公, 283
Carletti, 卡莱蒂, 弗朗切斯科, 商人, 5
Carlisle, 卡利斯尔, 詹姆斯·海, 受赐向风群岛和背风群岛, 702; 帮助沃纳, 702; 排除对手要求赢得巴巴多斯 (1629年), 702
Carmelites, 加尔默罗会修士, 521

传教团到印度, 669
Carmelites, 加尔默罗会修士, 赤脚, 528
Carniola, 卡尼奥拉, 受斐迪南大公统治, 283; 宪法和政府, 504 – 505
Carpenter, 卡彭特, 纳撒尼尔, 在他的《不同意见》中对天文学的贡献, 154 和注
Carpio, 卡皮奥, 公爵, 见阿罗, 唐, 路易斯·德
Carr-Saunders, 卡尔-桑德斯, 亚历山大爵士, 估计人口, 70
Cartagena, 卡塔赫纳, 哥伦比亚, 701
Cartesianism, 笛卡尔主义, 136, 142, 377 – 378
其价值, 148; 其方法论的弱点, 155 – 156
Casale, 卡萨莱, 围困 (1629年), 42 – 43; 在法国的控制下 (17世纪40年代), 414; 包围 (约1650年), 423, 425
Casanate, 卡萨纳特, 波特尔, 智利总督, 在库拉尼拉韦打败阿劳坎人 (1661年), 711
Casaubon, 卡索邦, 伊萨克, 学者, 批驳巴若尼, 7
Caspian Sea, 里海, 487, 662
Castelli, 卡斯泰利, 贝内德托, 136, 146
Castelnaudary, 卡斯特尔诺达里, 战斗 (1632年), 489
Castile, 卡斯蒂利亚, 566
认同感, 4; 文化, 7; 战争的影响, 14, 532; 君主制是保护者, 56; 西班牙之首, 438 – 439, 441, 443;

承受着战争的沉重负担，461－462；
民族主义，462

农业，438－439；羊和羊毛生产，439

阶级结构，450－451

王室和征税，439，448，456－457，465

疾病，439

经济衰退及其原因，438，440－442，448－449，455，457，473；奥利瓦雷斯的经济改革，461；1626年经济危机，464；财政改革，40；财政，441－442，458－459；货币政策，44－45，444－445，464；投资，449－450；工业，439－440；价格，444－445，464，470；征税，44－46，439，441－442，447－448，461，465－466；征税的社会影响，465－466；失业，451；工资，439

移民，450

农民、贵族和教会占有的土地，449－451

与摩尔人，37，450，452－456

贵族：20，21，451－452；人口比例，17，18，451；在城区，17，18；资格，19；特权，19，20，60，448；职业地位，21，451；利用战争形势，56；受行政官员控制，60

农民，448－449

人口，439；农村人口减少，449

叛乱，56

贸易，440；与葡萄牙竞争，462

国王在美洲的所有权，707－708；在南美洲的丧失，714；收入减少，725；失去控制，725－726；又见 under names of places in America
又见 under names of places in Castile

Castillo，卡斯蒂略，阿尔瓦罗，经济研究，101－102

Castrillo，卡斯蒂略，公爵，与奥利瓦雷斯，471

Castro，卡斯特罗，唐·马丁·阿方索·德，葡萄牙总督，打破了荷兰—柔佛对马六甲的包围（1606年），655

Casuistry，决疑论，见耶稣会

Catalonia，加泰罗尼亚，56，438，456
政府：与中央政府的关系，462，466－467，472；王室与财政，456，466；和联军，464；元老院，52
无政府状态，（1600—1615年），456；经济政治形势（1632年），466；（1640年），469
疾病（约1648年），471
财政状况，51；对西班牙的贡献，461
法国战争：战略地位，468－469；反叛的原因，55，466－469，472－733；叛乱（1640年），55，99，230，349，414，469－470；法国干涉，55，414，426；米舍尔·马萨林被任命为总督，414，416；路易十三当选为巴塞罗那公爵，349；镇压叛乱（1652年），99，471－472；被西班牙再次征服，231；比利牛斯条约（1659年），428
与摩尔人，453
贵族：人口比例，17；行为准则，26

人口，469

Catherine of Braganza，布拉干萨的卡塔利娜，英国王后，结婚（1661年），425；带来丹吉尔作为嫁妆，425

Catherine the Great，叶卡捷琳娜大帝，俄国的，619

Catholicism，天主教的教义：对自由意志和得救预定论的争论导致了分裂，169；民众诉求的方式，182-183；虔诚主义再兴，183-184；与宗教分歧，201；对戏剧的态度，241，256；与经济成功，436

　　在美洲，262，680

　　在亚洲，262，667-670

　　在英格兰，106，264，536，553-554，565

　　在帝国，513-514，520

　　在德意志，见德意志，宗教争论；三十年战争，与宗教争论

　　在爱尔兰，565，583

　　在尼德兰，荷兰，372，380

　　在尼德兰，西班牙的，371

　　在波兰，35，589-590

　　在西班牙，265，436-437

　　又见 Counter-Reformation; Dominicans; Franciscans; Society of Jesus

Catholic League，天主教同盟，278，306

　　巴伐利亚的马克西米连一世创建（1609年），267，290

　　财政状况（1613年），288，291

　　武器和组织，289，291

　　与萨克森选帝侯，291

　　重建，291；乌尔姆条约（1620年）

与天主教联盟，313；牟罗兹协议（1620年），318；它的军队是斐迪南二世权力的基础；制服奥地利的反哈布斯堡力量，314；白山战斗中打败波希米亚人（1621年），314-315；与归还教产敕令（1629年），327；与瑞典战争，335

Cats，卡茨，雅各布，（1619—1794年的）荷兰共和国执政，375

Catskill Mountains，卡茨基尔山，675，677

Cattaro，卡塔罗，639

Cattle trade，牛只贸易，见牛贸易

Caucasus，高加索，626

Caussin，科森，尼古拉斯，耶稣会士，路易十三的听忏悔的神父；被流放（1637年），492

Cavalieri，卡瓦列里，博纳文图拉，耶稣会士，133，137，141

　　研究无穷小问题，151

Cavendish，卡文迪什，威廉，见纽卡斯尔、威廉·卡文迪什，公爵

Cayenne，卡宴，圭亚那，被西班牙人捣毁的荷兰殖民地，705

Ceará，塞阿拉，巴西，714

Cecil，塞西尔，爱德华爵士，见温布尔登、爱德华·塞西尔爵士、子爵

Cecil，塞西尔，罗伯特，见索尔兹伯里、罗伯特·塞西尔，首任伯爵

Celebes Islands，西里伯斯群岛

　　荷兰人支持反葡萄牙攻击（约1600—1610年），648

　　又见 Macassar

Cellorigo，塞略里戈，贡萨莱斯·德，436

Ceram，斯兰，摩鹿加群岛，荷兰人镇压反叛（1621年），651；与之进行贸易和来自望加锡的支持，652

Cerdagne，塞达涅，被康蒂占领（1654年），426；比利牛斯条约（1659年），428

Cernin，塞尔宁，被处死（1621年），518

Cernin，塞尔宁，胡姆普雷希特，表达波希米亚人的思想感情（1679年），527

Cervantes，塞万提斯，米格尔·德，小说家、剧作家，7

Cesi，塞西，费德里戈，公爵，成立山猫学会，140

Céspedes Jeria，塞斯佩德斯·赫里亚，路易斯·德，巴拉圭总督，任命（1628年）712；与耶稣会传教团，712

Cevennes，塞文，新教徒反叛，485

Ceylon，锡兰
葡萄牙人的殖民活动，644-645，666；土地登记，664；肉桂垄断，665；传教团到锡兰，669；攻打康提和失败的原因，666；让给荷兰（1656年），434，666

荷兰：攻打（1611—1628年），669；（1637年），666；征服（1656年），434，666；力图使其重新皈依，669

又见 Gannoruwa；Kandy；Negombo；Trincomalee

Chaco，查科，南美，711

Chalais，夏莱，亨利·德·塔列兰，公爵，处死（1626年），485

Challons，查伦斯，亨利，到普利茅斯考察（1606年），673；被俘，673

Champagne，香巴尼，486，497
征税，56-57；行政管理（1650年），498

Champlain，尚普兰，湖，676

Champlain，尚普兰，萨米尔·德，皇家地理学家、勘探者，王室支持的事业，697；在缅因和阿卡迪亚勘探，676；溯圣劳伦斯河而上，676；在魁北克建堡垒（1608年），676；溯渥太华河而上进行勘探，697-698；与休伦人的关系，676，698；和阿尔贡金人的关系，676，697；和易洛魁人的关系，676，691，698；组成孔代的公司的下属公司（1614年），698；魁北克总督，698；被柯克生擒（1629年），698；官复原职（1632年），698

Chanut，夏尼，皮埃尔，法国使节，在荷兰尼德兰（1653年），423

Charcas，查尔卡斯，检审庭，调查耶稣会士的活动（1657年），713

Charles V，查理五世，皇帝（卡洛斯一世，西班牙国王），34，202，360，371，441
与贵族，443

Charles I，查理一世，英国国王，36，240，413，422
活动，559-560
资助戏剧，249，256；保护芭蕾，251；保护假面剧，251，253-254
殖民地：新苏格兰公司，697-698；西印度群岛，702
财政：38，553-561，568-569，

679；造船费，125，563－564，569，571

外交：556，561；与荷兰结盟（南安普敦条约）(1625年)，692；与西班牙联姻提议，319，551；与亨丽埃塔·玛丽亚联姻（1624年），319，553；反哈布斯堡王朝政策，319－320；海牙条约（1625年），322；答应派军队支持克里斯蒂安四世，322，325；对法国宣战（1627年），554

议会限制关税至一年（1625年），553；与1626年议会，554；宪法僵局，554－555；1626年强制借贷和五骑士案，555；权利请愿书（1628年）和宗教问题，556－559；拒绝议会解决宗教问题的要求，558；对议会说一不二，559；使用特权，560－561；为专卖条例辩护，561；试图解决公众不满问题，561－562；与土地法、人口减少委员会和森林法，562－563；试图宗教一统，563－564；朝廷对天主教徒温和，565；在苏格兰的统治，566－568；与苏格兰开战（1638年），568；同意和解（贝里克和约，1639年），568；短议会和造船费问题和宗教至上（1640年），568－569；召集会议和供应表决，569；苏格兰人入侵，和贵族会议（1640年），569；与指控斯特拉福德，570；被长议会剥夺的权利（1640—1641年），570－571；会议外进行劝告，571；在苏格兰寻找盟友（1641年），572；在爱尔兰的"老英格兰人"支持查理，572－573；与大抗议书（1641年），126，573；试图逮捕皮姆和其他议员（1642年），573；逃至乡间（1642年），573；让主教退出议会，573；与国民军，573；相信至高无上和不可解除的特权，573；议会和法律（1642年），128；内战的支持者，573－575；战争行为，220，577－578；被军队拘捕，580；提案要点（1647年），580；与苏格兰人谈判，580；军队施压强烈要求审判，580；被处决（1649年），581；他被处死的理由，127

Charles Ⅱ，查理二世，英国国王，582

被宣告为国王（1660年），424

来自西班牙的援助，424；与法国的关系，424－425；王室联姻建议，425；与布拉干萨的卡塔利娜结婚，425；出卖敦刻尔克（1662年），425

Charles Ⅶ，查理七世，法国国王，202

Charles Ⅰ，卡洛斯一世，西班牙国王，见查理五世，皇帝

Charles Ⅸ，查理九世，瑞典国王，试图进行军队改革，217；宪法斗争，397

与波兰，西吉斯蒙德三世反对他登基为国王，385，594；反对波兰对俄国的要求（1605—1610年），386，388；利沃尼亚战争，386

与俄国：俄国皇位继承问题，386，388；与瓦西里·舒伊斯基结盟

(1605年),594;他儿子查理·菲利普是沙皇皇位的候选人,388

Charles X,查理十世,古斯塔夫,瑞典国王

登基(1654年),429,598

统治特点,403,410

成就,396,403

外交政策:在波罗的海地区,231,429,433

与丹麦:包围哥本哈根(1658年),430;拒绝荷兰仲裁,431

与波兰:约翰·卡西米尔反对登基(1654年),429;入侵波兰(1655年),429;约翰·卡西米尔逃跑,429;波兰反叛,429;勃兰登堡加入(1656年),429;拉科齐加入(1656年),430

与莱茵同盟,420

与特兰西尔瓦尼亚,拉科齐加入(1656年),430

联手反对(1658年),409

Charles XI,查理十一世,瑞典国王,404

Charles di Gonzaga,查理·迪·贡萨加,见内弗尔斯,查理·迪·贡萨加,公爵

Charles,查理,南曼兰公爵,见查理九世,瑞典国王

Charles Emmanuel I,查尔斯·埃马努埃尔一世,萨伏伊公爵,参见萨伏伊,查尔斯·埃马努埃尔一世,公爵

Charles Emmanuel II,查尔斯·埃马努埃尔二世,萨伏伊公爵,参见萨伏伊,查尔斯·埃马努埃尔二世,公爵

Charles Ferdinand University,查理·斐迪南大学,波希米亚,521,524

Charles Lewis,查理·刘易斯,与海尔布龙同盟(1633年),341;与布拉格和约(1635年),345;与威斯特伐利亚和约(1648年),356

Charles Philip,查理·菲利普,瑞典亲王,南曼兰公爵,与俄国沙皇皇位,388,602,604

Charles river,查尔斯河,新英格兰,683

Charlestown,查尔斯敦,弗吉尼亚,与新阿姆斯特丹贸易,696

Charnace,夏尔纳塞,埃居尔-吉拉德,男爵,法国使臣,波兰与瑞典之间的调停人(1629年),328

Charron,沙朗,皮埃尔,他的《论智慧》(1601年),199

Chastelet,夏斯特莱,埃·迪,捍卫国王政策,491

Chateau-Gontier,夏托-贡迪埃,亚麻和亚麻布业,477

Chateauneuf,夏托纳夫,夏尔·多贝斯皮恩,侯爵,反战观,415

Chaunu,肖努,H.和皮埃尔,合著作者,《塞维利亚与大西洋,1504—1650》,90注

Chaunu,肖努,皮埃尔,经济理论,10,11,12,13;西班牙贸易研究,79;评西班牙传教热,667

Chavigny,夏维涅,莱翁·勒·布蒂利埃,伯爵,国务秘书(约1640年),493;被任命为摄政委员会成员(1643年),493

Cheb，歇布，参见 Eger

Chemistry，化学，159
　教学和发展，136 – 137

Chemnitz，歇姆尼茨，P.，参见 Lapide Hippolitusa，pseud

Chemnitz，开姆尼茨，战役（1639 年），与班内尔，349，401

Cherasco，凯拉斯科，条约（1631 年），43，329，333，335，428

Chernigov，切尔尼可夫，与西吉斯蒙德三世的目的，594；让给波兰（1619 年），595

Chesapeake Bay，切萨尼科湾，弗吉尼亚，679；B. 吉尔伯特在此（1603 年），673；C. 纽波特在此建詹姆斯敦（1607 年），673；弗吉尼亚公司勘察，677

Chester，切斯特，577

Chevreuse，舍弗勒斯，玛丽·德·罗昂，女公爵，密谋反对国王（1626 年），485；反战观，415；被流放（1626 年），485；密谋反对马萨林，494

Chezal-Benoit monastery，舍扎尔 – 伯努瓦修道院，492

Chiarelli，基亚雷利，兰伯托，"西班牙密谋"在他的《贝德马尔侯爵与他的密探们。威尼托 – 特伦托档案室》（1625 年）又论述，276 和注

Chigi，基季，法比奥，红衣主教，见亚历山大七世，教皇

Chihuahua，奇瓦瓦，墨西哥，畜牧业，721；银矿，722

Chile，智利，707 – 708
　军队，710；从西班牙和秘鲁招募，阿劳坎战争，709 – 711；代价，710 – 711；耶稣会建议安抚阿劳坎人（1611—1625 年），710
　印第安人口减少，717；拥有的土地缩减，720
　委托监护制，717
　土地测量（1604 年），720
　欧洲人地产增多，720
　养牛业，720
　奴隶贸易，710；小麦，724
　又见比奥 – 比奥河、圣地亚哥

Chiliasm，千禧年主义，起源和传播，173 – 174，194，201

Chillingworth，奇林沃思，威廉，192；信仰，198

China，中国，487，616
　政府，30 – 32；地方政府，32 – 33
　植物采集，164
　文明和哲学，5，33 – 34
　耶稣会传教团，667 – 668
　社会流动，30 – 31
　贸易：用西班牙硬币支付，79；用金、银条支付，660 和注；瓷器，649，670；胡椒，649，654；；丝绸，652，662，670，724；蔗糖，670；与亚洲，649；班塔姆，653 – 654；马辰，654；格里塞，652；占碑，654；亚帕拉，654；尼德兰，荷兰，654，658 – 659，662，671；俄国，6；西班牙，670；西班牙美洲，724
　又见 Canton；Peking；Pescadores

Chincheo，泉州，拒绝荷兰人的贸易要求，658

Chioggia，基奥贾，瘟疫，76

Chios, 希俄斯, 639, 641

Chocim (Khotin), 霍奇姆（霍廷），战役（1621 年），41, 597, 609, 636

Christendom, 基督教世界、基督教徒, 5

Christensen, 克里斯滕森, 阿克塞尔, 评论波罗的海小麦贸易统计数字, 92

Christian Ⅰ, 克里斯蒂安一世, 参见 Anhalt-Bernburg, prince christian Ⅰ of

Christian Ⅳ, 克里斯蒂安四世, 丹麦国王, 霍尔斯泰因公爵, 313, 355, 405

 性格和能力, 320-321

 宫廷, 393

 与对波罗的海的控制, 306, 322, 391

 与丹麦松德海峡, 387, 395

 与德意志新教徒, 389; 又见克里斯蒂安四世和下萨克森战争

 与下萨克森战争: 德意志的新教主教辖区, 318, 321, 389; 地位不稳, 322; 与英国结盟, 321, 322; 参战, 321-322; 海牙同盟（1625 年）, 391; 海牙条约（1625 年）, 322; 当选为下萨克森地区的首领（1626 年）, 322, 391; 撤退至凡尔登, 323; 兵败卢特（1626 年）, 324, 391; 1627 年的形势, 324-325, 391; 兵败海里根哈芬（1627 年）, 325; 被占领的地方, 325, 391; 逃至霍尔斯泰因和菲英岛, 325; 与古斯塔夫·阿道夫结盟（1628 年）, 326, 391; 兵败波美拉尼亚, 326; 吕贝克和约（1629 年）, 326, 391; 抛弃德意志新教徒, 393

 与瑞典（和古斯塔夫·阿道夫）: 商人在瑞典, 387; 对瑞典宣战（1611 年）, 388; 卡尔马战争（1611—1613 年）, 389; 内雷德和约, 389-390; 瑞典夺取里加的意义（1621 年）, 390; 1624 年危机, 390; 国王的个人对立行为, 291; 联盟（1628 年）, 391; 抛弃瑞典（1629 年）, 391; 瑞典入侵德意志, 399; 调解德意志战争, (400), 402; 计划反瑞同盟（约 1639 年）, 402; 庇护女王克里斯蒂娜, 402; 收费政策激怒瑞典, 402; 帮助不满的瑞典军官, 402; 布伦塞布罗和约（1645 年）, 403, 429-430

Christian of Brunswick, 不伦瑞克的克里斯蒂安, 见不伦瑞克-沃尔芬比特尔, 克里斯蒂安, 公爵

Christianity, 基督教, 反基督教运动, 在日本, 659

Christina, 克里斯蒂娜, 瑞典女王, 182, 433

 采用极权主义理论, 123; 成功登基（1632 年）, 341; 联姻建议, 399

 与奥斯纳布吕克和谈, 407; 成为帝国成员（1648 年）, 408; 不来梅和凡尔登主教辖区, 408; 亲哈布斯堡政策（17 世纪 50 年代）, 408-409

 退位（1654 年）, 429

Christina, 克里斯蒂娜, 古斯塔夫·

阿道夫二世的遗孀，瑞典国王，逃亡丹麦（1640年），402

Christina of France，法国的克里斯蒂娜，皮德蒙特女公爵，后为萨伏伊女公爵，427

Christopher，克里斯托弗，符登堡公爵，见符登堡，克里斯托弗，公爵

Church of England，英国教会，支持王权，125；礼拜仪式的复兴，192；威斯敏斯特的神学家们反对"圣约"理论，193；宽容，198

Churchyard，丘奇亚德，托马斯，作家，211

Cicero，西塞罗，479；《论职责》，28

Cicognini，奇科尼尼，贾钦托·安德雷亚，意大利剧作家，258

Cinq-Mars，森马尔，亨利·夸菲埃·德·鲁泽侯爵，493；被处决（1642年），493

Citeaux，熙笃，修道院，492

Clapmarius，克拉普马里乌斯，他的《秘事揭露六书》（1605年），116

Clarendon，克拉伦登，爱德华·海德，首任伯爵，559
  与内战，574－575

Claris，克拉里斯，保，与法国接触（1640年），469

Clement Ⅷ，克雷芒八世，教皇，西班牙控制，262；转向法国，262－263

Clergy，牧师，地位下降，172；物质状况，172－173，535；教育，535；反教权主义，536

Clermont，克莱蒙，征税，476

Clermont，见巴尔和克莱蒙，公国

Cleves，克莱费斯，军队驻扎，209

Cleves，克莱费斯，见克莱弗斯－于利希

Cloth industry，布业，王国政府布业委员会，562

Clubmen，持棍棒作武器的人们，577－578

Cluny，克吕尼，修道院，492

Coahuila，科阿韦拉，墨西哥，畜牧业，721

Coal indstry，煤炭业，见工业、金属和采矿业

Coblenz，科布伦茨，特里尔条约（1632年），335

Coburg，科堡，战争致使人口减少，77

Cocceius，柯塞尤，约翰，神学家，193

Cochin，科钦，马拉巴尔，葡萄牙贸易，644，646

Cockayne，科凯因，威廉，郡长，他的布匹加工计划（1614年），94，547－548

Cockpit theatre，科克皮特剧院，242

Cocq，科格，班宁，致富，366

Coddington，科丁顿，威廉，商人，离开波士顿，687；在朴次矛斯（1639年），687；建立纽波特（1639年），687

Coen，科恩，扬·皮特斯，荷兰东印度公司主管
  建筑防御工事以保卫雅加达，649；英国人的航线（约1615—1621年），650－651；对英荷协定的态度（约1620年），651；征服班达和鲁恩群岛，651；垄断政策，651；

索　引　779

奴隶政策，651；在巴塔姆的暴行，654；占碑和贾帕拉（1617—1620年），654；目的是建立荷兰贸易帝国，658 - 659；回尼德兰（1623年）；试图与中国建立贸易关系，658 - 659；视捍卫实力政策为权利，671

Coimbra，科英布拉，大学，新托马斯主义中心，105

Coke，柯克，克莱门特，559

Coke，柯克，爱德华爵士，法官和法律著作家，阐释"基本法"，126；与星室法庭，538；与普通法，539 - 540；支持科凯因的计划（1614年），548；改革计划，548；与财务主管职位，549；与培根，549 - 550；被排除出1626年议会，554

Colbert，柯尔贝尔，让 - 巴蒂斯塔，塞涅莱侯爵，500

成立王家科学院（1666），142；旨在加强海军力量，237；波罗的海贸易，433

Coliseo de las Comédias，喜剧大剧场，剧院，251

College de France，法兰西公学，132，137

College of Barber Surgeons，理发师外科医师学院，138

College of the Propaganda of the Faith，信仰宣传学院，与乌尔班八世，186

Colloredo family，科洛雷多，525

Colmar，科尔马尔，与天主教，521

Cologne，科隆，与尼德兰贸易，299

Cologne，（科隆）大主教，对哈尔伯斯塔特提出要求，327；试图在法国与西班牙之间进行调解，420

Cologne，科隆，巴伐利亚的斐迪南，（科隆）选帝侯；与马克西米连一世，317

Cologne，科隆，马克西米连·亨利，希尔德斯海姆和列日主教，（科隆）选帝侯，签署法兰克福条约（1658年），421

Coloma，科洛马，卡洛斯，康布雷省长，军事著作，211；对尼德兰的看法（1620年），280 - 281

Colonization，开拓殖民地，刺激经济发展，12

Columbus，哥伦布，克里斯多弗，67

Commedia dell' Arte，（意大利）即兴喜剧，对外国戏剧的影响，239 - 240，250

Comédiens du Roi，国王的喜剧演员，243

Comenius，夸美纽斯，约翰·阿莫斯，波希米亚领袖，政治理论，34；全知运动，142；访问英国，571；使犹太人改宗计划和教育计划，571 - 572；流亡在外，523；反对威斯特伐利亚和约，523

Committee of Both Kingdoms，两王国委员会，578

Como，科莫，纺织业衰落，94

Compagnie de la Nouvelle France（Compagnie des Cents Associés），新法兰西公司（百名合伙人公司），黎塞留组建（1627年），698；控制着加拿大的土地和贸易，698；遭到法属加拿大商人的反对，698；将毛皮贸易转包给殖民者公司，700

Compagnie de Montmorenci，蒙莫朗西公司，特许状，698；将加拿大毛皮特许状卖给威廉·德·卡恩，698

Compagnie de St Christophe，圣克里斯多弗公司，组建和宗旨（1626年），703

Compagnie des Cents Associés，百名伙人公司，见新法兰西公司

Compagnie des Habitants，殖民者公司，加拿大，组建（1645年），700；自治政府（1647年），700；委员会包括魁北克、蒙特利尔和三河城（1648年），700

Compagnie des Isles d'Amèrique，美洲群岛公司，授予圣克里斯多弗，703；黎塞留鼓励殖民背风群岛，703；对德普旺斯有不同意见，703；解散（1647年），703

Company of the Blessed Sacrament，圣餐会，492

救济工作，499

遭指责（1660年），501

Compiegne，孔皮埃尼，与韦尔特，347

Compiègne，孔皮埃尼，条约（1635年），346

Concini，孔奇尼，孔奇诺，见安克雷

Concordance，协同书，169，171

Condé，孔代，克莱尔－克莱芒斯·德·布雷泽，亲王，与亨利四世，267；与投石党运动（1650年），498

Condé，孔代，亨利·德·波旁，亲王参加亲王反叛（1615年），481－482；卢登和约（1616年），482；监禁，482；吕伊内，483；为路易十三服务，484；支持黎塞留（1626年），485

组建公司支持尚普兰和勘察加拿大，697；撤销特许状（1620年），698

Condé，孔代，路易二世·德·波旁，昂吉安公爵，亲王，117

婚姻，493

摄政时期成为枢密院主席（1643年），493

驻德法军司令，348；1645—1648年诸战役，351－352；包围莱里达（1645—1646年），414；占领敦刻尔克（1646年），413；与投石党运动（1648—1653年），55，423，497－499；朗斯胜利（1648年），413，497；与克伦威尔谈判，426；马德里会谈（1651年），427，498；罗克鲁瓦胜利（1655年），351；阿拉斯胜利（1654年），426；包围瓦朗西安（1656年），427；迪恩斯战役（1658年），424；比利牛斯条约（1659年），428

与农民，57

Confessio Gallicana（1559），法国信仰声明（1559年），176

Conflans，孔夫朗，被康蒂占领（1654年），426

Confucianism，儒学，34

Confucius，孔子，5

Congregatio de Propaganda Fide，天主教传教会，1622年成立，638

Congreve，康格里夫，威廉（1670—1729年），戏剧家，他的观众，247

Connaught，康诺特，大种植园，565

Connecticut,康涅狄格
  农业,688
  建立,688;来自缅因的殖民者,689;荷兰人的殖民活动,690
  临时政府(1637年)688;基本法(1639年),688;政府,688;国外特许状(1662年),690
  马萨诸塞要求拥有其间的城镇,688;兼并纽黑文(1662年),690;与新尼德兰的关系,694
  与印第安人的关系,688-690
  宗教,688
  贸易,688
  又见 Fort Good Hope; Greenwich; Guiford; Hartford; New Haven; Roxbury; Wethersfield; Windsor
Connecticut river,康涅狄格河,688,691-693
Conring,孔林格,埃尔曼,笔名沃斯京格,海因里希,法学家,关于皇权的理论,110;维护以国家利益为重的理由,116;论以国家利益为重的理由文章,116
Constantine,君士坦丁,赠礼,108
Constantinople,君士坦丁堡,650,653;又见伊斯坦布尔
Constantinople,君士坦丁堡,牧首,与波兰正教,591
Contarini,孔塔里尼,阿尔维塞,教皇的代表,在明斯特,352;对穆拉德四世的评价,634-635
Conti,孔蒂,阿尔曼·德·波旁,亲王,与投石党运动,498;被捕(1650年),498;在加泰罗尼亚(1654年),426

Coornaert,科尔纳埃特,E.,他的《洪德舒特的制呢—毛织业(14—17世纪)》,95
Copenhagen,哥本哈根,瑞典出征(1658年),430
Copenhagen,哥本哈根,条约(1660年),431,501
Copenhagen,哥本哈根,大学,解剖学,136
Copernicus,哥白尼,尼古拉斯,131,172
  哥白尼假说,137;天文学理论,138-139,154;他的《天体运行论》被列为禁书(1616年),139,154;他的宇宙论,140,150,152
Copper industry,铜业,见工业、金属和采矿业
Corbie,科尔比,被夺取(1636年),347-348
Cordoba,科尔多瓦,贡萨莱斯·德,西班牙将军,在维姆芬获胜(1622年),316
Corneille,高乃依,皮埃尔,7,123,243-245,255,259,413,500
  他的《熙德》,239;和《撒谎者》,240;对戏剧规则的态度,258;他的《西拿》,258;他的《波里耶克特》,258
Cornet,科尔内,尼古拉,与詹森主义,501
Cornwall,康沃尔,577
  对内战的态度,574
Coromandel,科罗曼德尔
  派来的荷兰代理商(1605年),656,企图垄断棉花贸易,657,用

香料支付购买棉花，658；丹麦人在此与荷兰人竞争，658；英国人稳定从事棉花贸易，660 - 661，其发展，661 - 662

贸易：布匹，649，656 - 658，660 - 661；靛蓝，661

又见 Gingi；Masulipatam；Negapatam；Petapoli；Tanjore

Corpus Christi College, 圣体学院，牛津大学，138

Corpus Christi plays (autos sacramentales)，宗教寓言短剧，239，247

Corral de la Cruz theatre, 十字剧场，242

Corsica, 科西嘉，反热那亚叛乱，261

Corunna, 科伦纳，送70艘舰船至唐斯战斗，230

Cortizos family, 科蒂索斯家族，犹太商人，58

Coryat, 科里埃特，托马斯，旅行家，记述的法兰克福集市，292

Coryton, 科里顿，威廉，对王权的态度，125；与白金汉，553

Cosmology, 宇宙论，教学和发展，152，154 - 155，164

Cossacks, 哥萨克人，是波兰军队的一个组成部分，223

Cossacks, 哥萨克人，第聂伯和扎波罗格

移居波兰东南部地区，596；扎波罗格人赢得独立，596；攻击鞑靼人和土耳其人（1613—1629年），596 - 597，636；霍奇姆战役（1621年），41，597，636；反叛（1625年、1630年、1637—1638年），597 - 598；支持波兰反对俄国（1633年），610；波兰人移居活动（1638—1648年），598；骚乱的原因，598；起义（1648年和1651年），429，595，598

与（东）正教，591，598，609；反对与天主教徒结盟，592

Cossacks, 哥萨克人，顿河

顿河畔自由的武装集群，612；与"动乱时期"，602，604 - 605，612；与俄国的关系，612；攻击土耳其，612；袭击鞑靼人，611 - 612；占领亚速（1637年），612；受土耳其人攻击（1641年），612；俄国下令撤出亚速（1642年），613；土耳其人进行报复，613

扩张进西伯利亚（17世纪20年代），663

Coton, 科顿，耶稣会士，亨利四世的听忏悔神父，受西班牙驻法国大使保护，268；秘密委员会成员，481

Cottington, 科廷顿，弗朗西斯，男爵，569

Cotton, 科顿，约翰，在马萨诸塞的影响，685

Council for New England, 新英格兰议会，682，693；组建和成员（1620年），681；领土面积，681，691；分配土地，681，683，688；与约翰·恩迪科特（1628年），683；马萨诸塞

提出要求（1639年），685

Council of the Marches, 边境管理委员会，538，546，562

Council of the North, 北方管理委员会，

538，557，562，571
Council of War（England），军事会议（英格兰），577
Counter-Reformation，反宗教改革运动
　明显的胜利，34 – 35
　古斯塔夫·阿道夫与（反宗教改革运动），390
　在：奥地利，35，520 – 521；巴伐利亚，514；波希米亚，35，308，514，520 – 521，524，527；帝国，514，527；佛兰德（斯），271；德意志，35；匈牙利，35，521；意大利，271，273；尼德兰，西班牙的，371；波兰，35，589 – 590；施蒂利亚，514，637 – 638
Counter-Remonstrants，反抗议者，见戈马尔派
Courteen，科尔廷，威廉爵士
　殖民巴巴多斯（1625 年），702；与佩姆布罗克，702
　"科尔廷协会"（阿萨达协会）与英国东印度公司竞争，664
Courteen Association，科尔廷协会，见阿萨达协会
Court of Admiralty，海事法庭，538
Court of Chancery，大法官法庭，538，546，581 – 582
Court of High Commission，高级专员公署法庭，538，544，546，564，566，571
Court of Requests，求援法庭，538
Couto，科托，迪奥戈·德，历史学家，671
Coventry，考文垂，库珀勋爵，702
Courmenin，库尔曼南·德，贸易使团（1626—1628 年），486 – 487
Courtrai，卡尔特雷，亚麻和亚麻丝业，477
Cowley，考利，亚伯拉罕（1618—1667 年），诗人，建议成立科学机构，142
Cracow，克拉科夫，86
　俄瑞征战，（1655 年），429；反新教声明书，589
Cracow，克拉科夫，大学，593
Crammaing，克拉曼，伯爵，被监禁，491
Cranfield，克兰菲尔德，莱昂内尔，参见 Middlesek, Lionel Cranfield, earl of
Creighton，克莱顿，查尔斯，对瘟疫的评论，75
Cremona，克雷莫纳，瘟疫，76
Cremonini，克雷莫尼尼，切萨尔，教授自然哲学，199
Creoles，克里奥约人，715 – 716
Crete，克里特，雇佣兵，638；威尼斯的统治，640；土耳其—威尼斯战争，和（1645—1669 年），15，231 – 233，261，432，638 – 642；让与奥斯曼土耳其人（1669 年），639，642
Crew (Crewe)，克鲁，伦道夫爵士，首席法官，被解职，555
Crimea，克里米亚，哥萨克人攻打之，597
Crisp，克里斯普，尼古拉斯爵士，鼓励发明者，166
Croat language，克罗地亚语，508
Croatia，克罗地亚，503

Croats，克罗地亚人，509
Cromwell，克伦威尔，奥利弗，护国公，35，102，413，434
　目的，581
　对军队的影响，220；是陆军中将，221
　在财产权问题上反对平等派，129；内战原因，573；法律改革，581－582；与国会的关系，581－582；宗教和解，582；贸易管理，582；苏格兰和爱尔兰问题的解决，583－584
　外交政策：迫使葡萄牙授予英国商人特权，234；是欧洲新教的捍卫者，423；建议成立英荷共和国，423－424；与马萨林，422－424；与孔代，426
　去世（1658年），424，434；和对宗教和解的影响，582
Cromwell，克伦威尔，理查德，434
　与法国结盟，424
Crowne, William，克洛恩，威廉，关于德意志遭到破坏状况的报告（1635年），345－346
Crown Tribunal for the Kingdom of Poland，波兰王国的"王国法庭"，1578年成立，586
Cuba，古巴，畜牧业，720
Curacao，库拉索，小安的列斯群岛，695，702；荷兰殖民地（1634年），705；西班牙失去控制，714
Curanilahué，库拉尼拉韦，战斗（1661年），711
Cuvelier，居弗里埃，J.，《西班牙王室关于低地国家事务信函集，1598—1700年》，282和注

Cyprus，塞浦路斯，受土耳其人攻打，261
Czech language，捷克语，508－509，527
Czechs，捷克人，见波希米亚

Dale，戴尔，托马斯爵士，代理总督，弗吉尼亚，将弗吉尼亚法律编集成典（"戴尔法"），674
Dale's Laws，戴尔法，674，677
d'Alesio，达莱西奥，巴勒莫群众起义领袖，52
d'Aligre，达利格尔，法国掌玺官，484
　和平政策，485
Dalmatia，达尔马提亚，与土耳其—威尼斯战争（1645—1669年），640－641
Damão (Damaun) Maratha，达曼马拉地人，与葡萄牙殖民地，644；与要塞，657注
Damascus，大马士革，632
Danish Company，丹麦公司，设在望加锡（1616年），652；望加锡与特兰奎巴尔之间的贸易，652，664；与欧洲的丁香贸易，652；在科罗曼德尔与荷兰人竞争，658
Danse family，当斯家族，478
Danube river，多瑙河，503，626，628，636－637
Danzig，但泽，600
　修筑防御工事，222
　商船队衰落，234
　价格趋势，62；避免经济衰退，86；海事保险费率，89；16世纪末和17世纪初的繁荣，301，304；维斯瓦

索 引

河的经济重要性，302
其间的新教徒，589
与汉萨同盟，299，302
与瑞典：攻击，393；停战（1629年），393；支付通行费，393；关于通行费条约，395
贸易：（伦敦），东印度公司与胡椒贸易，653；与意大利（1600—1618年），301，303；和波兰，589；和西班牙（1600—1618年），300

Dardanelles，达达尼尔海峡，与土耳其—威尼斯战争（1645—1669年），641；战斗（1656年），641

Dartmouth，达特茅斯，675

Da'ud Pasha，达乌德帕夏，大维齐尔，成为维齐尔（1622年），624；下令绞死奥斯曼二世（1622年），614；去世（1623年），624

Daughters of Charity，仁爱修女会，法国，成立（1629年），184；救济工作（1653年），499

Dauphiné，多菲内，500
反征税暴动（1644年），494；价格趋势，88

d'Avaugour，达沃古尔，法国使臣，瑞典与波兰之间的调停人（1655年），430

Davenant，戴夫南特，威廉（·戴夫南特）爵士，诗人和剧作家，252
他的《胜利的英国》（1638年），253；他的《苦涩的战利品》（1640年），253-254；他的《围攻罗德岛》，256；对歌剧和戏剧的贡献，256

Davenport，达文波特，约翰，率领移民到波士顿（1637年），690；建立纽黑文（1638年），690

Davies，达维埃，约翰爵士，他的《法律案件和问题最早的报告》（1615年），126；支持国王拥有特权，125-126

Davis，戴维斯，H. T.，价格研究，89

Debtors，债务人，在英国，539，562

Debtors，债务人，贫困债务人事务委员会，562

Decapole，"十中心"城市，与威斯特伐利亚和约，353

Deccan，德干高原，莫卧儿帝国攻打，645

Deism，自然神论，173

Dekker，德克，托马斯，戏剧家，他的《鸥鸟集》（1609年），245；他的《鞋匠的节日》（1600年），256

de la Boe，德·拉波厄，弗朗索瓦（西尔维乌斯），对生理学的贡献，162

de la Camera，德·拉卡梅拉，纪廉，信奉西班牙帝国，34

de la Gardie，德·拉加迪，雅各布，将军，主管古斯塔夫·阿道夫的军事教育，217

de la Potherye，德·拉·波特里，钦差，495

de la Rochefoucauld，德·拉罗什富科，多米尼克，红衣主教，484

de la Trémoille，德·拉特雷莫伊，公爵，离开胡格诺派（1627年），487

de la Vega，德·拉维加，他的《乱中之乱》（1688年），100

de la Vega，德·拉维加，拉索，智利

总督，重新规定男丁服兵役的制度（1630年），710；打败阿劳坎人，710

Delaware river，特拉华河，675，691－693，699

Delaware，特拉华，托马斯·韦斯特，勋爵，弗吉尼亚总督，任命（1609年），674；到弗吉尼亚考察（1609—1611年），674

Delft Bank founded（1621），代尔夫特银行开设（1621年），84，366；与东印度公司，647

della Porta，德拉·波尔特，吉安巴蒂斯塔，140
他的《魔术》（1558年），165

della Torre，德拉·托雷·R.，他的《国家星盘》（1647年），117

delos Rios，德·洛斯·里奥斯，古铁雷斯，贵族理论，21

Democritus，德谟克利特，144

Denia，德尼亚，侯爵，见莱尔马，弗朗索瓦·德，侯爵

Denmark，丹麦
1610年财政状况，37；松德海峡通行费，395，402－403，429；其政治和经济意义，387；征税，44
外交政策：三十年战争（1642—1648年）中充当调解人，350
与英国：海牙条约（1625年），322；反瑞会谈（1639年），402
与法国：同盟条约（1645年），405
与汉堡，302
与反哈布斯堡联盟（1624—1625年），320
与下萨克森战争：海牙同盟与克里斯蒂安四世，391；海牙条约（1625年），322；参战，323；兵败卢特（1626年），324；和海利根哈芬，325；包围施特拉尔松，326，391（1628年）；军队被华伦斯坦摧毁，326；吕贝克和约（1629年），391

与尼德兰：荷兰，松德海峡通行费，402－403；1647年条约，406；同盟条约（1649年），406；补偿条约（1649年）及其经济和政治意义，406；废除条约（1653年），406；威斯特伐利亚和约签署时（1648年）受荷兰尼德兰的支持，406

与瑞典（和古斯塔夫·阿道夫）：争霸波罗的海，322，326，391－392；和新教联盟（1625年），391；与之比较，393－394；关系（1600—1611年），386－387；宣战（1611年），388；卡尔马战争（1611—1613年），389，409；内雷德停战协定，389；反丹麦情绪，389；1624年协议，390；1643—1645年战争：352，原因，402－403，布伦塞布罗和约（1645年）及其意义，403，405，429－430；瑞典的获益（1648年）威胁着丹麦，408；贸易关系（1645年之后），404；围困哥本哈根（1658年1月），430；勒斯基尔德条约（1658年），430；包围哥本哈根（1658年7月），430；荷兰的援助，430；哥本哈根条约（1660年），431
波罗的海地区海军强国，231，

387，404
贵族，398；特权，27；战争对其影响，59
农民，298
宗教宽容，201
在亚洲的贸易，651
又见 Christian Ⅳ
Dering，代林，爱德华爵士，574
Dermer，德默，托马斯，宣称曼哈顿是英国的（1620年），691
Dernis，德尔尼斯，640
Desargues，德扎尔格，热拉尔，建筑师和工程师，132，141，152
Descartes，笛卡尔，勒内，7，123，131，133，143，145
Descartes，笛卡尔，勒内
是发明家，2；神学上的颠覆，137，139；举行科学会议，141；乐观主义，145-146；机械模型，146；他的哲学原理（1644年），147，155；对关于运动中物质的理论的贡献，147-148；假设方法，148；与数学，150；他的《几何学》，152；《世界》（1664年）对物理学的贡献与哲学原理，152-153；使机械哲学体系化，155-156；《屈光学》（1637年）和《大气现象》对光学的贡献，157，163；他的《论方法》，157；与声学，158；对磁学的贡献，159；血液循环理论，161和注；《论人》与动物机械活动模式，163；《论灵魂的激情》（1649年），163；进化理论，164
Desminières，德米尼埃尔，法国使节，在俄国，431

d'Esnambuc，戴斯南比克，702；与圣克里斯多弗公司（1626年），703；与英国瓜分圣克里斯多弗（1627年），703
Dessau Bridge，德绍大桥，战役（1626年），324
Deulino，多伊利诺停战协定（1619年），388，595-596，605，610
Devereux，德弗罗，上尉，杀害华伦斯坦，344
Devereux，德弗罗，罗伯特，见埃塞克斯，罗伯特·德弗罗，第二和第三代伯爵
d'Ewes，杜斯，西蒙兹爵士，与议会（1628—1629年），559
考虑移居新英格兰，559
对内战的态度，574
Dickinson，迪金森，他的关于《国王的权利》布道词（1619年），125
Dieman，迪门，安托尼·范，巴塔维亚总督，评论在亚洲的葡萄牙人，646；封锁果阿（1637年），666；攻击锡兰，666
Dieppe，迪耶普，纺织品贸易，477
Dietrichstein，迪特利希斯坦，红衣主教，成为摩拉维亚行政长官（1620年），518；镇压叛乱，518
Dietrichstein family，迪特利希斯坦，525
Digby，迪格比，约翰，见布里斯托尔，约翰·迪格比，第一代伯爵
Digges，迪吉斯，达德利爵士，法官，554，559
财产权理论，124；权利请愿书（1628年），556；关税建议，557

Dijon，第戎，食利者人数增加，65

Dilawar Pasha，迪拉瓦尔帕夏，大维齐尔，634
　　与1622年叛乱，624，629；建议改革和疏散军队，625-626，629；去世，（1622年），624-625，629

Dionysius，狄奥尼修斯，三位一体修道院院长，俄国，礼拜仪式改革，614-615

Disease in Europe，欧洲的疾病，75-77
详见under countries and towns

Diu Island，第乌岛，葡萄牙贸易，644；和堡垒，657注

Djanibek，吉尼贝克，克里米亚鞑靼人的可汗，与俄国的关系，611

Dnieper，第聂伯河，596

Dniester river，德涅斯特河，596-597

Dominica，多米尼克岛，背风群岛，703

Dominicans，多明我会修道士，521
在中国和菲律宾，668-669；谴责耶稣会士的入乡随俗之风，668

Donauwörth，多瑙沃尔特，与1608年事件，287-289，306；古斯塔夫·阿道夫在（那儿）（1631年），337

Donnersmarck，多内尔斯马克，拉萨鲁斯·冯，前称亨克尔，商人，经历，296

Dorchester，多切斯特，英格兰，商人移居塞勒姆，马萨诸塞，683；与新英格兰议会，683

Dorchester，多切斯特，新英格兰，693
　　建温莎，688
　　资助韦瑟斯菲尔德（1636—1637年），688

Dordrecht，多德雷赫特，教会会议，建多特，教会会议

Dorpat，多帕特，瓦利埃萨尔停战协定（1659年），431

Dorset，多塞特，577

Dorset，多西特，托马斯·萨科维尔，第一代伯爵，财政大臣，和王室消费，544

Dort（Dordrecht），多特（多德雷赫特），教会会议（1618年），123，178-180，374

Downing，唐宁，乔治爵士（1623？—1684年），士兵和政治家，旨在加强海军力量，237

Downs，唐斯，战役（1639年），227，229-230，349，402，471

Drake，德雷克，弗朗西斯爵士，船长，300，701

Drama，戏剧
　　男演员和女演员，流浪艺人，240，243，248；成为职业演员，240；社会地位，241
　　芭蕾，251
　　王室资助，241-242，248-251；及其目的，252-254
　　沿着民族路线发展，239
　　戏剧反映社会，259
　　被耶稣会士用于教育和宣传，243
　　用拉丁语，243
　　假面剧，251-253
　　歌剧，239，242，248，251-252
　　戏剧的发展要满足社会不同阶层的要求：法国的滑稽戏，255；风尚喜剧，256；田园剧，256；悲剧和喜

剧，256－257；西班牙宗教寓言短剧，239

剧作家，教育和报酬，257

剧本创作规则的发展，257－258

剧院观众，243－248，254－255；及其对戏剧演出的影响，255－257

巡回演出剧团的影响，240，243

在英国：莎士比亚，239；英国演员访问大陆，240，243；外国演员来访，240；伦敦私家和公共剧院，242－243；伦敦的观众，245－247，255－256；王室资助，249－250，及其目的，253－254；假面剧，251－253；风尚喜剧和复辟戏，255；田园剧，256；骑士剧，256

在法国：《熙德》（1637年）标志着新发展，239；法国演员访问尼德兰和伦敦，240；外国影响，240；剧院：巴黎影响，243，常驻和巡回剧团，243，观众，244－245，247；剧本创作：规则的发展，258，王室资助，248－249，及其目的，252－253；芭蕾，251；假面剧，252－253；滑稽戏，255

在讲德语的地区：三十年战争的不利影响，239；外国影响，240；缺少公共中心，242；模仿古代剧作家的校园戏剧，257；偏爱歌剧，248，252；观众，247－248；王室资助，251

在意大利：即兴喜剧在国外的影响，239；意大利演员在国外，242，243，248；歌剧创作，239；伊夫林的评述，242；发展及其在国外的影响，251－252；剧院和布景领先

欧洲，239，为王公贵族建造，241－242；王室资助，250－251

在尼德兰：外国的影响，240

在西班牙：洛佩·德·维加和卡尔德隆，239；宗教寓言短剧，239；喜剧对德意志和法国的影响，240；剧院，发展，243；西班牙演员在国外，240，243；观众，247

Drava，德拉瓦，503

Drebbel，德雷贝尔，科内利斯，132，167

Drente，德伦特，议会中没有代表，362；纳塞家族对政府的影响，365

Dresden，德累斯顿，萨克森人撤退至此（1639年），349

Druzes，德鲁兹教派穆斯林，632

Dryden，德莱顿，约翰，诗人，他的读者，247

Düben，迪本，瑞典军队和萨克森军队会合于此，333

du Chesn，迪舍恩，安德烈，他的《古代史与法国国王的伟大和权力研究》（1610年），119

Duelling，决斗，25

du Moulin，迪尤莫林，彼得，574

Dunes，迪恩斯，战役（1658年），424，427

Dunkirk，敦刻尔克，38
  荷兰的贸易竞争对手，413；海盗摧毁荷兰船只，229，233，367；唐斯战役中救了舰队（1639年），230；被昂吉安公爵攻占（1646年），413；英西提议（1652年），423；包围（1651），423，425；法国建议（1654年），424；捕获英国

船只（1656年），236；被蒂朗内捕获（1658年），424，427；交给英国（1658年），424；洛克哈特被任命为总督，424；卖给法国（1662年），425

Dupuy，迪皮伊，雅克，和皮埃尔，论法国天主教会，109，141

Durango，杜兰戈，墨西哥，畜牧业，721

Durham，达勒姆，被苏格兰人占领（1640），569

Durham，达勒姆，主教，达勒姆主教辖区领地管辖方式，679

Duro，杜罗，塞萨雷奥·费尔南德斯，他的《大公爵奥苏纳和他的舰队》和《西班牙舰队》中对"西班牙阴谋"的看法，276注

Dutch，荷兰，参见 under Netherlands Dutch

Dutch East India Company，荷兰东印度公司，参见 East India Comapny, Dutch

Dutch Reformed Church，变革了的荷兰教会，669

du Thou，迪·图，他成立的科学小组，142

du Vair，杜威尔，威廉，与斯多葛主义，198

du Vergier de Haurranne，杜韦热埃·德·奥朗恩，让，圣西兰修道院院长，501

波尔罗亚尔修道院精神领袖，184，188，492；詹森主义创始人，188；"殉道"，189，191，492

Earl of Worcester's Men (theatre company)，伍斯特伯爵的人（剧团），249

East Anglia，东英吉利，对内战的态度，575

Eastchester，东彻斯特，纽约，687

Eastern Association，东部联盟，578

Easthampton，东汉普顿，新英格兰，殖民地，690

East India Company，东印度公司，荷兰，6，68，672，690

建立（1602年），367，647，675；构成，363，647；组织和影响，367-368，647

在亚洲的成就，99-100，226，696；东方攻守同盟，648；排他性贸易政策，649-652；控制生产，652；压制亚洲贸易对手，652-654；赢得香料贸易垄断的代价，652-653；与马塔兰和阿钦的妥协政策，655-656；科罗曼德尔棉花的重要性，656-657；与葡萄牙商人进行对比，656；海上通行证制度，657；古吉拉特棉花贸易，657-658；香料价格，658；与荷兰殖民者，658；与中国的关系，658-659；在福摩萨进行蔗糖贸易，659；在日本排挤葡萄牙人，659-660

探寻前往亚洲的西北航道，675；与亨利·哈得孙，675

又见 under Netherlands, Dutch and the East

East India Company，东印度公司，英国的，166

成立（1600 年），647，650；航行至印度尼西亚（约 1600 年），650；征服和贸易见英国和亚洲；垄断权，68，562；资本回流，101；17 世纪 30 年代船运吨数，235；大陆销售网站和胡椒贸易，653，660；与荷兰公司比较缺少资金，660；发展印度贸易，660-662；"科尔廷协会"与之相竞争，562，664；1650 年的状况，663-664

探寻西北航道，673

East Indies，东印度群岛，与西班牙的金、银，79；出口，226，302；荷兰夺占其贸易的影响，302

欧洲人的发现、殖民和贸易，644-672，674，706

又见 Under Countries and names of places

Eaton，伊顿，西奥菲勒斯，带领殖民者到波士顿（1637 年），690；建立纽黑文（1638 年），690；是缅因领导人（1638—1658 年），690；去世（1658 年），690

Eberhard of Zürich，苏黎世的埃伯哈德，"皮革炮"的发明者，218

Economic history，经济史，17 世纪的意义，2；其间阐释的变化，8

Edgehill，埃奇山，战役（1642 年），220

Edict of Nantes (1598)，南特敕令（1598 年），再次颁布（1628 年），488

Edict of Restitution，归还教产敕令（1629 年），颁布和结果，326-327；抗议，329；与冯·阿尼姆，336；与华伦斯坦，338；布拉格和约（1634 年），345

Edinburgh，爱丁堡，征税，567；骚乱反对 1637 年祈祷书，567

Edward I，爱德华一世，英国国王，531；森林法，563

Efferen，埃费伦，冯，他的《以国家利益为重的理由还是主要的偶像崇拜政治手册》（1630），116

Eger (Cheb)，埃格尔（切布），宪法和政府，505-506

Egerton，埃格顿，托马斯，反对太平盛世祷文，3

Eggenberg family，埃根伯格家族，519，524-525

Egypt，埃及，640

好望角航路的影响，670

Ehrenbreitstein，埃伦布赖茨泰因，被法国占领（1632 年），335

Eire，爱尔兰，阐释它的历史，3；又见 Ireland（爱尔兰）

Elblag，埃尔布隆格，其间的新教教徒，589

Elbe，易北河，503

对汉堡的重要性，301；与丹麦，321；与瑞典，354，430

Elbing，埃尔宾，299

割让给瑞典（1629 年），392；韦劳条约（1657 年），430

Elbogen (Loket)，埃尔博根（洛克特），宪法和政府，505-506

Eleonora，埃莱奥诺拉，曼图亚公主，斐迪南四世的配偶，结婚，529

Eliot，埃利奥特，约翰爵士

与白金汉，553-554，557；逮捕

(1629年), 559
Elizabeth I, 伊丽莎白一世, 英国王后, 264, 269, 533
　　与戏剧, 249
　　战争政策的影响, 531-532
　　教会政策, 542, 544
　　否定议会有权争论外交政策, 550
　　治下的国民军, 555
Elizabeth of Bourbon, 波旁家族的伊丽莎白, 西班牙费利佩四世的妻子
　　资助戏剧, 250
　　嫁给费利佩四世 (1611年), 268
Ellesmere, 埃利斯米厄, 托马斯·埃格顿爵士, 男爵, 反对改革, 542; 与议会要求特权, 544
Elizabeth (Stuart), 伊丽莎白 (斯图亚特), 巴拉丁选帝侯夫人, "波希米亚王后"
　　嫁给腓特烈五世, 306, 546
　　进入布拉格, 312; 与布伦瑞克的克里斯蒂安, 316
Elmina, 埃尔米纳, 黄金海岸, 被荷兰西印度公司占领, 100, 705
Elphinstone, 埃尔芬斯通, 约翰, 见 Balmerino, John Elphinstone, second baron
Elsas, 埃尔萨斯, 莫利斯, 价格理论, 88
Elvas, 埃尔瓦斯, 战役 (1658年), 427
Embryology, 胚胎学, 发展, 164
Emden, 埃姆登, 299
　　商人冒险家的"代理商行", 294; 从西班牙—荷兰战争中获益, 300
Emmanuel College, 埃马纽尔学院, 剑桥大学, 685

Empire, 帝国, 神圣罗马
　　状况 (1600—1623年), 306; (1661年), 432
　　皇帝们, 见斐迪南二世 (1619—1637年); 斐迪南三世 (1637—1658年); 利奥波德一世 (1658—1705年); 马克西米连二世 (1564—1576年); 鲁道夫二世 (1576—1612年)
　　宪法和政府: 507-508; 1365年金玺诏书, 109, 420; 限制皇帝的权力, 109-111; 帝国是等级国家, 114-115; 明斯特条约与《宪法和政府》, 354-355, 412, 420; 选举会议选举利奥波德 (1658年), 419; 帝国议会: 权力, 111, 355, 412, 在明斯特和奥斯纳布吕克和会上, 352; 德意志国会, 287-290; 诸侯的权力, 355, 357, 412, 418; 市镇, 其主权与明斯特条约, 418
　　司法 (1600—1618年), 286-287
　　变为奥地利帝国, 530
　　又见 individual states; Thirty Years War, the; Habsburg, House of
Enclosures, 圈地, 见 under Land tenure
Encomienda, 委托监护 (制), 710-712, 717
Endecott, 恩迪科特, 约翰, 塞勒姆殖民地主管 (1628年), 683; 为马萨诸塞争取到了国王的特许状 (1629年), 683; 消灭了布洛克岛上的纳拉甘西特人 (1636年), 689

Enghien，昂吉恩，公爵，见孔代，波旁王朝路易二世，昂吉恩公爵，亲王

Engineering，工程学，教学和发展，136

England，英国，34

实现国家认同，3

民族主义，3；受宗教信仰影响，4

农业：谷物价格，62，73；费尔穆登与排干沼泽地，165 - 166；人口减少委员会，562 - 563；乡村建设评估，101

军队：温彻斯特法令（1285 年），219；伊丽莎白一世治下的国民军，532，555；与腐败盛行，532；发展和变革，206，210 - 214，555 - 556；军事管制委员会（1526—1527 年），556；国民军军费（17 世纪30 年代），564；新模范军，128 - 129，215，219 - 221，577 - 581；军事委员会和"人民契约"，580

内战：态度，573 - 576；比较保王党的力量和议会的力量，220，574；议会胜利的原因（1640 年），220，576 - 577；苏格兰人入侵，569；与苏格兰人订立的盟约（1643 年），22，578；温和派的态度，575 - 576，578；地方运动反对，577 - 578；新模范军，577 - 581；纽卡斯尔提案（1646 年），578 - 579；利尔伯恩和平等派，128 - 129，580；提案的头头们，580；查理与议会和苏格兰人的谈判（1646—1647 年），580；与苏格兰战争，580 - 581；人民契约（1647 年），580；普赖德的清洗，580；处决查理一世（1649 年），580；对改革的影响，584；社会影响，578

公司，发展，101

殖民活动，12；又见 under America and names of places

体制问题：外国战争和叛乱对政府形式的影响（1300—1601 年），531；伊丽莎白一世治下寡头政治的发展，532；参与经济事务加强政府权力，102；国王与议会在"基本自由"问题上的分歧（1600—1640 年），124 - 129，540 - 541，554，557；君主的贸易和工业管制权，534 - 535；宗教至上，537，544，558，568 - 569，573，582；司法至上，538 - 540；特权，540，543 - 544，550 - 551，555 - 557；改革，541 - 542；不会导致冲突的和谐理想，541；1603 年之后的改革意愿，541 - 542；财政与大契约，542，544 - 545，555；赋予经济利益，542；经济社会改革对宪法冲突的影响，542 - 543；议会特权，544，550；詹姆斯一世与议会权力，546；出售荣誉，547，554，561；垄断（1621 年），549；辩论外交政策的权力，550；再次弹劾，550；个人权利，555；控制国民军，573；向外移民的影响，681

宫廷生活与腐败，533，548

戏剧，见 Drama in England

经济：经济优先，69；战争的影响，14 - 15，531；财政疲软，37 -

38；货币政策，44；白银价格指数，86-87；商人贷款，税款包收，101；支付的西班牙贷款，102；契约限制国王在财政政策方面的权力，535；价格，62，88；征税，44，583；工资趋势，91

外交：531，548；受商人冒险家们贸易增长的财政要求所限（1621年），549；1660年海外形势，434

与美洲：移民到美洲，673ff.；与易洛魁五国同盟结盟（1609年），676；殖民方式，677；又见 under America and names of places

与非洲：与阿尔及尔、萨累和突尼斯签约（1655—1658年），233

与波罗的海，231

与波希米亚：王位继承问题，311-312，549

与丹麦：海牙条约（1625年），322；答应派军队给克里斯蒂安四世，322；反瑞会谈（1638—1639年），402

与亚洲：征服和贸易，640，647，649-654，660-662，664-665，670-672；对亚洲的影响，670；承认亚洲人的主权，671

与法国：与黎塞留会谈，319；英法联盟（1625年），320，422，553-554；曼斯费尔德征战，320，554；与包围拉罗谢尔（1627年），325，487；法西联盟反对（1627年），325；苏士和约（1629年），488；胡格诺派的移民，681；政策（1648—1660年），417，422；政治和宗教困境，422-423；圣日耳曼宣言和关税战，422-423；敦刻尔克包围战（1652年），423；威斯敏斯特条约（1655年），424；1657年联盟（巴黎条约），和1658年反对西班牙，424，427；敦刻尔克被割让给英国（1658年）与洛克哈特被任命为总督，424；伦敦条约（1659年），431；理查德·克伦威尔治下的关系，424；联姻会谈（1661—1662年），425；在美洲的竞争，690；又见 under places in America

与德意志：新教联盟的成员，306；巴拉丁，306，313-314；反哈布斯堡计划（1625年），320-322

与尼德兰，荷兰，581；对立的贸易和殖民主张，706；贸易落后于荷兰，548；在亚洲的竞争对手，100，548，649-651，653-654，660，706；在黎凡特的竞争对手，650，662；伦敦贸易会议（1613年），650；海牙贸易会议（1615年），650；英—荷协议（1619年），及其对东印度群岛的影响，651；海牙条约（1625年），322；南安普敦条约（1625年），692；1652—1654年战争：原因，100，413，422；航海条例（1651年），423；法国仲裁提议，423；和平条约（1654年），424；对贸易和制海权的影响，236；战争的意义，434；在美洲的竞争，674，690-693，696

与奥斯曼土耳其，反对耶稣会士（1627年），638

与波兰，经济开发，11

与葡萄牙，在亚洲、欧洲和巴西，234，660－662

与俄国，斯托尔博沃和约调解人（1617年），605；和斯堪的纳维亚：调解丹—瑞战争（1659年），431；哥本哈根条约（1660年），431

与西班牙：无目的的战争（1598），263；布洛涅和平会议失败（1600年），264；西班牙帮助爱尔兰叛乱（1601年），264；西班牙的联姻提议，264；威胁西班牙的交通线，260；伦敦条约（1604年），265；海牙和平会议调解人（1607年），266；西班牙使臣的影响，269；财富的增加是以牺牲西班牙为代价的（1610—1621年），281；贡多马尔的征服计划，281；攻击加的斯（1625年），464，554；法—西联盟反对（1627年），325；承认英伦三岛共和国，422；关于法国港口的建议（1652年），423；布莱克攻击圣多明各（1654年），424；夺取牙买加（1654年），424；攻击运银船队（1656—1657年），724；战争（1665年），236；与西班牙美洲的走私贸易，725；在美洲的竞争，672，674；又见 under places in America

与瑞典：古斯塔夫·阿道夫的联盟条件（1625年），321；仲裁阿尔特马克条约（1629年），600；反瑞会谈（1638—1639年），402

与西印度群岛，见 West Indies

外交，又见 Buckingham, George Villiers, duke of; Charles Ⅰ; Charles Ⅱ; Cromwell, Oliver; James Ⅰ

森林法，562－563

工业：煤炭生产，97－98；影响纺织业的因素，94；丝绸业，64；毛纺业，94－96，534，547，550，552，562，582；规章，534－535，543，582

土地占有，297－298，562－563，575，583；地租，65

法律：改革，537－540，545，562，581；按惯例进行阐释的兴起，538－539；治安法官，537，563，566；巡回审判，538

法庭：詹姆斯一世维持秩序（1604—1614年），546；议会攻击特权法院和衡平法院（1610年），544；边境管理委员会，538，546，562；北部地区管理委员会，538，557，562，571；海事法庭，538；大法官法庭，538，546，581－582；高级专员公署法庭，538，544，546，564，566，571；求援法庭，538；领主法庭，538；星室法庭，538，565，571

文学，7，29

地方政府，563

贵族：资格，16，547；人口比例，17；乡村地区，17—18；就中的平等，18；特权，19－20，26，27；职业地位，20－22；行为法典，26；反叛，55；内战中的理论组合，574－575；内战的影响，578，583

议会：贸易和工业规则，534，547；与神职人员，536；1604年法规，537；大契约（1611年），542；改革纲领，545；巴拉丁领地，549；垄断，549，552；培根的指控（1621年），549；抗议（1621年），550；米德尔塞克斯的控告（1624年），551；经济政策与国王，552；桶税和磅税，553，557-559；法国联姻，553；外交政策，553-554；弹劾白金汉（1626年），554；权利请愿书（1628年），556-557；议会调查，557-560；逮捕多名议员，559；短期议会（1640年）568-569；长期议会，127-128；570以及下列等等；弹劾、审判斯特拉福德，570；弹劾劳德等人，570；每三年召开一次议会法案（1641年），570；废除特别法庭，571；主教制议案，571-572；爱尔兰反叛（1641年），572-573；大抗议书（1641年），126，572-573；国民军，573；试图逮捕议员，573；内战爆发和进展，573ff.；与克伦威尔的关系，581；推选的议会（1653年），581；护国时期，581-584；又见England, constitutional issues

政治派别：清教"国家"派，270，541；宫廷派，541；共和派，582

政治机构：枢密院，538，566；又见England; law courts

瘟疫，75

贫民救济，563，582

掠捕他国船只，533-534，553

宗教：教会与国家的关系，36；英国国家神职人员支持国王统治，125；治安法官力促宗教一统，170；教规，171；信仰自由，200，579-580；信仰自由的社会意义，579；宗教分裂与阶级有关，572；克伦威尔的宗教政策，582；议会战胜宗教，582

阿米尼乌斯教派教徒，181-182，197，558

浸礼会教友，579

天主教徒：1603年对詹姆斯一世的态度，536；绅士所占比例，536；查理一世的婚姻与（天主教徒），553-554；在宫中进行改宗活动，565；与效忠宣誓（1606年），106

千禧年主义，173

英国教会：改革，535-536；太平盛世祷文，536；汉普顿宫会议（1604年），536；一统，537，564-565；詹姆斯一世加强了其地位，546；三十九条信纲，558；教牧人员代表和主教会议及高级专员公署被视为解决宗教问题的权威机构，558；劳德革新方案和清教徒，564-565；反主教制提案（1641年），571，573；对主教制的态度，572；神职人员与教育，535；教士的俸金，535，582；反教权主义，536

独立派，579，582

长老会教友：与威斯敏斯特信仰声明（1647年），176；利用圣约，193；与英格兰比起来适合于苏格兰，572；独立派使用的祈祷书，582

清教徒：对王权的态度，127-129；对詹姆斯一世的态度（1603年），535；与英国国教徒在非教义仪式

上的分歧（1604 年），536；汉普顿宫会议（1604 年），537，在英国教会中发起了独立运动，564－565

制海权：是头号海上强国，227，231，236；航海条例（1651 年），100，235，434；海军，226－227，234－235，548－549；与科学发展，138；商船队，232，233，234－235，237，548

斯图亚特，家族，衰败的原因（1649 年），531－584

技术，165－167

贸易：西班牙战争的影响（约 1600 年），300；伦敦与外港之间的对立，534，547；规则，534，549－550，552，562，582；自由贸易法案（1604 年），547；（1621 年和 1624 年），552；委员会（1621 年），551；常务委员会（1622 年），551－552；下议院委员会的建议（1624 年），551－552；航海条例，423，582－583

贸易在：农业生产，589；军械，609；煤炭，234；布匹和纺织，94，96，272，293，296，299，302，422－423，478，534，547－548，550，552，681；又见棉花、丝绸；棉花，650，660－662，670；鱼，235；谷物，549，589，683；靛蓝，661－662；冶金商品，97－98，299；胡椒，650－651，653－654，660－661；硝石，661－662；丝绸，662；白银，81；香料，650－652；蔗糖，661；木材，423，589；烟草，678－679；酒，422

贸易与：北美，678－679，683；西班牙美洲，725；波罗的海地区，231，234，236，299，386－387；亚洲见英国和亚洲；法国，422－423，478，547；德意志，299－304；霍斯坦，297；冰岛渔业，235；意大利，301；纽芬兰渔业，235；地中海，232－235，640；尼德兰，534；波斯，662；波兰，589；葡萄牙（商人的特权），234；俄国，605，609；西班牙，547

贸易，又见 East India Company (English)；England and the East；Merchant Adventurers

又见 Political theory, absolutism in England；Science in England

Enkhuizen, 恩克胡伊岑，与东印度公司，647

Enns river, 恩茨河, 504

Ens, 恩斯, 加斯帕, 他的《数学术士》（1628 年），165；与汽转球，167

Ensisheim, 恩西斯海姆，505

Entomology, 昆虫学，发展，140

Épernon, 埃佩尔农，贝尔纳德·德·诺加雷特，公爵，退却至吉耶纳（1620 年），483

Epicurus, 伊壁鸠鲁，144，156

Episcopius, 埃皮斯克皮乌斯，西蒙，196

发展了的阿米尼乌斯思想，176；政治理论，181

Erfurt, 爱尔福特，瑞典人在其间，348－349

Erie，伊利湖，676，697-699

Erivan，埃里温，与波斯—奥斯曼土耳其战争（1635—1636年），633；与祖哈布和约（1639年），634

Erlach，埃尔拉赫，汉斯·路德维格·冯，瑞典将军，捕赖萨赫总督，413

Erlau，埃尔劳，637

Ermland，埃尔姆兰，见 Warmia

Eros，厄洛斯，与柏拉图主义，197

Erzgebirge，厄尔士山，其中的银矿，294

Erzurum，埃尔祖鲁姆，从这儿赶走禁卫军士兵（1622年），629

Erzurum，埃尔祖鲁姆，战役（1627年），629

Es'ad Efendi，艾萨德·艾芬迪，穆夫提，与奥斯曼二世登基，623

Escobar y Mendoza，埃斯科巴尔·伊·门多萨，论及决疑论，185

Espalion，埃斯帕利翁，征税，47

Essequibo，埃塞基博，圭亚那，荷兰殖民地，701，705；英国殖民地，701

Essex，埃塞克斯，伯爵夫人，离婚，548

Essex，埃萨克斯，罗伯特·德弗罗，第二代伯爵，支持（苏格兰的）詹姆斯六世继承英国王位的要求，264

Essex，埃塞克斯，罗伯特·德弗罗，第三代伯爵，571，576

议会军将军，574；受温和派支持，578；参加和平派（1644年），578

Estado da India，葡属印度地区，见 Portugal，Estado da India

Este，埃斯特，弗朗西斯·德，莫德纳公爵，见莫德纳，弗朗西斯·德·埃斯特，公爵

Estonia，爱沙尼亚，战略位置，388；波兰占有一部分，385；波兰和瑞典对其尤争议，385-386；对瑞典具有的贸易价值，390

Estrades，埃斯特拉德，戈德弗鲁瓦，公爵敦刻尔克总督，423

Esztergom，埃斯泰尔戈姆，521

Etampes，埃唐佩，战役（1652年），499

Ethnography，人种志，帝国内的人种，508

Etienne，埃蒂安纳，罗贝尔，479

Euclid，欧几里得，134

Europe，欧洲

与亚洲比较起来所具有的历史重要性，1-3；自称为基督教世界，5；与非欧洲文明相比，5；为一政治实体，5-6；划定的疆界，6；文化发展，6-7；一统的愿望，34；看似当代时期，103

攻打奥斯曼土耳其计划，637

农业：土地投资，100-101

宪法改革，60-61

疾病，75-76

戏剧，见 drama

经济：经济变革，10-14，68-69，98；经济危机，437；与西班牙金银，79；经济发展和发现航行，67；股份公司的兴起，68；政府干预，68；经济力量的转移，84；需要财政改革，36；因战争而失败，60-61；投资，100-103；价格，9-

12；谷物价格，73，80；价格趋势，87－89

饥荒，72－74

均势，237，411，433；1648年政治形势，428－429；1661年政治形势，432

人口：估计，70－72；与饥荒，73－74；与营养，74；与疾病，75－76；与战争，77；与移民，78

反叛，支持的原因，55－57

贸易，12，658，661，721－722

战争：经济影响，11，14，39，62；经济短缺影响行动，38－39；社会影响，39

又见 under countries and places

Europe，《欧洲》，英雄喜剧，与黎塞留，249，252－253

Evangelical Union，福音派联盟，见捍卫福音派联盟

Evelyn，伊夫林，约翰，242

Exeter，埃克塞特，谷物价格，74；价格趋势，89

Exeter，埃克塞特，新罕布什尔，建立（1637—1638年），689

Fabrizio，法布里齐尔，耶罗尼莫，阿夸彭登泰，135

对生理学的贡献，160

Fairfax，费尔法克斯，托马斯，卡梅伦的第三代费尔法克斯男爵，将军，221，578

Fairfield，费尔菲尔德，新英格兰，殖民活动，690

Fairs，定期集市，292－294

Fajardo，法哈多，萨维德拉，他的《基督教君主的政治思想》（1640年），118

Fakhr al-Din Ⅱ，法克尔·阿尔丁二世，马恩王朝，德鲁兹首领掌权（1590—1613年），632；哈菲兹·艾哈迈德帕夏反对（1613年），632；逃往欧洲，632；回国再次掌权（1618—1634年），632－633；统治特征，633；被库苏克·艾哈迈德帕夏打败（1635年），633；处死（1635年），633

Falkenberg, Dietrich von，法尔肯伯格，迪特里希·冯，瑞军司令，在马格德堡，331

Falun，法伦，铜矿，394

Famines，饥荒，与气候变化，72－73；在欧洲和亚洲，72－74；又见 under countries

Fancan，方康，法国小册子作者，捍卫国王的政策，491

Fees，费税事务委员会（1627—1640年），561

Fehrbellin，费尔贝林，战役（1672年），433

Felton，费尔顿，约翰，杀害白金汉，558

Femern，费梅尔恩，战役（1645），404

Ferdinand Ⅰ，斐迪南一世，皇帝，在匈牙利继位，506

Ferdinand Ⅱ，斐迪南二世，皇帝，182，517，529

接受赖因金格的理论，109；与政治理论家们，115；根据以国家利益为重的理由这一原则行事，116宗教观点，308，311

继承施蒂利亚、卡林西亚和卡尼奥拉, 283; 为施蒂利亚大公, 292; 鼓动乌斯科克人, 274; 与威尼斯的战争 (1613 年), 274; 马德里条约 (1617—1618 年), 275
计划组建海军, 391
与波希米亚: 格拉茨条约 (1617 年) 指定的波希米亚国王, 277, 308, 514; 新教徒叛乱, 308 - 312, 514 - 517; 被废黜 (1619 年), 312, 515; 1619 年的联盟, 313; 反对腓特烈五世, 312 - 315; 牟罗兹协议, 318; 白山战役获胜 (1620 年), 314 - 315; 接受安哈尔特的克里斯蒂安归顺, 315; 胜利对皇帝态度的影响, 517 - 518; 令布拉格悲痛, 518; 颁布新宪法 (1627 年), 519 - 520; 废除大诏书, 519
与帝国: 继承马蒂亚斯之位, 284; 根据格拉茨条约 (1617 年) 继承帝国, 277 - 278, 286, 308, 507; 当选为皇帝 (1619 年), 278, 311, 515; 受到切尔内布尔的挑战 (1620 年), 515; 他的帝国观, 432
与法国: 347; 1636 年战役, 347 - 348; and France: 347; campaign of 1636, 347 - 348
与德意志: 德意志的主教辖区, 318, 327; 反哈布斯堡联盟, 322; 任命华伦斯坦为总司令, 323; 下萨克森战争, 321 - 326; 归还教产敕令及其影响 (1629 年), 326 - 327, 332; 为战争请求帮助, 329; 免除华伦斯坦的职务, 329, 521; 1631 年从意大利撤出军队, 333; 被冯·阿尼姆抛弃, 336; 布赖腾菲尔德战败及其影响 (1631 年), 336; 召回华伦斯坦任总司令, 336; 和谈 (1631—1632 年), 337; 红衣主教亲王费尔南多和匈牙利国王斐迪南的出现使其加强了力量, 342; 华伦斯坦的阴谋和去世, 343 - 344; 诺德林根战役 (1634 年), 344 - 345; 布拉格和约 (1635 年), 345 - 346; 皇帝驾崩及其影响, 348

与匈牙利: 要求继承王位 (1613—1617 年), 286

与曼图亚: 继位 (1627 年), 42 - 43; 凯拉斯科条约 (1631 年), 329
与巴拉丁: 找到盟友巴伐利亚的马克西米连和萨克森的约翰·乔治, 313 - 314; 受到腓特烈五世的反抗, 315; 答应将巴拉丁给马克西米连, 315; 腓特烈五世失败, 317; 雷根斯堡与马克西米连 (1623), 317 - 318

与波俄战争, 605
与西班牙, 315 - 316
与特兰西瓦尼亚: 522, 597, 601; 尼克尔斯堡和约 (1622 年), 520; 林茨和约 (1645 年), 523

又见 Habsburg, House of
Ferdinand Ⅲ, 斐迪南三世, 皇帝, 匈牙利国王, 409, 413
性格, 529
加冕为波希米亚国王和匈牙利国王, 529; 登基为皇帝 (1637 年), 348

法国的联姻建议（1649 年），420；
结婚，529

国内问题，530 - 531

政治理论家们与（斐迪南三世），115

大公反对华伦斯坦，342 - 343，529；成为总司令，344；诺德林根战役中获胜（1634 年），344 - 345，529；承继斐迪南二世的政策，348；汉堡条约，348；莱茵战役（1638 年），348 - 349；被西班牙削弱，349；1640 年状况，349；拉蒂斯邦会议（1640 年），350；与勃兰登堡的腓特烈·威廉，350；力衰（1643—1646 年），351；1641—1648 年战役，351 - 352；在楚斯马斯豪森战败，352；在朗斯战败，352；被迫讲和，352；与奥斯纳布吕克和会及明斯特和会，350，352，354 - 357，420；与诸侯们的关系，354；与威斯特伐利亚和约（1648 年），523

与奥斯曼土耳其人，412

Ferdinand Ⅳ，斐迪南四世，皇帝

瑞典支持推选其为神圣罗马帝国皇帝，409；加冕（1653 年），419，529；国内问题，529 - 530；驾崩（1654 年），419，529

Ferdinand，斐迪南，斯蒂利亚大公见斐迪南二世，皇帝

Ferdinand，费尔南多，西班牙红衣主教亲王，尼德兰总督，在巴塞罗那（1632 年），466；反尼德兰运动，342；成为尼德兰总督（1634 年）342，377；目的，342；在诺德林根（1634 年），344；法国宣布开战（1635 年），346；1636 年法国战役，347 - 348；莱茵战役，349；去世（1641 年）的影响，377

Ferdinand of Bavaria，巴伐利亚的斐迪南，参见 Colosne, Ferdinand of Bavario, elector of

Ferdinand Ⅱ of Tuscany，托斯卡纳的斐迪南二世，参见 Tuscany, Ferdinand Ⅱ, grand duke

Fermat，费马，皮埃尔，图卢兹议会议员，133，141

研究无穷小问题，151；创立解析几何，151；对光学的贡献，157

Ferrara，费拉拉，规则，职业地位，20

Ferrier，弗里埃，法国小册子作者，捍卫国王的政策，491

Feudalism，封建主义，在法国式微，474 - 477；在帝国，511 - 512，525 - 526

Fiennes，菲恩，纳撒尼尔，与主教制，572

Fifth Monarchy men，第五王国派，194

Filaret，费拉雷特，费奥多尔·尼基蒂奇·罗曼诺夫，父权制，611

成为修士，602 注；与舒伊斯基被推翻，602 注；与弗拉迪拉夫会谈，602 注；被囚，602 注；成为牧首（1619 年），606；与米歇尔（沙皇）共同统治，606；专制政策，606；教会财产免税，608；教会纪律，615；遵循旧习的政策，615；对逃跑农民的态度，618；外交政策，609 - 610，613；去世（1633

年),610

Filippiche,《去你的,费利佩》,反对费利佩三世的匿名小册子,273

Filmer,菲尔默,罗伯特爵士,《父权制还是国王的自然权力》,129

Finale,菲纳莱臣服于西班牙,274

Finance,财政,参见 Under Countries; money; taxation

Financiers,财政家,从战争债上获益,48;征集、装备军队,58－59

Finch,芬奇,约翰爵士,上议院议员,政治理论,125;遭弹劾、逃跑,570

Finland,芬兰

战略地位,388

瑞典军队里的雇佣兵,397

Fitzjames,菲茨詹姆斯,英国使节,与敦刻尔克,423

Five Knights Case (1627),五骑士案,555

Flamsteed,弗兰斯蒂德,约翰,皇家天文学家,150

Flanders,佛兰德(斯),359

1610 年国家状况,271－272;出于经济原因反对西班牙(1615年),272

宪法和政府:官僚政治,271;议会中没有代表,362;宪法,369

西班牙军队被派往,228－229;与法荷联盟(1635年),380;截断西班牙的海路(1639年),349;与明斯特条约(1648年),381－382;比利牛斯条约(1659年),428

耶稣会士,272;反宗教改革运动,271

纺织品贸易,478

Fleetwood,弗利特伍德,查尔斯,中将,579

Fleming,弗莱明,托马斯爵士,与国王特权,125

Fletcher,弗莱彻,约翰(1579—1625年),戏剧家,7;他的《忠贞的牧羊女》(1609年),256;为"国王的人"剧团写剧本,255

Florence,佛罗伦萨

国民军,202

戏剧,242,250

首次演出歌剧(1597年),251

法国使团到达(1653年),426

贸易,53;呢料生产衰落,94

Florida,佛罗里达,西班牙殖民地,707;向印第安人传教,707

Florida Channel,佛罗里达海峡,701

Floridor pseud (Josias de Soulas, Sieur de Primefosse),弗洛里多尔 笔名(若西阿·德·苏拉,普里穆福斯先生)率领剧团到伦敦,250

Fonseca,丰塞卡,安东尼奥·平托·达,工程师,在葡萄牙的亚洲领地,664

Fonseca Island,丰塞卡岛,702

Fontainebleau,枫丹白露条约(1611年),481

Formosa,福摩萨

荷兰人建立基地,659;荷兰蔗糖贸易,659;西班牙要塞被荷兰人夺取(1642年),659

荷兰变革了的教会传教团,669

与欧洲的贸易,226

Fort Good Hope,好望角堡,康涅狄

格，建设，692-693；遭马萨诸塞和普利茅斯的反对，693

Fort Nassau，纳塞堡，新尼德兰，建设，691；与印第安人，692；遭弗吉尼亚攻击，693

Fort Orange，奥伦治堡，见 Albany

Fort Richelieu，黎塞留堡，加拿大，建设，698

Fort Ticonderoga，蒂孔德罗加堡，纽约，676

Fortune theatre，吉祥剧院，242，245

Foscarini，福斯卡里尼，皮埃特罗，635

Fouquet，富凯，尼古拉，财政总监，艺术监护人，500

Fournier，富尼埃，乔治，耶稣会士探险家，他的《水文地理学》（1643 年），164

Fox，福克斯，乔治，与公谊会，195

Foxe，福克斯，约翰，他的《殉教者书》，4

Fracastoro，弗拉卡斯托罗，季罗拉莫，对声学的贡献，158

France，法国，107，531
　有了国家民族认同感，3；选为创立乌托邦的工具，5
　农业：与地租，65；玉米收成，65；谷物价格，73，488
　政府，31，32；秘密会议，481；1615 年改革，482；成立紧急委员会（1616 年），482；钦差大臣在各省进行统治，482，490；1618 年法令，484-485；改革建议（1625 年）；行政官员团队形成，486；改革法令（1629 年），486，488-489；重组枢密院（1630 年），485-486；黎塞留掌权时期的中央集权（1632 年及其后），489；使用政治监视，491；黎塞留的追随者们统治着（约 1637—1642 年），493；摄政委员会的统治，493-494；税收组织，495-496；世袭官僚阶层的形成，496；钦差大臣与圣路易会馆（1648 年），497；特派官员的统治（约 1650 年），498-499；改革法令（1655 年、1657 年），500-501

军队：发展和变革，204，210，213-214，221，348；1647 年状况，415

殖民活动：12；对贸易的兴趣胜于殖民（约 1600 年），672；又见 America, Canada and under names of places

交通线，428

宪法：增加国王的特权，35；战争对制宪的影响，39，532；君主制是保护者，56；干预经济增强国力，102；君主的影响，480-481；亲王们反对教士和宠臣掌权（1648—1653 年），121

文化，7；与艺术，491

疾病，480，488，497

戏剧，见 Drama in France

经济：战争对经济的影响，14；用贷款增加收入，101；支付的西班牙贷款，102；经济状况（1635 年），347；财政弱，37-39，43，415；财政改革，40-41；战时财政 38-39，415；货币政策：44；使用铜币，82，黄金贬值，法国黄金对索莱尔贬值，84，白银价值指数，86－87；价格，62，73，89，478；征税：19，44，46－47，56，476，494－496；敌视收税员，57；动乱和负债的原因，65，492－493，494；年税，476，481，483，485，488－489，496；市镇的，478－479，488；最高法院与财政官员，489－490，495；钦差大臣和，490，495－496；教区法院法官，495－496

饥荒，499

外交：政策（1611—1617年），481；反对派的政策（1643—1654年），415－416；1629年的目标，328；海外问题（1648—1660年），总结，417；海外形势（1660年），501

与阿尔萨斯：威斯特伐利亚和约，353－354，412

与美洲，目的在贸易而非殖民，697；又见美洲

与布赖萨赫，342，349，353，412

与加拿大：法国商人反对孔代的公司，697；内战致使难以提供援助，698；又见加拿大

与丹麦：同盟条约（1645年），405；松德海峡通行费，405

与帝国：反哈布斯堡政策，306，332，346－347，412；于利希－克莱费斯继承问题（1609年），267；未能结成反对同盟（1632年），335；特里尔条约（1632年），335；诺德林根战役及其影响（1634年），345；夺取阿尔萨斯和洛林，346；帝国军队入侵（1636年），347－348；汉堡条约与对皇帝宣战（1638年），348；莱茵河战役，351；明斯特和平会议，352－354，356；威斯特伐利亚和约，352－358；和平的保证人，408，412，417；签订明斯特条约，356；1648年所获，350，421；帝国议会的权力与帝权的局限（1648年），111；阿尔萨斯和主教辖区是帝国财产，418；选举利奥波德一世（1658年），41

与英国：英法联姻，319；英法条约（1625年），320，422；英法战争（1627年），554；苏士条约（1629年），488；政策（1648—1660年），417，422；政治和宗教困境，422－423；圣日耳曼宣言和关税战，422－423；威斯敏斯特条约（1655年），424；巴黎条约（1657年），424，427；与反西班牙联盟（1658年），424；与理查德·克伦威尔保持联盟（1658—1660年），424；伦敦条约（1659年），431；在美洲的竞争，690；又见America and names of places

与意大利：击败萨伏伊，43；在其立足（1629年），43；与萨伏伊签约（1636年），347；与帕尔马签约（1636年），347；17世纪40年代的干涉，414，488

与曼图亚：曼图亚－蒙特费拉特继承问题（1627年），42－43；雷根斯堡协议（1630年），43；凯拉斯科条约（1631年），43，329

与尼德兰：法荷条约（1624年），

319；布雷达陷落，320；支持荷兰，378，489；法荷联盟（1630年），329；法荷联手征服南尼德兰（1635年），380，413；最后的战斗，371；再次联手（1644年），381；联手阻止与西班牙和谈（1648年），381，422；目的（1648—1660年），417；提出调解英荷战争（1653年），423-424；与英荷条约（1654年），424；勒伊特与法国商船，425；调解葡荷战争，425；1662年联盟，425；提出不同的殖民、贸易诉求，706

与奥斯曼土耳其：派使团到此（1658年），432

与罗马教廷：（1595—1605年），262-263；选举英诺森十世（1664年），414；雷斯事件（1654—1655年），426-427；选举亚历山大七世，426

与波兰，601

与萨卢佐，侯爵领地，让给法国（1600年），262

与斯堪的纳维亚：政策（1645—1745年），405，417，433；调解丹瑞战争（1659年），431，433

与西班牙：威胁西班牙霸权地位，260-261；亨利四世的战争计划，268；反西班牙情感的焦点（1601年），262-263；海牙和会调解人，266；卡德纳斯主政时期的西班牙派，268；法西联姻（1611年），264，481；反西班牙政策的制定，319；蒙松条约（1626年），325，485；1648年斐迪南三世的中立，

356；1635—1659年战争，489；战后形势，41-44；加泰罗尼亚的战争（1636—1640年），468；目的（1648—1660年），417；需要盟友，423；失败时期（1648—1654年），425-426；巴塞罗那陷落（1651—1652年），敦刻尔克陷落（1652年），和卡萨莱陷落，423，425；罗克鲁瓦陷落，423；占领阿拉斯（1654年），426；意大利和加泰罗尼亚的反西班牙影响，426-427；和谈，427；孔代与西班牙（1651年），427，498；西班牙疾病状况（1658年），427；联姻提议，413，427；比利牛斯条约（1659年），428-429；在美洲的竞争，672，674；与西班牙美洲的走私贸易，725；又见 under places in America

与松德高，412

与瑞典：阿尔特马克条约调解人（1629年），600；贝尔瓦尔德条约（1631年），331，335，395；1632年与古斯塔夫·阿道夫的关系，335；重新签订贝尔瓦尔德条约（1633年），342；（贡比涅）条约，346；汉堡条约（1638年），348，401；布伦塞布罗和约（1645年），405；威斯特伐利亚和约谈判期间的关系，407

与沃尔特利纳：42，483；（巴黎）条约（1623年），319；为收回与威尼斯和萨伏伊达成协议，319；驱逐教皇军（1624年），320

与西印度群岛，见 West Indies

外交政策，又见 Henri Ⅳ；Louis Ⅷ；

Louis ⅩⅣ; Mazarin, Jules, cardinal; Richelieu, Armand Wignerod, duc de 与胡格诺派教徒：反叛（1620年），483－484；蒙佩利埃和约（1622年）484；反叛（1625年）及其对反哈布斯堡王朝联盟的影响，320，322；1626年条约，485；组织，487，516；领导人的缺点，487；拉罗谢尔叛乱（1627年），487；阿莱（阿莱的格拉斯）和约（1629年），328，488；阿莱和约的影响，488；移居英国，681；移民新尼德兰，694

工业：纺织业，477－478，497

土地占有，297，475，500

文学，7，28－29，491，500

商人阶级，477－479

市政，479－480；反叛，480

贵族：资格，16，23，30；人口比例，17；在农村和城镇地区，17－18；其中的平等地位，19；职业地位，20－22，475，477，486；行为准则，24－26；反叛，55，475－476，494，498－499；利用战争形势，56；特权，19－20，26－27，45－46；不满，57；提供服务的贵族产生，60，476；领主权 474－475，490，499；教育，476；增加新成员，23，30，476，478

农民：叛乱，55－57，480，488，492－493；状况，476，478，494，500；职业，477－478

政党：清教"国家"党，270

政治：亨利四世恢复权力，262－263；他去世（1610年）的影响，268，474；摄政时期的政治形势（1610—1617年），474；秘密委员会，481；亲王们造反（1614年），481－482；议会会议（1614年），481－482；巴黎最高法院企图恢复中世纪法庭，482；政府与亲王们的伦敦和会（1616年），482；杀害孔奇尼，483；吕伊内领导下的政府（1617—1621年），483；1620年叛乱，483；贝阿尔恩和纳瓦拉联盟，483；新教徒叛乱（1620年），483；1629—1630年的动乱，488；反征税叛乱（1633—1642年），492；政府内部（1643—1661年），综述，415；投石党运动（1648—1653年），57，119，121，418，476；原因，496－497，416；圣路易会馆法令，496－497；人民支持，55；巴黎起义（路障日）（1648年），416，497－498；吕埃尔和约（1649年），497；逮捕孔代与亲王们起事（1650年），498；西班牙参与投石党运动，425－427，498；马萨林出逃（1651年），498；投石党人内部不和（1651年），498－499；马萨林与德意志军队一道回国（1651年），356，498；内战再起（1652年）498－499；政府垮台，499；战争结束（1653年），499；经济影响，499－500；对路易十四的意义，502；1653—1659年政治史综述，221

政治制度：显贵会议：财政政策，40，41；1618年改革，483；1626—1627年改革，485；要人密谋集团

(1643年),494;圣路易会馆,见法国、巴黎最高法院;枢密院,485-486,489;国务会议,493-494,497;协助法院(巴黎),495;巴黎最高法院:与司法专制主义,121;与限制教皇权力主义,108-109;与亲王起义(1615年),482;试图恢复中世纪法庭(1615年),482;认可叛乱(1630年),489;和财政赤字(1648年),496,联盟政令和圣路易会馆,496;与投石党运动,496-499;与詹森主义,501;议会:481-482,498;财政政策,40,46;国王权力至高无上,108

人口,71,497

宗教:允许异议,34;教会与国家的关系,36;特兰托会议,106;无神论,199,484;教士大会谴责詹森主义(1656年、1661年),501;天主教,183-184,484,492;又见 Jansenism

科学,见 Science in France

海上力量:海军,230-231

贸易:与英国的进口税战争,235,422-423;使用荷兰船只进行贸易,235;公司,487;苏利的政策,697;路线,486-487

牛只贸易,478;毛皮,697;谷物,678;白银,81,89;纺织品,94,422-423,477;酒,422,478

又见 Anne of Austria, queen consort; Francis Ⅰ, king of France; Henri Ⅱ, king of france; Henri Ⅳ, king of France; louis ⅩⅢ, king of France; louis ⅩⅣ, king of France; Marie de Medici, Queen of France; political theory, absolutism in France; and under names of places

Francesco of Tuscany, 托斯卡纳的弗朗切斯科, 见 Tuscany, Francesco, grand duke

Franche-Comté, 弗朗什-孔泰, 西班牙军队用作前往尼德兰的陆上通道, 261; 被加利亚斯占领(1636年), 347; 比利牛斯条约(1659年), 428

Francis Ⅰ, 弗兰西斯一世, 法国国王, 24, 202, 213

Franciscan Recollect Order, 方济各会的静思会, 代表孔代的加拿大公司(1615年), 697; 向休伦人传教, 697; 受到蒙莫朗西的支持, 698

Franciscans, 方济各会修士
传教团:从菲律宾到中国,668-669;从圣奥古斯丁到南卡罗来纳,709;在新墨西哥向普韦布洛印第安人传教,709;在上乌拉圭,711谴责耶稣会传教士的妥协方案,668

Francis de Sales, 弗朗西斯·德·萨莱斯, 圣徒, 日内瓦主教, 信仰, 174, 183-184; 对法国社会的影响, 184, 188;《论上帝之爱》, 484

Francis Xavier, 方济各·圣沙勿略, 圣徒, 171, 182

Franconia, 法兰克尼亚, 人口因战争减少, 77; 与古斯塔夫·阿道夫, 334; 参加海尔布龙联盟, 341; 萨克森—魏玛的伯纳德成了公爵, 342

Frankenthal, 弗兰肯塔尔, 317

Frankfurt，法兰克福，条约（1658年），421

Frankfurt-am-Main，美因河畔法兰克福 贬值，82；白银价格指数，86-867；价格趋势的变化，88；企业家的进入，271，292；集市，293，295；经济繁荣（1570—1618年），304

与古斯塔夫·阿道夫，334

Franqueza，弗兰克萨，唐·佩德罗，445

Franz，弗朗茨，龚特尔，人口估计，77，357

Frederick Ⅲ，腓特烈三世，丹麦国王，凡尔登主教 当选为凡尔登主教（1623年），哈尔贝斯塔特，不来梅，奥斯纳布吕克和帕德博恩，321；布伦塞布罗和约认可了不来梅和凡尔登的归属（1645年），403；夺取荷尔斯泰因-戈托普（1657年），430

Frederick Ⅳ，腓特烈四世，巴拉丁选帝侯，287

Frederick Ⅴ，腓特烈五世，巴拉丁选帝侯，波希米亚国王 联姻，269，546

与波希米亚，517，548；和平努力，309；继承问题，310-312；当选为国王，278，312，515-516；波希米亚的行动对巴拉丁的影响，312；被盟友抛弃，312-313；皇帝的军队1620年进入波希米亚打败波希米亚人，314；腓特烈逃到勃兰登堡，315，549；得到莫里斯亲王的帮助，315；斐迪南二世禁止其活动，315

与巴拉丁：斯皮诺拉率领西班牙军队入侵，312，314；詹姆斯一世保持中立，314；财政援助（1621年），549，551；与曼斯费尔德联手，316；退到阿尔萨斯，317；失去巴拉丁（1623年），317

组建福音派联盟（1608年），267，289；被迫承认马丁·路德派，336；去世（1632年），341

Frederick Henry of Nassau，纳塞的腓特烈·亨利，见 Orange, Frederick Henry of Nassau, prince of

Frederick William，腓特烈·威廉，勃兰登堡"大"选帝侯，见 Brandenburg, Frederick William the "Great", elector of

Freewill，自由意志：这一时期的主要问题，169，192；与卡尔文主义，176-177；与阿米尼乌斯主义，178，181；与天主教，184-185；与基督教圣公会教义，192；与"理性神学"，195，197

Freiburg，弗赖堡，占领之，351

Freiburg，弗赖堡，战役（1644年），351

Freiburg University，弗赖堡大学，136

Freins，弗赖因斯，海姆，乌普萨拉大学校长，与利普修斯，105

Friedland，弗里德兰，公爵，见华伦斯坦（瓦尔德斯坦），阿尔布莱希特，格拉夫·冯（后来的梅克伦堡公爵和弗里德兰诸侯）

Friedland，弗里德兰，要塞，528；庄园，519；华伦斯坦的地产在此，519，522

Friedrichstadt，弗里德里希斯塔特，201

Friends, Society of，公谊会，信仰，195

Friesland，弗里斯兰
海军学院，362
阶级结构，369
在联邦议会的代表，362；省议会，364；省长，364-365
英荷条约（1654年），424

Friesland，弗里斯兰，东，宪法冲突，115

Friis，弗里斯，阿斯特里德，92

Fronde，投石党运动，参见Under Framce，politics

Frontinus，弗朗蒂努斯，塞克斯图斯·朱利乌斯，军事著作，217

Fuchs，富克斯，伦纳德，164

Fuentes，富恩特斯，佩德罗·恩里克斯·德·阿塞维多，伯爵
是米兰总督（1600—1610年），273；建富恩特斯堡，274；在意大利增强西班牙的力量，274；反威尼斯政策，275；与沃尔特利恩，278

Fugger family，福格尔家族，银行家，67，81，295
是商人，302

Fuller，富勒，尼古拉斯，法律报告，538

Fundamentals of Plymouth（1639年），普利茅斯基本法（1639年），683

Funen，菲英岛，325

Fursland，弗斯兰，主管，荷兰西印度公司，关闭特尔纳特岛上的商站（1622年），651；下令放弃班达群岛和安波那（1623年），651

Galen，盖伦，克劳狄乌斯·加莱努斯，古希腊医师，134，139
生理学观点，160-161；与草药，162

Galicia，西班牙，移居南美洲，715

Galicia，乌克兰，438
与东正教，591

Galigai，加利盖，莱奥诺拉，481

Galilei，伽利勒，伽利略，是发明家，2；对技术的贡献，102；他的数学，131；与"新哲学"，132，143-144，148；他的望远镜，137，150；天文学理论，138，140，150，155；谴责（1633年），139-140；他的《试金者》（1633年），140；梅森出版了《伽利略机械学》，141；发现亚里士多德物理学全错了，143；自称是柏拉图主义者，144；他的《关于两门新学科的论述和数学证明》（1638年），145，153；与现象之间的因果关系，146；发明了空气温度计，149；确定了摆的等时性，149；瞬时速度，151；《关于托勒密和哥白尼两大世界体系的对话》（1632年）对物理学的贡献，152，154；反托勒密理论的理由，154；对光学的贡献，156；与气体力学，157；与声学，158；生理学成就，160；批评机械师，165；射击理论，166-167
被教皇接受，186

Galilei，伽利勒，温琴佐，对声学的贡献，158

Gallas，加拉斯，马蒂亚斯，伯爵，奥

地利将军

与华伦斯坦，343-344；在诺德林根，344；1636年法国战役，347；在波美拉尼亚，348；在弗里兰的地产，519

Gallas family，加拉斯家族，525

Gallicanism，限制教皇权力主义，108-109

Gama，伽马，瓦斯科·达，67

Gamberti，甘贝蒂，他的《君主理想和基督教英雄》（1659年），117

Gand，根特，羊毛业，64

Gannoruwa，加诺鲁瓦，锡兰，葡萄牙人被荷兰人（1637年），666

Gartz，加尔茨，夺取，331

Gascoigne，盖斯科因，乔治，诗人，211

comments on army recruits，评述征兵，209

Gascony，加斯科涅，农民起义，492

Gassendi，伽桑狄，皮埃尔，131，133，141，144-145

是发明家，2；推荐霍布斯的《论公民》，130；神学上的颠覆，137；解剖学和数学教授，137；与伊壁鸠鲁的原子论，156；它的生理学理论，163

Gates，盖茨，托马斯爵士，代理总督，弗吉尼亚探察詹姆斯敦（1609—1610年），674；声称百慕大是英国的（1609年），674；是弗吉尼亚的行政长官，674

Gayangos，加扬戈斯，帕斯夸尔，贡多马尔的五封政治—文学信件，283注

Gazette，时事报，491

Geer，格尔，路易·德，与瑞典的矿山和军工，101，219，394；租用荷兰船只为瑞典服务，404

Gelderland，海尔德兰

阶级结构，369

联邦议会中有代表，362；海尔德兰议会，363

与明斯特条约（1648年），381

Genoa，热那亚

乔治银行，84；白银价值指数，86-87；破产对商人和银行家的不同影响，99；银行家贷款给西班牙，459，465；流亡者导致繁荣（1600—1621年），292

外交政策，262

与西班牙：资金和军队通道，228，485；作战物资储存库，260；西班牙帮助反科西嘉，261

贵族，20

瘟疫，76

贸易，53；与德意志商人，293；谷物贸易，301；白银贸易，81

Genoino，杰诺伊诺，朱利奥，与那不勒斯的人民自由，50，52

Geography，地理学，教学与发展，137

Geometry，几何学，教学与发展，134，137-138，151-152

George，乔治湖，676

George Frederick of Baden-Durlach，巴登-杜尔拉赫的乔治·腓特烈，见Baden-Durlach, George Frederick, margrave

George William，格奥尔格·威廉，勃

兰登堡选帝侯，见 Brandenburg, George Willam, elector of
Georgia，佐治亚，向印第安人传教，707
Georgian Bay，乔治亚湾，安大略，休伦殖民点，698
Gerhardt，格哈特，保罗斯，赞美诗学者，175
Germans，德意志人，508，585，589
Germany，德意志，517
 民族主义，3
 卡斯蒂利亚文化的影响，7
 政府，31，43；君主制是保护者，56；地方主义，304
 （1600—1618年）状况，第十页，283-305
 农业：293，296-299；牛只贸易，296；谷物生长，296；价格，62-63
 军队：发展与变革，203，210，212-213，218；救国军，203；雇佣军加入瑞典军队，397
 艺术和建筑，304
 戏剧，见 Drama in German-speaking territories
 经济：（1600—1618年）经济状况，99，101，283，291-293；银行业，58，84，291，295-297，302；战争的经济影响，14-15，62-63，345-346，357，395；财政衰弱，38；货币政策，44；货币贬值，"恶性通货膨胀"，82-83，94，548；白银价值指数，86-87；支付的西班牙贷款，102；货币，291；价格：战争与价格趋势，与其他国家的比较，62-63；价格趋势的变

化，88；工资趋势，91
 外迁的企业家，394
 外交：在（1661年），432
 与丹麦，路德会教友和查理九世，389
 与哈布斯堡王朝，见斐迪南二世；斐迪南三世；利奥波德一世；马克西米连二世；鲁道夫二世
 与莱茵联盟，见莱茵，联盟
 与瑞典：吕贝克和约（1629年）的影响，391-392；与威斯特伐利亚和约，408
 与三十年战争，306-358；又见Thirty Years War
 工业：集市，292-294；亚麻业，293-295；冶金和矿业，292，294，296；又见 Holstein
 土地占有和圈地（1600—1618年），294，297-298
 语言，508，527
 贵族：人口比例，17；农村地区，18，297；特权，20，27；职业地位，20-22，297；行为规范，26；文化，28；界定，58
 农民：中西部，297；在东部，298；三十年战争之后，357
 政治状况：政治分裂，3；从1600-1618年，283，285-291，304-306；归还教产敕令的结果，327；与明斯特条约（1648年），354-357；与威斯特伐利亚和约，357，523
 人口，70，71；战争损失，77，357
 与新教诸侯；与古斯塔夫·阿道夫和克里斯蒂安四世的关系，389-

765

391，393；与马萨林的关系，421；又见 Rhine, Leagae of the

宗教：宗教界限确立，6；反宗教改革运动，34-35；强制宗教一统，170-171；帝国政策规范道德，171；传播前些年主义，173；容忍，201；宗教分歧（1600—1618年），285-291，又见 Thirty Years War, the, and religious controversies

科学，136

海上力量：商船队，234

技术，166

贸易：国内，291；（1600—1618年）性质的改变与繁荣，299；在巴西，300；在意大利，301；葡萄牙，300；西班牙，196，300；跨大西洋的扩展，300；西班牙与尼德兰的战争，299-300；受到荷兰人和英国人的威胁，300；汉萨同盟和德意志北部港口，301-304；出口（1600—1618年），293；进口牛只，389；与纺织品，94，96，562

战争，影响，207

又见 Empire, Holy Roman

Gheyn，盖恩，雅各布·德，204

Gibraltar，直布罗陀，海峡，228

Giessen，吉森，大学，109，136

Gilan，吉兰，波斯，丝绸贸易，662

Gilbert，吉尔伯特，巴托洛缪，在切萨皮克登陆，死亡（1603年），673

Gilbert，吉尔伯特，汉弗莱，航海家，指挥英军第一团，可能是原来的"步兵第三团"，213

Gilbert，吉尔伯特，威廉，物理学家，他的《论磁体》（1600年），158-159

Gillot，吉洛，雅克，法国法学家，105

Gingi，金吉，科罗曼德尔，荷兰人开的商站（1608年），656

Glatz（Kladsko），格拉茨（克拉兹科），宪法和政府，505-506

Glauber，格劳贝尔，鲁道夫，药剂师，化学医学家，133

发明"格劳卑尔的"盐，159

Glisson，格利森，弗朗西斯，医学教授，137

帮助组建皇家学会，142

Globe theatre，格洛布剧院，242，245-246

Glueckstadt，格鲁克斯塔特，容忍，201

Goa，果阿，印度，644，671

与尼德兰、荷兰和英国：荷兰攻击（1607—1608年），648；英—荷攻击（1621—1623年），665；英国胡椒贸易（约1635年），660注；荷兰攻击（1636—1644年），665-666

与葡萄牙：殖民活动，644；与戈尔孔达和比贾普尔的关系（约1600年），645；攻打锡兰，666；贸易困境（1570—1611年），645；政府（1618年），664；土地登记，664

教会会议与耶稣会士（1619年），668；对皈依的态度，671

Godunov，戈东诺夫，鲍里斯，602注

Golkonda，戈尔孔达，印度，645，656-657，671

与果阿的关系（约1600年）645，

与葡萄牙的许可证, 645; 同意荷兰人建殖民点 (1606 年), 656; 无视荷兰的许可证制度, 657

Gomarists (Contra-Remonstrants), 戈马尔主义者（反大抗议书者）

阿米尼乌斯教派—戈马尔主义者冲突, 123, 179, 372 - 374

多特（多德雷赫特）教会会议, 123, 374; 与 1632 年和谈, 380

Gomarus, 戈马尔, 弗朗西斯库斯, 反对阿米尼乌斯, 177 - 178, 188, 371, 373

Gondomar, 贡多马尔, 迭戈·萨米恩托·德·阿库纳, 伯爵, 在英国的影响, 269, 276, 314; 重商主义政策, 280 - 281; 征服英国计划, 281

Gonzaga-Nevers, 贡扎加 - 内弗尔, 路易斯·玛丽, 公主, 联姻 (1645 年), 601

González, 贡萨莱斯, 何塞, 460

Goodwin, 古德温, 威廉, 詹姆斯一世王宫附属教堂牧师, 王权观, 125

Gordon, 戈登, 苏格兰司令, 与华伦斯坦, 344

Goree Island, 戈雷岛, 被荷兰西印度公司占领, 705

Gorges, 戈吉斯, 费迪南多爵士, 在肯尼贝克河建立殖民地 (1607 年), 673; 派遣约翰·史密斯探察新英格兰 (1614 年), 681; 组建新英格兰议会 (1620 年), 681; 给新英格兰分配土地 (1614 年), 681; 与马萨诸塞 (1639 年), 685

Gorizia, 戈里齐亚, 宪法和政府, 504 - 505

Görlitz, 格尔利茨, 英国商人大本营, 294

Gorton, 戈顿, 萨缪尔, 建立沃威克, 罗德岛 (1643 年), 687

Gothenburg, 哥德堡, 西班牙计划建海军基地, 385, 402

瑞典—荷兰计划建商业中心, 404

Gotland, 哥得兰岛, 战略重地, 387; 割让给了瑞典 (1645 年), 403, 430

Gosnold, 戈斯诺尔德, 巴托洛缪, 从纽芬兰航行至弗吉尼亚, 673

Goubert, 古贝尔, P., 经济理论, 10 - 11

Grab, 格拉布, 见 Klostergrab

Grain, 谷物

17 世纪 60 年代—18 世纪 40 年代的危机, 93

人口的增长导致了需求的增加, 296

海上保险, 89

价格, 9 - 12, 62 - 63, 73 - 74, 80, 395, 478, 488; 周期性波动, 80, 89; 经济指标, 87; 影响垦荒, 91 - 92

出产, 64 - 65, 93

贸易, 参见 Trade in grain

Gramont, 格拉蒙, 菲利贝尔, 伯爵, 使臣, 在选举会议上 (1658 年), 419; 签署弗兰克福条约 (1658 年), 421

Granada, 格拉纳达

与摩尔人, 453 - 453

反叛 (1568—1570 年), 452

Granada, 格拉纳达, 路易斯·德, 新教土地上散布的书籍, 171; 纽芬

兰大银行

Grand (Great) Banks of Newfoundland, 纽芬兰大浅滩，与巴巴里海盗，232；英国和法国船只的基地，672；法国航行到此，675

Grandenz, 格兰登茨, 参见 Grudziadz

Grand Remonstrance, 大抗议书（1641年），126, 572-573

Gratiani, 格拉蒂亚尼，摩尔达维亚司令官被解职（1620年），636；寻求波兰援助，636

Gravesend, 格雷夫森德，新英格兰，建立殖民地，690

Gravelines, 格雷夫莱因斯，英国—西班牙提议（1652年），423；包围（1652—1653年），423, 425

Graz, 格拉茨，505, 517

Graz, 格拉茨，条约（1617年），条款和影响，277-278,（286），507

Great Belts, 大贝尔特海峡，430 布勒姆塞布罗和约（1645年），429

Great Contract, 大契约（1610年），542, 545

Greece, 希腊，雇佣军，638；土耳其—威尼斯战争，541

Green Bay, 格林贝，威斯康星，699

Greenland, 格陵兰，英国东印度公司航行到此，673；亨利·哈得孙与格陵兰（1609年），675

Greenwich, 格林尼治，康涅狄格，建立殖民地，690

Gregory XV, 格列高利十五世，教皇，与沃尔特利恩，319

Gregory of Tours, 图尔的格列高利，479

Greifenhagen, 格赖芬哈根战役（1630年），331

Greifswald, 格赖夫斯瓦尔德，占领（1631年），333

Grenada, 格林纳达，向风群岛，英国人想在此建立殖民地，701

Grenoble, 格勒诺布尔，价格趋势，88

Gresham College, 格雷欣学院，伦敦，科学，132, 138, 142-143

Gresham's Law, 格雷欣法，82

Gresik, 格雷西（锦石），见 Grisee

Greville, 戈雷维尔，罗伯特，布鲁克勋爵（1608—1643年），议会军将军
与得救预定论，194

Grey family, 格雷家族，对内战的态度，575

Grimaldi, 格里马尔迪，弗朗切斯科·玛丽亚，耶稣会士，与物理学，136

Grimaldi family, 格里马尔迪家族，热那亚银行家，67

Grimmelhausen, 格里梅尔豪森，他的《过度简单》（1669年），7

Grindal, 格林达尔，埃德蒙，坎特伯雷大主教（1576—1583年），537
赞同与清教徒和解，536

Gripsholm, 格里普肖尔姆，其间的营养状况，75

Grisee (Gresik), 锦石（格雷西），爪哇；葡萄牙殖民地，644；荷兰人压制亚洲人的贸易，652；苏丹阿根占领（1622年），655

Grisons, 格里松
阶级结构，17
沃尔特利恩，318-319

Groenlo, 格罗恩洛, 包围 (1595 年和 1597 年), 222-223

Groningen, 格罗宁根
在联邦议会中有代表, 362; 纳塞家族对执政的影响, 364-365; 英荷条约 (1654 年), 424

Groningen, 格罗林根, 大学, 与君主主义, 361

Grotius, 格劳秀斯, 乌戈, 123
国家主权理论, 6, 671; 他的《海洋自由论》(1608 年), 671; 他的《战争与和平法》(1625 年), 105, 111; 万国法, 111-112; 捍卫海洋自由理论, 112; 他的《古代与巴塔维亚共和政体》(1610 年), 361; 政治理论, 181; 古斯塔夫·阿道夫应用他的理论, 339; 述评荷兰叛乱, 360
阐发阿米尼乌斯理论, 180-181; 他的《论真正的基督教》(1627 年), 181; 与胡格诺派, 181; 与索齐尼主义, 196;
与戈马尔主义者, 372
被囚 (1618 年), 374; 从尼德兰逃走 (1619 年), 123

Groton, 格罗顿, 684

Grudziadz (Grandenz), 格鲁琼兹 (格兰登兹), 瑞典对其威胁 (1628 年), 599

Gryphius, 格里菲乌斯, 安德雷亚斯, 239-240

Guadeloupe, 瓜德罗普, 背风群岛, 法国殖民地, 703

Guaira, 瓜伊拉, 巴西
西班牙殖民地, 711; 耶稣会传教团, 711-712; 放弃 (1632 年), 712, 714; 圣保罗捕捉印第安人当奴隶, 711-712

Guapore river, 瓜波雷河, 巴西, 713

Guarani, 瓜拉尼, 印第安部落, 耶稣会传教团前往, 711

Guatemala, 危地马拉, 进口, 724

Guayaquil, 瓜亚基尔, 秘鲁, 可可生产, 721

Guaycuru, 瓜伊库鲁, 印第安部落, 耶稣会传教团前往, 711

Gucci, 古奇, G., 他的《基督教政治原理》(1630 年), 117

Guericke, 格里克, 奥托·冯, 马格德堡市长, 133

Guiana, 圭亚那, 708
殖民: 被查尔斯·利 (1604—1606 年), 701; 被罗伯特·哈科特 (1609—1618 年), 701; 被托马斯·罗 (1611—1617 年), 672, 701
被哈科特兼并给了英国 (1609 年), 690
又见 Berbice; Cayenne; Essequibo

Guildford, 吉尔福德, 康涅狄格, 参加新英格兰联盟 (1643 年), 690

Guipuzcoa, 吉普斯夸, 法国入侵 (1638 年), 468

Guise, 吉斯, 洛林的查理, 第四代公爵, 参见 Lorraina, Charle Ⅳ, Duke of Guise and of

Gujarat, 古吉拉特
与班塔姆的贸易, 653-654; 与荷兰人的关系, 656-658, 671; 与葡萄牙人的贸易, 657 注; 与英国人的关系, 660-662; 棉花贸易, 656-

658，660-662，671；靛蓝贸易，661；饥荒（1630年）损害了靛蓝贸易，661-662

Gunnery，火炮的制造和射击学，参见Warfare，gunnery

Gunter，冈特，埃德蒙，数学家，166
出版了对数表，151

Gurji，古尔杰，穆罕默德帕夏，634
在苏莱曼一世手下服务，625；雷杰布帕夏阴谋反他，624；去世（1626年），624

Gurupa，古鲁帕，巴西，713
葡萄牙殖民地（1623年），714

Gustavus Ⅰ（Vasa），古斯塔夫一世（瓦萨），波兰和瑞典国王
破坏斯堪的纳维亚联盟，386

Gustavus Ⅱ，古斯塔夫二世，阿道夫，瑞典国王，348，354
性格和能力，320-321，330；结婚（1602年），390；继位（1611年），388；他掌权的意义，341，357-358；预言，关于，4
宫廷，363
引进铜币铸造，82；增加铜出口，96-97
学习利普修斯的政治理论，105，122；受马丁·路德政治理论的影响，122；尊重立宪形式，122；解决宪法难题，397-398
治下的军队扩展，204，217-219，396-397
经济和工业变革，393-394
外交政策：目标，306，330，333-334，338-339
波罗的海地区的形势（1611年），388
与勃兰登堡，关系（1626—1632年），399
与丹麦：卡尔马之战（1611—1613年），389；内雷德和约，389；1624年危机，390
与英国：拟议中的反哈布斯堡联盟条款（1635年），321-322
与法国：331；联盟会谈，331；本尔瓦尔德条约（1631年），331-332
与德意志新教徒：389-392；海牙同盟（1625年），391；是战争首领，398
与德意志战争：干涉的原因，392-393；目的，398；反哈布斯堡谈判（1625年），321-322；受了丹麦失败的惊吓，325；与克里斯蒂安四世联盟（1628年），326；与施特拉尔松，326；在波美拉尼亚（1630年），329，331，333；与德意志诸侯们会谈，330-331，333；在格赖芬哈根和加尔茨获胜（1630年），331；在勃兰登堡，331；莱比锡会议（1630—1631年），331-332；失去马格德堡及其影响，332-333；征服梅克伦堡，333；梯利撤退，333；与萨克森联盟（1631年），333；布赖腾菲尔德胜利及其影响，333-334，336-337；旨在征服德意志和奥地利，334；莱茵战役，334，380；特里尔条约（1632年），335；1631—1632年形势，335-336；宗教自由政策，336；与华伦斯坦，337；波希米亚独立运动（1631—1632年），337，343；巴伐

利亚战役，337 - 338；莱希胜利（1632 年），338；波希米亚战役和萨克森，338；纽伦堡提议，338 - 339；包围和败于纽伦堡（1632 年），339 - 340；吕岑战役，340 - 341，380；他 1630—1632 年干预的影响，330，398；他征服活动的失败，345

与尼德兰，荷兰：联盟（1614 年），390；波兰战争（17 世纪 20 年代）的影响，392

与波兰（西吉斯蒙德三世），313，321，325，601；战争的目的，330，392；波罗的海地区的争斗，388；俄国王位继承的风波（1605—1613 年），388；休战，390；1617 年战争，瓦尔霍夫胜利（1616 年），390；立陶宛战役（1617 年），390，599；战争评价，392；阿尔特马克条约（1629 年），328，392；要求王位（1632 年），399；去世对波兰的影响，600

与俄国：俄国皇位继承，388；战略目的，388；与诺夫哥罗德，604；包围普斯科夫（1615 年），604；贸易政策，388；斯托尔博瓦条约（1617 年），388，605；建议联合（1609 年），允许俄国招募雇佣军（1609 年），计划攻打波兰，609

海上力量：组建海军，231

去世（1632 年），340，380

Guyenne，吉耶纳，与投石党运动，498

Guzmán，古斯曼，加斯帕尔·德，见奥利瓦雷斯，加斯帕尔·德·古斯曼

Gyarmath，吉阿尔马斯，条约（1625 年），637

Haak，哈克，西奥多，141
　与皇家学会，142 - 143

Haarlem，哈勒姆
　瘟疫，76
　包围（1573 年），223

Habeas Corpus Amendment Act，人身保护修正令，555

Habsburg，哈布斯堡王朝，726
　多语言帝国，3
　称霸欧洲，34
　主权，35，432，526；世袭继承，515 - 516，529；作为皇帝、作为帝国多个部分的统治者，507；认同天主教的政治重要性，521
　三十年战争对其意义，521 - 522
　支持西吉斯蒙德对瑞典的要求（约 1600 年），385；与西班牙联手反法（1610—1639 年），221；希望与汉萨同盟结盟，227；哈布斯堡联盟（1610—1621 年），318 - 322
　又见 under names of emperors；Empire, Holy Roman；Felipe Ⅱ, Felipe Ⅲ, Felipe Ⅳ, kings of Spain

Habsburg Empire，哈布斯堡帝国
　政治和地理划分，283 - 284，503 - 504，507
　忠于君主、民族和语言的相对重要性，508 - 509；君主成为各诸侯国之间的纽带（1621 年），520，530；教皇和贵族对君主很重要，530；是诸侯国联盟而不是专制君主政

体，530；成了奥地利（—匈牙利）
帝国，530
农业，510
军队，530
巴洛克文化，528-529
人种志，508
封建主义，511-512
帝国财政虚弱，36；三十年战争的经济影响，522-525
外交：与美洲，672-726；又见Under names of places in America
与奥斯曼土耳其人：战争（1593—1606年），287，626；锡特瓦托洛克和约（1606年），283，637；后来的条约加以确认，637；克劳森堡失败（1660年），422
土地占有，510，522，524-525
贵族：510-511；经济特权，513；领主权利，525；放弃地区特性，成为奥地利贵族，526-527；对君主的重要性，530
农民：权利，512；职业，512-513；三十年战争的影响，522
三十年战争的政治后果，522-523，526，636-637
人民，509，523
宗教分歧，513-514；反宗教改革运动，514，527；君主依靠教会，530
其间的城镇，509，513；生产变革的影响，509-510
贸易，513，522
又见 individual domains
Hafiz Ahmed，哈菲兹·艾哈迈德，帕夏，大维齐尔，迪亚巴克尔行政长

官，法克尔-阿尔丁在黎巴嫩的失败（1613年），632；在巴格达进行干预（1621—1623年），631；巴格达反波斯人运动（1625—1626年），631；反叛（1631—1632年），625；垮台，625
Hagen，哈根，斯特芬·范·德，议员，荷兰西印度公司，651，671
在安波那获得成功（约1605年），648
Hagenau，哈格瑙，让与萨克森，347
Hainault，埃诺，比利牛斯条约（1659年），428
Haindorf，海因多夫，（海因多夫的）圣母，527
Haiti，海地，伊斯帕尼奥拉，701
Hakluyt，哈克卢特，理查德，探险家，676
Halberstädt，哈尔伯施塔特，主教管区
布伦瑞克的克里斯蒂安成为主教（1616年），316；丹麦的克里斯蒂安四世和斐迪南二世要求，318，321；与华伦斯坦（1625年），324；斐迪南二世和马克西米连一世的要求（1629年），327；让与勃兰登堡的腓特烈·威廉（1647年），354，412
Hale，黑尔，马修爵士，法官与法律改革委员会，581
Hales，黑尔斯，约翰，178
Halland，哈兰德，仍为丹麦的组成部分，386；布伦塞布罗和约（1645年），403；对波罗的海地区的意义，403；勒斯基尔德条约（1658

年), 430

Halle, 哈雷, 帕彭海姆在 (哈雷), 340

Halley, 哈雷, 埃德蒙, 天文学家, 167

Hamadan, 哈马丹, 遭洗劫 (1630年), 631

Hamburg, 汉堡, 350, 399
与其经济成功 (1570—1618年), 301-302, 304; 贷款给瑞典, 396; 工业发展 (1600—1618年), 303
建筑堡垒, 222
英法贸易条约 (1654年), 424; 与丹麦争吵, 302, 313
贸易: 企业家, 271; 和外国人流入 (1600—1618年), 促进贸易, 303; 其中的德意志商人, 296-297; 与东印度公司, 653; 汉萨同盟, 299, 302; 商人冒险家, 294, 302; 波罗的海地区, 234, 303; 冰岛, 302; 意大利, 301; 地中海, 234, 303; 葡萄牙, 302-303; 西班牙, 300, 302-303; 跨大西洋, 303
海上力量: 西班牙租用船只, 230; 商船队的发展, 234, 303

Hamburg Exchange Bank, 汉堡汇兑银行, 创立 (1619年), 302

Hamburg Girobank, 汉堡汇兑银行, 成立 (1619年), 84

Hamburg, 汉堡, 条约 (1638年), 348, 401

Hameln, 哈默尔恩, 323

Hamilton, 汉密尔顿, 厄尔·J., 对铸造马拉维迪的看法, 81; 价格研究, 89; 西班牙的衰落《经济史评论》, 第七卷和《美洲财富与西班牙价格高革命, 1501—1650年》, 437 注

Hamilton, 汉密尔顿, 詹姆斯, 第三代侯爵和第一代公爵, 570
查理一世的亲信、密友, 566
力主互让 (1638年), 568

Hammond, 哈蒙德, 罗伯特, 议会党人, 中将, 221

Hampshire, 汉普郡, 军事管制, 556

Hampton Court Conference (1604), 汉普顿宫会议 (1604年), 536-537, 546

Han, 汉, 汉学, 33

Hanseatic cities, 汉萨同盟各城市
波罗的海地区贸易, 233-234; 松德海峡通行费, 387
与丹麦: 商业竞争, 389
与下萨克森: 反对华伦斯坦 (1626年), 325
与波兰: 西吉斯蒙德三世反对反西班牙海上联盟, 228
与西班牙: 建议的条约, 325

Hanseatic League, 汉萨同盟, 状况 (1600年), 299
与西班牙的协议 (1607年), 300; 英荷反目, 300; 试图排斥英国商人, 302
商船队, 234

Harant, 哈兰特, 波希米亚贵族, 被处决 (1621年), 518

Harcourt, 阿尔库尔, 亨利·德·洛林, 伯爵, 与加泰罗尼亚反叛, 414; 包围莱里达, 414; 在布赖萨赫搞阴谋, 417; 放弃布赖萨赫

(1653年)，426

Harcourt，哈考特，罗伯特，兼并圭亚那给英国（1609年），672；殖民（1609—1618年），701

Harjedalen，黑尔耶达伦，被割让给瑞典（1645年），403

Haro，阿罗，唐·路易斯·德，卡尔皮奥公爵
  控制着西班牙政府，471
  马德里会谈（1656年），427；比利牛斯条约（1657年），428；玛丽亚·特雷萨的婚姻（1660年），428

Harriott，哈里奥特，托马斯，数学家和天文学家
  天文发现，150；对代数的贡献，152；与开普勒，154；与光学，156-157；与航海，166

Harsnett，哈斯尼特，萨缪尔，诺里奇主教，指责（1624年），552，565

Hartford，哈特福德，康涅狄格，691-693
  建立（1636年），688
  与温莎和韦瑟斯费尔德联合召开议会讨论成立政府事宜（1637年），688

Hartlib，哈特利布，萨缪尔，142，571

Harvey，哈维，威廉，医师，131-132，135，148，163
  血液循环理论，137-138，146，160-162；伦莱讲师，138；对生理学的贡献，160-162；《心血运动论》（1628年），160-162；《论动物生殖》（1651年），164；对胚胎学的贡献，164

Hastings family，黑斯廷斯家族，对内战的态度，575

Haurranne，奥朗恩，让·杜韦热埃·德（1581-1643年），圣西兰修道院院长，见 du Vergier de Haurranne, Jean

Haut Poitou，上普瓦图，地租水平，65

Havana，哈瓦那，古巴，西班牙商船队集散中心，708

Hawkins，霍金斯，约翰爵士，701

Hawkins，霍金斯，威廉，黎凡特商人，在苏拉特为英国东印度公司赢得贸易特许权（1607—1611年），660

Hawran，霍兰，632

Heads of the Proposals（1647），提案要点（1647年），580

Heath，希思，罗伯特爵士，与国王特权，125-126

Hebrides，赫布里底群岛，贸易路线，300

Heckscher，赫克歇尔，伊莱，瑞典铁产量估计，97

Heidelberg，海德堡，包围（1622年），317；大学藏书被送到了梵蒂冈，317

Heidelberg Catechism（1563），海德堡教理问答，176，179

Heilbronn，海尔布隆，联盟，组成（1633年），341，398；与华伦斯坦之死，344；解散，345

Heinsius，海因修斯，丹尼尔，莱顿大学教授，古斯塔夫·阿道夫的顾问

Helvetic Consensus（1675），瑞士联合

信条（1675 年），176

Hempstead，亨普斯特德，新英格兰，殖民地，690

Henckel，亨克尔，拉萨鲁斯，见多内尔斯马克，拉萨鲁斯·冯

Henri Ⅳ，亨利四世，法国国王，240，319，415，485，495，516

 与决斗，24；团队，213；宫廷，240，319

 资助戏剧，248，255；与芭蕾，251；与歌剧，251

 重新皈依天主教，262

 外交：根据里昂条约（1600 年）得到萨卢佐，262；成为反西班牙情感的中心，263-263；支持教廷，262-263；反对英西联姻建议，264；支持福音派联盟（1609 年），267；与孔代公主，267；他的大计划，267-268；与新教德意志诸侯联盟（1610 年），268；于利希-克莱费斯继承问题，267，290；布鲁索洛条约，268；与西班牙在莱茵兰交战计划，268；他被谋杀的政治影响，108-109，546；他的统治对欧洲力量对比的重要性，263

 遭谋杀（1610 年），106，546

Henri of Navarre，纳瓦拉的亨利，见 Henri Ⅳ, king of France

Henrietta of England，英国的亨丽埃塔，婚姻（1661 年），425

Henrietta Maria，亨丽埃塔，英国查理一世的王后

 资助戏剧，241，249-250，256；芭蕾，249；假面剧，253-254

 嫁给查理一世（1624 年），319；查理二世与奥尔唐斯·曼西尼联姻计划，425

Henry Ⅴ，亨利五世，英国国王，531

Henry Ⅶ，亨利七世，英国国王，531

Henry Ⅷ，亨利八世，英国国王，外交政策，531

Herbert，赫伯特，菲力普，见 Pembroke, Philip Herbert, fifth earl of

Herefordshire，赫里福德郡，577

Hermetic writings，赫耳墨斯的著作，7

Hero of Alexandria，亚历山大的希罗，151

 他的《汽转球》，167

Herrera，埃雷拉，马丁内斯·德，他的《睿智的王子》，811

Hertogenbosch，赫尔托根博什，见 Bois-le-Duc

Hesse，黑森，教会组织，176；玻璃制造，292；贵族和地方法官强制统一，170；人口因战争而减少，77

Hesse-Cassel，黑森-卡斯尔

 加入希尔德斯海姆联盟（1652 年），409；参加莱茵联盟，420

Hesse-Cassel，黑森-卡斯尔，阿梅丽娅·伊丽莎白，伯爵夫人，与威斯特伐利亚和约，356

Hesse-Cassel，黑森-卡斯尔，威廉，伯爵，与古斯塔夫·阿道夫结盟（1631 年），333；妒羡瑞典的将军们，342；拒绝在布拉格讲和，346；使其受雇于法国，347；1640 年战役，349

Hesse-Darmstadt，黑森-达姆斯塔特，乔治，伯爵，在雷根斯堡会议上，317

Heyn，海恩，彼得·彼得松，荷兰舰队司令，夺取西班牙运宝船，42，78，229，692，704，724

Heywood，海伍德，托马斯，剧作家，《为善意所杀的女人》（1607年），256

Hijaz，汉志，632

Hildesheim，希尔德斯海姆，主教管区，利奥波德大公的主张（1629年），327

Hildesheim，希尔德斯海姆，联盟，组建（1652年），409

Historiography，历史编纂学，1，7-8

Hitler，希特勒，阿道夫，4

Hitu，希图，荷兰人破坏（1636年），652

Hobart，霍巴特，亨利爵士，首席法官，阐释"基本法"，126

Hobbes，霍布斯，托马斯，哲学家，145，198，573

他的《论公民》（1642年）和《利维坦》（1651年），105，129-130，164；对洛克和卢梭的影响，130；他的著作的出版，130；归纳法，130-131；他的政治理论的影响，131；生理学理论，163；《论物体》（1655年），164；《论人》（1657年），164

Hoboken，霍博肯，纽约，殖民地，693

Höchst，赫克特，战役（1622年），317

Hofburg，霍夫堡，维也纳，建设宫廷剧院（1652年），251

Hohenzollern canal，霍恩佐伦运河，408

Holland，荷兰，417

使用，365-366

海事院，362

阶级结构，369

宪法：联邦议会中有代表，362

经济：银价指数与荷兰盾，86；联邦税，362；经济增长，365-366；移民的经济影响，365-366

奥尔登巴内费尔特与执政者莫里斯的矛盾（1609—1619年），373-374；反对腓特烈·亨利的亲英政策，375；愿与西班牙和平相处（17世纪40年代），381，413；与威廉二世，383

政治制度：护国公，权力，364；议会，组织，363；阿米尼乌斯派—戈马尔派矛盾，372-374；执政者职位，奥兰治家族的影响，364-365

政党："地方"党，270

宗教：千禧年主义，173；戈马尔派—阿米尼乌斯派矛盾，179-180，197，371-372；五条款抗议书（1610年），372；发展成政治争论，373；多德雷赫特教会会议（1619年），374

贸易：366-367；地理优势，99；与东印度公司，647；羊毛主要市场，365-366；纺织品进口，478

又见 Netherlands, Dutch

Holland，霍兰德，亨利·里奇，第一代伯爵，569

Holstein，荷尔斯泰因，325

农业发展，297；土地占有，297；农民，297

工业：冶金，297

贵族：商业企业，297

贸易：从瑞典进口金属，297；贵族专家增多（1600—1618年），297

公爵们，见Christian Ⅳ of Denmark

Holstein-Gottorp，荷尔斯泰因－戈托普，丹麦远征探险（1657年），430

Hondschoote，洪德舒特，布业发展起伏，95－96；工人流向莱顿，96

Hooft，胡夫特，彼得·科内利乌松，与荷兰暴乱，360

Hooke，胡克，罗伯特，实验哲学家，他的《显微绘图》（1665年），149

Hooker，胡克，托马斯：新城牧师，马萨诸塞，688；建立哈特福德，康涅狄格（1636—1637年），688；宗教和政治目的，688

Hoorn，霍恩，与东印度公司，647

Hopkins，霍普金斯，S.，她的《七个世纪的消耗品价格，与建筑工人工资率的比较》，90注

Horn，霍恩，古斯塔夫·卡尔松，布耶内堡伯爵，瑞典将军1632年失败，337；妒羡德意志将军，342；威胁布赖萨赫，343；在内德林根被活捉（1634年），344

Horrox（Horrocks），霍罗克斯，杰雷米亚，天文学家，133，154

Hortleder，霍特勒德，耶拿大学校长，认为帝国重于皇帝，110

Hoskins，霍斯金斯，威廉·乔治，对英国农村建筑的评述，101

Hôtel de Bourgogne theatre，布尔戈涅戏馆，243－244，248

Houska，豪斯卡，田庄，519，524

Houtman，豪特曼，科内利乌斯，荷兰商人，指挥舰队前往东印度群岛（1597年），99，646

Howard，霍华德，（诺福克郡）的家族，264，269，545，548

与白金汉，553

Howard，霍华德，托马斯，参见Arundel, Thomas Howard, second earl of Surrey and of

Hradcany，赫拉德卡尼，布拉格，528

Hudson Bay，哈得孙，675，697

Hudson，哈得孙，亨利，探险家，探寻通往东方的西北航道，675－676，690，697

Hudson river，哈得孙河，675，691，699－700

河边的荷兰殖民点，690，693，701；弗吉尼亚公司要求，691

Hugli，胡格利，孟加拉，其间的葡萄牙殖民点，644

Huguenots，胡格诺派教徒，参见France and the Huguenots

Huhnhäuser，胡恩豪泽，阿尔弗雷德，评价波罗的海地区谷物贸易统计数，92

Hull，赫尔，捕鱼权，557

Hulst，赫尔斯特，包围（1645年），223

Humble Petition and Advice（1657），《愚妄的请求和意见》（1657年），582－583

Hungary，匈牙利，41

分成三个地区，503

民族主义，3

宪法，506－507，530

人种志，508－509
封建主义，525－526
外交和政治事务：继承争执，506；反鲁道夫宗教暴乱（1604年），284；与奥斯曼土耳其人联手，284；锡特瓦托罗克和约（1606年），284；特兰西尔瓦尼亚的贝特伦·加博尔入侵（1619年），313，597；参加波希米亚联盟（1620年），515；奥斯曼土耳其人，284，412，637；1630年之后的乱局，522
国王们，见 Ferdinand II, emperor; Ferdinand III, emperor; Matthias I, emperor; Rudolf II, emperor
矿业，510
贵族：人口比例，17；政治和领主权利，285，525－526
农民，525
宗教：允许不同派别，34；马蒂亚斯一世承认新教教会，514；上帝一位论，197；耶稣会反新教徒运动，514；反宗教改革运动，35，521
贸易：农产品出口，513；牛只贸易，513
大学，521
Hungary，匈牙利，土耳其的，新教徒和天主教徒一律平等，520
Huronia，休伦尼亚，尚普兰旅行到此（1615—1616年），698；易洛魁人掌控通道，699
Huron，休伦，湖，676，699
Hurons，休伦人，印第安部落，与易洛魁五族同盟战争，676，700；与法国人结盟，676；与莫霍克人的战争，676；方济各会静思会传教活动（1615年），697；耶稣会传教团，699；部落被易洛魁人打散了（1648年），700－701
Hus，胡斯，杨，307
Hussites，胡斯派分子，见 Utraquists
Hüseyn Efendi，侯赛因·埃芬迪，老师，642
Hüseyn Pasha，侯赛因帕夏，与克里特战争，640－641
Hutchinson，哈钦森，安娜，689
信仰，687；从波士顿出走，687；建立朴次茅斯（1639年），687；在长岛（1643年），687，694；在东彻斯特，687；被谋杀，687
Huygens，惠更斯，克里斯蒂安，荷兰天文学家，他的单摆调节时钟，2，149；《摆钟论》（1673年），145
Hyde，海德，爱德华，见 Clarendon, Edward Hyde, first earl of
Hymnology，赞美诗研究，175
Iasi，雅西，636
Ibraham，易卜拉欣，苏丹，登基（1640年），622；攻击鞑靼人（1641年），612；阴谋，642；与科曼克斯·卡拉·穆斯塔法帕夏，642；被处死（1648年），622－623，642
Ibsir，易卜西尔，穆斯塔法帕夏，大维齐尔，630
反叛，642
Iceland，冰岛，302
气候变化，73
巴巴里海盗，232；与英国，235
Ignatius Loyola，依纳爵·罗耀拉，圣

（伊尼戈·洛佩斯·德·洛雅拉），171，182

Iguazú Falls，伊瓜苏瀑布，巴拉圭，712

Imago Primi Saeculi Societatis Jesu，《耶稣会初始时期》，377

Imhof，伊姆霍夫，家族，294

Imola，伊莫拉，贵族，人口比例，17

Inca Empire，印卡帝国，人口的减少，717

Independents，独立派
 目的，579
 与"人民契约"（1647年），580
 与克伦威尔的宗教问题解决办法，582

India，印度，486，655，706
 植物收集活动，164
 经济：谷物价格，73；与西班牙金银，79
 基督教传教团的到来，667–669
 饥荒，73
 与葡萄牙，其间的殖民点，644；贸易合作，646；在此建造大帆船，665；传教团到来，667–669；与英国贸易，664
 丁香贸易，652；棉花，649–650，657；靛蓝，670；胡椒，653
 又见 Bengal；Coromandel；Goa；Gujarat；Lucknow；Macau；Madura；Malabar；Pulicat；Punjab；Sind；Susuntra；Vijayangar

India Company，印度公司，西班牙的，461

Indian Ocean，印度洋，葡萄牙人与威尼斯人在此竞争，640；贸易路线，645

Indians，印第安人，北美的，682
 与欧洲殖民者的关系，674，678，687–690，692–694；土地权，687；毛皮贸易，676
 又见 Algonquins；Hurons；Iroquois；Manhattans；Mohigans；Mohawks；Montagnais；Naragansetts；Pequots；Raritans；Tappans

Indians，印第安人，南美的，19；在西班牙美洲的地位：依附于西班牙人，708；反抗，709；耶稣会传教团到来，711；《地方行政长官阿尔法罗法令》（1611年），711；是奴隶，713；减少及其原因，716–717；西班牙美洲的劳动力，717–719；土地占有的缩减，719–720；又见 Araucanians；Caribs；Guarani；Guaycuru；Pehueche；Tarhumara；Tupi

Indonesia，印度尼西亚
 荷兰人的贸易霸主地位，226；其间的欧洲人，644 ff.；科罗曼德尔布匹进口，657；伊斯兰教徒反对荷兰人，670；对天主教的影响，670
 又见 under names of places

Indragiri，印德拉吉里，苏门答腊，贸易，656；荷兰人向其活动（1627年），656；被阿钦攻击（1632年），656

Industry，工业
 尽管有战争仍在增长，64
 依赖资本，93
 军事力量，101，394；煤炭业，97–

773

98；玻璃制造业，21，292；金属和矿业，95－98，101，292，294，296－297，394，589；加工业，368；纺织业，64，93－96，368，477－478，562；亚麻业，293－295；丝绸业，64；羊毛业，94－96，534，547－548，582

在英国，64，94－96，97－98，534－535，543，547，550，552，562，582；法国，477－478；德意志，292－294，296－297；意大利，93；墨西哥，440；尼德兰，64，94－96，368；秘鲁，708，718，723；萨克森，293－295；西班牙，93，439－440；瑞典，96－97，101，394

Infantado，（王子或公主）采邑，领地，公爵，443，462

Ingolstadt，因戈尔斯塔特，马克西米连一世在那儿，338

Ingria，英格里亚，599
  割让给瑞典（1617年），388，605

Innerösterreich，内奥地利，封建主义，525

Innocent X，英诺森十世，教皇
  当选（1644年），186，414；他的简短敕书，186；约束任人唯亲，187；谴责詹森主义，188；与马萨林的关系，426；雷斯事件（1654年），426

Innsbruck，因斯布鲁克，上奥地利首府，504－505

Inquisition，宗教裁判所，迫害犹太人，58，271；压制自由思想，437

Investments，投资，新途径，100－103；卡斯蒂利亚的政府债券，449

Iraq，伊拉克，6
  多种族的，630
  逊尼派和什叶派伊斯兰信仰，630
  商路受沙漠阿拉伯人威胁，630
  与奥斯曼土耳其人：1534—1535年和1546—1547年被征服，630；巴士拉和巴格达半独立，630－631；巴克尔·苏巴希与穆罕默德·康巴尔的矛盾（1619—1621年），631；哈菲兹·艾哈迈德承认巴克尔政府，631；波斯人夺取巴格达，631；波斯与奥斯曼人之间的战争（1623—1639年），631－632，633－634；祖哈布和约（1639年），634

Ireland，爱尔兰，531，546
  叛乱，14；西班牙助力反叛，264；投降（1603年），264；政府改革（17世纪20年代），551；军事管制，556；斯特拉福德统治，565－566；天主教徒和新教徒，565－566；攻击斯特拉福德（1640年），569；反叛（1641年），572－573，581；克伦威尔的解决办法，583
  其间的浸礼会教友，579

Ireton，艾尔顿，亨利，捍卫财产权、反对平等派，129；与"人民公约"，580－581

Irina，伊琳娜，俄国公主，婚姻，613

Iron industry，钢铁工业，见 Industry, metals and mining

Iroquois，易洛魁人，印第安人部落
  与休伦人的战争，676；五族同盟，676；与英国人结盟，676；出卖土地给詹姆斯敦（1609—1610年），

676；与法国人为敌，676，691，697-698，700；控制着前往休伦尼亚的通道，699；与荷兰人结盟（1618年），691，694；向荷兰人和英国人供应毛皮，699；殖民者们提供武器，694；耶稣会传教团前往（17世纪30年代），699；攻打休伦人（1648年）对欧洲殖民者处境的影响，701

毛皮贸易，691，699

Irtysh river，额尔齐斯河，663

Isabella Clara Eugenia，伊莎贝拉·克拉拉·欧亨尼亚，西班牙公主，西属尼德兰君主，314，342

作为君主，370，376-377；和谈，379；去世对宫廷的影响，360

Isaqca，伊萨格萨，636

Iskandar Muda，伊斯坎达尔·木达，阿钦苏丹，征服（17世纪20年代），655-656；去世（1639年），656

Isle-Groslot，伊斯尔-格罗斯洛，法国法学家，105

Isma'il，伊斯梅尔，波斯国王，634

Isocrates，伊索克拉底，479

Istanbul，伊斯坦布尔，627，633-634，637，650，653

Istria，伊斯的利亚，宪法和政府，504-505

Italy，意大利

　官僚政治，271

　农业：玉米产量，65；谷物价格，73

　艺术，2；文化，7；影响帝国的建筑，529

政府和政策：32；君主制是保护者，56；苏亚雷斯和贝拉明的政治理论，116；英雄观，116

费利佩三世治下的国家状况，172-273

戏剧，见 Drama in Italy

经济：战争影响，14-15；价格，62，88-89；银行业，84-85；银价指数，86；支付西班牙贷款，102

外交：17世纪转投法国反对西班牙的机会，261-262；敌视西班牙（1598—1621年），273；西班牙战争派（1621年），279；比利牛斯条约（1659年），428

工业：衰落，53-54；纺织业，93

贵族：人口比例，17，22；在城市地区，17-18；特权，19-20；职业地位，21-22；行为准则，24，26；政治权力，60

瘟疫，76

人口估计，71

宗教：反宗教改革运动，271，273

贸易：出口，53-54；进口；谷物（1580—1618年），301，303；胡椒，653；纺织品，94

又见 under names of towns and provinces；Science in Italy

Itatim region，伊塔蒂姆地区，南美洲，713

其间的耶稣会传教团，712

Ivan Ⅳ，伊凡四世，沙皇，385

征服阿斯特拉罕（1555年），662

Ivangorod，伊凡哥罗德，割让给瑞典（1617年），390

Ivan Grozny，伊凡·格罗兹尼，莫斯

科亲王，607，609

Ivanovitch，伊凡诺维奇，费伊多尔，沙皇，113

Jagellon dynasty，亚盖洛王朝

Jakarta，雅加达，爪哇，英荷在其间的竞争（1618年），649—650；又见 Batavia

Jamaica，牙买加，434
西班牙对其失去控制，714；被英国夺取（1655年），236，424

Jambi，占碑，苏门答腊
与阿钦敌对（1623—1627年），656；巴达维亚，659；中国人居住地和贸易，654，658；与荷兰人：商站，654；敌视中国人，654，658；作为盟友（1624—1627年），656；与印度，657；受马塔兰的威胁，655

在安息的贸易，656；棉花，657；黄金，659；蜂蜜，656；胡椒，653—654，656；蜡，656

James Ⅰ，詹姆斯一世，英国国王，和苏格兰四世，24，36，72，181，240，565

才能，532—533，559—560

性格，533

奢华，551

克雷芒八世想使奇皈依天主教，262

要求王位，264，533；火药阴谋（1604年），106

赞助戏剧，249；与假面剧，251

财政：38，533—534，544—545，548—549，551；1614年之后筹款的方法，547；王国政府经济状况（约1620年），548

国内政策（17世纪20年代），549；在苏格兰，546，566

外交政策：作为国际谋求和平者，532—533，546；向西班牙求和，264，546；西班牙联姻建议，269，546，550—551；受西班牙使臣贡多马尔的影响，269，276，314；西班牙和尼德兰之间的调停人与确保十二年休战（1609年），546；巴拉丁婚姻（1613年），269，546；与腓特烈五世：（1619年），278，311—314，549；受白金汉的影响，319，法尔次的支持（1621年），549；与荷兰人协商一致在亚洲攻击葡萄牙人和西班牙人（1619年），651；与俄罗斯（1623年），609；英法联姻和结盟（1624年），319—320，553；与波斯丝绸贸易（1619年），662；曼斯费尔德征战布雷达，320；反哈布斯堡计划，320—322；与英荷联盟（1625年），322；与南美洲，701；弗吉尼亚公司，674，691

与法律改革，545—546

与议会：承认需要议会同意（约1604—1614年），546；说议会的特权来自国王（1621年），550；议会认为专利权是对特权的侵犯（1624年），551

《自由君主制的真正法则》（1598年），107，124；《王室礼物》（1599年）、《效忠宣誓》（1607年）和《反对红衣主教佩龙 捍卫国王权利》（1615年）阐释的政治理论，107；威尼斯人和萨尔皮喜欢的理

索　引

论，108；关于君主政体的声明，125；多特教会会议上官方东正教观点，180；与贝拉明的争论，7，105-106

与1603年宗教形势，536；汉普顿宫会议（1604年），536-537；加强圣公会的立场，546；与分离主义者们，682

贸易：禁止胡椒进口（1609年），653

去世（1625年），552-553

James Ⅱ，詹姆斯二世，英国国王，迪恩斯战役（1658年），424

James Ⅵ of Scotland，苏格兰的詹姆斯六世，见 James Ⅰ, king of England

James river，詹姆斯河，弗吉尼亚，674，678

Jamestown，詹姆斯敦，弗吉尼亚，675，682

建立（1607年），673；约翰·史密斯加以发展（1608年），674；加固（1610年），674，676-677

Jamtland，耶姆特兰，割让给了瑞典（1645年），403

Jankau (Jankow)，扬考，战役（1645年），351，397

Jansen，詹森，科内利乌斯，伊普尔主教，479

信仰，187-188；他的《奥古斯丁学说》，188，190，377，501；遭教皇诏书《托词》谴责（1653年），501

Jansenism，詹森主义，124，137，183，201，492

起源、信仰和传播，174-178，182，187-192，377-378；对决疑论的态度，185；与法国虔诚派运动，184；类似于清教主义，193，195；救济工作，499；政府谴责（1649—1661年），501

Japan，日本

铜生产，97，394

与欧洲贸易，226；与澳门贸易，645；葡萄牙人垄断中日贸易，被将军德川家康打破（1600—1616年），659；葡萄牙耶稣会传教士，659，667；欢迎荷兰人（1601年），659；1609年确立贸易，649；惧怕西班牙传教士，659；英国商站（1623—1633年），650，660和注；将军们愿意镇压日本的基督教徒和驱逐葡萄牙人（1622—1637年），659，667；对欧洲人关闭门户（1639年），667；荷兰人的金银贸易繁荣（1640—1650年），659-660；1650年荷兰人控制了海路，633；瑞典铜影响了铜币贸易，670

Japara，哈帕拉，爪哇，科恩要求贸易垄断，654：荷兰商站遭攻击（1618年），654；科恩劫掠哈帕拉、摧毁英国商站和奴役中国人（1620年），654；荷兰人威胁中国商人，658

Jask，贾斯克，波斯，设立英国商站（1619年），662

Java，爪哇，葡萄牙殖民点，644；荷兰人鼓动进行攻击葡萄牙人活动，648；设英国商站（约1610年），650；与望加锡的贸易，652；防止荷兰人攻击英国人，653；荷兰人

控制（约 1620 年），654；苏丹阿根的宗主权，655；与科罗曼德尔的棉花贸易，656；蔗糖贸易，670

又见 Bantam；Jakarta；Japara；Surabaya；Tuban

Jeannin，让南，皮埃尔，批评波罗的海地区谷物贸易统计数，92；他的《松德海峡账目》，63

Jeannin，让南，皮埃尔，秘密委员会成员，481

Jena，耶拿，大学，110，136
鼓励阿鲁马尤斯学派，110

Jerome，Saint，圣哲罗姆，17

Jessen，耶森，布拉格大学校长，被处死（1621 年），518

Jesuits，耶稣会士，见 Society of Jesus

Jews，犹太人
与高贵，25；受宗教裁判所迫害，58，271；千禧年主义，173
在阿姆斯特丹，201；汉堡，303；波兰，585；葡萄牙，58；南美，715；西班牙，4，25，58，271

Jindrichuv-Hradec，因德里休夫－拉德克，519，527

Jiretin，吉雷达，513

Joachim Frederick，约阿希姆·腓特烈，勃兰登堡选帝侯，参见 Brandenburg, Joachim Frederick, elector of

João Ⅳ，若昂四世，布拉干萨王朝，见 John Ⅳ, king of Portugal

John Ⅳ，约翰四世，葡萄牙国王，726
成为国王，470
与 1637 年起义，467
与黎塞留结盟，414；与荷兰休战（1641 年），666

John Ⅲ，约翰三世，瑞典国王，去世（1592 年）598

John Casimir，约翰·卡西米尔，波兰国王，197
要求瑞典王位（1651 年），409，429；韦劳条约（1657 年），430；法国人在波兰和瑞典之间进行调解，430

John George Ⅰ，约翰·乔治一世，萨克森选帝侯，见 Saxony John George Ⅰ, elector of

John Philip von Schönborn，约翰·菲力普·冯·申波恩，选帝侯，见 Mainz, John Philip von Schonborn

John Sigismund Zápolyai，约翰·西吉斯蒙德·扎波利艾，特兰西瓦尼亚国王，196

Johnston，约翰斯顿，阿切博尔德，见 Warriston, Archibald Johnston, Lord

Johore，柔佛，马来亚，646，649
马六甲的敌人，645；与荷兰东印度公司结盟，648；与荷兰联手攻打马六甲（1606 年），655；与马六甲讲和（1609 年），655；被阿钦苏丹木达征服（1623 年），655；荷兰人妥善处理柔佛的作用以对抗阿钦和马六甲，656

Joint-stock companies，股份公司，兴起，68

Joly，若利，克劳德，巴黎圣母院的教士，《真正重要的格言集》（1652 年），121－122

Jones，琼斯，伊尼戈，建筑师，为假面剧提供布景装置，251，253

索　引

Jonson，琼森，本杰明（本·琼森）剧作家和诗人，211
假面剧编剧，251
Jordan，乔丹，W. K.，教授，贫民救济和敕书，563
Joris，乔里斯，大卫，194
Joseph Ⅱ，约瑟夫二世，皇帝，与封建主义，526
Joseph，约瑟夫，神父（弗朗索瓦·勒克莱克·迪·特朗布莱），105，493
驻雷根斯堡的使节，329；组织嘉布遣会传教团前往伊斯坦布尔，638
Jourdain，朱尔代恩，英国驻班塔姆主管，攻打在雅加达的荷兰人（1618年），650 - 651
Juan，璜，唐，奥地利，迪恩斯战役（1658年），424
Jülich-Cleves，于利希 - 克莱费斯，继承（1609年），267 - 268，290，546
Julius，尤利乌斯，维尔茨堡，289，292
Jung，荣格，植物学家，164
Jung，荣格，约阿希姆，吉森大学医学教授，136；对化学的贡献，159
Justinian，查士丁尼，皇帝，他的《法学总论》，109
Jutland，日德兰，被华伦斯坦侵占（1627年），325，391
丹麦攻打（1643年），403
Juxon，朱克森，威廉，伦敦主教，成为财务主管，565
Kalita family (Russia)，卡利塔家族（俄罗斯），113

Kalmar，卡尔马，战争（1611—1613年），389，409
Kalmyks，卡尔米克人，612 注
Kandy，康提，锡兰，被葡萄牙人包围（1603年），645，666；后来遭到葡萄牙人攻击，666；与荷兰东印度公司结盟，648
Kanizsa，卡尼萨，637
Kardis，卡尔迪斯，和约（1661年），431
Karlov-Tyn，卡洛夫廷，505
Kaunitz family，考尼茨家族，525
Kayseri，卡伊塞里，战役（1624年），629
Kazimierzowo，卡兹米尔佐沃，港口衰败，601
Kemankes Qara Mustafa Pasha，科曼克斯·卡拉·穆斯塔法帕夏，大维齐尔，祖哈布和谈（1639年），634；改革，642；处死（1644年），642
Kennebec，肯尼贝克，缅因，建立的殖民地（1607年），673
Kennebec river，肯尼贝克河，673，681，683
Kent，肯特，578
对内战的态度，574
Kent Island，肯特岛，切萨皮克湾，679
Kepler，开普勒，约翰，天文学家，132，138，143，148
他的《新天文学》（1609年），2；是柏拉图主义者，144；宇宙观，145；他的《屈光学》（1611年），145，156，163；出版对数表，151；行星运动规律，151；对物理学的

贡献，152；与光学，156；《伦维特利奥历代志》（1604年），162-163

Kexholm，凯克斯霍尔姆，割让给了瑞典（1617年），388

Khalil Pasha，卡利尔帕夏，在埃尔祖鲁姆战败（1627年），629

Khiva，希瓦，俄国与其贸易，663

Khlesl，赫勒斯，梅尔基奥，主教和红衣主教，是马蒂亚斯一世的顾问，285-286，288；目的，288；与天主教联盟，291

Khmel'nitsky, Bohdan（Khmelnytsky, Bohdyn），赫梅尔尼茨基，博赫丹，3

起义（1648年），593，598；起义（1651年），41

Khotin，霍廷，见Chocim

Khusrew Pasha，胡斯鲁帕夏，大维齐尔，阿巴扎·穆罕默德投降（1628年），630；波斯战役（1630年），631；宫廷阴谋（1631—1632年），625；被处死，625

Khuzistan，胡齐斯坦，630

Khvorostinin，赫沃罗斯蒂宁，I. A.，贵族，自由思想，614

Kieft，基夫特，威廉，新尼德兰总督，任命（1638年），694；统治，694-695；与英国殖民者的关系，694

Kiel，基尔，货币兑换，297

Kiev，基辅，6，609

与东正教，591，614

Kiev Academy，基辅大学，建立（1631年），593，614注

King，金，格雷高里，17

伦敦人口估计，72

King's Lynn，金斯林，对内战的态度，575

King's Men（theatre company）国王的人（剧团），前"张伯伦勋爵的人"（剧团），249，250，255

King's Servants' Theatre，"国王的仆人"剧院，242

Kinsale，金塞尔，与爱尔兰人叛乱（1601年），264

Kinsky，金斯基，威廉，伯爵，与波希米亚独立运动，343

被杀害，344

Kircher，珂雪，阿塔纳斯，耶稣会士，他的《磁铁》（1641年），159

Kirke，柯克，戴维，刘易斯和托马斯，兄弟，获特许成立加拿大公司（1627年），698；俘获法国援军（1628年），魁北克（1629年）和尚普兰，698；帮助阿卡迪亚的殖民活动，698

Kishin，基欣，围困葡萄牙人（1622年），662

Kisrawen，基斯拉万，法克尔·阿尔丁二世，632

Kladsko，克拉兹科，见Glatz

Klausenburg，克劳森堡，战役（1660年），422

Klis，克利斯，640

Klostergrab（Grab），克洛斯特尔格拉布（格拉布），总结争端，308-309，514

Klushino，克卢希诺，战役（1610年），388，594

Knäred，内雷德，和约（1613年），

389-390, 405, 409

Knights of Saint John, Order of the, 圣约翰骑士团, 反奥斯曼土耳其人的海盗劫掠活动, 639; 与威尼斯的关系, 639; 占有西印度群岛中的一些岛屿, 703

Knights of Saint Stephen, Order of the, 圣斯蒂芬骑士团, 海盗劫掠活动, 232, 639

与威尼斯的关系, 639

Knights of the Sword, Order of, 佩剑骑士团, 衰落, 385

Knin, 宁, 640

Kocu Beg, 科苏·贝格, 影响, 634; 他的《记事集》, 634

Kodak, 科达克, 堡垒, 598

Kolberg, 科尔贝格, 407

Komensky, 科门斯基, 见夸美纽斯, 约翰·阿莫斯

Königsberg, 柯尼斯堡, 600

Königsberg, 柯尼斯堡, 条约（1656年）, 429

Königsmark, 柯尼斯马克, 约翰·克里斯托夫, 伯爵冯, 瑞典陆军元帅, 523

Köprülü viziers, （库普卢鲁）维资尔们, 财政改革, 61

Kösem, 科塞姆, 瓦利德·舒尔坦, 穆拉德四世年少时期的统治, 624; 与科曼克斯·卡拉·穆斯塔法帕夏, 642; 与瓦利德·图尔罕的争斗, 642

Kost, 科斯特, 城堡, 528

Koyré, 柯瓦雷, 亚历山大, 2

Krakow, 克拉科夫, 见 Cracow

Krasnoyarsk, 克拉斯诺亚尔斯克, 1628年建立, 616

Krems, 克雷姆斯, 贸易中心, 513

Kroja, 克罗亚, 637

Krumlov, 克鲁姆洛夫, 519

鱼贸易, 510; 封建地产制, 511; 堡垒, 528

Kücük Ahmed Pasha, 库苏克·艾哈迈德帕夏, 大马士革行政长官, 在安加尔战败（1625年）, 632; 捕获法克尔·阿尔丁二世（1634年）, 633

Kulischer, 库利舍尔, 约瑟夫, 人口估计, 70

Kurdistan, 库尔德斯, 逊尼派穆斯林, 630

Kurds, 库尔德人, 630, 633

Kurland, 库尔兰德, 与瑞典: 港口税费（许可证）条约, 395; 奥利瓦条约（1660年）, 431

Küstrin, 屈斯特林, 与古斯塔夫·阿道夫, 331-332

Kuyuju Murad Pasha, 库尤胡·穆拉德帕夏, 大维齐尔, 镇压小亚细亚叛乱（1607—1610年）, 629

Kyushu family, 九州家族, 659

Labiau, 拉比奥, 条约（1656年）, 429

Labrador, 拉布拉多, 673

Lac des Alumettes, 火柴湖, 697

Lac des Chats, 猫湖, 697

Lachine, 拉希恩, 魁北克, 698

Lachine Rapids, 拉希恩瀑布, 魁北克, 676, 697

Ladies of Charity, 仁爱修女会, 见 Daughters of Charity

Ladislas Ⅳ，拉迪斯拉斯四世，见 Wladyslaw Ⅳ

La Ferté，拉费尔特，率领军队在阿尔萨斯，418

Laffemas，拉弗马，巴泰勒米·德，商业顾问，68

Laffemas，拉弗马，伊萨克·德，491

La Flèche，拉弗勒什，耶稣会贡献，137，141

La Fontaine，拉封丹，让·德，500

Laicacota，莱卡科塔，秘鲁，银矿，722

Lamormain，拉莫迈因，纪尧姆·热莫·德，耶稣会士，与《归还教产敕令》，326，345

La Mothe Le Vayer，拉莫特·勒瓦耶，他的《教徒的美德》，5

La Motte family，拉莫特家族，博韦，478

La Motte-Houdancourt，拉莫特-乌当库尔，与加泰罗尼亚反叛，414

Lancashire，兰开夏郡，对内战的态度，575

Land tenure，土地占有，297－298，449，475，500，510，562－563，575，583，604，608
  大地产的发展，59，298，449－450，500，510，518－519，522，524－525，588，604，608，720
  在殖民地，677－678，680，682－683，720
  详情见 under countries

Land rents，地租，趋势，65

Landsberg League，兰茨伯格联盟，289

Languedoc，朗格多克，497
  抗拒什一税，57；地租标准，65；税收，65；新教徒反叛，485

Lapide Hippolitus a，拉皮德·希波利图斯·阿，歇姆尼茨，P. 的笔名，他的《论罗马德意志帝国的合理地位》（1640年），110；"以国家利益为重的理由"的含义，115－116

La Rochefoucauld，拉罗什富科，弗朗索瓦六世，马西拉克亲王和公爵，416

La Rochelle，拉罗什尔
  新教徒叛乱，485；包围（1627年），42，230，487，488；白金汉，325，487，554，558；法国人用荷兰船只抗击，378
  贸易，477，487；与加拿大毛皮贸易，697

La Sauvetet d'Eymet，堡垒镇，战役（1637年），493

Laud，劳德，威廉，坎特伯雷大主教，126，181，557，563，566，568
  促使英国国教会的振兴，192；尝试一体，564－565
  与肥皂垄断，561；与边境委员会，562；与弹劾斯特拉福德，570；弹劾（1640年），570

Laufenburg，劳芬伯格，与法国，353 注

Laval，拉瓦勒，法国，亚麻和亚麻布业，477

La Vieuville，拉维厄维，夏尔，公爵，法国大臣，是路易十三的大臣，484

Lebanon，黎巴嫩，德鲁兹和马龙派，632；奥斯曼土耳其的统治，632－

633

Le Boucher，勒布谢，乔治，479

Le Bret，勒布雷，卡丹，枢密院成员，479

他的《论国王的最高权力》（1632年），119；王权理论，120

Le Brun，勒布伦，夏尔，画家，500

Lech，莱希，战役（1632年），338

Lee，李，威廉，发明针织机，167

Leeds，利兹，对内战的态度，575；羊毛业，582

Leeuwenhoek，列文虎克，安东·范，显微镜专家，149

Leeward Islands，背风群岛，授予卡利斯尔伯爵（1628年），702；美洲群岛公司，703

又见 Antigua；Dominica；Guadeloupe；Marie Galante；Montserrat；Nevis；St Bartholomew；St Christopher；St Eustatius；St Kitts；St Martin

Le Febure，勒弗比尔，枢密院成员，500

Leghorn，莱戈恩（里窝那），白银贸易，81；进口玉米，301；伦敦东印度公司与胡椒贸易，653

Le Grangier，勒格兰吉尔，财产公证人，100 - 101

Le Havre，勒阿弗尔，493

Leibniz，莱布尼兹，哥特弗雷德·威廉，数学家，使用计算器，151

Leiden，莱顿

布业，64，95 - 96，368；纺织工人迁入，96

瘟疫，76

移民，77 - 78

英国分离主义者们迁出（1608—1609年），681；但是35人离开前往马萨诸塞（1620年），682

Leiden，莱顿，大学，371

新教政治思想中心，104；与君主主义，361；科学，136；阿米尼乌斯主义发端，177；名声，365

Leigh，利，查尔斯，殖民圭亚那（1604—1606年），701

Leighton，莱顿，亚历山大，565

Leipzig，莱比锡，513

贬值，82 - 83；价格变化趋势，88；定期集市，293 - 295

经济繁荣期（1600—1618年），304；毛皮贸易，663

华伦斯坦至此（1632年），341

瑞典人至此，348

花钱免遭瑞典攻击（1642年），402

Leipzig，莱比锡，新教诸侯会议（1631年），331 - 332

Lei Timor，东帝汶，东印度群岛，遭安汶岛民与荷兰人的攻击，646

Lemaire，勒梅尔，荷兰探险家，环球航行，691

Le Mercier，勒梅尔西耶，雅克，建筑师，大钟亭，491；和黎塞留宫，492 的建设者

Lemnos，利姆诺斯岛，与土耳其—威尼斯战争（1645—1669年），641

Lemos，莱莫斯，唐·佩德罗·费尔南德斯·德·卡斯特罗，萨里亚侯爵，伯爵，财政成就，37，272

Lena river system，勒拿水系，俄国毛皮贸易商人到达（1640年），663；

被俄国征服, 616
Lennox, 莱诺克斯, 第四代公爵, 见里奇蒙, 詹姆斯·斯图亚特, 莱诺克斯第四代公爵和第一代公爵
Le Notre, 勒诺特尔, 安德烈, 500
Lens, 朗斯, 战役 (1648 年), 352, 413, 497
Leo Ⅵ, 利奥六世, 教皇, 军事著作, 216
Leo Ⅹ, 利奥十世, 教皇, 将法国人赶出意大利 (1595 年), 261-262; 亨利四世赞扬选举, 263
Leopold Ⅰ, 利奥波德一世, 529
　当选为罗马人的国王 (1658 年), 419; 与明斯特"协议", 420; 与法国的关系, 420; 在意大利帮助西班牙, 420
Leopold William, 利奥波德·威廉, 大公
　占领于利希-克莱费斯 (1609 年), 267
　与主教管区, 318, 327
　被任命为西属尼德兰总督 (1647 年), 377, 413
　在朗斯被打败 (1648 年), 352
　威斯特伐利亚和约 (1648 年), 377
　夺取敦刻尔克 (1652 年), 423
Leopoldstat, 利奥波德市, 528
Lepanto, 勒班陀, 战役 (1571 年), 273
Lerida, 莱里达, 包围 (1645—1646 年), 414
Lerma, 莱尔马, 弗朗索瓦·德·罗哈斯·德·桑多瓦尔, 德尼亚侯爵, 公爵, 38

性格, 443
行政管理, 456-457; 解散印度委员会 (1614 年), 664; 赞助, 272; 与贵族, 443-445
财政政策, 444-445, 448
作为外交大臣, 263, 279, 446
解职 (1618 年), 278-279, 457
Le Roy Ladurie, 勒鲁瓦·拉迪里, E., 经济理论, 11, 65
Leschassier, 莱夏西耶, 雅克, 法国法学家, 105
Lesdiguières, 莱斯迪吉耶雷, 弗朗索瓦·德·博恩, 公爵, 法国元帅, 帮助萨伏伊 (1612 年), 274; 与吕伊内, 483; 脱离胡格诺派 (1627 年), 487
Leslie, 莱斯利, 亚历山大爵士, 第一代莱文伯爵, 率领苏格兰兵团救援斯特拉尔松 (1628 年), 326; 与波希米亚反叛者 (1634 年), 344
Leszczyński family, 莱茨钦斯基家族, 589
Le Tellier, 勒特利埃, 米歇尔, 国防大臣, 军事改革, 237
Le Tellier, 勒特利埃, 尼古拉, 盐税收税官, 起义反抗 (1639 年), 492
Letter of Majesty, 大诏书, 308-309, 315, 514-516, 519, 521
Leur, 洛伊尔, J. C. 范, 他的《1500 年至 1630 年左右印度尼西亚贸易和在印度尼西亚群岛的欧洲影响》, 657
Levant, 黎凡特, 141
与西班牙定金、银, 79; 纺织品进口, 94, 96; 贸易, 640, 650, 653,

697；贸易路线，302，645；香料贸易，658，670；蓝靛贸易，661，670；丝绸贸易，662，670

海盗劫掠，639

Levant Company，黎凡特公司，232

布匹出口，96；在阿勒颇，650；被荷兰人削弱了的香料贸易，660；丝绸贸易转给了东印度公司（约1619年），662

Levellers，平等主义者们，与利尔伯恩，580；援引基本法反对议会，128，580；人民公约，128，580

Lewis Philip，路易·菲利普，巴拉丁诸侯，巴拉丁行政长官，341

Liancourt，利昂库尔，公爵，济贫工作，499

Lichtenstein，利希滕斯坦，查理，诸侯，波希米亚行政长官（1620年），518

Lichtenstein family，利希滕斯坦，525

Liège，列日，战役，347

Liguria，利古里亚，瘟疫，76

Lilburne，利尔伯恩，约翰

援引基本法反对议会，128－129；与星室法庭，565；挑战权贵（1646年），580；被囚，580；平等派领袖，580；与人民公约，580－581

Lima，利马，秘鲁，707

西班牙殖民地，708；是总督区首府，708；商会，和跨大西洋贸易的局限，724

Limburg，林堡，359

议会中没有代表，362

与明斯特条约，381

Limnæus，利姆纳尤斯，安斯巴赫侯爵的顾问，萨克森—魏玛公爵威廉的顾问，他的《罗马—德意志帝国公法九卷》（1629—1632年），和帝权理论，110

Limoges，利摩日，酒贸易，478

Limousin，利穆赞，贵族：领主权，476；反征税暴动（1636年），492；（1644年），494

Limpieza，"纯净"法，4，25，60

Linhares，利尼亚雷斯，葡萄牙总督，印度国

海军改革，665；对传教代价的评述，667

Linschoten，林朔滕，扬·惠根·范，荷兰航海家，646

Linz，林茨，509

上奥地利首府，504－505；鱼贸易，510

国际贸易中心，513

Linz，林茨，和约（1645年），523

Lion of the North，北方雄师，见古斯塔夫二世，阿道夫

Lionne，利翁内，于热·德，贝尼侯爵，421

雷斯事件（1654—1655年），426；马德里会谈（1656年），427；签署英法联盟条约（1657年），424；出席选举会议（1658年）的使臣，419；签署法兰克福条约（1658年），420

Lipsius，利普修斯，尤斯图斯，哲学，33；政治理论及其影响，104－105，122－123；《政治》及出版发行量，105；《论罗马军事》，216；和《攻

守韬略》对军事思想的影响，217
Lisbon，里斯本
　派舰船夺回巴西，229
　其间的德意志商人，300；出口贸易，302；伦敦东印度公司与胡椒贸易，653
Lisowski，利索夫斯基，波兰游击队首领，入侵俄国（1615—1616年），604
Lisowczycy recruited by emperor，波兰游击队被皇帝招募，597，601
Literature，文学，7，28
Lithuania，立陶宛
　军队，223
　宪法，586
　又见波兰
Lithuanians，立陶宛人，585
Little Russia，小俄罗斯，见乌克兰
Littleton，利特尔顿，爱德华爵士，第一代男爵，559
Livonia，立窝尼亚，佩剑骑士团式微，385；被波兰占领，385；瑞波战争，386，390，598-599；部分领土割让给瑞典（1618年），599；瑞典战役，599；阿尔特马克停战协定（1629年），600；斯图斯多夫条约（1635年），600；奥利瓦瓜分条约（1660年），431；卡迪斯和约（1661年），431
Livy，李维，提图斯，116，479
Loanda，罗安达，刚果，被荷兰西印度公司占领，705
Lobkovic，洛布科维茨，波希米亚掌玺官的妻子，反派失败后收购土地，519

Lobkovic，洛布科维茨，茨德内克，波希米亚掌玺官
　与波希米亚王位继承，277，307，315，514
　逃离波希米亚，516
Lobkovic family，洛布科维茨家族，525
Lobkowicz，洛布科维奇，参见Lobkovic
Lobkowitz，洛布科维茨，参见Lobkovic
Locke，洛克，约翰，哲学家，130
Lockhart，洛克哈特，威廉爵士，使臣，签署银行法条约（1657年），424；敦刻尔克总督
Loire river，卢瓦尔河，486
Loket，洛克特，见埃尔博根
Lombardy，伦巴第，土地租金，65；土地投资增加，100；贵族，人口比例，17；瘟疫，76
Lonchay，隆谢，H.，来自西班牙宫廷关于低地国家事务的信函，1598—1700年，282注
London，伦敦
　汇票，83；纺织品出口，94；煤炭消费，98；其经济资源影响内战，220
　移民美洲，682
　商人们接受西班牙的庇护（约1610年），271；被迫借钱给国王（1617年），61，548；反主教派运动，571；市长和市政官员们一致支持查理（1641—1642年），572；任命一个安全委员会（1642年），573；对内战的态度，574，578

人口爆炸，71-72
瘟疫，75-76
科学培训，138
剧院，被议会关闭（1642年），239；外国演员表演，240；对女演员的态度，241；首家起名"剧院"的剧院建于1576年，242；私家和公共剧院建于1579—1582年，242-243；观众，245-247，256；演出的戏剧种类，255-256
波罗的海地区与地中海地区的贸易联系，303-304
London Conference（1613），伦敦会议（1613年），650
London, Treaty of（1604），伦敦条约（1604年），265
London, Treaty of（1659），伦敦条约（1659年），431
London, Treaty of（1661），伦敦条约（1661年），425
Long Island，长岛，695
安娜·赫钦森，687；来自缅因的殖民者们，690
又见Saybrook
Long Island Sound，长岛海峡，688，690-691
Longueville，隆格维尔，安娜·热内维埃夫·德·波旁，公爵夫人，与投石党运动（1650年），498
Longueville，隆格维尔，奥尔良的亨利二世，公爵，与农民，57
参加亲王叛乱（1614年），481；退至诺曼底（1620年），483；图谋反对国王（1626年），485；与投石党运动，498；被捕（1650年），498

Lord Chamberlain's Men (theatre company)，张伯伦勋爵的人（剧团），249
Lorraine，洛林，417
西班牙军队用作前往尼德兰的陆上路线，261
被法国人夺取（1635年），346
Lorraine，洛林，查理四世，吉斯公爵和洛林公爵，237
野心，50
与吕伊内（1618年），483；投向哈布斯堡王朝（1635年），346；在那不勒斯（1647—1648年），415
军队在莱茵兰（1652年），409
与投石党运动（1652年），499
征战那不勒斯（1655年），426
比利牛斯条约（1659年），428
Lorraine，洛林，玛格丽特，参见Orleans, Margaret of Lorraine, duchess of
Lothar, law of，洛塔尔法，110
Loudon，卢登和约（1616年），482
Louis XIII，路易十三，法国国王，121，240，415，516
目标和成就，483-484，501
登基（1610年），474；结婚（1611年），268，481；宣告年龄（1614年），481
宫廷和王室的开销，38
赞助戏剧，248；芭蕾，251；艺术，490-491；文学，491
对时事报的贡献，491
内政：除掉孔西尼（1617年），483；吕伊内掌权（1617—1621年），483；与胡格诺派（新教徒）

483－484，487；政府（1621—1624年），484；让黎塞留进枢密院并任首席（1624年），484；友谊，484；让黎塞留任首席国务大臣（1629年），488；谋反（1626年），485；奥尔良领导的叛乱（1630年），489；中央集权，489；使用政治监视，491；1636年统帅军队，347－348；任命马萨林为外交大臣，350－351，415；是他成为红衣主教（1641年），416；1642年阴谋，493；指定摄政委员会和摄政王（1643年），493

外交政策：对哈布斯堡王朝，328，488；与巴拉丁：乌尔姆条约（1620年），313；曼图亚－蒙特费拉特继承问题：与威尼斯结盟（1627年），328；进入意大利，328；政府萨伏伊（1629年），328；曼图亚战争的财政影响，43；与皇帝作战（1635年），347；夺回科尔比（1636年），348；被加泰罗尼亚推选为巴塞罗那公爵（1640年），349；明斯特和谈，350；1643年海外形势，493；又见 Mazarin, Jules；黎塞留，阿曼德·德·维涅罗去世（1643年），493

Louis XIV，路易十四，法国国王，71，121，123，358，422，497，500
未成年，415，493；改组摄政委员会（1643年），494；年龄到（1651年），498；加冕礼（1653年），426；联姻建议（1658年），427－428；结婚（1660年），428
赞助戏剧，249，255

投石党的影响（1661年），501－502
贵族，16
外交政策：与威斯特伐利亚和约，357；与勃兰登堡联盟条约（1656年），430；莱茵同盟，421；哥本哈根条约和奥利瓦条约的担保人（1660年），431；俄国与瑞典之间的调停人（1659年），431，433；与罗马教廷，427；与西班牙，432

Louis，路易，威廉，荷兰将军，203，216

Louis Philip of Bavaria，巴伐利亚的路易·菲利普，341

Louvain，卢万，大学，天主教政治思想中心，104－105；与专制主义，124；与笛卡尔主义，377－378

Lower Saxon Circle，下萨克森地区
与1623—1629年战争，318，322ff.
与瑞典战争（1630—1634年），329ff.

Loyala，洛雅拉，伊尼戈，见 Ignatius Loyola, St

Loyseau，卢瓦索，夏尔，法国法学家
贵族理论，19，22－23，25
他的《文集》（1610年），119；他的《论领地》，119
使用归纳法，130

Lübeck，吕贝克
汉萨同盟，299
贸易，297；与南欧，234；与意大利（1600—1618年），301
海上力量：西班牙雇佣船只，230；商船队的发展，234

Lübeck，吕贝克，和约（1629年），326，391－392

Lublin，卢布林，86
  反新教表现，589
Lucini，卢西尼，金融家，54
Luck（Lutsk），卢茨克，主教，弗拉迪斯拉夫四世确认，592
Lucknow，勒克瑙，棉花贸易，661
Ludwig，路德维格，符腾堡公爵，见符腾堡，路德维格，公爵
Lukaris，卢卡里斯，君士坦丁堡牧首，反对耶稣会士，638
Lumbres，伦布尔，德，法国使臣，瑞典与波兰之间的调停人（1655年），430
Lunigiana，卢尼贾纳，被西班牙兼并，274
Luristan，洛雷斯坦，630
Lusatia，劳济茨
  宪法和政府，505-506
  遭萨克森入侵（1620年），314；与波希米亚叛乱，311，518，520；与古斯塔夫·阿道夫（1631年），334，336；被割让给萨克森（1635年），522
  亚麻业，293-294
Luther，路德，马丁，改革家，政治理论，107；他的《教理问答》，169；被认为是一贯正确的人，169；他的宇宙论，172；反对理性主义，178
Lutheranism，路德主义
  强制一致，169-170；宗教秩序与政治秩序相关联，170；争论转向逻辑论证和理性主义，172；与卡尔文主义者相左，176，196-197；主张君权，115；影响古斯塔夫·阿道夫，122；与五条款抗议书，372
  在德意志：被《归还教产敕令》（1629年）承认，326；在法尔次被承认（1631年），336；又见Germany, religious controversies in；与三十年战争；与宗教矛盾
  在瑞典，397
Lutsk，卢茨克，参见Luck
Lutter，卢特，战役（1626年），324-325，391
Lützen，吕岑，战役（1632年），340，380，393，399
  意义，341，610
Luxembourg（Luxemburg），卢森堡，417
  西班牙军队用作前往尼德兰的陆上路线，261；与比利牛斯条约（1659年），428
Luynes，吕伊内，查理，阿尔伯特侯爵，公爵，法国军官，与路易十三，483；撤销孔西尼的职务，483；政府（1617—1621年），483；斐迪南二世的支持，483；去世，483
Lwów，利沃夫，86
  谷物价格，73；价格趋势，91
Lwów，利沃夫，主教，与布雷斯特联盟，591
Lwów，利沃夫，宗教会议，592
Lyonnais，里昂内，497
Lyons，里昂，100
  谷物价格，74；集会上的汇票，83；价格趋势，89；贸易，477
  反征税暴动（1633年，1642年），492

贵族，476
Lyons，里昂，条约（1600 年），262

Maastricht，马斯特里赫特，夺取（1632 年），379
Macao，澳门，参见 Macau
Macassar，望加锡，西里伯斯岛
  葡萄牙殖民地，644，652；英国商站（1605—1615 年），650，652；香料和棉花市场，652；建立丹麦公司（1616 年），652；
  与特兰奎巴尔的贸易，652，654；与荷兰战争（1616—1669 年），652；支持安波那的反抗，652；船队被毁（1642 年），652；在小巽他传播伊斯兰教，655；对荷兰人的贸易威胁，655；从印度与荷兰进口棉花，657；与巴塔维亚的黄金贸易，659
Macau（Macao），澳门，中国
  贸易，226，644-645；西班牙人供应香料，650；葡萄牙人击败了科恩的攻击（1622 年），658
Maccabees，马加比家族，117
Machiavelli，马基雅维利，尼科洛，112，185
  以国家利益为重的理由的原理和影响，104，115-117
  组成佛罗伦萨国民卫队，202
Mackinac，麦基诺，水道，699
Macurek，马库雷克，596
Maddalena，马达莱纳，阿尔多·德，土地投资研究，54，100
Madeira river，马德拉河，巴西，713
Maderna，马德纳，卡洛，他的圣苏珊娜大教堂，罗马，2
Madrid，马德里
  政府，23
  布恩雷蒂罗宫，35
  宫廷，445
  戏剧，公共和私家剧院，242，250；外国演员，243；观众，247
  人口增长，71
  葡萄牙商人，58
Madrid，马德里，条约（1617 年），275
Madura，马都拉，印度，耶稣会传教团前往，668
Magdeburg，马格德堡，主教管区
  克里斯蒂安四世主张领有主教管区（1620 年），318；华伦斯坦反对，324；利奥波德大公提出要求，327；宣布归瑞典，331；包围和摧毁（1631 年），332-333；勃兰登堡与大主教管区，354，412
  1656 年（宗教）巡视，171
  战争导致人口减少，77
Magellan，麦哲伦，海峡，691，707
Magna Carta，大宪章，556
Magnetism，磁学，发展，158-159
Magnus，马格努斯，约翰尼斯，与瑞典神话，4
Magyars，马札尔人，509
Mah-Firuze，马赫-菲鲁泽，与奥斯曼二世继位，623
Maina，马伊纳，地方上反对奥斯曼土耳其人，637，541
Maine，缅因：与尚普兰，676；土地位置，681；发展与政府，690；在康涅狄格进行殖民活动，690；参

加新英格兰联盟（1643 年），690
又见 Kennebec; Milford; Piscataqua; Stamford
Mainz, 美因茨
与古斯塔夫·阿道夫，334 - 335
与乌克森谢纳，399
Mainz, 美因茨, 大主教
力图在法国和西班牙之间进行调解，420
Mainz, 美因茨, 约翰·菲利普·冯·申博恩, 选帝侯
威斯特伐利亚和约（1648 年），356；莱茵联盟，409, 420 - 421
Mairet, 梅雷, 让, 法国剧作家, 他的《索福尼斯布》（1634 年），258
Maison du Grand Coq, 大公鸡别墅, 巴黎, 141
Malabar, 马拉巴尔, 印度
果阿计划战争, 665；葡萄牙人影响政治变革, 670；葡萄牙人失去殖民地, 666
胡椒贸易：653；战争打扰（约 1600 年），644；与英国人（1635 年），660 注, 670
又见 Calicut, Cochin
Malacca, 马六甲, 暹罗
在贸易路线上，644 - 645
柔佛和阿钦的敌人, 645, 655；荷兰与柔佛攻击（1605—1606 年, 1608 年），648, 655；阿方索·德·卡斯特罗解围（1606 年），655；与柔佛媾和（1609 年），655；西班牙人供应香料，650；荷兰人：禁止与格里塞贸易，652；强制封锁（17 世纪 30 年代）657, 666；鼓动阿钦人攻打，656, 666；夺取葡萄牙人的贸易（1641 年），100, 434, 652, 655 - 656, 666；与班塔姆贸易，653 - 654；巨港，656；和印度，657
Malacca Straits, 马六甲海峡, 荷兰人封锁（1630—1641 年），665 - 666
Malamocco, 马拉莫科, 瘟疫, 76
Mala Strana (Prague), 马拉斯特拉纳（布拉格），521
Malaya, 马来亚, 荷兰的海上通行证制度（1647 年），657；棉花贸易, 657；与班塔姆, 654；与望加锡, 652；胡椒贸易：与班塔姆, 654；与荷兰人, 656；与望加锡的香料贸易, 652；又见柔佛, 霹雳, 奎达
Malowist, 马洛韦斯特, M., 经济理论, 11
Malpighi, 马尔皮基, 马尔切洛, 生理学家, 在比萨大学, 136
Malta, 马耳他, 骑士团, 是海盗, 232
与圣约翰骑士团, 639；与圣斯蒂芬骑士团, 639
Malynes, 马林斯, 杰拉尔德, 商业顾问, 68；《商船法》和《英伦三岛腐败缘由论述》, 86
Mamoré river, 马莫雷河, 玻利维亚, 713
Manchester, 曼彻斯特, 对内战的态度, 575
Manchester, 曼彻斯特, 亨利·蒙塔古, 第一代伯爵, 财政大臣, 任命（1620 年），549；与常务贸易委员会（1622 年），551；与贫民救

济，563

Mancini，曼西尼，霍滕斯，联姻建议，425

Mancini，曼西尼，玛丽，联姻建议（1658年），428

Mancini，曼西尼，奥林普，425

Mangot，曼戈，法国政治家，出任掌玺大臣（1616年），482

Manhattan Island，曼哈顿岛，694-695，700

 荷兰人从印第安人那里购得，692；荷兰殖民地，677，690；遭弗吉尼亚的阿戈尔攻击（1613年），677，690-691；与易洛魁人的关系，697；弗吉尼亚公司声称拥有主权，691

 法令（1614年）给予贸易垄断权，691；贸易，690，693-694

 人口减少（1633—1638年），694

Manhattans，曼哈顿人，印第安部落，694

Manila，马尼拉，菲律宾，79，659，671，724

 耶稣会士遭多明我会修道士和方济各会修士谴责，668

 贸易，645，724

 西班牙人攻打荷兰人，648；荷兰人攻击中国商船，658-659

Mannerist art，风格主义艺术，9

Mannheim，曼海姆，投降（1622年），317

Manorial courts，领主法庭，538

Mansell，曼塞尔，罗伯特爵士，与白金汉，554

Mansfeld，曼斯费尔德，恩斯特，冯伯爵

 作为士兵，309；为波希米亚服务，309；战略比尔森，310；在萨布拉特战败（1619年），311；查理·埃马努埃尔一世撤销支持，313；入侵波希米亚期间无作为，314；阿巴拉丁（1620年），316；撤退至阿尔萨斯，316；劝说腓特烈五世联手奥兰治的莫里斯，317；詹姆斯一世提供军队（1624年），320；征战布雷达（1625年），320；与下萨克森战争：与克里斯蒂安四世联手，322；在德绍桥战败，324；与匈牙利的贝特伦·加博尔联手（1626年），324；去世（1626年），324

Mantua，曼图亚，公国

 戏剧，242

 查理·埃马努埃尔的主张（1612年），274-275；法国—西班牙对查理，内弗尔斯公爵有不同看法（1627年），328；雷根斯堡协议（1630年），43；凯拉斯科条约（1631年），329；法国控制（17世纪40年代），414；法国和西班牙进行干涉（1653年），426；比利牛斯条约（1659年），428

 贸易，谷物进口，301

Mantua，曼图亚，查理·迪·贡萨加，内弗尔斯公爵和曼图亚公爵，43

 要求蒙特费拉特和曼图亚，42，328；凯拉斯科条约承认其为统治者（1631年），329；参与法国亲王们的反叛（1614年），481；要求奥斯曼土耳其的领土，637

Mantua，曼图亚，贡萨加的文森特二世，公爵，外交政策，262，269
去世（1627 年），328

Manwaring，曼韦林，罗杰，圣戴维日之间，564
布道国王的权利（1627 年），125；遭指控，557；国王饶恕，558

Maranhao，马拉尼昂，巴西，葡萄牙猎奴队活动中心，714；组成国家（1621 年），直接对葡萄牙负责，714；出发考察和以葡萄牙的名义提出要求，714
奴隶贸易，714
印第安人居留地，714

Marburg University，马尔堡大学，136

Marca，马尔卡，皮埃尔·德，总督导，他的《神圣秩序与帝国》，109；与加泰罗尼亚叛乱，414

Marci，马西，约翰·马库斯，物理学家，对光线的贡献，157

Mardyk，马迪克，被西班牙再次占领（1653 年），425

Maria-Anna，玛丽亚-安娜，斐迪南三世的皇后，结婚，529

Maria Eleanora of Brandenburg，勃兰登堡的玛丽亚·埃莉诺拉，瑞典的古斯塔夫·阿道夫的王后，结婚（1602 年），390

Maria Leopoldina of Tyrol，蒂罗尔的玛丽亚·利奥波蒂娜，斐迪南四世的皇后，结婚，529；去世，529

Maria Teresa，玛丽亚·特雷萨，公主，法国王后，结婚（1660 年），428；嫁妆，428

Mariana，马里亚纳，胡安，耶稣会士，鼓动谋杀亨利四世，106；他的《国王和君主制》，106

Marie de Medici，玛丽·德·美第奇，法国王后，摄政王
赞助戏剧，248；与歌剧，251
被宣布为摄政王（1610 年），268，474；亲王们的权力，121；受秘密委员会统治，481；流亡（1617 年），483；召回，484；使黎塞留成为红衣主教（1622 年），484；和平政策，485；反对黎塞留的战争政策，（1630 年），489；上当受骗日（1630 年），119，489；流亡（1630 年），489

Marie Galante，马里加朗特，背风群岛，法国控制，703

Marienburg，马林堡，条约（1656 年），429

Marillac，马里拉克，米歇尔·德，掌玺大臣，415，484
和平政策，485，488；与1629 年法令，486；被捕（1630 年），489

Marino（Marini），马里诺（马里尼），乔瓦尼·巴蒂斯塔，意大利诗人，7，273

Mark，马尔克，驻扎军队，209

Markham，马卡姆，弗朗西斯，士兵和作家，211

Markham，马卡姆，杰维斯，作家，211

Marmora，马尔莫拉，海，641，643

Maronites，马龙派教徒，432，632 – 633

Marranos of Portugal，葡萄牙的马拉诺们，移民到汉堡，303

Marseilles，马赛，301

　白银贸易，81；商业，477

Marsillac，马西拉克，弗朗索瓦的，见拉罗什富科，弗朗索瓦六世，马西拉克亲王

Marston Moor，马斯顿荒原，战役（1644年），214，220

Martinique，马提尼克，向风群岛，法国人殖民，703

Martinitz，马丁尼茨，雅罗斯拉夫·冯，与天主教派，308；"抛出窗外"，309

Marx，马克思，卡尔，200

Marxism，马克思主义，对17世纪史的阐释，8；对欧洲经济的阐释，11；与叛乱，55

Mary，玛丽，苏格兰人的王后，269

Mary，玛丽，英国公主，查理一世的女儿，结婚，375

Maryland，马里兰，建立（1632年），679；宪法及其发展，679-680；殖民者的组织，679；与弗吉尼亚的疆界争端，679；天主教徒，680；耶稣会士发起天主教会服从法律，680；清教徒移入，680；清教徒反派（1644年），680；宗教自由法令（1649年），680

　庄稼生长，680

　劳动，680

　土地占有，679-680

　人口（1650年），680

　烟草贸易，681

Masaniello，马萨涅洛，参见 Aniello

Mason，梅森，约翰，土地在新英格兰的位置，681，689；在佩科特山消灭佩科特人（1638年），689

Masovia，马索维亚，贵族，人口比例，18

Massachusetts，马萨诸塞，690

　分配给新英格兰公司的土地，681；迁走的原因，681；殖民活动，682-684；殖民者买下伦敦公司（1627年），683；特许状（1629年），683；普利茅斯基本法（1639年），683；政府，685-686；采用英国普通法，686；自由法典（1641年），686；马萨诸塞自由法规（1648年），686；清教徒，"大迁移"，684；1642年状况，684-685；宗教，685-686；政教联合，686-687

　农业和商业的发展，683-684

　牛只贸易，683；毛皮，683；谷物，683

　要求占有罗德岛，687；在康涅狄格殖民和主张，688-689，693；与印第安人的关系，688-689，693；与法国人的关系，690；反对荷兰人殖民好望堡，693；殖民者迁至新尼德兰，694

　又见 Boston；Cape Cod；Roanoke；Watertown；Pilgrim Fathers

Massachusetts Bay，马萨诸塞湾，尚普兰与，676

Massachusetts Bay，马萨诸塞湾，公司，特许状（1629年），683-684；土地权，687；要求拥有新罕布什尔的领土（1641年），689

Massinger，马辛杰，菲利普，剧作家，7

Masulipatam，马苏利帕塔姆，科罗曼德尔，荷兰殖民地（1606年），656

Matanzas，马坦萨斯，西班牙运宝船队在此被劫，229

Mataram，马塔兰，爪哇
反巴厘圣战，655
威胁在爪哇的荷兰人，655；与葡萄牙人的关系，655；与荷兰人签订和平条约（1646年），655
稻米生产，655
与巨港的贸易联系，656

Matelieff，马特利埃夫，荷兰司令，围困马六甲（1605年），648

Materialism，唯物主义，201

Mathematics，数学，教学和发展，134，136-139，141，150-151

Mathias Ⅰ，马蒂亚斯一世，见马蒂亚一世（Matthias Ⅰ）

Matiegka，玛蒂埃卡，亨利，人种学家，在捷克斯洛伐克从事人种学研究，508

Mato Grosso，马托格罗索，巴西，709
耶稣会传教团，712-713

Mattawa river，马塔瓦河，安大略，697

Matthias（Mathias）Ⅰ，马蒂亚斯一世，皇帝，277-278，528
性格，285
目标，285
与波希米亚：继承问题，277，308，311；新教徒叛乱（1618年）309
与帝国：与鲁道夫二世，283-285；成了实际上的皇帝（1611年），285；当选为皇帝（1612年），285；格拉茨条约确定继承（1617年），277
与德意志：国会，288
与匈牙利：284；成为统治者（1605年），284；与新教徒，514
去世（1619年），311

Matthias，马蒂亚斯，图恩伯爵，见图恩，马蒂亚斯，伯爵

Maule river，毛莱河，智利，711
阿劳坎人袭击，710

Maurice，莫里斯，奥伦治亲王，见Orange, Maurice of Nassau, prince of

Maximilian Ⅱ，马克西米连二世，皇帝的帝国观，432
确定维也纳为下奥地利首府，504

Maximilian Ⅰ，马克西米连一世，公爵，后来的巴伐利亚选帝侯，419
性格，290，313
政府，313
继承蒂罗尔、福拉尔贝格和斯瓦比亚，283
军队：建立救国军，203
与贝拉明和苏亚雷斯，115
与波希米亚继承问题：309，311；奥地利入侵（1620年），314；白山战役中波希米亚战败（1620年），314-315
兼并多瑙沃尔特（1608年），289
与帝国：组建天主教联盟（1609年），267，290；捍卫天主教事业，288；从扩大的联盟退出（1616年），291；建成奥格斯堡联盟（1619年），291；帮助皇帝反对丹麦人，324；与《归还教产敕令》（1629年），327；要求哈尔伯施塔特主教管区，327；与华伦斯坦的

关系，327，344；与选帝侯资格，317–318，353

与法国，329，353

与巴拉丁：与斐迪南二世签订海德堡协议（1619年），313，315；贿赂曼斯费尔德联手壮大力量，316；入侵和征服（1621年），316；驱逐新教牧师（1622年），317；明斯特会谈，353；与威斯特伐利亚和约（1648年），353，356

与瑞典战役：338–339；布拉格和约（1635年），345；同意法瑞停战（1647年），351；与破坏停战协定，351

与巴伐利亚的宗教，520

Mayenne，马耶纳，亚麻业，477

Mayenne，马耶纳，亨利·德·洛林，公爵，参与亲王叛乱（1614年），481；退至吉耶讷（1620年），483

Mayerne，马耶恩，蒂尔凯·德，《贵族民主君主政体论》（1611年），120；归纳法，130–131；新科学运动，131；政治理论，131

Mayflower，五月花，清教徒前辈移民，682

"五月花契约"，683

Mazarin，马萨林，朱尔，红衣主教，57，71，123

他的生平，416

性格，416

意义，416，434，501–502

与他的兄弟米歇尔，414，416

被任命为外交大臣（1641年），350–351，415；被指定为摄政时期首席大臣（1643年），493–494；要人密谋集团（1643年），494；遭亲王们反对，121；与投石党运动，356，382，416，496–499；流亡海外（1652年），499

与詹森主义者们（17世纪50年代），501

外交政策：231，416–417，422，425，428

与帝国：418，阿尔萨斯（1646年），353，418；威斯特伐利亚和约，356–357，418；提议斐迪南三世与蒙庞西埃郡主联姻（1649年），420；莱茵联盟，419–421；选举神圣罗马皇帝，418；选举利奥波德一世（1658年），419

与英国：政策，231，422；与克伦威尔，422–424；敦刻尔克（1652年），423–424；威斯敏斯特条约（1654年），424；王族婚姻（1661—1662年），425

与意大利：旨在意大利各国联盟，414；那不勒斯的阴谋（1647—1648年），50，414–415；反对西班牙，426；为路易十四提议联姻（1658年），427

与奥斯曼土耳其：秘密支持威尼斯，432；用土耳其制衡哈布斯堡王朝，432

与罗马教廷，426，反对选举英诺森十世（1664年），414

与波兰：企图调解的争端（1651年），409

斯堪的纳维亚政策：405，430；1659—1660年协议，406–407，431；力图调解波兰—瑞典争端

(1651年), 409

与西班牙: 旨在组建意大利联盟反对, 414; 联姻提议, 427; 比利牛斯条约 (1659年), 428

与西印度群岛的"美洲群岛公司", 703

去世 (1661年), 432, 502

Mazarin, 马萨林, 米歇尔, 圣塞西莉亚的红衣主教, 任命为卡塔卢尼亚总督, 414, 416

Mecca, 麦加, 655

Mecklenburg, 梅克伦堡, 391, 522

对瑞典是个潜在的威胁, 392

农业, 297

被华伦斯坦占领 (1626年), 325; 被古斯塔夫·阿道夫征服 (1631年), 333, 399; 付给瑞典的港口费, 365, 408; 与威斯特伐利亚和约, 408

人口因战争而减少, 77

Mecklenburg, 梅克伦堡, 公爵, 见 Wallenstein (Waldstein), Albrecht, graf von (afterwards duke of Mecklenburg

Medicine, 医学, 教学和发展, 134–138, 141, 160

Medina del Campo, 梅迪纳德尔坎波, 集市上的汇票, 83; 商业阶级, 450

Medinaceli, 梅迪塞利, 胡安·弗朗西斯科·托马斯·德·拉塞尔达, 第八代公爵, 对西班牙战争的财政贡献, 46

Medina-Sidonia, 梅迪纳-西多尼亚, 阿方索·费雷斯·德·古斯曼, 安达卢西亚密谋 (1641年), 55, 471

Mediterranean, 地中海

均势, 231–232

海盗活动, 232, 367

贸易, 226, 301, 304, 477, 486, 640, 660; 谷物进口, 297–298, 303

武装严实的船舰控制着战事, 226

Mehemmed Ⅱ, 穆罕默德二世, 苏丹, 强化国家 (1451—1481年), 621

Mehemmed Ⅲ, 穆罕默德三世, 苏丹, 620, 637

实施"杀害兄弟法规", 621; 与伊拉克, 630; 去世, 621

Mehemmed Ⅳ, 穆罕默德四世, 苏丹, 登基 (1648年), 622; 未成年统治期间的暴政, 642

Mehemmed Köprülü, 穆罕默德·库普卢鲁, 大维齐尔, 有效的统治, 61, 643

Mělník, 梅尔尼克, 503

Melo, 梅洛, 迭戈·德, 领导葡萄牙人攻打康提 (1637年), 666

Melo, 梅洛, 弗朗西斯科·德, 西班牙将军, 在罗克鲁瓦战败, 221

Melzo, 梅尔索, 军事著作, 211

Memel, 梅梅尔, 被割让给瑞典 (1629年), 392

Mendonca, 门多萨, 安德雷·富尔塔多·达, 海军指挥官, 将荷兰人赶出葡萄牙亚洲占有地战役 (1603年), 647

对船的看法, 665

Mendoza, 门多萨, 安东尼奥·德, 军事著作, 211

Mennonites, 门诺派, 与阿米尼乌斯五条款抗议书, 372

Mentz, 门茨, 饥饿, 346

Mercantilism, 重商主义, 68

Mercenaries, 雇佣军, 见战争, 军队: 类别: 雇佣军

Merchant Adventurers, 商人冒险家, 英国
出口贸易垄断, 94, 534; 中止 (1614—1617 年), 547–548
在德意志, 294, 299, 302
作为外交政策方面的限制因素, 534
议会限制特权 (1624 年), 552
恢复垄断 (1634 年), 562

Mercure Francais, 法国信使报, 491

Mercy, 默西, 弗朗茨·冯, 帝国武装力量陆军元帅, 战役, 351, 在内德林根战役中被杀 (1645 年), 351

Mere Hüseyn, 梅雷·胡塞因, 大维齐尔, 军队无法无天, 624; 垮台, 624

Merrick, 梅里克, 约翰爵士, 在俄国和瑞典之间斡旋 (1616—1617 年), 605, 609

Merrimac river, 梅里马克河, 681, 683

Mersenne, 梅桑恩, 马兰, 米尼莫会修士, 131, 133, 142–143, 157
推荐霍布斯的《论公民》, 130; 法规和外国科学家之间的主要联系人, 140–141; 出版《伽利略的机械学》, 141; 他的《神学、物理学、伦理学和数学问题》, 141; 研究钟摆, 149; 《乐谱》(1636 年) 对声学的贡献; 和《普通声学: 音乐理论和实践》(1636—1637 年), 158, 163; 《几何学概要》(1644 年) 和《光信号反射光学》(1651 年) 对光学的贡献, 163; 《物理数学随感》(1644 年), 和《物理数学新论》(1647 年) 分析听觉, 163; 对生理学的贡献, 163
统计巴黎的无神论者, 199, 484

Mesmes, 默斯梅, 亨利·德, 481

Messina, 墨西拿, 贵族, 51; 传统上敌视巴勒莫, 52; 丝绸出口, 51; 人口减少, 71

Mestizos, 混血儿, 713, 716, 718–719

Metaxas, 迈塔克萨斯, 尼科德莫斯, 印刷商, 在伊斯坦布尔, 638

Metz, 梅斯, 腓特烈五世死于此 (1632 年), 341; 黎塞留计划建防御工事, 328, 411; 法国要求 (1646 年), 353; 最高法院, 与法国君权 (1679 年), 418

Mexico, 140, 648, 708
西班牙殖民地, 707, 709
土生白人: 人数, 715; 对教会的影响, 715–716; 普韦布洛印第安人, 709; 印第安人人数, 717
工业, 440
耶稣会传教团前往, 707, 709, 716
劳动力与委托监护制, 717; 米达制, 分配劳役制, 轮流劳役制, 轮派劳役制, 717–718; 自由工资劳动制, 718; 债务劳役制, 718
印第安人占有的土地减少, 719–720; 欧洲人地产的增加, 720; 永久管业的土地, 720

畜牧业，720 – 721；蔗糖生产，721；耶稣会士发展起来的，721；可可进口，721 – 722；白银生产，722；出口和进口，78 – 79，724

又见 Acapulco; Chihuahua; Coahuila; Durango; Nombre de Dios; Puebla; Sinaloa; Tamaulipas; Zacatecas

787 Mexico City，墨西哥城，720

新西班牙首府，707；商会和跨大西洋贸易的局限，724

Mexico，墨西哥，湾，709

Meyzl，梅茨尔，犹太商人，513

Michael Feodorovich Romanov，米哈伊尔·费奥多罗维奇·罗曼诺夫，沙皇，614ff.

　性格，603

　选举（1613 年），113，388，595，602 – 603，605

　国内政策，603，619

　外交：与斯托尔博沃和约（1617 年），605；与鞑靼人的关系，611；孤立主义外交政策，613

　去世（1645 年），613

Michell，米切尔，弗朗西斯爵士，遭上议院谴责，549

Michigan，密歇根，湖，698 – 699

Middelburg，米德尔堡，移民，77 – 78；1616 年设立银行，84，366；布匹贸易，272；与东印度公司，647

Middlesex，米德尔塞克斯，莱昂内尔·克兰菲尔德，伯爵，对庇护的态度，38；与王室经济，548；谴责培根大法官，549；成为财政大臣，550；财政政策（1621 年之后），550 – 551；职务津贴，551；监督爱尔兰政府改革，551；解散弗吉尼亚公司，551；弹劾（1624 年），551；与白金汉，553

Middleton，米德尔顿，亨利，到达班达（1605 年），650；到达蒂多雷，650

Middleton，米德尔顿，托马斯，剧作家，255

Mihriban，米赫里班，战役（1630 年），631

Mikhail，米哈伊尔，罗曼诺夫，沙皇 参见 Michael Feodorovich Romanov

Milan，米兰，107，278

　经济：战争影响，52；经济弊端，53 – 54；价格趋势，62；财政危机，54；对西班牙的财政贡献，462

　西班牙军队，228；西班牙战争供应站，260

　外交：与瓦尔特利恩，278；受法规和萨沃伊威胁（1610 年），268，272；敌视威尼斯，273；富恩特斯伯爵，273 – 275；法意征服条约（1636 年），347；入侵（1647 年），414；又见富恩特斯，佩德罗·恩里克斯·德·阿塞维多，伯爵

　贵族，职业地位，20，52 – 53

　瘟疫，76

　社会变革，52 – 53

　贸易：亚麻进口，293

Milford，米尔福德，缅因，殖民活动，690；参加新英格兰联盟（1643 年），690

Millenary Petition（1604），太平盛世祷文，536，542

Milton，弥尔顿，约翰，诗人，4

Minden，明登，给了勃兰登堡（1647年），354，412

Mines and Mining，矿山和采矿业，见 under industry，metals and mining；names of countries；Trade in bullion，metals

Minuit，米纽伊特，彼得，新尼德兰总督，任命（1626年），692；撤回防莫霍克人的守备队，692；被召回（1632年），693

Mirame，《米拉梅》，249

Mirandola，米兰多拉，被西班牙兼并，274

Mir Jumla，米尔·琼拉，科罗曼德尔官员，与棉花贸易，657

Missions，传教团，阿根廷，耶稣会传教团是其他地方的榜样，712–713

Missions，传教团，基督教，638，659，667–670，697–699，707，709–716

Mississippi river，密西西比河，699

Mocenigo，莫塞尼戈，拉萨罗，641

Modena，摩德纳，外交政策，269；被西班牙兼并，274；与马萨林（1650年），426；威胁西班牙（1658年），427

Modena，摩德纳，弗朗西斯·戴斯特，公爵，与法国结盟（1647年），414；入侵米兰公国，414

Mogila，莫吉拉，彼特，基辅主教弗拉迪斯拉夫四世确认任命（1633年），592；创办基辅大学，593，614

Mogilev，莫吉廖夫，597

Mogilev-Mstislavl'，莫吉廖夫–姆斯蒂斯拉夫尔，主教，国王认可，592

Mohačs，莫哈奇，战役（1526年），506

Mohawks，莫霍克人，印第安部落，与休伦人和法国人作战，676；攻打佩科特山的佩科特人，689；遭莫希干人和荷兰人的攻击（1626年），692；恢复与荷兰人的联盟，692；殖民者提供武器，694；攻打阿尔贡金人（1643年），695

Mohegans，莫希干人，参加荷兰人攻打莫霍克人（1626年），692

Moldau（Vltava），摩尔达瓦（伏尔塔瓦），河，503

Moldavia，摩尔达维亚，586 波兰和土耳其提出要求，596；波兰干涉，636；布萨和约（1617年），结束波兰的干涉，636；波土战争（1619—1620年），597

Molinism，莫利纳主义，185

Molière，莫里哀，让·巴蒂斯塔·波克兰的笔名，137，239，244–245 想要创立一家剧团（17世纪40年代），243，他的观众，247；给国王表演（1658年），255；喜剧不受戏剧规范所限，258

Molina，莫利纳，路易斯，耶稣会士，信仰，185

Molsheim，莫尔斯海姆，大学，521

Molucca Islands，摩鹿加群岛，650 暴动影响香料贸易，644；荷兰人鼓动反葡攻击，648；反荷暴动（1646年），652；放逐人口，652 贸易：从科罗曼德尔进口棉花，

656；与巴塔维亚的黄金贸易，659；荷兰人对摩鹿加香料贸易的垄断破坏了印度尼西亚的贸易，670；英国人主张海洋自由，671 又见 Amboina；Ceram；Ternate；Tidore

Mompesson，蒙佩松，贾尔斯爵士遭上议院谴责（1621 年），549

Monaco，摩纳哥，隶属西班牙，274

Monaldeschi，莫纳尔德席，瑞典王后克里斯蒂娜的掌马官，被处死，123

Monarchomachs，反君权主义学说，106

Monarchy，君主制，17 世纪里的变化，15，39，56

Moncada，蒙卡达，桑乔·德，经济学家，跨大西洋贸易评估（1619 年），440；经济纲领，446

Moncon（Monzon），蒙松，条约（1626 年），322，485

Money，货币，短缺和影响，11 – 12；金银供应，78 – 81；货币贬值，81 – 83；黄金增值，83 – 84；双币制形成，84；与信贷，85；贬值显示出国民经济的相对状况，85 – 86；当代理论，86

Monomotapa Empire，莫诺莫塔帕帝国，衰落与葡萄牙人，645

Monro，门罗，罗伯特，士兵，德意志繁盛报告（1631 年），345

Montagnais Indians，蒙塔涅印第安人，部落，与法国人的贸易，675

Montagu，蒙塔古，亨利，见曼彻斯特，亨利·蒙塔古，第一代伯爵

Montague，蒙塔古，理查德，奇切斯特主教，与小册子，阿米尼乌斯的著作，554；《消除专制独裁》，558

Montague，蒙塔古，沃尔特，他的《牧羊人的天堂》（1659 年），250，256

Montaigne，蒙田，米歇尔·德，欧洲和巴西文化比较，5

Montauban，蒙托邦，包围（1620 年），483

Montchrétien，孟克列钦，安托万·德，商业顾问，68；财政理论，86

Montecuccoli，蒙特库科利，雷蒙多，奥地利将军，圣哥大战役（1664 年），62

Montenegro，黑山，地方上对奥斯曼土耳其人的抵抗，637

Monteverdi，蒙特威尔地，克劳迪奥，在曼图亚编写歌剧，251；以及威尼斯（1613 年），251；后来的作品奠定了现代歌剧，252

Montferrat，蒙特费拉特，262 继承问题（1612—1618 年），274 – 275；1627 年的继承问题，42 – 43，328；凯拉斯科条约（1631 年），329

Montmorenci（Montmorency），蒙莫朗西，亨利二世，公爵，获得特许状支持方济各会静思会在加拿大传教、鼓励移民，698 叛乱（1630 年），489；在卡斯特尔诺达里被打败，489，被处死（1632 年），489

Montpellier，蒙彼利埃，47 收税，47

Montpellier，蒙彼利埃，和约（1622

年），484

Montpellier University，蒙彼利埃大学，136－137

Montpensier，蒙庞西埃，安娜－玛丽－路易斯，"大小姐"，提议与斐迪南三世联姻（1649年），420

Montreal，蒙特利尔，魁北克，建立（1642年），700；与易洛魁人（1649年），700－701

Monts，蒙，皮埃尔·迪·加斯特，先生，萨缪尔·德·尚普兰的赞助人，676；在魁北克建堡垒，676

Montserrat，蒙特塞拉特，背风群岛，托马斯·沃纳任总督（1625年），702；种植园，703

Monzon，蒙松，条约，见（Moncon）蒙松，条约（1626年）

Moors（Moriscos），摩尔人
在西班牙；驱逐，4，25，37，271－272，437，452－456；圣战，450；人数，454－456；驱逐的经济影响，453－456；受法国人，261和奥斯曼土耳其人的鼓励，261

Moravia，摩拉维亚，503
宪法和政府，505－506
用作入侵通道（1630—1648年），522
反叛（1619年），311；迪特里希斯坦红衣主教成为总督（1620年），518；镇压波希米亚反叛（1618—1620年），518
土地占有，525
人口，71；战争造成人口减少，77，523
宗教：耶稣会反新教运动，315，514

Morbihan Trading Company，莫尔比昂，1626年成立，487

Morea，摩里亚半岛，与奥斯曼土耳其人，637，639，461

Moreyra（y）Paz-Soldán，莫雷拉·（伊）·帕斯－索尔坦，马努埃尔，他的《关于波多西的两件有价值的文献》，95

Morgan，摩根，查尔斯爵士，士兵，219

Morosini，莫罗西尼，弗朗切斯科，641

Moryson，莫里森，法恩斯，评论贵族，26－27；决斗，26；狩猎权，27；对学习的态度，28；评论农民，198－299

Moscow，莫斯科
与专制主义，113；西方化与自由思想，1
教育，614注
铜币导致骚乱，82；军事工业，609
饥饿，73
与"动乱时期"，594－595，602，604；与弗拉迪斯拉夫，605；又见俄国
人口616
镇压新教徒，614

Moscow，莫斯科，牧首，与波兰的东正教，591

Moses，摩西，197

Mosul，摩苏尔，631－632

Mount Wollaston，伍拉斯顿山，683

Mozambique，莫桑比克
荷兰攻打（1607—1608年），648

索 引 855

Mozhaisk，莫兹哈伊斯克，605

Muggleton，马格莱顿·卢多维奇，清教徒，信仰，194

Mughal Empire，莫卧儿帝国，兴起，645；与葡萄牙特许证，645；与英国人，660-661；与葡萄牙人作战（1614年），657，660；英国人承认主权，671

Muhammad，穆罕默德，巴克尔·苏巴希的儿子，631

Muhammad ibn Ahmad al-Tawil，穆罕默德·伊本·艾哈迈德·阿尔塔维尔，控制巴格达（1604—1607年），631

Muhammad Qanbar，穆罕默德·康巴尔，与巴克尔·苏巴希在巴格达问题上的矛盾（1621—1623年），631；去世，631

Mühlberg，米尔贝格，战役（1547年），34

Mulattoes，混血儿，美洲的人数，716-717

Mülhausen，牟罗兹，协议（1620年），318

Mun，孟，托马斯，商业顾问，68

Munich，慕尼黑，米克尔斯教堂，304；货币贬值，82；价格趋势，88；占领（1632年），338

Münster，明斯特，政府，23

Münster，明斯特，主教，参加莱茵联盟，420；签署法兰克福条约（1658年），421

Münster，明斯特，会议，121，350，381
    程序，352
    又见 Westphalia，Peace of

Münster，明斯特，条约（1648年），68，221，224，471
    限制皇帝的权力，111，417-418，432；条款，356；西荷条约，356，381-382，413；法国占有，421；荷兰占有，705

Murad Ⅲ，穆拉德三世，苏丹，620
    登基（1574年），621；执行"杀害兄弟法规"，621

Murad Ⅳ，穆拉德四世，苏丹，6，41，622
    登基（1623年），624；性格，625，634，642；成就，634-635；他的《正义书》，635
    未成年时的统治（1623—1632年），624-625；假定的控制（1632年），625，632-633；改革，61；与黎巴嫩德鲁兹派法克尔·阿尔丁二世的失败（1634—1635年），633；波斯和伊拉克战役（1635—1639年），633-634；与威尼斯的谈判（1639年），639
    去世（1640年），634注

Musa，穆萨，去世，625

Muscat，马斯喀特，葡萄牙人与其有贸易，662

Muscovy，俄罗斯，见 Russia

Muscovy Company，莫斯科公司，英国的，557；雇佣亨利·哈得孙探寻前往东方的西北航道，675

Music，音乐，教学和发展，134

Muslims，穆斯林，东方的政治统一体，655；葡萄牙人对其态度，671

Mussolini，墨索里尼，贝尼托，4

Mustafa Ⅰ，穆斯塔法一世，苏丹，与《杀害兄弟法规》，621；登基（1617年），621，623；废位（1618年），621，623；二次登基（1622年），621，624；军队控制，624；治下混乱如麻，624；被乌理玛废黜（1623年），624

Mustafa Ⅱ，穆斯塔法二世，苏丹，登基（1695年），622

Mustafa Pasha，穆斯塔法帕夏，密谋（1631—1632年），625

Mysticism，神秘主义，与正统观念，173；弗朗西斯·德·萨莱斯，174；伯麦，174

Nabulus，纳布卢斯，632

Nacelle de Saint-Pierre Fleur de Lycée，纳瑟尔德圣皮埃尔百合花，贸易公司，组建（1627年），487

Nagasaki，长崎，荷兰贸易（1609年），649，665；迫害基督徒（1622年），667

Nagy-Sombath（Tyrnau-Trnava）University，纳吉-索姆巴特（蒂尔瑙-特尔纳法）大学，521

Nantes，南特，商业，477

Napier，纳皮尔，约翰，梅奇斯特的地主，133
发明计算器，151

Naples，那不勒斯
奥苏纳政府，276
1647—1648年叛乱，1，49-50，231，415
经济：银行业，84-85；财政改革，37-38；因战争负债，47-48；价格趋势，88；对西班牙的财政贡献，462；征税，48-49
外交政策：与教廷，262；与土耳其人，272；法国征伐（1655年），426
贵族：21；人口比例，17；职业地位，20-21；行为法规，26；人数，48；反叛，55；利用战争局势，56
瘟疫，76
贸易：白银，81；伦敦东印度公司与胡椒贸易，653
圣灵银行，84-85

Napoleon Buonaparte，拿破仑·波拿巴，法国皇帝，396

Naragansett Bay，纳拉干西特湾，687-688，692

Naragansetts，纳拉甘西特人，印第安人部落，攻击马萨诸塞的贸易（1636年），689；在布洛克被约翰·恩迪科特打败，689；联手佩科特人，689；罗杰·威廉斯提议和谈，689；参与马萨诸塞和康涅狄格消灭佩科特人（1638年），689

Narva，纳尔瓦，390，398

Naseby，纳斯比，战役（1645年），220

Nassau，纳塞，军队，发展与变革，203，216

Nassau，纳塞，家族，对执政者职位的影响，365

Nassau，纳塞，米德尔斯特的约翰，伯爵
军事著作，203-204，210；建立锡根军事学院（1616年），204；任总司令时对瑞典军队的影响，217；

纳塞民团的组织者,与巴拉丁救国军, 217
Nassau, 纳塞, 老约翰, 伯爵, 203
Nassau, 纳塞, 莫里斯, 见 Orange, Maurice of Nassau, prince of
National Covenant [of Scotland (1638)], [苏格兰 (1638 年) 的] "国民契约", 567
National Synod, 全国教会会议, 尼德兰 (1618 年), 见 Dort, Synod of
Nationalism, 民族主义, 对近代非欧洲人的影响, 3; 用以阐释历史, 3; 发展, 3–5
Naumberg, 瑙姆堡, 古斯塔夫·阿道夫在彼 (1633 年), 340
Navarino, 纳瓦里诺, 639
Navarre, 纳瓦拉, 438, 456
  对西班牙的财政贡献, 462; 与贝阿尔恩结盟 (1620 年), 483
Navarrete, 纳瓦雷特, 费尔南德斯, 经济学家, 经济纲领, 446
Navies, 海军, 见 Seapower
Navigation, 航行, 航海, 技术发展, 151, 166
Nayarit, 纳亚里特, 墨西哥, 709
Nef, 内夫, 约翰·U., 英国煤炭生产评估, 97
Negapatam, 内加帕塔姆, 科罗曼德尔, 葡萄牙殖民地, 644, 656
Negombo, 尼甘布, 锡兰, 葡萄牙人丢给了荷兰人 (1639—1640 年), 666
Negroes, 黑人, 19, 677, 680, 704–705, 707, 713
  在美洲的增多, 716–717

又见 Trade in slaves
Neile, 尼尔, 理查德, 约克大主教, 557
  推行劳德的主张 (1632 年), 565; 攻击清教徒, 565; 遭议会攻击, 565
Neisse, 尼斯, 防御工事, 222
Neo-Pythagoreans, 新毕达哥拉斯派信奉者, 哲学, 131
Neo-stoicism, 新斯多葛主义, 在西属尼德兰, 124; 哲学, 198
Neo-Thomism, 新托马斯主义, 105, 112, 118, 131
  在西属尼德兰, 124; 归纳法, 130–131
Neri, 内里, 菲利普, 在罗马创建奥拉托利会 (1564 年), 183
Neronov, 内罗诺夫, I., 领导"狂热分子们", 615
Netherlands, 尼德兰
  17 世纪初的情况, 359; 相关的历史神话, 360
  农业: 土地要求, 兴起和衰落, 64, 91–92; 土地租金, 65; 农产品价格, 91–92
  军队的发展, 211–212
  宪政的发展, 360–361
  戏剧, 参见 Drama in the Netherlands
  经济: 经济变革, 12; 战争影响, 14–15; 1609 年情况, 36; 价格趋势, 62, 64; 经济趋势, 360
  移民到瑞典, 394
  工业, 纺织业, 64, 94–96
  贵族: 富裕和贫困, 18; 特权, 20, 27; 职业地位, 20; 行为法规, 26,

界定，30；反叛，55
瘟疫，76
与波兰，"利用"，11
政治理论，360－361；又见 Political theory, absolutism in the Netherlands
人口，70－71
宗教，359
技术，167
贸易：进口农产品，589；谷物，589；纺织品，94，96，293，562；木材，589
又见 Scinece in the Netherlands

Netherlands，尼德兰，荷兰，34，82，516
行政和宪政事务：实现国家认同，3；市镇政治权力，15；经济介入增强政府权力，101－102；主权，123－124；分散权力，180；行政，369；宪法，361－363，375；反对荷兰，382－383
农业，368；利用风力，167
军事发展，203－207，209，211－214，216－218，222－223
阶级结构，368－369
殖民地：对贸易比对殖民感兴趣，672，690，705；又见 America; Netherlands, Dutch and the East
经济：银行业，68，84－85，366；经济增长，99；财政状况，37，68－69；货币政策，44；银价指数与荷兰盾，86－87；支付的西班牙贷款，102；价格趋势，12－13，88；征税，44
移民到英国，681；分离主义者们移民到，681－682

渔业，368
外交政策：威廉二世的和反对派（1649年），383－384
与美洲：探察，675，691；提出要求，675，690；又见 under names of places
攻击巴西（1628年），229；失去巴西，434
与丹麦：商业敌对（1613年），389；在东方的竞争，658；1647年条约，406；在威斯特伐利亚和约上支持丹麦（1648年），406；同盟条约（1649年），406；归还条约（1649年），406；废除条约（1653年），406；援救哥本哈根（1658年），430；调解丹瑞战争（1659年），431；哥本哈根条约（1660年），431
与亚洲：征服与贸易，6，81，99－100，645－660，662－666，669－672，674－675；对亚洲的影响，670；荷兰人对亚洲人态度的影响，671；传教团，669；又见 East India Company, Dutch
与英国：贸易优于英国人，548；在亚洲的竞争，100，649－651，653－654，660，662，706；在黎凡特，650，662；在美洲，674，690－693，696，706，又见美洲地名；伦敦贸易会议（1613年），650；海牙贸易会议（1615年），650；英荷协定（1619年），651；南安普敦条约（1625年），692；反对腓特烈·亨利的亲英政策（1643年），375；1652—1653年战争：原因，100，

413；与英国贸易（1600—1700年），534

与法国：条约（1624年），319；布雷达征战（1625年），320；联盟（1630年），329，378；征服西属尼德兰条约（1635年），346，380，413；马萨林寻求联盟，422；法国提议调解英荷战争，423－424；勒伊特与法国舰船，425；调解葡荷战争（1661年），425；同盟（1662年），425；在美洲的竞争，696，706

与德意志：新教联盟成员，306；巴拉丁危机（1619年），313；下萨克森地区战争和海牙条约（1625年），322

与葡萄牙：在亚洲的竞争，100，434，446，458－459，646－649，651－653，655－659，665－666；休战（1641年），666；在美洲，672，704；干预奴隶贸易，711；攻占巴西（1654年），425；伦敦条约（1661年）425

与西班牙：446；威胁交通线，260，280；八十年战争（1568—1609年）：荷兰失去奥斯坦德（1604年），265；在海牙和谈，42－43，266；西班牙军队在尼德兰（1608年），288；12年休战协议（1609年），267，359，446，648；西班牙主战派（1621年），279－282；1621—1648年战争：战事再起（1621年），374；意义，378；处于守势（1621—1629年），378；夺取布雷达（1625年），374；法国支持，378；采取攻势（1629年），378－379；议会对西属尼德兰宣言（1632年），379；和谈（1632—1634年），43－44，377，379－380；与法国结盟征服西属尼德兰（1633年），380；影响对三十年战争的态度，380；1635年法荷战役，380－381；1637年战役，381；再次夺取布雷达（1637年），349；唐斯战役，229－230，349，402；与法国重订条约（1644年），381；明斯特条约，44，356，358，381－382，413，422，471，696；又见美洲地名；就贸易和征服活动在亚洲的竞争，280，458－459，646－650，658－659，664，674－675；代价，666；在西印度群岛的竞争，280，446

与瑞典：联盟（1614年），390；松德海峡通行费，402－403；反对瑞典港税，403；波罗的海自由贸易同盟（1640年），403；瑞丹战争期间提供帮助（1643—1645年），404；再次结盟，405－406；关系紧张，406；丹荷归还条约的影响，406；在波罗的海打败瑞典（1658年），231

与威尼斯结盟（1619年），278

与西印度群岛，见 West Indies

1660年外部形势，434

工业，368，534；促进日本铜的生产，97

贵族：其中贫与富，18

政治制度：众议院，362；国务委员会，362，375；执政者，364－365；

议会，123，361－362，375，379－380，383－384；议会登记员，364

政党：清教"在野"派，270－271；商人接受西班牙资助（约1610年），271

与宗教：卡尔文主义，359；反对预定论，177；戈马尔派—阿米尼乌斯派论争，179－180，371－372；宗教自由的扩展，200；对1632年和谈的影响，380；明斯特条约，382

海上力量：17世纪50年代，227，229，231，236－237；英国航海条例（1651年），235；舰队由海事院指挥，362；海军，226－227，229，236，665；又见 Heyn, Pieter Pieterszoon，63，227，232－235，368

贸易公司，99，101－102，362－363，367－368，646－647

贸易：被敦刻尔克人破坏，229；受英荷战争（1650年）影响，236；从事部分英国殖民地贸易，236；波罗的海与地中海之间的贸易纽带，304；针对西班牙美洲的走私贸易，725

贸易与：美洲，见美洲；波罗的海，63，99，228，231，297，366－367，386－387；巴西，226；加勒比海，226；亚洲，见尼德兰，荷兰与亚洲；法国，367；德意志，294；日本，649；黎凡特，646，650；地中海，232－233，301，367，640，646；北方渔业，99，235；挪威，99，367；波斯，662－663；俄国，367；西班牙，367；西印度群岛，参见 West India Company, Dutch，西印度群岛，白海，609

贸易：布匹，649，656－657；棉花，651，656－658，661，663；毛皮，690；金、银，81，659；谷物，297；胡椒，649，651，653－656，659；稻米，651，654，657；西谷米，652；丝绸，659，662；兽皮，659；奴隶，677，716，725；香料，648－656，658－660，662，671，675；烟草，678

贸易，又见：Netherlands, Dutch, and England; Netherlands, Dutch, and Portugal; Netherlands, Dutch, and Spain

又见 Orange, Frederick Henry, prince of; Orange, Maurice, prince of; Orange, "the Silent", prince of; Orange, William Ⅱ, prince of

Netherlands，尼德兰，北部，见尼德兰，荷兰

Netherlands，尼德兰，南部，见尼德兰，西属

Netherlands，尼德兰，西属，413，417

行政，31

农业（1600—1648年），371

军队，发展，211－212

阶级结构，371

宪法，369－370；1598年宪法失败，376；主权回归西班牙（1621年），376

文化，377－378

17世纪经济状况，370－371；1629年的财政，376；银价指数与弗罗林，86－87

内政（1598—1647 年），342，367 - 377；1632 年密谋，377

与西荷战争（1621—1648 年）；爆发，376；西属尼德兰经济薄弱，376；荷兰采取攻势（1629 年），379；法荷密谋瓦龙人叛乱（1632 年），379；荷兰声明（1632 年），379；和谈（1632—1633 年），379 - 380；荷兰政策（1633 年），380；法荷征服条约（1635 年），346；法国宣战（1635 年），346 - 347；比利牛斯条约（1659 年），428

政治制度：国务委员会，376；成立执政委员会（1634 年），43；议会，370；与战争，377

宗教，180，371，377；反宗教改革运动，371；耶稣会士，359，370

贸易，367，477

又见 Aytona, marquis of; Bedmar, marquis of; Ferdinand, cardinal-infante; Isabella Clare Eugenia, sovereign; Leopold William, archduke

Neuburg，诺伊堡，伯爵菲利普·威廉，与帝位继承，419；参加莱茵同盟，420；签署法兰克福条约（1658 年），421

Neuburg，诺伊堡，沃尔夫冈·威廉，与于利希 - 克莱费斯继承，290；皈依天主教，290

Neuhäusel，纽豪塞尔，和约（1608 年），637

Neusohl，诺伊索尔，铜矿，296 其中的耶稣会士，521

Neustadt，诺伊斯塔特，饥馑，346

Neva river，涅瓦河，487

Nevers，内弗尔斯，公爵，参见 Mantua, charles di Gonzaga

Neville，内维尔，亨利爵士，立法纲领（1614 年），542

Nevis，尼维斯，背风群岛，托马斯·沃纳任总督（1625 年），702；种植园，703；人口，704

New Amsterdam，新阿姆斯特丹，695，701

建立，692；特许状和出口垄断（1629 年），692 - 693；发展，693；控制大陆船运，706

1650 年人口，696

贸易，693 - 694

New Belgium，新比利时，692

New Castile，新卡斯蒂利亚，饥荒和疾病（1647—1649 年），471

Newcastle Propositions，纽卡斯尔提案，578 - 579

Newcastle，纽卡斯尔，威廉·卡文迪希，公爵，573

Newcastle-upon-Tyne，泰恩河畔纽卡斯尔，577

瘟疫，75；被苏格兰人占领（1640 年），569；对内战的态度，575

煤炭出口，98

New England，新英格兰，683 - 684

约翰·史密斯海岸勘察（1614 年），681；新英格兰议会从事殖民活动，681；行政，32；与荷兰人进行贸易，692；与西印度群岛，704

又见 under names of states and towns

New England Company，新英格兰公司，新英格兰分配土地，681

New England Confederation，新英格兰

联盟，组建（1643年），690
Newfoundland，纽芬兰，691
　戈斯诺尔德在此（1605年），673；布里斯托尔的商人冒险家，673
　西班牙的捕鱼业占优，230；英国人的捕鱼业，235；与西印度群岛的贸易，704
　又见 Avalon; Grand Banks
New France，新法兰西，贸易公司，成立（1628年），487
New Granada，新格拉纳达，708
New Guinea，新几内亚，670
New Hampshire，新罕布什尔，土地分配，681，689；殖民地，689；马萨诸塞湾公司执政（1641—1679年），689；国王特许状（1679年），689；与印第安人的关系，689
New Haven，纽黑文，康涅狄格，694 参加新英格兰联盟（1643年），690；发展，690；被康涅狄格兼并（1662年），690
New Mexico，新墨西哥，见 Mexico
New Model Army，新模范军，组建和发展，215，219-221，577；持不同政见派和独立派，128-129，579；东部联盟，578；兵变（1647年），580；提议要点，580；与审讯查理，580-581
New Netherland，新尼德兰，682
　扩张，692-693；购买曼哈顿，692；政府，692，694-695；"优惠免税"证（1629年），692-693；农业殖民者，692-693；与印第安人的关系，692，694-696；与基夫特的统治（1638—1647年），694-695；英国殖民者移入，694；任命英国人秘书，694；斯特伊夫桑特的统治（1647—1650年），695；1650年人口，696；英国和法国殖民者们的钦羡，696 贸易，与新英格兰殖民地，692；毛皮，693，695；捕鲸，693
New Netherland Company，新尼德兰公司，特许状（1614年），99，691；分配土地给，691；殖民点，691 与印第安人的关系，691
毛皮贸易，691
Newport，纽波特，克里斯托弗，建立詹姆斯敦（1607年），673
Newport，纽波特，罗德岛，建立（1639年），687；特许状（1644年），687；政府，687
New Spain，新西班牙，总督区，707；领土包括，707；繁荣，709；总督放弃农业方面的分配劳役制（1632年），718
又见 America; and under names of places
Newton，牛顿，伊萨克爵士，自然哲学家，102，153
他的数学原理（1687年），145，150；引力理论应用于天文学，155
Newtown，纽敦，马萨诸塞，人们集体迁至康涅狄格、建立哈特福德（1636年），688
New World，新大陆，见 America
New York state，纽约州，又见 Albany; Eastchester; Fort Ticonderoga; Hoboken, New Amsterdam, Saybrook; Southampton; Southwold; Staten Is-

land; Wallabout Bay; Watertown

Niagara Falls, 尼亚加拉瀑布, 697, 699

Nicholas of Cusa, 库萨的尼古拉斯, 与物质的实质, 162

Nice, 尼斯, 275

Nickolsburg, 尼科尔斯堡, 和约（1622 年）, 520

Nicolet, 尼科莱·让, 在加拿大考察, 699

Nieuwpoort, 尼乌波特, 战役（1600 年）, 216, 224

Nipissing, 尼皮辛, 湖, 安大略, 697

Nobili, 诺比利, 罗贝托·德, 耶稣会传教士, 在马都拉, 印度, 668; 与印度教妥协遭谴责（1610 年和 1619 年）, 668

Nobility, 贵族
 行为准则, 23 – 27
 文化, 28 – 29, 476
 战争的影响, 56, 58 – 60
 其中的平等和相当的财富, 18
 欧洲人与中国绅士比较, 30
 政治主权, 17 – 18, 49 – 50, 52, 60, 285, 397, 443, 474 – 475, 490, 499, 525 – 526, 530, 585 – 588, 617 – 619
 特权: 财政的, 19, 45 – 46, 51, 52, 444 – 445, 448; 法律的, 19 – 20; 继承, 19; 免于某些惩处, 20; 与征召入伍, 20; 私生子的地位, 20; 狩猎权, 26 – 27; 经济, 513
 人口比例, 17 – 18, 48, 451
 资格, 16 – 18, 23, 29 – 31, 48, 53, 476, 510 – 511, 527, 547

 反叛, 49 – 50, 52, 55 – 56, 475 – 476, 481 – 483, 489, 494, 498 – 499
 出售爵位, 48, 52 – 53, 56, 58 – 59, 476, 478, 547
 职业地位, 20 – 23, 52 – 53, 297, 451, 475 – 476, 486
 又见 nobility under names of countries

Nogat, 诺加特, 599

Nombre de Dios, 诺姆布雷德迪奥斯, 墨西哥, 701

Nördlingen, 内德林根, 战役（1634 年）, 34, 344, 489
 其意义, 345, 400

Norfolk, 诺福克, 上流社会, 578; 纺织工业, 582

Normandy, 诺曼底, 于投石党运动, 498; 反征税暴动（1639 年）, 492; （1644 年）, 494

Norris, 诺里斯, 约翰爵士, 士兵, 219

North, 诺思, 罗杰, 与他的亚马孙公司（1620 年）, 701 – 702

Northampton, 北安普敦, 亨利·霍华德, 第一代伯爵, 改革纲领, 542

Northamptonshire, 北安普敦郡, 贵族, 578

Northern Company, 北方公司, 荷兰, 1614 年建立, 99; 遭英国人攻击, 100

North-West Passage, 西北航道, 673, 675

'Norumbega', "诺鲁姆贝加", 北美, 672

Norway, 挪威

与瑞典：领土包围着艾尔夫斯堡港，387
　　贸易，99，234，299，367
Norwich，诺里奇，纺织工，582
Nova，诺瓦，马蒂亚斯·德，648
Nova Scotia，新斯科舍，699
　　授予威廉·斯特林爵士特许状从事殖民活动（1622年），697；重新授予（1627年），698；殖民阿卡迪亚，698
Nova Zembla，新地岛，675
Novgorod，诺夫哥罗德，390
　　被瑞典人占领，602，604；与斯托尔博瓦和约（1617年），605
Novgorod-Seversk，诺夫哥罗德-塞费尔斯克，割让给了波兰（1619年），595
Novi，诺维，埃拉克莱斯·德，商人，513
Novigrad，诺维格拉德，640
Noy，诺伊，威廉，总检察长，559
Noyon，诺瓦永，羊毛生产和贸易，477
Nuremberg，纽伦堡，421，513
　　经济繁荣（1600—1618年），304
　　古斯塔夫·阿道夫在此会合（1632年），339，421
　　工业：冶金和矿业中心，294
　　人口因战争而减少，77
　　贸易：亚麻织物，293-295；毛织品，296；商人冒险家，294
Nuremberg，纽伦堡，战役（1632年），339-340
Nuremberg Exchange Bank，纽伦堡汇兑银行，1621年建立，84，295

Nüremburg，纽伦堡，见 Nuremberg
Nürnberg，纽伦堡，见 Nuremberg
Nutrition，营养，在欧洲，74-75
Nyborg，尼堡，战役（1659年），431

Ob river，鄂毕河，663
Occupations，职业，地位，21-22
Oceanography，海洋学，发展，164
Ödenburg，厄登堡，耶稣会士在此，521
Oder river，奥得河，威斯特伐利亚和约与奥得河，354，408
Oesel，欧塞尔，割让给瑞典（1645年），430
Offices，官职，出售，23，46；在那不勒斯，48；卡斯蒂利亚，444，447；法国，476，478，488，492；英国，547；西班牙美洲，725
Okhotsk，鄂霍次克，俄国人到达（1639年），616
Oldenbarnevelt，奥尔登巴内费尔特，约翰·冯，荷兰律师
　　维护省议会主权，123
　　与商人公司，367；创建荷兰东印度公司（1602年），647
　　支持与西班牙休战（1609年），267，372
　　与阿米尼乌斯派—戈马尔派之争，支持阿米尼乌斯派，179，373；反对纳塞的莫里斯，373；被囚（1618年），374；被处死（1619年），123，374
Oliva，奥利瓦，条约（1660年），411，431，598
Olivares，奥利瓦雷斯，加斯帕尔·德·

古斯曼，杜卡·德·圣卢卡尔·德·巴罗梅达伯爵，西班牙政治家，35，102，436，457
对赞助的态度，38
性格，457－458
经济：财政政策，39－41，46，459，464－465；经济改革，460－472
国内政策，38，462－464；行政改革，460，472－473；执政委员会统治，460－461；军事联盟，463－464，466－467，473；谋反（1641年），471
外交政策，38，41－43，58，228，279，316；评述外交失败的原因，41
与波罗的海，391
与加泰罗尼亚，414，466－470，473
与法国：和谈（1636—1640年），349
与汉萨同盟城市：提议签订条约，325
在尼德兰的目的，376
与葡萄牙：行政改革（1634），467，473；1637年暴乱，467；马德里会议（1637年），468
与海军，459
与贵族，56，466
退隐（1643年），471
Olympia，奥林皮娅，夫人，187
Oñate，奥尼亚特，胡安·德，伯爵，西班牙使臣，是被派往皇帝处的使臣，277；波希米亚继承问题，277；1617年条约，428
Onondaga，奥农达加，湖，698

Ontario，安大略，见乔治湾；苏圣玛丽
Ontario，安大略，湖，676，697－699
Opera，歌剧，参见 Drama
Opitz，奥皮茨，马丁，252，257
Oppenheim，奥彭海姆，334
Optics，光学，教学和发展，134，156－157，162－163
Oquendo，奥肯多，安东尼奥·德，舰队司令，唐斯战役中战败，229－230
Ordinances of Governor Alfaro（1611），行政长官阿尔法罗法令（1611年），711
Orange，奥伦治，家族，对执政者职位的影响，364－365
Orange，奥伦治，阿马利亚·冯·索尔姆斯，公主，与腓特烈·亨利结婚，374
Orange，奥伦治，纳塞的腓特烈·亨利，亲王
目的，375
结婚，374
宫廷生活的发展，360，375
与荷兰宪法，361，375；他的权力之巅（1640年），375
外交政策，42－43
与英国：儿子威廉二世与玛丽（斯图亚特）结婚，375；亲英政策，375
与西班牙：继续战争，374－375；占领布瓦勒迪克，43，376，378－379；计划在西属尼德兰叛乱，379；他的1632年战役，379－380；最后的几次战役，381；占领布雷达

(1639年), 349, 381; 遭暗中破坏的状况, 381

宗教: 阿米尼乌斯派信教自由, 180

Orange, 奥伦治, 纳塞的莫里斯, 亲王, 167, 203, 691

性格, 374

重组军队, 205, 216-217, 265, 396; 在格罗恩洛和布瓦勒迪克使用的武器, 222-223

西班牙的"年金", 269; 为威尼斯战斗 (1617年), 274

与戈马斯派联合, 123, 179; 提名摄政者, 123; 未能成为一名专制的亲王, 124; 反对奥尔登巴内费尔特, 179, 278, 373-374; 多特会议上增强了权力 (1618年), 179-180; 未能克服地方分权, 180; 与荷兰东印度公司 (1618年), 650

外交: 庇护腓特烈五世 (1620年), 315; 西班牙战争再开打 (1621年), 374; 挽救贝亨奥普佐姆 (1622年), 317; 延误了曼斯费尔德对布雷达的援救 (1624年), 320

去世 (1625年), 374

Orange, 奥伦治, 威廉, "沉默者", 360, 364

Orange, 奥伦治, 纳塞的威廉二世, 亲王, 结婚 (1641年), 375; 登基 (1647年), 382

外交政策, 382-383; 反对荷兰, 382; 与军队危机 (1649年), 383-384

去世 (1650年), 384

Orangist Party, 奥伦治主义党, 奥拉托里会, 383

Oratorians, 奥拉托里会会友, 传教团前往印度, 669

Oratories, 奥拉托里会, 183

Order of Calatrava, 卡拉特拉瓦军团, 58

Order of the Golden Fleece, 金羊毛勋章, 526

Order of the Immaculate Conception of the Virgin Mary (Poland), 圣母无沾成胎骑士团 (波兰), 588

Orinoco river, 奥里诺科河, 委内瑞拉, 672, 708

Orléans, 奥尔良, 加斯通-让-巴蒂斯特·德·弗兰斯, 公爵, 416

密谋反对国王 (1626年), 485; 反叛 (1630年), 489; 在卡斯特尔诺达里战败, 489; 逃往布鲁塞尔 (1632年), 489; 与洛林的玛格丽特结婚, 489; 投降并返回 (1634年), 489; 密谋反对黎塞留 (1642年), 493; 定为陆军中将 (1643年), 493; 与投石党运动 (1651年), 498-499

Orléans, 奥尔良, 洛林的玛格丽特, 女公爵, 结婚, 489

Orléans, 奥尔良, 菲利普, 路易十三的儿子, 公爵, 结婚 (1661年), 425

Ormesson, 奥尔默松, 安德雷·德, 经历, 486

Ormuz, 霍尔木兹, 波斯湾, 645, 665葡萄牙贸易, 644, 662; 波斯人与英国占领 (1623年), 662, 666注

Orthodox Church, 正教

在波兰，590-593，609；俄国，614-615；土耳其，638

Ösel，厄塞尔岛，战略要地，387；割让给了瑞典（1645年），403

'Osman，奥斯曼家族，621

'Osman Ⅱ，奥斯曼二世，苏丹，出生（1604年），621；登基（1618年），621，623-624；反波战役（1621年），623，636；反叛（1622年），624，629；废位（1622年），621；去世（1622年），624-625，629

Osnabrück，奥斯纳布吕克，亚麻织业，293

Osnabrück，奥斯纳布吕克，主教管区，罗马天主教会选举（1623年），318；克里斯蒂安四世的主张，321

Osnabrück，奥斯纳布吕克，会议（1642—1648年），350，381
议程和参加者，352
又见 Wstphalia, Peace of

Osnabrück，奥斯纳布吕克，条约，68，357，417
承认帝国内各诸侯国的主权，111

Ostend，奥斯坦德，荷兰失去，265，266

Osuna，奥苏纳，佩德罗·希龙，公爵，那不勒斯总督，272
财政措施，38
寻求民众联合，49；那不勒斯统治特性，276
企图夺取尼斯（1613年），275；与威尼斯的海战（1617—1618年），233；反威尼斯政策，275，281；"西班牙阴谋"（1618年），275

遭谴责，去世（1620年），276

Ottawa river，渥太华河，697-699

Ottoman Turks，奥斯曼土耳其，655
对民族主义的态度，5；划定的帝国边界，6；国家巩固（1451—1481年），621

行政：《杀害兄弟法规》及其影响，620-622；行政改革，61-62，629；对苏丹的儿子作为省长进行培训，620-622；中央集权，622；朝臣和官员密谋，622-623，625；黑衣宦官头领的影响，622-623；苏丹的母亲和为苏丹生了儿子的配偶以及闺房中的女眷对政府的影响，622-624；乌理玛的权力和威望，623；禁卫军和皇家禁卫骑士队在政府中的影响，223，623-625；帝国不安定的原因，625-629；叛乱，36，在小亚细亚，629-630，642；不和对欧洲的影响，41

军队：过时的战法，61-62；艾哈迈德一世颁布的改革法典，629；禁卫军与皇家禁卫骑士队之间的竞争和省里征兵，625-627，629-630；波斯战争和奥地利战争的影响；近卫军（禁卫军和皇家禁卫骑士队）：政治影响，623-625；征兵，626-627；军饷，627，642；不满的原因，625-627，629-630；反叛，623-625，642；与穆拉德四世，634；使用失业者（莱文达特），628；省长征召的萨里贾和赛班，628-629，634；土匪"果冻"，628-629，642

与哥萨克，被袭击，596

与帝国：412，517；战争（1593—1606年），287，626，636；锡特瓦托洛克和约（1606年），283，637；后来的条约加以肯定，637；进入匈牙利（1626年），506；威胁普雷斯堡和维也纳（1638年），530；克劳森堡胜利（1660年），422；入侵特兰西瓦尼亚（1660年），422；圣哥大战役（1664年），62

与伊拉克：1534—1535年和1546—1547年的征服，630；失去对巴士拉和巴格达的控制，630－631；巴克尔·苏巴希与穆罕默德·甘巴尔的冲突（1621年），631；波斯的干涉和战争的爆发（1623—1639年），631，633－634

与黎巴嫩：重要性在于是伊贸易通道，632；法克尔·阿尔丁的反对及其被推翻（1590—1634年），632－633

鼓动西班牙的摩尔人，261，453

教廷（乌尔班八世）想发动一场圣战，186，637

与波斯：（1578—1590年），36，626；战争（1603—1607年），630；和约承认波斯所获（1612年），628，630；战争（1615—1618年），630；和约确认1612年的决定，596，630；在伊拉克的战争（1623—1639年），630－631；米赫里班战役（1630年），631；埃里温和大不里士战役（1635—1636年），633；巴格达战役（1638—1639年），633－634，祖哈布和约（1639年），634

与波兰：586，601；袭击，596，636；布萨和约（1617年），636；战争（1620—1621年）的原因，596－597，636；图托拉战役（1620年），597，609，636；霍奇姆战役（1621年），41，597，609，636；1621年和约，597；1633年入侵，597

与葡萄牙：海战失败，645

与俄罗斯：计划参与攻击波兰（1637—1643年），609－610；牵涉到哥萨克人（1637—1643年），612－613

与特兰西瓦尼亚：入侵（1660年），422；在克劳森堡战役（1660年）中打败拉科齐，422

与威尼斯：战争原因，638－639；战争（1645—1669年），15，231－233，261，432，638－642；战胜克里特岛（1669年），642

宗教：耶稣会士、正教和新教徒之间的矛盾，637－638

海上力量：海军，641

征税，626

贸易，62，653

帝国中失业状况，627－628

Oughtred，奥特雷德，威廉，数学家，133，138－139

发明计算尺，151；对代数的贡献，152

Overbury，奥弗伯里，托马斯爵士，遭谋杀，548

Overijssel，上艾瑟尔，联邦税收，362；在联邦议会中有代表，362；阶级结构，369

索　引

Overton, 奥弗顿, 理查德, 小册子, 579
　平等派和他的政治理论, 128
Owen, 欧文, 约翰, 神学家, 攻击克伦威尔的宗教决定, 582
Oxenstierna, 奥克森谢纳, 阿克瑟尔, 入的政治家, 102, 330, 335, 408
　建立一政府部门贸易署 (1651年), 404
　宪法问题, 397
　财政政策, 410
　外交政策, 399–400, 404; 成就, 409–410
　与丹麦: 丹麦挑衅, 402; 攻击日德兰半岛 (1643年), 403; 布伦塞布罗和约 (1645年), 403
　与法国: 破坏联盟 (1634年), 400; 重订贝尔瓦尔德条约 (1633年), 342, 401; 汉堡条约 (1638年), 348, 401; 撤回莱茵兰的要求 (1638年), 348; 使用法国津贴, 405
　与德意志战争: 集结军队 (1632年), 339; 为战争负责, 341; 与海尔布龙联盟, 341, 400; 与敌对的将军, 342; 向勃兰登堡提出建议, 400; 与波美拉尼亚, 347, 400; 在马格德堡, 400; 军队在马格德堡哗变, 400; 斯图姆斯多夫条约 (1635年) 的影响, 401; 回瑞典 (1636年), 348, 401; 奥斯纳布吕克和谈, 352, 407
　纳尔瓦计划, 398
　与波兰, 斯图姆斯多夫条约 (1635年), 348

　去世 (1654年), 409
Oxenstierna, 奥克森谢纳, 约翰, 伯爵, 瑞典特命全权大使, 在奥斯纳布吕克, 352
Oxford, 牛津, 577; "药用植物种植园"建于1622年, 137
　成了保王主义者的大本营, 220
Oxford, 牛津, 大学, 137–138

Pacific, 太平洋, 709
　俄国毛皮商到达, 6, 663
Pacific coast, 太平洋岸, 甘蔗种植, 721
Paderborn, 帕德博恩, 主教管区, 克里斯蒂安四世的要求 (1625年), 321
Padua, 帕杜亚, 107
　瘟疫, 76
Padua, 帕杜亚, 大学, 135, 152, 199
Pages, 帕热, 钦差, 498
Palafox, 帕拉福赫, 普埃布拉主教, 与教会组织, 716
Palais Royale (formerly Palais Cardinal), 国王宫 (前红衣主教宫), 巴黎, 248
Palatine, 巴拉丁
　选帝侯和匈牙利议会议长, 506
　军队, 发展和变革, 203, 217; 救国军, 217
　外交: 是西班牙前往尼德兰的通道, 267, 278, 314; 与西班牙主战派 (1598—1621年), 281; 西班牙庇护 (1614年), 268; 波希米亚冒险 (1620—1621年) 的后果, 312; 没有同盟者, 313; 斯皮诺拉 (西班牙)入侵，204，314，549；与乌尔姆条约(1621年)，313；来自英国志愿者和新教联盟的帮助，314；与曼斯费尔德(1621年)，316；马克西米连一世在此，316，549；巴伐利亚和西班牙入侵(1621年)，549－550；腓特烈五世及其盟友的失败，316－317；劫掠，317，346；选帝侯资格转给马克西米连一世(1623年)，317－318；查理·刘易斯(未成年)，复位(1633年)，341；路易斯·菲利普成为行政长官，341；威斯特伐利亚和约(1648年)，356

人口因战争而减少，77

宗教：新教牧师被驱逐(1623年)，336

又见 Charles Lewis, Elector Palatine; Frederick V, Elector Palatine; Maximilian I, duke of Bavaria

Palembang，巨港，苏门答腊，臣服马塔兰苏丹阿根，655；贸易，656；荷兰人移至(约1632年)，656；贸易链接马塔兰和马六甲，656

Palermo，巴勒莫，基尔特控制的起义(1647年)，52；人口下降，71

Panama，巴拿马，701，707

进口商品，724

Papacy，教廷

理论上主张专制主义，106－108；中央集权，185－186；国家反对，186；任人唯亲，187

教皇诏书，《至圣》，106；《崇敬神舍》(1648年)，186；《时刻》(1650年、1653年)，188，501；

《卓越》(1643年)，377

支持瑞典西吉斯蒙德三世的要求，385

与波兰的天主教和新教联盟(17世纪20年代)，590

谷物进口，301

又见 under names of popes

Pappenheim，帕彭海姆，戈弗雷·亨利，祖伯爵，巴伐利亚将军

在马格德堡，332；在布雷滕费尔德战败(1631年)，334；在下萨克森，335－337；在哈雷，340；在吕岑战役(1632年)中被杀，340

Paracelsus，帕拉切尔苏斯，(利普斯·奥雷厄勒斯·塞奥弗拉斯图斯·本巴斯特)的笔名，4

化学理论，159；追随者赞同无机药品，162

Paraguay，巴拉圭，708，713

西班牙殖民地，711；对传教区印第安人的特权愤慨，712；印第安人口减少，177

与耶稣会士：耶稣教会会长允许设立教省(1604年)，711；传教团，709，711；用作西班牙对领土的控制，711；行政长官阿尔法罗法令(1611年)，711；传教区印第安人的特权，711－712；圣保罗猎奴袭击与图皮印第安人，711－712；传教区印第安人撤至巴拉那(1630年)，712

又见 Ignazú Falls; San Ignacio Guazú

Paraná，巴拉那，地区，巴西，713

西班牙殖民地，711；耶稣会传教团到此，711－712；印第安人撤至

此地（1630年），712；圣保罗猎奴队，712

Paris，巴黎，417，487
 路易十三和黎塞留修建的建筑，大钟亭；索邦教堂；鲁埃尔宫；黎塞留宫；黎塞留镇，491－492
 戏剧：外国演员，240，243；剧院，243；观众，244－245，247，256；莫里哀剧团为国王演滑稽戏，255
 经济：价格趋势，62，89；租金标准，65；谷物价格，74；汇票，83；商业，477－478；纺织成品中心，94
 与投石党运动，民众支持，55，497－499
 法国知识中心，140
 国王学苑，137
 行会的工匠们造反（1633年），492
 奥拉托利会（创建于1611年），183，484，492
 人口增长，71

Paris，巴黎，条约（1657年），424，427

Paris，大学，136－137

Parker，帕克，亨利，他的《批判》（1642年），127

Parma，帕尔马
 法尔内塞剧院（1618年），242
 被西班牙兼并（1610年），274
 瘟疫，76

Parral，帕拉尔，墨西哥，银矿，722

Pascal，帕斯卡，布莱斯，102，133，141，152，188
 使用计算机，151；建议对托里切利的气压理论进行实验，157；相信人性恶，174；谴责耶稣会的决疑论，185；相信詹森主义及对其影响，190－191；他的《致外省人信札》，190，426，501；和《思想录》，190

Pasco，帕斯科，秘鲁，银矿，722

Passau，帕绍，主教管区，503

Patagonia，巴塔哥尼亚，耶稣会传教团在此，709

Pathology，病理学，教学和发展，136

Patin，帕廷，盖伊，137，416

Patras，佩特雷，640

Paul V，保罗五世，教皇，发誓效忠詹姆斯一世，107；亲西班牙，268

Paul，保罗，文森特·德，见文森特·德·保罗

Pavia，帕维亚，价格趋势，62

Pavia，帕维亚，战役（1525年），34

Pavia，帕维亚，大学，136

Pazmanny，帕茨马尼，彼特，埃茨特尔戈姆红衣主教，创办纳吉－索姆巴特（蒂尔瑙－特尔纳法），521

Peasants，农民
 叛乱，480，488，492，494，517，615；反对财政榨取，49－50，56－57；反对贵族的特权，52，56；反对军队欺压，55－56；反对狩猎权，56－57；宗教的，520
 被其他阶级剥削，57，448－449，476，478，602，617－618
 战争和遭难，315，343，357，500，522
 职业，477－478，512－513
 权与责，504，512，525，585，588，617－619

Peenemunde，佩内明德，古斯塔夫·阿道夫入侵（1630年），330，334

Pehuelche，佩韦尔切，印第安人部落，被阿劳坎人招募，711

Peiresc，佩雷斯克，尼古拉斯·克劳德·法布里·德，133，142
法国与外国科学家之间的主要联系人，140

Peking，北京，基督教传教团到此（1600年），667

Pelagius，贝拉基，异端，177–178

Peller，佩雷尔，马丁，商人，295

Pelletier，佩莱蒂埃，法国小册子作者，捍卫国王政策，491

Pemaquid river，佩马吉德河，南安普敦的考察（1605年），673

Pembroke，彭布鲁克，菲利普·赫伯特，第四代伯爵，575

Pembroke，彭布鲁克，威廉·赫伯特，第三代伯爵，与白金汉，553–554；被授予向风和背风群岛，702；帮助科尔廷，702；未能得到巴巴多斯（1629年），702

Peñalosa，佩尼亚洛萨，修士贝尼托·德，34

Peñaranda，佩尼亚兰达，古斯曼，伯爵，西班牙使臣，在布鲁塞尔会谈（1649年），427；和平谈判（1658年），420

Penn，佩恩，威廉，攻打圣多明哥，424

Penobscot Bay，佩诺布斯科特湾，675

Peonage，债务劳役制，718–719

Pequots，佩科特人，印第安人部落，690
遭约翰·恩迪科特攻打，689；纳拉甘塞特人参战，689；劫掠康涅狄格，689；佩科特山惨案（1638年），689，695；受莫霍克人和马萨诸塞人攻击和奴役，693

Perak，霹雳，马来亚，被阿钦征服（约1620年），655

Pereiaslavl，佩雷亚斯拉夫，条约（1654年），意义，3

Périer，佩里埃，弗洛兰，测试托里切利的气压理论，157–158

Perigord，佩里戈尔，谷物贸易，478；贵族：领主权，476；反征税暴动（1636年），492；（1644年），494

Perkins，珀金斯，威廉，185

Pernambuco，伯南布哥，巴西，葡萄牙人反叛（1645年），659；葡萄牙猎奴队中心，714

Perpignan，佩皮尼昂，投降（1642年），414

Perron，佩龙，红衣主教·迪，108
阐释《间接权力》理论，107

Persia，波斯，41，486–487
划定疆界，6
与奥斯曼土耳其：662；战争（1578—1590年），36，626，628，630；战争（1603—1607年），630；1612年和约，630；战争（1615—1618年），630；和约认可了1612年的决定，596，630；干涉巴格达（1621—1623年），631；战争（1623—1639年）在伊拉克爆发，630–632，637；米赫里班战役（1630年），631；埃里温和大不里士战役（1635—1636年），633；

巴格达战役（1638—1639年），
633-634；祖哈布和约（1639
年），634

与荷兰人、英国人、西班牙人和葡
萄牙人的关系（1600—1650年），
662

外交接触导致了与俄国的贸易，
662-663

贸易：俄国公司进入，650；丝绸贸
易，662-663，670；白银贸易，
659

波斯人，630

Peru，秘鲁，下（秘鲁），西班牙要
求，707；总督区和疆域，707-
708；繁荣，709；征兵派往智利，
710；给阿劳坎战争拨款，711；移
民到此，715

Peru，上秘鲁和下秘鲁（玻利维亚和
秘鲁）

农业，440

克里奥尔人：人数，715；经济和社
会影响，715；对教会的影响，715-
716

劳动力短缺与委托监护制，717；
与米达制，718-719；自由雇佣劳
动制和债务劳役制，718-719

甘蔗生产，721；耶稣会上发展起
来的，721；进口可可（16世纪），
721；生产（17世纪），721；白银
生产，722，725；波多西矿生产衰
减对繁荣的影响，723

贸易，78-79，724；卡斯蒂利亚国
王设限（1614—1615年、1630年、
1634年），724

又见 Guayaquil；Laicacota；Lima；
Pasco；Potosi；Rio de la Plata

Pescadores Islands，佩斯卡多尔列岛
（16世纪葡萄牙殖民主义者对中国
澎湖列岛的称呼——译者注），中
国，荷兰人被中国人赶走，659

Pestalozzi，佩斯塔洛齐，商人们，513

Petapoli，佩塔波利，科罗曼德尔，荷
兰殖民点（1606年），656

Peter the Great，彼得大帝，沙皇，619

Petition of Right（1628），权利请愿书
（1628年），555-556

Petrarch，彼特拉克《抒情诗集》，28

Petty，配第，威廉爵士，重商主义者，
《政治算术》，103

Phelips，菲利普斯，罗伯特爵士，
555，559

议会表决财政问题（1625年），
553；被议会开除（1625年），554

Philadelphia，费拉德尔菲亚（费城），
692

与新阿姆斯特丹进行贸易，696

Philip Ⅱ，费利佩，西班牙国王，34，
279，371，432，435-436，533

比利时著作者们的观点，360

经济：银行业，39，58；卡斯蒂利
亚征税，439；财政状况，441

内政：犹太人，58；贵族，443

外交政策，260；波希米亚政策，
277；建议英西联姻（1600年），
262；建议法西联姻（1600年），
262；控制意大利，261-262；意大
利王公联盟（1597年），273；尼德
兰攻打葡萄牙

海外属地，647注；与教廷，262

Philip Ⅲ，费利佩，西班牙国王

性格, 443
赞助戏剧, 250
内政: 财政情况, 37-38, 441-442; 与国务会议, 461; 赞同苏亚雷斯的政治理论, 106; 与各省的关系, 456; 迫害犹太人和摩尔人, 37, 58, 60, 272; 在位时期概况, 435-436, 457
外交政策, 260, 263; 想要延长12年休战期, 279; 确立西班牙强权统治下的世界和平 (1610年), 269-271
与阿尔萨斯, 277, 286, 309
与他的美洲帝国, 707 ff.
与波希米亚继承问题, 277, 286, 308-309
与英国: 影响 (1600—1610年), 269; 力图结束战争, 263; 英西联姻建议, 264, 546
与佛兰德: 资产阶级反对 (1615年), 272; 布鲁塞尔叛乱 (1619年), 272
与法国: 受到法国复兴的权力的威胁, 263; 联盟 (1626年), 325
与匈牙利: 继承问题 (1613—1617年), 286
与意大利: 意大利敌视, 273; 扩展权力 (1598—1610年), 273
与尼德兰, 荷兰: 和平激励着阿尔伯特大公, 266; 给斯皮诺拉的指示 (1606年), 266; 反对和谈, 266
与黎巴嫩: 保护黎巴嫩的法克尔·阿尔丁二世, 632
与蒂罗尔 (1617年), 277, 286

去世 (1621年), 457
Philip Ⅳ, 费利佩四世, 西班牙国王, 36, 45, 457, 471, 473
是位英雄, 34
财政状况, 38, 46
结婚 (1611年), 268
赞助剧院, 247, 250
经济危机, 725
外交政策, 38, 42-43; 与法国 (1628—1635年), 42-44, 414; 与尼德兰, 42-43, 376-378
Philippines, 菲律宾
采集植物, 164
西班牙殖民地, 6, 664
与欧洲进行贸易, 226; 受西班牙限制, 724
荷兰人攻击货船, 658; 荷兰失败, 666
传教团到达, 669
多明我会大学和耶稣会大学开办 (1611年和1623年), 669
又见 Manila
Philippsburg, 菲利普斯堡, 法国提出要求 (1631—1646年), 335, 342, 353
Philosophy, 哲学, 欧洲哲学与中国哲学比较, 33
Philosophy, "新", 见科学, "新 (科学) 哲学"
Phoenix theatre (Cockpit), 菲尼克斯 (科克皮特) 剧院, 242
Physics, 物理学, 教学和发展, 136, 143-144, 152-156
Physiocrats, 重农主义者们, 农业理论, 93

Physiology，生理学，教学和发展，136，159－164

Piacenza，皮亚琴察，集市上的汇票，83；金币埃斯库多，84；西班牙守备队，261

Piasecki，皮亚塞基，主教，《全欧经营管理编年史》，593

Picardy，皮卡迪，497

抗拒什一税，57；租金标准，65；入侵，34

Piccolomini family，皮科洛米尼家族，527

Piccolomini，皮科洛米尼，奥塔维奥·达拉戈纳，亲王，阿马尔菲公爵，奥地利陆军元帅，351

与华伦斯坦，343－344；1640年拒绝打仗，349

Piedmont，皮德蒙特，贵族，人口比例，17

Pietism，虔诚主义，175，183－184

Pilgrim Fathers，清教徒前辈移民，686，691

在马萨诸塞登陆并定居，682；从新英格兰议会那里获得土地许可（1621年和1639年），683；"普利茅斯基本法"代替了"五月花契约"（1629年），683；贸易移民在温莎（1633年），688，693

Pillau，皮劳，古斯塔夫·阿道夫在此登陆（1626年），599；割让给了瑞典（1629年），392

Pilsen，皮尔森，被曼斯费尔德夺取（1619年），309－310

"Pilsen Revers" the，"皮尔森转向"，344

Pimenta，皮门塔，耶稣会巡视员，谴责诺比利，668

Pimentelli，皮门特利，西班牙使臣，和平建议（1658年），427

Pinerolo，皮内罗洛，43

包围（1630年），328，335；意义，350；法国保留，414，488

Piombino，皮翁比诺，臣服西班牙，274

被占领（1646年），414

Piracy，海盗，在地中海，232－233，367；海盗使英国损失，236

在加勒比海，701－702

Pirenne，皮雷纳，亨利，经济史周期论，8

Pisa，比萨，大学，135－136，152

Piscataqua，皮斯卡塔瓜，缅因，681

Pius V，庇护五世，教皇，261

Placht，普拉克特，奥托，波希米亚人口研究，509，523－524

Plato，柏拉图，197，479

Platonism，柏拉图主义，197

Plessis-Bellières，普莱西斯－贝利埃尔，夫人，500

Plutarch，普卢塔克，479

Plymouth，普利茅斯，英国，682

Plymouth，普利茅斯，马萨诸塞，686，700

考察到（1606年），673；建立新英格兰议会（1620年），681；"清教徒前辈移民"（分离主义者）定居于此（1620年），682；土地占有重组，683－684；殖民者买断伦敦公司（1627年），683；开建新市镇，683；"普利茅斯基本法"（1639

年），683；要求罗德岛，687；主张反对温莎，688；与印第安人，689；反对荷兰人殖民好望堡，693

Plymouth Company，普利茅斯公司，特许状（1606年），673；划定殖民地区，673；考察（1606年），673

Pneumatics，气体力学，发展，157-158

Poincy，普安西，德，法国美洲群岛公司总督，任命（1638年），703；扩张政策，703；拒绝辞职（1646年），703；为"圣约翰骑士团"干活，703

Point Comfort，康福特角，674

Poitiers，普瓦捷，贸易，477

Poitou，普瓦图，组建农民公社（1636年），57，492；反征税暴动（1644年）494

Poland，141

行政，31

农业：谷物收成，65；谷物价格，73；农业优势，92-93；谷物优于牲畜的原因，588

军队：发展和变革，223，588

移民东南部地区，593

宪法，35，113-114，585-586；君主政体的局限，586-588；地方分权，587

经济：经济变化综述，11；维斯瓦河的重要性，302；财政疲软，38；货币政策，44；金银流进，79；贬值，85-86，94，548；格罗希，86；银价指数，86-87；征税，587

教育，593

外交：1648年海外形势，601；和1659年海外形势，433

与勃兰登堡：600-601；勃兰登堡顺从，429；遭勃兰登堡侵略（1656年），429；韦劳和约（1657年），430；布龙贝格条约（1658年），430；奥利瓦条约（1660年），431

与哥萨克人：关系，591-592，595-596，610；叛乱，41，597-598；影响，598

与丹麦：反瑞谈判（1638—1639年），402

与帝国：597，600-601；1613年条约和1633年条约，601

与摩尔达维亚，636

与奥斯曼土耳其：入侵，390，623；布萨和约（1617年），636；战争原因（1620—1621年），596-597，636；图托拉战役（1620年），597，609，636；霍奇姆战役（1621年），41，597，609，636；1621年和平，636；入侵（1633年），597；和平（1634年），597

与普鲁士，600-601

与俄国：打胜利沃尼亚（1581年），385；继承问题在俄罗斯引起了麻烦，388，594，599；克卢希诺胜利（1610年），388，594；俄国入侵（1617年），605；斯托尔博瓦和约（1617年），及其对波兰的意义，389，605；多伊利诺停战条约（1619年），388-389，595，605；俄国攻击（1632年），389，595，610；波利雅诺夫卡和约（1634年），595，610-611；之间的关系，595；沙皇阿列克谢攻打华沙和克

拉科夫（1651年），429；路易十四提出调停（1654年），433；安德鲁索沃停战协定（1667年），432

与西班牙：对法西战争的政策，41

与瑞典：朝廷联合（1592—1599年），385，598；在爱沙尼亚问题上的对抗，385-386；与利沃尼亚，386，390，598-599；俄国的继承问题，386，388；战争（1605—1617年），313，390，599；战争（1621—1629年），330，599；利沃尼亚战役，390，599；失去里加及其影响（1621年），390，599；1626—1629年战役，390，599；阿尔特马克条约（1629年），392-393，600；有关通行税的条款，393，401；古斯塔夫二世和俄国计划攻打波兰（1632年），398；阿尔特马克条约，401；斯图姆斯多夫条约（1635年），348，401，600；会谈反对（1638—1639年），402；查理十世占领华沙和克拉科夫（1655年），429；约翰·卡西米尔逃亡，429；反查理暴乱，429；入侵西普鲁士，429；瑞典和勃兰登堡再次进入华沙，429；布龙贝格条约（1658年），430；奥利瓦条约（1660年），431，598

与鞑靼人：相互袭击，596-597，611；其结果，598；图托拉战役，636；怂恿哥萨克攻打俄罗斯（1633年），610

工业，589

土地占有，588

贵族（szlachta）：资格，30-31；法律地位，16-17；人口比例，17-18；在农村地区，18；其中一律平等，18；特权，19-20；职业地位，20-21；政治权力，60，585-588；反叛（1606—1607年），587

营养状况，74-75

农民：压迫，298；地位，585，588

政治制度：下议院（izba polselska），585-586；波兰王国"王国法庭"，586；议会（sejm），30，41，113-114，585-587，599-600，605；最高军事指挥官（hetman wielki koronny），586-587；地方议会（sejmiki），587；上议院（izba poselska），585-586

宗教：信仰自由，34，200；反宗教改革运动：35，589-590；耶稣会上领导，590；新教，589-590；反叛，589，托伦教派间辩论会（1645年），590；东正教：布列斯特宗教会议（1596年），590；非法地建立起了等级制（1621年），591；与海外接触，591-592；勒沃夫宗教会议，592；组织起了等级制（1633年），592；权利辩论，593；与哥萨克人，591，598；东仪天主教会成立于布列斯特宗教会议（1596年），590-593；一统主义，195-197

海上力量：海军，391，601

贸易：出口，298，390；谷物，390，589；牛只，513，589；农产品，513，589；进口，295，589

又见 Political theory, absolutism in Poland; Sigismund Ⅲ; Wladyslaw

Ⅳ；Wladyslaw Ⅶ

Poland-Lithuania，波兰—立陶宛，参见 under Poland

Political parties，政党，宫廷的和"国家的"，269 – 270

Political theory，政治理论
  欧洲和中国的权力中心，31 – 32
  经济干预加强国家权力，102
  思想从西班牙和尼德兰传播开来，104 – 105
  政治格言被改编成寓意画，118
  机械论改变了政治学，取代了亚里士多德的方法，131
  专制主义：分裂为其胜利打下了基础，104；导致教会与国家间的矛盾，106 – 108；诸侯的权力理论上受到帝国权力的限制，109；帝国专制主义，109 – 111；国家法律及其对诸侯权力的限制，111 – 113；三十年战争是其发展的主要原因，115；英雄观，116 – 117，123，501；演绎思想家和归纳思想家促进了发展，130 – 131
  英国的专制主义，124 – 130；法国，119 – 122；波兰，113 – 114；尼德兰，123，179；俄国，113；瑞典，122 – 123；西班牙，117 – 119
  法国人将 despotism（暴虐性的专制主义）同 absolutism（绝对性的专制主义）区分开，120
  国王的神圣权利，35 – 36
  英国阐释的"基本法"，124，126 – 129
  限制教皇权力主义，108 – 109
  自由与波希米亚联盟，516
  以国家利益为重的理由；定义，104，115 – 116；这一思想的影响，117
  主权：定义，104；国家主权，6，34，358
  等级国家，114 – 115
  又见 Utopias

Polock（Polotsk），波洛茨克，大主教约瑟法特，被谋杀（1623 年），591

Polter，波尔特，理查德，国王船队的队长，他的《完美航行之路》（1605 年），166

Polyanovka，波利雅诺夫卡，和约（1634 年），595，611

Polyanovka river，波利雅诺夫卡河，595，611

Polybius，波利比乌斯，军事著作，216

Pomerania，波美拉尼亚
  农业，297
  对瑞典有着潜在的危险，392
  外交：被华伦斯坦占领，325；克里斯蒂安四世登陆，战败，326 – 327；被古斯塔夫·阿道夫侵占（1630 年），329，399；付给瑞典的港口费，395；瑞典战争的目的（1632 年），341；勃兰登堡的乔治·威廉对之提出要求，399；瑞典人撤退进，348；奥克森谢纳与勃兰登堡就其进行谈判，400；与奥斯纳布吕克和平会议和明斯特和平会议，353 – 354；1647 年会议导致分裂，354，407，412；被勃兰登堡和奥地利侵占（1659 年），431；奥利瓦条约（1660 年），431，433

农民, 298
人口因战争减少, 77
Pomerania, 波美拉尼亚, 博吉斯拉夫十四, 公爵, 399
去世, 347, 354
Pomerania, 波美拉尼亚, 东部（波兰）, 贫困（1648 年）, 407
Pompadour, 蓬巴杜, 夫妇, 494
Pontgravé, 蓬格拉韦, 弗朗索瓦·迪, 勘探者, 勘探期间陪同尚普兰, 697
Ponts-de-Cé, 蓬德塞, 战役（1618 年）, 483
Population, 人口
对经济活动的重要性, 70
对亚洲的估计, 70; 非洲, 70; 美洲, 70; 阿纳托利亚, 71; 欧洲, 70 – 72, 509, 523 – 524; 饥荒的影响, 73 – 74; 营养, 74; 疾病, 75 – 76; 战争, 77; 移民, 78
又见 under countries
Porte, 高门, 参见 Ottoman Turks
Porter, 波特, 恩迪米翁, 与东印度公司, 562
Porte-Saint-Antoine, 圣安东瓦纳门, 战斗（1652 年）, 499
Portland, 波特兰, 理查德·韦斯顿, 第一代伯爵, 成了财政大臣, 557; 与 1628 年的议会, 558 – 559
Porto Longone, 隆戈内港, 被占领（1646 年）, 414; （1650 年）, 425
Port Royal, 波尔罗亚尔女修道院, 巴黎的, 185, 190
在女修道院院长昂热利格·阿诺尔领导下的发展, 188; 被迪·韦吉埃（圣西朗）改变, 188 – 189,

492; 成了阴谋中心, 501; 关闭（1651 年）, 501
Port Royal, 波特罗亚尔, 南卡罗莱纳, 法国人建立, 677; 遭弗吉尼亚的阿戈尔攻击（1613 年）, 677
Port Royal des Champs, 巴黎郊外的王港田园修道院, 188, 492
关闭（1651 年）, 501
Portsmouth, 朴次茅斯, 罗德岛
建立（1639 年）, 687; 特许状（1644 年）687; 政府, 687
Portugal, 葡萄牙, 438
经济：战争对经济的影响, 14 – 15; 征税, 467, 665
印度国, 19, 282, 658
行政组织, 664; 战略不周, 665 – 666; 贸易困难的原因, 645; 许可证制度, 645; 与亚洲人合伙, 646, 655; 与荷兰人比较, 656; 1498 年的征服, 640; 军队和防卫改革, 664 – 665; 海上资源, 665; 困难和情况综述（1600—1650 年）, 645 – 646, 664; 形势（1660 年）, 666; 传教团, 667 – 670; 承认亚洲国家, 670; 对葡萄牙对不同宗教的态度的影响, 670 – 671
又见 Portugal and the East
与非洲：棉花贸易, 661; 希望在东非有进展, 645; 奴隶贸易, 711
与美洲：国王的领地, 707; 侵占西班牙的领地, 714; 与荷兰的争斗, 672; 又见 America, Iberian; America, South; and under names of places
与巴西：473; 殖民活动, 672; 卡斯蒂利亚保卫葡萄牙领地, 229,

464，466－467；保卫巴西的代价，664；与荷兰开战（1654年），425；伦敦条约（1661年），425；又见Brazil and Portugal

与亚洲：1600年状况，226，644－646；贸易路线，644；17世纪初低洼地丧失，659，664；征服和贸易，302，644－648，650，652，655－662，664－671；与荷兰人的争斗，100，434，446，458－459，646－649，651－653，655－659，665－666；休战（1641年），666；同英国人的争斗，660－662

与英国：在亚洲、欧洲和巴西的贸易争斗，234，660－662

与尼德兰，荷兰：干预奴隶贸易，711；因巴西开战（1654年），425；伦敦条约（1661年），425；荷兰干预葡萄牙—巴西贸易，724；又见葡萄牙与亚洲；葡萄牙与美洲

与奥斯曼土耳其：海上胜利，645

与波斯，霍尔木兹陷落（1623年），662

与西班牙：贸易联系，58，459－460；与中央政府，462，466－467，472－473；对西班牙的财政贡献，462，464；玛格丽特公主为总督（1634年），467；镇压反征税暴乱（1637年），467；马德里会议（1637年），468；革命的原因，470；1640年叛乱，1，55，58，99，414；布拉干萨公爵成为国王若昂四世（1640年），349，470；与西班牙开战（1640—1665年），471－473；与法国结盟，414；埃尔瓦斯胜利（1658年），427；赢得独立，414；比利牛斯条约（1659年），428

与犹太人，58

农民暴动，55

政治制度：议会，456；西印度院，664；葡萄牙议会，282；财政委员会，664

人口，439

海上力量：海军，227，462，665；商船队，665，724

贸易：跨大西洋贸易，300，459，462，722，724；西班牙美洲的走私贸易，725；棉花，652，656－657，661；胡椒，302，644－646；奴隶，711，725；丝绸，662；香料，302，644－648，651－652；又见Portugal, Estado da India

Posthumus，波斯图穆斯，N.：他的《莱顿床单业发展史》，95；他的《荷兰价格史》，13

Potomac river，波托马克河，679

Potosi，波多西，上秘鲁（玻利维亚）
白银生产，95，723
对西班牙的价值，西班牙北部移民与西班牙南部移民之间冲突闹事（1624年），715
银矿的波托西米达制，718；和变化，723
自由工资劳动和债务劳役制，719

Poussin，普桑，尼古拉，画家，500

Pozharskij，波扎斯基，德米特里，亲王，与第二次民族起义，388；推选查理·菲利普为沙皇，388

Poznan，波兹南，86

反新教游行，589
Prague，布拉格，157，307，312，505，517-518
  巴洛克建筑，528；赫拉德卡尼宫，528；马拉斯特拉纳宫，528-529；圣母维多利亚教堂，528
  是鲁道夫二世的首府，276
  加尔默罗会修士，521
  毡帽业，513
  贵族，行为准则，25，26
  与反叛："扔出窗外"事件（1618年），276-278，309；掠夺（1621年），315；中等阶级与反叛，517；与德意志战争：冯·阿尼姆进入（1631年），336；与华伦斯坦，337；被班纳包围（1639年），349；围困（1648年），352，524
  人口，509，523-524
  贸易中心，513；犹太人和意大利商人，513；鱼类贸易，510
Prague，布拉格，和约（1635年），34，345-347，356，400，407，522
Predestination，得救预定论，174
  当时的一个主要问题，169
  卡尔文派采纳，176-177；在尼德兰遭反对，177；阿米尼乌斯主义，177-178；清教主义，193-194；浸礼会教友，194；一位论派的基督教教徒，196
Presbyterianism，长老派，与威斯敏斯特信仰声明（1647年），176；使用圣约，193；在爱尔兰，565；在苏格兰，567-568；与英格兰相比较为适合苏格兰，572；与内战，580；

祈祷书，582
Pressburg，布拉迪斯拉发，503
  是匈牙利首府，517；耶稣会士，521
  奥斯曼土耳其人在此，530
Preston，普雷斯顿，约翰，他的《新约》（1639年），127；《永恒的生命》（1631年），127
Przemysl，普尔热米斯尔，此处主教，被弗拉迪斯拉夫四世认可（1635年），592
Priaman，普里阿曼，亚洲，英国棉花和胡椒贸易，661
Prices，价格
  对经济研究的意义，9-13，87；战争对农产品价格的影响，62-63；各地趋势不同，87-89；农产品价格与工业产品价格之间的比较，89；周期性波动与农业收成好坏有关，89-91；工资增长的影响，91
  在但泽，62；英国，62；欧洲，62-63；法国，62，89；德意志，62-63，88-89；印度，73；意大利，62，73-74，88-91；尼德兰，12-13，62，91；波兰，73；西班牙，12，88-90，444-445
  又见 Grain prices
Pride，普赖德，托马斯，上校，"清洗"议会，580
Primefosse，普里穆福斯，先生，参见 Floridor, pseud.
Prince's Servants' theatre，"王子的仆人"剧场，242
Pring，普林，马丁，航行至弗吉尼亚，673

Priuli，普留利，安东尼奥，总督，117

Proctor，普罗克特，斯蒂芬爵士，议会攻击，544

Protestantism，新教
　与经济成功，436
　与克伦威尔，423
　在波希米亚，307－309，313，315，345，514－516，519－521，524；帝国，513－514，520；法国，485；德意志，170－171，286，291，又见三十年战争；波兰，589－590；俄国，614；西里西亚，315，518，520；又见 under sects

Protestant League，新教同盟，见 Union for the Defence of Evangelical Religion

Protestant Union，新教联盟，见 Union for the Defence of Evangelical Religion

Protestation，抗议（1621年），550

Provence，普罗旺斯，497
　租金水平，65

Providence，普罗维登斯，罗德岛，建立（1636年），687；自由，687；特许状（1644年），687；政府，687；荷兰人的势力，705；农业丰收，687

"Providence Plantations"，"普罗维登斯种植园"，687

Prussia，普鲁士
　农业：价格，89；战争对生产的影响，91；谷物生产指数，93
　外交：瑞典战役（1626年），390－391，599；阿尔特马克条约（1629年），395，401，600；与波兰（1611—1641年），600－601；效忠问题，429，433；查理十世入侵（1655年），429；拉比奥条约（1656年），429；韦劳条约（1657年）430

Pruth river，普鲁特河，597

Prynne，普林，威廉，清教小册子作者，572；他的《历史研究》（1632年），241；与《议会和王国的最高权力》（1643年），127－128；敌视剧院，241，250；与星室法庭，565

Pskov，普斯科夫，390
　围困（1615年），604

Ptolemy，托勒密，克劳狄，希腊亚历山大哲学学派天文学家天文理论，134，138，154

Puck（Putzig），普克（普齐格），600

Puebla，普埃布拉，墨西哥，教派争论，716

Pueblos，村、镇，印第安人部落聚居地，方济各会传教团前往，709

Puerto Rico，波多黎各，大安的列斯群岛，701

Pujal，普哈尔，J. 卡雷拉，《西班牙经济史》，282注

Pulicat，普利卡特，维杰亚纳加尔，荷兰商站（1610年），656；遭葡萄牙人抢劫（1612年），657；果阿计划夺取，665

Pulo Ai Island，普洛阿伊岛，与东印度公司（英国）签订贸易协议，650；荷兰人占领（1615—1616年），650

Punjab，旁遮普，靛蓝贸易，661

Purchas，珀切斯，萨缪尔，5

Puritans，清教徒，201
　对王权的态度，127；视历史为基

督与反基督的斗争，128；信仰和发展，192 - 195；对戏剧的态度，241，256

在康涅狄格，688

在英国，对君主政体的态度，127 - 129；反对伦敦条约，265

在马里兰，680

在马萨诸塞，684 - 686

在罗德岛，687

Puy de Dôme, 多姆峰，在峰顶做实验，157 - 158，141

Pym, 皮姆，约翰，35，125，560，575 与"基本法"，554；他的宗教小组委员会，558；陈述短期议会的不满（1640年），569；与弹劾斯特拉福德，570；与哈特利布，571；资助夸美纽斯，571 - 572；与大抗议书，573；试图逮捕查理，573；作为一温和派，575 - 576，578；受伦敦支持，578

Pyrenees, 比利牛斯，条约（1659），68，357，411，428 - 429，431 - 432，501

Qara Mustafa, 卡拉·穆斯塔法，见 Kemankes Qara Mustafa

Quakers, 贵格会教徒，见公谊会

Qasr-i Sirin, 席林堡，634

Quatraine du Déiste (1622)，《自然神论者的四行诗》（1622年），198

Quebec, 魁北克，尚普兰和德·蒙建立碉堡（1608年），676；法国与，697；尚普兰是总督，698；1622年人口，698；增援（1641年），700；政府（1648年），700

贸易，700 - 701

与易洛魁人，700 - 701

Quedda, 奎达，马来亚，被阿钦征服（约1620年），655

Queen Henrietta's Men, 王后亨丽埃塔的人，剧团，250

Queen's Servants' theatre (Cockpit)，王后的仆人剧院（科克皮特剧院），242

Quercy, 克尔西，谷物贸易，478；贵族的领主权，476

Quevedo (Quevedo y Villegas) Francisco Gómez de, 克维多（克维多·伊·维列加斯）·弗朗西斯科·戈麦斯·德，7；他的《骗子外传》，19；他的《上帝的政策》（1626年），118；谋划夺取威尼斯，275；"西班牙阴谋"（1618年），275

Queyroz, 克罗兹，评论葡萄牙海军，665

Quillén, 基连，条约（1641年）和（1647年），710

Raab, 拉布，耶稣会士在此，521

Racan, 拉坎，奥诺拉特·德·比埃尔，公爵，法国剧作家，他的《羊圈》（1620年），256

Racine, 拉辛，让，239，244，245 他的《安德罗玛克》，258；他的《菲德拉》，258

Radziwill family, 拉齐维尔家族，589

Raedern family, 雷德恩家族，519

Ragusa, 拉古萨，科伦纳租用的船只，230

Rákóczy（Rakoczi），拉科齐，乔治，特兰西尔瓦尼亚君主
  瑞典谈判（约1632年），398
  反对皇帝，522；勃兰登堡和瑞典的盟友，522；林茨和约（1645年），523；支持查理十世反波兰，（1656年），430，529；被土耳其人在克劳森堡打败（1660年），422，431

Rakovian Catechism（1605），拉科夫教理问答（1605年），196

Raleigh，罗利，沃尔特爵士，275
  关于贵族的理论，17；航行到美洲，672；罗阿诺克冒险，672；航行到（奥里诺科）（1617—1619年），701；被贡多马尔摧毁，269，276

Ramus，拉米斯，彼得吕斯，193-194

Ranters，喧嚣派教徒，信奉自然，175

Rantzau，兰曹，彼特，商人，297

Raritans，拉里坦人，印第安人部落，694

Rationalism，理性主义，起源，173；发展，197-198

Ratisbon，雷根斯堡，包围（1634年），344

Ratisbon，雷根斯堡，协定（1630年），43

Ratisbon，雷根斯堡，议会（1640年），350，418，521，637

Raulich，劳利奇，历史学家
  "西班牙阴谋"，276注

Ravaillac，拉瓦雅克，弗朗索瓦，刺杀亨利四世（1610年），268，474

Ray，雷，约翰，博物学家、自然主义者，164

Ré（Rhe），雷，岛，487，554

Real，雷亚尔，若昂·科尔特，改革葡萄牙的舰船队，665；保卫亚洲商人的权益，671；撤职，671

Red Bull theatre，红牛剧场，242，246

Redondo，雷东多，伯爵，果阿行政改革，664

Red Sea，红海，645，655

英国棉花贸易，650，660

Reformation，宗教改革，未能阻止宗教分化，201

Regensburg，雷根斯堡，诸侯顾问会议（1623年），317-318；（1630年），329；被萨克森-魏玛的伯纳德夺取，343

Reims，兰斯，织布业，64

Reinking，赖因金格，特阿多特，吉森大学教授，他的《论世俗政权与教会政权》（1619年），109；捍卫以国家利益为重的理由，116

Rejeb Pasha，雷杰布帕夏，阴谋（1626年），624；反叛（1631—1632年），625；被处决（1632年），625

Religions，宗教，见 under countries and sects

Religious thought and practice，宗教思想和实践
  概述这一时期，169，201
  各教派内部渐趋一致，170-171；道德与宗教相连，171；新教徒和天主教徒在群众活动时一同参与，171；争论成了逻辑论证，172；对

抗致使宗教迷失了方向，173；使用"契约"神学，193；"理性神学"的兴起和发展，195 - 199；17世纪不信教导致了一种新威权主义的产生，200；信教自由的扩展，200 - 201，681

Reloncavi，雷隆卡维，湾，710

Rembrandt，伦勃朗，埃尔曼松·范·里伊恩，他的《夜巡》，366

Remonstrants，荷兰新教阿米尼乌斯派成员，见 Arminianism

Renate，勒娜特，塞西莉，结婚（1637年），601；去世（1644年），601

Renaudot，勒诺多，泰奥弗拉斯特，在他的"通信联络处"举行科学会议，141；出版《时报》，491

Renesse，勒内斯，勒内·德，瓦菲塞伯爵，布鲁塞尔财政委员会主席，与荷兰密谋（1631年），379

Rensselaer，伦瑟拉埃尔，约翰·范，反抗斯特弗桑特（1646年），695；放弃独立的主张（1650年），695

Rensselaer，伦瑟拉埃尔，基利恩·范，伦瑟拉埃尔镇的地主，反抗斯特伊弗桑特，695

Rensselaerwick，伦瑟拉埃尔镇，新尼德兰，695

Rentiers，食利者人数增多，65 - 66

Republicans，共和主义者，582

Rescission Treaty，废除条约（1653年），406

Rethel，雷特尔，战役（1650年），498

Retimo，雷蒂莫，被奥斯曼土耳其人占领（1646年），640

Retz，雷斯，让 - 弗朗索瓦 - 保罗·德·贡迪·德，红衣主教，494 1654—1655 年事件，426 - 427

Reval，雷瓦尔，390
被瑞典占领，385

Revolts，反叛、叛乱、暴动，见 Nobles, revolts; Peasants, revolts; and under countries

Rey，雷，让，132

Reynst，赖因斯特，荷兰西印度公司官员，下令制止荷兰私人在印度尼西亚进行贸易活动（1613年），671

Rheinfelden，莱茵费尔登，与威斯特伐利亚和约，353 注

Rheinfelden，莱茵费尔登，战役（1638年），348 - 349

Rhine Circles，莱茵四地区，参加海尔布龙同盟（1633年），341

Rhine，莱茵，同盟，（Rheinbund，莱茵同盟），434
非教派性质，409；与马萨林，419 - 421；成立（1651年），420；与法国签订的法兰克福条约（1658年），421；其政治重要性，422，432；与丹—瑞战争，431

Rhineland，莱茵兰，西班牙军队用作前往尼德兰的陆上通道，261，267，349；经济形势（1600—1621年），293；西班牙统治的影响，271；与西班牙主战派（1621年），279

Rhode Island，罗德岛，689
特许状（1644年），687；联邦性质的政府，687 - 688；宗教自由，687；马萨诸塞和普利茅斯的土地

要求，687；以"无赖之岛"而闻
　名，687
又见 Newport；Providence；Warwick
Rhodes，罗德岛，639
Ribeiro，里贝罗，评论印度国，665
Ricci, Matteo，利玛窦，耶稣会传教
　士，报告中国文明，5；传教团到
　中国，668
Riccioli，里奇奥利，乔瓦尼·巴蒂斯
　塔，耶稣会士，136
　研究（钟）摆，149
Rich，里奇，纳撒尼尔，与白金汉，
　553；关税建议，557
Richelieu，黎塞留，阿尔芒·德·维
　尼厄罗，红衣主教，6，35，101 -
　102，123，182，415 - 417，461，
　471，488
　成就，493，501
　对赞助的态度，38，47
　性格，484
　与路易十三的友谊，484
　赞助戏剧，248 - 249，252 258；艺
　术，491 - 492；文学，491；成立法
　兰西学院，491；对报刊的贡献，
　491
　个人扩张（1640—1642 年），493
　政治理论，358；坎帕内拉，105；
　下令对马基雅维利与圣经进行文本
　对比，185
　负责外交事务的国务秘书（1616
　年），482；成为首席大臣（1624
　年），319，484；玛丽·德·美第
　奇的宠臣，484；成为红衣主教
　（1622年），484
　与军队，348

与天主教徒，189，492
经济：财政政策，40 - 41，492；商
　业政策，486 - 487；通过运河运输
　产品，496 - 487
内政：政策，319；亲王反叛
　（1617 年），482；遭亲王们的反
　对，121，476；政府改革建议
　（1625 年），484 - 485，488；谋反
　（1626 年），485；与胡格诺派叛乱
　（1626—1629 年），485；放弃为贵
　族服务的计划，召开显贵大会
　（1627 年），485；玛丽·德·美第
　奇反对战争（1630 年），489；上
　当受骗日，489；战争期间中央集
　权（1630 年起），489；使用政治
　监视，491；与反征税暴动，492 -
　493
外交政策：目的，38 - 39，42 - 43，
　319，328，346，392，411，485，
　488；成就，350，357
与美洲：组成新法兰西公司（1627
　年），垄断加拿大的贸易和土地，
　498；对待伊洛魁人及
荷兰人的政策（1641 年），700
在西印度群岛的目的，703；成立
　圣克里斯托弗公司；703；与美洲
　群岛公司，703
与帝国：雷根斯堡会议（1630 年），
　329；试图与巴伐利亚和天主教同
　盟会谈反对斐迪南二世，335；特里
　尔条约（1631 年），335；古斯塔
　夫·阿道夫死后的目的，342；与华
　伦斯坦密谋，343；诺德林根战役的
　影响，346；与黑森的威廉的关系，
　347；与萨克森 - 魏玛的伯纳德，

347，349；法国入侵（1636年），347；莱茵战役（1638—1639年），348-349

与英国：320，422；查理一世与亨利埃塔·玛丽亚联姻谈判，319；巴拉丁要求，320

与德意志：解放，418；防止新教徒帮助法国亲王反叛（1617年），482

与曼图亚战争：与威尼斯联手捍卫讷维斯的查理的要求（1627年），328；包围卡萨莱（1629年），率领军队拿下皮内罗洛（1630年），328；失败，328；切拉斯科条约（1631年），329；违反条约，335

与尼德兰，荷兰：目的，422；与之结盟（1630年），328；征服西属尼德兰条约（1635年），346，380，413

与教廷，108-109

与帕尔马：条约（1635年），347

与葡萄牙：与若昂四世结盟，414

与萨沃伊：条约（1635年），347

与西班牙：目的，319，328，346；曼斯费尔德和包围布雷达（1625年），320；1626年结盟，325；宣战（1635年），346；在意大利和尼德兰的战斗，347；秘密和谈，349；占领阿图瓦和鲁西荣（1641年），350

与瑞典：结盟谈判，331；贝尔瓦尔德条约（1631年），331-332，398；资助瑞典，396，402；害怕瑞典在莱茵兰成功，335；与乌克森谢纳的关系，400；重订贝尔瓦尔德条约，342，401；与瑞典签订的（孔皮埃涅条约），346；汉堡条约（1638年），348；再次结盟（1641年），350

与沃尔特利恩：决定干涉（1624年），319；赶走教皇的军队，320；撤出军队，322；蒙松条约（1626年），322

海上力量：海军政策，230

去世（1642年），493

Richelieu river，黎塞留河，676

Richer，里舍尔，法国神学家，108

Richmond，里奇蒙，詹姆斯·斯图亚特，第四代莱诺克斯公爵和第一代公爵，与布匹贸易，562；查理一世的亲信，566

Riga，里加，对波兰颇具商业重要性，390；瑞典人占领（1621年），390，599

Rinuccini，里努奇尼，奥塔维奥，252
他的《欧里迪塞》，251

Rio de Janeiro，里约热内卢，巴西，与奴隶贸易，713

Rio de la Plata，拉普拉塔河，713，715
耶稣会传教区发展畜牧业，720；繁荣受到波多西矿衰落的影响，723；走私贸易，725

Rio Grande，里奥格兰德，巴西，西班牙殖民地（1609年），707

Riolan，里奥兰，让，解剖学家，137

Rio Mbororé，姆波罗雷河，传教区印第安人打败圣保罗猎奴队（1641年），712

Rio Paranapanema，巴拉那帕内马河，巴西，耶稣会传教团前往，711

Risingh, 莱辛, 约翰, 商业顾问, 68

Roanoke, 罗阿诺克, 马萨诸塞, 殖民点, 672

Robartes, 罗巴茨, 约翰爵士, 第二代特鲁罗男爵, 576

Roberval, 罗贝瓦尔, 吉尔·佩松纳·德（1601—1675年）, 141
在法兰西学院教授解剖学和数学, 137; 研究无限小, 151

Rochus von Linar, 罗库斯·冯·里纳尔, 伯爵, 22

Rocroi (Rocroy), 罗克鲁瓦, 战役 (1643年), 221, 351, 471
包围（1653年）, 425

Roe, 罗, 托马斯爵士, 英国使臣, 殖民圭亚那（1611—1617年）, 672; 关于奥斯曼土耳其的报告, 625; 反对伊斯坦布尔的耶稣会士, 638; 与莫卧儿帝国谈判贸易问题, 661

Roermond, 罗埃尔蒙德, 夺取（1632年）, 379, 381

Roeskilde, 勒斯基尔德, 条约（1658年）, 430-431

Rogue's Island, 无赖之岛, 见罗德岛

Rohan, 罗昂, 亨利公爵·德, 领导胡格诺起义, 485, 487; 与西班牙结盟（1629年）, 488; 流亡（1629年）, 488

Rolle, 罗尔, 约翰, 商人和议员, 558

Romano, 罗马诺, R., 经济理论, 10, 13, 51

Romanov, 罗曼诺夫, 费奥多尔·尼基蒂奇, 见费拉雷特

Romans, 神圣罗马, 皇帝, 选举程序, 418-419

Rome, 罗马, 182
圣苏珊娜（大教堂）, 2; 圣彼得广场和纳沃纳, 35, 503; 是反宗教改革运动总部, 35; 罗马第一大学, 135

Rooke, 鲁克, 劳伦斯, 138

Roose, 鲁斯, 彼得, 比利时委员会主席, 377

Rosicrucianism, 玫瑰十字会主义, 教义, 174

Rostock, 罗斯托克, 商船队, 234

Rostov, 罗斯托夫, 堡垒, 222

Rotterdam, 鹿特丹：建立银行（1635年）, 84, 366; 与东印度公司, 647

Rouen, 鲁昂, 487
剧院, 243; 贸易, 477; 反征税暴动（1634年）, 492-493; 反钦差的合法性, 495

Rousseau, 卢梭, 让·雅克, 130

Roussillon, 鲁西荣, 与西班牙反法战役（1639年）, 468; 被法军占领（1641年）, 350, 493; 比利牛斯条约（1659年）, 428

Roxbury, 罗克斯巴里, 康涅狄格, 建设斯普林菲尔德殖民点（1636—1637年）, 688

Royal College of Physicians, 皇家医学院, 138, 160

Royal Society, 皇家学会, 138
成立, 142; 目的, 143

Rozay en Brie, 罗泽-昂-布里, 谷物价格, 74

Rožmberk, 罗茨姆贝克, 鱼类贸易, 510; 封建庄园管理, 511-512; 要

索　引

塞，528
Rubens，鲁本斯，彼得·保罗，7，272，371，377－378
　《和平的胜利》，36
Ruden，鲁登，与丹麦征收港税，402
Rudesheim，鲁德斯海姆，饥荒，345－346
Rudolf Ⅱ，鲁道夫二世，皇帝，110，277，513
　性格，283－284，304
　帝位继承，284－285，507
　对国会的态度，287
　贷款给，296
　与农民的权利，512
　与波希米亚：大诏书（1609年），308；对……的政策，308
　与匈牙利：宗教叛乱（1604年），284－285；授予马蒂亚斯全权，284；锡特瓦托洛克和约（1606年），284
　与于利希－克莱费斯继承（1609年），267
　与奥斯曼土耳其，283，287
　去世（1612年），285
Rueil，吕埃，条约（1649年），427
Rügen，吕根，与瑞典（1647年），354
Rumania，罗马尼亚，民族主义，3
Run Island，鲁恩岛，与东印度公司（英国）的贸易协议，650；荷兰对其进行攻击（1617年），650；科恩征服，而后（1621年）镇压了暴动，651
Rupert，鲁珀特，巴拉丁选帝侯，220，577

Rupert of the Rhine，莱茵的鲁珀特，参见 Rupert, Palatine prince
Russell，拉塞尔，弗朗西斯，参见 Bedford, Francis Russell, fourth earl of
Russia，俄国
　确定边界，6
　欧洲文化之外，6
　民族主义，602
　专制主义，见政治理论，俄国的专制主义
　西方化，614
　行政，606－607；亚列克西斯法典（1649年），619
　农业，608，617
　军队，（opolcheniye，民兵），602－603，619；骑兵，608；步兵，608；雇佣军，608－609
　殖民亚洲，616，663
　经济状况，8，615－616；西班牙的金银，79；征税，604，607－608，617－618
　饥荒，73
　内政：叛乱，1；"动乱时期"，连锁反应，36，386，602；瓦西里·舒伊斯基是沙皇及波兰和瑞典的候选人，388，594－595；"动乱"的影响，385，602，604，613－614，617；第二次民族起义，388；选举米哈伊尔·罗曼诺夫（1613年），388，595，602－603
　外交：1560—1580年海外形势，385；孤立主义政策（1634—1645年），613；1659年状况，433
　与波罗的海，605

809

与勃兰登堡：谈判普鲁士问题（1656年），430–431

与哥萨克人："动乱时期"，602，604；第聂伯河地区的哥萨克人寻求保护，609；与顿河地区哥萨克人的关系，612；亚速战争（1637年、1641年），612–613；哥萨克毛皮商穿过西伯利亚到达太平洋，663

与丹麦：反瑞会谈，402；伊琳娜与瓦尔德马结婚，613

与英国，609

与尼德兰，609

与奥斯曼土耳其：费拉雷特计划参加对波兰的打击，609–610；卷入哥萨克人事务（1637—1643年），612–613

与波兰：割让利沃尼亚（1581年），385；卷入"动乱"，388，594–595；丢失斯摩棱斯克（1611年），595；俄波战争，595，599，605；斯托尔博沃和约（1617年），389，605；多伊利诺停战协定（1619年），388–389，595，605；费拉雷特计划战争，609；进攻（1632年），389，595，610；波利雅诺夫卡和约（1634年），595，611；战争的结果，611；路易十四试图调停（1654年），433；威胁华沙（1659年），431

与瑞典：瑞典占有塔林（雷瓦尔），385；威胁瑞典的芬兰，386；卷入"动乱"，388；贸易竞争，388；斯托尔博沃条约（1617年）及其意义，388–389，599；谷物贸易（1630年），395注，609；瑞典确立永久性外交关系（1631年），609；计划攻打波兰，609；会谈反对（1638—1639年），402

与鞑靼人：关系（1613—1632年），611；攻打（1632年），610；与哥萨克夺取亚速（1641年），612–613

土地占有，604，608

费拉雷特主政时的法律，606–607注

贵族（波雅尔）：政治权力，602–603，617–619；提供骑兵，608；地位，608；经济形势，617–619；反叛（1641年、1648—1649年），619

农民：暴动，602，615；"黑"和私有农，607，617–618；抗议，607；征税，607，617–618；贫困，615；地位，617–618；反逃亡法，618–619；居留地，618–619；工匠，618–619

政治制度：杜马，606；缙绅会议，113，602–603，606，609，613

人口，616–617

宗教：东正教，沙文主义态度，614；礼拜仪式改革，614–615；大分裂，615；对农民的态度，618；新教徒，614

贸易：367，616；与亚洲，662–663；英国，94，367；波斯，662–663；瑞典，386；毛皮，6，616，662–663；香料，295；纺织品，94，295，662–663；木材和木制品，616

Russia Company，俄国公司，航行至

波斯，650

Russian Grain Company（Dutch），俄国谷物公司（荷兰），成立（1608年），99

Ruvigny，吕维尼，法国新教领袖在伦敦（1660年），425

Ruyter，勒伊特，米歇尔·德，舰队司令，232

俘获法国船只，425；尼堡战役（1659年），431

Sa，萨，大主教，谴责诺比利（1619年），668

Saavedra，萨维德拉，法哈多·迭戈，他的《一个有政治头脑的基督教君主的思想》（1640年），118

Sablat，萨布拉特，战役（1619年），311

Sablé，萨布莱，阿贝尔·塞尔维安，侯爵，明斯特和谈，352–353

Sackville，萨克维尔，托马斯，见 Dorset, Thomas Sackville, first earl of

Safad，萨法德，632

Safavid dynasty，萨菲王朝，波斯，645

Safi，萨菲，波斯国王（沙），与祖哈布和约（1639年），634

Saguenay river，萨格奈河，魁北克，675

St Ann，圣安娜，新英格兰，和多切斯特商人（1623年），683

St Augustine，圣奥古斯丁，佛罗里达，西班牙殖民地，707；对西班牙船队的重要性，707；传教团前往佛罗里达和佐治亚的基地，707, 709

St Bartholomew，圣巴塞洛缪，背风群岛，授予圣约翰骑士会（1647年），704

St Christopher，圣克里斯托弗，背风群岛，托马斯·沃纳开辟种植园（1624年），702；英国人和法国人瓜分（1627年），703；西班牙人袭击（1629年），703；殖民尼维斯（1628年），703；授予美洲群岛公司，703；授予圣约翰骑士团（1647年），703

人口（1629年和1640年），703

繁荣，703

烟草发展，703

St Clair，圣克莱尔，湖，699

St Croix，圣克罗伊，西印度群岛，法国控制，703；授予圣约翰骑士团（1647年），704

Saint Cyran，圣西然，修道院院长，见 du Vergier de Haurranne, Jean

St Eustatius，圣尤斯特歇斯，背风群岛，荷兰殖民地（1641年），705

Sainte-Menehould，圣默纳乌尔德，夺取（1653年），426

Saint-Evremond，圣厄弗勒蒙，夏尔·马格特尔·德·圣但尼，领主，反对比利牛斯条约（1659年），428

Saint-Germain，圣热曼，宣言（1649年），422

St Germain，圣热曼，条约（1632年），698

Saint Gotthard，圣哥大，战役（1664年），土耳其人失败，62

Saint-Jean d'Angély，圣让当热利，包围（1621年），483

Saint-Jean-de-Losne，圣让－德洛斯恩，加利亚斯受阻（1636年），347

St John，圣约翰，奥利弗，温和派，575－576；支持组建新模范军，578

St Kitts，圣基茨，背风群岛，人口，704；奴隶，705；荷兰人的实力，705；又见 St Christopher

Saint Lawrence river，圣劳伦斯河，与法国人，672；尚普兰航行溯流而上，676；加拿大公司与毛皮贸易，698；易洛魁人和休伦人（1637年），699－700

St Lucia，圣卢西亚，向风群岛，英国人试图殖民，701，703

Saint-Mandé，圣芒代，500

St Martin，圣马丁，背风群岛，授予圣约翰骑士团（1647年），703；荷兰殖民地（1641年），705

St Mary's，圣玛丽的，马里兰，殖民，679；天主教徒聚集地，680

Saint Nicholas du Chardonnet，圣尼古拉斯·迪·夏尔多内，会，484

Saintonge，圣通热，反征税暴动（1644年），494

Saintonge provincial governor，圣通热省省长，退休到诺曼底（1620），483

St Sulpicius，圣苏尔皮西乌斯，神学院，与蒙特利尔，700

Saint Ubes，圣乌贝斯，葡萄牙，99

Saint Vincent，圣万桑，格雷瓜尔·德，耶稣会士，数学家，研究无限小，151

Sakingen，森金根，353

Salamanca，萨拉曼卡，大学，22，136，452

天主教政治思想中心，104

托马斯主义学说再兴，105

Salces，萨尔塞，围困（1640年），468

Salem，萨勒姆，686－687，694

来自多切斯特的商人，英国殖民其间，683；温思罗普与1630年的殖民者，684

Sales，萨莱斯，弗朗西斯·德，见弗朗西斯·德·萨莱斯，圣徒

Salisbury，索尔兹伯里，罗伯特·塞西尔，第一代伯爵

与詹姆斯一世，264；领取西班牙"年金者"，269

对盛世祷文的态度，536

财政政策（1608—1612年），544－545，547

去世（1612年），545

Salisbury，索尔兹伯里，威廉·塞西尔，第二代伯爵，563

Sallee，萨累，海盗基地，232；与英国签订条约，233

Saltmarsh，索尔特马什，约翰，清教徒，194

Saluzzo，萨卢佐，侯爵领地，得自亨利四世（1600年），262

Salvius，萨尔维乌斯，约翰·阿德勒，瑞士外交官，398，409

报告军队状况，334；在奥斯纳布吕克，352

Salzburg，萨尔茨堡，其间的歌剧，252

Samuel，撒母耳，以色列人的首领，为王权辩护，125

Sancy，桑西，法国小册子作者，捍卫

国王的政策，491

Sandys，桑迪斯，埃德温爵士，政治家，与弗吉尼亚公司，551，674，677

San Ignacio Guazú，圣伊纳西奥瓜苏，巴拉圭，耶稣会传教区建立（1610年），711

San Stefano，圣斯泰法诺，骑士会，见 Knights of Saint Stephen

Santa Catarina，圣卡塔琳娜，巴西，707，711

Santa Catarina，圣卡塔琳娜号商船，荷兰人劫持（1602年），647

Santa Coloma，圣科洛马，鲁西荣西班牙总督，死亡，469

Santa Fé，圣菲，巴西，西班牙殖民地（1609年），707

Santa Maria della Vittoria，胜利圣母堂，罗马，35

Santiago，圣地亚哥，智利，710
印第安人口减少；与黑人和穆拉托人口的增加，717

Santiago, Order of，圣地亚哥骑士团，22

Santo Domingo，圣多明各，伊斯帕尼奥拉，加勒比地区和委内瑞拉的行政中心，708；蔗糖生产，721；佩恩攻打，424

Santorelli，桑托雷利，耶稣会士，论教皇权力的政治理论，108

Santorio，桑托里奥，桑托里奥（原文如此），135，149
对医学的贡献，160；他的《静态医学》（1614年），160

Santos，桑托斯，巴西与奴隶贸易，713

São Francisco valley，圣弗朗西斯科谷地，巴西，探察，714；葡萄牙殖民地，709

Saône，索恩河，486

São Paulo，圣保罗，巴西，708
葡萄牙殖民地，709；袭击巴拉圭的耶稣会传教区猎奴，711–712，714；葡萄牙猎奴队探险和印第安人奴隶贸易中心，713–714

São Thomé Island，圣多美岛
葡萄牙殖民地，644，656；被荷兰西印度公司夺取，705

Sanzoles，桑索莱斯，449

Sapienzia, the, Rome，罗马第一大学，135

Sardinia，撒丁岛，对西班牙的财政贡献，462

Sardo，萨尔多，亚历山德罗，《不和》（1587年），20

Sarpi，萨尔皮，保罗神父
反对贝拉明和教皇权力，105；政治理论，107–108；劝威尼斯反教皇，107；他的《禁约》，107；主张"以国家利益为重的理由"，117；批评西班牙，273

Sarrazin (Sarasin)，萨拉赞，让-弗朗索瓦，诗人，413

Satyre Ménippée, the，《好色之徒梅尼佩》，479

Sault Ste Marie，苏圣马里，安大略，699

Savile，萨维尔，亨利爵士，在牛津大学创立了几何学和天文学教席，137–138

Savoy，萨沃伊，公国
　　西班牙军队用作前往尼德兰的陆上通道，261
　　外交：西班牙在此的权力（1600—1610年），261；占领蒙特费拉特（1612年），42；被法国人打败，43；马德里条约和维也纳新城条约（1617—1618年），275；与威尼斯结盟（1618年），278；（巴黎）条约（1623年），319；与法国签订协议和威尼斯积极干预沃尔特利恩（1624年），319；为曼图亚－蒙特费拉特的继承与法国开战（1629年），328；失败和占领（1630年），328；切拉斯科条约遭破坏，335；与韦多尔派教徒，423

Savoy，萨沃伊，查尔斯·埃马努埃尔一世，公爵，外交政策，262，273；与布鲁索洛（1610年），268；与蒙特费拉特继承问题（1612年），274；臣服西班牙（在帕维亚）（1617年），268；帮助波希米亚反叛（1618年），309；是波西米亚国王和帝国皇帝的候选人，310；不再支持曼斯费尔德（1619—1620年），313；与曼图亚和蒙特费拉特继承问题（1627年），328

Savoy，萨沃伊，查尔斯·埃马努埃尔二世，公爵，与法国签订征服米兰条约（1635年），347

Savoy，萨沃伊，昂里埃特·阿德莱德，419

Savoy，萨沃伊，玛格丽塔，是葡萄牙总督（1634—1637年），467；联姻建议（1658年），427

Savoy，萨沃伊，托马斯，亲王，米兰公国入侵，414；那不勒斯与马萨林的阴谋，414－415

Savoy，萨沃伊，维克多·阿马德乌斯，公爵，他的爵位归因西班牙，261

Saxe-Weimar，萨克森－魏玛，伯纳德，公爵，237，522
　　与瑞典—汉堡战争：与之结盟（1631年），333；吕岑胜利（1632年），340；瑞典将军们羡慕，342；授予弗兰科尼亚公爵领地，342；夺取雷根斯堡（1634年），343；与华伦斯坦，344；在内德林根（1634年），344；布拉格拒绝媾和，346；黎塞留让予阿尔萨斯和哈格瑙，347；莱茵兰战役（1638年），349；要求阿尔萨斯，349；去世（1639年），349

Saxe-Weimar，萨克森－魏玛，约翰·欧内斯特，公爵，反对皇帝，110；与克里斯蒂安四世联手（1625年），322

Saxe-Weimar，萨克森－魏玛，威廉，公爵，与皇帝作战，110

Saxons，撒克逊人，507

Saxony，萨克森
　　军队，发展和变革，203
　　华伦斯坦入侵（1632年），340；班纳的攻势（1636年），401；遭入侵（1639年），349；战争导致人口减少，77；调停人的作用，289
　　亚麻业，293－295
　　贵族的特权，27
　　宗教：千禧年主义，173

索　引

Saxony，萨克森，约翰·乔治一世，选帝侯，505
　　与天主教同盟，291；波希米亚继承问题，309 - 310，313 - 314，318；与镇压奥地利新教徒，317；保护西里西亚和劳济茨的新教徒（1621 年），518，520；雷根斯堡会议（1623 年），317；下萨克森战争，322；支持皇帝（1629—1630 年），331；在莱比锡召开新教徒会议（1631 年），331 - 332；受梯利威胁，333；与古斯塔夫·阿道夫结盟（1631 年），333；与华伦斯坦会谈，337 - 338，343；波希米亚战役（1632 年），338；与古斯塔夫·阿道夫去世，341；拒绝与法国结盟（1633 年），342；与布拉格和约（1635 年），345，522；与皇帝联手，347，400；战败（1636 年），348；签订停战协定（1645 年），351
　　是各信奉新教的诸侯国首领（1648 年），418
　　宗教态度，313
Saybrook，塞布鲁克，长岛，693
　　建立（1635 年），688；与纳拉甘西特人，689
Saye and Sele，赛-西尔，威廉·法伊恩，第一代子爵，与殖民新英格兰，688
Scamozzi，斯卡莫齐，温琴佐，528
Scandinavia，斯堪的纳维亚
　　人口估计，71
　　技术，166
　　纺织品进口，293

Scania，斯卡尼亚，与勒斯基尔德条约（1658 年），430
Scarborough，斯卡伯罗·查尔斯爵士，解剖学家，138
Scarron，斯卡龙，保罗，法国滑稽叙事诗创作者，500
Scheiner，席耐尔，克里斯托弗，耶稣会士，科学家，133
　　关于太阳黑子的书信，140；《眼睛》（1619 年）和《长满刺的玫瑰》（1630 年）对光学的贡献，163
Scheldt river，斯凯尔特河，经济重要性，370，380，382
Schleswig-Holstein，石勒苏益格-荷尔斯泰因，宗教自由，201；遭帝国主义者蹂躏（1627 年），325
Schmalkalden，施马尔卡尔登，同盟，169，289
Schöffer，舍费尔，I．，经济理论，13
Schomberg，朔姆伯格，查尔斯·达林，公爵，法国元帅，484
　　拿下托尔托萨（1648 年），414
Schönborn，申伯恩，约翰·菲利普·冯，见 Mainz, John Philip von Schonborn, elector of
Schwarzenberg，施瓦岑贝格，亚当，楚伯爵，勃兰登堡大臣，解职，350
Schwarzenberg family，施瓦岑贝格家族，519，525
Schwerin，什未林，171
Science，科学
　　发展的意义，2，102 - 103
　　受缺乏研究和天主教反对所阻，139
　　得到路德派理性主义倾向的帮

助，172
在大学里，132-135
大学外的发展，132-133，139；通过科学学会的发展，139-143
"新（科学）哲学"，132，143-149
培根分析进步的缺乏，133
改革者们的目的，135
新仪器，149-152，158
在英国，132，134，137-138；科学学会，138，142-143；法国，132，136-137；科学学会，140-142；德意志，136；意大利及其海外影响，135；科学学会，140；尼德兰，136

Scotia，苏格兰，信仰声明（1560年），176

Scotland，苏格兰，531，533
宗教信仰影响民族主义，4
苏格兰人是上帝的选民，567
战争的影响，14
瑞典军队中的雇佣兵，397
贵族，特权，26
政治事件：与英格兰联合（1603年），542；詹姆斯一世加强自己的权力，546；查理一世的统治，566；1637年的祈祷书，567；国民誓约，567-568；战争爆发（1638年），568；（贝里克和解，1639年），568；英格兰入侵（1640年），569；1640—1641年和平，569；议会与国民誓约派，578；与查理一世谈判，580；与英格兰作战，580-581；克伦威尔的和解政策，563-564

Scrooby，斯克鲁比，宗教流亡者（1608—1609年），681

Scudéry，斯居代里，小姐，413

Sea-power，海上力量，制海权
力量对比：影响欧洲以外的国家，226；西班牙将制海权让渡给了英国及荷兰，227，231，236
在波罗的海，231，233-234，387，391，404
在地中海，231-232
国力对增强舰队的影响，237-238
船舶设计，226-227
船型："伯顿"，232；"弗卢伊特"，99，233；英国"可防御的"，234-235；西班牙大帆船，665；桨帆并用的轻快小船，665；轻型帆船，665
松德海峡处的商船吨位，63
商船：荷兰，63，99，227，232-235，368，548，665；英国，232-235，237，548；法国，237；德意志，234；汉萨同盟，234；奥斯曼土耳其，641；葡萄牙，665；西班牙，227，230，237，707，724；运银船，228-229，368，441-442，692，701-702，704，724；瑞典，387，406

海军战略，227

海军：丹麦，231，387，404；荷兰，226-227，229，236；英国，226-227，234-236，548-549；法国，230-231；波兰，391；葡萄牙，227；西班牙，227，445；瑞典，231，387，389，396，404，459

Sebenico，塞贝尼科，640

Sedley，赛得利，威廉，哲学家，创立牛津大学自然哲学教席，137

Segna（Senj），塞尼，274

Segovia，塞戈维亚，织布业中心，440

Séguier，塞吉埃，皮埃尔，法国掌玺大臣（1635年），491，494
  与农民暴动，493；根据路易十三的意愿被任命，493

Selden，塞尔登，约翰，反对在公海上的自由航行权，112

Selim Ⅰ，谢利姆一世，苏丹，634

Selim Ⅱ，谢利姆二世，苏丹，620

Selim，谢利姆，苏丹苏莱曼的儿子，627

Sella，塞拉，D.，他的《毛纺业的长期发展趋势》，经济社会文明年鉴（1957年），95

Seneca，塞内加，L. 阿尼乌斯，122，124，479

Sennert，塞纳特，丹尼尔，化学家，对化学的贡献，159

Separatists，分离主义者们，英国人，迁移至尼德兰（1608—1609年），681；在弗吉尼亚获得土地，682；组建合资公司资助航行，682；在普利茅斯，马萨诸塞殖民，682 往后的历史，见马萨诸塞；普利茅斯；清教徒前辈移民

Serpeysk，塞尔佩伊斯克，割让给俄国（1634年），595，611

Serres，塞尔，奥利维埃·德，479

Servien，塞尔维安，阿贝尔，见萨布莱

Severino，塞维里诺，那不勒斯的马克·安东尼奥，他的《德谟克里特动物解剖学》，164

Seville，塞维利亚
  贸易署，78，136
  疾病（1649年），471
  戏剧，243
  1641—1642年经济危机，470；支付的贷款，102；驱逐摩尔人的影响，456
  贵族，职业地位，20
  人口减少，71
  贸易：其间的葡萄牙商人，296；商会和对跨大西洋贸易的限制，723-724；金银进口，79-81，83；跨大西洋贸易，12-13，90，98，101，229-230，440，470，723-725

Shahrizur，沙赫里祖尔，630
  奥斯曼战役（1630年），631

Shakespeare，莎士比亚，威廉，7，239-240，243，259
  他的观众，245，247
  剧本被大量译成德文，247
  与"国王的人"剧团同台演出，249

Shatt al-'Arab，阿拉伯河，630

Shein，谢因，M. B.，领导攻打波兰（1632年），610；包围斯摩棱斯克（1633年），610；同意停战（1634年），610；因犯叛国罪被处决，611

Shepherd（Sheppard），谢泼德，威廉，法典编纂者，法律改革提议，581

Shii Islam，什叶派伊斯兰，迫害巴格达的逊尼派穆斯林（1623年），631

Shimambara，岛原，日本，农民暴动（1637年），659，667

Shipping，船舶，参见 Seapower

Shirley，雪利，詹姆斯，戏剧诗人，

255

他的《婚礼》（1628年），256

Shropshire，什罗普郡，577

Shuisky，舒伊斯基，见瓦西里·舒伊斯基，沙皇

Siam，暹罗，荷兰人确立了贸易关系（1609年），649；英国商站，650；关闭（1623年），660；荷兰人放弃控制布匹贸易的企图，657；又见Malacca

Siberia，西伯利亚，6

殖民活动及其政治后果，616，663；其间的农民，617注；毛皮贸易，663

Sibthorpe，西布索普，罗伯特，布道宣讲强迫贷款，555；查理一世原谅他（1628年），558

Sichon，西雄，让，维护国王的政策，491

Sicily，西西里

君主制不再保护臣民，56

反叛，52，55

经济：征税，50-52；出口，51

对西班牙的财政贡献，50，463

贵族：富裕和贫穷，18；特权，19；行为规范，26；战争的影响，56

与奥斯曼土耳其，272

Siculi，斯古利人，507

Sidney，锡德尼，菲利普爵士，210

Sidon，西顿，633

Siegen，锡根，创办军事学院（1616年），204，210

Siena，锡耶纳，价格趋势，62，88，91；谷物价格，74

Sierra Madre Occidental，西马德雷山脉，其间的印第安人，709；西班牙殖民点，709

Sigismund Ⅲ，西吉斯蒙德三世，波兰和瑞典国王，300，390，397

主张专权，113

与宪法，114，586-589

反叛（1606—1607年），587

外交政策，41

与哈布斯堡王朝：支持皇帝反对贝特伦·加博特（1619年），597

与俄国：目的，593；主张弗拉迪斯拉夫登基为沙皇（1610年）；386，388，594；而后他自己登基，594；领土目的，388；多伊利诺停战协定（1619年），388

与瑞典：要求瑞典，385；被承认为瑞典国王（1592年），598；在利沃尼亚作战反对……，386；宫廷斗争，598-590

宗教政策：对待天主教徒，590；东正教与东仪天主教会信徒，590-592

海上力量：海军目的，228-229；创建舰队，391

去世（1632年）595，610

Silahdar Yusuf，锡拉赫达尔·优素福，642

Silesia，西里西亚

宪法和行政，505-506

亚麻业，293

外交：支持波希米亚反叛，311，518，520；遵从大诏书（1621年），520；华伦斯坦和曼斯费尔德（1627年），324；与古斯塔夫·阿道夫（1631年），334，336；瑞典要求（1646年），353

人口因战争减少，77

宗教：耶稣会反新教徒运动，514；新教教义，315，518，520

Sillery，西勒里，尼古拉斯·布吕斯拉尔，侯爵，法国掌玺大臣，秘密会议成员，481

Silva，席尔瓦，佩罗·达，驻印度葡萄牙总督，664注

Simons，西蒙斯，门诺，194

Sinaloa，锡那罗亚，墨西哥，708
畜牧业，721

Sind，信德，棉花贸易，661

Sinope，锡诺普，哥萨克洗劫（1614年），636

Sirmond，西尔蒙，捍卫法国国王的政策，491

Sitvatorok（Zsitva-Torok），锡特瓦托洛克和约（1606年），283-284，637

Skane，斯科讷，是丹麦的一部分，386

Skippon，斯基庞，菲利普，军人，221

Skutari，斯库塔里，637

Skytte，斯凯特，约翰，古斯塔夫的老师，给古斯塔夫·阿道夫讲授利普修斯的政治理论，105，122

Slave trade，奴隶贸易，见 Trade in slave

Slavs，斯拉夫人，585

Slawata，斯拉瓦塔，亚当，与捷克语，527

Slawata，斯拉瓦塔，威廉，伯爵，与波希米亚的天主教派，308；"扔出窗外"（1618年），309；逃离波希米亚，516；他的地产管理，525；与捷克语，527

Slawata family，斯拉瓦塔家族，519，522，524-525

Slicher van Bath，斯利歇·范·巴特，伯纳德·亨德里克，经济理论，10，15，62；他的《西欧农业史（500—1850年）》，91-92

Slik，斯利克，波希米亚贵族，被处决（1621年），518

Slovak language，斯洛伐克语，509

Smith，斯密，亚当，生产理论，93

Smith，史密斯，约翰（1580—1631年），詹姆斯敦总督，675
发展詹姆斯敦，674；回英国（1610年），674；勘察新英格兰海岸（1614年），681；为弗吉尼亚从易洛魁人手里购买土地，676

Smith，史密斯，约翰，剑桥大学柏拉图主义者，信仰，198

Smolensk，斯摩棱斯克
外交：西吉斯蒙德三世的目的，594，605；多伊利诺停战协议（1619年），388，595，605；包围（1633年），610-611；割让给俄国［安德鲁索沃停战协定（1667年）］，6，432
毛皮贸易，663

Snapper，斯纳佩尔，F.，他的《战争对荷兰海外贸易的影响，1551—1719年》，64

Snell，斯涅耳，威里布里德（1591—1626年），数学家，136
对光线的贡献，157

Social mobility in China compared to Europe，中国社会地位方面的上下流动与欧洲的比较，30-31

Society，社会，欧洲与中国之间的比较，30－31
Society of Jesus，耶稣会，308
　信仰，178
　他们的圣徒平民化，182
　对决疑论的解释，184－185
　对自由意志的态度，184－185；王位，261；戏剧，243
　传教区、传教团，667－670，697，699，709－716；组织形式，712－713；宗教在中国、日本和印度和合，668；重要性，668－669
　对亚洲人的态度，671
　在阿比西尼亚，667；阿尔萨斯，521；中美洲和南美洲，709－716；奥地利，514，521；波希米亚，308，315，516；加拿大，699－700；锡兰，669；中国，667－668；英国，264，268；（哈布斯堡）帝国，514；法国，108，268；古吉拉特，660；匈牙利，521；印度，667；日本，659，667－668；尼德兰，271，359，370；波兰，197，590；西班牙，269－270；瑞典，385；特兰西尔瓦尼亚，197；土耳其，637－638
Society of Notre Dame de Montreal，蒙特利尔圣母会，成立（1641年）和目的，700
Socinianism，索齐尼主义，参见 Unitarianism
Socinus，索齐尼，福斯图斯，创立上帝一位论（索齐尼主义），195－196
Soissonnais，苏瓦索内，动乱（1652年），499
Soissons，苏瓦松，羊毛生产和贸易，477
Soissons，苏瓦松，路易·德·波旁，伯爵，图谋反对国王（1626年），485；出使伦敦（约1660年），425
Solis，索利斯，杜阿尔特·戈麦斯，商业顾问，68
Solomon of the North，北方的所罗门，参见 Mainz, John Philip von Schönbon, elecfor of
Solor Island，索洛岛，与望加锡贸易并得到望加锡的支持，652
Somers，萨默斯，乔治爵士，探察詹姆斯敦（1609—1610年），674；认为百慕大属于英国（1609年），674
Somerset，萨姆塞特
　济贫，563
　地方行政管理，563
　对内政的态度，575
Somerset，萨姆塞特，爱德华，第六代伯爵，和第二代伍斯特侯爵，出版了《目前我可以想起已经尝试和完善的一个世纪来这些发明的名称和构件尺寸》（1663年），166
Sonora mountains，索诺拉山，墨西哥，709
Sonsonate coast，松索纳特海岸，中美洲，西班牙殖民地，708
　可可种植业，708，721；出口，721
Sorbière，索比埃尔，萨米埃尔·德，翻译霍布斯的《利维坦》，130
Sorbonne，索邦神学院，137
Soubise，苏比斯，邦雅曼·德·罗汉，领主，领导胡格诺派叛乱

(1626—1627 年), 485

Sound, 松德海峡, 丹麦控制通行费, 387, 395, 402 - 403, 405 - 406; 布伦塞布罗和约 (1645 年), 403, 429, 勒斯基尔德条约 (1658 年), 430; 船行通过, 63 - 64

South Molton, 南莫尔顿, 对内战的态度, 574

Southampton, 南安普敦, 英国, 移民去美洲, 682

Southampton, 南安普敦, 亨利·赖厄瑟斯利, 伯爵, 资助探险队前往弗吉尼亚, 673; 与弗吉尼亚公司 (1618 年), 551, 677

Southampton, 南安普敦, 长岛, 殖民活动, 690, 693

Southampton, 南安普敦条约 (1625 年), 692, 705

South Carolina, 南卡罗来纳, 方济各会传教团前往, 709; 又见 Port Royal

Southwold, 南沃尔德, 长岛, 殖民活动, 690

Spain, 西班牙, 107
 民族主义, 4
 作为创始乌托邦的工具, 5
 它的神圣使命, 34
 西班牙强权之下的和平之社会影响, 270 - 271
 地区差异, 438
 专制主义, 参见 Political theory, absolutism in Spain
 衰落 (1598—1648 年), 6, 69, 435 - 436, 470; 原因, 436 - 438; 1661 年衰败, 432

行政, 32; 分裂、不和 (1598—1621 年), 456; 西班牙强权之下的和平对政府的影响 (1612—1621 年), 271; 奥利瓦雷斯的行政改革 (1623 年), 460 - 464; 执政委员会统治, 460 - 461; 联合和联军, 463; 废止执政委员会, 471; 政府 (1643—1649 年), 471 - 473

农业: 玉米收成, 65

军队: 发展和变革, 204, 207, 210, 213, 218, 221 - 222; 费用, 445; 联军, 40, 463 - 464

阶级结构, 20 - 22; 又见 Spain, nobility

交通: 海上和陆路通往尼德兰的路线, 228, 260 - 261, 267, 273 - 274, 277 - 278, 280, 308, 314, 318 - 319, 349, 412

宪法, 443, 456, 464; 政府权力增强, 102; 战争的宪法影响, 39, 43

文化, 7

戏剧, 见西班牙的戏剧

经济: 银行业, 39 - 40, 84 - 85, 445, 461; 经济衰退及其原因 (1596—1621 年), 8, 14, 87, 98 - 99, 440, 445 - 446; 西班牙强权之下的和平之经济影响 (1609—1621 年), 271; 策士们的补救办法, 446 - 447, 461 - 462; 经济改革, 459 - 461; 1629 年之前主要是热那亚金融业者, 57; 被葡萄牙的犹太人取代, 58; 给君主政府的贷款增加 (1610 年之后), 101; 支付的贷款, 102, 459; 财政势弱, 37, 39, 43, 54, 441 - 442, 458, 725; 战时财政,

39，43-44，459，461-462，464-467；财政上的不满转而指向金融业者，58；货币政策，44，444；贬值，44，81-82，84，86；作为财政中心，78；金银的流动，79，81，98；物价趋势，12，88-90，444-445；征税，19，40，44-46，439，441-442，447-448；工资，439

移民到美洲，271

帝国，参见 Philip III; America; New Spain and under names of places

印度国，参见 Portugal, Estado da India

外交政策：费利佩三世治下，260，263；西班牙强权之下的和平，279-281；主战派，279，281-282；三十年战争爆发，282；1640年形势，349，436；国外局势（1643—1649年），471

与阿尔萨斯：重要性，277；主权，277

与波希米亚：继承问题，276-278，286，308，312

与加勒比海，见 Caribbean; West Indies

与天主教同盟（1609年），267

与丹麦：反瑞谈判（1638—1639年），402

与东方（亚洲）：征服和贸易，见西班牙和尼德兰，荷兰，在东方的竞争

与帝国（哈布斯堡王朝）：反对斐迪南三世提议的联姻（1649年），420；在意大利接受利奥波德的帮助，420

与英国：16世纪80年代的政策，263-264；布洛涅和会，264；干涉爱尔兰，264；联姻谈判，264；和谈，264-265；对詹姆斯一世的影响，269；伦敦条约（1605年），265；英国攻打加的斯（1625年），464；英伦三岛共和国得到承认，422；关于法国港口的建议（1652年），422；佩恩攻打圣多明各并占领牙买加（1655年），236；战争（1665年），236；在美洲的竞争，672，674；又见 under America and names of places in America

与佛兰德（斯）：中产阶级反对（1615年），272

与法国：法国振兴（16世纪80年代）威胁西班牙，261-263；亨利四世计划反对（1610年），268；亨利四世遇害（1611年）的影响，268；法国的亲西（班牙）派，268；法西联姻（1611年），268，481；支持胡格诺派叛乱，485；蒙松条约（1626年），322，485；与曼图亚继承的关系，42-43；切拉斯科条约（1631年）的危害性，43；1635—1659年战争：43-44，346-352，412-415；和谈，43，349；加泰罗尼亚战争，414；斐迪南三世保持中立（1648年），356，420；成功时期（1648—1654年），425；要求归还征服地（1649年），427；吕埃条约（1649年），427；在雷特尔战败（1650年），498；与投石党结盟（1650年），425-427，

498；与孔代结盟（1651年），498；在意大利和加泰罗尼亚反对法国，426－427；为孔代要求（1651年），427；夺取卡萨莱，423，425；在巴塞罗那、敦刻尔克（1651—1652年）和罗克鲁瓦（1653年）获胜，425；英法联手反对，424，427；1658年瘟病，427；联姻提议（1658年），427；在美洲竞争，672，674；又见 under names of places in America

与汉萨同盟城市，提议的条约，325

与匈牙利：继承问题（1613年），286

与意大利：16世纪80年代的关系，261－262；1610年的统治，268－269；西班牙总督的统治，272－273；富恩特斯公爵在米兰，273－274；17世纪40年代形势，414；巩固地位（17世纪50年代），426；莫德纳的威胁（1658年），427；又见 under individual Italian states

与于利希－克莱费斯的继承（1609年），267－268

与曼图亚－蒙特费拉特的继承：于萨沃伊作战（1612—1617年），274－275；支持萨沃伊反对法国（1627年），328；蒙特费拉特战争（1629年），41－43，328，464

与那不勒斯：反叛（1647—1648年），49－50，231，414－415；法国征战失败（1655年），426

与尼德兰，荷兰：1604年形势，265；和谈，265－266；任命斯皮诺拉，266；1607年停战，266；海牙和谈，266；十二年休战协定（1609年），98－99，267，446，546，648；再征服计划，42－43，306；1621—1648年战争，99；原因，458－459；开头成功（1621—1629年），376；荷兰与威尼斯结盟，278；夺取布雷达（1625年），320；法国与荷兰联手（1626年），378；和平条件，378；停战谈判（1631年），43；布雷达陷落，349；唐斯战役（1639年）；349，402，471；叛乱削弱了西班牙实力，349；在罗克鲁瓦损兵折将，351，471；明斯特和约，44，356，358，381－382，413，422，471；在美洲的竞争，458，672，674，696；又见 under places in America；在亚洲贸易和征服活动上的竞争，6，280，458－459，646－650，658－659，664，666，674－675；在太平洋地区的竞争，458；在西印度群岛的竞争，280，446

与尼德兰，西属：与西班牙的关系，43，369－370；恢复权力（1634年），377

与巴拉丁，西班牙入侵（1620—1621年），204，278，549

与教廷，262，426－427

与波斯，662

与菲律宾：西班牙限制贸易，724

与波兰：西吉斯蒙德三世愿结盟（1626年），228

与葡萄牙，见 Portugal

与莱茵兰：16世纪80年代附属地位，261；西班牙军队通行路线，267，278，314；支持天主教同盟

(1609年),267;于利希－克莱费斯的继承问题和西班牙的干预,267
与萨沃伊:权力(1600—1610年),261;遭反对(1610年),268;臣服,268;蒙特费拉特继承之战(1612—1618年),274-275;和约,275
与瑞典:会谈反对(1638—1639年),402
与瑞士:法国复兴威胁陆地生命线,261;确保军队通行条约,273-274
与托斯卡纳,262
与蒂罗尔:主权,277,286
与沃尔特利恩,278-279,281,319,483
与威尼斯:反对(1580—1613年),274;乌斯科克人与威尼斯战争(1613—1617年),274;"西班牙阴谋"(1816年),275-276;和约(1617—1618年),275;威尼斯—荷兰联手反对(1622年),278
与西印度群岛,见 West Indies
外交政策,又见 Lerma, Francois; Olivares Gaspar; Felipe Ⅱ; Felipe Ⅲ; and Felipe Ⅳ
工业:1590年前纺织工业一直繁荣,93;羊毛生产,477
与犹太人,4,25,58,271
文学,7,28-29
与传教团:在印度国,262,667,669;在美洲,262;在日本,659
与摩尔人,4,25,37,271-272,437,450,452;驱逐的经济影响,453-456
贵族:451-452;界定,16-17,23;人口比例,17,451;特权,19-20,444-445,448;职业地位,20-22,451;行为准则,24-25;纯净,25;政治权力,60,443-444;小贵族的贫困,461
农民,448-449
政治制度:议会,39-41,45-46;财政院,439,449-450,457-458,461-462;西印度院,见 Portugal, Estado da India;葡萄牙议会,282;国务会议,461;执行委员会,43,461
人口估计,71,469
宗教:教会与政府的关系,36;与财政,36;圣徒崇拜流传,182-183
海上力量、制海权:奥利瓦雷斯掌权时期的海军政策,228-229;衰弱的原因,229-230;海军强于法国的影响,231;海军,98,227,445,459;商船队,227,230,237,707,724;运银船队,228-229,236,368,441-442,692,701-702,704,724
贸易:美洲白银交换中国的丝绸和瓷器,670;跨大西洋贸易,12-13,44,90,98,101,228-230,440-442,470,701,723-725;农产品贸易,297-298;军备、兵器,367;铜,444;黄金和白银,44,79-81,83,98,440-442,670,701-702,722;谷物,297-298,440;油,440;香料,302,707;蔗糖,302,707,721;纺织品,440,477;酒类,440;又见

under Spain, foreign policy

又见 under names of towns and provinces

Spandau, 施潘道, 授予古斯塔夫·阿道夫（1631 年）, 332

Spaur family, 斯鲍尔家族, 524

Spelman, 斯佩尔曼, 亨利爵士, 历史学家, 541

Speyer, 施派尔, 价格趋势的变化, 88

Speyer, 施派尔, 条约（1544 年）, 402

Spice Islands, 香料群岛, 650
与格里塞贸易, 652; 与科罗曼德尔的棉花贸易, 656; 荷兰人控制, 657; 英国商站关闭（1623 年）, 660

Spini, 斯皮尼, 焦尔焦, "西班牙的阴谋", 275 注

Spinola, 斯皮诺拉, 安布罗希奥, 拉斯巴尔巴萨斯侯爵
解决于利希-克莱费斯继承问题（1614 年）, 268
占领布雷达（1625 年）, 320, 349
与尼德兰, 荷兰: 取代阿尔伯特大公任总司令（1604 年）, 266; 费利佩三世的秘密指示, 在海牙和谈, 266; 十二年休战协定（1609 年）, 42, 359
与尼德兰, 西属: 和平政策, 376; 辞去军队指挥权（1627 年）, 376
与巴拉丁: 恢复西班牙庇护（1614 年）, 268; 入侵（1620 年）, 204, 278; （1621 年）, 314; 使新教联盟解散, 316

Spinola family, 斯皮诺拉家族, 热那亚银行家, 67, 81

Spitzbergen, 斯匹次卑尔根群岛, 英国捕鲸业利益所在, 235

Sporck, 斯波尔克, 约翰, 伯爵冯, 59

Sprat, 斯普拉特, 托马斯, 138

Springfield, 斯普林菲尔德, 马萨诸塞, 建立的殖民地（1636—1637 年）, 688; 罗克斯巴里资助, 688

Stade, 斯塔德, 299, 324
商人冒险家的"代理商行", 294

Stadtlohn, 斯塔特洛恩战役（1623 年）, 318

Staffordshire, 斯塔福德郡, 对内战的态度, 574

Stalin, 斯大林, 约瑟夫, 4

Stamford, 斯坦福, 缅因, 殖民地, 690; 参加新英格兰联盟（1643 年）, 690

Star Chamber, 星室法庭, 538, 565, 571

Stara Boleslav, 斯塔拉·博莱斯拉夫的圣母, 527

Starodub, 斯塔罗杜布, 割让给波兰（1619 年）, 595

Staten Island, 斯塔腾岛
拓殖, 693; 屠杀印第安人（1641 年）, 694

Stelluti, 斯泰卢蒂, 弗朗切斯科, 140
出版《蜜蜂的结构》（1625 年）, 149

Stettin, 斯德丁, 与瑞典（1647 年）, 354, 407-408, 412; 包围（1659 年）, 431

Stevin，斯特文，西蒙，132
  推动物理学发展，153；他的《天堂发现的艺术》，166；荷兰帆船车的发明，167；影响军事思想，216
Stirling，斯特林，威廉·亚历山大爵士，伯爵，693
  被授予阿卡迪亚的土地，697；殖民新斯科舍（1622年），697；特许状更新（1627年），698
Stolbova（Stolbovo），斯托尔博瓦（斯托尔博沃），条约（1617年），388 – 390，599，605
Stone，斯通，L.，542注，543
Stone，斯通，威廉，移离弗吉尼亚，680；马里兰总督（1644年），680
Stow，斯托，约翰，《调查报告》（1598年），72
Strafford，斯特拉福德，托马斯·温特沃斯爵士，第一代伯爵，102，126，550，556，563，571
  对庇护的态度，38
  反对西班牙战争（1625年），554；排除出1626年议会，554；监禁（1628年），555；成为贵族和北方委员会主席（1628年），557；在爱尔兰的统治，565 – 566；在爱尔兰征兵（1640年），568；与短期议会，569；受爱尔兰议会攻击（1640年），569；谴责（1640年），579；和他被处决（1641年）的政治理由，570
Stralsund，斯特拉尔松，包围（1627—1628年），325 – 326，330，391；与古斯塔夫·阿道夫结盟（1628年），330 – 331，393；割让给瑞典，412
  商船队，234
Strasbourg，斯特拉斯堡
  货币贬值，83
  帝国法院委员会，287
  黎塞留的计划，328
  与明斯特谈判，353
Strasbourg，斯特拉斯堡，主教管区，411 – 412
Strasbourg，斯特拉斯堡，大学，教授利普修斯政治理论的中心，104 – 105
Stroganov family，斯特罗加诺夫家族，金融家，67
Struve，斯特鲁维，J. A.，他在《论民法》（1658年）中阐述了他的法学理论，116
Stuart Bay，斯图尔特湾，新英格兰，682
Stuarts，斯图亚特家族，王室，消亡（1649年）的原因，531 – 584
Stuhlweissenburg，斯图尔威森堡，637
Stuhmsdorf，斯图姆斯多夫，条约（1635年），348，401，600
Stuttgart，斯图加特，人口因战争减少，77
Stuyvesant，斯图伊弗桑特，彼得，库拉索总督，695；新尼德兰总督（1647年），695；目的，695；与范·伦瑟拉埃尔，659；与范·德·唐克，695 – 696
Styria，施蒂里亚，503 – 504
  宪法和行政，504 – 505；反宗教改革运动，514；矿业，510
Styria，施蒂里亚，大公，见斐迪南二世，皇帝，大公

Suarez，苏亚雷斯，弗朗西斯科，神学家和哲学家
  政治理论，31，106-107，131；教授新托马斯主义，105；他的《法律篇》（1612年），106；他的《驳英王卫教篇》（1613年），106，绞刑吏宣告将其烧毁，108；国家法理论，111；国家理论，112-113；理论的实践作用，115-116；西班牙接受，117-118；法国接受，119
  使用归纳法，130
  见国家是个有机体，131
Suckling，萨克林，约翰爵士，诗人，256
Suffolk，萨福克郡，578
  对内政的态度，574
Sukadana，苏卡达纳，婆罗洲，苏丹阿根占领（1625年），655
Süleyman I，苏莱曼一世，伟大的，苏丹，625，627
  受训和"杀害兄弟法规"，620
  与伊拉克，631
Suleyman II，苏莱曼二世，苏丹，登基（1687年），622
Sully，苏利，贝蒂讷的马克西米连，公爵，37，681
  对庇护的态度，38；财政政策，40；贸易政策，697；他的《回忆录》267；西班牙使臣抨击，268-269；辞职（1611年），481
Sultanzade Mehemmed Pasha，舒尔坦扎德·穆罕默德帕夏，642
Sumatra，苏门答腊
  荷兰人鼓动攻打葡萄牙人（约1605年），648；英国贸易站，650；与古吉拉特开展棉花贸易，661；防止荷兰人对英国人进行攻击，653；荷兰人控制（约1620年），654；进口棉花，657；苏丹伊斯坎达尔·木达的征战，655；团结在占碑的旗帜下反对阿钦，656
  贸易，棉花，656-657，661；胡椒，649，655-656，661，670
  又见 Achin；Indragiri；Palembang
Sunda Islands，巽他群岛，望加锡扩张进，655；又见 Bali Island，巴厘岛
Sunda Straits，巽他海峡，646，670
Sundgau，松德高，与法国和威斯特伐利亚和约，412
Sunni Muslims，逊尼派穆斯林，在伊拉克，630；在巴格达遭迫害（1623年），631
Superior，苏必利尔，湖，698-699
Surabaya，泗水，爪哇，北苏丹阿根占领（1625年），655
Surat，苏拉特
  荷兰人在此（1602年），657；开商站（1614年），657
  肉豆蔻衣被荷兰人的竞争对手买走（1653年），658
  与巴塔维亚的白银贸易，659
  英国东印度公司谋求贸易许可（1608—1614年），660；遭耶稣会士与亲葡萄牙人士的反对，660；打败阿塞维多（葡萄牙人），660-661；设立亚洲贸易中心，661；扩充和改进棉花贸易，661-662
Surgery，外科学，教学和发展，137-138
Sussex，苏塞克斯郡，577-578

Susuntra, 苏森特拉, 印度, 饥荒, India, 73
Suze, 苏士, 和约 (1629 年), 488
Svata Hora, 斯法塔·霍拉, 圣母, 527
Swabia, 斯瓦比亚
　经济状况 (1600—1621 年), 293
　亚麻布业, 293
　外交: 被交给马克西米连一世, 283; 斐迪南二世根据格拉茨条约 (1617 年) 放弃, 286; 参加海尔布龙同盟 (1633 年), 341
　农民, 297
Swabians, 斯瓦比亚人, 522
Sweden, 瑞典, 34, 141
　专制主义, 见 political theory, absolutism in Sweden
　实现国家认同, 3
　是一个上帝选定的民族, 4
　受宗教信仰影响的民族主义, 4
　与丹麦比较, 393 – 394
　成为一个大国 (1632 年), 398
　作为新教诸侯国的首领, 389 – 392, 408, 410, 418, 433
　军队: 发展与变革, 206, 213, 217 – 219, 396 – 397, 410; 1611—1613 年无能力, 389; 在里加有能力, 390; 筹措资金, 395 – 396
　宪法的制定: (1611—1680 年), 396 – 397; 经济干预增强国家实力, 102
　经济: 维斯瓦河的重要性, 302; 企业家的重要性, 394; 财政状况, 37, 393 – 394; 战时财政, 38 – 39, 82, 96, 395 – 396, 401 – 402, 410; 税收, 394; 波罗的海地区的通行税 ("许可证"), 395 – 396, 401, 403, 407, 412
　外交政策: 道义力量, 397; 发展成了一个帝国 (1600—1660 年), 385, 393, 404, 409 – 410; 团结一致国家有力量, 398; 1620 年海外状况, 390; 查理十世治下外国状况, 403 – 404, 410; 欧洲状况 (1659 年), 433
　与阿尔萨斯, 522
　与勃兰登堡, 409; 关系 (1626—1632 年), 399, 522; 港税条约, 395, 401; 联姻建议, 399; 敌对, 400, 402, 410, 421, 529; 和平表示, 400; 1641 年休战, 350; 1647 年会议, 354, 412; 让给东波美拉尼亚通行费的一半 (1653 年), 406, 412; 忠顺问题, 429; 柯尼斯堡条约 (1656 年), 429; 马林堡条约 (1656 年), 429; 盟友再进华沙, 429; 拉比奥条约 (1656 年), 429; 被勃兰登堡丢弃 (1658 年), 430; 勃兰登堡入侵 (1659 年), 431; 奥利瓦条约 (1660 年), 431
　与但泽: 休战 (1629 年), 393; 付给港税, 393
　与丹麦: 关系 (1600—1611 年), 386 – 387; 克里斯蒂安四世宣战 (1611 年), 388; 卡尔马战争 (1611—1613 年), 389; 内雷德和约, 389 – 390; 1624 年协议, 390; 在新教同盟 (联盟) 上的竞争 (1625 年), 321; 1628 年结盟, 326, 391; 吕贝克和约 (1629 年)

索 引

的影响，391；1630—1632 年战役期间的关系，399；1643—1645 年战争，532；原因，402 - 403；流行，404；攻打日德兰半岛（1643年），403；费梅尔恩胜利（1645年），404；布伦塞布罗和约（1645年）及其意义，403 - 405，429 - 430；依靠荷兰的帮助，404；贸易关系（1645年），404；威斯特伐利亚和约的影响，408；1658—1660年战争：勒斯基尔德条约（1658年），430；英法干涉，431；哥本哈根条约（1660年），431

与爱沙尼亚：占有北部沿海地区（约1610年），385，390

与法国：本尔瓦尔德条约，331 - 332，342，350，395；（贡比涅）条约（1635年），346；1637年的关系，347；汉堡条约（1638年），348；来自法国的津贴，401；布伦塞布罗条约（1645年）的影响，405；威斯特伐利亚和约谈判期间的关系，407

与德意志战争：517；反哈布斯堡王朝联盟提议（1625年），321 - 322；与斯特拉尔松结盟，331；入侵波美拉尼亚（1630年），329；莱比锡会议，331 - 332；与萨克森-魏玛和黑森结盟，333；1631年战役，332 - 334；布赖腾菲尔德胜利（1631年），334；莱茵战役（1631年），334；与巴伐利亚休战，335；特里尔条约（1632年），335；1631—1632年形势，335 - 336；国王建议瑞典统治德意志，338 - 339；

纽伦堡的灾难，339；吕岑战役（1632年），340 - 341；古斯塔夫·阿道夫去世（1632年），341；1630—1632年战役的影响，330；克里斯蒂纳女王登基后的战争政策，341；与华伦斯坦谈判，343；1633年战役，343；海尔布龙同盟（1634年），341，400；内德林根失败及其意义（1634年），344 - 345，400；目的和形势（1637年），347，401；勃兰登堡和萨克森撤退，347，400；勃兰登堡与波美拉尼亚战役，348，400；萨克森和波希米亚入侵，349，351，401；汉堡条约（1641年），401；军队危机，401；与勃兰登堡休战（1641年），350；1641—1648年战役，351 - 352，401 - 402，524；与萨克森休战，351；法国和西班牙与马克西米连一世休战，351；奥斯纳布吕克和谈，350，352；威斯特伐利亚和约（1648年），356 - 357，407 - 408，523；和平担保人，408，412；卷入德意志的危险，408

与德意志：17世纪50年代的状况，409；参加莱茵同盟，421；法兰克福条约（1658年），421

与哈布斯堡王朝：亲哈布斯堡政策（17世纪50年代），409

为经济目的利用汉萨同盟，234

与尼德兰，荷兰：反对瑞典的通行费，403；为波罗的海地区自由贸易而结盟（1640年），403；瑞典 - 丹麦战争期间（1643—1645年）帮助，404；参加贸易计划（约

1640—1645年），404；再次结盟，405-406；关系紧张，406；丹荷偿还条约（1649年），406-407

与波兰，601；波兰进房间剥削，11；王朝联合（1592—1599年），385，598；争夺利沃尼亚，598；俄国继承问题，386；关系（1600—1611年），386-387；宣战（1611年），388；占领里加（1621年），390；利沃尼亚战役，390-391，599；1626—1629年战役，599；阿尔特马克（停战）条约（1629年），328，392-393，401，600；与瑞典入侵德意志（1632年），399，600；阿尔特马克停战条约消亡（1635年），401；法国调停，401，600；斯图姆斯多夫条约（1635年），348，401，600；马萨林试图调解（1651年），409；1655—1669年战争：入侵（1655年），429；奥利瓦条约（1600年），431，598

与波美拉尼亚：392；入侵（1632年），329，399；主张占领，战争主要目的，347；旨在继承（1637年），354；1647年会议，354，407；论争，406；根据威斯特伐利亚和约（1648年）赢得西波美拉尼亚，从而获得一个议会席位，407-408

与俄国：得到雷瓦尔，385；在芬兰受到威胁，386；卷进"动乱时期"，386，388，604；在克卢希诺战败（1610年），594；战略和贸易地位，388；斯托尔博瓦条约（1617年）及

其意义，388-390，599；建立永久外交关系（1631年），609；瓦利埃萨尔停战条约（1659年），431；卡尔迪斯条约（1661年），431

工业，394；武器装备，101，394；成立于1619年的铜矿公司，96；铜业生产，97，101，394，396，410；钢铁生产，97，101，394

贵族：人口比例，17；战争影响，56，59；提供服务的贵族增多，60；为权力而斗争，397

营养，75

政治制度：1612年的宪章巩固了等级国家，122

宗教：路德主义增强了力量，397

海上力量：波罗的海上的海军力量，231，387，389；海军资金，396，404-405；商船队，387，404-406

贸易：政策（1645年之后），404；出口：铜，96，297，444，670；铁，97，297；毛皮，663；进口：谷物，395注

又见Charles Ⅸ；Charles Ⅹ；Charles Ⅺ；Christina；Gustavus Ⅰ；Gustavus Ⅱ Adolphus；Oxenstierna, Axel；Sigismund Ⅲ

Sweden，瑞典，银行，发行欧洲首批钞票，82

Sweden，瑞典，贸易署，建于1651年，404

Switzerland，瑞士，516

行政，32

气候变化，73

西班牙利用其为前往尼德兰的陆上通道，261

威斯特伐利亚和约确认其独立，358

贵族，人口比例，17；行为准则，27；资格，30

市镇的政治权力，15

又见 Grisons, the

Sylvius, 西尔维乌斯，见 de la Boe, Francois

Syria, 叙利亚，640

征兵，625

奥斯曼征服（1516 年），632

暴乱的原因，670

Szön, 松城，和约（1627 年和 1642 年），637

Tabriz, 大不里士，与波斯—奥斯曼战役（1635 年），633

Tacitus, 塔西佗，科内利乌斯，360

Tacticus, 塔克蒂库斯，埃利亚努斯，军事著作，216–217

Tadoussac, 塔杜萨克，魁北克省，毛皮贸易中心，675；法国在那儿的贸易，676，697

Tagus, 塔古斯，战役（1589 年），300

Tamaulipas, 塔毛利帕斯，墨西哥，708

Tangier, 丹吉尔，434

布拉干萨的卡塔利娜的嫁妆，425

Tanjore, 坦焦尔，科罗曼德尔，愚弄荷兰人的许可证制度，657

Taoism, 道教，33

Tapp, 塔普，约翰，166

Tappans, 塔潘人，印第安人部落，694

Tarahumara, 塔拉乌马拉人，印第安人部落，耶稣会传教团前往，709

Tartaglia, 塔尔塔格利亚，尼科洛，数学家，火炮制造和射击理论（1537 年），166

Tasso, 塔索，7

Tassoni, 塔索尼，阿历山德罗，诗人，批评西班牙，273

Tatars, 鞑靼人

组织，611 注，612 注

与波兰：袭击，596–597；611，636；遭哥萨克人侵略，596–597，611；图托拉战役（1620 年），636；霍奇姆战役（1621 年），41

与俄国：与"动乱时期"，602；关系（1613—1632 年），611；接受年支付，611；克里米亚鞑靼人和诺加伊鞑靼人攻打俄罗斯（1632—1634 年），610，612；袭击次数增多（1643 年），613

Tavares, 塔瓦雷斯，安东尼奥·拉波索，圣保罗猎奴队，712

探险，713–714

Taxation, 征税

在巴斯克省，46；卡拉布里亚，50；丹麦，44；英国，44，583；法国，19，44，46–47，56–57，65，476，479，481，483，485，488，490，492，494–496；哈布斯堡领域，505；那不勒斯，48–49；尼德兰，荷兰，44；波兰，587；俄国，604，607–608，617–618；西西里，50–52；西班牙，19，40，44–46，439，441–442，447–449，457，461–462，465–467；瑞典，394；在土耳其帝国，626

Technology，技术
　发展，164–168
　欠发达的原因，165–167
　应用于染、织、排水和蒸汽动力，167–168
　与哲学结合带来无限改进，168
　在英国，165–167；尼德兰，167；斯堪的纳维亚，166
Tegengren，特根格伦，F. R.，《瑞典丰富的矿石和矿山》（1924年），95
Tenedos，特内多斯和土耳其—威尼斯战争（1645—1669年），641
Tepehuáne（Tepehuan），特佩瓦内人，大暴动（1616年），709
Terki，特尔基，防御工事，222
Terlon，泰隆，谢瓦利埃，法国使臣，在哥本哈根谈判（1660年），431
Ternate，特尔纳特，摩鹿加群岛
　葡萄牙人鼓动反对荷兰人（1601年），646；安置驻军，647；舰队未能提供支持，666
　西班牙人占领，648，650，664
　荷兰人拟定条约（约1609年），648；弗斯兰关闭商站（1622年），651
Terzka，特茨卡，亚当，波希米亚反哈布斯堡王朝运动领袖（1631年），337，343；被谋杀（1634年），344
Textiles，纺织业，见工业，纺织品
Thames river，泰晤士河，新英格兰，689
Theatines，蒂内派，传教团前往印度，669
Théatre du Marais，沼泽剧院，243
The Hague，海牙，317，375

The Hague Conference（1615），海牙会议（1615年），650
The Hague，海牙，同盟，与克里斯蒂安四世（1625年）；虚弱，391
The Hague Peace Conference（1607），海牙和会（1607年），266
The Hague，海牙，条约（1625年），322
The Hague，海牙，条约（1669年），99
Theophanes，西奥法内斯，耶路撒冷的牧首，授予波兰东正教牧师圣职（1620—1621年），591
The Theatre'（London），"剧院"（伦敦），1576年建，242
Thirty Years War, the，三十年战争，306–358，681
　爆发的原因，282，306–307
　性质，307
　政治背景简述，41
　导致北方国家占优，99，411
　与总结争端：教会的土地，306，318，339；宗教是三十年战争的一个原因，310–311，313，514；强制巴拉丁信仰天主教，317；归还教产敕令（1629年），326–327，329，336，338，345；瑞典支持新教徒，330；与贝尔瓦尔德条约（1631年和1633年），332；古斯塔夫·阿道夫与信仰自由，336；布拉格和约（1635年），345–346，355；威斯特伐利亚和约，355，407，411
　波希米亚继位和叛乱（1618—1623年），307–315

腓特烈五世与巴拉丁（1618—1623年），314 - 318

1624 年形势，315 - 316，318

丹麦时期（1624—1629 年），321 - 326，389 - 391

1628—1630 年形势，328 - 329

瑞典时期（1630—1634 年），330 - 346，399 - 401；1635 年形势，346 - 347

法国时期（1635—1648 年），346 - 351，400 - 402；争取和平，350，352 - 357

最后时期（1644—1648 年），351 - 352，356，381

威斯特伐利亚和约（与明斯特会议和条约及奥斯纳布吕克会议和条约），68，99，111，121，182，186，221，224，350，352，356 - 358，381 - 382，407 - 408，411；又见明斯特、奥斯纳布吕克和威斯特伐利亚

详情，见 under countries and rulers and under Habsburg Empire

Thorn，托伦，见 Torun

Thuillerie，蒂伊莱里，德，法国使臣谈判布伦塞布罗和约（1645 年），405

Thuringia，图林根，101

玻璃制造业，292；古斯塔夫·阿道夫入侵，334；战争导致人口减少，77

Thurn，图恩，马蒂亚斯，伯爵，与波希米亚继承问题，309；指挥波希米亚军队，309；攻打维也纳（1619 年），311；白山战役后出逃，315；波希米亚独立运动（1631—1632 年），337，343

Tidore，蒂多雷，摩洛哥群岛，被荷兰人包围（1601 年），647；门多萨支援葡萄牙人，647；被范·德·海根占领，648；被西班牙夺回，648；米德尔顿到来，650；与荷兰达成排他条约，650

Tierra del Fuego，火地岛，707

Tiku，蒂库，亚洲，英国的棉花和胡椒贸易，661

Tilly，梯利，约翰·冯，伯爵，204

与波希米亚：统率天主教同盟军队，314；在奥地利打败反哈布斯堡分子，314；在白山战役中打败波希米亚人（1620 年），314 - 315

与巴拉丁：入侵（1621 年），316；在维姆芬获胜，316

与下萨克森战争：违背下萨克森地区的中立原则（1623 年），318；侵略不伦瑞克（1625 年），323；克里斯蒂安四世撤退，323；在卢特打败克里斯蒂安四世（1626 年），324，在易北河畔与华伦斯坦会师，325；在海利根哈芬获胜（1627 年），325；撤换华伦斯坦，331；占领马格德堡（1631 年），332 - 333；名誉丧失，333；在波美拉尼亚，333；从韦尔本撤退，333；萨克森战役，333；在布赖腾菲尔德战败（1631 年），334；在班贝格，337；在莱希战败，338；去世（1632 年），338

Timor，帝汶岛，与望加锡贸易，652；葡萄牙人在此，666

Tisza river，蒂萨河，628

Tobago，多巴哥，向风群岛，争相邀请，702；殖民活动，703，705；荷兰殖民地被西班牙人摧毁，705

Tokugawa Iyeyasu，德川家康，将军，659

Toledo，托莱多，428
布业中心，440

Toledo，托莱多，大主教管区，征税（1632年），465

Toledo，托莱多，唐·佩德罗·德，462

Topolski，托波尔斯基，J.，经济理论，11

Tordesillas，托尔德西利亚斯，条约（1494年），707–708

Torgau，托高，252
班纳从这儿撤退（1637年），401

Torgau alliance（1591），托高联盟，289

Torricelli，托里切利，福音传道者，102，136，141
研究无限小，151；对气体力学的贡献，157

Torstensson，托斯腾松，雷纳特，奥塔拉伯爵，瑞典将军，才能，396；1636年战役，348；作为总司令，351，402；攻打日德兰半岛（1643年），403；波希米亚战役，351

Tortosa，托尔托萨，与加泰罗尼亚反叛（1640年），469；围困（1648年），414

Tortuga，托尔图加岛，大安的列斯群岛，701
海盗，703–704；法国人声称控制了，703；授予圣约翰骑士团（1647年），703

Torun（Thorn），托伦
其间的新教徒，589
瑞典的威胁（1628年），599

Torun（Thorn），托伦，会议（1645年），197，590

Tott，托特，恩克，瑞典将军，333

Toul，图尔，法国要求（1646年），353

Toulouse，图卢兹，价格趋势，62；贸易，477

Tournai，图尔内，亚麻和亚麻布业，477

Touraine，都兰，反征税暴动（1644年），494

Toussaint-Foy of Beauvais，博韦的图桑-富瓦，478–479

Towerson，陶厄森，加布里埃尔，商人，在安波那被斩首（1623年），651

Towns，市镇，行政，15，18，31，479–480；战时债务，47；民主，418；寡头政治，448；人口，418，509；生产变革的影响，509–510，513

Trade，贸易
海运贸易是种经济指标，63–64
地区：亚洲和东方，226，477，486–487；640，644–671；波罗的海，99，228，303–304，403，487；在东方，见国家；国际，53，292–296；黎凡特，640，650，653，660，670，697；地中海，226，233，301，304，477，486，640，660；北欧，92–93；北海，233，

235，又见英国，贸易；尼德兰，荷兰，贸易；斯堪的纳维亚，293；跨大西洋，789，477；荷兰，233；法国，487；葡萄牙，300；西班牙，12 - 13，44，90，98，101，228 - 230，300，440 - 442，470，701，723 - 724

农产品，297，301，513，589；武器装备，303，367，609；砖头，367；金银，44，78 - 81，83，228，300，440 - 441，649，654，659 - 660，670，701，722；可可，721 - 722；肉桂，707；牛，296，478，513，589，683，693；桂皮，644 - 645，659；丁香，648 - 650，658；棉花，649 - 654，656 - 658，660 - 661，670；毡帽，513；鱼，99，297，366，510，589；毛皮，616，659，663，676，683，690 - 691，693，695 - 700；51，296 - 297，300 - 301，303，367，390，395，440，478，549，589，652，683，694，724；兽皮，707，721；靛蓝，661，670；亚麻布，293 - 295，301 - 302，477 - 478；肉豆蔻衣（干皮），648 - 649，652；金属，96 - 98，292，294，297，299，301 - 303，367，423，513，589；麝香，654；肉豆蔻，648 - 652；油，440，724；胡椒，302，644 - 646，649 - 651，653 - 656，659 - 661，670；瓷器，654，659，670；稻米，651，654 - 657；盐，99，303，366，694，701，704；硝石，661；丝绸，51，423，652，654，659，662 -663，670；奴隶，677，704，710 - 714，716，725；香料，301 - 303，644 - 647，650 - 654，656，658，669，662，670 - 671，675；蔗糖，302 - 303，659，661，704，707，709，721；牛脂，721；纺织品，93 - 96，295，423，440，513，550，552，589，又见 trade in cotton，felt，linen，silk，woolen cloths；木材和木制品，99，299 - 301，367，423，589，616，652，654，661；烟草，677，679，681，694，703 - 704；热带商品，296，302 - 303，656；捕鲸，693；酒，301 - 303，367，422 - 423，440，478，513，724；呢子，90，93 - 96，272，294，296，299，422，477 - 478，534，547 - 548，550，552，562，681，724

又见 under names of countries

Trade，贸易，委员会，552

Tranquebar，特兰奎巴尔，与望加锡贸易，652，664

Trans-Baikalia，外贝加尔，与俄罗斯人，616

Transylvania，特兰西尔瓦尼亚，522，586

被哈布斯堡王朝和奥斯曼土耳其瓜分，503

宪法，506 - 507

对哈布斯堡王朝的政治威胁，507

奥斯曼土耳其入侵（1660 年），422

宗教：波希米亚叛乱后成了新教徒的避难地，520；耶稣会士获胜，197；信仰自由，200

牛只贸易，296

又见 Bethlen Gabor, prince, and Rakoczy, George, prince of

Transylvanians，特兰西尔瓦尼亚人，509

Trautmansdorff，特劳特曼斯多夫，马克西米连伯爵·冯，在明斯特，352 – 353

Treboň，特雷帮，开凿人工湖和开展鱼类贸易，510

Trent，特兰托，会议，112，169，182
与教皇集权，185；与黎塞留，492

Trentschin，特伦钦，耶稣会士在此，521

Trier，特里尔，条约（1632年），335

Trier，菲利普·克里斯托弗·冯·泽泰恩，大主教—选帝侯，329
与瑞典战争，335；被法国人俘获，346；签署法兰克福条约（1658年），421

Trincomalee，亭可马里，锡兰，葡萄牙人丢给了荷兰人（1639—1640年），666

Trinidad，特立尼达，向风群岛，争相要求，702

Trinity monastery，三位一体修道院，俄国，615，618

Trip，特里普，艾利亚斯，瑞典工业家，制造军械，101

Tripoli，的黎波里，632
海盗基地，232，638

Trois Rivieres，三河城，魁北克，与法国人，697；1635年形势，698；援助（1641年），700；政府（1648年），700；与易洛魁人，701

Tromp，特罗普，马丁·哈佩措恩，荷兰舰队司令，与唐斯战役（1639年），227，229 – 230，349，381

Troyes，特鲁瓦，贸易，477

Tschernembl，切宁布尔，乔治·埃拉斯姆斯，弗赖埃尔·冯，要求贵族的独立自主权，115；否认斐迪南二世的继承权，515

Tuban，图班，爪哇，被阿根苏丹夺取（1619年），655

Tübingen，蒂宾根，大学，116，172

Tucuman，图库曼，阿根廷，708

Tula，图拉，兵工厂，609，616

Tunguska river basin，通古斯河流域，俄国毛皮商到达这里（1628年），663

Tunis，突尼斯，海盗基地，232，638；
与英国签订条约，233

Tupi，图皮人，印第安部落，参加圣保罗人到巴拉圭耶稣会传教区猎取奴隶，711；协同葡萄牙猎奴队行动，713

Turenne，蒂雷恩，亨利·德·拉·图尔·多韦涅，子爵，法国元帅，348
莱茵战役（1636年），349；1645—1648年战役，351 – 352，417；包围敦刻尔克（1648年），424；在阿拉斯（1654年），426；迪恩斯战役（1658年），424

Turkey，土耳其，6；又见 Ottoman Turks

Turkhan，图尔罕，瓦利德·舒尔坦，642

Tuscany，托斯卡纳，大公国
与法国，231；在西班牙的影响下

（1611 年），268 - 269；西班牙征服（17 世纪 50 年代），425
贵族，职业地位，20
贸易，谷物进口，297，301
Tuscany，托斯卡纳，科西莫二世，大公，保护法克尔·阿尔丁二世（1613—1618 年），632；拍摄专家到黎巴嫩，633
Tuscany，托斯卡纳，斐迪南一世，大公，与西班牙，262；与法国，262
Tuscany，托斯卡纳，斐迪南二世，大公，与西班牙，268 - 269
Tuscany，托斯卡纳，弗朗切斯科，大公，是谷物进口商，301
Tutora，图托拉，战役（1620 年），591，597，609，636
Twelve Years Truce（1609 - 1621），十二年休战协议（1609—1621 年），68，98 - 99，267，279 - 282，300，306，446，546，648
Twiller，特维莱尔，范，新尼德兰总督，任命（1632 年），693
Twyne，特瓦因，布赖恩，138
Tyrnau-Trnava，蒂尔瑙 - 特尔纳法，见 Nagy-Sombath University of
Tyrol，蒂罗尔，278，503 - 504
宪法与行政，292，504 - 505
被巴伐利亚的马克西米连一世继承，283；被斐迪南二世拒绝（1617 年），277，286
农民，297，512

Ubaldini，乌巴尔迪尼，红衣主教和教皇使节，法国秘密委员会成员，481
Uceda，乌塞达，克里斯托瓦尔·桑多瓦尔·伊·罗哈斯，公爵，457
Udine，乌迪内，谷物价格，73 - 74；营养，74 - 75；价格趋势的变化，88 - 89，91
Ufano，乌法诺，军事著作，211
Ukraine，乌克兰，6，41，609
对其历史的阐述受后来发展的影响，3
古斯塔夫·阿道夫的计划，398；安德鲁索沃停战协定（1667 年），432
与东正教，591
农民，55
叛乱，1，55
Ukrainians，乌克兰人，585，596；又见 Cossacks
Ulfeld，乌尔费尔德，科菲茨，405
与尼德兰，荷兰谈判条约，406
Uliassers，乌利亚瑟群岛，亚洲，被荷兰人选定为丁香生产区（约 1621 年），652；反荷暴动（1636 年起），652
Ulm，乌尔姆，亚麻布贸易，293
Ulm，乌尔姆，条约（1620 年），313
Ulster，乌尔斯特，长老制主义，565
Underhill，昂德希尔，约翰，在佩科特山消灭佩科特人（1638 年），689；在新尼德兰消灭阿尔贡金人（1643—1644 年），695
Uniates，东仪天主教会信徒，东仪天主教会，590 - 593
Union for the Defence of Evangelical Religion，保卫福音教联盟，278，306
成立（1608 年），267，289
财政状况（1613 年），288

目的和组织，289

与波希米亚：支持叛乱，311；支持腓特烈五世的要求，312，316；乌尔姆条约（1620年），313

与丹麦：海牙同盟（1625年）和克里斯蒂安四世，391

与巴拉丁：出兵帮助巴拉丁（1621年），314；入侵巴拉丁导致联盟解体（1621年），316

Unitarianism（Socinianism），上帝一位论（索齐尼主义），170

信仰，196

拉科夫教理问答（1605年），196

在英国，197；尼德兰，197；波兰，195-197，590；俄国，614；特兰西尔瓦尼亚，195，197

United Colonies of New England，新英格兰殖民地联盟，690

United East India Company，联合东印度公司，见 East India Company, Dutch

United New Netherland Company，联合新尼德兰公司，见 New Netherland Company

United Provinces，联合省，见 Netherlands, Dutch

Uppsala，乌普萨拉，大学，利普修斯政治理论中心，105

Urals，乌拉尔人，663

Urban Ⅱ，乌尔班二世，教皇，186

Urban Ⅷ（Maffeo Barbarini），乌尔班八世（马菲奥·巴巴里尼），教皇，35

雄心和成就，186-187

与沃尔特利恩（1623年），319-320

与《归还教产敕令》，327

三十年战争期间（1635—1642年）力求和平，350

Uruguay river region，乌拉圭河地区，方济各会传教区，711；耶稣会传教区，711-712；遭圣保罗人攻击，712；又见 Rio de la Plata, yapeyu, 拉普拉塔河，亚佩尤

Uscocchi，乌斯科克人，见 Uskoks

Usedom Island，乌塞多姆岛，与瑞典（1647年），354

Usher，厄舍尔，修道院院长佩森，人口估计，70

Usher（Ussher）James，厄舍尔·詹姆斯，阿尔马大主教，566

Uskoks，乌斯科克人，劫掠威尼斯航船，232；与威尼斯打仗，274-275；马德里条约和维也纳新城条约，275

Usküdar，于斯屈达尔，633

Usselincx，乌塞林克，威廉，阿姆斯特丹商人，弗兰德流亡者，690；建议成立西印度公司（1614年），690

Utopias，乌托邦，理论，5

Utraquists，圣杯派分子，在波希米亚，307-308

Utrecht，乌得勒支，省
有代表在联邦议会中，362
议会构成，363

Utrecht，乌得勒支，条约（1713年），358

Utrecht，乌得勒支，联盟（1579），361

Utrecht，乌得勒支，大学，136

与君主主义，361
Uytenbogaert，乌伊滕博加特，扬，178，181

Valdemar，瓦尔德马，丹麦亲王，联姻，613
Valderrama，瓦尔德拉玛，D. 托瓦尔，他的《政治制度》（1645 年），118
Valdstejn，瓦尔德斯坦，亚当，519
Valdstejn，瓦尔德斯坦，阿尔贝特，见华伦斯坦
Valencia，巴伦西亚，414，438
　议会和财政，456；与联军，464
　疾病（1599—1600 年）（1647 年），471
　戏剧，243
　经济衰退与摩尔人，37，453 – 455；工资趋势，91；财政，422；对中央政府的贡献，461，464
　饥荒（1647 年），471
　土地价值，455
Valenciennes，瓦朗谢讷，包围（1656 年），427
Valiessar，瓦利埃萨尔，休战协定（1659 年），431
Valla，巴里亚，洛伦索，479
Valladolid，巴利亚多利德，王宫，445
Valladolid，巴利亚多利德，大学，22
Valona，发罗拉，包围，639
Valtelline，瓦尔泰林，328
　与西班牙通往西北方的道路，274，278 – 279，306，319，485
　新教徒取得控制权（1618 年），278；《神圣的屠杀》（1620 年），278，318；格里松新教徒同盟要求宗主权，318；与西班牙主战派（1621 年），279，281；西班牙获得控制权，319，483；教皇同意接管，但未能将西班牙赶走，319；巴黎条约（1623 年），319；法国、萨沃伊和威尼斯同意积极干预，319；法国赶走教皇的军队，320；蒙松条约（1626 年）重新向西班开放山谷，322
Van der Donck，范·德·唐克，阿德里安，领导新尼德兰反对斯特伊弗桑特，695 – 695；向西印度公司请求（1650 年），696
Van der Straet，范·德·斯特雷特，斯特拉达努斯，165
Van Dyck，凡·戴克，安东尼，7
Van Helmont，范·海尔蒙特，J. B.，132
　对化学的贡献，159；生理学，162
Vane，范内，亨利爵士，老，与短期议会，569
Vanini，瓦尼尼，卢西利奥，201
　他的《自然的秘密》（1616 年），175；无神论，200
Va-nu-pieds'，"赤脚佬们"，492
Van Wallhausen，范·沃尔豪森，雅各比，军事著作，204；他的《步兵战法》，207
Vargas，巴尔加斯，莫雷诺·德，《论述西班牙贵族文集》（1636 年），17，22
Varasdin，瓦拉日丁，耶稣会士在此，521
Varna，瓦尔纳，战役（1444 年），597

Varvar 'Ali Pash，瓦尔瓦尔·阿里帕夏，反叛（1647年），630，642

Vasa，瓦萨，家族，586；又见 Gustavus Ⅰ（Vasa）

Vasily Shuisky（Basil Shuiskij）tsar，瓦西里·舒伊斯基（巴兹尔·舒伊斯基）沙皇，602注
  与查理九世结盟，388，594；在克卢西诺战败（1610年），388；被逼退位（1610年），388

Vaudois，韦多尔派，迫害，423

Vautorte，沃托尔特，法国使节，418
  在布鲁塞尔谈判（1649年），427

Vaux-le-Vicomte，沃勒维孔特，500

Vega，维加，洛佩·德，239，243，259

Vegetius（Flavius Vegetius Renatus），维吉提乌斯（弗拉维乌斯·维吉提乌斯·雷纳图斯），军事著作，217

Velasquez，贝拉斯克斯，迭戈，7，320

Vélez，贝莱斯，侯爵，在巴塞罗那战败（1641年），470

Vendôme，旺多姆，恺撒，公爵，阴谋反对国王（1626年），485

Vendôme，旺多姆，路易，公爵，阴谋反对国王（1626年），485

Venezuela，委内瑞拉，西班牙要求，707；行政中心在圣多明各，708
  印第安人减少，717
  委托监护制，717
  荷兰人开发浅盐湖，701；可可生产，721-722；与出口，721

Venice，威尼斯
  农业发展，640

戏剧：建立的第一座公共剧场（1637年），242；歌剧，242，251；流行喜剧，250

克里特战争的影响，15

经济：银行业，84，85；经济变革，54；西班牙的雷亚尔出口，79；汇票，83；白银价值指数和里拉，86-87

与克里特，统治，640；保卫战，见威尼斯和奥斯曼土耳其

与法国：求助于亨利四世，262；法国使臣前往（1653年），426

与圣约翰骑士团和圣斯蒂芬骑士团的关系，639

与曼图亚战争（1627—1630年），328；与法国结盟，328

米兰，敌视（约1610年），273-274

与（荷兰）尼德兰结盟（1619年），278

与奥斯曼土耳其：战争的原因，638-639；战争（1645—1669年），15，231-233，261，432，638-642；失去克里特岛（1669年），642

与教廷：与乌尔班八世为敌，186；与保罗五世一致，268

与萨沃伊结盟（1618年），278；与萨沃伊签订的（巴黎）条约和法国要收复沃尔特利恩，319；同意积极干预（1624年），319

与西班牙：土耳其战争中依靠西班牙的帮助，261；在意大利与西班牙为敌（约1610年），273；受到西班牙通过米兰的威胁，273-274；

资助查理·埃马努埃尔战胜蒙特费拉特（1612年），274；受到在意大利的西班牙总督们的威胁，275；与西班牙签订和约（1617—1618年），275；"西班牙的阴谋"（1618年），275-276；敌视西班牙的中心，275；与西班牙主战派（1621年），279

三十年战争（1641年），战争调停人，350

"乌斯科克战争"：反阿尔巴尼亚和波斯尼亚海盗（乌斯科克人）战争（1613—1618年），274；斐迪南大公帮助海盗，274；接受荷兰人的帮助，274；与斐迪南大公媾和（1617—1618年），275

工业，640；精美毛料出产下降，93-94；毛料业兴衰不定，95；纺织物整理加工中心，94

贵族：职业地位，20；限定，30

瘟疫，76

政党：清教"在野"派，270；商人们接受西班牙的庇护（约1610年），271

宗教：与反宗教改革运动，273；限制教会占有财产，106；尽管教皇禁止还是反抗教廷，107；无神论的源头，199

海上力量：衰落，231-233；商船队，237

贸易，53-54，303，640；对但泽的政策（1590—1618年），301，303；德意志商人在此，296；与伦敦东印度公司，653；好望角商路的影响，670；在谷物上，301；亚麻布，93；胡椒，653；香料，295，640；纺织品，295

Venice，威尼斯，高地广场银行（1587年），84-85

Venice，威尼斯，汇兑银行（1619年），84-85

Venlo，芬洛，被腓特烈·亨利夺取（1632年），379；西班牙夺回（1637年），381

Verböczi，费尔伯契，斯蒂芬，匈牙利法学家，506

Verden，凡尔登，主教管区：腓特烈三世当选，321；与瑞典，353-354，403，408；丹麦人要求（1648年），406；与莱茵同盟，420

Verdun-sur-le-Doubs，杜布河畔凡尔登，死亡率，497

Vere，维尔，霍勒斯爵士，蒂尔伯里的维尔男爵，219

在巴拉丁领导志愿军，314

放弃曼海姆，317

Vereenigde Oostindische Compagnle (Netherlands)，东印度公司（尼德兰），参见 East India Company，Dutch

Verezzano，维雷萨诺，哈伊罗尼穆斯·德，制图家，675

Verhoeven，费尔霍埃芬，荷兰司令，攻打莫桑比克、果阿和马六甲（1608年），648；奉命夺取班达和摩鹿加群岛，648

Vermuyden，费尔穆登，科内利斯，计划排干沼泽地，166

Verona，维罗纳

贵族，人口比例，17

瘟疫，76

Versailles，凡尔赛，500

Vertamont de，韦塔蒙·德，490

Vesalius，维萨里，安德雷亚斯，解剖学家，135

Viatis，维亚蒂斯，巴托洛莫伊斯，商人，他的经历，295

Viau，维奥，泰奥菲尔·德，诗人，199

　　《讽刺诗》（1623年），484

Victor Amadeus Ⅰ，维克多·阿马德乌斯一世，见萨沃伊，维克多·阿马德乌斯一世，公爵

Vieira，维埃拉，安东尼奥神父，耶稣会士，西班牙和葡萄牙传教区，714；在马拉尼昂建立印第安人保留地（1652—1661年），714；被捕，714

Vienna，维也纳，509，513

　　是首都，504-505，517，526

　　巴洛克建筑，528-529

　　歌剧，252

　　贬值，83

　　外交：奥斯曼土耳其围攻，530；受贝特伦·加博尔威胁（1619年），313，520

　　人口增加，71

　　宗教：反宗教改革运动，521

　　鱼类贸易，510；牛只贸易，296

Vienna，维也纳，条约（1615年），637

Viete，韦达，弗朗索瓦，对代数的贡献，152

Vijayanagar kingdom，维杰亚纳加尔王国，671

　　荷兰商站（1610年），656；又见普利卡特

Villa，比利亚，A. 罗德里格斯，《安布罗西奥·斯皮诺拉，第一代洛斯巴尔巴塞斯侯爵》，282注

Villages，村庄，行政，31-32；战争债务，47；贫困，448-449；又见under countries

Villanueva，比利亚努埃瓦，赫罗尼莫·德，460，469

Villefranche，维尔弗朗什，海盗基地，232

Villeroi，维尔鲁瓦，尼古拉斯·德·纳维，领主，国务大臣，秘密会议成员，481

Villiers，维利尔斯，乔治，参见Buckingham, George Villiers, duke of

Vilno，维尔诺，反新教运动，589

Vincent de Paul，万桑·德·保罗，圣徒，484，492

　　信仰，183-184

　　组建仁爱修女会（1629年），184

　　救济工作（1653年），499

Vinnius，维尼乌斯，A.，在图拉建兵工厂，609

Virginia，弗吉尼亚，693

　　英国主张，672；探险至，672-673；殖民，673-674；与印第安人的关系，674，678；攻打波特罗亚尔的法国人（1613年），677；打败曼哈顿岛上的荷兰人，677；特许状（1618年），677；废止（1624年），678-679；宪法，677-679；清教徒移居马里兰，680；支持马里兰反叛（1644年），680；殖民者移居新尼德兰，694

索 引

社会经济组织，677
种植的作物，677
土地占有，677－678
劳动，678
烟草贸易，677－679，681
又见 Charlestown；Chesapeake Bay；James river；Jamestown
Virginia Company，弗吉尼亚公司，特许状（1606 年），673；划定殖民地区，673－674；殖民组织，673；詹姆斯敦殖民地（1607 年），673，677；新特许状（1609 年），673；修订的特许状（1612 年），并入百慕大，674；讨论弗吉尼亚的宪法（1616—1618 年），677；1618 年特许状，677－678；废止，成为贸易公司而非殖民公司（1624 年），551，678
给英国分离主义者们授予土地，682
要求曼哈顿和哈得孙河地区，691
Virginia，弗吉尼亚，理事会，成立（1606 年），673；职能，673
Vistula river，维斯瓦河，390，392
被瑞典封锁（1624—1631 年），63，599；河上航行竞争，302
Vitry，维特里，尼古拉斯·德·洛皮塔尔，元帅，王室卫队长，处死孔西尼，483
Vittoria，维特多利亚，弗朗切斯科·德，教师，105
Vives，比维斯，胡安·路易斯，学者，人文主义观，22
Viscaya，比斯开，438
征税，448
Vltava river，伏尔塔瓦河，参见 Moldau（Vltava）river
Voetius，沃蒂乌斯，吉斯贝特，戈马鲁斯派，乌得勒支大学教授，与布瓦勒杜克，379
Vogel，沃格尔，瓦尔特，评论波罗的海谷物贸易金额，92
Voiture，瓦蒂尔，万桑，413
Volga river，伏尔加河，487，650
Volhynia，伏利尼亚，与东正教，591
Voltaire，伏尔泰，弗朗索瓦·玛丽·阿鲁埃·德，5
Voor Compagnie，联合公司，参见 East India Company，Dutch
Vorarlberg，福拉尔贝格，504－505
被马克西米连一世继承，283；农民，297
Vorderösterreich，奥地利前沿地区
对哈布斯堡王朝的重要性，504
宪法和行政，504－505
耶稣会反新教徒运动，514
Vossging，沃斯京格，海因里希，笔名，参见 Conring
Vries，弗里埃，阿德里昂·德，529
Vyaz'ma，维亚济马，595

Wachter，瓦克特尔，汉斯－赫尔穆特，他的《16、17 世纪东普鲁士谷物种植》，93；价格研究，89
Wages trends，工资趋势，90－91；又见 under countries
Waldshut，瓦尔德舒特，353 注
Waldstein，瓦尔德斯泰因，阿尔布莱希特，参见 Wallenstein（Waldstein），Albrecht，graf von
Wales，威尔士，531，577－578

贵族：人口比例，18
Walker，沃克，爱德华爵士，573
Wallabout Bay，瓦拉博特湾，长岛，殖民在此，692
Wallachia，瓦拉几亚，586
Wallachians，瓦拉几亚人，224
Wallenstein（Valdstejn Waldstein），华伦斯坦（法尔德斯泰因，瓦尔德斯泰因），阿尔布莱希特·冯伯爵（后来成为梅克伦堡公爵和弗里德兰诸侯），58，237，522
性格和业绩，322－323，343
与他在弗里德兰的地产，519，522
马拉斯特拉纳宫，528－529
与军队：使用新教徒和天主教徒部队，206；他招募的新兵纪律涣散，208；军饷，323
对帝国战争的财政贡献，38
与下萨克森战争：德绍胜利（1625年），324；反曼斯费尔德和贝特伦·加博尔匈牙利战役，324；在西里西亚击溃曼斯费尔德的部队（1626年），324；与梯利会师在易北河畔，325；在海利根哈芬获胜（1627年），325；侵略荷尔斯泰因、石勒苏益格和日德兰半岛（1627年），325；追击克里斯蒂安四世进入波美拉尼亚，击溃丹麦军队（1628年），326，391；保卫波兰反抗古斯塔夫·阿道夫（1628年），599；旨在控制波罗的海，325；成为北海和波罗的海统帅，325；汉萨同盟诸城市反对，325；包围斯特拉尔松（1628年），326
与西班牙（1628年），42

曼图亚战役（1629—1630年），328
斐迪南二世和在德意志的战争：被任命为皇家军队总司令（1628年），323；成为梅克伦堡公爵（1628年），323，327；遭贵族妒忌，327；处于权力之巅，327－328；解职（1630年），329－331，521；为波希米亚搞阴谋（1631年），337；与古斯塔夫二世会谈，337；被召回，受命任总司令，336；与冯·阿尼姆和谈，337－338；巴伐利亚战役，338；波希米亚战役，338；纽伦堡胜利（1632年），339；入侵萨克森，339；在吕岑战败（1632年），339－340；撤退至波希米亚，340；拒绝帮助红衣主教—亲王的战斗行动，342－343；敌视斐迪南大公和西班牙使臣，342，529；有谋逆嫌疑，343；"皮尔森转向"（1634年），344；解职，344；被谋杀（1634年），116，344
Waller，沃勒，威廉爵士，受主战派支持，578
Wallhof，瓦尔霍夫，战役（1616年），390
Wallis，沃利斯，约翰，萨维尔派天文学教授，139，143
当选为几何学教席，137；帮着成立了皇家学会，142
Walloon province，瓦龙省，379
与法荷联盟（1635年），380
Walwyn，沃尔温，威廉，小册子作者，128，579
Ward，沃德，塞思，萨维尔派天文学教授，139，146

Warfare，战争

军备，101，609

军队：发展综述，202，224－225，237－238；盔甲，214，221；战斗队形，215－216，218，221，396－397；驻扎，付款，搜寻粮秣权，207，211－212，396，468，555－556；骑兵，210，213，215，219，223，396，555，608；操练，216，396；封建兵役制，608，627；步兵，210，213，215，217，221，396，608；国际职业通用语出现了，208；雇佣军，202，397，588，609，710；民团，202－203，208，218－219，321，396－397，530，532，555－556，710；集合，211，555；职业的：从外国雇佣军到本国军队的变革，202，204－207，530；组织，211－213，220－221；征兵，206，208－210，217，219，223，396，532，626，628－629；培训，203；军官，210－211；在锡根创建军校（1616年），204，210；军服，215；武器，210，214，217－219，396－397

军队：巴伐利亚的，203；波希米亚的，309；勃兰登堡的，203；丹麦的，321；英国的，128－129，206，210－215，219－221，532，555－556，577－581；法国的，204，210，213－214，221，237，347－348，415；德意志的，203，210，212－213，218，323；哈布斯堡帝国的，530；立陶宛的，223；纳塞的，203，216－217；尼德兰的，203，204－207，209－210，212－214，216－218，222－223；奥斯曼土耳其的，626－629；巴拉丁的，203，217；波兰的，223；俄国的，602，608－609，619；萨克森的，203；西班牙的，204，207，210，213，217，221－222，445，463；瑞典的，206，213，217－218，321，348，389－390，395－396

防御工事，222

火炮的制造与射击学，发展，166－167

军事工程学，211，216，222

军事著作，203－204，211

海军，见 Sea-power

攻城术，222－223

战略，224

Warfusée，瓦菲塞，见 Renesse, Rene de

Warmia (Ermland)，瓦尔米亚（埃尔姆兰），古斯塔夫·阿道夫在此，599

Warnemünde，瓦尔讷明德，割让给瑞典，407

Warner，沃纳，托马斯，在圣克里斯托弗岛上的种植园（1624年），702；圣克里斯托弗、尼维斯、蒙特塞拉特和巴巴多斯诸岛总督，702；力主反对科尔廷，702；与卡利斯尔伯爵结盟，702

Warriston，韦厄里斯顿，阿切博尔德·约翰斯顿，勋爵，567

Warsaw，华沙，86
俄瑞征伐（1655—1656年），429－430

俄国征伐（1659年），431
Warwick，沃里克，罗伯特·里奇第二代伯爵，554，683；为议会赢得了海军的支持，574
Warwick，沃威克，罗德岛，建立（1643年），687；获准加入罗德岛联盟，687
Watertown，沃特敦，马萨诸塞，685
建立韦瑟斯菲尔德殖民点，688
Wehlau，韦劳，条约（1657年），430
Weimar，魏玛，见萨克森-魏玛
Weldon，威尔登，安东尼爵士，578
Welser family，威尔瑟家族，银行家，67，81，294
进口商，302
Wentworth，温特沃斯，托马斯爵士，参见 Strafford, first earl of
Werben，韦尔本，古斯塔夫·阿道夫在此，333
Werth，韦尔特，约翰·冯，巴伐利亚将军，在皮卡迪，347；占领，349；1643—1648年战役，351
Weser，威悉河，对丹麦很重要，321；与瑞典，354
Westchester，西切斯特，新英格兰，殖民地，690
Western Sea，西海，见 under Erie, Lake
West India Company，西印度公司，荷兰，38，236，271，381，693-694
与巴西：695；登陆和殖民，101，704-705；用夺得的西班牙珍宝船队所获资助征服活动，229；在巴西的战争花费对公司的影响，696
在新尼德兰：建议（1614年），

690；设立，691；特许状（1621年），99，368，691；被用作战争工具，101，368；殖民地，692；"优惠免税"证（1629年），692；鼓励农业殖民者，692-693；任命总督，694-695；拒绝自治政府（1650年），696；与印第安人的关系，694；失败的原因，696
与葡萄牙：掠夺殖民地，696
与西班牙：袭击西班牙交通运输线，228；与商船队，78，229，368，692，704；与殖民地，696
奴隶贸易，704-705
West Indies（Caribbean Islands），西印度群岛（加勒比群岛）
人口：707；加勒比人抵抗，703；加勒比人减少，707-708，716-717；黑人劳力，716
进口亚洲棉花，657；靛蓝出口损害了英国—古吉拉特贸易，661；英国人、法国人和荷兰人攻击西班牙贸易的中心，701-702；与相互竞争，705-706；荷兰人吸收了一半贸易，705，725
West Indies, Dutch，西印度群岛，荷兰：荷兰西印度公司登陆和殖民，101；明斯特条约（1648年）确认所有权，705；荷兰人定居其间（17世纪50年代），226
West Indies, English，西印度群岛，英国：殖民地，226，704；各种殖民者，704；人口，704；佩科特人奴隶，689；黑人奴隶劳力，704
谷物生产，704
贸易：704；南安普敦条约（1625

年), 705

West Indies, French, 西印度群岛, 法国: 黎塞留的目的, 703; 与圣约翰骑士团, 703-704; 法国建议 (1654年), 424

人口, 704

West Indies, Spanish, 西印度群岛, 西班牙: 对西班牙的重要性, 701; 要求, 707; 殖民地, 6, 672; 行政中心在圣多明各, 708

甘蔗生产和出口西班牙, 721

West Indies, 西印度群岛, 又见 under names of islands

Westminster Confession of Faith, 威斯敏斯特信仰声明, 176

Westminster, 威斯敏斯特, 条约 (1655年), 424, 427

Weston, 韦斯顿, 理查德, 参见 Portland, Richard Weston, first earl of

Westphalia, 威斯特伐利亚, 行政, 23; 贵族, 23; 亚麻布业, 293

Westphalia, 威斯特伐利亚, 条约 (1648年), 68, 99, 182, 405, 416, 430, 432-433, 497, 696

汉堡预备会议 (1638—1641年), 350

签字, 357

对波罗的海地区的经济影响, 233

限制皇帝的权力, 111, 412, 523;

政治影响, 357-358, 411-412;

神圣罗马皇帝选举程序, 419

教皇抗议对权力的侵犯, 186

对哈布斯堡王朝的影响, 521-522, 523

又见 Munster, and Osnabruck

West Riding Exercises, 西区礼拜仪式, 564

Wethersfield, 韦瑟斯菲尔德, 康涅狄格, 马萨诸塞在此设立前哨地, 688; 沃特敦资助建立殖民地 (1637年), 688; 与温莎和哈特福德联合召开议会建立政府 (1637年), 688

Weymouth, 韦茅斯, 约翰, 211

Weymouth, 韦茅斯, 新英格兰, 考察至此, 683

Wharton, 华顿, 尼希米, 576

Wheelwright, 惠尔赖特, 约翰, 建立埃克塞特, 新罕布什尔 (1637—1638年), 689

Whichcote, 惠奇科特, 本杰明, 信仰, 197-198

White Hill, 白山, 战役 (1620年), 34, 278, 345, 356, 483, 517, 521

White Russia, 白俄罗斯, 被俄罗斯获得, 6; 波兰扩张进入, 41

宗教: 布列斯特联盟, 591; 东正教, 592

White Russians, 白俄罗斯人, 585

White Sea, the, 白海, 609, 663

Whitelocke, 怀特洛克, 布尔斯特罗德, 与法律改革, 582

Whitgift, 惠特吉夫特, 约翰, 坎特伯雷大主教, 反对与清教徒和解 (1604年), 536; 汉普顿宫会议 (1604年), 536

Wiener Neustadt, 维也纳新城, 条约 (1618年), 275

Wilkins, 威尔金斯, 约翰, 奇切斯特主教, 帮助成立皇家学会, 142; 他

的《数学魔法》（1648 年），165

William Ⅱ，威廉二世，纳塞的，见奥伦治，纳塞的威廉二世，亲王

William Ⅴ，威廉五世，巴伐利亚公爵，试图组织天主教联盟，289

William "the Silent"，威廉"沉默者"，见 Orange, William, 奥伦治，威廉

Williams，威廉斯，约翰，林肯主教，约克大主教（1641 年），贵族保护人（1621—1625 年），572
 与白金汉，553, 557；主教制议案（1641 年），571；夸美纽斯的资助人，572

Williams，威廉斯，罗杰爵士，士兵，211

Williams，威廉斯，罗杰，殖民者，移居马萨诸塞，686；反对教会和政府联合，686；支持印第安人"反对公司"的占有土地权，687；逃离萨勒姆（1635 年），687；建立普罗维登斯（1636 年），687；与纳拉甘塞特人和谈，689；得到"普罗维登斯种植园"特许状（1644 年），687；罗德岛总督，687
 在英国要求政教分离，579

Wiltshire，威尔特郡，578
 布业，562；对内战的态度，575, 577

Wimbledon，温布尔登，爱德华·塞西尔爵士，子爵，219

Wimpfen，维姆芬，战役（1622 年），316

Windebank，温德班克，弗朗西斯爵士，逃离，570

Windsor，温莎，康涅狄格，马萨诸塞设立毛皮贸易站（1633 年），688, 693；多切斯特建立殖民地，688；与其他城镇联合召开议会成立政府（1637 年），688
 与印第安人的关系，693

Windward Islands，向风群岛，701
 被授予卡利斯尔伯爵，702；法国殖民地，703
 又见 Barbados; Grenada; Martinique; St Lucia; Tobago; Trinidad

Windward Passage，向风通道，701 - 702

Wingfield，温菲尔德，爱德华，詹姆斯敦市政会主席，与约翰·史密斯，674

Winthrop，温思罗普，约翰，向外移民的原因，684；与"剑桥协议"（1629 年），684；当选为马萨诸塞总督（1629 年），683；率领，2000 移民迁至萨勒姆（1630 年），684

Winthrop，温瑟罗普，约翰，小，被派去建立赛布鲁克（1635 年），688

Wismar，维斯马
 商船队，234
 被华伦斯坦夺取（1626 年），325；波兰船队（1628 年），391, 393；与瑞典（1646 年），353 - 354, 407；参加莱茵同盟，420

Wisnowiecki family，维斯诺维艾斯基，598

Witchcraft，巫术，66

Wither，威瑟，乔治，与布业，562

Witt，维特，约翰·德，大议长，对斯堪的纳维亚的政策（1659—1660 年），406

索　引

Witte，维特，汉斯·德，银行家，借钱装备军队，58；与华伦斯坦合作，323

Wittelsbach，维特尔斯巴赫，家族，289

Wittingau，维廷高，人工湖在此，510

Wittstock，维特斯托克，战役（1636年），348，401

Witzendorff，维岑多夫，神学家，他的《论罗马帝国的地位和行政权》，109

Wladyslaw（Ladislas）Ⅳ，弗拉迪斯拉夫（拉迪斯拉斯）四世，波兰国王，602注

　当选为沙皇（1610年），386，388，594

　婚姻（1637年），601；第二次婚姻（1645年），601

　军队改革，588

　与宪法，113，586，588

　外交政策：41；反俄战役（1612年），602；（1617—1618年），595，599，605；多伊利诺停战协定（1619年），595，605；与1632—1634年俄罗斯战争，610-611；要求瑞典王位（1632年），399，600；与法国和解（1645年），601；计划攻打奥斯曼土耳其（17世纪40年代），597

　与贵族，588

　宗教政策，590；东正教，592

Wladyslaw（Ladislas）Ⅶ，弗拉迪斯拉夫（拉迪斯拉斯）七世，波兰国王，105

Wladyslawowo，弗瓦迪斯瓦沃沃，港口衰败，601

Wolfenbüttel，沃尔芬比特尔，玛丽恩教堂，304

Worcester，伍斯特，576

Worcestershire，伍斯特郡，577

Wrangel，弗兰格尔，卡尔·古斯塔夫，絮尔夫尼茨堡，瑞典将军，总司令（1646年），351；侵略巴伐利亚，351；后来的战役，402；在楚斯马斯豪森获胜（1648年），352

Wren，雷恩，克里斯多弗爵士，萨维尔派天文学教授，与建筑师，138-139

Wright，赖特，爱德华，他的《航行的一些偏误》（1599年），166

Wriothsley，赖厄瑟斯利，亨利，见南安普敦，亨利·赖厄瑟斯利，第三代伯爵

Wurmprandt，伍尔姆普兰特，奥地利将军，218

Württemberg，符腾堡，公国

　哈布斯堡王朝的采邑，504；贵族，30；人口因战争而减少，77；与威斯特伐利亚和约，356

Württemberg，符腾堡，克里斯多弗，公爵，292

Württemberg，符腾堡，约翰·腓特烈，公爵，与波希米亚继承问题，310

Württemberg，符腾堡，路德维格，公爵，292

Würzburg，维尔茨堡，价格趋势的变化，88；与古斯塔夫·阿道夫

(1631年)，334；与萨克森-魏玛的伯纳德（1633年），342

Würzburg，维尔茨堡，大学，136

Xingú river，欣古河，巴西，713

Yahya，雅赫雅，据说是苏丹穆罕默德三世的儿子，要求奥斯曼的领土，637

Yapeyú，亚佩尤，乌拉圭，建立耶稣会传教区（1627年），711

Yedi Kule，耶迪库勒监狱，伊斯坦布尔，624

Yeğen' Osman Pasha, revolt of（1687–1688），630

Yemen，也门，叛乱的原因，670

Yenisey river basin，叶尼塞河流域
毛皮商到达（1628年），663
被俄国征服，616

Yorkshire，约克郡，对内战的态度，575；毛纺业，582

Ypres，伊普尔，被西班牙收复（1653年），425

Zacatecas，萨卡特卡斯，墨西哥，领工钱的自由劳工和抵债劳工，718

Zambesi，赞比西，645，665
传教团抵达，667

Zante，赞特，640

Zapolya，察波利亚，约翰，与匈牙利继承问题，506

Zaporog Cossacks，扎波罗格哥萨克人，见Cossacks

Zarutsky，扎鲁茨基，哥萨克首领，退至阿斯特拉罕（1614年），604

Zealand，西兰，见Zeeland

Zebrzydowski（Zebrodowsky），泽布尔齐多夫斯基（泽布罗多夫斯基），米科拉伊，领导反叛（1606—1607年），114，587，589

Zeeland，泽兰，省，213
海军学院，362
在联邦议会中有代表，362
执政者身份，奥伦治家族的影响，364–365
贸易，371
与明斯特和谈，381，413

Zerotin，策罗廷，卡尔·冯，516

Zevi，泽维，萨巴泰，"伪弥赛亚"，173

Zlata Koruna，茨拉塔·科鲁纳，圣母，527

Zólkiewski，佐尔基耶夫斯基，斯坦尼斯拉夫，最高军事指挥官，与莫斯科会谈，586–587；提议弗拉迪斯拉夫为沙皇，594；克卢希诺胜利（1610年），594；占领莫斯科（1610年），594；与莫斯科决裂，595；与奥斯曼土耳其作战（1620年），597

Zoology，动物学，发展，140

Zsitva-Torok，锡特瓦托洛克，和约（1606年），参见Sitvatorok

Zuccolo，祖科洛，他的《黄金时代》（1629年），和《以国家利益为重的理由》（1621年），117

Zuhab，祖哈布，和约（1639年），及其意义，534，638

Zúñiga，苏尼加，唐·巴尔塔萨尔·德，西班牙使臣，费利佩四世的心腹，457
    鼓动组建天主教同盟，267；派到皇帝处的使臣（1608—1617年），277；与波希米亚继承问题，277；是主战派首领，279-282；荷兰战争，458
    去世（1622年），457

Zusmarshausen，楚斯马斯豪森，战役（1648年），352

译后记

话说专业图书翻译难，历史书籍翻译更难，世界历史著作翻译尤甚：其内容包罗万象，涉及自然科学和社会科学的方方面面，俨然是一部微型百科全书。诚如本书所示：不仅涉及政治、经济，还涉及军事、文化、科学技术、教育、宗教、国际关系、霸权和反霸权、意识形态、社会风尚、典章制度等，林林总总，呈现出一幅16世纪上半叶世界图景。书中各章节的作者均是各领域的专家学者，文风各异；我们字斟句酌，反复推敲，力求保持原文风格、中文表述通顺。书中出现了多种语言、各国人名和地名、典章制度、法令法规，我们均认真仔细查对了辞书、求教专家学者，力求准确。就此我们谨向世界历史研究所专门从事德国史研究的景德祥研究员、专门从事俄国史研究的马龙闪研究员和专门从事日本史研究的张经纬研究员表示诚挚的感谢。

本书是多人合作翻译的成果。第一章的译者是高铦；第二、三、四、五、六、七、九和十章的译者是杜娟和闫勇；第十一章第二部分、第十二、十三、十四和十五章的译者是郝名玮和山东大学的刘文涛、王维嘉；目录、第八章、第十一章第一部分、第十六、十七、十八、十九、二十、二十一、二十二、二十三章和索引的译者是郝名玮。书中图、表绘制人为张湉。郝名玮负责全书统稿、校改工作。感谢罗盘的细致审读和校改，令本书增色不少。

本书的面世与出版社的重视是分不开的。我们要感谢出版社的信任，特别要感谢责编张湉博士的通力合作和大力帮助。笔者是个准电脑盲,只会打字;她应笔者请求,欣然同意帮忙绘制了书中所有的图、表。

  学识无垠,吾侪知识有限。译文肯定会有谬误之处。敬请诸位读者不吝赐教、匡正!

郝名玮
2023 年 12 月